2015
机电产品报价手册
制药及炼油化工设备分册

机械工业信息研究院　编

机械工业出版社
China Machine Press

《**2015机电产品报价手册**》(共9分册)是机电产品价格信息数据库2015年版(配套光盘)的纸质出版物,书中收录的20多万条数据是从近40万条产品数据库中精心挑选的,涵盖了4000多家大中型企业的主要产品。其产品价格信息由各单位自报,并参照国家标准GB/T 7635.1—2002《全国主要产品分类与代码》分类编辑,其内容包括:产品名称、型号规格、主要技术参数、参考价格、生产厂家、地址、邮政编码和电话等。

该书是了解机电产品价格信息的重要参考工具书。其主要读者对象包括:资产评估公司、会计师事务所、招投标机构、咨询机构、价格认证中心及银行、海关、企业(事业)单位的相关人员。

图书在版编目(CIP)数据

2015机电产品报价手册.制药及炼油化工设备分册/机械工业信息研究院编. —北京:机械工业出版社,2015.1

ISBN 978-7-111-48385-4

Ⅰ.①2… Ⅱ.①机… Ⅲ.①机电设备—价格—中国—2015—手册②制药工业—化工设备—价格—中国—2015—手册③石油炼制—化工设备—价格—中国—2015—手册 Ⅳ.①F724.744-62

中国版本图书馆CIP数据核字(2014)第248378号

机械工业出版社(北京市百万庄大街22号 邮政编码100037)
责任编辑:陈 苑 封面设计:张慕原
法律顾问:北京市法大律师事务所 刘进军

保定市中画美凯印刷有限公司印刷
2015年1月第1版·第1次印刷
184mm×260mm·38印张·1124千字
本分册定价:260.00元
全套定价:2800.00元(共9分册,含光盘)

《机电产品报价手册》编辑委员会

（按姓氏笔画排序）

《机电产品报价手册》编辑出版工作人员

总 编 辑　郭　锐

主　　编　李卫玲

副 主 编　刘世博　曹　军

执行主编　曹　军

编　　辑　王　良　王　蠡　孙立新　陈　苑

录入排版　刘超琼

发行部主任　王海臣

客户服务　秦日升　路泽贤

地　　址　北京市西城区百万庄大街 22 号(邮编:100037)

编 辑 部　电话:010-88379822,88379827,88379831,88379532

　　　　　传真:010-88379827

发 行 部　电话:010-68326643,88379821,88379825,88379824

　　　　　传真:010-68326643,88379821,88379825,88379824

E-mail:　jjjprice@263.net

网　　址　www.mepprice.com　www.cmiy.com　www.mepfair.com

开 户 行　工商银行北京百万庄支行

账　　户　机械工业信息研究院

账　　号　0200001409014473834

“机价网”官网　　“机工报价”官方微信

编　辑　说　明

《机电产品报价手册》是由机械工业信息研究院编辑、机械工业出版社出版的大型工具书。依靠机械工业信息研究院全方位的信息采集渠道和完善的信息处理能力、机械工业出版社专业的编辑和出版能力，自1994年以来，共出版了21版**《机电产品报价手册》**（主要收录国内产品价格信息）和4版**《国外机电产品报价手册》**，这些图书自出版之日起就受到广大读者的青睐和好评。**《2015机电产品报价手册》**（共9分册15本）是该手册的第19次正式出版，编委会由中国机械工业联合会、机械工业各行业协会及资产评估协会等有关领导、专家组成。

一、本书特点

(1) 出版格式规范。包括：产品名称、型号规格、参考价格、生产厂家、电话、主要参数及备注。

(2) 数据新。收集的报价数据均为2014年1~11月份的价格，参考价格（除特殊说明外）均指出厂价和含税价格，不包含包装费和运输费。

(3) 权威性强。价格信息直接来源于企业当年的产品市场报价。

(4) 实用性强。参照国家标准GB/T 7635.1—2002《全国主要产品分类与代码》编辑出版。

(5) 代表性强。本套书所含20多万条数据是从近40万条产品数据库中精心挑选的，涵盖了4000多家大中型企业的主要产品。

二、本书内容

(1) 机床分册：包括金属切削机床、锻压机械、拉拔设备、石材加工机床、木材加工机床、气动工具、电动工具、金属切割和焊接设备、热处理设备和机床附件。

(2) 升降搬运设备分册：包括轻小起重设备、起重机、水利闸门启闭机、叉车及搬运车辆、升降机、输送机械、给料机械、装卸机械和其他升降搬运设备。

(3) 工业专用设备分册：包括农林牧渔机械、非金属矿物制品工业专用设备、陶瓷机械设备、粮油及饮料加工设备、食品加工设备、纺织机械、缝纫服饰及制革机械、日用化工机械设备、电工专用设备、木材处理设备、造纸及纸加工设备、印刷工业专用设备、橡胶工业专用设备、塑料工业专用设备、社会公共安全设备及器材、机械维修专用设备、文化办公设备、矿山采掘设备、建筑工程机械、钻探机械、铸造设备和其他工业专用设备以及娱乐设备。

(4) 仪器仪表与医疗器械分册：包括自动化仪表及系统、电工仪器仪表、气体/液体或电力用的计量仪表、光学仪器、分析仪器、试验机、实验仪器及装置、电子和通信测量仪器、钟表及定时仪器、专用仪器仪表、仪器仪表元器件及器材、长度测量仪器/量具、机械量仪表、速度测量仪表/加速度计/计数器/计步器/频闪仪、量仪和医疗器械。

(5) 交通运输设备分册：包括牵引车、客车、货车、专用汽车、专用载人汽车、专用作业车、专用货车、越野车、商务车、轿车、MPV、SUV、皮卡、电动车和船艇。

(6) 通用设备分册：包括锅炉、原动机、通用真空应用设备、气体压缩机、烘箱、热交换设备、制冷空调设备、液体或气体净化设备、通用包装机械、衡器、通用消防设备、风机、分离机械、其他通用设备和通用零部件。

(7)泵阀分册:包括离心泵、轴流泵、混流泵、旋涡泵和其他泵;闸阀、截止阀、节流阀、球阀、蝶阀、隔膜阀、旋塞阀、专用阀门、液压阀、控制阀、调节阀、柱塞阀、浆液阀、排污阀、电磁阀、切断阀和其他阀门。

(8)电气设备及器材分册:包括电动机、发电机、潜水电泵、变压器、互感器、电抗器、调压器、电力电容器、低压电器、高压电器设备、电线电缆、蓄电池、防盗(火灾)报警设备及类似装置、广播电视设备、变频器和可编程序控制器。

(9)制药及炼油化工设备分册:包括原料药设备、制剂机械、药用粉碎机械、饮片机械、制药用水设备、药品包装设备、混合设备、干燥设备、过滤设备、萃取设备、搅拌设备、传质设备及反应设备。

三、书中非法定计量单位及其换算

非法定计量单位	单位换算	非法定计量单位	单位换算
ft	1ft = 0.3048m	in	1in = 0.0254m
den	$1\text{den} = 0.111111\times10^{-6}\text{kg/m}$	lb	1lb = 0.45359237kg
kgf · m	1kgf · m = 9.80665N · m	lbf · in	1lbf · in = 0.112985N · m
马力	1马力 = 735.5W	hp	1hp = 745.7W
mmHg	1mmHg = 133.322Pa	mmH_2O	$1mmH_2O = 9.80665Pa$
psi	1psi = 6894.76Pa	bar	$1bar = 10^5Pa$
fc	1fc = 10.764lx	kcal	1kcal = 4.1868 kJ
kcal/h	1kcal/h = 0.001163kW	Gs	$1Gs = 10^{-4}T$
亩	$1亩 \approx 666.7m^2$	cP	1cP = 0.001Pa · s

四、特别声明

(1)在未特别注明的情况下,本书所收录的产品报价均为厂家申报的参考出厂价格。鉴于市场瞬息万变,影响产品价格的因素众多,本书产品价格仅为订货提供参考,不作为订货的依据。

(2)由于机电产品门类繁杂,有些产品在国家标准GB/T 7635.1—2002上尚未编入,有些产品难以对号入座,所以在分类上难免有诸多不妥之处,敬请广大企业、用户及各行业专家予以指正。

(3)未经本编辑部的许可,本书中的数据不得以任何形式转载、复印。

(4)针对目前市场上出现的多种与本书名称相近或直接盗用本书书名的伪劣图书(内容采用前几年出版的《**机电产品报价手册**》的数据,其数据的真实性和时效性难以保证),编辑部提醒广大读者直接与我们联系(010-68326643、88379824)或到当地的新华书店购书,以免上当,详情请见本书封三"严正声明"。

本书在编撰过程中,得到了有关协会领导以及广大企业的大力支持和帮助,在此深表感谢!

机械工业信息研究院
机 械 工 业 出 版 社 **机电产品报价手册 编辑部**

2015年1月

目　录

2013 年我国石油和石油化工设备行业经济运行情况

一、2013 年石油石化设备行业经济运行情况

根据国家统计局和海关总署提供的行业相关经济数据，2013 年石油石化设备行业产业规模有了进一步提高，规模以上企业数量同比增长 10.53%，主要经济指标中除进出口总额同比减少外，其他指标保持了一定程度的增长，但与 2012 年相比增长幅度有较大回落。

1.规模以上企业增长情况及其分布

根据国家统计局提供的数据统计，截至 2013 年年底，我国石油石化设备行业规模以上企业 1773 家，同比增长 10.54%，增速比 2012 年提高了 2.66 个百分点。其中，海洋工程设备制造企业（按行业）和大型企业（按企业规模）同比增长分别高达 58.62%和 63.33%。

2.行业出口增长乏力，出口交货值增速回落幅度加大

2013 年，石油石化设备行业出口交货值累计完成 635.55 亿元，同比增长 5.77%，增幅较上年同期下滑了 15.84 个百分点，回落幅度大于预期。

3.石油石化设备行业主要产品产量

2013 年石油石化设备行业列入国家统计局统计口径的主要产品由原来的 3 种减少到“石油钻井设备”1 种。截至 2013 年 12 月，全国 17 个省市的 118 家企业累计完成石油钻采设备 485，701 台（套），同比增长 17.83%。

4. 石油石化设备行业主要经济效益指标

（1）资产总额。截至 2013 年 12 月，石油石化设备行业资产总额为 5，060.01 亿元，同比增长 16.91%，增幅较上年同期下滑了 5.78 个百分点。

（2）主营业务收入。2013 年石油石化设备行业主营业收入累计完成 5071.22 亿元，同比增长 13.13%，增幅较上年同期下滑了 6 个百分点。

（3）利润总额。截至 2013 年 12 月，石油石化设备行业完成利润总额 326.50 亿元，同比增长 6.23%，增幅较上年同期下滑高达 31.57 个百分点。

从不同的企业分类看，不同类型企业的利润总额增长很不平衡。大型企业（按企业规模）和国有企业（按企业经济类型）出现同比下降，尤其国有企业同比下降高达 41.44%。相比之下，炼油化工设备（按小行业）、小型企业和民营企业则表现较好，同比增长超过 15%，分别为 17.92%、18.21%和 16.7%。其他经济类型企业虽然占总额比例较小，但同比增长却高达40.49%。

（4）税金总额。截至 2013 年 12 月，石油石化设备行业完成税金总额（营业税金及附加与应交增值税之和）166.66 亿元，同比增长 8.29%，增幅较上年同期下滑 23.17 个百分点。

（5）负债总额。2013 年，石油石化设备行业负债总额为 1938.05 亿元，同比增长 16.56%，增幅降低 6.39 个百分点。资产负债率为 58.06%，低于合理范围的高限 60%。

（6）亏损面和亏损额。截至 2013 年 12 月，石油石化设备行业亏损企业有 185 家，亏损面为 10.43%，同比增长 12.8%；1～12 月累计亏损 22.20 亿元，同比增长高达 47.54%。

（7）2013 年石油石化设备行业月度主要经济效益指标对比情况。根据国家统计局规模以上企业的统计数据分析，石油石化设备行业资产总额同比增长从年初的 23.44%下降到年末的 16.91%，呈现缓慢下降趋势；主营业务收入和主营业务成本同比增长先高后低，在 16%～12%区间内波动，收入增长基本略高于成本增长；利润总额和税金总额的同比增长呈现 M 型趋势。

（8）石油石化设备行业经济效益评价指标。2013 年石油石化设备行业各项主要经济效益评价指标同比下降，除资本保值增值率略高于机械工业水平外，其他各项评价指标均不同程度低于机械工业平均水平，但总体来说处于比较健康的发展状态。其中，总资产贡献率为 11.04%，同比降低 2.67 个百分点；资本保值增值率为 117.41%，同比降低 4.96 个百分点；净资产收益

率为 16.62%，同比降低 3.66 个百分点；资产负债率为 58.06%，低于合理区间高限的 60%；流动资产周转率为 1.68 次，同比减少 0.39 次；成本费用利润率为6.9%，同比降低 0.74 个百分点；主营业务收入利润率为 6.44%，同比降低 0.64 个百分点。

5.进出口贸易情况

根据海关总署提供的数据，2013 年我国石油石化设备制造行业 60 种主要产品进出口总额为 225.05 亿美元，同比下降 2.97%。其中进口额 69.88 亿美元，同比增长 4.13%；出口额 185.17 亿美元，同比下降 5.41%。全年进出口贸易顺差仍然高达 115.29 亿美元，但比 2012 年同期下降 10.38%。

在进口方面，进口额同比增长 4.13%，较上年提高了 1.81 个百分点，其中石油钻采设备和海洋工程设备增长分别高达 27.51% 和 276.24%；炼油化工设备由去年的增长 2.86%变为下降 7.52%。

在出口方面，出口额同比下降 5.41%，与上年相比，增幅下降 5.18 个百分点。除炼油化工设备保持增长 4.10%外，其他大类产品均有不同程度的下降。

在贸易顺差方面，虽然全行业仍然有 115.29 亿美元的贸易顺差，但同比下降 10.38%，其中石油钻采设备降幅高达 51.75%，炼油化工设备由去年的逆差 3.18 亿美元变为顺差 2.33 亿美元。

出口金额超 3 亿美元的单项产品共有 16 项，其中有 14 项为顺差；出口金额超 5 亿美元的单项产品有 13 项，超 10 亿美元的单项产品有 4 项，其中单项产品出口额最高的为 24.5898 亿美元。贸易顺差超过 3 亿美元的单项产品有 13 项，超过 20 亿美元的有 1 项。

二、2013 年石油石化设备行业经济运行主要特点

1.规模以上企业数量增长加大

石油石化设备行业规模以上企业数量由 2012 年的 1604 家增加到 2013 年的 1773 家，同比增长 10.54%。

2.出口交货值增长乏力

出口交货值同比增长仅为 5.77%，增幅下跌大于预期。同时，四个小行业发展出现不太平衡的分化：①金属压力容器出口呈严重下降趋势，同比下降 12.8%；②由于统计口径变化，海洋工程设备规模以上企业数量大幅增加，导致出口交货值占全行业出口交货值近 50%，从而代替石油钻采设备成为全行业出口交货值的第一位，其出口交货值增长的贡献率高达 75.95%。

3.主营业务收入增速回落

主营业务收入虽保持两位数增长，但增幅下滑了 6 个百分点。石油钻采设备主营业务收入保持绝对优势，占比达 55.46%，同比增长和贡献率分别为 15.88% 和 65.46%，为行业最高。

4.利润增长大幅回落

利润同比增长仅为 6.23%，远低于主营业务收入增长。从企业的不同分类看，海洋工程设备、大型企业和国有企业利润总额分别下降 30.78%、7.29% 和41.44%。此外，石油钻采设备利润额增幅更是大幅回落近 50 个百分点。

5.亏损情况恶化

伴随利润增长的大幅下滑，亏损额同比增长高达 47.54%。其中石油钻采设备、小型企业和国有企业亏损额同比增长高达 163.13%、84.83% 和 432.8%。海洋工程设备亏损额下降 59.86%。

6.整体运行平稳

比较全行业全年月度累计主要经济指标值和同比增长，可以看出：①主营业务收入和主营业务成本同比增长变化趋势基本平稳，除 2 月和 12 月主营业务收入增长略小于主营业务成本增长外，其他月份收入增长略大于成本增长，就全年来说，主营业务收入增长低于主营业务成本增长 0.2 个百分点。②利润总额全年各月增长表现为两头低中间高。从 3 月到 11 月，利润总额增长均在 18%以上，但 12 月突然下降到 6.23%的低位，全年增长回落严重。

7.进出口总额和贸易顺差均呈负增长

根据海关总署的数据，2013 年进出口总额和贸易顺差分别下降 2.97%和 10.38%。进口和出口同比增长分别向正负两个不同方向加大，导致贸易顺差减少，但绝对值仍达到 115.29 亿美元的高水平，占进出口总额的 45%。另外，在全行业出口额负增长的情况下，炼油化工设备取得了同比增长 4.1%的较好成绩，使其由原来的逆差转变为顺差。

第 1 章 制药机械设备

1.1 原料药设备

1.1.1 制药反应设备

产品名称	型号规格	参考价格（元）	生产厂家	电话	主要参数及备注
反应罐	BFK-300	18000	宁波永泉制药设备有限公司	（0574）65010268	材质不锈钢
反应罐	BFK-500	25800	宁波永泉制药设备有限公司	（0574）65010268	材质不锈钢
反应罐	BFK-1000	37800	宁波永泉制药设备有限公司	（0574）65010268	材质不锈钢
反应罐	BFK-1500	54000	宁波永泉制药设备有限公司	（0574）65010268	材质不锈钢
反应罐	BFK-2000	67800	宁波永泉制药设备有限公司	（0574）65010268	材质不锈钢
反应罐	BFK-3000	84000	宁波永泉制药设备有限公司	（0574）65010268	材质不锈钢
反应罐	BFK-5000	99600	宁波永泉制药设备有限公司	（0574）65010268	材质不锈钢
反应罐	BFK-10000	166000	宁波永泉制药设备有限公司	（0574）65010268	材质不锈钢
反应罐	FK200	23500	江阴金发干燥设备有限公司	（0510）86178258	材质不锈钢
反应罐	FK300	27800	江阴金发干燥设备有限公司	（0510）86178258	材质不锈钢
反应罐	FK500	33000	江阴金发干燥设备有限公司	（0510）86178258	材质不锈钢
反应罐	FK800	41500	江阴金发干燥设备有限公司	（0510）86178258	材质不锈钢
反应罐	FK1000	49800	江阴金发干燥设备有限公司	（0510）86178258	材质不锈钢
反应罐	FK1500	66500	江阴金发干燥设备有限公司	（0510）86178258	材质不锈钢
反应罐	FK2000	78600	江阴金发干燥设备有限公司	（0510）86178258	材质不锈钢
反应罐	FK3000	101500	江阴金发干燥设备有限公司	（0510）86178258	材质不锈钢
反应罐	FK4000	115800	江阴金发干燥设备有限公司	（0510）86178258	材质不锈钢
反应罐	FK5000	127000	江阴金发干燥设备有限公司	（0510）86178258	材质不锈钢
可倾式反应锅	KF-50L	7150	江阴金发干燥设备有限公司	（0510）86178258	搅拌式
可倾式反应锅	KF-100L	8250	江阴金发干燥设备有限公司	（0510）86178258	搅拌式
可倾式反应锅	KF-200L	9800	江阴金发干燥设备有限公司	（0510）86178258	搅拌式
可倾式反应锅	KF-300L	11800	江阴金发干燥设备有限公司	（0510）86178258	搅拌式

产品名称	型号规格	参考价格（元）	生产厂家	电话	主要参数及备注
可倾式反应锅	KF-400L	12500	江阴金发干燥设备有限公司	（0510）86178258	搅拌式
可倾式反应锅	KF-500L	13800	江阴金发干燥设备有限公司	（0510）86178258	搅拌式

1.1.2 药用筛分、筛选设备

产品名称	型号规格	参考价格（元）	生产厂家	电话	主要参数及备注
变频滚筒式草叶筛	BGCS-800	23000	天津市朋群粉碎机设备有限公司	（022）83725677	材质不锈钢
变频滚筒式草叶筛	BGCS-800	26000	天津市中药机械厂	（022）27392043	生产能力150~300 kg/h，滚筒转速0~36 r/min，电动机功率1.5 kW，外形尺寸（mm）：1870×1320×1800，材质不锈钢
超声波振动筛	GY-800-1SSSR	86900	高明冠宇机械厂有限公司	（0757）88820081	带喷砂装置，瑞士产
超声波振动筛	GY-800-1SSSR	87300	高明冠宇机械厂有限公司	（0757）88820081	带抛光装置，瑞士产
超声波振动筛	GY-1000-1SSSR	99300	高明冠宇机械厂有限公司	（0757）88820081	带喷砂装置，瑞士产
超声波振动筛	GY-1000-1SSSR	99800	高明冠宇机械厂有限公司	（0757）88820081	带抛光装置，瑞士产
电动筛选机	SX-150	12800	山东省临清药物机械厂	（0635）2437495	材质不锈钢
电动筛选机	SX-195	13800	山东省临清药物机械厂	（0635）2437495	材质不锈钢
调频旋荡筛	TXS-1	26000	天津市朋群粉碎机设备有限公司	（022）83725677	材质不锈钢
调频旋荡筛	TXS-1	29000	天津市中药机械厂	（022）27392043	生产能力500~1000 kg/h，筛体转速31~170 r/min，功率1.1kW，外形尺寸（mm）：1300×750×1200，重300kg，材质不锈钢
法兰式振动筛	GY-800-1S	19200	高明冠宇机械厂有限公司	（0757）88820081	带喷砂装置
法兰式振动筛	GY-800-1S	19600	高明冠宇机械厂有限公司	（0757）88820081	带抛光装置
法兰式振动筛	GY-1000-1S-C	21700	高明冠宇机械厂有限公司	（0757）88820081	带喷砂装置
法兰式振动筛	GY-1000-1S-C	22200	高明冠宇机械厂有限公司	（0757）88820081	带抛光装置
方形筛	FS 0.5-1.5	19800	常州中贝干燥设备有限公司	（0519）88671938	下部材质碳钢，双出口
方形筛	FS 0.5-1.5	23100	常州中贝干燥设备有限公司	（0519）88671938	下部材质碳钢，三出口
方形筛	FS 0.5-1.5	24000	常州中贝干燥设备有限公司	（0519）88671938	材质304，双出口
方形筛	FS 0.5-1.5	27000	常州中贝干燥设备有限公司	（0519）88671938	材质304，三出口
方形筛	FS 0.6-1.5	12000	江苏省泰州市长江制药机械有限公司	（0523）86911380	
方形筛	FS 0.65-1.5	20900	常州中贝干燥设备有限公司	（0519）88671938	下部材质碳钢，双出口
方形筛	FS 0.65-1.5	24200	常州中贝干燥设备有限公司	（0519）88671938	下部材质碳钢，三出口

产品名称	型号规格	参考价格(元)	生产厂家	电话	主要参数及备注
高效筛粉机	ZS-800	31500	江苏瑰宝集团有限公司	(0510) 86397659	生产能力 150~2000 kg/h,筛网目数 12~200 目,振动频率 1500 次/min,功率0.75kW,外形尺寸(mm):1100×950×1150,重320kg,材质不锈钢,三出口
高效筛粉机	ZS-1000	38000	江苏瑰宝集团有限公司	(0510) 86397659	生产能力 200~2900 kg/h,筛网目数 12~200 目,振动频率 1500 次/min,功率1.5kW,外形尺寸(mm):1330×1100×1280,重420kg,下部材质碳钢,双出口
高效筛粉机	ZS-1000	42000	江苏瑰宝集团有限公司	(0510) 86397659	生产能力 200~2900 kg/h,筛网目数 12~200 目,振动频率 1500 次/min,功率1.5kW,外形尺寸(mm):1330×1100×1280,重420kg,材质不锈钢,双出口
高效筛粉机	ZS-1000	44000	江苏瑰宝集团有限公司	(0510) 86397659	生产能力 200~2900 kg/h,筛网目数 12~200 目,振动频率 1500 次/min,功率1.5kW,外形尺寸(mm):1330×1100×1280,重420kg,下部材质碳钢,三出口
高效筛粉机	ZS-1000	48000	江苏瑰宝集团有限公司	(0510) 86397659	生产能力 200~2900 kg/h,筛网目数 12~200 目,振动频率 1500 次/min,功率1.5kW,外形尺寸(mm):1330×1100×1280,重420kg,材质不锈钢,三出口
高效筛粉机	ZS-1200	50000	江苏瑰宝集团有限公司	(0510) 86397659	生产能力 300~4500 kg/h,筛网目数 12~200 目,振动频率 1500 次/min,功率2.2kW,外形尺寸(mm):1380×1350×1320,重500kg,下部材质碳钢,双出口
高效筛粉机	ZS-1200	55000	江苏瑰宝集团有限公司	(0510) 86397659	生产能力 300~4500 kg/h,筛网目数 12~200 目,振动频率 1500 次/min,功率2.2kW,外形尺寸(mm):1380×1350×1320,重500kg,材质不锈钢,双出口
高效筛粉机	ZS-1200	55000	江苏瑰宝集团有限公司	(0510) 86397659	生产能力 300~4500 kg/h,筛网目数 12~200 目,振动频率 1500 次/min,功率2.2kW,外形尺寸(mm):1380×1350×1320,重500kg,下部材质碳钢,三出口
高效筛粉机	ZS-1200	60000	江苏瑰宝集团有限公司	(0510) 86397659	生产能力 300~4500 kg/h,筛网目数 12~200 目,振动频率 1500 次/min,功率2.2kW,外形尺寸(mm):1380×1350×1320,重500kg,材质不锈钢,三出口
高效筛选机	XZS-500	12800	山东省临清药物机械厂	(0635) 2437495	材质不锈钢,双出口
刮板式振动筛	GY-1000-1S	31000	高明冠宇机械厂有限公司	(0757) 88820081	带喷砂装置
刮板式振动筛	GY-1000-1S	31600	高明冠宇机械厂有限公司	(0757) 88820081	带抛光装置
洁净筛	LZS-515	63000	江苏瑰宝集团有限公司	(0510) 86397659	材质不锈钢,双出口
洁净筛	LZS-515	65000	江苏瑰宝集团有限公司	(0510) 86397659	材质不锈钢,三出口
气旋筛粉机	QSF-300A	26000	天津市中药机械厂	(022) 27392043	材质碳钢
气旋筛粉机	QSF-300B	36000	天津市中药机械厂	(022) 27392043	材质不锈钢

产品名称	型号规格	参考价格（元）	生产厂家	电话	主要参数及备注
三元旋振筛	S49-400	8000	新乡市高服振动筛分机械有限公司	（0373）5702800	有效筛分直径 340mm，有效筛分面积 0.0907 m^2，筛网层数 1～5 层，材质 304
三元旋振筛	S49-600	10000	新乡市高服振动筛分机械有限公司	（0373）5702800	有效筛分直径 540mm，有效筛分面积 0.2289 m^2，筛网层数 1～5 层，材质 304
三元旋振筛	S49-800	12000	新乡市高服振动筛分机械有限公司	（0373）5702800	有效筛分直径 730mm，有效筛分面积 0.4183 m^2，筛网层数 1～5 层，材质 304
三元旋振筛	S49-1000	15000	新乡市高服振动筛分机械有限公司	（0373）5702800	有效筛分直径 900mm，有效筛分面积 0.6359 m^2，筛网层数 1～5 层，材质 304
三元旋振筛	S49-1200	19000	新乡市高服振动筛分机械有限公司	（0373）5702800	有效筛分直径 1100mm，有效筛分面积 0.9499 m^2，筛网层数 1～5 层，材质 304
三元旋振筛	S49-1500	22000	新乡市高服振动筛分机械有限公司	（0373）5702800	有效筛分直径 1400mm，有效筛分面积 1.5386 m^2，筛网层数 1～5 层，材质 304
三元旋振筛	S49-1800	25000	新乡市高服振动筛分机械有限公司	（0373）5702800	有效筛分直径 1700mm，有效筛分面积 2.2687 m^2，筛网层数 1～3 层，材质 304
三元旋振筛	S49-2000	30000	新乡市高服振动筛分机械有限公司	（0373）5702800	有效筛分直径 1886mm，有效筛分面积 27922 m^2，筛网层数 1～3 层，材质 304
筛粉机	ZS-350	8500	无锡市凯信干燥成套设备有限公司	（0510）81663608	下部材质碳钢，单出口
筛粉机	ZS-350	9500	无锡市凯信干燥成套设备有限公司	（0510）81663608	材质 304，单出口
筛粉机	ZS-350	9500	无锡市凯信干燥成套设备有限公司	（0510）81663608	下部材质碳钢，双出口
筛粉机	ZS-350	10500	无锡市凯信干燥成套设备有限公司	（0510）81663608	材质 304，双出口
筛粉机	ZS-350	10500	无锡市凯信干燥成套设备有限公司	（0510）81663608	下部材质碳钢，三出口
筛粉机	ZS-350	11500	无锡市凯信干燥成套设备有限公司	（0510）81663608	材质 304，三出口
筛粉机	ZS-515	12500	无锡市凯信干燥成套设备有限公司	（0510）81663608	下部材质碳钢，单出口
筛粉机	ZS-515	13400	无锡市凯信干燥成套设备有限公司	（0510）81663608	下部材质碳钢，双出口
筛粉机	ZS-515	13500	无锡市凯信干燥成套设备有限公司	（0510）81663608	材质 304，单出口
筛粉机	ZS-515	14500	无锡市凯信干燥成套设备有限公司	（0510）81663608	材质 304，双出口
筛粉机	ZS-515	14500	无锡市凯信干燥成套设备有限公司	（0510）81663608	下部材质碳钢，三出口
筛粉机	ZS-515	15500	无锡市凯信干燥成套设备有限公司	（0510）81663608	材质 304，三出口
筛粉机	ZS-650	15500	无锡市凯信干燥成套设备有限公司	（0510）81663608	下部材质碳钢，单出口
筛粉机	ZS-650	16500	无锡市凯信干燥成套设备有限公司	（0510）81663608	下部材质碳钢，双出口
筛粉机	ZS-650	17000	无锡市凯信干燥成套设备有限公司	（0510）81663608	材质 304，单出口
筛粉机	ZS-650	17500	无锡市凯信干燥成套设备有限公司	（0510）81663608	下部材质碳钢，三出口
筛粉机	ZS-650	18500	无锡市凯信干燥成套设备有限公司	（0510）81663608	材质 304，双出口

产品名称	型号规格	参考价格(元)	生产厂家	电话	主要参数及备注
旋振筛	ZS-350	14300	天津市中药机械厂	(022)27392043	生产能力 60~500 kg/h,筛网目数 12~200 目,主轴转速 1380 r/min,电动机功率0.55kW,外形尺寸(mm):540×540×1060,重100kg,材质不锈钢,三出口
旋振筛	ZS-515	14000	天津市朋群粉碎机设备有限公司	(022)83725677	生产能力 60~1300 kg/h,筛网目数 12~200 目,主轴转速 1370 r/min,电动机功率0.75kW,外形尺寸(mm):710×710×1290,重180kg,材质不锈钢,单出口
旋振筛	ZS-515	16000	天津市中药机械厂	(022)27392043	生产能力 60~1300 kg/h,筛网目数 12~200 目,主轴转速 1370 r/min,电动机功率0.75kW,外形尺寸(mm):710×710×1290,重180kg,材质不锈钢,单出口
旋振筛	ZS-515	16500	天津市朋群粉碎机设备有限公司	(022)83725677	生产能力 60~1300 kg/h,筛网目数 12~200 目,主轴转速 1370 r/min,电动机功率0.75kW,外形尺寸(mm):710×710×1290,重180kg,材质不锈钢,双出口
旋振筛	ZS-515	18700	天津市中药机械厂	(022)27392043	生产能力 60~1300 kg/h,筛网目数 12~200 目,主轴转速 1370 r/min,电动机功率0.75kW,外形尺寸(mm):710×710×1290,重180kg,材质不锈钢,双出口
旋振筛	ZS-515	19800	天津市朋群粉碎机设备有限公司	(022)83725677	生产能力 60~1300 kg/h,筛网目数 12~200 目,主轴转速 1370 r/min,电动机功率0.75kW,外形尺寸(mm):710×710×1290,重180kg,材质不锈钢,三出口
旋振筛	ZS-515	21800	天津市中药机械厂	(022)27392043	生产能力 60~1300 kg/h,筛网目数 12~200 目,主轴转速 1370 r/min,电动机功率0.75kW,外形尺寸(mm):710×710×1290,重180kg,材质不锈钢,三出口
旋振筛	ZS-650	21000	天津市中药机械厂	(022)27392043	生产能力 180~2000 kg/h,筛网目数 12~200 目,主轴转速 1370 r/min,电动机功率1.5kW,外形尺寸(mm):880×880×1350,重250kg,材质不锈钢,单出口
旋振筛	ZS-650	21500	天津市朋群粉碎机设备有限公司	(022)83725677	生产能力 180~2000 kg/h,筛网目数 12~200 目,主轴转速 1370 r/min,电动机功率1.5kW,外形尺寸(mm):880×880×1350,重250kg,材质不锈钢,双出口
旋振筛	ZS-650	24000	天津市中药机械厂	(022)27392043	生产能力 180~2000 kg/h,筛网目数 12~200 目,主轴转速 1370 r/min,电动机功率1.5kW,外形尺寸(mm):880×880×1350,重250kg,材质不锈钢,双出口
旋振筛	ZS-650	25800	天津市朋群粉碎机设备有限公司	(022)83725677	生产能力 180~2000 kg/h,筛网目数 12~200 目,主轴转速 1370 r/min,电动机功率1.5kW,外形尺寸(mm):880×880×1350,重250kg,材质不锈钢,三出口
旋振筛	ZS-650	29000	天津市中药机械厂	(022)27392043	生产能力 180~2000 kg/h,筛网目数 12~200 目,主轴转速 1370 r/min,电动机功率1.5kW,外形尺寸(mm):880×880×1350,重250kg,材质不锈钢,三出口

产品名称	型号规格	参考价格(元)	生产厂家	电话	主要参数及备注
旋振筛	ZS-800	27000	天津市朋群粉碎机设备有限公司	(022)83725677	生产能力200~500 kg/h,筛网目数12~200目,主轴转速1500 r/min,电动机功率0.75 kW,重300kg,材质不锈钢,三出口
旋振筛	ZS-800	31000	天津市中药机械厂	(022)27392043	生产能力200~500 kg/h,筛网目数12~200目,主轴转速1500 r/min,电动机功率0.75 kW,重300kg,材质不锈钢,三出口
旋转筛	FTS-190	23000	江苏瑰宝集团有限公司	(0510)86397659	生产能力100~1500 kg/h,筛网目数20~200目,转速940 r/min,功率2.2 kW,外形尺寸(mm):1700×530×1430,重200kg,下部材质碳钢
旋转筛	FTS-190	25000	江苏瑰宝集团有限公司	(0510)86397659	生产能力100~1500 kg/h,筛网目数20~200目,转速940 r/min,功率2.2 kW,外形尺寸(mm):1700×530×1430,重200kg,材质不锈钢
旋转筛	FTS-300	45000	江苏瑰宝集团有限公司	(0510)86397659	生产能力200~2000 kg/h,筛网目数20~200目,转速620 r/min,功率3kW,外形尺寸(mm):1735×650×2470,重350kg,下部材质碳钢
旋转筛	FTS-300	48000	江苏瑰宝集团有限公司	(0510)86397659	生产能力200~2000 kg/h,筛网目数20~200目,转速620 r/min,功率3kW,外形尺寸(mm):1735×650×2470,重350kg,材质不锈钢
药用振动筛	ZDS-600	5500	天津市朋群粉碎机设备有限公司	(022)83725677	筛网目数3~60目,转速480 r/min,功率0.75 kW,外形尺寸(mm):2000×540×600,重140kg,材质碳钢
药用振动筛	ZDS-600	7800	天津市朋群粉碎机设备有限公司	(022)83725677	筛网目数3~60目,转速480 r/min,功率0.75 kW,外形尺寸(mm):2000×540×600,重140kg,材质不锈钢
药用振动筛	ZDS-600	14000	天津市中药机械厂	(022)27392043	材质不锈钢
药用振动筛	ZDS-800	12000	天津市朋群粉碎机设备有限公司	(022)83725677	筛网目数3~60目,转速480 r/min,功率1.5 kW,外形尺寸(mm):2500×1000×700,重350kg,全封闭,材质不锈钢
圆形振动筛	ZS-350	100000	常州市统一干燥设备厂	(0519)88672588	生产能力40~500 kg/h,筛网目数12~1200目,主轴转速1380 r/min,电动机功率0.55 kW,外形尺寸(mm):540×540×1060,重100kg
圆形振动筛	ZS-515	140000	常州市统一干燥设备厂	(0519)88672588	生产能力60~600 kg/h,筛网目数12~1200目,主轴转速1370 r/min,电动机功率0.55kW,外形尺寸(mm):710×710×1290,重180kg
圆形振动筛	ZS-650	180000	常州市统一干燥设备厂	(0519)88672588	生产能力80~800 kg/h,筛网目数12~1200目,主轴转速1370 r/min,电动机功率0.55kW,外形尺寸(mm):880×880×1350,重250kg
圆形振动筛	ZS-800	220000	常州市统一干燥设备厂	(0519)88672588	生产能力80~800 kg/h,筛网目数12~1200目,主轴转速1500 r/min,电动机功率0.75kW,外形尺寸(mm):1100×1100×1200,重350kg

产品名称	型号规格	参考价格(元)	生产厂家	电话	主要参数及备注
圆形振动筛	ZS-1000	250000	常州市统一干燥设备厂	(0519)88672588	生产能力 300~2000 kg/h,筛网目数 5~325 目,主轴转速 1500 r/min,电动机功率1.5kW,外形尺寸(mm):1000×1000×1000,重300kg
圆形振动筛	ZS-1500	350000	常州市统一干燥设备厂	(0519)88672588	生产能力 350~2800 kg/h,筛网目数 5~325 目,主轴转速 1500 r/min,电动机功率2.2kW,外形尺寸(mm):1600×1600×1200,重400kg
振动筛粉机	LZS-350	13500	江苏瑰宝集团有限公司	(0510)86397659	生产能力 60~500 kg/h,筛网目数 12~200 目,振动频率 1450 次/min,功率0.4kW,外形尺寸(mm):600×500×900,重 100kg,下部材质碳钢,单出口
振动筛粉机	LZS-350	14500	江苏瑰宝集团有限公司	(0510)86397659	生产能力 60~500 kg/h,筛网目数 12~200 目,振动频率 1450 次/min,功率0.4kW,外形尺寸(mm):600×500×900,重 100kg,材质不锈钢,单出口
振动筛粉机	LZS-350	14500	江苏瑰宝集团有限公司	(0510)86397659	生产能力 60~500 kg/h,筛网目数 12~200 目,振动频率 1450 次/min,功率0.4kW,外形尺寸(mm):600×500×900,重 100kg,下部材质碳钢,双出口
振动筛粉机	LZS-350	15500	江苏瑰宝集团有限公司	(0510)86397659	生产能力 60~500 kg/h,筛网目数 12~200 目,振动频率 1450 次/min,功率0.4kW,外形尺寸(mm):600×500×900,重 100kg,材质不锈钢,双出口
振动筛粉机	LZS-350	15500	江苏瑰宝集团有限公司	(0510)86397659	生产能力 60~500 kg/h,筛网目数 12~200 目,振动频率 1450 次/min,功率0.4kW,外形尺寸(mm):600×500×900,重 100kg,下部材质碳钢,三出口
振动筛粉机	LZS-350	16500	江苏瑰宝集团有限公司	(0510)86397659	生产能力 60~500 kg/h,筛网目数 12~200 目,振动频率 1450 次/min,功率0.4kW,外形尺寸(mm):600×500×900,重 100kg,材质不锈钢,三出口
振动筛粉机	LZS-515	17500	江苏瑰宝集团有限公司	(0510)86397659	生产能力 60~1350 kg/h,筛网目数 12~200 目,振动频率 1450 次/min,功率0.75kW,外形尺寸(mm):850×600×1150,重150kg,下部材质碳钢,单出口
振动筛粉机	LZS-515	18500	江苏瑰宝集团有限公司	(0510)86397659	生产能力 60~1350 kg/h,筛网目数 12~200 目,振动频率 1450 次/min,功率0.75kW,外形尺寸(mm):850×600×1150,重150kg,材质不锈钢,单出口
振动筛粉机	LZS-515	18500	江苏瑰宝集团有限公司	(0510)86397659	生产能力 60~1350 kg/h,筛网目数 12~200 目,振动频率 1450 次/min,功率0.75kW,外形尺寸(mm):850×600×1150,重150kg,下部材质碳钢,双出口
振动筛粉机	LZS-515	19500	江苏瑰宝集团有限公司	(0510)86397659	生产能力 60~1350 kg/h,筛网目数 12~200 目,振动频率 1450 次/min,功率0.75kW,外形尺寸(mm):850×600×1150,重150kg,材质不锈钢,双出口

产品名称	型号规格	参考价格（元）	生产厂家	电话	主要参数及备注
振动筛粉机	LZS-515	19500	江苏瑰宝集团有限公司	(0510)86397659	生产能力60~1350 kg/h,筛网目数12~200目,振动频率1450次/min,功率0.75kW,外形尺寸(mm):850×600×1150,重150kg,下部材质碳钢,三出口
振动筛粉机	LZS-515	20500	江苏瑰宝集团有限公司	(0510)86397659	生产能力60~1350 kg/h,筛网目数12~200目,振动频率1450次/min,功率0.75kW,外形尺寸(mm):850×600×1150,重150kg,材质不锈钢,三出口
振动长方筛分机	ZS-0.3m^2	13000	江阴市宏达粉体设备有限公司	(0510)86237735	材质304,双出口
振动长方筛分机	ZS-0.3m^2	16900	江阴市宏达粉体设备有限公司	(0510)86237735	材质316L,双出口
振动长方筛分机	ZS-0.5m^2	15800	江阴市宏达粉体设备有限公司	(0510)86237735	材质304,双出口
振动长方筛分机	ZS-0.5m^2	20540	江阴市宏达粉体设备有限公司	(0510)86237735	材质316L,双出口
振动筛	GY-800-1S-A	16700	高明冠宇机械厂有限公司	(0757)88820081	带喷砂装置
振动筛	GY-800-1S-A	17200	高明冠宇机械厂有限公司	(0757)88820081	带抛光装置
振动筛	GY-800-1S-B	13600	高明冠宇机械厂有限公司	(0757)88820081	带喷砂装置
振动筛	GY-800-1S-B	14000	高明冠宇机械厂有限公司	(0757)88820081	带抛光装置
振动筛	GY-800-1S-FA	13400	高明冠宇机械厂有限公司	(0757)88820081	带喷砂装置
振动筛	GY-800-1S-FA	13800	高明冠宇机械厂有限公司	(0757)88820081	带抛光装置
振动筛	GY-800-1S-FB	11800	高明冠宇机械厂有限公司	(0757)88820081	带喷砂装置
振动筛	GY-800-1S-FB	12200	高明冠宇机械厂有限公司	(0757)88820081	带抛光装置
振动筛	GY-800-2S-A	21700	高明冠宇机械厂有限公司	(0757)88820081	带喷砂装置
振动筛	GY-800-2S-A	22200	高明冠宇机械厂有限公司	(0757)88820081	带抛光装置
振动筛	GY-800-2S-B	17300	高明冠宇机械厂有限公司	(0757)88820081	带喷砂装置
振动筛	GY-800-2S-B	17800	高明冠宇机械厂有限公司	(0757)88820081	带抛光装置
振动筛	GY-800-3S-A	26700	高明冠宇机械厂有限公司	(0757)88820081	带喷砂装置
振动筛	GY-800-3S-A	27200	高明冠宇机械厂有限公司	(0757)88820081	带抛光装置
振动筛	GY-800-3S-B	21100	高明冠宇机械厂有限公司	(0757)88820081	带喷砂装置
振动筛	GY-800-3S-B	21600	高明冠宇机械厂有限公司	(0757)88820081	带抛光装置
振动筛	GY-1000-1S-A	19200	高明冠宇机械厂有限公司	(0757)88820081	带喷砂装置
振动筛	GY-1000-1S-A	19700	高明冠宇机械厂有限公司	(0757)88820081	带抛光装置
振动筛	GY-1000-1S-B	15500	高明冠宇机械厂有限公司	(0757)88820081	带喷砂装置

产品名称	型号规格	参考价格（元）	生产厂家	电话	主要参数及备注
振动筛	GY-1000-1S-B	16000	高明冠宇机械厂有限公司	（0757）88820081	带抛光装置
振动筛	GY-1000-1S-FA	15400	高明冠宇机械厂有限公司	（0757）88820081	带喷砂装置
振动筛	GY-1000-1S-FA	15900	高明冠宇机械厂有限公司	（0757）88820081	带抛光装置
振动筛	GY-1000-1S-FB	13600	高明冠宇机械厂有限公司	（0757）88820081	带喷砂装置
振动筛	GY-1000-1S-FB	14100	高明冠宇机械厂有限公司	（0757）88820081	带抛光装置
振动筛	GY-1000-2S-A	25400	高明冠宇机械厂有限公司	（0757）88820081	带喷砂装置
振动筛	GY-1000-2S-A	26000	高明冠宇机械厂有限公司	（0757）88820081	带抛光装置
振动筛	GY-1000-2S-B	20400	高明冠宇机械厂有限公司	（0757）88820081	带喷砂装置
振动筛	GY-1000-2S-B	21000	高明冠宇机械厂有限公司	（0757）88820081	带抛光装置
振动筛	GY-1000-3S-A	31600	高明冠宇机械厂有限公司	（0757）88820081	带喷砂装置
振动筛	GY-1000-3S-A	32200	高明冠宇机械厂有限公司	（0757）88820081	带抛光装置
振动筛	GY-1000-3S-B	25400	高明冠宇机械厂有限公司	（0757）88820081	带喷砂装置
振动筛	GY-1000-3S-B	26000	高明冠宇机械厂有限公司	（0757）88820081	带抛光装置
振动筛	GY-1200-1S-A	29800	高明冠宇机械厂有限公司	（0757）88820081	带喷砂装置
振动筛	GY-1200-1S-A	30400	高明冠宇机械厂有限公司	（0757）88820081	带抛光装置
振动筛	GY-1200-1S-B	27300	高明冠宇机械厂有限公司	（0757）88820081	带喷砂装置
振动筛	GY-1200-1S-B	27900	高明冠宇机械厂有限公司	（0757）88820081	带抛光装置
振动筛	GY-1200-1S-FA	24800	高明冠宇机械厂有限公司	（0757）88820081	带喷砂装置
振动筛	GY-1200-1S-FA	25400	高明冠宇机械厂有限公司	（0757）88820081	带抛光装置
振动筛	GY-1200-2S-A	39700	高明冠宇机械厂有限公司	（0757）88820081	带喷砂装置
振动筛	GY-1200-2S-A	40400	高明冠宇机械厂有限公司	（0757）88820081	带抛光装置
振动筛	GY-1200-2S-B	34100	高明冠宇机械厂有限公司	（0757）88820081	带喷砂装置
振动筛	GY-1200-2S-B	34900	高明冠宇机械厂有限公司	（0757）88820081	带抛光装置
振动筛	GY-1200-3S-A	48400	高明冠宇机械厂有限公司	（0757）88820081	带喷砂装置
振动筛	GY-1200-3S-A	49300	高明冠宇机械厂有限公司	（0757）88820081	带抛光装置
振动筛	GY-1200-3S-B	40900	高明冠宇机械厂有限公司	（0757）88820081	带喷砂装置
振动筛	GY-1200-3S-B	41800	高明冠宇机械厂有限公司	（0757）88820081	带抛光装置
振动筛	PS-0.6×1.5	16000	泰兴市苏中制药机械有限公司	（0523）87261051	不含税价

产品名称	型号规格	参考价格（元）	生产厂家	电话	主要参数及备注
振动筛	PS-0.65×2	21000	泰兴市苏中制药机械有限公司	（0523）87261051	不含税价
振动筛	SX-500	9800	周口制药机械厂有限公司	（0394）8583482	生产能力 200～500 kg/h，电动机功率0.12kW，外形尺寸（mm）：1000×500×650，重 75kg，材质不锈钢
振动筛	XZS-315	9300	上海中南医药机械有限公司	（021）64089523	生产能力 100 kg/h，筛网目数 3～200 目，功率0.55kW，外形尺寸（mm）：490×490×1000，重 100kg
振动筛	XZS-400	5200	泰兴市苏中制药机械有限公司	（0523）87261051	不含税价
振动筛	XZS-400	11500	上海中南医药机械有限公司	（021）64089523	生产能力 200 kg/h，筛网目数 3～200 目，功率0.75kW，外形尺寸（mm）：580×580×1100，重 120kg
振动筛	XZS-500	15400	上海中南医药机械有限公司	（021）64089523	生产能力 300 kg/h，筛网目数 3～200 目，功率1.1kW，外形尺寸（mm）：700×700×1200，重 175kg
振动筛	XZS-600	7800	泰兴市苏中制药机械有限公司	（0523）87261051	不含税价
振动筛	XZS-630	19700	上海中南医药机械有限公司	（021）64089523	生产能力 500 kg/h，筛网目数 3～200 目，功率1.5kW，外形尺寸（mm）：860×860×1350，重 245kg
振动筛	XZS-800	10000	泰兴市苏中制药机械有限公司	（0523）87261051	不含税价
振动筛	XZS-800	26000	上海中南医药机械有限公司	（021）64089523	生产能力 800 kg/h，筛网目数 3～200 目，功率1.5kW，外形尺寸（mm）：1200×1200×1550，重 450kg
振动筛	XZS-1000	13000	泰兴市苏中制药机械有限公司	（0523）87261051	不含税价
振动筛	XZS-1000	43800	上海中南医药机械有限公司	（021）64089523	生产能力 1t/h，筛网目数 3～200 目，功率1.5kW，外形尺寸（mm）：1450×1450×1550，重1.1t
振动筛	XZS-1200	16000	泰兴市苏中制药机械有限公司	（0523）87261051	不含税价
振动筛	XZS-1200	60000	上海中南医药机械有限公司	（021）64089523	生产能力 1.4 t/h，筛网目数 3～200 目，功率 1.5 kW，外形尺寸（mm）：1650×1650×1600，重1.3t
振动筛	XZS-1500	75000	上海中南医药机械有限公司	（021）64089523	生产能力 1.9 t/h，筛网目数 3～200 目，功率 2.2 kW，外形尺寸（mm）：1950×1950×1650，重1.6t
振动筛	XZS-2000	98000	上海中南医药机械有限公司	（021）64089523	生产能力 2.5 t/h，筛网目数 3～200 目，功率 2.2 kW，外形尺寸（mm）：2450×2450×1700，重 2t
振动筛	ZS-200	5500	江苏瑰宝集团有限公司	（0510）86397659	下部材质碳钢，单出口
振动筛	ZS-200	5800	江苏瑰宝集团有限公司	（0510）86397659	材质不锈钢，单出口
振动筛	ZS-200	6000	江苏瑰宝集团有限公司	（0510）86397659	下部材质碳钢，双出口
振动筛	ZS-200	6300	江苏瑰宝集团有限公司	（0510）86397659	材质不锈钢，双出口
振动筛	ZS-350	8500	常州市宇通干燥设备有限公司	（0519）88901088	下部材质 Q235，单出口
振动筛	ZS-350	8500	江苏瑰宝集团有限公司	（0510）86397659	生产能力 60～500 kg/h，筛网目数 12～200 目，主轴转速 1380 r/min，功率 0.55 kW，外形尺寸（mm）：540×540×1060，重 100kg，下部材质碳钢，单出口

产品名称	型号规格	参考价格(元)	生产厂家	电话	主要参数及备注
振动筛	ZS-350	9500	常州市宇通干燥设备有限公司	(0519)88901088	材质不锈钢,单出口
振动筛	ZS-350	9500	常州市宇通干燥设备有限公司	(0519)88901088	下部材质Q235,双出口
振动筛	ZS-350	10000	江苏瑰宝集团有限公司	(0510)86397659	生产能力60~500 kg/h,筛网目数12~200目,主轴转速1380 r/min,功率0.55 kW,外形尺寸(mm):540×540×1060,重100kg,材质不锈钢,单出口
振动筛	ZS-350	10000	江苏瑰宝集团有限公司	(0510)86397659	生产能力60~500 kg/h,筛网目数12~200目,主轴转速1380 r/min,功率0.55 kW,外形尺寸(mm):540×540×1060,重100kg,下部材质碳钢,双出口
振动筛	ZS-350	10500	常州市宇通干燥设备有限公司	(0519)88901088	材质不锈钢,双出口
振动筛	ZS-350	10500	常州市宇通干燥设备有限公司	(0519)88901088	下部材质Q235,三出口
振动筛	ZS-350	11500	常州市宇通干燥设备有限公司	(0519)88901088	材质不锈钢,三出口
振动筛	ZS-350	11500	江苏瑰宝集团有限公司	(0510)86397659	生产能力60~500 kg/h,筛网目数12~200目,主轴转速1380 r/min,功率0.55 kW,外形尺寸(mm):540×540×1060,重100kg,材质不锈钢,双出口
振动筛	ZS-350	11500	江苏瑰宝集团有限公司	(0510)86397659	生产能力60~500 kg/h,筛网目数12~200目,主轴转速1380 r/min,功率0.55 kW,外形尺寸(mm):540×540×1060,重100kg,下部材质碳钢,三出口
振动筛	ZS-350	13000	江苏瑰宝集团有限公司	(0510)86397659	生产能力60~500 kg/h,筛网目数12~200目,主轴转速1380 r/min,功率0.55 kW,外形尺寸(mm):540×540×1060,重100kg,材质不锈钢,三出口
振动筛	ZS-365	8300	常州市互帮干燥设备有限公司	(0519)88739588	下部材质碳钢,单出口
振动筛	ZS-365	9130	常州中贝干燥设备有限公司	(0519)88671938	下部材质碳钢,单出口
振动筛	ZS-365	9500	江苏一步干燥设备有限公司	(0519)88902618	材质不锈钢,单出口
振动筛	ZS-365	9500	常州市互帮干燥设备有限公司	(0519)88739588	材质不锈钢,单出口
振动筛	ZS-365	9500	常州市互帮干燥设备有限公司	(0519)88739588	下部材质碳钢,双出口
振动筛	ZS-365	10450	常州中贝干燥设备有限公司	(0519)88671938	材质304,单出口
振动筛	ZS-365	10450	常州中贝干燥设备有限公司	(0519)88671938	下部材质碳钢,双出口
振动筛	ZS-365	10500	江苏一步干燥设备有限公司	(0519)88902618	材质不锈钢,双出口
振动筛	ZS-365	10500	常州市互帮干燥设备有限公司	(0519)88739588	材质不锈钢,双出口
振动筛	ZS-365	10500	常州市互帮干燥设备有限公司	(0519)88739588	下部材质碳钢,三出口
振动筛	ZS-365	11500	江苏一步干燥设备有限公司	(0519)88902618	材质不锈钢,三出口
振动筛	ZS-365	11500	常州市互帮干燥设备有限公司	(0519)88739588	材质不锈钢,三出口

产品名称	型号规格	参考价格(元)	生产厂家	电话	主要参数及备注
振动筛	ZS-365	11550	常州中贝干燥设备有限公司	(0519)88671938	下部材质碳钢,三出口
振动筛	ZS-400	7800	泰州市金泰制药机械有限公司	(0523)86916718	生产能力60~500 kg/h
振动筛	ZS-500	9000	泰州市金泰制药机械有限公司	(0523)86916718	生产能力100~1300 kg/h
振动筛	ZS-515	12500	常州市宇通干燥设备有限公司	(0519)88901088	下部材质Q235,单出口
振动筛	ZS-515	12500	常州市互帮干燥设备有限公司	(0519)88739588	生产能力60~1300 kg/h,筛网目数12~200目,主轴转速1380 r/min,功率0.55 kW,外形尺寸(mm):540×540×1060,重100kg,下部材质碳钢,单出口
振动筛	ZS-515	13000	常州市互帮干燥设备有限公司	(0519)88739588	生产能力60~1300 kg/h,筛网目数12~200目,主轴转速1380 r/min,功率0.55 kW,外形尺寸(mm):540×540×1060,重100kg,下部材质碳钢,双出口
振动筛	ZS-515	13000	常州市互帮干燥设备有限公司	(0519)88739588	生产能力60~1300 kg/h,筛网目数12~200目,主轴转速1380 r/min,功率0.55 kW,外形尺寸(mm):540×540×1060,重100kg,材质不锈钢,单出口
振动筛	ZS-515	13500	常州市宇通干燥设备有限公司	(0519)88901088	材质不锈钢,单出口
振动筛	ZS-515	13500	常州市宇通干燥设备有限公司	(0519)88901088	下部材质Q235,双出口
振动筛	ZS-515	13500	江苏一步干燥设备有限公司	(0519)88902618	生产能力60~600 kg/h,筛网目数12~200目,主轴转速1370 r/min,功率0.55 kW,外形尺寸(mm):710×710×1290,重180kg,材质不锈钢,单出口
振动筛	ZS-515	13500	江苏瑰宝集团有限公司	(0510)86397659	生产能力100~1300 kg/h,筛网目数12~200目,主轴转速1370 r/min,功率0.75 kW,外形尺寸(mm):710×710×1290,重180kg,下部材质碳钢,单出口
振动筛	ZS-515	13750	常州中贝干燥设备有限公司	(0519)88671938	主轴转速1370 r/min,电动机功率0.75kW,外形尺寸(mm):710×710×1290,重180kg,下部材质碳钢,单出口
振动筛	ZS-515	14300	常州中贝干燥设备有限公司	(0519)88671938	主轴转速1370 r/min,电动机功率0.75kW,外形尺寸(mm):710×710×1290,重180kg,材质304,单出口
振动筛	ZS-515	14300	常州中贝干燥设备有限公司	(0519)88671938	主轴转速1370 r/min,电动机功率0.75kW,外形尺寸(mm):710×710×1290,重180kg,下部材质碳钢,双出口
振动筛	ZS-515	14300	常州市互帮干燥设备有限公司	(0519)88739588	生产能力60~1300 kg/h,筛网目数12~200目,主轴转速1380 r/min,功率0.55 kW,外形尺寸(mm):540×540×1060,重100kg,材质不锈钢,双出口
振动筛	ZS-515	14500	常州市宇通干燥设备有限公司	(0519)88901088	材质不锈钢,双出口
振动筛	ZS-515	14500	江苏一步干燥设备有限公司	(0519)88902618	生产能力60~600 kg/h,筛网目数12~200目,主轴转速1370 r/min,功率0.55 kW,外形尺寸(mm):710×710×1290,重180kg,材质不锈钢,双出口

产品名称	型号规格	参考价格（元）	生产厂家	电话	主要参数及备注
振动筛	ZS-515	14500	常州市互帮干燥设备有限公司	（0519）88739588	生产能力 60~1300 kg/h，筛网目数 12~200 目，主轴转速 1380 r/min，功率 0.55 kW，外形尺寸（mm）：540×540×1060，重 100kg，下部材质碳钢，三出口
振动筛	ZS-515	15000	江苏瑰宝集团有限公司	（0510）86397659	生产能力 100~1300 kg/h，筛网目数 12~200 目，主轴转速 1370 r/min，功率 0.75 kW，外形尺寸（mm）：710×710×1290，重 180kg，材质不锈钢，单出口
振动筛	ZS-515	15000	江苏瑰宝集团有限公司	（0510）86397659	生产能力 100~1300 kg/h，筛网目数 12~200 目，主轴转速 1370 r/min，功率 0.75 kW，外形尺寸（mm）：710×710×1290，重 180kg，下部材质碳钢，双出口
振动筛	ZS-515	15000	常州市互帮干燥设备有限公司	（0519）88739588	生产能力 60~1300 kg/h，筛网目数 12~200 目，主轴转速 1380 r/min，功率 0.55 kW，外形尺寸（mm）：540×540×1060，重 100kg，材质不锈钢，三出口
振动筛	ZS-515	15500	常州市宇通干燥设备有限公司	（0519）88901088	材质不锈钢，三出口
振动筛	ZS-515	15500	江苏一步干燥设备有限公司	（0519）88902618	生产能力 60~600 kg/h，筛网目数 12~200 目，主轴转速 1370 r/min，功率 0.55 kW，外形尺寸（mm）：710×710×1290，重 180kg，材质不锈钢，三出口
振动筛	ZS-515	15730	常州中贝干燥设备有限公司	（0519）88671938	主轴转速 1370 r/min，电动机功率0.75kW，外形尺寸（mm）：710×710×1290，重 180kg，材质 304，双出口
振动筛	ZS-515	15950	常州中贝干燥设备有限公司	（0519）88671938	主轴转速 1370 r/min，电动机功率0.75kW，外形尺寸（mm）：710×710×1290，重 180kg，下部材质碳钢，三出口
振动筛	ZS-515	16500	江苏瑰宝集团有限公司	（0510）86397659	生产能力 100~1300 kg/h，筛网目数 12~200 目，主轴转速 1370 r/min，功率 0.75 kW，外形尺寸（mm）：710×710×1290，重 180kg，材质不锈钢，双出口
振动筛	ZS-515	16500	江苏瑰宝集团有限公司	（0510）86397659	生产能力 100~1300 kg/h，筛网目数 12~200 目，主轴转速 1370 r/min，功率 0.75 kW，外形尺寸（mm）：710×710×1290，重 180kg，下部材质碳钢，三出口
振动筛	ZS-515	16500	常州中贝干燥设备有限公司	（0519）88671938	主轴转速 1370 r/min，电动机功率0.75kW，外形尺寸（mm）：710×710×1290，重 180kg，材质 304，三出口
振动筛	ZS-515	18000	江苏瑰宝集团有限公司	（0510）86397659	生产能力 100~1300 kg/h，筛网目数 12~200 目，主轴转速 1370 r/min，功率 0.75 kW，外形尺寸（mm）：710×710×1290，重 180kg，材质不锈钢，三出口
振动筛	ZS-650	17000	江苏一步干燥设备有限公司	（0519）88902618	生产能力 80~800 kg/h，筛网目数 12~200 目，主轴转速 1370 r/min，功率 0.55 kW，外形尺寸（mm）：880×880×1350，重 250kg，材质不锈钢，单出口

产品名称	型号规格	参考价格(元)	生产厂家	电话	主要参数及备注
振动筛	ZS-650	17000	江苏瑰宝集团有限公司	(0510)86397659	生产能力 180~2000 kg/h,筛网目数 12~200 目,主轴转速 1370 r/min,功率 1.5 kW,外形尺寸(mm):880 × 880 × 1350,重 250kg,下部材质碳钢,单出口
振动筛	ZS-650	18500	江苏一步干燥设备有限公司	(0519)88902618	生产能力 80~800 kg/h,筛网目数 12~200 目,主轴转速 1370 r/min,功率 0.55 kW,外形尺寸(mm):880 × 880 × 1350,重 250kg,材质不锈钢,双出口
振动筛	ZS-650	18500	江苏瑰宝集团有限公司	(0510)86397659	生产能力 180~2000 kg/h,筛网目数 12~200 目,主轴转速 1370 r/min,功率 1.5 kW,外形尺寸(mm):880 × 880 × 1350,重 250kg,材质不锈钢,单出口
振动筛	ZS-650	18500	江苏瑰宝集团有限公司	(0510)86397659	生产能力 180~2000 kg/h,筛网目数 12~200 目,主轴转速 1370 r/min,功率 1.5 kW,外形尺寸(mm):880 × 880 × 1350,重 250kg,下部材质碳钢,双出口
振动筛	ZS-650	19800	江苏一步干燥设备有限公司	(0519)88902618	生产能力 80~800 kg/h,筛网目数 12~200 目,主轴转速 1370 r/min,功率 0.55 kW,外形尺寸(mm):880 × 880 × 1350,重 250kg,材质不锈钢,三出口
振动筛	ZS-650	20000	江苏瑰宝集团有限公司	(0510)86397659	生产能力 180~2000 kg/h,筛网目数 12~200 目,主轴转速 1370 r/min,功率 1.5 kW,外形尺寸(mm):880 × 880 × 1350,重 250kg,材质不锈钢,双出口
振动筛	ZS-650	20000	江苏瑰宝集团有限公司	(0510)86397659	生产能力 180~2000 kg/h,筛网目数 12~200 目,主轴转速 1370 r/min,功率 1.5 kW,外形尺寸(mm):880 × 880 × 1350,重 250kg,下部材质碳钢,三出口
振动筛	ZS-650	21500	江苏瑰宝集团有限公司	(0510)86397659	生产能力 180~2000 kg/h,筛网目数 12~200 目,主轴转速 1370 r/min,功率 1.5 kW,外形尺寸(mm):880 × 880 × 1350,重 250kg,材质不锈钢,三出口
振动筛	ZS-800	19900	常州市宇通干燥设备有限公司	(0519)88901088	下部材质 Q235,单出口
振动筛	ZS-800	19900	常州市互帮干燥设备有限公司	(0519)88739588	生产能力 200~500 kg/h,筛网目数 12~200 目,主轴转速 1500 r/min,功率0.75kW,重 300kg,下部材质碳钢,单出口
振动筛	ZS-800	21800	常州市宇通干燥设备有限公司	(0519)88901088	材质不锈钢,单出口
振动筛	ZS-800	21800	常州市宇通干燥设备有限公司	(0519)88901088	下部材质 Q235,双出口
振动筛	ZS-800	21800	常州市互帮干燥设备有限公司	(0519)88739588	生产能力 200~500 kg/h,筛网目数 12~200 目,主轴转速 1500 r/min,功率0.75kW,重 300kg,下部材质碳钢,双出口
振动筛	ZS-800	21890	常州中贝干燥设备有限公司	(0519)88671938	主轴转速 1500 r/min,电动机功率0.75kW,外形尺寸(mm):900×900×1200,重 300kg,下部材质碳钢,单出口

产品名称	型号规格	参考价格（元）	生产厂家	电话	主要参数及备注
振动筛	ZS-800	22000	江苏一步干燥设备有限公司	（0519）88902618	生产能力 150~1200 kg/h，筛网目数 12~200 目，主轴转速 1500 r/min，功率 0.75 kW，外形尺寸（mm）：1000×1000×1400，重 300kg，材质不锈钢，单出口
振动筛	ZS-800	23700	常州市互帮干燥设备有限公司	（0519）88739588	生产能力 200~500 kg/h，筛网目数 12~200 目，主轴转速 1500 r/min，功率0.75kW，重 300kg，下部材质碳钢，三出口
振动筛	ZS-800	23800	常州市宇通干燥设备有限公司	（0519）88901088	下部材质 Q235，三出口
振动筛	ZS-800	23800	常州市宇通干燥设备有限公司	（0519）88901088	材质不锈钢，双出口
振动筛	ZS-800	23980	常州中贝干燥设备有限公司	（0519）88671938	主轴转速 1500 r/min，电动机功率0.75kW，外形尺寸（mm）：900×900×1200，重 300kg，下部材质碳钢，双出口
振动筛	ZS-800	25800	常州市宇通干燥设备有限公司	（0519）88901088	材质不锈钢，三出口
振动筛	ZS-800	26180	常州中贝干燥设备有限公司	（0519）88671938	主轴转速 1500 r/min，电动机功率0.75kW，外形尺寸（mm）：900×900×1200，重 300kg，下部材质碳钢，三出口
振动筛	ZS-800	27000	江苏一步干燥设备有限公司	（0519）88902618	生产能力 150~1200 kg/h，筛网目数 12~200 目，主轴转速 1500 r/min，功率 0.75 kW，外形尺寸（mm）：1000×1000×1400，重 300kg，材质不锈钢，双出口
振动筛	ZS-800	31500	江苏一步干燥设备有限公司	（0519）88902618	生产能力 150~1200 kg/h，筛网目数 12~200 目，主轴转速 1500 r/min，功率 0.75 kW，外形尺寸（mm）：1000×1000×1400，重 300kg，材质不锈钢，三出口
振动筛	ZS-1000	25800	常州市宇通干燥设备有限公司	（0519）88901088	下部材质 Q235，单出口
振动筛	ZS-1000	25800	常州市互帮干燥设备有限公司	（0519）88739588	下部材质碳钢，单出口
振动筛	ZS-1000	28000	常州市宇通干燥设备有限公司	（0519）88901088	下部材质 Q235，双出口
振动筛	ZS-1000	28000	常州市互帮干燥设备有限公司	（0519）88739588	下部材质碳钢，双出口
振动筛	ZS-1000	28380	常州中贝干燥设备有限公司	（0519）88671938	下部材质碳钢，单出口
振动筛	ZS-1000	28800	常州市宇通干燥设备有限公司	（0519）88901088	材质不锈钢，单出口
振动筛	ZS-1000	30500	常州市宇通干燥设备有限公司	（0519）88901088	下部材质 Q235，三出口
振动筛	ZS-1000	30500	常州市互帮干燥设备有限公司	（0519）88739588	下部材质碳钢，三出口
振动筛	ZS-1000	30800	常州中贝干燥设备有限公司	（0519）88671938	下部材质碳钢，双出口
振动筛	ZS-1000	31000	常州市宇通干燥设备有限公司	（0519）88901088	材质不锈钢，双出口
振动筛	ZS-1000	33500	常州市宇通干燥设备有限公司	（0519）88901088	材质不锈钢，三出口
振动筛	ZS-1000	33550	常州中贝干燥设备有限公司	（0519）88671938	下部材质碳钢，三出口

产品名称	型号规格	参考价格（元）	生产厂家	电话	主要参数及备注
振动筛	ZS-1000	43000	江苏一步干燥设备有限公司	（0519）88902618	生产能力 300～2000 kg/h，筛网目数 5～325 目，主轴转速 1500 r/min，功率 1.5 kW，外形尺寸（mm）：1100×1100×1200，重 350kg，材质不锈钢，单出口
振动筛	ZS-1000	45000	江苏一步干燥设备有限公司	（0519）88902618	生产能力 300～2000 kg/h，筛网目数 5～325 目，主轴转速 1500 r/min，功率 1.5 kW，外形尺寸（mm）：1100×1100×1200，重 350kg，材质不锈钢，双出口
振动筛	ZS-1000	48000	江苏一步干燥设备有限公司	（0519）88902618	生产能力 300～2000 kg/h，筛网目数 5～325 目，主轴转速 1500 r/min，功率 1.5 kW，外形尺寸（mm）：1100×1100×1200，重 350kg，材质不锈钢，三出口
振动筛	ZS-1500	31500	常州市互帮干燥设备有限公司	（0519）88739588	下部材质碳钢，单出口
振动筛	ZS-1500	34650	常州中贝干燥设备有限公司	（0519）88671938	下部材质碳钢，单出口
振动筛	ZS-1500	35000	常州市互帮干燥设备有限公司	（0519）88739588	下部材质碳钢，双出口
振动筛	ZS-1500	38500	常州中贝干燥设备有限公司	（0519）88671938	下部材质碳钢，双出口
振动筛	ZS-1500	39000	常州市互帮干燥设备有限公司	（0519）88739588	下部材质碳钢，三出口
振动筛	ZS-1500	42900	常州中贝干燥设备有限公司	（0519）88671938	下部材质碳钢，三出口
振动筛	ZS-1500	78000	江苏一步干燥设备有限公司	（0519）88902618	生产能力 350～2800 kg/h，筛网目数 5～325 目，主轴转速 1500 r/min，功率 2.2 kW，外形尺寸（mm）：1600×1600×1200，重 400kg，材质不锈钢，单出口
振动筛	ZS-1500	81000	江苏一步干燥设备有限公司	（0519）88902618	生产能力 350～2800 kg/h，筛网目数 5～325 目，主轴转速 1500 r/min，功率 2.2 kW，外形尺寸（mm）：1600×1600×1200，重 400kg，材质不锈钢，双出口
振动筛	ZS-1500	85000	江苏一步干燥设备有限公司	（0519）88902618	生产能力 350～2800 kg/h，筛网目数 5～325 目，主轴转速 1500 r/min，功率 2.2 kW，外形尺寸（mm）：1600×1600×1200，重 400kg，材质不锈钢，三出口
振动筛	ZSF-520	6000	上海振春粉体设备有限公司	（021）64423500	筛面倾角 3°～7°，层数 1～4 层
振动筛	ZSF-525	7000	上海振春粉体设备有限公司	（021）64423500	筛面倾角 3°～7°，层数 1～4 层
振动筛	ZSF-1020	10000	上海振春粉体设备有限公司	（021）64423500	筛面倾角 3°～7°，层数 1～6 层
振动筛	ZSF-1025	12000	上海振春粉体设备有限公司	（021）64423500	筛面倾角 3°～7°，层数 1～6 层
振动筛分机	FS-0.4	13500	无锡市凯信干燥成套设备有限公司	（0510）81663608	生产能力≥650 kg/h，筛网目数 3～250 目，转速 1400 r/min，电动机功率0.2kW，外形尺寸（mm）：1050×650×930，单层双出口
振动筛分机	FS-0.4	15600	无锡市凯信干燥成套设备有限公司	（0510）81663608	生产能力≥650 kg/h，筛网目数 3～250 目，转速 1400 r/min，电动机功率0.2kW，外形尺寸（mm）：1050×650×930，双层三出口

产品名称	型号规格	参考价格（元）	生产厂家	电话	主要参数及备注
振动筛分机	FS-0.5	16600	无锡市凯信干燥成套设备有限公司	（0510）81663608	生产能力≥850 kg/h，筛网目数3~250 目，转速 1400 r/min，电动机功率0.2kW，外形尺寸（mm）：1200×660×1250，单层双出口
振动筛分机	FS-0.5	19700	无锡市凯信干燥成套设备有限公司	（0510）81663608	生产能力≥850 kg/h，筛网目数3~250 目，转速 1400 r/min，电动机功率0.2kW，外形尺寸（mm）：1200×660×1250，双层三出口
振动筛分机	FS-1.2	35000	无锡市凯信干燥成套设备有限公司	（0510）81663608	生产能力 800~1200 kg/h，筛网目数 3 ~ 250 目，转速 1400 r/min，电动机功率0.2kW×2，外形尺寸（mm）：1980×1050×1450，单层双出口
振动筛分机	FS-1.2	39400	无锡市凯信干燥成套设备有限公司	（0510）81663608	生产能力 800~1200 kg/h，筛网目数 3 ~ 250 目，转速 1400 r/min，电动机功率0.2kW×2，外形尺寸（mm）：1980×1050×1450，双层三出口
振动筛分机	FS-1.8	44800	无锡市凯信干燥成套设备有限公司	（0510）81663608	生产能力1.2~2t/h，筛网目数 3~250 目，转速 1400 r/min，电动机功率 0.2 kW × 2，外形尺寸（mm）：2400×1200×1500，单层双出口
振动筛分机	FS-1.8	50800	无锡市凯信干燥成套设备有限公司	（0510）81663608	生产能力1.2~2t/h，筛网目数 3~250 目，转速 1400 r/min，电动机功率0.2kW×2，外形尺寸（mm）：2400×1200×1500，双层三出口
振动式旋转除粉筛	SZ300	6000	上海天祥健台制药机械有限公司	（021）62982333	最大生产能力 550000 片/h，最大噪声 82dB，外形尺寸（mm）：410×410×880，重 34kg
振动式旋转除粉筛	SZ400	9500	上海天祥健台制药机械有限公司	（021）62982333	最大生产能力 800000 片/h，最大噪声 82dB，外形尺寸（mm）：510×510×880，重 62kg
振动式旋转除粉筛	SZS200	26800	上海天祥健台制药机械有限公司	（021）62982333	生产能力 800000 片/h，最大噪声 75dB，功率0.15kW，重 70kg
自动化连线离心干燥筛选机	DWJZLSG-2000	97000	烟台百药泰中药科技发展有限公司	（0535）6389416	电压 380V，转速 2600 r/min，功率7.7kW，重 300kg

1.1.3 贮存设备

产品名称	型号规格	参考价格（元）	生产厂家	电话	主要参数及备注
储罐	CG-0.5	9800	无锡市凯信干燥成套设备有限公司	（0510）81663608	材质不锈钢
储罐	CG-1	15100	无锡市凯信干燥成套设备有限公司	（0510）81663608	材质不锈钢
储罐	CG-1.5	26800	无锡市凯信干燥成套设备有限公司	（0510）81663608	材质不锈钢
储罐	CG-2	32000	无锡市凯信干燥成套设备有限公司	（0510）81663608	材质不锈钢
储罐	CG-2.5	34500	无锡市凯信干燥成套设备有限公司	（0510）81663608	材质不锈钢
储罐	CG-3	36500	无锡市凯信干燥成套设备有限公司	（0510）81663608	材质不锈钢
储罐	CG-3.5	39500	无锡市凯信干燥成套设备有限公司	（0510）81663608	材质不锈钢

产品名称	型号规格	参考价格（元）	生产厂家	电话	主要参数及备注
储罐	CG-5	47000	无锡市凯信干燥成套设备有限公司	（0510）81663608	材质不锈钢
储罐	CG-6	58500	无锡市凯信干燥成套设备有限公司	（0510）81663608	材质不锈钢
储罐	CG-10	91500	无锡市凯信干燥成套设备有限公司	（0510）81663608	材质不锈钢
储罐	10t	13750	太仓双雄化工设备有限公司	（0512）53262300	立式常压
储罐	10t	16250	太仓双雄化工设备有限公司	（0512）53262300	卧式常压
储罐	15t	16500	太仓双雄化工设备有限公司	（0512）53262300	立式常压
储罐	15t	19800	太仓双雄化工设备有限公司	（0512）53262300	卧式常压
储罐	20t	18500	太仓双雄化工设备有限公司	（0512）53262300	立式常压
储罐	20t	21000	太仓双雄化工设备有限公司	（0512）53262300	卧式常压
储罐	30t	28800	太仓双雄化工设备有限公司	（0512）53262300	立式常压
储罐	30t	34000	太仓双雄化工设备有限公司	（0512）53262300	卧式常压
储罐	40t	39000	太仓双雄化工设备有限公司	（0512）53262300	立式常压
储罐	40t	44000	太仓双雄化工设备有限公司	（0512）53262300	卧式常压
储罐	50t	47500	太仓双雄化工设备有限公司	（0512）53262300	立式常压
储罐	50t	55000	太仓双雄化工设备有限公司	（0512）53262300	卧式常压
储罐	60t	55800	太仓双雄化工设备有限公司	（0512）53262300	立式常压
储罐	60t	68000	太仓双雄化工设备有限公司	（0512）53262300	卧式常压
储罐	100L	850	太仓双雄化工设备有限公司	（0512）53262300	立式真空
储罐	200L	1200	太仓双雄化工设备有限公司	（0512）53262300	立式真空
储罐	300L	1400	太仓双雄化工设备有限公司	（0512）53262300	立式真空
储罐	400L	1650	太仓双雄化工设备有限公司	（0512）53262300	立式真空
储罐	500L	2050	太仓双雄化工设备有限公司	（0512）53262300	立式真空
储罐	600L	2400	太仓双雄化工设备有限公司	（0512）53262300	立式真空
储罐	800L	2900	太仓双雄化工设备有限公司	（0512）53262300	立式真空
储罐	1000L	2500	太仓双雄化工设备有限公司	（0512）53262300	立式平底常压
储罐	1000L	3200	太仓双雄化工设备有限公司	（0512）53262300	立式真空
储罐	1200L	2800	太仓双雄化工设备有限公司	（0512）53262300	立式平底常压
储罐	1200L	3500	太仓双雄化工设备有限公司	（0512）53262300	立式真空

产品名称	型号规格	参考价格（元）	生产厂家	电话	主要参数及备注
储罐	1500L	3100	太仓双雄化工设备有限公司	(0512) 53262300	立式平底常压
储罐	1500L	4200	太仓双雄化工设备有限公司	(0512) 53262300	立式真空
储罐	2000L	3500	太仓双雄化工设备有限公司	(0512) 53262300	立式平底常压
储罐	2000L	5800	太仓双雄化工设备有限公司	(0512) 53262300	立式真空
储罐	2500L	4200	太仓双雄化工设备有限公司	(0512) 53262300	立式平底常压
储罐	2500L	6800	太仓双雄化工设备有限公司	(0512) 53262300	立式真空
储罐	3000L	4800	太仓双雄化工设备有限公司	(0512) 53262300	立式平底常压
储罐	3000L	7200	太仓双雄化工设备有限公司	(0512) 53262300	立式真空
储罐	4000L	6200	太仓双雄化工设备有限公司	(0512) 53262300	立式平底常压
储罐	4000L	8800	太仓双雄化工设备有限公司	(0512) 53262300	立式真空
储罐	5000L	8000	太仓双雄化工设备有限公司	(0512) 53262300	立式平底常压
储罐	5000L	11000	太仓双雄化工设备有限公司	(0512) 53262300	立式真空
纯水储罐	CSG-1000L	25300	宁波永泉制药设备有限公司	(0574) 65010268	材质 316L
纯水储罐	CSG-2000L	30000	宁波永泉制药设备有限公司	(0574) 65010268	材质 316L
纯水储罐	CSG-3000L	36000	宁波永泉制药设备有限公司	(0574) 65010268	材质 316L
纯水储罐	CSG-4000L	48000	宁波永泉制药设备有限公司	(0574) 65010268	材质 316L
纯水储罐	CSG-5000L	54000	宁波永泉制药设备有限公司	(0574) 65010268	材质 316L
纯水储罐	CSG-6000L	66000	宁波永泉制药设备有限公司	(0574) 65010268	材质 316L
纯水储罐	CSG-8000L	80000	宁波永泉制药设备有限公司	(0574) 65010268	材质 316L
纯水储罐	CSG-10000L	108000	宁波永泉制药设备有限公司	(0574) 65010268	材质 316L
纯水储罐	CSG-12000L	120000	宁波永泉制药设备有限公司	(0574) 65010268	材质 316L
纯水储罐	CSG-15000L	150000	宁波永泉制药设备有限公司	(0574) 65010268	材质 316L
蒸馏水储罐	L（W）CG-1000L	37600	宁波永泉制药设备有限公司	(0574) 65010268	材质 316L
蒸馏水储罐	L（W）CG-2000L	48000	宁波永泉制药设备有限公司	(0574) 65010268	材质 316L
蒸馏水储罐	L（W）CG-3000L	62000	宁波永泉制药设备有限公司	(0574) 65010268	材质 316L
蒸馏水储罐	L（W）CG-4000L	73000	宁波永泉制药设备有限公司	(0574) 65010268	材质 316L
蒸馏水储罐	L（W）CG-5000L	84000	宁波永泉制药设备有限公司	(0574) 65010268	材质 316L
蒸馏水储罐	L（W）CG-6000L	95000	宁波永泉制药设备有限公司	(0574) 65010268	材质 316L

产品名称	型号规格	参考价格（元）	生产厂家	电话	主要参数及备注
蒸馏水储罐	L（W）CG－8000L	110000	宁波永泉制药设备有限公司	（0574）65010268	材质316L
蒸馏水储罐	L（W）CG－10000L	139000	宁波永泉制药设备有限公司	（0574）65010268	材质316L
蒸馏水储罐	L（W）CG－12000L	150000	宁波永泉制药设备有限公司	（0574）65010268	材质316L
蒸馏水储罐	L（W）CG－15000L	186000	宁波永泉制药设备有限公司	（0574）65010268	材质316L
保温加热储罐	500L	25000	常州市互帮干燥设备有限公司	（0519）88739588	材质304，带夹套
保温加热储罐	500L	25000	江阴金发干燥设备有限公司	（0510）86178258	材质304，带夹套
保温加热储罐	500L	30000	常州市互帮干燥设备有限公司	（0519）88739588	材质316L，带夹套
保温加热储罐	500L	30000	江阴金发干燥设备有限公司	（0510）86178258	材质316L，带夹套
保温加热储罐	1000L	35000	常州市互帮干燥设备有限公司	（0519）88739588	材质304，带夹套
保温加热储罐	1000L	35000	江阴金发干燥设备有限公司	（0510）86178258	材质304，带夹套
保温加热储罐	1000L	43000	常州市互帮干燥设备有限公司	（0519）88739588	材质316L，带夹套
保温加热储罐	1000L	43000	江阴金发干燥设备有限公司	（0510）86178258	材质316L，带夹套
保温加热储罐	1200L	41000	常州市互帮干燥设备有限公司	（0519）88739588	材质304，带夹套
保温加热储罐	1200L	41000	江阴金发干燥设备有限公司	（0510）86178258	材质304，带夹套
保温加热储罐	1200L	53000	常州市互帮干燥设备有限公司	（0519）88739588	材质316L，带夹套
保温加热储罐	1200L	53000	江阴金发干燥设备有限公司	（0510）86178258	材质316L，带夹套
保温加热储罐	1500L	48000	常州市互帮干燥设备有限公司	（0519）88739588	材质304，带夹套
保温加热储罐	1500L	48000	江阴金发干燥设备有限公司	（0510）86178258	材质304，带夹套
保温加热储罐	1500L	58000	常州市互帮干燥设备有限公司	（0519）88739588	材质316L，带夹套
保温加热储罐	1500L	58000	江阴金发干燥设备有限公司	（0510）86178258	材质316L，带夹套
保温加热储罐	2000L	55000	常州市互帮干燥设备有限公司	（0519）88739588	材质304，带夹套
保温加热储罐	2000L	55000	江阴金发干燥设备有限公司	（0510）86178258	材质304，带夹套
保温加热储罐	2000L	70000	常州市互帮干燥设备有限公司	（0519）88739588	材质316L，带夹套
保温加热储罐	2000L	70000	江阴金发干燥设备有限公司	（0510）86178258	材质316L，带夹套
保温加热储罐	3000L	75000	常州市互帮干燥设备有限公司	（0519）88739588	材质304，带夹套
保温加热储罐	3000L	90000	江阴金发干燥设备有限公司	（0510）86178258	材质316L，带夹套
保温加热储罐	4000L	85000	常州市互帮干燥设备有限公司	（0519）88739588	材质304，带夹套
保温加热储罐	4000L	85000	江阴金发干燥设备有限公司	（0510）86178258	材质304，带夹套

产品名称	型号规格	参考价格（元）	生产厂家	电话	主要参数及备注
保温加热储罐	4000L	105000	常州市互帮干燥设备有限公司	（0519）88739588	材质316L，带夹套
保温加热储罐	4000L	105000	江阴金发干燥设备有限公司	（0510）86178258	材质316L，带夹套
保温加热储罐	6000L	105000	常州市互帮干燥设备有限公司	（0519）88739588	材质304，带夹套
保温加热储罐	6000L	135000	江阴金发干燥设备有限公司	（0510）86178258	材质316L，带夹套
储液罐	ZG-0.5m^3	8000	浙江森力机械科技有限公司	（0577）65021908	立式，材质304，带呼吸器、清洗球、仪表
储液罐	ZG-0.5m^3	8000	浙江森力机械科技有限公司	（0577）65021908	卧式，材质304，带呼吸器、清洗球、仪表
储液罐	ZG-1m^3	11000	浙江森力机械科技有限公司	（0577）65021908	立式，材质304，带呼吸器、清洗球、仪表
储液罐	ZG-1m^3	11000	浙江森力机械科技有限公司	（0577）65021908	卧式，材质304，带呼吸器、清洗球、仪表
储液罐	ZG-2m^3	15000	浙江森力机械科技有限公司	（0577）65021908	立式，材质304，带呼吸器、清洗球、仪表
储液罐	ZG-2m^3	15000	浙江森力机械科技有限公司	（0577）65021908	卧式，材质304，带呼吸器、清洗球、仪表
储液罐	ZG-3m^3	21000	浙江森力机械科技有限公司	（0577）65021908	立式，材质304，带呼吸器、清洗球、仪表
储液罐	ZG-3m^3	21000	浙江森力机械科技有限公司	（0577）65021908	卧式，材质304，带呼吸器、清洗球、仪表
储液罐	ZG-4m^3	24000	浙江森力机械科技有限公司	（0577）65021908	立式，材质304，带呼吸器、清洗球、仪表
储液罐	ZG-4m^3	24000	浙江森力机械科技有限公司	（0577）65021908	卧式，材质304，带呼吸器、清洗球、仪表
储液罐	ZG-5m^3	32000	浙江森力机械科技有限公司	（0577）65021908	立式，材质304，带呼吸器、清洗球、仪表
储液罐	ZG-5m^3	32000	浙江森力机械科技有限公司	（0577）65021908	卧式，材质304，带呼吸器、清洗球、仪表
储液罐	ZG-6m^3	35000	浙江森力机械科技有限公司	（0577）65021908	立式，材质304，带呼吸器、清洗球、仪表
储液罐	ZG-6m^3	35000	浙江森力机械科技有限公司	（0577）65021908	卧式，材质304，带呼吸器、清洗球、仪表
储液罐	ZG-8m^3	41000	浙江森力机械科技有限公司	（0577）65021908	立式，材质304，带呼吸器、清洗球、仪表
储液罐	ZG-8m^3	41000	浙江森力机械科技有限公司	（0577）65021908	卧式，材质304，带呼吸器、清洗球、仪表
储液罐	ZG-10m^3	46000	浙江森力机械科技有限公司	（0577）65021908	立式，材质304，带呼吸器、清洗球、仪表
储液罐	ZG-10m^3	46000	浙江森力机械科技有限公司	（0577）65021908	卧式，材质304，带呼吸器、清洗球、仪表

1.1.4 药用灭菌设备

产品名称	型号规格	参考价格（元）	生产厂家	电话	主要参数及备注
臭氧灭菌烘箱	OM-0	23000	常州中贝干燥设备有限公司	（0519）88671938	内壁材质不锈钢，单门烘架
臭氧灭菌烘箱	OM-0	24580	常州中贝干燥设备有限公司	（0519）88671938	内壁材质不锈钢，单门烘架，带轴流风机

产品名称	型号规格	参考价格（元）	生产厂家	电话	主要参数及备注
臭氧灭菌烘箱	OM-0	25160	常州中贝干燥设备有限公司	（0519）88671938	内壁材质不锈钢，单门烘架，带防爆型轴流风机
臭氧灭菌烘箱	OM-0	26000	常州中贝干燥设备有限公司	（0519）88671938	内壁材质不锈钢，单门烘架，带自动控温仪
臭氧灭菌烘箱	OM-0	26850	常州中贝干燥设备有限公司	（0519）88671938	内壁材质不锈钢，单门烘架，带不锈钢轴流风机
臭氧灭菌烘箱	OM-0	27800	常州中贝干燥设备有限公司	（0519）88671938	内壁材质不锈钢，单门烘架，带不锈钢耐高温风机
臭氧灭菌烘箱	OM-0	29000	常州中贝干燥设备有限公司	（0519）88671938	材质不锈钢，单门烘架
臭氧灭菌烘箱	OM-0	30580	常州中贝干燥设备有限公司	（0519）88671938	材质不锈钢，单门烘架，带轴流风机
臭氧灭菌烘箱	OM-0	31160	常州中贝干燥设备有限公司	（0519）88671938	材质不锈钢，单门烘架，带防爆型轴流风机
臭氧灭菌烘箱	OM-0	32000	常州中贝干燥设备有限公司	（0519）88671938	材质不锈钢，单门烘架，带自动控温仪
臭氧灭菌烘箱	OM-0	32850	常州中贝干燥设备有限公司	（0519）88671938	材质不锈钢，单门烘架，带不锈钢轴流风机
臭氧灭菌烘箱	OM-0	33800	常州中贝干燥设备有限公司	（0519）88671938	材质不锈钢，单门烘架，带不锈钢耐高温风机
臭氧灭菌烘箱	OM-Ⅰ	32000	常州中贝干燥设备有限公司	（0519）88671938	内壁材质不锈钢，2门2车
臭氧灭菌烘箱	OM-Ⅰ	33580	常州中贝干燥设备有限公司	（0519）88671938	内壁材质不锈钢，2门2车，带轴流风机
臭氧灭菌烘箱	OM-Ⅰ	34160	常州中贝干燥设备有限公司	（0519）88671938	内壁材质不锈钢，2门2车，带防爆型轴流风机
臭氧灭菌烘箱	OM-Ⅰ	35000	常州中贝干燥设备有限公司	（0519）88671938	内壁材质不锈钢，2门2车，带自动控温仪
臭氧灭菌烘箱	OM-Ⅰ	35850	常州中贝干燥设备有限公司	（0519）88671938	内壁材质不锈钢，2门2车，带不锈钢轴流风机
臭氧灭菌烘箱	OM-Ⅰ	36800	常州中贝干燥设备有限公司	（0519）88671938	内壁材质不锈钢，2门2车，带不锈钢耐高温风机
臭氧灭菌烘箱	OM-Ⅰ	39000	常州中贝干燥设备有限公司	（0519）88671938	材质不锈钢，2门2车
臭氧灭菌烘箱	OM-Ⅰ	40580	常州中贝干燥设备有限公司	（0519）88671938	材质不锈钢，2门2车，带轴流风机
臭氧灭菌烘箱	OM-Ⅰ	41160	常州中贝干燥设备有限公司	（0519）88671938	材质不锈钢，2门2车，带防爆型轴流风机
臭氧灭菌烘箱	OM-Ⅰ	42000	常州中贝干燥设备有限公司	（0519）88671938	材质不锈钢，2门2车，带自动控温仪
臭氧灭菌烘箱	OM-Ⅰ	42800	常州中贝干燥设备有限公司	（0519）88671938	材质不锈钢，2门2车，带不锈钢耐高温风机
臭氧灭菌烘箱	OM-Ⅰ	42850	常州中贝干燥设备有限公司	（0519）88671938	材质不锈钢，2门2车，带不锈钢轴流风机
臭氧灭菌烘箱	OM-Ⅱ	48000	常州中贝干燥设备有限公司	（0519）88671938	内壁材质不锈钢，2门4车
臭氧灭菌烘箱	OM-Ⅱ	49580	常州中贝干燥设备有限公司	（0519）88671938	内壁材质不锈钢，2门4车，带轴流风机
臭氧灭菌烘箱	OM-Ⅱ	50160	常州中贝干燥设备有限公司	（0519）88671938	内壁材质不锈钢，2门4车，带防爆型轴流风机
臭氧灭菌烘箱	OM-Ⅱ	51000	常州中贝干燥设备有限公司	（0519）88671938	内壁材质不锈钢，2门4车，带自动控温仪
臭氧灭菌烘箱	OM-Ⅱ	51850	常州中贝干燥设备有限公司	（0519）88671938	内壁材质不锈钢，2门4车，带不锈钢轴流风机
臭氧灭菌烘箱	OM-Ⅱ	52800	常州中贝干燥设备有限公司	（0519）88671938	内壁材质不锈钢，2门4车，带不锈钢耐高温风机

产品名称	型号规格	参考价格(元)	生产厂家	电话	主要参数及备注
干燥灭菌烘箱	DMH3	45000	常州市宇通干燥设备有限公司	(0519)88901088	带记录仪,内外材质304,前后开门
干燥灭菌烘箱	DMH4	43000	常州市宇通干燥设备有限公司	(0519)88901088	普通型,内外材质304,前后开门
干燥灭菌烘箱	DMH4	47200	常州市宇通干燥设备有限公司	(0519)88901088	带记录仪,内外材质304,前后开门
净化热风循环灭菌烘箱	JRSH-Ⅰ	200000	上海新旭发机械科技有限公司	(021)36161982	工作室内尺寸(mm):500×600×550,噪声≤75dB,总功率20kW,外形尺寸(mm):450×1000×2182,含运输费、保险费、安装调试费、服务费,带DOP检测口、实时显示打印温度曲线装置、有纸记录仪
净化热风循环灭菌烘箱	JRSH-Ⅱ	250000	上海新旭发机械科技有限公司	(021)36161982	工作室内尺寸(mm):750×900×950,噪声≤75dB,总功率25kW,外形尺寸(mm):1580×1300×2182,含运输费、保险费、安装调试费、服务费,带DOP检测口、实时显示打印温度曲线装置、有纸记录仪
净化热风循环灭菌烘箱	JRSH-Ⅲ	300000	上海新旭发机械科技有限公司	(021)36161982	工作室内尺寸(mm):900×1100×1100,噪声≤75dB,总功率33kW,外形尺寸(mm):1780×1500×2385,含运输费、保险费、安装调试费、服务费,带DOP检测口、实时显示打印温度曲线装置、有纸记录仪
净化热风循环灭菌烘箱	JRSH-Ⅳ	350000	上海新旭发机械科技有限公司	(021)36161982	工作室内尺寸(mm):1050×1417×1347,噪声≤75dB,总功率49kW,外形尺寸(mm):1968×1820×2720,含运输费、保险费、安装调试费、服务费,带DOP检测口、实时显示打印温度曲线装置、有纸记录仪
净化热风循环灭菌烘箱	JRSH-Ⅴ	480000	上海新旭发机械科技有限公司	(021)36161982	工作室内尺寸(mm):900×1990×1306,噪声≤75dB,总功率51kW,外形尺寸(mm):1780×2390×2605,含运输费、保险费、安装调试费、服务费,带DOP检测口、实时显示打印温度曲线装置、有纸记录仪
净化热风循环灭菌烘箱	JRSH-Ⅵ	600000	上海新旭发机械科技有限公司	(021)36161982	工作室内尺寸(mm):900×2687×1300,噪声≤75dB,总功率85kW,外形尺寸(mm):1906×3190×2450,含运输费、保险费、安装调试费、服务费,带DOP检测口、实时显示打印温度曲线装置、有纸记录仪
热风循环灭菌烘箱	MRSJ450/2200	800000	上海新旭发机械科技有限公司	(021)36161982	含运输费、保险费、安装调试费、服务费,带DOP检测口、负压密封装置、实时显示打印温度曲线装置、有纸记录仪、风冷系统
热风循环灭菌烘箱	MRSJ620/3400	900000	上海新旭发机械科技有限公司	(021)36161982	含运输费、保险费、安装调试费、服务费,带DOP检测口、负压密封装置、实时显示打印温度曲线装置、有纸记录仪、风冷系统
热风循环灭菌烘箱	MRSJ620/4060	1000000	上海新旭发机械科技有限公司	(021)36161982	含运输费、保险费、安装调试费、服务费,带DOP检测口、负压密封装置、实时显示打印温度曲线装置、有纸记录仪、风冷系统
热风循环灭菌烘箱	MRSJ620/5000	1100000	上海新旭发机械科技有限公司	(021)36161982	含运输费、保险费、安装调试费、服务费,带DOP检测口、负压密封装置、实时显示打印温度曲线装置、有纸记录仪、风冷系统

产品名称	型号规格	参考价格(元)	生产厂家	电话	主要参数及备注
热风循环灭菌烘箱	MRSJ820/4250	1400000	上海新旭发机械科技有限公司	(021)36161982	含运输费、保险费、安装调试费、服务费,带DOP检测口、负压密封装置、实时显示打印温度曲线装置、有纸记录仪、风冷系统
热风循环灭菌烘箱	MRSJ820/5000	1500000	上海新旭发机械科技有限公司	(021)36161982	含运输费、保险费、安装调试费、服务费,带DOP检测口、负压密封装置、实时显示打印温度曲线装置、有纸记录仪、风冷系统
热风循环灭菌烘箱	MRSJ820/6500	1600000	上海新旭发机械科技有限公司	(021)36161982	含运输费、保险费、安装调试费、服务费,带DOP检测口、负压密封装置、实时显示打印温度曲线装置、有纸记录仪、风冷系统
热风循环灭菌烘箱	MRSJ1000/6500	1800000	上海新旭发机械科技有限公司	(021)36161982	含运输费、保险费、安装调试费、服务费,带DOP检测口、负压密封装置、实时显示打印温度曲线装置、有纸记录仪、风冷系统
隧道式灭菌烘箱	MSH-400	150000	江阴金发干燥设备有限公司	(0510)86178258	内壁材质不锈钢
隧道式灭菌烘箱	MSH-400	200000	江阴金发干燥设备有限公司	(0510)86178258	内外材质不锈钢
隧道式灭菌烘箱	SH-1	49000	上海中南医药机械有限公司	(021)64089523	生产能力20000~60000支/h(安瓿瓶),最高温度350℃,功率18kW,外形尺寸(mm):3500×800×1500,材质304
隧道式灭菌烘箱	SH-2	55800	上海中南医药机械有限公司	(021)64089523	生产能力20000~70000支/h(安瓿瓶),最高温度350℃,功率21kW,外形尺寸(mm):4000×800×1500,材质304
隧道式灭菌烘箱	SH-3	62000	上海中南医药机械有限公司	(021)64089523	生产能力30000~90000支/h(安瓿瓶),最高温度350℃,功率24kW,外形尺寸(mm):4500×800×1500,材质304
隧道式灭菌烘箱	SH-4	68800	上海中南医药机械有限公司	(021)64089523	生产能力30000~100000支/h(安瓿瓶),最高温度350℃,功率27kW,外形尺寸(mm):5000×800×1500,材质304
隧道式灭菌烘箱	SH-5	75500	上海中南医药机械有限公司	(021)64089523	生产能力30000~110000支/h(安瓿瓶),最高温度350℃,功率30kW,外形尺寸(mm):5500×800×1500,材质304
隧道式灭菌烘箱	SH-6	81500	上海中南医药机械有限公司	(021)64089523	生产能力40000~120000支/h(安瓿瓶),最高温度350℃,功率35kW,外形尺寸(mm):6000×800×1500,材质304
隧道式灭菌烘箱	SH-23	118800	上海中南医药机械有限公司	(021)64089523	生产能力50000~140000支/h(安瓿瓶),最高温度350℃,功率35kW,外形尺寸(mm):4500×1250×1500,材质304
隧道式灭菌烘箱	SH-24	129600	上海中南医药机械有限公司	(021)64089523	生产能力60000~160000支/h(安瓿瓶),最高温度350℃,功率40kW,外形尺寸(mm):5000×1250×1500,材质304
隧道式灭菌烘箱	SH-25	139500	上海中南医药机械有限公司	(021)64089523	生产能力70000~180000支/h(安瓿瓶),最高温度350℃,功率45kW,外形尺寸(mm):5500×1250×1500,材质304
隧道式灭菌烘箱	SH-26	148500	上海中南医药机械有限公司	(021)64089523	生产能力80000~200000支/h(安瓿瓶),最高温度350℃,功率50kW,外形尺寸(mm):6000×1250×1500,材质304

产品名称	型号规格	参考价格（元）	生产厂家	电话	主要参数及备注
真空灭菌干燥器	YZG-600	26100	无锡市凯信干燥成套设备有限公司	（0510）81663608	干燥箱内尺寸（mm）：ϕ600×976，干燥箱外尺寸（mm）：1153×810×1020，烘架层数4层，层间距81mm，烘盘尺寸（mm）：310×600×45，烘盘数4个，真空泵功率2kW（用冷凝器时）、3kW（不用冷凝器时），重250kg，内壁材质不锈钢
真空灭菌干燥器	YZG-600	28900	无锡市凯信干燥成套设备有限公司	（0510）81663608	干燥箱内尺寸（mm）：ϕ600×976，干燥箱外尺寸（mm）：1153×810×1020，烘架层数4层，层间距81mm，烘盘尺寸（mm）：310×600×45，烘盘数4个，真空泵功率2kW（用冷凝器时）、3kW（不用冷凝器时），重250kg，材质304
真空灭菌干燥器	YZG-600	29100	无锡市凯信干燥成套设备有限公司	（0510）81663608	干燥箱内尺寸（mm）：ϕ600×976，干燥箱外尺寸（mm）：1153×810×1020，烘架层数4层，层间距81mm，烘盘尺寸（mm）：310×600×45，烘盘数4个，真空泵功率2kW（用冷凝器时）、3kW（不用冷凝器时），重250kg，内壁材质不锈钢，外壁Q235保温
真空灭菌干燥器	YZG-600	31900	无锡市凯信干燥成套设备有限公司	（0510）81663608	干燥箱内尺寸（mm）：ϕ600×976，干燥箱外尺寸（mm）：1153×810×1020，烘架层数4层，层间距81mm，烘盘尺寸（mm）：310×600×45，烘盘数4个，真空泵功率2kW（用冷凝器时）、3kW（不用冷凝器时），重250kg，材质304，外壁Q235保温
真空灭菌干燥器	YZG-1000	22000	无锡市凯信干燥成套设备有限公司	（0510）81663608	干燥箱内尺寸（mm）：ϕ1000×1527，干燥箱外尺寸（mm）：1693×1190×1500，烘架层数6层，层间距102mm，烘盘尺寸（mm）：460×640×45，烘盘数12个，真空泵功率3kW（用冷凝器时）、5.5kW（不用冷凝器时），重800kg，材质Q235
真空灭菌干燥器	YZG-1000	25000	无锡市凯信干燥成套设备有限公司	（0510）81663608	干燥箱内尺寸（mm）：ϕ1000×1527，干燥箱外尺寸（mm）：1693×1190×1500，烘架层数6层，层间距102mm，烘盘尺寸（mm）：460×640×45，烘盘数12个，真空泵功率3kW（用冷凝器时）、5.5kW（不用冷凝器时），重800kg，材质Q235，外壁Q235保温
真空灭菌干燥器	YZG-1000	34500	无锡市凯信干燥成套设备有限公司	（0510）81663608	干燥箱内尺寸（mm）：ϕ1000×1527，干燥箱外尺寸（mm）：1693×1190×1500，烘架层数6层，层间距102mm，烘盘尺寸（mm）：460×640×45，烘盘数12个，真空泵功率3kW（用冷凝器时）、5.5kW（不用冷凝器时），重800kg，内壁材质不锈钢
真空灭菌干燥器	YZG-1000	37500	无锡市凯信干燥成套设备有限公司	（0510）81663608	干燥箱内尺寸（mm）：ϕ1000×1527，干燥箱外尺寸（mm）：1693×1190×1500，烘架层数6层，层间距102mm，烘盘尺寸（mm）：460×640×45，烘盘数12个，真空泵功率3kW（用冷凝器时）、5.5kW（不用冷凝器时），重800kg，内壁材质不锈钢，外壁Q235保温

产品名称	型号规格	参考价格（元）	生产厂家	电话	主要参数及备注
真空灭菌干燥器	YZG-1000	53000	无锡市凯信干燥成套设备有限公司	(0510)81663608	干燥箱内尺寸(mm):ϕ1000×1527,干燥箱外尺寸(mm):1693×1190×1500,烘架层数6层,层间距102mm,烘盘尺寸(mm):460×640×45,烘盘数12个,真空泵功率3kW(用冷凝器时)、5.5kW(不用冷凝器时),重800kg,材质304
真空灭菌干燥器	YZG-1000	56000	无锡市凯信干燥成套设备有限公司	(0510)81663608	干燥箱内尺寸(mm):ϕ1000×1527,干燥箱外尺寸(mm):1693×1190×1500,烘架层数6层,层间距102mm,烘盘尺寸(mm):460×640×45,烘盘数12个,真空泵功率3kW(用冷凝器时)、5.5kW(不用冷凝器时),重800kg,材质304,外壁Q235保温
真空灭菌干燥器	YZG-1400	27500	无锡市凯信干燥成套设备有限公司	(0510)81663608	干燥箱内尺寸(mm):ϕ1400×20546,干燥箱外尺寸(mm):2386×1657×1920,烘架层数8层,层间距102mm,烘盘尺寸(mm):460×640×45,烘盘数32个,真空泵功率5.5kW,重1.4t,材质Q235
真空灭菌干燥器	YZG-1400	30500	无锡市凯信干燥成套设备有限公司	(0510)81663608	干燥箱内尺寸(mm):ϕ1400×20546,干燥箱外尺寸(mm):2386×1657×1920,烘架层数8层,层间距102mm,烘盘尺寸(mm):460×640×45,烘盘数32个,真空泵功率5.5kW,重1.4t,材质Q235,外壁Q235保温
真空灭菌干燥器	YZG-1400	49500	无锡市凯信干燥成套设备有限公司	(0510)81663608	干燥箱内尺寸(mm):ϕ1400×20546,干燥箱外尺寸(mm):2386×1657×1920,烘架层数8层,层间距102mm,烘盘尺寸(mm):460×640×45,烘盘数32个,真空泵功率5.5kW,重1.4t,内壁材质不锈钢
真空灭菌干燥器	YZG-1400	52500	无锡市凯信干燥成套设备有限公司	(0510)81663608	干燥箱内尺寸(mm):ϕ1400×20546,干燥箱外尺寸(mm):2386×1657×1920,烘架层数8层,层间距102mm,烘盘尺寸(mm):460×640×45,烘盘数32个,真空泵功率5.5kW,重1.4t,内壁材质不锈钢,外壁Q235保温
真空灭菌干燥器	YZG-1400	85500	无锡市凯信干燥成套设备有限公司	(0510)81663608	干燥箱内尺寸(mm):ϕ1400×20546,干燥箱外尺寸(mm):2386×1657×1920,烘架层数8层,层间距102mm,烘盘尺寸(mm):460×640×45,烘盘数32个,真空泵功率5.5kW,重1.4t,材质304
真空灭菌干燥器	YZG-1400	88500	无锡市凯信干燥成套设备有限公司	(0510)81663608	干燥箱内尺寸(mm):ϕ1400×20546,干燥箱外尺寸(mm):2386×1657×1920,烘架层数8层,层间距102mm,烘盘尺寸(mm):460×640×45,烘盘数32个,真空泵功率5.5kW,重1.4t,材质304,外壁Q235保温
中药真空灭菌柜	MZQ-1.2	145000	周口制药机械厂有限公司	(0394)8583482	装载量250kg/次,工作室内尺寸(mm):1500×750×1100,外形尺寸(mm):1780×1310×1900,重1.8t,材质不锈钢

产品名称	型号规格	参考价格（元）	生产厂家	电话	主要参数及备注
中药真空灭菌柜	MZQ-2.5	185000	周口制药机械厂有限公司	（0394）8583482	装载量500kg/次，工作室内尺寸（mm）：3000×750×1100，外形尺寸（mm）：3300×1310×1900，重2.7t，材质不锈钢

1.1.5 制药分离、离心设备

产品名称	型号规格	参考价格（元）	生产厂家	电话	主要参数及备注
低速离心机	DT5-1A	7300	北京时代北利离心机有限公司	（010）51129985	最高转速4000 r/min，容积10mL×3×4，台式
低速离心机	DT5-1A	7300	北京时代北利离心机有限公司	（010）51129985	最高转速4000 r/min，容积100mL×4，台式
低速离心机	DT5-1B	7300	北京时代北利离心机有限公司	（010）51129985	最高转速4000 r/min，容积7mL×6×4、10mL×6×4，台式
低速离心机	DT5-2A	8500	北京时代北利离心机有限公司	（010）51129985	最高转速5000 r/min，容积10mL×3×4，台式
低速离心机	DT5-2A	8500	北京时代北利离心机有限公司	（010）51129985	最高转速3500 r/min，容积10mL×8×4，台式
低速离心机	DT5-2A	8500	北京时代北利离心机有限公司	（010）51129985	最高转速5000 r/min，容积100mL×4，台式
低速离心机	DT5-2B	8900	北京时代北利离心机有限公司	（010）51129985	最高转速4500 r/min，容积15mL×4×4（锥形管），台式
低速离心机	DT5-2B	8900	北京时代北利离心机有限公司	（010）51129985	最高转速4500 r/min，容积50mL×2×4（锥形管），台式
低速离心机	DT5-2B	8900	北京时代北利离心机有限公司	（010）51129985	最高转速5000 r/min，容积100mL×4，台式
低速离心机	DT5-4A	14900	北京时代北利离心机有限公司	（010）51129985	最高转速5000 r/min，容积10mL×7×4，台式
低速离心机	DT5-4A	14900	北京时代北利离心机有限公司	（010）51129985	最高转速5000 r/min，容积250mL×4，台式
低速离心机	DT5-4B	15300	北京时代北利离心机有限公司	（010）51129985	最高转速3500 r/min，容积7mL×22×4、5mL×22×4，台式
低速离心机	DT5-4B	15300	北京时代北利离心机有限公司	（010）51129985	最高转速5000 r/min，容积10mL×7×4，台式
低速离心机	DT5-4B	15300	北京时代北利离心机有限公司	（010）51129985	最高转速3500 r/min，容积10mL×18×4，台式
低速离心机	DT5-4C	33000	北京时代北利离心机有限公司	（010）51129985	最高转速3500 r/min，容积1000mL×4，台式
低速离心机	DT5-5	14900	北京时代北利离心机有限公司	（010）51129985	最高转速4000 r/min，容积10mL×8×8，台式
低速离心机	DT5-5	14900	北京时代北利离心机有限公司	（010）51129985	最高转速4000 r/min，容积100mL×8，台式
大容量冷冻离心机	LDR6-60	88000	北京雷勃尔离心机有限公司	（010）82684176	最高转速4200 r/min，主机价，变频电动机，落地式
低速大容量离心机	LD4-40（Ⅰ）NO.1	29800	北京雷勃尔离心机有限公司	（010）82684176	最高转速3500 r/min，水平式转子，落地式
低速大容量离心机	LD4-40（Ⅰ）NO.2	29800	北京雷勃尔离心机有限公司	（010）82684176	最高转速3500 r/min，最大容积7mL×180，水平式转子，落地式
低速大容量离心机	LD4-40（Ⅰ）NO.3	29800	北京雷勃尔离心机有限公司	（010）82684176	最高转速3500 r/min，最大容积10mL×108，水平式转子，落地式
低速大容量离心机	LD4-40 NO.1	28000	北京雷勃尔离心机有限公司	（010）82684176	最高转速3500 r/min，最大容积1000mL×4，水平式转子，变频电动机，落地式

产品名称	型号规格	参考价格（元）	生产厂家	电话	主要参数及备注
低速大容量离心机	LD4-7 NO.1	19800	北京雷勃尔离心机有限公司	(010)82684176	最高转速 4000 r/min,水平式转子
低速大容量离心机	LD4-8 NO.1	12800	北京雷勃尔离心机有限公司	(010)82684176	最高转速 4000 r/min,最大容积 100mL×8,水平式转子
低速大容量离心机	LD4-8 NO.2	12800	北京雷勃尔离心机有限公司	(010)82684176	最高转速 4000 r/min,最大容积 50mL×16,水平式转子
低速大容量离心机	LD4-8 NO.3	12800	北京雷勃尔离心机有限公司	(010)82684176	最高转速 3500 r/min,水平式转子
低速大容量离心机	LD5 - 10（Ⅰ）NO.1	12500	北京雷勃尔离心机有限公司	(010)82684176	最高转速 5000 r/min,最大容积 250mL×4,水平式转子
低速大容量离心机	LD5 - 10（Ⅰ）NO.2	12500	北京雷勃尔离心机有限公司	(010)82684176	最高转速 5000 r/min,最大容积 50mL×8,水平式转子
低速大容量离心机	LD5 - 10（Ⅰ）NO.3	12500	北京雷勃尔离心机有限公司	(010)82684176	最高转速 5000 r/min,最大容积 10mL×36,水平式转子
低速大容量离心机	LD5-10B NO.1	13800	北京雷勃尔离心机有限公司	(010)82684176	最高转速 5000 r/min,最大容积 10mL×28,水平式转子
低速大容量离心机	LD5-10B NO.2	13800	北京雷勃尔离心机有限公司	(010)82684176	最高转速 5000 r/min,水平式转子
低速大容量离心机	LD5-10B NO.3	13800	北京雷勃尔离心机有限公司	(010)82684176	最高转速 4000 r/min,最大容积 7mL×120,水平式转子
低速大容量离心机	LD5-10B NO.4	13800	北京雷勃尔离心机有限公司	(010)82684176	最高转速 4000 r/min,最大容积 10mL×72,水平式转子
低速大容量离心机	LD5-10 NO.1	12000	北京雷勃尔离心机有限公司	(010)82684176	最高转速 5000 r/min,最大容积 250mL×4,水平式转子
低速大容量离心机	LD5-10 NO.2	12000	北京雷勃尔离心机有限公司	(010)82684176	最高转速 5000 r/min,最大容积 10mL×28,水平式转子
低速冷冻离心机	LR5-4.2NO.1	29000	北京雷勃尔离心机有限公司	(010)82684176	最高转速 5000 r/min,最大容积 100mL×4,水平式转子
低速冷冻离心机	LR5-4.2NO.2	29000	北京雷勃尔离心机有限公司	(010)82684176	最高转速 5000 r/min,最大容积 10mL×3×4,水平式转子
低速冷冻离心机	LR5-4.2NO.3	29000	北京雷勃尔离心机有限公司	(010)82684176	最高转速 3500 r/min,水平式转子
低速自动平衡离心机	DT5-3A	11300	北京时代北利离心机有限公司	(010)51129985	最高转速 4500 r/min,容积 7mL×15×4,台式
低速自动平衡离心机	DT5-3A	11300	北京时代北利离心机有限公司	(010)51129985	最高转速 5000 r/min,容积 10mL×3×4,台式
低速自动平衡离心机	DT5-3A	11300	北京时代北利离心机有限公司	(010)51129985	最高转速 3500 r/min,容积 10mL×8×4,台式
低速自动平衡离心机	DT5-3A	11300	北京时代北利离心机有限公司	(010)51129985	最高转速 5000 r/min,容积 100mL×4,台式
低速自动平衡离心机	DT5-6B	3500	北京时代北利离心机有限公司	(010)51129985	最高转速 4000 r/min,容积 15mL×12,角式转子,台式
低速自动平衡离心机	DT5-6C	3900	北京时代北利离心机有限公司	(010)51129985	最高转速 4000 r/min,容积 15mL×8,水平转子,台式
低速自动平衡离心机	LD4-2A NO.1	6500	北京雷勃尔离心机有限公司	(010)82684176	最高转速 4000 r/min,最大容积 100mL×4,水平式转子
低速自动平衡离心机	LD4-2A NO.2	6500	北京雷勃尔离心机有限公司	(010)82684176	最高转速 4000 r/min,最大容积 10mL×3×4,水平式转子
低速自动平衡离心机	LD5-2A NO.1	7200	北京雷勃尔离心机有限公司	(010)82684176	最高转速 5000 r/min,最大容积 100mL×4,水平式转子
低速自动平衡离心机	LD5-2A NO.2	7200	北京雷勃尔离心机有限公司	(010)82684176	最高转速 5000 r/min,最大容积 100mL×3×4,水平式转子
低速自动平衡离心机	LD5-2A NO.3	7200	北京雷勃尔离心机有限公司	(010)82684176	最高转速 3500 r/min,最大容积 10mL×24,水平式转子
低速自动平衡离心机	LD5-2B NO.1	8200	北京雷勃尔离心机有限公司	(010)82684176	最高转速 5000 r/min,最大容积 100mL×4,水平式转子

产品名称	型号规格	参考价格(元)	生产厂家	电话	主要参数及备注
低速自动平衡离心机	LD5-2B NO.2	8200	北京雷勃尔离心机有限公司	(010)82684176	最高转速 4000 r/min,最大容积 50mL×2×4,水平式转子
低速自动平衡离心机	LD5-2B NO.3	8200	北京雷勃尔离心机有限公司	(010)82684176	最高转速 4000 r/min,最大容积 15mL×4×4(锥形管),水平式转子
低速自动平衡离心机	LDZ4-1.8(Ⅰ) NO.1	4000	北京雷勃尔离心机有限公司	(010)82684176	最高转速 4000 r/min,最大容积 50mL×6,角式转子
低速自动平衡离心机	LDZ4-1.8(Ⅱ) NO.1	4500	北京雷勃尔离心机有限公司	(010)82684176	最高转速 4000 r/min,最大容积 15mL×12(锥形管、尿沉渣管),角式转子
低速自动平衡离心机	LDZ4-1.8(Ⅲ) NO.1	5300	北京雷勃尔离心机有限公司	(010)82684176	最高转速 3500 r/min,角式转子
低速自动平衡离心机	LDZ4-2 NO.1	3400	北京雷勃尔离心机有限公司	(010)82684176	最高转速 4000 r/min,最大容积 20mL×10、15mL×10,角式转子
低速自动平衡离心机	LDZ5-2 NO.1	9500	北京雷勃尔离心机有限公司	(010)82684176	最高转速 5000 r/min,最大容积 100mL×4,水平式转子
低速自动平衡离心机	LDZ5-2 NO.2	9500	北京雷勃尔离心机有限公司	(010)82684176	最高转速 5000 r/min,最大容积 10mL×3×4,水平式转子
低速自动平衡离心机	LDZ5-2 NO.3	9500	北京雷勃尔离心机有限公司	(010)82684176	最高转速 3500 r/min,最大容积 10mL×8×4,水平式转子
低速自动平衡离心机	LDZ5-3 NO.1	9800	北京雷勃尔离心机有限公司	(010)82684176	最高转速 3500 r/min,水平式转子
低速自动平衡离心机	LDZ5-4 NO.1	13500	北京雷勃尔离心机有限公司	(010)82684176	最高转速 5000 r/min,最大容积 100mL×4,水平式转子
低速自动平衡离心机	LDZ5-4 NO.2	13500	北京雷勃尔离心机有限公司	(010)82684176	最高转速 5000 r/min,最大容积 10mL×3×4,水平式转子
低速自动平衡离心机	LDZ5-4 NO.3	13500	北京雷勃尔离心机有限公司	(010)82684176	最高转速 3500 r/min,最大容积 10mL×8×4,水平式转子
碟式分离机	DHC/DRY-250	110000	辽阳阳光制药机械有限公司	(0419)3303088	额定处理能力 2~3t/h,电动机功率7.5kW,外形尺寸(mm):1168×900×1263,重 1t
碟式分离机	DHC/DRY-400	210000	辽阳阳光制药机械有限公司	(0419)3303088	额定处理能力 5t/h,电动机功率7.5kW,外形尺寸(mm):1500×900×1500,重1.4t
碟式分离机	DHC/DRY-500	260000	辽阳阳光制药机械有限公司	(0419)3303088	额定处理能力 10t/h,电动机功率 15kW,外形尺寸(mm):1200×1100×1780,重2.2t
高速离心机	GT10-1A	12200	北京时代北利离心机有限公司	(010)51129985	最高转速 10000 r/min,容积 50mL×6,角式转子,台式
高速离心机	GT10-2	12200	北京时代北利离心机有限公司	(010)51129985	最高转速 10000 r/min,容积 10mL×24,角式转子,台式
高速离心机	GT16-3	6300	北京时代北利离心机有限公司	(010)51129985	最高转速 16000 r/min,容积1.5 mL×12,台式
高速离心机	LG10 - 2.4 A NO.1	10800	北京雷勃尔离心机有限公司	(010)82684176	最高转速 10000 r/min,最大容积 50mL×6(锥形管、塑料管),角式转子
高速离心机	LG16-A NO.1	4500	北京雷勃尔离心机有限公司	(010)82684176	最高转速 16000 r/min,最大容积 1.5mL×12,角式转子
高速离心机	LG16-A NO.2	4500	北京雷勃尔离心机有限公司	(010)82684176	最高转速 16000 r/min,最大容积 0.5mL×20,角式转子
高速离心机	LG16-B NO.1	4800	北京雷勃尔离心机有限公司	(010)82684176	最高转速 16000 r/min,最大容积 1.5mL×12,角式转子
高速离心机	LG16-B NO.2	4800	北京雷勃尔离心机有限公司	(010)82684176	最高转速 14000 r/min,最大容积 5mL×10,角式转子
高速离心机	LG16-C NO.1	5000	北京雷勃尔离心机有限公司	(010)82684176	最高转速 16000 r/min,最大容积 1.5mL×12,角式转子

产品名称	型号规格	参考价格(元)	生产厂家	电话	主要参数及备注
高速离心机	LG16-C NO.2	5000	北京雷勃尔离心机有限公司	(010)82684176	最高转速 14000 r/min,最大容积 7mL×10,角式转子
高速冷冻离心机	GTR10-1	31500	北京时代北利离心机有限公司	(010)51129985	最高转速 4000 r/min,容积 15mL×4×4,台式
高速冷冻离心机	GTR10-1	31500	北京时代北利离心机有限公司	(010)51129985	最高转速 4000 r/min,容积 50mL×8,台式
高速冷冻离心机	GTR10-1	31500	北京时代北利离心机有限公司	(010)51129985	最高转速 5000 r/min,容积 100mL×4,台式
高速冷冻离心机	GTR16-1	23000	北京时代北利离心机有限公司	(010)51129985	最高转速 16000 r/min,容积1.5mL×12、2mL×12,台式
高速冷冻离心机	GTR16-2	26800	北京时代北利离心机有限公司	(010)51129985	最高转速 16000 r/min,容积1.5mL×12、2mL×12,台式
高速冷冻离心机	GTR22-1	36900	北京时代北利离心机有限公司	(010)51129985	最高转速 22000 r/min,容积1.5mL×12,台式
高速冷冻离心机	LR10 - 2.4 A NO.1	29800	北京雷勃尔离心机有限公司	(010)82684176	最高转速 10000 r/min,最大容积 50mL×6,角式转子
高速冷冻离心机	LR10 - 2.4 A NO.2	29800	北京雷勃尔离心机有限公司	(010)82684176	最高转速 10000 r/min,最大容积 10mL×24,角式转子
高速冷冻离心机	LR16-A NO.1	31800	北京雷勃尔离心机有限公司	(010)82684176	最高转速 16000 r/min,最大容积 1.5mL×12,角式转子
高速冷冻离心机	LR16-A NO.2	31800	北京雷勃尔离心机有限公司	(010)82684176	最高转速 16000 r/min,最大容积 0.5mL×20,角式转子
高速冷冻离心机	LR16-A NO.3	31800	北京雷勃尔离心机有限公司	(010)82684176	最高转速 14000 r/min,最大容积 5mL×10,角式转子
高速冷冻离心机	LR16-A NO.4	31800	北京雷勃尔离心机有限公司	(010)82684176	最高转速 14000 r/min,最大容积 7mL×10,角式转子
高速冷冻离心机	LR20-A NO.1	39800	北京雷勃尔离心机有限公司	(010)82684176	最高转速 20000 r/min,最大容积 1.5mL×12,角式转子
高速冷冻离心机	LR20-A NO.2	39800	北京雷勃尔离心机有限公司	(010)82684176	最高转速 20000 r/min,最大容积 0.5mL×20,角式转子
高速冷冻离心机	LR20-A NO.3	39800	北京雷勃尔离心机有限公司	(010)82684176	最高转速 14000 r/min,最大容积 5mL×10,角式转子
高速冷冻离心机	LR20-A NO.4	39800	北京雷勃尔离心机有限公司	(010)82684176	最高转速 12000 r/min,最大容积 1.5mL×24,角式转子
高速微量离心机	GT16-3A	3500	北京时代北利离心机有限公司	(010)51129985	最高转速 16000 r/min,容积1.5mL×12
管式离心机	GQ75	26000	辽阳市太子河区天兴制药机械设备厂	(0419)3304406	转鼓直径 75mm,转鼓转速 19000 r/min,转鼓容积2.2L,转鼓有效容积1.5L,水处理能力 600L/h,电动机功率1.5kW,外形尺寸(mm):450×760×1120,重 300kg
管式离心机	GQ75	26500	辽阳市太子河区天兴制药机械设备厂	(0419)3304406	转鼓直径 75mm,转鼓转速 19000 r/min,转鼓容积2.2L,转鼓有效容积1.5L,水处理能力 600L/h,电动机功率1.5kW,外形尺寸(mm):450×760×1120,重 300kg,带防爆型电动机
管式离心机	GQ105	38000	辽阳市太子河区天兴制药机械设备厂	(0419)3304406	转鼓直径 105mm,转鼓转速 16300 r/min,转鼓容积 6L,转鼓有效容积 4.5L,水处理能力 1200L/h,电动机功率2.2kW,外形尺寸(mm):600×900×1600,重 500kg
管式离心机	GQ105	38500	辽阳市太子河区天兴制药机械设备厂	(0419)3304406	转鼓直径 105mm,转鼓转速 16300 r/min,转鼓容积 6L,转鼓有效容积 4.5 L,水处理能力 1200L/h,电动机功率2.2kW,外形尺寸(mm):600×900×1600,重 500kg,带防爆型电动机

产品名称	型号规格	参考价格（元）	生产厂家	电话	主要参数及备注
管式离心机	GQ125	46000	辽阳市太子河区天兴制药机械设备厂	（0419）3304406	转鼓直径 125mm，转鼓转速 15000 r/min，转鼓容积 8L，转鼓有效容积 6L，水处理能力 1500L/h，电动机功率 3kW，外形尺寸（mm）：600×900×1600，重 550kg
管式离心机	GQ125	46500	辽阳市太子河区天兴制药机械设备厂	（0419）3304406	转鼓直径 125mm，转鼓转速 15000 r/min，转鼓容积 8L，转鼓有效容积 6L，水处理能力 1500L/h，电动机功率 3kW，外形尺寸（mm）：600×900×1600，重 550kg，带防爆型电动机
管式离心机	GQ150	51000	辽阳市太子河区天兴制药机械设备厂	（0419）3304406	转鼓直径 142mm，转鼓转速 13400 r/min，转鼓容积 10L，转鼓有效容积 8L，水处理能力 2500L/h，电动机功率 3kW，外形尺寸（mm）：650×950×1600，重 650kg
管式离心机	GQ150	51500	辽阳市太子河区天兴制药机械设备厂	（0419）3304406	转鼓直径 142mm，转鼓转速 13400 r/min，转鼓容积 10L，转鼓有效容积 8L，水处理能力 2500L/h，电动机功率 3kW，外形尺寸（mm）：650×950×1600，重 650kg，带防爆型电动机
卧式离心机	GKC-800	500000	江苏赛德力制药机械制造有限公司	（0523）84808886	转鼓直径 800mm，转鼓高 400mm，转鼓容积 100L，最高转速 1500 r/min、1800 r/min，电动机功率 30kW，材质 304，医药级
卧式离心机	GKC-1050	670000	江苏赛德力制药机械制造有限公司	（0523）84808886	转鼓直径 1050mm，转鼓高 500mm，转鼓容积 210L，最高转速 1400 r/min，电动机功率 37kW，材质 304，医药级
卧式离心机	GKC-1250	1000000	江苏赛德力制药机械制造有限公司	（0523）84808886	转鼓直径 1250mm，转鼓高 630mm，转鼓容积 335L，最高转速 1200 r/min，电动机功率 55kW，材质 304，医药级
卧式离心机	GKC-1350	1070000	江苏赛德力制药机械制造有限公司	（0523）84808886	转鼓直径 1350mm，转鼓高 660mm，转鼓容积 450L，最高转速 1220 r/min，电动机功率 55kW，材质 304，医药级
卧式离心机	GKF-800	175000	江苏赛德力制药机械制造有限公司	（0523）84808886	转鼓直径 800mm，转鼓高 400mm，转鼓容积 100L，最高转速 1500 r/min、1600 r/min，电动机功率 30kW，重 3.2t，材质 304，化工级
卧式离心机	GKF-800	240000	江苏赛德力制药机械制造有限公司	（0523）84808886	转鼓直径 800mm，转鼓高 400mm，转鼓容积 100L，最高转速 1500 r/min、1600 r/min，电动机功率 30kW，重 3.2t，材质 304，医药级
卧式离心机	GKF-1050	250000	江苏赛德力制药机械制造有限公司	（0523）84808886	转鼓直径 1050mm，转鼓高 500mm、630mm，转鼓容积 210L、260L，最高转速 1400 r/min、1700 r/min，电动机功率 37kW、55kW，重 6t、6.2t，材质 304，化工级
卧式离心机	GKF-1050	310000	江苏赛德力制药机械制造有限公司	（0523）84808886	转鼓直径 1050mm，转鼓高 500mm、630mm，转鼓容积 210L、260L，最高转速 1400 r/min、1700 r/min，电动机功率 37kW、55kW，重 6t、6.2t，材质 304，医药级
卧式离心机	GKF-1250	300000	江苏赛德力制药机械制造有限公司	（0523）84808886	转鼓直径 1250mm，转鼓高 500mm，转鼓容积 265L，最高转速 1200 r/min，电动机功率 55kW，重 7t，材质 304，化工级

产品名称	型号规格	参考价格(元)	生产厂家	电话	主要参数及备注
卧式离心机	GKF-1250	490000	江苏赛德力制药机械制造有限公司	(0523)84808886	转鼓直径 1250mm,转鼓高500mm,转鼓容积 265L,最高转速 1200 r/min,电动机功率55kW,重 7t,材质 304,医药级
卧式离心机	GKF-1600Ⅰ	600000	江苏赛德力制药机械制造有限公司	(0523)84808886	材质 304,化工级
卧式离心机	GKF-1600Ⅰ	740000	江苏赛德力制药机械制造有限公司	(0523)84808886	材质 304,医药级
卧式离心机	GKF-1600Ⅱ	640000	江苏赛德力制药机械制造有限公司	(0523)84808886	材质 304,化工级
卧式离心机	GKF-1600Ⅱ	810000	江苏赛德力制药机械制造有限公司	(0523)84808886	材质 304,医药级
卧式离心机	GKH-800	230000	江苏赛德力制药机械制造有限公司	(0523)84808886	转鼓直径 800mm,转鼓高450mm,转鼓容积 110L,最高转速 1500 r/min,电动机功率37kW,重 4t,材质 304,化工级
卧式离心机	GKH-800	280000	江苏赛德力制药机械制造有限公司	(0523)84808886	转鼓直径 800mm,转鼓高450mm,转鼓容积 110L,最高转速 1500 r/min,电动机功率37kW,重 4t,材质 304,医药级
卧式离心机	GKH-1050	320000	江苏赛德力制药机械制造有限公司	(0523)84808886	转鼓直径 1050mm,转鼓高500mm,转鼓容积 210L,最高转速 1400 r/min,电动机功率45kW,重7.8t,材质 304,化工级
卧式离心机	GKH-1050	380000	江苏赛德力制药机械制造有限公司	(0523)84808886	转鼓直径 1050mm,转鼓高500mm,转鼓容积 210L,最高转速 1400 r/min,电动机功率45kW,重7.8t,材质 304,医药级
卧式离心机	GKH-1250	415000	江苏赛德力制药机械制造有限公司	(0523)84808886	转鼓直径 1250mm,转鼓高630mm,转鼓容积 335L,最高转速 1200 r/min,电动机功率75kW、90kW,重 8t,材质 304,化工级
卧式离心机	GKH-1250	580000	江苏赛德力制药机械制造有限公司	(0523)84808886	转鼓直径 1250mm,转鼓高630mm,转鼓容积 335L,最高转速 1200 r/min,电动机功率75kW、90kW,重 8t,材质 304,医药级
卧式离心机	GKH-1600	970000	江苏赛德力制药机械制造有限公司	(0523)84808886	转鼓直径 1600mm,转鼓高1000mm,转鼓容积 879L,最高转速 950 r/min,电动机功率132kW,重 20t,材质 304,化工级
卧式离心机	GKH-1600	1220000	江苏赛德力制药机械制造有限公司	(0523)84808886	转鼓直径 1600mm,转鼓高1000mm,转鼓容积 879L,最高转速 950 r/min,电动机功率132kW,重 20t,材质 304,医药级
卧式离心机	GKH-1800	1630000	江苏赛德力制药机械制造有限公司	(0523)84808886	转鼓直径 1800mm,转鼓高1250mm,转鼓容积 1390L,最高转速 900 r/min,电动机功率160kW,重24.5t,材质 304,化工级
立式离心机	LGZ-800	140000	江苏赛德力制药机械制造有限公司	(0523)84808886	材质 304,化工级
立式离心机	LGZ-800	155000	江苏赛德力制药机械制造有限公司	(0523)84808886	材质 304,医药级
立式离心机	LGZ-1000	170000	江苏赛德力制药机械制造有限公司	(0523)84808886	材质 304,化工级
立式离心机	LGZ-1000	180000	江苏赛德力制药机械制造有限公司	(0523)84808886	材质 304,医药级
立式离心机	LGZ-1200	190000	江苏赛德力制药机械制造有限公司	(0523)84808886	材质 304,化工级

产品名称	型号规格	参考价格（元）	生产厂家	电话	主要参数及备注
立式离心机	LGZ-1200	205000	江苏赛德力制药机械制造有限公司	(0523)84808886	材质304,医药级
立式离心机	LGZ-1250Ⅰ	200000	江苏赛德力制药机械制造有限公司	(0523)84808886	材质304,化工级
立式离心机	LGZ-1250Ⅰ	215000	江苏赛德力制药机械制造有限公司	(0523)84808886	材质304,医药级
立式离心机	LGZ-1250Ⅱ	205000	江苏赛德力制药机械制造有限公司	(0523)84808886	材质304,化工级
立式离心机	LGZ-1250Ⅱ	245000	江苏赛德力制药机械制造有限公司	(0523)84808886	材质304,医药级
立式离心机	LGZ-1250Ⅲ	225000	江苏赛德力制药机械制造有限公司	(0523)84808886	材质304,化工级
立式离心机	LGZ-1250Ⅲ	265000	江苏赛德力制药机械制造有限公司	(0523)84808886	材质304,医药级
立式离心机	LGZ-1250Ⅳ	250000	江苏赛德力制药机械制造有限公司	(0523)84808886	材质304,化工级
立式离心机	LGZ-1250Ⅳ	290000	江苏赛德力制药机械制造有限公司	(0523)84808886	材质304,医药级
立式离心机	LGZ-1500	350000	江苏赛德力制药机械制造有限公司	(0523)84808886	材质304,化工级
立式离心机	LGZ-1500	390000	江苏赛德力制药机械制造有限公司	(0523)84808886	材质304,医药级
立式离心机	LGZ-1600Ⅰ	370000	江苏赛德力制药机械制造有限公司	(0523)84808886	材质304,化工级
立式离心机	LGZ-1600Ⅰ	410000	江苏赛德力制药机械制造有限公司	(0523)84808886	材质304,医药级
立式离心机	LGZ-1600Ⅱ	410000	江苏赛德力制药机械制造有限公司	(0523)84808886	材质304,化工级
立式离心机	LGZ-1600Ⅱ	450000	江苏赛德力制药机械制造有限公司	(0523)84808886	材质304,医药级
立式离心机	LGZ-1800Ⅰ	480000	江苏赛德力制药机械制造有限公司	(0523)84808886	材质304,化工级
立式离心机	LGZ-1800Ⅰ	540000	江苏赛德力制药机械制造有限公司	(0523)84808886	材质304,医药级
立式离心机	LGZ-1800Ⅱ	520000	江苏赛德力制药机械制造有限公司	(0523)84808886	材质304,化工级
立式离心机	LGZ-1800Ⅱ	600000	江苏赛德力制药机械制造有限公司	(0523)84808886	材质304,医药级
毛细管离心机	GT12-1	6300	北京时代北利离心机有限公司	(010)51129985	最高转速12000 r/min,容积(0.1~0.5)mL×24
平板洁净吊袋型离心机	PD-1000	68000	武穴市精华机械制造有限公司	(0713)6222685	材质304
平板洁净吊袋型离心机	PD-1000	72000	武穴市精华机械制造有限公司	(0713)6222685	材质304,防爆型
平板洁净吊袋型离心机	PD-1250	87000	武穴市精华机械制造有限公司	(0713)6222685	材质304
平板洁净吊袋型离心机	PD-1250	91000	武穴市精华机械制造有限公司	(0713)6222685	材质304,防爆型
平板洁净型刮刀下卸料离心机	PGX-1250	148000	武穴市精华机械制造有限公司	(0713)6222685	材质304
平板洁净型刮刀下卸料离心机	PGX-1250	168000	武穴市精华机械制造有限公司	(0713)6222685	材质304,全自动
平板洁净型上卸料离心机	PS-800	45000	武穴市精华机械制造有限公司	(0713)6222685	材质304

产品名称	型号规格	参考价格（元）	生产厂家	电话	主要参数及备注
平板洁净型上卸料离心机	PS-800	48000	武穴市精华机械制造有限公司	(0713)6222685	材质 304,防爆型
平板洁净型上卸料离心机	PS-1000	59000	武穴市精华机械制造有限公司	(0713)6222685	材质 304
平板洁净型上卸料离心机	PS-1000	61000	武穴市精华机械制造有限公司	(0713)6222685	材质 304,防爆型
平板洁净型上卸料离心机	PS-1250	78000	武穴市精华机械制造有限公司	(0713)6222685	材质 304
平板洁净型上卸料离心机	PS-1250	80000	武穴市精华机械制造有限公司	(0713)6222685	材质 304,防爆型
平板式刮刀卸料自动离心机	LGZ/PGZ800	115000	无锡市金陵药化设备厂	(0510)5630178	转鼓直径 800mm,转鼓容积 100L,转鼓转速 1200 r/min,电动机功率7.5kW,外形尺寸(mm):1850×1250×2050,重1.8t
平板式刮刀卸料自动离心机	LGZ/PGZ1000	135000	无锡市金陵药化设备厂	(0510)5630178	转鼓直径 1000mm,转鼓容积 175L,转鼓转速 1000 r/min,电动机功率 11kW,外形尺寸(mm):2100×1500×2250,重3.5t
平板式刮刀卸料自动离心机	LGZ/PGZ1250	145000	无锡市金陵药化设备厂	(0510)5630178	转鼓直径 1250mm,转鼓容积 400L,转鼓转速 970 r/min,电动机功率 22kW,外形尺寸(mm):2450×1800×2500,重4.5t
平板式刮刀卸料自动离心机	LGZ/PGZ1500	165000	无锡市金陵药化设备厂	(0510)5630178	转鼓直径 1500mm,转鼓容积 610L,转鼓转速 850 r/min,电动机功率 37kW,外形尺寸(mm):2900×2100×2700,重7.8t
平板式刮刀卸料自动离心机	LGZ/PGZ1600	195000	无锡市金陵药化设备厂	(0510)5630178	转鼓直径 1600mm,转鼓容积 775L,转鼓转速 850 r/min,电动机功率 37kW,外形尺寸(mm):3000×2200×2700,重8.5t
平板式上卸料吊带离心机	PD-800	67000	安徽普源分离机械制造有限公司	(0552)4014982	转鼓直径 800mm,转鼓高度 400mm,转鼓转速 0 ~ 1200 r/min,最大容积 100L,最大装料重 135kg,电动机功率7.5kW,外形尺寸(mm):1650×1200×1350,重1.2t,全钢机,普通电动机
平板式上卸料吊带离心机	PD-800	67650	安徽普源分离机械制造有限公司	(0552)4014982	转鼓直径 800mm,转鼓高度 400mm,转鼓转速 0 ~ 1200 r/min,最大容积 100L,最大装料重 135kg,电动机功率7.5kW,外形尺寸(mm):1650×1200×1350,重1.2t,全钢机,防爆型电动机
平板式上卸料吊带离心机	PD-1000	84000	安徽普源分离机械制造有限公司	(0552)4014982	转鼓直径 1000mm,转鼓高度 420mm,转鼓转速 0 ~ 1000 r/min,最大容积 140L,最大装料重 200kg,电动机功率 11kW,外形尺寸(mm):2000×1500×1400,重 2t,全钢机,普通电动机
平板式上卸料吊带离心机	PD-1000	84800	安徽普源分离机械制造有限公司	(0552)4014982	转鼓直径 1000mm,转鼓高度 420mm,转鼓转速 0 ~ 1000 r/min,最大容积 140L,最大装料重 200kg,电动机功率 11kW,外形尺寸(mm):2000×1500×1400,重 2t,全钢机,防爆型电动机
平板式上卸料吊带离心机	PD-1200	118000	安徽普源分离机械制造有限公司	(0552)4014982	转鼓直径 1200mm,转鼓高度 455mm,转鼓转速 0~900 r/min,最大容积 250L,最大装料重 350kg,电动机功率 15kW,外形尺寸(mm):2200×1800×1500,重 3t,全钢机,普通电动机

产品名称	型号规格	参考价格（元）	生产厂家	电话	主要参数及备注
平板式上卸料吊带离心机	PD-1200	118800	安徽普源分离机械制造有限公司	（0552）4014982	转鼓直径 1200mm，转鼓高度 455mm，转鼓转速 0~900 r/min，最大容积 250L，最大装料重 350kg，电动机功率 15kW，外形尺寸（mm）：2200×1800×1500，重 3t，全钢机，防爆型电动机
平板式上卸料吊带离心机	PD-1250	128000	安徽普源分离机械制造有限公司	（0552）4014982	转鼓直径 1250mm，转鼓高度 455mm，转鼓转速 0~900 r/min，最大容积 300L，最大装料重 420kg，电动机功率 15kW，外形尺寸（mm）：2200×1800×1500，重 3.1t，全钢机，普通电动机
平板式上卸料吊带离心机	PD-1250	128800	安徽普源分离机械制造有限公司	（0552）4014982	转鼓直径 1250mm，转鼓高度 455mm，转鼓转速 0~900 r/min，最大容积 300L，最大装料重 420kg，电动机功率 15kW，外形尺寸（mm）：2200×1800×1500，重 3.1t，全钢机，防爆型电动机
平板式上卸料吊带离心机	PD-1500	185000	安徽普源分离机械制造有限公司	（0552）4014982	转鼓直径 1500mm，转鼓高度 700mm，转鼓转速 0~850 r/min，最大容积 570L，最大装料重 800kg，电动机功率 22kW，外形尺寸（mm）：2600×2200×1700，重 5t，全钢机，普通电动机
平板式上卸料吊带离心机	PD-1500	189000	安徽普源分离机械制造有限公司	（0552）4014982	转鼓直径 1500mm，转鼓高度 700mm，转鼓转速 0~850 r/min，最大容积 570L，最大装料重 800kg，电动机功率 22kW，外形尺寸（mm）：2600×2200×1700，重 5t，全钢机，防爆型电动机
平板式上卸料离心机	PS-450	13100	安徽普源分离机械制造有限公司	（0552）4014982	转鼓直径 450mm，转鼓高度 300mm，转鼓转速 0~2000 r/min，最大容积 20L，最大装料重 30kg，电动机功率2.2kW，外形尺寸（mm）：1220×850×700，重 360kg，衬塑机，普通电动机
平板式上卸料离心机	PS-450	13500	安徽普源分离机械制造有限公司	（0552）4014982	转鼓直径 450mm，转鼓高度 300mm，转鼓转速 0~2000 r/min，最大容积 20L，最大装料重 30kg，电动机功率2.2kW，外形尺寸（mm）：1220×850×700，重 360kg，衬塑机，普通电动机，带简易盖
平板式上卸料离心机	PS-450	13900	安徽普源分离机械制造有限公司	（0552）4014982	转鼓直径 450mm，转鼓高度 300mm，转鼓转速 0~2000 r/min，最大容积 20L，最大装料重 30kg，电动机功率2.2kW，外形尺寸（mm）：1220×850×700，重 360kg，衬塑机，普通电动机，带铰链盖
平板式上卸料离心机	PS-450	16400	安徽普源分离机械制造有限公司	（0552）4014982	转鼓直径 450mm，转鼓高度 300mm，转鼓转速 0~2000 r/min，最大容积 20L，最大装料重 30kg，电动机功率2.2kW，外形尺寸（mm）：1220×850×700，重 360kg，衬塑机，防爆型电动机
平板式上卸料离心机	PS-450	16800	安徽普源分离机械制造有限公司	（0552）4014982	转鼓直径 450mm，转鼓高度 300mm，转鼓转速 0~2000 r/min，最大容积 20L，最大装料重 30kg，电动机功率2.2kW，外形尺寸（mm）：1220×850×700，重 360kg，衬塑机，防爆型电动机，带简易盖

产品名称	型号规格	参考价格（元）	生产厂家	电话	主要参数及备注
平板式上卸料离心机	PS-450	17200	安徽普源分离机械制造有限公司	(0552)4014982	转鼓直径 450mm，转鼓高度 300mm，转鼓转速 0~2000 r/min，最大容积 20L，最大装料重 30kg，电动机功率 2.2 kW，外形尺寸(mm)：1220×850×700，重 360kg，衬塑机，防爆型电动机，带铰链盖
平板式上卸料离心机	PS-450	17400	安徽普源分离机械制造有限公司	(0552)4014982	转鼓直径 450mm，转鼓高度 300mm，转鼓转速 0~2000 r/min，最大容积 20L，最大装料重 30kg，电动机功率 2.2kW，外形尺寸(mm)：1220×850×700，重 360kg，全钢机，普通电动机
平板式上卸料离心机	PS-450	17800	安徽普源分离机械制造有限公司	(0552)4014982	转鼓直径 450mm，转鼓高度 300mm，转鼓转速 0~2000 r/min，最大容积 20L，最大装料重 30kg，电动机功率 2.2 kW，外形尺寸(mm)：1220×850×700，重 360kg，全钢机，普通电动机，带简易盖
平板式上卸料离心机	PS-450	18000	安徽普源分离机械制造有限公司	(0552)4014982	转鼓直径 450mm，转鼓高度 300mm，转鼓转速 0~2000 r/min，最大容积 20L，最大装料重 30kg，电动机功率 2.2kW，外形尺寸(mm)：1220×850×700，重 360kg，全钢机，防爆型电动机
平板式上卸料离心机	PS-450	18200	安徽普源分离机械制造有限公司	(0552)4014982	转鼓直径 450mm，转鼓高度 300mm，转鼓转速 0~2000 r/min，最大容积 20L，最大装料重 30kg，电动机功率 2.2 kW，外形尺寸(mm)：1220×850×700，重 360kg，全钢机，普通电动机，带铰链盖
平板式上卸料离心机	PS-450	18400	安徽普源分离机械制造有限公司	(0552)4014982	转鼓直径 450mm，转鼓高度 300mm，转鼓转速 0~2000 r/min，最大容积 20L，最大装料重 30kg，电动机功率 2.2kW，外形尺寸(mm)：1220×850×700，重 360kg，全钢机，防爆型电动机，带简易盖
平板式上卸料离心机	PS-450	18800	安徽普源分离机械制造有限公司	(0552)4014982	转鼓直径 450mm，转鼓高度 300mm，转鼓转速 0~2000 r/min，最大容积 20L，最大装料重 30kg，电动机功率 2.2kW，外形尺寸(mm)：1220×850×700，重 360kg，全钢机，防爆型电动机，带铰链盖
平板式上卸料离心机	PS-600	19800	安徽普源分离机械制造有限公司	(0552)4014982	转鼓直径 600mm，转鼓高度 320mm，转鼓转速 0~1600 r/min，最大容积 45L，最大装料重 70kg，电动机功率 2.2kW，外形尺寸(mm)：1410×1200×850，重 800kg，衬塑机，普通电动机
平板式上卸料离心机	PS-600	20300	安徽普源分离机械制造有限公司	(0552)4014982	转鼓直径 600mm，转鼓高度 320mm，转鼓转速 0~1600 r/min，最大容积 45L，最大装料重 70kg，电动机功率 2.2kW，外形尺寸(mm)：1410×1200×850，重 800kg，衬塑机，防爆型电动机
平板式上卸料离心机	PS-600	20400	安徽普源分离机械制造有限公司	(0552)4014982	转鼓直径 600mm，转鼓高度 320mm，转鼓转速 0~1600 r/min，最大容积 45L，最大装料重 70kg，电动机功率 2.2kW，外形尺寸(mm)：1410×1200×850，重 800kg，衬塑机，普通电动机，带简易盖

产品名称	型号规格	参考价格（元）	生产厂家	电话	主要参数及备注
平板式上卸料离心机	PS-600	20800	安徽普源分离机械制造有限公司	(0552)4014982	转鼓直径 600mm，转鼓高度 320mm，转鼓转速 0～1600r/min，最大容积 45L，最大装料重 70kg，电动机功率2.2kW，外形尺寸(mm)：1410×1200×850，重 800kg，衬塑机，普通电动机，带铰链盖
平板式上卸料离心机	PS-600	20900	安徽普源分离机械制造有限公司	(0552)4014982	转鼓直径 600mm，转鼓高度 320mm，转鼓转速 0～1600r/min，最大容积 45L，最大装料重 70kg，电动机功率2.2kW，外形尺寸(mm)：1410×1200×850，重 800kg，衬塑机，防爆型电动机，带简易盖
平板式上卸料离心机	PS-600	21300	安徽普源分离机械制造有限公司	(0552)4014982	转鼓直径 600mm，转鼓高度 320mm，转鼓转速 0～1600r/min，最大容积 45L，最大装料重 70kg，电动机功率2.2kW，外形尺寸(mm)：1410×1200×850，重 800kg，衬塑机，防爆型电动机，带铰链盖
平板式上卸料离心机	PS-600	21800	安徽普源分离机械制造有限公司	(0552)4014982	转鼓直径 600mm，转鼓高度 320mm，转鼓转速 0～1600r/min，最大容积 45L，最大装料重 70kg，电动机功率2.2kW，外形尺寸(mm)：1410×1200×850，重 800kg，全钢机，普通电动机
平板式上卸料离心机	PS-600	22300	安徽普源分离机械制造有限公司	(0552)4014982	转鼓直径 600mm，转鼓高度 320mm，转鼓转速 0～1600r/min，最大容积 45L，最大装料重 70kg，电动机功率2.2kW，外形尺寸(mm)：1410×1200×850，重 800kg，全钢机，防爆型电动机
平板式上卸料离心机	PS-600	22400	安徽普源分离机械制造有限公司	(0552)4014982	转鼓直径 600mm，转鼓高度 320mm，转鼓转速 0～1600r/min，最大容积 45L，最大装料重 70kg，电动机功率2.2kW，外形尺寸(mm)：1410×1200×850，重 800kg，全钢机，普通电动机，带简易盖
平板式上卸料离心机	PS-600	22800	安徽普源分离机械制造有限公司	(0552)4014982	转鼓直径 600mm，转鼓高度 320mm，转鼓转速 0～1600r/min，最大容积 45L，最大装料重 70kg，电动机功率2.2kW，外形尺寸(mm)：1410×1200×850，重 800kg，全钢机，普通电动机，带铰链盖
平板式上卸料离心机	PS-600	22900	安徽普源分离机械制造有限公司	(0552)4014982	转鼓直径 600mm，转鼓高度 320mm，转鼓转速 0～1600r/min，最大容积 45L，最大装料重 70kg，电动机功率2.2kW，外形尺寸(mm)：1410×1200×850，重 800kg，全钢机，防爆型电动机，带简易盖
平板式上卸料离心机	PS-600	23300	安徽普源分离机械制造有限公司	(0552)4014982	转鼓直径 600mm，转鼓高度 320mm，转鼓转速 0～1600r/min，最大容积 45L，最大装料重 70kg，电动机功率2.2kW，外形尺寸(mm)：1410×1200×850，重 800kg，全钢机，防爆型电动机，带铰链盖

产品名称	型号规格	参考价格(元)	生产厂家	电话	主要参数及备注
平板式上卸料离心机	PS-800	21000	安徽普源分离机械制造有限公司	(0552)4014982	转鼓直径800mm,转鼓高度400mm,转鼓转速0~1200r/min,最大容积100L,最大装料重135kg,电动机功率5.5kW,外形尺寸(mm):1650×1200×930,重1.1t,全钢机,防爆型电动机
平板式上卸料离心机	PS-800	21700	安徽普源分离机械制造有限公司	(0552)4014982	转鼓直径800mm,转鼓高度400mm,转鼓转速0~1200 r/min,最大容积100L,最大装料重135kg,电动机功率5.5kW,外形尺寸(mm):1650×1200×930,重1.1t,全钢机,防爆型电动机,带筒易盖
平板式上卸料离心机	PS-800	22200	安徽普源分离机械制造有限公司	(0552)4014982	转鼓直径800mm,转鼓高度400mm,转鼓转速0~1200r/min,最大容积100L,最大装料重135kg,电动机功率5.5kW,外形尺寸(mm):1650×1200×930,重1.1t,全钢机,防爆型电动机,带铰链盖
平板式上卸料离心机	PS-800	28400	安徽普源分离机械制造有限公司	(0552)4014982	转鼓直径800mm,转鼓高度400mm,转鼓转速0~1200r/min,最大容积100L,最大装料重135kg,电动机功率5.5kW,外形尺寸(mm):1650×1200×930,重1.1t,衬塑机,普通电动机
平板式上卸料离心机	PS-800	29000	安徽普源分离机械制造有限公司	(0552)4014982	转鼓直径800mm,转鼓高度400mm,转鼓转速0~1200r/min,最大容积100L,最大装料重135kg,电动机功率5.5kW,外形尺寸(mm):1650×1200×930,重1.1t,衬塑机,防爆型电动机
平板式上卸料离心机	PS-800	29100	安徽普源分离机械制造有限公司	(0552)4014982	转鼓直径800mm,转鼓高度400mm,转鼓转速0~1200 r/min,最大容积100L,最大装料重135kg,电动机功率5.5kW,外形尺寸(mm):1650×1200×930,重1.1t,衬塑机,普通电动机,带筒易盖
平板式上卸料离心机	PS-800	29600	安徽普源分离机械制造有限公司	(0552)4014982	转鼓直径800mm,转鼓高度400mm,转鼓转速0~1200 r/min,最大容积100L,最大装料重135kg,电动机功率5.5kW,外形尺寸(mm):1650×1200×930,重1.1t,衬塑机,普通电动机,带铰链盖
平板式上卸料离心机	PS-800	29700	安徽普源分离机械制造有限公司	(0552)4014982	转鼓直径800mm,转鼓高度400mm,转鼓转速0~1200r/min,最人容积100L,最大装料重135kg,电动机功率5.5kW,外形尺寸(mm):1650×1200×930,重1.1t,衬塑机,防爆型电动机,带筒易盖
平板式上卸料离心机	PS-800	30200	安徽普源分离机械制造有限公司	(0552)4014982	转鼓直径800mm,转鼓高度400mm,转鼓转速0~1200r/min,最大容积100L,最大装料重135kg,电动机功率5.5kW,外形尺寸(mm):1650×1200×930,重1.1t,衬塑机,防爆型电动机,带铰链盖
平板式上卸料离心机	PS-800	30400	安徽普源分离机械制造有限公司	(0552)4014982	转鼓直径800mm,转鼓高度400mm,转鼓转速0~1200r/min,最大容积100L,最大装料重135kg,电动机功率5.5kW,外形尺寸(mm):1650×1200×930,重1.1t,全钢机,普通电动机

产品名称	型号规格	参考价格(元)	生产厂家	电话	主要参数及备注
平板式上卸料离心机	PS-800	31100	安徽普源分离机械制造有限公司	(0552)4014982	转鼓直径800mm,转鼓高度400mm,转鼓转速0~1200 r/min,最大容积100L,最大装料重135kg,电动机功率5.5kW,外形尺寸(mm):1650×1200×930,重1.1t,全钢机,普通电动机,带简易盖
平板式上卸料离心机	PS-800	31600	安徽普源分离机械制造有限公司	(0552)4014982	转鼓直径800mm,转鼓高度400mm,转鼓转速0~1200 r/min,最大容积100L,最大装料重135kg,电动机功率5.5kW,外形尺寸(mm):1650×1200×930,重1.1t,全钢机,普通电动机,带铰链盖
平板式上卸料离心机	PS-1000	37600	安徽普源分离机械制造有限公司	(0552)4014982	转鼓直径1000mm,转鼓高度420mm,转鼓转速0~1000 r/min,最大容积140L,最大装料重200kg,电动机功率11kW,外形尺寸(mm):2000×1500×1000,重1.8t,衬塑机,普通电动机
平板式上卸料离心机	PS-1000	38300	安徽普源分离机械制造有限公司	(0552)4014982	转鼓直径1000mm,转鼓高度420mm,转鼓转速0~1000 r/min,最大容积140L,最大装料重200kg,电动机功率11kW,外形尺寸(mm):2000×1500×1000,重1.8t,衬塑机,防爆型电动机
平板式上卸料离心机	PS-1000	38400	安徽普源分离机械制造有限公司	(0552)4014982	转鼓直径1000mm,转鼓高度420mm,转鼓转速0~1000 r/min,最大容积140L,最大装料重200kg,电动机功率11kW,外形尺寸(mm):2000×1500×1000,重1.8t,衬塑机,普通电动机,带简易盖
平板式上卸料离心机	PS-1000	39100	安徽普源分离机械制造有限公司	(0552)4014982	转鼓直径1000mm,转鼓高度420mm,转鼓转速0~1000 r/min,最大容积140L,最大装料重200kg,电动机功率11kW,外形尺寸(mm):2000×1500×1000,重1.8t,衬塑机,防爆型电动机,带简易盖
平板式上卸料离心机	PS-1000	39100	安徽普源分离机械制造有限公司	(0552)4014982	转鼓直径1000mm,转鼓高度420mm,转鼓转速0~1000 r/min,最大容积140L,最大装料重200kg,电动机功率11kW,外形尺寸(mm):2000×1500×1000,重1.8t,衬塑机,普通电动机,带铰链盖
平板式上卸料离心机	PS-1000	39800	安徽普源分离机械制造有限公司	(0552)4014982	转鼓直径1000mm,转鼓高度420mm,转鼓转速0~1000 r/min,最大容积140L,最大装料重200kg,电动机功率11kW,外形尺寸(mm):2000×1500×1000,重1.8t,衬塑机,防爆型电动机,带铰链盖
平板式上卸料离心机	PS-1000	40000	安徽普源分离机械制造有限公司	(0552)4014982	转鼓直径1000mm,转鼓高度420mm,转鼓转速0~1000 r/min,最大容积140L,最大装料重200kg,电动机功率11kW,外形尺寸(mm):2000×1500×1000,重1.8t,全钢机,普通电动机
平板式上卸料离心机	PS-1000	40700	安徽普源分离机械制造有限公司	(0552)4014982	转鼓直径1000mm,转鼓高度420mm,转鼓转速0~1000 r/min,最大容积140L,最大装料重200kg,电动机功率11kW,外形尺寸(mm):2000×1500×1000,重1.8t,全钢机,防爆型电动机

产品名称	型号规格	参考价格(元)	生产厂家	电话	主要参数及备注
平板式上卸料离心机	PS-1000	40800	安徽普源分离机械制造有限公司	(0552)4014982	转鼓直径 1000mm,转鼓高度 420mm,转鼓转速 0～1000 r/min,最大容积 140L,最大装料重 200kg,电动机功率 11kW,外形尺寸(mm):2000×1500×1000,重1.8t,全钢机,普通电动机,带简易盖
平板式上卸料离心机	PS-1000	41500	安徽普源分离机械制造有限公司	(0552)4014982	转鼓直径 1000mm,转鼓高度 420mm,转鼓转速 0～1000 r/min,最大容积 140L,最大装料重 200kg,电动机功率 11kW,外形尺寸(mm):2000×1500×1000,重1.8t,全钢机,防爆型电动机,带简易盖
平板式上卸料离心机	PS-1000	41500	安徽普源分离机械制造有限公司	(0552)4014982	转鼓直径 1000mm,转鼓高度 420mm,转鼓转速 0～1000 r/min,最大容积 140L,最大装料重 200kg,电动机功率 11kW,外形尺寸(mm):2000×1500×1000,重1.8t,全钢机,普通电动机,带铰链盖
平板式上卸料离心机	PS-1000	42200	安徽普源分离机械制造有限公司	(0552)4014982	转鼓直径 1000mm,转鼓高度 420mm,转鼓转速 0～1000 r/min,最大容积 140L,最大装料重 200kg,电动机功率 11kW,外形尺寸(mm):2000×1500×1000,重1.8t,全钢机,防爆型电动机,带铰链盖
平板式上卸料离心机	PS-1200	46800	安徽普源分离机械制造有限公司	(0552)4014982	转鼓直径 1200mm,转鼓高度 500mm,转鼓转速 0～900 r/min,最大容积 250L,最大装料重 350kg,电动机功率 11kW,外形尺寸(mm):2200×1800×1100,重2.9t,衬塑机,普通电动机
平板式上卸料离心机	PS-1200	47000	安徽普源分离机械制造有限公司	(0552)4014982	转鼓直径 1200mm,转鼓高度 500mm,转鼓转速 0～900 r/min,最大容积 250L,最大装料重 350kg,电动机功率 11kW,外形尺寸(mm):2200×1800×1100,重2.9t,衬塑机,防爆型电动机
平板式上卸料离心机	PS-1200	47800	安徽普源分离机械制造有限公司	(0552)4014982	转鼓直径 1200mm,转鼓高度 500mm,转鼓转速 0～900 r/min,最大容积 250L,最大装料重 350kg,电动机功率 11kW,外形尺寸(mm):2200×1800×1100,重2.9t,衬塑机,普通电动机,带简易盖
平板式上卸料离心机	PS-1200	48000	安徽普源分离机械制造有限公司	(0552)4014982	转鼓直径 1200mm,转鼓高度 500mm,转鼓转速 0～900 r/min,最大容积 250L,最大装料重 350kg,电动机功率 11kW,外形尺寸(mm):2200×1800×1100,重2.9t,衬塑机,防爆型电动机,带简易盖
平板式上卸料离心机	PS-1200	48800	安徽普源分离机械制造有限公司	(0552)4014982	转鼓直径 1200mm,转鼓高度 500mm,转鼓转速 0～900 r/min,最大容积 250L,最大装料重 350kg,电动机功率 11kW,外形尺寸(mm):2200×1800×1100,重2.9t,衬塑机,普通电动机,带铰链盖

产品名称	型号规格	参考价格(元)	生产厂家	电话	主要参数及备注
平板式上卸料离心机	PS-1200	49000	安徽普源分离机械制造有限公司	(0552)4014982	转鼓直径1200mm,转鼓高度500mm,转鼓转速0~900 r/min,最大容积250L,最大装料重350kg,电动机功率11kW,外形尺寸(mm):2200×1800×1100,重2.9t,衬塑机,防爆型电动机,带铰链盖
平板式上卸料离心机	PS-1200	49300	安徽普源分离机械制造有限公司	(0552)4014982	转鼓直径1200mm,转鼓高度500mm,转鼓转速0~900 r/min,最大容积250L,最大装料重350kg,电动机功率11kW,外形尺寸(mm):2200×1800×1100,重2.9t,全钢机,普通电动机
平板式上卸料离心机	PS-1200	50000	安徽普源分离机械制造有限公司	(0552)4014982	转鼓直径1200mm,转鼓高度500mm,转鼓转速0~900 r/min,最大容积250L,最大装料重350kg,电动机功率11kW,外形尺寸(mm):2200×1800×1100,重2.9t,全钢机,防爆型电动机
平板式上卸料离心机	PS-1200	50300	安徽普源分离机械制造有限公司	(0552)4014982	转鼓直径1200mm,转鼓高度500mm,转鼓转速0~900 r/min,最大容积250L,最大装料重350kg,电动机功率11kW,外形尺寸(mm):2200×1800×1100,重2.9t,全钢机,普通电动机,带简易盖
平板式上卸料离心机	PS-1200	51000	安徽普源分离机械制造有限公司	(0552)4014982	转鼓直径1200mm,转鼓高度500mm,转鼓转速0~900 r/min,最大容积250L,最大装料重350kg,电动机功率11kW,外形尺寸(mm):2200×1800×1100,重2.9t,全钢机,防爆型电动机,带简易盖
平板式上卸料离心机	PS-1200	51300	安徽普源分离机械制造有限公司	(0552)4014982	转鼓直径1200mm,转鼓高度500mm,转鼓转速0~900 r/min,最大容积250L,最大装料重350kg,电动机功率11kW,外形尺寸(mm):2200×1800×1100,重2.9t,全钢机,普通电动机,带铰链盖
平板式上卸料离心机	PS-1200	52000	安徽普源分离机械制造有限公司	(0552)4014982	转鼓直径1200mm,转鼓高度500mm,转鼓转速0~900 r/min,最大容积250L,最大装料重350kg,电动机功率11kW,外形尺寸(mm):2200×1800×1100,重2.9t,全钢机,防爆型电动机,带铰链盖
平板式上卸料离心机	PS-1250	52300	安徽普源分离机械制造有限公司	(0552)4014982	转鼓直径1250mm,转鼓高度500mm,转鼓转速0~900 r/min,最大容积300L,最大装料重420kg,电动机功率15kW,外形尺寸(mm):2200×1800×1100,重3t,衬塑机,普通电动机
平板式上卸料离心机	PS-1250	53000	安徽普源分离机械制造有限公司	(0552)4014982	转鼓直径1250mm,转鼓高度500mm,转鼓转速0~900 r/min,最大容积300L,最大装料重420kg,电动机功率15kW,外形尺寸(mm):2200×1800×1100,重3t,衬塑机,防爆型电动机
平板式上卸料离心机	PS-1250	53300	安徽普源分离机械制造有限公司	(0552)4014982	转鼓直径1250mm,转鼓高度500mm,转鼓转速0~900 r/min,最大容积300L,最大装料重420kg,电动机功率15kW,外形尺寸(mm):2200×1800×1100,重3t,衬塑机,普通电动机,带简易盖

产品名称	型号规格	参考价格（元）	生产厂家	电话	主要参数及备注
平板式上卸料离心机	PS-1250	54000	安徽普源分离机械制造有限公司	(0552)4014982	转鼓直径1250mm,转鼓高度500mm,转鼓转速0~900 r/min,最大容积300L,最大装料重420kg,电动机功率15kW,外形尺寸(mm):2200×1800×1100,重3t,衬塑机,防爆型电动机,带简易盖
平板式上卸料离心机	PS-1250	54300	安徽普源分离机械制造有限公司	(0552)4014982	转鼓直径1250mm,转鼓高度500mm,转鼓转速0~900 r/min,最大容积300L,最大装料重420kg,电动机功率15kW,外形尺寸(mm):2200×1800×1100,重3t,衬塑机,普通电动机,带铰链盖
平板式上卸料离心机	PS-1250	55000	安徽普源分离机械制造有限公司	(0552)4014982	转鼓直径1250mm,转鼓高度500mm,转鼓转速0~900 r/min,最大容积300L,最大装料重420kg,电动机功率15kW,外形尺寸(mm):2200×1800×1100,重3t,衬塑机,防爆型电动机,带铰链盖
平板式上卸料离心机	PS-1250	55400	安徽普源分离机械制造有限公司	(0552)4014982	转鼓直径1250mm,转鼓高度500mm,转鼓转速0~900 r/min,最大容积300L,最大装料重420kg,电动机功率15kW,外形尺寸(mm):2200×1800×1100,重3t,全钢机,普通电动机
平板式上卸料离心机	PS-1250	56100	安徽普源分离机械制造有限公司	(0552)4014982	转鼓直径1250mm,转鼓高度500mm,转鼓转速0~900 r/min,最大容积300L,最大装料重420kg,电动机功率15kW,外形尺寸(mm):2200×1800×1100,重3t,全钢机,防爆型电动机
平板式上卸料离心机	PS-1250	56400	安徽普源分离机械制造有限公司	(0552)4014982	转鼓直径1250mm,转鼓高度500mm,转鼓转速0~900 r/min,最大容积300L,最大装料重420kg,电动机功率15kW,外形尺寸(mm):2200×1800×1100,重3t,全钢机,普通电动机,带简易盖
平板式上卸料离心机	PS-1250	57100	安徽普源分离机械制造有限公司	(0552)4014982	转鼓直径1250mm,转鼓高度500mm,转鼓转速0~900 r/min,最大容积300L,最大装料重420kg,电动机功率15kW,外形尺寸(mm):2200×1800×1100,重3t,全钢机,防爆型电动机,带简易盖
平板式上卸料离心机	PS-1250	57400	安徽普源分离机械制造有限公司	(0552)4014982	转鼓直径1250mm,转鼓高度500mm,转鼓转速0~900 r/min,最大容积300L,最大装料重420kg,电动机功率15kW,外形尺寸(mm):2200×1800×1100,重3t,全钢机,普通电动机,带铰链盖
平板式上卸料离心机	PS-1250	58100	安徽普源分离机械制造有限公司	(0552)4014982	转鼓直径1250mm,转鼓高度500mm,转鼓转速0~900 r/min,最大容积300L,最大装料重420kg,电动机功率15kW,外形尺寸(mm):2200×1800×1100,重3t,全钢机,防爆型电动机,带铰链盖
平板式上卸料离心机	PS-1500	68800	安徽普源分离机械制造有限公司	(0552)4014982	转鼓直径1500mm,转鼓高度500mm,转鼓转速0~850 r/min,最大容积400L,最大装料重550kg,电动机功率18.5kW,外形尺寸(mm):2600×2200×1200,重4t,衬塑机,普通电动机

产品名称	型号规格	参考价格（元）	生产厂家	电话	主要参数及备注
平板式上卸料离心机	PS-1500	70600	安徽普源分离机械制造有限公司	（0552）4014982	转鼓直径 1500mm，转鼓高度 500mm，转鼓转速 0～850 r/min，最大容积 400L，最大装料重 550kg，电动机功率18.5kW，外形尺寸（mm）：2600×2200×1200，重 4t，衬塑机，防爆型电动机
平板式上卸料离心机	PS-1500	70800	安徽普源分离机械制造有限公司	（0552）4014982	转鼓直径 1500mm，转鼓高度 500mm，转鼓转速 0～850 r/min，最大容积 400L，最大装料重 550kg，电动机功率18.5kW，外形尺寸（mm）：2600×2200×1200，重 4t，衬塑机，普通电动机，带简易盖
平板式上卸料离心机	PS-1500	71800	安徽普源分离机械制造有限公司	（0552）4014982	转鼓直径 1500mm，转鼓高度 500mm，转鼓转速 0～850 r/min，最大容积 400L，最大装料重 550kg，电动机功率18.5kW，外形尺寸（mm）：2600×2200×1200，重 4t，衬塑机，普通电动机，带铰链盖
平板式上卸料离心机	PS-1500	72600	安徽普源分离机械制造有限公司	（0552）4014982	转鼓直径 1500mm，转鼓高度 500mm，转鼓转速 0～850 r/min，最大容积 400L，最大装料重 550kg，电动机功率18.5kW，外形尺寸（mm）：2600×2200×1200，重 4t，衬塑机，防爆型电动机，带简易盖
平板式上卸料离心机	PS-1500	72800	安徽普源分离机械制造有限公司	（0552）4014982	转鼓直径 1500mm，转鼓高度 500mm，转鼓转速 0～850 r/min，最大容积 400L，最大装料重 550kg，电动机功率18.5kW，外形尺寸（mm）：2600×2200×1200，重 4t，全钢机，普通电动机
平板式上卸料离心机	PS-1500	73600	安徽普源分离机械制造有限公司	（0552）4014982	转鼓直径 1500mm，转鼓高度 500mm，转鼓转速 0～850 r/min，最大容积 400L，最大装料重 550kg，电动机功率18.5kW，外形尺寸（mm）：2600×2200×1200，重 4t，衬塑机，防爆型电动机，带铰链盖
平板式上卸料离心机	PS-1500	74000	安徽普源分离机械制造有限公司	（0552）4014982	转鼓直径 1500mm，转鼓高度 500mm，转鼓转速 0～850 r/min，最大容积 400L，最大装料重 550kg，电动机功率18.5kW，外形尺寸（mm）：2600×2200×1200，重 4t，全钢机，防爆型电动机
平板式上卸料离心机	PS-1500	74800	安徽普源分离机械制造有限公司	（0552）4014982	转鼓直径 1500mm，转鼓高度 500mm，转鼓转速 0～850 r/min，最大容积 400L，最大装料重 550kg，电动机功率18.5kW，外形尺寸（mm）：2600×2200×1200，重 4t，全钢机，普通电动机，带简易盖
平板式上卸料离心机	PS-1500	75800	安徽普源分离机械制造有限公司	（0552）4014982	转鼓直径 1500mm，转鼓高度 500mm，转鼓转速 0～850 r/min，最大容积 400L，最大装料重 550kg，电动机功率18.5kW，外形尺寸（mm）：2600×2200×1200，重 4t，全钢机，普通电动机，带铰链盖
平板式上卸料离心机	PS-1500	76000	安徽普源分离机械制造有限公司	（0552）4014982	转鼓直径 1500mm，转鼓高度 500mm，转鼓转速 0～850 r/min，最大容积 400L，最大装料重 550kg，电动机功率18.5kW，外形尺寸（mm）：2600×2200×1200，重 4t，全钢机，防爆型电动机，带简易盖

产品名称	型号规格	参考价格（元）	生产厂家	电话	主要参数及备注
平板式上卸料离心机	PS-1500	77000	安徽普源分离机械制造有限公司	(0552)4014982	转鼓直径1500mm,转鼓高度500mm,转鼓转速0~850 r/min,最大容积400L,最大装料重550kg,电动机功率18.5kW,外形尺寸(mm):2600×2200×1200,重4t,全钢机,防爆型电动机,带铰链盖
平板式上卸料离心机	PSB-600	26000	安徽普源分离机械制造有限公司	(0552)4014982	转鼓直径600mm,转鼓高度320mm,转鼓转速0~1600 r/min,最大容积45L,最大装料重70kg,电动机功率2.2kW,外形尺寸(mm):1410×1200×850,重800kg,衬塑机,大翻盖,普通电动机
平板式上卸料离心机	PSB-600	26500	安徽普源分离机械制造有限公司	(0552)4014982	转鼓直径600mm,转鼓高度320mm,转鼓转速0~1600 r/min,最大容积45L,最大装料重70kg,电动机功率2.2kW,外形尺寸(mm):1410×1200×850,重800kg,衬塑机,大翻盖,防爆型电动机
平板式上卸料离心机	PSB-600	26600	安徽普源分离机械制造有限公司	(0552)4014982	转鼓直径600mm,转鼓高度320mm,转鼓转速0~1600 r/min,最大容积45L,最大装料重70kg,电动机功率2.2kW,外形尺寸(mm):1410×1200×850,重800kg,衬塑机,大翻盖,普通电动机,带简易盖
平板式上卸料离心机	PSB-600	27000	安徽普源分离机械制造有限公司	(0552)4014982	转鼓直径600mm,转鼓高度320mm,转鼓转速0~1600 r/min,最大容积45L,最大装料重70kg,电动机功率2.2kW,外形尺寸(mm):1410×1200×850,重800kg,衬塑机,大翻盖,普通电动机,带铰链盖
平板式上卸料离心机	PSB-600	27100	安徽普源分离机械制造有限公司	(0552)4014982	转鼓直径600mm,转鼓高度320mm,转鼓转速0~1600 r/min,最大容积45L,最大装料重70kg,电动机功率2.2kW,外形尺寸(mm):1410×1200×850,重800kg,衬塑机,大翻盖,防爆型电动机,带简易盖
平板式上卸料离心机	PSB-600	27500	安徽普源分离机械制造有限公司	(0552)4014982	转鼓直径600mm,转鼓高度320mm,转鼓转速0~1600 r/min,最大容积45L,最大装料重70kg,电动机功率2.2kW,外形尺寸(mm):1410×1200×850,重800kg,衬塑机,大翻盖,防爆型电动机,带铰链盖
平板式上卸料离心机	PSB-600	27800	安徽普源分离机械制造有限公司	(0552)4014982	转鼓直径600mm,转鼓高度320mm,转鼓转速0~1600 r/min,最大容积45L,最大装料重70kg,电动机功率2.2kW,外形尺寸(mm):1410×1200×850,重800kg,全钢机,大翻盖,普通电动机
平板式上卸料离心机	PSB-600	28300	安徽普源分离机械制造有限公司	(0552)4014982	转鼓直径600mm,转鼓高度320mm,转鼓转速0~1600 r/min,最大容积45L,最大装料重70kg,电动机功率2.2kW,外形尺寸(mm):1410×1200×850,重800kg,全钢机,大翻盖,防爆型电动机

产品名称	型号规格	参考价格(元)	生产厂家	电话	主要参数及备注
平板式上卸料离心机	PSB-600	28400	安徽普源分离机械制造有限公司	(0552)4014982	转鼓直径600mm,转鼓高度320mm,转鼓转速0~1600r/min,最大容积45L,最大装料重70kg,电动机功率2.2kW,外形尺寸(mm):1410×1200×850,重800kg,全钢机,大翻盖,普通电动机,带简易盖
平板式上卸料离心机	PSB-600	28800	安徽普源分离机械制造有限公司	(0552)4014982	转鼓直径600mm,转鼓高度320mm,转鼓转速0~1600r/min,最大容积45L,最大装料重70kg,电动机功率2.2kW,外形尺寸(mm):1410×1200×850,重800kg,全钢机,大翻盖,普通电动机,带铰链盖
平板式上卸料离心机	PSB-600	28900	安徽普源分离机械制造有限公司	(0552)4014982	转鼓直径600mm,转鼓高度320mm,转鼓转速0~1600r/min,最大容积45L,最大装料重70kg,电动机功率2.2kW,外形尺寸(mm):1410×1200×850,重800kg,全钢机,大翻盖,防爆型电动机,带简易盖
平板式上卸料离心机	PSB-600	29300	安徽普源分离机械制造有限公司	(0552)4014982	转鼓直径600mm,转鼓高度320mm,转鼓转速0~1600r/min,最大容积45L,最大装料重70kg,电动机功率2.2kW,外形尺寸(mm):1410×1200×850,重800kg,全钢机,大翻盖,防爆型电动机,带铰链盖
平板式上卸料离心机	PSB-800	35300	安徽普源分离机械制造有限公司	(0552)4014982	转鼓直径800mm,转鼓高度400mm,转鼓转速0~1200r/min,最大容积100L,最大装料重135kg,电动机功率5.5kW,外形尺寸(mm):1650×1200×930,重1.1t,全钢机,大翻盖,普通电动机
平板式上卸料离心机	PSB-800	35900	安徽普源分离机械制造有限公司	(0552)4014982	转鼓直径800mm,转鼓高度400mm,转鼓转速0~1200r/min,最大容积100L,最大装料重135kg,电动机功率5.5kW,外形尺寸(mm):1650×1200×930,重1.1t,全钢机,大翻盖,防爆型电动机
平板式上卸料离心机	PSB-800	36000	安徽普源分离机械制造有限公司	(0552)4014982	转鼓直径800mm,转鼓高度400mm,转鼓转速0~1200r/min,最大容积100L,最大装料重135kg,电动机功率5.5kW,外形尺寸(mm):1650×1200×930,重1.1t,全钢机,大翻盖,普通电动机,带简易盖
平板式上卸料离心机	PSB-800	36400	安徽普源分离机械制造有限公司	(0552)4014982	转鼓直径800mm,转鼓高度400mm,转鼓转速0~1200r/min,最大容积100L,最大装料重135kg,电动机功率5.5kW,外形尺寸(mm):1650×1200×930,重1.1t,衬塑机,大翻盖,普通电动机
平板式上卸料离心机	PSB-800	36500	安徽普源分离机械制造有限公司	(0552)4014982	转鼓直径800mm,转鼓高度400mm,转鼓转速0~1200r/min,最大容积100L,最大装料重135kg,电动机功率5.5kW,外形尺寸(mm):1650×1200×930,重1.1t,全钢机,大翻盖,普通电动机,带铰链盖

产品名称	型号规格	参考价格（元）	生产厂家	电话	主要参数及备注
平板式上卸料离心机	PSB-800	36600	安徽普源分离机械制造有限公司	（0552）4014982	转鼓直径 800mm，转鼓高度 400mm，转鼓转速 0～1200r/min，最大容积 100L，最大装料重 135kg，电动机功率5.5kW，外形尺寸（mm）：1650×1200×930，重1.1t，全钢机，大翻盖，防爆型电动机，带简易盖
平板式上卸料离心机	PSB-800	37000	安徽普源分离机械制造有限公司	（0552）4014982	转鼓直径 800mm，转鼓高度 400mm，转鼓转速 0～1200r/min，最大容积 100L，最大装料重 135kg，电动机功率5.5kW，外形尺寸（mm）：1650×1200×930，重1.1t，衬塑机，大翻盖，防爆型电动机
平板式上卸料离心机	PSB-800	37100	安徽普源分离机械制造有限公司	（0552）4014982	转鼓直径 800mm，转鼓高度 400mm，转鼓转速 0～1200r/min，最大容积 100L，最大装料重 135kg，电动机功率5.5kW，外形尺寸（mm）：1650×1200×930，重1.1t，全钢机，大翻盖，防爆型电动机，带铰链盖
平板式上卸料离心机	PSB-800	37100	安徽普源分离机械制造有限公司	（0552）4014982	转鼓直径 800mm，转鼓高度 400mm，转鼓转速 0～1200r/min，最大容积 100L，最大装料重 135kg，电动机功率5.5kW，外形尺寸（mm）：1650×1200×930，重1.1t，衬塑机，大翻盖，普通电动机，带简易盖
平板式上卸料离心机	PSB-800	37600	安徽普源分离机械制造有限公司	（0552）4014982	转鼓直径 800mm，转鼓高度 400mm，转鼓转速 0～1200r/min，最大容积 100L，最大装料重 135kg，电动机功率5.5kW，外形尺寸（mm）：1650×1200×930，重1.1t，衬塑机，大翻盖，普通电动机，带铰链盖
平板式上卸料离心机	PSB-800	37700	安徽普源分离机械制造有限公司	（0552）4014982	转鼓直径 800mm，转鼓高度 400mm，转鼓转速 0～1200r/min，最大容积 100L，最大装料重 135kg，电动机功率5.5kW，外形尺寸（mm）：1650×1200×930，重1.1t，衬塑机，大翻盖，防爆型电动机，带简易盖
平板式上卸料离心机	PSB-800	38200	安徽普源分离机械制造有限公司	（0552）4014982	转鼓直径 800mm，转鼓高度 400mm，转鼓转速 0～1200r/min，最大容积 100L，最大装料重 135kg，电动机功率5.5kW，外形尺寸（mm）：1650×1200×930，重1.1t，衬塑机，大翻盖，防爆型电动机，带铰链盖
平板式上卸料离心机	PSB-1000	47000	安徽普源分离机械制造有限公司	（0552）4014982	转鼓直径 1000mm，转鼓高度 420mm，转鼓转速 0～1000r/min，最大容积 140L，最大装料重 200kg，电动机功率 11kW，外形尺寸（mm）：2000×1500×1000，重1.8t，全钢机，大翻盖，普通电动机
平板式上卸料离心机	PSB-1000	47600	安徽普源分离机械制造有限公司	（0552）4014982	转鼓直径 1000mm，转鼓高度 420mm，转鼓转速 0～1000r/min，最大容积 140L，最大装料重 200kg，电动机功率 11kW，外形尺寸（mm）：2000×1500×1000，重1.8t，衬塑机，大翻盖，普通电动机

产品名称	型号规格	参考价格(元)	生产厂家	电话	主要参数及备注
平板式上卸料离心机	PSB-1000	47700	安徽普源分离机械制造有限公司	(0552)4014982	转鼓直径1000mm，转鼓高度420mm，转鼓转速0～1000r/min，最大容积140L，最大装料重200kg，电动机功率11kW，外形尺寸(mm)：2000×1500×1000，重1.8t，全钢机，大翻盖，防爆型电动机
平板式上卸料离心机	PSB-1000	47800	安徽普源分离机械制造有限公司	(0552)4014982	转鼓直径1000mm，转鼓高度420mm，转鼓转速0～1000r/min，最大容积140L，最大装料重200kg，电动机功率11kW，外形尺寸(mm)：2000×1500×1000，重1.8t，全钢机，大翻盖，普通电动机，带简易盖
平板式上卸料离心机	PSB-1000	48300	安徽普源分离机械制造有限公司	(0552)4014982	转鼓直径1000mm，转鼓高度420mm，转鼓转速0～1000r/min，最大容积140L，最大装料重200kg，电动机功率11kW，外形尺寸(mm)：2000×1500×1000，重1.8t，衬塑机，大翻盖，防爆型电动机
平板式上卸料离心机	PSB-1000	48400	安徽普源分离机械制造有限公司	(0552)4014982	转鼓直径1000mm，转鼓高度420mm，转鼓转速0～1000r/min，最大容积140L，最大装料重200kg，电动机功率11kW，外形尺寸(mm)：2000×1500×1000，重1.8t，衬塑机，大翻盖，普通电动机，带简易盖
平板式上卸料离心机	PSB-1000	48500	安徽普源分离机械制造有限公司	(0552)4014982	转鼓直径1000mm，转鼓高度420mm，转鼓转速0～1000r/min，最大容积140L，最大装料重200kg，电动机功率11kW，外形尺寸(mm)：2000×1500×1000，重1.8t，全钢机，大翻盖，防爆型电动机，带简易盖
平板式上卸料离心机	PSB-1000	48500	安徽普源分离机械制造有限公司	(0552)4014982	转鼓直径1000mm，转鼓高度420mm，转鼓转速0～1000r/min，最大容积140L，最大装料重200kg，电动机功率11kW，外形尺寸(mm)：2000×1500×1000，重1.8t，全钢机，大翻盖，普通电动机，带铰链盖
平板式上卸料离心机	PSB-1000	49100	安徽普源分离机械制造有限公司	(0552)4014982	转鼓直径1000mm，转鼓高度420mm，转鼓转速0～1000r/min，最大容积140L，最大装料重200kg，电动机功率11kW，外形尺寸(mm)：2000×1500×1000，重1.8t，衬塑机，大翻盖，防爆型电动机，带简易盖
平板式上卸料离心机	PSB-1000	49100	安徽普源分离机械制造有限公司	(0552)4014982	转鼓直径1000mm，转鼓高度420mm，转鼓转速0～1000r/min，最大容积140L，最大装料重200kg，电动机功率11kW，外形尺寸(mm)：2000×1500×1000，重1.8t，衬塑机，大翻盖，普通电动机，带铰链盖
平板式上卸料离心机	PSB-1000	49200	安徽普源分离机械制造有限公司	(0552)4014982	转鼓直径1000mm，转鼓高度420mm，转鼓转速0～1000r/min，最大容积140L，最大装料重200kg，电动机功率11kW，外形尺寸(mm)：2000×1500×1000，重1.8t，全钢机，大翻盖，防爆型电动机，带铰链盖

产品名称	型号规格	参考价格（元）	生产厂家	电话	主要参数及备注
平板式上卸料离心机	PSB-1000	49800	安徽普源分离机械制造有限公司	（0552）4014982	转鼓直径 1000mm，转鼓高度 420mm，转鼓转速 0 ~ 1000 r/min，最大容积 140L，最大装料重 200kg，电动机功率 11kW，外形尺寸（mm）：2000×1500×1000，重1.8t，衬塑机，大翻盖，防爆型电动机，带铰链盖
平板式上卸料离心机	PSB-1200	56300	安徽普源分离机械制造有限公司	（0552）4014982	转鼓直径 1200mm，转鼓高度 500mm，转鼓转速 0 ~ 900 r/min，最大容积 250L，最大装料重 350kg，电动机功率 11kW，外形尺寸（mm）：2200×1800×1100，重 2.9t，衬塑机，大翻盖，普通电动机
平板式上卸料离心机	PSB-1200	57000	安徽普源分离机械制造有限公司	（0552）4014982	转鼓直径 1200mm，转鼓高度 500mm，转鼓转速 0 ~ 900 r/min，最大容积 250L，最大装料重 350kg，电动机功率 11kW，外形尺寸（mm）：2200×1800×1100，重 2.9t，衬塑机，大翻盖，防爆型电动机
平板式上卸料离心机	PSB-1200	57300	安徽普源分离机械制造有限公司	（0552）4014982	转鼓直径 1200mm，转鼓高度 500mm，转鼓转速 0 ~ 900 r/min，最大容积 250L，最大装料重 350kg，电动机功率 11kW，外形尺寸（mm）：2200×1800×1100，重 2.9t，衬塑机，大翻盖，普通电动机，带简易盖
平板式上卸料离心机	PSB-1200	58000	安徽普源分离机械制造有限公司	（0552）4014982	转鼓直径 1200mm，转鼓高度 500mm，转鼓转速 0 ~ 900 r/min，最大容积 250L，最大装料重 350kg，电动机功率 11kW，外形尺寸（mm）：2200×1800×1100，重 2.9t，衬塑机，大翻盖，防爆型电动机，带简易盖
平板式上卸料离心机	PSB-1200	58300	安徽普源分离机械制造有限公司	（0552）4014982	转鼓直径 1200mm，转鼓高度 500mm，转鼓转速 0 ~ 900 r/min，最大容积 250L，最大装料重 350kg，电动机功率 11kW，外形尺寸（mm）：2200×1800×1100，重 2.9t，衬塑机，大翻盖，普通电动机，带铰链盖
平板式上卸料离心机	PSB-1200	59000	安徽普源分离机械制造有限公司	（0552）4014982	转鼓直径 1200mm，转鼓高度 500mm，转鼓转速 0 ~ 900 r/min，最大容积 250L，最大装料重 350kg，电动机功率 11kW，外形尺寸（mm）：2200×1800×1100，重 2.9t，衬塑机，大翻盖，防爆型电动机，带铰链盖
平板式上卸料离心机	PSB-1200	59300	安徽普源分离机械制造有限公司	（0552）4014982	转鼓直径 1200mm，转鼓高度 500mm，转鼓转速 0 ~ 900 r/min，最大容积 250L，最大装料重 350kg，电动机功率 11kW，外形尺寸（mm）：2200×1800×1100，重 2.9t，全钢机，大翻盖，普通电动机
平板式上卸料离心机	PSB-1200	60000	安徽普源分离机械制造有限公司	（0552）4014982	转鼓直径 1200mm，转鼓高度 500mm，转鼓转速 0 ~ 900 r/min，最大容积 250L，最大装料重 350kg，电动机功率 11kW，外形尺寸（mm）：2200×1800×1100，重 2.9t，全钢机，大翻盖，防爆型电动机

产品名称	型号规格	参考价格(元)	生产厂家	电话	主要参数及备注
平板式上卸料离心机	PSB-1200	60300	安徽普源分离机械制造有限公司	(0552)4014982	转鼓直径1200mm,转鼓高度500mm,转鼓转速0~900 r/min,最大容积250L,最大装料重350kg,电动机功率11kW,外形尺寸(mm):2200×1800×1100,重2.9t,全钢机,大翻盖,普通电动机,带简易盖
平板式上卸料离心机	PSB-1200	61000	安徽普源分离机械制造有限公司	(0552)4014982	转鼓直径1200mm,转鼓高度500mm,转鼓转速0~900 r/min,最大容积250L,最大装料重350kg,电动机功率11kW,外形尺寸(mm):2200×1800×1100,重2.9t,全钢机,大翻盖,防爆型电动机,带简易盖
平板式上卸料离心机	PSB-1200	61300	安徽普源分离机械制造有限公司	(0552)4014982	转鼓直径1200mm,转鼓高度500mm,转鼓转速0~900 r/min,最大容积250L,最大装料重350kg,电动机功率11kW,外形尺寸(mm):2200×1800×1100,重2.9t,全钢机,大翻盖,普通电动机,带铰链盖
平板式上卸料离心机	PSB-1200	62000	安徽普源分离机械制造有限公司	(0552)4014982	转鼓直径1200mm,转鼓高度500mm,转鼓转速0~900 r/min,最大容积250L,最大装料重350kg,电动机功率11kW,外形尺寸(mm):2200×1800×1100,重2.9t,全钢机,大翻盖,防爆型电动机,带铰链盖
平板式上卸料离心机	PSB-1250	65300	安徽普源分离机械制造有限公司	(0552)4014982	转鼓直径1250mm,转鼓高度500mm,转鼓转速0~900 r/min,最大容积300L,最大装料重420kg,电动机功率15kW,外形尺寸(mm):2200×1800×1100,重3t,衬塑机,大翻盖,普通电动机
平板式上卸料离心机	PSB-1250	66000	安徽普源分离机械制造有限公司	(0552)4014982	转鼓直径1250mm,转鼓高度500mm,转鼓转速0~900 r/min,最大容积300L,最大装料重420kg,电动机功率15kW,外形尺寸(mm):2200×1800×1100,重3t,衬塑机,大翻盖,防爆型电动机
平板式上卸料离心机	PSB-1250	66300	安徽普源分离机械制造有限公司	(0552)4014982	转鼓直径1250mm,转鼓高度500mm,转鼓转速0~900 r/min,最大容积300L,最大装料重420kg,电动机功率15kW,外形尺寸(mm):2200×1800×1100,重3t,衬塑机,大翻盖,普通电动机,带简易盖
平板式上卸料离心机	PSB-1250	67000	安徽普源分离机械制造有限公司	(0552)4014982	转鼓直径1250mm,转鼓高度500mm,转鼓转速0~900 r/min,最大容积300L,最大装料重420kg,电动机功率15kW,外形尺寸(mm):2200×1800×1100,重3t,衬塑机,大翻盖,防爆型电动机,带简易盖
平板式上卸料离心机	PSB-1250	67300	安徽普源分离机械制造有限公司	(0552)4014982	转鼓直径1250mm,转鼓高度500mm,转鼓转速0~900 r/min,最大容积300L,最大装料重420kg,电动机功率15kW,外形尺寸(mm):2200×1800×1100,重3t,衬塑机,大翻盖,普通电动机,带铰链盖

产品名称	型号规格	参考价格（元）	生产厂家	电话	主要参数及备注
平板式上卸料离心机	PSB-1250	68000	安徽普源分离机械制造有限公司	(0552)4014982	转鼓直径 1250mm，转鼓高度500mm，转鼓转速 0～900 r/min，最大容积 300L，最大装料重420kg，电动机功率 15kW，外形尺寸（mm）：2200×1800×1100，重3t，衬塑机，大翻盖，防爆型电动机，带铰链盖
平板式上卸料离心机	PSB-1250	68300	安徽普源分离机械制造有限公司	(0552)4014982	转鼓直径 1250mm，转鼓高度500mm，转鼓转速 0～900 r/min，最大容积 300L，最大装料重420kg，电动机功率 15kW，外形尺寸（mm）：2200×1800×1100，重3t，全钢机，大翻盖，普通电动机
平板式上卸料离心机	PSB-1250	69000	安徽普源分离机械制造有限公司	(0552)4014982	转鼓直径 1250mm，转鼓高度500mm，转鼓转速 0～900 r/min，最大容积 300L，最大装料重420kg，电动机功率 15kW，外形尺寸（mm）：2200×1800×1100，重3t，全钢机，大翻盖，防爆型电动机
平板式上卸料离心机	PSB-1250	69300	安徽普源分离机械制造有限公司	(0552)4014982	转鼓直径 1250mm，转鼓高度500mm，转鼓转速 0～900 r/min，最大容积 300L，最大装料重420kg，电动机功率 15kW，外形尺寸（mm）：2200×1800×1100，重3t，全钢机，大翻盖，普通电动机，带简易盖
平板式上卸料离心机	PSB-1250	70000	安徽普源分离机械制造有限公司	(0552)4014982	转鼓直径 1250mm，转鼓高度500mm，转鼓转速 0～900 r/min，最大容积 300L，最大装料重420kg，电动机功率 15kW，外形尺寸（mm）：2200×1800×1100，重3t，全钢机，大翻盖，防爆型电动机，带简易盖
平板式上卸料离心机	PSB-1250	70300	安徽普源分离机械制造有限公司	(0552)4014982	转鼓直径 1250mm，转鼓高度500mm，转鼓转速 0～900 r/min，最大容积 300L，最大装料重420kg，电动机功率 15kW，外形尺寸（mm）：2200×1800×1100，重3t，全钢机，大翻盖，普通电动机，带铰链盖
平板式上卸料离心机	PSB-1250	71000	安徽普源分离机械制造有限公司	(0552)4014982	转鼓直径 1250mm，转鼓高度500mm，转鼓转速 0～900 r/min，最大容积 300L，最大装料重420kg，电动机功率 15kW，外形尺寸（mm）：2200×1800×1100，重3t，全钢机，大翻盖，防爆型电动机，带铰链盖
平板式上卸料离心机	PSB-1500	86800	安徽普源分离机械制造有限公司	(0552)4014982	转鼓直径 1500mm，转鼓高度500mm，转鼓转速 0～850 r/min，最大容积 400L，最大装料重 550kg，电动机功率18.5 kW，外形尺寸（mm）：2600×2200×1200，重 4t，衬塑机，大翻盖，普通电动机
平板式上卸料离心机	PSB-1500	88000	安徽普源分离机械制造有限公司	(0552)4014982	转鼓直径 1500mm，转鼓高度500mm，转鼓转速 0～850 r/min，最大容积 400L，最大装料重550kg，电动机功率18.5kW，外形尺寸（mm）：2600×2200×1200，重4t，衬塑机，大翻盖，防爆型电动机

产品名称	型号规格	参考价格(元)	生产厂家	电话	主要参数及备注
平板式上卸料离心机	PSB-1500	88800	安徽普源分离机械制造有限公司	(0552)4014982	转鼓直径 1500mm,转鼓高度500mm,转鼓转速 0~850 r/min,最大容积 400L,最大装料重550kg,电动机功率18.5kW,外形尺寸(mm):2600×2200×1200,重4t,衬塑机,大翻盖,普通电动机,带简易盖
平板式上卸料离心机	PSB-1500	89500	安徽普源分离机械制造有限公司	(0552)4014982	转鼓直径 1500mm,转鼓高度500mm,转鼓转速 0~850 r/min,最大容积 400L,最大装料重 550kg,电动机功率18.5 kW,外形尺寸(mm):2600×2200×1200,重 4t,全钢机,大翻盖,普通电动机
平板式上卸料离心机	PSB-1500	89800	安徽普源分离机械制造有限公司	(0552)4014982	转鼓直径 1500mm,转鼓高度500mm,转鼓转速 0~850 r/min,最大容积 400L,最大装料重550kg,电动机功率18.5kW,外形尺寸(mm):2600×2200×1200,重4t,衬塑机,大翻盖,普通电动机,带铰链盖
平板式上卸料离心机	PSB-1500	90000	安徽普源分离机械制造有限公司	(0552)4014982	转鼓直径 1500mm,转鼓高度500mm,转鼓转速 0~850 r/min,最大容积 400L,最大装料重550kg,电动机功率18.5kW,外形尺寸(mm):2600×2200×1200,重4t,衬塑机,大翻盖,防爆型电动机,带简易盖
平板式上卸料离心机	PSB-1500	90700	安徽普源分离机械制造有限公司	(0552)4014982	转鼓直径 1500mm,转鼓高度500mm,转鼓转速 0~850 r/min,最大容积 400L,最大装料重550kg,电动机功率18.5kW,外形尺寸(mm):2600×2200×1200,重4t,全钢机,大翻盖,防爆型电动机
平板式上卸料离心机	PSB-1500	91000	安徽普源分离机械制造有限公司	(0552)4014982	转鼓直径 1500mm,转鼓高度500mm,转鼓转速 0~850 r/min,最大容积 400L,最大装料重550kg,电动机功率18.5kW,外形尺寸(mm):2600×2200×1200,重4t,衬塑机,大翻盖,防爆型电动机,带铰链盖
平板式上卸料离心机	PSB-1500	91500	安徽普源分离机械制造有限公司	(0552)4014982	转鼓直径 1500mm,转鼓高度500mm,转鼓转速 0~850 r/min,最大容积 400L,最大装料重550kg,电动机功率18.5kW,外形尺寸(mm):2600×2200×1200,重4t,全钢机,大翻盖,普通电动机,带简易盖
平板式上卸料离心机	PSB-1500	92500	安徽普源分离机械制造有限公司	(0552)4014982	转鼓直径 1500mm,转鼓高度500mm,转鼓转速 0~850 r/min,最大容积 400L,最大装料重550kg,电动机功率18.5kW,外形尺寸(mm):2600×2200×1200,重4t,全钢机,大翻盖,普通电动机,带铰链盖
平板式上卸料离心机	PSB-1500	92700	安徽普源分离机械制造有限公司	(0552)4014982	转鼓直径 1500mm,转鼓高度500mm,转鼓转速 0~850 r/min,最大容积 400L,最大装料重550kg,电动机功率18.5kW,外形尺寸(mm):2600×2200×1200,重4t,全钢机,大翻盖,防爆型电动机,带简易盖

产品名称	型号规格	参考价格(元)	生产厂家	电话	主要参数及备注
平板式上卸料离心机	PSB-1500	93700	安徽普源分离机械制造有限公司	(0552)4014982	转鼓直径1500mm,转鼓高度500mm,转鼓转速0~850 r/min,最大容积400L,最大装料重550kg,电动机功率18.5kW,外形尺寸(mm):2600×2200×1200,重4t,全钢机,大翻盖,防爆型电动机,带铰链盖
平板式下卸料刮刀离心机	PGT-800	75200	安徽普源分离机械制造有限公司	(0552)4014982	全钢机,普通电动机
平板式下卸料刮刀离心机	PGT-800	75800	安徽普源分离机械制造有限公司	(0552)4014982	全钢机,防爆型电动机
平板式下卸料刮刀离心机	PGT-800	75900	安徽普源分离机械制造有限公司	(0552)4014982	全钢机,普通电动机,带皮带罩
平板式下卸料刮刀离心机	PGT-800	76100	安徽普源分离机械制造有限公司	(0552)4014982	全钢机,普通电动机,带电动机罩
平板式下卸料刮刀离心机	PGT-800	76500	安徽普源分离机械制造有限公司	(0552)4014982	全钢机,防爆型电动机,带皮带罩
平板式下卸料刮刀离心机	PGT-800	76700	安徽普源分离机械制造有限公司	(0552)4014982	全钢机,防爆型电动机,带电动机罩
平板式下卸料刮刀离心机	PGT-1000	92400	安徽普源分离机械制造有限公司	(0552)4014982	全钢机,普通电动机
平板式下卸料刮刀离心机	PGT-1000	92400	安徽普源分离机械制造有限公司	(0552)4014982	全钢机,普通电动机
平板式下卸料刮刀离心机	PGT-1000	93000	安徽普源分离机械制造有限公司	(0552)4014982	全钢机,防爆型电动机
平板式下卸料刮刀离心机	PGT-1000	93400	安徽普源分离机械制造有限公司	(0552)4014982	全钢机,普通电动机,带电动机罩
平板式下卸料刮刀离心机	PGT-1000	94000	安徽普源分离机械制造有限公司	(0552)4014982	全钢机,防爆型电动机,带电动机罩
平板式下卸料刮刀离心机	PGT-1200	116000	安徽普源分离机械制造有限公司	(0552)4014982	全钢机,普通电动机
平板式下卸料刮刀离心机	PGT-1200	116700	安徽普源分离机械制造有限公司	(0552)4014982	全钢机,防爆型电动机
平板式下卸料刮刀离心机	PGT-1200	116900	安徽普源分离机械制造有限公司	(0552)4014982	全钢机,普通电动机,带皮带罩
平板式下卸料刮刀离心机	PGT-1200	117100	安徽普源分离机械制造有限公司	(0552)4014982	全钢机,普通电动机,带电动机罩
平板式下卸料刮刀离心机	PGT-1200	117600	安徽普源分离机械制造有限公司	(0552)4014982	全钢机,防爆型电动机,带皮带罩
平板式下卸料刮刀离心机	PGT-1200	117800	安徽普源分离机械制造有限公司	(0552)4014982	全钢机,防爆型电动机,带电动机罩
平板式下卸料刮刀离心机	PGT-1250	121400	安徽普源分离机械制造有限公司	(0552)4014982	全钢机,平板系列,普通电动机
平板式下卸料刮刀离心机	PGT-1250	122100	安徽普源分离机械制造有限公司	(0552)4014982	全钢机,平板系列,防爆型电动机
平板式下卸料刮刀离心机	PGT-1250	122300	安徽普源分离机械制造有限公司	(0552)4014982	全钢机,平板系列,普通电动机,带皮带罩
平板式下卸料刮刀离心机	PGT-1250	122500	安徽普源分离机械制造有限公司	(0552)4014982	全钢机,普通电动机,带电动机罩
平板式下卸料刮刀离心机	PGT-1250	123000	安徽普源分离机械制造有限公司	(0552)4014982	全钢机,平板系列,防爆型电动机,带皮带罩
平板式下卸料刮刀离心机	PGT-1250	123200	安徽普源分离机械制造有限公司	(0552)4014982	全钢机,防爆型电动机,带电动机罩
平板式下卸料刮刀离心机	PGT-1500	283800	安徽普源分离机械制造有限公司	(0552)4014982	全钢机,普通电动机
平板式下卸料刮刀离心机	PGT-1500	284800	安徽普源分离机械制造有限公司	(0552)4014982	全钢机,普通电动机,带皮带罩

产品名称	型号规格	参考价格（元）	生产厂家	电话	主要参数及备注
平板式下卸料刮刀离心机	PGT-1500	285000	安徽普源分离机械制造有限公司	（0552）4014982	全钢机，普通电动机，带电动机罩
平板式下卸料刮刀离心机	PGT-1500	285000	安徽普源分离机械制造有限公司	（0552）4014982	全钢机，防爆型电动机
平板式下卸料刮刀离心机	PGT-1500	286000	安徽普源分离机械制造有限公司	（0552）4014982	全钢机，防爆型电动机，带皮带罩
平板式下卸料刮刀离心机	PGT-1500	286200	安徽普源分离机械制造有限公司	（0552）4014982	全钢机，防爆型电动机，带电动机罩
平板式下卸料简易离心机	PX-800	47000	安徽普源分离机械制造有限公司	（0552）4014982	全钢机，普通电动机
平板式下卸料简易离心机	PX-800	47600	安徽普源分离机械制造有限公司	（0552）4014982	全钢机，防爆型电动机
平板式下卸料简易离心机	PX-800	47800	安徽普源分离机械制造有限公司	（0552）4014982	全钢机，普通电动机，带简易盖
平板式下卸料简易离心机	PX-800	48400	安徽普源分离机械制造有限公司	（0552）4014982	全钢机，防爆型电动机，带简易盖
平板式下卸料简易离心机	PX-800	54000	安徽普源分离机械制造有限公司	（0552）4014982	全钢机，普通电动机，带变频控制柜
平板式下卸料简易离心机	PX-800	54600	安徽普源分离机械制造有限公司	（0552）4014982	全钢机，防爆型电动机，带变频控制柜
平板式下卸料简易离心机	PX-1000	63800	安徽普源分离机械制造有限公司	（0552）4014982	转鼓直径 1000mm，转鼓高度 420mm，转鼓转速 0 ~ 1000r/min，最大容积 140L，最大装料重 200kg，电动机功率 11kW，外形尺寸（mm）：2000×1500×1150，重2.8t，全钢机，普通电动机
平板式下卸料简易离心机	PX-1000	64400	安徽普源分离机械制造有限公司	（0552）4014982	转鼓直径 1000mm，转鼓高度 420mm，转鼓转速 0 ~ 1000r/min，最大容积 140L，最大装料重 200kg，电动机功率 11kW，外形尺寸（mm）：2000×1500×1150，重2.8t，全钢机，防爆型电动机
平板式下卸料简易离心机	PX-1000	64800	安徽普源分离机械制造有限公司	（0552）4014982	转鼓直径 1000mm，转鼓高度 420mm，转鼓转速 0 ~ 1000r/min，最大容积 140L，最大装料重 200kg，电动机功率 11kW，外形尺寸（mm）：2000×1500×1150，重2.8t，全钢机，普通电动机，带简易盖
平板式下卸料简易离心机	PX-1000	65400	安徽普源分离机械制造有限公司	（0552）4014982	转鼓直径 1000mm，转鼓高度 420mm，转鼓转速 0 ~ 1000r/min，最大容积 140L，最大装料重 200kg，电动机功率 11kW，外形尺寸（mm）：2000×1500×1150，重2.8t，全钢机，防爆型电动机，带简易盖
平板式下卸料简易离心机	PX-1000	72800	安徽普源分离机械制造有限公司	（0552）4014982	转鼓直径 1000mm，转鼓高度 420mm，转鼓转速 0 ~ 1000r/min，最大容积 140L，最大装料重 200kg，电动机功率 11kW，外形尺寸（mm）：2000×1500×1150，重2.8t，全钢机，普通电动机，带变频控制柜
平板式下卸料简易离心机	PX-1000	73400	安徽普源分离机械制造有限公司	（0552）4014982	转鼓直径 1000mm，转鼓高度 420mm，转鼓转速 0 ~ 1000r/min，最大容积 140L，最大装料重 200kg，电动机功率 11kW，外形尺寸（mm）：2000×1500×1150，重2.8t，全钢机，防爆型电动机，带变频控制柜

产品名称	型号规格	参考价格（元）	生产厂家	电话	主要参数及备注
平板式下卸料简易离心机	PX-1200	81500	安徽普源分离机械制造有限公司	(0552)4014982	转鼓直径1200mm,转鼓高度500mm,转鼓转速0~900 r/min,最大容积250L,最大装料重350kg,电动机功率18.5kW,外形尺寸(mm):2200×1800×1250,重3.8t,全钢机,普通电动机
平板式下卸料简易离心机	PX-1200	82200	安徽普源分离机械制造有限公司	(0552)4014982	转鼓直径1200mm,转鼓高度500mm,转鼓转速0~900 r/min,最大容积250L,最大装料重350kg,电动机功率18.5kW,外形尺寸(mm):2200×1800×1250,重3.8t,全钢机,防爆型电动机
平板式下卸料简易离心机	PX-1200	82700	安徽普源分离机械制造有限公司	(0552)4014982	转鼓直径1200mm,转鼓高度500mm,转鼓转速0~900 r/min,最大容积250L,最大装料重350kg,电动机功率18.5kW,外形尺寸(mm):2200×1800×1250,重3.8t,全钢机,普通电动机,带简易盖
平板式下卸料简易离心机	PX-1200	83400	安徽普源分离机械制造有限公司	(0552)4014982	转鼓直径1200mm,转鼓高度500mm,转鼓转速0~900 r/min,最大容积250L,最大装料重350kg,电动机功率18.5kW,外形尺寸(mm):2200×1800×1250,重3.8t,全钢机,防爆型电动机,带简易盖
平板式下卸料简易离心机	PX-1200	92500	安徽普源分离机械制造有限公司	(0552)4014982	转鼓直径1200mm,转鼓高度500mm,转鼓转速0~900 r/min,最大容积250L,最大装料重350kg,电动机功率18.5kW,外形尺寸(mm):2200×1800×1250,重3.8t,全钢机,普通电动机,带变频控制柜
平板式下卸料简易离心机	PX-1200	93200	安徽普源分离机械制造有限公司	(0552)4014982	转鼓直径1200mm,转鼓高度500mm,转鼓转速0~900 r/min,最大容积250L,最大装料重350kg,电动机功率18.5kW,外形尺寸(mm):2200×1800×1250,重3.8t,全钢机,防爆型电动机,带变频控制柜
平板式下卸料简易离心机	PX-1250	85700	安徽普源分离机械制造有限公司	(0552)4014982	转鼓直径1250mm,转鼓高度500mm,转鼓转速0~900 r/min,最大容积300L,最大装料重420kg,电动机功率18.5kW,外形尺寸(mm):2200×1800×1250,重4.2t,全钢机,普通电动机
平板式下卸料简易离心机	PX-1250	86400	安徽普源分离机械制造有限公司	(0552)4014982	转鼓直径1250mm,转鼓高度500mm,转鼓转速0~900 r/min,最大容积300L,最大装料重420kg,电动机功率18.5kW,外形尺寸(mm):2200×1800×1250,重4.2t,全钢机,防爆型电动机
平板式下卸料简易离心机	PX-1250	86900	安徽普源分离机械制造有限公司	(0552)4014982	转鼓直径1250mm,转鼓高度500mm,转鼓转速0~900 r/min,最大容积300L,最大装料重420kg,电动机功率18.5kW,外形尺寸(mm):2200×1800×1250,重4.2t,全钢机,普通电动机,带简易盖
平板式下卸料简易离心机	PX-1250	87600	安徽普源分离机械制造有限公司	(0552)4014982	转鼓直径1250mm,转鼓高度500mm,转鼓转速0~900 r/min,最大容积300L,最大装料重420kg,电动机功率18.5kW,外形尺寸(mm):2200×1800×1250,重4.2t,全钢机,防爆型电动机,带简易盖

产品名称	型号规格	参考价格(元)	生产厂家	电话	主要参数及备注
平板式下卸料简易离心机	PX-1250	96700	安徽普源分离机械制造有限公司	(0552)4014982	转鼓直径 1250mm,转鼓高度 500mm,转鼓转速 0~900 r/min,最大容积 300L,最大装料重 420kg,电动机功率18.5kW,外形尺寸(mm):2200×1800×1250,重 4.2t,全钢机,普通电动机,带变频控制柜
平板式下卸料简易离心机	PX-1250	97400	安徽普源分离机械制造有限公司	(0552)4014982	转鼓直径 1250mm,转鼓高度 500mm,转鼓转速 0~900 r/min,最大容积 300L,最大装料重 420kg,电动机功率18.5kW,外形尺寸(mm):2200×1800×1250,重 4.2t,全钢机,防爆型电动机,带变频控制柜
平板式下卸料简易离心机	PX-1500	140900	安徽普源分离机械制造有限公司	(0552)4014982	转鼓直径 1500mm,转鼓高度 600mm,转鼓转速 0~850 r/min,最大容积 500L,最大装料重 600kg,电动机功率 22kW,外形尺寸(mm):2600×2200×1680,重 5.5t,全钢机,普通电动机
平板式下卸料简易离心机	PX-1500	141700	安徽普源分离机械制造有限公司	(0552)4014982	转鼓直径 1500mm,转鼓高度 600mm,转鼓转速 0~850 r/min,最大容积 500L,最大装料重 600kg,电动机功率 22kW,外形尺寸(mm):2600×2200×1680,重 5.5t,全钢机,防爆型电动机
平板式下卸料简易离心机	PX-1500	142500	安徽普源分离机械制造有限公司	(0552)4014982	转鼓直径 1500mm,转鼓高度 600mm,转鼓转速 0~850 r/min,最大容积 500L,最大装料重 600kg,电动机功率 22kW,外形尺寸(mm):2600×2200×1680,重 5.5t,全钢机,普通电动机,带简易盖
平板式下卸料简易离心机	PX-1500	143300	安徽普源分离机械制造有限公司	(0552)4014982	转鼓直径 1500mm,转鼓高度 600mm,转鼓转速 0~850 r/min,最大容积 500L,最大装料重 600kg,电动机功率 22kW,外形尺寸(mm):2600×2200×1680,重 5.5t,全钢机,防爆型电动机,带简易盖
平板式下卸料简易离心机	PX-1500	158900	安徽普源分离机械制造有限公司	(0552)4014982	转鼓直径 1500mm,转鼓高度 600mm,转鼓转速 0~850 r/min,最大容积 500L,最大装料重 600kg,电动机功率 22kW,外形尺寸(mm):2600×2200×1680,重 5.5t,全钢机,普通电动机,带变频控制柜
平板式下卸料简易离心机	PX-1500	159700	安徽普源分离机械制造有限公司	(0552)4014982	转鼓直径 1500mm,转鼓高度 600mm,转鼓转速 0~850 r/min,最大容积 500L,最大装料重 600kg,电动机功率 22kW,外形尺寸(mm):2600×2200×1680,重 5.5t,全钢机,防爆型电动机,带变频控制柜
平板直联式上卸料离心机	PBZ-600	34300	安徽普源分离机械制造有限公司	(0552)4014982	全钢机,大翻盖,不带变频器
平板直联式上卸料离心机	PBZ-600	34300	安徽普源分离机械制造有限公司	(0552)4014982	衬塑机,大翻盖,不带变频器
平板直联式上卸料离心机	PBZ-600	34600	安徽普源分离机械制造有限公司	(0552)4014982	全钢机,大翻盖,不带变频器,带简易盖
平板直联式上卸料离心机	PBZ-600	34900	安徽普源分离机械制造有限公司	(0552)4014982	衬塑机,大翻盖,不带变频器,带简易盖

产品名称	型号规格	参考价格(元)	生产厂家	电话	主要参数及备注
平板直联式上卸料离心机	PBZ-600	35300	安徽普源分离机械制造有限公司	(0552)4014982	全钢机,大翻盖,不带变频器,带铰链盖
平板直联式上卸料离心机	PBZ-600	35300	安徽普源分离机械制造有限公司	(0552)4014982	衬塑机,大翻盖,不带变频器,带铰链盖
平板直联式上卸料离心机	PBZ-600	41600	安徽普源分离机械制造有限公司	(0552)4014982	衬塑机,大翻盖,带变频器
平板直联式上卸料离心机	PBZ-600	41600	安徽普源分离机械制造有限公司	(0552)4014982	全钢机,大翻盖,带变频器
平板直联式上卸料离心机	PBZ-600	42200	安徽普源分离机械制造有限公司	(0552)4014982	全钢机,大翻盖,带变频器、简易盖
平板直联式上卸料离心机	PBZ-600	42200	安徽普源分离机械制造有限公司	(0552)4014982	衬塑机,大翻盖,带变频器、简易盖
平板直联式上卸料离心机	PBZ-600	42600	安徽普源分离机械制造有限公司	(0552)4014982	全钢机,大翻盖,带变频器、铰链盖
平板直联式上卸料离心机	PBZ-600	42600	安徽普源分离机械制造有限公司	(0552)4014982	衬塑机,大翻盖,带变频器、铰链盖
平板直联式上卸料离心机	PBZ-800	34300	安徽普源分离机械制造有限公司	(0552)4014982	衬塑机,大翻盖,不带变频器
平板直联式上卸料离心机	PBZ-800	35000	安徽普源分离机械制造有限公司	(0552)4014982	衬塑机,大翻盖,不带变频器,带简易盖
平板直联式上卸料离心机	PBZ-800	35500	安徽普源分离机械制造有限公司	(0552)4014982	衬塑机,大翻盖,不带变频器,带铰链盖
平板直联式上卸料离心机	PBZ-800	41600	安徽普源分离机械制造有限公司	(0552)4014982	衬塑机,大翻盖,带变频器
平板直联式上卸料离心机	PBZ-800	42300	安徽普源分离机械制造有限公司	(0552)4014982	衬塑机,大翻盖,带变频器、简易盖
平板直联式上卸料离心机	PBZ-800	42500	安徽普源分离机械制造有限公司	(0552)4014982	全钢机,大翻盖,不带变频器
平板直联式上卸料离心机	PBZ-800	42800	安徽普源分离机械制造有限公司	(0552)4014982	衬塑机,大翻盖,带变频器、铰链盖
平板直联式上卸料离心机	PBZ-800	43200	安徽普源分离机械制造有限公司	(0552)4014982	全钢机,大翻盖,不带变频器,带简易盖
平板直联式上卸料离心机	PBZ-800	43700	安徽普源分离机械制造有限公司	(0552)4014982	全钢机,大翻盖,不带变频器,带铰链盖
平板直联式上卸料离心机	PBZ-800	50900	安徽普源分离机械制造有限公司	(0552)4014982	全钢机,大翻盖,带变频器
平板直联式上卸料离心机	PBZ-800	51600	安徽普源分离机械制造有限公司	(0552)4014982	全钢机,大翻盖,带变频器、简易盖
平板直联式上卸料离心机	PBZ-800	52100	安徽普源分离机械制造有限公司	(0552)4014982	全钢机,大翻盖,带变频器、铰链盖
平板直联式上卸料离心机	PBZ-1000	53800	安徽普源分离机械制造有限公司	(0552)4014982	衬塑机,大翻盖,不带变频器
平板直联式上卸料离心机	PBZ-1000	54600	安徽普源分离机械制造有限公司	(0552)4014982	衬塑机,大翻盖,不带变频器,带简易盖
平板直联式上卸料离心机	PBZ-1000	55800	安徽普源分离机械制造有限公司	(0552)4014982	全钢机,大翻盖,不带变频器
平板直联式上卸料离心机	PBZ-1000	56600	安徽普源分离机械制造有限公司	(0552)4014982	全钢机,大翻盖,不带变频器,带简易盖
平板直联式上卸料离心机	PBZ-1000	62800	安徽普源分离机械制造有限公司	(0552)4014982	衬塑机,大翻盖,带变频器
平板直联式上卸料离心机	PBZ-1000	63600	安徽普源分离机械制造有限公司	(0552)4014982	衬塑机,大翻盖,带变频器、简易盖
平板直联式上卸料离心机	PBZ-1000	66300	安徽普源分离机械制造有限公司	(0552)4014982	全钢机,大翻盖,带变频器
平板直联式上卸料离心机	PBZ-1000	67100	安徽普源分离机械制造有限公司	(0552)4014982	全钢机,大翻盖,带变频器、简易盖

产品名称	型号规格	参考价格（元）	生产厂家	电话	主要参数及备注
平板直联式上卸料离心机	PBZ-1200	73000	安徽普源分离机械制造有限公司	(0552)4014982	衬塑机,大翻盖,不带变频器
平板直联式上卸料离心机	PBZ-1200	74000	安徽普源分离机械制造有限公司	(0552)4014982	衬塑机,大翻盖,不带变频器,带简易盖
平板直联式上卸料离心机	PBZ-1200	75000	安徽普源分离机械制造有限公司	(0552)4014982	衬塑机,大翻盖,不带变频器,带铰链盖
平板直联式上卸料离心机	PBZ-1200	77000	安徽普源分离机械制造有限公司	(0552)4014982	全钢机,大翻盖,不带变频器
平板直联式上卸料离心机	PBZ-1200	78000	安徽普源分离机械制造有限公司	(0552)4014982	全钢机,大翻盖,不带变频器,带简易盖
平板直联式上卸料离心机	PBZ-1200	79000	安徽普源分离机械制造有限公司	(0552)4014982	全钢机,大翻盖,不带变频器,带铰链盖
平板直联式上卸料离心机	PBZ-1200	83000	安徽普源分离机械制造有限公司	(0552)4014982	衬塑机,大翻盖,带变频器
平板直联式上卸料离心机	PBZ-1200	84000	安徽普源分离机械制造有限公司	(0552)4014982	衬塑机,大翻盖,带变频器、简易盖
平板直联式上卸料离心机	PBZ-1200	85000	安徽普源分离机械制造有限公司	(0552)4014982	衬塑机,大翻盖,带变频器、铰链盖
平板直联式上卸料离心机	PBZ-1200	87000	安徽普源分离机械制造有限公司	(0552)4014982	全钢机,大翻盖,带变频器
平板直联式上卸料离心机	PBZ-1200	88000	安徽普源分离机械制造有限公司	(0552)4014982	全钢机,大翻盖,带变频器、简易盖
平板直联式上卸料离心机	PBZ-1200	89000	安徽普源分离机械制造有限公司	(0552)4014982	全钢机,大翻盖,带变频器、铰链盖
平板直联式上卸料离心机	PSZ-450	21000	安徽普源分离机械制造有限公司	(0552)4014982	衬塑机,不带变频器
平板直联式上卸料离心机	PSZ-450	21400	安徽普源分离机械制造有限公司	(0552)4014982	衬塑机,不带变频器,带简易盖
平板直联式上卸料离心机	PSZ-450	21800	安徽普源分离机械制造有限公司	(0552)4014982	衬塑机,不带变频器,带铰链盖
平板直联式上卸料离心机	PSZ-450	24500	安徽普源分离机械制造有限公司	(0552)4014982	全钢机,不带变频器
平板直联式上卸料离心机	PSZ-450	24900	安徽普源分离机械制造有限公司	(0552)4014982	全钢机,不带变频器,带简易盖
平板直联式上卸料离心机	PSZ-450	25300	安徽普源分离机械制造有限公司	(0552)4014982	全钢机,不带变频器,带铰链盖
平板直联式上卸料离心机	PSZ-450	27000	安徽普源分离机械制造有限公司	(0552)4014982	衬塑机,带变频器
平板直联式上卸料离心机	PSZ-450	27400	安徽普源分离机械制造有限公司	(0552)4014982	衬塑机,带变频器、简易盖
平板直联式上卸料离心机	PSZ-450	27800	安徽普源分离机械制造有限公司	(0552)4014982	衬塑机,带变频器、铰链盖
平板直联式上卸料离心机	PSZ-450	30500	安徽普源分离机械制造有限公司	(0552)4014982	全钢机,带变频器
平板直联式上卸料离心机	PSZ-450	30900	安徽普源分离机械制造有限公司	(0552)4014982	全钢机,带变频器、简易盖
平板直联式上卸料离心机	PSZ-450	31300	安徽普源分离机械制造有限公司	(0552)4014982	全钢机,带变频器、铰链盖
平板直联式上卸料离心机	PSZ-600	26700	安徽普源分离机械制造有限公司	(0552)4014982	衬塑机,不带变频器
平板直联式上卸料离心机	PSZ-600	27300	安徽普源分离机械制造有限公司	(0552)4014982	衬塑机,不带变频器,带简易盖
平板直联式上卸料离心机	PSZ-600	27700	安徽普源分离机械制造有限公司	(0552)4014982	衬塑机,不带变频器,带铰链盖
平板直联式上卸料离心机	PSZ-600	30300	安徽普源分离机械制造有限公司	(0552)4014982	全钢机,不带变频器

产品名称	型号规格	参考价格(元)	生产厂家	电话	主要参数及备注
平板直联式上卸料离心机	PSZ-600	30900	安徽普源分离机械制造有限公司	(0552)4014982	全钢机,不带变频器,带简易盖
平板直联式上卸料离心机	PSZ-600	31300	安徽普源分离机械制造有限公司	(0552)4014982	全钢机,不带变频器,带铰链盖
平板直联式上卸料离心机	PSZ-600	32700	安徽普源分离机械制造有限公司	(0552)4014982	衬塑机,带变频器
平板直联式上卸料离心机	PSZ-600	33300	安徽普源分离机械制造有限公司	(0552)4014982	衬塑机,带变频器,带简易盖
平板直联式上卸料离心机	PSZ-600	33700	安徽普源分离机械制造有限公司	(0552)4014982	衬塑机,带变频器,带铰链盖
平板直联式上卸料离心机	PSZ-600	37600	安徽普源分离机械制造有限公司	(0552)4014982	全钢机,带变频器
平板直联式上卸料离心机	PSZ-600	38200	安徽普源分离机械制造有限公司	(0552)4014982	全钢机,带变频器、简易盖
平板直联式上卸料离心机	PSZ-600	38600	安徽普源分离机械制造有限公司	(0552)4014982	全钢机,带变频器、铰链盖
平板直联式上卸料离心机	PSZ-800	33900	安徽普源分离机械制造有限公司	(0552)4014982	衬塑机,不带变频器
平板直联式上卸料离心机	PSZ-800	34600	安徽普源分离机械制造有限公司	(0552)4014982	衬塑机,不带变频器,带简易盖
平板直联式上卸料离心机	PSZ-800	35100	安徽普源分离机械制造有限公司	(0552)4014982	衬塑机,不带变频器,带铰链盖
平板直联式上卸料离心机	PSZ-800	36500	安徽普源分离机械制造有限公司	(0552)4014982	全钢机,不带变频器
平板直联式上卸料离心机	PSZ-800	37200	安徽普源分离机械制造有限公司	(0552)4014982	全钢机,不带变频器,带简易盖
平板直联式上卸料离心机	PSZ-800	37700	安徽普源分离机械制造有限公司	(0552)4014982	全钢机,不带变频器,带铰链盖
平板直联式上卸料离心机	PSZ-800	40900	安徽普源分离机械制造有限公司	(0552)4014982	衬塑机,不带变频器
平板直联式上卸料离心机	PSZ-800	41600	安徽普源分离机械制造有限公司	(0552)4014982	衬塑机,不带变频器,带简易盖
平板直联式上卸料离心机	PSZ-800	42100	安徽普源分离机械制造有限公司	(0552)4014982	衬塑机,不带变频器,带铰链盖
平板直联式上卸料离心机	PSZ-800	44900	安徽普源分离机械制造有限公司	(0552)4014982	全钢机,带变频器
平板直联式上卸料离心机	PSZ-800	45600	安徽普源分离机械制造有限公司	(0552)4014982	全钢机,带变频器、简易盖
平板直联式上卸料离心机	PSZ-800	46100	安徽普源分离机械制造有限公司	(0552)4014982	全钢机,带变频器、铰链盖
平板直联式上卸料离心机	PSZ-1000	45800	安徽普源分离机械制造有限公司	(0552)4014982	衬塑机,不带变频器
平板直联式上卸料离心机	PSZ-1000	46600	安徽普源分离机械制造有限公司	(0552)4014982	衬塑机,不带变频器,带简易盖
平板直联式上卸料离心机	PSZ-1000	47800	安徽普源分离机械制造有限公司	(0552)4014982	全钢机,不带变频器
平板直联式上卸料离心机	PSZ-1000	48600	安徽普源分离机械制造有限公司	(0552)4014982	全钢机,不带变频器,带简易盖
平板直联式上卸料离心机	PSZ-1000	54800	安徽普源分离机械制造有限公司	(0552)4014982	衬塑机,带变频器
平板直联式上卸料离心机	PSZ-1000	55600	安徽普源分离机械制造有限公司	(0552)4014982	衬塑机,带变频器、简易盖
平板直联式上卸料离心机	PSZ-1000	58300	安徽普源分离机械制造有限公司	(0552)4014982	全钢机,带变频器
平板直联式上卸料离心机	PSZ-1000	59100	安徽普源分离机械制造有限公司	(0552)4014982	全钢机,带变频器、简易盖

产品名称	型号规格	参考价格（元）	生产厂家	电话	主要参数及备注
平板直联式上卸料离心机	PSZ-1200	62500	安徽普源分离机械制造有限公司	(0552)4014982	衬塑机,不带变频器
平板直联式上卸料离心机	PSZ-1200	63500	安徽普源分离机械制造有限公司	(0552)4014982	衬塑机,不带变频器,带简易盖
平板直联式上卸料离心机	PSZ-1200	64500	安徽普源分离机械制造有限公司	(0552)4014982	衬塑机,不带变频器,带铰链盖
平板直联式上卸料离心机	PSZ-1200	67000	安徽普源分离机械制造有限公司	(0552)4014982	全钢机,不带变频器
平板直联式上卸料离心机	PSZ-1200	68000	安徽普源分离机械制造有限公司	(0552)4014982	全钢机,不带变频器,带简易盖
平板直联式上卸料离心机	PSZ-1200	69000	安徽普源分离机械制造有限公司	(0552)4014982	全钢机,不带变频器,带铰链盖
平板直联式上卸料离心机	PSZ-1200	72500	安徽普源分离机械制造有限公司	(0552)4014982	衬塑机,带变频器
平板直联式上卸料离心机	PSZ-1200	73500	安徽普源分离机械制造有限公司	(0552)4014982	衬塑机,带变频器、简易盖
平板直联式上卸料离心机	PSZ-1200	74500	安徽普源分离机械制造有限公司	(0552)4014982	衬塑机,带变频器、铰链盖
平板直联式上卸料离心机	PSZ-1200	77000	安徽普源分离机械制造有限公司	(0552)4014982	全钢机,带变频器
平板直联式上卸料离心机	PSZ-1200	78000	安徽普源分离机械制造有限公司	(0552)4014982	全钢机,带变频器、简易盖
平板直联式上卸料离心机	PSZ-1200	79000	安徽普源分离机械制造有限公司	(0552)4014982	全钢机,带变频器、铰链盖
乳脂测定离心机	Ⅰ NO.1	15000	北京雷勃尔离心机有限公司	(010)82684176	最高转速 2000 r/min,最大容积巴氏脂肪瓶×8,水平式转子
乳脂测定离心机	Ⅱ NO.1	15000	北京雷勃尔离心机有限公司	(010)82684176	最高转速 2000 r/min,最大容积盖勃乳脂计×6,水平式转子
三足式离心机	SG-800	63200	上海中南医药机械有限公司	(021)64089523	容积 90L,装料重 135kg,转速 1200 r/min,功率7.5kW,外形尺寸(mm):2000×1400×1500,重 3t,手动刮刀下卸料
三足式离心机	SG-1000	76000	上海中南医药机械有限公司	(021)64089523	容积 140L,装料重 200kg,转速 1000 r/min,功率 11kW,外形尺寸(mm):2250×1700×2160,重 3.5t,手动刮刀下卸料
三足式离心机	SG-1200	89300	上海中南医药机械有限公司	(021)64089523	容积 250L,装料重 350kg,转速 900 r/min,功率 17kW,外形尺寸(mm):2600×1860×2500,重 4t,手动刮刀下卸料
三足式离心机	SGZ-800	92400	上海中南医药机械有限公司	(021)64089523	容积 90L,装料重 135kg,转速 1200 r/min,功率7.5kW,外形尺寸(mm):2000×1400×1500,重 3t,自动刮刀下卸料
三足式离心机	SGZ-1000	112500	上海中南医药机械有限公司	(021)64089523	容积 140L,装料重 200kg,转速 1000 r/min,功率 11kW,外形尺寸(mm):2250×1700×2160,重 3.5t,自动刮刀下卸料
三足式离心机	SGZ-1200	127000	上海中南医药机械有限公司	(021)64089523	容积 250L,装料重 350kg,转速 900 r/min,功率 22kW,外形尺寸(mm):2600×1860×2500,重 5t,自动刮刀下卸料
三足式离心机	SS-300	6000	周口制药机械厂有限公司	(0394)8583482	转鼓直径 300mm,工作容积 8L,电动机功率1.1kW
三足式离心机	SS-450	9000	周口制药机械厂有限公司	(0394)8583482	转鼓直径 450mm,工作容积 20L,电动机功率1.5kW

产品名称	型号规格	参考价格(元)	生产厂家	电话	主要参数及备注
三足式离心机	SS-450	10000	泰州市制药机械二厂	(0523)86917950	转鼓内直径 450mm,转鼓转速 1650 r/min,转鼓容积 17L,电动机功率1.5kW,外形尺寸(mm):960×720×625,材质不锈钢
三足式离心机	SS-600	14000	周口制药机械厂有限公司	(0394)8583482	转鼓直径 600mm,工作容积 45L,电动机功率 3kW
三足式离心机	SS-600	15000	泰州市制药机械二厂	(0523)86917950	转鼓内直径 600mm,转鼓转速 1600 r/min,转鼓容积 45L,电动机功率 3kW,外形尺寸(mm):1324×1022×800,材质不锈钢
三足式离心机	SS-800	22000	泰州市制药机械二厂	(0523)86917950	转鼓内直径 800mm,转鼓转速 1200 r/min,转鼓容积 90L,电动机功率5.5kW,外形尺寸(mm):1700×1400×850,材质不锈钢
三足式离心机	SS-800	23000	周口制药机械厂有限公司	(0394)8583482	转鼓直径 800mm,工作容积 100L,电动机功率7.5kW
三足式离心机	SS-1000	30000	泰州市制药机械二厂	(0523)86917950	转鼓内直径 1000mm,转鼓转速 1000 r/min,转鼓容积 130L,电动机功率7.5kW,外形尺寸(mm):1850×1500×900,材质不锈钢
三足式离心机	SS-1000	31000	周口制药机械厂有限公司	(0394)8583482	转鼓直径 1000mm,工作容积 140L,电动机功率 11kW
三足式离心机	SX-800	26800	上海中南医药机械有限公司	(021)64089523	容积 90L,装料重 135kg,转速 1200 r/min,功率 4kW,外形尺寸(mm):1690×1520×1100,重1.1t,下卸料
三足式离心机	SX-1000	39000	上海中南医药机械有限公司	(021)64089523	容积 140L,装料重 200kg,转速 1000 r/min,功率5.5kW,外形尺寸(mm):2250×1700×2160,重2.5t,下卸料
三足式离心机	SX-1200	46300	上海中南医药机械有限公司	(021)64089523	容积 250L,装料重 350kg,转速 900 r/min,功率7.5kW,外形尺寸(mm):2600×1860×2500,重 3t,下卸料
三足式吊袋离心机	SS-1000	46500	武穴市精华机械制造有限公司	(0713)6222685	材质 304
三足式吊袋离心机	SS-1000	51000	武穴市精华机械制造有限公司	(0713)6222685	材质 304,防爆型
三足式吊袋离心机	SS-1250	58500	武穴市精华机械制造有限公司	(0713)6222685	材质 304
三足式吊袋离心机	SS-1250	63600	武穴市精华机械制造有限公司	(0713)6222685	材质 304,防爆型
三足式上卸料离心机	SB-600	19400	安徽普源分离机械制造有限公司	(0552)4014982	转鼓直径 600mm,转鼓高度 320mm,转鼓转速 0 ~ 1600 r/min,最大容积 45L,最大装料重 70kg,电动机功率2.2kW,外形尺寸(mm):1580×1200×1200,重650kg,全封闭,碳钢机,普通三角底盘,普通电动机,进料管、水洗管材质 Q235
三足式上卸料离心机	SB-600	19900	安徽普源分离机械制造有限公司	(0552)4014982	转鼓直径 600mm,转鼓高度 320mm,转鼓转速 0 ~ 1600 r/min,最大容积 45L,最大装料重 70kg,电动机功率2.2kW,外形尺寸(mm):1580×1200×1200,重650kg,全封闭,碳钢机,普通三角底盘,防爆型电动机,进料管、水洗管材质 Q235

产品名称	型号规格	参考价格（元）	生产厂家	电话	主要参数及备注
三足式上卸料离心机	SB-600	21000	安徽普源分离机械制造有限公司	（0552）4014982	转鼓直径 600mm，转鼓高度 320mm，转鼓转速 0～1600 r/min，最大容积 45L，最大装料重 70kg，电动机功率2.2kW，外形尺寸（mm）：1580×1200×1200，重 650kg，全封闭，衬塑机，普通三角底盘，普通电动机，进料管、水洗管材质 PVC
三足式上卸料离心机	SB-600	21500	安徽普源分离机械制造有限公司	（0552）4014982	转鼓直径 600mm，转鼓高度 320mm，转鼓转速 0～1600 r/min，最大容积 45L，最大装料重 70kg，电动机功率2.2kW，外形尺寸（mm）：1580×1200×1200，重 650kg，全封闭，衬塑机，普通三角底盘，防爆型电动机，进料管、水洗管材质 PVC
三足式上卸料离心机	SB-600	21800	安徽普源分离机械制造有限公司	（0552）4014982	转鼓直径 600mm，转鼓高度 320mm，转鼓转速 0～1600 r/min，最大容积 45L，最大装料重 70kg，电动机功率2.2kW，外形尺寸（mm）：1580×1200×1200，重 650kg，全封闭，碳钢机，无基础三角底盘，普通电动机，进料管、水洗管材质 Q235
三足式上卸料离心机	SB-600	22300	安徽普源分离机械制造有限公司	（0552）4014982	转鼓直径 600mm，转鼓高度 320mm，转鼓转速 0～1600 r/min，最大容积 45L，最大装料重 70kg，电动机功率2.2kW，外形尺寸（mm）：1580×1200×1200，重 650kg，全封闭，碳钢机，无基础三角底盘，防爆型电动机，进料管、水洗管材质 Q235
三足式上卸料离心机	SB-600	23100	安徽普源分离机械制造有限公司	（0552）4014982	转鼓直径 600mm，转鼓高度 320mm，转鼓转速 0～1600 r/min，最大容积 45L，最大装料重 70kg，电动机功率2.2kW，外形尺寸（mm）：1580×1200×1200，重 650kg，全封闭，全钢机，普通三角底盘，普通电动机
三足式上卸料离心机	SB-600	23400	安徽普源分离机械制造有限公司	（0552）4014982	转鼓直径 600mm，转鼓高度 320mm，转鼓转速 0～1600 r/min，最大容积 45L，最大装料重 70kg，电动机功率2.2kW，外形尺寸（mm）：1580×1200×1200，重 650kg，全封闭，衬塑机，无基础三角底盘，普通电动机，进料管、水洗管材质 PVC
三足式上卸料离心机	SB-600	23600	安徽普源分离机械制造有限公司	（0552）4014982	转鼓直径 600mm，转鼓高度 320mm，转鼓转速 0～1600 r/min，最大容积 45L，最大装料重 70kg，电动机功率2.2kW，外形尺寸（mm）：1580×1200×1200，重 650kg，全封闭，全钢机，普通三角底盘，防爆型电动机
三足式上卸料离心机	SB-600	23900	安徽普源分离机械制造有限公司	（0552）4014982	转鼓直径 600mm，转鼓高度 320mm，转鼓转速 0～1600 r/min，最大容积 45L，最大装料重 70kg，电动机功率2.2kW，外形尺寸（mm）：1580×1200×1200，重 650kg，全封闭，衬塑机，无基础三角底盘，防爆型电动机，进料管、水洗管材质 PVC

产品名称	型号规格	参考价格(元)	生产厂家	电话	主要参数及备注
三足式上卸料离心机	SB-600	25500	安徽普源分离机械制造有限公司	(0552)4014982	转鼓直径600mm,转鼓高度320mm,转鼓转速0～1600r/min,最大容积45L,最大装料重70kg,电动机功率2.2kW,外形尺寸(mm):1580×1200×1200,重650kg,全封闭,全钢机,无基础三角底盘,普通电动机
三足式上卸料离心机	SB-600	26000	安徽普源分离机械制造有限公司	(0552)4014982	转鼓直径600mm,转鼓高度320mm,转鼓转速0～1600r/min,最大容积45L,最大装料重70kg,电动机功率2.2kW,外形尺寸(mm):1580×1200×1200,重650kg,全封闭,全钢机,无基础三角底盘,防爆型电动机
三足式上卸料离心机	SB-600	26400	安徽普源分离机械制造有限公司	(0552)4014982	转鼓直径600mm,转鼓高度320mm,转鼓转速0～1600r/min,最大容积45L,最大装料重70kg,电动机功率2.2kW,外形尺寸(mm):1580×1200×1200,重650kg,全封闭,碳钢机,普通三角底盘,普通电动机,进料管、水洗管材质Q235,带变频控制柜
三足式上卸料离心机	SB-600	26900	安徽普源分离机械制造有限公司	(0552)4014982	转鼓直径600mm,转鼓高度320mm,转鼓转速0～1600r/min,最大容积45L,最大装料重70kg,电动机功率2.2kW,外形尺寸(mm):1580×1200×1200,重650kg,全封闭,碳钢机,普通三角底盘,防爆型电动机,进料管、水洗管材质Q235,带变频控制柜
三足式上卸料离心机	SB-600	28000	安徽普源分离机械制造有限公司	(0552)4014982	转鼓直径600mm,转鼓高度320mm,转鼓转速0～1600r/min,最大容积45L,最大装料重70kg,电动机功率2.2kW,外形尺寸(mm):1580×1200×1200,重650kg,全封闭,衬塑机,普通三角底盘,普通电动机,进料管、水洗管材质PVC,带变频控制柜
三足式上卸料离心机	SB-600	28500	安徽普源分离机械制造有限公司	(0552)4014982	转鼓直径600mm,转鼓高度320mm,转鼓转速0～1600r/min,最大容积45L,最大装料重70kg,电动机功率2.2kW,外形尺寸(mm):1580×1200×1200,重650kg,全封闭,衬塑机,普通三角底盘,防爆型电动机,进料管、水洗管材质PVC,带变频控制柜
三足式上卸料离心机	SB-600	28800	安徽普源分离机械制造有限公司	(0552)4014982	转鼓直径600mm,转鼓高度320mm,转鼓转速0～1600r/min,最大容积45L,最大装料重70kg,电动机功率2.2kW,外形尺寸(mm):1580×1200×1200,重650kg,全封闭,碳钢机,无基础三角底盘,普通电动机,进料管、水洗管材质Q235,带变频控制柜
三足式上卸料离心机	SB-600	30100	安徽普源分离机械制造有限公司	(0552)4014982	转鼓直径600mm,转鼓高度320mm,转鼓转速0～1600r/min,最大容积45L,最大装料重70kg,电动机功率2.2kW,外形尺寸(mm):1580×1200×1200,重650kg,全封闭,全钢机,普通三角底盘,普通电动机,带变频控制柜

产品名称	型号规格	参考价格(元)	生产厂家	电话	主要参数及备注
三足式上卸料离心机	SB-600	30300	安徽普源分离机械制造有限公司	(0552)4014982	转鼓直径 600mm,转鼓高度 320mm,转鼓转速 0~1600 r/min,最大容积 45L,最大装料重 70kg,电动机功率 2.2 kW,外形尺寸(mm):1580×1200×1200,重 650kg,全封闭,碳钢机,无基础三角底盘,防爆型电动机,进料管、水洗管材质 Q235,带变频控制柜
三足式上卸料离心机	SB-600	30400	安徽普源分离机械制造有限公司	(0552)4014982	转鼓直径 600mm,转鼓高度 320mm,转鼓转速 0~1600 r/min,最大容积 45L,最大装料重 70kg,电动机功率2.2kW,外形尺寸(mm):1580×1200×1200,重 650kg,全封闭,衬塑机,无基础三角底盘,普通电动机,进料管、水洗管材质 PVC,带变频控制柜
三足式上卸料离心机	SB-600	30600	安徽普源分离机械制造有限公司	(0552)4014982	转鼓直径 600mm,转鼓高度 320mm,转鼓转速 0~1600 r/min,最大容积 45L,最大装料重 70kg,电动机功率2.2kW,外形尺寸(mm):1580×1200×1200,重 650kg,全封闭,全钢机,普通三角底盘,防爆型电动机,带变频控制柜
三足式上卸料离心机	SB-600	30900	安徽普源分离机械制造有限公司	(0552)4014982	转鼓直径 600mm,转鼓高度 320mm,转鼓转速 0~1600 r/min,最大容积 45L,最大装料重 70kg,电动机功率2.2kW,外形尺寸(mm):1580×1200×1200,重 650kg,全封闭,衬塑机,无基础三角底盘,防爆型电动机,进料管、水洗管材质 PVC,带变频控制柜
三足式上卸料离心机	SB-600	32500	安徽普源分离机械制造有限公司	(0552)4014982	转鼓直径 600mm,转鼓高度 320mm,转鼓转速 0~1600 r/min,最大容积 45L,最大装料重 70kg,电动机功率2.2kW,外形尺寸(mm):1580×1200×1200,重 650kg,全封闭,全钢机,无基础三角底盘,普通电动机,带变频控制柜
三足式上卸料离心机	SB-600	33000	安徽普源分离机械制造有限公司	(0552)4014982	转鼓直径 600mm,转鼓高度 320mm,转鼓转速 0~1600 r/min,最大容积 45L,最大装料重 70kg,电动机功率2.2kW,外形尺寸(mm):1580×1200×1200,重 650kg,全封闭,全钢机,无基础三角底盘,防爆型电动机,带变频控制柜
三足式上卸料离心机	SB-600	54900	安徽普源分离机械制造有限公司	(0552)4014982	转鼓直径 600mm,转鼓高度 320mm,转鼓转速 0~1600 r/min,最大容积 45L,最大装料重 70kg,电动机功率2.2kW,外形尺寸(mm):1580×1200×1200,重 650kg,全封闭,整体不锈钢机,普通三角底盘,普通电动机
三足式上卸料离心机	SB-600	55400	安徽普源分离机械制造有限公司	(0552)4014982	转鼓直径 600mm,转鼓高度 320mm,转鼓转速 0~1600 r/min,最大容积 45L,最大装料重 70kg,电动机功率2.2kW,外形尺寸(mm):1580×1200×1200,重 650kg,全封闭,整体不锈钢机,普通三角底盘,防爆型电动机

产品名称	型号规格	参考价格（元）	生产厂家	电话	主要参数及备注
三足式上卸料离心机	SB-600	58200	安徽普源分离机械制造有限公司	(0552)4014982	转鼓直径 600mm，转鼓高度320mm，转鼓转速 0～1600 r/min，最大容积 45L，最大装料重 70kg，电动机功率2.2kW，外形尺寸(mm)：1580×1200×1200，重650kg，全封闭，整体不锈钢机，无基础三角底盘，普通电动机
三足式上卸料离心机	SB-600	58700	安徽普源分离机械制造有限公司	(0552)4014982	转鼓直径 600mm，转鼓高度320mm，转鼓转速 0～1600 r/min，最大容积 45L，最大装料重 70kg，电动机功率2.2kW，外形尺寸(mm)：1580×1200×1200，重650kg，全封闭，整体不锈钢机，无基础三角底盘，防爆型电动机
三足式上卸料离心机	SB-600	61900	安徽普源分离机械制造有限公司	(0552)4014982	转鼓直径 600mm，转鼓高度320mm，转鼓转速 0～1600 r/min，最大容积 45L，最大装料重 70kg，电动机功率2.2kW，外形尺寸(mm)：1580×1200×1200，重650kg，全封闭，整体不锈钢机，普通三角底盘，普通电动机，带变频控制柜
三足式上卸料离心机	SB-600	62400	安徽普源分离机械制造有限公司	(0552)4014982	转鼓直径 600mm，转鼓高度320mm，转鼓转速 0～1600 r/min，最大容积 45L，最大装料重 70kg，电动机功率2.2kW，外形尺寸(mm)：1580×1200×1200，重650kg，全封闭，整体不锈钢机，普通三角底盘，防爆型电动机，带变频控制柜
三足式上卸料离心机	SB-600	65200	安徽普源分离机械制造有限公司	(0552)4014982	转鼓直径 600mm，转鼓高度320mm，转鼓转速 0～1600 r/min，最大容积 45L，最大装料重 70kg，电动机功率2.2kW，外形尺寸(mm)：1580×1200×1200，重650kg，全封闭，整体不锈钢机，无基础三角底盘，普通电动机，带变频控制柜
三足式上卸料离心机	SB-600	65700	安徽普源分离机械制造有限公司	(0552)4014982	转鼓直径 600mm，转鼓高度320mm，转鼓转速 0～1600 r/min，最大容积 45L，最大装料重 70kg，电动机功率2.2kW，外形尺寸(mm)：1580×1200×1200，重650kg，全封闭，整体不锈钢机，无基础三角底盘，防爆型电动机，带变频控制柜
三足式上卸料离心机	SB-800	25900	安徽普源分离机械制造有限公司	(0552)4014982	转鼓直径 800mm，转鼓高度400mm，转鼓转速 0～1200 r/min，最大容积 100L，最大装料重 135kg，电动机功率5.5kW，外形尺寸(mm)：1760×1320×1550，重 970kg，全封闭，衬塑机，普通三角底盘，普通电动机，进料管、水洗管材质 PVC
三足式上卸料离心机	SB-800	26400	安徽普源分离机械制造有限公司	(0552)4014982	转鼓直径 800mm，转鼓高度400mm，转鼓转速 0～1200 r/min，最大容积 100L，最大装料重 135kg，电动机功率5.5kW，外形尺寸(mm)：1760×1320×1550，重 970kg，全封闭，衬塑机，普通三角底盘，防爆型电动机，进料管、水洗管材质 PVC

产品名称	型号规格	参考价格(元)	生产厂家	电话	主要参数及备注
三足式上卸料离心机	SB-800	28300	安徽普源分离机械制造有限公司	(0552)4014982	转鼓直径 800mm,转鼓高度 400mm,转鼓转速 0 ~ 1200 r/min,最大容积 100L,最大装料重 135kg,电动机功率5.5kW,外形尺寸(mm):1760×1320×1550,重 970kg,全封闭,全钢机,普通三角底盘,普通电动机
三足式上卸料离心机	SB-800	28900	安徽普源分离机械制造有限公司	(0552)4014982	转鼓直径 800mm,转鼓高度 400mm,转鼓转速 0 ~ 1200 r/min,最大容积 100L,最大装料重 135kg,电动机功率5.5kW,外形尺寸(mm):1760×1320×1550,重 970kg,全封闭,全钢机,普通三角底盘,防爆型电动机
三足式上卸料离心机	SB-800	28900	安徽普源分离机械制造有限公司	(0552)4014982	转鼓直径 800mm,转鼓高度 400mm,转鼓转速 0 ~ 1200 r/min,最大容积 100L,最大装料重 135kg,电动机功率 5.5 kW,外形尺寸(mm):1760×1320×1550,重 970kg,全封闭,衬塑机,无基础三角底盘,普通电动机,进料管、水洗管材质 PVC
三足式上卸料离心机	SB-800	29400	安徽普源分离机械制造有限公司	(0552)4014982	转鼓直径 800mm,转鼓高度 400mm,转鼓转速 0 ~ 1200 r/min,最大容积 100L,最大装料重 135kg,电动机功率5.5kW,外形尺寸(mm):1760×1320×1550,重 970kg,全封闭,衬塑机,无基础三角底盘,防爆型电动机,进料管、水洗管材质 PVC
三足式上卸料离心机	SB-800	31300	安徽普源分离机械制造有限公司	(0552)4014982	转鼓直径 800mm,转鼓高度 400mm,转鼓转速 0 ~ 1200 r/min,最大容积 100L,最大装料重 135kg,电动机功率5.5kW,外形尺寸(mm):1760×1320×1550,重 970kg,全封闭,全钢机,无基础三角底盘,普通电动机
三足式上卸料离心机	SB-800	31900	安徽普源分离机械制造有限公司	(0552)4014982	转鼓直径 800mm,转鼓高度 400mm,转鼓转速 0 ~ 1200 r/min,最大容积 100L,最大装料重 135kg,电动机功率5.5kW,外形尺寸(mm):1760×1320×1550,重 970kg,全封闭,全钢机,无基础三角底盘,防爆型电动机
三足式上卸料离心机	SB-800	33900	安徽普源分离机械制造有限公司	(0552)4014982	转鼓直径 800mm,转鼓高度 400mm,转鼓转速 0 ~ 1200 r/min,最大容积 100L,最大装料重 135kg,电动机功率5.5kW,外形尺寸(mm):1760×1320×1550,重 970kg,全封闭,衬塑机,普通三角底盘,普通电动机,进料管、水洗管材质 PVC
三足式上卸料离心机	SB-800	34400	安徽普源分离机械制造有限公司	(0552)4014982	转鼓直径 800mm,转鼓高度 400mm,转鼓转速 0 ~ 1200 r/min,最大容积 100L,最大装料重 135kg,电动机功率5.5kW,外形尺寸(mm):1760×1320×1550,重 970kg,全封闭,衬塑机,普通三角底盘,防爆型电动机,进料管、水洗管材质 PVC

产品名称	型号规格	参考价格（元）	生产厂家	电话	主要参数及备注
三足式上卸料离心机	SB-800	36300	安徽普源分离机械制造有限公司	（0552）4014982	转鼓直径800mm，转鼓高度400mm，转鼓转速0～1200r/min，最大容积100L，最大装料重135kg，电动机功率5.5kW，外形尺寸（mm）：1760×1320×1550，重970kg，全封闭，全钢机，普通三角底盘，普通电动机，带变频控制柜
三足式上卸料离心机	SB-800	36900	安徽普源分离机械制造有限公司	（0552）4014982	转鼓直径800mm，转鼓高度400mm，转鼓转速0～1200r/min，最大容积100L，最大装料重135kg，电动机功率5.5kW，外形尺寸（mm）：1760×1320×1550，重970kg，全封闭，全钢机，普通三角底盘，防爆型电动机
三足式上卸料离心机	SB-800	36900	安徽普源分离机械制造有限公司	（0552）4014982	转鼓直径800mm，转鼓高度400mm，转鼓转速0～1200r/min，最大容积100L，最大装料重135kg，电动机功率5.5kW，外形尺寸（mm）：1760×1320×1550，重970kg，全封闭，衬塑机，无基础三角底盘，普通电动机，进料管、水洗管材质PVC
三足式上卸料离心机	SB-800	37400	安徽普源分离机械制造有限公司	（0552）4014982	转鼓直径800mm，转鼓高度400mm，转鼓转速0～1200r/min，最大容积100L，最大装料重135kg，电动机功率5.5kW，外形尺寸（mm）：1760×1320×1550，重970kg，全封闭，衬塑机，无基础三角底盘，防爆型电动机，进料管、水洗管材质PVC
三足式上卸料离心机	SB-800	39300	安徽普源分离机械制造有限公司	（0552）4014982	转鼓直径800mm，转鼓高度400mm，转鼓转速0～1200r/min，最大容积100L，最大装料重135kg，电动机功率5.5kW，外形尺寸（mm）：1760×1320×1550，重970kg，全封闭，全钢机，无基础三角底盘，普通电动机
三足式上卸料离心机	SB-800	39900	安徽普源分离机械制造有限公司	（0552）4014982	转鼓直径800mm，转鼓高度400mm，转鼓转速0～1200r/min，最大容积100L，最大装料重135kg，电动机功率5.5kW，外形尺寸（mm）：1760×1320×1550，重970kg，全封闭，全钢机，无基础三角底盘，防爆型电动机
三足式上卸料离心机	SB-800	59300	安徽普源分离机械制造有限公司	（0552）4014982	转鼓直径800mm，转鼓高度400mm，转鼓转速0～1200r/min，最大容积100L，最大装料重135kg，电动机功率5.5kW，外形尺寸（mm）：1760×1320×1550，重970kg，全封闭，整体不锈钢机，普通三角底盘，普通电动机
三足式上卸料离心机	SB-800	59900	安徽普源分离机械制造有限公司	（0552）4014982	转鼓直径800mm，转鼓高度400mm，转鼓转速0～1200r/min，最大容积100L，最大装料重135kg，电动机功率5.5kW，外形尺寸（mm）：1760×1320×1550，重970kg，全封闭，整体不锈钢机，普通三角底盘，防爆型电动机

产品名称	型号规格	参考价格（元）	生产厂家	电话	主要参数及备注
三足式上卸料离心机	SB-800	63700	安徽普源分离机械制造有限公司	(0552)4014982	转鼓直径 800mm，转鼓高度 400mm，转鼓转速 0～1200r/min，最大容积 100L，最大装料重 135kg，电动机功率5.5kW，外形尺寸(mm)：1760×1320×1550，重 970kg，全封闭，整体不锈钢机，无基础三角底盘，普通电动机
三足式上卸料离心机	SB-800	64300	安徽普源分离机械制造有限公司	(0552)4014982	转鼓直径 800mm，转鼓高度 400mm，转鼓转速 0～1200r/min，最大容积 100L，最大装料重 135kg，电动机功率5.5kW，外形尺寸(mm)：1760×1320×1550，重 970kg，全封闭，整体不锈钢机，无基础三角底盘，防爆型电动机
三足式上卸料离心机	SB-800	67300	安徽普源分离机械制造有限公司	(0552)4014982	转鼓直径 800mm，转鼓高度 400mm，转鼓转速 0～1200r/min，最大容积 100L，最大装料重 135kg，电动机功率5.5kW，外形尺寸(mm)：1760×1320×1550，重 970kg，全封闭，整体不锈钢机，普通三角底盘，普通电动机
三足式上卸料离心机	SB-800	67900	安徽普源分离机械制造有限公司	(0552)4014982	转鼓直径 800mm，转鼓高度 400mm，转鼓转速 0～1200r/min，最大容积 100L，最大装料重 135kg，电动机功率5.5kW，外形尺寸(mm)：1760×1320×1550，重 970kg，全封闭，整体不锈钢机，普通三角底盘，防爆型电动机
三足式上卸料离心机	SB-800	71700	安徽普源分离机械制造有限公司	(0552)4014982	转鼓直径 800mm，转鼓高度 400mm，转鼓转速 0～1200r/min，最大容积 100L，最大装料重 135kg，电动机功率5.5kW，外形尺寸(mm)：1760×1320×1550，重 970kg，全封闭，整体不锈钢机，无基础三角底盘，普通电动机
三足式上卸料离心机	SB-800	72300	安徽普源分离机械制造有限公司	(0552)4014982	转鼓直径 800mm，转鼓高度 400mm，转鼓转速 0～1200r/min，最大容积 100L，最大装料重 135kg，电动机功率5.5kW，外形尺寸(mm)：1760×1320×1550，重 970kg，全封闭，整体不锈钢机，无基础三角底盘，防爆型电动机
三足式上卸料离心机	SB-1000	35000	安徽普源分离机械制造有限公司	(0552)4014982	转鼓直径 1000mm，转鼓高度 420mm，转鼓转速 0～1000r/min，最大容积 140L，最大装料重 200kg，电动机功率 11kW，外形尺寸(mm)：2125×1600×1600，重1.9t，全封闭，碳钢机，普通三角底盘，普通电动机，进料管、水洗管材质 Q235
三足式上卸料离心机	SB-1000	35500	安徽普源分离机械制造有限公司	(0552)4014982	转鼓直径 1000mm，转鼓高度 420mm，转鼓转速 0～1000r/min，最大容积 140L，最大装料重 200kg，电动机功率 11kW，外形尺寸(mm)：2125×1600×1600，重1.9t，全封闭，碳钢机，普通三角底盘，防爆型电动机，进料管、水洗管材质 Q235

产品名称	型号规格	参考价格(元)	生产厂家	电话	主要参数及备注
三足式上卸料离心机	SB-1000	37000	安徽普源分离机械制造有限公司	(0552)4014982	转鼓直径1000mm,转鼓高度420mm,转鼓转速0~1000r/min,最大容积140L,最大装料重200kg,电动机功率11kW,外形尺寸(mm):2125×1600×1600,重1.9t,全封闭,衬塑机,普通三角底盘,普通电动机,进料管、水洗管材质PVC
三足式上卸料离心机	SB-1000	37500	安徽普源分离机械制造有限公司	(0552)4014982	转鼓直径1000mm,转鼓高度420mm,转鼓转速0~1000r/min,最大容积140L,最大装料重200kg,电动机功率11kW,外形尺寸(mm):2125×1600×1600,重1.9t,全封闭,衬塑机,普通三角底盘,防爆型电动机,进料管、水洗管材质PVC
三足式上卸料离心机	SB-1000	38600	安徽普源分离机械制造有限公司	(0552)4014982	转鼓直径1000mm,转鼓高度420mm,转鼓转速0~1000r/min,最大容积140L,最大装料重200kg,电动机功率11kW,外形尺寸(mm):2125×1600×1600,重1.9t,全封闭,碳钢机,无基础三角底盘,普通电动机,进料管、水洗管材质Q235
三足式上卸料离心机	SB-1000	39100	安徽普源分离机械制造有限公司	(0552)4014982	转鼓直径1000mm,转鼓高度420mm,转鼓转速0~1000r/min,最大容积140L,最大装料重200kg,电动机功率11kW,外形尺寸(mm):2125×1600×1600,重1.9t,全封闭,碳钢机,无基础三角底盘,防爆型电动机,进料管、水洗管材质Q235
三足式上卸料离心机	SB-1000	40600	安徽普源分离机械制造有限公司	(0552)4014982	转鼓直径1000mm,转鼓高度420mm,转鼓转速0~1000r/min,最大容积140L,最大装料重200kg,电动机功率11kW,外形尺寸(mm):2125×1600×1600,重1.9t,全封闭,衬塑机,无基础三角底盘,普通电动机,进料管、水洗管材质PVC
三足式上卸料离心机	SB-1000	41100	安徽普源分离机械制造有限公司	(0552)4014982	转鼓直径1000mm,转鼓高度420mm,转鼓转速0~1000r/min,最大容积140L,最大装料重200kg,电动机功率11kW,外形尺寸(mm):2125×1600×1600,重1.9t,全封闭,衬塑机,无基础三角底盘,防爆型电动机,进料管、水洗管材质PVC
三足式上卸料离心机	SB-1000	41600	安徽普源分离机械制造有限公司	(0552)4014982	转鼓直径1000mm,转鼓高度420mm,转鼓转速0~1000r/min,最大容积140L,最大装料重200kg,电动机功率11kW,外形尺寸(mm):2125×1600×1600,重1.9t,全封闭,全钢机,普通三角底盘,普通电动机
三足式上卸料离心机	SB-1000	42100	安徽普源分离机械制造有限公司	(0552)4014982	转鼓直径1000mm,转鼓高度420mm,转鼓转速0~1000r/min,最大容积140L,最大装料重200kg,电动机功率11kW,外形尺寸(mm):2125×1600×1600,重1.9t,全封闭,全钢机,普通三角底盘,防爆型电动机

产品名称	型号规格	参考价格(元)	生产厂家	电话	主要参数及备注
三足式上卸料离心机	SB-1000	44000	安徽普源分离机械制造有限公司	(0552)4014982	转鼓直径 1000mm,转鼓高度 420mm,转鼓转速 0~1000 r/min,最大容积 140L,最大装料重 200kg,电动机功率 11kW,外形尺寸(mm):2125×1600×1600,重1.9t,全封闭,碳钢机,普通三角底盘,普通电动机,进料管、水洗管材质 Q235,带变频控制柜
三足式上卸料离心机	SB-1000	44500	安徽普源分离机械制造有限公司	(0552)4014982	转鼓直径 1000mm,转鼓高度 420mm,转鼓转速 0~1000 r/min,最大容积 140L,最大装料重 200kg,电动机功率 11kW,外形尺寸(mm):2125×1600×1600,重1.9 t,全封闭,碳钢机,普通三角底盘,防爆型电动机,进料管、水洗管材质 Q235,带变频控制柜
三足式上卸料离心机	SB-1000	45200	安徽普源分离机械制造有限公司	(0552)4014982	转鼓直径 1000mm,转鼓高度 420mm,转鼓转速 0~1000 r/min,最大容积 140L,最大装料重 200kg,电动机功率 11kW,外形尺寸(mm):2125×1600×1600,重1.9t,全封闭,全钢机,无基础三角底盘,普通电动机
三足式上卸料离心机	SB-1000	45700	安徽普源分离机械制造有限公司	(0552)4014982	转鼓直径 1000mm,转鼓高度 420mm,转鼓转速 0~1000 r/min,最大容积 140L,最大装料重 200kg,电动机功率 11kW,外形尺寸(mm):2125×1600×1600,重1.9t,全封闭,全钢机,无基础三角底盘,防爆型电动机
三足式上卸料离心机	SB-1000	46000	安徽普源分离机械制造有限公司	(0552)4014982	转鼓直径 1000mm,转鼓高度 420mm,转鼓转速 0~1000 r/min,最大容积 140L,最大装料重 200kg,电动机功率 11kW,外形尺寸(mm):2125×1600×1600,重1.9t,全封闭,衬塑机,普通三角底盘,普通电动机,进料管、水洗管材质 PVC,带变频控制柜
三足式上卸料离心机	SB-1000	46500	安徽普源分离机械制造有限公司	(0552)4014982	转鼓直径 1000mm,转鼓高度 420mm,转鼓转速 0~1000 r/min,最大容积 140L,最大装料重 200kg,电动机功率 11kW,外形尺寸(mm):2125×1600×1600,重1.9t,全封闭,衬塑机,普通三角底盘,防爆型电动机,进料管、水洗管材质 PVC,带变频控制柜
三足式上卸料离心机	SB-1000	47600	安徽普源分离机械制造有限公司	(0552)4014982	转鼓直径 1000mm,转鼓高度 420mm,转鼓转速 0~1000 r/min,最大容积 140L,最大装料重 200kg,电动机功率 11kW,外形尺寸(mm):2125×1600×1600,重1.9 t,全封闭,碳钢机,无基础三角底盘,普通电动机,进料管、水洗管材质 Q235,带变频控制柜
三足式上卸料离心机	SB-1000	48100	安徽普源分离机械制造有限公司	(0552)4014982	转鼓直径 1000mm,转鼓高度 420mm,转鼓转速 0~1000 r/min,最大容积 140L,最大装料重 200kg,电动机功率 11kW,外形尺寸(mm):2125×1600×1600,重1.9t,全封闭,碳钢机,无基础三角底盘,防爆型电动机,进料管、水洗管材质 Q235,带变频控制柜

产品名称	型号规格	参考价格（元）	生产厂家	电话	主要参数及备注
三足式上卸料离心机	SB-1000	49600	安徽普源分离机械制造有限公司	（0552）4014982	转鼓直径 1000mm，转鼓高度 420mm，转鼓转速 0～1000 r/min，最大容积 140L，最大装料重 200kg，电动机功率 11kW，外形尺寸（mm）：2125×1600×1600，重1.9t，全封闭，衬塑机，无基础三角底盘，普通电动机，进料管、水洗管材质 PVC，带变频控制柜
三足式上卸料离心机	SB-1000	50100	安徽普源分离机械制造有限公司	（0552）4014982	转鼓直径 1000mm，转鼓高度 420mm，转鼓转速 0～1000 r/min，最大容积 140L，最大装料重 200kg，电动机功率 11kW，外形尺寸（mm）：2125×1600×1600，重1.9t，全封闭，衬塑机，无基础三角底盘，防爆型电动机，进料管、水洗管材质 PVC，带变频控制柜
三足式上卸料离心机	SB-1000	50600	安徽普源分离机械制造有限公司	（0552）4014982	转鼓直径 1000mm，转鼓高度 420mm，转鼓转速 0～1000 r/min，最大容积 140L，最大装料重 200kg，电动机功率 11kW，外形尺寸（mm）：2125×1600×1600，重1.9t，全封闭，全钢机，普通三角底盘，普通电动机，带变频控制柜
三足式上卸料离心机	SB-1000	51100	安徽普源分离机械制造有限公司	（0552）4014982	转鼓直径 1000mm，转鼓高度 420mm，转鼓转速 0～1000 r/min，最大容积 140L，最大装料重 200kg，电动机功率 11kW，外形尺寸（mm）：2125×1600×1600，重1.9t，全封闭，全钢机，普通三角底盘，防爆型电动机，带变频控制柜
三足式上卸料离心机	SB-1000	54200	安徽普源分离机械制造有限公司	（0552）4014982	转鼓直径 1000mm，转鼓高度 420mm，转鼓转速 0～1000 r/min，最大容积 140L，最大装料重 200kg，电动机功率 11kW，外形尺寸（mm）：2125×1600×1600，重1.9t，全封闭，全钢机，无基础三角底盘，普通电动机，带变频控制柜
三足式上卸料离心机	SB-1000	54700	安徽普源分离机械制造有限公司	（0552）4014982	转鼓直径 1000mm，转鼓高度 420mm，转鼓转速 0～1000 r/min，最大容积 140L，最大装料重 200kg，电动机功率 11kW，外形尺寸（mm）：2125×1600×1600，重1.9t，全封闭，全钢机，无基础三角底盘，防爆型电动机，带变频控制柜
三足式上卸料离心机	SB-1000	84000	安徽普源分离机械制造有限公司	（0552）4014982	转鼓直径 1000mm，转鼓高度 420mm，转鼓转速 0～1000 r/min，最大容积 140L，最大装料重 200kg，电动机功率 11kW，外形尺寸（mm）：2125×1600×1600，重1.9t，全封闭，整体不锈钢机，普通三角底盘，普通电动机
三足式上卸料离心机	SB-1000	84500	安徽普源分离机械制造有限公司	（0552）4014982	转鼓直径 1000mm，转鼓高度 420mm，转鼓转速 0～1000 r/min，最大容积 140L，最大装料重 200kg，电动机功率 11kW，外形尺寸（mm）：2125×1600×1600，重1.9t，全封闭，全封闭，整体不锈钢机，普通三角底盘，防爆型电动机

产品名称	型号规格	参考价格(元)	生产厂家	电话	主要参数及备注
三足式上卸料离心机	SB-1000	90200	安徽普源分离机械制造有限公司	(0552)4014982	转鼓直径 1000mm，转鼓高度 420mm，转鼓转速 0～1000 r/min，最大容积 140L，最大装料重 200kg，电动机功率 11kW，外形尺寸(mm)：2125×1600×1600，重1.9t，全封闭，整体不锈钢机，无基础三角底盘，普通电动机
三足式上卸料离心机	SB-1000	90700	安徽普源分离机械制造有限公司	(0552)4014982	转鼓直径 1000mm，转鼓高度 420mm，转鼓转速 0～1000 r/min，最大容积 140L，最大装料重 200kg，电动机功率 11kW，外形尺寸(mm)：2125×1600×1600，重1.9t，全封闭，整体不锈钢机，无基础三角底盘，防爆型电动机
三足式上卸料离心机	SB-1000	93000	安徽普源分离机械制造有限公司	(0552)4014982	转鼓直径 1000mm，转鼓高度 420mm，转鼓转速 0～1000 r/min，最大容积 140L，最大装料重 200kg，电动机功率 11kW，外形尺寸(mm)：2125×1600×1600，重1.9t，全封闭，整体不锈钢机，普通三角底盘，普通电动机，带变频控制柜
三足式上卸料离心机	SB-1000	93500	安徽普源分离机械制造有限公司	(0552)4014982	转鼓直径 1000mm，转鼓高度 420mm，转鼓转速 0～1000 r/min，最大容积 140L，最大装料重 200kg，电动机功率 11kW，外形尺寸(mm)：2125×1600×1600，重1.9t，全封闭，全封闭，整体不锈钢机，普通三角底盘，防爆型电动机，带变频控制柜
三足式上卸料离心机	SB-1000	99200	安徽普源分离机械制造有限公司	(0552)4014982	转鼓直径 1000mm，转鼓高度 420mm，转鼓转速 0～1000 r/min，最大容积 140L，最大装料重 200kg，电动机功率 11kW，外形尺寸(mm)：2125×1600×1600，重1.9t，全封闭，整体不锈钢机，无基础三角底盘，普通电动机，带变频控制柜
三足式上卸料离心机	SB-1000	99700	安徽普源分离机械制造有限公司	(0552)4014982	转鼓直径 1000mm，转鼓高度 420mm，转鼓转速 0～1000 r/min，最大容积 140L，最大装料重 200kg，电动机功率 11kW，外形尺寸(mm)：2125×1600×1600，重1.9t，全封闭，整体不锈钢机，无基础三角底盘，防爆型电动机，带变频控制柜
三足式上卸料离心机	SB-1200	44000	安徽普源分离机械制造有限公司	(0552)4014982	转鼓直径 1200mm，转鼓高度 500mm，转鼓转速 0～900 r/min，最大容积 250L，最大装料重 350kg，电动机功率 11kW，外形尺寸(mm)：2390×1740×1650，重2.4t，全封闭，碳钢机，普通三角底盘，普通电动机，进料管、水洗管材质 Q235
三足式上卸料离心机	SB-1200	44500	安徽普源分离机械制造有限公司	(0552)4014982	转鼓直径 1200mm，转鼓高度 500mm，转鼓转速 0～900 r/min，最大容积 250L，最大装料重 350kg，电动机功率 11kW，外形尺寸(mm)：2390×1740×1650，重2.4t，全封闭，碳钢机，普通三角底盘，防爆型电动机，进料管、水洗管材质 Q235

产品名称	型号规格	参考价格(元)	生产厂家	电话	主要参数及备注
三足式上卸料离心机	SB-1200	47000	安徽普源分离机械制造有限公司	(0552)4014982	转鼓直径1200mm,转鼓高度500mm,转鼓转速0~900 r/min,最大容积250L,最大装料重350kg,电动机功率11kW,外形尺寸(mm):2390×1740×1650,重2.4t,全封闭,衬塑机,普通三角底盘,普通电动机,进料管、水洗管材质PVC
三足式上卸料离心机	SB-1200	47500	安徽普源分离机械制造有限公司	(0552)4014982	转鼓直径1200mm,转鼓高度500mm,转鼓转速0~900 r/min,最大容积250L,最大装料重350kg,电动机功率11kW,外形尺寸(mm):2390×1740×1650,重2.4t,全封闭,衬塑机,普通三角底盘,防爆型电动机,进料管、水洗管材质PVC
三足式上卸料离心机	SB-1200	49400	安徽普源分离机械制造有限公司	(0552)4014982	转鼓直径1200mm,转鼓高度500mm,转鼓转速0~900 r/min,最大容积250L,最大装料重350kg,电动机功率11kW,外形尺寸(mm):2390×1740×1650,重2.4t,全封闭,碳钢机,无基础三角底盘,普通电动机,进料管、水洗管材质Q235
三足式上卸料离心机	SB-1200	49900	安徽普源分离机械制造有限公司	(0552)4014982	转鼓直径1200mm,转鼓高度500mm,转鼓转速0~900 r/min,最大容积250L,最大装料重350kg,电动机功率11kW,外形尺寸(mm):2390×1740×1650,重2.4t,全封闭,碳钢机,无基础三角底盘,防爆型电动机,进料管、水洗管材质Q235
三足式上卸料离心机	SB-1200	52300	安徽普源分离机械制造有限公司	(0552)4014982	转鼓直径1200mm,转鼓高度500mm,转鼓转速0~900 r/min,最大容积250L,最大装料重350kg,电动机功率11kW,外形尺寸(mm):2390×1740×1650,重2.4t,全封闭,全钢机,普通三角底盘,普通电动机
三足式上卸料离心机	SB-1200	52400	安徽普源分离机械制造有限公司	(0552)4014982	转鼓直径1200mm,转鼓高度500mm,转鼓转速0~900 r/min,最大容积250L,最大装料重350kg,电动机功率11kW,外形尺寸(mm):2390×1740×1650,重2.4t,全封闭,衬塑机,无基础三角底盘,普通电动机,进料管、水洗管材质PVC
三足式上卸料离心机	SB-1200	52800	安徽普源分离机械制造有限公司	(0552)4014982	转鼓直径1200mm,转鼓高度500mm,转鼓转速0~900 r/min,最大容积250L,最大装料重350kg,电动机功率11kW,外形尺寸(mm):2390×1740×1650,重2.4t,全封闭,全钢机,普通三角底盘,防爆型电动机
三足式上卸料离心机	SB-1200	52900	安徽普源分离机械制造有限公司	(0552)4014982	转鼓直径1200mm,转鼓高度500mm,转鼓转速0~900 r/min,最大容积250L,最大装料重350kg,电动机功率11kW,外形尺寸(mm):2390×1740×1650,重2.4t,全封闭,衬塑机,无基础三角底盘,防爆型电动机,进料管、水洗管材质PVC

产品名称	型号规格	参考价格（元）	生产厂家	电话	主要参数及备注
三足式上卸料离心机	SB-1200	55000	安徽普源分离机械制造有限公司	(0552)4014982	转鼓直径 1200mm,转鼓高度500mm,转鼓转速 0~900 r/min,最大容积 250L,最大装料重350kg,电动机功率 11kW,外形尺寸(mm):2390×1740×1650,重2.4t,全封闭,碳钢机,普通三角底盘,普通电动机,进料管、水洗管材质 Q235,带变频控制柜
三足式上卸料离心机	SB-1200	55500	安徽普源分离机械制造有限公司	(0552)4014982	转鼓直径 1200mm,转鼓高度500mm,转鼓转速 0~900 r/min,最大容积 250L,最大装料重350kg,电动机功率 11kW,外形尺寸(mm):2390×1740×1650,重2.4t,全封闭,碳钢机,普通三角底盘,防爆型电动机,进料管、水洗管材质 Q235,带变频控制柜
三足式上卸料离心机	SB-1200	57700	安徽普源分离机械制造有限公司	(0552)4014982	转鼓直径 1200mm,转鼓高度500mm,转鼓转速 0~900 r/min,最大容积 250L,最大装料重350kg,电动机功率 11kW,外形尺寸(mm):2390×1740×1650,重2.4t,全封闭,全钢机,无基础三角底盘,普通电动机
三足式上卸料离心机	SB-1200	58000	安徽普源分离机械制造有限公司	(0552)4014982	转鼓直径 1200mm,转鼓高度500mm,转鼓转速 0~900 r/min,最大容积 250L,最大装料重350kg,电动机功率 11kW,外形尺寸(mm):2390×1740×1650,重2.4t,全封闭,衬塑机,普通三角底盘,普通电动机,进料管、水洗管材质 PVC,带变频控制柜
三足式上卸料离心机	SB-1200	58200	安徽普源分离机械制造有限公司	(0552)4014982	转鼓直径 1200mm,转鼓高度500mm,转鼓转速 0~900 r/min,最大容积 250L,最大装料重350kg,电动机功率 11kW,外形尺寸(mm):2390×1740×1650,重2.4t,全封闭,全钢机,无基础三角底盘,防爆型电动机
三足式上卸料离心机	SB-1200	58500	安徽普源分离机械制造有限公司	(0552)4014982	转鼓直径 1200mm,转鼓高度500mm,转鼓转速 0~900 r/min,最大容积 250L,最大装料重350kg,电动机功率 11kW,外形尺寸(mm):2390×1740×1650,重2.4t,全封闭,衬塑机,普通三角底盘,防爆型电动机,进料管、水洗管材质 PVC,带变频控制柜
三足式上卸料离心机	SB-1200	60400	安徽普源分离机械制造有限公司	(0552)4014982	转鼓直径 1200mm,转鼓高度500mm,转鼓转速 0~900 r/min,最大容积 250L,最大装料重350kg,电动机功率 11kW,外形尺寸(mm):2390×1740×1650,重2.4t,全封闭,碳钢机,无基础三角底盘,普通电动机,进料管、水洗管材质 Q235,带变频控制柜
三足式上卸料离心机	SB-1200	60900	安徽普源分离机械制造有限公司	(0552)4014982	转鼓直径 1200mm,转鼓高度500mm,转鼓转速 0~900 r/min,最大容积 250L,最大装料重350kg,电动机功率 11kW,外形尺寸(mm):2390×1740×1650,重2.4t,全封闭,碳钢机,无基础三角底盘,防爆型电动机,进料管、水洗管材质 Q235,带变频控制柜

产品名称	型号规格	参考价格(元)	生产厂家	电话	主要参数及备注
三足式上卸料离心机	SB-1200	63300	安徽普源分离机械制造有限公司	(0552)4014982	转鼓直径 1200mm,转鼓高度 500mm,转鼓转速 0~900 r/min,最大容积 250L,最大装料重 350kg,电动机功率 11kW,外形尺寸(mm):2390×1740×1650,重 2.4t,全封闭,全钢机,普通三角底盘,普通电动机,带变频控制柜
三足式上卸料离心机	SB-1200	63400	安徽普源分离机械制造有限公司	(0552)4014982	转鼓直径 1200mm,转鼓高度 500mm,转鼓转速 0~900 r/min,最大容积 250L,最大装料重 350kg,电动机功率 11kW,外形尺寸(mm):2390×1740×1650,重 2.4t,全封闭,衬塑机,无基础三角底盘,普通电动机,进料管、水洗管材质 PVC,带变频控制柜
三足式上卸料离心机	SB-1200	63800	安徽普源分离机械制造有限公司	(0552)4014982	转鼓直径 1200mm,转鼓高度 500mm,转鼓转速 0~900 r/min,最大容积 250L,最大装料重 350kg,电动机功率 11kW,外形尺寸(mm):2390×1740×1650,重 2.4t,全封闭,全钢机,普通三角底盘,防爆型电动机,带变频控制柜
三足式上卸料离心机	SB-1200	63900	安徽普源分离机械制造有限公司	(0552)4014982	转鼓直径 1200mm,转鼓高度 500mm,转鼓转速 0~900 r/min,最大容积 250L,最大装料重 350kg,电动机功率 11kW,外形尺寸(mm):2390×1740×1650,重 2.4t,全封闭,衬塑机,无基础三角底盘,防爆型电动机,进料管、水洗管材质 PVC,带变频控制柜
三足式上卸料离心机	SB-1200	68700	安徽普源分离机械制造有限公司	(0552)4014982	转鼓直径 1200mm,转鼓高度 500mm,转鼓转速 0~900 r/min,最大容积 250L,最大装料重 350kg,电动机功率 11kW,外形尺寸(mm):2390×1740×1650,重 2.4t,全封闭,全钢机,无基础三角底盘,普通电动机,带变频控制柜
三足式上卸料离心机	SB-1200	69200	安徽普源分离机械制造有限公司	(0552)4014982	转鼓直径 1200mm,转鼓高度 500mm,转鼓转速 0~900 r/min,最大容积 250L,最大装料重 350kg,电动机功率 11kW,外形尺寸(mm):2390×1740×1650,重 2.4t,全封闭,全钢机,无基础三角底盘,防爆型电动机,带变频控制柜
三足式上卸料离心机	SB-1200	109000	安徽普源分离机械制造有限公司	(0552)4014982	转鼓直径 1200mm,转鼓高度 500mm,转鼓转速 0~900 r/min,最大容积 250L,最大装料重 350kg,电动机功率 11kW,外形尺寸(mm):2390×1740×1650,重 2.4t,全封闭,整体不锈钢机,普通三角底盘,普通电动机
三足式上卸料离心机	SB-1200	109500	安徽普源分离机械制造有限公司	(0552)4014982	转鼓直径 1200mm,转鼓高度 500mm,转鼓转速 0~900 r/min,最大容积 250L,最大装料重 350kg,电动机功率 11kW,外形尺寸(mm):2390×1740×1650,重 2.4t,全封闭,整体不锈钢机,普通三角底盘,防爆型电动机

产品名称	型号规格	参考价格（元）	生产厂家	电话	主要参数及备注
三足式上卸料离心机	SB-1200	118200	安徽普源分离机械制造有限公司	（0552）4014982	转鼓直径 1200mm,转鼓高度 500mm,转鼓转速 0~900 r/min,最大容积 250L,最大装料重 350kg,电动机功率 11kW,外形尺寸（mm）:2390×1740×1650,重 2.4t,全封闭,整体不锈钢机,无基础三角底盘,普通电动机
三足式上卸料离心机	SB-1200	118700	安徽普源分离机械制造有限公司	（0552）4014982	转鼓直径 1200mm,转鼓高度 500mm,转鼓转速 0~900 r/min,最大容积 250L,最大装料重 350kg,电动机功率 11kW,外形尺寸（mm）:2390×1740×1650,重 2.4t,全封闭,整体不锈钢机,无基础三角底盘,防爆型电动机
三足式上卸料离心机	SB-1200	120000	安徽普源分离机械制造有限公司	（0552）4014982	转鼓直径 1200mm,转鼓高度 500mm,转鼓转速 0~900 r/min,最大容积 250L,最大装料重 350kg,电动机功率 11kW,外形尺寸（mm）:2390×1740×1650,重 2.4t,全封闭,整体不锈钢机,普通三角底盘,普通电动机,带变频控制柜
三足式上卸料离心机	SB-1200	120500	安徽普源分离机械制造有限公司	（0552）4014982	转鼓直径 1200mm,转鼓高度 500mm,转鼓转速 0~900 r/min,最大容积 250L,最大装料重 350kg,电动机功率 11kW,外形尺寸（mm）:2390×1740×1650,重 2.4t,全封闭,整体不锈钢机,普通三角底盘,防爆型电动机,带变频控制柜
三足式上卸料离心机	SB-1200	129200	安徽普源分离机械制造有限公司	（0552）4014982	转鼓直径 1200mm,转鼓高度 500mm,转鼓转速 0~900 r/min,最大容积 250L,最大装料重 350kg,电动机功率 11kW,外形尺寸（mm）:2390×1740×1650,重 2.4t,全封闭,整体不锈钢机,无基础三角底盘,普通电动机,带变频控制柜
三足式上卸料离心机	SB-1200	129700	安徽普源分离机械制造有限公司	（0552）4014982	转鼓直径 1200mm,转鼓高度 500mm,转鼓转速 0~900 r/min,最大容积 250L,最大装料重 350kg,电动机功率 11kW,外形尺寸（mm）:2390×1740×1650,重 2.4t,全封闭,整体不锈钢机,无基础三角底盘,防爆型电动机,带变频控制柜
三足式上卸料离心机	SB-1250	48900	安徽普源分离机械制造有限公司	（0552）4014982	转鼓直径 1250mm,转鼓高度 500mm,转鼓转速 0~900 r/min,最大容积 300L,最大装料重 420kg,电动机功率 15kW,外形尺寸（mm）:2390×1740×1650,重 2.6t,全封闭,碳钢机,普通三角底盘,普通电动机,进料管、水洗管材质 Q235
三足式上卸料离心机	SB-1250	49000	安徽普源分离机械制造有限公司	（0552）4014982	转鼓直径 1250mm,转鼓高度 500mm,转鼓转速 0~900 r/min,最大容积 300L,最大装料重 420kg,电动机功率 15kW,外形尺寸（mm）:2390×1740×1650,重 2.6t,全封闭,衬塑机,普通三角底盘,普通电动机,进料管、水洗管材质 PVC

产品名称	型号规格	参考价格(元)	生产厂家	电话	主要参数及备注
三足式上卸料离心机	SB-1250	49400	安徽普源分离机械制造有限公司	(0552)4014982	转鼓直径1250mm,转鼓高度500mm,转鼓转速0~900 r/min,最大容积300L,最大装料重420kg,电动机功率15kW,外形尺寸(mm):2390×1740×1650,重2.6t,全封闭,碳钢机,普通三角底盘,防爆型电动机,进料管、水洗管材质Q235
三足式上卸料离心机	SB-1250	49500	安徽普源分离机械制造有限公司	(0552)4014982	转鼓直径1250mm,转鼓高度500mm,转鼓转速0~900 r/min,最大容积300L,最大装料重420kg,电动机功率15kW,外形尺寸(mm):2390×1740×1650,重2.6t,全封闭,衬塑机,普通三角底盘,防爆型电动机,进料管、水洗管材质PVC
三足式上卸料离心机	SB-1250	54300	安徽普源分离机械制造有限公司	(0552)4014982	转鼓直径1250mm,转鼓高度500mm,转鼓转速0~900 r/min,最大容积300L,最大装料重420kg,电动机功率15kW,外形尺寸(mm):2390×1740×1650,重2.6t,全封闭,碳钢机,无基础三角底盘,普通电动机,进料管、水洗管材质Q235
三足式上卸料离心机	SB-1250	54400	安徽普源分离机械制造有限公司	(0552)4014982	转鼓直径1250mm,转鼓高度500mm,转鼓转速0~900 r/min,最大容积300L,最大装料重420kg,电动机功率15kW,外形尺寸(mm):2390×1740×1650,重2.6t,全封闭,衬塑机,无基础三角底盘,普通电动机,进料管、水洗管材质PVC
三足式上卸料离心机	SB-1250	54800	安徽普源分离机械制造有限公司	(0552)4014982	转鼓直径1250mm,转鼓高度500mm,转鼓转速0~900 r/min,最大容积300L,最大装料重420kg,电动机功率15kW,外形尺寸(mm):2390×1740×1650,重2.6t,全封闭,碳钢机,无基础三角底盘,防爆型电动机,进料管、水洗管材质Q235
三足式上卸料离心机	SB-1250	54900	安徽普源分离机械制造有限公司	(0552)4014982	转鼓直径1250mm,转鼓高度500mm,转鼓转速0~900 r/min,最大容积300L,最大装料重420kg,电动机功率15kW,外形尺寸(mm):2390×1740×1650,重2.6t,全封闭,衬塑机,无基础三角底盘,防爆型电动机,进料管、水洗管材质PVC
三足式上卸料离心机	SB-1250	58500	安徽普源分离机械制造有限公司	(0552)4014982	转鼓直径1250mm,转鼓高度500mm,转鼓转速0~900 r/min,最大容积300L,最大装料重420kg,电动机功率15kW,外形尺寸(mm):2390×1740×1650,重2.6t,全封闭,全钢机,普通三角底盘,普通电动机
三足式上卸料离心机	SB-1250	59000	安徽普源分离机械制造有限公司	(0552)4014982	转鼓直径1250mm,转鼓高度500mm,转鼓转速0~900 r/min,最大容积300L,最大装料重420kg,电动机功率15kW,外形尺寸(mm):2390×1740×1650,重2.6t,全封闭,全钢机,普通三角底盘,防爆型电动机

产品名称	型号规格	参考价格（元）	生产厂家	电话	主要参数及备注
三足式上卸料离心机	SB-1250	59900	安徽普源分离机械制造有限公司	(0552)4014982	转鼓直径 1250mm，转鼓高度 500mm，转鼓转速 0~900 r/min，最大容积 300L，最大装料重 420kg，电动机功率 15kW，外形尺寸(mm)：2390×1740×1650，重 2.6t，全封闭，碳钢机，普通三角底盘，普通电动机，进料管、水洗管材质 Q235，带变频控制柜
三足式上卸料离心机	SB-1250	60000	安徽普源分离机械制造有限公司	(0552)4014982	转鼓直径 1250mm，转鼓高度 500mm，转鼓转速 0~900 r/min，最大容积 300L，最大装料重 420kg，电动机功率 15kW，外形尺寸(mm)：2390×1740×1650，重 2.6t，全封闭，衬塑机，普通三角底盘，普通电动机，进料管、水洗管材质 PVC，带变频控制柜
三足式上卸料离心机	SB-1250	60400	安徽普源分离机械制造有限公司	(0552)4014982	转鼓直径 1250mm，转鼓高度 500mm，转鼓转速 0~900 r/min，最大容积 300L，最大装料重 420kg，电动机功率 15kW，外形尺寸(mm)：2390×1740×1650，重 2.6t，全封闭，碳钢机，普通三角底盘，防爆型电动机，进料管、水洗管材质 Q235，带变频控制柜
三足式上卸料离心机	SB-1250	60500	安徽普源分离机械制造有限公司	(0552)4014982	转鼓直径 1250mm，转鼓高度 500mm，转鼓转速 0~900 r/min，最大容积 300L，最大装料重 420kg，电动机功率 15kW，外形尺寸(mm)：2390×1740×1650，重 2.6t，全封闭，衬塑机，普通三角底盘，防爆型电动机，进料管、水洗管材质 PVC，带变频控制柜
三足式上卸料离心机	SB-1250	63900	安徽普源分离机械制造有限公司	(0552)4014982	转鼓直径 1250mm，转鼓高度 500mm，转鼓转速 0~900 r/min，最大容积 300L，最大装料重 420kg，电动机功率 15kW，外形尺寸(mm)：2390×1740×1650，重 2.6t，全封闭，全钢机，无基础三角底盘，普通电动机
三足式上卸料离心机	SB-1250	64400	安徽普源分离机械制造有限公司	(0552)4014982	转鼓直径 1250mm，转鼓高度 500mm，转鼓转速 0~900 r/min，最大容积 300L，最大装料重 420kg，电动机功率 15kW，外形尺寸(mm)：2390×1740×1650，重 2.6t，全封闭，全钢机，无基础三角底盘，防爆型电动机
三足式上卸料离心机	SB-1250	65300	安徽普源分离机械制造有限公司	(0552)4014982	转鼓直径 1250mm，转鼓高度 500mm，转鼓转速 0~900 r/min，最大容积 300L，最大装料重 420kg，电动机功率 15kW，外形尺寸(mm)：2390×1740×1650，重 2.6t，全封闭，碳钢机，无基础三角底盘，普通电动机，进料管、水洗管材质 Q235，带变频控制柜
三足式上卸料离心机	SB-1250	65400	安徽普源分离机械制造有限公司	(0552)4014982	转鼓直径 1250mm，转鼓高度 500mm，转鼓转速 0~900 r/min，最大容积 300L，最大装料重 420kg，电动机功率 15kW，外形尺寸(mm)：2390×1740×1650，重 2.6t，全封闭，衬塑机，无基础三角底盘，普通电动机，进料管、水洗管材质 PVC，带变频控制柜

产品名称	型号规格	参考价格（元）	生产厂家	电话	主要参数及备注
三足式上卸料离心机	SB-1250	65800	安徽普源分离机械制造有限公司	(0552)4014982	转鼓直径 1250mm，转鼓高度 500mm，转鼓转速 0~900 r/min，最大容积 300L，最大装料重 420kg，电动机功率 15kW，外形尺寸(mm)：2390×1740×1650，重 2.6t，全封闭，碳钢机，无基础三角底盘，防爆型电动机，进料管、水洗管材质 Q235，带变频控制柜
三足式上卸料离心机	SB-1250	65900	安徽普源分离机械制造有限公司	(0552)4014982	转鼓直径 1250mm，转鼓高度 500mm，转鼓转速 0~900 r/min，最大容积 300L，最大装料重 420kg，电动机功率 15kW，外形尺寸(mm)：2390×1740×1650，重 2.6t，全封闭，衬塑机，无基础三角底盘，防爆型电动机，进料管、水洗管材质 PVC，带变频控制柜
三足式上卸料离心机	SB-1250	69500	安徽普源分离机械制造有限公司	(0552)4014982	转鼓直径 1250mm，转鼓高度 500mm，转鼓转速 0~900 r/min，最大容积 300L，最大装料重 420kg，电动机功率 15kW，外形尺寸(mm)：2390×1740×1650，重 2.6t，全封闭，全钢机，普通三角底盘，普通电动机，带变频控制柜
三足式上卸料离心机	SB-1250	70000	安徽普源分离机械制造有限公司	(0552)4014982	转鼓直径 1250mm，转鼓高度 500mm，转鼓转速 0~900 r/min，最大容积 300L，最大装料重 420kg，电动机功率 15kW，外形尺寸(mm)：2390×1740×1650，重 2.6t，全封闭，全钢机，普通三角底盘，防爆型电动机，带变频控制柜
三足式上卸料离心机	SB-1250	74900	安徽普源分离机械制造有限公司	(0552)4014982	转鼓直径 1250mm，转鼓高度 500mm，转鼓转速 0~900 r/min，最大容积 300L，最大装料重 420kg，电动机功率 15kW，外形尺寸(mm)：2390×1740×1650，重 2.6t，全封闭，全钢机，无基础三角底盘，普通电动机，带变频控制柜
三足式上卸料离心机	SB-1250	75400	安徽普源分离机械制造有限公司	(0552)4014982	转鼓直径 1250mm，转鼓高度 500mm，转鼓转速 0~900 r/min，最大容积 300L，最大装料重 420kg，电动机功率 15kW，外形尺寸(mm)：2390×1740×1650，重 2.6t，全封闭，全钢机，无基础三角底盘，防爆型电动机，带变频控制柜
三足式上卸料离心机	SB-1250	118100	安徽普源分离机械制造有限公司	(0552)4014982	转鼓直径 1250mm，转鼓高度 500mm，转鼓转速 0~900 r/min，最大容积 300L，最大装料重 420kg，电动机功率 15kW，外形尺寸(mm)：2390×1740×1650，重 2.6t，全封闭，整体不锈钢机，普通三角底盘，防爆型电动机
三足式上卸料离心机	SB-1250	118600	安徽普源分离机械制造有限公司	(0552)4014982	转鼓直径 1250mm，转鼓高度 500mm，转鼓转速 0~900 r/min，最大容积 300L，最大装料重 420kg，电动机功率 15kW，外形尺寸(mm)：2390×1740×1650，重 2.6t，全封闭，整体不锈钢机，普通三角底盘，普通电动机

产品名称	型号规格	参考价格（元）	生产厂家	电话	主要参数及备注
三足式上卸料离心机	SB-1250	127400	安徽普源分离机械制造有限公司	（0552）4014982	转鼓直径1250mm，转鼓高度500mm，转鼓转速0～900r/min，最大容积300L，最大装料重420kg，电动机功率15kW，外形尺寸（mm）：2390×1740×1650，重2.6t，全封闭，整体不锈钢机，无基础三角底盘，防爆型电动机
三足式上卸料离心机	SB-1250	127800	安徽普源分离机械制造有限公司	（0552）4014982	转鼓直径1250mm，转鼓高度500mm，转鼓转速0～900r/min，最大容积300L，最大装料重420kg，电动机功率15kW，外形尺寸（mm）：2390×1740×1650，重2.6t，全封闭，整体不锈钢机，无基础三角底盘，普通电动机
三足式上卸料离心机	SB-1250	129100	安徽普源分离机械制造有限公司	（0552）4014982	转鼓直径1250mm，转鼓高度500mm，转鼓转速0～900 r/min，最大容积300L，最大装料重420kg，电动机功率15kW，外形尺寸（mm）：2390×1740×1650，重2.6t，全封闭，整体不锈钢机，普通三角底盘，防爆型电动机，带变频控制柜
三足式上卸料离心机	SB-1250	129600	安徽普源分离机械制造有限公司	（0552）4014982	转鼓直径1250mm，转鼓高度500mm，转鼓转速0～900 r/min，最大容积300L，最大装料重420kg，电动机功率15kW，外形尺寸（mm）：2390×1740×1650，重2.6t，全封闭，整体不锈钢机，普通三角底盘，普通电动机，带变频控制柜
三足式上卸料离心机	SB-1250	138400	安徽普源分离机械制造有限公司	（0552）4014982	转鼓直径1250mm，转鼓高度500mm，转鼓转速0～900 r/min，最大容积300L，最大装料重420kg，电动机功率15kW，外形尺寸（mm）：2390×1740×1650，重2.6t，全封闭，整体不锈钢机，无基础三角底盘，防爆型电动机，带变频控制柜
三足式上卸料离心机	SB-1250	138800	安徽普源分离机械制造有限公司	（0552）4014982	转鼓直径1250mm，转鼓高度500mm，转鼓转速0～900 r/min，最大容积300L，最大装料重420kg，电动机功率15kW，外形尺寸（mm）：2390×1740×1650，重2.6t，全封闭，整体不锈钢机，无基础三角底盘，普通电动机，带变频控制柜
三足式上卸料离心机	SB-1500	91000	安徽普源分离机械制造有限公司	（0552）4014982	转鼓直径1500mm，转鼓高度630mm，转鼓转速0～720 r/min，最大容积520L，最大装料重700kg，电动机功率18.5kW，外形尺寸（mm）：2720×2020×1700，重4.3t，全封闭，全钢机，无基础三角底盘，普通电动机
三足式上卸料离心机	SB-1500	94000	安徽普源分离机械制造有限公司	（0552）4014982	转鼓直径1500mm，转鼓高度630mm，转鼓转速0～720 r/min，最大容积520L，最大装料重700kg，电动机功率18.5kW，外形尺寸（mm）：2720×2020×1700，重4.3t，全封闭，全钢机，无基础三角底盘，防爆型电动机

产品名称	型号规格	参考价格(元)	生产厂家	电话	主要参数及备注
三足式上卸料离心机	SB-1500	107000	安徽普源分离机械制造有限公司	(0552)4014982	转鼓直径 1500mm,转鼓高度630mm,转鼓转速 0~720 r/min,最大容积 520L,最大装料重700kg,电动机功率18.5kW,外形尺寸(mm):2720×2020×1700,重4.3t,全封闭,全钢机,无基础三角底盘,普通电动机,带变频控制柜
三足式上卸料离心机	SB-1500	110000	安徽普源分离机械制造有限公司	(0552)4014982	转鼓直径 1500mm,转鼓高度630mm,转鼓转速 0~720 r/min,最大容积 520L,最大装料重700kg,电动机功率18.5kW,外形尺寸(mm):2720×2020×1700,重4.3t,全封闭,全钢机,无基础三角底盘,防爆型电动机,带变频控制柜
三足式上卸料离心机	SS-300	6300	安徽普源分离机械制造有限公司	(0552)4014982	全钢机,普通三角底盘,普通电动机
三足式上卸料离心机	SS-300	6700	安徽普源分离机械制造有限公司	(0552)4014982	全钢机,普通三角底盘,普通电动机,带简易盖
三足式上卸料离心机	SS-300	6800	安徽普源分离机械制造有限公司	(0552)4014982	全钢机,普通三角底盘,防爆型电动机
三足式上卸料离心机	SS-300	6800	安徽普源分离机械制造有限公司	(0552)4014982	全钢机,无基础三角底盘,普通电动机
三足式上卸料离心机	SS-300	6900	安徽普源分离机械制造有限公司	(0552)4014982	全钢机,普通三角底盘,普通电动机,带铰链盖
三足式上卸料离心机	SS-300	7200	安徽普源分离机械制造有限公司	(0552)4014982	全钢机,普通三角底盘,防爆型电动机,带简易盖
三足式上卸料离心机	SS-300	7200	安徽普源分离机械制造有限公司	(0552)4014982	全钢机,无基础三角底盘,普通电动机,带简易盖
三足式上卸料离心机	SS-300	7400	安徽普源分离机械制造有限公司	(0552)4014982	全钢机,无基础三角底盘,防爆型电动机
三足式上卸料离心机	SS-300	7400	安徽普源分离机械制造有限公司	(0552)4014982	全钢机,普通三角底盘,防爆型电动机,带铰链盖
三足式上卸料离心机	SS-300	7400	安徽普源分离机械制造有限公司	(0552)4014982	全钢机,无基础三角底盘,普通电动机,带铰链盖
三足式上卸料离心机	SS-300	7800	安徽普源分离机械制造有限公司	(0552)4014982	全钢机,无基础三角底盘,防爆型电动机,带简易盖
三足式上卸料离心机	SS-300	8000	安徽普源分离机械制造有限公司	(0552)4014982	全钢机,无基础三角底盘,防爆型电动机,带铰链盖
三足式上卸料离心机	SS-300	14000	安徽普源分离机械制造有限公司	(0552)4014982	整体不锈钢机,普通三角底盘,普通电动机,带变频控制柜
三足式上卸料离心机	SS-300	14400	安徽普源分离机械制造有限公司	(0552)4014982	整体不锈钢机,普通三角底盘,普通电动机,带变频控制柜、简易盖
三足式上卸料离心机	SS-300	14600	安徽普源分离机械制造有限公司	(0552)4014982	整体不锈钢机,普通三角底盘,普通电动机,带变频控制柜、铰链盖
三足式上卸料离心机	SS-300	16000	安徽普源分离机械制造有限公司	(0552)4014982	整体不锈钢机,普通三角底盘,防爆型电动机,带变频控制柜
三足式上卸料离心机	SS-300	16400	安徽普源分离机械制造有限公司	(0552)4014982	整体不锈钢机,普通三角底盘,防爆型电动机,带变频控制柜、简易盖
三足式上卸料离心机	SS-300	16500	安徽普源分离机械制造有限公司	(0552)4014982	整体不锈钢机,无基础三角底盘,普通电动机,带变频控制柜
三足式上卸料离心机	SS-300	16600	安徽普源分离机械制造有限公司	(0552)4014982	整体不锈钢机,普通三角底盘,防爆型电动机,带变频控制柜、铰链盖

产品名称	型号规格	参考价格(元)	生产厂家	电话	主要参数及备注
三足式上卸料离心机	SS-300	16900	安徽普源分离机械制造有限公司	(0552)4014982	整体不锈钢机,无基础三角底盘,普通电动机,带变频控制柜、简易盖
三足式上卸料离心机	SS-300	17100	安徽普源分离机械制造有限公司	(0552)4014982	整体不锈钢机,无基础三角底盘,普通电动机,带变频控制柜、铰链盖
三足式上卸料离心机	SS-300	17500	安徽普源分离机械制造有限公司	(0552)4014982	整体不锈钢机,无基础三角底盘,防爆型电动机,带变频控制柜
三足式上卸料离心机	SS-300	17900	安徽普源分离机械制造有限公司	(0552)4014982	整体不锈钢机,无基础三角底盘,防爆型电动机,带变频控制柜、简易盖
三足式上卸料离心机	SS-300	18100	安徽普源分离机械制造有限公司	(0552)4014982	整体不锈钢机,无基础三角底盘,防爆型电动机,带变频控制柜、铰链盖
三足式上卸料离心机	SS-300A	6300	上海中南医药机械有限公司	(021)64089523	容积5L,装料重10kg,转速2500 r/min,功率0.75 kW,外形尺寸(mm):800×620×460,重130kg
三足式上卸料离心机	SS-450	8300	安徽普源分离机械制造有限公司	(0552)4014982	转鼓直径450mm,转鼓高度300mm,转鼓转速0~2000 r/min,最大容积20L,最大装料重30kg,电动机功率2.2kW,外形尺寸(mm):1155×858×650,重360kg,衬塑机,普通三角底盘,普通电动机
三足式上卸料离心机	SS-450	8700	安徽普源分离机械制造有限公司	(0552)4014982	转鼓直径450mm,转鼓高度300mm,转鼓转速0~2000 r/min,最大容积20L,最大装料重30kg,电动机功率2.2kW,外形尺寸(mm):1155×858×650,重360kg,衬塑机,普通三角底盘,防爆型电动机
三足式上卸料离心机	SS-450	8700	安徽普源分离机械制造有限公司	(0552)4014982	转鼓直径450mm,转鼓高度300mm,转鼓转速0~2000 r/min,最大容积20L,最大装料重30kg,电动机功率2.2kW,外形尺寸(mm):1155×858×650,重360kg,衬塑机,普通三角底盘,普通电动机,带简易盖
三足式上卸料离心机	SS-450	9100	安徽普源分离机械制造有限公司	(0552)4014982	转鼓直径450mm,转鼓高度300mm,转鼓转速0~2000 r/min,最大容积20L,最大装料重30kg,电动机功率2.2kW,外形尺寸(mm):1155×858×650,重360kg,衬塑机,普通三角底盘,防爆型电动机,带简易盖
三足式上卸料离心机	SS-450	9100	安徽普源分离机械制造有限公司	(0552)4014982	转鼓直径450mm,转鼓高度300mm,转鼓转速0~2000 r/min,最大容积20L,最大装料重30kg,电动机功率2.2kW,外形尺寸(mm):1155×858×650,重360kg,衬塑机,普通三角底盘,普通电动机,带铰链盖
三足式上卸料离心机	SS-450	9500	安徽普源分离机械制造有限公司	(0552)4014982	转鼓直径450mm,转鼓高度300mm,转鼓转速0~2000 r/min,最大容积20L,最大装料重30kg,电动机功率2.2kW,外形尺寸(mm):1155×858×650,重360kg,衬塑机,普通三角底盘,防爆型电动机,带铰链盖

产品名称	型号规格	参考价格（元）	生产厂家	电话	主要参数及备注
三足式上卸料离心机	SS-450	9800	安徽普源分离机械制造有限公司	（0552）4014982	转鼓直径 450mm，转鼓高度 300mm，转鼓转速 0～2000 r/min，最大容积 20L，最大装料重 30kg，电动机功率2.2kW，外形尺寸（mm）：1155×858×650，重 360kg，全钢机，普通三角底盘，普通电动机
三足式上卸料离心机	SS-450	10000	安徽普源分离机械制造有限公司	（0552）4014982	转鼓直径 450mm，转鼓高度 300mm，转鼓转速 0～2000 r/min，最大容积 20L，最大装料重 30kg，电动机功率2.2kW，外形尺寸（mm）：1155×858×650，重 360kg，全钢机，普通三角底盘，防爆型电动机
三足式上卸料离心机	SS-450	10000	安徽普源分离机械制造有限公司	（0552）4014982	转鼓直径 450mm，转鼓高度 300mm，转鼓转速 0～2000 r/min，最大容积 20L，最大装料重 30kg，电动机功率2.2kW，外形尺寸（mm）：1155×858×650，重 360kg，衬塑机，无基础三角底盘，普通电动机
三足式上卸料离心机	SS-450	10200	安徽普源分离机械制造有限公司	（0552）4014982	转鼓直径 450mm，转鼓高度 300mm，转鼓转速 0～2000 r/min，最大容积 20L，最大装料重 30kg，电动机功率2.2kW，外形尺寸（mm）：1155×858×650，重 360kg，全钢机，普通三角底盘，普通电动机，带简易盖
三足式上卸料离心机	SS-450	10400	安徽普源分离机械制造有限公司	（0552）4014982	转鼓直径 450mm，转鼓高度 300mm，转鼓转速 0～2000 r/min，最大容积 20L，最大装料重 30kg，电动机功率2.2kW，外形尺寸（mm）：1155×858×650，重 360kg，全钢机，普通三角底盘，防爆型电动机，带简易盖
三足式上卸料离心机	SS-450	10400	安徽普源分离机械制造有限公司	（0552）4014982	转鼓直径 450mm，转鼓高度 300mm，转鼓转速 0～2000 r/min，最大容积 20L，最大装料重 30kg，电动机功率2.2kW，外形尺寸（mm）：1155×858×650，重 360kg，衬塑机，无基础三角底盘，普通电动机，带简易盖
三足式上卸料离心机	SS-450	10500	安徽普源分离机械制造有限公司	（0552）4014982	转鼓直径 450mm，转鼓高度 300mm，转鼓转速 0～2000 r/min，最大容积 20L，最大装料重 30kg，电动机功率2.2kW，外形尺寸（mm）：1155×858×650，重 360kg，衬塑机，无基础三角底盘，防爆型电动机
三足式上卸料离心机	SS-450	10600	安徽普源分离机械制造有限公司	（0552）4014982	转鼓直径 450mm，转鼓高度 300mm，转鼓转速 0～2000 r/min，最大容积 20L，最大装料重 30kg，电动机功率2.2kW，外形尺寸（mm）：1155×858×650，重 360kg，全钢机，普通三角底盘，普通电动机，带铰链盖
三足式上卸料离心机	SS-450	10800	安徽普源分离机械制造有限公司	（0552）4014982	转鼓直径 450mm，转鼓高度 300mm，转鼓转速 0～2000 r/min，最大容积 20L，最大装料重 30kg，电动机功率2.2kW，外形尺寸（mm）：1155×858×650，重 360kg，全钢机，普通三角底盘，防爆型电动机，带铰链盖

产品名称	型号规格	参考价格（元）	生产厂家	电话	主要参数及备注
三足式上卸料离心机	SS-450	10800	安徽普源分离机械制造有限公司	(0552)4014982	转鼓直径 450mm，转鼓高度 300mm，转鼓转速 0～2000r/min，最大容积 20L，最大装料重 30kg，电动机功率2.2kW，外形尺寸(mm)：1155×858×650，重360kg，衬塑机，无基础三角底盘，普通电动机，带铰链盖
三足式上卸料离心机	SS-450	10900	安徽普源分离机械制造有限公司	(0552)4014982	转鼓直径 450mm，转鼓高度 300mm，转鼓转速 0～2000r/min，最大容积 20L，最大装料重 30kg，电动机功率2.2kW，外形尺寸(mm)：1155×858×650，重360kg，衬塑机，无基础三角底盘，防爆型电动机，带简易盖
三足式上卸料离心机	SS-450	11000	安徽普源分离机械制造有限公司	(0552)4014982	转鼓直径 450mm，转鼓高度 300mm，转鼓转速 0～2000r/min，最大容积 20L，最大装料重 30kg，电动机功率2.2kW，外形尺寸(mm)：1155×858×650，重360kg，全钢机，无基础三角底盘，普通电动机
三足式上卸料离心机	SS-450	11300	安徽普源分离机械制造有限公司	(0552)4014982	转鼓直径 450mm，转鼓高度 300mm，转鼓转速 0～2000r/min，最大容积 20L，最大装料重 30kg，电动机功率2.2kW，外形尺寸(mm)：1155×858×650，重360kg，衬塑机，无基础三角底盘，防爆型电动机，带铰链盖
三足式上卸料离心机	SS-450	11400	安徽普源分离机械制造有限公司	(0552)4014982	转鼓直径 450mm，转鼓高度 300mm，转鼓转速 0～2000r/min，最大容积 20L，最大装料重 30kg，电动机功率2.2kW，外形尺寸(mm)：1155×858×650，重360kg，全钢机，无基础三角底盘，普通电动机，带简易盖
三足式上卸料离心机	SS-450	11500	安徽普源分离机械制造有限公司	(0552)4014982	转鼓直径 450mm，转鼓高度 300mm，转鼓转速 0～2000r/min，最大容积 20L，最大装料重 30kg，电动机功率2.2kW，外形尺寸(mm)：1155×858×650，重360kg，全钢机，无基础三角底盘，防爆型电动机
三足式上卸料离心机	SS-450	11800	安徽普源分离机械制造有限公司	(0552)4014982	转鼓直径 450mm，转鼓高度 300mm，转鼓转速 0～2000r/min，最大容积 20L，最大装料重 30kg，电动机功率2.2kW，外形尺寸(mm)：1155×858×650，重360kg，全钢机，无基础三角底盘，普通电动机，带铰链盖
三足式上卸料离心机	SS-450	11900	安徽普源分离机械制造有限公司	(0552)4014982	转鼓直径 450mm，转鼓高度 300mm，转鼓转速 0～2000r/min，最大容积 20L，最大装料重 30kg，电动机功率2.2kW，外形尺寸(mm)：1155×858×650，重360kg，全钢机，无基础三角底盘，防爆型电动机，带简易盖
三足式上卸料离心机	SS-450	12300	安徽普源分离机械制造有限公司	(0552)4014982	转鼓直径 450mm，转鼓高度 300mm，转鼓转速 0～2000r/min，最大容积 20L，最大装料重 30kg，电动机功率2.2kW，外形尺寸(mm)：1155×858×650，重360kg，全钢机，无基础三角底盘，防爆型电动机，带铰链盖

产品名称	型号规格	参考价格(元)	生产厂家	电话	主要参数及备注
三足式上卸料离心机	SS-450	12500	安徽普源分离机械制造有限公司	(0552)4014982	转鼓直径450mm,转鼓高度300mm,转鼓转速0~2000r/min,最大容积20L,最大装料重30kg,电动机功率2.2kW,外形尺寸(mm):1155×858×650,重360kg,沉降机,普通三角底盘,普通电动机
三足式上卸料离心机	SS-450	12900	安徽普源分离机械制造有限公司	(0552)4014982	转鼓直径450mm,转鼓高度300mm,转鼓转速0~2000r/min,最大容积20L,最大装料重30kg,电动机功率2.2kW,外形尺寸(mm):1155×858×650,重360kg,沉降机,普通三角底盘,普通电动机,带简易盖
三足式上卸料离心机	SS-450	13300	安徽普源分离机械制造有限公司	(0552)4014982	转鼓直径450mm,转鼓高度300mm,转鼓转速0~2000r/min,最大容积20L,最大装料重30kg,电动机功率2.2kW,外形尺寸(mm):1155×858×650,重360kg,沉降机,普通三角底盘,普通电动机,带铰链盖
三足式上卸料离心机	SS-450	13300	安徽普源分离机械制造有限公司	(0552)4014982	转鼓直径450mm,转鼓高度300mm,转鼓转速0~2000r/min,最大容积20L,最大装料重30kg,电动机功率2.2kW,外形尺寸(mm):1155×858×650,重360kg,衬塑机,普通三角底盘,普通电动机,带变频控制柜
三足式上卸料离心机	SS-450	13600	安徽普源分离机械制造有限公司	(0552)4014982	转鼓直径450mm,转鼓高度300mm,转鼓转速0~2000r/min,最大容积20L,最大装料重30kg,电动机功率2.2kW,外形尺寸(mm):1155×858×650,重360kg,沉降机,普通三角底盘,防爆型电动机
三足式上卸料离心机	SS-450	13700	安徽普源分离机械制造有限公司	(0552)4014982	转鼓直径450mm,转鼓高度300mm,转鼓转速0~2000r/min,最大容积20L,最大装料重30kg,电动机功率2.2kW,外形尺寸(mm):1155×858×650,重360kg,衬塑机,普通三角底盘,防爆型电动机,带变频控制柜
三足式上卸料离心机	SS-450	14000	安徽普源分离机械制造有限公司	(0552)4014982	转鼓直径450mm,转鼓高度300mm,转鼓转速0~2000r/min,最大容积20L,最大装料重30kg,电动机功率2.2kW,外形尺寸(mm):1155×858×650,重360kg,沉降机,无基础三角底盘,普通电动机
三足式上卸料离心机	SS-450	14000	安徽普源分离机械制造有限公司	(0552)4014982	转鼓直径450mm,转鼓高度300mm,转鼓转速0~2000r/min,最大容积20L,最大装料重30kg,电动机功率2.2kW,外形尺寸(mm):1155×858×650,重360kg,沉降机,普通三角底盘,防爆型电动机,带简易盖
三足式上卸料离心机	SS-450	14400	安徽普源分离机械制造有限公司	(0552)4014982	转鼓直径450mm,转鼓高度300mm,转鼓转速0~2000r/min,最大容积20L,最大装料重30kg,电动机功率2.2kW,外形尺寸(mm):1155×858×650,重360kg,沉降机,无基础三角底盘,普通电动机,带简易盖

产品名称	型号规格	参考价格(元)	生产厂家	电话	主要参数及备注
三足式上卸料离心机	SS-450	14400	安徽普源分离机械制造有限公司	(0552)4014982	转鼓直径450mm,转鼓高度300mm,转鼓转速0~2000 r/min,最大容积20L,最大装料重30kg,电动机功率2.2kW,外形尺寸(mm):1155×858×650,重360kg,沉降机,普通三角底盘,防爆型电动机,带铰链盖
三足式上卸料离心机	SS-450	14800	安徽普源分离机械制造有限公司	(0552)4014982	转鼓直径450mm,转鼓高度300mm,转鼓转速0~2000 r/min,最大容积20L,最大装料重30kg,电动机功率2.2kW,外形尺寸(mm):1155×858×650,重360kg,沉降机,无基础三角底盘,普通电动机,带铰链盖
三足式上卸料离心机	SS-450	14800	安徽普源分离机械制造有限公司	(0552)4014982	转鼓直径450mm,转鼓高度300mm,转鼓转速0~2000 r/min,最大容积20L,最大装料重30kg,电动机功率2.2kW,外形尺寸(mm):1155×858×650,重360kg,全钢机,普通三角底盘,普通电动机,带变频控制柜
三足式上卸料离心机	SS-450	15000	安徽普源分离机械制造有限公司	(0552)4014982	转鼓直径450mm,转鼓高度300mm,转鼓转速0~2000 r/min,最大容积20L,最大装料重30kg,电动机功率2.2kW,外形尺寸(mm):1155×858×650,重360kg,全钢机,普通三角底盘,防爆型电动机,带变频控制柜
三足式上卸料离心机	SS-450	15000	安徽普源分离机械制造有限公司	(0552)4014982	转鼓直径450mm,转鼓高度300mm,转鼓转速0~2000 r/min,最大容积20L,最大装料重30kg,电动机功率2.2kW,外形尺寸(mm):1155×858×650,重360kg,沉降机,无基础三角底盘,防爆型电动机
三足式上卸料离心机	SS-450	15000	安徽普源分离机械制造有限公司	(0552)4014982	转鼓直径450mm,转鼓高度300mm,转鼓转速0~2000 r/min,最大容积20L,最大装料重30kg,电动机功率2.2kW,外形尺寸(mm):1155×858×650,重360kg,衬塑机,无基础三角底盘,普通电动机,带变频控制柜
三足式上卸料离心机	SS-450	15400	安徽普源分离机械制造有限公司	(0552)4014982	转鼓直径450mm,转鼓高度300mm,转鼓转速0~2000 r/min,最大容积20L,最大装料重30kg,电动机功率2.2kW,外形尺寸(mm):1155×858×650,重360kg,沉降机,无基础三角底盘,防爆型电动机,带简易盖
三足式上卸料离心机	SS-450	15500	安徽普源分离机械制造有限公司	(0552)4014982	转鼓直径450mm,转鼓高度300mm,转鼓转速0~2000 r/min,最大容积20L,最大装料重30kg,电动机功率2.2kW,外形尺寸(mm):1155×858×650,重360kg,衬塑机,无基础三角底盘,防爆型电动机,带变频控制柜
三足式上卸料离心机	SS-450	15800	安徽普源分离机械制造有限公司	(0552)4014982	转鼓直径450mm,转鼓高度300mm,转鼓转速0~2000 r/min,最大容积20L,最大装料重30kg,电动机功率2.2kW,外形尺寸(mm):1155×858×650,重360kg,沉降机,无基础三角底盘,防爆型电动机,带铰链盖

产品名称	型号规格	参考价格（元）	生产厂家	电话	主要参数及备注
三足式上卸料离心机	SS-450	16000	安徽普源分离机械制造有限公司	（0552）4014982	转鼓直径 450mm，转鼓高度 300mm，转鼓转速 0～2000 r/min，最大容积 20L，最大装料重 30kg，电动机功率2.2kW，外形尺寸（mm）：1155×858×650，重 360kg，全钢机，无基础三角底盘，普通电动机，带变频控制柜
三足式上卸料离心机	SS-450	16500	安徽普源分离机械制造有限公司	（0552）4014982	转鼓直径 450mm，转鼓高度 300mm，转鼓转速 0～2000 r/min，最大容积 20L，最大装料重 30kg，电动机功率 2.2 kW，外形尺寸（mm）：1155×858×650，重 360kg，全钢机，无基础三角底盘，防爆型电动机，带变频控制柜
三足式上卸料离心机	SS-450	17500	安徽普源分离机械制造有限公司	（0552）4014982	转鼓直径 450mm，转鼓高度 300mm，转鼓转速 0～2000 r/min，最大容积 20L，最大装料重 30kg，电动机功率2.2kW，外形尺寸（mm）：1155×858×650，重 360kg，沉降机，普通三角底盘，普通电动机，带变频控制柜
三足式上卸料离心机	SS-450	18600	安徽普源分离机械制造有限公司	（0552）4014982	转鼓直径 450mm，转鼓高度 300mm，转鼓转速 0～2000 r/min，最大容积 20L，最大装料重 30kg，电动机功率2.2kW，外形尺寸（mm）：1155×858×650，重 360kg，沉降机，普通三角底盘，防爆型电动机，带变频控制柜
三足式上卸料离心机	SS-450	19000	安徽普源分离机械制造有限公司	（0552）4014982	转鼓直径 450mm，转鼓高度 300mm，转鼓转速 0～2000 r/min，最大容积 20L，最大装料重 30kg，电动机功率2.2kW，外形尺寸（mm）：1155×858×650，重 360kg，沉降机，无基础三角底盘，普通电动机，带变频控制柜
三足式上卸料离心机	SS-450	20000	安徽普源分离机械制造有限公司	（0552）4014982	转鼓直径 450mm，转鼓高度 300mm，转鼓转速 0～2000 r/min，最大容积 20L，最大装料重 30kg，电动机功率 2.2 kW，外形尺寸（mm）：1155×858×650，重 360kg，沉降机，无基础三角底盘，防爆型电动机，带变频控制柜
三足式上卸料离心机	SS-450	29700	安徽普源分离机械制造有限公司	（0552）4014982	转鼓直径 450mm，转鼓高度 300mm，转鼓转速 0～2000 r/min，最大容积 20L，最大装料重 30kg，电动机功率2.2kW，外形尺寸（mm）：1155×858×650，重 360kg，整体不锈钢机，普通三角底盘，普通电动机
三足式上卸料离心机	SS-450	30100	安徽普源分离机械制造有限公司	（0552）4014982	转鼓直径 450mm，转鼓高度 300mm，转鼓转速 0～2000 r/min，最大容积 20L，最大装料重 30kg，电动机功率2.2kW，外形尺寸（mm）：1155×858×650，重 360kg，整体不锈钢机，普通三角底盘，普通电动机，带筒易盖
三足式上卸料离心机	SS-450	30400	安徽普源分离机械制造有限公司	（0552）4014982	转鼓直径 450mm，转鼓高度 300mm，转鼓转速 0～2000 r/min，最大容积 20L，最大装料重 30kg，电动机功率2.2kW，外形尺寸（mm）：1155×858×650，重 360kg，整体不锈钢机，普通三角底盘，防爆型电动机

产品名称	型号规格	参考价格(元)	生产厂家	电话	主要参数及备注
三足式上卸料离心机	SS-450	30500	安徽普源分离机械制造有限公司	(0552)4014982	转鼓直径450mm,转鼓高度300mm,转鼓转速0～2000r/min,最大容积20L,最大装料重30kg,电动机功率2.2kW,外形尺寸(mm):1155×858×650,重360kg,整体不锈钢机,普通三角底盘,普通电动机,带铰链盖
三足式上卸料离心机	SS-450	30800	安徽普源分离机械制造有限公司	(0552)4014982	转鼓直径450mm,转鼓高度300mm,转鼓转速0～2000r/min,最大容积20L,最大装料重30kg,电动机功率2.2kW,外形尺寸(mm):1155×858×650,重360kg,整体不锈钢机,普通三角底盘,防爆型电动机,带简易盖
三足式上卸料离心机	SS-450	31200	安徽普源分离机械制造有限公司	(0552)4014982	转鼓直径450mm,转鼓高度300mm,转鼓转速0～2000r/min,最大容积20L,最大装料重30kg,电动机功率2.2kW,外形尺寸(mm):1155×858×650,重360kg,整体不锈钢机,普通三角底盘,防爆型电动机,带铰链盖
三足式上卸料离心机	SS-450	31500	安徽普源分离机械制造有限公司	(0552)4014982	转鼓直径450mm,转鼓高度300mm,转鼓转速0～2000r/min,最大容积20L,最大装料重30kg,电动机功率2.2kW,外形尺寸(mm):1155×858×650,重360kg,整体不锈钢机,无基础三角底盘,普通电动机
三足式上卸料离心机	SS-450	31900	安徽普源分离机械制造有限公司	(0552)4014982	转鼓直径450mm,转鼓高度300mm,转鼓转速0～2000r/min,最大容积20L,最大装料重30kg,电动机功率2.2kW,外形尺寸(mm):1155×858×650,重360kg,整体不锈钢机,无基础三角底盘,普通电动机,带简易盖
三足式上卸料离心机	SS-450	32300	安徽普源分离机械制造有限公司	(0552)4014982	转鼓直径450mm,转鼓高度300mm,转鼓转速0～2000r/min,最大容积20L,最大装料重30kg,电动机功率2.2kW,外形尺寸(mm):1155×858×650,重360kg,整体不锈钢机,无基础三角底盘,普通电动机,带铰链盖
三足式上卸料离心机	SS-450	32600	安徽普源分离机械制造有限公司	(0552)4014982	转鼓直径450mm,转鼓高度300mm,转鼓转速0～2000r/min,最大容积20L,最大装料重30kg,电动机功率2.2kW,外形尺寸(mm):1155×858×650,重360kg,整体不锈钢机,无基础三角底盘,防爆型电动机
三足式上卸料离心机	SS-450	33000	安徽普源分离机械制造有限公司	(0552)4014982	转鼓直径450mm,转鼓高度300mm,转鼓转速0～2000r/min,最大容积20L,最大装料重30kg,电动机功率2.2kW,外形尺寸(mm):1155×858×650,重360kg,整体不锈钢机,无基础三角底盘,防爆型电动机,带简易盖
三足式上卸料离心机	SS-450	33400	安徽普源分离机械制造有限公司	(0552)4014982	转鼓直径450mm,转鼓高度300mm,转鼓转速0～2000r/min,最大容积20L,最大装料重30kg,电动机功率2.2kW,外形尺寸(mm):1155×858×650,重360kg,整体不锈钢机,无基础三角底盘,防爆型电动机,带铰链盖

产品名称	型号规格	参考价格（元）	生产厂家	电话	主要参数及备注
三足式上卸料离心机	SS-450	34700	安徽普源分离机械制造有限公司	（0552）4014982	转鼓直径 450mm，转鼓高度 300mm，转鼓转速 0 ~ 2000 r/min，最大容积 20L，最大装料重 30kg，电动机功率2.2kW，外形尺寸（mm）：1155×858×650，重 360kg，整体不锈钢机，普通三角底盘，普通电动机，带变频控制柜
三足式上卸料离心机	SS-450	35400	安徽普源分离机械制造有限公司	（0552）4014982	转鼓直径 450mm，转鼓高度 300mm，转鼓转速 0 ~ 2000 r/min，最大容积 20L，最大装料重 30kg，电动机功率2.2kW，外形尺寸（mm）：1155×858×650，重 360kg，整体不锈钢机，普通三角底盘，防爆型电动机，带变频控制柜
三足式上卸料离心机	SS-450	36500	安徽普源分离机械制造有限公司	（0552）4014982	转鼓直径 450mm，转鼓高度 300mm，转鼓转速 0 ~ 2000 r/min，最大容积 20L，最大装料重 30kg，电动机功率2.2kW，外形尺寸（mm）：1155×858×650，重 360kg，整体不锈钢机，无基础三角底盘，普通电动机，带变频控制柜
三足式上卸料离心机	SS-450	37600	安徽普源分离机械制造有限公司	（0552）4014982	转鼓直径 450mm，转鼓高度 300mm，转鼓转速 0 ~ 2000 r/min，最大容积 20L，最大装料重 30kg，电动机功率2.2kW，外形尺寸（mm）：1155×858×650，重 360kg，整体不锈钢机，无基础三角底盘，防爆型电动机，带变频控制柜
三足式上卸料离心机	SS-450A	7800	上海中南医药机械有限公司	（021）64089523	容积 20L，装料重 21kg，转速 1900 r/min，功率1.1kW，外形尺寸（mm）：980 × 730 × 600，重 200kg
三足式上卸料离心机	SS-550A	11100	上海中南医药机械有限公司	（021）64089523	容积 32L，装料重 35kg，转速 1450 r/min，功率1.5kW，外形尺寸（mm）：1200 × 900 × 700，重 280kg
三足式上卸料离心机	SS-600	12000	安徽普源分离机械制造有限公司	（0552）4014982	转鼓直径 600mm，转鼓高度 320mm，转鼓转速 0 ~ 1600 r/min，最大容积 45L，最大装料重 70kg，电动机功率2.2kW，外形尺寸（mm）：1580×1200×805，重 620kg，衬塑机，普通三角底盘，普通电动机
三足式上卸料离心机	SS-600	12600	安徽普源分离机械制造有限公司	（0552）4014982	转鼓直径 600mm，转鼓高度 320mm，转鼓转速 0 ~ 1600 r/min，最大容积 45L，最大装料重 70kg，电动机功率2.2kW，外形尺寸（mm）：1580×1200×805，重 620kg，衬塑机，普通三角底盘，普通电动机，带简易盖
三足式上卸料离心机	SS-600	13000	安徽普源分离机械制造有限公司	（0552）4014982	转鼓直径 600mm，转鼓高度 320mm，转鼓转速 0 ~ 1600 r/min，最大容积 45L，最大装料重 70kg，电动机功率2.2kW，外形尺寸（mm）：1580×1200×805，重 620kg，衬塑机，普通三角底盘，普通电动机，带铰链盖

产品名称	型号规格	参考价格（元）	生产厂家	电话	主要参数及备注
三足式上卸料离心机	SS-600	13500	安徽普源分离机械制造有限公司	（0552）4014982	转鼓直径 600mm，转鼓高度 320mm，转鼓转速 0～1600 r/min，最大容积 45L，最大装料重 70kg，电动机功率2.2kW，外形尺寸（mm）：1580×1200×805，重 620kg，衬塑机，普通三角底盘，防爆型电动机
三足式上卸料离心机	SS-600	14100	安徽普源分离机械制造有限公司	（0552）4014982	转鼓直径 600mm，转鼓高度 320mm，转鼓转速 0～1600 r/min，最大容积 45L，最大装料重 70kg，电动机功率2.2kW，外形尺寸（mm）：1580×1200×805，重 620kg，衬塑机，普通三角底盘，防爆型电动机，带简易盖
三足式上卸料离心机	SS-600	14500	安徽普源分离机械制造有限公司	（0552）4014982	转鼓直径 600mm，转鼓高度 320mm，转鼓转速 0～1600 r/min，最大容积 45L，最大装料重 70kg，电动机功率2.2kW，外形尺寸（mm）：1580×1200×805，重 620kg，衬塑机，普通三角底盘，防爆型电动机，带铰链盖
三足式上卸料离心机	SS-600	14800	安徽普源分离机械制造有限公司	（0552）4014982	转鼓直径 600mm，转鼓高度 320mm，转鼓转速 0～1600 r/min，最大容积 45L，最大装料重 70kg，电动机功率2.2kW，外形尺寸（mm）：1580×1200×805，重 620kg，全钢机，普通三角底盘，普通电动机
三足式上卸料离心机	SS-600	15400	安徽普源分离机械制造有限公司	（0552）4014982	转鼓直径 600mm，转鼓高度 320mm，转鼓转速 0～1600 r/min，最大容积 45L，最大装料重 70kg，电动机功率2.2kW，外形尺寸（mm）：1580×1200×805，重 620kg，全钢机，普通三角底盘，防爆型电动机
三足式上卸料离心机	SS-600	15400	安徽普源分离机械制造有限公司	（0552）4014982	转鼓直径 600mm，转鼓高度 320mm，转鼓转速 0～1600 r/min，最大容积 45L，最大装料重 70kg，电动机功率2.2kW，外形尺寸（mm）：1580×1200×805，重 620kg，全钢机，普通三角底盘，普通电动机，带简易盖
三足式上卸料离心机	SS-600	15800	安徽普源分离机械制造有限公司	（0552）4014982	转鼓直径 600mm，转鼓高度 320mm，转鼓转速 0～1600 r/min，最大容积 45L，最大装料重 70kg，电动机功率2.2kW，外形尺寸（mm）：1580×1200×805，重 620kg，全钢机，普通三角底盘，普通电动机，带铰链盖
三足式上卸料离心机	SS-600	16000	安徽普源分离机械制造有限公司	（0552）4014982	转鼓直径 600mm，转鼓高度 320mm，转鼓转速 0～1600 r/min，最大容积 45L，最大装料重 70kg，电动机功率2.2kW，外形尺寸（mm）：1580×1200×805，重 620kg，全钢机，普通三角底盘，防爆型电动机，带简易盖
三足式上卸料离心机	SS-600	16000	安徽普源分离机械制造有限公司	（0552）4014982	转鼓直径 600mm，转鼓高度 320mm，转鼓转速 0～1600 r/min，最大容积 45L，最大装料重 70kg，电动机功率2.2kW，外形尺寸（mm）：1580×1200×805，重 620kg，衬塑机，无基础三角底盘，普通电动机

产品名称	型号规格	参考价格(元)	生产厂家	电话	主要参数及备注
三足式上卸料离心机	SS-600	16400	安徽普源分离机械制造有限公司	(0552)4014982	转鼓直径600mm,转鼓高度320mm,转鼓转速0~1600r/min,最大容积45L,最大装料重70kg,电动机功率2.2kW,外形尺寸(mm):1580×1200×805,重620kg,全钢机,普通三角底盘,防爆型电动机,带铰链盖
三足式上卸料离心机	SS-600	16600	安徽普源分离机械制造有限公司	(0552)4014982	转鼓直径600mm,转鼓高度320mm,转鼓转速0~1600r/min,最大容积45L,最大装料重70kg,电动机功率2.2kW,外形尺寸(mm):1580×1200×805,重620kg,衬塑机,无基础三角底盘,普通电动机,带简易盖
三足式上卸料离心机	SS-600	16700	安徽普源分离机械制造有限公司	(0552)4014982	转鼓直径600mm,转鼓高度320mm,转鼓转速0~1600r/min,最大容积45L,最大装料重70kg,电动机功率2.2kW,外形尺寸(mm):1580×1200×805,重620kg,衬塑机,无基础三角底盘,防爆型电动机
三足式上卸料离心机	SS-600	17000	安徽普源分离机械制造有限公司	(0552)4014982	转鼓直径600mm,转鼓高度320mm,转鼓转速0~1600r/min,最大容积45L,最大装料重70kg,电动机功率2.2kW,外形尺寸(mm):1580×1200×805,重620kg,沉降机,普通三角底盘,普通电动机
三足式上卸料离心机	SS-600	17000	安徽普源分离机械制造有限公司	(0552)4014982	转鼓直径600mm,转鼓高度320mm,转鼓转速0~1600r/min,最大容积45L,最大装料重70kg,电动机功率2.2kW,外形尺寸(mm):1580×1200×805,重620kg,全钢机,无基础三角底盘,普通电动机
三足式上卸料离心机	SS-600	17000	安徽普源分离机械制造有限公司	(0552)4014982	转鼓直径600mm,转鼓高度320mm,转鼓转速0~1600r/min,最大容积45L,最大装料重70kg,电动机功率2.2kW,外形尺寸(mm):1580×1200×805,重620kg,衬塑机,无基础三角底盘,普通电动机,带铰链盖
三足式上卸料离心机	SS-600	17300	安徽普源分离机械制造有限公司	(0552)4014982	转鼓直径600mm,转鼓高度320mm,转鼓转速0~1600r/min,最大容积45L,最大装料重70kg,电动机功率2.2kW,外形尺寸(mm):1580×1200×805,重620kg,衬塑机,无基础三角底盘,防爆型电动机
三足式上卸料离心机	SS-600	17500	安徽普源分离机械制造有限公司	(0552)4014982	转鼓直径600mm,转鼓高度320mm,转鼓转速0~1600r/min,最大容积45L,最大装料重70kg,电动机功率2.2kW,外形尺寸(mm):1580×1200×805,重620kg,沉降机,普通三角底盘,防爆型电动机
三足式上卸料离心机	SS-600	17600	安徽普源分离机械制造有限公司	(0552)4014982	转鼓直径600mm,转鼓高度320mm,转鼓转速0~1600r/min,最大容积45L,最大装料重70kg,电动机功率2.2kW,外形尺寸(mm):1580×1200×805,重620kg,沉降机,普通三角底盘,普通电动机,带简易盖

产品名称	型号规格	参考价格(元)	生产厂家	电话	主要参数及备注
三足式上卸料离心机	SS-600	17600	安徽普源分离机械制造有限公司	(0552)4014982	转鼓直径600mm,转鼓高度320mm,转鼓转速0~1600r/min,最大容积45L,最大装料重70kg,电动机功率2.2kW,外形尺寸(mm):1580×1200×805,重620kg,全钢机,无基础三角底盘,普通电动机,带简易盖
三足式上卸料离心机	SS-600	17700	安徽普源分离机械制造有限公司	(0552)4014982	转鼓直径600mm,转鼓高度320mm,转鼓转速0~1600r/min,最大容积45L,最大装料重70kg,电动机功率2.2kW,外形尺寸(mm):1580×1200×805,重620kg,衬塑机,无基础三角底盘,防爆型电动机,带铰链盖
三足式上卸料离心机	SS-600	18000	安徽普源分离机械制造有限公司	(0552)4014982	转鼓直径600mm,转鼓高度320mm,转鼓转速0~1600r/min,最大容积45L,最大装料重70kg,电动机功率2.2kW,外形尺寸(mm):1580×1200×805,重620kg,全钢机,无基础三角底盘,普通电动机,带铰链盖
三足式上卸料离心机	SS-600	18000	安徽普源分离机械制造有限公司	(0552)4014982	转鼓直径600mm,转鼓高度320mm,转鼓转速0~1600r/min,最大容积45L,最大装料重70kg,电动机功率2.2kW,外形尺寸(mm):1580×1200×805,重620kg,全钢机,无基础三角底盘,防爆型电动机
三足式上卸料离心机	SS-600	18000	安徽普源分离机械制造有限公司	(0552)4014982	转鼓直径600mm,转鼓高度320mm,转鼓转速0~1600r/min,最大容积45L,最大装料重70kg,电动机功率2.2kW,外形尺寸(mm):1580×1200×805,重620kg,沉降机,普通三角底盘,普通电动机,带铰链盖
三足式上卸料离心机	SS-600	18000	安徽普源分离机械制造有限公司	(0552)4014982	转鼓直径600mm,转鼓高度320mm,转鼓转速0~1600r/min,最大容积45L,最大装料重70kg,电动机功率2.2kW,外形尺寸(mm):1580×1200×805,重620kg,衬塑机,普通三角底盘,普通电动机,带变频控制柜
三足式上卸料离心机	SS-600	18100	安徽普源分离机械制造有限公司	(0552)4014982	转鼓直径600mm,转鼓高度320mm,转鼓转速0~1600r/min,最大容积45L,最大装料重70kg,电动机功率2.2kW,外形尺寸(mm):1580×1200×805,重620kg,沉降机,普通三角底盘,防爆型电动机,带简易盖
三足式上卸料离心机	SS-600	18500	安徽普源分离机械制造有限公司	(0552)4014982	转鼓直径600mm,转鼓高度320mm,转鼓转速0~1600r/min,最大容积45L,最大装料重70kg,电动机功率2.2kW,外形尺寸(mm):1580×1200×805,重620kg,沉降机,普通三角底盘,防爆型电动机,带铰链盖
三足式上卸料离心机	SS-600	18600	安徽普源分离机械制造有限公司	(0552)4014982	转鼓直径600mm,转鼓高度320mm,转鼓转速0~1600r/min,最大容积45L,最大装料重70kg,电动机功率2.2kW,外形尺寸(mm):1580×1200×805,重620kg,全钢机,无基础三角底盘,防爆型电动机,带简易盖

产品名称	型号规格	参考价格(元)	生产厂家	电话	主要参数及备注
三足式上卸料离心机	SS-600	19000	安徽普源分离机械制造有限公司	(0552)4014982	转鼓直径600mm,转鼓高度320mm,转鼓转速0~1600r/min,最大容积45L,最大装料重70kg,电动机功率2.2kW,外形尺寸(mm):1580×1200×805,重620kg,全钢机,无基础三角底盘,防爆型电动机,带铰链盖
三足式上卸料离心机	SS-600	19500	安徽普源分离机械制造有限公司	(0552)4014982	转鼓直径600mm,转鼓高度320mm,转鼓转速0~1600r/min,最大容积45L,最大装料重70kg,电动机功率2.2kW,外形尺寸(mm):1580×1200×805,重620kg,沉降机,无基础三角底盘,普通电动机
三足式上卸料离心机	SS-600	19500	安徽普源分离机械制造有限公司	(0552)4014982	转鼓直径600mm,转鼓高度320mm,转鼓转速0~1600r/min,最大容积45L,最大装料重70kg,电动机功率2.2kW,外形尺寸(mm):1580×1200×805,重620kg,衬塑机,普通三角底盘,防爆型电动机,带变频控制柜
三足式上卸料离心机	SS-600	20000	安徽普源分离机械制造有限公司	(0552)4014982	转鼓直径600mm,转鼓高度320mm,转鼓转速0~1600r/min,最大容积45L,最大装料重70kg,电动机功率2.2kW,外形尺寸(mm):1580×1200×805,重620kg,沉降机,无基础三角底盘,防爆型电动机
三足式上卸料离心机	SS-600	20100	安徽普源分离机械制造有限公司	(0552)4014982	转鼓直径600mm,转鼓高度320mm,转鼓转速0~1600r/min,最大容积45L,最大装料重70kg,电动机功率2.2kW,外形尺寸(mm):1580×1200×805,重620kg,沉降机,无基础三角底盘,普通电动机,带简易盖
三足式上卸料离心机	SS-600	20500	安徽普源分离机械制造有限公司	(0552)4014982	转鼓直径600mm,转鼓高度320mm,转鼓转速0~1600r/min,最大容积45L,最大装料重70kg,电动机功率2.2kW,外形尺寸(mm):1580×1200×805,重620kg,沉降机,无基础三角底盘,普通电动机,带铰链盖
三足式上卸料离心机	SS-600	20600	安徽普源分离机械制造有限公司	(0552)4014982	转鼓直径600mm,转鼓高度320mm,转鼓转速0~1600r/min,最大容积45L,最大装料重70kg,电动机功率2.2kW,外形尺寸(mm):1580×1200×805,重620kg,沉降机,无基础三角底盘,防爆型电动机,带简易盖
三足式上卸料离心机	SS-600	20800	安徽普源分离机械制造有限公司	(0552)4014982	转鼓直径600mm,转鼓高度320mm,转鼓转速0~1600r/min,最大容积45L,最大装料重70kg,电动机功率2.2kW,外形尺寸(mm):1580×1200×805,重620kg,全钢机,普通三角底盘,普通电动机,带变频控制柜
三足式上卸料离心机	SS-600	21000	安徽普源分离机械制造有限公司	(0552)4014982	转鼓直径600mm,转鼓高度320mm,转鼓转速0~1600r/min,最大容积45L,最大装料重70kg,电动机功率2.2kW,外形尺寸(mm):1580×1200×805,重620kg,沉降机,无基础三角底盘,防爆型电动机,带铰链盖

产品名称	型号规格	参考价格(元)	生产厂家	电话	主要参数及备注
三足式上卸料离心机	SS-600	21400	安徽普源分离机械制造有限公司	(0552)4014982	转鼓直径 600mm,转鼓高度 320mm,转鼓转速 0～1600 r/min,最大容积 45L,最大装料重 70kg,电动机功率2.2kW,外形尺寸(mm):1580×1200×805,重 620kg,全钢机,普通三角底盘,防爆型电动机,带变频控制柜
三足式上卸料离心机	SS-600	22000	安徽普源分离机械制造有限公司	(0552)4014982	转鼓直径 600mm,转鼓高度 320mm,转鼓转速 0～1600 r/min,最大容积 45L,最大装料重 70kg,电动机功率2.2kW,外形尺寸(mm):1580×1200×805,重 620kg,衬塑机,无基础三角底盘,普通电动机,带变频控制柜
三足式上卸料离心机	SS-600	22700	安徽普源分离机械制造有限公司	(0552)4014982	转鼓直径 600mm,转鼓高度 320mm,转鼓转速 0～1600 r/min,最大容积 45L,最大装料重 70kg,电动机功率 2.2 kW,外形尺寸(mm):1580×1200×805,重 620kg,衬塑机,无基础三角底盘,防爆型电动机,带变频控制柜
三足式上卸料离心机	SS-600	23000	安徽普源分离机械制造有限公司	(0552)4014982	转鼓直径 600mm,转鼓高度 320mm,转鼓转速 0～1600 r/min,最大容积 45L,最大装料重 70kg,电动机功率2.2kW,外形尺寸(mm):1580×1200×805,重 620kg,全钢机,无基础三角底盘,普通电动机,带变频控制柜
三足式上卸料离心机	SS-600	23000	安徽普源分离机械制造有限公司	(0552)4014982	转鼓直径 600mm,转鼓高度 320mm,转鼓转速 0～1600 r/min,最大容积 45L,最大装料重 70kg,电动机功率2.2kW,外形尺寸(mm):1580×1200×805,重 620kg,沉降机,普通三角底盘,普通电动机,带变频控制柜
三足式上卸料离心机	SS-600	23500	安徽普源分离机械制造有限公司	(0552)4014982	转鼓直径 600mm,转鼓高度 320mm,转鼓转速 0～1600 r/min,最大容积 45L,最大装料重 70kg,电动机功率2.2kW,外形尺寸(mm):1580×1200×805,重 620kg,沉降机,普通三角底盘,防爆型电动机,带变频控制柜
三足式上卸料离心机	SS-600	24000	安徽普源分离机械制造有限公司	(0552)4014982	转鼓直径 600mm,转鼓高度 320mm,转鼓转速 0～1600 r/min,最大容积 45L,最大装料重 70kg,电动机功率 2.2 kW,外形尺寸(mm):1580×1200×805,重 620kg,全钢机,无基础三角底盘,防爆型电动机,带变频控制柜
三足式上卸料离心机	SS-600	25500	安徽普源分离机械制造有限公司	(0552)4014982	转鼓直径 600mm,转鼓高度 320mm,转鼓转速 0～1600 r/min,最大容积 45L,最大装料重 70kg,电动机功率2.2kW,外形尺寸(mm):1580×1200×805,重 620kg,沉降机,无基础三角底盘,普通电动机,带变频控制柜
三足式上卸料离心机	SS-600	26000	安徽普源分离机械制造有限公司	(0552)4014982	转鼓直径 600mm,转鼓高度 320mm,转鼓转速 0～1600 r/min,最大容积 45L,最大装料重 70kg,电动机功率 2.2 kW,外形尺寸(mm):1580×1200×805,重 620kg,沉降机,无基础三角底盘,防爆型电动机,带变频控制柜

产品名称	型号规格	参考价格（元）	生产厂家	电话	主要参数及备注
三足式上卸料离心机	SS-600	41300	安徽普源分离机械制造有限公司	(0552)4014982	转鼓直径600mm，转鼓高度320mm，转鼓转速0～1600r/min，最大容积45L，最大装料重70kg，电动机功率2.2kW，外形尺寸(mm)：1580×1200×805，重620kg，整体不锈钢机，普通三角底盘，普通电动机
三足式上卸料离心机	SS-600	41900	安徽普源分离机械制造有限公司	(0552)4014982	转鼓直径600mm，转鼓高度320mm，转鼓转速0～1600r/min，最大容积45L，最大装料重70kg，电动机功率2.2kW，外形尺寸(mm)：1580×1200×805，重620kg，整体不锈钢机，普通三角底盘，普通电动机，带简易盖
三足式上卸料离心机	SS-600	42300	安徽普源分离机械制造有限公司	(0552)4014982	转鼓直径600mm，转鼓高度320mm，转鼓转速0～1600r/min，最大容积45L，最大装料重70kg，电动机功率2.2kW，外形尺寸(mm)：1580×1200×805，重620kg，整体不锈钢机，普通三角底盘，普通电动机，带铰链盖
三足式上卸料离心机	SS-600	42700	安徽普源分离机械制造有限公司	(0552)4014982	转鼓直径600mm，转鼓高度320mm，转鼓转速0～1600r/min，最大容积45L，最大装料重70kg，电动机功率2.2kW，外形尺寸(mm)：1580×1200×805，重620kg，整体不锈钢机，普通三角底盘，防爆型电动机
三足式上卸料离心机	SS-600	43300	安徽普源分离机械制造有限公司	(0552)4014982	转鼓直径600mm，转鼓高度320mm，转鼓转速0～1600r/min，最大容积45L，最大装料重70kg，电动机功率2.2kW，外形尺寸(mm)：1580×1200×805，重620kg，整体不锈钢机，普通三角底盘，防爆型电动机，带简易盖
三足式上卸料离心机	SS-600	43700	安徽普源分离机械制造有限公司	(0552)4014982	转鼓直径600mm，转鼓高度320mm，转鼓转速0～1600r/min，最大容积45L，最大装料重70kg，电动机功率2.2kW，外形尺寸(mm)：1580×1200×805，重620kg，整体不锈钢机，普通三角底盘，防爆型电动机，带铰链盖
三足式上卸料离心机	SS-600	44600	安徽普源分离机械制造有限公司	(0552)4014982	转鼓直径600mm，转鼓高度320mm，转鼓转速0～1600r/min，最大容积45L，最大装料重70kg，电动机功率2.2kW，外形尺寸(mm)：1580×1200×805，重620kg，整体不锈钢机，无基础三角底盘，普通电动机
三足式上卸料离心机	SS-600	45200	安徽普源分离机械制造有限公司	(0552)4014982	转鼓直径600mm，转鼓高度320mm，转鼓转速0～1600r/min，最大容积45L，最大装料重70kg，电动机功率2.2kW，外形尺寸(mm)：1580×1200×805，重620kg，整体不锈钢机，无基础三角底盘，普通电动机，带简易盖
三足式上卸料离心机	SS-600	45600	安徽普源分离机械制造有限公司	(0552)4014982	转鼓直径600mm，转鼓高度320mm，转鼓转速0～1600r/min，最大容积45L，最大装料重70kg，电动机功率2.2kW，外形尺寸(mm)：1580×1200×805，重620kg，整体不锈钢机，无基础三角底盘，普通电动机，带铰链盖

产品名称	型号规格	参考价格（元）	生产厂家	电话	主要参数及备注
三足式上卸料离心机	SS-600	46000	安徽普源分离机械制造有限公司	（0552）4014982	转鼓直径 600mm，转鼓高度 320mm，转鼓转速 0～1600 r/min，最大容积 45L，最大装料重 70kg，电动机功率2.2kW，外形尺寸（mm）：1580×1200×805，重620kg，整体不锈钢机，无基础三角底盘，防爆型电动机
三足式上卸料离心机	SS-600	46600	安徽普源分离机械制造有限公司	（0552）4014982	转鼓直径 600mm，转鼓高度 320mm，转鼓转速 0～1600 r/min，最大容积 45L，最大装料重 70kg，电动机功率 2.2 kW，外形尺寸（mm）：1580×1200×805，重 620kg，整体不锈钢机，无基础三角底盘，防爆型电动机，带简易盖
三足式上卸料离心机	SS-600	47000	安徽普源分离机械制造有限公司	（0552）4014982	转鼓直径 600mm，转鼓高度 320mm，转鼓转速 0～1600 r/min，最大容积 45L，最大装料重 70kg，电动机功率 2.2 kW，外形尺寸（mm）：1580×1200×805，重 620kg，整体不锈钢机，无基础三角底盘，防爆型电动机，带铰链盖
三足式上卸料离心机	SS-600	47300	安徽普源分离机械制造有限公司	（0552）4014982	转鼓直径 600mm，转鼓高度 320mm，转鼓转速 0～1600 r/min，最大容积 45L，最大装料重 70kg，电动机功率2.2kW，外形尺寸（mm）：1580×1200×805，重620kg，整体不锈钢机，普通三角底盘，普通电动机，带变频控制柜
三足式上卸料离心机	SS-600	48700	安徽普源分离机械制造有限公司	（0552）4014982	转鼓直径 600mm，转鼓高度 320mm，转鼓转速 0～1600 r/min，最大容积 45L，最大装料重 70kg，电动机功率2.2kW，外形尺寸（mm）：1580×1200×805，重620kg，整体不锈钢机，普通三角底盘，防爆型电动机，带变频控制柜
三足式上卸料离心机	SS-600	50600	安徽普源分离机械制造有限公司	（0552）4014982	转鼓直径 600mm，转鼓高度 320mm，转鼓转速 0～1600 r/min，最大容积 45L，最大装料重 70kg，电动机功率2.2kW，外形尺寸（mm）：1580×1200×805，重620kg，整体不锈钢机，无基础三角底盘，普通电动机，带变频控制柜
三足式上卸料离心机	SS-600	52000	安徽普源分离机械制造有限公司	（0552）4014982	转鼓直径 600mm，转鼓高度 320mm，转鼓转速 0～1600 r/min，最大容积 45L，最大装料重 70kg，电动机功率2.2kW，外形尺寸（mm）：1580×1200×805，重620kg，整体不锈钢机，无基础三角底盘，防爆型电动机，带变频控制柜
三足式上卸料离心机	SS-600B	14800	上海中南医药机械有限公司	（021）64089523	容积 45L，装料重 70kg
三足式上卸料离心机	SS-800	16900	安徽普源分离机械制造有限公司	（0552）4014982	转鼓直径 800mm，转鼓高度 400mm，转鼓转速 0～1200 r/min，最大容积 100L，最大装料重 135kg，电动机功率5.5kW，外形尺寸（mm）：1760×1320×864，重 870kg，衬塑机，普通三角底盘，普通电动机

产品名称	型号规格	参考价格(元)	生产厂家	电话	主要参数及备注
三足式上卸料离心机	SS-800	17500	安徽普源分离机械制造有限公司	(0552)4014982	转鼓直径 800mm, 转鼓高度 400mm, 转鼓转速 0 ~ 1200 r/min,最大容积 100L,最大装料重 135kg,电动机功率5.5kW,外形尺寸(mm):1760×1320×864,重 870kg,衬塑机,普通三角底盘,防爆型电动机
三足式上卸料离心机	SS-800	17600	安徽普源分离机械制造有限公司	(0552)4014982	转鼓直径 800mm, 转鼓高度 400mm, 转鼓转速 0 ~ 1200 r/min,最大容积 100L,最大装料重 135kg,电动机功率5.5kW,外形尺寸(mm):1760×1320×864,重 870kg,衬塑机,普通三角底盘,普通电动机,带简易盖
三足式上卸料离心机	SS-800	18200	安徽普源分离机械制造有限公司	(0552)4014982	转鼓直径 800mm, 转鼓高度 400mm, 转鼓转速 0 ~ 1200 r/min,最大容积 100L,最大装料重 135kg,电动机功率5.5kW,外形尺寸(mm):1760×1320×864,重 870kg,衬塑机,普通三角底盘,防爆型电动机,带简易盖
三足式上卸料离心机	SS-800	18600	安徽普源分离机械制造有限公司	(0552)4014982	转鼓直径 800mm, 转鼓高度 400mm, 转鼓转速 0 ~ 1200 r/min,最大容积 100L,最大装料重 135kg,电动机功率5.5kW,外形尺寸(mm):1760×1320×864,重 870kg,全钢机,普通三角底盘,普通电动机
三足式上卸料离心机	SS-800	19200	安徽普源分离机械制造有限公司	(0552)4014982	转鼓直径 800mm, 转鼓高度 400mm, 转鼓转速 0 ~ 1200 r/min,最大容积 100L,最大装料重 135kg,电动机功率5.5kW,外形尺寸(mm):1760×1320×864,重 870kg,全钢机,普通三角底盘,防爆型电动机
三足式上卸料离心机	SS-800	19300	安徽普源分离机械制造有限公司	(0552)4014982	转鼓直径 800mm, 转鼓高度 400mm, 转鼓转速 0 ~ 1200 r/min,最大容积 100L,最大装料重 135kg,电动机功率5.5kW,外形尺寸(mm):1760×1320×864,重 870kg,全钢机,普通三角底盘,普通电动机,带简易盖
三足式上卸料离心机	SS-800	19900	安徽普源分离机械制造有限公司	(0552)4014982	转鼓直径 800mm, 转鼓高度 400mm, 转鼓转速 0 ~ 1200 r/min,最大容积 100L,最大装料重 135kg,电动机功率5.5kW,外形尺寸(mm):1760×1320×864,重 870kg,全钢机,普通三角底盘,防爆型电动机,带简易盖
三足式上卸料离心机	SS-800	19900	安徽普源分离机械制造有限公司	(0552)4014982	转鼓直径 800mm, 转鼓高度 400mm, 转鼓转速 0 ~ 1200 r/min,最大容积 100L,最大装料重 135kg,电动机功率5.5kW,外形尺寸(mm):1760×1320×864,重 870kg,衬塑机,无基础三角底盘,普通电动机
三足式上卸料离心机	SS-800	20400	安徽普源分离机械制造有限公司	(0552)4014982	转鼓直径 800mm, 转鼓高度 400mm, 转鼓转速 0 ~ 1200 r/min,最大容积 100L,最大装料重 135kg,电动机功率5.5kW,外形尺寸(mm):1760×1320×864,重 870kg,衬塑机,无基础三角底盘,防爆型电动机

产品名称	型号规格	参考价格(元)	生产厂家	电话	主要参数及备注
三足式上卸料离心机	SS-800	20500	武穴市精华机械制造有限公司	(0713)6222685	材质304,外置式电动机,防爆型
三足式上卸料离心机	SS-800	20600	安徽普源分离机械制造有限公司	(0552)4014982	转鼓直径800mm,转鼓高度400mm,转鼓转速0~1200r/min,最大容积100L,最大装料重135kg,电动机功率5.5kW,外形尺寸(mm):1760×1320×864,重870kg,衬塑机,无基础三角底盘,普通电动机,带简易盖
三足式上卸料离心机	SS-800	21100	安徽普源分离机械制造有限公司	(0552)4014982	转鼓直径800mm,转鼓高度400mm,转鼓转速0~1200r/min,最大容积100L,最大装料重135kg,电动机功率5.5kW,外形尺寸(mm):1760×1320×864,重870kg,衬塑机,无基础三角底盘,防爆型电动机,带简易盖
三足式上卸料离心机	SS-800	21100	安徽普源分离机械制造有限公司	(0552)4014982	转鼓直径800mm,转鼓高度400mm,转鼓转速0~1200r/min,最大容积100L,最大装料重135kg,电动机功率5.5kW,外形尺寸(mm):1760×1320×864,重870kg,沉降机,普通三角底盘,普通电动机
三足式上卸料离心机	SS-800	21600	安徽普源分离机械制造有限公司	(0552)4014982	转鼓直径800mm,转鼓高度400mm,转鼓转速0~1200r/min,最大容积100L,最大装料重135kg,电动机功率5.5kW,外形尺寸(mm):1760×1320×864,重870kg,全钢机,无基础三角底盘,普通电动机
三足式上卸料离心机	SS-800	21700	安徽普源分离机械制造有限公司	(0552)4014982	转鼓直径800mm,转鼓高度400mm,转鼓转速0~1200r/min,最大容积100L,最大装料重135kg,电动机功率5.5kW,外形尺寸(mm):1760×1320×864,重870kg,沉降机,普通三角底盘,防爆型电动机
三足式上卸料离心机	SS-800	21800	安徽普源分离机械制造有限公司	(0552)4014982	转鼓直径800mm,转鼓高度400mm,转鼓转速0~1200r/min,最大容积100L,最大装料重135kg,电动机功率5.5kW,外形尺寸(mm):1760×1320×864,重870kg,沉降机,普通三角底盘,普通电动机,带简易盖
三足式上卸料离心机	SS-800	22200	安徽普源分离机械制造有限公司	(0552)4014982	转鼓直径800mm,转鼓高度400mm,转鼓转速0~1200r/min,最大容积100L,最大装料重135kg,电动机功率5.5kW,外形尺寸(mm):1760×1320×864,重870kg,全钢机,无基础三角底盘,防爆型电动机
三足式上卸料离心机	SS-800	22300	安徽普源分离机械制造有限公司	(0552)4014982	转鼓直径800mm,转鼓高度400mm,转鼓转速0~1200r/min,最大容积100L,最大装料重135kg,电动机功率5.5kW,外形尺寸(mm):1760×1320×864,重870kg,全钢机,无基础三角底盘,普通电动机,带简易盖

产品名称	型号规格	参考价格(元)	生产厂家	电话	主要参数及备注
三足式上卸料离心机	SS-800	22400	安徽普源分离机械制造有限公司	(0552)4014982	转鼓直径 800mm,转鼓高度 400mm,转鼓转速 0～1200 r/min,最大容积 100L,最大装料重 135kg,电动机功率5.5kW,外形尺寸(mm):1760×1320×864,重 870kg,沉降机,普通三角底盘,防爆型电动机,带简易盖
三足式上卸料离心机	SS-800	22800	安徽普源分离机械制造有限公司	(0552)4014982	转鼓直径 800mm,转鼓高度 400mm,转鼓转速 0～1200 r/min,最大容积 100L,最大装料重 135kg,电动机功率5.5kW,外形尺寸(mm):1760×1320×864,重 870kg,全包衬不锈钢机,普通三角底盘,普通电动机
三足式上卸料离心机	SS-800	22900	安徽普源分离机械制造有限公司	(0552)4014982	转鼓直径 800mm,转鼓高度 400mm,转鼓转速 0～1200 r/min,最大容积 100L,最大装料重 135kg,电动机功率5.5kW,外形尺寸(mm):1760×1320×864,重 870kg,全钢机,无基础三角底盘,防爆型电动机,带简易盖
三足式上卸料离心机	SS-800	23500	安徽普源分离机械制造有限公司	(0552)4014982	转鼓直径 800mm,转鼓高度 400mm,转鼓转速 0～1200 r/min,最大容积 100L,最大装料重 135kg,电动机功率5.5kW,外形尺寸(mm):1760 × 1320 × 864,重 870kg,全包衬不锈钢机,普通三角底盘,普通电动机,带简易盖
三足式上卸料离心机	SS-800	24100	安徽普源分离机械制造有限公司	(0552)4014982	转鼓直径 800mm,转鼓高度 400mm,转鼓转速 0～1200 r/min,最大容积 100L,最大装料重 135kg,电动机功率5.5kW,外形尺寸(mm):1760×1320×864,重 870kg,沉降机,无基础三角底盘,普通电动机
三足式上卸料离心机	SS-800	24700	安徽普源分离机械制造有限公司	(0552)4014982	转鼓直径 800mm,转鼓高度 400mm,转鼓转速 0～1200 r/min,最大容积 100L,最大装料重 135kg,电动机功率5.5kW,外形尺寸(mm):1760×1320×864,重 870kg,沉降机,无基础三角底盘,防爆型电动机
三足式上卸料离心机	SS-800	24800	安徽普源分离机械制造有限公司	(0552)4014982	转鼓直径 800mm,转鼓高度 400mm,转鼓转速 0～1200 r/min,最大容积 100L,最大装料重 135kg,电动机功率5.5kW,外形尺寸(mm):1760×1320×864,重 870kg,沉降机,无基础三角底盘,普通电动机,带简易盖
三足式上卸料离心机	SS-800	25400	安徽普源分离机械制造有限公司	(0552)4014982	转鼓直径 800mm,转鼓高度 400mm,转鼓转速 0～1200 r/min,最大容积 100L,最大装料重 135kg,电动机功率5.5kW,外形尺寸(mm):1760×1320×864,重 870kg,沉降机,无基础三角底盘,防爆型电动机,带简易盖
三足式上卸料离心机	SS-800	29500	安徽普源分离机械制造有限公司	(0552)4014982	转鼓直径 800mm,转鼓高度 400mm,转鼓转速 0～1200 r/min,最大容积 100L,最大装料重 135kg,电动机功率5.5kW,外形尺寸(mm):1760×1320×864,重 870kg,全包衬不锈钢机,普通三角底盘,防爆型电动机

产品名称	型号规格	参考价格（元）	生产厂家	电话	主要参数及备注
三足式上卸料离心机	SS-800	30200	安徽普源分离机械制造有限公司	（0552）4014982	转鼓直径 800mm，转鼓高度400mm，转鼓转速 0 ~ 1200 r/min，最大容积 100L，最大装料重 135kg，电动机功率5.5kW，外形尺寸（mm）：1760×1320×864，重 870kg，全包衬不锈钢机，普通三角底盘，防爆型电动机，带简易盖
三足式上卸料离心机	SS-800	31000	武穴市精华机械制造有限公司	（0713）6222685	材质 304
三足式上卸料离心机	SS-800	33800	安徽普源分离机械制造有限公司	（0552）4014982	转鼓直径 800mm，转鼓高度400mm，转鼓转速 0 ~ 1200 r/min，最大容积 100L，最大装料重 135kg，电动机功率5.5kW，外形尺寸（mm）：1760×1320×864，重 870kg，全包衬不锈钢机，无基础三角底盘，普通电动机
三足式上卸料离心机	SS-800	34300	安徽普源分离机械制造有限公司	（0552）4014982	转鼓直径 800mm，转鼓高度400mm，转鼓转速 0 ~ 1200 r/min，最大容积 100L，最大装料重 135kg，电动机功率5.5kW，外形尺寸（mm）：1760×1320×864，重 870kg，全包衬不锈钢机，无基础三角底盘，防爆型电动机
三足式上卸料离心机	SS-800	34500	安徽普源分离机械制造有限公司	（0552）4014982	转鼓直径 800mm，转鼓高度400mm，转鼓转速 0 ~ 1200 r/min，最大容积 100L，最大装料重 135kg，电动机功率5.5kW，外形尺寸（mm）：1760×1320×864，重 870kg，全包衬不锈钢机，无基础三角底盘，普通电动机，带简易盖
三足式上卸料离心机	SS-800	35000	武穴市精华机械制造有限公司	（0713）6222685	材质 304，防爆型
三足式上卸料离心机	SS-800	35100	安徽普源分离机械制造有限公司	（0552）4014982	转鼓直径 800mm，转鼓高度400mm，转鼓转速 0 ~ 1200 r/min，最大容积 100L，最大装料重 135kg，电动机功率5.5kW，外形尺寸（mm）：1760×1320×864，重 870kg，全包衬不锈钢机，无基础三角底盘，防爆型电动机，带简易盖
三足式上卸料离心机	SS-800	54000	安徽普源分离机械制造有限公司	（0552）4014982	转鼓直径 800mm，转鼓高度400mm，转鼓转速 0 ~ 1200 r/min，最大容积 100L，最大装料重 135kg，电动机功率5.5kW，外形尺寸（mm）：1760×1320×864，重 870kg，整体不锈钢机，普通三角底盘，普通电动机
三足式上卸料离心机	SS-800	54700	安徽普源分离机械制造有限公司	（0552）4014982	转鼓直径 800mm，转鼓高度400mm，转鼓转速 0 ~ 1200 r/min，最大容积 100L，最大装料重 135kg，电动机功率5.5kW，外形尺寸（mm）：1760×1320×864，重 870kg，整体不锈钢机，普通三角底盘，普通电动机，带简易盖
三足式上卸料离心机	SS-800	54800	安徽普源分离机械制造有限公司	（0552）4014982	转鼓直径 800mm，转鼓高度400mm，转鼓转速 0 ~ 1200 r/min，最大容积 100L，最大装料重 135kg，电动机功率5.5kW，外形尺寸（mm）：1760×1320×864，重 870kg，整体不锈钢机，普通三角底盘，防爆型电动机

产品名称	型号规格	参考价格（元）	生产厂家	电话	主要参数及备注
三足式上卸料离心机	SS-800	55500	安徽普源分离机械制造有限公司	(0552)4014982	转鼓直径 800mm,转鼓高度 400mm,转鼓转速 0~1200 r/min,最大容积 100L,最大装料重 135kg,电动机功率5.5kW,外形尺寸(mm):1760×1320×864,重870kg,整体不锈钢机,普通三角底盘,防爆型电动机,带筒易盖
三足式上卸料离心机	SS-800	59000	安徽普源分离机械制造有限公司	(0552)4014982	转鼓直径 800mm,转鼓高度 400mm,转鼓转速 0~1200 r/min,最大容积 100L,最大装料重 135kg,电动机功率5.5kW,外形尺寸(mm):1760×1320×864,重 870kg,整体不锈钢机,无基础三角底盘,普通电动机
三足式上卸料离心机	SS-800	59700	安徽普源分离机械制造有限公司	(0552)4014982	转鼓直径 800mm,转鼓高度 400mm,转鼓转速 0~1200 r/min,最大容积 100L,最大装料重 135kg,电动机功率5.5kW,外形尺寸(mm):1760×1320×864,重870kg,整体不锈钢机,无基础三角底盘,普通电动机,带筒易盖
三足式上卸料离心机	SS-800	59800	安徽普源分离机械制造有限公司	(0552)4014982	转鼓直径 800mm,转鼓高度 400mm,转鼓转速 0~1200 r/min,最大容积 100L,最大装料重 135kg,电动机功率5.5kW,外形尺寸(mm):1760×1320×864,重 870kg,整体不锈钢机,无基础三角底盘,防爆型电动机
三足式上卸料离心机	SS-800	60500	安徽普源分离机械制造有限公司	(0552)4014982	转鼓直径 800mm,转鼓高度 400mm,转鼓转速 0~1200 r/min,最大容积 100L,最大装料重 135kg,电动机功率5.5kW,外形尺寸(mm):1760×1320×864,重 870kg,整体不锈钢机,无基础三角底盘,防爆型电动机,带筒易盖
三足式上卸料离心机	SS-800B	22400	上海中南医药机械有限公司	(021)64089523	容积 98L,装料重 140kg,转速 1200 r/min,功率5.5kW,外形尺寸(mm):1690×1380×1000,重980kg
三足式上卸料离心机	SS-1000	23500	武穴市精华机械制造有限公司	(0713)6222685	材质 304,外置式电动机
三足式上卸料离心机	SS-1000	23800	安徽普源分离机械制造有限公司	(0552)4014982	转鼓直径 1000mm,转鼓高度 330mm,转鼓转速 0~1000 r/min,最大容积 120L,最大装料重 175kg,电动机功率7.5kW,外形尺寸(mm):2125×1600×905,重1.62t,衬塑机,普通三角底盘,普通电动机
三足式上卸料离心机	SS-1000	24400	安徽普源分离机械制造有限公司	(0552)4014982	转鼓直径 1000mm,转鼓高度 330mm,转鼓转速 0~1000 r/min,最大容积 120L,最大装料重 175kg,电动机功率7.5kW,外形尺寸(mm):2125×1600×905,重1.62t,衬塑机,普通三角底盘,防爆型电动机
三足式上卸料离心机	SS-1000	24600	安徽普源分离机械制造有限公司	(0552)4014982	转鼓直径 1000mm,转鼓高度 330mm,转鼓转速 0~1000 r/min,最大容积 120L,最大装料重 175kg,电动机功率7.5kW,外形尺寸(mm):2125×1600×905,重1.62t,衬塑机,普通三角底盘,普通电动机,带筒易盖

产品名称	型号规格	参考价格（元）	生产厂家	电话	主要参数及备注
三足式上卸料离心机	SS-1000	25200	安徽普源分离机械制造有限公司	(0552)4014982	转鼓直径 1000mm，转鼓高度 330mm，转鼓转速 0 ~ 1000 r/min，最大容积 120L，最大装料重 175kg，电动机功率7.5kW，外形尺寸（mm）：2125×1600×905，重1.62t，衬塑机，普通三角底盘，防爆型电动机，带简易盖
三足式上卸料离心机	SS-1000	25300	安徽普源分离机械制造有限公司	(0552)4014982	转鼓直径 1000mm，转鼓高度 330mm，转鼓转速 0 ~ 1000 r/min，最大容积 120L，最大装料重 175kg，电动机功率7.5kW，外形尺寸（mm）：2125×1600×905，重1.62t，衬塑机，普通三角底盘，普通电动机，带铰链盖
三足式上卸料离心机	SS-1000	25900	安徽普源分离机械制造有限公司	(0552)4014982	转鼓直径 1000mm，转鼓高度 330mm，转鼓转速 0 ~ 1000 r/min，最大容积 120L，最大装料重 175kg，电动机功率7.5kW，外形尺寸（mm）：2125×1600×905，重1.62t，衬塑机，普通三角底盘，防爆型电动机，带铰链盖
三足式上卸料离心机	SS-1000	26400	安徽普源分离机械制造有限公司	(0552)4014982	转鼓直径 1000mm，转鼓高度 330mm，转鼓转速 0 ~ 1000 r/min，最大容积 120L，最大装料重 175kg，电动机功率7.5kW，外形尺寸（mm）：2125×1600×905，重1.62t，全钢机，普通三角底盘，普通电动机
三足式上卸料离心机	SS-1000	27000	安徽普源分离机械制造有限公司	(0552)4014982	转鼓直径 1000mm，转鼓高度 330mm，转鼓转速 0 ~ 1000 r/min，最大容积 120L，最大装料重 175kg，电动机功率7.5kW，外形尺寸（mm）：2125×1600×905，重1.62t，全钢机，普通三角底盘，防爆型电动机
三足式上卸料离心机	SS-1000	27200	安徽普源分离机械制造有限公司	(0552)4014982	转鼓直径 1000mm，转鼓高度 330mm，转鼓转速 0 ~ 1000 r/min，最大容积 120L，最大装料重 175kg，电动机功率7.5kW，外形尺寸（mm）：2125×1600×905，重1.62t，全钢机，普通三角底盘，普通电动机，带简易盖
三足式上卸料离心机	SS-1000	27400	安徽普源分离机械制造有限公司	(0552)4014982	转鼓直径 1000mm，转鼓高度 330mm，转鼓转速 0 ~ 1000 r/min，最大容积 120L，最大装料重 175kg，电动机功率7.5kW，外形尺寸（mm）：2125×1600×905，重1.62t，衬塑机，无基础三角底盘，普通电动机
三足式上卸料离心机	SS-1000	27800	安徽普源分离机械制造有限公司	(0552)4014982	转鼓直径 1000mm，转鼓高度 330mm，转鼓转速 0 ~ 1000 r/min，最大容积 120L，最大装料重 175kg，电动机功率7.5kW，外形尺寸（mm）：2125×1600×905，重1.62t，全钢机，普通三角底盘，防爆型电动机，带简易盖
三足式上卸料离心机	SS-1000	27900	安徽普源分离机械制造有限公司	(0552)4014982	转鼓直径 1000mm，转鼓高度 330mm，转鼓转速 0 ~ 1000 r/min，最大容积 120L，最大装料重 175kg，电动机功率7.5kW，外形尺寸（mm）：2125×1600×905，重1.62t，全钢机，普通三角底盘，普通电动机，带铰链盖

产品名称	型号规格	参考价格（元）	生产厂家	电话	主要参数及备注
三足式上卸料离心机	SS-1000	28000	安徽普源分离机械制造有限公司	（0552）4014982	转鼓直径1000mm，转鼓高度330mm，转鼓转速0～1000r/min，最大容积120L，最大装料重175kg，电动机功率7.5kW，外形尺寸（mm）：2125×1600×905，重1.62t，衬塑机，无基础三角底盘，防爆型电动机
三足式上卸料离心机	SS-1000	28200	安徽普源分离机械制造有限公司	（0552）4014982	转鼓直径1000mm，转鼓高度330mm，转鼓转速0～1000r/min，最大容积120L，最大装料重175kg，电动机功率7.5kW，外形尺寸（mm）：2125×1600×905，重1.62t，衬塑机，无基础三角底盘，普通电动机，带简易盖
三足式上卸料离心机	SS-1000	28500	安徽普源分离机械制造有限公司	（0552）4014982	转鼓直径1000mm，转鼓高度330mm，转鼓转速0～1000r/min，最大容积120L，最大装料重175kg，电动机功率7.5kW，外形尺寸（mm）：2125×1600×905，重1.62t，全钢机，普通三角底盘，防爆型电动机，带铰链盖
三足式上卸料离心机	SS-1000	28600	安徽普源分离机械制造有限公司	（0552）4014982	转鼓直径1000mm，转鼓高度330mm，转鼓转速0～1000r/min，最大容积120L，最大装料重175kg，电动机功率7.5kW，外形尺寸（mm）：2125×1600×905，重1.62t，沉降机，普通三角底盘，普通电动机
三足式上卸料离心机	SS-1000	28800	安徽普源分离机械制造有限公司	（0552）4014982	转鼓直径1000mm，转鼓高度330mm，转鼓转速0～1000r/min，最大容积120L，最大装料重175kg，电动机功率7.5kW，外形尺寸（mm）：2125×1600×905，重1.62t，衬塑机，无基础三角底盘，防爆型电动机，带简易盖
三足式上卸料离心机	SS-1000	28900	安徽普源分离机械制造有限公司	（0552）4014982	转鼓直径1000mm，转鼓高度330mm，转鼓转速0～1000r/min，最大容积120L，最大装料重175kg，电动机功率7.5kW，外形尺寸（mm）：2125×1600×905，重1.62t，衬塑机，无基础三角底盘，普通电动机，带铰链盖
三足式上卸料离心机	SS-1000	29000	安徽普源分离机械制造有限公司	（0552）4014982	转鼓直径1000mm，转鼓高度330mm，转鼓转速0～1000r/min，最大容积120L，最大装料重175kg，电动机功率7.5kW，外形尺寸（mm）：2125×1600×905，重1.62t，全钢机，无基础三角底盘，普通电动机
三足式上卸料离心机	SS-1000	29400	安徽普源分离机械制造有限公司	（0552）4014982	转鼓直径1000mm，转鼓高度330mm，转鼓转速0～1000r/min，最大容积120L，最大装料重175kg，电动机功率7.5kW，外形尺寸（mm）：2125×1600×905，重1.62t，沉降机，普通三角底盘，防爆型电动机
三足式上卸料离心机	SS-1000	29400	安徽普源分离机械制造有限公司	（0552）4014982	转鼓直径1000mm，转鼓高度330mm，转鼓转速0～1000r/min，最大容积120L，最大装料重175kg，电动机功率7.5kW，外形尺寸（mm）：2125×1600×905，重1.62t，沉降机，普通三角底盘，普通电动机，带简易盖

产品名称	型号规格	参考价格(元)	生产厂家	电话	主要参数及备注
三足式上卸料离心机	SS-1000	29500	安徽普源分离机械制造有限公司	(0552)4014982	转鼓直径 1000mm,转鼓高度330mm,转鼓转速 0 ~ 1000 r/min,最大容积 120L,最大装料重 175kg,电动机功率7.5kW,外形尺寸(mm):2125×1600×905,重1.62t,衬塑机,无基础三角底盘,防爆型电动机,带铰链盖
三足式上卸料离心机	SS-1000	29700	安徽普源分离机械制造有限公司	(0552)4014982	转鼓直径 1000mm,转鼓高度330mm,转鼓转速 0 ~ 1000 r/min,最大容积 120L,最大装料重 175kg,电动机功率7.5kW,外形尺寸(mm):2125×1600×905,重1.62t,全钢机,无基础三角底盘,防爆型电动机
三足式上卸料离心机	SS-1000	29800	安徽普源分离机械制造有限公司	(0552)4014982	转鼓直径 1000mm,转鼓高度330mm,转鼓转速 0 ~ 1000 r/min,最大容积 120L,最大装料重 175kg,电动机功率7.5kW,外形尺寸(mm):2125×1600×905,重1.62t,全钢机,无基础三角底盘,普通电动机,带简易盖
三足式上卸料离心机	SS-1000	30100	安徽普源分离机械制造有限公司	(0552)4014982	转鼓直径 1000mm,转鼓高度330mm,转鼓转速 0 ~ 1000 r/min,最大容积 120L,最大装料重 175kg,电动机功率7.5kW,外形尺寸(mm):2125×1600×905,重1.62t,沉降机,普通三角底盘,普通电动机,带铰链盖
三足式上卸料离心机	SS-1000	30200	安徽普源分离机械制造有限公司	(0552)4014982	转鼓直径 1000mm,转鼓高度330mm,转鼓转速 0 ~ 1000 r/min,最大容积 120L,最大装料重 175kg,电动机功率7.5kW,外形尺寸(mm):2125×1600×905,重1.62t,沉降机,普通三角底盘,防爆型电动机,带简易盖
三足式上卸料离心机	SS-1000	30500	安徽普源分离机械制造有限公司	(0552)4014982	转鼓直径 1000mm,转鼓高度330mm,转鼓转速 0 ~ 1000 r/min,最大容积 120L,最大装料重 175kg,电动机功率7.5kW,外形尺寸(mm):2125×1600×905,重1.62t,全钢机,无基础三角底盘,防爆型电动机,带简易盖
三足式上卸料离心机	SS-1000	30500	安徽普源分离机械制造有限公司	(0552)4014982	转鼓直径 1000mm,转鼓高度330mm,转鼓转速 0 ~ 1000 r/min,最大容积 120L,最大装料重 175kg,电动机功率7.5kW,外形尺寸(mm):2125×1600×905,重1.62t,全钢机,无基础三角底盘,普通电动机,带铰链盖
三足式上卸料离心机	SS-1000	30900	安徽普源分离机械制造有限公司	(0552)4014982	转鼓直径 1000mm,转鼓高度330mm,转鼓转速 0 ~ 1000 r/min,最大容积 120L,最大装料重 175kg,电动机功率7.5kW,外形尺寸(mm):2125×1600×905,重1.62t,沉降机,普通三角底盘,防爆型电动机,带铰链盖
三足式上卸料离心机	SS-1000	31200	安徽普源分离机械制造有限公司	(0552)4014982	转鼓直径 1000mm,转鼓高度330mm,转鼓转速 0 ~ 1000 r/min,最大容积 120L,最大装料重 175kg,电动机功率7.5kW,外形尺寸(mm):2125×1600×905,重1.62t,全钢机,无基础三角底盘,防爆型电动机,带铰链盖

产品名称	型号规格	参考价格(元)	生产厂家	电话	主要参数及备注
三足式上卸料离心机	SS-1000	32220	安徽普源分离机械制造有限公司	(0552)4014982	转鼓直径 1000mm,转鼓高度 330mm,转鼓转速 0～1000r/min,最大容积 120L,最大装料重 175kg,电动机功率7.5kW,外形尺寸(mm):2125×1600×905,重1.62t,沉降机,无基础三角底盘,普通电动机
三足式上卸料离心机	SS-1000	33000	安徽普源分离机械制造有限公司	(0552)4014982	转鼓直径 1000mm,转鼓高度 330mm,转鼓转速 0～1000r/min,最大容积 120L,最大装料重 175kg,电动机功率7.5kW,外形尺寸(mm):2125×1600×905,重1.62t,沉降机,无基础三角底盘,防爆型电动机
三足式上卸料离心机	SS-1000	33020	安徽普源分离机械制造有限公司	(0552)4014982	转鼓直径 1000mm,转鼓高度 330mm,转鼓转速 0～1000r/min,最大容积 120L,最大装料重 175kg,电动机功率7.5kW,外形尺寸(mm):2125×1600×905,重1.62t,沉降机,无基础三角底盘,普通电动机,带简易盖
三足式上卸料离心机	SS-1000	33720	安徽普源分离机械制造有限公司	(0552)4014982	转鼓直径 1000mm,转鼓高度 330mm,转鼓转速 0～1000r/min,最大容积 120L,最大装料重 175kg,电动机功率7.5kW,外形尺寸(mm):2125×1600×905,重1.62t,沉降机,无基础三角底盘,普通电动机,带铰链盖
三足式上卸料离心机	SS-1000	33800	安徽普源分离机械制造有限公司	(0552)4014982	转鼓直径 1000mm,转鼓高度 330mm,转鼓转速 0～1000r/min,最大容积 120L,最大装料重 175kg,电动机功率7.5kW,外形尺寸(mm):2125×1600×905,重1.62t,沉降机,无基础三角底盘,防爆型电动机,带简易盖
三足式上卸料离心机	SS-1000	34500	安徽普源分离机械制造有限公司	(0552)4014982	转鼓直径 1000mm,转鼓高度 330mm,转鼓转速 0～1000r/min,最大容积 120L,最大装料重 175kg,电动机功率7.5kW,外形尺寸(mm):2125×1600×905,重1.62t,沉降机,无基础三角底盘,防爆型电动机,带铰链盖
三足式上卸料离心机	SS-1000	34800	安徽普源分离机械制造有限公司	(0552)4014982	转鼓直径 1000mm,转鼓高度 330mm,转鼓转速 0～1000r/min,最大容积 120L,最大装料重 175kg,电动机功率7.5kW,外形尺寸(mm):2125×1600×905,重1.62t,衬塑机,普通三角底盘,普通电动机,带变频控制柜
三足式上卸料离心机	SS-1000	35400	安徽普源分离机械制造有限公司	(0552)4014982	转鼓直径 1000mm,转鼓高度 330mm,转鼓转速 0～1000r/min,最大容积 120L,最大装料重 175kg,电动机功率7.5kW,外形尺寸(mm):2125×1600×905,重1.62t,衬塑机,普通三角底盘,防爆型电动机,带变频控制柜
三足式上卸料离心机	SS-1000	37400	安徽普源分离机械制造有限公司	(0552)4014982	转鼓直径 1000mm,转鼓高度 330mm,转鼓转速 0～1000r/min,最大容积 120L,最大装料重 175kg,电动机功率7.5kW,外形尺寸(mm):2125×1600×905,重1.62t,全钢机,普通三角底盘,普通电动机,带变频控制柜

产品名称	型号规格	参考价格(元)	生产厂家	电话	主要参数及备注
三足式上卸料离心机	SS-1000	38000	安徽普源分离机械制造有限公司	(0552)4014982	转鼓直径1000mm,转鼓高度330mm,转鼓转速0~1000r/min,最大容积120L,最大装料重175kg,电动机功率7.5kW,外形尺寸(mm):2125×1600×905,重1.62t,全钢机,普通三角底盘,防爆型电动机,带变频控制柜
三足式上卸料离心机	SS-1000	38400	安徽普源分离机械制造有限公司	(0552)4014982	转鼓直径1000mm,转鼓高度330mm,转鼓转速0~1000r/min,最大容积120L,最大装料重175kg,电动机功率7.5kW,外形尺寸(mm):2125×1600×905,重1.62t,衬塑机,无基础三角底盘,普通电动机,带变频控制柜
三足式上卸料离心机	SS-1000	39000	安徽普源分离机械制造有限公司	(0552)4014982	转鼓直径1000mm,转鼓高度330mm,转鼓转速0~1000r/min,最大容积120L,最大装料重175kg,电动机功率7.5kW,外形尺寸(mm):2125×1600×905,重1.62t,衬塑机,无基础三角底盘,防爆型电动机,带变频控制柜
三足式上卸料离心机	SS-1000	39300	安徽普源分离机械制造有限公司	(0552)4014982	转鼓直径1000mm,转鼓高度330mm,转鼓转速0~1000r/min,最大容积120L,最大装料重175kg,电动机功率7.5kW,外形尺寸(mm):2125×1600×905,重1.62t,全包衬不锈钢机,普通三角底盘,普通电动机
三足式上卸料离心机	SS-1000	39600	安徽普源分离机械制造有限公司	(0552)4014982	转鼓直径1000mm,转鼓高度330mm,转鼓转速0~1000r/min,最大容积120L,最大装料重175kg,电动机功率7.5kW,外形尺寸(mm):2125×1600×905,重1.62t,沉降机,普通三角底盘,普通电动机,带变频控制柜
三足式上卸料离心机	SS-1000	40000	安徽普源分离机械制造有限公司	(0552)4014982	转鼓直径1000mm,转鼓高度330mm,转鼓转速0~1000r/min,最大容积120L,最大装料重175kg,电动机功率7.5kW,外形尺寸(mm):2125×1600×905,重1.62t,全包衬不锈钢机,普通三角底盘,防爆型电动机
三足式上卸料离心机	SS-1000	40000	安徽普源分离机械制造有限公司	(0552)4014982	转鼓直径1000mm,转鼓高度330mm,转鼓转速0~1000r/min,最大容积120L,最大装料重175kg,电动机功率7.5kW,外形尺寸(mm):2125×1600×905,重1.62t,全钢机,无基础三角底盘,普通电动机,带变频控制柜
三足式上卸料离心机	SS-1000	40100	安徽普源分离机械制造有限公司	(0552)4014982	转鼓直径1000mm,转鼓高度330mm,转鼓转速0~1000r/min,最大容积120L,最大装料重175kg,电动机功率7.5kW,外形尺寸(mm):2125×1600×905,重1.62t,全包衬不锈钢机,普通三角底盘,普通电动机,带简易盖
三足式上卸料离心机	SS-1000	40400	安徽普源分离机械制造有限公司	(0552)4014982	转鼓直径1000mm,转鼓高度330mm,转鼓转速0~1000r/min,最大容积120L,最大装料重175kg,电动机功率7.5kW,外形尺寸(mm):2125×1600×905,重1.62t,沉降机,普通三角底盘,防爆型电动机,带变频控制柜

产品名称	型号规格	参考价格(元)	生产厂家	电话	主要参数及备注
三足式上卸料离心机	SS-1000	40700	安徽普源分离机械制造有限公司	(0552)4014982	转鼓直径 1000mm,转鼓高度 330mm,转鼓转速 0~1000 r/min,最大容积 120L,最大装料重 175kg,电动机功率7.5kW,外形尺寸(mm):2125×1600×905,重1.62t,全钢机,无基础三角底盘,防爆型电动机,带变频控制柜
三足式上卸料离心机	SS-1000	40800	安徽普源分离机械制造有限公司	(0552)4014982	转鼓直径 1000mm,转鼓高度 330mm,转鼓转速 0~1000 r/min,最大容积 120L,最大装料重 175kg,电动机功率7.5kW,外形尺寸(mm):2125×1600×905,重1.62t,全包衬不锈钢机,普通三角底盘,防爆型电动机,带简易盖
三足式上卸料离心机	SS-1000	40800	安徽普源分离机械制造有限公司	(0552)4014982	转鼓直径 1000mm,转鼓高度 330mm,转鼓转速 0~1000 r/min,最大容积 120L,最大装料重 175kg,电动机功率7.5kW,外形尺寸(mm):2125×1600×905,重1.62t,全包衬不锈钢机,普通三角底盘,普通电动机,带铰链盖
三足式上卸料离心机	SS-1000	41500	武穴市精华机械制造有限公司	(0713)6222685	材质 304
三足式上卸料离心机	SS-1000	41500	安徽普源分离机械制造有限公司	(0552)4014982	转鼓直径 1000mm,转鼓高度 330mm,转鼓转速 0~1000 r/min,最大容积 120L,最大装料重 175kg,电动机功率7.5kW,外形尺寸(mm):2125×1600×905,重1.62t,全包衬不锈钢机,普通三角底盘,防爆型电动机,带铰链盖
三足式上卸料离心机	SS-1000	43220	安徽普源分离机械制造有限公司	(0552)4014982	转鼓直径 1000mm,转鼓高度 330mm,转鼓转速 0~1000 r/min,最大容积 120L,最大装料重 175kg,电动机功率7.5kW,外形尺寸(mm):2125×1600×905,重1.62t,沉降机,无基础三角底盘,普通电动机,带变频控制柜
三足式上卸料离心机	SS-1000	43500	武穴市精华机械制造有限公司	(0713)6222685	材质 304,防爆型
三足式上卸料离心机	SS-1000	44000	安徽普源分离机械制造有限公司	(0552)4014982	转鼓直径 1000mm,转鼓高度 330mm,转鼓转速 0~1000 r/min,最大容积 120L,最大装料重 175kg,电动机功率7.5kW,外形尺寸(mm):2125×1600×905,重1.62t,沉降机,无基础三角底盘,防爆型电动机,带变频控制柜
三足式上卸料离心机	SS-1000	46000	安徽普源分离机械制造有限公司	(0552)4014982	转鼓直径 1000mm,转鼓高度 330mm,转鼓转速 0~1000 r/min,最大容积 120L,最大装料重 175kg,电动机功率7.5kW,外形尺寸(mm):2125×1600×905,重1.62t,全包衬不锈钢机,无基础三角底盘,普通电动机
三足式上卸料离心机	SS-1000	46600	安徽普源分离机械制造有限公司	(0552)4014982	转鼓直径 1000mm,转鼓高度 330mm,转鼓转速 0~1000 r/min,最大容积 120L,最大装料重 175kg,电动机功率7.5kW,外形尺寸(mm):2125×1600×905,重1.62t,全包衬不锈钢机,无基础三角底盘,防爆型电动机

产品名称	型号规格	参考价格(元)	生产厂家	电话	主要参数及备注
三足式上卸料离心机	SS-1000	46800	安徽普源分离机械制造有限公司	(0552)4014982	转鼓直径1000mm,转鼓高度330mm,转鼓转速0~1000 r/min,最大容积120L,最大装料重175kg,电动机功率7.5kW,外形尺寸(mm):2125×1600×905,重1.62t,全包衬不锈钢机,无基础三角底盘,普通电动机,带简易盖
三足式上卸料离心机	SS-1000	47400	安徽普源分离机械制造有限公司	(0552)4014982	转鼓直径1000mm,转鼓高度330mm,转鼓转速0~1000 r/min,最大容积120L,最大装料重175kg,电动机功率7.5kW,外形尺寸(mm):2125×1600×905,重1.62t,全包衬不锈钢机,无基础三角底盘,防爆型电动机,带简易盖
三足式上卸料离心机	SS-1000	47500	安徽普源分离机械制造有限公司	(0552)4014982	转鼓直径1000mm,转鼓高度330mm,转鼓转速0~1000 r/min,最大容积120L,最大装料重175kg,电动机功率7.5kW,外形尺寸(mm):2125×1600×905,重1.62t,全包衬不锈钢机,无基础三角底盘,普通电动机,带铰链盖
三足式上卸料离心机	SS-1000	48100	安徽普源分离机械制造有限公司	(0552)4014982	转鼓直径1000mm,转鼓高度330mm,转鼓转速0~1000 r/min,最大容积120L,最大装料重175kg,电动机功率7.5kW,外形尺寸(mm):2125×1600×905,重1.62t,全包衬不锈钢机,无基础三角底盘,防爆型电动机,带铰链盖
三足式上卸料离心机	SS-1000	50300	安徽普源分离机械制造有限公司	(0552)4014982	转鼓直径1000mm,转鼓高度330mm,转鼓转速0~1000 r/min,最大容积120L,最大装料重175kg,电动机功率7.5kW,外形尺寸(mm):2125×1600×905,重1.62t,全包衬不锈钢机,普通三角底盘,普通电动机,带变频控制柜
三足式上卸料离心机	SS-1000	51000	安徽普源分离机械制造有限公司	(0552)4014982	转鼓直径1000mm,转鼓高度330mm,转鼓转速0~1000 r/min,最大容积120L,最大装料重175kg,电动机功率7.5kW,外形尺寸(mm):2125×1600×905,重1.62t,全包衬不锈钢机,普通三角底盘,防爆型电动机,带变频控制柜
三足式上卸料离心机	SS-1000	57000	安徽普源分离机械制造有限公司	(0552)4014982	转鼓直径1000mm,转鼓高度330mm,转鼓转速0~1000 r/min,最大容积120L,最大装料重175kg,电动机功率7.5kW,外形尺寸(mm):2125×1600×905,重1.62t,全包衬不锈钢机,无基础三角底盘,普通电动机,带变频控制柜
三足式上卸料离心机	SS-1000	57600	安徽普源分离机械制造有限公司	(0552)4014982	转鼓直径1000mm,转鼓高度330mm,转鼓转速0~1000 r/min,最大容积120L,最大装料重175kg,电动机功率7.5kW,外形尺寸(mm):2125×1600×905,重1.62t,全包衬不锈钢机,无基础三角底盘,防爆型电动机,带变频控制柜

产品名称	型号规格	参考价格(元)	生产厂家	电话	主要参数及备注
三足式上卸料离心机	SS-1000	82700	安徽普源分离机械制造有限公司	(0552)4014982	转鼓直径1000mm,转鼓高度330mm,转鼓转速0~1000r/min,最大容积120L,最大装料重175kg,电动机功率7.5kW,外形尺寸(mm):2125×1600×905,重1.62t,整体不锈钢机,普通三角底盘,普通电动机
三足式上卸料离心机	SS-1000	83400	安徽普源分离机械制造有限公司	(0552)4014982	转鼓直径1000mm,转鼓高度330mm,转鼓转速0~1000r/min,最大容积120L,最大装料重175kg,电动机功率7.5kW,外形尺寸(mm):2125×1600×905,重1.62t,整体不锈钢机,普通三角底盘,防爆型电动机
三足式上卸料离心机	SS-1000	83500	安徽普源分离机械制造有限公司	(0552)4014982	转鼓直径1000mm,转鼓高度330mm,转鼓转速0~1000r/min,最大容积120L,最大装料重175kg,电动机功率7.5kW,外形尺寸(mm):2125×1600×905,重1.62t,整体不锈钢机,普通三角底盘,普通电动机,带简易盖
三足式上卸料离心机	SS-1000	84200	安徽普源分离机械制造有限公司	(0552)4014982	转鼓直径1000mm,转鼓高度330mm,转鼓转速0~1000r/min,最大容积120L,最大装料重175kg,电动机功率7.5kW,外形尺寸(mm):2125×1600×905,重1.62t,整体不锈钢机,普通三角底盘,防爆型电动机,带简易盖
三足式上卸料离心机	SS-1000	84200	安徽普源分离机械制造有限公司	(0552)4014982	转鼓直径1000mm,转鼓高度330mm,转鼓转速0~1000r/min,最大容积120L,最大装料重175kg,电动机功率7.5kW,外形尺寸(mm):2125×1600×905,重1.62t,整体不锈钢机,普通三角底盘,普通电动机,带铰链盖
三足式上卸料离心机	SS-1000	84900	安徽普源分离机械制造有限公司	(0552)4014982	转鼓直径1000mm,转鼓高度330mm,转鼓转速0~1000r/min,最大容积120L,最大装料重175kg,电动机功率7.5kW,外形尺寸(mm):2125×1600×905,重1.62t,整体不锈钢机,普通三角底盘,防爆型电动机,带铰链盖
三足式上卸料离心机	SS-1000	88800	安徽普源分离机械制造有限公司	(0552)4014982	转鼓直径1000mm,转鼓高度330mm,转鼓转速0~1000r/min,最大容积120L,最大装料重175kg,电动机功率7.5kW,外形尺寸(mm):2125×1600×905,重1.62t,整体不锈钢机,无基础三角底盘,普通电动机
三足式上卸料离心机	SS-1000	89500	安徽普源分离机械制造有限公司	(0552)4014982	转鼓直径1000mm,转鼓高度330mm,转鼓转速0~1000r/min,最大容积120L,最大装料重175kg,电动机功率7.5kW,外形尺寸(mm):2125×1600×905,重1.62t,整体不锈钢机,无基础三角底盘,防爆型电动机
三足式上卸料离心机	SS-1000	89600	安徽普源分离机械制造有限公司	(0552)4014982	转鼓直径1000mm,转鼓高度330mm,转鼓转速0~1000r/min,最大容积120L,最大装料重175kg,电动机功率7.5kW,外形尺寸(mm):2125×1600×905,重1.62t,整体不锈钢机,无基础三角底盘,普通电动机,带简易盖

产品名称	型号规格	参考价格（元）	生产厂家	电话	主要参数及备注
三足式上卸料离心机	SS-1000	90300	安徽普源分离机械制造有限公司	(0552)4014982	转鼓直径 1000mm,转鼓高度330mm,转鼓转速 0～1000r/min,最大容积120L,最大装料重175kg,电动机功率7.5kW,外形尺寸(mm):2125×1600×905,重1.62t,整体不锈钢机,无基础三角底盘,防爆型电动机,带简易盖
三足式上卸料离心机	SS-1000	90300	安徽普源分离机械制造有限公司	(0552)4014982	转鼓直径 1000mm,转鼓高度330mm,转鼓转速 0～1000r/min,最大容积120L,最大装料重175kg,电动机功率7.5kW,外形尺寸(mm):2125×1600×905,重1.62t,整体不锈钢机,无基础三角底盘,普通电动机,带铰链盖
三足式上卸料离心机	SS-1000	91000	安徽普源分离机械制造有限公司	(0552)4014982	转鼓直径 1000mm,转鼓高度330mm,转鼓转速 0～1000r/min,最大容积120L,最大装料重175kg,电动机功率7.5kW,外形尺寸(mm):2125×1600×905,重1.62t,整体不锈钢机,无基础三角底盘,防爆型电动机,带铰链盖
三足式上卸料离心机	SS-1000	93700	安徽普源分离机械制造有限公司	(0552)4014982	转鼓直径 1000mm,转鼓高度330mm,转鼓转速 0～1000r/min,最大容积120L,最大装料重175kg,电动机功率7.5kW,外形尺寸(mm):2125×1600×905,重1.62t,整体不锈钢机,普通三角底盘,普通电动机,带变频控制柜
三足式上卸料离心机	SS-1000	94400	安徽普源分离机械制造有限公司	(0552)4014982	转鼓直径 1000mm,转鼓高度330mm,转鼓转速 0～1000r/min,最大容积120L,最大装料重175kg,电动机功率7.5kW,外形尺寸(mm):2125×1600×905,重1.62t,整体不锈钢机,普通三角底盘,防爆型电动机,带变频控制柜
三足式上卸料离心机	SS-1000	99800	安徽普源分离机械制造有限公司	(0552)4014982	转鼓直径 1000mm,转鼓高度330mm,转鼓转速 0～1000r/min,最大容积120L,最大装料重175kg,电动机功率7.5kW,外形尺寸(mm):2125×1600×905,重1.62t,整体不锈钢机,无基础三角底盘,普通电动机,带变频控制柜
三足式上卸料离心机	SS-1000	100500	安徽普源分离机械制造有限公司	(0552)4014982	转鼓直径 1000mm,转鼓高度330mm,转鼓转速 0～1000r/min,最大容积120L,最大装料重175kg,电动机功率7.5kW,外形尺寸(mm):2125×1600×905,重1.62t,整体不锈钢机,无基础三角底盘,防爆型电动机,带变频控制柜
三足式上卸料离心机	SS-1000A	25100	安徽普源分离机械制造有限公司	(0552)4014982	转鼓直径 1000mm,转鼓高度420mm,转鼓转速 0～1000r/min,最大容积140L,最大装料重200kg,电动机功率11kW,外形尺寸(mm):2125×1600×970,重1.9t,衬塑机,普通三角底盘,普通电动机

产品名称	型号规格	参考价格（元）	生产厂家	电话	主要参数及备注
三足式上卸料离心机	SS-1000A	25700	安徽普源分离机械制造有限公司	（0552）4014982	转鼓直径1000mm，转鼓高度420mm，转鼓转速0~1000r/min，最大容积140L，最大装料重200kg，电动机功率11kW，外形尺寸（mm）：2125×1600×970，重1.9t，衬塑机，普通三角底盘，防爆型电动机
三足式上卸料离心机	SS-1000A	25900	安徽普源分离机械制造有限公司	（0552）4014982	转鼓直径1000mm，转鼓高度420mm，转鼓转速0~1000r/min，最大容积140L，最大装料重200kg，电动机功率11kW，外形尺寸（mm）：2125×1600×970，重1.9t，衬塑机，普通三角底盘，普通电动机，带简易盖
三足式上卸料离心机	SS-1000A	26500	安徽普源分离机械制造有限公司	（0552）4014982	转鼓直径1000mm，转鼓高度420mm，转鼓转速0~1000r/min，最大容积140L，最大装料重200kg，电动机功率11kW，外形尺寸（mm）：2125×1600×970，重1.9t，衬塑机，普通三角底盘，防爆型电动机，带简易盖
三足式上卸料离心机	SS-1000A	26600	安徽普源分离机械制造有限公司	（0552）4014982	转鼓直径1000mm，转鼓高度420mm，转鼓转速0~1000r/min，最大容积140L，最大装料重200kg，电动机功率11kW，外形尺寸（mm）：2125×1600×970，重1.9t，衬塑机，普通三角底盘，普通电动机，带铰链盖
三足式上卸料离心机	SS-1000A	27200	安徽普源分离机械制造有限公司	（0552）4014982	转鼓直径1000mm，转鼓高度420mm，转鼓转速0~1000r/min，最大容积140L，最大装料重200kg，电动机功率11kW，外形尺寸（mm）：2125×1600×970，重1.9t，衬塑机，普通三角底盘，防爆型电动机，带铰链盖
三足式上卸料离心机	SS-1000A	27800	安徽普源分离机械制造有限公司	（0552）4014982	转鼓直径1000mm，转鼓高度420mm，转鼓转速0~1000r/min，最大容积140L，最大装料重200kg，电动机功率11kW，外形尺寸（mm）：2125×1600×970，重1.9t，全钢机，普通三角底盘，普通电动机
三足式上卸料离心机	SS-1000A	28400	安徽普源分离机械制造有限公司	（0552）4014982	转鼓直径1000mm，转鼓高度420mm，转鼓转速0~1000r/min，最大容积140L，最大装料重200kg，电动机功率11kW，外形尺寸（mm）：2125×1600×970，重1.9t，全钢机，普通三角底盘，防爆型电动机
三足式上卸料离心机	SS-1000A	28600	安徽普源分离机械制造有限公司	（0552）4014982	转鼓直径1000mm，转鼓高度420mm，转鼓转速0~1000r/min，最大容积140L，最大装料重200kg，电动机功率11kW，外形尺寸（mm）：2125×1600×970，重1.9t，全钢机，普通三角底盘，普通电动机，带简易盖
三足式上卸料离心机	SS-1000A	28700	安徽普源分离机械制造有限公司	（0552）4014982	转鼓直径1000mm，转鼓高度420mm，转鼓转速0~1000r/min，最大容积140L，最大装料重200kg，电动机功率11kW，外形尺寸（mm）：2125×1600×970，重1.9t，衬塑机，无基础三角底盘，普通电动机

产品名称	型号规格	参考价格（元）	生产厂家	电话	主要参数及备注
三足式上卸料离心机	SS-1000A	29200	安徽普源分离机械制造有限公司	(0552)4014982	转鼓直径1000mm，转鼓高度420mm，转鼓转速0～1000r/min，最大容积140L，最大装料重200kg，电动机功率11kW，外形尺寸(mm)：2125×1600×970，重1.9t，全钢机，普通三角底盘，防爆型电动机，带简易盖
三足式上卸料离心机	SS-1000A	29300	安徽普源分离机械制造有限公司	(0552)4014982	转鼓直径1000mm，转鼓高度420mm，转鼓转速0～1000r/min，最大容积140L，最大装料重200kg，电动机功率11kW，外形尺寸(mm)：2125×1600×970，重1.9t，衬塑机，无基础三角底盘，防爆型电动机
三足式上卸料离心机	SS-1000A	29300	安徽普源分离机械制造有限公司	(0552)4014982	转鼓直径1000mm，转鼓高度420mm，转鼓转速0～1000r/min，最大容积140L，最大装料重200kg，电动机功率11kW，外形尺寸(mm)：2125×1600×970，重1.9t，全钢机，普通三角底盘，普通电动机，带铰链盖
三足式上卸料离心机	SS-1000A	29400	安徽普源分离机械制造有限公司	(0552)4014982	转鼓直径1000mm，转鼓高度420mm，转鼓转速0～1000r/min，最大容积140L，最大装料重200kg，电动机功率11kW，外形尺寸(mm)：2125×1600×970，重1.9t，沉降机，普通三角底盘，普通电动机
三足式上卸料离心机	SS-1000A	29500	安徽普源分离机械制造有限公司	(0552)4014982	转鼓直径1000mm，转鼓高度420mm，转鼓转速0～1000r/min，最大容积140L，最大装料重200kg，电动机功率11kW，外形尺寸(mm)：2125×1600×970，重1.9t，衬塑机，无基础三角底盘，普通电动机，带简易盖
三足式上卸料离心机	SS-1000A	29900	安徽普源分离机械制造有限公司	(0552)4014982	转鼓直径1000mm，转鼓高度420mm，转鼓转速0～1000r/min，最大容积140L，最大装料重200kg，电动机功率11kW，外形尺寸(mm)：2125×1600×970，重1.9t，全钢机，普通三角底盘，防爆型电动机，带铰链盖
三足式上卸料离心机	SS-1000A	30000	安徽普源分离机械制造有限公司	(0552)4014982	转鼓直径1000mm，转鼓高度420mm，转鼓转速0～1000r/min，最大容积140L，最大装料重200kg，电动机功率11kW，外形尺寸(mm)：2125×1600×970，重1.9t，沉降机，普通三角底盘，防爆型电动机
三足式上卸料离心机	SS-1000A	30100	安徽普源分离机械制造有限公司	(0552)4014982	转鼓直径1000mm，转鼓高度420mm，转鼓转速0～1000r/min，最大容积140L，最大装料重200kg，电动机功率11kW，外形尺寸(mm)：2125×1600×970，重1.9t，衬塑机，无基础三角底盘，防爆型电动机，带简易盖
三足式上卸料离心机	SS-1000A	30200	安徽普源分离机械制造有限公司	(0552)4014982	转鼓直径1000mm，转鼓高度420mm，转鼓转速0～1000r/min，最大容积140L，最大装料重200kg，电动机功率11kW，外形尺寸(mm)：2125×1600×970，重1.9t，沉降机，普通三角底盘，普通电动机，带简易盖

产品名称	型号规格	参考价格(元)	生产厂家	电话	主要参数及备注
三足式上卸料离心机	SS-1000A	30200	安徽普源分离机械制造有限公司	(0552)4014982	转鼓直径1000mm,转鼓高度420mm,转鼓转速0～1000r/min,最大容积140L,最大装料重200kg,电动机功率11kW,外形尺寸(mm):2125×1600×970,重1.9t,衬塑机,无基础三角底盘,普通电动机,带铰链盖
三足式上卸料离心机	SS-1000A	30800	安徽普源分离机械制造有限公司	(0552)4014982	转鼓直径1000mm,转鼓高度420mm,转鼓转速0～1000r/min,最大容积140L,最大装料重200kg,电动机功率11kW,外形尺寸(mm):2125×1600×970,重1.9t,衬塑机,无基础三角底盘,防爆型电动机,带铰链盖
三足式上卸料离心机	SS-1000A	30800	安徽普源分离机械制造有限公司	(0552)4014982	转鼓直径1000mm,转鼓高度420mm,转鼓转速0～1000r/min,最大容积140L,最大装料重200kg,电动机功率11kW,外形尺寸(mm):2125×1600×970,重1.9t,沉降机,普通三角底盘,防爆型电动机,带简易盖
三足式上卸料离心机	SS-1000A	30900	安徽普源分离机械制造有限公司	(0552)4014982	转鼓直径1000mm,转鼓高度420mm,转鼓转速0～1000r/min,最大容积140L,最大装料重200kg,电动机功率11kW,外形尺寸(mm):2125×1600×970,重1.9t,沉降机,普通三角底盘,普通电动机,带铰链盖
三足式上卸料离心机	SS-1000A	31400	安徽普源分离机械制造有限公司	(0552)4014982	转鼓直径1000mm,转鼓高度420mm,转鼓转速0～1000r/min,最大容积140L,最大装料重200kg,电动机功率11kW,外形尺寸(mm):2125×1600×970,重1.9t,全钢机,无基础三角底盘,普通电动机
三足式上卸料离心机	SS-1000A	31500	安徽普源分离机械制造有限公司	(0552)4014982	转鼓直径1000mm,转鼓高度420mm,转鼓转速0～1000r/min,最大容积140L,最大装料重200kg,电动机功率11kW,外形尺寸(mm):2125×1600×970,重1.9t,沉降机,普通三角底盘,防爆型电动机,带铰链盖
三足式上卸料离心机	SS-1000A	32000	安徽普源分离机械制造有限公司	(0552)4014982	转鼓直径1000mm,转鼓高度420mm,转鼓转速0～1000r/min,最大容积140L,最大装料重200kg,电动机功率11kW,外形尺寸(mm):2125×1600×970,重1.9t,全钢机,无基础三角底盘,防爆型电动机
三足式上卸料离心机	SS-1000A	32200	安徽普源分离机械制造有限公司	(0552)4014982	转鼓直径1000mm,转鼓高度420mm,转鼓转速0～1000r/min,最大容积140L,最大装料重200kg,电动机功率11kW,外形尺寸(mm):2125×1600×970,重1.9t,全钢机,无基础三角底盘,普通电动机,带简易盖
三足式上卸料离心机	SS-1000A	32800	安徽普源分离机械制造有限公司	(0552)4014982	转鼓直径1000mm,转鼓高度420mm,转鼓转速0～1000r/min,最大容积140L,最大装料重200kg,电动机功率11kW,外形尺寸(mm):2125×1600×970,重1.9t,全钢机,无基础三角底盘,防爆型电动机,带简易盖

产品名称	型号规格	参考价格(元)	生产厂家	电话	主要参数及备注
三足式上卸料离心机	SS-1000A	32900	安徽普源分离机械制造有限公司	(0552)4014982	转鼓直径 1000mm,转鼓高度 420mm,转鼓转速 0～1000 r/min,最大容积 140L,最大装料重 200kg,电动机功率 11kW,外形尺寸(mm):2125×1600×970,重1.9t,全钢机,无基础三角底盘,普通电动机,带铰链盖
三足式上卸料离心机	SS-1000A	33000	安徽普源分离机械制造有限公司	(0552)4014982	转鼓直径 1000mm,转鼓高度 420mm,转鼓转速 0～1000 r/min,最大容积 140L,最大装料重 200kg,电动机功率 11kW,外形尺寸(mm):2125×1600×970,重1.9t,沉降机,无基础三角底盘,普通电动机
三足式上卸料离心机	SS-1000A	33500	安徽普源分离机械制造有限公司	(0552)4014982	转鼓直径 1000mm,转鼓高度 420mm,转鼓转速 0～1000 r/min,最大容积 140L,最大装料重 200kg,电动机功率 11kW,外形尺寸(mm):2125×1600×970,重1.9t,全钢机,无基础三角底盘,防爆型电动机,带铰链盖
三足式上卸料离心机	SS-1000A	33600	安徽普源分离机械制造有限公司	(0552)4014982	转鼓直径 1000mm,转鼓高度 420mm,转鼓转速 0～1000 r/min,最大容积 140L,最大装料重 200kg,电动机功率 11kW,外形尺寸(mm):2125×1600×970,重1.9t,沉降机,无基础三角底盘,防爆型电动机
三足式上卸料离心机	SS-1000A	33800	安徽普源分离机械制造有限公司	(0552)4014982	转鼓直径 1000mm,转鼓高度 420mm,转鼓转速 0～1000 r/min,最大容积 140L,最大装料重 200kg,电动机功率 11kW,外形尺寸(mm):2125×1600×970,重1.9t,沉降机,无基础三角底盘,普通电动机,带简易盖
三足式上卸料离心机	SS-1000A	34400	安徽普源分离机械制造有限公司	(0552)4014982	转鼓直径 1000mm,转鼓高度 420mm,转鼓转速 0～1000 r/min,最大容积 140L,最大装料重 200kg,电动机功率 11kW,外形尺寸(mm):2125×1600×970,重1.9t,沉降机,无基础三角底盘,防爆型电动机,带简易盖
三足式上卸料离心机	SS-1000A	34500	安徽普源分离机械制造有限公司	(0552)4014982	转鼓直径 1000mm,转鼓高度 420mm,转鼓转速 0～1000 r/min,最大容积 140L,最大装料重 200kg,电动机功率 11kW,外形尺寸(mm):2125×1600×970,重1.9t,沉降机,无基础三角底盘,普通电动机,带铰链盖
三足式上卸料离心机	SS-1000A	35100	安徽普源分离机械制造有限公司	(0552)4014982	转鼓直径 1000mm,转鼓高度 420mm,转鼓转速 0～1000 r/min,最大容积 140L,最大装料重 200kg,电动机功率 11kW,外形尺寸(mm):2125×1600×970,重1.9t,沉降机,无基础三角底盘,防爆型电动机,带铰链盖
三足式上卸料离心机	SS-1000A	36100	安徽普源分离机械制造有限公司	(0552)4014982	转鼓直径 1000mm,转鼓高度 420mm,转鼓转速 0～1000 r/min,最大容积 140L,最大装料重 200kg,电动机功率 11kW,外形尺寸(mm):2125×1600×970,重1.9t,衬塑机,普通三角底盘,普通电动机,带变频控制柜

产品名称	型号规格	参考价格（元）	生产厂家	电话	主要参数及备注
三足式上卸料离心机	SS-1000A	36700	安徽普源分离机械制造有限公司	(0552)4014982	转鼓直径1000mm,转鼓高度420mm,转鼓转速0～1000r/min,最大容积140L,最大装料重200kg,电动机功率11kW,外形尺寸(mm):2125×1600×970,重1.9t,衬塑机,普通三角底盘,防爆型电动机,带变频控制柜
三足式上卸料离心机	SS-1000A	38800	安徽普源分离机械制造有限公司	(0552)4014982	转鼓直径1000mm,转鼓高度420mm,转鼓转速0～1000r/min,最大容积140L,最大装料重200kg,电动机功率11kW,外形尺寸(mm):2125×1600×970,重1.9t,全钢机,普通三角底盘,普通电动机,带变频控制柜
三足式上卸料离心机	SS-1000A	39400	安徽普源分离机械制造有限公司	(0552)4014982	转鼓直径1000mm,转鼓高度420mm,转鼓转速0～1000r/min,最大容积140L,最大装料重200kg,电动机功率11kW,外形尺寸(mm):2125×1600×970,重1.9t,全钢机,普通三角底盘,防爆型电动机,带变频控制柜
三足式上卸料离心机	SS-1000A	39700	安徽普源分离机械制造有限公司	(0552)4014982	转鼓直径1000mm,转鼓高度420mm,转鼓转速0～1000r/min,最大容积140L,最大装料重200kg,电动机功率11kW,外形尺寸(mm):2125×1600×970,重1.9t,衬塑机,无基础三角底盘,普通电动机,带变频控制柜
三足式上卸料离心机	SS-1000A	40300	安徽普源分离机械制造有限公司	(0552)4014982	转鼓直径1000mm,转鼓高度420mm,转鼓转速0～1000r/min,最大容积140L,最大装料重200kg,电动机功率11kW,外形尺寸(mm):2125×1600×970,重1.9t,衬塑机,无基础三角底盘,防爆型电动机,带变频控制柜
三足式上卸料离心机	SS-1000A	40400	安徽普源分离机械制造有限公司	(0552)4014982	转鼓直径1000mm,转鼓高度420mm,转鼓转速0～1000r/min,最大容积140L,最大装料重200kg,电动机功率11kW,外形尺寸(mm):2125×1600×970,重1.9t,沉降机,普通三角底盘,普通电动机,带变频控制柜
三足式上卸料离心机	SS-1000A	40800	安徽普源分离机械制造有限公司	(0552)4014982	转鼓直径1000mm,转鼓高度420mm,转鼓转速0～1000r/min,最大容积140L,最大装料重200kg,电动机功率11kW,外形尺寸(mm):2125×1600×970,重1.9t,全包衬不锈钢机,普通三角底盘,普通电动机
三足式上卸料离心机	SS-1000A	41000	安徽普源分离机械制造有限公司	(0552)4014982	转鼓直径1000mm,转鼓高度420mm,转鼓转速0～1000r/min,最大容积140L,最大装料重200kg,电动机功率11kW,外形尺寸(mm):2125×1600×970,重1.9t,沉降机,普通三角底盘,防爆型电动机,带变频控制柜
三足式上卸料离心机	SS-1000A	41300	安徽普源分离机械制造有限公司	(0552)4014982	转鼓直径1000mm,转鼓高度420mm,转鼓转速0～1000r/min,最大容积140L,最大装料重200kg,电动机功率11kW,外形尺寸(mm):2125×1600×970,重1.9t,全包衬不锈钢机,普通三角底盘,防爆型电动机

产品名称	型号规格	参考价格(元)	生产厂家	电话	主要参数及备注
三足式上卸料离心机	SS-1000A	41600	安徽普源分离机械制造有限公司	(0552)4014982	转鼓直径1000mm,转鼓高度420mm,转鼓转速0~1000 r/min,最大容积140L,最大装料重200kg,电动机功率11kW,外形尺寸(mm):2125×1600×970,重1.9t,全包衬不锈钢机,普通三角底盘,普通电动机,带简易盖
三足式上卸料离心机	SS-1000A	42100	安徽普源分离机械制造有限公司	(0552)4014982	转鼓直径1000mm,转鼓高度420mm,转鼓转速0~1000 r/min,最大容积140L,最大装料重200kg,电动机功率11kW,外形尺寸(mm):2125×1600×970,重1.9t,全包衬不锈钢机,普通三角底盘,防爆型电动机,带简易盖
三足式上卸料离心机	SS-1000A	42300	安徽普源分离机械制造有限公司	(0552)4014982	转鼓直径1000mm,转鼓高度420mm,转鼓转速0~1000 r/min,最大容积140L,最大装料重200kg,电动机功率11kW,外形尺寸(mm):2125×1600×970,重1.9t,全包衬不锈钢机,普通三角底盘,普通电动机,带铰链盖
三足式上卸料离心机	SS-1000A	42400	安徽普源分离机械制造有限公司	(0552)4014982	转鼓直径1000mm,转鼓高度420mm,转鼓转速0~1000 r/min,最大容积140L,最大装料重200kg,电动机功率11kW,外形尺寸(mm):2125×1600×970,重1.9t,全钢机,无基础三角底盘,普通电动机,带变频控制柜
三足式上卸料离心机	SS-1000A	42800	安徽普源分离机械制造有限公司	(0552)4014982	转鼓直径1000mm,转鼓高度420mm,转鼓转速0~1000 r/min,最大容积140L,最大装料重200kg,电动机功率11kW,外形尺寸(mm):2125×1600×970,重1.9t,全包衬不锈钢机,普通三角底盘,防爆型电动机,带铰链盖
三足式上卸料离心机	SS-1000A	43000	安徽普源分离机械制造有限公司	(0552)4014982	转鼓直径1000mm,转鼓高度420mm,转鼓转速0~1000 r/min,最大容积140L,最大装料重200kg,电动机功率11kW,外形尺寸(mm):2125×1600×970,重1.9t,全钢机,无基础三角底盘,防爆型电动机,带变频控制柜
三足式上卸料离心机	SS-1000A	44000	安徽普源分离机械制造有限公司	(0552)4014982	转鼓直径1000mm,转鼓高度420mm,转鼓转速0~1000 r/min,最大容积140L,最大装料重200kg,电动机功率11kW,外形尺寸(mm):2125×1600×970,重1.9t,沉降机,无基础三角底盘,普通电动机,带变频控制柜
三足式上卸料离心机	SS-1000A	44600	安徽普源分离机械制造有限公司	(0552)4014982	转鼓直径1000mm,转鼓高度420mm,转鼓转速0~1000 r/min,最大容积140L,最大装料重200kg,电动机功率11kW,外形尺寸(mm):2125×1600×970,重1.9t,沉降机,无基础三角底盘,防爆型电动机,带变频控制柜
三足式上卸料离心机	SS-1000A	47400	安徽普源分离机械制造有限公司	(0552)4014982	转鼓直径1000mm,转鼓高度420mm,转鼓转速0~1000 r/min,最大容积140L,最大装料重200kg,电动机功率11kW,外形尺寸(mm):2125×1600×970,重1.9t,全包衬不锈钢机,无基础三角底盘,普通电动机

产品名称	型号规格	参考价格(元)	生产厂家	电话	主要参数及备注
三足式上卸料离心机	SS-1000A	48000	安徽普源分离机械制造有限公司	(0552)4014982	转鼓直径1000mm,转鼓高度420mm,转鼓转速0～1000r/min,最大容积140L,最大装料重200kg,电动机功率11kW,外形尺寸(mm):2125×1600×970,重1.9t,全包衬不锈钢机,无基础三角底盘,防爆型电动机
三足式上卸料离心机	SS-1000A	48200	安徽普源分离机械制造有限公司	(0552)4014982	转鼓直径1000mm,转鼓高度420mm,转鼓转速0～1000r/min,最大容积140L,最大装料重200kg,电动机功率11kW,外形尺寸(mm):2125×1600×970,重1.9t,全包衬不锈钢机,无基础三角底盘,普通电动机,带简易盖
三足式上卸料离心机	SS-1000A	48800	安徽普源分离机械制造有限公司	(0552)4014982	转鼓直径1000mm,转鼓高度420mm,转鼓转速0～1000r/min,最大容积140L,最大装料重200kg,电动机功率11kW,外形尺寸(mm):2125×1600×970,重1.9t,全包衬不锈钢机,无基础三角底盘,防爆型电动机,带简易盖
三足式上卸料离心机	SS-1000A	48900	安徽普源分离机械制造有限公司	(0552)4014982	转鼓直径1000mm,转鼓高度420mm,转鼓转速0～1000r/min,最大容积140L,最大装料重200kg,电动机功率11kW,外形尺寸(mm):2125×1600×970,重1.9t,全包衬不锈钢机,无基础三角底盘,普通电动机,带铰链盖
三足式上卸料离心机	SS-1000A	49500	安徽普源分离机械制造有限公司	(0552)4014982	转鼓直径1000mm,转鼓高度420mm,转鼓转速0～1000r/min,最大容积140L,最大装料重200kg,电动机功率11kW,外形尺寸(mm):2125×1600×970,重1.9t,全包衬不锈钢机,无基础三角底盘,防爆型电动机,带铰链盖
三足式上卸料离心机	SS-1000A	51800	安徽普源分离机械制造有限公司	(0552)4014982	转鼓直径1000mm,转鼓高度420mm,转鼓转速0～1000r/min,最大容积140L,最大装料重200kg,电动机功率11kW,外形尺寸(mm):2125×1600×970,重1.9t,全包衬不锈钢机,普通三角底盘,普通电动机,带变频控制柜
三足式上卸料离心机	SS-1000A	52300	安徽普源分离机械制造有限公司	(0552)4014982	转鼓直径1000mm,转鼓高度420mm,转鼓转速0～1000r/min,最大容积140L,最大装料重200kg,电动机功率11kW,外形尺寸(mm):2125×1600×970,重1.9t,全包衬不锈钢机,普通三角底盘,防爆型电动机,带变频控制柜
三足式上卸料离心机	SS-1000A	58400	安徽普源分离机械制造有限公司	(0552)4014982	转鼓直径1000mm,转鼓高度420mm,转鼓转速0～1000r/min,最大容积140L,最大装料重200kg,电动机功率11kW,外形尺寸(mm):2125×1600×970,重1.9t,全包衬不锈钢机,无基础三角底盘,普通电动机,带变频控制柜

产品名称	型号规格	参考价格（元）	生产厂家	电话	主要参数及备注
三足式上卸料离心机	SS-1000A	59000	安徽普源分离机械制造有限公司	(0552)4014982	转鼓直径1000mm,转鼓高度420mm,转鼓转速0~1000 r/min,最大容积140L,最大装料重200kg,电动机功率11kW,外形尺寸(mm):2125×1600×970,重1.9t,全包衬不锈钢机,无基础三角底盘,防爆型电动机,带变频控制柜
三足式上卸料离心机	SS-1000A	85200	安徽普源分离机械制造有限公司	(0552)4014982	转鼓直径1000mm,转鼓高度420mm,转鼓转速0~1000 r/min,最大容积140L,最大装料重200kg,电动机功率11kW,外形尺寸(mm):2125×1600×970,重1.9t,整体不锈钢机,普通三角底盘,普通电动机
三足式上卸料离心机	SS-1000A	85900	安徽普源分离机械制造有限公司	(0552)4014982	转鼓直径1000mm,转鼓高度420mm,转鼓转速0~1000 r/min,最大容积140L,最大装料重200kg,电动机功率11kW,外形尺寸(mm):2125×1600×970,重1.9t,整体不锈钢机,普通三角底盘,防爆型电动机
三足式上卸料离心机	SS-1000A	86000	安徽普源分离机械制造有限公司	(0552)4014982	转鼓直径1000mm,转鼓高度420mm,转鼓转速0~1000 r/min,最大容积140L,最大装料重200kg,电动机功率11kW,外形尺寸(mm):2125×1600×970,重1.9t,整体不锈钢机,普通三角底盘,普通电动机,带简易盖
三足式上卸料离心机	SS-1000A	86700	安徽普源分离机械制造有限公司	(0552)4014982	转鼓直径1000mm,转鼓高度420mm,转鼓转速0~1000 r/min,最大容积140L,最大装料重200kg,电动机功率11kW,外形尺寸(mm):2125×1600×970,重1.9t,整体不锈钢机,普通三角底盘,防爆型电动机,带简易盖
三足式上卸料离心机	SS-1000A	86700	安徽普源分离机械制造有限公司	(0552)4014982	转鼓直径1000mm,转鼓高度420mm,转鼓转速0~1000 r/min,最大容积140L,最大装料重200kg,电动机功率11kW,外形尺寸(mm):2125×1600×970,重1.9t,整体不锈钢机,普通三角底盘,普通电动机,带铰链盖
三足式上卸料离心机	SS-1000A	87000	安徽普源分离机械制造有限公司	(0552)4014982	转鼓直径1000mm,转鼓高度420mm,转鼓转速0~1000 r/min,最大容积140L,最大装料重200kg,电动机功率11kW,外形尺寸(mm):2125×1600×970,重1.9t,整体不锈钢机,普通三角底盘,防爆型电动机
三足式上卸料离心机	SS-1000A	91300	安徽普源分离机械制造有限公司	(0552)4014982	转鼓直径1000mm,转鼓高度420mm,转鼓转速0~1000 r/min,最大容积140L,最大装料重200kg,电动机功率11kW,外形尺寸(mm):2125×1600×970,重1.9t,整体不锈钢机,无基础三角底盘,普通电动机
三足式上卸料离心机	SS-1000A	92000	安徽普源分离机械制造有限公司	(0552)4014982	转鼓直径1000mm,转鼓高度420mm,转鼓转速0~1000 r/min,最大容积140L,最大装料重200kg,电动机功率11kW,外形尺寸(mm):2125×1600×970,重1.9t,整体不锈钢机,无基础三角底盘,防爆型电动机

产品名称	型号规格	参考价格(元)	生产厂家	电话	主要参数及备注
三足式上卸料离心机	SS-1000A	92100	安徽普源分离机械制造有限公司	(0552)4014982	转鼓直径 1000mm,转鼓高度420mm,转鼓转速 0~1000 r/min,最大容积 140L,最大装料重 200kg,电动机功率 11kW,外形尺寸(mm):2125×1600×970,重1.9t,整体不锈钢机,无基础三角底盘,普通电动机,带简易盖
三足式上卸料离心机	SS-1000A	92800	安徽普源分离机械制造有限公司	(0552)4014982	转鼓直径 1000mm,转鼓高度420mm,转鼓转速 0~1000 r/min,最大容积 140L,最大装料重200kg,电动机功率 11kW,外形尺寸(mm):2125×1600×970,重1.9t,整体不锈钢机,无基础三角底盘,防爆型电动机,带简易盖
三足式上卸料离心机	SS-1000A	92800	安徽普源分离机械制造有限公司	(0552)4014982	转鼓直径 1000mm,转鼓高度420mm,转鼓转速 0~1000 r/min,最大容积 140L,最大装料重 200kg,电动机功率 11kW,外形尺寸(mm):2125×1600×970,重1.9t,整体不锈钢机,无基础三角底盘,普通电动机,带铰链盖
三足式上卸料离心机	SS-1000A	93500	安徽普源分离机械制造有限公司	(0552)4014982	转鼓直径 1000mm,转鼓高度420mm,转鼓转速 0~1000 r/min,最大容积 140L,最大装料重200kg,电动机功率 11kW,外形尺寸(mm):2125×1600×970,重1.9t,整体不锈钢机,无基础三角底盘,防爆型电动机,带铰链盖
三足式上卸料离心机	SS-1000A	96200	安徽普源分离机械制造有限公司	(0552)4014982	转鼓直径 1000mm,转鼓高度420mm,转鼓转速 0~1000 r/min,最大容积 140L,最大装料重200kg,电动机功率 11kW,外形尺寸(mm):2125×1600×970,重1.9t,整体不锈钢机,普通三角底盘,普通电动机,带变频控制柜
三足式上卸料离心机	SS-1000A	96900	安徽普源分离机械制造有限公司	(0552)4014982	转鼓直径 1000mm,转鼓高度420mm,转鼓转速 0~1000 r/min,最大容积 140L,最大装料重 200kg,电动机功率 11kW,外形尺寸(mm):2125×1600×970,重1.9t,整体不锈钢机,普通三角底盘,防爆型电动机,带变频控制柜
三足式上卸料离心机	SS-1000A	102300	安徽普源分离机械制造有限公司	(0552)4014982	转鼓直径 1000mm,转鼓高度420mm,转鼓转速 0~1000 r/min,最大容积 140L,最大装料重 200kg,电动机功率 11kW,外形尺寸(mm):2125×1600×970,重1.9t,整体不锈钢机,无基础三角底盘,普通电动机,带变频控制柜
三足式上卸料离心机	SS-1000A	103000	安徽普源分离机械制造有限公司	(0552)4014982	转鼓直径 1000mm,转鼓高度420mm,转鼓转速 0~1000 r/min,最大容积 140L,最大装料重 200kg,电动机功率 11kW,外形尺寸(mm):2125×1600×970,重1.9t,整体不锈钢机,无基础三角底盘,防爆型电动机,带变频控制柜
三足式上卸料离心机	SS-1000B	27200	上海中南医药机械有限公司	(021)64089523	容积 140L,装料重 180kg,转速1000 r/min,功率7.5kW,外形尺寸(mm):1890×1520×1000,重1.3t

产品名称	型号规格	参考价格（元）	生产厂家	电话	主要参数及备注
三足式上卸料离心机	SS-1200	33400	安徽普源分离机械制造有限公司	（0552）4014982	转鼓直径 1200mm，转鼓高度 500mm，转鼓转速 0～900 r/min，最大容积 250L，最大装料重 350kg，电动机功率 11kW，外形尺寸（mm）：2390×1740×1045，重 2.3t，衬塑机，普通三角底盘，普通电动机
三足式上卸料离心机	SS-1200	34400	安徽普源分离机械制造有限公司	（0552）4014982	转鼓直径 1200mm，转鼓高度 500mm，转鼓转速 0～900 r/min，最大容积 250L，最大装料重 350kg，电动机功率 11kW，外形尺寸（mm）：2390×1740×1045，重 2.3t，衬塑机，普通三角底盘，普通电动机，带筒易盖
三足式上卸料离心机	SS-1200	34500	安徽普源分离机械制造有限公司	（0552）4014982	转鼓直径 1200mm，转鼓高度 500mm，转鼓转速 0～900 r/min，最大容积 250L，最大装料重 350kg，电动机功率 11kW，外形尺寸（mm）：2390×1740×1045，重 2.3t，衬塑机，普通三角底盘，防爆型电动机
三足式上卸料离心机	SS-1200	35500	安徽普源分离机械制造有限公司	（0552）4014982	转鼓直径 1200mm，转鼓高度 500mm，转鼓转速 0～900 r/min，最大容积 250L，最大装料重 350kg，电动机功率 11kW，外形尺寸（mm）：2390×1740×1045，重 2.3t，衬塑机，普通三角底盘，防爆型电动机，带筒易盖
三足式上卸料离心机	SS-1200	38100	安徽普源分离机械制造有限公司	（0552）4014982	转鼓直径 1200mm，转鼓高度 500mm，转鼓转速 0～900 r/min，最大容积 250L，最大装料重 350kg，电动机功率 11kW，外形尺寸（mm）：2390×1740×1045，重 2.3t，全钢机，普通三角底盘，普通电动机
三足式上卸料离心机	SS-1200	39100	安徽普源分离机械制造有限公司	（0552）4014982	转鼓直径 1200mm，转鼓高度 500mm，转鼓转速 0～900 r/min，最大容积 250L，最大装料重 350kg，电动机功率 11kW，外形尺寸（mm）：2390×1740×1045，重 2.3t，全钢机，普通三角底盘，防爆型电动机
三足式上卸料离心机	SS-1200	39100	安徽普源分离机械制造有限公司	（0552）4014982	转鼓直径 1200mm，转鼓高度 500mm，转鼓转速 0～900 r/min，最大容积 250L，最大装料重 350kg，电动机功率 11kW，外形尺寸（mm）：2390×1740×1045，重 2.3t，全钢机，普通三角底盘，普通电动机，带筒易盖
三足式上卸料离心机	SS-1200	39300	安徽普源分离机械制造有限公司	（0552）4014982	转鼓直径 1200mm，转鼓高度 500mm，转鼓转速 0～900 r/min，最大容积 250L，最大装料重 350kg，电动机功率 11kW，外形尺寸（mm）：2390×1740×1045，重 2.3t，衬塑机，无基础三角底盘，普通电动机
三足式上卸料离心机	SS-1200	39900	安徽普源分离机械制造有限公司	（0552）4014982	转鼓直径 1200mm，转鼓高度 500mm，转鼓转速 0～900 r/min，最大容积 250L，最大装料重 350kg，电动机功率 11kW，外形尺寸（mm）：2390×1740×1045，重 2.3t，衬塑机，无基础三角底盘，防爆型电动机

产品名称	型号规格	参考价格（元）	生产厂家	电话	主要参数及备注
三足式上卸料离心机	SS-1200	40100	安徽普源分离机械制造有限公司	(0552)4014982	转鼓直径 1200mm，转鼓高度 500mm，转鼓转速 0~900 r/min，最大容积 250L，最大装料重 350kg，电动机功率 11kW，外形尺寸（mm）：2390×1740×1045，重 2.3t，全钢机，普通三角底盘，防爆型电动机，带简易盖
三足式上卸料离心机	SS-1200	40200	安徽普源分离机械制造有限公司	(0552)4014982	转鼓直径 1200mm，转鼓高度 500mm，转鼓转速 0~900 r/min，最大容积 250L，最大装料重 350kg，电动机功率 11kW，外形尺寸（mm）：2390×1740×1045，重 2.3t，沉降机，普通三角底盘，普通电动机
三足式上卸料离心机	SS-1200	40300	安徽普源分离机械制造有限公司	(0552)4014982	转鼓直径 1200mm，转鼓高度 500mm，转鼓转速 0~900 r/min，最大容积 250L，最大装料重 350kg，电动机功率 11kW，外形尺寸（mm）：2390×1740×1045，重 2.3t，衬塑机，无基础三角底盘，普通电动机，带简易盖
三足式上卸料离心机	SS-1200	40800	安徽普源分离机械制造有限公司	(0552)4014982	转鼓直径 1200mm，转鼓高度 500mm，转鼓转速 0~900 r/min，最大容积 250L，最大装料重 350kg，电动机功率 11kW，外形尺寸（mm）：2390×1740×1045，重 2.3t，沉降机，普通三角底盘，防爆型电动机
三足式上卸料离心机	SS-1200	40900	安徽普源分离机械制造有限公司	(0552)4014982	转鼓直径 1200mm，转鼓高度 500mm，转鼓转速 0~900 r/min，最大容积 250L，最大装料重 350kg，电动机功率 11kW，外形尺寸（mm）：2390×1740×1045，重 2.3t，衬塑机，无基础三角底盘，防爆型电动机，带简易盖
三足式上卸料离心机	SS-1200	41200	安徽普源分离机械制造有限公司	(0552)4014982	转鼓直径 1200mm，转鼓高度 500mm，转鼓转速 0~900 r/min，最大容积 250L，最大装料重 350kg，电动机功率 11kW，外形尺寸（mm）：2390×1740×1045，重 2.3t，沉降机，普通三角底盘，普通电动机，带简易盖
三足式上卸料离心机	SS-1200	41400	安徽普源分离机械制造有限公司	(0552)4014982	转鼓直径 1200mm，转鼓高度 500mm，转鼓转速 0~900 r/min，最大容积 250L，最大装料重 350kg，电动机功率 11kW，外形尺寸（mm）：2390×1740×1045，重 2.3t，全钢机，无基础三角底盘，普通电动机
三足式上卸料离心机	SS-1200	41800	安徽普源分离机械制造有限公司	(0552)4014982	转鼓直径 1200mm，转鼓高度 500mm，转鼓转速 0~900 r/min，最大容积 250L，最大装料重 350kg，电动机功率 11kW，外形尺寸（mm）：2390×1740×1045，重 2.3t，沉降机，普通三角底盘，防爆型电动机，带简易盖
三足式上卸料离心机	SS-1200	42400	安徽普源分离机械制造有限公司	(0552)4014982	转鼓直径 1200mm，转鼓高度 500mm，转鼓转速 0~900 r/min，最大容积 250L，最大装料重 350kg，电动机功率 11kW，外形尺寸（mm）：2390×1740×1045，重 2.3t，全钢机，无基础三角底盘，普通电动机，带简易盖

产品名称	型号规格	参考价格（元）	生产厂家	电话	主要参数及备注
三足式上卸料离心机	SS-1200	44500	安徽普源分离机械制造有限公司	(0552)4014982	转鼓直径 1200mm，转鼓高度 500mm，转鼓转速 0～900 r/min，最大容积 250L，最大装料重 350kg，电动机功率 11kW，外形尺寸(mm)：2390×1740×1045，重 2.3t，全钢机，无基础三角底盘，防爆型电动机
三足式上卸料离心机	SS-1200	45500	安徽普源分离机械制造有限公司	(0552)4014982	转鼓直径 1200mm，转鼓高度 500mm，转鼓转速 0～900 r/min，最大容积 250L，最大装料重 350kg，电动机功率 11kW，外形尺寸(mm)：2390×1740×1045，重 2.3t，全钢机，无基础三角底盘，防爆型电动机，带简易盖
三足式上卸料离心机	SS-1200	45600	安徽普源分离机械制造有限公司	(0552)4014982	转鼓直径 1200mm，转鼓高度 500mm，转鼓转速 0～900 r/min，最大容积 250L，最大装料重 350kg，电动机功率 11kW，外形尺寸(mm)：2390×1740×1045，重 2.3t，沉降机，无基础三角底盘，普通电动机
三足式上卸料离心机	SS-1200	46200	安徽普源分离机械制造有限公司	(0552)4014982	转鼓直径 1200mm，转鼓高度 500mm，转鼓转速 0～900 r/min，最大容积 250L，最大装料重 350kg，电动机功率 11kW，外形尺寸(mm)：2390×1740×1045，重 2.3t，沉降机，无基础三角底盘，防爆型电动机
三足式上卸料离心机	SS-1200	46600	安徽普源分离机械制造有限公司	(0552)4014982	转鼓直径 1200mm，转鼓高度 500mm，转鼓转速 0～900 r/min，最大容积 250L，最大装料重 350kg，电动机功率 11kW，外形尺寸(mm)：2390×1740×1045，重 2.3t，沉降机，无基础三角底盘，普通电动机，带简易盖
三足式上卸料离心机	SS-1200	47200	安徽普源分离机械制造有限公司	(0552)4014982	转鼓直径 1200mm，转鼓高度 500mm，转鼓转速 0～900 r/min，最大容积 250L，最大装料重 350kg，电动机功率 11kW，外形尺寸(mm)：2390×1740×1045，重 2.3t，沉降机，无基础三角底盘，防爆型电动机，带简易盖
三足式上卸料离心机	SS-1200	54200	安徽普源分离机械制造有限公司	(0552)4014982	转鼓直径 1200mm，转鼓高度 500mm，转鼓转速 0～900 r/min，最大容积 250L，最大装料重 350kg，电动机功率 11kW，外形尺寸(mm)：2390×1740×1045，重 2.3t，全包衬不锈钢机，普通三角底盘，普通电动机
三足式上卸料离心机	SS-1200	55100	安徽普源分离机械制造有限公司	(0552)4014982	转鼓直径 1200mm，转鼓高度 500mm，转鼓转速 0～900 r/min，最大容积 250L，最大装料重 350kg，电动机功率 11kW，外形尺寸(mm)：2390×1740×1045，重 2.3t，全包衬不锈钢机，普通三角底盘，防爆型电动机
三足式上卸料离心机	SS-1200	55200	安徽普源分离机械制造有限公司	(0552)4014982	转鼓直径 1200mm，转鼓高度 500mm，转鼓转速 0～900 r/min，最大容积 250L，最大装料重 350kg，电动机功率 11kW，外形尺寸(mm)：2390×1740×1045，重 2.3t，全包衬不锈钢机，普通三角底盘，普通电动机，带简易盖

产品名称	型号规格	参考价格（元）	生产厂家	电话	主要参数及备注
三足式上卸料离心机	SS-1200	56100	安徽普源分离机械制造有限公司	（0552）4014982	转鼓直径 1200mm，转鼓高度 500mm，转鼓转速 0～900 r/min，最大容积 250L，最大装料重 350kg，电动机功率 11kW，外形尺寸（mm）：2390×1740×1045，重 2.3t，全包衬不锈钢机，普通三角底盘，防爆型电动机，带简易盖
三足式上卸料离心机	SS-1200	62500	安徽普源分离机械制造有限公司	（0552）4014982	转鼓直径 1200mm，转鼓高度 500mm，转鼓转速 0～900 r/min，最大容积 250L，最大装料重 350kg，电动机功率 11kW，外形尺寸（mm）：2390×1740×1045，重 2.3t，全包衬不锈钢机，无基础三角底盘，普通电动机
三足式上卸料离心机	SS-1200	63500	安徽普源分离机械制造有限公司	（0552）4014982	转鼓直径 1200mm，转鼓高度 500mm，转鼓转速 0～900 r/min，最大容积 250L，最大装料重 350kg，电动机功率 11kW，外形尺寸（mm）：2390×1740×1045，重 2.3t，全包衬不锈钢机，无基础三角底盘，防爆型电动机
三足式上卸料离心机	SS-1200	63500	安徽普源分离机械制造有限公司	（0552）4014982	转鼓直径 1200mm，转鼓高度 500mm，转鼓转速 0～900 r/min，最大容积 250L，最大装料重 350kg，电动机功率 11kW，外形尺寸（mm）：2390×1740×1045，重 2.3t，全包衬不锈钢机，无基础三角底盘，普通电动机，带简易盖
三足式上卸料离心机	SS-1200	64500	安徽普源分离机械制造有限公司	（0552）4014982	转鼓直径 1200mm，转鼓高度 500mm，转鼓转速 0～900 r/min，最大容积 250L，最大装料重 350kg，电动机功率 11kW，外形尺寸（mm）：2390×1740×1045，重 2.3t，全包衬不锈钢机，无基础三角底盘，防爆型电动机，带简易盖
三足式上卸料离心机	SS-1200	106100	安徽普源分离机械制造有限公司	（0552）4014982	转鼓直径 1200mm，转鼓高度 500mm，转鼓转速 0～900 r/min，最大容积 250L，最大装料重 350kg，电动机功率 11kW，外形尺寸（mm）：2390×1740×1045，重 2.3t，整体不锈钢机，普通三角底盘，普通电动机
三足式上卸料离心机	SS-1200	107100	安徽普源分离机械制造有限公司	（0552）4014982	转鼓直径 1200mm，转鼓高度 500mm，转鼓转速 0～900 r/min，最大容积 250L，最大装料重 350kg，电动机功率 11kW，外形尺寸（mm）：2390×1740×1045，重 2.3t，整体不锈钢机，普通三角底盘，普通电动机，带简易盖
三足式上卸料离心机	SS-1200	108600	安徽普源分离机械制造有限公司	（0552）4014982	转鼓直径 1200mm，转鼓高度 500mm，转鼓转速 0～900 r/min，最大容积 250L，最大装料重 350kg，电动机功率 11kW，外形尺寸（mm）：2390×1740×1045，重 2.3t，整体不锈钢机，普通三角底盘，防爆型电动机
三足式上卸料离心机	SS-1200	109600	安徽普源分离机械制造有限公司	（0552）4014982	转鼓直径 1200mm，转鼓高度 500mm，转鼓转速 0～900 r/min，最大容积 250L，最大装料重 350kg，电动机功率 11kW，外形尺寸（mm）：2390×1740×1045，重 2.3t，整体不锈钢机，普通三角底盘，防爆型电动机，带简易盖

产品名称	型号规格	参考价格(元)	生产厂家	电话	主要参数及备注
三足式上卸料离心机	SS-1200	115300	安徽普源分离机械制造有限公司	(0552)4014982	转鼓直径 1200mm,转鼓高度 500mm,转鼓转速 0~900 r/min,最大容积 250L,最大装料重 350kg,电动机功率 11kW,外形尺寸(mm):2390×1740×1045,重 2.3t,整体不锈钢机,无基础三角底盘,普通电动机
三足式上卸料离心机	SS-1200	116300	安徽普源分离机械制造有限公司	(0552)4014982	转鼓直径 1200mm,转鼓高度 500mm,转鼓转速 0~900 r/min,最大容积 250L,最大装料重 350kg,电动机功率 11kW,外形尺寸(mm):2390×1740×1045,重 2.3t,整体不锈钢机,无基础三角底盘,普通电动机,带简易盖
三足式上卸料离心机	SS-1200	117800	安徽普源分离机械制造有限公司	(0552)4014982	转鼓直径 1200mm,转鼓高度 500mm,转鼓转速 0~900 r/min,最大容积 250L,最大装料重 350kg,电动机功率 11kW,外形尺寸(mm):2390×1740×1045,重 2.3t,整体不锈钢机,无基础三角底盘,防爆型电动机
三足式上卸料离心机	SS-1200	118800	安徽普源分离机械制造有限公司	(0552)4014982	转鼓直径 1200mm,转鼓高度 500mm,转鼓转速 0~900 r/min,最大容积 250L,最大装料重 350kg,电动机功率 11kW,外形尺寸(mm):2390×1740×1045,重 2.3t,整体不锈钢机,无基础三角底盘,防爆型电动机,带简易盖
三足式上卸料离心机	SS-1250	35000	安徽普源分离机械制造有限公司	(0552)4014982	转鼓直径 1250mm,转鼓高度 500mm,转鼓转速 0~900 r/min,最大容积 300L,最大装料重 420kg,电动机功率 11kW,外形尺寸(mm):2390×1740×1045,重 2.5t,衬塑机,普通三角底盘,普通电动机
三足式上卸料离心机	SS-1250	36000	安徽普源分离机械制造有限公司	(0552)4014982	转鼓直径 1250mm,转鼓高度 500mm,转鼓转速 0~900 r/min,最大容积 300L,最大装料重 420kg,电动机功率 11kW,外形尺寸(mm):2390×1740×1045,重 2.5t,衬塑机,普通三角底盘,防爆型电动机
三足式上卸料离心机	SS-1250	36000	安徽普源分离机械制造有限公司	(0552)4014982	转鼓直径 1250mm,转鼓高度 500mm,转鼓转速 0~900 r/min,最大容积 300L,最大装料重 420kg,电动机功率 11kW,外形尺寸(mm):2390×1740×1045,重 2.5t,衬塑机,普通三角底盘,普通电动机,带简易盖
三足式上卸料离心机	SS-1250	37000	安徽普源分离机械制造有限公司	(0552)4014982	转鼓直径 1250mm,转鼓高度 500mm,转鼓转速 0~900 r/min,最大容积 300L,最大装料重 420kg,电动机功率 11kW,外形尺寸(mm):2390×1740×1045,重 2.5t,衬塑机,普通三角底盘,防爆型电动机,带简易盖
三足式上卸料离心机	SS-1250	37000	安徽普源分离机械制造有限公司	(0552)4014982	转鼓直径 1250mm,转鼓高度 500mm,转鼓转速 0~900 r/min,最大容积 300L,最大装料重 420kg,电动机功率 11kW,外形尺寸(mm):2390×1740×1045,重 2.5t,衬塑机,普通三角底盘,普通电动机

产品名称	型号规格	参考价格(元)	生产厂家	电话	主要参数及备注
三足式上卸料离心机	SS-1250	38000	安徽普源分离机械制造有限公司	(0552)4014982	转鼓直径 1250mm,转鼓高度 500mm,转鼓转速 0～900 r/min,最大容积 300L,最大装料重 420kg,电动机功率 11kW,外形尺寸(mm):2390×1740×1045,重 2.5t,衬塑机,普通三角底盘,防爆型电动机
三足式上卸料离心机	SS-1250	40400	安徽普源分离机械制造有限公司	(0552)4014982	转鼓直径 1250mm,转鼓高度 500mm,转鼓转速 0～900 r/min,最大容积 300L,最大装料重 420kg,电动机功率 11kW,外形尺寸(mm):2390×1740×1045,重 2.5t,衬塑机,无基础三角底盘,普通电动机
三足式上卸料离心机	SS-1250	40600	安徽普源分离机械制造有限公司	(0552)4014982	转鼓直径 1250mm,转鼓高度 500mm,转鼓转速 0～900 r/min,最大容积 300L,最大装料重 420kg,电动机功率 11kW,外形尺寸(mm):2390×1740×1045,重 2.5t,全钢机,普通三角底盘,普通电动机
三足式上卸料离心机	SS-1250	41400	安徽普源分离机械制造有限公司	(0552)4014982	转鼓直径 1250mm,转鼓高度 500mm,转鼓转速 0～900 r/min,最大容积 300L,最大装料重 420kg,电动机功率 11kW,外形尺寸(mm):2390×1740×1045,重 2.5t,衬塑机,无基础三角底盘,普通电动机,带简易盖
三足式上卸料离心机	SS-1250	41500	安徽普源分离机械制造有限公司	(0552)4014982	转鼓直径 1250mm,转鼓高度 500mm,转鼓转速 0～900 r/min,最大容积 300L,最大装料重 420kg,电动机功率 11kW,外形尺寸(mm):2390×1740×1045,重 2.5t,衬塑机,无基础三角底盘,防爆型电动机
三足式上卸料离心机	SS-1250	41600	安徽普源分离机械制造有限公司	(0552)4014982	转鼓直径 1250mm,转鼓高度 500mm,转鼓转速 0～900 r/min,最大容积 300L,最大装料重 420kg,电动机功率 11kW,外形尺寸(mm):2390×1740×1045,重 2.5t,全钢机,普通三角底盘,普通电动机,带简易盖
三足式上卸料离心机	SS-1250	41800	安徽普源分离机械制造有限公司	(0552)4014982	转鼓直径 1250mm,转鼓高度 500mm,转鼓转速 0～900 r/min,最大容积 300L,最大装料重 420kg,电动机功率 11kW,外形尺寸(mm):2390×1740×1045,重 2.5t,沉降机,普通三角底盘,普通电动机
三足式上卸料离心机	SS-1250	42200	安徽普源分离机械制造有限公司	(0552)4014982	转鼓直径 1250mm,转鼓高度 500mm,转鼓转速 0～900 r/min,最大容积 300L,最大装料重 420kg,电动机功率 11kW,外形尺寸(mm):2390×1740×1045,重 2.5t,沉降机,普通三角底盘,防爆型电动机
三足式上卸料离心机	SS-1250	42200	安徽普源分离机械制造有限公司	(0552)4014982	转鼓直径 1250mm,转鼓高度 500mm,转鼓转速 0～900 r/min,最大容积 300L,最大装料重 420kg,电动机功率 11kW,外形尺寸(mm):2390×1740×1045,重 2.5t,全钢机,普通三角底盘,防爆型电动机

产品名称	型号规格	参考价格(元)	生产厂家	电话	主要参数及备注
三足式上卸料离心机	SS-1250	42400	安徽普源分离机械制造有限公司	(0552)4014982	转鼓直径 1250mm,转鼓高度500mm,转鼓转速 0~900 r/min,最大容积 300L,最大装料重420kg,电动机功率 11kW,外形尺寸(mm):2390×1740×1045,重2.5t,衬塑机,无基础三角底盘,普通电动机
三足式上卸料离心机	SS-1250	42500	安徽普源分离机械制造有限公司	(0552)4014982	转鼓直径 1250mm,转鼓高度500mm,转鼓转速 0~900 r/min,最大容积 300L,最大装料重420kg,电动机功率 11kW,外形尺寸(mm):2390×1740×1045,重2.5t,衬塑机,无基础三角底盘,防爆型电动机,带简易盖
三足式上卸料离心机	SS-1250	42600	安徽普源分离机械制造有限公司	(0552)4014982	转鼓直径 1250mm,转鼓高度500mm,转鼓转速 0~900 r/min,最大容积 300L,最大装料重420kg,电动机功率 11kW,外形尺寸(mm):2390×1740×1045,重2.5t,全钢机,普通三角底盘,普通电动机,带铰链盖
三足式上卸料离心机	SS-1250	42800	安徽普源分离机械制造有限公司	(0552)4014982	转鼓直径 1250mm,转鼓高度500mm,转鼓转速 0~900 r/min,最大容积 300L,最大装料重420kg,电动机功率 11kW,外形尺寸(mm):2390×1740×1045,重2.5t,带简易盖沉降机,普通三角底盘,普通电动机
三足式上卸料离心机	SS-1250	43200	安徽普源分离机械制造有限公司	(0552)4014982	转鼓直径 1250mm,转鼓高度500mm,转鼓转速 0~900 r/min,最大容积 300L,最大装料重420kg,电动机功率 11kW,外形尺寸(mm):2390×1740×1045,重2.5t,沉降机,普通三角底盘,防爆型电动机,带简易盖
三足式上卸料离心机	SS-1250	43200	安徽普源分离机械制造有限公司	(0552)4014982	转鼓直径 1250mm,转鼓高度500mm,转鼓转速 0~900 r/min,最大容积 300L,最大装料重420kg,电动机功率 11kW,外形尺寸(mm):2390×1740×1045,重2.5t,全钢机,普通三角底盘,防爆型电动机,带简易盖
三足式上卸料离心机	SS-1250	43500	安徽普源分离机械制造有限公司	(0552)4014982	转鼓直径 1250mm,转鼓高度500mm,转鼓转速 0~900 r/min,最大容积 300L,最大装料重420kg,电动机功率 11kW,外形尺寸(mm):2390×1740×1045,重2.5t,衬塑机,无基础三角底盘,防爆型电动机
三足式上卸料离心机	SS-1250	43800	安徽普源分离机械制造有限公司	(0552)4014982	转鼓直径 1250mm,转鼓高度500mm,转鼓转速 0~900 r/min,最大容积 300L,最大装料重420kg,电动机功率 11kW,外形尺寸(mm):2390×1740×1045,重2.5t,沉降机,普通三角底盘,普通电动机
三足式上卸料离心机	SS-1250	44200	安徽普源分离机械制造有限公司	(0552)4014982	转鼓直径 1250mm,转鼓高度500mm,转鼓转速 0~900 r/min,最大容积 300L,最大装料重420kg,电动机功率 11kW,外形尺寸(mm):2390×1740×1045,重2.5t,沉降机,普通三角底盘,防爆型电动机

产品名称	型号规格	参考价格(元)	生产厂家	电话	主要参数及备注
三足式上卸料离心机	SS-1250	44200	安徽普源分离机械制造有限公司	(0552)4014982	转鼓直径 1250mm,转鼓高度 500mm,转鼓转速 0~900 r/min,最大容积 300L,最大装料重 420kg,电动机功率 11kW,外形尺寸(mm):2390×1740×1045,重 2.5t,全钢机,普通三角底盘,防爆型电动机
三足式上卸料离心机	SS-1250	46000	安徽普源分离机械制造有限公司	(0552)4014982	转鼓直径 1250mm,转鼓高度 500mm,转鼓转速 0~900 r/min,最大容积 300L,最大装料重 420kg,电动机功率 11kW,外形尺寸(mm):2390×1740×1045,重 2.5t,全钢机,无基础三角底盘,普通电动机
三足式上卸料离心机	SS-1250	46000	安徽普源分离机械制造有限公司	(0552)4014982	转鼓直径 1250mm,转鼓高度 500mm,转鼓转速 0~900 r/min,最大容积 300L,最大装料重 420kg,电动机功率 11kW,外形尺寸(mm):2390×1740×1045,重 2.5t,衬塑机,普通三角底盘,普通电动机,带变频控制柜
三足式上卸料离心机	SS-1250	47000	安徽普源分离机械制造有限公司	(0552)4014982	转鼓直径 1250mm,转鼓高度 500mm,转鼓转速 0~900 r/min,最大容积 300L,最大装料重 420kg,电动机功率 11kW,外形尺寸(mm):2390×1740×1045,重 2.5t,衬塑机,普通三角底盘,防爆型电动机,带变频控制柜
三足式上卸料离心机	SS-1250	47000	安徽普源分离机械制造有限公司	(0552)4014982	转鼓直径 1250mm,转鼓高度 500mm,转鼓转速 0~900 r/min,最大容积 300L,最大装料重 420kg,电动机功率 11kW,外形尺寸(mm):2390×1740×1045,重 2.5t,全钢机,无基础三角底盘,普通电动机,带简易盖
三足式上卸料离心机	SS-1250	47200	安徽普源分离机械制造有限公司	(0552)4014982	转鼓直径 1250mm,转鼓高度 500mm,转鼓转速 0~900 r/min,最大容积 300L,最大装料重 420kg,电动机功率 11kW,外形尺寸(mm):2390×1740×1045,重 2.5t,沉降机,无基础三角底盘,普通电动机
三足式上卸料离心机	SS-1250	47600	安徽普源分离机械制造有限公司	(0552)4014982	转鼓直径 1250mm,转鼓高度 500mm,转鼓转速 0~900 r/min,最大容积 300L,最大装料重 420kg,电动机功率 11kW,外形尺寸(mm):2390×1740×1045,重 2.5t,全钢机,无基础三角底盘,防爆型电动机
三足式上卸料离心机	SS-1250	47600	安徽普源分离机械制造有限公司	(0552)4014982	转鼓直径 1250mm,转鼓高度 500mm,转鼓转速 0~900 r/min,最大容积 300L,最大装料重 420kg,电动机功率 11kW,外形尺寸(mm):2390×1740×1045,重 2.5t,沉降机,无基础三角底盘,防爆型电动机
三足式上卸料离心机	SS-1250	48000	安徽普源分离机械制造有限公司	(0552)4014982	转鼓直径 1250mm,转鼓高度 500mm,转鼓转速 0~900 r/min,最大容积 300L,最大装料重 420kg,电动机功率 11kW,外形尺寸(mm):2390×1740×1045,重 2.5t,全钢机,无基础三角底盘,普通电动机

产品名称	型号规格	参考价格（元）	生产厂家	电话	主要参数及备注
三足式上卸料离心机	SS-1250	48200	安徽普源分离机械制造有限公司	（0552）4014982	转鼓直径 1250mm，转鼓高度500mm，转鼓转速 0～900 r/min，最大容积 300L，最大装料重420kg，电动机功率 11kW，外形尺寸（mm）：2390×1740×1045，重2.5t，沉降机，无基础三角底盘，普通电动机，带简易盖
三足式上卸料离心机	SS-1250	48600	安徽普源分离机械制造有限公司	（0552）4014982	转鼓直径 1250mm，转鼓高度500mm，转鼓转速 0～900 r/min，最大容积 300L，最大装料重420kg，电动机功率 11kW，外形尺寸（mm）：2390×1740×1045，重2.5t，沉降机，无基础三角底盘，防爆型电动机，带简易盖
三足式上卸料离心机	SS-1250	48600	安徽普源分离机械制造有限公司	（0552）4014982	转鼓直径 1250mm，转鼓高度500mm，转鼓转速 0～900 r/min，最大容积 300L，最大装料重420kg，电动机功率 11kW，外形尺寸（mm）：2390×1740×1045，重2.5t，全钢机，无基础三角底盘，防爆型电动机，带简易盖
三足式上卸料离心机	SS-1250	49200	安徽普源分离机械制造有限公司	（0552）4014982	转鼓直径 1250mm，转鼓高度500mm，转鼓转速 0～900 r/min，最大容积 300L，最大装料重420kg，电动机功率 11kW，外形尺寸（mm）：2390×1740×1045，重2.5t，沉降机，无基础三角底盘，普通电动机
三足式上卸料离心机	SS-1250	49600	安徽普源分离机械制造有限公司	（0552）4014982	转鼓直径 1250mm，转鼓高度500mm，转鼓转速 0～900 r/min，最大容积 300L，最大装料重420kg，电动机功率 11kW，外形尺寸（mm）：2390×1740×1045，重2.5t，沉降机，无基础三角底盘，防爆型电动机
三足式上卸料离心机	SS-1250	49600	安徽普源分离机械制造有限公司	（0552）4014982	转鼓直径 1250mm，转鼓高度500mm，转鼓转速 0～900 r/min，最大容积 300L，最大装料重420kg，电动机功率 11kW，外形尺寸（mm）：2390×1740×1045，重2.5t，全钢机，无基础三角底盘，防爆型电动机
三足式上卸料离心机	SS-1250	51400	安徽普源分离机械制造有限公司	（0552）4014982	转鼓直径 1250mm，转鼓高度500mm，转鼓转速 0～900 r/min，最大容积 300L，最大装料重420kg，电动机功率 11kW，外形尺寸（mm）：2390×1740×1045，重2.5t，衬塑机，无基础三角底盘，普通电动机，带变频控制柜
三足式上卸料离心机	SS-1250	51600	安徽普源分离机械制造有限公司	（0552）4014982	转鼓直径 1250mm，转鼓高度500mm，转鼓转速 0～900 r/min，最大容积 300L，最大装料重420kg，电动机功率 11kW，外形尺寸（mm）：2390×1740×1045，重2.5t，全钢机，普通三角底盘，普通电动机，带变频控制柜
三足式上卸料离心机	SS-1250	52500	安徽普源分离机械制造有限公司	（0552）4014982	转鼓直径 1250mm，转鼓高度500mm，转鼓转速 0～900 r/min，最大容积 300L，最大装料重420kg，电动机功率 11kW，外形尺寸（mm）：2390×1740×1045，重2.5t，衬塑机，无基础三角底盘，防爆型电动机，带变频控制柜

产品名称	型号规格	参考价格(元)	生产厂家	电话	主要参数及备注
三足式上卸料离心机	SS-1250	52800	安徽普源分离机械制造有限公司	(0552)4014982	转鼓直径 1250mm,转鼓高度 500mm,转鼓转速 0~900 r/min,最大容积 300L,最大装料重 420kg,电动机功率 11kW,外形尺寸(mm):2390×1740×1045,重2.5t,沉降机,普通三角底盘,普通电动机,带变频控制柜
三足式上卸料离心机	SS-1250	53200	安徽普源分离机械制造有限公司	(0552)4014982	转鼓直径 1250mm,转鼓高度 500mm,转鼓转速 0~900 r/min,最大容积 300L,最大装料重 420kg,电动机功率 11kW,外形尺寸(mm):2390×1740×1045,重2.5t,沉降机,普通三角底盘,防爆型电动机,带变频控制柜
三足式上卸料离心机	SS-1250	53200	安徽普源分离机械制造有限公司	(0552)4014982	转鼓直径 1250mm,转鼓高度 500mm,转鼓转速 0~900 r/min,最大容积 300L,最大装料重 420kg,电动机功率 11kW,外形尺寸(mm):2390×1740×1045,重2.5t,全钢机,普通三角底盘,防爆型电动机,带变频控制柜
三足式上卸料离心机	SS-1250	56600	安徽普源分离机械制造有限公司	(0552)4014982	转鼓直径 1250mm,转鼓高度 500mm,转鼓转速 0~900 r/min,最大容积 300L,最大装料重 420kg,电动机功率 11kW,外形尺寸(mm):2390×1740×1045,重2.5t,全包衬不锈钢机,普通三角底盘,普通电动机
三足式上卸料离心机	SS-1250	57000	安徽普源分离机械制造有限公司	(0552)4014982	转鼓直径 1250mm,转鼓高度 500mm,转鼓转速 0~900 r/min,最大容积 300L,最大装料重 420kg,电动机功率 11kW,外形尺寸(mm):2390×1740×1045,重2.5t,全钢机,无基础三角底盘,普通电动机,带变频控制柜
三足式上卸料离心机	SS-1250	57600	安徽普源分离机械制造有限公司	(0552)4014982	转鼓直径 1250mm,转鼓高度 500mm,转鼓转速 0~900 r/min,最大容积 300L,最大装料重 420kg,电动机功率 11kW,外形尺寸(mm):2390×1740×1045,重2.5t,全包衬不锈钢机,普通三角底盘,普通电动机,带简易盖
三足式上卸料离心机	SS-1250	57600	安徽普源分离机械制造有限公司	(0552)4014982	转鼓直径 1250mm,转鼓高度 500mm,转鼓转速 0~900 r/min,最大容积 300L,最大装料重 420kg,电动机功率 11kW,外形尺寸(mm):2390×1740×1045,重2.5t,全包衬不锈钢机,普通三角底盘,普通电动机,带变频控制柜
三足式上卸料离心机	SS-1250	58200	安徽普源分离机械制造有限公司	(0552)4014982	转鼓直径 1250mm,转鼓高度 500mm,转鼓转速 0~900 r/min,最大容积 300L,最大装料重 420kg,电动机功率 11kW,外形尺寸(mm):2390×1740×1045,重2.5t,全包衬不锈钢机,普通三角底盘,防爆型电动机
三足式上卸料离心机	SS-1250	58200	安徽普源分离机械制造有限公司	(0552)4014982	转鼓直径 1250mm,转鼓高度 500mm,转鼓转速 0~900 r/min,最大容积 300L,最大装料重 420kg,电动机功率 11kW,外形尺寸(mm):2390×1740×1045,重2.5t,沉降机,无基础三角底盘,普通电动机,带变频控制柜

产品名称	型号规格	参考价格（元）	生产厂家	电话	主要参数及备注
三足式上卸料离心机	SS-1250	58600	安徽普源分离机械制造有限公司	（0552）4014982	转鼓直径 1250mm，转鼓高度 500mm，转鼓转速 0～900 r/min，最大容积 300L，最大装料重 420kg，电动机功率 11kW，外形尺寸(mm)：2390×1740×1045，重 2.5t，沉降机，无基础三角底盘，防爆型电动机，带变频控制柜
三足式上卸料离心机	SS-1250	58600	安徽普源分离机械制造有限公司	（0552）4014982	转鼓直径 1250mm，转鼓高度 500mm，转鼓转速 0～900 r/min，最大容积 300L，最大装料重 420kg，电动机功率 11kW，外形尺寸(mm)：2390×1740×1045，重 2.5t，全钢机，无基础三角底盘，防爆型电动机，带变频控制柜
三足式上卸料离心机	SS-1250	58600	安徽普源分离机械制造有限公司	（0552）4014982	转鼓直径 1250mm，转鼓高度 500mm，转鼓转速 0～900 r/min，最大容积 300L，最大装料重 420kg，电动机功率 11kW，外形尺寸(mm)：2390×1740×1045，重 2.5t，全包衬不锈钢机，普通三角底盘，普通电动机
三足式上卸料离心机	SS-1250	59200	安徽普源分离机械制造有限公司	（0552）4014982	转鼓直径 1250mm，转鼓高度 500mm，转鼓转速 0～900 r/min，最大容积 300L，最大装料重 420kg，电动机功率 11kW，外形尺寸(mm)：2390×1740×1045，重 2.5t，全包衬不锈钢机，普通三角底盘，防爆型电动机，带简易盖
三足式上卸料离心机	SS-1250	60200	安徽普源分离机械制造有限公司	（0552）4014982	转鼓直径 1250mm，转鼓高度 500mm，转鼓转速 0～900 r/min，最大容积 300L，最大装料重 420kg，电动机功率 11kW，外形尺寸(mm)：2390×1740×1045，重 2.5t，全包衬不锈钢机，普通三角底盘，防爆型电动机
三足式上卸料离心机	SS-1250	65000	安徽普源分离机械制造有限公司	（0552）4014982	转鼓直径 1250mm，转鼓高度 500mm，转鼓转速 0～900 r/min，最大容积 300L，最大装料重 420kg，电动机功率 11kW，外形尺寸(mm)：2390×1740×1045，重 2.5t，全包衬不锈钢机，无基础三角底盘，普通电动机
三足式上卸料离心机	SS-1250	66000	安徽普源分离机械制造有限公司	（0552）4014982	转鼓直径 1250mm，转鼓高度 500mm，转鼓转速 0～900 r/min，最大容积 300L，最大装料重 420kg，电动机功率 11kW，外形尺寸(mm)：2390×1740×1045，重 2.5t，全包衬不锈钢机，无基础三角底盘，普通电动机，带简易盖
三足式上卸料离心机	SS-1250	66600	安徽普源分离机械制造有限公司	（0552）4014982	转鼓直径 1250mm，转鼓高度 500mm，转鼓转速 0～900 r/min，最大容积 300L，最大装料重 420kg，电动机功率 11kW，外形尺寸(mm)：2390×1740×1045，重 2.5t，全包衬不锈钢机，无基础三角底盘，防爆型电动机
三足式上卸料离心机	SS-1250	67000	安徽普源分离机械制造有限公司	（0552）4014982	转鼓直径 1250mm，转鼓高度 500mm，转鼓转速 0～900 r/min，最大容积 300L，最大装料重 420kg，电动机功率 11kW，外形尺寸(mm)：2390×1740×1045，重 2.5t，全包衬不锈钢机，无基础三角底盘，普通电动机

产品名称	型号规格	参考价格(元)	生产厂家	电话	主要参数及备注
三足式上卸料离心机	SS-1250	67600	安徽普源分离机械制造有限公司	(0552)4014982	转鼓直径1250mm,转鼓高度500mm,转鼓转速0~900 r/min,最大容积300L,最大装料重420kg,电动机功率11kW,外形尺寸(mm):2390×1740×1045,重2.5t,全包衬不锈钢机,无基础三角底盘,防爆型电动机,带简易盖
三足式上卸料离心机	SS-1250	68600	安徽普源分离机械制造有限公司	(0552)4014982	转鼓直径1250mm,转鼓高度500mm,转鼓转速0~900 r/min,最大容积300L,最大装料重420kg,电动机功率11kW,外形尺寸(mm):2390×1740×1045,重2.5t,全包衬不锈钢机,无基础三角底盘,防爆型电动机
三足式上卸料离心机	SS-1250	69200	安徽普源分离机械制造有限公司	(0552)4014982	转鼓直径1250mm,转鼓高度500mm,转鼓转速0~900 r/min,最大容积300L,最大装料重420kg,电动机功率11kW,外形尺寸(mm):2390×1740×1045,重2.5t,全包衬不锈钢机,普通三角底盘,防爆型电动机,带变频控制柜
三足式上卸料离心机	SS-1250	76000	安徽普源分离机械制造有限公司	(0552)4014982	转鼓直径1250mm,转鼓高度500mm,转鼓转速0~900 r/min,最大容积300L,最大装料重420kg,电动机功率11kW,外形尺寸(mm):2390×1740×1045,重2.5t,全包衬不锈钢机,无基础三角底盘,普通电动机,带变频控制柜
三足式上卸料离心机	SS-1250	77600	安徽普源分离机械制造有限公司	(0552)4014982	转鼓直径1250mm,转鼓高度500mm,转鼓转速0~900 r/min,最大容积300L,最大装料重420kg,电动机功率11kW,外形尺寸(mm):2390×1740×1045,重2.5t,全包衬不锈钢机,无基础三角底盘,防爆型电动机,带变频控制柜
三足式上卸料离心机	SS-1250	118500	安徽普源分离机械制造有限公司	(0552)4014982	转鼓直径1250mm,转鼓高度500mm,转鼓转速0~900 r/min,最大容积300L,最大装料重420kg,电动机功率11kW,外形尺寸(mm):2390×1740×1045,重2.5t,整体不锈钢机,普通三角底盘,普通电动机
三足式上卸料离心机	SS-1250	119500	安徽普源分离机械制造有限公司	(0552)4014982	转鼓直径1250mm,转鼓高度500mm,转鼓转速0~900 r/min,最大容积300L,最大装料重420kg,电动机功率11kW,外形尺寸(mm):2390×1740×1045,重2.5t,整体不锈钢机,普通三角底盘,普通电动机,带简易盖
三足式上卸料离心机	SS-1250	119900	安徽普源分离机械制造有限公司	(0552)4014982	转鼓直径1250mm,转鼓高度500mm,转鼓转速0~900 r/min,最大容积300L,最大装料重420kg,电动机功率11kW,外形尺寸(mm):2390×1740×1045,重2.5t,整体不锈钢机,普通三角底盘,防爆型电动机
三足式上卸料离心机	SS-1250	120500	安徽普源分离机械制造有限公司	(0552)4014982	转鼓直径1250mm,转鼓高度500mm,转鼓转速0~900 r/min,最大容积300L,最大装料重420kg,电动机功率11kW,外形尺寸(mm):2390×1740×1045,重2.5t,整体不锈钢机,普通三角底盘,普通电动机

产品名称	型号规格	参考价格(元)	生产厂家	电话	主要参数及备注
三足式上卸料离心机	SS-1250	120900	安徽普源分离机械制造有限公司	(0552)4014982	转鼓直径1250mm,转鼓高度500mm,转鼓转速0~900 r/min,最大容积300L,最大装料重420kg,电动机功率11kW,外形尺寸(mm):2390×1740×1045,重2.5t,整体不锈钢机,普通三角底盘,防爆型电动机,带简易盖
三足式上卸料离心机	SS-1250	121900	安徽普源分离机械制造有限公司	(0552)4014982	转鼓直径1250mm,转鼓高度500mm,转鼓转速0~900 r/min,最大容积300L,最大装料重420kg,电动机功率11kW,外形尺寸(mm):2390×1740×1045,重2.5t,整体不锈钢机,普通三角底盘,防爆型电动机
三足式上卸料离心机	SS-1250	127700	安徽普源分离机械制造有限公司	(0552)4014982	转鼓直径1250mm,转鼓高度500mm,转鼓转速0~900 r/min,最大容积300L,最大装料重420kg,电动机功率11kW,外形尺寸(mm):2390×1740×1045,重2.5t,整体不锈钢机,无基础三角底盘,普通电动机
三足式上卸料离心机	SS-1250	128700	安徽普源分离机械制造有限公司	(0552)4014982	转鼓直径1250mm,转鼓高度500mm,转鼓转速0~900 r/min,最大容积300L,最大装料重420kg,电动机功率11kW,外形尺寸(mm):2390×1740×1045,重2.5t,整体不锈钢机,无基础三角底盘,普通电动机,带简易盖
三足式上卸料离心机	SS-1250	129100	安徽普源分离机械制造有限公司	(0552)4014982	转鼓直径1250mm,转鼓高度500mm,转鼓转速0~900 r/min,最大容积300L,最大装料重420kg,电动机功率11kW,外形尺寸(mm):2390×1740×1045,重2.5t,整体不锈钢机,无基础三角底盘,防爆型电动机
三足式上卸料离心机	SS-1250	129500	安徽普源分离机械制造有限公司	(0552)4014982	转鼓直径1250mm,转鼓高度500mm,转鼓转速0~900 r/min,最大容积300L,最大装料重420kg,电动机功率11kW,外形尺寸(mm):2390×1740×1045,重2.5t,整体不锈钢机,普通三角底盘,普通电动机,带变频控制柜
三足式上卸料离心机	SS-1250	129700	安徽普源分离机械制造有限公司	(0552)4014982	转鼓直径1250mm,转鼓高度500mm,转鼓转速0~900 r/min,最大容积300L,最大装料重420kg,电动机功率11kW,外形尺寸(mm):2390×1740×1045,重2.5t,整体不锈钢机,无基础三角底盘,普通电动机
三足式上卸料离心机	SS-1250	130100	安徽普源分离机械制造有限公司	(0552)4014982	转鼓直径1250mm,转鼓高度500mm,转鼓转速0~900 r/min,最大容积300L,最大装料重420kg,电动机功率11kW,外形尺寸(mm):2390×1740×1045,重2.5t,整体不锈钢机,无基础三角底盘,防爆型电动机,带简易盖
三足式上卸料离心机	SS-1250	130900	安徽普源分离机械制造有限公司	(0552)4014982	转鼓直径1250mm,转鼓高度500mm,转鼓转速0~900 r/min,最大容积300L,最大装料重420kg,电动机功率11kW,外形尺寸(mm):2390×1740×1045,重2.5t,整体不锈钢机,普通三角底盘,防爆型电动机,带变频控制柜

产品名称	型号规格	参考价格(元)	生产厂家	电话	主要参数及备注
三足式上卸料离心机	SS-1250	131100	安徽普源分离机械制造有限公司	(0552)4014982	转鼓直径 1250mm,转鼓高度500mm,转鼓转速 0~900 r/min,最大容积 300L,最大装料重420kg,电动机功率 11kW,外形尺寸(mm):2390×1740×1045,重2.5t,整体不锈钢机,无基础三角底盘,防爆型电动机
三足式上卸料离心机	SS-1250	138700	安徽普源分离机械制造有限公司	(0552)4014982	转鼓直径 1250mm,转鼓高度500mm,转鼓转速 0~900 r/min,最大容积 300L,最大装料重420kg,电动机功率 11kW,外形尺寸(mm):2390×1740×1045,重2.5t,整体不锈钢机,无基础三角底盘,普通电动机,带变频控制柜
三足式上卸料离心机	SS-1250	140100	安徽普源分离机械制造有限公司	(0552)4014982	转鼓直径 1250mm,转鼓高度500mm,转鼓转速 0~900 r/min,最大容积 300L,最大装料重 420kg,电动机功率 11kW,外形尺寸(mm):2390×1740×1045,重2.5t,整体不锈钢机,无基础三角底盘,防爆型电动机,带变频控制柜
三足式上卸料离心机	SS-1500	47700	安徽普源分离机械制造有限公司	(0552)4014982	转鼓直径 1500mm,转鼓高度500mm,转鼓转速 0~720 r/min,最大容积 400L,最大装料重550kg,电动机功率 15kW,外形尺寸(mm):2720×2020×1050,重3.8t,衬塑机,普通三角底盘,普通电动机
三足式上卸料离心机	SS-1500	49000	安徽普源分离机械制造有限公司	(0552)4014982	转鼓直径 1500mm,转鼓高度500mm,转鼓转速 0~720 r/min,最大容积 400L,最大装料重550kg,电动机功率 15kW,外形尺寸(mm):2720×2020×1050,重3.8t,衬塑机,普通三角底盘,防爆型电动机
三足式上卸料离心机	SS-1500	49700	安徽普源分离机械制造有限公司	(0552)4014982	转鼓直径 1500mm,转鼓高度500mm,转鼓转速 0~720 r/min,最大容积 400L,最大装料重550kg,电动机功率 15kW,外形尺寸(mm):2720×2020×1050,重3.8t,衬塑机,普通三角底盘,普通电动机,带简易盖
三足式上卸料离心机	SS-1500	50700	安徽普源分离机械制造有限公司	(0552)4014982	转鼓直径 1500mm,转鼓高度500mm,转鼓转速 0~720 r/min,最大容积 400L,最大装料重550kg,电动机功率 15kW,外形尺寸(mm):2720×2020×1050,重3.8t,衬塑机,普通三角底盘,普通电动机,带铰链盖
三足式上卸料离心机	SS-1500	51000	安徽普源分离机械制造有限公司	(0552)4014982	转鼓直径 1500mm,转鼓高度500mm,转鼓转速 0~720 r/min,最大容积 400L,最大装料重550kg,电动机功率 15kW,外形尺寸(mm):2720×2020×1050,重3.8t,衬塑机,普通三角底盘,防爆型电动机,带简易盖
三足式上卸料离心机	SS-1500	52000	安徽普源分离机械制造有限公司	(0552)4014982	转鼓直径 1500mm,转鼓高度500mm,转鼓转速 0~720 r/min,最大容积 400L,最大装料重550kg,电动机功率 15kW,外形尺寸(mm):2720×2020×1050,重3.8t,衬塑机,普通三角底盘,防爆型电动机,带铰链盖

产品名称	型号规格	参考价格(元)	生产厂家	电话	主要参数及备注
三足式上卸料离心机	SS-1500	52500	安徽普源分离机械制造有限公司	(0552)4014982	转鼓直径1500mm,转鼓高度500mm,转鼓转速0~720 r/min,最大容积400L,最大装料重550kg,电动机功率15kW,外形尺寸(mm):2720×2020×1050,重3.8t,全钢机,普通三角底盘,普通电动机
三足式上卸料离心机	SS-1500	53500	安徽普源分离机械制造有限公司	(0552)4014982	转鼓直径1500mm,转鼓高度500mm,转鼓转速0~720 r/min,最大容积400L,最大装料重550kg,电动机功率15kW,外形尺寸(mm):2720×2020×1050,重3.8t,沉降机,普通三角底盘,普通电动机
三足式上卸料离心机	SS-1500	53800	安徽普源分离机械制造有限公司	(0552)4014982	转鼓直径1500mm,转鼓高度500mm,转鼓转速0~720 r/min,最大容积400L,最大装料重550kg,电动机功率15kW,外形尺寸(mm):2720×2020×1050,重3.8t,全钢机,普通三角底盘,防爆型电动机
三足式上卸料离心机	SS-1500	54500	安徽普源分离机械制造有限公司	(0552)4014982	转鼓直径1500mm,转鼓高度500mm,转鼓转速0~720 r/min,最大容积400L,最大装料重550kg,电动机功率15kW,外形尺寸(mm):2720×2020×1050,重3.8t,全钢机,普通三角底盘,普通电动机,带简易盖
三足式上卸料离心机	SS-1500	54800	安徽普源分离机械制造有限公司	(0552)4014982	转鼓直径1500mm,转鼓高度500mm,转鼓转速0~720 r/min,最大容积400L,最大装料重550kg,电动机功率15kW,外形尺寸(mm):2720×2020×1050,重3.8t,沉降机,普通三角底盘,防爆型电动机
三足式上卸料离心机	SS-1500	55500	安徽普源分离机械制造有限公司	(0552)4014982	转鼓直径1500mm,转鼓高度500mm,转鼓转速0~720 r/min,最大容积400L,最大装料重550kg,电动机功率15kW,外形尺寸(mm):2720×2020×1050,重3.8t,沉降机,普通三角底盘,普通电动机,带简易盖
三足式上卸料离心机	SS-1500	55500	安徽普源分离机械制造有限公司	(0552)4014982	转鼓直径1500mm,转鼓高度500mm,转鼓转速0~720 r/min,最大容积400L,最大装料重550kg,电动机功率15kW,外形尺寸(mm):2720×2020×1050,重3.8t,全钢机,普通三角底盘,普通电动机,带铰链盖
三足式上卸料离心机	SS-1500	55800	安徽普源分离机械制造有限公司	(0552)4014982	转鼓直径1500mm,转鼓高度500mm,转鼓转速0~720 r/min,最大容积400L,最大装料重550kg,电动机功率15kW,外形尺寸(mm):2720×2020×1050,重3.8t,全钢机,普通三角底盘,防爆型电动机,带简易盖
三足式上卸料离心机	SS-1500	56500	安徽普源分离机械制造有限公司	(0552)4014982	转鼓直径1500mm,转鼓高度500mm,转鼓转速0~720 r/min,最大容积400L,最大装料重550kg,电动机功率15kW,外形尺寸(mm):2720×2020×1050,重3.8t,沉降机,普通三角底盘,普通电动机,带铰链盖

产品名称	型号规格	参考价格(元)	生产厂家	电话	主要参数及备注
三足式上卸料离心机	SS-1500	56800	安徽普源分离机械制造有限公司	(0552)4014982	转鼓直径 1500mm，转鼓高度 500mm，转鼓转速 0～720 r/min，最大容积 400L，最大装料重 550kg，电动机功率 15kW，外形尺寸(mm)：2720×2020×1050，重 3.8t，沉降机，普通三角底盘，防爆型电动机，带简易盖
三足式上卸料离心机	SS-1500	56800	安徽普源分离机械制造有限公司	(0552)4014982	转鼓直径 1500mm，转鼓高度 500mm，转鼓转速 0～720 r/min，最大容积 400L，最大装料重 550kg，电动机功率 15kW，外形尺寸(mm)：2720×2020×1050，重 3.8t，全钢机，普通三角底盘，防爆型电动机，带铰链盖
三足式上卸料离心机	SS-1500	57700	安徽普源分离机械制造有限公司	(0552)4014982	转鼓直径 1500mm，转鼓高度 500mm，转鼓转速 0～720 r/min，最大容积 400L，最大装料重 550kg，电动机功率 15kW，外形尺寸(mm)：2720×2020×1050，重 3.8t，衬塑机，无基础三角底盘，普通电动机
三足式上卸料离心机	SS-1500	57800	安徽普源分离机械制造有限公司	(0552)4014982	转鼓直径 1500mm，转鼓高度 500mm，转鼓转速 0～720 r/min，最大容积 400L，最大装料重 550kg，电动机功率 15kW，外形尺寸(mm)：2720×2020×1050，重 3.8t，沉降机，普通三角底盘，防爆型电动机，带铰链盖
三足式上卸料离心机	SS-1500	59000	安徽普源分离机械制造有限公司	(0552)4014982	转鼓直径 1500mm，转鼓高度 500mm，转鼓转速 0～720 r/min，最大容积 400L，最大装料重 550kg，电动机功率 15kW，外形尺寸(mm)：2720×2020×1050，重 3.8t，衬塑机，无基础三角底盘，防爆型电动机
三足式上卸料离心机	SS-1500	59700	安徽普源分离机械制造有限公司	(0552)4014982	转鼓直径 1500mm，转鼓高度 500mm，转鼓转速 0～720 r/min，最大容积 400L，最大装料重 550kg，电动机功率 15kW，外形尺寸(mm)：2720×2020×1050，重 3.8t，衬塑机，无基础三角底盘，普通电动机，带简易盖
三足式上卸料离心机	SS-1500	60700	安徽普源分离机械制造有限公司	(0552)4014982	转鼓直径 1500mm，转鼓高度 500mm，转鼓转速 0～720 r/min，最大容积 400L，最大装料重 550kg，电动机功率 15kW，外形尺寸(mm)：2720×2020×1050，重 3.8t，衬塑机，无基础三角底盘，普通电动机，带铰链盖
三足式上卸料离心机	SS-1500	61000	安徽普源分离机械制造有限公司	(0552)4014982	转鼓直径 1500mm，转鼓高度 500mm，转鼓转速 0～720 r/min，最大容积 400L，最大装料重 550kg，电动机功率 15kW，外形尺寸(mm)：2720×2020×1050，重 3.8t，衬塑机，无基础三角底盘，防爆型电动机，带简易盖
三足式上卸料离心机	SS-1500	62000	安徽普源分离机械制造有限公司	(0552)4014982	转鼓直径 1500mm，转鼓高度 500mm，转鼓转速 0～720 r/min，最大容积 400L，最大装料重 550kg，电动机功率 15kW，外形尺寸(mm)：2720×2020×1050，重 3.8t，衬塑机，无基础三角底盘，防爆型电动机，带铰链盖

产品名称	型号规格	参考价格(元)	生产厂家	电话	主要参数及备注
三足式上卸料离心机	SS-1500	62500	安徽普源分离机械制造有限公司	(0552)4014982	转鼓直径1500mm,转鼓高度500mm,转鼓转速0~720 r/min,最大容积400L,最大装料重550kg,电动机功率15kW,外形尺寸(mm):2720×2020×1050,重3.8t,全钢机,无基础三角底盘,普通电动机
三足式上卸料离心机	SS-1500	63500	安徽普源分离机械制造有限公司	(0552)4014982	转鼓直径1500mm,转鼓高度500mm,转鼓转速0~720 r/min,最大容积400L,最大装料重550kg,电动机功率15kW,外形尺寸(mm):2720×2020×1050,重3.8t,沉降机,无基础三角底盘,普通电动机
三足式上卸料离心机	SS-1500	63700	安徽普源分离机械制造有限公司	(0552)4014982	转鼓直径1500mm,转鼓高度500mm,转鼓转速0~720 r/min,最大容积400L,最大装料重550kg,电动机功率15kW,外形尺寸(mm):2720×2020×1050,重3.8t,衬塑机,普通三角底盘,普通电动机,带变频控制柜
三足式上卸料离心机	SS-1500	63800	安徽普源分离机械制造有限公司	(0552)4014982	转鼓直径1500mm,转鼓高度500mm,转鼓转速0~720 r/min,最大容积400L,最大装料重550kg,电动机功率15kW,外形尺寸(mm):2720×2020×1050,重3.8t,全钢机,无基础三角底盘,防爆型电动机
三足式上卸料离心机	SS-1500	64500	安徽普源分离机械制造有限公司	(0552)4014982	转鼓直径1500mm,转鼓高度500mm,转鼓转速0~720 r/min,最大容积400L,最大装料重550kg,电动机功率15kW,外形尺寸(mm):2720×2020×1050,重3.8t,全钢机,无基础三角底盘,普通电动机,带简易盖
三足式上卸料离心机	SS-1500	64800	安徽普源分离机械制造有限公司	(0552)4014982	转鼓直径1500mm,转鼓高度500mm,转鼓转速0~720 r/min,最大容积400L,最大装料重550kg,电动机功率15kW,外形尺寸(mm):2720×2020×1050,重3.8t,沉降机,无基础三角底盘,防爆型电动机
三足式上卸料离心机	SS-1500	65000	安徽普源分离机械制造有限公司	(0552)4014982	转鼓直径1500mm,转鼓高度500mm,转鼓转速0~720 r/min,最大容积400L,最大装料重550kg,电动机功率15kW,外形尺寸(mm):2720×2020×1050,重3.8t,衬塑机,普通三角底盘,防爆型电动机,带变频控制柜
三足式上卸料离心机	SS-1500	65500	安徽普源分离机械制造有限公司	(0552)4014982	转鼓直径1500mm,转鼓高度500mm,转鼓转速0~720 r/min,最大容积400L,最大装料重550kg,电动机功率15kW,外形尺寸(mm):2720×2020×1050,重3.8t,沉降机,无基础三角底盘,普通电动机,带简易盖
三足式上卸料离心机	SS-1500	65500	安徽普源分离机械制造有限公司	(0552)4014982	转鼓直径1500mm,转鼓高度500mm,转鼓转速0~720 r/min,最大容积400L,最大装料重550kg,电动机功率15kW,外形尺寸(mm):2720×2020×1050,重3.8t,全钢机,无基础三角底盘,普通电动机,带铰链盖

产品名称	型号规格	参考价格(元)	生产厂家	电话	主要参数及备注
三足式上卸料离心机	SS-1500	65800	安徽普源分离机械制造有限公司	(0552)4014982	转鼓直径1500mm,转鼓高度500mm,转鼓转速0~720 r/min,最大容积400L,最大装料重550kg,电动机功率15kW,外形尺寸(mm):2720×2020×1050,重3.8t,全钢机,无基础三角底盘,防爆型电动机,带简易盖
三足式上卸料离心机	SS-1500	66500	安徽普源分离机械制造有限公司	(0552)4014982	转鼓直径1500mm,转鼓高度500mm,转鼓转速0~720 r/min,最大容积400L,最大装料重550kg,电动机功率15kW,外形尺寸(mm):2720×2020×1050,重3.8t,沉降机,无基础三角底盘,普通电动机,带铰链盖
三足式上卸料离心机	SS-1500	66800	安徽普源分离机械制造有限公司	(0552)4014982	转鼓直径1500mm,转鼓高度500mm,转鼓转速0~720 r/min,最大容积400L,最大装料重550kg,电动机功率15kW,外形尺寸(mm):2720×2020×1050,重3.8t,沉降机,无基础三角底盘,防爆型电动机,带简易盖
三足式上卸料离心机	SS-1500	66800	安徽普源分离机械制造有限公司	(0552)4014982	转鼓直径1500mm,转鼓高度500mm,转鼓转速0~720 r/min,最大容积400L,最大装料重550kg,电动机功率15kW,外形尺寸(mm):2720×2020×1050,重3.8t,全钢机,无基础三角底盘,防爆型电动机,带铰链盖
三足式上卸料离心机	SS-1500	67800	安徽普源分离机械制造有限公司	(0552)4014982	转鼓直径1500mm,转鼓高度500mm,转鼓转速0~720 r/min,最大容积400L,最大装料重550kg,电动机功率15kW,外形尺寸(mm):2720×2020×1050,重3.8t,沉降机,无基础三角底盘,防爆型电动机,带铰链盖
三足式上卸料离心机	SS-1500	68500	安徽普源分离机械制造有限公司	(0552)4014982	转鼓直径1500mm,转鼓高度500mm,转鼓转速0~720 r/min,最大容积400L,最大装料重550kg,电动机功率15kW,外形尺寸(mm):2720×2020×1050,重3.8t,全钢机,普通三角底盘,普通电动机,带变频控制柜
三足式上卸料离心机	SS-1500	69500	安徽普源分离机械制造有限公司	(0552)4014982	转鼓直径1500mm,转鼓高度500mm,转鼓转速0~720 r/min,最大容积400L,最大装料重550kg,电动机功率15kW,外形尺寸(mm):2720×2020×1050,重3.8t,沉降机,普通三角底盘,普通电动机,带变频控制柜
三足式上卸料离心机	SS-1500	69800	安徽普源分离机械制造有限公司	(0552)4014982	转鼓直径1500mm,转鼓高度500mm,转鼓转速0~720 r/min,最大容积400L,最大装料重550kg,电动机功率15kW,外形尺寸(mm):2720×2020×1050,重3.8t,全钢机,普通三角底盘,防爆型电动机,带变频控制柜
三足式上卸料离心机	SS-1500	70800	安徽普源分离机械制造有限公司	(0552)4014982	转鼓直径1500mm,转鼓高度500mm,转鼓转速0~720 r/min,最大容积400L,最大装料重550kg,电动机功率15kW,外形尺寸(mm):2720×2020×1050,重3.8t,沉降机,普通三角底盘,防爆型电动机,带变频控制柜

产品名称	型号规格	参考价格(元)	生产厂家	电话	主要参数及备注
三足式上卸料离心机	SS-1500	73700	安徽普源分离机械制造有限公司	(0552)4014982	转鼓直径1500mm,转鼓高度500mm,转鼓转速0~720 r/min,最大容积400L,最大装料重550kg,电动机功率15kW,外形尺寸(mm):2720×2020×1050,重3.8t,衬塑机,无基础三角底盘,普通电动机,带变频控制柜
三足式上卸料离心机	SS-1500	75000	安徽普源分离机械制造有限公司	(0552)4014982	转鼓直径1500mm,转鼓高度500mm,转鼓转速0~720 r/min,最大容积400L,最大装料重550kg,电动机功率15kW,外形尺寸(mm):2720×2020×1050,重3.8t,衬塑机,无基础三角底盘,防爆型电动机,带变频控制柜
三足式上卸料离心机	SS-1500	78500	安徽普源分离机械制造有限公司	(0552)4014982	转鼓直径1500mm,转鼓高度500mm,转鼓转速0~720 r/min,最大容积400L,最大装料重550kg,电动机功率15kW,外形尺寸(mm):2720×2020×1050,重3.8t,全钢机,无基础三角底盘,普通电动机,带变频控制柜
三足式上卸料离心机	SS-1500	79500	安徽普源分离机械制造有限公司	(0552)4014982	转鼓直径1500mm,转鼓高度500mm,转鼓转速0~720 r/min,最大容积400L,最大装料重550kg,电动机功率15kW,外形尺寸(mm):2720×2020×1050,重3.8t,沉降机,无基础三角底盘,普通电动机,带变频控制柜
三足式上卸料离心机	SS-1500	79800	安徽普源分离机械制造有限公司	(0552)4014982	转鼓直径1500mm,转鼓高度500mm,转鼓转速0~720 r/min,最大容积400L,最大装料重550kg,电动机功率15kW,外形尺寸(mm):2720×2020×1050,重3.8t,全钢机,无基础三角底盘,防爆型电动机,带变频控制柜
三足式上卸料离心机	SS-1500	80800	安徽普源分离机械制造有限公司	(0552)4014982	转鼓直径1500mm,转鼓高度500mm,转鼓转速0~720 r/min,最大容积400L,最大装料重550kg,电动机功率15kW,外形尺寸(mm):2720×2020×1050,重3.8t,沉降机,无基础三角底盘,防爆型电动机,带变频控制柜
三足式上卸料离心机	SS-1500	188800	安徽普源分离机械制造有限公司	(0552)4014982	转鼓直径1500mm,转鼓高度500mm,转鼓转速0~720 r/min,最大容积400L,最大装料重550kg,电动机功率15kW,外形尺寸(mm):2720×2020×1050,重3.8t,整体不锈钢机,普通三角底盘,普通电动机
三足式上卸料离心机	SS-1500	190800	安徽普源分离机械制造有限公司	(0552)4014982	转鼓直径1500mm,转鼓高度500mm,转鼓转速0~720 r/min,最大容积400L,最大装料重550kg,电动机功率15kW,外形尺寸(mm):2720×2020×1050,重3.8t,整体不锈钢机,普通三角底盘,普通电动机,带简易盖
三足式上卸料离心机	SS-1500	191800	安徽普源分离机械制造有限公司	(0552)4014982	转鼓直径1500mm,转鼓高度500mm,转鼓转速0~720 r/min,最大容积400L,最大装料重550kg,电动机功率15kW,外形尺寸(mm):2720×2020×1050,重3.8t,整体不锈钢机,普通三角底盘,普通电动机,带铰链盖

产品名称	型号规格	参考价格(元)	生产厂家	电话	主要参数及备注
三足式上卸料离心机	SS-1500	193000	安徽普源分离机械制造有限公司	(0552)4014982	转鼓直径1500mm,转鼓高度500mm,转鼓转速0~720 r/min,最大容积400L,最大装料重550kg,电动机功率15kW,外形尺寸(mm):2720×2020×1050,重3.8t,整体不锈钢机,普通三角底盘,防爆型电动机
三足式上卸料离心机	SS-1500	195000	安徽普源分离机械制造有限公司	(0552)4014982	转鼓直径1500mm,转鼓高度500mm,转鼓转速0~720 r/min,最大容积400L,最大装料重550kg,电动机功率15kW,外形尺寸(mm):2720×2020×1050,重3.8t,整体不锈钢机,普通三角底盘,防爆型电动机,带简易盖
三足式上卸料离心机	SS-1500	196000	安徽普源分离机械制造有限公司	(0552)4014982	转鼓直径1500mm,转鼓高度500mm,转鼓转速0~720 r/min,最大容积400L,最大装料重550kg,电动机功率15kW,外形尺寸(mm):2720×2020×1050,重3.8t,整体不锈钢机,普通三角底盘,防爆型电动机,带铰链盖
三足式上卸料离心机	SS-1500	204800	安徽普源分离机械制造有限公司	(0552)4014982	转鼓直径1500mm,转鼓高度500mm,转鼓转速0~720 r/min,最大容积400L,最大装料重550kg,电动机功率15kW,外形尺寸(mm):2720×2020×1050,重3.8t,整体不锈钢机,普通三角底盘,普通电动机,带变频控制柜
三足式上卸料离心机	SS-1500	208600	安徽普源分离机械制造有限公司	(0552)4014982	转鼓直径1500mm,转鼓高度500mm,转鼓转速0~720 r/min,最大容积400L,最大装料重550kg,电动机功率15kW,外形尺寸(mm):2720×2020×1050,重3.8t,整体不锈钢机,无基础三角底盘,普通电动机
三足式上卸料离心机	SS-1500	209000	安徽普源分离机械制造有限公司	(0552)4014982	转鼓直径1500mm,转鼓高度500mm,转鼓转速0~720 r/min,最大容积400L,最大装料重550kg,电动机功率15kW,外形尺寸(mm):2720×2020×1050,重3.8t,整体不锈钢机,普通三角底盘,防爆型电动机,带变频控制柜
三足式上卸料离心机	SS-1500	210600	安徽普源分离机械制造有限公司	(0552)4014982	转鼓直径1500mm,转鼓高度500mm,转鼓转速0~720 r/min,最大容积400L,最大装料重550kg,电动机功率15kW,外形尺寸(mm):2720×2020×1050,重3.8t,整体不锈钢机,无基础三角底盘,普通电动机,带简易盖
三足式上卸料离心机	SS-1500	211600	安徽普源分离机械制造有限公司	(0552)4014982	转鼓直径1500mm,转鼓高度500mm,转鼓转速0~720 r/min,最大容积400L,最大装料重550kg,电动机功率15kW,外形尺寸(mm):2720×2020×1050,重3.8t,整体不锈钢机,无基础三角底盘,普通电动机,带铰链盖
三足式上卸料离心机	SS-1500	212700	安徽普源分离机械制造有限公司	(0552)4014982	转鼓直径1500mm,转鼓高度500mm,转鼓转速0~720 r/min,最大容积400L,最大装料重550kg,电动机功率15kW,外形尺寸(mm):2720×2020×1050,重3.8t,整体不锈钢机,无基础三角底盘,防爆型电动机

产品名称	型号规格	参考价格(元)	生产厂家	电话	主要参数及备注
三足式上卸料离心机	SS-1500	214700	安徽普源分离机械制造有限公司	(0552)4014982	转鼓直径1500mm,转鼓高度500mm,转鼓转速0~720 r/min,最大容积400L,最大装料重550kg,电动机功率15kW,外形尺寸(mm):2720×2020×1050,重3.8t,整体不锈钢机,无基础三角底盘,防爆型电动机,带简易盖
三足式上卸料离心机	SS-1500	215700	安徽普源分离机械制造有限公司	(0552)4014982	转鼓直径1500mm,转鼓高度500mm,转鼓转速0~720 r/min,最大容积400L,最大装料重550kg,电动机功率15kW,外形尺寸(mm):2720×2020×1050,重3.8t,整体不锈钢机,无基础三角底盘,防爆型电动机,带铰链盖
三足式上卸料离心机	SS-1500	224600	安徽普源分离机械制造有限公司	(0552)4014982	转鼓直径1500mm,转鼓高度500mm,转鼓转速0~720 r/min,最大容积400L,最大装料重550kg,电动机功率15kW,外形尺寸(mm):2720×2020×1050,重3.8t,整体不锈钢机,无基础三角底盘,普通电动机,带变频控制柜
三足式上卸料离心机	SS-1500	228700	安徽普源分离机械制造有限公司	(0552)4014982	转鼓直径1500mm,转鼓高度500mm,转鼓转速0~720 r/min,最大容积400L,最大装料重550kg,电动机功率15kW,外形尺寸(mm):2720×2020×1050,重3.8t,整体不锈钢机,无基础三角底盘,防爆型电动机,带变频控制柜
三足式上卸料离心机	SS-1800	75300	安徽普源分离机械制造有限公司	(0552)4014982	衬塑机,普通三角底盘,普通电动机
三足式上卸料离心机	SS-1800	77100	安徽普源分离机械制造有限公司	(0552)4014982	衬塑机,普通三角底盘,防爆型电动机
三足式上卸料离心机	SS-1800	79300	安徽普源分离机械制造有限公司	(0552)4014982	衬塑机,普通三角底盘,普通电动机,带简易盖
三足式上卸料离心机	SS-1800	80300	安徽普源分离机械制造有限公司	(0552)4014982	衬塑机,普通三角底盘,普通电动机,带铰链盖
三足式上卸料离心机	SS-1800	81100	安徽普源分离机械制造有限公司	(0552)4014982	衬塑机,普通三角底盘,防爆型电动机,带简易盖
三足式上卸料离心机	SS-1800	82100	安徽普源分离机械制造有限公司	(0552)4014982	衬塑机,普通三角底盘,防爆型电动机,带铰链盖
三足式上卸料离心机	SS-1800	87500	安徽普源分离机械制造有限公司	(0552)4014982	全钢机,普通三角底盘,普通电动机
三足式上卸料离心机	SS-1800	88600	安徽普源分离机械制造有限公司	(0552)4014982	沉降机,普通三角底盘,普通电动机
三足式上卸料离心机	SS-1800	89200	安徽普源分离机械制造有限公司	(0552)4014982	全钢机,普通三角底盘,防爆型电动机
三足式上卸料离心机	SS-1800	89800	安徽普源分离机械制造有限公司	(0552)4014982	沉降机,普通三角底盘,防爆型电动机
三足式上卸料离心机	SS-1800	91500	安徽普源分离机械制造有限公司	(0552)4014982	全钢机,普通三角底盘,普通电动机,带简易盖
三足式上卸料离心机	SS-1800	92500	安徽普源分离机械制造有限公司	(0552)4014982	全钢机,普通三角底盘,普通电动机,带铰链盖
三足式上卸料离心机	SS-1800	92600	安徽普源分离机械制造有限公司	(0552)4014982	沉降机,普通三角底盘,普通电动机,带简易盖
三足式上卸料离心机	SS-1800	93200	安徽普源分离机械制造有限公司	(0552)4014982	全钢机,普通三角底盘,防爆型电动机,带简易盖
三足式上卸料离心机	SS-1800	93300	安徽普源分离机械制造有限公司	(0552)4014982	衬塑机,无基础三角底盘,普通电动机

产品名称	型号规格	参考价格（元）	生产厂家	电话	主要参数及备注
三足式上卸料离心机	SS-1800	93600	安徽普源分离机械制造有限公司	(0552)4014982	沉降机,普通三角底盘,普通电动机,带铰链盖
三足式上卸料离心机	SS-1800	93800	安徽普源分离机械制造有限公司	(0552)4014982	沉降机,普通三角底盘,防爆型电动机,带简易盖
三足式上卸料离心机	SS-1800	94200	安徽普源分离机械制造有限公司	(0552)4014982	全钢机,普通三角底盘,防爆型电动机,带铰链盖
三足式上卸料离心机	SS-1800	94800	安徽普源分离机械制造有限公司	(0552)4014982	沉降机,普通三角底盘,防爆型电动机,带铰链盖
三足式上卸料离心机	SS-1800	95000	安徽普源分离机械制造有限公司	(0552)4014982	衬塑机,无基础三角底盘,防爆型电动机
三足式上卸料离心机	SS-1800	97300	安徽普源分离机械制造有限公司	(0552)4014982	衬塑机,无基础三角底盘,普通电动机,带简易盖
三足式上卸料离心机	SS-1800	97300	安徽普源分离机械制造有限公司	(0552)4014982	衬塑机,普通三角底盘,普通电动机,带变频控制柜
三足式上卸料离心机	SS-1800	98300	安徽普源分离机械制造有限公司	(0552)4014982	衬塑机,无基础三角底盘,普通电动机,带铰链盖
三足式上卸料离心机	SS-1800	99000	安徽普源分离机械制造有限公司	(0552)4014982	衬塑机,无基础三角底盘,防爆型电动机,带简易盖
三足式上卸料离心机	SS-1800	99100	安徽普源分离机械制造有限公司	(0552)4014982	衬塑机,普通三角底盘,防爆型电动机,带变频控制柜
三足式上卸料离心机	SS-1800	100000	安徽普源分离机械制造有限公司	(0552)4014982	衬塑机,无基础三角底盘,防爆型电动机,带铰链盖
三足式上卸料离心机	SS-1800	105500	安徽普源分离机械制造有限公司	(0552)4014982	全钢机,无基础三角底盘,普通电动机
三足式上卸料离心机	SS-1800	106600	安徽普源分离机械制造有限公司	(0552)4014982	沉降机,无基础三角底盘,普通电动机
三足式上卸料离心机	SS-1800	107200	安徽普源分离机械制造有限公司	(0552)4014982	全钢机,无基础三角底盘,防爆型电动机
三足式上卸料离心机	SS-1800	107800	安徽普源分离机械制造有限公司	(0552)4014982	沉降机,无基础三角底盘,防爆型电动机
三足式上卸料离心机	SS-1800	109500	安徽普源分离机械制造有限公司	(0552)4014982	全钢机,无基础三角底盘,普通电动机,带简易盖
三足式上卸料离心机	SS-1800	109500	安徽普源分离机械制造有限公司	(0552)4014982	全钢机,普通三角底盘,普通电动机,带变频控制柜
三足式上卸料离心机	SS-1800	110500	安徽普源分离机械制造有限公司	(0552)4014982	全钢机,无基础三角底盘,普通电动机,带铰链盖
三足式上卸料离心机	SS-1800	110600	安徽普源分离机械制造有限公司	(0552)4014982	沉降机,无基础三角底盘,普通电动机,带简易盖
三足式上卸料离心机	SS-1800	110600	安徽普源分离机械制造有限公司	(0552)4014982	沉降机,普通三角底盘,普通电动机,带变频控制柜
三足式上卸料离心机	SS-1800	111200	安徽普源分离机械制造有限公司	(0552)4014982	全钢机,无基础三角底盘,防爆型电动机,带简易盖
三足式上卸料离心机	SS-1800	111200	安徽普源分离机械制造有限公司	(0552)4014982	全钢机,普通三角底盘,防爆型电动机,带变频控制柜
三足式上卸料离心机	SS-1800	111600	安徽普源分离机械制造有限公司	(0552)4014982	沉降机,无基础三角底盘,普通电动机,带铰链盖
三足式上卸料离心机	SS-1800	111800	安徽普源分离机械制造有限公司	(0552)4014982	沉降机,普通三角底盘,防爆型电动机,带变频控制柜
三足式上卸料离心机	SS-1800	111800	安徽普源分离机械制造有限公司	(0552)4014982	沉降机,无基础三角底盘,防爆型电动机,带简易盖
三足式上卸料离心机	SS-1800	112200	安徽普源分离机械制造有限公司	(0552)4014982	全钢机,无基础三角底盘,防爆型电动机,带铰链盖
三足式上卸料离心机	SS-1800	112800	安徽普源分离机械制造有限公司	(0552)4014982	沉降机,无基础三角底盘,防爆型电动机,带铰链盖
三足式上卸料离心机	SS-1800	115300	安徽普源分离机械制造有限公司	(0552)4014982	衬塑机,无基础三角底盘,普通电动机,带变频控制柜

产品名称	型号规格	参考价格(元)	生产厂家	电话	主要参数及备注
三足式上卸料离心机	SS-1800	117000	安徽普源分离机械制造有限公司	(0552)4014982	衬塑机,无基础三角底盘,防爆型电动机,带变频控制柜
三足式上卸料离心机	SS-1800	127500	安徽普源分离机械制造有限公司	(0552)4014982	全钢机,无基础三角底盘,普通电动机,带变频控制柜
三足式上卸料离心机	SS-1800	128600	安徽普源分离机械制造有限公司	(0552)4014982	沉降机,无基础三角底盘,普通电动机,带变频控制柜
三足式上卸料离心机	SS-1800	129200	安徽普源分离机械制造有限公司	(0552)4014982	全钢机,无基础三角底盘,防爆型电动机,带变频控制柜
三足式上卸料离心机	SS-1800	129800	安徽普源分离机械制造有限公司	(0552)4014982	沉降机,无基础三角底盘,防爆型电动机,带变频控制柜
三足式上卸料离心机	SS-1800	231500	安徽普源分离机械制造有限公司	(0552)4014982	整体不锈钢机,普通三角底盘,普通电动机
三足式上卸料离心机	SS-1800	234300	安徽普源分离机械制造有限公司	(0552)4014982	整体不锈钢机,普通三角底盘,防爆型电动机
三足式上卸料离心机	SS-1800	235500	安徽普源分离机械制造有限公司	(0552)4014982	整体不锈钢机,普通三角底盘,普通电动机,带简易盖
三足式上卸料离心机	SS-1800	236500	安徽普源分离机械制造有限公司	(0552)4014982	整体不锈钢机,普通三角底盘,普通电动机,带铰链盖
三足式上卸料离心机	SS-1800	238300	安徽普源分离机械制造有限公司	(0552)4014982	整体不锈钢机,普通三角底盘,防爆型电动机,带简易盖
三足式上卸料离心机	SS-1800	239300	安徽普源分离机械制造有限公司	(0552)4014982	整体不锈钢机,普通三角底盘,防爆型电动机,带铰链盖
三足式上卸料离心机	SS-1800	253500	安徽普源分离机械制造有限公司	(0552)4014982	整体不锈钢机,普通三角底盘,普通电动机,带变频控制柜
三足式上卸料离心机	SS-1800	256300	安徽普源分离机械制造有限公司	(0552)4014982	整体不锈钢机,普通三角底盘,防爆型电动机,带变频控制柜
三足式上卸料离心机	SS-1800	270000	安徽普源分离机械制造有限公司	(0552)4014982	整体不锈钢机,无基础三角底盘,普通电动机
三足式上卸料离心机	SS-1800	272800	安徽普源分离机械制造有限公司	(0552)4014982	整体不锈钢机,无基础三角底盘,防爆型电动机
三足式上卸料离心机	SS-1800	274000	安徽普源分离机械制造有限公司	(0552)4014982	整体不锈钢机,无基础三角底盘,普通电动机,带简易盖
三足式上卸料离心机	SS-1800	275000	安徽普源分离机械制造有限公司	(0552)4014982	整体不锈钢机,无基础三角底盘,普通电动机,带铰链盖
三足式上卸料离心机	SS-1800	276800	安徽普源分离机械制造有限公司	(0552)4014982	整体不锈钢机,无基础三角底盘,防爆型电动机,带简易盖
三足式上卸料离心机	SS-1800	277800	安徽普源分离机械制造有限公司	(0552)4014982	整体不锈钢机,无基础三角底盘,防爆型电动机,带铰链盖
三足式上卸料离心机	SS-1800	292000	安徽普源分离机械制造有限公司	(0552)4014982	整体不锈钢机,无基础三角底盘,普通电动机,带变频控制柜
三足式上卸料离心机	SS-1800	294800	安徽普源分离机械制造有限公司	(0552)4014982	整体不锈钢机,无基础三角底盘,防爆型电动机,带变频控制柜
三足式上卸料吊袋离心机	SD-800	62000	安徽普源分离机械制造有限公司	(0552)4014982	转鼓直径 800mm,转鼓高度 400mm,转鼓转速 0～1200r/min,最大容积 100L,最大装料重 135kg,电动机功率7.5kW,外形尺寸(mm):1760×1320×1550,重1.5t,全钢机,普通三角底盘,普通电动机,带变频控制柜
三足式上卸料吊袋离心机	SD-800	62600	安徽普源分离机械制造有限公司	(0552)4014982	转鼓直径 800mm,转鼓高度 400mm,转鼓转速 0～1200r/min,最大容积 100L,最大装料重 135kg,电动机功率7.5kW,外形尺寸(mm):1760×1320×1550,重1.5t,全钢机,普通三角底盘,防爆型电动机,带变频控制柜

产品名称	型号规格	参考价格（元）	生产厂家	电话	主要参数及备注
三足式上卸料吊袋离心机	SD-800	65000	安徽普源分离机械制造有限公司	(0552)4014982	转鼓直径800mm，转鼓高度400mm，转鼓转速0～1200r/min，最大容积100L，最大装料重135kg，电动机功率7.5kW，外形尺寸(mm)：1760×1320×1550，重1.5t，全钢机，无基础三角底盘，普通电动机，带变频控制柜
三足式上卸料吊袋离心机	SD-800	65600	安徽普源分离机械制造有限公司	(0552)4014982	转鼓直径800mm，转鼓高度400mm，转鼓转速0～1200r/min，最大容积100L，最大装料重135kg，电动机功率7.5kW，外形尺寸(mm)：1760×1320×1550，重1.5t，全钢机，无基础三角底盘，防爆型电动机，带变频控制柜
三足式上卸料吊袋离心机	SD-800	133300	安徽普源分离机械制造有限公司	(0552)4014982	转鼓直径800mm，转鼓高度400mm，转鼓转速0～1200r/min，最大容积100L，最大装料重135kg，电动机功率7.5kW，外形尺寸(mm)：1760×1320×1550，重1.5t，整体不锈钢机，普通三角底盘，普通电动机，带变频控制柜
三足式上卸料吊袋离心机	SD-800	133900	安徽普源分离机械制造有限公司	(0552)4014982	转鼓直径800mm，转鼓高度400mm，转鼓转速0～1200r/min，最大容积100L，最大装料重135kg，电动机功率7.5kW，外形尺寸(mm)：1760×1320×1550，重1.5t，整体不锈钢机，普通三角底盘，防爆型电动机，带变频控制柜
三足式上卸料吊袋离心机	SD-800	137700	安徽普源分离机械制造有限公司	(0552)4014982	转鼓直径800mm，转鼓高度400mm，转鼓转速0～1200r/min，最大容积100L，最大装料重135kg，电动机功率7.5kW，外形尺寸(mm)：1760×1320×1550，重1.5t，整体不锈钢机，无基础三角底盘，普通电动机，带变频控制柜
三足式上卸料吊袋离心机	SD-800	138300	安徽普源分离机械制造有限公司	(0552)4014982	转鼓直径800mm，转鼓高度400mm，转鼓转速0～1200r/min，最大容积100L，最大装料重135kg，电动机功率7.5kW，外形尺寸(mm)：1760×1320×1550，重1.5t，整体不锈钢机，无基础三角底盘，防爆型电动机，带变频控制柜
三足式上卸料吊袋离心机	SD-1000	69500	安徽普源分离机械制造有限公司	(0552)4014982	转鼓直径1000mm，转鼓高度420mm，转鼓转速0～1000r/min，最大容积140L，最大装料重200kg，电动机功率11kW，外形尺寸(mm)：2125×1600×1600，重2t，全钢机，普通三角底盘，普通电动机，带变频控制柜
三足式上卸料吊袋离心机	SD-1000	70200	安徽普源分离机械制造有限公司	(0552)4014982	转鼓直径1000mm，转鼓高度420mm，转鼓转速0～1000r/min，最大容积140L，最大装料重200kg，电动机功率11kW，外形尺寸(mm)：2125×1600×1600，重2t，全钢机，普通三角底盘，防爆型电动机，带变频控制柜
三足式上卸料吊袋离心机	SD-1000	73000	安徽普源分离机械制造有限公司	(0552)4014982	转鼓直径1000mm，转鼓高度420mm，转鼓转速0～1000r/min，最大容积140L，最大装料重200kg，电动机功率11kW，外形尺寸(mm)：2125×1600×1600，重2t，全钢机，无基础三角底盘，普通电动机，带变频控制柜

产品名称	型号规格	参考价格（元）	生产厂家	电话	主要参数及备注
三足式上卸料吊袋离心机	SD-1000	75000	安徽普源分离机械制造有限公司	(0552)4014982	转鼓直径 1000mm，转鼓高度 420mm，转鼓转速 0～1000 r/min，最大容积 140L，最大装料重 200kg，电动机功率 11kW，外形尺寸(mm)：2125×1600×1600，重 2t，全钢机，无基础三角底盘，防爆型电动机，带变频控制柜
三足式上卸料吊袋离心机	SD-1000	155600	安徽普源分离机械制造有限公司	(0552)4014982	转鼓直径 1000mm，转鼓高度 420mm，转鼓转速 0～1000 r/min，最大容积 140L，最大装料重 200kg，电动机功率 11kW，外形尺寸(mm)：2125×1600×1600，重 2t，整体不锈钢机，普通三角底盘，普通电动机，带变频控制柜
三足式上卸料吊袋离心机	SD-1000	156200	安徽普源分离机械制造有限公司	(0552)4014982	转鼓直径 1000mm，转鼓高度 420mm，转鼓转速 0～1000 r/min，最大容积 140L，最大装料重 200kg，电动机功率 11kW，外形尺寸(mm)：2125×1600×1600，重 2t，整体不锈钢机，普通三角底盘，防爆型电动机，带变频控制柜
三足式上卸料吊袋离心机	SD-1000	161800	安徽普源分离机械制造有限公司	(0552)4014982	转鼓直径 1000mm，转鼓高度 420mm，转鼓转速 0～1000 r/min，最大容积 140L，最大装料重 200kg，电动机功率 11kW，外形尺寸(mm)：2125×1600×1600，重 2t，整体不锈钢机，无基础三角底盘，普通电动机，带变频控制柜
三足式上卸料吊袋离心机	SD-1000	162300	安徽普源分离机械制造有限公司	(0552)4014982	转鼓直径 1000mm，转鼓高度 420mm，转鼓转速 0～1000 r/min，最大容积 140L，最大装料重 200kg，电动机功率 11kW，外形尺寸(mm)：2125×1600×1600，重 2t，整体不锈钢机，无基础三角底盘，防爆型电动机，带变频控制柜
三足式上卸料吊袋离心机	SD-1200	108000	安徽普源分离机械制造有限公司	(0552)4014982	转鼓直径 1200mm，转鼓高度 455mm，转鼓转速 0～900 r/min，最大容积 250L，最大装料重 350kg，电动机功率 15kW，外形尺寸(mm)：2390×1740×1650，重 2.6t，全钢机，普通三角底盘，普通电动机，带变频控制柜
三足式上卸料吊袋离心机	SD-1200	108700	安徽普源分离机械制造有限公司	(0552)4014982	转鼓直径 1200mm，转鼓高度 455mm，转鼓转速 0～900 r/min，最大容积 250L，最大装料重 350kg，电动机功率 15kW，外形尺寸(mm)：2390×1740×1650，重2.6t，全钢机，普通三角底盘，防爆型电动机，带变频控制柜
三足式上卸料吊袋离心机	SD-1200	113400	安徽普源分离机械制造有限公司	(0552)4014982	转鼓直径 1200mm，转鼓高度 455mm，转鼓转速 0～900 r/min，最大容积 250L，最大装料重 350kg，电动机功率 15kW，外形尺寸(mm)：2390×1740×1650，重2.6t，全钢机，无基础三角底盘，普通电动机，带变频控制柜

产品名称	型号规格	参考价格(元)	生产厂家	电话	主要参数及备注
三足式上卸料吊袋离心机	SD-1200	114100	安徽普源分离机械制造有限公司	(0552)4014982	转鼓直径 1200mm,转鼓高度 455mm,转鼓转速 0~900 r/min,最大容积 250L,最大装料重 350kg,电动机功率 15kW,外形尺寸(mm):2390×1740×1650,重 2.6t,全钢机,无基础三角底盘,防爆型电动机,带变频控制柜
三足式上卸料吊袋离心机	SD-1200	223800	安徽普源分离机械制造有限公司	(0552)4014982	转鼓直径 1200mm,转鼓高度 455mm,转鼓转速 0~900 r/min,最大容积 250L,最大装料重 350kg,电动机功率 15kW,外形尺寸(mm):2390×1740×1650,重 2.6t,整体不锈钢机,普通三角底盘,普通电动机,带变频控制柜
三足式上卸料吊袋离心机	SD-1200	224500	安徽普源分离机械制造有限公司	(0552)4014982	转鼓直径 1200mm,转鼓高度 455mm,转鼓转速 0~900 r/min,最大容积 250L,最大装料重 350kg,电动机功率 15kW,外形尺寸(mm):2390×1740×1650,重 2.6t,整体不锈钢机,普通三角底盘,防爆型电动机,带变频控制柜
三足式上卸料吊袋离心机	SD-1200	230000	安徽普源分离机械制造有限公司	(0552)4014982	转鼓直径 1200mm,转鼓高度 455mm,转鼓转速 0~900 r/min,最大容积 250L,最大装料重 350kg,电动机功率 15kW,外形尺寸(mm):2390×1740×1650,重 2.6t,整体不锈钢机,无基础三角底盘,普通电动机,带变频控制柜
三足式上卸料吊袋离心机	SD-1200	230700	安徽普源分离机械制造有限公司	(0552)4014982	转鼓直径 1200mm,转鼓高度 455mm,转鼓转速 0~900 r/min,最大容积 250L,最大装料重 350kg,电动机功率 15kW,外形尺寸(mm):2390×1740×1650,重 2.6t,整体不锈钢机,无基础三角底盘,防爆型电动机,带变频控制柜
三足式上卸料吊袋离心机	SD-1250	112000	安徽普源分离机械制造有限公司	(0552)4014982	转鼓直径 1250mm,转鼓高度 455mm,转鼓转速 0~900 r/min,最大容积 300L,最大装料重 420kg,电动机功率 15kW,外形尺寸(mm):2390×1740×1650,重 3t,全钢机,普通三角底盘,普通电动机,带变频控制柜
三足式上卸料吊袋离心机	SD-1250	113000	安徽普源分离机械制造有限公司	(0552)4014982	转鼓直径 1250mm,转鼓高度 455mm,转鼓转速 0~900 r/min,最大容积 300L,最大装料重 420kg,电动机功率 15kW,外形尺寸(mm):2390×1740×1650,重 3t,全钢机,普通三角底盘,防爆型电动机,带变频控制柜
三足式上卸料吊袋离心机	SD-1250	120000	安徽普源分离机械制造有限公司	(0552)4014982	转鼓直径 1250mm,转鼓高度 455mm,转鼓转速 0~900 r/min,最大容积 300L,最大装料重 420kg,电动机功率 15kW,外形尺寸(mm):2390×1740×1650,重 3t,全钢机,无基础三角底盘,普通电动机,带变频控制柜
三足式上卸料吊袋离心机	SD-1250	124000	安徽普源分离机械制造有限公司	(0552)4014982	转鼓直径 1250mm,转鼓高度 455mm,转鼓转速 0~900 r/min,最大容积 300L,最大装料重 420kg,电动机功率 15kW,外形尺寸(mm):2390×1740×1650,重 3t,全钢机,无基础三角底盘,防爆型电动机,带变频控制柜

产品名称	型号规格	参考价格(元)	生产厂家	电话	主要参数及备注
三足式上卸料吊袋离心机	SD-1250	239400	安徽普源分离机械制造有限公司	(0552)4014982	转鼓直径1250mm,转鼓高度455mm,转鼓转速0~900 r/min,最大容积300L,最大装料重420kg,电动机功率15kW,外形尺寸(mm):2390×1740×1650,重3t,整体不锈钢机,普通三角底盘,普通电动机,带变频控制柜
三足式上卸料吊袋离心机	SD-1250	240100	安徽普源分离机械制造有限公司	(0552)4014982	转鼓直径1250mm,转鼓高度455mm,转鼓转速0~900 r/min,最大容积300L,最大装料重420kg,电动机功率15kW,外形尺寸(mm):2390×1740×1650,重3t,整体不锈钢机,普通三角底盘,防爆型电动机,带变频控制柜
三足式上卸料吊袋离心机	SD-1250	245600	安徽普源分离机械制造有限公司	(0552)4014982	转鼓直径1250mm,转鼓高度455mm,转鼓转速0~900 r/min,最大容积300L,最大装料重420kg,电动机功率15kW,外形尺寸(mm):2390×1740×1650,重3t,整体不锈钢机,无基础三角底盘,普通电动机,带变频控制柜
三足式上卸料吊袋离心机	SD-1250	246300	安徽普源分离机械制造有限公司	(0552)4014982	转鼓直径1250mm,转鼓高度455mm,转鼓转速0~900 r/min,最大容积300L,最大装料重420kg,电动机功率15kW,外形尺寸(mm):2390×1740×1650,重3t,整体不锈钢机,无基础三角底盘,防爆型电动机,带变频控制柜
三足式上卸料吊袋离心机	SD-1500	172000	安徽普源分离机械制造有限公司	(0552)4014982	转鼓直径1500mm,转鼓高度700mm,转鼓转速0~850 r/min,最大容积570L,最大装料重800kg,电动机功率22kW,外形尺寸(mm):2720×2020×1700,重5.4t,全钢机,普通三角底盘,普通电动机,带变频控制柜
三足式上卸料吊袋离心机	SD-1500	180000	安徽普源分离机械制造有限公司	(0552)4014982	转鼓直径1500mm,转鼓高度700mm,转鼓转速0~850 r/min,最大容积570L,最大装料重800kg,电动机功率22kW,外形尺寸(mm):2720×2020×1700,重5.4t,全钢机,普通三角底盘,防爆型电动机,带变频控制柜
三足式上卸料吊袋离心机	SD-1500	183000	安徽普源分离机械制造有限公司	(0552)4014982	转鼓直径1500mm,转鼓高度700mm,转鼓转速0~850 r/min,最大容积570L,最大装料重800kg,电动机功率22kW,外形尺寸(mm):2720×2020×1700,重5.4t,全钢机,无基础三角底盘,普通电动机,带变频控制柜
三足式上卸料吊袋离心机	SD-1500	185000	安徽普源分离机械制造有限公司	(0552)4014982	转鼓直径1500mm,转鼓高度700mm,转鼓转速0~850 r/min,最大容积570L,最大装料重800kg,电动机功率22kW,外形尺寸(mm):2720×2020×1700,重5.4t,全钢机,无基础三角底盘,防爆型电动机,带变频控制柜
三足式上卸料吊袋离心机	SD-1500	314000	安徽普源分离机械制造有限公司	(0552)4014982	转鼓直径1500mm,转鼓高度700mm,转鼓转速0~850 r/min,最大容积570L,最大装料重800kg,电动机功率22kW,外形尺寸(mm):2720×2020×1700,重5.4t,整体不锈钢机,普通三角底盘,普通电动机,带变频控制柜

产品名称	型号规格	参考价格(元)	生产厂家	电话	主要参数及备注
三足式上卸料吊袋离心机	SD-1500	315400	安徽普源分离机械制造有限公司	(0552)4014982	转鼓直径1500mm,转鼓高度700mm,转鼓转速0~850 r/min,最大容积570L,最大装料重800kg,电动机功率22kW,外形尺寸(mm):2720×2020×1700,重5.4t,整体不锈钢机,普通三角底盘,防爆型电动机,带变频控制柜
三足式上卸料吊袋离心机	SD-1500	333800	安徽普源分离机械制造有限公司	(0552)4014982	转鼓直径1500mm,转鼓高度700mm,转鼓转速0~850 r/min,最大容积570L,最大装料重800kg,电动机功率22kW,外形尺寸(mm):2720×2020×1700,重5.4t,整体不锈钢机,无基础三角底盘,普通电动机,带变频控制柜
三足式上卸料吊袋离心机	SD-1500	335200	安徽普源分离机械制造有限公司	(0552)4014982	转鼓直径1500mm,转鼓高度700mm,转鼓转速0~850 r/min,最大容积570L,最大装料重800kg,电动机功率22kW,外形尺寸(mm):2720×2020×1700,重5.4t,整体不锈钢机,无基础三角底盘,防爆型电动机,带变频控制柜
三足式下卸料刮刀离心机	SGT-800	55000	安徽普源分离机械制造有限公司	(0552)4014982	转鼓直径800mm,转鼓高度400mm,转鼓转速0~1200 r/min,最大容积100L,最大装料重135kg,电动机功率7.5kW,外形尺寸(mm):1950×1400×1975,重2.2t,碳钢机,普通电动机,进料管、水洗管材质PVC
三足式下卸料刮刀离心机	SGT-800	55500	安徽普源分离机械制造有限公司	(0552)4014982	转鼓直径800mm,转鼓高度400mm,转鼓转速0~1200 r/min,最大容积100L,最大装料重135kg,电动机功率7.5kW,外形尺寸(mm):1950×1400×1975,重2.2t,碳钢机,防爆型电动机,进料管、水洗管材质PVC
三足式下卸料刮刀离心机	SGT-800	55700	安徽普源分离机械制造有限公司	(0552)4014982	转鼓直径800mm,转鼓高度400mm,转鼓转速0~1200 r/min,最大容积100L,最大装料重135kg,电动机功率7.5kW,外形尺寸(mm):1950×1400×1975,重2.2t,碳钢机,普通电动机,进料管、水洗管材质PVC,带皮带罩
三足式下卸料刮刀离心机	SGT-800	55900	安徽普源分离机械制造有限公司	(0552)4014982	转鼓直径800mm,转鼓高度400mm,转鼓转速0~1200 r/min,最大容积100L,最大装料重135kg,电动机功率7.5kW,外形尺寸(mm):1950×1400×1975,重2.2t,碳钢机,普通电动机,进料管、水洗管材质PVC,带电动机罩
三足式下卸料刮刀离心机	SGT-800	56200	安徽普源分离机械制造有限公司	(0552)4014982	转鼓直径800mm,转鼓高度400mm,转鼓转速0~1200 r/min,最大容积100L,最大装料重135kg,电动机功率7.5kW,外形尺寸(mm):1950×1400×1975,重2.2t,碳钢机,防爆型电动机,进料管、水洗管材质PVC,带皮带罩

产品名称	型号规格	参考价格(元)	生产厂家	电话	主要参数及备注
三足式下卸料刮刀离心机	SGT-800	56400	安徽普源分离机械制造有限公司	(0552)4014982	转鼓直径 800mm,转鼓高度 400mm,转鼓转速 0 ~ 1200 r/min,最大容积 100L,最大装料重 135kg,电动机功率7.5kW,外形尺寸(mm):1950×1400×1975,重2.2t,碳钢机,防爆型电动机,进料管、水洗管材质 PVC,带电动机罩
三足式下卸料刮刀离心机	SGT-800	60000	安徽普源分离机械制造有限公司	(0552)4014982	转鼓直径 800mm,转鼓高度 400mm,转鼓转速 0 ~ 1200 r/min,最大容积 100L,最大装料重 135kg,电动机功率7.5kW,外形尺寸(mm):1950×1400×1975,重2.2t,衬塑机,普通电动机,进料管、水洗管材质 Q235
三足式下卸料刮刀离心机	SGT-800	60550	安徽普源分离机械制造有限公司	(0552)4014982	转鼓直径 800mm,转鼓高度 400mm,转鼓转速 0 ~ 1200 r/min,最大容积 100L,最大装料重 135kg,电动机功率7.5kW,外形尺寸(mm):1950×1400×1975,重2.2t,衬塑机,防爆型电动机,进料管、水洗管材质 Q235
三足式下卸料刮刀离心机	SGT-800	60700	安徽普源分离机械制造有限公司	(0552)4014982	转鼓直径 800mm,转鼓高度 400mm,转鼓转速 0 ~ 1200 r/min,最大容积 100L,最大装料重 135kg,电动机功率7.5kW,外形尺寸(mm):1950×1400×1975,重2.2t,半钢机,普通电动机
三足式下卸料刮刀离心机	SGT-800	60700	安徽普源分离机械制造有限公司	(0552)4014982	转鼓直径 800mm,转鼓高度 400mm,转鼓转速 0~1200 r/min,最大容积 100L,最大装料重 135kg,电动机功率7.5kW,外形尺寸(mm):1950×1400×1975,重2.2t,衬塑机,普通电动机,进料管、水洗管材质 Q235,带皮带罩
三足式下卸料刮刀离心机	SGT-800	60900	安徽普源分离机械制造有限公司	(0552)4014982	转鼓直径 800mm,转鼓高度 400mm,转鼓转速 0~1200 r/min,最大容积 100L,最大装料重 135kg,电动机功率7.5kW,外形尺寸(mm):1950×1400×1975,重2.2t,衬塑机,普通电动机,进料管、水洗管材质 Q235,带电动机罩
三足式下卸料刮刀离心机	SGT-800	61200	安徽普源分离机械制造有限公司	(0552)4014982	转鼓直径 800mm,转鼓高度 400mm,转鼓转速 0 ~ 1200 r/min,最大容积 100L,最大装料重 135kg,电动机功率7.5kW,外形尺寸(mm):1950×1400×1975,重2.2t,半钢机,防爆型电动机
三足式下卸料刮刀离心机	SGT-800	61250	安徽普源分离机械制造有限公司	(0552)4014982	转鼓直径 800mm,转鼓高度 400mm,转鼓转速 0 ~ 1200 r/min,最大容积 100L,最大装料重 135kg,电动机功率7.5kW,外形尺寸(mm):1950×1400×1975,重2.2t,衬塑机,防爆型电动机,进料管、水洗管材质 Q235,带皮带罩
三足式下卸料刮刀离心机	SGT-800	61400	安徽普源分离机械制造有限公司	(0552)4014982	转鼓直径 800mm,转鼓高度 400mm,转鼓转速 0 ~ 1200 r/min,最大容积 100L,最大装料重 135kg,电动机功率7.5kW,外形尺寸(mm):1950×1400×1975,重2.2t,半钢机,普通电动机,带皮带罩

产品名称	型号规格	参考价格（元）	生产厂家	电话	主要参数及备注
三足式下卸料刮刀离心机	SGT-800	61450	安徽普源分离机械制造有限公司	（0552）4014982	转鼓直径 800mm，转鼓高度 400mm，转鼓转速 0 ~ 1200 r/min，最大容积 100L，最大装料重 135kg，电动机功率7.5kW，外形尺寸（mm）：1950×1400×1975，重2.2t，衬塑机，防爆型电动机，进料管、水洗管材质 Q235，带电动机罩
三足式下卸料刮刀离心机	SGT-800	61600	安徽普源分离机械制造有限公司	（0552）4014982	转鼓直径 800mm，转鼓高度 400mm，转鼓转速 0 ~ 1200 r/min，最大容积 100L，最大装料重 135kg，电动机功率7.5kW，外形尺寸（mm）：1950×1400×1975，重2.2t，半钢机，普通电动机，带电动机罩
三足式下卸料刮刀离心机	SGT-800	61900	安徽普源分离机械制造有限公司	（0552）4014982	转鼓直径 800mm，转鼓高度 400mm，转鼓转速 0 ~ 1200 r/min，最大容积 100L，最大装料重 135kg，电动机功率7.5kW，外形尺寸（mm）：1950×1400×1975，重2.2t，半钢机，防爆型电动机，带皮带罩
三足式下卸料刮刀离心机	SGT-800	62100	安徽普源分离机械制造有限公司	（0552）4014982	转鼓直径 800mm，转鼓高度 400mm，转鼓转速 0 ~ 1200 r/min，最大容积 100L，最大装料重 135kg，电动机功率7.5kW，外形尺寸（mm）：1950×1400×1975，重2.2t，半钢机，防爆型电动机，带电动机罩
三足式下卸料刮刀离心机	SGT-800	70200	安徽普源分离机械制造有限公司	（0552）4014982	转鼓直径 800mm，转鼓高度 400mm，转鼓转速 0 ~ 1200 r/min，最大容积 100L，最大装料重 135kg，电动机功率7.5kW，外形尺寸（mm）：1950×1400×1975，重2.2t，全钢机，普通电动机
三足式下卸料刮刀离心机	SGT-800	70700	安徽普源分离机械制造有限公司	（0552）4014982	转鼓直径 800mm，转鼓高度 400mm，转鼓转速 0 ~ 1200 r/min，最大容积 100L，最大装料重 135kg，电动机功率7.5kW，外形尺寸（mm）：1950×1400×1975，重2.2t，全钢机，防爆型电动机
三足式下卸料刮刀离心机	SGT-800	70900	安徽普源分离机械制造有限公司	（0552）4014982	转鼓直径 800mm，转鼓高度 400mm，转鼓转速 0 ~ 1200 r/min，最大容积 100L，最大装料重 135kg，电动机功率7.5kW，外形尺寸（mm）：1950×1400×1975，重2.2t，全钢机，普通电动机，带皮带罩
三足式下卸料刮刀离心机	SGT-800	71100	安徽普源分离机械制造有限公司	（0552）4014982	转鼓直径 800mm，转鼓高度 400mm，转鼓转速 0 ~ 1200 r/min，最大容积 100L，最大装料重 135kg，电动机功率7.5kW，外形尺寸（mm）：1950×1400×1975，重2.2t，全钢机，普通电动机，带电动机罩
三足式下卸料刮刀离心机	SGT-800	71400	安徽普源分离机械制造有限公司	（0552）4014982	转鼓直径 800mm，转鼓高度 400mm，转鼓转速 0 ~ 1200 r/min，最大容积 100L，最大装料重 135kg，电动机功率7.5kW，外形尺寸（mm）：1950×1400×1975，重2.2t，全钢机，防爆型电动机，带皮带罩

产品名称	型号规格	参考价格(元)	生产厂家	电话	主要参数及备注
三足式下卸料刮刀离心机	SGT-800	71600	安徽普源分离机械制造有限公司	(0552)4014982	转鼓直径800mm,转鼓高度400mm,转鼓转速0~1200r/min,最大容积100L,最大装料重135kg,电动机功率7.5kW,外形尺寸(mm):1950×1400×1975,重2.2t,全钢机,防爆型电动机,带电动机罩
三足式下卸料刮刀离心机	SGT-800	143000	安徽普源分离机械制造有限公司	(0552)4014982	转鼓直径800mm,转鼓高度400mm,转鼓转速0~1200r/min,最大容积100L,最大装料重135kg,电动机功率7.5kW,外形尺寸(mm):1950×1400×1975,重2.2t,整体不锈钢机,普通电动机
三足式下卸料刮刀离心机	SGT-800	143500	安徽普源分离机械制造有限公司	(0552)4014982	转鼓直径800mm,转鼓高度400mm,转鼓转速0~1200r/min,最大容积100L,最大装料重135kg,电动机功率7.5kW,外形尺寸(mm):1950×1400×1975,重2.2t,整体不锈钢机,防爆型电动机
三足式下卸料刮刀离心机	SGT-800	143700	安徽普源分离机械制造有限公司	(0552)4014982	转鼓直径800mm,转鼓高度400mm,转鼓转速0~1200r/min,最大容积100L,最大装料重135kg,电动机功率7.5kW,外形尺寸(mm):1950×1400×1975,重2.2t,整体不锈钢机,普通电动机,带皮带罩
三足式下卸料刮刀离心机	SGT-800	143900	安徽普源分离机械制造有限公司	(0552)4014982	转鼓直径800mm,转鼓高度400mm,转鼓转速0~1200r/min,最大容积100L,最大装料重135kg,电动机功率7.5kW,外形尺寸(mm):1950×1400×1975,重2.2t,整体不锈钢机,普通电动机,带电动机罩
三足式下卸料刮刀离心机	SGT-800	144200	安徽普源分离机械制造有限公司	(0552)4014982	转鼓直径800mm,转鼓高度400mm,转鼓转速0~1200r/min,最大容积100L,最大装料重135kg,电动机功率7.5kW,外形尺寸(mm):1950×1400×1975,重2.2t,整体不锈钢机,防爆型电动机,带皮带罩
三足式下卸料刮刀离心机	SGT-800	144400	安徽普源分离机械制造有限公司	(0552)4014982	转鼓直径800mm,转鼓高度400mm,转鼓转速0~1200r/min,最大容积100L,最大装料重135kg,电动机功率7.5kW,外形尺寸(mm):1950×1400×1975,重2.2t,整体不锈钢机,防爆型电动机,带电动机罩
三足式下卸料刮刀离心机	SGT-1000	68000	安徽普源分离机械制造有限公司	(0552)4014982	转鼓直径1000mm,转鼓高度420mm,转鼓转速0~1000r/min,最大容积140L,最大装料重200kg,电动机功率11kW,外形尺寸(mm):2300×1700×2124,重3t,半钢机,普通电动机
三足式下卸料刮刀离心机	SGT-1000	68700	安徽普源分离机械制造有限公司	(0552)4014982	转鼓直径1000mm,转鼓高度420mm,转鼓转速0~1000r/min,最大容积140L,最大装料重200kg,电动机功率11kW,外形尺寸(mm):2300×1700×2124,重3t,半钢机,防爆型电动机

产品名称	型号规格	参考价格(元)	生产厂家	电话	主要参数及备注
三足式下卸料刮刀离心机	SGT-1000	68800	安徽普源分离机械制造有限公司	(0552)4014982	转鼓直径 1000mm,转鼓高度 420mm,转鼓转速 0~1000 r/min,最大容积 140L,最大装料重 200kg,电动机功率 11kW,外形尺寸(mm):2300×1700×2124,重 3t,半钢机,普通电动机,带皮带罩
三足式下卸料刮刀离心机	SGT-1000	69000	安徽普源分离机械制造有限公司	(0552)4014982	转鼓直径 1000mm,转鼓高度 420mm,转鼓转速 0~1000 r/min,最大容积 140L,最大装料重 200kg,电动机功率 11kW,外形尺寸(mm):2300×1700×2124,重 3t,碳钢机,普通电动机,进料管、水洗管材质 PVC
三足式下卸料刮刀离心机	SGT-1000	69000	安徽普源分离机械制造有限公司	(0552)4014982	转鼓直径 1000mm,转鼓高度 420mm,转鼓转速 0~1000 r/min,最大容积 140L,最大装料重 200kg,电动机功率 11kW,外形尺寸(mm):2300×1700×2124,重 3t,半钢机,普通电动机,带电动机罩
三足式下卸料刮刀离心机	SGT-1000	69500	安徽普源分离机械制造有限公司	(0552)4014982	转鼓直径 1000mm,转鼓高度 420mm,转鼓转速 0~1000 r/min,最大容积 140L,最大装料重 200kg,电动机功率 11kW,外形尺寸(mm):2300×1700×2124,重 3t,半钢机,防爆型电动机,带皮带罩
三足式下卸料刮刀离心机	SGT-1000	69700	安徽普源分离机械制造有限公司	(0552)4014982	转鼓直径 1000mm,转鼓高度 420mm,转鼓转速 0~1000 r/min,最大容积 140L,最大装料重 200kg,电动机功率 11kW,外形尺寸(mm):2300×1700×2124,重 3t,半钢机,防爆型电动机,带电动机罩
三足式下卸料刮刀离心机	SGT-1000	69700	安徽普源分离机械制造有限公司	(0552)4014982	转鼓直径 1000mm,转鼓高度 420mm,转鼓转速 0~1000 r/min,最大容积 140L,最大装料重 200kg,电动机功率 11kW,外形尺寸(mm):2300×1700×2124,重 3t,碳钢机,防爆型电动机,进料管、水洗管材质 PVC
三足式下卸料刮刀离心机	SGT-1000	69800	安徽普源分离机械制造有限公司	(0552)4014982	转鼓直径 1000mm,转鼓高度 420mm,转鼓转速 0~1000 r/min,最大容积 140L,最大装料重 200kg,电动机功率 11kW,外形尺寸(mm):2300×1700×2124,重 3t,碳钢机,普通电动机,进料管、水洗管材质 PVC,带皮带罩
三足式下卸料刮刀离心机	SGT-1000	70000	安徽普源分离机械制造有限公司	(0552)4014982	转鼓直径 1000mm,转鼓高度 420mm,转鼓转速 0~1000 r/min,最大容积 140L,最大装料重 200kg,电动机功率 11kW,外形尺寸(mm):2300×1700×2124,重 3t,衬塑机,普通电动机,进料管、水洗管材质 Q235
三足式下卸料刮刀离心机	SGT-1000	70000	安徽普源分离机械制造有限公司	(0552)4014982	转鼓直径 1000mm,转鼓高度 420mm,转鼓转速 0~1000 r/min,最大容积 140L,最大装料重 200kg,电动机功率 11kW,外形尺寸(mm):2300×1700×2124,重 3t,碳钢机,普通电动机,进料管、水洗管材质 PVC,带电动机罩

产品名称	型号规格	参考价格(元)	生产厂家	电话	主要参数及备注
三足式下卸料刮刀离心机	SGT-1000	70500	安徽普源分离机械制造有限公司	(0552)4014982	转鼓直径 1000mm,转鼓高度 420mm,转鼓转速 0~1000 r/min,最大容积 140L,最大装料重 200kg,电动机功率 11kW,外形尺寸(mm):2300×1700×2124,重 3t,碳钢机,防爆型电动机,进料管、水洗管材质 PVC,带皮带罩
三足式下卸料刮刀离心机	SGT-1000	70600	安徽普源分离机械制造有限公司	(0552)4014982	转鼓直径 1000mm,转鼓高度 420mm,转鼓转速 0~1000 r/min,最大容积 140L,最大装料重 200kg,电动机功率 11kW,外形尺寸(mm):2300×1700×2124,重 3t,衬塑机,防爆型电动机,进料管、水洗管材质 Q235
三足式下卸料刮刀离心机	SGT-1000	70700	安徽普源分离机械制造有限公司	(0552)4014982	转鼓直径 1000mm,转鼓高度 420mm,转鼓转速 0~1000 r/min,最大容积 140L,最大装料重 200kg,电动机功率 11kW,外形尺寸(mm):2300×1700×2124,重 3t,碳钢机,防爆型电动机,进料管、水洗管材质 PVC,带电动机罩
三足式下卸料刮刀离心机	SGT-1000	70800	安徽普源分离机械制造有限公司	(0552)4014982	转鼓直径 1000mm,转鼓高度 420mm,转鼓转速 0~1000 r/min,最大容积 140L,最大装料重 200kg,电动机功率 11kW,外形尺寸(mm):2300×1700×2124,重 3t,衬塑机,普通电动机,进料管、水洗管材质 Q235,带皮带罩
三足式下卸料刮刀离心机	SGT-1000	71000	安徽普源分离机械制造有限公司	(0552)4014982	转鼓直径 1000mm,转鼓高度 420mm,转鼓转速 0~1000 r/min,最大容积 140L,最大装料重 200kg,电动机功率 11kW,外形尺寸(mm):2300×1700×2124,重 3t,衬塑机,普通电动机,进料管、水洗管材质 Q235,带电动机罩
三足式下卸料刮刀离心机	SGT-1000	71400	安徽普源分离机械制造有限公司	(0552)4014982	转鼓直径 1000mm,转鼓高度 420mm,转鼓转速 0~1000 r/min,最大容积 140L,最大装料重 200kg,电动机功率 11kW,外形尺寸(mm):2300×1700×2124,重 3t,衬塑机,防爆型电动机,进料管、水洗管材质 Q235,带皮带罩
三足式下卸料刮刀离心机	SGT-1000	71600	安徽普源分离机械制造有限公司	(0552)4014982	转鼓直径 1000mm,转鼓高度 420mm,转鼓转速 0~1000 r/min,最大容积 140L,最大装料重 200kg,电动机功率 11kW,外形尺寸(mm):2300×1700×2124,重 3t,衬塑机,防爆型电动机,进料管、水洗管材质 Q235,带电动机罩
三足式下卸料刮刀离心机	SGT-1000	86400	安徽普源分离机械制造有限公司	(0552)4014982	转鼓直径 1000mm,转鼓高度 420mm,转鼓转速 0~1000 r/min,最大容积 140L,最大装料重 200kg,电动机功率 11kW,外形尺寸(mm):2300×1700×2124,重 3t,全钢机,普通电动机
三足式下卸料刮刀离心机	SGT-1000	87000	安徽普源分离机械制造有限公司	(0552)4014982	转鼓直径 1000mm,转鼓高度 420mm,转鼓转速 0~1000 r/min,最大容积 140L,最大装料重 200kg,电动机功率 11kW,外形尺寸(mm):2300×1700×2124,重 3t,全钢机,防爆型电动机

产品名称	型号规格	参考价格(元)	生产厂家	电话	主要参数及备注
三足式下卸料刮刀离心机	SGT-1000	87200	安徽普源分离机械制造有限公司	(0552)4014982	转鼓直径1000mm,转鼓高度420mm,转鼓转速0~1000r/min,最大容积140L,最大装料重200kg,电动机功率11kW,外形尺寸(mm):2300×1700×2124,重3t,全钢机,普通电动机,带皮带罩
三足式下卸料刮刀离心机	SGT-1000	87400	安徽普源分离机械制造有限公司	(0552)4014982	转鼓直径1000mm,转鼓高度420mm,转鼓转速0~1000r/min,最大容积140L,最大装料重200kg,电动机功率11kW,外形尺寸(mm):2300×1700×2124,重3t,全钢机,普通电动机,带电动机罩
三足式下卸料刮刀离心机	SGT-1000	87800	安徽普源分离机械制造有限公司	(0552)4014982	转鼓直径1000mm,转鼓高度420mm,转鼓转速0~1000r/min,最大容积140L,最大装料重200kg,电动机功率11kW,外形尺寸(mm):2300×1700×2124,重3t,全钢机,防爆型电动机,带皮带罩
三足式下卸料刮刀离心机	SGT-1000	88000	安徽普源分离机械制造有限公司	(0552)4014982	转鼓直径1000mm,转鼓高度420mm,转鼓转速0~1000r/min,最大容积140L,最大装料重200kg,电动机功率11kW,外形尺寸(mm):2300×1700×2124,重3t,全钢机,防爆型电动机,带电动机罩
三足式下卸料刮刀离心机	SGT-1000	179400	安徽普源分离机械制造有限公司	(0552)4014982	转鼓直径1000mm,转鼓高度420mm,转鼓转速0~1000r/min,最大容积140L,最大装料重200kg,电动机功率11kW,外形尺寸(mm):2300×1700×2124,重3t,整体不锈钢机,普通电动机
三足式下卸料刮刀离心机	SGT-1000	180000	安徽普源分离机械制造有限公司	(0552)4014982	转鼓直径1000mm,转鼓高度420mm,转鼓转速0~1000r/min,最大容积140L,最大装料重200kg,电动机功率11kW,外形尺寸(mm):2300×1700×2124,重3t,整体不锈钢机,防爆型电动机
三足式下卸料刮刀离心机	SGT-1000	180200	安徽普源分离机械制造有限公司	(0552)4014982	转鼓直径1000mm,转鼓高度420mm,转鼓转速0~1000r/min,最大容积140L,最大装料重200kg,电动机功率11kW,外形尺寸(mm):2300×1700×2124,重3t,整体不锈钢机,普通电动机,带皮带罩
三足式下卸料刮刀离心机	SGT-1000	180400	安徽普源分离机械制造有限公司	(0552)4014982	转鼓直径1000mm,转鼓高度420mm,转鼓转速0~1000r/min,最大容积140L,最大装料重200kg,电动机功率11kW,外形尺寸(mm):2300×1700×2124,重3t,整体不锈钢机,普通电动机,带电动机罩
三足式下卸料刮刀离心机	SGT-1000	180800	安徽普源分离机械制造有限公司	(0552)4014982	转鼓直径1000mm,转鼓高度420mm,转鼓转速0~1000r/min,最大容积140L,最大装料重200kg,电动机功率11kW,外形尺寸(mm):2300×1700×2124,重3t,整体不锈钢机,防爆型电动机,带皮带罩

产品名称	型号规格	参考价格（元）	生产厂家	电话	主要参数及备注
三足式下卸料刮刀离心机	SGT-1000	181000	安徽普源分离机械制造有限公司	（0552）4014982	转鼓直径1000mm，转鼓高度420mm，转鼓转速0～1000 r/min，最大容积140L，最大装料重200kg，电动机功率11kW，外形尺寸（mm）：2300×1700×2124，重3t，整体不锈钢机，防爆型电动机，带电动机罩
三足式下卸料刮刀离心机	SGT-1200	85300	安徽普源分离机械制造有限公司	（0552）4014982	转鼓直径1200mm，转鼓高度500mm，转鼓转速0～900 r/min，最大容积250L，最大装料重350kg，电动机功率18.5kW，外形尺寸（mm）：2620×2000×2200，重4t，半钢机，普通电动机
三足式下卸料刮刀离心机	SGT-1200	86100	安徽普源分离机械制造有限公司	（0552）4014982	转鼓直径1200mm，转鼓高度500mm，转鼓转速0～900 r/min，最大容积250L，最大装料重350kg，电动机功率18.5 kW，外形尺寸（mm）：2620×2000×2200，重4t，半钢机，防爆型电动机
三足式下卸料刮刀离心机	SGT-1200	86200	安徽普源分离机械制造有限公司	（0552）4014982	转鼓直径1200mm，转鼓高度500mm，转鼓转速0～900 r/min，最大容积250L，最大装料重350kg，电动机功率18.5kW，外形尺寸（mm）：2620×2000×2200，重4t，半钢机，普通电动机，带皮带罩
三足式下卸料刮刀离心机	SGT-1200	86400	安徽普源分离机械制造有限公司	（0552）4014982	转鼓直径1200mm，转鼓高度500mm，转鼓转速0～900 r/min，最大容积250L，最大装料重350kg，电动机功率18.5kW，外形尺寸（mm）：2620×2000×2200，重4t，半钢机，普通电动机，带电动机罩
三足式下卸料刮刀离心机	SGT-1200	87000	安徽普源分离机械制造有限公司	（0552）4014982	转鼓直径1200mm，转鼓高度500mm，转鼓转速0～900 r/min，最大容积250L，最大装料重350kg，电动机功率18.5kW，外形尺寸（mm）：2620×2000×2200，重4t，碳钢机，普通电动机，进料管、水洗管材质PVC
三足式下卸料刮刀离心机	SGT-1200	87000	安徽普源分离机械制造有限公司	（0552）4014982	转鼓直径1200mm，转鼓高度500mm，转鼓转速0～900 r/min，最大容积250L，最大装料重350kg，电动机功率18.5kW，外形尺寸（mm）：2620×2000×2200，重4t，半钢机，防爆型电动机，带皮带罩
三足式下卸料刮刀离心机	SGT-1200	87200	安徽普源分离机械制造有限公司	（0552）4014982	转鼓直径1200mm，转鼓高度500mm，转鼓转速0～900 r/min，最大容积250L，最大装料重350kg，电动机功率18.5kW，外形尺寸（mm）：2620×2000×2200，重4t，半钢机，防爆型电动机，带电动机罩
三足式下卸料刮刀离心机	SGT-1200	87700	安徽普源分离机械制造有限公司	（0552）4014982	转鼓直径1200mm，转鼓高度500mm，转鼓转速0～900 r/min，最大容积250L，最大装料重350kg，电动机功率18.5kW，外形尺寸（mm）：2620×2000×2200，重4t，碳钢机，防爆型电动机，进料管、水洗管材质PVC

产品名称	型号规格	参考价格（元）	生产厂家	电话	主要参数及备注
三足式下卸料刮刀离心机	SGT-1200	87900	安徽普源分离机械制造有限公司	(0552)4014982	转鼓直径 1200mm，转鼓高度 500mm，转鼓转速 0～900 r/min，最大容积 250L，最大装料重 350kg，电动机功率18.5kW，外形尺寸(mm)：2620×2000×2200，重 4t，碳钢机，普通电动机，进料管、水洗管材质 PVC，带皮带罩
三足式下卸料刮刀离心机	SGT-1200	88100	安徽普源分离机械制造有限公司	(0552)4014982	转鼓直径 1200mm，转鼓高度 500mm，转鼓转速 0～900 r/min，最大容积 250L，最大装料重 350kg，电动机功率18.5kW，外形尺寸(mm)：2620×2000×2200，重 4t，碳钢机，普通电动机，进料管、水洗管材质 PVC，带电动机罩
三足式下卸料刮刀离心机	SGT-1200	88600	安徽普源分离机械制造有限公司	(0552)4014982	转鼓直径 1200mm，转鼓高度 500mm，转鼓转速 0～900 r/min，最大容积 250L，最大装料重 350kg，电动机功率18.5kW，外形尺寸(mm)：2620×2000×2200，重 4t，碳钢机，防爆型电动机，进料管、水洗管材质 PVC，带皮带罩
三足式下卸料刮刀离心机	SGT-1200	88800	安徽普源分离机械制造有限公司	(0552)4014982	转鼓直径 1200mm，转鼓高度 500mm，转鼓转速 0～900 r/min，最大容积 250L，最大装料重 350kg，电动机功率18.5kW，外形尺寸(mm)：2620×2000×2200，重 4t，碳钢机，防爆型电动机，进料管、水洗管材质 PVC，带电动机罩
三足式下卸料刮刀离心机	SGT-1200	92000	安徽普源分离机械制造有限公司	(0552)4014982	转鼓直径 1200mm，转鼓高度 500mm，转鼓转速 0～900 r/min，最大容积 250L，最大装料重 350kg，电动机功率18.5kW，外形尺寸(mm)：2620×2000×2200，重 4t，衬塑机，普通电动机，进料管、水洗管材质 Q235
三足式下卸料刮刀离心机	SGT-1200	92700	安徽普源分离机械制造有限公司	(0552)4014982	转鼓直径 1200mm，转鼓高度 500mm，转鼓转速 0～900 r/min，最大容积 250L，最大装料重 350kg，电动机功率18.5kW，外形尺寸(mm)：2620×2000×2200，重 4t，衬塑机，防爆型电动机，进料管、水洗管材质 Q235
三足式下卸料刮刀离心机	SGT-1200	92900	安徽普源分离机械制造有限公司	(0552)4014982	转鼓直径 1200mm，转鼓高度 500mm，转鼓转速 0～900 r/min，最大容积 250L，最大装料重 350kg，电动机功率18.5kW，外形尺寸(mm)：2620×2000×2200，重 4t，衬塑机，普通电动机，进料管、水洗管材质 Q235，带皮带罩
三足式下卸料刮刀离心机	SGT-1200	93100	安徽普源分离机械制造有限公司	(0552)4014982	转鼓直径 1200mm，转鼓高度 500mm，转鼓转速 0～900 r/min，最大容积 250L，最大装料重 350kg，电动机功率18.5kW，外形尺寸(mm)：2620×2000×2200，重 4t，衬塑机，普通电动机，进料管、水洗管材质 Q235，带电动机罩
三足式下卸料刮刀离心机	SGT-1200	93600	安徽普源分离机械制造有限公司	(0552)4014982	转鼓直径 1200mm，转鼓高度 500mm，转鼓转速 0～900 r/min，最大容积 250L，最大装料重 350kg，电动机功率18.5kW，外形尺寸(mm)：2620×2000×2200，重 4t，衬塑机，防爆型电动机，进料管、水洗管材质 Q235，带皮带罩

产品名称	型号规格	参考价格(元)	生产厂家	电话	主要参数及备注
三足式下卸料刮刀离心机	SGT-1200	93800	安徽普源分离机械制造有限公司	(0552)4014982	转鼓直径1200mm,转鼓高度500mm,转鼓转速0~900 r/min,最大容积250L,最大装料重350kg,电动机功率18.5kW,外形尺寸(mm):2620×2000×2200,重4t,衬塑机,防爆型电动机,进料管、水洗管材质Q235,带电动机罩
三足式下卸料刮刀离心机	SGT-1200	108000	安徽普源分离机械制造有限公司	(0552)4014982	转鼓直径1200mm,转鼓高度500mm,转鼓转速0~900 r/min,最大容积250L,最大装料重350kg,电动机功率18.5kW,外形尺寸(mm):2620×2000×2200,重4t,全钢机,普通电动机
三足式下卸料刮刀离心机	SGT-1200	108800	安徽普源分离机械制造有限公司	(0552)4014982	转鼓直径1200mm,转鼓高度500mm,转鼓转速0~900 r/min,最大容积250L,最大装料重350kg,电动机功率18.5kW,外形尺寸(mm):2620×2000×2200,重4t,全钢机,防爆型电动机
三足式下卸料刮刀离心机	SGT-1200	108900	安徽普源分离机械制造有限公司	(0552)4014982	转鼓直径1200mm,转鼓高度500mm,转鼓转速0~900 r/min,最大容积250L,最大装料重350kg,电动机功率18.5kW,外形尺寸(mm):2620×2000×2200,重4t,全钢机,普通电动机,带皮带罩
三足式下卸料刮刀离心机	SGT-1200	109100	安徽普源分离机械制造有限公司	(0552)4014982	转鼓直径1200mm,转鼓高度500mm,转鼓转速0~900 r/min,最大容积250L,最大装料重350kg,电动机功率18.5kW,外形尺寸(mm):2620×2000×2200,重4t,全钢机,普通电动机,带电动机罩
三足式下卸料刮刀离心机	SGT-1200	109700	安徽普源分离机械制造有限公司	(0552)4014982	转鼓直径1200mm,转鼓高度500mm,转鼓转速0~900 r/min,最大容积250L,最大装料重350kg,电动机功率18.5kW,外形尺寸(mm):2620×2000×2200,重4t,全钢机,防爆型电动机,带皮带罩
三足式下卸料刮刀离心机	SGT-1200	109900	安徽普源分离机械制造有限公司	(0552)4014982	转鼓直径1200mm,转鼓高度500mm,转鼓转速0~900 r/min,最大容积250L,最大装料重350kg,电动机功率18.5kW,外形尺寸(mm):2620×2000×2200,重4t,全钢机,防爆型电动机,带电动机罩
三足式下卸料刮刀离心机	SGT-1200	230900	安徽普源分离机械制造有限公司	(0552)4014982	转鼓直径1200mm,转鼓高度500mm,转鼓转速0~900 r/min,最大容积250L,最大装料重350kg,电动机功率18.5 kW,外形尺寸(mm):2620×2000×2200,重4t,整体不锈钢机,普通电动机
三足式下卸料刮刀离心机	SGT-1200	231600	安徽普源分离机械制造有限公司	(0552)4014982	转鼓直径1200mm,转鼓高度500mm,转鼓转速0~900 r/min,最大容积250L,最大装料重350kg,电动机功率18.5 kW,外形尺寸(mm):2620×2000×2200,重4t,整体不锈钢机,防爆型电动机

产品名称	型号规格	参考价格（元）	生产厂家	电话	主要参数及备注
三足式下卸料刮刀离心机	SGT-1200	231800	安徽普源分离机械制造有限公司	(0552)4014982	转鼓直径1200mm,转鼓高度500mm,转鼓转速0~900 r/min,最大容积250L,最大装料重350kg,电动机功率18.5kW,外形尺寸(mm):2620×2000×2200,重4t,整体不锈钢机,普通电动机,带皮带罩
三足式下卸料刮刀离心机	SGT-1200	232000	安徽普源分离机械制造有限公司	(0552)4014982	转鼓直径1200mm,转鼓高度500mm,转鼓转速0~900 r/min,最大容积250L,最大装料重350kg,电动机功率18.5kW,外形尺寸(mm):2620×2000×2200,重4t,整体不锈钢机,普通电动机,带电动机罩
三足式下卸料刮刀离心机	SGT-1200	232500	安徽普源分离机械制造有限公司	(0552)4014982	转鼓直径1200mm,转鼓高度500mm,转鼓转速0~900 r/min,最大容积250L,最大装料重350kg,电动机功率18.5kW,外形尺寸(mm):2620×2000×2200,重4t,整体不锈钢机,防爆型电动机,带皮带罩
三足式下卸料刮刀离心机	SGT-1200	232700	安徽普源分离机械制造有限公司	(0552)4014982	转鼓直径1200mm,转鼓高度500mm,转鼓转速0~900 r/min,最大容积250L,最大装料重350kg,电动机功率18.5kW,外形尺寸(mm):2620×2000×2200,重4t,整体不锈钢机,防爆型电动机,带电动机罩
三足式下卸料刮刀离心机	SGT-1250	89600	安徽普源分离机械制造有限公司	(0552)4014982	半钢机,普通电动机
三足式下卸料刮刀离心机	SGT-1250	90400	安徽普源分离机械制造有限公司	(0552)4014982	半钢机,防爆型电动机
三足式下卸料刮刀离心机	SGT-1250	90500	安徽普源分离机械制造有限公司	(0552)4014982	半钢机,普通电动机,带皮带罩
三足式下卸料刮刀离心机	SGT-1250	90700	安徽普源分离机械制造有限公司	(0552)4014982	半钢机,普通电动机,带电动机罩
三足式下卸料刮刀离心机	SGT-1250	91300	安徽普源分离机械制造有限公司	(0552)4014982	半钢机,防爆型电动机,带皮带罩
三足式下卸料刮刀离心机	SGT-1250	91500	安徽普源分离机械制造有限公司	(0552)4014982	半钢机,防爆型电动机,带电动机罩
三足式下卸料刮刀离心机	SGT-1250	96000	安徽普源分离机械制造有限公司	(0552)4014982	碳钢机,普通电动机,进料管、水洗管材质PVC
三足式下卸料刮刀离心机	SGT-1250	96700	安徽普源分离机械制造有限公司	(0552)4014982	碳钢机,防爆型电动机,进料管、水洗管材质PVC
三足式下卸料刮刀离心机	SGT-1250	96900	安徽普源分离机械制造有限公司	(0552)4014982	碳钢机,普通电动机,进料管、水洗管材质PVC,带皮带罩
三足式下卸料刮刀离心机	SGT-1250	97100	安徽普源分离机械制造有限公司	(0552)4014982	碳钢机,普通电动机,进料管、水洗管材质PVC,带电动机罩
三足式下卸料刮刀离心机	SGT-1250	97600	安徽普源分离机械制造有限公司	(0552)4014982	碳钢机,防爆型电动机,进料管、水洗管材质PVC,带皮带罩
三足式下卸料刮刀离心机	SGT-1250	97800	安徽普源分离机械制造有限公司	(0552)4014982	碳钢机,防爆型电动机,进料管、水洗管材质PVC,带电动机罩
三足式下卸料刮刀离心机	SGT-1250	100000	安徽普源分离机械制造有限公司	(0552)4014982	衬塑机,普通电动机,进料管、水洗管材质Q235
三足式下卸料刮刀离心机	SGT-1250	100700	安徽普源分离机械制造有限公司	(0552)4014982	衬塑机,防爆型电动机,进料管、水洗管材质Q235
三足式下卸料刮刀离心机	SGT-1250	100900	安徽普源分离机械制造有限公司	(0552)4014982	衬塑机,普通电动机,进料管、水洗管材质Q235,带皮带罩

产品名称	型号规格	参考价格(元)	生产厂家	电话	主要参数及备注
三足式下卸料刮刀离心机	SGT-1250	101100	安徽普源分离机械制造有限公司	(0552)4014982	衬塑机,普通电动机,进料管、水洗管材质Q235,带电动机罩
三足式下卸料刮刀离心机	SGT-1250	101600	安徽普源分离机械制造有限公司	(0552)4014982	衬塑机,进料管、水洗管材质Q235,防爆型电动机,带皮带罩
三足式下卸料刮刀离心机	SGT-1250	101800	安徽普源分离机械制造有限公司	(0552)4014982	衬塑机,防爆型电动机,进料管、水洗管材质Q235,带电动机罩
三足式下卸料刮刀离心机	SGT-1250	113400	安徽普源分离机械制造有限公司	(0552)4014982	全钢机,普通电动机
三足式下卸料刮刀离心机	SGT-1250	114100	安徽普源分离机械制造有限公司	(0552)4014982	全钢机,防爆型电动机
三足式下卸料刮刀离心机	SGT-1250	114300	安徽普源分离机械制造有限公司	(0552)4014982	全钢机,普通电动机,带皮带罩
三足式下卸料刮刀离心机	SGT-1250	114500	安徽普源分离机械制造有限公司	(0552)4014982	全钢机,普通电动机,带电动机罩
三足式下卸料刮刀离心机	SGT-1250	115000	安徽普源分离机械制造有限公司	(0552)4014982	全钢机,防爆型电动机,带皮带罩
三足式下卸料刮刀离心机	SGT-1250	115200	安徽普源分离机械制造有限公司	(0552)4014982	全钢机,防爆型电动机,带电动机罩
三足式下卸料刮刀离心机	SGT-1250	234000	安徽普源分离机械制造有限公司	(0552)4014982	整体不锈钢机,普通电动机
三足式下卸料刮刀离心机	SGT-1250	234700	安徽普源分离机械制造有限公司	(0552)4014982	整体不锈钢机,防爆型电动机
三足式下卸料刮刀离心机	SGT-1250	234900	安徽普源分离机械制造有限公司	(0552)4014982	整体不锈钢机,普通电动机,带皮带罩
三足式下卸料刮刀离心机	SGT-1250	235100	安徽普源分离机械制造有限公司	(0552)4014982	整体不锈钢机,普通电动机,带电动机罩
三足式下卸料刮刀离心机	SGT-1250	235600	安徽普源分离机械制造有限公司	(0552)4014982	整体不锈钢机,防爆型电动机,带皮带罩
三足式下卸料刮刀离心机	SGT-1250	235800	安徽普源分离机械制造有限公司	(0552)4014982	整体不锈钢机,防爆型电动机,带电动机罩
三足式下卸料刮刀离心机	SGT-1500	200000	安徽普源分离机械制造有限公司	(0552)4014982	转鼓直径1500mm,转鼓高度600mm,转鼓转速0~850 r/min,最大容积500L,最大装料重650kg,电动机功率22kW,外形尺寸(mm):2970×2200×2500,重6.2t,碳钢机,普通电动机,进料管、水洗管材质PVC
三足式下卸料刮刀离心机	SGT-1500	201000	安徽普源分离机械制造有限公司	(0552)4014982	转鼓直径1500mm,转鼓高度600mm,转鼓转速0~850 r/min,最大容积500L,最大装料重650kg,电动机功率22kW,外形尺寸(mm):2970×2200×2500,重6.2t,碳钢机,普通电动机,进料管、水洗管材质PVC,带皮带罩
三足式下卸料刮刀离心机	SGT-1500	201200	安徽普源分离机械制造有限公司	(0552)4014982	转鼓直径1500mm,转鼓高度600mm,转鼓转速0~850 r/min,最大容积500L,最大装料重650kg,电动机功率22kW,外形尺寸(mm):2970×2200×2500,重6.2t,碳钢机,防爆型电动机,进料管、水洗管材质PVC
三足式下卸料刮刀离心机	SGT-1500	201200	安徽普源分离机械制造有限公司	(0552)4014982	转鼓直径1500mm,转鼓高度600mm,转鼓转速0~850 r/min,最大容积500L,最大装料重650kg,电动机功率22kW,外形尺寸(mm):2970×2200×2500,重6.2t,碳钢机,普通电动机,进料管、水洗管材质PVC,带电动机罩

产品名称	型号规格	参考价格(元)	生产厂家	电话	主要参数及备注
三足式下卸料刮刀离心机	SGT-1500	202200	安徽普源分离机械制造有限公司	(0552)4014982	转鼓直径 1500mm，转鼓高度 600mm，转鼓转速 0～850 r/min，最大容积 500L，最大装料重 650kg，电动机功率 22kW，外形尺寸(mm)：2970×2200×2500，重 6.2t，碳钢机，防爆型电动机，进料管、水洗管材质 PVC，带皮带罩
三足式下卸料刮刀离心机	SGT-1500	202400	安徽普源分离机械制造有限公司	(0552)4014982	转鼓直径 1500mm，转鼓高度 600mm，转鼓转速 0～850 r/min，最大容积 500L，最大装料重 650kg，电动机功率 22kW，外形尺寸(mm)：2970×2200×2500，重 6.2t，碳钢机，防爆型电动机，进料管、水洗管材质 PVC，带电动机罩
三足式下卸料刮刀离心机	SGT-1500	203000	安徽普源分离机械制造有限公司	(0552)4014982	转鼓直径 1500mm，转鼓高度 600mm，转鼓转速 0～850 r/min，最大容积 500L，最大装料重 650kg，电动机功率 22kW，外形尺寸(mm)：2970×2200×2500，重 6.2t，半钢机，普通电动机
三足式下卸料刮刀离心机	SGT-1500	204000	安徽普源分离机械制造有限公司	(0552)4014982	转鼓直径 1500mm，转鼓高度 600mm，转鼓转速 0～850 r/min，最大容积 500L，最大装料重 650kg，电动机功率 22kW，外形尺寸(mm)：2970×2200×2500，重 6.2t，半钢机，普通电动机，带皮带罩
三足式下卸料刮刀离心机	SGT-1500	204200	安徽普源分离机械制造有限公司	(0552)4014982	转鼓直径 1500mm，转鼓高度 600mm，转鼓转速 0～850 r/min，最大容积 500L，最大装料重 650kg，电动机功率 22kW，外形尺寸(mm)：2970×2200×2500，重 6.2t，半钢机，防爆型电动机
三足式下卸料刮刀离心机	SGT-1500	204200	安徽普源分离机械制造有限公司	(0552)4014982	转鼓直径 1500mm，转鼓高度 600mm，转鼓转速 0～850 r/min，最大容积 500L，最大装料重 650kg，电动机功率 22kW，外形尺寸(mm)：2970×2200×2500，重 6.2t，半钢机，普通电动机，带电动机罩
三足式下卸料刮刀离心机	SGT-1500	205200	安徽普源分离机械制造有限公司	(0552)4014982	转鼓直径 1500mm，转鼓高度 600mm，转鼓转速 0～850 r/min，最大容积 500L，最大装料重 650kg，电动机功率 22kW，外形尺寸(mm)：2970×2200×2500，重 6.2t，半钢机，防爆型电动机，带皮带罩
三足式下卸料刮刀离心机	SGT-1500	205400	安徽普源分离机械制造有限公司	(0552)4014982	转鼓直径 1500mm，转鼓高度 600mm，转鼓转速 0～850 r/min，最大容积 500L，最大装料重 650kg，电动机功率 22kW，外形尺寸(mm)：2970×2200×2500，重 6.2t，半钢机，防爆型电动机，带电动机罩
三足式下卸料刮刀离心机	SGT-1500	230000	安徽普源分离机械制造有限公司	(0552)4014982	转鼓直径 1500mm，转鼓高度 600mm，转鼓转速 0～850 r/min，最大容积 500L，最大装料重 650kg，电动机功率 22kW，外形尺寸(mm)：2970×2200×2500，重 6.2t，衬塑机，普通电动机，进料管、水洗管材质 Q235

产品名称	型号规格	参考价格(元)	生产厂家	电话	主要参数及备注
三足式下卸料刮刀离心机	SGT-1500	231000	安徽普源分离机械制造有限公司	(0552)4014982	转鼓直径1500mm,转鼓高度600mm,转鼓转速0~850 r/min,最大容积500L,最大装料重650kg,电动机功率22kW,外形尺寸(mm):2970×2200×2500,重6.2t,衬塑机,普通电动机,进料管、水洗管材质Q235,带皮带罩
三足式下卸料刮刀离心机	SGT-1500	231200	安徽普源分离机械制造有限公司	(0552)4014982	转鼓直径1500mm,转鼓高度600mm,转鼓转速0~850 r/min,最大容积500L,最大装料重650kg,电动机功率22kW,外形尺寸(mm):2970×2200×2500,重6.2t,衬塑机,普通电动机,进料管、水洗管材质Q235,带电动机罩
三足式下卸料刮刀离心机	SGT-1500	231200	安徽普源分离机械制造有限公司	(0552)4014982	转鼓直径1500mm,转鼓高度600mm,转鼓转速0~850 r/min,最大容积500L,最大装料重650kg,电动机功率22kW,外形尺寸(mm):2970×2200×2500,重6.2t,衬塑机,防爆型电动机,进料管、水洗管材质Q235
三足式下卸料刮刀离心机	SGT-1500	232200	安徽普源分离机械制造有限公司	(0552)4014982	转鼓直径1500mm,转鼓高度600mm,转鼓转速0~850 r/min,最大容积500L,最大装料重650kg,电动机功率22kW,外形尺寸(mm):2970×2200×2500,重6.2t,衬塑机,防爆型电动机,进料管、水洗管材质Q235,带皮带罩
三足式下卸料刮刀离心机	SGT-1500	232400	安徽普源分离机械制造有限公司	(0552)4014982	转鼓直径1500mm,转鼓高度600mm,转鼓转速0~850 r/min,最大容积500L,最大装料重650kg,电动机功率22kW,外形尺寸(mm):2970×2200×2500,重6.2t,衬塑机,防爆型电动机,进料管、水洗管材质Q235,带电动机罩
三足式下卸料刮刀离心机	SGT-1500	267800	安徽普源分离机械制造有限公司	(0552)4014982	转鼓直径1500mm,转鼓高度600mm,转鼓转速0~850 r/min,最大容积500L,最大装料重650kg,电动机功率22kW,外形尺寸(mm):2970×2200×2500,重6.2t,全钢机,普通电动机
三足式下卸料刮刀离心机	SGT-1500	268800	安徽普源分离机械制造有限公司	(0552)4014982	转鼓直径1500mm,转鼓高度600mm,转鼓转速0~850 r/min,最大容积500L,最大装料重650kg,电动机功率22kW,外形尺寸(mm):2970×2200×2500,重6.2t,全钢机,普通电动机,带皮带罩
三足式下卸料刮刀离心机	SGT-1500	269000	安徽普源分离机械制造有限公司	(0552)4014982	转鼓直径1500mm,转鼓高度600mm,转鼓转速0~850 r/min,最大容积500L,最大装料重650kg,电动机功率22kW,外形尺寸(mm):2970×2200×2500,重6.2t,全钢机,防爆型电动机
三足式下卸料刮刀离心机	SGT-1500	269000	安徽普源分离机械制造有限公司	(0552)4014982	转鼓直径1500mm,转鼓高度600mm,转鼓转速0~850 r/min,最大容积500L,最大装料重650kg,电动机功率22kW,外形尺寸(mm):2970×2200×2500,重6.2t,全钢机,普通电动机,带电动机罩

产品名称	型号规格	参考价格(元)	生产厂家	电话	主要参数及备注
三足式下卸料刮刀离心机	SGT-1500	270000	安徽普源分离机械制造有限公司	(0552)4014982	转鼓直径 1500mm,转鼓高度600mm,转鼓转速 0~850 r/min,最大容积 500L,最大装料重650kg,电动机功率 22kW,外形尺寸(mm):2970×2200×2500,重6.2t,全钢机,防爆型电动机,带皮带罩
三足式下卸料刮刀离心机	SGT-1500	270200	安徽普源分离机械制造有限公司	(0552)4014982	转鼓直径 1500mm,转鼓高度600mm,转鼓转速 0~850 r/min,最大容积 500L,最大装料重650kg,电动机功率 22kW,外形尺寸(mm):2970×2200×2500,重6.2t,全钢机,防爆型电动机,带电动机罩
三足式下卸料刮刀离心机	SGT-1500	452500	安徽普源分离机械制造有限公司	(0552)4014982	转鼓直径 1500mm,转鼓高度600mm,转鼓转速 0~850 r/min,最大容积 500L,最大装料重650kg,电动机功率 22kW,外形尺寸(mm):2970×2200×2500,重6.2t,整体不锈钢机,普通电动机
三足式下卸料刮刀离心机	SGT-1500	453500	安徽普源分离机械制造有限公司	(0552)4014982	转鼓直径 1500mm,转鼓高度600mm,转鼓转速 0~850 r/min,最大容积 500L,最大装料重650kg,电动机功率 22kW,外形尺寸(mm):2970×2200×2500,重6.2t,整体不锈钢机,普通电动机,带皮带罩
三足式下卸料刮刀离心机	SGT-1500	453700	安徽普源分离机械制造有限公司	(0552)4014982	转鼓直径 1500mm,转鼓高度600mm,转鼓转速 0~850 r/min,最大容积 500L,最大装料重650kg,电动机功率 22kW,外形尺寸(mm):2970×2200×2500,重6.2t,整体不锈钢机,防爆型电动机
三足式下卸料刮刀离心机	SGT-1500	453700	安徽普源分离机械制造有限公司	(0552)4014982	转鼓直径 1500mm,转鼓高度600mm,转鼓转速 0~850 r/min,最大容积 500L,最大装料重650kg,电动机功率 22kW,外形尺寸(mm):2970×2200×2500,重6.2t,整体不锈钢机,普通电动机,带电动机罩
三足式下卸料刮刀离心机	SGT-1500	454700	安徽普源分离机械制造有限公司	(0552)4014982	转鼓直径 1500mm,转鼓高度600mm,转鼓转速 0~850 r/min,最大容积 500L,最大装料重650kg,电动机功率 22kW,外形尺寸(mm):2970×2200×2500,重6.2t,整体不锈钢机,防爆型电动机,带皮带罩
三足式下卸料刮刀离心机	SGT-1500	454900	安徽普源分离机械制造有限公司	(0552)4014982	转鼓直径 1500mm,转鼓高度600mm,转鼓转速 0~850 r/min,最大容积 500L,最大装料重650kg,电动机功率 22kW,外形尺寸(mm):2970×2200×2500,重6.2t,整体不锈钢机,防爆型电动机,带电动机罩
三足式下卸料简易离心机	SX-800	31200	安徽普源分离机械制造有限公司	(0552)4014982	转鼓直径 800mm,转鼓高度400mm,转鼓转速 0~1200 r/min,最大容积 90L,最大装料重 100kg,电动机功率7.5kW,外形尺寸(mm):1950×1540×1170,重1.9t,碳钢机,普通电动机

产品名称	型号规格	参考价格(元)	生产厂家	电话	主要参数及备注
三足式下卸料简易离心机	SX-800	31800	安徽普源分离机械制造有限公司	(0552)4014982	转鼓直径800mm,转鼓高度400mm,转鼓转速0~1200r/min,最大容积90L,最大装料重100kg,电动机功率7.5kW,外形尺寸(mm):1950×1540×1170,重1.9t,碳钢机,防爆型电动机
三足式下卸料简易离心机	SX-800	32000	安徽普源分离机械制造有限公司	(0552)4014982	转鼓直径800mm,转鼓高度400mm,转鼓转速0~1200 r/min,最大容积90L,最大装料重100kg,电动机功率7.5 kW,外形尺寸(mm):1950×1540×1170,重1.9t,碳钢机,普通电动机,带简易盖
三足式下卸料简易离心机	SX-800	32600	安徽普源分离机械制造有限公司	(0552)4014982	转鼓直径800mm,转鼓高度400mm,转鼓转速0~1200r/min,最大容积90L,最大装料重100kg,电动机功率7.5kW,外形尺寸(mm):1950×1540×1170,重1.9t,碳钢机,防爆型电动机,带简易盖
三足式下卸料简易离心机	SX-800	35300	安徽普源分离机械制造有限公司	(0552)4014982	转鼓直径800mm,转鼓高度400mm,转鼓转速0~1200r/min,最大容积90L,最大装料重100kg,电动机功率7.5kW,外形尺寸(mm):1950×1540×1170,重1.9t,半钢机,普通电动机
三足式下卸料简易离心机	SX-800	35800	安徽普源分离机械制造有限公司	(0552)4014982	转鼓直径800mm,转鼓高度400mm,转鼓转速0~1200r/min,最大容积90L,最大装料重100kg,电动机功率7.5kW,外形尺寸(mm):1950×1540×1170,重1.9t,半钢机,防爆型电动机
三足式下卸料简易离心机	SX-800	36100	安徽普源分离机械制造有限公司	(0552)4014982	转鼓直径800mm,转鼓高度400mm,转鼓转速0~1200 r/min,最大容积90L,最大装料重100kg,电动机功率7.5 kW,外形尺寸(mm):1950×1540×1170,重1.9t,半钢机,普通电动机,带简易盖
三足式下卸料简易离心机	SX-800	36600	安徽普源分离机械制造有限公司	(0552)4014982	转鼓直径800mm,转鼓高度400mm,转鼓转速0~1200 r/min,最大容积90L,最大装料重100kg,电动机功率7.5 kW,外形尺寸(mm):1950×1540×1170,重1.9t,半钢机,防爆型电动机,带简易盖
三足式下卸料简易离心机	SX-800	38200	安徽普源分离机械制造有限公司	(0552)4014982	转鼓直径800mm,转鼓高度400mm,转鼓转速0~1200r/min,最大容积90L,最大装料重100kg,电动机功率7.5kW,外形尺寸(mm):1950×1540×1170,重1.9t,碳钢机,普通电动机,带变频控制柜
三足式下卸料简易离心机	SX-800	38400	安徽普源分离机械制造有限公司	(0552)4014982	转鼓直径800mm,转鼓高度400mm,转鼓转速0~1200r/min,最大容积90L,最大装料重100kg,电动机功率7.5kW,外形尺寸(mm):1950×1540×1170,重1.9t,衬塑机,普通电动机
三足式下卸料简易离心机	SX-800	38800	安徽普源分离机械制造有限公司	(0552)4014982	转鼓直径800mm,转鼓高度400mm,转鼓转速0~1200r/min,最大容积90L,最大装料重100kg,电动机功率7.5kW,外形尺寸(mm):1950×1540×1170,重1.9t,碳钢机,防爆型电动机,带变频控制柜

产品名称	型号规格	参考价格（元）	生产厂家	电话	主要参数及备注
三足式下卸料简易离心机	SX-800	38900	安徽普源分离机械制造有限公司	（0552）4014982	转鼓直径 800mm，转鼓高度 400mm，转鼓转速 0～1200 r/min，最大容积 90L，最大装料重 100kg，电动机功率7.5kW，外形尺寸（mm）：1950×1540×1170，重1.9t，衬塑机，防爆型电动机
三足式下卸料简易离心机	SX-800	39200	安徽普源分离机械制造有限公司	（0552）4014982	转鼓直径 800mm，转鼓高度 400mm，转鼓转速 0～1200 r/min，最大容积 90L，最大装料重 100kg，电动机功率 7.5 kW，外形尺寸（mm）：1950×1540×1170，重1.9t，衬塑机，普通电动机，带简易盖
三足式下卸料简易离心机	SX-800	39700	安徽普源分离机械制造有限公司	（0552）4014982	转鼓直径 800mm，转鼓高度 400mm，转鼓转速 0～1200 r/min，最大容积 90L，最大装料重 100kg，电动机功率 7.5 kW，外形尺寸（mm）：1950×1540×1170，重1.9t，衬塑机，防爆型电动机，带简易盖
三足式下卸料简易离心机	SX-800	42000	安徽普源分离机械制造有限公司	（0552）4014982	转鼓直径 800mm，转鼓高度 400mm，转鼓转速 0～1200 r/min，最大容积 90L，最大装料重 100kg，电动机功率7.5kW，外形尺寸（mm）：1950×1540×1170，重1.9t，全钢机，普通电动机
三足式下卸料简易离心机	SX-800	42300	安徽普源分离机械制造有限公司	（0552）4014982	转鼓直径 800mm，转鼓高度 400mm，转鼓转速 0～1200 r/min，最大容积 90L，最大装料重 100kg，电动机功率7.5kW，外形尺寸（mm）：1950×1540×1170，重1.9t，半钢机，普通电动机，带变频控制柜
三足式下卸料简易离心机	SX-800	42600	安徽普源分离机械制造有限公司	（0552）4014982	转鼓直径 800mm，转鼓高度 400mm，转鼓转速 0～1200 r/min，最大容积 90L，最大装料重 100kg，电动机功率7.5kW，外形尺寸（mm）：1950×1540×1170，重1.9t，全钢机，防爆型电动机
三足式下卸料简易离心机	SX-800	42800	安徽普源分离机械制造有限公司	（0552）4014982	转鼓直径 800mm，转鼓高度 400mm，转鼓转速 0～1200 r/min，最大容积 90L，最大装料重 100kg，电动机功率7.5kW，外形尺寸（mm）：1950×1540×1170，重1.9t，半钢机，防爆型电动机，带变频控制柜
三足式下卸料简易离心机	SX-800	42800	安徽普源分离机械制造有限公司	（0552）4014982	转鼓直径 800mm，转鼓高度 400mm，转鼓转速 0～1200 r/min，最大容积 90L，最大装料重 100kg，电动机功率 7.5 kW，外形尺寸（mm）：1950×1540×1170，重1.9t，全钢机，普通电动机，带简易盖
三足式下卸料简易离心机	SX-800	43400	安徽普源分离机械制造有限公司	（0552）4014982	转鼓直径 800mm，转鼓高度 400mm，转鼓转速 0～1200 r/min，最大容积 90L，最大装料重 100kg，电动机功率 7.5 kW，外形尺寸（mm）：1950×1540×1170，重1.9t，全钢机，防爆型电动机，带简易盖
三足式下卸料简易离心机	SX-800	45400	安徽普源分离机械制造有限公司	（0552）4014982	转鼓直径 800mm，转鼓高度 400mm，转鼓转速 0～1200 r/min，最大容积 90L，最大装料重 100kg，电动机功率7.5kW，外形尺寸（mm）：1950×1540×1170，重1.9t，衬塑机，普通电动机，带变频控制柜

产品名称	型号规格	参考价格（元）	生产厂家	电话	主要参数及备注
三足式下卸料简易离心机	SX-800	45900	安徽普源分离机械制造有限公司	(0552)4014982	转鼓直径800mm,转鼓高度400mm,转鼓转速0～1200r/min,最大容积90L,最大装料重100kg,电动机功率7.5kW,外形尺寸(mm):1950×1540×1170,重1.9t,衬塑机,防爆型电动机,带变频控制柜
三足式下卸料简易离心机	SX-800	49000	安徽普源分离机械制造有限公司	(0552)4014982	转鼓直径800mm,转鼓高度400mm,转鼓转速0～1200r/min,最大容积90L,最大装料重100kg,电动机功率7.5kW,外形尺寸(mm):1950×1540×1170,重1.9t,全钢机,普通电动机,带变频控制柜
三足式下卸料简易离心机	SX-800	49600	安徽普源分离机械制造有限公司	(0552)4014982	转鼓直径800mm,转鼓高度400mm,转鼓转速0～1200r/min,最大容积90L,最大装料重100kg,电动机功率7.5kW,外形尺寸(mm):1950×1540×1170,重1.9t,全钢机,防爆型电动机,带变频控制柜
三足式下卸料简易离心机	SX-800	97500	安徽普源分离机械制造有限公司	(0552)4014982	转鼓直径800mm,转鼓高度400mm,转鼓转速0～1200r/min,最大容积90L,最大装料重100kg,电动机功率7.5kW,外形尺寸(mm):1950×1540×1170,重1.9t,整体不锈钢机,普通电动机
三足式下卸料简易离心机	SX-800	98050	安徽普源分离机械制造有限公司	(0552)4014982	转鼓直径800mm,转鼓高度400mm,转鼓转速0～1200r/min,最大容积90L,最大装料重100kg,电动机功率7.5kW,外形尺寸(mm):1950×1540×1170,重1.9t,整体不锈钢机,防爆型电动机
三足式下卸料简易离心机	SX-800	98300	安徽普源分离机械制造有限公司	(0552)4014982	转鼓直径800mm,转鼓高度400mm,转鼓转速0～1200r/min,最大容积90L,最大装料重100kg,电动机功率7.5kW,外形尺寸(mm):1950×1540×1170,重1.9t,整体不锈钢机,普通电动机,带简易盖
三足式下卸料简易离心机	SX-800	98850	安徽普源分离机械制造有限公司	(0552)4014982	转鼓直径800mm,转鼓高度400mm,转鼓转速0～1200r/min,最大容积90L,最大装料重100kg,电动机功率7.5kW,外形尺寸(mm):1950×1540×1170,重1.9t,整体不锈钢机,防爆型电动机,带简易盖
三足式下卸料简易离心机	SX-800	104500	安徽普源分离机械制造有限公司	(0552)4014982	转鼓直径800mm,转鼓高度400mm,转鼓转速0～1200r/min,最大容积90L,最大装料重100kg,电动机功率7.5kW,外形尺寸(mm):1950×1540×1170,重1.9t,整体不锈钢机,普通电动机,带变频控制柜
三足式下卸料简易离心机	SX-800	105050	安徽普源分离机械制造有限公司	(0552)4014982	转鼓直径800mm,转鼓高度400mm,转鼓转速0～1200r/min,最大容积90L,最大装料重100kg,电动机功率7.5kW,外形尺寸(mm):1950×1540×1170,重1.9t,整体不锈钢机,防爆型电动机,带变频控制柜

产品名称	型号规格	参考价格(元)	生产厂家	电话	主要参数及备注
三足式下卸料简易离心机	SX-1000	40000	安徽普源分离机械制造有限公司	(0552)4014982	转鼓直径 1000mm,转鼓高度 420mm,转鼓转速 0~1000r/min,最大容积 140L,最大装料重 200kg,电动机功率 11kW,外形尺寸(mm):2300×1700×1285,重2.8t,碳钢机,普通电动机
三足式下卸料简易离心机	SX-1000	40700	安徽普源分离机械制造有限公司	(0552)4014982	转鼓直径 1000mm,转鼓高度 420mm,转鼓转速 0~1000r/min,最大容积 140L,最大装料重 200kg,电动机功率 11kW,外形尺寸(mm):2300×1700×1285,重2.8t,碳钢机,防爆型电动机
三足式下卸料简易离心机	SX-1000	41000	安徽普源分离机械制造有限公司	(0552)4014982	转鼓直径 1000mm,转鼓高度 420mm,转鼓转速 0~1000 r/min,最大容积 140L,最大装料重 200kg,电动机功率 11kW,外形尺寸(mm):2300×1700×1285,重2.8t,碳钢机,普通电动机,带简易盖
三足式下卸料简易离心机	SX-1000	41700	安徽普源分离机械制造有限公司	(0552)4014982	转鼓直径 1000mm,转鼓高度 420mm,转鼓转速 0~1000r/min,最大容积 140L,最大装料重 200kg,电动机功率 11kW,外形尺寸(mm):2300×1700×1285,重2.8t,碳钢机,防爆型电动机,带简易盖
三足式下卸料简易离心机	SX-1000	45200	安徽普源分离机械制造有限公司	(0552)4014982	转鼓直径 1000mm,转鼓高度 420mm,转鼓转速 0~1000r/min,最大容积 140L,最大装料重 200kg,电动机功率 11kW,外形尺寸(mm):2300×1700×1285,重2.8t,半钢机,普通电动机
三足式下卸料简易离心机	SX-1000	45800	安徽普源分离机械制造有限公司	(0552)4014982	转鼓直径 1000mm,转鼓高度 420mm,转鼓转速 0~1000r/min,最大容积 140L,最大装料重 200kg,电动机功率 11kW,外形尺寸(mm):2300×1700×1285,重2.8t,半钢机,防爆型电动机
三足式下卸料简易离心机	SX-1000	46200	安徽普源分离机械制造有限公司	(0552)4014982	转鼓直径 1000mm,转鼓高度 420mm,转鼓转速 0~1000r/min,最大容积 140L,最大装料重 200kg,电动机功率 11kW,外形尺寸(mm):2300×1700×1285,重2.8t,半钢机,普通电动机,带简易盖
三足式下卸料简易离心机	SX-1000	46600	安徽普源分离机械制造有限公司	(0552)4014982	转鼓直径 1000mm,转鼓高度 420mm,转鼓转速 0~1000r/min,最大容积 140L,最大装料重 200kg,电动机功率 11kW,外形尺寸(mm):2300×1700×1285,重2.8t,衬塑机,普通电动机
三足式下卸料简易离心机	SX-1000	46800	安徽普源分离机械制造有限公司	(0552)4014982	转鼓直径 1000mm,转鼓高度 420mm,转鼓转速 0~1000r/min,最大容积 140L,最大装料重 200kg,电动机功率 11kW,外形尺寸(mm):2300×1700×1285,重2.8t,半钢机,防爆型电动机,带简易盖
三足式下卸料简易离心机	SX-1000	47300	安徽普源分离机械制造有限公司	(0552)4014982	转鼓直径 1000mm,转鼓高度 420mm,转鼓转速 0~1000r/min,最大容积 140L,最大装料重 200kg,电动机功率 11kW,外形尺寸(mm):2300×1700×1285,重2.8t,衬塑机,防爆型电动机

产品名称	型号规格	参考价格(元)	生产厂家	电话	主要参数及备注
三足式下卸料简易离心机	SX-1000	47600	安徽普源分离机械制造有限公司	(0552)4014982	转鼓直径 1000mm,转鼓高度420mm,转鼓转速 0 ~ 1000r/min,最大容积 140L,最大装料重 200kg,电动机功率 11kW,外形尺寸(mm):2300×1700×1285,重2.8t,衬塑机,普通电动机,带简易盖
三足式下卸料简易离心机	SX-1000	48300	安徽普源分离机械制造有限公司	(0552)4014982	转鼓直径 1000mm,转鼓高度420mm,转鼓转速 0 ~ 1000r/min,最大容积 140L,最大装料重 200kg,电动机功率 11kW,外形尺寸(mm):2300×1700×1285,重2.8t,衬塑机,防爆型电动机,带简易盖
三足式下卸料简易离心机	SX-1000	49000	安徽普源分离机械制造有限公司	(0552)4014982	转鼓直径 1000mm,转鼓高度420mm,转鼓转速 0 ~ 1000r/min,最大容积 140L,最大装料重 200kg,电动机功率 11kW,外形尺寸(mm):2300×1700×1285,重2.8t,碳钢机,普通电动机,带变频控制柜
三足式下卸料简易离心机	SX-1000	49700	安徽普源分离机械制造有限公司	(0552)4014982	转鼓直径 1000mm,转鼓高度420mm,转鼓转速 0 ~ 1000r/min,最大容积 140L,最大装料重 200kg,电动机功率 11kW,外形尺寸(mm):2300×1700×1285,重2.8t,碳钢机,防爆型电动机,带变频控制柜
三足式下卸料简易离心机	SX-1000	54200	安徽普源分离机械制造有限公司	(0552)4014982	转鼓直径 1000mm,转鼓高度420mm,转鼓转速 0 ~ 1000r/min,最大容积 140L,最大装料重 200kg,电动机功率 11kW,外形尺寸(mm):2300×1700×1285,重2.8t,半钢机,普通电动机,带变频控制柜
三足式下卸料简易离心机	SX-1000	54800	安徽普源分离机械制造有限公司	(0552)4014982	转鼓直径 1000mm,转鼓高度420mm,转鼓转速 0 ~ 1000r/min,最大容积 140L,最大装料重 200kg,电动机功率 11kW,外形尺寸(mm):2300×1700×1285,重2.8t,半钢机,防爆型电动机,带变频控制柜
三足式下卸料简易离心机	SX-1000	55600	安徽普源分离机械制造有限公司	(0552)4014982	转鼓直径 1000mm,转鼓高度420mm,转鼓转速 0 ~ 1000r/min,最大容积 140L,最大装料重 200kg,电动机功率 11kW,外形尺寸(mm):2300×1700×1285,重2.8t,衬塑机,普通电动机,带变频控制柜
三足式下卸料简易离心机	SX-1000	56300	安徽普源分离机械制造有限公司	(0552)4014982	转鼓直径 1000mm,转鼓高度420mm,转鼓转速 0 ~ 1000r/min,最大容积 140L,最大装料重 200kg,电动机功率 11kW,外形尺寸(mm):2300×1700×1285,重2.8t,衬塑机,防爆型电动机,带变频控制柜
三足式下卸料简易离心机	SX-1000	57800	安徽普源分离机械制造有限公司	(0552)4014982	转鼓直径 1000mm,转鼓高度420mm,转鼓转速 0 ~ 1000r/min,最大容积 140L,最大装料重 200kg,电动机功率 11kW,外形尺寸(mm):2300×1700×1285,重2.8t,全钢机,普通电动机

产品名称	型号规格	参考价格（元）	生产厂家	电话	主要参数及备注
三足式下卸料简易离心机	SX-1000	58400	安徽普源分离机械制造有限公司	(0552)4014982	转鼓直径 1000mm，转鼓高度 420mm，转鼓转速 0～1000r/min，最大容积 140L，最大装料重 200kg，电动机功率 11kW，外形尺寸(mm)：2300×1700×1285，重2.8t，全钢机，防爆型电动机
三足式下卸料简易离心机	SX-1000	58800	安徽普源分离机械制造有限公司	(0552)4014982	转鼓直径 1000mm，转鼓高度 420mm，转鼓转速 0～1000r/min，最大容积 140L，最大装料重 200kg，电动机功率 11kW，外形尺寸(mm)：2300×1700×1285，重2.8t，全钢机，普通电动机，带简易盖
三足式下卸料简易离心机	SX-1000	59400	安徽普源分离机械制造有限公司	(0552)4014982	转鼓直径 1000mm，转鼓高度 420mm，转鼓转速 0～1000r/min，最大容积 140L，最大装料重 200kg，电动机功率 11kW，外形尺寸(mm)：2300×1700×1285，重2.8t，全钢机，防爆型电动机，带简易盖
三足式下卸料简易离心机	SX-1000	66800	安徽普源分离机械制造有限公司	(0552)4014982	转鼓直径 1000mm，转鼓高度 420mm，转鼓转速 0～1000r/min，最大容积 140L，最大装料重 200kg，电动机功率 11kW，外形尺寸(mm)：2300×1700×1285，重2.8t，全钢机，普通电动机，带变频控制柜
三足式下卸料简易离心机	SX-1000	67400	安徽普源分离机械制造有限公司	(0552)4014982	转鼓直径 1000mm，转鼓高度 420mm，转鼓转速 0～1000r/min，最大容积 140L，最大装料重 200kg，电动机功率 11kW，外形尺寸(mm)：2300×1700×1285，重2.8t，全钢机，防爆型电动机，带变频控制柜
三足式下卸料简易离心机	SX-1000	124800	安徽普源分离机械制造有限公司	(0552)4014982	转鼓直径 1000mm，转鼓高度 420mm，转鼓转速 0～1000r/min，最大容积 140L，最大装料重 200kg，电动机功率 11kW，外形尺寸(mm)：2300×1700×1285，重2.8t，整体不锈钢机，普通电动机
三足式下卸料简易离心机	SX-1000	125500	安徽普源分离机械制造有限公司	(0552)4014982	转鼓直径 1000mm，转鼓高度 420mm，转鼓转速 0～1000r/min，最大容积 140L，最大装料重 200kg，电动机功率 11kW，外形尺寸(mm)：2300×1700×1285，重2.8t，整体不锈钢机，防爆型电动机
三足式下卸料简易离心机	SX-1000	125800	安徽普源分离机械制造有限公司	(0552)4014982	转鼓直径 1000mm，转鼓高度 420mm，转鼓转速 0～1000r/min，最大容积 140L，最大装料重 200kg，电动机功率 11kW，外形尺寸(mm)：2300×1700×1285，重2.8t，整体不锈钢机，普通电动机，带简易盖
三足式下卸料简易离心机	SX-1000	126500	安徽普源分离机械制造有限公司	(0552)4014982	转鼓直径 1000mm，转鼓高度 420mm，转鼓转速 0～1000r/min，最大容积 140L，最大装料重 200kg，电动机功率 11kW，外形尺寸(mm)：2300×1700×1285，重2.8t，整体不锈钢机，防爆型电动机，带简易盖

产品名称	型号规格	参考价格（元）	生产厂家	电话	主要参数及备注
三足式下卸料简易离心机	SX-1000	133800	安徽普源分离机械制造有限公司	（0552）4014982	转鼓直径 1000mm，转鼓高度420mm，转鼓转速 0～1000r/min，最大容积 140L，最大装料重 200kg，电动机功率 11kW，外形尺寸（mm）：2300×1700×1285，重2.8t，整体不锈钢机，普通电动机，带变频控制柜
三足式下卸料简易离心机	SX-1000	134500	安徽普源分离机械制造有限公司	（0552）4014982	转鼓直径 1000mm，转鼓高度420mm，转鼓转速 0～1000r/min，最大容积 140L，最大装料重 200kg，电动机功率 11kW，外形尺寸（mm）：2300×1700×1285，重2.8t，整体不锈钢机，防爆型电动机，带变频控制柜
三足式下卸料简易离心机	SX-1200	50000	安徽普源分离机械制造有限公司	（0552）4014982	转鼓直径 1200mm，转鼓高度500mm，转鼓转速 0～900 r/min，最大容积 250L，最大装料重350kg，电动机功率18.5kW，外形尺寸（mm）：2620×2000×1390，重3.8t，碳钢机，普通电动机
三足式下卸料简易离心机	SX-1200	50800	安徽普源分离机械制造有限公司	（0552）4014982	转鼓直径 1200mm，转鼓高度500mm，转鼓转速 0～900 r/min，最大容积 250L，最大装料重350kg，电动机功率18.5kW，外形尺寸（mm）：2620×2000×1390，重3.8t，碳钢机，防爆型电动机
三足式下卸料简易离心机	SX-1200	51200	安徽普源分离机械制造有限公司	（0552）4014982	转鼓直径 1200mm，转鼓高度500mm，转鼓转速 0～900 r/min，最大容积 250L，最大装料重 350kg，电动机功率18.5kW，外形尺寸（mm）：2620×2000×1390，重3.8t，碳钢机，普通电动机，带简易盖
三足式下卸料简易离心机	SX-1200	52000	安徽普源分离机械制造有限公司	（0552）4014982	转鼓直径 1200mm，转鼓高度500mm，转鼓转速 0～900 r/min，最大容积 250L，最大装料重 350kg，电动机功率18.5kW，外形尺寸（mm）：2620×2000×1390，重3.8t，碳钢机，防爆型电动机，带简易盖
三足式下卸料简易离心机	SX-1200	57800	安徽普源分离机械制造有限公司	（0552）4014982	转鼓直径 1200mm，转鼓高度500mm，转鼓转速 0～900 r/min，最大容积 250L，最大装料重350kg，电动机功率18.5kW，外形尺寸（mm）：2620×2000×1390，重3.8t，半钢机，普通电动机
三足式下卸料简易离心机	SX-1200	58500	安徽普源分离机械制造有限公司	（0552）4014982	转鼓直径 1200mm，转鼓高度500mm，转鼓转速 0～900 r/min，最大容积 250L，最大装料重350kg，电动机功率18.5kW，外形尺寸（mm）：2620×2000×1390，重3.8t，半钢机，防爆型电动机
三足式下卸料简易离心机	SX-1200	59000	安徽普源分离机械制造有限公司	（0552）4014982	转鼓直径 1200mm，转鼓高度500mm，转鼓转速 0～900 r/min，最大容积 250L，最大装料重 350kg，电动机功率18.5kW，外形尺寸（mm）：2620×2000×1390，重3.8t，半钢机，普通电动机，带简易盖
三足式下卸料简易离心机	SX-1200	59700	安徽普源分离机械制造有限公司	（0552）4014982	转鼓直径 1200mm，转鼓高度500mm，转鼓转速 0～900 r/min，最大容积 250L，最大装料重350kg，电动机功率18.5kW，外形尺寸（mm）：2620×2000×1390，重3.8t，半钢机，防爆型电动机，带简易盖

产品名称	型号规格	参考价格（元）	生产厂家	电话	主要参数及备注
三足式下卸料简易离心机	SX-1200	61000	安徽普源分离机械制造有限公司	（0552）4014982	转鼓直径 1200mm，转鼓高度 500mm，转鼓转速 0～900 r/min，最大容积 250L，最大装料重 350kg，电动机功率18.5kW，外形尺寸（mm）：2620×2000×1390，重3.8t，碳钢机，普通电动机，带变频控制柜
三足式下卸料简易离心机	SX-1200	61800	安徽普源分离机械制造有限公司	（0552）4014982	转鼓直径 1200mm，转鼓高度 500mm，转鼓转速 0～900 r/min，最大容积 250L，最大装料重 350kg，电动机功率18.5kW，外形尺寸（mm）：2620×2000×1390，重3.8t，碳钢机，防爆型电动机，带变频控制柜
三足式下卸料简易离心机	SX-1200	62000	安徽普源分离机械制造有限公司	（0552）4014982	转鼓直径 1200mm，转鼓高度 500mm，转鼓转速 0～900 r/min，最大容积 250L，最大装料重 350kg，电动机功率18.5kW，外形尺寸（mm）：2620×2000×1390，重3.8t，衬塑机，普通电动机
三足式下卸料简易离心机	SX-1200	62800	安徽普源分离机械制造有限公司	（0552）4014982	转鼓直径 1200mm，转鼓高度 500mm，转鼓转速 0～900 r/min，最大容积 250L，最大装料重 350kg，电动机功率18.5kW，外形尺寸（mm）：2620×2000×1390，重3.8t，衬塑机，防爆型电动机
三足式下卸料简易离心机	SX-1200	63200	安徽普源分离机械制造有限公司	（0552）4014982	转鼓直径 1200mm，转鼓高度 500mm，转鼓转速 0～900 r/min，最大容积 250L，最大装料重 350kg，电动机功率18.5kW，外形尺寸（mm）：2620×2000×1390，重3.8t，衬塑机，普通电动机，带简易盖
三足式下卸料简易离心机	SX-1200	64000	安徽普源分离机械制造有限公司	（0552）4014982	转鼓直径 1200mm，转鼓高度 500mm，转鼓转速 0～900 r/min，最大容积 250L，最大装料重 350kg，电动机功率18.5kW，外形尺寸（mm）：2620×2000×1390，重3.8t，衬塑机，防爆型电动机，带简易盖
三足式下卸料简易离心机	SX-1200	68800	安徽普源分离机械制造有限公司	（0552）4014982	转鼓直径 1200mm，转鼓高度 500mm，转鼓转速 0～900 r/min，最大容积 250L，最大装料重 350kg，电动机功率18.5kW，外形尺寸（mm）：2620×2000×1390，重3.8t，半钢机，普通电动机，带变频控制柜
三足式下卸料简易离心机	SX-1200	69500	安徽普源分离机械制造有限公司	（0552）4014982	转鼓直径 1200mm，转鼓高度 500mm，转鼓转速 0～900 r/min，最大容积 250L，最大装料重 350kg，电动机功率18.5kW，外形尺寸（mm）：2620×2000×1390，重3.8t，半钢机，防爆型电动机，带变频控制柜
三足式下卸料简易离心机	SX-1200	73000	安徽普源分离机械制造有限公司	（0552）4014982	转鼓直径 1200mm，转鼓高度 500mm，转鼓转速 0～900 r/min，最大容积 250L，最大装料重 350kg，电动机功率18.5kW，外形尺寸（mm）：2620×2000×1390，重3.8t，衬塑机，普通电动机，带变频控制柜

产品名称	型号规格	参考价格（元）	生产厂家	电话	主要参数及备注
三足式下卸料简易离心机	SX-1200	73500	安徽普源分离机械制造有限公司	（0552）4014982	转鼓直径 1200mm，转鼓高度 500mm，转鼓转速 0~900 r/min，最大容积 250L，最大装料重 350kg，电动机功率18.5kW，外形尺寸（mm）：2620×2000×1390，重3.8t，全钢机，普通电动机
三足式下卸料简易离心机	SX-1200	73800	安徽普源分离机械制造有限公司	（0552）4014982	转鼓直径 1200mm，转鼓高度 500mm，转鼓转速 0~900 r/min，最大容积 250L，最大装料重 350kg，电动机功率18.5kW，外形尺寸（mm）：2620×2000×1390，重3.8t，衬塑机，防爆型电动机，带变频控制柜
三足式下卸料简易离心机	SX-1200	74300	安徽普源分离机械制造有限公司	（0552）4014982	转鼓直径 1200mm，转鼓高度 500mm，转鼓转速 0~900 r/min，最大容积 250L，最大装料重 350kg，电动机功率18.5kW，外形尺寸（mm）：2620×2000×1390，重3.8t，全钢机，防爆型电动机
三足式下卸料简易离心机	SX-1200	74700	安徽普源分离机械制造有限公司	（0552）4014982	转鼓直径 1200mm，转鼓高度 500mm，转鼓转速 0~900 r/min，最大容积 250L，最大装料重 350kg，电动机功率18.5kW，外形尺寸（mm）：2620×2000×1390，重3.8t，全钢机，普通电动机，带简易盖
三足式下卸料简易离心机	SX-1200	75500	安徽普源分离机械制造有限公司	（0552）4014982	转鼓直径 1200mm，转鼓高度 500mm，转鼓转速 0~900 r/min，最大容积 250L，最大装料重 350kg，电动机功率18.5kW，外形尺寸（mm）：2620×2000×1390，重3.8t，全钢机，防爆型电动机，带简易盖
三足式下卸料简易离心机	SX-1200	84500	安徽普源分离机械制造有限公司	（0552）4014982	转鼓直径 1200mm，转鼓高度 500mm，转鼓转速 0~900 r/min，最大容积 250L，最大装料重 350kg，电动机功率18.5kW，外形尺寸（mm）：2620×2000×1390，重3.8t，全钢机，普通电动机，带变频控制柜
三足式下卸料简易离心机	SX-1200	85300	安徽普源分离机械制造有限公司	（0552）4014982	转鼓直径 1200mm，转鼓高度 500mm，转鼓转速 0~900 r/min，最大容积 250L，最大装料重 350kg，电动机功率18.5kW，外形尺寸（mm）：2620×2000×1390，重3.8t，全钢机，防爆型电动机，带变频控制柜
三足式下卸料简易离心机	SX-1200	152100	安徽普源分离机械制造有限公司	（0552）4014982	转鼓直径 1200mm，转鼓高度 500mm，转鼓转速 0~900 r/min，最大容积 250L，最大装料重 350kg，电动机功率 18.5 kW，外形尺寸（mm）：2620×2000×1390，重3.8t，整体不锈钢机，普通电动机
三足式下卸料简易离心机	SX-1200	152900	安徽普源分离机械制造有限公司	（0552）4014982	转鼓直径 1200mm，转鼓高度 500mm，转鼓转速 0~900 r/min，最大容积 250L，最大装料重 350kg，电动机功率18.5kW，外形尺寸（mm）：2620×2000×1390，重3.8t，整体不锈钢机，防爆型电动机

产品名称	型号规格	参考价格(元)	生产厂家	电话	主要参数及备注
三足式下卸料简易离心机	SX-1200	153300	安徽普源分离机械制造有限公司	(0552)4014982	转鼓直径 1200mm,转鼓高度500mm,转鼓转速 0~900 r/min,最大容积 250L,最大装料重 350kg,电动机功率 18.5kW,外形尺寸(mm):2620×2000×1390,重3.8t,整体不锈钢机,普通电动机
三足式下卸料简易离心机	SX-1200	154100	安徽普源分离机械制造有限公司	(0552)4014982	转鼓直径 1200mm,转鼓高度500mm,转鼓转速 0~900 r/min,最大容积 250L,最大装料重350kg,电动机功率18.5kW,外形尺寸(mm):2620×2000×1390,重3.8t,整体不锈钢机,防爆型电动机,带简易盖
三足式下卸料简易离心机	SX-1200	163100	安徽普源分离机械制造有限公司	(0552)4014982	转鼓直径 1200mm,转鼓高度500mm,转鼓转速 0~900 r/min,最大容积 250L,最大装料重350kg,电动机功率18.5kW,外形尺寸(mm):2620×2000×1390,重3.8t,整体不锈钢机,普通电动机,带变频控制柜
三足式下卸料简易离心机	SX-1200	163900	安徽普源分离机械制造有限公司	(0552)4014982	转鼓直径 1200mm,转鼓高度500mm,转鼓转速 0~900 r/min,最大容积 250L,最大装料重350kg,电动机功率18.5kW,外形尺寸(mm):2620×2000×1390,重3.8t,整体不锈钢机,防爆型电动机,带变频控制柜
三足式下卸料简易离心机	SX-1250	60600	安徽普源分离机械制造有限公司	(0552)4014982	转鼓直径 1250mm,转鼓高度500mm,转鼓转速 0~900 r/min,最大容积 300L,最大装料重420kg,电动机功率18.5kW,外形尺寸(mm):2620×2000×1390,重4.2t,碳钢机,普通电动机
三足式下卸料简易离心机	SX-1250	61400	安徽普源分离机械制造有限公司	(0552)4014982	转鼓直径 1250mm,转鼓高度500mm,转鼓转速 0~900 r/min,最大容积 300L,最大装料重420kg,电动机功率18.5kW,外形尺寸(mm):2620×2000×1390,重4.2t,碳钢机,防爆型电动机
三足式下卸料简易离心机	SX-1250	61800	安徽普源分离机械制造有限公司	(0552)4014982	转鼓直径 1250mm,转鼓高度500mm,转鼓转速 0~900 r/min,最大容积 300L,最大装料重 420kg,电动机功率 18.5 kW,外形尺寸(mm):2620×2000×1390,重4.2t,碳钢机,普通电动机,带简易盖
三足式下卸料简易离心机	SX-1250	62600	安徽普源分离机械制造有限公司	(0552)4014982	转鼓直径 1250mm,转鼓高度500mm,转鼓转速 0~900 r/min,最大容积 300L,最大装料重 420kg,电动机功率 18.5 kW,外形尺寸(mm):2620×2000×1390,重4.2t,碳钢机,防爆型电动机,带简易盖
三足式下卸料简易离心机	SX-1250	65700	安徽普源分离机械制造有限公司	(0552)4014982	转鼓直径 1250mm,转鼓高度500mm,转鼓转速 0~900 r/min,最大容积 300L,最大装料重420kg,电动机功率18.5kW,外形尺寸(mm):2620×2000×1390,重4.2t,半钢机,普通电动机
三足式下卸料简易离心机	SX-1250	66500	安徽普源分离机械制造有限公司	(0552)4014982	转鼓直径 1250mm,转鼓高度500mm,转鼓转速 0~900 r/min,最大容积 300L,最大装料重420kg,电动机功率18.5kW,外形尺寸(mm):2620×2000×1390,重4.2t,半钢机,防爆型电动机

产品名称	型号规格	参考价格（元）	生产厂家	电话	主要参数及备注
三足式下卸料简易离心机	SX-1250	66900	安徽普源分离机械制造有限公司	(0552)4014982	转鼓直径 1250mm，转鼓高度 500mm，转鼓转速 0～900 r/min，最大容积 300L，最大装料重 420kg，电动机功率18.5kW，外形尺寸（mm）：2620×2000×1390，重 4.2t，半钢机，普通电动机，带简易盖
三足式下卸料简易离心机	SX-1250	67700	安徽普源分离机械制造有限公司	(0552)4014982	转鼓直径 1250mm，转鼓高度 500mm，转鼓转速 0～900 r/min，最大容积 300L，最大装料重 420kg，电动机功率18.5kW，外形尺寸（mm）：2620×2000×1390，重 4.2t，半钢机，防爆型电动机，带简易盖
三足式下卸料简易离心机	SX-1250	70200	安徽普源分离机械制造有限公司	(0552)4014982	转鼓直径 1250mm，转鼓高度 500mm，转鼓转速 0～900 r/min，最大容积 300L，最大装料重 420kg，电动机功率18.5kW，外形尺寸（mm）：2620×2000×1390，重 4.2t，衬塑机，普通电动机
三足式下卸料简易离心机	SX-1250	70900	安徽普源分离机械制造有限公司	(0552)4014982	转鼓直径 1250mm，转鼓高度 500mm，转鼓转速 0～900 r/min，最大容积 300L，最大装料重 420kg，电动机功率18.5kW，外形尺寸（mm）：2620×2000×1390，重 4.2t，衬塑机，防爆型电动机
三足式下卸料简易离心机	SX-1250	71400	安徽普源分离机械制造有限公司	(0552)4014982	转鼓直径 1250mm，转鼓高度 500mm，转鼓转速 0～900 r/min，最大容积 300L，最大装料重 420kg，电动机功率18.5kW，外形尺寸（mm）：2620×2000×1390，重 4.2t，衬塑机，普通电动机，带简易盖
三足式下卸料简易离心机	SX-1250	71600	安徽普源分离机械制造有限公司	(0552)4014982	转鼓直径 1250mm，转鼓高度 500mm，转鼓转速 0～900 r/min，最大容积 300L，最大装料重 420kg，电动机功率18.5kW，外形尺寸（mm）：2620×2000×1390，重 4.2t，碳钢机，普通电动机，带变频控制柜
三足式下卸料简易离心机	SX-1250	72100	安徽普源分离机械制造有限公司	(0552)4014982	转鼓直径 1250mm，转鼓高度 500mm，转鼓转速 0～900 r/min，最大容积 300L，最大装料重 420kg，电动机功率18.5kW，外形尺寸（mm）：2620×2000×1390，重 4.2t，衬塑机，防爆型电动机，带简易盖
三足式下卸料简易离心机	SX-1250	72400	安徽普源分离机械制造有限公司	(0552)4014982	转鼓直径 1250mm，转鼓高度 500mm，转鼓转速 0～900 r/min，最大容积 300L，最大装料重 420kg，电动机功率18.5kW，外形尺寸（mm）：2620×2000×1390，重 4.2t，碳钢机，防爆型电动机，带变频控制柜
三足式下卸料简易离心机	SX-1250	76700	安徽普源分离机械制造有限公司	(0552)4014982	转鼓直径 1250mm，转鼓高度 500mm，转鼓转速 0～900 r/min，最大容积 300L，最大装料重 420kg，电动机功率18.5kW，外形尺寸（mm）：2620×2000×1390，重 4.2t，半钢机，普通电动机，带变频控制柜

产品名称	型号规格	参考价格（元）	生产厂家	电话	主要参数及备注
三足式下卸料简易离心机	SX-1250	77500	安徽普源分离机械制造有限公司	(0552) 4014982	转鼓直径 1250mm，转鼓高度 500mm，转鼓转速 0~900 r/min，最大容积 300L，最大装料重 420kg，电动机功率18.5kW，外形尺寸(mm)：2620×2000×1390，重 4.2t，半钢机，防爆型电动机，带变频控制柜
三足式下卸料简易离心机	SX-1250	77700	安徽普源分离机械制造有限公司	(0552) 4014982	转鼓直径 1250mm，转鼓高度 500mm，转鼓转速 0~900 r/min，最大容积 300L，最大装料重 420kg，电动机功率18.5kW，外形尺寸(mm)：2620×2000×1390，重 4.2t，全钢机，普通电动机
三足式下卸料简易离心机	SX-1250	78450	安徽普源分离机械制造有限公司	(0552) 4014982	转鼓直径 1250mm，转鼓高度 500mm，转鼓转速 0~900 r/min，最大容积 300L，最大装料重 420kg，电动机功率18.5kW，外形尺寸(mm)：2620×2000×1390，重 4.2t，全钢机，防爆型电动机
三足式下卸料简易离心机	SX-1250	78900	安徽普源分离机械制造有限公司	(0552) 4014982	转鼓直径 1250mm，转鼓高度 500mm，转鼓转速 0~900 r/min，最大容积 300L，最大装料重 420kg，电动机功率18.5kW，外形尺寸(mm)：2620×2000×1390，重 4.2t，全钢机，普通电动机，带简易盖
三足式下卸料简易离心机	SX-1250	79650	安徽普源分离机械制造有限公司	(0552) 4014982	转鼓直径 1250mm，转鼓高度 500mm，转鼓转速 0~900 r/min，最大容积 300L，最大装料重 420kg，电动机功率18.5kW，外形尺寸(mm)：2620×2000×1390，重 4.2t，全钢机，防爆型电动机，带简易盖
三足式下卸料简易离心机	SX-1250	81200	安徽普源分离机械制造有限公司	(0552) 4014982	转鼓直径 1250mm，转鼓高度 500mm，转鼓转速 0~900 r/min，最大容积 300L，最大装料重 420kg，电动机功率18.5kW，外形尺寸(mm)：2620×2000×1390，重 4.2t，衬塑机，普通电动机，带变频控制柜
三足式下卸料简易离心机	SX-1250	81900	安徽普源分离机械制造有限公司	(0552) 4014982	转鼓直径 1250mm，转鼓高度 500mm，转鼓转速 0~900 r/min，最大容积 300L，最大装料重 420kg，电动机功率18.5kW，外形尺寸(mm)：2620×2000×1390，重 4.2t，衬塑机，防爆型电动机，带变频控制柜
三足式下卸料简易离心机	SX-1250	88700	安徽普源分离机械制造有限公司	(0552) 4014982	转鼓直径 1250mm，转鼓高度 500mm，转鼓转速 0~900 r/min，最大容积 300L，最大装料重 420kg，电动机功率18.5kW，外形尺寸(mm)：2620×2000×1390，重 4.2t，全钢机，普通电动机，带变频控制柜
三足式下卸料简易离心机	SX-1250	89450	安徽普源分离机械制造有限公司	(0552) 4014982	转鼓直径 1250mm，转鼓高度 500mm，转鼓转速 0~900 r/min，最大容积 300L，最大装料重 420kg，电动机功率18.5kW，外形尺寸(mm)：2620×2000×1390，重 4.2t，全钢机，防爆型电动机，带变频控制柜

产品名称	型号规格	参考价格(元)	生产厂家	电话	主要参数及备注
三足式下卸料简易离心机	SX-1250	192400	安徽普源分离机械制造有限公司	(0552)4014982	转鼓直径1250mm,转鼓高度500mm,转鼓转速0~900r/min,最大容积300L,最大装料重420kg,电动机功率18.5kW,外形尺寸(mm):2620×2000×1390,重4.2t,整体不锈钢机,普通电动机
三足式下卸料简易离心机	SX-1250	193100	安徽普源分离机械制造有限公司	(0552)4014982	转鼓直径1250mm,转鼓高度500mm,转鼓转速0~900r/min,最大容积300L,最大装料重420kg,电动机功率18.5kW,外形尺寸(mm):2620×2000×1390,重4.2t,整体不锈钢机,防爆型电动机
三足式下卸料简易离心机	SX-1250	193600	安徽普源分离机械制造有限公司	(0552)4014982	转鼓直径1250mm,转鼓高度500mm,转鼓转速0~900r/min,最大容积300L,最大装料重420kg,电动机功率18.5kW,外形尺寸(mm):2620×2000×1390,重4.2t,整体不锈钢机,普通电动机,带简易盖
三足式下卸料简易离心机	SX-1250	194300	安徽普源分离机械制造有限公司	(0552)4014982	转鼓直径1250mm,转鼓高度500mm,转鼓转速0~900r/min,最大容积300L,最大装料重420kg,电动机功率18.5kW,外形尺寸(mm):2620×2000×1390,重4.2t,整体不锈钢机,防爆型电动机,带简易盖
三足式下卸料简易离心机	SX-1250	203400	安徽普源分离机械制造有限公司	(0552)4014982	转鼓直径1250mm,转鼓高度500mm,转鼓转速0~900r/min,最大容积300L,最大装料重420kg,电动机功率18.5kW,外形尺寸(mm):2620×2000×1390,重4.2t,整体不锈钢机,普通电动机,带变频控制柜
三足式下卸料简易离心机	SX-1250	204100	安徽普源分离机械制造有限公司	(0552)4014982	转鼓直径1250mm,转鼓高度500mm,转鼓转速0~900r/min,最大容积300L,最大装料重420kg,电动机功率18.5kW,外形尺寸(mm):2620×2000×1390,重4.2t,整体不锈钢机,防爆型电动机,带变频控制柜
三足式下卸料简易离心机	SX-1500	105000	安徽普源分离机械制造有限公司	(0552)4014982	转鼓直径1500mm,转鼓高度600mm,转鼓转速0~850r/min,最大容积500L,最大装料重600kg,电动机功率22kW,外形尺寸(mm):2970×2200×1500,重5.5t,碳钢机,普通电动机
三足式下卸料简易离心机	SX-1500	106200	安徽普源分离机械制造有限公司	(0552)4014982	转鼓直径1500mm,转鼓高度600mm,转鼓转速0~850r/min,最大容积500L,最大装料重600kg,电动机功率22kW,外形尺寸(mm):2970×2200×1500,重5.5t,碳钢机,防爆型电动机
三足式下卸料简易离心机	SX-1500	106600	安徽普源分离机械制造有限公司	(0552)4014982	转鼓直径1500mm,转鼓高度600mm,转鼓转速0~850r/min,最大容积500L,最大装料重600kg,电动机功率22kW,外形尺寸(mm):2970×2200×1500,重5.5t,碳钢机,普通电动机,带简易盖

产品名称	型号规格	参考价格(元)	生产厂家	电话	主要参数及备注
三足式下卸料简易离心机	SX-1500	107800	安徽普源分离机械制造有限公司	(0552)4014982	转鼓直径1500mm,转鼓高度600mm,转鼓转速0~850 r/min,最大容积500L,最大装料重600kg,电动机功率22kW,外形尺寸(mm):2970×2200×1500,重5.5t,碳钢机,防爆型电动机,带简易盖
三足式下卸料简易离心机	SX-1500	122800	安徽普源分离机械制造有限公司	(0552)4014982	转鼓直径1500mm,转鼓高度600mm,转鼓转速0~850 r/min,最大容积500L,最大装料重600kg,电动机功率22kW,外形尺寸(mm):2970×2200×1500,重5.5t,半钢机,普通电动机
三足式下卸料简易离心机	SX-1500	123000	安徽普源分离机械制造有限公司	(0552)4014982	转鼓直径1500mm,转鼓高度600mm,转鼓转速0~850 r/min,最大容积500L,最大装料重600kg,电动机功率22kW,外形尺寸(mm):2970×2200×1500,重5.5t,碳钢机,普通电动机,带变频控制柜
三足式下卸料简易离心机	SX-1500	124000	安徽普源分离机械制造有限公司	(0552)4014982	转鼓直径1500mm,转鼓高度600mm,转鼓转速0~850 r/min,最大容积500L,最大装料重600kg,电动机功率22kW,外形尺寸(mm):2970×2200×1500,重5.5t,半钢机,防爆型电动机
三足式下卸料简易离心机	SX-1500	124200	安徽普源分离机械制造有限公司	(0552)4014982	转鼓直径1500mm,转鼓高度600mm,转鼓转速0~850 r/min,最大容积500L,最大装料重600kg,电动机功率22kW,外形尺寸(mm):2970×2200×1500,重5.5t,碳钢机,防爆型电动机,带变频控制柜
三足式下卸料简易离心机	SX-1500	124400	安徽普源分离机械制造有限公司	(0552)4014982	转鼓直径1500mm,转鼓高度600mm,转鼓转速0~850 r/min,最大容积500L,最大装料重600kg,电动机功率22kW,外形尺寸(mm):2970×2200×1500,重5.5t,半钢机,普通电动机,带简易盖
三足式下卸料简易离心机	SX-1500	124900	安徽普源分离机械制造有限公司	(0552)4014982	转鼓直径1500mm,转鼓高度600mm,转鼓转速0~850 r/min,最大容积500L,最大装料重600kg,电动机功率22kW,外形尺寸(mm):2970×2200×1500,重5.5t,全钢机,普通电动机
三足式下卸料简易离心机	SX-1500	125000	安徽普源分离机械制造有限公司	(0552)4014982	转鼓直径1500mm,转鼓高度600mm,转鼓转速0~850 r/min,最大容积500L,最大装料重600kg,电动机功率22kW,外形尺寸(mm):2970×2200×1500,重5.5t,衬塑机,普通电动机
三足式下卸料简易离心机	SX-1500	125200	安徽普源分离机械制造有限公司	(0552)4014982	转鼓直径1500mm,转鼓高度600mm,转鼓转速0~850 r/min,最大容积500L,最大装料重600kg,电动机功率22kW,外形尺寸(mm):2970×2200×1500,重5.5t,衬塑机,防爆型电动机
三足式下卸料简易离心机	SX-1500	125600	安徽普源分离机械制造有限公司	(0552)4014982	转鼓直径1500mm,转鼓高度600mm,转鼓转速0~850 r/min,最大容积500L,最大装料重600kg,电动机功率22kW,外形尺寸(mm):2970×2200×1500,重5.5t,半钢机,防爆型电动机,带简易盖

产品名称	型号规格	参考价格(元)	生产厂家	电话	主要参数及备注
三足式下卸料简易离心机	SX-1500	126100	安徽普源分离机械制造有限公司	(0552)4014982	转鼓直径 1500mm,转鼓高度600mm,转鼓转速 0~850 r/min,最大容积 500L,最大装料重600kg,电动机功率 22kW,外形尺寸(mm):2970×2200×1500,重5.5t,全钢机,防爆型电动机
三足式下卸料简易离心机	SX-1500	126500	安徽普源分离机械制造有限公司	(0552)4014982	转鼓直径 1500mm,转鼓高度600mm,转鼓转速 0~850 r/min,最大容积 500L,最大装料重600kg,电动机功率 22kW,外形尺寸(mm):2970×2200×1500,重5.5t,全钢机,普通电动机,带简易盖
三足式下卸料简易离心机	SX-1500	126600	安徽普源分离机械制造有限公司	(0552)4014982	转鼓直径 1500mm,转鼓高度600mm,转鼓转速 0~850 r/min,最大容积 500L,最大装料重600kg,电动机功率 22kW,外形尺寸(mm):2970×2200×1500,重5.5t,衬塑机,普通电动机,带简易盖
三足式下卸料简易离心机	SX-1500	126800	安徽普源分离机械制造有限公司	(0552)4014982	转鼓直径 1500mm,转鼓高度600mm,转鼓转速 0~850 r/min,最大容积 500L,最大装料重600kg,电动机功率 22kW,外形尺寸(mm):2970×2200×1500,重5.5t,衬塑机,防爆型电动机,带简易盖
三足式下卸料简易离心机	SX-1500	127700	安徽普源分离机械制造有限公司	(0552)4014982	转鼓直径 1500mm,转鼓高度600mm,转鼓转速 0~850 r/min,最大容积 500L,最大装料重600kg,电动机功率 22kW,外形尺寸(mm):2970×2200×1500,重5.5t,全钢机,防爆型电动机,带简易盖
三足式下卸料简易离心机	SX-1500	140800	安徽普源分离机械制造有限公司	(0552)4014982	转鼓直径 1500mm,转鼓高度600mm,转鼓转速 0~850 r/min,最大容积 500L,最大装料重600kg,电动机功率 22kW,外形尺寸(mm):2970×2200×1500,重5.5t,半钢机,普通电动机,带变频控制柜
三足式下卸料简易离心机	SX-1500	142000	安徽普源分离机械制造有限公司	(0552)4014982	转鼓直径 1500mm,转鼓高度600mm,转鼓转速 0~850 r/min,最大容积 500L,最大装料重600kg,电动机功率 22kW,外形尺寸(mm):2970×2200×1500,重5.5t,半钢机,防爆型电动机,带变频控制柜
三足式下卸料简易离心机	SX-1500	142900	安徽普源分离机械制造有限公司	(0552)4014982	转鼓直径 1500mm,转鼓高度600mm,转鼓转速 0~850 r/min,最大容积 500L,最大装料重600kg,电动机功率 22kW,外形尺寸(mm):2970×2200×1500,重5.5t,全钢机,普通电动机,带变频控制柜
三足式下卸料简易离心机	SX-1500	143000	安徽普源分离机械制造有限公司	(0552)4014982	转鼓直径 1500mm,转鼓高度600mm,转鼓转速 0~850 r/min,最大容积 500L,最大装料重600kg,电动机功率 22kW,外形尺寸(mm):2970×2200×1500,重5.5t,衬塑机,普通电动机,带变频控制柜

产品名称	型号规格	参考价格(元)	生产厂家	电话	主要参数及备注
三足式下卸料简易离心机	SX-1500	143200	安徽普源分离机械制造有限公司	(0552)4014982	转鼓直径1500mm,转鼓高度600mm,转鼓转速0~850 r/min,最大容积500L,最大装料重600kg,电动机功率22kW,外形尺寸(mm):2970×2200×1500,重5.5t,衬塑机,防爆型电动机,带变频控制柜
三足式下卸料简易离心机	SX-1500	144100	安徽普源分离机械制造有限公司	(0552)4014982	转鼓直径1500mm,转鼓高度600mm,转鼓转速0~850 r/min,最大容积500L,最大装料重600kg,电动机功率22kW,外形尺寸(mm):2970×2200×1500,重5.5t,全钢机,防爆型电动机,带变频控制柜
三足式下卸料简易离心机	SX-1500	286000	安徽普源分离机械制造有限公司	(0552)4014982	转鼓直径1500mm,转鼓高度600mm,转鼓转速0~850 r/min,最大容积500L,最大装料重600kg,电动机功率22kW,外形尺寸(mm):2970×2200×1500,重5.5t,整体不锈钢机,普通电动机
三足式下卸料简易离心机	SX-1500	287200	安徽普源分离机械制造有限公司	(0552)4014982	转鼓直径1500mm,转鼓高度600mm,转鼓转速0~850 r/min,最大容积500L,最大装料重600kg,电动机功率22kW,外形尺寸(mm):2970×2200×1500,重5.5t,整体不锈钢机,防爆型电动机
三足式下卸料简易离心机	SX-1500	287600	安徽普源分离机械制造有限公司	(0552)4014982	转鼓直径1500mm,转鼓高度600mm,转鼓转速0~850 r/min,最大容积500L,最大装料重600kg,电动机功率22kW,外形尺寸(mm):2970×2200×1500,重5.5t,整体不锈钢机,普通电动机,带简易盖
三足式下卸料简易离心机	SX-1500	288800	安徽普源分离机械制造有限公司	(0552)4014982	转鼓直径1500mm,转鼓高度600mm,转鼓转速0~850 r/min,最大容积500L,最大装料重600kg,电动机功率22kW,外形尺寸(mm):2970×2200×1500,重5.5t,整体不锈钢机,防爆型电动机,带简易盖
三足式下卸料简易离心机	SX-1500	304000	安徽普源分离机械制造有限公司	(0552)4014982	转鼓直径1500mm,转鼓高度600mm,转鼓转速0~850 r/min,最大容积500L,最大装料重600kg,电动机功率22kW,外形尺寸(mm):2970×2200×1500,重5.5t,整体不锈钢机,普通电动机,带变频控制柜
三足式下卸料简易离心机	SX-1500	305200	安徽普源分离机械制造有限公司	(0552)4014982	转鼓直径1500mm,转鼓高度600mm,转鼓转速0~850 r/min,最大容积500L,最大装料重600kg,电动机功率22kW,外形尺寸(mm):2970×2200×1500,重5.5t,整体不锈钢机,防爆型电动机,带变频控制柜
三足式下卸料全自动离心机	SGZ-800	90600	安徽普源分离机械制造有限公司	(0552)4014982	转鼓直径800mm,转鼓高度400mm,转鼓转速0~1200 r/min,最大容积100L,最大装料重135kg,电动机功率7.5kW,外形尺寸(mm):1950×1400×1350,重2t,衬塑机,普通电动机

产品名称	型号规格	参考价格(元)	生产厂家	电话	主要参数及备注
三足式下卸料全自动离心机	SGZ-800	91150	安徽普源分离机械制造有限公司	(0552)4014982	转鼓直径800mm，转鼓高度400mm，转鼓转速0~1200r/min，最大容积100L，最大装料重135kg，电动机功率7.5kW，外形尺寸(mm)：1950×1400×1350，重2t，衬塑机，防爆型电动机
三足式下卸料全自动离心机	SGZ-800	100800	安徽普源分离机械制造有限公司	(0552)4014982	转鼓直径800mm，转鼓高度400mm，转鼓转速0~1200r/min，最大容积100L，最大装料重135kg，电动机功率7.5kW，外形尺寸(mm)：1950×1400×1350，重2t，全钢机，普通电动机
三足式下卸料全自动离心机	SGZ-800	106300	安徽普源分离机械制造有限公司	(0552)4014982	转鼓直径800mm，转鼓高度400mm，转鼓转速0~1200r/min，最大容积100L，最大装料重135kg，电动机功率7.5kW，外形尺寸(mm)：1950×1400×1350，重2t，全钢机，防爆型电动机
三足式下卸料全自动离心机	SGZ-800	195000	安徽普源分离机械制造有限公司	(0552)4014982	转鼓直径800mm，转鼓高度400mm，转鼓转速0~1200r/min，最大容积100L，最大装料重135kg，电动机功率7.5kW，外形尺寸(mm)：1950×1400×1350，重2t，整体不锈钢机，普通电动机
三足式下卸料全自动离心机	SGZ-800	195600	安徽普源分离机械制造有限公司	(0552)4014982	转鼓直径800mm，转鼓高度400mm，转鼓转速0~1200r/min，最大容积100L，最大装料重135kg，电动机功率7.5kW，外形尺寸(mm)：1950×1400×1350，重2t，整体不锈钢机，防爆型电动机
三足式下卸料全自动离心机	SGZ-1000	103600	安徽普源分离机械制造有限公司	(0552)4014982	转鼓直径1000mm，转鼓高度420mm，转鼓转速0~1000r/min，最大容积140L，最大装料重200kg，电动机功率11kW，外形尺寸(mm)：2300×1700×1400，重2.8t，衬塑机，普通电动机
三足式下卸料全自动离心机	SGZ-1000	104200	安徽普源分离机械制造有限公司	(0552)4014982	转鼓直径1000mm，转鼓高度420mm，转鼓转速0~1000r/min，最大容积140L，最大装料重200kg，电动机功率11kW，外形尺寸(mm)：2300×1700×1400，重2.8t，衬塑机，防爆型电动机
三足式下卸料全自动离心机	SGZ-1000	120000	安徽普源分离机械制造有限公司	(0552)4014982	转鼓直径1000mm，转鼓高度420mm，转鼓转速0~1000r/min，最大容积140L，最大装料重200kg，电动机功率11kW，外形尺寸(mm)：2300×1700×1400，重2.8t，全钢机，普通电动机
三足式下卸料全自动离心机	SGZ-1000	120600	安徽普源分离机械制造有限公司	(0552)4014982	转鼓直径1000mm，转鼓高度420mm，转鼓转速0~1000r/min，最大容积140L，最大装料重200kg，电动机功率11kW，外形尺寸(mm)：2300×1700×1400，重2.8t，全钢机，防爆型电动机
三足式下卸料全自动离心机	SGZ-1000	214500	安徽普源分离机械制造有限公司	(0552)4014982	转鼓直径1000mm，转鼓高度420mm，转鼓转速0~1000r/min，最大容积140L，最大装料重200kg，电动机功率11kW，外形尺寸(mm)：2300×1700×1400，重2.8t，整体不锈钢机，普通电动机

产品名称	型号规格	参考价格(元)	生产厂家	电话	主要参数及备注
三足式下卸料全自动离心机	SGZ-1000	215500	安徽普源分离机械制造有限公司	(0552)4014982	转鼓直径 1000mm,转鼓高度 420mm,转鼓转速 0～1000 r/min,最大容积 140L,最大装料重 200kg,电动机功率 11kW,外形尺寸(mm):2300×1700×1400,重2.8t,整体不锈钢机,防爆型电动机
三足式下卸料全自动离心机	SGZ-1200	128000	安徽普源分离机械制造有限公司	(0552)4014982	转鼓直径 1200mm,转鼓高度 500mm,转鼓转速 0～900 r/min,最大容积 250L,最大装料重 350kg,电动机功率18.5kW,外形尺寸(mm):2620×2000×1600,重3.3t,衬塑机,普通电动机
三足式下卸料全自动离心机	SGZ-1200	128700	安徽普源分离机械制造有限公司	(0552)4014982	转鼓直径 1200mm,转鼓高度 500mm,转鼓转速 0～900 r/min,最大容积 250L,最大装料重 350kg,电动机功率18.5kW,外形尺寸(mm):2620×2000×1600,重3.3t,衬塑机,防爆型电动机
三足式下卸料全自动离心机	SGZ-1200	144000	安徽普源分离机械制造有限公司	(0552)4014982	转鼓直径 1200mm,转鼓高度 500mm,转鼓转速 0～900 r/min,最大容积 250L,最大装料重 350kg,电动机功率18.5kW,外形尺寸(mm):2620×2000×1600,重3.3t,全钢机,普通电动机
三足式下卸料全自动离心机	SGZ-1200	144700	安徽普源分离机械制造有限公司	(0552)4014982	转鼓直径 1200mm,转鼓高度 500mm,转鼓转速 0～900 r/min,最大容积 250L,最大装料重 350kg,电动机功率18.5kW,外形尺寸(mm):2620×2000×1600,重3.3t,全钢机,防爆型电动机
三足式下卸料全自动离心机	SGZ-1200	247000	安徽普源分离机械制造有限公司	(0552)4014982	转鼓直径 1200mm,转鼓高度 500mm,转鼓转速 0～900 r/min,最大容积 250L,最大装料重 350kg,电动机功率18.5kW,外形尺寸(mm):2620×2000×1600,重3.3t,整体不锈钢机,普通电动机
三足式下卸料全自动离心机	SGZ-1200	247700	安徽普源分离机械制造有限公司	(0552)4014982	转鼓直径 1200mm,转鼓高度 500mm,转鼓转速 0～900 r/min,最大容积 250L,最大装料重 350kg,电动机功率 18.5 kW,外形尺寸(mm):2620×2000×1600,重3.3t,整体不锈钢机,防爆型电动机
三足式下卸料全自动离心机	SGZ-1250	139800	安徽普源分离机械制造有限公司	(0552)4014982	衬塑机,普通电动机
三足式下卸料全自动离心机	SGZ-1250	140500	安徽普源分离机械制造有限公司	(0552)4014982	衬塑机,防爆型电动机
三足式下卸料全自动离心机	SGZ-1250	153200	安徽普源分离机械制造有限公司	(0552)4014982	全钢机,普通电动机
三足式下卸料全自动离心机	SGZ-1250	159300	安徽普源分离机械制造有限公司	(0552)4014982	全钢机,防爆型电动机
三足式下卸料全自动离心机	SGZ-1250	256500	安徽普源分离机械制造有限公司	(0552)4014982	整体不锈钢机,普通电动机
三足式下卸料全自动离心机	SGZ-1250	257250	安徽普源分离机械制造有限公司	(0552)4014982	整体不锈钢机,防爆型电动机
三足式下卸料全自动离心机	SGZ-1500	260500	安徽普源分离机械制造有限公司	(0552)4014982	转鼓直径 1500mm,转鼓高度 600mm,转鼓转速 0～850 r/min,最大容积 500L,最大装料重 650kg,电动机功率 22kW,外形尺寸(mm):2970×2200×1800,重6t,衬塑机,普通电动机

产品名称	型号规格	参考价格（元）	生产厂家	电话	主要参数及备注
三足式下卸料全自动离心机	SGZ-1500	261700	安徽普源分离机械制造有限公司	(0552)4014982	转鼓直径1500mm,转鼓高度600mm,转鼓转速0~850 r/min,最大容积500L,最大装料重650kg,电动机功率22kW,外形尺寸(mm):2970×2200×1800,重6t,衬塑机,防爆型电动机
三足式下卸料全自动离心机	SGZ-1500	298400	安徽普源分离机械制造有限公司	(0552)4014982	转鼓直径1500mm,转鼓高度600mm,转鼓转速0~850 r/min,最大容积500L,最大装料重650kg,电动机功率22kW,外形尺寸(mm):2970×2200×1800,重6t,全钢机,普通电动机
三足式下卸料全自动离心机	SGZ-1500	299600	安徽普源分离机械制造有限公司	(0552)4014982	转鼓直径1500mm,转鼓高度600mm,转鼓转速0~850 r/min,最大容积500L,最大装料重650kg,电动机功率22kW,外形尺寸(mm):2970×2200×1800,重6t,全钢机,防爆型电动机
三足式下卸料全自动离心机	SGZ-1500	438000	安徽普源分离机械制造有限公司	(0552)4014982	转鼓直径1500mm,转鼓高度600mm,转鼓转速0~850 r/min,最大容积500L,最大装料重650kg,电动机功率22kW,外形尺寸(mm):2970×2200×1800,重6t,整体不锈钢机,普通电动机
三足式下卸料全自动离心机	SGZ-1500	439200	安徽普源分离机械制造有限公司	(0552)4014982	转鼓直径1500mm,转鼓高度600mm,转鼓转速0~850 r/min,最大容积500L,最大装料重650kg,电动机功率22kW,外形尺寸(mm):2970×2200×1800,重6t,整体不锈钢机,防爆型电动机
三足式下卸料全自动离心机	SGZ-1600	310000	安徽普源分离机械制造有限公司	(0552)4014982	全钢机,普通电动机
三足式下卸料全自动离心机	SGZ-1600	320000	安徽普源分离机械制造有限公司	(0552)4014982	全钢机,防爆型电动机
上悬式下卸料离心机	SXT-1250	55000	武穴市精华机械制造有限公司	(0713)6222685	材质碳钢
上悬式下卸料离心机	SXT-1250	89000	武穴市精华机械制造有限公司	(0713)6222685	材质不锈钢
手动刮刀下卸料离心机	SG/PG1000	750000	辽阳阳光制药机械有限公司	(0419)3303088	转鼓直径1000mm,转鼓容积140L,转鼓转速0~1000 r/min,电动机功率11kW,外形尺寸(mm):2250×1700×1900,重3.5t
手动刮刀下卸料离心机	SG/PG1250	900000	辽阳阳光制药机械有限公司	(0419)3303088	转鼓直径1250mm,转鼓容积280L,转鼓转速0~900 r/min,电动机功率18.5 kW,外形尺寸(mm):2600×2000×2500,重4.2t
手动刮刀下卸料离心机	SG/PG800	650000	辽阳阳光制药机械有限公司	(0419)3303088	转鼓直径800mm,转鼓容积100L,转鼓转速0~1200 r/min,电动机功率7.5 kW,外形尺寸(mm):2000×1400×1700,重3t
四级分离机	XF-9	29000	山东省临清药物机械厂	(0635)2437495	丸径1.5~12mm,块粉粒度2~60目,电动机功率1.5kW,外形尺寸(mm):1900×950×900,重300kg,材质不锈钢,选丸机
涂片离心机	DT5-6D	4200	北京时代北利离心机有限公司	(010)51129985	最高转速2000 r/min,容积(0.1~0.5)mL×6
细胞图片离心机	DT5-2C	7800	北京时代北利离心机有限公司	(010)51129985	最高转速3000 r/min,容积(0.1~0.5)mL×6

产品名称	型号规格	参考价格(元)	生产厂家	电话	主要参数及备注
下卸料全自动离心机	PGZ-800	104000	安徽普源分离机械制造有限公司	(0552)4014982	转鼓直径800mm,转鼓高度400mm,转鼓转速0~1200r/min,最大容积90L,最大装料重100kg,电动机功率7.5kW,外形尺寸(mm):1650×1200×1300,重2t,全钢机,平盖式,气动大刮刀,普通电动机
下卸料全自动离心机	PGZ-800	110000	安徽普源分离机械制造有限公司	(0552)4014982	转鼓直径800mm,转鼓高度400mm,转鼓转速0~1200r/min,最大容积90L,最大装料重100kg,电动机功率7.5kW,外形尺寸(mm):1650×1200×1300,重2t,全钢机,平盖式,气动大刮刀,防爆型电动机
下卸料全自动离心机	PGZ-800	114000	安徽普源分离机械制造有限公司	(0552)4014982	转鼓直径800mm,转鼓高度400mm,转鼓转速0~1200r/min,最大容积90L,最大装料重100kg,电动机功率7.5kW,外形尺寸(mm):1650×1200×1300,重2t,全钢机,大翻盖式,气动旋转小刮刀,普通电动机
下卸料全自动离心机	PGZ-800	120000	安徽普源分离机械制造有限公司	(0552)4014982	转鼓直径800mm,转鼓高度400mm,转鼓转速0~1200r/min,最大容积90L,最大装料重100kg,电动机功率7.5kW,外形尺寸(mm):1650×1200×1300,重2t,全钢机,大翻盖式,气动旋转小刮刀,防爆型电动机
下卸料全自动离心机	PGZ-1000	126800	安徽普源分离机械制造有限公司	(0552)4014982	转鼓直径1000mm,转鼓高度420mm,转鼓转速0~1000r/min,最大容积140L,最大装料重200kg,电动机功率11kW,外形尺寸(mm):2000×1500×1350,重2.5t,全钢机,平盖式,气动大刮刀,普通电动机
下卸料全自动离心机	PGZ-1000	133800	安徽普源分离机械制造有限公司	(0552)4014982	转鼓直径1000mm,转鼓高度420mm,转鼓转速0~1000r/min,最大容积140L,最大装料重200kg,电动机功率11kW,外形尺寸(mm):2000×1500×1350,重2.5t,全钢机,平盖式,气动大刮刀,防爆型电动机
下卸料全自动离心机	PGZ-1000	137800	安徽普源分离机械制造有限公司	(0552)4014982	转鼓直径1000mm,转鼓高度420mm,转鼓转速0~1000r/min,最大容积140L,最大装料重200kg,电动机功率11kW,外形尺寸(mm):2000×1500×1350,重2.5t,全钢机,大翻盖式,气动旋转小刮刀,普通电动机
下卸料全自动离心机	PGZ-1000	148000	安徽普源分离机械制造有限公司	(0552)4014982	转鼓直径1000mm,转鼓高度420mm,转鼓转速0~1000r/min,最大容积140L,最大装料重200kg,电动机功率11kW,外形尺寸(mm):2000×1500×1350,重2.5t,全钢机,大翻盖式,气动旋转小刮刀,防爆型电动机
下卸料全自动离心机	PGZ-1200	153500	安徽普源分离机械制造有限公司	(0552)4014982	转鼓直径1200mm,转鼓高度500mm,转鼓转速0~900r/min,最大容积250L,最大装料重350kg,电动机功率18.5kW,外形尺寸(mm):2200×1800×1460,重3.5t,全钢机,平盖式,气动大刮刀,普通电动机

产品名称	型号规格	参考价格(元)	生产厂家	电话	主要参数及备注
下卸料全自动离心机	PGZ-1200	161500	安徽普源分离机械制造有限公司	(0552)4014982	转鼓直径1200mm,转鼓高度500mm,转鼓转速0~900 r/min,最大容积250L,最大装料重350kg,电动机功率18.5kW,外形尺寸(mm):2200×1800×1460,重3.5t,全钢机,平盖式,气动大刮刀,防爆型电动机
下卸料全自动离心机	PGZ-1200	165500	安徽普源分离机械制造有限公司	(0552)4014982	转鼓直径1200mm,转鼓高度500mm,转鼓转速0~900 r/min,最大容积250L,最大装料重350kg,电动机功率18.5kW,外形尺寸(mm):2200×1800×1460,重3.5t,全钢机,大翻盖式,气动旋转小刮刀,普通电动机
下卸料全自动离心机	PGZ-1200	173500	安徽普源分离机械制造有限公司	(0552)4014982	转鼓直径1200mm,转鼓高度500mm,转鼓转速0~900 r/min,最大容积250L,最大装料重350kg,电动机功率18.5kW,外形尺寸(mm):2200×1800×1460,重3.5t,全钢机,大翻盖式,气动旋转小刮刀,防爆型电动机
下卸料全自动离心机	PGZ-1250	163700	安徽普源分离机械制造有限公司	(0552)4014982	全钢机,平盖式,气动大刮刀,普通电动机
下卸料全自动离心机	PGZ-1250	171700	安徽普源分离机械制造有限公司	(0552)4014982	全钢机,平盖式,气动大刮刀,防爆型电动机
下卸料全自动离心机	PGZ-1250	175700	安徽普源分离机械制造有限公司	(0552)4014982	全钢机,大翻盖式,气动旋转小刮刀,普通电动机
下卸料全自动离心机	PGZ-1250	183700	安徽普源分离机械制造有限公司	(0552)4014982	全钢机,大翻盖式,气动旋转小刮刀,防爆型电动机
下卸料全自动离心机	PGZ-1500	322000	安徽普源分离机械制造有限公司	(0552)4014982	转鼓直径1500mm,转鼓高度700mm,转鼓转速0~850 r/min,最大容积570L,最大装料重800kg,电动机功率22kW,外形尺寸(mm):2600×2200×1650,重6t,全钢机,平盖式,气动大刮刀,普通电动机
下卸料全自动离心机	PGZ-1500	332000	安徽普源分离机械制造有限公司	(0552)4014982	转鼓直径1500mm,转鼓高度700mm,转鼓转速0~850 r/min,最大容积570L,最大装料重800kg,电动机功率22kW,外形尺寸(mm):2600×2200×1650,重6t,全钢机,平盖式,气动大刮刀,防爆型电动机
下卸料全自动离心机	PGZ-1600	346000	安徽普源分离机械制造有限公司	(0552)4014982	全钢机,平盖式,气动大刮刀,普通电动机
下卸料全自动离心机	PGZ-1600	356000	安徽普源分离机械制造有限公司	(0552)4014982	全钢机,平盖式,气动大刮刀,防爆型电动机
血库通用离心机	DT5-3	13980	北京时代北利离心机有限公司	(010)51129985	最高转速4000 r/min,容积10mL×8×4
血库通用离心机	DT5-3	13980	北京时代北利离心机有限公司	(010)51129985	最高转速5000 r/min,容积10mL×3×4
血库通用离心机	DT5-3	13980	北京时代北利离心机有限公司	(010)51129985	最高转速5000 r/min,容积100mL×4
血库专用离心机	DT5-6E	8600	北京时代北利离心机有限公司	(010)51129985	最高转速4000 r/min,容积15mL×12,角式转子
直联式上卸料离心机	SBZ-600	28000	安徽普源分离机械制造有限公司	(0552)4014982	衬塑机,普通基础,带变频器
直联式上卸料离心机	SBZ-600	28600	安徽普源分离机械制造有限公司	(0552)4014982	衬塑机,普通基础,带变频器、简易盖

产品名称	型号规格	参考价格(元)	生产厂家	电话	主要参数及备注
直联式上卸料离心机	SBZ-600	29000	安徽普源分离机械制造有限公司	(0552)4014982	衬塑机,普通基础,带变频器、铰链盖
直联式上卸料离心机	SBZ-600	29500	安徽普源分离机械制造有限公司	(0552)4014982	衬塑机,无基础,带变频器
直联式上卸料离心机	SBZ-600	30100	安徽普源分离机械制造有限公司	(0552)4014982	衬塑机,无基础,带变频器、简易盖
直联式上卸料离心机	SBZ-600	30300	安徽普源分离机械制造有限公司	(0552)4014982	全钢机,普通基础,不带变频器
直联式上卸料离心机	SBZ-600	30500	安徽普源分离机械制造有限公司	(0552)4014982	衬塑机,无基础,带变频器、铰链盖
直联式上卸料离心机	SBZ-600	30900	安徽普源分离机械制造有限公司	(0552)4014982	全钢机,普通基础,不带变频器,带简易盖
直联式上卸料离心机	SBZ-600	31300	安徽普源分离机械制造有限公司	(0552)4014982	全钢机,普通基础,不带变频器,带铰链盖
直联式上卸料离心机	SBZ-600	32120	安徽普源分离机械制造有限公司	(0552)4014982	全钢机,无基础,不带变频器
直联式上卸料离心机	SBZ-600	32720	安徽普源分离机械制造有限公司	(0552)4014982	全钢机,无基础,不带变频器,带简易盖
直联式上卸料离心机	SBZ-600	33120	安徽普源分离机械制造有限公司	(0552)4014982	全钢机,无基础,不带变频器,带铰链盖
直联式上卸料离心机	SBZ-600	37600	安徽普源分离机械制造有限公司	(0552)4014982	全钢机,普通基础,带变频器
直联式上卸料离心机	SBZ-600	38200	安徽普源分离机械制造有限公司	(0552)4014982	全钢机,普通基础,带变频器、简易盖
直联式上卸料离心机	SBZ-600	38600	安徽普源分离机械制造有限公司	(0552)4014982	全钢机,普通基础,带变频器、铰链盖
直联式上卸料离心机	SBZ-600	39500	安徽普源分离机械制造有限公司	(0552)4014982	全钢机,无基础,带变频器
直联式上卸料离心机	SBZ-600	40100	安徽普源分离机械制造有限公司	(0552)4014982	全钢机,无基础,带变频器、简易盖
直联式上卸料离心机	SBZ-600	40500	安徽普源分离机械制造有限公司	(0552)4014982	全钢机,无基础,带变频器、铰链盖
直联式上卸料离心机	SBZ-600	45000	安徽普源分离机械制造有限公司	(0552)4014982	整体不锈钢机,普通基础,不带变频器
直联式上卸料离心机	SBZ-600	45600	安徽普源分离机械制造有限公司	(0552)4014982	整体不锈钢机,普通基础,不带变频器,带简易盖
直联式上卸料离心机	SBZ-600	46000	安徽普源分离机械制造有限公司	(0552)4014982	整体不锈钢机,普通基础,不带变频器,带铰链盖
直联式上卸料离心机	SBZ-600	48900	安徽普源分离机械制造有限公司	(0552)4014982	整体不锈钢机,无基础,不带变频器
直联式上卸料离心机	SBZ-600	49500	安徽普源分离机械制造有限公司	(0552)4014982	整体不锈钢机,无基础,不带变频器,带简易盖
直联式上卸料离心机	SBZ-600	49900	安徽普源分离机械制造有限公司	(0552)4014982	整体不锈钢机,无基础,不带变频器,带铰链盖
直联式上卸料离心机	SBZ-600	54100	安徽普源分离机械制造有限公司	(0552)4014982	整体不锈钢机,普通基础,带变频器
直联式上卸料离心机	SBZ-600	54700	安徽普源分离机械制造有限公司	(0552)4014982	整体不锈钢机,普通基础,带变频器、简易盖
直联式上卸料离心机	SBZ-600	55100	安徽普源分离机械制造有限公司	(0552)4014982	整体不锈钢机,普通基础,带变频器、铰链盖
直联式上卸料离心机	SBZ-600	58000	安徽普源分离机械制造有限公司	(0552)4014982	整体不锈钢机,无基础,带变频器
直联式上卸料离心机	SBZ-600	58600	安徽普源分离机械制造有限公司	(0552)4014982	整体不锈钢机,无基础,带变频器、简易盖
直联式上卸料离心机	SBZ-600	59000	安徽普源分离机械制造有限公司	(0552)4014982	整体不锈钢机,无基础,带变频器、铰链盖

产品名称	型号规格	参考价格(元)	生产厂家	电话	主要参数及备注
直联式上卸料离心机	SBZ-800	35000	安徽普源分离机械制造有限公司	(0552)4014982	衬塑机,普通基础,带变频器
直联式上卸料离心机	SBZ-800	35700	安徽普源分离机械制造有限公司	(0552)4014982	衬塑机,普通基础,带变频器、简易盖
直联式上卸料离心机	SBZ-800	36200	安徽普源分离机械制造有限公司	(0552)4014982	衬塑机,普通基础,带变频器、铰链盖
直联式上卸料离心机	SBZ-800	36500	安徽普源分离机械制造有限公司	(0552)4014982	衬塑机,无基础,带变频器
直联式上卸料离心机	SBZ-800	37200	安徽普源分离机械制造有限公司	(0552)4014982	衬塑机,无基础,带变频器、简易盖
直联式上卸料离心机	SBZ-800	37700	安徽普源分离机械制造有限公司	(0552)4014982	衬塑机,无基础,带变频器、铰链盖
直联式上卸料离心机	SBZ-800	37800	安徽普源分离机械制造有限公司	(0552)4014982	全钢机,普通基础,不带变频器
直联式上卸料离心机	SBZ-800	38500	安徽普源分离机械制造有限公司	(0552)4014982	全钢机,普通基础,不带变频器,带简易盖
直联式上卸料离心机	SBZ-800	39000	安徽普源分离机械制造有限公司	(0552)4014982	全钢机,普通基础,不带变频器,带铰链盖
直联式上卸料离心机	SBZ-800	39400	安徽普源分离机械制造有限公司	(0552)4014982	全钢机,无基础,不带变频器
直联式上卸料离心机	SBZ-800	40100	安徽普源分离机械制造有限公司	(0552)4014982	全钢机,无基础,不带变频器,带简易盖
直联式上卸料离心机	SBZ-800	40600	安徽普源分离机械制造有限公司	(0552)4014982	全钢机,无基础,不带变频器,带铰链盖
直联式上卸料离心机	SBZ-800	45900	安徽普源分离机械制造有限公司	(0552)4014982	全钢机,普通基础,带变频器
直联式上卸料离心机	SBZ-800	47100	安徽普源分离机械制造有限公司	(0552)4014982	全钢机,普通基础,带变频器、铰链盖
直联式上卸料离心机	SBZ-800	47700	安徽普源分离机械制造有限公司	(0552)4014982	全钢机,普通基础,带变频器、简易盖
直联式上卸料离心机	SBZ-800	48000	安徽普源分离机械制造有限公司	(0552)4014982	全钢机,无基础,带变频器
直联式上卸料离心机	SBZ-800	48700	安徽普源分离机械制造有限公司	(0552)4014982	全钢机,无基础,带变频器、简易盖
直联式上卸料离心机	SBZ-800	49200	安徽普源分离机械制造有限公司	(0552)4014982	全钢机,无基础,带变频器、铰链盖
直联式上卸料离心机	SBZ-800	59900	安徽普源分离机械制造有限公司	(0552)4014982	整体不锈钢机,普通基础,不带变频器
直联式上卸料离心机	SBZ-800	60600	安徽普源分离机械制造有限公司	(0552)4014982	整体不锈钢机,普通基础,不带变频器,带简易盖
直联式上卸料离心机	SBZ-800	61100	安徽普源分离机械制造有限公司	(0552)4014982	整体不锈钢机,普通基础,不带变频器,带铰链盖
直联式上卸料离心机	SBZ-800	63900	安徽普源分离机械制造有限公司	(0552)4014982	整体不锈钢机,无基础,不带变频器
直联式上卸料离心机	SBZ-800	64600	安徽普源分离机械制造有限公司	(0552)4014982	整体不锈钢机,无基础,不带变频器,带简易盖
直联式上卸料离心机	SBZ-800	65100	安徽普源分离机械制造有限公司	(0552)4014982	整体不锈钢机,无基础,不带变频器,带铰链盖
直联式上卸料离心机	SBZ-800	65800	安徽普源分离机械制造有限公司	(0552)4014982	整体不锈钢机,普通基础,带变频器
直联式上卸料离心机	SBZ-800	66500	安徽普源分离机械制造有限公司	(0552)4014982	整体不锈钢机,普通基础,带变频器、简易盖
直联式上卸料离心机	SBZ-800	67000	安徽普源分离机械制造有限公司	(0552)4014982	整体不锈钢机,普通基础,带变频器、铰链盖
直联式上卸料离心机	SBZ-800	74300	安徽普源分离机械制造有限公司	(0552)4014982	整体不锈钢机,无基础,带变频器

产品名称	型号规格	参考价格(元)	生产厂家	电话	主要参数及备注
直联式上卸料离心机	SBZ-800	75000	安徽普源分离机械制造有限公司	(0552)4014982	整体不锈钢机,无基础,带变频器、简易盖
直联式上卸料离心机	SBZ-800	75500	安徽普源分离机械制造有限公司	(0552)4014982	整体不锈钢机,无基础,带变频器、铰链盖
直联式上卸料离心机	SBZ-1000	46000	安徽普源分离机械制造有限公司	(0552)4014982	衬塑机,普通基础,带变频器
直联式上卸料离心机	SBZ-1000	46800	安徽普源分离机械制造有限公司	(0552)4014982	衬塑机,普通基础,带变频器、简易盖
直联式上卸料离心机	SBZ-1000	47500	安徽普源分离机械制造有限公司	(0552)4014982	衬塑机,普通基础,带变频器、铰链盖
直联式上卸料离心机	SBZ-1000	48000	安徽普源分离机械制造有限公司	(0552)4014982	全钢机,普通基础,不带变频器
直联式上卸料离心机	SBZ-1000	48800	安徽普源分离机械制造有限公司	(0552)4014982	全钢机,普通基础,不带变频器,带简易盖
直联式上卸料离心机	SBZ-1000	49000	安徽普源分离机械制造有限公司	(0552)4014982	衬塑机,无基础,带变频器
直联式上卸料离心机	SBZ-1000	49500	安徽普源分离机械制造有限公司	(0552)4014982	全钢机,普通基础,不带变频器,带铰链盖
直联式上卸料离心机	SBZ-1000	49800	安徽普源分离机械制造有限公司	(0552)4014982	衬塑机,无基础,带变频器、简易盖
直联式上卸料离心机	SBZ-1000	50500	安徽普源分离机械制造有限公司	(0552)4014982	衬塑机,无基础,带变频器、铰链盖
直联式上卸料离心机	SBZ-1000	52100	安徽普源分离机械制造有限公司	(0552)4014982	全钢机,无基础,不带变频器
直联式上卸料离心机	SBZ-1000	52900	安徽普源分离机械制造有限公司	(0552)4014982	全钢机,无基础,不带变频器,带简易盖
直联式上卸料离心机	SBZ-1000	53600	安徽普源分离机械制造有限公司	(0552)4014982	全钢机,无基础,不带变频器,带铰链盖
直联式上卸料离心机	SBZ-1000	60300	安徽普源分离机械制造有限公司	(0552)4014982	全钢机,普通基础,带变频器
直联式上卸料离心机	SBZ-1000	61100	安徽普源分离机械制造有限公司	(0552)4014982	全钢机,普通基础,带变频器、简易盖
直联式上卸料离心机	SBZ-1000	61800	安徽普源分离机械制造有限公司	(0552)4014982	全钢机,普通基础,带变频器、铰链盖
直联式上卸料离心机	SBZ-1000	62900	安徽普源分离机械制造有限公司	(0552)4014982	全钢机,无基础,带变频器
直联式上卸料离心机	SBZ-1000	63700	安徽普源分离机械制造有限公司	(0552)4014982	全钢机,无基础,带变频器、简易盖
直联式上卸料离心机	SBZ-1000	64400	安徽普源分离机械制造有限公司	(0552)4014982	全钢机,无基础,带变频器、铰链盖
直联式上卸料离心机	SBZ-1000	88600	安徽普源分离机械制造有限公司	(0552)4014982	整体不锈钢机,普通基础,不带变频器
直联式上卸料离心机	SBZ-1000	89400	安徽普源分离机械制造有限公司	(0552)4014982	整体不锈钢机,普通基础,不带变频器,带简易盖
直联式上卸料离心机	SBZ-1000	90100	安徽普源分离机械制造有限公司	(0552)4014982	整体不锈钢机,普通基础,不带变频器,带铰链盖
直联式上卸料离心机	SBZ-1000	93800	安徽普源分离机械制造有限公司	(0552)4014982	整体不锈钢机,无基础,不带变频器
直联式上卸料离心机	SBZ-1000	94600	安徽普源分离机械制造有限公司	(0552)4014982	整体不锈钢机,无基础,不带变频器,带简易盖
直联式上卸料离心机	SBZ-1000	95300	安徽普源分离机械制造有限公司	(0552)4014982	整体不锈钢机,无基础,不带变频器,带铰链盖
直联式上卸料离心机	SBZ-1000	101600	安徽普源分离机械制造有限公司	(0552)4014982	整体不锈钢机,普通基础,带变频器
直联式上卸料离心机	SBZ-1000	102400	安徽普源分离机械制造有限公司	(0552)4014982	整体不锈钢机,普通基础,带变频器、简易盖

产品名称	型号规格	参考价格（元）	生产厂家	电话	主要参数及备注
直联式上卸料离心机	SBZ-1000	103100	安徽普源分离机械制造有限公司	（0552）4014982	整体不锈钢机，普通基础，带变频器、铰链盖
直联式上卸料离心机	SBZ-1000	105500	安徽普源分离机械制造有限公司	（0552）4014982	整体不锈钢机，无基础，带变频器
直联式上卸料离心机	SBZ-1000	106300	安徽普源分离机械制造有限公司	（0552）4014982	整体不锈钢机，无基础，带变频器、简易盖
直联式上卸料离心机	SBZ-1000	107000	安徽普源分离机械制造有限公司	（0552）4014982	整体不锈钢机，无基础，带变频器、铰链盖
直联式上卸料离心机	SBZ-1200	60000	安徽普源分离机械制造有限公司	（0552）4014982	衬塑机，普通基础，带变频器
直联式上卸料离心机	SBZ-1200	61000	安徽普源分离机械制造有限公司	（0552）4014982	衬塑机，普通基础，带变频器、简易盖
直联式上卸料离心机	SBZ-1200	62000	安徽普源分离机械制造有限公司	（0552）4014982	衬塑机，普通基础，带变频器、铰链盖
直联式上卸料离心机	SBZ-1200	64400	安徽普源分离机械制造有限公司	（0552）4014982	全钢机，普通基础，不带变频器
直联式上卸料离心机	SBZ-1200	65000	安徽普源分离机械制造有限公司	（0552）4014982	衬塑机，无基础，带变频器
直联式上卸料离心机	SBZ-1200	65400	安徽普源分离机械制造有限公司	（0552）4014982	全钢机，普通基础，不带变频器，带简易盖
直联式上卸料离心机	SBZ-1200	66000	安徽普源分离机械制造有限公司	（0552）4014982	衬塑机，无基础，带变频器、简易盖
直联式上卸料离心机	SBZ-1200	66400	安徽普源分离机械制造有限公司	（0552）4014982	全钢机，普通基础，不带变频器，带铰链盖
直联式上卸料离心机	SBZ-1200	67000	安徽普源分离机械制造有限公司	（0552）4014982	衬塑机，无基础，带变频器、铰链盖
直联式上卸料离心机	SBZ-1200	69600	安徽普源分离机械制造有限公司	（0552）4014982	全钢机，无基础，不带变频器
直联式上卸料离心机	SBZ-1200	70600	安徽普源分离机械制造有限公司	（0552）4014982	全钢机，无基础，不带变频器，带简易盖
直联式上卸料离心机	SBZ-1200	71600	安徽普源分离机械制造有限公司	（0552）4014982	全钢机，无基础，不带变频器，带铰链盖
直联式上卸料离心机	SBZ-1200	77000	安徽普源分离机械制造有限公司	（0552）4014982	全钢机，普通基础，带变频器
直联式上卸料离心机	SBZ-1200	78000	安徽普源分离机械制造有限公司	（0552）4014982	全钢机，普通基础，带变频器、简易盖
直联式上卸料离心机	SBZ-1200	79000	安徽普源分离机械制造有限公司	（0552）4014982	全钢机，普通基础，带变频器、铰链盖
直联式上卸料离心机	SBZ-1200	82200	安徽普源分离机械制造有限公司	（0552）4014982	全钢机，无基础，带变频器
直联式上卸料离心机	SBZ-1200	83200	安徽普源分离机械制造有限公司	（0552）4014982	全钢机，无基础，带变频器、简易盖
直联式上卸料离心机	SBZ-1200	84200	安徽普源分离机械制造有限公司	（0552）4014982	全钢机，无基础，带变频器、铰链盖
直联式上卸料离心机	SBZ-1200	95800	安徽普源分离机械制造有限公司	（0552）4014982	整体不锈钢机，普通基础，不带变频器
直联式上卸料离心机	SBZ-1200	96800	安徽普源分离机械制造有限公司	（0552）4014982	整体不锈钢机，普通基础，不带变频器，带简易盖
直联式上卸料离心机	SBZ-1200	97800	安徽普源分离机械制造有限公司	（0552）4014982	整体不锈钢机，普通基础，不带变频器，带铰链盖
直联式上卸料离心机	SBZ-1200	121800	安徽普源分离机械制造有限公司	（0552）4014982	整体不锈钢机，无基础，不带变频器
直联式上卸料离心机	SBZ-1200	122800	安徽普源分离机械制造有限公司	（0552）4014982	整体不锈钢机，无基础，不带变频器，带简易盖
直联式上卸料离心机	SBZ-1200	123800	安徽普源分离机械制造有限公司	（0552）4014982	整体不锈钢机，无基础，不带变频器，带铰链盖

产品名称	型号规格	参考价格（元）	生产厂家	电话	主要参数及备注
直联式上卸料离心机	SBZ-1200	137400	安徽普源分离机械制造有限公司	(0552)4014982	整体不锈钢机，普通基础，带变频器
直联式上卸料离心机	SBZ-1200	138400	安徽普源分离机械制造有限公司	(0552)4014982	整体不锈钢机，普通基础，带变频器、简易盖
直联式上卸料离心机	SBZ-1200	139400	安徽普源分离机械制造有限公司	(0552)4014982	整体不锈钢机，普通基础，带变频器、铰链盖
直联式上卸料离心机	SBZ-1200	146500	安徽普源分离机械制造有限公司	(0552)4014982	整体不锈钢机，无基础，带变频器
直联式上卸料离心机	SBZ-1200	147500	安徽普源分离机械制造有限公司	(0552)4014982	整体不锈钢机，无基础，带变频器、简易盖
直联式上卸料离心机	SBZ-1200	148500	安徽普源分离机械制造有限公司	(0552)4014982	整体不锈钢机，无基础，带变频器、铰链盖
直联式上卸料离心机	SSZ-450	19400	安徽普源分离机械制造有限公司	(0552)4014982	全钢机，普通基础，不带变频器
直联式上卸料离心机	SSZ-450	19800	安徽普源分离机械制造有限公司	(0552)4014982	全钢机，普通基础，不带变频器，带简易盖
直联式上卸料离心机	SSZ-450	20200	安徽普源分离机械制造有限公司	(0552)4014982	全钢机，普通基础，不带变频器，带铰链盖
直联式上卸料离心机	SSZ-450	20800	安徽普源分离机械制造有限公司	(0552)4014982	全钢机，无基础，不带变频器
直联式上卸料离心机	SSZ-450	21000	安徽普源分离机械制造有限公司	(0552)4014982	衬塑机，普通基础，带变频器
直联式上卸料离心机	SSZ-450	21200	安徽普源分离机械制造有限公司	(0552)4014982	全钢机，无基础，不带变频器，带简易盖
直联式上卸料离心机	SSZ-450	21500	安徽普源分离机械制造有限公司	(0552)4014982	衬塑机，普通基础，带变频器、简易盖
直联式上卸料离心机	SSZ-450	21600	安徽普源分离机械制造有限公司	(0552)4014982	全钢机，无基础，不带变频器，带铰链盖
直联式上卸料离心机	SSZ-450	21800	安徽普源分离机械制造有限公司	(0552)4014982	衬塑机，普通基础，带变频器、铰链盖
直联式上卸料离心机	SSZ-450	22300	安徽普源分离机械制造有限公司	(0552)4014982	衬塑机，无基础，带变频器
直联式上卸料离心机	SSZ-450	22700	安徽普源分离机械制造有限公司	(0552)4014982	衬塑机，无基础，带变频器、简易盖
直联式上卸料离心机	SSZ-450	23100	安徽普源分离机械制造有限公司	(0552)4014982	衬塑机，无基础，带变频器、铰链盖
直联式上卸料离心机	SSZ-450	23500	安徽普源分离机械制造有限公司	(0552)4014982	整体不锈钢机，普通基础，不带变频器
直联式上卸料离心机	SSZ-450	23900	安徽普源分离机械制造有限公司	(0552)4014982	整体不锈钢机，普通基础，不带变频器，带简易盖
直联式上卸料离心机	SSZ-450	24300	安徽普源分离机械制造有限公司	(0552)4014982	整体不锈钢机，普通基础，不带变频器，带铰链盖
直联式上卸料离心机	SSZ-450	27000	安徽普源分离机械制造有限公司	(0552)4014982	全钢机，普通基础，带变频器
直联式上卸料离心机	SSZ-450	27400	安徽普源分离机械制造有限公司	(0552)4014982	全钢机，普通基础，带变频器、简易盖
直联式上卸料离心机	SSZ-450	27800	安徽普源分离机械制造有限公司	(0552)4014982	全钢机，普通基础，带变频器、铰链盖
直联式上卸料离心机	SSZ-450	28300	安徽普源分离机械制造有限公司	(0552)4014982	全钢机，无基础，带变频器
直联式上卸料离心机	SSZ-450	28700	安徽普源分离机械制造有限公司	(0552)4014982	全钢机，无基础，带变频器、简易盖
直联式上卸料离心机	SSZ-450	29100	安徽普源分离机械制造有限公司	(0552)4014982	全钢机，无基础，带变频器、铰链盖
直联式上卸料离心机	SSZ-450	33400	安徽普源分离机械制造有限公司	(0552)4014982	整体不锈钢机，无基础，不带变频器

产品名称	型号规格	参考价格（元）	生产厂家	电话	主要参数及备注
直联式上卸料离心机	SSZ-450	33800	安徽普源分离机械制造有限公司	（0552）4014982	整体不锈钢机，无基础，不带变频器，带简易盖
直联式上卸料离心机	SSZ-450	34200	安徽普源分离机械制造有限公司	（0552）4014982	整体不锈钢机，无基础，不带变频器，带铰链盖
直联式上卸料离心机	SSZ-450	40300	安徽普源分离机械制造有限公司	（0552）4014982	整体不锈钢机，普通基础，带变频器
直联式上卸料离心机	SSZ-450	40700	安徽普源分离机械制造有限公司	（0552）4014982	整体不锈钢机，普通基础，带变频器、简易盖
直联式上卸料离心机	SSZ-450	41100	安徽普源分离机械制造有限公司	（0552）4014982	整体不锈钢机，普通基础，带变频器、铰链盖
直联式上卸料离心机	SSZ-450	41600	安徽普源分离机械制造有限公司	（0552）4014982	整体不锈钢机，无基础，带变频器
直联式上卸料离心机	SSZ-450	42000	安徽普源分离机械制造有限公司	（0552）4014982	整体不锈钢机，无基础，带变频器、简易盖
直联式上卸料离心机	SSZ-450	42400	安徽普源分离机械制造有限公司	（0552）4014982	整体不锈钢机，无基础，带变频器、铰链盖
直联式上卸料离心机	SSZ-600	24000	安徽普源分离机械制造有限公司	（0552）4014982	衬塑机，普通基础，带变频器
直联式上卸料离心机	SSZ-600	24600	安徽普源分离机械制造有限公司	（0552）4014982	衬塑机，普通基础，带变频器、简易盖
直联式上卸料离心机	SSZ-600	25000	安徽普源分离机械制造有限公司	（0552）4014982	衬塑机，普通基础，带变频器、铰链盖
直联式上卸料离心机	SSZ-600	25500	安徽普源分离机械制造有限公司	（0552）4014982	衬塑机，无基础，带变频器
直联式上卸料离心机	SSZ-600	26100	安徽普源分离机械制造有限公司	（0552）4014982	衬塑机，无基础，带变频器、简易盖
直联式上卸料离心机	SSZ-600	26300	安徽普源分离机械制造有限公司	（0552）4014982	全钢机，普通基础，不带变频器
直联式上卸料离心机	SSZ-600	26500	安徽普源分离机械制造有限公司	（0552）4014982	衬塑机，无基础，带变频器、铰链盖
直联式上卸料离心机	SSZ-600	26900	安徽普源分离机械制造有限公司	（0552）4014982	全钢机，普通基础，不带变频器，带简易盖
直联式上卸料离心机	SSZ-600	27300	安徽普源分离机械制造有限公司	（0552）4014982	全钢机，普通基础，不带变频器，带铰链盖
直联式上卸料离心机	SSZ-600	28100	安徽普源分离机械制造有限公司	（0552）4014982	全钢机，无基础，不带变频器
直联式上卸料离心机	SSZ-600	28700	安徽普源分离机械制造有限公司	（0552）4014982	全钢机，无基础，不带变频器，带简易盖
直联式上卸料离心机	SSZ-600	29100	安徽普源分离机械制造有限公司	（0552）4014982	全钢机，无基础，不带变频器，带铰链盖
直联式上卸料离心机	SSZ-600	33600	安徽普源分离机械制造有限公司	（0552）4014982	全钢机，普通基础，带变频器
直联式上卸料离心机	SSZ-600	34200	安徽普源分离机械制造有限公司	（0552）4014982	全钢机，普通基础，带变频器、简易盖
直联式上卸料离心机	SSZ-600	34600	安徽普源分离机械制造有限公司	（0552）4014982	全钢机，普通基础，带变频器、铰链盖
直联式上卸料离心机	SSZ-600	35500	安徽普源分离机械制造有限公司	（0552）4014982	全钢机，无基础，带变频器
直联式上卸料离心机	SSZ-600	36100	安徽普源分离机械制造有限公司	（0552）4014982	全钢机，无基础，带变频器、简易盖
直联式上卸料离心机	SSZ-600	36500	安徽普源分离机械制造有限公司	（0552）4014982	全钢机，无基础，带变频器、铰链盖
直联式上卸料离心机	SSZ-600	40900	安徽普源分离机械制造有限公司	（0552）4014982	整体不锈钢机，普通基础，不带变频器
直联式上卸料离心机	SSZ-600	41500	安徽普源分离机械制造有限公司	（0552）4014982	整体不锈钢机，普通基础，不带变频器，带简易盖

产品名称	型号规格	参考价格（元）	生产厂家	电话	主要参数及备注
直联式上卸料离心机	SSZ-600	41900	安徽普源分离机械制造有限公司	（0552）4014982	整体不锈钢机，普通基础，不带变频器，带铰链盖
直联式上卸料离心机	SSZ-600	44900	安徽普源分离机械制造有限公司	（0552）4014982	整体不锈钢机，无基础，不带变频器
直联式上卸料离心机	SSZ-600	45500	安徽普源分离机械制造有限公司	（0552）4014982	整体不锈钢机，无基础，不带变频器，带简易盖
直联式上卸料离心机	SSZ-600	45900	安徽普源分离机械制造有限公司	（0552）4014982	整体不锈钢机，无基础，不带变频器，带铰链盖
直联式上卸料离心机	SSZ-600	50100	安徽普源分离机械制造有限公司	（0552）4014982	整体不锈钢机，普通基础，带变频器
直联式上卸料离心机	SSZ-600	50700	安徽普源分离机械制造有限公司	（0552）4014982	整体不锈钢机，普通基础，带变频器、简易盖
直联式上卸料离心机	SSZ-600	51100	安徽普源分离机械制造有限公司	（0552）4014982	整体不锈钢机，普通基础，带变频器、铰链盖
直联式上卸料离心机	SSZ-600	54000	安徽普源分离机械制造有限公司	（0552）4014982	整体不锈钢机，无基础，带变频器
直联式上卸料离心机	SSZ-600	54600	安徽普源分离机械制造有限公司	（0552）4014982	整体不锈钢机，无基础，带变频器、简易盖
直联式上卸料离心机	SSZ-600	55000	安徽普源分离机械制造有限公司	（0552）4014982	整体不锈钢机，无基础，带变频器、铰链盖
直联式上卸料离心机	SSZ-800	29000	安徽普源分离机械制造有限公司	（0552）4014982	衬塑机，普通基础，带变频器
直联式上卸料离心机	SSZ-800	29700	安徽普源分离机械制造有限公司	（0552）4014982	衬塑机，普通基础，带变频器、简易盖
直联式上卸料离心机	SSZ-800	30200	安徽普源分离机械制造有限公司	（0552）4014982	衬塑机，普通基础，带变频器、铰链盖
直联式上卸料离心机	SSZ-800	30500	安徽普源分离机械制造有限公司	（0552）4014982	衬塑机，无基础，带变频器
直联式上卸料离心机	SSZ-800	31200	安徽普源分离机械制造有限公司	（0552）4014982	衬塑机，无基础，带变频器、简易盖
直联式上卸料离心机	SSZ-800	31500	安徽普源分离机械制造有限公司	（0552）4014982	全钢机，普通基础，不带变频器
直联式上卸料离心机	SSZ-800	31700	安徽普源分离机械制造有限公司	（0552）4014982	衬塑机，无基础，带变频器、铰链盖
直联式上卸料离心机	SSZ-800	32200	安徽普源分离机械制造有限公司	（0552）4014982	全钢机，普通基础，不带变频器，带简易盖
直联式上卸料离心机	SSZ-800	33400	安徽普源分离机械制造有限公司	（0552）4014982	全钢机，无基础，不带变频器
直联式上卸料离心机	SSZ-800	33700	安徽普源分离机械制造有限公司	（0552）4014982	全钢机，普通基础，不带变频器，带铰链盖
直联式上卸料离心机	SSZ-800	34100	安徽普源分离机械制造有限公司	（0552）4014982	全钢机，无基础，不带变频器，带简易盖
直联式上卸料离心机	SSZ-800	34600	安徽普源分离机械制造有限公司	（0552）4014982	全钢机，无基础，不带变频器，带铰链盖
直联式上卸料离心机	SSZ-800	39900	安徽普源分离机械制造有限公司	（0552）4014982	全钢机，普通基础，带变频器
直联式上卸料离心机	SSZ-800	40600	安徽普源分离机械制造有限公司	（0552）4014982	全钢机，普通基础，带变频器、简易盖
直联式上卸料离心机	SSZ-800	41100	安徽普源分离机械制造有限公司	（0552）4014982	全钢机，普通基础，带变频器、铰链盖
直联式上卸料离心机	SSZ-800	42000	安徽普源分离机械制造有限公司	（0552）4014982	全钢机，无基础，带变频器
直联式上卸料离心机	SSZ-800	42700	安徽普源分离机械制造有限公司	（0552）4014982	全钢机，无基础，带变频器、简易盖
直联式上卸料离心机	SSZ-800	43200	安徽普源分离机械制造有限公司	（0552）4014982	全钢机，无基础，带变频器、铰链盖

产品名称	型号规格	参考价格(元)	生产厂家	电话	主要参数及备注
直联式上卸料离心机	SSZ-800	54000	安徽普源分离机械制造有限公司	(0552)4014982	整体不锈钢机,普通基础,不带变频器
直联式上卸料离心机	SSZ-800	54700	安徽普源分离机械制造有限公司	(0552)4014982	整体不锈钢机,普通基础,不带变频器,带简易盖
直联式上卸料离心机	SSZ-800	55200	安徽普源分离机械制造有限公司	(0552)4014982	整体不锈钢机,普通基础,不带变频器,带铰链盖
直联式上卸料离心机	SSZ-800	57900	安徽普源分离机械制造有限公司	(0552)4014982	整体不锈钢机,无基础,不带变频器
直联式上卸料离心机	SSZ-800	58600	安徽普源分离机械制造有限公司	(0552)4014982	整体不锈钢机,无基础,不带变频器,带简易盖
直联式上卸料离心机	SSZ-800	59100	安徽普源分离机械制造有限公司	(0552)4014982	整体不锈钢机,无基础,不带变频器,带铰链盖
直联式上卸料离心机	SSZ-800	59800	安徽普源分离机械制造有限公司	(0552)4014982	整体不锈钢机,普通基础,带变频器
直联式上卸料离心机	SSZ-800	60500	安徽普源分离机械制造有限公司	(0552)4014982	整体不锈钢机,普通基础,带变频器、简易盖
直联式上卸料离心机	SSZ-800	61000	安徽普源分离机械制造有限公司	(0552)4014982	整体不锈钢机,普通基础,带变频器、铰链盖
直联式上卸料离心机	SSZ-800	68300	安徽普源分离机械制造有限公司	(0552)4014982	整体不锈钢机,无基础,带变频器
直联式上卸料离心机	SSZ-800	69000	安徽普源分离机械制造有限公司	(0552)4014982	整体不锈钢机,无基础,带变频器、简易盖
直联式上卸料离心机	SSZ-800	69500	安徽普源分离机械制造有限公司	(0552)4014982	整体不锈钢机,无基础,带变频器、铰链盖
直联式上卸料离心机	SSZ-1000	38000	安徽普源分离机械制造有限公司	(0552)4014982	衬塑机,普通基础,带变频器
直联式上卸料离心机	SSZ-1000	38800	安徽普源分离机械制造有限公司	(0552)4014982	衬塑机,普通基础,带变频器、简易盖
直联式上卸料离心机	SSZ-1000	39500	安徽普源分离机械制造有限公司	(0552)4014982	衬塑机,普通基础,带变频器、铰链盖
直联式上卸料离心机	SSZ-1000	41000	安徽普源分离机械制造有限公司	(0552)4014982	衬塑机,无基础,带变频器
直联式上卸料离心机	SSZ-1000	41800	安徽普源分离机械制造有限公司	(0552)4014982	全钢机,普通基础,不带变频器
直联式上卸料离心机	SSZ-1000	41800	安徽普源分离机械制造有限公司	(0552)4014982	衬塑机,无基础,带变频器、简易盖
直联式上卸料离心机	SSZ-1000	42500	安徽普源分离机械制造有限公司	(0552)4014982	衬塑机,无基础,带变频器、铰链盖
直联式上卸料离心机	SSZ-1000	42600	安徽普源分离机械制造有限公司	(0552)4014982	全钢机,普通基础,不带变频器,带简易盖
直联式上卸料离心机	SSZ-1000	43300	安徽普源分离机械制造有限公司	(0552)4014982	全钢机,普通基础,不带变频器,带铰链盖
直联式上卸料离心机	SSZ-1000	44100	安徽普源分离机械制造有限公司	(0552)4014982	全钢机,无基础,不带变频器
直联式上卸料离心机	SSZ-1000	44900	安徽普源分离机械制造有限公司	(0552)4014982	全钢机,无基础,不带变频器,带简易盖
直联式上卸料离心机	SSZ-1000	45600	安徽普源分离机械制造有限公司	(0552)4014982	全钢机,无基础,不带变频器,带铰链盖
直联式上卸料离心机	SSZ-1000	52300	安徽普源分离机械制造有限公司	(0552)4014982	全钢机,普通基础,带变频器
直联式上卸料离心机	SSZ-1000	53100	安徽普源分离机械制造有限公司	(0552)4014982	全钢机,普通基础,带变频器、简易盖
直联式上卸料离心机	SSZ-1000	53800	安徽普源分离机械制造有限公司	(0552)4014982	全钢机,普通基础,带变频器、铰链盖
直联式上卸料离心机	SSZ-1000	54900	安徽普源分离机械制造有限公司	(0552)4014982	全钢机,无基础,带变频器

产品名称	型号规格	参考价格（元）	生产厂家	电话	主要参数及备注
直联式上卸料离心机	SSZ-1000	55700	安徽普源分离机械制造有限公司	（0552）4014982	全钢机,无基础,带变频器、简易盖
直联式上卸料离心机	SSZ-1000	56400	安徽普源分离机械制造有限公司	（0552）4014982	全钢机,无基础,带变频器、铰链盖
直联式上卸料离心机	SSZ-1000	80600	安徽普源分离机械制造有限公司	（0552）4014982	整体不锈钢机,普通基础,不带变频器
直联式上卸料离心机	SSZ-1000	81400	安徽普源分离机械制造有限公司	（0552）4014982	整体不锈钢机,普通基础,不带变频器,带简易盖
直联式上卸料离心机	SSZ-1000	82100	安徽普源分离机械制造有限公司	（0552）4014982	整体不锈钢机,普通基础,不带变频器,带铰链盖
直联式上卸料离心机	SSZ-1000	85800	安徽普源分离机械制造有限公司	（0552）4014982	整体不锈钢机,无基础,不带变频器
直联式上卸料离心机	SSZ-1000	86600	安徽普源分离机械制造有限公司	（0552）4014982	整体不锈钢机,无基础,不带变频器,带简易盖
直联式上卸料离心机	SSZ-1000	87300	安徽普源分离机械制造有限公司	（0552）4014982	整体不锈钢机,无基础,不带变频器,带铰链盖
直联式上卸料离心机	SSZ-1000	93600	安徽普源分离机械制造有限公司	（0552）4014982	整体不锈钢机,普通基础,带变频器
直联式上卸料离心机	SSZ-1000	94400	安徽普源分离机械制造有限公司	（0552）4014982	整体不锈钢机,普通基础,带变频器、简易盖
直联式上卸料离心机	SSZ-1000	95100	安徽普源分离机械制造有限公司	（0552）4014982	整体不锈钢机,普通基础,带变频器、铰链盖
直联式上卸料离心机	SSZ-1000	97500	安徽普源分离机械制造有限公司	（0552）4014982	整体不锈钢机,无基础,带变频器
直联式上卸料离心机	SSZ-1000	98300	安徽普源分离机械制造有限公司	（0552）4014982	整体不锈钢机,无基础,带变频器、简易盖
直联式上卸料离心机	SSZ-1000	99000	安徽普源分离机械制造有限公司	（0552）4014982	整体不锈钢机,无基础,带变频器、铰链盖
直联式上卸料离心机	SSZ-1200	50000	安徽普源分离机械制造有限公司	（0552）4014982	衬塑机,普通基础,带变频器
直联式上卸料离心机	SSZ-1200	51000	安徽普源分离机械制造有限公司	（0552）4014982	衬塑机,普通基础,带变频器、简易盖
直联式上卸料离心机	SSZ-1200	52000	安徽普源分离机械制造有限公司	（0552）4014982	衬塑机,普通基础,带变频器、铰链盖
直联式上卸料离心机	SSZ-1200	54400	安徽普源分离机械制造有限公司	（0552）4014982	全钢机,普通基础,不带变频器
直联式上卸料离心机	SSZ-1200	55000	安徽普源分离机械制造有限公司	（0552）4014982	衬塑机,无基础,带变频器
直联式上卸料离心机	SSZ-1200	55400	安徽普源分离机械制造有限公司	（0552）4014982	全钢机,普通基础,不带变频器,带简易盖
直联式上卸料离心机	SSZ-1200	56000	安徽普源分离机械制造有限公司	（0552）4014982	衬塑机,无基础,带变频器、简易盖
直联式上卸料离心机	SSZ-1200	56400	安徽普源分离机械制造有限公司	（0552）4014982	全钢机,普通基础,不带变频器,带铰链盖
直联式上卸料离心机	SSZ-1200	57000	安徽普源分离机械制造有限公司	（0552）4014982	衬塑机,无基础,带变频器、铰链盖
直联式上卸料离心机	SSZ-1200	59600	安徽普源分离机械制造有限公司	（0552）4014982	全钢机,无基础,不带变频器
直联式上卸料离心机	SSZ-1200	60600	安徽普源分离机械制造有限公司	（0552）4014982	全钢机,无基础,不带变频器,带简易盖
直联式上卸料离心机	SSZ-1200	61600	安徽普源分离机械制造有限公司	（0552）4014982	全钢机,无基础,不带变频器,带铰链盖
直联式上卸料离心机	SSZ-1200	67000	安徽普源分离机械制造有限公司	（0552）4014982	全钢机,普通基础,带变频器
直联式上卸料离心机	SSZ-1200	68000	安徽普源分离机械制造有限公司	（0552）4014982	全钢机,普通基础,带变频器、简易盖

产品名称	型号规格	参考价格(元)	生产厂家	电话	主要参数及备注
直联式上卸料离心机	SSZ-1200	69000	安徽普源分离机械制造有限公司	(0552)4014982	全钢机,普通基础,带变频器、铰链盖
直联式上卸料离心机	SSZ-1200	72200	安徽普源分离机械制造有限公司	(0552)4014982	全钢机,无基础,带变频器
直联式上卸料离心机	SSZ-1200	73200	安徽普源分离机械制造有限公司	(0552)4014982	全钢机,无基础,带变频器、简易盖
直联式上卸料离心机	SSZ-1200	74200	安徽普源分离机械制造有限公司	(0552)4014982	全钢机,无基础,带变频器、铰链盖
直联式上卸料离心机	SSZ-1200	111800	安徽普源分离机械制造有限公司	(0552)4014982	整体不锈钢机,普通基础,不带变频器
直联式上卸料离心机	SSZ-1200	112800	安徽普源分离机械制造有限公司	(0552)4014982	整体不锈钢机,普通基础,不带变频器,带简易盖
直联式上卸料离心机	SSZ-1200	113800	安徽普源分离机械制造有限公司	(0552)4014982	整体不锈钢机,普通基础,不带变频器,带铰链盖
直联式上卸料离心机	SSZ-1200	122200	安徽普源分离机械制造有限公司	(0552)4014982	整体不锈钢机,无基础,不带变频器
直联式上卸料离心机	SSZ-1200	123200	安徽普源分离机械制造有限公司	(0552)4014982	整体不锈钢机,无基础,不带变频器,带简易盖
直联式上卸料离心机	SSZ-1200	124200	安徽普源分离机械制造有限公司	(0552)4014982	整体不锈钢机,无基础,不带变频器,带铰链盖
直联式上卸料离心机	SSZ-1200	127400	安徽普源分离机械制造有限公司	(0552)4014982	整体不锈钢机,普通基础,带变频器
直联式上卸料离心机	SSZ-1200	128400	安徽普源分离机械制造有限公司	(0552)4014982	整体不锈钢机,普通基础,带变频器、简易盖
直联式上卸料离心机	SSZ-1200	129400	安徽普源分离机械制造有限公司	(0552)4014982	整体不锈钢机,普通基础,带变频器、铰链盖
直联式上卸料离心机	SSZ-1200	136500	安徽普源分离机械制造有限公司	(0552)4014982	整体不锈钢机,无基础,带变频器
直联式上卸料离心机	SSZ-1200	137500	安徽普源分离机械制造有限公司	(0552)4014982	整体不锈钢机,无基础,带变频器、简易盖
直联式上卸料离心机	SSZ-1200	138500	安徽普源分离机械制造有限公司	(0552)4014982	整体不锈钢机,无基础,带变频器、铰链盖
自动翻转卸料离心机	FZ-800	29000	武穴市精华机械制造有限公司	(0713)6222685	材质不锈钢,手动刹车
自动翻转卸料离心机	FZ-800	37000	武穴市精华机械制造有限公司	(0713)6222685	材质不锈钢,全自动,液压制动刹车
自动翻转卸料离心机	FZ-1000	38000	武穴市精华机械制造有限公司	(0713)6222685	材质不锈钢,手动刹车
自动翻转卸料离心机	FZ-1000	40000	武穴市精华机械制造有限公司	(0713)6222685	材质不锈钢,全自动,液压制动刹车
自动翻转卸料离心机	FZ-1250	42000	武穴市精华机械制造有限公司	(0713)6222685	材质不锈钢,手动刹车
自动翻转卸料离心机	FZ-1250	52000	武穴市精华机械制造有限公司	(0713)6222685	材质不锈钢,全自动,液压制动刹车
自动平衡尿沉渣离心机	LD4 - 2A(Ⅰ)NO.2	6800	北京雷勃尔离心机有限公司	(010)82684176	最高转速 3000 r/min,最大容积 12mL×6×4(尿沉渣管),水平式转子
自动平衡尿沉渣离心机	LD4 - 2A(Ⅰ)NO.2	6800	北京雷勃尔离心机有限公司	(010)82684176	最高转速 4000 r/min,最大容积 15mL×18(锥形管、尿沉渣管),角式转子
扩散式旋风分离器	ϕ 350	3760	江阴金发干燥设备有限公司	(0510)86178258	材质 Q235
扩散式旋风分离器	ϕ 350	3800	江苏一步干燥设备有限公司	(0519)88902618	材质 Q235
扩散式旋风分离器	ϕ 350	4750	常州中贝干燥设备有限公司	(0519)88671938	材质 Q235

产品名称	型号规格	参考价格（元）	生产厂家	电话	主要参数及备注
扩散式旋风分离器	ϕ 350	4980	无锡市凯信干燥成套设备有限公司	（0510）81663608	材质 Q235
扩散式旋风分离器	ϕ 350	6680	江阴金发干燥设备有限公司	（0510）86178258	材质不锈钢
扩散式旋风分离器	ϕ 350	6700	江苏一步干燥设备有限公司	（0519）88902618	材质不锈钢
扩散式旋风分离器	ϕ 350	7480	常州中贝干燥设备有限公司	（0519）88671938	材质不锈钢
扩散式旋风分离器	ϕ 350	8580	无锡市凯信干燥成套设备有限公司	（0510）81663608	材质不锈钢
扩散式旋风分离器	ϕ 400	4800	江阴金发干燥设备有限公司	（0510）86178258	材质 Q235
扩散式旋风分离器	ϕ 400	4800	江苏一步干燥设备有限公司	（0519）88902618	材质 Q235
扩散式旋风分离器	ϕ 400	5640	无锡市凯信干燥成套设备有限公司	（0510）81663608	材质 Q235
扩散式旋风分离器	ϕ 400	6250	常州中贝干燥设备有限公司	（0519）88671938	材质 Q235
扩散式旋风分离器	ϕ 400	7800	江阴金发干燥设备有限公司	（0510）86178258	材质不锈钢
扩散式旋风分离器	ϕ 400	7800	江苏一步干燥设备有限公司	（0519）88902618	材质不锈钢
扩散式旋风分离器	ϕ 400	9810	无锡市凯信干燥成套设备有限公司	（0510）81663608	材质不锈钢
扩散式旋风分离器	ϕ 400	9900	常州中贝干燥设备有限公司	（0519）88671938	材质不锈钢
扩散式旋风分离器	ϕ 450	5000	江苏一步干燥设备有限公司	（0519）88902618	材质 Q235
扩散式旋风分离器	ϕ 450	5040	江阴金发干燥设备有限公司	（0510）86178258	材质 Q235
扩散式旋风分离器	ϕ 450	6280	无锡市凯信干燥成套设备有限公司	（0510）81663608	材质 Q235
扩散式旋风分离器	ϕ 450	6375	常州中贝干燥设备有限公司	（0519）88671938	材质 Q235
扩散式旋风分离器	ϕ 450	9090	江阴金发干燥设备有限公司	（0510）86178258	材质不锈钢
扩散式旋风分离器	ϕ 450	9100	江苏一步干燥设备有限公司	（0519）88902618	材质不锈钢
扩散式旋风分离器	ϕ 450	10780	常州中贝干燥设备有限公司	（0519）88671938	材质不锈钢
扩散式旋风分离器	ϕ 450	11080	无锡市凯信干燥成套设备有限公司	（0510）81663608	材质不锈钢
扩散式旋风分离器	ϕ 500	6000	江苏一步干燥设备有限公司	（0519）88902618	材质 Q235
扩散式旋风分离器	ϕ 500	6040	江阴金发干燥设备有限公司	（0510）86178258	材质 Q235
扩散式旋风分离器	ϕ 500	7380	无锡市凯信干燥成套设备有限公司	（0510）81663608	材质 Q235
扩散式旋风分离器	ϕ 500	7750	常州中贝干燥设备有限公司	（0519）88671938	材质 Q235
扩散式旋风分离器	ϕ 500	11200	江苏一步干燥设备有限公司	（0519）88902618	材质不锈钢
扩散式旋风分离器	ϕ 500	11230	江阴金发干燥设备有限公司	（0510）86178258	材质不锈钢
扩散式旋风分离器	ϕ 500	13200	常州中贝干燥设备有限公司	（0519）88671938	材质不锈钢

产品名称	型号规格	参考价格（元）	生产厂家	电话	主要参数及备注
扩散式旋风分离器	φ500	14810	无锡市凯信干燥成套设备有限公司	（0510）81663608	材质不锈钢
扩散式旋风分离器	φ550	6900	江苏一步干燥设备有限公司	（0519）88902618	材质 Q235
扩散式旋风分离器	φ550	6930	江阴金发干燥设备有限公司	（0510）86178258	材质 Q235
扩散式旋风分离器	φ550	8600	无锡市凯信干燥成套设备有限公司	（0510）81663608	材质 Q235
扩散式旋风分离器	φ550	8750	常州中贝干燥设备有限公司	（0519）88671938	材质 Q235
扩散式旋风分离器	φ550	13660	江阴金发干燥设备有限公司	（0510）86178258	材质不锈钢
扩散式旋风分离器	φ550	13700	江苏一步干燥设备有限公司	（0519）88902618	材质不锈钢
扩散式旋风分离器	φ550	15400	常州中贝干燥设备有限公司	（0519）88671938	材质不锈钢
扩散式旋风分离器	φ550	16380	无锡市凯信干燥成套设备有限公司	（0510）81663608	材质不锈钢
扩散式旋风分离器	φ590	10800	无锡市凯信干燥成套设备有限公司	（0510）81663608	材质 Q235
扩散式旋风分离器	φ590	20800	无锡市凯信干燥成套设备有限公司	（0510）81663608	材质不锈钢
扩散式旋风分离器	φ600	7800	江苏一步干燥设备有限公司	（0519）88902618	材质 Q235
扩散式旋风分离器	φ600	7810	江阴金发干燥设备有限公司	（0510）86178258	材质 Q235
扩散式旋风分离器	φ600	9800	无锡市凯信干燥成套设备有限公司	（0510）81663608	材质 Q235
扩散式旋风分离器	φ600	10000	常州中贝干燥设备有限公司	（0519）88671938	材质 Q235
扩散式旋风分离器	φ600	15400	江苏一步干燥设备有限公司	（0519）88902618	材质不锈钢
扩散式旋风分离器	φ600	15430	江阴金发干燥设备有限公司	（0510）86178258	材质不锈钢
扩散式旋风分离器	φ600	17050	常州中贝干燥设备有限公司	（0519）88671938	材质不锈钢
扩散式旋风分离器	φ600	19800	无锡市凯信干燥成套设备有限公司	（0510）81663608	材质不锈钢
扩散式旋风分离器	φ650	8700	江苏一步干燥设备有限公司	（0519）88902618	材质 Q235
扩散式旋风分离器	φ650	8710	江阴金发干燥设备有限公司	（0510）86178258	材质 Q235
扩散式旋风分离器	φ650	11250	常州中贝干燥设备有限公司	（0519）88671938	材质 Q235
扩散式旋风分离器	φ650	17400	江苏一步干燥设备有限公司	（0519）88902618	材质不锈钢
扩散式旋风分离器	φ650	17420	江阴金发干燥设备有限公司	（0510）86178258	材质不锈钢
扩散式旋风分离器	φ650	19580	常州中贝干燥设备有限公司	（0519）88671938	材质不锈钢
扩散式旋风分离器	φ700	9460	江阴金发干燥设备有限公司	（0510）86178258	材质 Q235
扩散式旋风分离器	φ700	9500	江苏一步干燥设备有限公司	（0519）88902618	材质 Q235
扩散式旋风分离器	φ700	12250	常州中贝干燥设备有限公司	（0519）88671938	材质 Q235

产品名称	型号规格	参考价格（元）	生产厂家	电话	主要参数及备注
扩散式旋风分离器	ϕ 700	12800	无锡市凯信干燥成套设备有限公司	（0510）81663608	材质 Q235
扩散式旋风分离器	ϕ 700	19900	江苏一步干燥设备有限公司	（0519）88902618	材质不锈钢
扩散式旋风分离器	ϕ 700	19990	江阴金发干燥设备有限公司	（0510）86178258	材质不锈钢
扩散式旋风分离器	ϕ 700	21780	常州中贝干燥设备有限公司	（0519）88671938	材质不锈钢
扩散式旋风分离器	ϕ 700	24360	无锡市凯信干燥成套设备有限公司	（0510）81663608	材质不锈钢

1.1.6　制药配料、加料、卸料设备

产品名称	型号规格	参考价格（元）	生产厂家	电话	主要参数及备注
浓稀配料罐	PLG-200L	25800	宁波永泉制药设备有限公司	（0574）65010268	材质 316L
浓稀配料罐	PLG-300L	33000	宁波永泉制药设备有限公司	（0574）65010268	材质 316L
浓稀配料罐	PLG-500L	41000	宁波永泉制药设备有限公司	（0574）65010268	材质 316L
浓稀配料罐	PLG-1000L	51000	宁波永泉制药设备有限公司	（0574）65010268	材质 316L
浓稀配料罐	PLG-1500L	58000	宁波永泉制药设备有限公司	（0574）65010268	材质 316L
浓稀配料罐	PLG-2000L	69000	宁波永泉制药设备有限公司	（0574）65010268	材质 316L
浓稀配料罐	PLG-3000L	81000	宁波永泉制药设备有限公司	（0574）65010268	材质 316L
浓稀配料罐	PLG-4000L	90000	宁波永泉制药设备有限公司	（0574）65010268	材质 316L
浓稀配液罐	30L	18000	中南制药机械厂	（0731）88905318	总容积 30L，有效工作容积 18L，搅拌电动机功率0.55kW，带调速搅拌装置
配制罐	PZG-500	26000	浙江森力机械科技有限公司	（0577）65021908	容积 500L，内胆材质不锈钢，夹套材质碳钢
配制罐	PZG-800	30000	浙江森力机械科技有限公司	（0577）65021908	容积 800L，内胆材质不锈钢，夹套材质碳钢
配制罐	PZG-1000	35000	浙江森力机械科技有限公司	（0577）65021908	容积 1000L，罐内额定压力<0.1MPa，夹层额定压力<0.1MPa，换热面积 $4m^2$，外形尺寸（mm）：ϕ 1000×1200，内胆材质不锈钢，夹套材质碳钢
配制罐	PZG-1500	45000	浙江森力机械科技有限公司	（0577）65021908	容积 1500L，内胆材质不锈钢，夹套材质碳钢
配制罐	PZG-2000	50000	浙江森力机械科技有限公司	（0577）65021908	容积 2000L，罐内额定压力<0.1MPa，夹层额定压力<0.1MPa，换热面积 $5m^2$，外形尺寸（mm）：ϕ 1200×1500，内胆材质不锈钢，夹套材质碳钢
配制罐	PZG-3000	66000	浙江森力机械科技有限公司	（0577）65021908	容积 3000L，罐内额定压力<0.1MPa，夹层额定压力<0.1MPa，换热面积$6.5m^2$，外形尺寸（mm）：ϕ 1400×1600，内胆材质不锈钢，夹套材质碳钢

产品名称	型号规格	参考价格（元）	生产厂家	电话	主要参数及备注
固定提升加料机	GTJ-150	65000	无锡市凯信干燥成套设备有限公司	（0510）81663608	最大承重150kg，最大提升高度2200mm，立柱高度2715mm，电动机功率2.2 kW，外形尺寸（mm）：1700×710×2715，重450kg，材质304
固定提升加料机	GTJ-200	75000	常州市互帮干燥设备有限公司	（0519）88739588	材质304
固定提升加料机	GTJ-200	75000	无锡市凯信干燥成套设备有限公司	（0510）81663608	最大承重200kg，最大提升高度2200mm，立柱高度2800mm，电动机功率3kW，外形尺寸（mm）：1800×760×2800，重600kg，材质304
固定提升加料机	TJG-50	50000	江苏瑰宝集团有限公司	（0510）86397659	最大承重50kg，电动机功率0.75 kW，外形尺寸（mm）：1700×650×2500，重280kg
固定提升加料机	TJG-100	59000	江苏瑰宝集团有限公司	（0510）86397659	最大承重100kg，电动机功率1.5 kW，外形尺寸（mm）：2050×750×2500，重380kg
移动提升加料机	YTG-50	59000	江苏瑰宝集团有限公司	（0510）86397659	最大承重50kg，电动机功率0.75 kW，外形尺寸（mm）：1700×650×1950，重300kg
移动提升加料机	YTG-100	69000	江苏瑰宝集团有限公司	（0510）86397659	最大承重100kg，电动机功率1.5 kW，外形尺寸（mm）：2050×750×1950，重400kg
移动提升加料机	YTJ-50	55000	常州市互帮干燥设备有限公司	（0519）88739588	材质304
移动提升加料机	YTJ-50	55000	无锡市凯信干燥成套设备有限公司	（0510）81663608	最大承重50kg，最大提升高度1800mm，立柱高度1950mm，电动机功率0.75 kW，外形尺寸（mm）：1400×650×1950，重310kg，材质304
移动提升加料机	YTJ-100	65000	常州市互帮干燥设备有限公司	（0519）88739588	材质304
移动提升加料机	YTJ-100	65000	无锡市凯信干燥成套设备有限公司	（0510）81663608	最大承重100kg，最大提升高度1800mm，立柱高度1950mm，电动机功率1.5 kW，外形尺寸（mm）：1655×750×1950，重420kg，材质304
移动提升加料机	YTJ-150	75000	常州市互帮干燥设备有限公司	（0519）88739588	材质304
移动提升加料机	YTJ-150	75000	无锡市凯信干燥成套设备有限公司	（0510）81663608	最大承重150kg，最大提升高度1800mm，立柱高度1950mm，电动机功率2.2 kW，外形尺寸（mm）：1655×750×1950，重510kg，材质304
移动提升加料机	YTJ-200	85000	常州市互帮干燥设备有限公司	（0519）88739588	材质304
移动提升加料机	YTJ-200	85000	无锡市凯信干燥成套设备有限公司	（0510）81663608	最大承重200kg，最大提升高度1800mm，立柱高度1950mm，电动机功率3kW，外形尺寸（mm）：1800×800×1950，重680kg，材质304
移动伸缩提升加料机	STG-50	69000	江苏瑰宝集团有限公司	（0510）86397659	最大承重50kg，伸缩后总高3250mm，电动机功率0.75kW，外形尺寸（mm）：1700×650×1950，重340kg
移动伸缩提升加料机	STG-100	80000	江苏瑰宝集团有限公司	（0510）86397659	最大承重100kg，伸缩后总高3400mm，电动机功率1.5kW，外形尺寸（mm）：2050×750×1950，重440kg

产品名称	型号规格	参考价格(元)	生产厂家	电话	主要参数及备注
流化床料斗提升卸料机	YS60	75000	江苏一步干燥设备有限公司	(0519)88902618	承重 150kg,提升速度 0~4m/min,功率1.1kW,材质不锈钢
流化床料斗提升卸料机	YS120	88000	江苏一步干燥设备有限公司	(0519)88902618	承重 250kg,提升速度 0~4m/min,功率1.1kW,材质不锈钢
流化床料斗提升卸料机	YS150	96000	江苏一步干燥设备有限公司	(0519)88902618	材质不锈钢
流化床料斗提升卸料机	YS200	118000	江苏一步干燥设备有限公司	(0519)88902618	承重 350kg,提升速度 0~4m/min,功率2.2kW,材质不锈钢
流化床料斗提升卸料机	YS300	135000	江苏一步干燥设备有限公司	(0519)88902618	承重 500kg,提升速度 0~3.5m/min,功率 3kW,材质不锈钢
流化床料斗提升卸料机	YS500	155000	江苏一步干燥设备有限公司	(0519)88902618	承重 750kg,提升速度 0~3m/min,功率 3kW,材质不锈钢
全自动进出料装卸系统	GLZY-0.2	140000	上海浦东冷冻干燥设备有限公司	(021)68487345	搁板尺寸(mm):300×400,搁板间距 100mm,功率 2.5~3.3kW(单相),外形尺寸(mm):1300×750×1800,重 510kg,压塞
全自动进出料装卸系统	GLZY-0.5	180000	上海浦东冷冻干燥设备有限公司	(021)68487345	搁板尺寸(mm):300×600,搁板间距 100mm,功率 5kW(三相),外形尺寸(mm):840×1200×1900,重 820kg,压塞
全自动进出料装卸系统	GLZY-1	220000	上海浦东冷冻干燥设备有限公司	(021)68487345	搁板尺寸(mm):350×600,搁板间距 90mm,功率 8kW(三相),外形尺寸(mm):1760×920×2200,重1.2t,压塞
全自动进出料装卸系统	GLZY-2	320000	上海浦东冷冻干燥设备有限公司	(021)68487345	搁板尺寸(mm):600×600,搁板间距 85mm,功率 16kW(三相),重 2t,压塞
全自动进出料装卸系统	GLZY-3B	380000	上海浦东冷冻干燥设备有限公司	(021)68487345	CIP,压塞
全自动进出料装卸系统	GLZY-5B	550000	上海浦东冷冻干燥设备有限公司	(021)68487345	CIP,压塞
全自动进出料装卸系统	GLZY-7.5B	650000	上海浦东冷冻干燥设备有限公司	(021)68487345	CIP,压塞
全自动进出料装卸系统	GLZY-10B	850000	上海浦东冷冻干燥设备有限公司	(021)68487345	CIP,压塞
全自动进出料装卸系统	GLZY-15B	1000000	上海浦东冷冻干燥设备有限公司	(021)68487345	CIP,压塞
全自动进出料装卸系统	GLZY-20B	1200000	上海浦东冷冻干燥设备有限公司	(021)68487345	CIP,压塞
全自动进出料装卸系统	GLZY-30B	1600000	上海浦东冷冻干燥设备有限公司	(021)68487345	CIP,压塞
全自动进出料装卸系统	GLZY-40B	2200000	上海浦东冷冻干燥设备有限公司	(021)68487345	CIP,压塞
全自动进出料装卸系统	GLZY-50B	2500000	上海浦东冷冻干燥设备有限公司	(021)68487345	CIP,压塞

1.1.7 除尘、除粉设备

产品名称	型号规格	参考价格(元)	生产厂家	电话	主要参数及备注
脉冲式除尘箱	BMC-64	50000	天津市美隆制药机械有限公司	(022)27933689	材质不锈钢
脉冲袋式除尘器	MC24	11000	江苏一步干燥设备有限公司	(0519)88902618	材质 Q235

产品名称	型号规格	参考价格(元)	生产厂家	电话	主要参数及备注
脉冲袋式除尘器	MC24	11000	常州市互帮干燥设备有限公司	(0519)88739588	材质 Q235
脉冲袋式除尘器	MC24	11000	江阴金发干燥设备有限公司	(0510)86178258	过滤面积 $18m^2$,滤袋数 24 只,过滤风量 1300~2600 m^3/h,最大外形尺寸(mm):1000×1450×3700,材质 Q235
脉冲袋式除尘器	MC24	16640	常州中贝干燥设备有限公司	(0519)88671938	材质 Q235
脉冲袋式除尘器	MC24	22000	常州市互帮干燥设备有限公司	(0519)88739588	材质不锈钢
脉冲袋式除尘器	MC24	26000	江苏一步干燥设备有限公司	(0519)88902618	材质不锈钢
脉冲袋式除尘器	MC24	30500	江阴金发干燥设备有限公司	(0510)86178258	过滤面积 $18m^2$,滤袋数 24 只,过滤风量 1300~2600 m^3/h,最大外形尺寸(mm):1000×1450×3700,材质不锈钢
脉冲袋式除尘器	MC24	49140	常州中贝干燥设备有限公司	(0519)88671938	材质不锈钢
脉冲袋式除尘器	MC36	13500	江苏一步干燥设备有限公司	(0519)88902618	材质 Q235
脉冲袋式除尘器	MC36	13500	常州市互帮干燥设备有限公司	(0519)88739588	材质 Q235
脉冲袋式除尘器	MC36	13500	江阴金发干燥设备有限公司	(0510)86178258	过滤面积 $27m^2$,滤袋数 36 只,过滤风量 1950~3900 m^3/h,最大外形尺寸(mm):1400×1450×3700,材质 Q235
脉冲袋式除尘器	MC36	22750	常州中贝干燥设备有限公司	(0519)88671938	材质 Q235
脉冲袋式除尘器	MC36	26000	常州市互帮干燥设备有限公司	(0519)88739588	材质不锈钢
脉冲袋式除尘器	MC36	32000	江苏一步干燥设备有限公司	(0519)88902618	材质不锈钢
脉冲袋式除尘器	MC36	35000	江阴金发干燥设备有限公司	(0510)86178258	过滤面积 $27m^2$,滤袋数 36 只,过滤风量 1950~3900 m^3/h,最大外形尺寸(mm):1400×1450×3700,材质不锈钢
脉冲袋式除尘器	MC36	54600	常州中贝干燥设备有限公司	(0519)88671938	材质不锈钢
脉冲袋式除尘器	MC48	17500	江苏一步干燥设备有限公司	(0519)88902618	材质 Q235
脉冲袋式除尘器	MC48	17500	常州市互帮干燥设备有限公司	(0519)88739588	材质 Q235
脉冲袋式除尘器	MC48	17500	江阴金发干燥设备有限公司	(0510)86178258	过滤面积 $36m^2$,滤袋数 48 只,过滤风量 2600~5200 m^3/h,最大外形尺寸(mm):1800×1450×3700,材质 Q235
脉冲袋式除尘器	MC48	24440	常州中贝干燥设备有限公司	(0519)88671938	材质 Q235
脉冲袋式除尘器	MC48	33000	常州市互帮干燥设备有限公司	(0519)88739588	材质不锈钢
脉冲袋式除尘器	MC48	38000	江苏一步干燥设备有限公司	(0519)88902618	材质不锈钢
脉冲袋式除尘器	MC48	41000	江阴金发干燥设备有限公司	(0510)86178258	过滤面积 $36m^2$,滤袋数 48 只,过滤风量 2600~5200 m^3/h,最大外形尺寸(mm):1800×1450×3700,材质不锈钢
脉冲袋式除尘器	MC48	67600	常州中贝干燥设备有限公司	(0519)88671938	材质不锈钢

产品名称	型号规格	参考价格（元）	生产厂家	电话	主要参数及备注
脉冲袋式除尘器	MC60	19500	江苏一步干燥设备有限公司	（0519）88902618	材质 Q235
脉冲袋式除尘器	MC60	19500	常州市互帮干燥设备有限公司	（0519）88739588	材质 Q235
脉冲袋式除尘器	MC60	19500	江阴金发干燥设备有限公司	（0510）86178258	过滤面积 $45m^2$，滤袋数 60 只，过滤风量 3240～6480 m^3/h，最大外形尺寸（mm）：2200×1450×3850，材质 Q235
脉冲袋式除尘器	MC60	31200	常州中贝干燥设备有限公司	（0519）88671938	材质 Q235
脉冲袋式除尘器	MC60	39000	常州市互帮干燥设备有限公司	（0519）88739588	材质不锈钢
脉冲袋式除尘器	MC60	42000	江苏一步干燥设备有限公司	（0519）88902618	材质不锈钢
脉冲袋式除尘器	MC60	49000	江阴金发干燥设备有限公司	（0510）86178258	过滤面积 $45m^2$，滤袋数 60 只，过滤风量 3240～6480 m^3/h，最大外形尺寸（mm）：2200×1450×3850，材质不锈钢
脉冲袋式除尘器	MC60	79300	常州中贝干燥设备有限公司	（0519）88671938	材质不锈钢
脉冲袋式除尘器	MC72	25000	江苏一步干燥设备有限公司	（0519）88902618	材质 Q235
脉冲袋式除尘器	MC72	25000	江阴金发干燥设备有限公司	（0510）86178258	过滤面积 $54m^2$，滤袋数 72 只，过滤风量 3900～7800 m^3/h，最大外形尺寸（mm）：2600×1450×3850，材质 Q235
脉冲袋式除尘器	MC72	26800	常州市互帮干燥设备有限公司	（0519）88739588	材质 Q235
脉冲袋式除尘器	MC72	35100	常州中贝干燥设备有限公司	（0519）88671938	材质 Q235
脉冲袋式除尘器	MC72	48500	常州市互帮干燥设备有限公司	（0519）88739588	材质不锈钢
脉冲袋式除尘器	MC72	50000	江阴金发干燥设备有限公司	（0510）86178258	过滤面积 $54m^2$，滤袋数 72 只，过滤风量 3900～7800 m^3/h，最大外形尺寸（mm）：2600×1450×3850，材质不锈钢
脉冲袋式除尘器	MC72	61000	江苏一步干燥设备有限公司	（0519）88902618	材质不锈钢
脉冲袋式除尘器	MC72	88400	常州中贝干燥设备有限公司	（0519）88671938	材质不锈钢
脉冲袋式除尘器	MC84	28000	江苏一步干燥设备有限公司	（0519）88902618	材质 Q235
脉冲袋式除尘器	MC84	28000	江阴金发干燥设备有限公司	（0510）86178258	过滤面积 $63m^2$，滤袋数 84 只，过滤风量 4550～9100 m^3/h，最大外形尺寸（mm）：3000×1450×3850，材质 Q235
脉冲袋式除尘器	MC84	31000	常州市互帮干燥设备有限公司	（0519）88739588	材质 Q235
脉冲袋式除尘器	MC84	41600	常州中贝干燥设备有限公司	（0519）88671938	材质 Q235
脉冲袋式除尘器	MC84	64000	常州市互帮干燥设备有限公司	（0519）88739588	材质不锈钢
脉冲袋式除尘器	MC84	65000	江苏一步干燥设备有限公司	（0519）88902618	材质不锈钢
脉冲袋式除尘器	MC84	75000	江阴金发干燥设备有限公司	（0510）86178258	过滤面积 $63m^2$，滤袋数 84 只，过滤风量 4550～9100 m^3/h，最大外形尺寸（mm）：3000×1450×3850，材质不锈钢

产品名称	型号规格	参考价格（元）	生产厂家	电话	主要参数及备注
脉冲袋式除尘器	MC84	110500	常州中贝干燥设备有限公司	（0519）88671938	材质不锈钢
脉冲袋式除尘器	MC96	30000	江苏一步干燥设备有限公司	（0519）88902618	材质 Q235
脉冲袋式除尘器	MC96	30000	江阴金发干燥设备有限公司	（0510）86178258	过滤面积 $72m^2$，滤袋数 96 只，过滤风量 5200～10500 m^3/h，最大外形尺寸（mm）：3560×1450×4100，材质 Q235
脉冲袋式除尘器	MC96	32700	常州市互帮干燥设备有限公司	（0519）88739588	材质 Q235
脉冲袋式除尘器	MC96	49400	常州中贝干燥设备有限公司	（0519）88671938	材质 Q235
脉冲袋式除尘器	MC96	68000	江苏一步干燥设备有限公司	（0519）88902618	材质不锈钢
脉冲袋式除尘器	MC96	70000	江阴金发干燥设备有限公司	（0510）86178258	过滤面积 $72m^2$，滤袋数 96 只，过滤风量 5200～10500 m^3/h，最大外形尺寸（mm）：3560×1450×4100，材质不锈钢
脉冲袋式除尘器	MC96	81500	常州市互帮干燥设备有限公司	（0519）88739588	材质不锈钢
脉冲袋式除尘器	MC96	119600	常州中贝干燥设备有限公司	（0519）88671938	材质不锈钢
脉冲袋式除尘器	MC120	32500	江阴金发干燥设备有限公司	（0510）86178258	过滤面积 $90m^2$，滤袋数 120 只，过滤风量 6500～13000 m^3/h，最大外形尺寸（mm）：4360×1450×4100，材质 Q235
脉冲袋式除尘器	MC120	36000	常州市互帮干燥设备有限公司	（0519）88739588	材质 Q235
脉冲袋式除尘器	MC120	54600	常州中贝干燥设备有限公司	（0519）88671938	材质 Q235
脉冲袋式除尘器	MC120	81000	江阴金发干燥设备有限公司	（0510）86178258	过滤面积 $90m^2$，滤袋数 120 只，过滤风量 6500～13000 m^3/h，最大外形尺寸（mm）：4360×1450×4100，材质不锈钢
脉冲袋式除尘器	MC120	98000	常州市互帮干燥设备有限公司	（0519）88739588	材质不锈钢
脉冲袋式除尘器	MC120	130000	常州中贝干燥设备有限公司	（0519）88671938	材质不锈钢
集尘器	F-10	18000	天津市朋群粉碎机设备有限公司	（022）83725677	材质碳钢
集尘器	F-10	28000	天津市朋群粉碎机设备有限公司	（022）83725677	材质不锈钢
集尘器	LSH-20F	22000	天津市朋群粉碎机设备有限公司	（022）83725677	材质碳钢
集尘器	LSH-20F	30000	天津市朋群粉碎机设备有限公司	（022）83725677	材质不锈钢
集尘器	LSH-32F	28000	天津市朋群粉碎机设备有限公司	（022）83725677	材质碳钢
集尘器	LSH-32F	45000	天津市朋群粉碎机设备有限公司	（022）83725677	材质不锈钢

1.1.8 药用干燥设备

1.1.8.1 中药浸膏干燥机

产品名称	型号规格	参考价格（元）	生产厂家	电话	主要参数及备注
中药浸膏干燥机	ZLG-25	60000	江苏一步干燥设备有限公司	(0519)88902618	水分蒸发能力 25 kg/h，料液处理能力 25~34 kg/h，成品生产能力4.8~7.2kg/h，湿物料含固量 18%~25%，成品含水率 3%~5%，进风温度 150~200℃，出风温度 80~100℃，功率 63kW，外形尺寸(mm)：7000×4000×6900，自动冲洗，带冷壁装置、敲打装置、料罐带搅拌、隔套加热、过滤器、空气净化装置
中药浸膏干燥机	ZLG-25	60000	江苏一步干燥设备有限公司	(0519)88902618	水分蒸发能力 25 kg/h，料液处理能力 25~34 kg/h，成品生产能力 4.8~7.2kg/h，湿物料含固量 18%~25%，成品含水率 3%~5%，进风温度 150~200℃，出风温度 80~100℃，功率 63kW，外形尺寸(mm)：7000×4000×6900，气扫，带冷壁装置、敲打装置、料罐带搅拌、隔套加热、过滤器、空气净化装置
中药浸膏干燥机	ZLG-25	276000	江苏一步干燥设备有限公司	(0519)88902618	水分蒸发能力 25 kg/h，料液处理能力 25~34 kg/h，成品生产能力4.8~7.2kg/h，湿物料含固量 18%~25%，成品含水率 3%~5%，进风温度 150~200℃，出风温度 80~100℃，功率 63kW，外形尺寸(mm)：7000×4000×6900，普通型，带冷壁装置、敲打装置、料罐带搅拌、隔套加热、过滤器、空气净化装置
中药浸膏干燥机	ZLG-25	356000	江苏一步干燥设备有限公司	(0519)88902618	水分蒸发能力 25 kg/h，料液处理能力 25~34 kg/h，成品生产能力4.8~7.2kg/h，湿物料含固量 18%~25%，成品含水率 3%~5%，进风温度 150~200℃，出风温度 80~100℃，功率 63kW，外形尺寸(mm)：7000×4000×6900，材质 304，带冷壁装置、敲打装置、料罐带搅拌、隔套加热、过滤器、空气净化装置
中药浸膏干燥机	ZLG-50	80000	江苏一步干燥设备有限公司	(0519)88902618	水分蒸发能力 50 kg/h，料液处理能力 50~68 kg/h，成品生产能力9.2~14 kg/h，湿物料含固量 18%~25%，成品含水率 3%~5%，进风温度 150~200℃，出风温度 80~100℃，功率 99kW，外形尺寸(mm)：8000×5000×7400，自动冲洗，带冷壁装置、敲打装置、料罐带搅拌、隔套加热、过滤器、空气净化装置
中药浸膏干燥机	ZLG-50	80000	江苏一步干燥设备有限公司	(0519)88902618	水分蒸发能力 50 kg/h，料液处理能力 50~68 kg/h，成品生产能力9.2~14 kg/h，湿物料含固量 18%~25%，成品含水率 3%~5%，进风温度 150~200℃，出风温度 80~100℃，功率 99kW，外形尺寸(mm)：8000×5000×7400，气扫，带冷壁装置、敲打装置、料罐带搅拌、隔套加热、过滤器、空气净化装置

产品名称	型号规格	参考价格（元）	生产厂家	电话	主要参数及备注
中药浸膏干燥机	ZLG-50	368000	江苏一步干燥设备有限公司	(0519)88902618	水分蒸发能力 50 kg/h,料液处理能力 50~68 kg/h,成品生产能力9.2~14 kg/h,湿物料含固量18%~25%,成品含水率 3%~5%,进风温度 150~200℃,出风温度 80~100℃,功率 99kW,外形尺寸(mm):8000×5000×7400,普通型,带冷壁装置、敲打装置、料罐带搅拌、隔套加热、过滤器、空气净化装置
中药浸膏干燥机	ZLG-50	468000	江苏一步干燥设备有限公司	(0519)88902618	水分蒸发能力 50 kg/h,料液处理能力 50~68 kg/h,成品生产能力9.2~14 kg/h,湿物料含固量18%~25%,成品含水率 3%~5%,进风温度 150~200℃,出风温度 80~100℃,功率 99kW,外形尺寸(mm):8000×5000×7400,材质 304,带冷壁装置、敲打装置、料罐带搅拌、隔套加热、过滤器、空气净化装置
中药浸膏干燥机	ZLG-100	120000	江苏一步干燥设备有限公司	(0519)88902618	水分蒸发能力 100 kg/h,料液处理能力 100~135 kg/h,成品生产能力18.4~28 kg/h,湿物料含固量 18%~25%,成品含水率 3%~5%,进风温度 150~200℃,出风温度 80~100℃,功率 153kW,外形尺寸(mm):11000×6200×8900,气扫,带冷壁装置、敲打装置、料罐带搅拌、隔套加热、过滤器、空气净化装置
中药浸膏干燥机	ZLG-100	120000	江苏一步干燥设备有限公司	(0519)88902618	水分蒸发能力 100 kg/h,料液处理能力 100~135 kg/h,成品生产能力18.4~28 kg/h,湿物料含固量 18%~25%,成品含水率 3%~5%,进风温度 150~200℃,出风温度 80~100℃,功率 153kW,外形尺寸(mm):11000×6200×8900,自动冲洗,带冷壁装置、敲打装置、料罐带搅拌、隔套加热、过滤器、空气净化装置
中药浸膏干燥机	ZLG-100	548000	江苏一步干燥设备有限公司	(0519)88902618	水分蒸发能力 100 kg/h,料液处理能力 100~135 kg/h,成品生产能力18.4~28 kg/h,湿物料含固量 18%~25%,成品含水率 3%~5%,进风温度 150~200℃,出风温度 80~100℃,功率 153kW,外形尺寸(mm):11000×6200×8900,普通型,带冷壁装置、敲打装置、料罐带搅拌、隔套加热、过滤器、空气净化装置
中药浸膏干燥机	ZLG-100	698000	江苏一步干燥设备有限公司	(0519)88902618	水分蒸发能力 100 kg/h,料液处理能力 100~135 kg/h,成品生产能力18.4~28 kg/h,湿物料含固量 18%~25%,成品含水率 3%~5%,进风温度 150~200℃,出风温度 80~100℃,功率 153kW,外形尺寸(mm):11000×6200×8900,材质 304,带冷壁装置、敲打装置、料罐带搅拌、隔套加热、过滤器、空气净化装置

产品名称	型号规格	参考价格（元）	生产厂家	电话	主要参数及备注
中药浸膏干燥机	ZLG-150	150000	江苏一步干燥设备有限公司	（0519）88902618	水分蒸发能力 150 kg/h，料液处理能力 150~203 kg/h，成品生产能力 28~42 kg/h，湿物料含固量 18%~25%，成品含水率 3%~5%，进风温度 150~200℃，出风温度 80~100℃，功率 204kW，外形尺寸（mm）：12200×7000×10000，自动冲洗，带冷壁装置、敲打装置、料罐带搅拌、隔套加热、过滤器、空气净化装置
中药浸膏干燥机	ZLG-150	150000	江苏一步干燥设备有限公司	（0519）88902618	水分蒸发能力 150 kg/h，料液处理能力 150~203 kg/h，成品生产能力 28~42 kg/h，湿物料含固量 18%~25%，成品含水率 3%~5%，进风温度 150~200℃，出风温度 80~100℃，功率 204kW，外形尺寸（mm）：12200×7000×10000，气扫，带冷壁装置、敲打装置、料罐带搅拌、隔套加热、过滤器、空气净化装置
中药浸膏干燥机	ZLG-150	668000	江苏一步干燥设备有限公司	（0519）88902618	水分蒸发能力 150 kg/h，料液处理能力 150~203 kg/h，成品生产能力 28~42 kg/h，湿物料含固量 18%~25%，成品含水率 3%~5%，进风温度 150~200℃，出风温度 80~100℃，功率 204kW，外形尺寸（mm）：12200×7000×10000，普通型，带冷壁装置、敲打装置、料罐带搅拌、隔套加热、过滤器、空气净化装置
中药浸膏干燥机	ZLG-150	868000	江苏一步干燥设备有限公司	（0519）88902618	水分蒸发能力 150 kg/h，料液处理能力 150~203 kg/h，成品生产能力 28~42 kg/h，湿物料含固量 18%~25%，成品含水率 3%~5%，进风温度 150~200℃，出风温度 80~100℃，功率 204kW，外形尺寸（mm）：12200×7000×10000，材质 304，带冷壁装置、敲打装置、料罐带搅拌、隔套加热、过滤器、空气净化装置
中药浸膏干燥机	ZLPG-5	176000	常州中贝干燥设备有限公司	（0519）88671938	普通型，带冷壁装置、敲打装置、过滤器、空气净化装置，料罐带搅拌，隔套加热
中药浸膏干燥机	ZLPG-5	196000	常州中贝干燥设备有限公司	（0519）88671938	普通型，气扫，带冷壁装置、敲打装置、过滤器、空气净化装置，料罐带搅拌，隔套加热
中药浸膏干燥机	ZLPG-5	198000	常州中贝干燥设备有限公司	（0519）88671938	材质 304，带冷壁装置、敲打装置、过滤器、空气净化装置，料罐带搅拌，隔套加热
中药浸膏干燥机	ZLPG-5	218000	常州中贝干燥设备有限公司	（0519）88671938	材质 304，气扫，带冷壁装置、敲打装置、过滤器、空气净化装置，料罐带搅拌，隔套加热
中药浸膏干燥机	ZLPG-10	220000	常州中贝干燥设备有限公司	（0519）88671938	普通型，带冷壁装置、敲打装置、过滤器、空气净化装置，料罐带搅拌，隔套加热
中药浸膏干燥机	ZLPG-10	240000	常州中贝干燥设备有限公司	（0519）88671938	普通型，气扫，带冷壁装置、敲打装置、过滤器、空气净化装置，料罐带搅拌，隔套加热
中药浸膏干燥机	ZLPG-10	275000	常州中贝干燥设备有限公司	（0519）88671938	材质 304，带冷壁装置、敲打装置、过滤器、空气净化装置，料罐带搅拌，隔套加热

产品名称	型号规格	参考价格（元）	生产厂家	电话	主要参数及备注
中药浸膏干燥机	ZLPG-10	295000	常州中贝干燥设备有限公司	(0519) 88671938	材质304,气扫,带冷壁装置、敲打装置、过滤器、空气净化装置,料罐带搅拌,隔套加热
中药浸膏干燥机	ZLPG-25	303600	常州中贝干燥设备有限公司	(0519) 88671938	普通型,带冷壁装置、敲打装置、过滤器、空气净化装置,料罐带搅拌,隔套加热
中药浸膏干燥机	ZLPG-25	363600	常州中贝干燥设备有限公司	(0519) 88671938	普通型,气扫,带冷壁装置、敲打装置、过滤器、空气净化装置,料罐带搅拌,隔套加热
中药浸膏干燥机	ZLPG-25	391600	常州中贝干燥设备有限公司	(0519) 88671938	材质304,带冷壁装置、敲打装置、过滤器、空气净化装置,料罐带搅拌,隔套加热
中药浸膏干燥机	ZLPG-25	451600	常州中贝干燥设备有限公司	(0519) 88671938	材质304,气扫,带冷壁装置、敲打装置、过滤器、空气净化装置,料罐带搅拌,隔套加热
中药浸膏干燥机	ZLPG-50	404800	常州中贝干燥设备有限公司	(0519) 88671938	普通型,带冷壁装置、敲打装置、过滤器、空气净化装置,料罐带搅拌,隔套加热
中药浸膏干燥机	ZLPG-50	484800	常州中贝干燥设备有限公司	(0519) 88671938	普通型,气扫,带冷壁装置、敲打装置、过滤器、空气净化装置,料罐带搅拌,隔套加热
中药浸膏干燥机	ZLPG-50	514800	常州中贝干燥设备有限公司	(0519) 88671938	材质304,带冷壁装置、敲打装置、过滤器、空气净化装置,料罐带搅拌,隔套加热
中药浸膏干燥机	ZLPG-50	594800	常州中贝干燥设备有限公司	(0519) 88671938	材质304,气扫,带冷壁装置、敲打装置、过滤器、空气净化装置,料罐带搅拌,隔套加热
中药浸膏干燥机	ZLPG-100	602800	常州中贝干燥设备有限公司	(0519) 88671938	普通型,带冷壁装置、敲打装置、过滤器、空气净化装置,料罐带搅拌,隔套加热
中药浸膏干燥机	ZLPG-100	614800	常州中贝干燥设备有限公司	(0519) 88671938	普通型,气扫,带冷壁装置、敲打装置、过滤器、空气净化装置,料罐带搅拌,隔套加热
中药浸膏干燥机	ZLPG-100	767800	常州中贝干燥设备有限公司	(0519) 88671938	材质304,带冷壁装置、敲打装置、过滤器、空气净化装置,料罐带搅拌,隔套加热
中药浸膏干燥机	ZLPG-100	779800	常州中贝干燥设备有限公司	(0519) 88671938	材质304,气扫,带冷壁装置、敲打装置、过滤器、空气净化装置,料罐带搅拌,隔套加热
中药浸膏干燥机	ZLPG-150	734800	常州中贝干燥设备有限公司	(0519) 88671938	普通型,带冷壁装置、敲打装置、过滤器、空气净化装置,料罐带搅拌,隔套加热
中药浸膏干燥机	ZLPG-150	749800	常州中贝干燥设备有限公司	(0519) 88671938	普通型,气扫,带冷壁装置、敲打装置、过滤器、空气净化装置,料罐带搅拌,隔套加热
中药浸膏干燥机	ZLPG-150	954800	常州中贝干燥设备有限公司	(0519) 88671938	材质304,带冷壁装置、敲打装置、过滤器、空气净化装置,料罐带搅拌,隔套加热
中药浸膏干燥机	ZLPG-150	969800	常州中贝干燥设备有限公司	(0519) 88671938	材质304,气扫,带冷壁装置、敲打装置、过滤器、空气净化装置,料罐带搅拌,隔套加热
中药浸膏喷雾干燥机	ZLPG-5	155000	常州市互帮干燥设备有限公司	(0519) 88739588	普通型,带冷壁装置、敲打装置、料罐带搅拌、隔套加热系统、过滤器、空气净化装置
中药浸膏喷雾干燥机	ZLPG-5	195000	常州市互帮干燥设备有限公司	(0519) 88739588	普通型,带冷壁装置、敲打装置、料罐带搅拌、隔套加热系统、过滤器、空气净化装置、气扫装置
中药浸膏喷雾干燥机	ZLPG-5	195000	常州市互帮干燥设备有限公司	(0519) 88739588	普通型,带冷壁装置、敲打装置、料罐带搅拌、隔套加热系统、过滤器、空气净化装置、自动冲洗装置

产品名称	型号规格	参考价格(元)	生产厂家	电话	主要参数及备注
中药浸膏喷雾干燥机	ZLPG-5	218000	常州市互帮干燥设备有限公司	(0519)88739588	材质304,带冷壁装置、敲打装置、料罐带搅拌、隔套加热系统、过滤器、空气净化装置
中药浸膏喷雾干燥机	ZLPG-5	258000	常州市互帮干燥设备有限公司	(0519)88739588	材质304,带冷壁装置、敲打装置、料罐带搅拌、隔套加热系统、过滤器、空气净化装置、气扫装置
中药浸膏喷雾干燥机	ZLPG-5	258000	常州市互帮干燥设备有限公司	(0519)88739588	材质304,带冷壁装置、敲打装置、料罐带搅拌、隔套加热系统、过滤器、空气净化装置、自动冲洗装置
中药浸膏喷雾干燥机	ZLPG-25	276000	常州市互帮干燥设备有限公司	(0519)88739588	普通型,带冷壁装置、敲打装置、料罐带搅拌、隔套加热系统、过滤器、空气净化装置
中药浸膏喷雾干燥机	ZLPG-25	276000	江阴金发干燥设备有限公司	(0510)86178258	与物料接触部位材质不锈钢,带冷壁装置、敲打装置、料罐带搅拌、隔套加热系统、过滤器、空气净化装置
中药浸膏喷雾干燥机	ZLPG-25	336000	常州市互帮干燥设备有限公司	(0519)88739588	普通型,带冷壁装置、敲打装置、料罐带搅拌、隔套加热系统、过滤器、空气净化装置、自动冲洗装置
中药浸膏喷雾干燥机	ZLPG-25	336000	常州市互帮干燥设备有限公司	(0519)88739588	普通型,带冷壁装置、敲打装置、料罐带搅拌、隔套加热系统、过滤器、空气净化装置、气扫装置
中药浸膏喷雾干燥机	ZLPG-25	356000	常州市互帮干燥设备有限公司	(0519)88739588	材质304,带冷壁装置、敲打装置、料罐带搅拌、隔套加热系统、过滤器、空气净化装置
中药浸膏喷雾干燥机	ZLPG-25	356000	江阴金发干燥设备有限公司	(0510)86178258	内外材质不锈钢,带冷壁装置、敲打装置、料罐带搅拌、隔套加热系统、过滤器、空气净化装置
中药浸膏喷雾干燥机	ZLPG-25	416000	常州市互帮干燥设备有限公司	(0519)88739588	材质304,带冷壁装置、敲打装置、料罐带搅拌、隔套加热系统、过滤器、空气净化装置、气扫装置
中药浸膏喷雾干燥机	ZLPG-25	416000	常州市互帮干燥设备有限公司	(0519)88739588	材质304,带冷壁装置、敲打装置、料罐带搅拌、隔套加热系统、过滤器、空气净化装置、自动冲洗装置
中药浸膏喷雾干燥机	ZLPG-25	416000	江阴金发干燥设备有限公司	(0510)86178258	内外材质不锈钢,带冷壁装置、敲打装置、料罐带搅拌、隔套加热系统、过滤器、空气净化装置、气扫装置
中药浸膏喷雾干燥机	ZLPG-25	476000	江阴金发干燥设备有限公司	(0510)86178258	内外材质不锈钢,带冷壁装置、敲打装置、料罐带搅拌、隔套加热系统、过滤器、空气净化装置、气扫装置、自动冲洗装置
中药浸膏喷雾干燥机	ZLPG-50	368000	常州市互帮干燥设备有限公司	(0519)88739588	普通型,带冷壁装置、敲打装置、料罐带搅拌、隔套加热系统、过滤器、空气净化装置
中药浸膏喷雾干燥机	ZLPG-50	368000	江阴金发干燥设备有限公司	(0510)86178258	与物料接触部位材质不锈钢,带冷壁装置、敲打装置、料罐带搅拌、隔套加热系统、过滤器、空气净化装置
中药浸膏喷雾干燥机	ZLPG-50	448000	常州市互帮干燥设备有限公司	(0519)88739588	普通型,带冷壁装置、敲打装置、料罐带搅拌、隔套加热系统、过滤器、空气净化装置、气扫装置
中药浸膏喷雾干燥机	ZLPG-50	448000	常州市互帮干燥设备有限公司	(0519)88739588	普通型,带冷壁装置、敲打装置、料罐带搅拌、隔套加热系统、过滤器、空气净化装置、自动冲洗装置

产品名称	型号规格	参考价格(元)	生产厂家	电话	主要参数及备注
中药浸膏喷雾干燥机	ZLPG-50	468000	常州市互帮干燥设备有限公司	(0519)88739588	材质304,带冷壁装置、敲打装置、料罐带搅拌、隔套加热系统、过滤器、空气净化装置
中药浸膏喷雾干燥机	ZLPG-50	468000	江阴金发干燥设备有限公司	(0510)86178258	内外材质不锈钢,带冷壁装置、敲打装置、料罐带搅拌、隔套加热系统、过滤器、空气净化装置
中药浸膏喷雾干燥机	ZLPG-50	548000	常州市互帮干燥设备有限公司	(0519)88739588	材质304,带冷壁装置、敲打装置、料罐带搅拌、隔套加热系统、过滤器、空气净化装置、自动冲洗装置
中药浸膏喷雾干燥机	ZLPG-50	548000	常州市互帮干燥设备有限公司	(0519)88739588	材质304,带冷壁装置、敲打装置、料罐带搅拌、隔套加热系统、过滤器、空气净化装置、气扫装置
中药浸膏喷雾干燥机	ZLPG-50	548000	江阴金发干燥设备有限公司	(0510)86178258	内外材质不锈钢,带冷壁装置、敲打装置、料罐带搅拌、隔套加热系统、过滤器、空气净化装置、气扫装置
中药浸膏喷雾干燥机	ZLPG-50	628000	江阴金发干燥设备有限公司	(0510)86178258	内外材质不锈钢,带冷壁装置、敲打装置、料罐带搅拌、隔套加热系统、过滤器、空气净化装置、气扫装置、自动冲洗装置
中药浸膏喷雾干燥机	ZLPG-100	548000	常州市互帮干燥设备有限公司	(0519)88739588	普通型,带冷壁装置、敲打装置、料罐带搅拌、隔套加热系统、过滤器、空气净化装置
中药浸膏喷雾干燥机	ZLPG-100	548000	江阴金发干燥设备有限公司	(0510)86178258	与物料接触部位材质不锈钢,带冷壁装置、敲打装置、料罐带搅拌、隔套加热系统、过滤器、空气净化装置
中药浸膏喷雾干燥机	ZLPG-100	668000	常州市互帮干燥设备有限公司	(0519)88739588	普通型,带冷壁装置、敲打装置、料罐带搅拌、隔套加热系统、过滤器、空气净化装置、气扫装置
中药浸膏喷雾干燥机	ZLPG-100	668000	常州市互帮干燥设备有限公司	(0519)88739588	普通型,带冷壁装置、敲打装置、料罐带搅拌、隔套加热系统、过滤器、空气净化装置、自动冲洗装置
中药浸膏喷雾干燥机	ZLPG-100	698000	常州市互帮干燥设备有限公司	(0519)88739588	材质304,带冷壁装置、敲打装置、料罐带搅拌、隔套加热系统、过滤器、空气净化装置
中药浸膏喷雾干燥机	ZLPG-100	698000	江阴金发干燥设备有限公司	(0510)86178258	内外材质不锈钢,带冷壁装置、敲打装置、料罐带搅拌、隔套加热系统、过滤器、空气净化装置
中药浸膏喷雾干燥机	ZLPG-100	818000	常州市互帮干燥设备有限公司	(0519)88739588	材质304,带冷壁装置、敲打装置、料罐带搅拌、隔套加热系统、过滤器、空气净化装置、气扫装置
中药浸膏喷雾干燥机	ZLPG-100	818000	常州市互帮干燥设备有限公司	(0519)88739588	材质304,带冷壁装置、敲打装置、料罐带搅拌、隔套加热系统、过滤器、空气净化装置、自动冲洗装置
中药浸膏喷雾干燥机	ZLPG-100	818000	江阴金发干燥设备有限公司	(0510)86178258	内外材质不锈钢,带冷壁装置、敲打装置、料罐带搅拌、隔套加热系统、过滤器、空气净化装置、气扫装置
中药浸膏喷雾干燥机	ZLPG-100	938000	江阴金发干燥设备有限公司	(0510)86178258	内外材质不锈钢,带冷壁装置、敲打装置、料罐带搅拌、隔套加热系统、过滤器、空气净化装置、气扫装置、自动冲洗装置
中药浸膏喷雾干燥机	ZLPG-150	668000	常州市互帮干燥设备有限公司	(0519)88739588	普通型,带冷壁装置、敲打装置、料罐带搅拌、隔套加热系统、过滤器、空气净化装置

产品名称	型号规格	参考价格（元）	生产厂家	电话	主要参数及备注
中药浸膏喷雾干燥机	ZLPG-150	668000	江阴金发干燥设备有限公司	(0510)86178258	与物料接触部位材质不锈钢，带冷壁装置、敲打装置、料罐带搅拌、隔套加热系统、过滤器、空气净化装置
中药浸膏喷雾干燥机	ZLPG-150	818000	常州市互帮干燥设备有限公司	(0519)88739588	普通型，带冷壁装置、敲打装置、料罐带搅拌、隔套加热系统、过滤器、空气净化装置、气扫装置
中药浸膏喷雾干燥机	ZLPG-150	818000	常州市互帮干燥设备有限公司	(0519)88739588	普通型，带冷壁装置、敲打装置、料罐带搅拌、隔套加热系统、过滤器、空气净化装置、自动冲洗装置
中药浸膏喷雾干燥机	ZLPG-150	868000	常州市互帮干燥设备有限公司	(0519)88739588	材质304，带冷壁装置、敲打装置、料罐带搅拌、隔套加热系统、过滤器、空气净化装置
中药浸膏喷雾干燥机	ZLPG-150	868000	江阴金发干燥设备有限公司	(0510)86178258	内外材质不锈钢，带冷壁装置、敲打装置、料罐带搅拌、隔套加热系统、过滤器、空气净化装置
中药浸膏喷雾干燥机	ZLPG-150	1018000	常州市互帮干燥设备有限公司	(0519)88739588	材质304，带冷壁装置、敲打装置、料罐带搅拌、隔套加热系统、过滤器、空气净化装置、自动冲洗装置
中药浸膏喷雾干燥机	ZLPG-150	1018000	常州市互帮干燥设备有限公司	(0519)88739588	材质304，带冷壁装置、敲打装置、料罐带搅拌、隔套加热系统、过滤器、空气净化装置、气扫装置
中药浸膏喷雾干燥机	ZLPG-150	1018000	江阴金发干燥设备有限公司	(0510)86178258	内外材质不锈钢，带冷壁装置、敲打装置、料罐带搅拌、隔套加热系统、过滤器、空气净化装置、气扫装置
中药浸膏喷雾干燥机	ZLPG-150	1168000	江阴金发干燥设备有限公司	(0510)86178258	内外材质不锈钢，带冷壁装置、敲打装置、料罐带搅拌、隔套加热系统、过滤器、空气净化装置、气扫装置、自动冲洗装置
中药浸膏专用喷雾干燥机	ZPG-5	95000	常州市宇通干燥设备有限公司	(0519)88901088	
中药浸膏专用喷雾干燥机	ZPG-25	210000	常州市宇通干燥设备有限公司	(0519)88901088	
中药浸膏专用喷雾干燥机	ZPG-50	360000	常州市宇通干燥设备有限公司	(0519)88901088	
中药浸膏专用喷雾干燥机	ZPG-100	450000	常州市宇通干燥设备有限公司	(0519)88901088	
中药浸膏专用喷雾干燥机	ZPG-150	550000	常州市宇通干燥设备有限公司	(0519)88901088	
中药浸膏专用喷雾干燥机	ZPG-200	650000	常州市宇通干燥设备有限公司	(0519)88901088	
中药浸膏专用喷雾干燥机	ZPG-300	960000	常州市宇通干燥设备有限公司	(0519)88901088	

1.1.8.2 带式干燥机

产品名称	型号规格	参考价格（元）	生产厂家	电话	主要参数及备注
带式干燥机	DW-1.2-4	79000	常州中贝干燥设备有限公司	(0519)88671938	第1代，标准型
带式干燥机	DW-1.2-4B	88000	常州市互帮干燥设备有限公司	(0519)88739588	第2代，内壁材质铝合金

产品名称	型号规格	参考价格（元）	生产厂家	电话	主要参数及备注
带式干燥机	DW3-1.2-10B	327800	无锡市凯信干燥成套设备有限公司	（0510）81663608	单元数 10 个，干燥段长 30m，铺料厚≤60mm，适用温度 50～140℃，耗汽量 300～750 kg/h，干燥时间0.25～1.5h，功率26.1kW，普通型
带式干燥机	DW3-1.2-10B	445600	无锡市凯信干燥成套设备有限公司	（0510）81663608	单元数 10 个，干燥段长 30m，铺料厚≤60mm，适用温度 50～140℃，耗汽量 300～750 kg/h，干燥时间0.25～1.5h，功率26.1kW，内壁材质不锈钢
带式干燥机	DW3-1.6-6B	261300	无锡市凯信干燥成套设备有限公司	（0510）81663608	普通型
带式干燥机	DW3-1.6-6B	373800	无锡市凯信干燥成套设备有限公司	（0510）81663608	内壁材质不锈钢
带式干燥机	DW3-1.6-8	472000	常州市宇通干燥设备有限公司	（0519）88901088	3 层，普通型
带式干燥机	DW3-1.6-8	687700	常州市宇通干燥设备有限公司	（0519）88901088	3 层，内壁材质不锈钢
带式干燥机	DW3-1.6-8B	315900	无锡市凯信干燥成套设备有限公司	（0510）81663608	单元数 8 个，干燥段长 24m，铺料厚≤60mm，适用温度 50～140℃，耗汽量 300～750 kg/h，干燥时间0.2～1.2h，功率21.7kW，普通型
带式干燥机	DW3-1.6-8B	453600	无锡市凯信干燥成套设备有限公司	（0510）81663608	单元数 8 个，干燥段长 24m，铺料厚≤60mm，适用温度 50～140℃，耗汽量 300～750 kg/h，干燥时间0.2～1.2h，功率21.7kW，内壁材质不锈钢
带式干燥机	DW3-1.6-10B	369600	无锡市凯信干燥成套设备有限公司	（0510）81663608	单元数 10 个，干燥段长 30m，铺料厚≤60mm，适用温度 50～140℃，耗汽量 340～950 kg/h，干燥时间0.25～1.5h，功率27.2kW，普通型
带式干燥机	DW3-1.6-10B	512800	无锡市凯信干燥成套设备有限公司	（0510）81663608	单元数 10 个，干燥段长 30m，铺料厚≤60mm，适用温度 50～140℃，耗汽量 340～950 kg/h，干燥时间0.25～1.5h，功率27.2kW，内壁材质不锈钢
带式干燥机	DW3-2-6B	336100	无锡市凯信干燥成套设备有限公司	（0510）81663608	普通型
带式干燥机	DW3-2-6B	480900	无锡市凯信干燥成套设备有限公司	（0510）81663608	内壁材质不锈钢
带式干燥机	DW3-2-8B	398600	无锡市凯信干燥成套设备有限公司	（0510）81663608	单元数 8 个，干燥段长 24m，铺料厚≤60mm，适用温度 50～140℃，耗汽量 350～1000 kg/h，干燥时间 0.2～1.2h，功率 29.2 kW，普通型
带式干燥机	DW3-2-8B	592200	无锡市凯信干燥成套设备有限公司	（0510）81663608	单元数 8 个，干燥段长 24m，铺料厚≤60mm，适用温度 50～140℃，耗汽量 350～1000 kg/h，干燥时间 0.2～1.2h，功率 29.2 kW，内壁材质不锈钢
带式干燥机	DW3-2-10B	487600	无锡市凯信干燥成套设备有限公司	（0510）81663608	单元数 10 个，干燥段长 30m，铺料厚≤60mm，适用温度 50～140℃，耗汽量 400～1200 kg/h，干燥时间0.25～1.5h，功率35.2 kW，普通型
带式干燥机	DW3-2-10B	709800	无锡市凯信干燥成套设备有限公司	（0510）81663608	单元数 10 个，干燥段长 30m，铺料厚≤60mm，适用温度 50～140℃，耗汽量 400～1200 kg/h，干燥时间0.25～1.5h，功率35.2 kW，内壁材质不锈钢

产品名称	型号规格	参考价格（元）	生产厂家	电话	主要参数及备注
带式干燥机	DW5-1.6-8	554000	常州市宇通干燥设备有限公司	(0519)88901088	5层,普通型
带式干燥机	DW5-1.6-8	766400	常州市宇通干燥设备有限公司	(0519)88901088	5层,内壁材质不锈钢
带式干燥机	DWF-1.2×4	168000	江阴金发干燥设备有限公司	(0510)86178258	第2代,普通型
带式干燥机	DWF-1.2×4	280000	江阴金发干燥设备有限公司	(0510)86178258	第2代,内壁材质不锈钢
带式干燥机	DWF-1.2×5	198000	江阴金发干燥设备有限公司	(0510)86178258	第2代,普通型
带式干燥机	DWF-1.2×5	330000	江阴金发干燥设备有限公司	(0510)86178258	第2代,内壁材质不锈钢
带式干燥机	DWF-1.2-8	153000	常州市宇通干燥设备有限公司	(0519)88901088	第4代,普通型
带式干燥机	DWF-1.2-8	153000	无锡市凯信干燥成套设备有限公司	(0510)81663608	第4代,普通型
带式干燥机	DWF-1.2-8	238000	常州市宇通干燥设备有限公司	(0519)88901088	第4代,内壁材质不锈钢
带式干燥机	DWF-1.2-8	238000	无锡市凯信干燥成套设备有限公司	(0510)81663608	第4代,内壁材质不锈钢
带式干燥机	DWF-1.2-10	187000	常州市宇通干燥设备有限公司	(0519)88901088	第4代,普通型
带式干燥机	DWF-1.2-10	187000	无锡市凯信干燥成套设备有限公司	(0510)81663608	第4代,普通型
带式干燥机	DWF-1.2-10	269000	常州市宇通干燥设备有限公司	(0519)88901088	第4代,内壁材质不锈钢
带式干燥机	DWF-1.2-10	269000	无锡市凯信干燥成套设备有限公司	(0510)81663608	第4代,内壁材质不锈钢
带式干燥机	DWF-1.6-8	194000	常州市宇通干燥设备有限公司	(0519)88901088	第4代,普通型
带式干燥机	DWF-1.6-8	194000	无锡市凯信干燥成套设备有限公司	(0510)81663608	第4代,普通型
带式干燥机	DWF-1.6-8	278000	常州市宇通干燥设备有限公司	(0519)88901088	第4代,内壁材质不锈钢
带式干燥机	DWF-1.6-8	278000	无锡市凯信干燥成套设备有限公司	(0510)81663608	第4代,内壁材质不锈钢
带式干燥机	DWF-1.6-10	227200	常州市宇通干燥设备有限公司	(0519)88901088	第4代,普通型
带式干燥机	DWF-1.6-10	227200	无锡市凯信干燥成套设备有限公司	(0510)81663608	第4代,普通型
带式干燥机	DWF-1.6-10	312700	常州市宇通干燥设备有限公司	(0519)88901088	第4代,内壁材质不锈钢
带式干燥机	DWF-1.6-10	312700	无锡市凯信干燥成套设备有限公司	(0510)81663608	第4代,内壁材质不锈钢
带式干燥机	DWF-2-8	242600	常州市宇通干燥设备有限公司	(0519)88901088	第4代,普通型
带式干燥机	DWF-2-8	242600	无锡市凯信干燥成套设备有限公司	(0510)81663608	第4代,普通型
带式干燥机	DWF-2-8	325400	常州市宇通干燥设备有限公司	(0519)88901088	第4代,内壁材质不锈钢
带式干燥机	DWF-2-8	325900	无锡市凯信干燥成套设备有限公司	(0510)81663608	第4代,内壁材质不锈钢
带式干燥机	DWF-2-10	267400	常州市宇通干燥设备有限公司	(0519)88901088	第4代,普通型
带式干燥机	DWF-2-10	267400	无锡市凯信干燥成套设备有限公司	(0510)81663608	第4代,普通型

产品名称	型号规格	参考价格（元）	生产厂家	电话	主要参数及备注
带式干燥机	DWF-2-10	394700	常州市宇通干燥设备有限公司	（0519）88901088	第4代,内壁材质不锈钢
带式干燥机	DWF-2-10	396700	无锡市凯信干燥成套设备有限公司	（0510）81663608	第4代,内壁材质不锈钢
带式干燥机	DWS-1.2-8	139000	常州市宇通干燥设备有限公司	（0519）88901088	第2代,普通型
带式干燥机	DWS-1.2-8	139000	无锡市凯信干燥成套设备有限公司	（0510）81663608	第2代,普通型
带式干燥机	DWS-1.2-8	208600	常州市宇通干燥设备有限公司	（0519）88901088	第2代,内壁材质不锈钢
带式干燥机	DWS-1.2-8	208600	无锡市凯信干燥成套设备有限公司	（0510）81663608	第2代,内壁材质不锈钢
带式干燥机	DWS-1.2-10	168000	常州市宇通干燥设备有限公司	（0519）88901088	第2代,普通型
带式干燥机	DWS-1.2-10	168000	无锡市凯信干燥成套设备有限公司	（0510）81663608	第2代,普通型
带式干燥机	DWS-1.2-10	248100	常州市宇通干燥设备有限公司	（0519）88901088	第2代,内壁材质不锈钢
带式干燥机	DWS-1.2-10	249100	无锡市凯信干燥成套设备有限公司	（0510）81663608	第2代,内壁材质不锈钢
带式干燥机	DWS-1.6-8	169100	常州市宇通干燥设备有限公司	（0519）88901088	第2代,普通型
带式干燥机	DWS-1.6-8	169100	无锡市凯信干燥成套设备有限公司	（0510）81663608	第2代,普通型
带式干燥机	DWS-1.6-8	250400	常州市宇通干燥设备有限公司	（0519）88901088	第2代,内壁材质不锈钢
带式干燥机	DWS-1.6-8	250400	无锡市凯信干燥成套设备有限公司	（0510）81663608	第2代,内壁材质不锈钢
带式干燥机	DWS-1.6-10	187800	常州市宇通干燥设备有限公司	（0519）88901088	第2代,普通型
带式干燥机	DWS-1.6-10	187800	无锡市凯信干燥成套设备有限公司	（0510）81663608	第2代,普通型
带式干燥机	DWS-1.6-10	281000	常州市宇通干燥设备有限公司	（0519）88901088	第2代,内壁材质不锈钢
带式干燥机	DWS-1.6-10	281000	无锡市凯信干燥成套设备有限公司	（0510）81663608	第2代,内壁材质不锈钢
带式干燥机	DWS-2-8	191000	常州市宇通干燥设备有限公司	（0519）88901088	第2代,普通型
带式干燥机	DWS-2-8	191000	无锡市凯信干燥成套设备有限公司	（0510）81663608	第2代,普通型
带式干燥机	DWS-2-8	287500	常州市宇通干燥设备有限公司	（0519）88901088	第2代,内壁材质不锈钢
带式干燥机	DWS-2-8	287500	无锡市凯信干燥成套设备有限公司	（0510）81663608	第2代,内壁材质不锈钢
带式干燥机	DWS-2-10	217700	常州市宇通干燥设备有限公司	（0519）88901088	第2代,普通型
带式干燥机	DWS-2-10	217700	无锡市凯信干燥成套设备有限公司	（0510）81663608	第2代,普通型
带式干燥机	DWS-2-10	339000	常州市宇通干燥设备有限公司	（0519）88901088	第2代,内壁材质不锈钢
带式干燥机	DWS-2-10	339000	无锡市凯信干燥成套设备有限公司	（0510）81663608	第2代,内壁材质不锈钢
带式干燥机	DWT-1.2-8	147000	常州市宇通干燥设备有限公司	（0519）88901088	第3代,普通型
带式干燥机	DWT-1.2-8	147000	无锡市凯信干燥成套设备有限公司	（0510）81663608	第3代,普通型

产品名称	型号规格	参考价格(元)	生产厂家	电话	主要参数及备注
带式干燥机	DWT-1.2-8	224000	常州市宇通干燥设备有限公司	(0519)88901088	第3代,内壁材质不锈钢
带式干燥机	DWT-1.2-8	224000	无锡市凯信干燥成套设备有限公司	(0510)81663608	第3代,内壁材质不锈钢
带式干燥机	DWT-1.2-10	178000	常州市宇通干燥设备有限公司	(0519)88901088	第3代,普通型
带式干燥机	DWT-1.2-10	179000	无锡市凯信干燥成套设备有限公司	(0510)81663608	第3代,普通型
带式干燥机	DWT-1.2-10	257100	常州市宇通干燥设备有限公司	(0519)88901088	第3代,内壁材质不锈钢
带式干燥机	DWT-1.2-10	257700	无锡市凯信干燥成套设备有限公司	(0510)81663608	第3代,内壁材质不锈钢
带式干燥机	DWT-1.6-8	183000	常州市宇通干燥设备有限公司	(0519)88901088	第3代,普通型
带式干燥机	DWT-1.6-8	183000	无锡市凯信干燥成套设备有限公司	(0510)81663608	第3代,普通型
带式干燥机	DWT-1.6-8	260400	常州市宇通干燥设备有限公司	(0519)88901088	第3代,内壁材质不锈钢
带式干燥机	DWT-1.6-8	260400	无锡市凯信干燥成套设备有限公司	(0510)81663608	第3代,内壁材质不锈钢
带式干燥机	DWT-1.6-10	204100	无锡市凯信干燥成套设备有限公司	(0510)81663608	第3代,普通型
带式干燥机	DWT-1.6-10	204200	常州市宇通干燥设备有限公司	(0519)88901088	第3代,普通型
带式干燥机	DWT-1.6-10	293000	常州市宇通干燥设备有限公司	(0519)88901088	第3代,内壁材质不锈钢
带式干燥机	DWT-1.6-10	293000	无锡市凯信干燥成套设备有限公司	(0510)81663608	第3代,内壁材质不锈钢
带式干燥机	DWT-2-8	213000	常州市宇通干燥设备有限公司	(0519)88901088	第3代,普通型
带式干燥机	DWT-2-8	216000	无锡市凯信干燥成套设备有限公司	(0510)81663608	第3代,普通型
带式干燥机	DWT-2-8	302000	常州市宇通干燥设备有限公司	(0519)88901088	第3代,内壁材质不锈钢
带式干燥机	DWT-2-8	304000	无锡市凯信干燥成套设备有限公司	(0510)81663608	第3代,内壁材质不锈钢
带式干燥机	DWT-2-10	241000	常州市宇通干燥设备有限公司	(0519)88901088	第3代,普通型
带式干燥机	DWT-2-10	243200	无锡市凯信干燥成套设备有限公司	(0510)81663608	第3代,普通型
带式干燥机	DWT-2-10	365500	常州市宇通干燥设备有限公司	(0519)88901088	第3代,内壁材质不锈钢
带式干燥机	DWT-2-10	367400	无锡市凯信干燥成套设备有限公司	(0510)81663608	第3代,内壁材质不锈钢
多层带式干燥机	DW3-1.2-6B	223800	常州市互帮干燥设备有限公司	(0519)88739588	内壁材质铝合金
多层带式干燥机	DW3-1.2-6B	339600	常州市互帮干燥设备有限公司	(0519)88739588	内壁材质不锈钢
多层带式干燥机	DW3-1.2-8B	275000	常州市互帮干燥设备有限公司	(0519)88739588	内壁材质铝合金
多层带式干燥机	DW3-1.2-8B	375600	常州市互帮干燥设备有限公司	(0519)88739588	内壁材质不锈钢
多层带式干燥机	DW3-1.2-10B	327800	常州市互帮干燥设备有限公司	(0519)88739588	内壁材质铝合金
多层带式干燥机	DW3-1.2-10B	445600	常州市互帮干燥设备有限公司	(0519)88739588	内壁材质不锈钢

产品名称	型号规格	参考价格（元）	生产厂家	电话	主要参数及备注
多层带式干燥机	DW3-1.6-6B	261300	常州市互帮干燥设备有限公司	（0519）88739588	内壁材质铝合金
多层带式干燥机	DW3-1.6-6B	373800	常州市互帮干燥设备有限公司	（0519）88739588	内壁材质不锈钢
多层带式干燥机	DW3-1.6-8B	315900	常州市互帮干燥设备有限公司	（0519）88739588	内壁材质铝合金
多层带式干燥机	DW3-1.6-8B	453600	常州市互帮干燥设备有限公司	（0519）88739588	内壁材质不锈钢
多层带式干燥机	DW3-1.6-10B	369600	常州市互帮干燥设备有限公司	（0519）88739588	内壁材质铝合金
多层带式干燥机	DW3-1.6-10B	512800	常州市互帮干燥设备有限公司	（0519）88739588	内壁材质不锈钢
多层带式干燥机	DW3-2-6B	336100	常州市互帮干燥设备有限公司	（0519）88739588	内壁材质铝合金
多层带式干燥机	DW3-2-6B	480900	常州市互帮干燥设备有限公司	（0519）88739588	内壁材质不锈钢
多层带式干燥机	DW3-2-8B	398600	常州市互帮干燥设备有限公司	（0519）88739588	内壁材质铝合金
多层带式干燥机	DW3-2-8B	592200	常州市互帮干燥设备有限公司	（0519）88739588	内壁材质不锈钢
多层带式干燥机	DW3-2-10B	487600	常州市互帮干燥设备有限公司	（0519）88739588	内壁材质铝合金
多层带式干燥机	DW3-2-10B	709800	常州市互帮干燥设备有限公司	（0519）88739588	内壁材质不锈钢
智能化穿流带式干燥机	GWC-25	339000	常州中贝干燥设备有限公司	（0519）88671938	内部材质不锈钢
智能化穿流带式干燥机	GWC-35	269800	常州中贝干燥设备有限公司	（0519）88671938	普通型
智能化穿流带式干燥机	GWC-35	404700	常州中贝干燥设备有限公司	（0519）88671938	内部材质不锈钢
智能化穿流带式干燥机	GWC-45	292800	常州中贝干燥设备有限公司	（0519）88671938	普通型
智能化穿流带式干燥机	GWC-45	439200	常州中贝干燥设备有限公司	（0519）88671938	内部材质不锈钢
智能化穿流带式干燥机	GWC-55	359000	常州中贝干燥设备有限公司	（0519）88671938	普通型
智能化穿流带式干燥机	GWC-55	549000	常州中贝干燥设备有限公司	（0519）88671938	内部材质不锈钢
智能化穿流带式干燥机	GWC-70	429500	常州中贝干燥设备有限公司	（0519）88671938	普通型
智能化穿流带式干燥机	GWC-70	644000	常州中贝干燥设备有限公司	（0519）88671938	内部材质不锈钢

1.1.8.3 沸腾干燥机

产品名称	型号规格	参考价格（元）	生产厂家	电话	主要参数及备注
沸腾干燥机	FG3	45000	江苏一步干燥设备有限公司	（0519）88902618	干燥能力1.5kg/次（最小）、4kg/次（最大），原料容器直径300mm，原料容器容积12L，压缩空气量0.3m³/min，物料成品率>99%，噪声≤75dB，主机高度2100mm，风机功率2.2kW，标准型，材质不锈钢，不带空气压缩机

产品名称	型号规格	参考价格（元）	生产厂家	电话	主要参数及备注
沸腾干燥机	FG3	46000	江苏常州市荣发干燥设备有限公司	（0519）88768111	风机功率2.2kW
沸腾干燥机	FG3	47500	无锡市凯信干燥成套设备有限公司	（0510）81663608	干燥能力1.5kg/批（最小）、4kg/批（最大），耗汽量12kg/批，物料成品率>99%，噪声≤75dB，风机功率2.2kW，与物料接触部位材质不锈钢，不带空气压缩机
沸腾干燥机	FG3	62000	江苏一步干燥设备有限公司	（0519）88902618	干燥能力1.5kg/次（最小）、4kg/次（最大），原料容器直径300mm，原料容器容积12L，压缩空气量0.3m^3/min，物料成品率>99%，噪声≤75dB，主机高度2100mm，风机功率2.2kW，连续型，材质不锈钢，不带空气压缩机
沸腾干燥机	FG5	55000	江苏一步干燥设备有限公司	（0519）88902618	干燥能力4kg/次（最小）、6kg/次（最大），原料容器直径400mm，原料容器容积22L，压缩空气量0.3m^3/min，物料成品率>99%，噪声≤75dB，主机高度2300mm，风机功率4kW，标准型，材质不锈钢，不带空气压缩机
沸腾干燥机	FG5	55000	江苏常州市荣发干燥设备有限公司	（0519）88768111	风机功率3kW
沸腾干燥机	FG5	58000	无锡市凯信干燥成套设备有限公司	（0510）81663608	干燥能力4kg/批（最小）、6kg/批（最大），耗汽量23kg/批，物料成品率>99%，噪声≤75dB，风机功率4kW，与物料接触部位材质不锈钢，不带空气压缩机
沸腾干燥机	FG5	73000	江苏一步干燥设备有限公司	（0519）88902618	干燥能力4kg/次（最小）、6kg/次（最大），原料容器直径400mm，原料容器容积22L，压缩空气量0.3m^3/min，物料成品率>99%，噪声≤75dB，主机高度2300mm，风机功率4kW，连续型，材质不锈钢，不带空气压缩机
沸腾干燥机	FG15	60000	江苏常州市荣发干燥设备有限公司	（0519）88768111	风机功率4kW
沸腾干燥机	FG30	65000	江苏一步干燥设备有限公司	（0519）88902618	干燥能力15kg/次（最小）、36kg/次（最大），原料容器直径700mm，原料容器容积100L，压缩空气量0.3m^3/min，物料成品率>99%，噪声≤75dB，主机高度2500mm，风机功率5.5kW，标准型，材质不锈钢，不带空气压缩机
沸腾干燥机	FG30	65000	江阴金发干燥设备有限公司	（0510）86178258	标准型，材质不锈钢，不带空气压缩机
沸腾干燥机	FG30	65000	江苏常州市荣发干燥设备有限公司	（0519）88768111	风机功率5.5kW
沸腾干燥机	FG30	72000	无锡市凯信干燥成套设备有限公司	（0510）81663608	干燥能力15kg/批（最小）、36kg/批（最大），耗汽量70kg/批，物料成品率>99%，噪声≤75dB，风机功率5.5kW，与物料接触部位材质不锈钢，不带空气压缩机
沸腾干燥机	FG30	80000	江苏一步干燥设备有限公司	（0519）88902618	干燥能力15kg/次（最小）、36kg/次（最大），原料容器直径700mm，原料容器容积100L，耗汽量70kg/次，压缩空气量0.3m^3/min，物料成品率>99%，噪声≤75dB，主机高度2500mm，风机功率5.5kW，连续型，材质不锈钢，不带空气压缩机

产品名称	型号规格	参考价格(元)	生产厂家	电话	主要参数及备注
沸腾干燥机	FG30	80000	江阴金发干燥设备有限公司	(0510)86178258	连续型,材质不锈钢,不带空气压缩机
沸腾干燥机	FG45	80000	江苏一步干燥设备有限公司	(0519)88902618	标准型,材质不锈钢,不带空气压缩机
沸腾干燥机	FG45	80000	江阴金发干燥设备有限公司	(0510)86178258	标准型,材质不锈钢,不带空气压缩机
沸腾干燥机	FG45	80000	江苏常州市荣发干燥设备有限公司	(0519)88768111	风机功率7.5kW
沸腾干燥机	FG45	95000	江苏一步干燥设备有限公司	(0519)88902618	连续型,材质不锈钢,不带空气压缩机
沸腾干燥机	FG45	95000	江阴金发干燥设备有限公司	(0510)86178258	连续型,材质不锈钢,不带空气压缩机
沸腾干燥机	FG60	85000	无锡市凯信干燥成套设备有限公司	(0510)81663608	干燥能力30kg/批(最小)、72kg/批(最大),耗汽量140kg/批,物料成品率>99%,噪声≤75dB,风机功率11kW,与物料接触部位材质不锈钢,不带空气压缩机
沸腾干燥机	FG60	89000	江苏常州市荣发干燥设备有限公司	(0519)88768111	风机功率11kW
沸腾干燥机	FG60	92000	江苏一步干燥设备有限公司	(0519)88902618	干燥能力30kg/次(最小)、72kg/次(最大),原料容器直径1000mm,原料容器容积220L,压缩空气量0.6m^3/min,物料成品率>99%,噪声≤75dB,主机高度3000mm,风机功率11kW,标准型,材质不锈钢,不带空气压缩机
沸腾干燥机	FG60	92000	江阴金发干燥设备有限公司	(0510)86178258	标准型,材质不锈钢,不带空气压缩机
沸腾干燥机	FG60	102000	江苏一步干燥设备有限公司	(0519)88902618	干燥能力30kg/次(最小)、72kg/次(最大),原料容器直径1000mm,原料容器容积220L,压缩空气量0.6m^3/min,物料成品率>99%,噪声≤75dB,主机高度3000mm,风机功率11kW,连续型,材质不锈钢,不带空气压缩机
沸腾干燥机	FG60	102000	江阴金发干燥设备有限公司	(0510)86178258	连续型,材质不锈钢,不带空气压缩机
沸腾干燥机	FG90	102000	江苏一步干燥设备有限公司	(0519)88902618	标准型,材质不锈钢,不带空气压缩机
沸腾干燥机	FG90	102000	江阴金发干燥设备有限公司	(0510)86178258	标准型,材质不锈钢,不带空气压缩机
沸腾干燥机	FG90	103000	江苏常州市荣发干燥设备有限公司	(0519)88768111	风机功率15kW
沸腾干燥机	FG90	120000	江苏一步干燥设备有限公司	(0519)88902618	连续型,材质不锈钢,不带空气压缩机
沸腾干燥机	FG90	120000	江阴金发干燥设备有限公司	(0510)86178258	连续型,材质不锈钢,不带空气压缩机
沸腾干燥机	FG120	110000	江苏一步干燥设备有限公司	(0519)88902618	干燥能力80kg/次(最小)、140kg/次(最大),原料容器直径1200mm,原料容器容积420L,压缩空气量0.6m^3/min,物料成品率>99%,噪声≤75dB,主机高度3300mm,风机功率18.5kW,标准型,材质不锈钢,不带空气压缩机
沸腾干燥机	FG120	110000	江阴金发干燥设备有限公司	(0510)86178258	标准型,材质不锈钢,不带空气压缩机

产品名称	型号规格	参考价格（元）	生产厂家	电话	主要参数及备注
沸腾干燥机	FG120	118000	无锡市凯信干燥成套设备有限公司	(0510)81663608	干燥能力80kg/批（最小）、140kg/批(最大),耗汽量211kg/批,物料成品率>99%,噪声≤75dB,风机功率18.5kW,与物料接触部位材质不锈钢,不带空气压缩机
沸腾干燥机	FG120	120000	江苏常州市荣发干燥设备有限公司	(0519)88768111	风机功率18.5kW
沸腾干燥机	FG120	135000	江苏一步干燥设备有限公司	(0519)88902618	干燥能力80kg/次（最小）、140kg/次(最大),原料容器直径1200mm,原料容器容积420L,压缩空气量0.6m^3/min,物料成品率>99%,噪声≤75dB,主机高度3300mm,风机功率18.5kW,连续型,材质不锈钢,不带空气压缩机
沸腾干燥机	FG120	135000	江阴金发干燥设备有限公司	(0510)86178258	连续型,材质不锈钢,不带空气压缩机
沸腾干燥机	FG150	130000	江苏常州市荣发干燥设备有限公司	(0519)88768111	风机功率18.5kW
沸腾干燥机	FG200	145000	无锡市凯信干燥成套设备有限公司	(0510)81663608	干燥能力100kg/批（最小）、240kg/批(最大),耗汽量282kg/批,物料成品率>99%,噪声≤75dB,风机功率22kW,与物料接触部位材质不锈钢,不带空气压缩机
沸腾干燥机	FG200	150000	江苏一步干燥设备有限公司	(0519)88902618	干燥能力100kg/次（最小）、240kg/次(最大),原料容器直径1400mm,原料容器容积670L,压缩空气量0.9m^3/min,物料成品率>99%,噪声≤75dB,主机高度3800mm,风机功率22kW,标准型,材质不锈钢,不带空气压缩机
沸腾干燥机	FG200	150000	江阴金发干燥设备有限公司	(0510)86178258	标准型,材质不锈钢,不带空气压缩机
沸腾干燥机	FG200	150000	江苏常州市荣发干燥设备有限公司	(0519)88768111	风机功率22kW
沸腾干燥机	FG200	165000	江苏一步干燥设备有限公司	(0519)88902618	干燥能力100kg/次（最小）、240kg/次(最大),原料容器直径1400mm,原料容器容积670L,压缩空气量0.9m^3/min,物料成品率>99%,噪声≤75dB,主机高度3800mm,风机功率22kW,连续型,材质不锈钢,不带空气压缩机
沸腾干燥机	FG200	165000	江阴金发干燥设备有限公司	(0510)86178258	连续型,材质不锈钢,不带空气压缩机
沸腾干燥机	FG300	179000	无锡市凯信干燥成套设备有限公司	(0510)81663608	干燥能力150kg/批（最小）、360kg/批(最大),耗汽量366kg/批,物料成品率>99%,噪声≤75dB,风机功率30kW,与物料接触部位材质不锈钢,不带空气压缩机
沸腾干燥机	FG300	195000	江苏一步干燥设备有限公司	(0519)88902618	干燥能力150kg/次（最小）、360kg/次(最大),原料容器直径1600mm,原料容器容积1000L,压缩空气量0.9m^3/min,物料成品率>99%,噪声≤75dB,主机高度4000mm,风机功率30kW,标准型,材质不锈钢,不带空气压缩机

产品名称	型号规格	参考价格(元)	生产厂家	电话	主要参数及备注
沸腾干燥机	FG300	195000	江阴金发干燥设备有限公司	(0510)86178258	标准型，材质不锈钢，不带空气压缩机
沸腾干燥机	FG300	200000	江苏常州市荣发干燥设备有限公司	(0519)88768111	风机功率 30kW
沸腾干燥机	FG300	210000	江苏一步干燥设备有限公司	(0519)88902618	干燥能力 150kg/次（最小）、360kg/次（最大），原料容器直径 1600mm，原料容器容积 1000L，压缩空气量 0.9 m^3/min，物料成品率>99%，噪声≤75dB，主机高度 4000mm，风机功率 30kW，连续型，材质不锈钢，不带空气压缩机
沸腾干燥机	FG300	210000	江阴金发干燥设备有限公司	(0510)86178258	连续型，材质不锈钢，不带空气压缩机
沸腾干燥机	FG500	218000	无锡市凯信干燥成套设备有限公司	(0510)81663608	干燥能力 250kg/批（最小）、600kg/批（最大），耗汽量 465kg/批，物料成品率>99%，噪声≤75dB，风机功率 45kW，与物料接触部位材质不锈钢，不带空气压缩机
沸腾干燥机	FG500	250000	江苏一步干燥设备有限公司	(0519)88902618	干燥能力 250kg/次（最小）、600kg/次（最大），原料容器直径 1800mm，原料容器容积 1500L，压缩空气量 0.9 m^3/min，物料成品率>99%，噪声≤75dB，主机高度 4800mm，风机功率 45kW，标准型，材质不锈钢，不带空气压缩机
沸腾干燥机	FG500	250000	江阴金发干燥设备有限公司	(0510)86178258	标准型，材质不锈钢，不带空气压缩机
沸腾干燥机	FG500	275000	江苏一步干燥设备有限公司	(0519)88902618	干燥能力 250kg/次（最小）、600kg/次（最大），原料容器直径 1800mm，原料容器容积 1500L，压缩空气量 0.9 m^3/min，物料成品率>99%，噪声≤75dB，主机高度 4800mm，风机功率 45kW，连续型，材质不锈钢，不带空气压缩机
沸腾干燥机	FG500	275000	江阴金发干燥设备有限公司	(0510)86178258	连续型，材质不锈钢，不带空气压缩机
沸腾干燥机	FG1000	345000	江苏一步干燥设备有限公司	(0519)88902618	干燥能力 500kg/次（最小）、1100kg/次（最大），原料容器直径 2200mm，原料容器容积 2500L，压缩空气量 1.5 m^3/min，物料成品率>99%，噪声≤75dB，主机高度 6200mm，风机功率 75kW，标准型，材质不锈钢，不带空气压缩机
沸腾干燥机	FG1000	345000	江阴金发干燥设备有限公司	(0510)86178258	标准型，材质不锈钢，不带空气压缩机
沸腾干燥机	FG1000	380000	江苏一步干燥设备有限公司	(0519)88902618	干燥能力 500kg/次（最小）、1100kg/次（最大），原料容器直径 2200mm，原料容器容积 2500L，压缩空气量 1.5 m^3/min，物料成品率>99%，噪声≤75dB，主机高度 6200mm，风机功率 75kW，连续型，材质不锈钢，不带空气压缩机
沸腾干燥机	FG1000	380000	江阴金发干燥设备有限公司	(0510)86178258	连续型，材质不锈钢，不带空气压缩机

产品名称	型号规格	参考价格（元）	生产厂家	电话	主要参数及备注
沸腾干燥机	XF 0.25-1A	52800	常州中贝干燥设备有限公司	（0519）88671938	干燥能力 10～15 kg/h，风机功率 5.5kW，外形尺寸（mm）：1000×600×3350，材质 Q235，物料通过处材质不锈钢，带通风机、加热器、风管
沸腾干燥机	XF 0.25-1B	52800	常州中贝干燥设备有限公司	（0519）88671938	干燥能力 10～15 kg/h，风机功率 5.5kW，外形尺寸（mm）：1000×600×3350，材质 Q235，物料通过处材质不锈钢，带通风机、加热器、风管
沸腾干燥机	XF 0.25-2A	71500	常州中贝干燥设备有限公司	（0519）88671938	干燥能力 20～25 kg/h，风机功率 7.5kW，外形尺寸（mm）：2000×600×3350，材质 Q235，物料通过处材质不锈钢，带通风机、加热器、风管
沸腾干燥机	XF 0.25-2B	71500	常州中贝干燥设备有限公司	（0519）88671938	干燥能力 20～25 kg/h，风机功率 7.5kW，外形尺寸（mm）：2000×600×3350，材质 Q235，物料通过处材质不锈钢，带通风机、加热器、风管
沸腾干燥机	XF 0.25-3A	94600	常州中贝干燥设备有限公司	（0519）88671938	干燥能力 30～45 kg/h，风机功率 15kW，外形尺寸（mm）：4000×600×3350，材质 Q235，物料通过处材质不锈钢，带通风机、加热器、风管
沸腾干燥机	XF 0.25-3B	94600	常州中贝干燥设备有限公司	（0519）88671938	干燥能力 30～45 kg/h，风机功率 15kW，外形尺寸（mm）：4000×600×3350，材质 Q235，物料通过处材质不锈钢，带通风机、加热器、风管
沸腾干燥机	XF 0.25-6A	126500	常州中贝干燥设备有限公司	（0519）88671938	干燥能力 52～75 kg/h，风机功率 22kW，外形尺寸（mm）：6000×600×3350，材质 Q235，物料通过处材质不锈钢，带通风机、加热器、风管
沸腾干燥机	XF 0.25-6B	126500	常州中贝干燥设备有限公司	（0519）88671938	干燥能力 52～75 kg/h，风机功率 22kW，外形尺寸（mm）：6000×600×3350，材质 Q235，物料通过处材质不锈钢，带通风机、加热器、风管
沸腾干燥机	XF 0.3-2A	85800	常州中贝干燥设备有限公司	（0519）88671938	干燥能力 30 kg/h，风机功率 7.5 kW，外形尺寸（mm）：2000×700×3400，材质 Q235，物料通过处材质不锈钢，带通风机、加热器、风管
沸腾干燥机	XF 0.3-2B	85800	常州中贝干燥设备有限公司	（0519）88671938	干燥能力 30 kg/h，风机功率 7.5 kW，外形尺寸（mm）：2000×700×3400，材质 Q235，物料通过处材质不锈钢，带通风机、加热器、风管
沸腾干燥机	XF 0.3-4A	102300	常州中贝干燥设备有限公司	（0519）88671938	干燥能力 42～60 kg/h，风机功率 18.5kW，外形尺寸（mm）：4000×700×3400，材质 Q235，物料通过处材质不锈钢，带通风机、加热器、风管
沸腾干燥机	XF 0.3-4B	102300	常州中贝干燥设备有限公司	（0519）88671938	干燥能力 42～60 kg/h，风机功率 18.5kW，外形尺寸（mm）：4000×700×3400，材质 Q235，物料通过处材质不锈钢，带通风机、加热器、风管
沸腾干燥机	XF 0.3-6A	151800	常州中贝干燥设备有限公司	（0519）88671938	干燥能力 63～90 kg/h，风机功率 30kW，外形尺寸（mm）：6000×700×3400，材质 Q235，物料通过处材质不锈钢，带通风机、加热器、风管

产品名称	型号规格	参考价格（元）	生产厂家	电话	主要参数及备注
沸腾干燥机	XF 0.3-6B	151800	常州中贝干燥设备有限公司	(0519) 88671938	干燥能力 63~90 kg/h，风机功率 30kW，外形尺寸(mm)：6000×700×3400，材质 Q235，物料通过处材质不锈钢，带通风机、加热器、风管
沸腾干燥机	XF 0.3-8A	199100	常州中贝干燥设备有限公司	(0519) 88671938	干燥能力 84~120 kg/h，风机功率 37kW，外形尺寸(mm)：8000×700×3400，材质 Q235，物料通过处材质不锈钢，带通风机、加热器、风管
沸腾干燥机	XF 0.3-8B	199100	常州中贝干燥设备有限公司	(0519) 88671938	干燥能力 84~120 kg/h，风机功率 37kW，外形尺寸(mm)：8000×700×3400，材质 Q235，物料通过处材质不锈钢，带通风机、加热器、风管
沸腾干燥机	XF 0.3-10A	237600	常州中贝干燥设备有限公司	(0519) 88671938	干燥能力 105~150 kg/h，风机功率 48kW，外形尺寸(mm)：10000×700×3400，材质 Q235，物料通过处材质不锈钢，带通风机、加热器、风管
沸腾干燥机	XF 0.3-10B	237600	常州中贝干燥设备有限公司	(0519) 88671938	干燥能力 105~150 kg/h，风机功率 48kW，外形尺寸(mm)：10000×700×3400，材质 Q235，物料通过处材质不锈钢，带通风机、加热器、风管
沸腾干燥机	XF 0.4-4A	137300	常州中贝干燥设备有限公司	(0519) 88671938	干燥能力 56~80 kg/h，风机功率 30kW，外形尺寸(mm)：4000×1000×3580，材质 Q235，物料通过处材质不锈钢，带通风机、加热器、风管
沸腾干燥机	XF 0.4-4B	137300	常州中贝干燥设备有限公司	(0519) 88671938	干燥能力 56~80 kg/h，风机功率 30kW，外形尺寸(mm)：4000×1000×3580，材质 Q235，物料通过处材质不锈钢，带通风机、加热器、风管
沸腾干燥机	XF 0.4-6A	199100	常州中贝干燥设备有限公司	(0519) 88671938	干燥能力 84~120 kg/h，风机功率 37kW，外形尺寸(mm)：6000×1000×3580，材质 Q235，物料通过处材质不锈钢，带通风机、加热器、风管
沸腾干燥机	XF 0.4-6B	199100	常州中贝干燥设备有限公司	(0519) 88671938	干燥能力 84~120 kg/h，风机功率 37kW，外形尺寸(mm)：6000×1000×3580，材质 Q235，物料通过处材质不锈钢，带通风机、加热器、风管
沸腾干燥机	XF 0.4-8A	253000	常州中贝干燥设备有限公司	(0519) 88671938	干燥能力 112~160 kg/h，风机功率 48kW，外形尺寸(mm)：8000×1000×3580，材质 Q235，物料通过处材质不锈钢，带通风机、加热器、风管
沸腾干燥机	XF 0.4-8B	253000	常州中贝干燥设备有限公司	(0519) 88671938	干燥能力 112~160 kg/h，风机功率 48kW，外形尺寸(mm)：8000×1000×3580，材质 Q235，物料通过处材质不锈钢，带通风机、加热器、风管
沸腾干燥机	XF 0.4-10A	308000	常州中贝干燥设备有限公司	(0519) 88671938	干燥能力 140~200 kg/h，风机功率 70kW，外形尺寸(mm)：10000×1000×3580，材质 Q235，物料通过处材质不锈钢，带通风机、加热器、风管

产品名称	型号规格	参考价格(元)	生产厂家	电话	主要参数及备注
沸腾干燥机	XF 0.4-10B	308000	常州中贝干燥设备有限公司	(0519)88671938	干燥能力140~200 kg/h,风机功率70kW,外形尺寸(mm):10000×1000×3580,材质Q235,物料通过处材质不锈钢,带通风机、加热器、风管
沸腾干燥机	XF 0.4-12A	369600	常州中贝干燥设备有限公司	(0519)88671938	干燥能力168~240 kg/h,风机功率70kW,外形尺寸(mm):12000×1000×3580,材质Q235,物料通过处材质不锈钢,带通风机、加热器、风管
沸腾干燥机	XF 0.4-12B	369600	常州中贝干燥设备有限公司	(0519)88671938	干燥能力168~240 kg/h,风机功率70kW,外形尺寸(mm):12000×1000×3580,材质Q235,物料通过处材质不锈钢,带通风机、加热器、风管
沸腾干燥机	XF 0.5-4A	171600	常州中贝干燥设备有限公司	(0519)88671938	干燥能力70~100 kg/h,风机功率30kW,外形尺寸(mm):4000×1200×4100,材质Q235,物料通过处材质不锈钢,带通风机、加热器、风管
沸腾干燥机	XF 0.5-4B	171600	常州中贝干燥设备有限公司	(0519)88671938	干燥能力70~100 kg/h,风机功率30kW,外形尺寸(mm):4000×1200×4100,材质Q235,物料通过处材质不锈钢,带通风机、加热器、风管
沸腾干燥机	XF 0.5-6A	237600	常州中贝干燥设备有限公司	(0519)88671938	干燥能力105~150 kg/h,风机功率48kW,外形尺寸(mm):6000×1200×4100,材质Q235,物料通过处材质不锈钢,带通风机、加热器、风管
沸腾干燥机	XF 0.5-6B	237600	常州中贝干燥设备有限公司	(0519)88671938	干燥能力105~150 kg/h,风机功率48kW,外形尺寸(mm):6000×1200×4100,材质Q235,物料通过处材质不锈钢,带通风机、加热器、风管
沸腾干燥机	XF 0.5-8A	308000	常州中贝干燥设备有限公司	(0519)88671938	干燥能力140~200 kg/h,风机功率70kW,外形尺寸(mm):8000×1200×4100,材质Q235,物料通过处材质不锈钢,带通风机、加热器、风管
沸腾干燥机	XF 0.5-8B	308000	常州中贝干燥设备有限公司	(0519)88671938	干燥能力140~200 kg/h,风机功率70kW,外形尺寸(mm):8000×1200×4100,材质Q235,物料通过处材质不锈钢,带通风机、加热器、风管
沸腾干燥机	XF 0.5-12A	462000	常州中贝干燥设备有限公司	(0519)88671938	干燥能力210~300 kg/h,风机功率140kW,外形尺寸(mm):12000×1200×4100,材质Q235,物料通过处材质不锈钢,带通风机、加热器、风管
沸腾干燥机	XF 0.5-12B	462000	常州中贝干燥设备有限公司	(0519)88671938	干燥能力210~300 kg/h,风机功率140kW,外形尺寸(mm):12000×1200×4100,材质Q235,物料通过处材质不锈钢,带通风机、加热器、风管
沸腾干燥机	XF 0.5-14A	539000	常州中贝干燥设备有限公司	(0519)88671938	材质Q235,物料通过处材质不锈钢,带通风机、加热器、风管
沸腾干燥机	XF 0.5-14B	539000	常州中贝干燥设备有限公司	(0519)88671938	材质Q235,物料通过处材质不锈钢,带通风机、加热器、风管
沸腾干燥机	XF 0.5-16A	616000	常州中贝干燥设备有限公司	(0519)88671938	材质Q235,物料通过处材质不锈钢,带通风机、加热器、风管

产品名称	型号规格	参考价格(元)	生产厂家	电话	主要参数及备注
沸腾干燥机	XF 0.5-16B	616000	常州中贝干燥设备有限公司	(0519)88671938	材质Q235,物料通过处材质不锈钢,带通风机、加热器、风管
沸腾干燥机	XF 0.5-18A	693000	常州中贝干燥设备有限公司	(0519)88671938	材质Q235,物料通过处材质不锈钢,带通风机、加热器、风管
沸腾干燥机	XF 0.5-18B	693000	常州中贝干燥设备有限公司	(0519)88671938	材质Q235,物料通过处材质不锈钢,带通风机、加热器、风管
沸腾干燥机	XF10	52000	常州市宇通干燥设备有限公司	(0519)88901088	物料通过处材质不锈钢
沸腾干燥机	XF10	54000	江苏一步干燥设备有限公司	(0519)88902618	干燥能力10~15 kg/h,风量1500 m^3/h,进风温度60~200℃,风机功率7.5kW,卧式,与物料接触部位材质不锈钢,带通风机、加热器、风管
沸腾干燥机	XF10A	45000	常州市互帮干燥设备有限公司	(0519)88739588	干燥能力10~15 kg/h,风量2300 m^3/h,进风温度60~140℃,出料温度40~80℃,功率5.5kW,材质Q235,与物料接触部位材质不锈钢,带引风机、换热器、控制柜、风管、旋风分离器或布袋除尘器
沸腾干燥机	XF10B	50000	常州市互帮干燥设备有限公司	(0519)88739588	干燥能力10~15 kg/h,风量2300 m^3/h,进风温度60~140℃,出料温度40~80℃,功率5.5kW,材质Q235,与物料接触部位材质不锈钢,带引风机、换热器、控制柜、风管、旋风分离器或布袋除尘器
沸腾干燥机	XF20	46500	常州市宇通干燥设备有限公司	(0519)88901088	物料通过处材质不锈钢
沸腾干燥机	XF20	55000	江阴金发干燥设备有限公司	(0510)86178258	物料通过处材质不锈钢,带通风机、加热器、风管
沸腾干燥机	XF20	55500	常州市宇通干燥设备有限公司	(0519)88901088	物料通过处材质不锈钢,带布袋除尘器
沸腾干燥机	XF20	57850	江阴金发干燥设备有限公司	(0510)86178258	物料通过处材质不锈钢,带通风机、加热器、风管、操作台
沸腾干燥机	XF20	58650	江阴金发干燥设备有限公司	(0510)86178258	物料通过处材质不锈钢,带通风机、加热器、风管、加料器
沸腾干燥机	XF20	59000	常州市宇通干燥设备有限公司	(0519)88901088	物料通过处材质不锈钢,带布袋除尘器、加料器
沸腾干燥机	XF20	63000	无锡市凯信干燥成套设备有限公司	(0510)81663608	箱式,主机价,物料通过处材质不锈钢,带通风机、加热管、风管
沸腾干燥机	XF20	64500	江苏一步干燥设备有限公司	(0519)88902618	干燥能力20~25 kg/h,风量2000 m^3/h,进风温度60~200℃,风机功率11kW,卧式,与物料接触部位材质不锈钢,带通风机、加热器、风管
沸腾干燥机	XF20	65880	无锡市凯信干燥成套设备有限公司	(0510)81663608	箱式,物料通过处材质不锈钢,带操作台、通风机、加热器、风管
沸腾干燥机	XF20	66520	江阴金发干燥设备有限公司	(0510)86178258	物料通过处材质不锈钢,带通风机、加热器、风管、布袋除尘器
沸腾干燥机	XF20	66650	无锡市凯信干燥成套设备有限公司	(0510)81663608	箱式,物料通过处材质不锈钢,带加料器、通风机、加热器、风管
沸腾干燥机	XF20	67580	江阴金发干燥设备有限公司	(0510)86178258	物料通过处材质不锈钢,带通风机、加热器、风管、旋风分离器
沸腾干燥机	XF20	74200	无锡市凯信干燥成套设备有限公司	(0510)81663608	箱式,物料通过处材质不锈钢,带布袋除尘器、通风机、加热器、风管
沸腾干燥机	XF20A	65000	常州市互帮干燥设备有限公司	(0519)88739588	干燥能力20~25 kg/h,风量3100 m^3/h,进风温度60~140℃,出料温度40~80℃,功率7.5kW,材质Q235,与物料接触部位材质不锈钢,带引风机、换热器、控制柜、风管、旋风分离器或布袋除尘器

产品名称	型号规格	参考价格(元)	生产厂家	电话	主要参数及备注
沸腾干燥机	XF20B	72800	常州市互帮干燥设备有限公司	(0519)88739588	干燥能力20~25 kg/h,风量3100 m^3/h,进风温度60~140℃,出料温度40~80℃,功率7.5kW,材质Q235,与物料接触部位材质不锈钢,带引风机、换热器、控制柜、风管、旋风分离器或布袋除尘器
沸腾干燥机	XF20B	80000	常州市震华干燥设备有限公司	(0519)88373111	干燥能力20~25 kg/h,风量1800~2500 m^3/h,风机功率5.5 kW、7.5kW,外形尺寸(mm):2600×800×3000,箱式
沸腾干燥机	XF30	59800	常州市宇通干燥设备有限公司	(0519)88901088	物料通过处材质不锈钢
沸腾干燥机	XF30	71900	常州市宇通干燥设备有限公司	(0519)88901088	物料通过处材质不锈钢,带布袋除尘器
沸腾干燥机	XF30	75000	无锡市凯信干燥成套设备有限公司	(0510)81663608	箱式,主机价,物料通过处材质不锈钢,带通风机、加热管、风管
沸腾干燥机	XF30	75800	常州市宇通干燥设备有限公司	(0519)88901088	物料通过处材质不锈钢,带布袋除尘器、加料器
沸腾干燥机	XF30	78000	江阴金发干燥设备有限公司	(0510)86178258	物料通过处材质不锈钢,带通风机、加热器、风管
沸腾干燥机	XF30	78600	无锡市凯信干燥成套设备有限公司	(0510)81663608	箱式,物料通过处材质不锈钢,带操作台、通风机、加热器、风管
沸腾干燥机	XF30	79200	无锡市凯信干燥成套设备有限公司	(0510)81663608	箱式,物料通过处材质不锈钢,带加料器、通风机、加热器、风管
沸腾干燥机	XF30	81650	江阴金发干燥设备有限公司	(0510)86178258	物料通过处材质不锈钢,带通风机、加热器、风管、操作台
沸腾干燥机	XF30	82240	江阴金发干燥设备有限公司	(0510)86178258	物料通过处材质不锈钢,带通风机、加热器、风管、加料器
沸腾干燥机	XF30	82500	江苏一步干燥设备有限公司	(0519)88902618	干燥能力30~40 kg/h,风量3850 m^3/h,进风温度60~200℃,风机功率15kW,卧式,与物料接触部位材质不锈钢,带通风机、加热器、风管
沸腾干燥机	XF30	87500	无锡市凯信干燥成套设备有限公司	(0510)81663608	箱式,物料通过处材质不锈钢,带布袋除尘器、通风机、加热器、风管
沸腾干燥机	XF30	90580	江阴金发干燥设备有限公司	(0510)86178258	物料通过处材质不锈钢,带通风机、加热器、风管、旋风分离器
沸腾干燥机	XF30	90890	江阴金发干燥设备有限公司	(0510)86178258	物料通过处材质不锈钢,带通风机、加热器、风管、布袋除尘器
沸腾干燥机	XF30A	88000	常州市互帮干燥设备有限公司	(0519)88739588	干燥能力30~45 kg/h,风量4200 m^3/h,进风温度60~140℃,出料温度40~80℃,功率15kW,材质Q235,与物料接触部位材质不锈钢,带引风机、换热器、控制柜、风管、旋风分离器或布袋除尘器
沸腾干燥机	XF30B	95000	常州市互帮干燥设备有限公司	(0519)88739588	干燥能力30~45 kg/h,风量4200 m^3/h,进风温度60~140℃,出料温度40~80℃,功率15kW,材质Q235,与物料接触部位材质不锈钢,带引风机、换热器、控制柜、风管、旋风分离器或布袋除尘器
沸腾干燥机	XF30B	130000	常州市震华干燥设备有限公司	(0519)88373111	干燥能力30~45 kg/h,风量3600~5000 m^3/h,风机功率11kW、15kW,外形尺寸(mm):2600×1000×3000,箱式
沸腾干燥机	XF50	69600	常州市宇通干燥设备有限公司	(0519)88901088	物料通过处材质不锈钢

产品名称	型号规格	参考价格(元)	生产厂家	电话	主要参数及备注
沸腾干燥机	XF50	84800	常州市宇通干燥设备有限公司	(0519)88901088	物料通过处材质不锈钢,带布袋除尘器
沸腾干燥机	XF50	91100	常州市宇通干燥设备有限公司	(0519)88901088	物料通过处材质不锈钢,带布袋除尘器、加料器
沸腾干燥机	XF50	98850	江阴金发干燥设备有限公司	(0510)86178258	物料通过处材质不锈钢,带通风机、加热器、风管
沸腾干燥机	XF50	102800	江阴金发干燥设备有限公司	(0510)86178258	物料通过处材质不锈钢,带通风机、加热器、风管、操作台
沸腾干燥机	XF50	104720	江阴金发干燥设备有限公司	(0510)86178258	物料通过处材质不锈钢,带通风机、加热器、风管、加料器
沸腾干燥机	XF50	118000	无锡市凯信干燥成套设备有限公司	(0510)81663608	箱式,主机价,物料通过处材质不锈钢,带通风机、加热管、风管
沸腾干燥机	XF50	118730	江阴金发干燥设备有限公司	(0510)86178258	物料通过处材质不锈钢,带通风机、加热器、风管、布袋除尘器
沸腾干燥机	XF50	121900	无锡市凯信干燥成套设备有限公司	(0510)81663608	箱式,物料通过处材质不锈钢,带操作台、通风机、加热器、风管
沸腾干燥机	XF50	123800	无锡市凯信干燥成套设备有限公司	(0510)81663608	箱式,物料通过处材质不锈钢,带加料器、通风机、加热器、风管
沸腾干燥机	XF50	125000	江苏一步干燥设备有限公司	(0519)88902618	干燥能力50~80 kg/h,风量7000 m^3/h,进风温度60~200℃,风机功率30kW,卧式,与物料接触部位材质不锈钢,带通风机、加热器、风管
沸腾干燥机	XF50	137500	无锡市凯信干燥成套设备有限公司	(0510)81663608	箱式,物料通过处材质不锈钢,带布袋除尘器、通风机、加热器、风管
沸腾干燥机	XF50A	130000	常州市互帮干燥设备有限公司	(0519)88739588	干燥能力50~80 kg/h,风量6000 m^3/h,进风温度60~140℃,出料温度40~80℃,功率30kW,材质Q235,与物料接触部位材质不锈钢,带引风机、换热器、控制柜、风管、旋风分离器或布袋除尘器
沸腾干燥机	XF50B	145000	常州市互帮干燥设备有限公司	(0519)88739588	干燥能力50~80 kg/h,风量6000 m^3/h,进风温度60~140℃,出料温度40~80℃,功率30kW,材质Q235,与物料接触部位材质不锈钢,带引风机、换热器、控制柜、风管、旋风分离器或布袋除尘器
沸腾干燥机	XF50B	160000	常州市震华干燥设备有限公司	(0519)88373111	干燥能力50~80 kg/h,风量7200~9000 m^3/h,风机功率18.5kW、22kW,外形尺寸(mm):5000×1200×3500,箱式
沸腾干燥机	XF80	118000	常州市宇通干燥设备有限公司	(0519)88901088	物料通过处材质不锈钢
沸腾干燥机	XF80	146600	常州市宇通干燥设备有限公司	(0519)88901088	物料通过处材质不锈钢,带布袋除尘器
沸腾干燥机	XF80	154100	常州市宇通干燥设备有限公司	(0519)88901088	物料通过处材质不锈钢,带布袋除尘器、加料器
沸腾干燥机	XF80	157000	无锡市凯信干燥成套设备有限公司	(0510)81663608	箱式,主机价,物料通过处材质不锈钢,带通风机、加热管、风管
沸腾干燥机	XF80	163800	无锡市凯信干燥成套设备有限公司	(0510)81663608	箱式,物料通过处材质不锈钢,带操作台、通风机、加热器、风管
沸腾干燥机	XF80	164700	无锡市凯信干燥成套设备有限公司	(0510)81663608	箱式,物料通过处材质不锈钢,带加料器、通风机、加热器、风管
沸腾干燥机	XF80	165500	江阴金发干燥设备有限公司	(0510)86178258	物料通过处材质不锈钢,带通风机、加热器、风管
沸腾干燥机	XF80	172350	江阴金发干燥设备有限公司	(0510)86178258	物料通过处材质不锈钢,带通风机、加热器、风管、操作台

产品名称	型号规格	参考价格（元）	生产厂家	电话	主要参数及备注
沸腾干燥机	XF80	173220	江阴金发干燥设备有限公司	（0510）86178258	物料通过处材质不锈钢,带通风机、加热器、风管、加料器
沸腾干燥机	XF80	175000	江苏一步干燥设备有限公司	（0519）88902618	卧式,与物料接触部位材质不锈钢,带通风机、加热器、风管
沸腾干燥机	XF80	190200	无锡市凯信干燥成套设备有限公司	（0510）81663608	箱式,物料通过处材质不锈钢,带布袋除尘器、通风机、加热器、风管
沸腾干燥机	XF80	199150	江阴金发干燥设备有限公司	（0510）86178258	物料通过处材质不锈钢,带通风机、加热器、风管、布袋除尘器
沸腾干燥机	XF100	210000	江苏一步干燥设备有限公司	（0519）88902618	卧式,与物料接触部位材质不锈钢,带通风机、加热器、风管
沸腾干燥机	XF150	250000	江苏一步干燥设备有限公司	（0519）88902618	卧式,与物料接触部位材质不锈钢,带通风机、加热器、风管
沸腾干燥机	XF150A	680000	常州市互帮干燥设备有限公司	（0519）88739588	材质Q235,与物料接触部位材质不锈钢,带引风机、换热器、控制柜、风管、旋风分离器或布袋除尘器
沸腾干燥机	XF150B	760000	常州市互帮干燥设备有限公司	（0519）88739588	材质Q235,与物料接触部位材质不锈钢,带引风机、换热器、控制柜、风管、旋风分离器或布袋除尘器
沸腾干燥机	XF200	380000	江苏一步干燥设备有限公司	（0519）88902618	卧式,与物料接触部位材质不锈钢,带通风机、加热器、风管
高效沸腾干燥机	GFG-30	50000	常州市宇通干燥设备有限公司	（0519）88901088	标准型,材质不锈钢,不带空气压缩机
高效沸腾干燥机	GFG-30	65000	常州市互帮干燥设备有限公司	（0519）88739588	料斗容积30L,圆形,材质不锈钢,带空气净化装置、加热系统、离心式风机、消声器、控制柜,不带空气压缩机
高效沸腾干燥机	GFG-30	68000	常州市互帮干燥设备有限公司	（0519）88739588	料斗容积30L,方形,材质不锈钢,带空气净化装置、加热系统、离心式风机、消声器、控制柜,不带空气压缩机
高效沸腾干燥机	GFG-30	71500	常州中贝干燥设备有限公司	（0519）88671938	圆形,材质不锈钢,带空气净化装置、加热系统、离心式风机、消声器、控制柜,不带空气压缩机
高效沸腾干燥机	GFG-30	75000	常州市互帮干燥设备有限公司	（0519）88739588	料斗容积30L,连续型,材质不锈钢,带空气净化装置、加热系统、离心式风机、消声器、控制柜,不带空气压缩机
高效沸腾干燥机	GFG-30	75000	常州市宇通干燥设备有限公司	（0519）88901088	连续型,材质不锈钢,不带空气压缩机
高效沸腾干燥机	GFG-30	82500	常州中贝干燥设备有限公司	（0519）88671938	连续形,材质不锈钢,带空气净化装置、加热系统、离心式风机、消声器、控制柜,不带空气压缩机
高效沸腾干燥机	GFG-60	75000	江苏先锋干燥工程有限公司	（0519）88930888	干燥能力30～60kg/批,原料容器直径1000mm,原料容器容积220L,搅拌转速11 r/min,耗汽量141 kg/h,工作时间15～45min,风机风量2361 m^3/h,风机功率7.5kW,搅拌功率0.55kW
高效沸腾干燥机	GFG-60	75000	无锡市凯信干燥成套设备有限公司	（0510）81663608	干燥能力60kg/批,耗汽量140 kg/h,搅拌转速11 r/min,搅拌功率0.55 kW,风机功率7.5 kW,重1.3t,与物料接触部位材质不锈钢,不带空气压缩机
高效沸腾干燥机	GFG-60	83000	常州市互帮干燥设备有限公司	（0519）88739588	料斗容积60L,圆形,材质不锈钢,带空气净化装置、加热系统、离心式风机、消声器、控制柜,不带空气压缩机

产品名称	型号规格	参考价格(元)	生产厂家	电话	主要参数及备注
高效沸腾干燥机	GFG-60	83000	常州市宇通干燥设备有限公司	(0519)88901088	标准型,材质不锈钢,不带空气压缩机
高效沸腾干燥机	GFG-60	85000	常州市互帮干燥设备有限公司	(0519)88739588	料斗容积 60L,方形,材质不锈钢,带空气净化装置、加热系统、离心式风机、消声器、控制柜,不带空气压缩机
高效沸腾干燥机	GFG-60	91300	常州中贝干燥设备有限公司	(0519)88671938	风机风量 2361 m^3/h,风机功率 7.5kW,工作时间 15~30min,搅拌转速 11 r/min,搅拌功率 0.55 kW,圆形,材质不锈钢,带空气净化装置、加热系统、离心式风机、消声器、控制柜,不带空气压缩机
高效沸腾干燥机	GFG-60	95000	常州市互帮干燥设备有限公司	(0519)88739588	料斗容积 60L,连续型,材质不锈钢,带空气净化装置、加热系统、离心式风机、消声器、控制柜,不带空气压缩机
高效沸腾干燥机	GFG-60	95000	常州市宇通干燥设备有限公司	(0519)88901088	连续型,材质不锈钢,不带空气压缩机
高效沸腾干燥机	GFG-60	104500	常州中贝干燥设备有限公司	(0519)88671938	风机风量 2361 m^3/h,风机功率 7.5kW,工作时间 15~30min,搅拌转速 11 r/min,搅拌功率 0.55 kW,连续形,材质不锈钢,带空气净化装置,加热系统、离心式风机、消声器、控制柜,不带空气压缩机
高效沸腾干燥机	GFG-100	87000	无锡市凯信干燥成套设备有限公司	(0510)81663608	干燥能力 100kg/批,耗汽量 170 kg/h,搅拌转速 11 r/min,搅拌功率 0.55 kW,风机功率 11kW,重 1.5t,与物料接触部位材质不锈钢,不带空气压缩机
高效沸腾干燥机	GFG-100	105000	常州市互帮干燥设备有限公司	(0519)88739588	料斗容积 100L,圆形,材质不锈钢,带空气净化装置、加热系统、离心式风机、消声器、控制柜,不带空气压缩机
高效沸腾干燥机	GFG-100	105000	常州市宇通干燥设备有限公司	(0519)88901088	标准型,材质不锈钢,不带空气压缩机
高效沸腾干燥机	GFG-100	110000	常州市互帮干燥设备有限公司	(0519)88739588	料斗容积 100L,方形,材质不锈钢,带空气净化装置、加热系统、离心式风机、消声器、控制柜,不带空气压缩机
高效沸腾干燥机	GFG-100	115500	常州中贝干燥设备有限公司	(0519)88671938	风机风量 3488 m^3/h,风机功率 11kW,工作时间 15~30min,搅拌转速 11 r/min,搅拌功率 0.55 kW,圆形,材质不锈钢,带空气净化装置、加热系统、离心式风机、消声器、控制柜,不带空气压缩机
高效沸腾干燥机	GFG-100	125000	常州市互帮干燥设备有限公司	(0519)88739588	料斗容积 100L,连续型,材质不锈钢,带空气净化装置、加热系统、离心式风机、消声器、控制柜,不带空气压缩机
高效沸腾干燥机	GFG-100	125000	常州市宇通干燥设备有限公司	(0519)88901088	连续型,材质不锈钢,不带空气压缩机
高效沸腾干燥机	GFG-100	137500	常州中贝干燥设备有限公司	(0519)88671938	风机风量 3488 m^3/h,风机功率 11kW,工作时间 15~30min,搅拌转速 11 r/min,搅拌功率 0.55 kW,连续形,材质不锈钢,带空气净化装置、加热系统、离心式风机、消声器、控制柜,不带空气压缩机

产品名称	型号规格	参考价格(元)	生产厂家	电话	主要参数及备注
高效沸腾干燥机	GFG-120	105000	无锡市凯信干燥成套设备有限公司	(0510)81663608	干燥能力120kg/批,耗汽量210kg/h,搅拌转速11 r/min,搅拌功率1.1kW,风机功率11kW,重1.7t,与物料接触部位材质不锈钢,不带空气压缩机
高效沸腾干燥机	GFG-120	113000	常州市互帮干燥设备有限公司	(0519)88739588	料斗容积120L,圆形,材质不锈钢,带空气净化装置、加热系统、离心式风机、消声器、控制柜,不带空气压缩机
高效沸腾干燥机	GFG-120	115000	常州市互帮干燥设备有限公司	(0519)88739588	料斗容积120L,方形,材质不锈钢,带空气净化装置、加热系统、离心式风机、消声器、控制柜,不带空气压缩机
高效沸腾干燥机	GFG-120	115000	常州市宇通干燥设备有限公司	(0519)88901088	标准型,材质不锈钢,不带空气压缩机
高效沸腾干燥机	GFG-120	124300	常州中贝干燥设备有限公司	(0519)88671938	风机风量4000 m^3/h,风机功率15kW,工作时间15~30min,搅拌转速11 r/min,搅拌功率0.55kW,圆形,材质不锈钢,带空气净化装置、加热系统、离心式风机、消声器、控制柜,不带空气压缩机
高效沸腾干燥机	GFG-120	137000	常州市互帮干燥设备有限公司	(0519)88739588	料斗容积120L,连续型,材质不锈钢,带空气净化装置、加热系统、离心式风机、消声器、控制柜,不带空气压缩机
高效沸腾干燥机	GFG-120	137000	常州市宇通干燥设备有限公司	(0519)88901088	连续型,材质不锈钢,不带空气压缩机
高效沸腾干燥机	GFG-120	150700	常州中贝干燥设备有限公司	(0519)88671938	风机风量4000 m^3/h,风机功率15kW,工作时间15~30min,搅拌转速11 r/min,搅拌功率0.55kW,连续形,材质不锈钢,带空气净化装置、加热系统、离心式风机、消声器、控制柜,不带空气压缩机
高效沸腾干燥机	GFG-150	120000	常州市互帮干燥设备有限公司	(0519)88739588	料斗容积150L,圆形,材质不锈钢,带空气净化装置、加热系统、离心式风机、消声器、控制柜,不带空气压缩机
高效沸腾干燥机	GFG-150	120000	常州市宇通干燥设备有限公司	(0519)88901088	标准型,材质不锈钢,不带空气压缩机
高效沸腾干燥机	GFG-150	125000	常州市互帮干燥设备有限公司	(0519)88739588	料斗容积150L,方形,材质不锈钢,带空气净化装置、加热系统、离心式风机、消声器、控制柜,不带空气压缩机
高效沸腾干燥机	GFG-150	126000	无锡市凯信干燥成套设备有限公司	(0510)81663608	干燥能力150kg/批,耗汽量240kg/h,搅拌转速11 r/min,搅拌功率1.1kW,风机功率15kW,重2.1t,与物料接触部位材质不锈钢,不带空气压缩机
高效沸腾干燥机	GFG-150	132000	常州中贝干燥设备有限公司	(0519)88671938	风机风量4901 m^3/h,风机功率18.5kW,工作时间15~30min,搅拌转速11 r/min,搅拌功率0.55kW,圆形,材质不锈钢,带空气净化装置、加热系统、离心式风机、消声器、控制柜,不带空气压缩机
高效沸腾干燥机	GFG-150	140000	常州市互帮干燥设备有限公司	(0519)88739588	料斗容积150L,连续型,材质不锈钢,带空气净化装置、加热系统、离心式风机、消声器、控制柜,不带空气压缩机

产品名称	型号规格	参考价格(元)	生产厂家	电话	主要参数及备注
高效沸腾干燥机	GFG-150	140000	常州市宇通干燥设备有限公司	(0519)88901088	连续型,材质不锈钢,不带空气压缩机
高效沸腾干燥机	GFG-150	159500	常州中贝干燥设备有限公司	(0519)88671938	风机风量4901 m^3/h,风机功率18.5kW,工作时间15~30min,搅拌转速11 r/min,搅拌功率0.55kW,连续形,材质不锈钢,带空气净化装置、加热系统、离心式风机、消声器、控制柜,不带空气压缩机
高效沸腾干燥机	GFG-200	138000	无锡市凯信干燥成套设备有限公司	(0510)81663608	干燥能力200kg/批,耗汽量280kg/h,搅拌转速11 r/min,搅拌功率1.1kW,风机功率22kW,重2.5t,与物料接触部位材质不锈钢,不带空气压缩机
高效沸腾干燥机	GFG-200	150000	常州市互帮干燥设备有限公司	(0519)88739588	料斗容积200L,干燥能力30~60kg/批,耗汽量140 kg/h,风机风量3530 m^3/h,风机功率7.5kW,搅拌转速11 r/min,搅拌功率0.55kW,外形尺寸(mm):2800×1350×2700,重1t,圆形,材质不锈钢,带空气净化装置、加热系统、离心式风机、消声器、控制柜,不带空气压缩机
高效沸腾干燥机	GFG-200	155000	常州市宇通干燥设备有限公司	(0519)88901088	标准型,材质不锈钢,不带空气压缩机
高效沸腾干燥机	GFG-200	156000	常州市互帮干燥设备有限公司	(0519)88739588	料斗容积200L,干燥能力30~60kg/批,耗汽量140 kg/h,风机风量3530 m^3/h,风机功率7.5kW,搅拌转速11 r/min,搅拌功率0.55kW,外形尺寸(mm):2800×1350×2700,重1t,方形,材质不锈钢,带空气净化装置、加热系统、离心式风机、消声器、控制柜,不带空气压缩机
高效沸腾干燥机	GFG-200	165000	常州中贝干燥设备有限公司	(0519)88671938	风机风量6032 m^3/h,风机功率22kW,工作时间15~30min,搅拌转速11 r/min,搅拌功率0.55kW,圆形,材质不锈钢,带空气净化装置、加热系统、离心式风机、消声器、控制柜,不带空气压缩机
高效沸腾干燥机	GFG-200	180000	常州市互帮干燥设备有限公司	(0519)88739588	料斗容积200L,干燥能力30~60kg/批,耗汽量140 kg/h,风机风量3530 m^3/h,风机功率7.5kW,搅拌转速11 r/min,搅拌功率0.55kW,外形尺寸(mm):2800×1350×2700,重1t,连续型,材质不锈钢,带空气净化装置、加热系统、离心式风机、消声器、控制柜,不带空气压缩机
高效沸腾干燥机	GFG-200	180000	常州市宇通干燥设备有限公司	(0519)88901088	连续型,材质不锈钢,不带空气压缩机
高效沸腾干燥机	GFG-200	198000	常州中贝干燥设备有限公司	(0519)88671938	风机风量6032 m^3/h,风机功率22kW,工作时间15~30min,搅拌转速11 r/min,搅拌功率0.55kW,连续形,材质不锈钢,带空气净化装置、加热系统、离心式风机、消声器、控制柜,不带空气压缩机
高效沸腾干燥机	GFG-300	167000	无锡市凯信干燥成套设备有限公司	(0510)81663608	干燥能力300kg/批,耗汽量360kg/h,搅拌转速11 r/min,搅拌功率1.1kW,风机功率30kW,重3t,与物料接触部位材质不锈钢,不带空气压缩机

产品名称	型号规格	参考价格(元)	生产厂家	电话	主要参数及备注
高效沸腾干燥机	GFG-300	185000	常州市互帮干燥设备有限公司	(0519)88739588	料斗容积 300L,干燥能力 50~100kg/批,耗汽量 170 kg/h,风机风量 3530 m^3/h,风机功率 7.5 kW,搅拌转速 11 r/min,搅拌功率1.1kW,外形尺寸(mm):2900×1450×2900,重1.2t,圆形,材质不锈钢,带空气净化装置、加热系统、离心式风机、消声器、控制柜,不带空气压缩机
高效沸腾干燥机	GFG-300	185000	常州市宇通干燥设备有限公司	(0519)88901088	标准型,材质不锈钢,不带空气压缩机
高效沸腾干燥机	GFG-300	192000	常州市互帮干燥设备有限公司	(0519)88739588	料斗容积 300L,干燥能力 50~100kg/批,耗汽量 170 kg/h,风机风量 3530 m^3/h,风机功率 7.5 kW,搅拌转速 11 r/min,搅拌功率1.1kW,外形尺寸(mm):2900×1450×2900,重1.2t,方形,材质不锈钢,带空气净化装置、加热系统、离心式风机、消声器、控制柜,不带空气压缩机
高效沸腾干燥机	GFG-300	203500	常州中贝干燥设备有限公司	(0519)88671938	风机风量 7800 m^3/h,风机功率30kW,工作时间 15~30min,搅拌转速 11 r/min,搅拌功率 0.75 kW,圆形,材质不锈钢,带空气净化装置、加热系统、离心式风机、消声器、控制柜,不带空气压缩机
高效沸腾干燥机	GFG-300	210000	常州市互帮干燥设备有限公司	(0519)88739588	料斗容积 300L,干燥能力 50~100kg/批,耗汽量 170 kg/h,风机风量 3530 m^3/h,风机功率 7.5 kW,搅拌转速 11 r/min,搅拌功率1.1kW,外形尺寸(mm):2900×1450×2900,重1.2t,连续型,材质不锈钢,带空气净化装置、加热系统、离心式风机、消声器、控制柜,不带空气压缩机
高效沸腾干燥机	GFG-300	210000	常州市宇通干燥设备有限公司	(0519)88901088	连续型,材质不锈钢,不带空气压缩机
高效沸腾干燥机	GFG-300	231000	常州中贝干燥设备有限公司	(0519)88671938	风机风量 7800 m^3/h,风机功率30kW,工作时间 15~30min,搅拌转速 11 r/min,搅拌功率 0.75 kW,连续形,材质不锈钢,带空气净化装置、加热系统、离心式风机、消声器、控制柜,不带空气压缩机
高效沸腾干燥机	GFG-500	198000	无锡市凯信干燥成套设备有限公司	(0510)81663608	干燥能力 500kg/批,耗汽量 450 kg/h,搅拌转速 11 r/min,搅拌功率1.5kW,风机功率 37kW,重3.5 t,与物料接触部位材质不锈钢,不带空气压缩机
高效沸腾干燥机	GFG-500	270000	常州市宇通干燥设备有限公司	(0519)88901088	标准型,材质不锈钢,不带空气压缩机
高效沸腾干燥机	GFG-500	275000	常州市互帮干燥设备有限公司	(0519)88739588	料斗容积 500L,干燥能力 70~150kg/批,耗汽量 240 kg/h,风机风量 4830 m^3/h,风机功率15kW,搅拌转速 11 r/min,搅拌功率 1.5 kW,外形尺寸(mm):3100×1650×3000,重1.5t,圆形,材质不锈钢,带空气净化装置、加热系统、离心式风机、消声器、控制柜,不带空气压缩机

产品名称	型号规格	参考价格（元）	生产厂家	电话	主要参数及备注
高效搅拌沸腾干燥机	GFG-30	65000	江阴金发干燥设备有限公司	(0510)86178258	装料重30kg,标准型,材质不锈钢,不带空气压缩机
高效搅拌沸腾干燥机	GFG-30	65000	江苏一步干燥设备有限公司	(0519)88902618	标准型,材质不锈钢,不带空气压缩机
高效搅拌沸腾干燥机	GFG-30	75000	江阴金发干燥设备有限公司	(0510)86178258	装料重30kg,连续型,材质不锈钢,不带空气压缩机
高效搅拌沸腾干燥机	GFG-30	75000	江苏一步干燥设备有限公司	(0519)88902618	连续型,材质不锈钢,不带空气压缩机
高效搅拌沸腾干燥机	GFG-60	83000	江阴金发干燥设备有限公司	(0510)86178258	装料重60kg,风机风量2361 m^3/h,工作时间15~30min,搅拌转速11 r/min,搅拌功率0.55 kW,风机功率7.5kW,标准型,材质不锈钢,不带空气压缩机
高效搅拌沸腾干燥机	GFG-60	83000	江苏一步干燥设备有限公司	(0519)88902618	装料重60kg,主机高度2700mm,风机风量2361 m^3/h,风机功率7.5kW,搅拌转速11 r/min,搅拌功率0.55kW,标准型,材质不锈钢,不带空气压缩机
高效搅拌沸腾干燥机	GFG-60	95000	江阴金发干燥设备有限公司	(0510)86178258	装料重60kg,风机风量2361 m^3/h,工作时间15~30min,搅拌转速11 r/min,搅拌功率0.55 kW,风机功率7.5kW,连续型,材质不锈钢,不带空气压缩机
高效搅拌沸腾干燥机	GFG-60	95000	江苏一步干燥设备有限公司	(0519)88902618	装料重60kg,主机高度2700mm,风机风量2361 m^3/h,风机功率7.5kW,搅拌转速11 r/min,搅拌功率0.55kW,连续型,材质不锈钢,不带空气压缩机
高效搅拌沸腾干燥机	GFG-100	105000	江阴金发干燥设备有限公司	(0510)86178258	装料重100kg,风机风量3488 m^3/h,工作时间15~30min,搅拌转速11 r/min,搅拌功率0.55 kW,风机功率11kW,标准型,材质不锈钢,不带空气压缩机
高效搅拌沸腾干燥机	GFG-100	105000	江苏一步干燥设备有限公司	(0519)88902618	装料重100kg,主机高度2900mm,风机风量3488 m^3/h,风机功率11kW,搅拌转速11 r/min,搅拌功率0.55 kW,标准型,材质不锈钢,不带空气压缩机
高效搅拌沸腾干燥机	GFG-100	125000	江阴金发干燥设备有限公司	(0510)86178258	装料重100kg,风机风量3488 m^3/h,工作时间15~30min,搅拌转速11 r/min,搅拌功率0.55 kW,风机功率11kW,连续型,材质不锈钢,不带空气压缩机
高效搅拌沸腾干燥机	GFG-100	125000	江苏一步干燥设备有限公司	(0519)88902618	装料重100kg,主机高度2900mm,风机风量3488 m^3/h,风机功率11kW,搅拌转速11 r/min,搅拌功率0.55 kW,连续型,材质不锈钢,不带空气压缩机
高效搅拌沸腾干燥机	GFG-120	115000	江阴金发干燥设备有限公司	(0510)86178258	装料重120kg,风机风量4000 m^3/h,工作时间15~30min,搅拌转速11 r/min,搅拌功率0.55 kW,风机功率15kW,标准型,材质不锈钢,不带空气压缩机
高效搅拌沸腾干燥机	GFG-120	115000	江苏一步干燥设备有限公司	(0519)88902618	装料重120kg,主机高度2900mm,风机风量4000 m^3/h,风机功率15kW,搅拌转速11 r/min,搅拌功率0.55 kW,标准型,材质不锈钢,不带空气压缩机

产品名称	型号规格	参考价格（元）	生产厂家	电话	主要参数及备注
高效搅拌沸腾干燥机	GFG-120	137000	江阴金发干燥设备有限公司	（0510）86178258	装料重 120kg，风机风量 4000 m^3/h，工作时间 15~30min，搅拌转速 11 r/min，搅拌功率 0.55 kW，风机功率 15kW，连续型，材质不锈钢，不带空气压缩机
高效搅拌沸腾干燥机	GFG-120	137000	江苏一步干燥设备有限公司	（0519）88902618	装料重 120kg，主机高度 2900mm，风机风量 4000 m^3/h，风机功率 15kW，搅拌转速 11 r/min，搅拌功率 0.55kW，连续型，材质不锈钢，不带空气压缩机
高效搅拌沸腾干燥机	GFG-150	120000	江阴金发干燥设备有限公司	（0510）86178258	装料重 150kg，风机风量 4901 m^3/h，工作时间 15~30min，搅拌转速 11 r/min，搅拌功率 0.55 kW，风机功率 18.5 kW，标准型，材质不锈钢，不带空气压缩机
高效搅拌沸腾干燥机	GFG-150	120000	江苏一步干燥设备有限公司	（0519）88902618	装料重 150kg，主机高度 2900mm，风机风量 4901 m^3/h，风机功率 18.5kW，搅拌转速 11 r/min，搅拌功率 0.55 kW，标准型，材质不锈钢，不带空气压缩机
高效搅拌沸腾干燥机	GFG-150	140000	江阴金发干燥设备有限公司	（0510）86178258	装料重 150kg，风机风量 4901 m^3/h，工作时间 15~30min，搅拌转速 11 r/min，搅拌功率 0.55 kW，风机功率 18.5 kW，连续型，材质不锈钢，不带空气压缩机
高效搅拌沸腾干燥机	GFG-150	140000	江苏一步干燥设备有限公司	（0519）88902618	装料重 150kg，主机高度 2900mm，风机风量 4901 m^3/h，风机功率 18.5 kW，搅拌转速 11 r/min，搅拌功率 0.55 kW，连续型，材质不锈钢，不带空气压缩机
高效搅拌沸腾干燥机	GFG-200	155000	江阴金发干燥设备有限公司	（0510）86178258	装料重 200kg，风机风量 6032 m^3/h，工作时间 15~30min，搅拌转速 11 r/min，搅拌功率 0.75 kW，风机功率 22kW，标准型，材质不锈钢，不带空气压缩机
高效搅拌沸腾干燥机	GFG-200	155000	江苏一步干燥设备有限公司	（0519）88902618	装料重 200kg，主机高度 3300mm，风机风量 6032 m^3/h，风机功率 22kW，搅拌转速 11 r/min，搅拌功率 0.75 kW，标准型，材质不锈钢，不带空气压缩机
高效搅拌沸腾干燥机	GFG-200	180000	江阴金发干燥设备有限公司	（0510）86178258	装料重 200kg，风机风量 6032 m^3/h，工作时间 15~30min，搅拌转速 11 r/min，搅拌功率 0.75 kW，风机功率 22kW，连续型，材质不锈钢，不带空气压缩机
高效搅拌沸腾干燥机	GFG-200	180000	江苏一步干燥设备有限公司	（0519）88902618	装料重 200kg，主机高度 3300mm，风机风量 6032 m^3/h，风机功率 22kW，搅拌转速 11 r/min，搅拌功率 0.75kW，连续型，材质不锈钢，不带空气压缩机
高效搅拌沸腾干燥机	GFG-300	185000	江阴金发干燥设备有限公司	（0510）86178258	装料重 300kg，风机风量 7800 m^3/h，工作时间 15~30min，搅拌转速 11 r/min，搅拌功率 1.5kW，风机功率 30kW，标准型，材质不锈钢，不带空气压缩机
高效搅拌沸腾干燥机	GFG-300	185000	江苏一步干燥设备有限公司	（0519）88902618	装料重 300kg，主机高度 3800mm，风机风量 7800 m^3/h，风机功率 30kW，搅拌转速 11 r/min，搅拌功率 1.5kW，标准型，材质不锈钢，不带空气压缩机

产品名称	型号规格	参考价格（元）	生产厂家	电话	主要参数及备注
真空沸腾干燥机	ZFG-50	185000	江阴金发干燥设备有限公司	（0510）86178258	物料通过处材质不锈钢
真空沸腾干燥机	ZFG-50	185000	江苏一步干燥设备有限公司	（0519）88902618	
真空沸腾干燥机	ZFG-80	210000	江阴金发干燥设备有限公司	（0510）86178258	物料通过处材质不锈钢
真空沸腾干燥机	ZFG-80	210000	江苏一步干燥设备有限公司	（0519）88902618	
真空沸腾干燥机	ZFG-120	235000	江阴金发干燥设备有限公司	（0510）86178258	物料通过处材质不锈钢
真空沸腾干燥机	ZFG-120	235000	江苏一步干燥设备有限公司	（0519）88902618	
真空沸腾干燥机	ZFG-150	280000	江阴金发干燥设备有限公司	（0510）86178258	物料通过处材质不锈钢
真空沸腾干燥机	ZFG-150	280000	江苏一步干燥设备有限公司	（0519）88902618	
真空沸腾干燥机	ZFG-200	350000	江阴金发干燥设备有限公司	（0510）86178258	物料通过处材质不锈钢
真空沸腾干燥机	ZFG-200	350000	江苏一步干燥设备有限公司	（0519）88902618	
真空沸腾干燥机	ZFG-500	420000	江阴金发干燥设备有限公司	（0510）86178258	物料通过处材质不锈钢
真空沸腾干燥机	ZFG-500	420000	江苏一步干燥设备有限公司	（0519）88902618	

1.1.8.4　真空干燥设备

产品名称	型号规格	参考价格（元）	生产厂家	电话	主要参数及备注
真空干燥机	FZG-10	32500	常州中贝干燥设备有限公司	（0519）88671938	材质 Q235
真空干燥机	FZG-10	37500	常州中贝干燥设备有限公司	（0519）88671938	材质 Q235，外壁保温材质 Q235
真空干燥机	FZG-10	40500	常州中贝干燥设备有限公司	（0519）88671938	材质 Q235，保温材质不锈钢
真空干燥机	FZG-10	68000	江苏先锋干燥工程有限公司	（0519）88930888	干燥箱内尺寸（mm）：1500×1040×1200，干燥箱外尺寸（mm）：1676×1700×1564，烘架层数5层，层间距120mm，烘盘尺寸（mm）：460×640×45，烘盘数20个，真空泵功率5.5kW（用冷凝器时）、4kW（不用冷凝器时），重1.4t，内外材质不锈钢
真空干燥机	FZG-10	68750	常州中贝干燥设备有限公司	（0519）88671938	内壁材质 304
真空干燥机	FZG-10	73750	常州中贝干燥设备有限公司	（0519）88671938	内壁材质 304，外壁保温材质 Q235
真空干燥机	FZG-10	76750	常州中贝干燥设备有限公司	（0519）88671938	内壁材质 304，保温材质不锈钢
真空干燥机	FZG-10	82800	常州中贝干燥设备有限公司	（0519）88671938	材质不锈钢
真空干燥机	FZG-10	87800	常州中贝干燥设备有限公司	（0519）88671938	材质不锈钢，外壁保温材质 Q235
真空干燥机	FZG-10	90800	常州中贝干燥设备有限公司	（0519）88671938	材质不锈钢，保温材质不锈钢

产品名称	型号规格	参考价格（元）	生产厂家	电话	主要参数及备注
真空干燥机	FZG-15	28000	常州市宇通干燥设备有限公司	（0519）88901088	材质 Q235，不带真空泵
真空干燥机	FZG-15	31500	常州市宇通干燥设备有限公司	（0519）88901088	材质 Q235，外壁保温材质 Q235，不带真空泵
真空干燥机	FZG-15	36400	常州中贝干燥设备有限公司	（0519）88671938	干燥箱内尺寸（mm）：1500×1220×1400，干燥箱外尺寸（mm）：2060×1513×1924，烘架层数 8 层，层间距 122mm，烘盘尺寸（mm）：460×640×45，烘盘数 32 个，重2.1t，材质 Q235
真空干燥机	FZG-15	37600	常州市宇通干燥设备有限公司	（0519）88901088	材质 Q235，外壁保温材质不锈钢，不带真空泵
真空干燥机	FZG-15	41400	常州中贝干燥设备有限公司	（0519）88671938	干燥箱内尺寸（mm）：1500×1220×1400，干燥箱外尺寸（mm）：2060×1513×1924，烘架层数 8 层，层间距 122mm，烘盘尺寸（mm）：460×640×45，烘盘数 32 个，重2.1t，材质 Q235，外壁保温材质 Q235
真空干燥机	FZG-15	44400	常州中贝干燥设备有限公司	（0519）88671938	干燥箱内尺寸（mm）：1500×1220×1400，干燥箱外尺寸（mm）：2060×1513×1924，烘架层数 8 层，层间距 122mm，烘盘尺寸（mm）：460×640×45，烘盘数 32 个，重 2.1 t，材质 Q235，保温材质不锈钢
真空干燥机	FZG-15	57800	常州市宇通干燥设备有限公司	（0519）88901088	内壁材质不锈钢，不带真空泵
真空干燥机	FZG-15	61300	常州市宇通干燥设备有限公司	（0519）88901088	内壁材质不锈钢，外壁保温材质 Q235，不带真空泵
真空干燥机	FZG-15	67400	常州市宇通干燥设备有限公司	（0519）88901088	内壁材质不锈钢，外壁保温材质不锈钢，不带真空泵
真空干燥机	FZG-15	68000	天津市朋群粉碎机设备有限公司	（022）83725677	材质不锈钢
真空干燥机	FZG-15	75000	常州中贝干燥设备有限公司	（0519）88671938	干燥箱内尺寸（mm）：1500×1220×1400，干燥箱外尺寸（mm）：2060×1513×1924，烘架层数 8 层，层间距 122mm，烘盘尺寸（mm）：460×640×45，烘盘数 32 个，重2.1t，内壁材质 304
真空干燥机	FZG-15	78000	江苏先锋干燥工程有限公司	（0519）88930888	干燥箱内尺寸（mm）：1500×1400×1200，干燥箱外尺寸（mm）：1676×2060×1564，烘架层数 8 层，层间距 120mm，烘盘尺寸（mm）：460×640×45，烘盘数 32 个，真空泵功率5.5kW（用冷凝器时）、5.5kW（不用冷凝器时），重2.1t，内外材质不锈钢
真空干燥机	FZG-15	80000	常州中贝干燥设备有限公司	（0519）88671938	干燥箱内尺寸（mm）：1500×1220×1400，干燥箱外尺寸（mm）：2060×1513×1924，烘架层数 8 层，层间距 122mm，烘盘尺寸（mm）：460×640×45，烘盘数 32 个，重2.1t，内壁材质 304，外壁保温材质 Q235
真空干燥机	FZG-15	83000	常州中贝干燥设备有限公司	（0519）88671938	干燥箱内尺寸（mm）：1500×1220×1400，干燥箱外尺寸（mm）：2060×1513×1924，烘架层数 8 层，层间距 122mm，烘盘尺寸（mm）：460×640×45，烘盘数 32 个，重2.1t，内壁材质 304，保温材质不锈钢

产品名称	型号规格	参考价格(元)	生产厂家	电话	主要参数及备注
真空干燥机	FZG-15	97750	常州中贝干燥设备有限公司	(0519)88671938	干燥箱内尺寸(mm):1500×1220×1400,干燥箱外尺寸(mm):2060×1513×1924,烘架层数8层,层间距122mm,烘盘尺寸(mm):460×640×45,烘盘数32个,重2.1t,材质不锈钢
真空干燥机	FZG-15	99600	常州市宇通干燥设备有限公司	(0519)88901088	材质304,不带真空泵
真空干燥机	FZG-15	102750	常州中贝干燥设备有限公司	(0519)88671938	干燥箱内尺寸(mm):1500×1220×1400,干燥箱外尺寸(mm):2060×1513×1924,烘架层数8层,层间距122mm,烘盘尺寸(mm):460×640×45,烘盘数32个,重2.1t,材质不锈钢,外壁保温材质Q235
真空干燥机	FZG-15	103100	常州市宇通干燥设备有限公司	(0519)88901088	材质304,外壁保温材质Q235,不带真空泵
真空干燥机	FZG-15	105750	常州中贝干燥设备有限公司	(0519)88671938	干燥箱内尺寸(mm):1500×1220×1400,干燥箱外尺寸(mm):2060×1513×1924,烘架层数8层,层间距122mm,烘盘尺寸(mm):460×640×45,烘盘数32个,重2.1t,材质不锈钢,保温材质不锈钢
真空干燥机	FZG-15	109200	常州市宇通干燥设备有限公司	(0519)88901088	材质304,外壁保温材质不锈钢,不带真空泵
真空干燥机	FZG-20	53300	常州中贝干燥设备有限公司	(0519)88671938	材质Q235
真空干燥机	FZG-20	58300	常州中贝干燥设备有限公司	(0519)88671938	材质Q235,外壁保温材质Q235
真空干燥机	FZG-20	61300	常州中贝干燥设备有限公司	(0519)88671938	材质Q235,保温材质不锈钢
真空干燥机	FZG-20	88000	江苏先锋干燥工程有限公司	(0519)88930888	干燥箱内尺寸(mm):1500×1800×1200,干燥箱外尺寸(mm):1676×2500×1564,烘架层数12层,层间距120mm,烘盘尺寸(mm):460×640×45,烘盘数48个,真空泵功率7.5kW(用冷凝器时)、5.5kW(不用冷凝器时),重3.2t,内外材质不锈钢
真空干燥机	FZG-20	112500	常州中贝干燥设备有限公司	(0519)88671938	内壁材质304
真空干燥机	FZG-20	117500	常州中贝干燥设备有限公司	(0519)88671938	内壁材质304,外壁保温材质Q235
真空干燥机	FZG-20	120500	常州中贝干燥设备有限公司	(0519)88671938	内壁材质304,保温材质不锈钢
真空干燥机	FZG-20	138000	常州中贝干燥设备有限公司	(0519)88671938	材质不锈钢
真空干燥机	FZG-20	143000	常州中贝干燥设备有限公司	(0519)88671938	材质不锈钢,外壁保温材质Q235
真空干燥机	FZG-20	146000	常州中贝干燥设备有限公司	(0519)88671938	材质不锈钢,保温材质不锈钢
真空干燥机	GGD-600	29300	无锡市凯信干燥成套设备有限公司	(0510)81663608	箱内有效尺寸(mm):ϕ600×620,料盘尺寸(mm):600×320×45,外形尺寸(mm):950×750×1500,重280kg,材质Q235
真空干燥机	GGD-600	48200	无锡市凯信干燥成套设备有限公司	(0510)81663608	箱内有效尺寸(mm):ϕ600×620,料盘尺寸(mm):600×320×45,外形尺寸(mm):950×750×1500,重280kg,材质304

产品名称	型号规格	参考价格(元)	生产厂家	电话	主要参数及备注
真空干燥机	GGD-1000	34200	无锡市凯信干燥成套设备有限公司	(0510)81663608	箱内有效尺寸(mm):φ1000×1000,料盘尺寸(mm):630×450×45,外形尺寸(mm):1500×1200×1700,重850kg,材质Q235
真空干燥机	GGD-1000	88600	无锡市凯信干燥成套设备有限公司	(0510)81663608	箱内有效尺寸(mm):φ1000×1000,料盘尺寸(mm):630×450×45,外形尺寸(mm):1500×1200×1700,重850kg,材质304
真空干燥机	GGD-1400	48600	无锡市凯信干燥成套设备有限公司	(0510)81663608	箱内有效尺寸(mm):φ1400×1400,料盘尺寸(mm):630×450×45,外形尺寸(mm):2270×1650×2100,重1.95t,材质Q235
真空干燥机	GGD-1400	124200	无锡市凯信干燥成套设备有限公司	(0510)81663608	箱内有效尺寸(mm):φ1400×1400,料盘尺寸(mm):630×450×45,外形尺寸(mm):2270×1650×2100,重1.95t,材质304
真空干燥机	YZG-600	9300	常州市宇通干燥设备有限公司	(0519)88901088	材质Q235,不带真空泵
真空干燥机	YZG-600	12350	常州中贝干燥设备有限公司	(0519)88671938	干燥箱内尺寸(mm):φ600×976,干燥箱外尺寸(mm):1135×810×1020,烘架层数4层,层间距81mm,烘盘尺寸(mm):310×600×45,烘盘数4个,重250kg,材质Q235
真空干燥机	YZG-600	12800	常州市宇通干燥设备有限公司	(0519)88901088	材质Q235,外壁保温材质Q235,不带真空泵
真空干燥机	YZG-600	17350	常州中贝干燥设备有限公司	(0519)88671938	干燥箱内尺寸(mm):φ600×976,干燥箱外尺寸(mm):1135×810×1020,烘架层数4层,层间距81mm,烘盘尺寸(mm):310×600×45,烘盘数4个,重250kg,材质Q235,外壁保温材质Q235
真空干燥机	YZG-600	18000	常州市宇通干燥设备有限公司	(0519)88901088	内壁材质不锈钢,不带真空泵
真空干燥机	YZG-600	18900	常州市宇通干燥设备有限公司	(0519)88901088	材质Q235,外壁保温材质不锈钢,不带真空泵
真空干燥机	YZG-600	20350	常州中贝干燥设备有限公司	(0519)88671938	干燥箱内尺寸(mm):φ600×976,干燥箱外尺寸(mm):1135×810×1020,烘架层数4层,层间距81mm,烘盘尺寸(mm):310×600×45,烘盘数4个,重250kg,材质Q235,保温材质不锈钢
真空干燥机	YZG-600	21500	常州市宇通干燥设备有限公司	(0519)88901088	内壁材质不锈钢,外壁保温材质Q235,不带真空泵
真空干燥机	YZG-600	25000	常州中贝干燥设备有限公司	(0519)88671938	干燥箱内尺寸(mm):φ600×976,干燥箱外尺寸(mm):1135×810×1020,烘架层数4层,层间距81mm,烘盘尺寸(mm):310×600×45,烘盘数4个,重250kg,内壁材质304
真空干燥机	YZG-600	27600	常州市宇通干燥设备有限公司	(0519)88901088	内壁材质不锈钢,外壁保温材质不锈钢,不带真空泵
真空干燥机	YZG-600	30000	常州中贝干燥设备有限公司	(0519)88671938	干燥箱内尺寸(mm):φ600×976,干燥箱外尺寸(mm):1135×810×1020,烘架层数4层,层间距81mm,烘盘尺寸(mm):310×600×45,烘盘数4个,重250kg,内壁材质304,外壁保温材质Q235
真空干燥机	YZG-600	31000	常州市宇通干燥设备有限公司	(0519)88901088	材质304,不带真空泵

产品名称	型号规格	参考价格(元)	生产厂家	电话	主要参数及备注
真空干燥机	YZG-600	32000	江苏先锋干燥工程有限公司	(0519)88930888	干燥箱内尺寸(mm):ϕ600×976,干燥箱外尺寸(mm):750×950×1050,烘架层数4层,层间距85mm,烘盘尺寸(mm):310×600×45,烘盘数4个,真空泵功率2kW(用冷凝器时)、1.5kW(不用冷凝器时),重250kg,内外材质不锈钢
真空干燥机	YZG-600	32200	常州中贝干燥设备有限公司	(0519)88671938	干燥箱内尺寸(mm):ϕ600×976,干燥箱外尺寸(mm):1135×810×1020,烘架层数4层,层间距81mm,烘盘尺寸(mm):310×600×45,烘盘数4个,重250kg,材质不锈钢
真空干燥机	YZG-600	33000	常州中贝干燥设备有限公司	(0519)88671938	干燥箱内尺寸(mm):ϕ600×976,干燥箱外尺寸(mm):1135×810×1020,烘架层数4层,层间距81mm,烘盘尺寸(mm):310×600×45,烘盘数4个,重250kg,内壁材质304,保温材质不锈钢
真空干燥机	YZG-600	34000	天津市朋群粉碎机设备有限公司	(022)83725677	材质不锈钢
真空干燥机	YZG-600	34500	常州市宇通干燥设备有限公司	(0519)88901088	材质304,外壁保温材质Q235,不带真空泵
真空干燥机	YZG-600	37200	常州中贝干燥设备有限公司	(0519)88671938	干燥箱内尺寸(mm):ϕ600×976,干燥箱外尺寸(mm):1135×810×1020,烘架层数4层,层间距81mm,烘盘尺寸(mm):310×600×45,烘盘数4个,重250kg,材质不锈钢,外壁保温材质Q235
真空干燥机	YZG-600	40200	常州中贝干燥设备有限公司	(0519)88671938	干燥箱内尺寸(mm):ϕ600×976,干燥箱外尺寸(mm):1135×810×1020,烘架层数4层,层间距81mm,烘盘尺寸(mm):310×600×45,烘盘数4个,重250kg,材质不锈钢,保温材质不锈钢
真空干燥机	YZG-600	40600	常州市宇通干燥设备有限公司	(0519)88901088	材质304,外壁保温材质不锈钢,不带真空泵
真空干燥机	YZG-1000	19500	常州市宇通干燥设备有限公司	(0519)88901088	材质Q235,外壁保温材质Q235,不带真空泵
真空干燥机	YZG-1000	20800	常州中贝干燥设备有限公司	(0519)88671938	干燥箱内尺寸(mm):ϕ1000×1527,干燥箱外尺寸(mm):1693×1190×1500,烘架层数6层,层间距102mm,烘盘尺寸(mm):520×410×45,烘盘数12个,重800kg,材质Q235
真空干燥机	YZG-1000	25600	常州市宇通干燥设备有限公司	(0519)88901088	材质Q235,外壁保温材质不锈钢,不带真空泵
真空干燥机	YZG-1000	25800	常州中贝干燥设备有限公司	(0519)88671938	干燥箱内尺寸(mm):ϕ1000×1527,干燥箱外尺寸(mm):1693×1190×1500,烘架层数6层,层间距102mm,烘盘尺寸(mm):520×410×45,烘盘数12个,重800kg,材质Q235,外壁保温材质Q235
真空干燥机	YZG-1000	28800	常州中贝干燥设备有限公司	(0519)88671938	干燥箱内尺寸(mm):ϕ1000×1527,干燥箱外尺寸(mm):1693×1190×1500,烘架层数6层,层间距102mm,烘盘尺寸(mm):520×410×45,烘盘数12个,重800kg,材质Q235,保温材质不锈钢

产品名称	型号规格	参考价格(元)	生产厂家	电话	主要参数及备注
真空干燥机	YZG-1000	32000	常州市宇通干燥设备有限公司	(0519)88901088	内壁材质不锈钢,不带真空泵
真空干燥机	YZG-1000	35500	常州市宇通干燥设备有限公司	(0519)88901088	内壁材质不锈钢,外壁保温材质Q235,不带真空泵
真空干燥机	YZG-1000	39375	常州中贝干燥设备有限公司	(0519)88671938	干燥箱内尺寸(mm):φ1000×1527,干燥箱外尺寸(mm):1693×1190×1500,烘架层数6层,层间距102mm,烘盘尺寸(mm):520×410×45,烘盘数12个,重800kg,内壁材质304
真空干燥机	YZG-1000	41600	常州市宇通干燥设备有限公司	(0519)88901088	内壁材质不锈钢,外壁保温材质不锈钢,不带真空泵
真空干燥机	YZG-1000	44375	常州中贝干燥设备有限公司	(0519)88671938	干燥箱内尺寸(mm):φ1000×1527,干燥箱外尺寸(mm):1693×1190×1500,烘架层数6层,层间距102mm,烘盘尺寸(mm):520×410×45,烘盘数12个,重800kg,内壁材质304,外壁保温材质Q235
真空干燥机	YZG-1000	46000	江苏先锋干燥工程有限公司	(0519)88930888	干燥箱内尺寸(mm):φ1000×1530,干燥箱外尺寸(mm):1150×1410×1600,烘架层数5层,层间距100mm,烘盘尺寸(mm):460×640×45,烘盘数10个,真空泵功率3kW(用冷凝器时)、2.2kW(不用冷凝器时),重800kg,内外材质不锈钢
真空干燥机	YZG-1000	46000	常州中贝干燥设备有限公司	(0519)88671938	干燥箱内尺寸(mm):φ1000×1527,干燥箱外尺寸(mm):1693×1190×1500,烘架层数6层,层间距102mm,烘盘尺寸(mm):520×410×45,烘盘数12个,重800kg,材质不锈钢
真空干燥机	YZG-1000	47375	常州中贝干燥设备有限公司	(0519)88671938	干燥箱内尺寸(mm):φ1000×1527,干燥箱外尺寸(mm):1693×1190×1500,烘架层数6层,层间距102mm,烘盘尺寸(mm):520×410×45,烘盘数12个,重800kg,内壁材质304,保温材质不锈钢
真空干燥机	YZG-1000	48000	天津市朋群粉碎机设备有限公司	(022)83725677	材质不锈钢
真空干燥机	YZG-1000	48500	常州市宇通干燥设备有限公司	(0519)88901088	材质304,不带真空泵
真空干燥机	YZG-1000	51000	常州中贝干燥设备有限公司	(0519)88671938	干燥箱内尺寸(mm):φ1000×1527,干燥箱外尺寸(mm):1693×1190×1500,烘架层数6层,层间距102mm,烘盘尺寸(mm):520×410×45,烘盘数12个,重800kg,材质不锈钢,外壁保温材质Q235
真空干燥机	YZG-1000	52000	常州市宇通干燥设备有限公司	(0519)88901088	材质304,外壁保温材质Q235,不带真空泵
真空干燥机	YZG-1000	54000	常州中贝干燥设备有限公司	(0519)88671938	干燥箱内尺寸(mm):φ1000×1527,干燥箱外尺寸(mm):1693×1190×1500,烘架层数6层,层间距102mm,烘盘尺寸(mm):520×410×45,烘盘数12个,重800kg,材质不锈钢,保温材质不锈钢
真空干燥机	YZG-1000	58100	常州市宇通干燥设备有限公司	(0519)88901088	材质304,外壁保温材质不锈钢,不带真空泵

产品名称	型号规格	参考价格(元)	生产厂家	电话	主要参数及备注
真空干燥机	YZG-1400	24000	常州市宇通干燥设备有限公司	(0519)88901088	材质 Q235,不带真空泵
真空干燥机	YZG-1400	27500	常州市宇通干燥设备有限公司	(0519)88901088	材质 Q235,外壁保温材质 Q235,不带真空泵
真空干燥机	YZG-1400	29900	常州中贝干燥设备有限公司	(0519)88671938	干燥箱内尺寸(mm):ϕ1400×2054,干燥箱外尺寸(mm):2386×1657×1920,烘架层数 8 层,层间距 102mm,烘盘尺寸(mm):460×640×45,烘盘数 32 个,重1.4t,材质 Q235
真空干燥机	YZG-1400	33600	常州市宇通干燥设备有限公司	(0519)88901088	材质 Q235,外壁保温材质不锈钢,不带真空泵
真空干燥机	YZG-1400	34900	常州中贝干燥设备有限公司	(0519)88671938	干燥箱内尺寸(mm):ϕ1400×2054,干燥箱外尺寸(mm):2386×1657×1920,烘架层数 8 层,层间距 102mm,烘盘尺寸(mm):460×640×45,烘盘数 32 个,重1.4t,材质 Q235,外壁保温材质 Q235
真空干燥机	YZG-1400	37900	常州中贝干燥设备有限公司	(0519)88671938	干燥箱内尺寸(mm):ϕ1400×2054,干燥箱外尺寸(mm):2386×1657×1920,烘架层数 8 层,层间距 102mm,烘盘尺寸(mm):460×640×45,烘盘数 32 个,重1.4t,材质 Q235,保温材质不锈钢
真空干燥机	YZG-1400	49200	常州市宇通干燥设备有限公司	(0519)88901088	内壁材质不锈钢,不带真空泵
真空干燥机	YZG-1400	52700	常州市宇通干燥设备有限公司	(0519)88901088	内壁材质不锈钢,外壁保温材质 Q235,不带真空泵
真空干燥机	YZG-1400	58800	常州市宇通干燥设备有限公司	(0519)88901088	内壁材质不锈钢,外壁保温材质不锈钢,不带真空泵
真空干燥机	YZG-1400	60500	常州中贝干燥设备有限公司	(0519)88671938	干燥箱内尺寸(mm):ϕ1400×2054,干燥箱外尺寸(mm):2386×1657×1920,烘架层数 8 层,层间距 102mm,烘盘尺寸(mm):460×640×45,烘盘数 32 个,重1.4t,内壁材质 304
真空干燥机	YZG-1400	62000	天津市朋群粉碎机设备有限公司	(022)83725677	材质不锈钢
真空干燥机	YZG-1400	65000	江苏先锋干燥工程有限公司	(0519)88930888	干燥箱内尺寸(mm):ϕ1400×2080,干燥箱外尺寸(mm):1550×1900×2150,烘架层数 8 层,层间距 100mm,烘盘尺寸(mm):460×640×45,烘盘数 32 个,真空泵功率5.5kW(用冷凝器时)、5.5kW(不用冷凝器时),重1.4t,内外材质不锈钢
真空干燥机	YZG-1400	65500	常州中贝干燥设备有限公司	(0519)88671938	干燥箱内尺寸(mm):ϕ1400×2054,干燥箱外尺寸(mm):2386×1657×1920,烘架层数 8 层,层间距 102mm,烘盘尺寸(mm):460×640×45,烘盘数 32 个,重1.4t,内壁材质 304,外壁保温材质 Q235
真空干燥机	YZG-1400	68500	常州中贝干燥设备有限公司	(0519)88671938	干燥箱内尺寸(mm):ϕ1400×2054,干燥箱外尺寸(mm):2386×1657×1920,烘架层数 8 层,层间距 102mm,烘盘尺寸(mm):460×640×45,烘盘数 32 个,重1.4t,内壁材质 304,保温材质不锈钢

产品名称	型号规格	参考价格(元)	生产厂家	电话	主要参数及备注
真空干燥机	YZG-1400	74750	常州中贝干燥设备有限公司	(0519)88671938	干燥箱内尺寸(mm):ϕ1400×2054,干燥箱外尺寸(mm):2386×1657×1920,烘架层数8层,层间距102mm,烘盘尺寸(mm):460×640×45,烘盘数32个,重1.4t,材质不锈钢
真空干燥机	YZG-1400	77500	常州市宇通干燥设备有限公司	(0519)88901088	材质304,不带真空泵
真空干燥机	YZG-1400	79750	常州中贝干燥设备有限公司	(0519)88671938	干燥箱内尺寸(mm):ϕ1400×2054,干燥箱外尺寸(mm):2386×1657×1920,烘架层数8层,层间距102mm,烘盘尺寸(mm):460×640×45,烘盘数32个,重1.4t,材质不锈钢,外壁保温材质Q235
真空干燥机	YZG-1400	81000	常州市宇通干燥设备有限公司	(0519)88901088	材质304,外壁保温材质Q235,不带真空泵
真空干燥机	YZG-1400	82750	常州中贝干燥设备有限公司	(0519)88671938	干燥箱内尺寸(mm):ϕ1400×2054,干燥箱外尺寸(mm):2386×1657×1920,烘架层数8层,层间距102mm,烘盘尺寸(mm):460×640×45,烘盘数32个,重1.4t,材质不锈钢,保温材质不锈钢
真空干燥机	YZG-1400	87100	常州市宇通干燥设备有限公司	(0519)88901088	材质304,外壁保温材质不锈钢,不带真空泵
方形真空干燥机	FZG-15	29000	江苏一步干燥设备有限公司	(0519)88902618	干燥箱内尺寸(mm):1500×1220×1400,干燥箱外尺寸(mm):2060×1513×1924,箱内温度≤150℃,烘架层数8层,层间距122mm,烘盘数32个,烘盘尺寸(mm):460×640×45,重2.1t,材质Q235
方形真空干燥机	FZG-15	32000	江苏一步干燥设备有限公司	(0519)88902618	干燥箱内尺寸(mm):1500×1220×1400,干燥箱外尺寸(mm):2060×1513×1924,箱内温度≤150℃,烘架层数8层,层间距122mm,烘盘数32个,烘盘尺寸(mm):460×640×45,重2.1t,材质Q235,外壁Q235保温
方形真空干燥机	FZG-15	37000	江苏一步干燥设备有限公司	(0519)88902618	干燥箱内尺寸(mm):1500×1220×1400,干燥箱外尺寸(mm):2060×1513×1924,箱内温度≤150℃,烘架层数8层,层间距122mm,烘盘数32个,烘盘尺寸(mm):460×640×45,重2.1t,材质Q235,外壁不锈钢保温
方形真空干燥机	FZG-15	61000	江苏一步干燥设备有限公司	(0519)88902618	干燥箱内尺寸(mm):1500×1220×1400,干燥箱外尺寸(mm):2060×1513×1924,箱内温度≤150℃,烘架层数8层,层间距122mm,烘盘数32个,烘盘尺寸(mm):460×640×45,重2.1t,内壁材质不锈钢
方形真空干燥机	FZG-15	64000	江苏一步干燥设备有限公司	(0519)88902618	干燥箱内尺寸(mm):1500×1220×1400,干燥箱外尺寸(mm):2060×1513×1924,箱内温度≤150℃,烘架层数8层,层间距122mm,烘盘数32个,烘盘尺寸(mm):460×640×45,重2.1t,内壁材质不锈钢,外壁Q235保温

产品名称	型号规格	参考价格(元)	生产厂家	电话	主要参数及备注
方形真空干燥机	FZG-15	79000	江苏一步干燥设备有限公司	(0519)88902618	干燥箱内尺寸(mm):1500×1220×1400,干燥箱外尺寸(mm):2060×1513×1924,箱内温度≤150℃,烘架层数8层,层间距122mm,烘盘数32个,烘盘尺寸(mm):460×640×45,重2.1t,内壁材质不锈钢,外壁不锈钢保温
方形真空干燥机	FZG-15	95000	江苏一步干燥设备有限公司	(0519)88902618	干燥箱内尺寸(mm):1500×1220×1400,干燥箱外尺寸(mm):2060×1513×1924,箱内温度≤150℃,烘架层数8层,层间距122mm,烘盘数32个,烘盘尺寸(mm):460×640×45,重2.1t,材质304
方形真空干燥机	FZG-15	98000	江苏一步干燥设备有限公司	(0519)88902618	干燥箱内尺寸(mm):1500×1220×1400,干燥箱外尺寸(mm):2060×1513×1924,箱内温度≤150℃,烘架层数8层,层间距122mm,烘盘数32个,烘盘尺寸(mm):460×640×45,重2.1t,材质304,外壁Q235保温
方形真空干燥机	FZG-15	103000	江苏一步干燥设备有限公司	(0519)88902618	干燥箱内尺寸(mm):1500×1220×1400,干燥箱外尺寸(mm):2060×1513×1924,箱内温度≤150℃,烘架层数8层,层间距122mm,烘盘数32个,烘盘尺寸(mm):460×640×45,重2.1t,材质304,外壁不锈钢保温
圆形真空干燥机	YZG-600	9500	江苏一步干燥设备有限公司	(0519)88902618	干燥箱内尺寸(mm):ϕ600×976,干燥箱外尺寸(mm):1153×810×1020,箱内温度≤150℃,烘架层数4层,层间距81mm,烘盘数4个,烘盘尺寸(mm):310×600×45,重250kg,材质Q235
圆形真空干燥机	YZG-600	12500	江苏一步干燥设备有限公司	(0519)88902618	干燥箱内尺寸(mm):ϕ600×976,干燥箱外尺寸(mm):1153×810×1020,箱内温度≤150℃,烘架层数4层,层间距81mm,烘盘数4个,烘盘尺寸(mm):310×600×45,重250kg,材质Q235,外壁Q235保温
圆形真空干燥机	YZG-600	17500	江苏一步干燥设备有限公司	(0519)88902618	干燥箱内尺寸(mm):ϕ600×976,干燥箱外尺寸(mm):1153×810×1020,箱内温度≤150℃,烘架层数4层,层间距81mm,烘盘数4个,烘盘尺寸(mm):310×600×45,重250kg,材质Q235,外壁不锈钢保温
圆形真空干燥机	YZG-600	18500	江苏一步干燥设备有限公司	(0519)88902618	干燥箱内尺寸(mm):ϕ600×976,干燥箱外尺寸(mm):1153×810×1020,箱内温度≤150℃,烘架层数4层,层间距81mm,烘盘数4个,烘盘尺寸(mm):310×600×45,重250kg,内壁材质不锈钢
圆形真空干燥机	YZG-600	21500	江苏一步干燥设备有限公司	(0519)88902618	干燥箱内尺寸(mm):ϕ600×976,干燥箱外尺寸(mm):1153×810×1020,箱内温度≤150℃,烘架层数4层,层间距81mm,烘盘数4个,烘盘尺寸(mm):310×600×45,重250kg,内壁材质不锈钢,外壁Q235保温

产品名称	型号规格	参考价格(元)	生产厂家	电话	主要参数及备注
圆形真空干燥机	YZG-600	26500	江苏一步干燥设备有限公司	(0519)88902618	干燥箱内尺寸(mm):φ600×976,干燥箱外尺寸(mm):1153×810×1020,箱内温度≤150℃,烘架层数4层,层间距81mm,烘盘数4个,烘盘尺寸(mm):310×600×45,重250kg,内壁材质不锈钢,外壁不锈钢保温
圆形真空干燥机	YZG-600	32000	江苏一步干燥设备有限公司	(0519)88902618	干燥箱内尺寸(mm):φ600×976,干燥箱外尺寸(mm):1153×810×1020,箱内温度≤150℃,烘架层数4层,层间距81mm,烘盘数4个,烘盘尺寸(mm):310×600×45,重250kg,材质304
圆形真空干燥机	YZG-600	35000	江苏一步干燥设备有限公司	(0519)88902618	干燥箱内尺寸(mm):φ600×976,干燥箱外尺寸(mm):1153×810×1020,箱内温度≤150℃,烘架层数4层,层间距81mm,烘盘数4个,烘盘尺寸(mm):310×600×45,重250kg,材质304,外壁Q235保温
圆形真空干燥机	YZG-600	40000	江苏一步干燥设备有限公司	(0519)88902618	干燥箱内尺寸(mm):φ600×976,干燥箱外尺寸(mm):1153×810×1020,箱内温度≤150℃,烘架层数4层,层间距81mm,烘盘数4个,烘盘尺寸(mm):310×600×45,重250kg,材质304,外壁不锈钢保温
圆形真空干燥机	YZG-1000	16500	江苏一步干燥设备有限公司	(0519)88902618	干燥箱内尺寸(mm):φ1000×1527,干燥箱外尺寸(mm):1740×1226×1385,箱内温度≤150℃,烘架层数6层,层间距98mm,烘盘数12个,烘盘尺寸(mm):460×640×45,重800kg,材质Q235
圆形真空干燥机	YZG-1000	19500	江苏一步干燥设备有限公司	(0519)88902618	干燥箱内尺寸(mm):φ1000×1527,干燥箱外尺寸(mm):1740×1226×1385,箱内温度≤150℃,烘架层数6层,层间距98mm,烘盘数12个,烘盘尺寸(mm):460×640×45,重800kg,材质Q235,外壁Q235保温
圆形真空干燥机	YZG-1000	24500	江苏一步干燥设备有限公司	(0519)88902618	干燥箱内尺寸(mm):φ1000×1527,干燥箱外尺寸(mm):1740×1226×1385,箱内温度≤150℃,烘架层数6层,层间距98mm,烘盘数12个,烘盘尺寸(mm):460×640×45,重800kg,材质Q235,外壁不锈钢保温
圆形真空干燥机	YZG-1000	33000	江苏一步干燥设备有限公司	(0519)88902618	干燥箱内尺寸(mm):φ1000×1527,干燥箱外尺寸(mm):1740×1226×1385,箱内温度≤150℃,烘架层数6层,层间距98mm,烘盘数12个,烘盘尺寸(mm):460×640×45,重800kg,内壁材质不锈钢
圆形真空干燥机	YZG-1000	36000	江苏一步干燥设备有限公司	(0519)88902618	干燥箱内尺寸(mm):φ1000×1527,干燥箱外尺寸(mm):1740×1226×1385,箱内温度≤150℃,烘架层数6层,层间距98mm,烘盘数12个,烘盘尺寸(mm):460×640×45,重800kg,内壁材质不锈钢,外壁Q235保温

产品名称	型号规格	参考价格(元)	生产厂家	电话	主要参数及备注
圆形真空干燥机	YZG-1000	41000	江苏一步干燥设备有限公司	(0519)88902618	干燥箱内尺寸(mm):φ1000×1527,干燥箱外尺寸(mm):1740×1226×1385,箱内温度≤150℃,烘架层数6层,层间距98mm,烘盘数12个,烘盘尺寸(mm):460×640×45,重800kg,内壁材质不锈钢,外壁不锈钢保温
圆形真空干燥机	YZG-1000	55500	江苏一步干燥设备有限公司	(0519)88902618	干燥箱内尺寸(mm):φ1000×1527,干燥箱外尺寸(mm):1740×1226×1385,箱内温度≤150℃,烘架层数6层,层间距98mm,烘盘数12个,烘盘尺寸(mm):460×640×45,重800kg,材质304
圆形真空干燥机	YZG-1000	58500	江苏一步干燥设备有限公司	(0519)88902618	干燥箱内尺寸(mm):φ1000×1527,干燥箱外尺寸(mm):1740×1226×1385,箱内温度≤150℃,烘架层数6层,层间距98mm,烘盘数12个,烘盘尺寸(mm):460×640×45,重800kg,材质304,外壁Q235保温
圆形真空干燥机	YZG-1000	63500	江苏一步干燥设备有限公司	(0519)88902618	干燥箱内尺寸(mm):φ1000×1527,干燥箱外尺寸(mm):1740×1226×1385,箱内温度≤150℃,烘架层数6层,层间距98mm,烘盘数12个,烘盘尺寸(mm):460×640×45,重800kg,材质304,外壁不锈钢保温
圆形真空干燥机	YZG-1400	25000	江苏一步干燥设备有限公司	(0519)88902618	干燥箱内尺寸(mm):φ1400×2054,干燥箱外尺寸(mm):2386×1657×1800,箱内温度≤150℃,烘架层数8层,层间距102mm,烘盘数32个,烘盘尺寸(mm):460×640×45,重1t,材质Q235
圆形真空干燥机	YZG-1400	28000	江苏一步干燥设备有限公司	(0519)88902618	干燥箱内尺寸(mm):φ1400×2054,干燥箱外尺寸(mm):2386×1657×1800,箱内温度≤150℃,烘架层数8层,层间距102mm,烘盘数32个,烘盘尺寸(mm):460×640×45,重1t,材质Q235,外壁Q235保温
圆形真空干燥机	YZG-1400	33000	江苏一步干燥设备有限公司	(0519)88902618	干燥箱内尺寸(mm):φ1400×2054,干燥箱外尺寸(mm):2386×1657×1800,箱内温度≤150℃,烘架层数8层,层间距102mm,烘盘数32个,烘盘尺寸(mm):460×640×45,重1t,材质Q235,外壁不锈钢保温
圆形真空干燥机	YZG-1400	51000	江苏一步干燥设备有限公司	(0519)88902618	干燥箱内尺寸(mm):φ1400×2054,干燥箱外尺寸(mm):2386×1657×1800,箱内温度≤150℃,烘架层数8层,层间距102mm,烘盘数32个,烘盘尺寸(mm):460×640×45,重1t,内壁材质不锈钢
圆形真空干燥机	YZG-1400	54000	江苏一步干燥设备有限公司	(0519)88902618	干燥箱内尺寸(mm):φ1400×2054,干燥箱外尺寸(mm):2386×1657×1800,箱内温度≤150℃,烘架层数8层,层间距102mm,烘盘数32个,烘盘尺寸(mm):460×640×45,重1t,内壁材质不锈钢,外壁Q235保温

产品名称	型号规格	参考价格(元)	生产厂家	电话	主要参数及备注
静态真空干燥机	FZG-15	33000	常州市互帮干燥设备有限公司	(0519)88739588	干燥箱内尺寸(mm):ϕ1500×1220×1400,干燥箱外尺寸(mm):2060×1513×1924,烘架层数8层,层间距122mm,烘盘尺寸(mm):460×640×45,烘盘数32个,重2.1t,方形,材质Q235,外壁Q235保温
静态真空干燥机	FZG-15	36000	常州市互帮干燥设备有限公司	(0519)88739588	干燥箱内尺寸(mm):ϕ1500×1220×1400,干燥箱外尺寸(mm):2060×1513×1924,烘架层数8层,层间距122mm,烘盘尺寸(mm):460×640×45,烘盘数32个,重2.1t,方形,材质Q235,不锈钢保温
静态真空干燥机	FZG-15	37000	江阴金发干燥设备有限公司	(0510)86178258	干燥箱内尺寸(mm):1500×1220×1400,干燥箱外尺寸(mm):2060×1513×1924,烘架层数8层,层间距122mm,烘盘尺寸(mm):460×640×45,烘盘数32个,真空泵功率11kW(不用冷凝器),重2.1t,方形,材质Q235,不锈钢保温
静态真空干燥机	FZG-15	42000	常州市互帮干燥设备有限公司	(0519)88739588	干燥箱内尺寸(mm):ϕ1500×1220×1400,干燥箱外尺寸(mm):2060×1513×1924,烘架层数8层,层间距122mm,烘盘尺寸(mm):460×640×45,烘盘数32个,重2.1t,方形,内壁材质不锈钢
静态真空干燥机	FZG-15	47000	常州市互帮干燥设备有限公司	(0519)88739588	干燥箱内尺寸(mm):ϕ1500×1220×1400,干燥箱外尺寸(mm):2060×1513×1924,烘架层数8层,层间距122mm,烘盘尺寸(mm):460×640×45,烘盘数32个,重2.1t,方形,内壁材质不锈钢,外壁Q235保温
静态真空干燥机	FZG-15	50000	常州市互帮干燥设备有限公司	(0519)88739588	干燥箱内尺寸(mm):ϕ1500×1220×1400,干燥箱外尺寸(mm):2060×1513×1924,烘架层数8层,层间距122mm,烘盘尺寸(mm):460×640×45,烘盘数32个,重2.1t,方形,内壁材质不锈钢,不锈钢保温
静态真空干燥机	FZG-15	58000	常州市互帮干燥设备有限公司	(0519)88739588	干燥箱内尺寸(mm):ϕ1500×1220×1400,干燥箱外尺寸(mm):2060×1513×1924,烘架层数8层,层间距122mm,烘盘尺寸(mm):460×640×45,烘盘数32个,重2.1t,方形,材质304
静态真空干燥机	FZG-15	61000	江阴金发干燥设备有限公司	(0510)86178258	干燥箱内尺寸(mm):1500×1220×1400,干燥箱外尺寸(mm):2060×1513×1924,烘架层数8层,层间距122mm,烘盘尺寸(mm):460×640×45,烘盘数32个,真空泵功率11kW(不用冷凝器),重2.1t,方形,内壁材质不锈钢
静态真空干燥机	FZG-15	63000	常州市互帮干燥设备有限公司	(0519)88739588	干燥箱内尺寸(mm):ϕ1500×1220×1400,干燥箱外尺寸(mm):2060×1513×1924,烘架层数8层,层间距122mm,烘盘尺寸(mm):460×640×45,烘盘数32个,重2.1t,方形,材质304,外壁Q235保温

产品名称	型号规格	参考价格(元)	生产厂家	电话	主要参数及备注
静态真空干燥机	FZG-15	64000	江阴金发干燥设备有限公司	(0510)86178258	干燥箱内尺寸(mm):1500×1220×1400,干燥箱外尺寸(mm):2060×1513×1924,烘架层数8层,层间距122mm,烘盘尺寸(mm):460×640×45,烘盘数32个,真空泵功率11kW(不用冷凝器),重2.1t,方形,内壁材质不锈钢,外壁Q235保温
静态真空干燥机	FZG-15	66000	常州市互帮干燥设备有限公司	(0519)88739588	干燥箱内尺寸(mm):ϕ1500×1220×1400,干燥箱外尺寸(mm):2060×1513×1924,烘架层数8层,层间距122mm,烘盘尺寸(mm):460×640×45,烘盘数32个,重2.1t,方形,材质304,不锈钢保温
静态真空干燥机	FZG-15	69000	江阴金发干燥设备有限公司	(0510)86178258	干燥箱内尺寸(mm):1500×1220×1400,干燥箱外尺寸(mm):2060×1513×1924,烘架层数8层,层间距122mm,烘盘尺寸(mm):460×640×45,烘盘数32个,真空泵功率11kW(不用冷凝器),重2.1t,方形,内壁材质不锈钢,不锈钢保温
静态真空干燥机	FZG-15	135000	江阴金发干燥设备有限公司	(0510)86178258	干燥箱内尺寸(mm):1500×1220×1400,干燥箱外尺寸(mm):2060×1513×1924,烘架层数8层,层间距122mm,烘盘尺寸(mm):460×640×45,烘盘数32个,真空泵功率11kW(不用冷凝器),重2.1t,方形,材质304
静态真空干燥机	FZG-15	138000	江阴金发干燥设备有限公司	(0510)86178258	干燥箱内尺寸(mm):1500×1220×1400,干燥箱外尺寸(mm):2060×1513×1924,烘架层数8层,层间距122mm,烘盘尺寸(mm):460×640×45,烘盘数32个,真空泵功率11kW(不用冷凝器),重2.1t,方形,材质304,外壁Q235保温
静态真空干燥机	FZG-15	143000	江阴金发干燥设备有限公司	(0510)86178258	干燥箱内尺寸(mm):1500×1220×1400,干燥箱外尺寸(mm):2060×1513×1924,烘架层数8层,层间距122mm,烘盘尺寸(mm):460×640×45,烘盘数32个,真空泵功率11kW(不用冷凝器),重2.1t,方形,材质304,不锈钢保温
静态真空干燥机	YZG-600	15000	常州市互帮干燥设备有限公司	(0519)88739588	干燥箱内尺寸(mm):ϕ600×976,干燥箱外尺寸(mm):1153×810×1020,烘架层数4层,层间距81mm,烘盘尺寸(mm):310×600×45,烘盘数4个,重250kg,圆筒形,材质Q235
静态真空干燥机	YZG-600	18500	江阴金发干燥设备有限公司	(0510)86178258	干燥箱内尺寸(mm):ϕ600×976,干燥箱外尺寸(mm):1153×810×1020,烘架层数4层,层间距81mm,烘盘尺寸(mm):310×600×45,烘盘数4个,真空泵功率4kW(不用冷凝器),重250kg,圆筒形,内壁材质不锈钢

产品名称	型号规格	参考价格（元）	生产厂家	电话	主要参数及备注
静态真空干燥机	YZG-600	20000	常州市互帮干燥设备有限公司	（0519）88739588	干燥箱内尺寸（mm）：ϕ600×976，干燥箱外尺寸（mm）：1153×810×1020，烘架层数4层，层间距81mm，烘盘尺寸（mm）：310×600×45，烘盘数4个，重250kg，圆筒形，材质Q235，外壁Q235保温
静态真空干燥机	YZG-600	20000	常州市互帮干燥设备有限公司	（0519）88739588	干燥箱内尺寸（mm）：ϕ600×976，干燥箱外尺寸（mm）：1153×810×1020，烘架层数4层，层间距81mm，烘盘尺寸（mm）：310×600×45，烘盘数4个，重250kg，圆筒形，内壁材质不锈钢
静态真空干燥机	YZG-600	21500	江阴金发干燥设备有限公司	（0510）86178258	干燥箱内尺寸（mm）：ϕ600×976，干燥箱外尺寸（mm）：1153×810×1020，烘架层数4层，层间距81mm，烘盘尺寸（mm）：310×600×45，烘盘数4个，真空泵功率4kW（不用冷凝器），重250kg，圆筒形，内壁材质不锈钢，外壁Q235保温
静态真空干燥机	YZG-600	23000	常州市互帮干燥设备有限公司	（0519）88739588	干燥箱内尺寸（mm）：ϕ600×976，干燥箱外尺寸（mm）：1153×810×1020，烘架层数4层，层间距81mm，烘盘尺寸（mm）：310×600×45，烘盘数4个，重250kg，圆筒形，材质Q235，不锈钢保温
静态真空干燥机	YZG-600	25000	常州市互帮干燥设备有限公司	（0519）88739588	干燥箱内尺寸（mm）：ϕ600×976，干燥箱外尺寸（mm）：1153×810×1020，烘架层数4层，层间距81mm，烘盘尺寸（mm）：310×600×45，烘盘数4个，重250kg，圆筒形，内壁材质不锈钢，外壁Q235保温
静态真空干燥机	YZG-600	26500	江阴金发干燥设备有限公司	（0510）86178258	干燥箱内尺寸（mm）：ϕ600×976，干燥箱外尺寸（mm）：1153×810×1020，烘架层数4层，层间距81mm，烘盘尺寸（mm）：310×600×45，烘盘数4个，真空泵功率4kW（不用冷凝器），重250kg，圆筒形，内壁材质不锈钢，不锈钢保温
静态真空干燥机	YZG-600	28000	常州市互帮干燥设备有限公司	（0519）88739588	干燥箱内尺寸（mm）：ϕ600×976，干燥箱外尺寸（mm）：1153×810×1020，烘架层数4层，层间距81mm，烘盘尺寸（mm）：310×600×45，烘盘数4个，重250kg，圆形，内壁材质不锈钢，不锈钢保温筒
静态真空干燥机	YZG-600	28000	常州市互帮干燥设备有限公司	（0519）88739588	干燥箱内尺寸（mm）：ϕ600×976，干燥箱外尺寸（mm）：1153×810×1020，烘架层数4层，层间距81mm，烘盘尺寸（mm）：310×600×45，烘盘数4个，重250kg，圆筒形，材质304
静态真空干燥机	YZG-600	32000	江阴金发干燥设备有限公司	（0510）86178258	干燥箱内尺寸（mm）：ϕ600×976，干燥箱外尺寸（mm）：1153×810×1020，烘架层数4层，层间距81mm，烘盘尺寸（mm）：310×600×45，烘盘数4个，真空泵功率4kW（不用冷凝器），重250kg，圆筒形，材质304

产品名称	型号规格	参考价格(元)	生产厂家	电话	主要参数及备注
静态真空干燥机	YZG-600	33000	常州市互帮干燥设备有限公司	(0519)88739588	干燥箱内尺寸(mm):ϕ600×976,干燥箱外尺寸(mm):1153×810×1020,烘架层数4层,层间距81mm,烘盘尺寸(mm):310×600×45,烘盘数4个,重250kg,圆筒形,材质304,外壁Q235保温
静态真空干燥机	YZG-600	35000	江阴金发干燥设备有限公司	(0510)86178258	干燥箱内尺寸(mm):ϕ600×976,干燥箱外尺寸(mm):1153×810×1020,烘架层数4层,层间距81mm,烘盘尺寸(mm):310×600×45,烘盘数4个,真空泵功率4kW(不用冷凝器),重250kg,圆筒形,材质304,外壁Q235保温
静态真空干燥机	YZG-600	36000	常州市互帮干燥设备有限公司	(0519)88739588	干燥箱内尺寸(mm):ϕ600×976,干燥箱外尺寸(mm):1153×810×1020,烘架层数4层,层间距81mm,烘盘尺寸(mm):310×600×45,烘盘数4个,重250kg,圆筒形,材质304,不锈钢保温
静态真空干燥机	YZG-600	43000	江阴金发干燥设备有限公司	(0510)86178258	干燥箱内尺寸(mm):ϕ600×976,干燥箱外尺寸(mm):1153×810×1020,烘架层数4层,层间距81mm,烘盘尺寸(mm):310×600×45,烘盘数4个,真空泵功率4kW(不用冷凝器),重250kg,圆筒形,材质304,不锈钢保温
静态真空干燥机	YZG-600	94000	江阴金发干燥设备有限公司	(0510)86178258	干燥箱内尺寸(mm):ϕ600×976,干燥箱外尺寸(mm):1153×810×1020,烘架层数4层,层间距81mm,烘盘尺寸(mm):310×600×45,烘盘数4个,真空泵功率4kW(不用冷凝器),重250kg,圆筒形,材质Q235
静态真空干燥机	YZG-600	97000	江阴金发干燥设备有限公司	(0510)86178258	干燥箱内尺寸(mm):ϕ600×976,干燥箱外尺寸(mm):1153×810×1020,烘架层数4层,层间距81mm,烘盘尺寸(mm):310×600×45,烘盘数4个,真空泵功率4kW(不用冷凝器),重250kg,圆筒形,材质Q235,外壁Q235保温
静态真空干燥机	YZG-600	105000	江阴金发干燥设备有限公司	(0510)86178258	干燥箱内尺寸(mm):ϕ600×976,干燥箱外尺寸(mm):1153×810×1020,烘架层数4层,层间距81mm,烘盘尺寸(mm):310×600×45,烘盘数4个,真空泵功率4kW(不用冷凝器),重250kg,圆筒形,材质Q235,不锈钢保温
静态真空干燥机	YZG-1000	16500	江阴金发干燥设备有限公司	(0510)86178258	干燥箱内尺寸(mm):ϕ1000×1527,干燥箱外尺寸(mm):1740×1226×1385,烘架层数6层,层间距98mm,烘盘尺寸(mm):460×640×45,烘盘数12个,真空泵功率5.5kW(不用冷凝器),重800kg,圆筒形,材质Q235
静态真空干燥机	YZG-1000	19500	江阴金发干燥设备有限公司	(0510)86178258	干燥箱内尺寸(mm):ϕ1000×1527,干燥箱外尺寸(mm):1740×1226×1385,烘架层数6层,层间距98mm,烘盘尺寸(mm):460×640×45,烘盘数12个,真空泵功率5.5kW(不用冷凝器),重800kg,圆筒形,材质Q235,外壁Q235保温

产品名称	型号规格	参考价格（元）	生产厂家	电话	主要参数及备注
静态真空干燥机	YZG-1000	24500	江阴金发干燥设备有限公司	（0510）86178258	干燥箱内尺寸（mm）：φ1000×1527，干燥箱外尺寸（mm）：1740×1226×1385，烘架层数6层，层间距98mm，烘盘尺寸（mm）：460×640×45，烘盘数12个，真空泵功率5.5kW（不用冷凝器），重800kg，圆筒形，材质Q235，不锈钢保温
静态真空干燥机	YZG-1000	25000	常州市互帮干燥设备有限公司	（0519）88739588	干燥箱内尺寸（mm）：φ1000×1527，干燥箱外尺寸（mm）：1740×1226×1385，烘架层数6层，层间距98mm，烘盘尺寸（mm）：460×640×45，烘盘数12个，重800kg，圆筒形，材质Q235
静态真空干燥机	YZG-1000	30000	常州市互帮干燥设备有限公司	（0519）88739588	干燥箱内尺寸（mm）：φ1000×1527，干燥箱外尺寸（mm）：1740×1226×1385，烘架层数6层，层间距98mm，烘盘尺寸（mm）：460×640×45，烘盘数12个，重800kg，圆筒形，材质Q235，外壁Q235保温
静态真空干燥机	YZG-1000	31500	常州市互帮干燥设备有限公司	（0519）88739588	干燥箱内尺寸（mm）：φ1000×1527，干燥箱外尺寸（mm）：1740×1226×1385，烘架层数6层，层间距98mm，烘盘尺寸（mm）：460×640×45，烘盘数12个，重800kg，圆筒形，内壁材质不锈钢
静态真空干燥机	YZG-1000	33000	常州市互帮干燥设备有限公司	（0519）88739588	干燥箱内尺寸（mm）：φ1000×1527，干燥箱外尺寸（mm）：1740×1226×1385，烘架层数6层，层间距98mm，烘盘尺寸（mm）：460×640×45，烘盘数12个，重800kg，圆筒形，材质Q235，不锈钢保温
静态真空干燥机	YZG-1000	33000	江阴金发干燥设备有限公司	（0510）86178258	干燥箱内尺寸（mm）：φ1000×1527，干燥箱外尺寸（mm）：1740×1226×1385，烘架层数6层，层间距98mm，烘盘尺寸（mm）：460×640×45，烘盘数12个，真空泵功率5.5kW（不用冷凝器），重800kg，圆筒形，内壁材质不锈钢
静态真空干燥机	YZG-1000	36000	江阴金发干燥设备有限公司	（0510）86178258	干燥箱内尺寸（mm）：φ1000×1527，干燥箱外尺寸（mm）：1740×1226×1385，烘架层数6层，层间距98mm，烘盘尺寸（mm）：460×640×45，烘盘数12个，真空泵功率5.5kW（不用冷凝器），重800kg，圆筒形，内壁材质不锈钢，外壁Q235保温
静态真空干燥机	YZG-1000	36500	常州市互帮干燥设备有限公司	（0519）88739588	干燥箱内尺寸（mm）：φ1000×1527，干燥箱外尺寸（mm）：1740×1226×1385，烘架层数6层，层间距98mm，烘盘尺寸（mm）：460×640×45，烘盘数12个，重800kg，圆筒形，内壁材质不锈钢，外壁Q235保温
静态真空干燥机	YZG-1000	39500	常州市互帮干燥设备有限公司	（0519）88739588	干燥箱内尺寸（mm）：φ1000×1527，干燥箱外尺寸（mm）：1740×1226×1385，烘架层数6层，层间距98mm，烘盘尺寸（mm）：460×640×45，烘盘数12个，重800kg，圆筒形，内壁材质不锈钢，不锈钢保温

产品名称	型号规格	参考价格(元)	生产厂家	电话	主要参数及备注
静态真空干燥机	YZG-1000	41000	江阴金发干燥设备有限公司	(0510)86178258	干燥箱内尺寸(mm):ϕ1000×1527,干燥箱外尺寸(mm):1740×1226×1385,烘架层数6层,层间距98mm,烘盘尺寸(mm):460×640×45,烘盘数12个,真空泵功率5.5kW(不用冷凝器),重800kg,圆筒形,内壁材质不锈钢,不锈钢保温
静态真空干燥机	YZG-1000	42000	常州市互帮干燥设备有限公司	(0519)88739588	干燥箱内尺寸(mm):ϕ1000×1527,干燥箱外尺寸(mm):1740×1226×1385,烘架层数6层,层间距98mm,烘盘尺寸(mm):460×640×45,烘盘数12个,重800kg,圆筒形,材质304
静态真空干燥机	YZG-1000	47000	常州市互帮干燥设备有限公司	(0519)88739588	干燥箱内尺寸(mm):ϕ1000×1527,干燥箱外尺寸(mm):1740×1226×1385,烘架层数6层,层间距98mm,烘盘尺寸(mm):460×640×45,烘盘数12个,重800kg,圆筒形,材质304,外壁Q235保温
静态真空干燥机	YZG-1000	50000	常州市互帮干燥设备有限公司	(0519)88739588	干燥箱内尺寸(mm):ϕ1000×1527,干燥箱外尺寸(mm):1740×1226×1385,烘架层数6层,层间距98mm,烘盘尺寸(mm):460×640×45,烘盘数12个,重800kg,圆筒形,材质304,不锈钢保温
静态真空干燥机	YZG-1000	55000	江阴金发干燥设备有限公司	(0510)86178258	干燥箱内尺寸(mm):ϕ1000×1527,干燥箱外尺寸(mm):1740×1226×1385,烘架层数6层,层间距98mm,烘盘尺寸(mm):460×640×45,烘盘数12个,真空泵功率5.5kW(不用冷凝器),重800kg,圆筒形,材质304
静态真空干燥机	YZG-1000	58000	江阴金发干燥设备有限公司	(0510)86178258	干燥箱内尺寸(mm):ϕ1000×1527,干燥箱外尺寸(mm):1740×1226×1385,烘架层数6层,层间距98mm,烘盘尺寸(mm):460×640×45,烘盘数12个,真空泵功率5.5kW(不用冷凝器),重800kg,圆筒形,材质304,外壁Q235保温
静态真空干燥机	YZG-1000	63000	江阴金发干燥设备有限公司	(0510)86178258	干燥箱内尺寸(mm):ϕ1000×1527,干燥箱外尺寸(mm):1740×1226×1385,烘架层数6层,层间距98mm,烘盘尺寸(mm):460×640×45,烘盘数12个,真空泵功率5.5kW(不用冷凝器),重800kg,圆筒形,材质304,不锈钢保温
静态真空干燥机	YZG-1400	25000	江阴金发干燥设备有限公司	(0510)86178258	干燥箱内尺寸(mm):ϕ1400×2054,干燥箱外尺寸(mm):2386×1657×1800,烘架层数8层,层间距102mm,烘盘尺寸(mm):460×640×45,烘盘数32个,真空泵功率11kW(不用冷凝器),重1t,圆筒形,材质Q235
静态真空干燥机	YZG-1400	28000	常州市互帮干燥设备有限公司	(0519)88739588	干燥箱内尺寸(mm):ϕ1400×2054,干燥箱外尺寸(mm):2386×1657×1800,烘架层数8层,层间距102mm,烘盘尺寸(mm):460×640×45,烘盘数32个,重1t,圆筒形,材质Q235

产品名称	型号规格	参考价格(元)	生产厂家	电话	主要参数及备注
静态真空干燥机	YZG-1400	28000	江阴金发干燥设备有限公司	(0510)86178258	干燥箱内尺寸(mm)：ϕ1400×2054，干燥箱外尺寸(mm)：2386×1657×1800，烘架层数8层，层间距102mm，烘盘尺寸(mm)：460×640×45，烘盘数32个，真空泵功率11kW(不用冷凝器)，重1t，圆筒形，材质Q235，外壁Q235保温
静态真空干燥机	YZG-1400	33000	常州市互帮干燥设备有限公司	(0519)88739588	干燥箱内尺寸(mm)：ϕ1400×2054，干燥箱外尺寸(mm)：2386×1657×1800，烘架层数8层，层间距102mm，烘盘尺寸(mm)：460×640×45，烘盘数32个，重1t，圆筒形，材质Q235，外壁Q235保温
静态真空干燥机	YZG-1400	33000	江阴金发干燥设备有限公司	(0510)86178258	干燥箱内尺寸(mm)：ϕ1400×2054，干燥箱外尺寸(mm)：2386×1657×1800，烘架层数8层，层间距102mm，烘盘尺寸(mm)：460×640×45，烘盘数32个，真空泵功率11kW(不用冷凝器)，重1t，圆筒形，材质Q235，不锈钢保温
静态真空干燥机	YZG-1400	36000	常州市互帮干燥设备有限公司	(0519)88739588	干燥箱内尺寸(mm)：ϕ1400×2054，干燥箱外尺寸(mm)：2386×1657×1800，烘架层数8层，层间距102mm，烘盘尺寸(mm)：460×640×45，烘盘数32个，重1t，圆筒形，材质Q235，不锈钢保温
静态真空干燥机	YZG-1400	48400	常州市互帮干燥设备有限公司	(0519)88739588	干燥箱内尺寸(mm)：ϕ1400×2054，干燥箱外尺寸(mm)：2386×1657×1800，烘架层数8层，层间距102mm，烘盘尺寸(mm)：460×640×45，烘盘数32个，重1t，圆筒形，内壁材质不锈钢
静态真空干燥机	YZG-1400	51000	江阴金发干燥设备有限公司	(0510)86178258	干燥箱内尺寸(mm)：ϕ1400×2054，干燥箱外尺寸(mm)：2386×1657×1800，烘架层数8层，层间距102mm，烘盘尺寸(mm)：460×640×45，烘盘数32个，真空泵功率11kW(不用冷凝器)，重1t，圆筒形，内壁材质不锈钢
静态真空干燥机	YZG-1400	53400	常州市互帮干燥设备有限公司	(0519)88739588	干燥箱内尺寸(mm)：ϕ1400×2054，干燥箱外尺寸(mm)：2386×1657×1800，烘架层数8层，层间距102mm，烘盘尺寸(mm)：460×640×45，烘盘数32个，重1t，圆筒形，内壁材质不锈钢，外壁Q235保温
静态真空干燥机	YZG-1400	54000	江阴金发干燥设备有限公司	(0510)86178258	干燥箱内尺寸(mm)：ϕ1400×2054，干燥箱外尺寸(mm)：2386×1657×1800，烘架层数8层，层间距102mm，烘盘尺寸(mm)：460×640×45，烘盘数32个，真空泵功率11kW(不用冷凝器)，重1t，圆筒形，内壁材质不锈钢，外壁Q235保温
静态真空干燥机	YZG-1400	56000	常州市互帮干燥设备有限公司	(0519)88739588	干燥箱内尺寸(mm)：ϕ1400×2054，干燥箱外尺寸(mm)：2386×1657×1800，烘架层数8层，层间距102mm，烘盘尺寸(mm)：460×640×45，烘盘数32个，重1t，圆筒形，材质304

产品名称	型号规格	参考价格(元)	生产厂家	电话	主要参数及备注
静态真空干燥机	YZG-1400	56400	常州市互帮干燥设备有限公司	(0519)88739588	干燥箱内尺寸(mm):ϕ1400×2054,干燥箱外尺寸(mm):2386×1657×1800,烘架层数8层,层间距102mm,烘盘尺寸(mm):460×640×45,烘盘数32个,重1t,圆筒形,内壁材质不锈钢,不锈钢保温
静态真空干燥机	YZG-1400	59000	江阴金发干燥设备有限公司	(0510)86178258	干燥箱内尺寸(mm):ϕ1400×2054,干燥箱外尺寸(mm):2386×1657×1800,烘架层数8层,层间距102mm,烘盘尺寸(mm):460×640×45,烘盘数32个,真空泵功率11kW(不用冷凝器),重1t,圆筒形,内壁材质不锈钢,不锈钢保温
静态真空干燥机	YZG-1400	61000	常州市互帮干燥设备有限公司	(0519)88739588	干燥箱内尺寸(mm):ϕ1400×2054,干燥箱外尺寸(mm):2386×1657×1800,烘架层数8层,层间距102mm,烘盘尺寸(mm):460×640×45,烘盘数32个,重1t,圆筒形,材质304,外壁Q235保温
静态真空干燥机	YZG-1400	64000	常州市互帮干燥设备有限公司	(0519)88739588	干燥箱内尺寸(mm):ϕ1400×2054,干燥箱外尺寸(mm):2386×1657×1800,烘架层数8层,层间距102mm,烘盘尺寸(mm):460×640×45,烘盘数32个,重1t,圆筒形,材质304,不锈钢保温
静态真空干燥机	YZG-1400	82000	江阴金发干燥设备有限公司	(0510)86178258	干燥箱内尺寸(mm):ϕ1400×2054,干燥箱外尺寸(mm):2386×1657×1800,烘架层数8层,层间距102mm,烘盘尺寸(mm):460×640×45,烘盘数32个,真空泵功率11kW(不用冷凝器),重1t,圆筒形,材质304
静态真空干燥机	YZG-1400	85000	江阴金发干燥设备有限公司	(0510)86178258	干燥箱内尺寸(mm):ϕ1400×2054,干燥箱外尺寸(mm):2386×1657×1800,烘架层数8层,层间距102mm,烘盘尺寸(mm):460×640×45,烘盘数32个,真空泵功率11kW(不用冷凝器),重1t,圆筒形,材质304,外壁Q235保温
静态真空干燥机	YZG-1400	90000	江阴金发干燥设备有限公司	(0510)86178258	干燥箱内尺寸(mm):ϕ1400×2054,干燥箱外尺寸(mm):2386×1657×1800,烘架层数8层,层间距102mm,烘盘尺寸(mm):460×640×45,烘盘数32个,真空泵功率11kW(不用冷凝器),重1t,圆筒形,材质304,不锈钢保温
冷冻真空干燥机	LSDGJ-1A	185000	常州中贝干燥设备有限公司	(0519)88671938	内部材质不锈钢
冷冻真空干燥机	LSDGJ-2A	280000	常州中贝干燥设备有限公司	(0519)88671938	内部材质不锈钢
冷冻真空干燥机	LSDGJ-3A	340000	常州中贝干燥设备有限公司	(0519)88671938	内部材质不锈钢
冷冻真空干燥机	LSDGJ-5A	380000	常州中贝干燥设备有限公司	(0519)88671938	内部材质不锈钢
冷冻真空干燥机	LSDGJ-10A	650000	常州中贝干燥设备有限公司	(0519)88671938	内部材质不锈钢

产品名称	型号规格	参考价格(元)	生产厂家	电话	主要参数及备注
冷冻真空干燥机	LSDGJ-15A	758000	常州中贝干燥设备有限公司	(0519)88671938	内部材质不锈钢
冷冻真空干燥机	LSDGJ-20A	980000	常州中贝干燥设备有限公司	(0519)88671938	内部材质不锈钢
冷冻真空干燥机	LSDGJ-25A	1250000	常州中贝干燥设备有限公司	(0519)88671938	内部材质不锈钢
冷冻真空干燥机	LSDGJ-30A	1450000	常州中贝干燥设备有限公司	(0519)88671938	内部材质不锈钢
冷冻真空干燥机	LSDGJ-35A	1650000	常州中贝干燥设备有限公司	(0519)88671938	内部材质不锈钢
冷冻真空干燥机	LSDGJ-40A	1850000	常州中贝干燥设备有限公司	(0519)88671938	内部材质不锈钢
双锥回转真空干燥机	GSZ-20000	195000	宝鸡忠诚制药机械有限公司	(0917)3851519	容积2000L,夹套内公称压力0.3MPa,功率5.5kW,外形尺寸(mm):3520×1820×3050,重6.5t,防爆型
双锥回转真空干燥机	SZ-400	73000	宝鸡忠诚制药机械有限公司	(0917)3851519	容积400L,夹套内公称压力0.3MPa,功率1.5kW,外形尺寸(mm):2750×1012×2230,重1.44t,防爆型
双锥回转真空干燥机	SZ-800/B	78000	宝鸡忠诚制药机械有限公司	(0917)3851519	容积800L,夹套内公称压力0.3MPa,功率3kW,外形尺寸(mm):3270×1232×2640,重3.55t,普通型
双锥回转真空干燥机	SZ-800/C	135000	宝鸡忠诚制药机械有限公司	(0917)3851519	容积800L,夹套内公称压力0.3MPa,功率3kW,外形尺寸(mm):3270×1232×2840,重4t,防爆型
双锥回转真空干燥机	SZ-1500/B	165000	宝鸡忠诚制药机械有限公司	(0917)3851519	容积1500L,夹套内公称压力0.3MPa,功率5.5kW,外形尺寸(mm):3924×1614×2948,重5.3t,普通型
双锥回转真空干燥机	SZG-50	25000	常州市互帮干燥设备有限公司	(0519)88739588	包装板材质碳钢
双锥回转真空干燥机	SZG-50	28000	常州市互帮干燥设备有限公司	(0519)88739588	内外材质不锈钢
双锥回转真空干燥机	SZG-50	28000	常州市互帮干燥设备有限公司	(0519)88739588	内壁材质搪瓷
双锥回转真空干燥机	SZG-50	33000	江阴金发干燥设备有限公司	(0510)86178258	总容积50L,包装板材质碳钢
双锥回转真空干燥机	SZG-50	33000	常州中贝干燥设备有限公司	(0519)88671938	总容积50L,内壁材质搪瓷
双锥回转真空干燥机	SZG-50	33000	江苏一步干燥设备有限公司	(0519)88902618	包装板材质碳钢
双锥回转真空干燥机	SZG-50	35000	江阴金发干燥设备有限公司	(0510)86178258	总容积50L,内外材质不锈钢板
双锥回转真空干燥机	SZG-50	35000	江苏一步干燥设备有限公司	(0519)88902618	内外材质不锈钢板
双锥回转真空干燥机	SZG-50	40500	常州中贝干燥设备有限公司	(0519)88671938	总容积50L,包装板材质碳钢
双锥回转真空干燥机	SZG-50	43700	常州中贝干燥设备有限公司	(0519)88671938	总容积50L,内外材质不锈钢板
双锥回转真空干燥机	SZG-50A	36000	江阴金发干燥设备有限公司	(0510)86178258	总容积50L,无级调速,包装板材质碳钢
双锥回转真空干燥机	SZG-50A	36000	江苏一步干燥设备有限公司	(0519)88902618	包装板材质碳钢,无级调速
双锥回转真空干燥机	SZG-50A	38000	江阴金发干燥设备有限公司	(0510)86178258	总容积50L,无级调速,内外材质不锈钢板

产品名称	型号规格	参考价格(元)	生产厂家	电话	主要参数及备注
双锥回转真空干燥机	SZG-50A	38000	江苏一步干燥设备有限公司	(0519)88902618	内外材质不锈钢板,无级调速
双锥回转真空干燥机	SZG-50L	42000	江苏先锋干燥工程有限公司	(0519)88930888	罐内容积50L,内壁材质搪瓷
双锥回转真空干燥机	SZG-50L	45000	江苏先锋干燥工程有限公司	(0519)88930888	罐内容积50L,内外材质不锈钢
双锥回转真空干燥机	SZG-100	30000	常州市互帮干燥设备有限公司	(0519)88739588	包装板材质碳钢
双锥回转真空干燥机	SZG-100	32000	常州市互帮干燥设备有限公司	(0519)88739588	内壁材质搪瓷
双锥回转真空干燥机	SZG-100	33000	常州市互帮干燥设备有限公司	(0519)88739588	内外材质不锈钢
双锥回转真空干燥机	SZG-100	35000	江阴市宏达粉体设备有限公司	(0510)86237735	总容积100L,转速6.5r/min,功率1.1kW,材质304
双锥回转真空干燥机	SZG-100	38000	江阴金发干燥设备有限公司	(0510)86178258	总容积100L,工作容积50L,加热面积1.16m²,转速6r/min,回转高度1810mm,罐内额定压力-0.09~0.096MPa,夹层额定压力0.3MPa,功率0.75kW,重550kg,包装板材质碳钢
双锥回转真空干燥机	SZG-100	38000	江苏一步干燥设备有限公司	(0519)88902618	总容积100L,工作容积50L,加热面积1.16m²,转速6r/min,回转高度1810mm,罐内额定压力-0.09~0.096MPa,夹层额定压力0.3MPa,功率0.75kW,重825kg,包装板材质碳钢
双锥回转真空干燥机	SZG-100	38500	常州中贝干燥设备有限公司	(0519)88671938	总容积100L,工作容积≤50L,加热面积1.16m²,转速3~13r/min,回转高度1810mm,功率0.76kW,重550kg,内壁材质搪瓷
双锥回转真空干燥机	SZG-100	42000	江阴金发干燥设备有限公司	(0510)86178258	总容积100L,工作容积50L,加热面积1.16m²,转速6r/min,回转高度1810mm,罐内额定压力-0.09~0.096MPa,夹层额定压力0.3MPa,功率0.75kW,重550kg,内外材质不锈钢板
双锥回转真空干燥机	SZG-100	42000	江苏一步干燥设备有限公司	(0519)88902618	总容积100L,工作容积50L,加热面积1.16m²,转速6r/min,回转高度1810mm,罐内额定压力-0.09~0.096MPa,夹层额定压力0.3MPa,功率0.75kW,重825kg,内外材质不锈钢板
双锥回转真空干燥机	SZG-100	45500	江阴市宏达粉体设备有限公司	(0510)86237735	总容积100L,转速6.5r/min,功率1.1kW,材质316
双锥回转真空干燥机	SZG-100	47500	常州中贝干燥设备有限公司	(0519)88671938	总容积100L,工作容积≤50L,加热面积1.16m²,转速3~13r/min,回转高度1810mm,功率0.76kW,重550kg,包装板材质碳钢
双锥回转真空干燥机	SZG-100	49500	常州中贝干燥设备有限公司	(0519)88671938	总容积100L,工作容积≤50L,加热面积1.16m²,转速3~13r/min,回转高度1810mm,功率0.76kW,重550kg,内外材质不锈钢板
双锥回转真空干燥机	SZG-100A	40000	江阴金发干燥设备有限公司	(0510)86178258	总容积100L,工作容积50L,加热面积1.16m²,转速6r/min,回转高度1810mm,罐内额定压力-0.09~0.096MPa,夹层额定压力0.3MPa,功率0.75kW,重550kg,无级调速,包装板材质碳钢

产品名称	型号规格	参考价格(元)	生产厂家	电话	主要参数及备注
双锥回转真空干燥机	SZG-100A	40000	江苏一步干燥设备有限公司	(0519)88902618	包装板材质碳钢,无级调速
双锥回转真空干燥机	SZG-100A	44000	江阴金发干燥设备有限公司	(0510)86178258	总容积100L,工作容积50L,加热面积1.16m^2,转速6 r/min,回转高度1810mm,罐内额定压力-0.09~0.096MPa,夹层额定压力0.3MPa,功率0.75kW,重550kg,无级调速,内外材质不锈钢板
双锥回转真空干燥机	SZG-100A	44000	江苏一步干燥设备有限公司	(0519)88902618	内外材质不锈钢板,无级调速
双锥回转真空干燥机	SZG-100L	33800	无锡市凯信干燥成套设备有限公司	(0510)81663608	装料容积50L,最大装料重30kg,电动机功率1.1 kW,重750kg,材质搪玻璃
双锥回转真空干燥机	SZG-100L	37000	无锡市凯信干燥成套设备有限公司	(0510)81663608	装料容积50L,最大装料重30kg,电动机功率1.1 kW,重750kg,材质不锈钢
双锥回转真空干燥机	SZG-100L	52000	江苏先锋干燥工程有限公司	(0519)88930888	罐内容积100L,最大装料容积40L,最大装料重20kg,转速3~13 r/min,加热面积1.1m^2,电动机功率0.75kW,重800kg,内壁材质搪瓷
双锥回转真空干燥机	SZG-100L	55000	江苏先锋干燥工程有限公司	(0519)88930888	罐内容积100L,最大装料容积40L,最大装料重20kg,转速3~13 r/min,加热面积1.1 m^2,电动机功率0.75kW,重800kg,内外材质不锈钢
双锥回转真空干燥机	SZG-200	32000	常州市互帮干燥设备有限公司	(0519)88739588	包装板材质碳钢
双锥回转真空干燥机	SZG-200	36000	常州市互帮干燥设备有限公司	(0519)88739588	内壁材质搪瓷
双锥回转真空干燥机	SZG-200	38000	常州市互帮干燥设备有限公司	(0519)88739588	内外材质不锈钢
双锥回转真空干燥机	SZG-200	41000	江苏一步干燥设备有限公司	(0519)88902618	总容积200L,工作容积100L,加热面积1.5m^2,转速6 r/min,回转高度1910mm,罐内额定压力-0.09~0.096MPa,夹层额定压力0.3MPa,功率1.1kW,重1.05t,包装板材质碳钢
双锥回转真空干燥机	SZG-200	45000	江苏一步干燥设备有限公司	(0519)88902618	总容积200L,工作容积100L,加热面积1.5m^2,转速6 r/min,回转高度1910mm,罐内额定压力-0.09~0.096MPa,夹层额定压力0.3MPa,功率1.1kW,重1.05t,内外材质不锈钢板
双锥回转真空干燥机	SZG-200A	43000	江苏一步干燥设备有限公司	(0519)88902618	包装板材质碳钢,无级调速
双锥回转真空干燥机	SZG-200A	47000	江苏一步干燥设备有限公司	(0519)88902618	内外材质不锈钢板,无级调速
双锥回转真空干燥机	SZG-200L	45000	无锡市凯信干燥成套设备有限公司	(0510)81663608	装料容积100L,最大装料重60kg,电动机功率1.5 kW,重980kg,材质搪玻璃
双锥回转真空干燥机	SZG-200L	57000	江苏先锋干燥工程有限公司	(0519)88930888	罐内容积200L,内壁材质搪瓷
双锥回转真空干燥机	SZG-200L	60000	江苏先锋干燥工程有限公司	(0519)88930888	罐内容积200L,内外材质不锈钢
双锥回转真空干燥机	SZG-300L	51500	无锡市凯信干燥成套设备有限公司	(0510)81663608	装料容积150L,最大装料重90kg,电动机功率1.5kW,重1.2t,材质不锈钢
双锥回转真空干燥机	SZG-300L	52400	无锡市凯信干燥成套设备有限公司	(0510)81663608	装料容积150L,最大装料重90kg,电动机功率1.5kW,重1.2t,材质搪玻璃

产品名称	型号规格	参考价格（元）	生产厂家	电话	主要参数及备注
双锥回转真空干燥机	SZG-300L	56000	江苏先锋干燥工程有限公司	（0519）88930888	罐内容积300L,内壁材质搪瓷
双锥回转真空干燥机	SZG-300L	61000	江苏先锋干燥工程有限公司	（0519）88930888	罐内容积300L,内外材质不锈钢
双锥回转真空干燥机	SZG-350	40000	常州市互帮干燥设备有限公司	（0519）88739588	内壁材质搪瓷
双锥回转真空干燥机	SZG-350	42000	常州市互帮干燥设备有限公司	（0519）88739588	内外材质不锈钢
双锥回转真空干燥机	SZG-350	43000	江阴金发干燥设备有限公司	（0510）86178258	总容积350L,工作容积175L,加热面积$2m^2$,转速6 r/min,回转高度2090mm,罐内额定压力-0.09~0.096MPa,夹层额定压力0.3MPa,功率1.5kW,重900kg,包装板材质碳钢
双锥回转真空干燥机	SZG-350	43000	江苏一步干燥设备有限公司	（0519）88902618	总容积350L,工作容积175L,加热面积$2m^2$,转速6 r/min,回转高度2090mm,罐内额定压力-0.09~0.096MPa,夹层额定压力0.3MPa,功率1.5kW,重1.35t,包装板材质碳钢
双锥回转真空干燥机	SZG-350	43000	常州市宇通干燥设备有限公司	（0519）88901088	内壁材质不锈钢,不带真空泵
双锥回转真空干燥机	SZG-350	45000	常州市互帮干燥设备有限公司	（0519）88739588	包装板材质碳钢
双锥回转真空干燥机	SZG-350	47000	江阴金发干燥设备有限公司	（0510）86178258	总容积350L,工作容积175L,加热面积$2m^2$,转速6 r/min,回转高度2090mm,罐内额定压力-0.09~0.096MPa,夹层额定压力0.3MPa,功率1.5kW,重900kg,内外材质不锈钢板
双锥回转真空干燥机	SZG-350	47000	江苏一步干燥设备有限公司	（0519）88902618	总容积350L,工作容积175L,加热面积$2m^2$,转速6 r/min,回转高度2090mm,罐内额定压力-0.09~0.096MPa,夹层额定压力0.3MPa,功率1.5kW,重1.35t,内外材质不锈钢板
双锥回转真空干燥机	SZG-350	47000	常州市宇通干燥设备有限公司	（0519）88901088	内外壁材质不锈钢,不带真空泵
双锥回转真空干燥机	SZG-350	47500	常州中贝干燥设备有限公司	（0519）88671938	总容积350L,工作容积≤175L,加热面积$2m^2$,转速3~13 r/min,回转高度2090mm,功率1.5kW,重900kg,内壁材质搪瓷
双锥回转真空干燥机	SZG-350	52900	常州中贝干燥设备有限公司	（0519）88671938	总容积350L,工作容积≤175L,加热面积$2m^2$,转速3~13 r/min,回转高度2090mm,功率1.5kW,重900kg,包装板材质碳钢
双锥回转真空干燥机	SZG-350	58500	常州中贝干燥设备有限公司	（0519）88671938	总容积350L,工作容积≤175L,加热面积$2m^2$,转速3~13 r/min,回转高度2090mm,功率1.5kW,重900kg,内外材质不锈钢板
双锥回转真空干燥机	SZG-350A	49000	江阴金发干燥设备有限公司	（0510）86178258	总容积350L,工作容积175L,加热面积$2m^2$,转速6 r/min,回转高度2090mm,罐内额定压力-0.09~0.096MPa,夹层额定压力0.3MPa,功率1.5kW,重900kg,无级调速,包装板材质碳钢
双锥回转真空干燥机	SZG-350A	49000	江苏一步干燥设备有限公司	（0519）88902618	包装板材质碳钢,无级调速

产品名称	型号规格	参考价格(元)	生产厂家	电话	主要参数及备注
双锥回转真空干燥机	SZG-350A	52000	江阴金发干燥设备有限公司	(0510)86178258	总容积350L,工作容积175L,加热面积$2m^2$,转速6 r/min,回转高度2090mm,罐内额定压力-0.09~0.096MPa,夹层额定压力0.3MPa,功率1.5kW,重900kg,无级调速,内外材质不锈钢板
双锥回转真空干燥机	SZG-350A	52000	江苏一步干燥设备有限公司	(0519)88902618	内外材质不锈钢板,无级调速
双锥回转真空干燥机	SZG-400L	56100	无锡市凯信干燥成套设备有限公司	(0510)81663608	材质不锈钢
双锥回转真空干燥机	SZG-400L	61200	无锡市凯信干燥成套设备有限公司	(0510)81663608	材质搪玻璃
双锥回转真空干燥机	SZG-500	42000	常州市互帮干燥设备有限公司	(0519)88739588	包装板材质碳钢
双锥回转真空干燥机	SZG-500	46000	常州市互帮干燥设备有限公司	(0519)88739588	内壁材质搪瓷
双锥回转真空干燥机	SZG-500	48000	常州市互帮干燥设备有限公司	(0519)88739588	内外材质不锈钢
双锥回转真空干燥机	SZG-500	53000	江阴金发干燥设备有限公司	(0510)86178258	总容积500L,工作容积250L,加热面积$2.63m^2$,转速6 r/min,回转高度2195mm,罐内额定压力-0.09~0.096MPa,夹层额定压力0.3MPa,功率1.5kW,重1.1t,包装板材质碳钢
双锥回转真空干燥机	SZG-500	53000	江苏一步干燥设备有限公司	(0519)88902618	总容积500L,工作容积250L,加热面积$2.63m^2$,转速6 r/min,回转高度2195mm,罐内额定压力-0.09~0.096MPa,夹层额定压力0.3MPa,功率1.5kW,重1.65t,包装板材质碳钢
双锥回转真空干燥机	SZG-500	53000	常州市宇通干燥设备有限公司	(0519)88901088	内壁材质不锈钢,不带真空泵
双锥回转真空干燥机	SZG-500	53800	江阴市宏达粉体设备有限公司	(0510)86237735	总容积500L,转速6.5r/min,功率1.5kW,材质304
双锥回转真空干燥机	SZG-500	57500	常州中贝干燥设备有限公司	(0519)88671938	总容积500L,工作容积≤250L,加热面积$2.63m^2$,转速3~13 r/min,回转高度2195mm,功率1.5kW,重1.1t,内壁材质搪瓷
双锥回转真空干燥机	SZG-500	59000	江阴金发干燥设备有限公司	(0510)86178258	总容积500L,工作容积250L,加热面积$2.63m^2$,转速6 r/min,回转高度2195mm,罐内额定压力-0.09~0.096MPa,夹层额定压力0.3MPa,功率1.5kW,重1.1t,内外材质不锈钢板
双锥回转真空干燥机	SZG-500	59000	江苏一步干燥设备有限公司	(0519)88902618	总容积500L,工作容积250L,加热面积$2.63m^2$,转速6 r/min,回转高度2195mm,罐内额定压力-0.09~0.096MPa,夹层额定压力0.3MPa,功率1.5kW,重1.65t,内外材质不锈钢板
双锥回转真空干燥机	SZG-500	59000	常州市宇通干燥设备有限公司	(0519)88901088	内外壁材质不锈钢,不带真空泵
双锥回转真空干燥机	SZG-500	64400	常州中贝干燥设备有限公司	(0519)88671938	总容积500L,工作容积≤250L,加热面积$2.63m^2$,转速3~13 r/min,回转高度2195mm,功率1.5kW,重1.1t,包装板材质碳钢
双锥回转真空干燥机	SZG-500	69940	江阴市宏达粉体设备有限公司	(0510)86237735	总容积500L,转速6.5r/min,功率1.5kW,材质316

产品名称	型号规格	参考价格(元)	生产厂家	电话	主要参数及备注
双锥回转真空干燥机	SZG-500	70800	常州中贝干燥设备有限公司	(0519)88671938	总容积 500L,工作容积≤250L,加热面积 2.63 m^2,转速 3~13 r/min,回转高度 2195mm,功率 1.5kW,重1.1t,内外材质不锈钢板
双锥回转真空干燥机	SZG-500A	58000	江阴金发干燥设备有限公司	(0510)86178258	总容积 500L,工作容积 250L,加热面积2.63 m^2,转速 6 r/min,回转高度 2195mm,罐内额定压力 -0.09~0.096MPa,夹层额定压力 0.3MPa,功率1.5kW,重1.1t,无级调速,包装板材质碳钢
双锥回转真空干燥机	SZG-500A	58000	江苏一步干燥设备有限公司	(0519)88902618	包装板材质碳钢,无级调速
双锥回转真空干燥机	SZG-500A	64000	江阴金发干燥设备有限公司	(0510)86178258	总容积 500L,工作容积 250L,加热面积2.63 m^2,转速 6 r/min,回转高度 2195mm,罐内额定压力 -0.09~0.096MPa,夹层额定压力 0.3MPa,功率1.5kW,重1.1t,无级调速,内外材质不锈钢板
双锥回转真空干燥机	SZG-500A	64000	江苏一步干燥设备有限公司	(0519)88902618	内外材质不锈钢板,无级调速
双锥回转真空干燥机	SZG-500L	59300	无锡市凯信干燥成套设备有限公司	(0510)81663608	装料容积 250L,最大装料重 150kg,电动机功率2.2kW,重1.45t,材质不锈钢
双锥回转真空干燥机	SZG-500L	66600	无锡市凯信干燥成套设备有限公司	(0510)81663608	装料容积 250L,最大装料重 150kg,电动机功率2.2kW,重1.45t,材质搪玻璃
双锥回转真空干燥机	SZG-500L	72000	江苏先锋干燥工程有限公司	(0519)88930888	罐内容积 500L,最大装料容积 200L,最大装料重 100kg,转速 3~13 r/min,加热面积2.8 m^2,电动机功率1.5kW,重1.2t,内壁材质搪瓷
双锥回转真空干燥机	SZG-500L	78000	江苏先锋干燥工程有限公司	(0519)88930888	罐内容积 500L,最大装料容积 200L,最大装料重 100kg,转速 3~13 r/min,加热面积2.8 m^2,电动机功率1.5kW,重1.2t,内外材质不锈钢
双锥回转真空干燥机	SZG-750	50000	常州市互帮干燥设备有限公司	(0519)88739588	包装板材质碳钢
双锥回转真空干燥机	SZG-750	52000	常州市互帮干燥设备有限公司	(0519)88739588	内壁材质搪瓷
双锥回转真空干燥机	SZG-750	55000	常州市互帮干燥设备有限公司	(0519)88739588	内外材质不锈钢
双锥回转真空干燥机	SZG-750	59000	江阴金发干燥设备有限公司	(0510)86178258	总容积 750L,工作容积 375L,加热面积3.5 m^2,转速 6 r/min,回转高度 2500mm,罐内额定压力 -0.09~0.096MPa,夹层额定压力 0.3MPa,功率 2kW,重1.2t,包装板材质碳钢
双锥回转真空干燥机	SZG-750	59000	江苏一步干燥设备有限公司	(0519)88902618	总容积 750L,工作容积 375L,加热面积3.5 m^2,转速 6 r/min,回转高度 2500mm,罐内额定压力 -0.09~0.096MPa,夹层额定压力 0.3MPa,功率 2kW,重1.8t,包装板材质碳钢
双锥回转真空干燥机	SZG-750	59000	常州市宇通干燥设备有限公司	(0519)88901088	内壁材质不锈钢,不带真空泵
双锥回转真空干燥机	SZG-750	59400	常州中贝干燥设备有限公司	(0519)88671938	总容积 750L,工作容积≤375L,加热面积 3.5 m^2,转速 3~13 r/min,回转高度 2500mm,功率 2kW,重1.2t,内壁材质搪瓷

产品名称	型号规格	参考价格（元）	生产厂家	电话	主要参数及备注
双锥回转真空干燥机	SZG-750	65000	江阴金发干燥设备有限公司	（0510）86178258	总容积750L，工作容积375L，加热面积$3.5m^2$，转速6 r/min，回转高度2500mm，罐内额定压力-0.09～0.096MPa，夹层额定压力0.3MPa，功率2kW，重1.2t，内外材质不锈钢板
双锥回转真空干燥机	SZG-750	65000	江苏一步干燥设备有限公司	（0519）88902618	总容积750L，工作容积375L，加热面积$3.5m^2$，转速6 r/min，回转高度2500mm，罐内额定压力-0.09～0.096MPa，夹层额定压力0.3MPa，功率2kW，重1.8t，内外材质不锈钢板
双锥回转真空干燥机	SZG-750	65000	常州市宇通干燥设备有限公司	（0519）88901088	内外壁材质不锈钢，不带真空泵
双锥回转真空干燥机	SZG-750	71300	常州中贝干燥设备有限公司	（0519）88671938	总容积750L，工作容积≤375L，加热面积3.5 m^2，转速3～13 r/min，回转高度2500mm，功率2kW，重1.2t，包装板材质碳钢
双锥回转真空干燥机	SZG-750	79500	常州中贝干燥设备有限公司	（0519）88671938	总容积750L，工作容积≤375L，加热面积3.5 m^2，转速3～13 r/min，回转高度2500mm，功率2kW，重1.2t，内外材质不锈钢板
双锥回转真空干燥机	SZG-750A	68000	江阴金发干燥设备有限公司	（0510）86178258	总容积750L，工作容积375L，加热面积$3.5m^2$，转速6 r/min，回转高度2500mm，罐内额定压力-0.09～0.096MPa，夹层额定压力0.3MPa，功率2kW，重1.2t，无级调速，包装板材质碳钢
双锥回转真空干燥机	SZG-750A	68000	江苏一步干燥设备有限公司	（0519）88902618	包装板材质碳钢，无级调速
双锥回转真空干燥机	SZG-750A	73000	江阴金发干燥设备有限公司	（0510）86178258	总容积750L，工作容积375L，加热面积$3.5m^2$，转速6 r/min，回转高度2500mm，罐内额定压力-0.09～0.096MPa，夹层额定压力0.3MPa，功率2kW，重1.2t，无级调速，内外材质不锈钢板
双锥回转真空干燥机	SZG-750A	73000	江苏一步干燥设备有限公司	（0519）88902618	内外材质不锈钢板，无级调速
双锥回转真空干燥机	SZG-750L	85000	江苏先锋干燥工程有限公司	（0519）88930888	罐内容积750L，最大装料容积300L，最大装料重150kg，转速3～13 r/min，加热面积$3.9m^2$，电动机功率2.2kW，重1.5t，内壁材质搪瓷
双锥回转真空干燥机	SZG-750L	90000	江苏先锋干燥工程有限公司	（0519）88930888	罐内容积750L，最大装料容积300L，最大装料重150kg，转速3～13 r/min，加热面积$3.9m^2$，电动机功率2.2kW，重1.5t，内外材质不锈钢
双锥回转真空干燥机	SZG-800L	65000	无锡市凯信干燥成套设备有限公司	（0510）81663608	装料容积400L，最大装料重240kg，电动机功率2.2kW，重1.9t，材质不锈钢
双锥回转真空干燥机	SZG-800L	75200	无锡市凯信干燥成套设备有限公司	（0510）81663608	装料容积400L，最大装料重240kg，电动机功率2.2kW，重1.9t，材质搪玻璃
双锥回转真空干燥机	SZG-1000	55000	常州市互帮干燥设备有限公司	（0519）88739588	包装板材质碳钢
双锥回转真空干燥机	SZG-1000	61000	常州市互帮干燥设备有限公司	（0519）88739588	内壁材质搪瓷
双锥回转真空干燥机	SZG-1000	65000	常州市互帮干燥设备有限公司	（0519）88739588	内外材质不锈钢

产品名称	型号规格	参考价格（元）	生产厂家	电话	主要参数及备注
双锥回转真空干燥机	SZG-1000	68000	江阴金发干燥设备有限公司	（0510）86178258	总容积 1000L，工作容积 500L，加热面积 $4.61m^2$，转速 6 r/min，回转高度 2665mm，罐内额定压力-0.09～0.096MPa，夹层额定压力0.3MPa，功率 3kW，重1.3t，包装板材质碳钢
双锥回转真空干燥机	SZG-1000	68000	江苏一步干燥设备有限公司	（0519）88902618	总容积 1000L，工作容积 500L，加热面积 $4.61m^2$，转速 6 r/min，回转高度 2665mm，罐内额定压力-0.09～0.096MPa，夹层额定压力0.3MPa，功率 3kW，重2.07t，包装板材质碳钢
双锥回转真空干燥机	SZG-1000	68000	常州市宇通干燥设备有限公司	（0519）88901088	内壁材质不锈钢，不带真空泵
双锥回转真空干燥机	SZG-1000	69300	常州中贝干燥设备有限公司	（0519）88671938	总容积 1000L，工作容积≤500L，加热面积 $4.61 m^2$，转速 3～13 r/min，回转高度 2665mm，功率 3kW，重1.3t，内壁材质搪瓷
双锥回转真空干燥机	SZG-1000	75000	常州市宇通干燥设备有限公司	（0519）88901088	内外壁材质不锈钢，不带真空泵
双锥回转真空干燥机	SZG-1000	76000	江阴金发干燥设备有限公司	（0510）86178258	总容积 1000L，工作容积 500L，加热面积 $4.61m^2$，转速 6 r/min，回转高度 2665mm，罐内额定压力-0.09～0.096MPa，夹层额定压力0.3MPa，功率 3kW，重1.3t，内外材质不锈钢板
双锥回转真空干燥机	SZG-1000	76000	江苏一步干燥设备有限公司	（0519）88902618	总容积 1000L，工作容积 500L，加热面积 $4.61m^2$，转速 6 r/min，回转高度 2665mm，罐内额定压力-0.09～0.096MPa，夹层额定压力0.3MPa，功率 3kW，重2.07t，内外材质不锈钢板
双锥回转真空干燥机	SZG-1000	82800	常州中贝干燥设备有限公司	（0519）88671938	总容积1000L，工作容积≤500L，加热面积 $4.61 m^2$，转速 3～13 r/min，回转高度 2665mm，功率 3kW，重1.3t，包装板材质碳钢
双锥回转真空干燥机	SZG-1000	92000	常州中贝干燥设备有限公司	（0519）88671938	总容积1000L，工作容积≤500L，加热面积 $4.61 m^2$，转速 3～13 r/min，回转高度 2665mm，功率 3kW，重1.3t，内外材质不锈钢板
双锥回转真空干燥机	SZG-1000A	73000	江阴金发干燥设备有限公司	（0510）86178258	总容积 1000L，工作容积 500L，加热面积 $4.61m^2$，转速 6 r/min，回转高度 2665mm，罐内额定压力-0.09～0.096MPa，夹层额定压力0.3MPa，功率 3kW，重1.3t，无级调速，包装板材质碳钢
双锥回转真空干燥机	SZG-1000A	73000	江苏一步干燥设备有限公司	（0519）88902618	包装板材质碳钢，无级调速
双锥回转真空干燥机	SZG-1000A	79000	江阴金发干燥设备有限公司	（0510）86178258	总容积 1000L，工作容积 500L，加热面积 $4.61m^2$，转速 6 r/min，回转高度 2665mm，罐内额定压力-0.09～0.096MPa，夹层额定压力0.3MPa，功率 3kW，重1.3t，无级调速，内外材质不锈钢板
双锥回转真空干燥机	SZG-1000A	79000	江苏一步干燥设备有限公司	（0519）88902618	内外材质不锈钢板，无级调速
双锥回转真空干燥机	SZG-1000L	73000	无锡市凯信干燥成套设备有限公司	（0510）81663608	装料容积 500L，最大装料重300kg，电动机功率 3kW，重2.55 t，材质不锈钢
双锥回转真空干燥机	SZG-1000L	83000	无锡市凯信干燥成套设备有限公司	（0510）81663608	装料容积 500L，最大装料重300kg，电动机功率 3kW，重2.55 t，材质搪玻璃

产品名称	型号规格	参考价格(元)	生产厂家	电话	主要参数及备注
双锥回转真空干燥机	SZG-1000L	95000	江苏先锋干燥工程有限公司	(0519)88930888	罐内容积 1000L,最大装料容积400L,最大装料重 200kg,转速 3~13 r/min,加热面积$5.1m^2$,电动机功率 3kW,重2.8t,内壁材质搪瓷
双锥回转真空干燥机	SZG-1000L	100000	江苏先锋干燥工程有限公司	(0519)88930888	罐内容积 1000L,最大装料容积400L,最大装料重 200kg,转速 3~13 r/min,加热面积$5.1m^2$,电动机功率 3kW,重2.8t,内外材质不锈钢
双锥回转真空干燥机	SZG-1500	68000	常州市互帮干燥设备有限公司	(0519)88739588	包装板材质碳钢
双锥回转真空干燥机	SZG-1500	78000	常州市互帮干燥设备有限公司	(0519)88739588	内壁材质搪瓷
双锥回转真空干燥机	SZG-1500	82000	江阴金发干燥设备有限公司	(0510)86178258	总容积 1500L,工作容积 750L,加热面积$5.58m^2$,转速 6 r/min,回转高度 2915mm,罐内额定压力-0.09~0.096MPa,夹层额定压力0.3MPa,功率 3kW,重1.5t,包装板材质碳钢
双锥回转真空干燥机	SZG-1500	82000	江苏一步干燥设备有限公司	(0519)88902618	总容积 1500L,工作容积 750L,加热面积$5.58m^2$,转速 6 r/min,回转高度 2915mm,罐内额定压力-0.09~0.096MPa,夹层额定压力0.3MPa,功率 3kW,重2.25t,包装板材质碳钢
双锥回转真空干燥机	SZG-1500	82000	常州市宇通干燥设备有限公司	(0519)88901088	内壁材质不锈钢,不带真空泵
双锥回转真空干燥机	SZG-1500	84700	常州中贝干燥设备有限公司	(0519)88671938	总容积 1500L,工作容积≤750L,加热面积 5.58 m^2,转速 3~13 r/min,回转高度 2915mm,功率 3kW,重1.5t,内壁材质搪瓷
双锥回转真空干燥机	SZG-1500	88000	常州市互帮干燥设备有限公司	(0519)88739588	内外材质不锈钢
双锥回转真空干燥机	SZG-1500	89000	江阴金发干燥设备有限公司	(0510)86178258	总容积 1500L,工作容积 750L,加热面积$5.58m^2$,转速 6 r/min,回转高度 2915mm,罐内额定压力-0.09~0.096MPa,夹层额定压力0.3MPa,功率 3kW,重1.5t,内外材质不锈钢板
双锥回转真空干燥机	SZG-1500	89000	江苏一步干燥设备有限公司	(0519)88902618	总容积 1500L,工作容积 750L,加热面积$5.58m^2$,转速 6 r/min,回转高度 2915mm,罐内额定压力-0.09~0.096MPa,夹层额定压力0.3MPa,功率 3kW,重2.25t,内外材质不锈钢板
双锥回转真空干燥机	SZG-1500	89000	常州市宇通干燥设备有限公司	(0519)88901088	内外壁材质不锈钢,不带真空泵
双锥回转真空干燥机	SZG-1500	101200	常州中贝干燥设备有限公司	(0519)88671938	总容积 1500L,工作容积≤750L,加热面积 5.58 m^2,转速 3~13 r/min,回转高度 2915mm,功率 3kW,重1.5t,包装板材质碳钢
双锥回转真空干燥机	SZG-1500	107000	常州中贝干燥设备有限公司	(0519)88671938	总容积 1500L,工作容积≤750L,加热面积 5.58 m^2,转速 3~13 r/min,回转高度 2915mm,功率 3kW,重1.5t,内外材质不锈钢板
双锥回转真空干燥机	SZG-1500A	92000	江阴金发干燥设备有限公司	(0510)86178258	总容积 1500L,工作容积 750L,加热面积$5.58m^2$,转速 6 r/min,回转高度 2915mm,罐内额定压力-0.09~0.096MPa,夹层额定压力0.3MPa,功率 3kW,重1.5t,无级调速,包装板材质碳钢

产品名称	型号规格	参考价格（元）	生产厂家	电话	主要参数及备注
双锥回转真空干燥机	SZG-1500A	92000	江苏一步干燥设备有限公司	（0519）88902618	包装板材质碳钢，无级调速
双锥回转真空干燥机	SZG-1500A	97000	江阴金发干燥设备有限公司	（0510）86178258	总容积 1500L，工作容积 750L，加热面积5.58m^2，转速 6 r/min，回转高度 2915mm，罐内额定压力-0.09~0.096MPa，夹层额定压力0.3MPa，功率 3kW，重1.5t，无级调速，内外材质不锈钢板
双锥回转真空干燥机	SZG-1500A	97000	江苏一步干燥设备有限公司	（0519）88902618	内外材质不锈钢板，无级调速
双锥回转真空干燥机	SZG-1500L	88000	无锡市凯信干燥成套设备有限公司	（0510）81663608	装料容积 750L，最大装料重450kg，电动机功率 3kW，重3.28t，材质不锈钢
双锥回转真空干燥机	SZG-1500L	93400	无锡市凯信干燥成套设备有限公司	（0510）81663608	装料容积 750L，最大装料重450kg，电动机功率 3kW，重3.28t，材质搪玻璃
双锥回转真空干燥机	SZG-1500L	118000	江苏先锋干燥工程有限公司	（0519）88930888	罐内容积 1500L，最大装料容积600L，最大装料重 300kg，转速 6 r/min，加热面积6.5m^2，电动机功率 4kW，重3.3t，内壁材质搪瓷
双锥回转真空干燥机	SZG-1500L	125000	江苏先锋干燥工程有限公司	（0519）88930888	罐内容积 1500L，最大装料容积600L，最大装料重 300kg，转速 6 r/min，加热面积6.5m^2，电动机功率 4kW，重3.3t，内外材质不锈钢
双锥回转真空干燥机	SZG-2000	90000	常州市互帮干燥设备有限公司	（0519）88739588	包装板材质碳钢
双锥回转真空干燥机	SZG-2000	106700	常州中贝干燥设备有限公司	（0519）88671938	总容积 2000L，工作容积 ≤1000L，加热面积7.5m^2，转速 3~13 r/min，回转高度 3055mm，功率 4kW，重 2t，内壁材质搪瓷
双锥回转真空干燥机	SZG-2000	110000	常州市互帮干燥设备有限公司	（0519）88739588	内壁材质搪瓷
双锥回转真空干燥机	SZG-2000	116000	常州市互帮干燥设备有限公司	（0519）88739588	内外材质不锈钢
双锥回转真空干燥机	SZG-2000	118000	常州市宇通干燥设备有限公司	（0519）88901088	内壁材质不锈钢，不带真空泵
双锥回转真空干燥机	SZG-2000	125000	常州市宇通干燥设备有限公司	（0519）88901088	内外壁材质不锈钢，不带真空泵
双锥回转真空干燥机	SZG-2000	126500	常州中贝干燥设备有限公司	（0519）88671938	总容积 2000L，工作容积 ≤1000L，加热面积7.5m^2，转速 3~13 r/min，回转高度 3055mm，功率 4kW，重 2t，包装板材质碳钢
双锥回转真空干燥机	SZG-2000	128000	江阴金发干燥设备有限公司	（0510）86178258	总容积 2000L，工作容积 1000L，加热面积7.5m^2，转速 6 r/min，回转高度 3055mm，罐内额定压力-0.09~0.096MPa，夹层额定压力0.3MPa，功率 4kW，重 2t，包装板材质碳钢
双锥回转真空干燥机	SZG-2000	128000	江苏一步干燥设备有限公司	（0519）88902618	总容积 2000L，工作容积 1000L，加热面积7.5m^2，转速 5 r/min，回转高度 3055mm，罐内额定压力-0.09~0.096MPa，夹层额定压力0.3MPa，功率 4kW，重 3t，包装板材质碳钢
双锥回转真空干燥机	SZG-2000	133400	常州中贝干燥设备有限公司	（0519）88671938	总容积 2000L，工作容积 ≤1000L，加热面积7.5m^2，转速 3~13 r/min，回转高度 3055mm，功率 4kW，重 2t，内外材质不锈钢板

产品名称	型号规格	参考价格(元)	生产厂家	电话	主要参数及备注
双锥回转真空干燥机	SZG-2000	135000	江阴金发干燥设备有限公司	(0510)86178258	总容积2000L,工作容积1000L,加热面积7.5m²,转速6 r/min,回转高度3055mm,罐内额定压力-0.09~0.096MPa,夹层额定压力0.3MPa,功率4kW,重2t,内外材质不锈钢板
双锥回转真空干燥机	SZG-2000	135000	江苏一步干燥设备有限公司	(0519)88902618	总容积2000L,工作容积1000L,加热面积7.5m²,转速5 r/min,回转高度3055mm,罐内额定压力-0.09~0.096MPa,夹层额定压力0.3MPa,功率4kW,重3t,内外材质不锈钢板
双锥回转真空干燥机	SZG-2000A	155000	江阴金发干燥设备有限公司	(0510)86178258	总容积2000L,工作容积1000L,加热面积7.5m²,转速6 r/min,回转高度3055mm,罐内额定压力-0.09~0.096MPa,夹层额定压力0.3MPa,功率4kW,重2t,无级调速,包装板材质碳钢
双锥回转真空干燥机	SZG-2000A	155000	江苏一步干燥设备有限公司	(0519)88902618	包装板材质碳钢,无级调速
双锥回转真空干燥机	SZG-2000A	160000	江阴金发干燥设备有限公司	(0510)86178258	总容积2000L,工作容积1000L,加热面积7.5m²,转速6 r/min,回转高度3055mm,罐内额定压力-0.09~0.096MPa,夹层额定压力0.3MPa,功率4kW,重2t,无级调速,内外材质不锈钢板
双锥回转真空干燥机	SZG-2000A	160000	江苏一步干燥设备有限公司	(0519)88902618	内外材质不锈钢板,无级调速
双锥回转真空干燥机	SZG-2000L	102000	无锡市凯信干燥成套设备有限公司	(0510)81663608	装料容积1000L,最大装料重600kg,电动机功率4kW,重3.6t,材质不锈钢
双锥回转真空干燥机	SZG-2000L	108000	无锡市凯信干燥成套设备有限公司	(0510)81663608	装料容积1000L,最大装料重600kg,电动机功率4kW,重3.6t,材质搪玻璃
双锥回转真空干燥机	SZG-2000L	158000	江苏先锋干燥工程有限公司	(0519)88930888	罐内容积2000L,最大装料容积800L,最大装料重400kg,转速5 r/min,加热面积8.2m²,电动机功率5.5kW,重3.6t,内壁材质搪瓷
双锥回转真空干燥机	SZG-2000L	168000	江苏先锋干燥工程有限公司	(0519)88930888	罐内容积2000L,最大装料容积800L,最大装料重400kg,转速5 r/min,加热面积8.2m²,电动机功率5.5kW,重3.6t,内外材质不锈钢
双锥回转真空干燥机	SZG-3000	135000	常州市互帮干燥设备有限公司	(0519)88739588	包装板材质碳钢
双锥回转真空干燥机	SZG-3000	142000	常州市互帮干燥设备有限公司	(0519)88739588	内壁材质搪瓷
双锥回转真空干燥机	SZG-3000	148500	常州中贝干燥设备有限公司	(0519)88671938	总容积3000L,工作容积≤1500L,加热面积9.6m²,转速3~13 r/min,回转高度3330mm,功率5.5kW,重3t,内壁材质搪瓷
双锥回转真空干燥机	SZG-3000	153000	常州市宇通干燥设备有限公司	(0519)88901088	内壁材质不锈钢,不带真空泵
双锥回转真空干燥机	SZG-3000	155000	常州市互帮干燥设备有限公司	(0519)88739588	内外材质不锈钢
双锥回转真空干燥机	SZG-3000	162000	常州市宇通干燥设备有限公司	(0519)88901088	内外壁材质不锈钢,不带真空泵
双锥回转真空干燥机	SZG-3000	173000	江阴金发干燥设备有限公司	(0510)86178258	总容积3000L,工作容积1500L,加热面积9.6m²,转速4 r/min,回转高度3330mm,罐内额定压力-0.09~0.096MPa,夹层额定压力0.3MPa,功率5.5kW,重3t,包装板材质碳钢

产品名称	型号规格	参考价格（元）	生产厂家	电话	主要参数及备注
双锥回转真空干燥机	SZG-3000	173000	江苏一步干燥设备有限公司	(0519)88902618	总容积3000L,工作容积1500L,加热面积10.2m^2,转速4 r/min,回转高度3530mm,罐内额定压力-0.09~0.096MPa,夹层额定压力0.3MPa,功率5.5kW,重4.5t,包装板材质碳钢
双锥回转真空干燥机	SZG-3000	178300	常州中贝干燥设备有限公司	(0519)88671938	总容积3000L,工作容积≤1500L,加热面积9.6m^2,转速3~13 r/min,回转高度3330mm,功率5.5kW,重3t,包装板材质碳钢
双锥回转真空干燥机	SZG-3000	180000	江阴金发干燥设备有限公司	(0510)86178258	总容积3000L,工作容积1500L,加热面积9.6m^2,转速4 r/min,回转高度3330mm,罐内额定压力-0.09~0.096MPa,夹层额定压力0.3MPa,功率5.5kW,重3t,内外材质不锈钢板
双锥回转真空干燥机	SZG-3000	180000	江苏一步干燥设备有限公司	(0519)88902618	总容积3000L,工作容积1500L,加热面积10.2m^2,转速4 r/min,回转高度3530mm,罐内额定压力-0.09~0.096MPa,夹层额定压力0.3MPa,功率5.5kW,重4.5t,内外材质不锈钢板
双锥回转真空干燥机	SZG-3000	185000	常州中贝干燥设备有限公司	(0519)88671938	总容积3000L,工作容积≤1500L,加热面积9.6 m^2,转速3~13 r/min,回转高度3330mm,功率5.5 kW,重3t,内外材质不锈钢板
双锥回转真空干燥机	SZG-3000A	210000	江阴金发干燥设备有限公司	(0510)86178258	总容积3000L,工作容积1500L,加热面积9.6m^2,转速4 r/min,回转高度3330mm,罐内额定压力-0.09~0.096MPa,夹层额定压力0.3MPa,功率5.5kW,重3t,无级调速,包装板材质碳钢
双锥回转真空干燥机	SZG-3000A	210000	江苏一步干燥设备有限公司	(0519)88902618	包装板材质碳钢,无级调速
双锥回转真空干燥机	SZG-3000A	220000	江阴金发干燥设备有限公司	(0510)86178258	总容积3000L,工作容积1500L,加热面积9.6m^2,转速4 r/min,回转高度3330mm,罐内额定压力-0.09~0.096MPa,夹层额定压力0.3MPa,功率5.5kW,重3t,无级调速,内外材质不锈钢板
双锥回转真空干燥机	SZG-3000A	220000	江苏一步干燥设备有限公司	(0519)88902618	内外材质不锈钢板,无级调速
双锥回转真空干燥机	SZG-3000L	117000	无锡市凯信干燥成套设备有限公司	(0510)81663608	装料容积1500L,最大装料重900kg,电动机功率5.5kW,重4.9t,材质不锈钢
双锥回转真空干燥机	SZG-3000L	128000	无锡市凯信干燥成套设备有限公司	(0510)81663608	装料容积1500L,最大装料重900kg,电动机功率5.5kW,重4.9t,材质搪玻璃
双锥回转真空干燥机	SZG-4500	158000	常州市互帮干燥设备有限公司	(0519)88739588	包装板材质碳钢
双锥回转真空干燥机	SZG-4500	178200	常州中贝干燥设备有限公司	(0519)88671938	总容积4500L,工作容积≤2250L,加热面积13.8m^2,转速3~13 r/min,回转高度4210mm,功率7.5kW,重4t,内壁材质搪瓷
双锥回转真空干燥机	SZG-4500	196000	常州市互帮干燥设备有限公司	(0519)88739588	内外材质不锈钢
双锥回转真空干燥机	SZG-4500	216200	常州中贝干燥设备有限公司	(0519)88671938	总容积4500L,工作容积≤2250L,加热面积13.8m^2,转速3~13 r/min,回转高度4210mm,功率7.5kW,重4t,包装板材质碳钢

产品名称	型号规格	参考价格（元）	生产厂家	电话	主要参数及备注
双锥回转真空干燥机	SZG-4500	225400	常州中贝干燥设备有限公司	(0519)88671938	总容积4500L，工作容积≤2250L，加热面积13.8m^2，转速3～13 r/min，回转高度4210mm，功率7.5kW，重4t，内外材质不锈钢板
双锥回转真空干燥机	SZG-4500	230000	江苏一步干燥设备有限公司	(0519)88902618	包装板材质碳钢
双锥回转真空干燥机	SZG-4500	230000	常州市宇通干燥设备有限公司	(0519)88901088	内壁材质不锈钢，不带真空泵
双锥回转真空干燥机	SZG-4500	240000	江苏一步干燥设备有限公司	(0519)88902618	内外材质不锈钢板
双锥回转真空干燥机	SZG-4500	240000	常州市宇通干燥设备有限公司	(0519)88901088	内外壁材质不锈钢，不带真空泵
双锥回转真空干燥机	SZG-4500A	270000	江苏一步干燥设备有限公司	(0519)88902618	包装板材质碳钢，无级调速
双锥回转真空干燥机	SZG-4500A	280000	江苏一步干燥设备有限公司	(0519)88902618	内外材质不锈钢板，无级调速
双锥回转真空干燥机	SZG-5000	203500	常州中贝干燥设备有限公司	(0519)88671938	总容积5000L，内壁材质搪瓷
双锥回转真空干燥机	SZG-5000	225000	常州市互帮干燥设备有限公司	(0519)88739588	包装板材质碳钢
双锥回转真空干燥机	SZG-5000	228000	常州市互帮干燥设备有限公司	(0519)88739588	内壁材质搪瓷
双锥回转真空干燥机	SZG-5000	230000	江阴金发干燥设备有限公司	(0510)86178258	总容积5000L，包装板材质碳钢
双锥回转真空干燥机	SZG-5000	239200	常州中贝干燥设备有限公司	(0519)88671938	总容积5000L，包装板材质碳钢
双锥回转真空干燥机	SZG-5000	240000	江阴金发干燥设备有限公司	(0510)86178258	总容积5000L，内外材质不锈钢板
双锥回转真空干燥机	SZG-5000	255000	常州市互帮干燥设备有限公司	(0519)88739588	内外材质不锈钢
双锥回转真空干燥机	SZG-5000	258800	常州中贝干燥设备有限公司	(0519)88671938	总容积5000L，内外材质不锈钢板
双锥回转真空干燥机	SZG-5000	260000	江苏一步干燥设备有限公司	(0519)88902618	包装板材质碳钢
双锥回转真空干燥机	SZG-5000	280000	江苏一步干燥设备有限公司	(0519)88902618	内外材质不锈钢板
双锥回转真空干燥机	SZG-5000A	270000	江阴金发干燥设备有限公司	(0510)86178258	总容积5000L，无级调速，包装板材质碳钢
双锥回转真空干燥机	SZG-5000A	270000	江苏一步干燥设备有限公司	(0519)88902618	包装板材质碳钢，无级调速
双锥回转真空干燥机	SZG-5000A	280000	江阴金发干燥设备有限公司	(0510)86178258	总容积5000L，无级调速，内外材质不锈钢板
双锥回转真空干燥机	SZG-5000A	290000	江苏一步干燥设备有限公司	(0519)88902618	内外材质不锈钢板，无级调速
双锥回转真空干燥机	SZG-5000L	432000	江苏先锋干燥工程有限公司	(0519)88930888	罐内容积5000L，最大装料容积2000L，最大装料重1t，转速4 r/min，加热面积18.2m^2，电动机功率15kW，重8.6t，内壁材质搪瓷
双锥回转真空干燥机	SZG-5000L	466000	江苏先锋干燥工程有限公司	(0519)88930888	罐内容积5000L，最大装料容积2000L，最大装料重1t，转速4 r/min，加热面积18.2m^2，电动机功率15kW，重8.6t，内外材质不锈钢
双锥回转真空干燥机	SZG-6000	228800	常州中贝干燥设备有限公司	(0519)88671938	总容积6000L，内壁材质搪瓷

产品名称	型号规格	参考价格（元）	生产厂家	电话	主要参数及备注
双锥回转真空干燥机	SZG-6000	259900	常州中贝干燥设备有限公司	(0519)88671938	总容积 6000L,包装板材质碳钢
双锥回转真空干燥机	SZG-6000	289800	常州中贝干燥设备有限公司	(0519)88671938	总容积 6000L,内外材质不锈钢板

1.1.8.5　烘干设备

产品名称	型号规格	参考价格（元）	生产厂家	电话	主要参数及备注
烘箱	CT	9800	上海天凡药机制造厂	(021)57668023	4 盘,实验小型
烘箱	CT-Ⅰ	14800	江苏一步干燥设备有限公司	(0519)88902618	离心通风机,2 门 2 车,内壁材质铝合金
烘箱	CT-Ⅰ	14800	江苏一步干燥设备有限公司	(0519)88902618	离心通风机,2 门 2 车,内壁材质镀锌板
烘箱	CT-Ⅰ	18300	江苏一步干燥设备有限公司	(0519)88902618	离心通风机,2 门 2 车,内壁材质不锈钢
烘箱	CT-Ⅱ	21800	江苏一步干燥设备有限公司	(0519)88902618	离心通风机,2 门 4 车,内壁材质铝合金
烘箱	CT-Ⅱ	21800	江苏一步干燥设备有限公司	(0519)88902618	离心通风机,2 门 4 车,内壁材质镀锌板
烘箱	CT-Ⅱ	29200	江苏一步干燥设备有限公司	(0519)88902618	离心通风机,2 门 4 车,内壁材质不锈钢
烘箱	CT-Ⅲ	31600	江苏一步干燥设备有限公司	(0519)88902618	离心通风机,3 门 6 车,内壁材质铝合金
烘箱	CT-Ⅲ	31600	江苏一步干燥设备有限公司	(0519)88902618	离心通风机,3 门 6 车,内壁材质镀锌板
烘箱	CT-Ⅲ	41700	江苏一步干燥设备有限公司	(0519)88902618	离心通风机,3 门 6 车,内壁材质不锈钢
烘箱	CT-Ⅳ	41300	江苏一步干燥设备有限公司	(0519)88902618	离心通风机,4 门 8 车,内壁材质铝合金
烘箱	CT-Ⅳ	41300	江苏一步干燥设备有限公司	(0519)88902618	离心通风机,4 门 8 车,内壁材质镀锌板
烘箱	CT-Ⅳ	57600	江苏一步干燥设备有限公司	(0519)88902618	离心通风机,4 门 8 车,内壁材质不锈钢
烘箱	CT-C-Ⅰ	21000	江阴金发干燥设备有限公司	(0510)86178258	干燥能力 120kg/次,散热面积 $23m^2$,风量 4510 m^3/h,烘盘数 48 个,功率 0.45 kW,外形尺寸(mm):2300×1200×2000,内壁材质铝合金,节能型轴流风机,2 门 2 车,蒸汽加热
烘箱	CT-C-Ⅰ	21000	江阴金发干燥设备有限公司	(0510)86178258	干燥能力 120kg/次,散热面积 $23m^2$,风量 4510 m^3/h,烘盘数 48 个,功率 0.45 kW,外形尺寸(mm):2300×1200×2000,内壁材质镀锌板,节能型轴流风机,2 门 2 车,蒸汽加热
烘箱	CT-C-Ⅰ	21000	江阴金发干燥设备有限公司	(0510)86178258	干燥能力 120kg/次,散热面积 $23m^2$,风量 4510 m^3/h,烘盘数 48 个,功率 0.45 kW,外形尺寸(mm):2300×1200×2000,内壁材质铝合金,节能型轴流风机,2 门 2 车,电加热

产品名称	型号规格	参考价格(元)	生产厂家	电话	主要参数及备注
烘箱	CT-C-Ⅰ	21000	江阴金发干燥设备有限公司	(0510)86178258	干燥能力 120kg/次,散热面积 $23m^2$,风量 4510 m^3/h,烘盘数 48 个,功率 0.45 kW,外形尺寸(mm):2300×1200×2000,内壁材质镀锌板,节能型轴流风机,2 门 2 车,电加热
烘箱	CT-C-Ⅰ	21000	江苏一步干燥设备有限公司	(0519)88902618	节能型轴流风机,2 门 2 车,内壁材质铝合金
烘箱	CT-C-Ⅰ	21000	江苏一步干燥设备有限公司	(0519)88902618	节能型轴流风机,2 门 2 车,内壁材质镀锌板
烘箱	CT-C-Ⅰ	24000	江阴金发干燥设备有限公司	(0510)86178258	干燥能力 120kg/次,散热面积 $23m^2$,风量 4510 m^3/h,烘盘数 48 个,功率 0.45 kW,外形尺寸(mm):2300×1200×2000,内壁材质铝合金,节能型轴流风机,2 门 2 车,电蒸两用加热
烘箱	CT-C-Ⅰ	24000	江阴金发干燥设备有限公司	(0510)86178258	干燥能力 120kg/次,散热面积 $23m^2$,风量 4510 m^3/h,烘盘数 48 个,功率 0.45 kW,外形尺寸(mm):2300×1200×2000,内壁材质镀锌板,节能型轴流风机,2 门 2 车,电蒸两用加热
烘箱	CT-C-Ⅰ	26400	江阴金发干燥设备有限公司	(0510)86178258	干燥能力 120kg/次,散热面积 $23m^2$,风量 4510 m^3/h,烘盘数 48 个,功率 0.45 kW,外形尺寸(mm):2300×1200×2000,内壁材质不锈钢,节能型轴流风机,2 门 2 车,蒸汽加热
烘箱	CT-C-Ⅰ	26400	江阴金发干燥设备有限公司	(0510)86178258	干燥能力 120kg/次,散热面积 $23m^2$,风量 4510 m^3/h,烘盘数 48 个,功率 0.45 kW,外形尺寸(mm):2300×1200×2000,内壁材质不锈钢,节能型轴流风机,2 门 2 车,电加热
烘箱	CT-C-Ⅰ	26400	江苏一步干燥设备有限公司	(0519)88902618	节能型轴流风机,2 门 2 车,内壁材质不锈钢
烘箱	CT-C-Ⅰ	29400	江阴金发干燥设备有限公司	(0510)86178258	干燥能力 120kg/次,散热面积 $23m^2$,风量 4510 m^3/h,烘盘数 48 个,功率 0.45 kW,外形尺寸(mm):2300×1200×2000,内壁材质不锈钢,节能型轴流风机,2 门 2 车,电蒸两用加热
烘箱	CT-C-Ⅰ	35000	江阴金发干燥设备有限公司	(0510)86178258	干燥能力 120kg/次,散热面积 $23m^2$,风量 4510 m^3/h,烘盘数 48 个,功率 0.45 kW,外形尺寸(mm):2300×1200×2000,内外材质不锈钢,节能型轴流风机,2 门 2 车,蒸汽加热
烘箱	CT-C-Ⅰ	35000	江阴金发干燥设备有限公司	(0510)86178258	干燥能力 120kg/次,散热面积 $23m^2$,风量 4510 m^3/h,烘盘数 48 个,功率 0.45 kW,外形尺寸(mm):2300×1200×2000,内外材质不锈钢,节能型轴流风机,2 门 2 车,电加热
烘箱	CT-C-Ⅰ	35000	江苏一步干燥设备有限公司	(0519)88902618	节能型轴流风机,2 门 2 车,内外材质不锈钢
烘箱	CT-C-Ⅰ	38000	江阴金发干燥设备有限公司	(0510)86178258	干燥能力 120kg/次,散热面积 $23m^2$,风量 4510 m^3/h,烘盘数 48 个,功率 0.45 kW,外形尺寸(mm):2300×1200×2000,内外材质不锈钢,节能型轴流风机,2 门 2 车,电蒸两用加热

产品名称	型号规格	参考价格（元）	生产厂家	电话	主要参数及备注
烘箱	CT-C-ⅠA	18000	江苏一步干燥设备有限公司	(0519) 88902618	节能型轴流风机，单门单车，内壁材质铝合金
烘箱	CT-C-ⅠA	18000	江苏一步干燥设备有限公司	(0519) 88902618	节能型轴流风机，单门单车，内壁材质镀锌板
烘箱	CT-C-ⅠA	22000	江苏一步干燥设备有限公司	(0519) 88902618	节能型轴流风机，单门单车，内壁材质不锈钢
烘箱	CT-C-ⅠA	30000	江苏一步干燥设备有限公司	(0519) 88902618	节能型轴流风机，单门单车，内外材质不锈钢
烘箱	CT-C-ⅠB	23900	江阴金发干燥设备有限公司	(0510) 86178258	内壁材质铝合金，节能型轴流风机，单门2车，蒸汽加热
烘箱	CT-C-ⅠB	23900	江阴金发干燥设备有限公司	(0510) 86178258	内壁材质镀锌板，节能型轴流风机，单门2车，蒸汽加热
烘箱	CT-C-ⅠB	23900	江阴金发干燥设备有限公司	(0510) 86178258	内壁材质铝合金，节能型轴流风机，单门2车，电加热
烘箱	CT-C-ⅠB	23900	江阴金发干燥设备有限公司	(0510) 86178258	内壁材质镀锌板，节能型轴流风机，单门2车，电加热
烘箱	CT-C-ⅠB	23900	江苏一步干燥设备有限公司	(0519) 88902618	节能型轴流风机，单门2车，内壁材质铝合金
烘箱	CT-C-ⅠB	23900	江苏一步干燥设备有限公司	(0519) 88902618	节能型轴流风机，单门2车，内壁材质镀锌板
烘箱	CT-C-ⅠB	39300	江阴金发干燥设备有限公司	(0510) 86178258	内壁材质不锈钢，节能型轴流风机，单门2车，电加热
烘箱	CT-C-ⅠB	39300	江阴金发干燥设备有限公司	(0510) 86178258	内壁材质不锈钢，节能型轴流风机，单门2车，蒸汽加热
烘箱	CT-C-ⅠB	39300	江苏一步干燥设备有限公司	(0519) 88902618	节能型轴流风机，单门2车，内壁材质不锈钢
烘箱	CT-C-ⅠB	52000	江阴金发干燥设备有限公司	(0510) 86178258	内外材质不锈钢，节能型轴流风机，单门2车，蒸汽加热
烘箱	CT-C-ⅠB	52000	江阴金发干燥设备有限公司	(0510) 86178258	内外材质不锈钢，节能型轴流风机，单门2车，电加热
烘箱	CT-C-ⅠB	52000	江苏一步干燥设备有限公司	(0519) 88902618	节能型轴流风机，单门2车，内外材质不锈钢
烘箱	CT-C-ⅠS	47300	江阴金发干燥设备有限公司	(0510) 86178258	内壁材质铝合金，节能型轴流风机，前后单门6车，蒸汽加热
烘箱	CT-C-ⅠS	47300	江阴金发干燥设备有限公司	(0510) 86178258	内壁材质镀锌板，节能型轴流风机，前后单门6车，蒸汽加热
烘箱	CT-C-ⅠS	47300	江阴金发干燥设备有限公司	(0510) 86178258	内壁材质铝合金，节能型轴流风机，前后单门6车，电加热
烘箱	CT-C-ⅠS	47300	江阴金发干燥设备有限公司	(0510) 86178258	内壁材质镀锌板，节能型轴流风机，前后单门6车，电加热
烘箱	CT-C-ⅠS	47300	江苏一步干燥设备有限公司	(0519) 88902618	节能型轴流风机，前后单门6车，内壁材质铝合金
烘箱	CT-C-ⅠS	47300	江苏一步干燥设备有限公司	(0519) 88902618	节能型轴流风机，前后单门6车，内壁材质镀锌板
烘箱	CT-C-ⅠS	62600	江阴金发干燥设备有限公司	(0510) 86178258	内壁材质不锈钢，节能型轴流风机，前后单门6车，电加热
烘箱	CT-C-ⅠS	62600	江阴金发干燥设备有限公司	(0510) 86178258	内壁材质不锈钢，节能型轴流风机，前后单门6车，蒸汽加热
烘箱	CT-C-ⅠS	62600	江苏一步干燥设备有限公司	(0519) 88902618	节能型轴流风机，前后单门6车，内壁材质不锈钢
烘箱	CT-C-ⅠS	83000	江苏一步干燥设备有限公司	(0519) 88902618	节能型轴流风机，前后单门6车，内外材质不锈钢
烘箱	CT-C-ⅠS	85000	江阴金发干燥设备有限公司	(0510) 86178258	内外材质不锈钢，节能型轴流风机，前后单门6车，蒸汽加热
烘箱	CT-C-ⅠS	85000	江阴金发干燥设备有限公司	(0510) 86178258	内外材质不锈钢，节能型轴流风机，前后单门6车，电加热

产品名称	型号规格	参考价格（元）	生产厂家	电话	主要参数及备注
烘箱	CT-C-Ⅱ	36300	江阴金发干燥设备有限公司	（0510）86178258	干燥能力 240kg/次，散热面积 $48m^2$，风量 9020 m^3/h，烘盘数 96 个，功率0.9kW，外形尺寸（mm）：2300×2200×2375，内壁材质铝合金，节能型轴流风机，2 门 4 车，蒸汽加热
烘箱	CT-C-Ⅱ	36300	江阴金发干燥设备有限公司	（0510）86178258	干燥能力 240kg/次，散热面积 $48m^2$，风量 9020 m^3/h，烘盘数 96 个，功率0.9kW，外形尺寸（mm）：2300×2200×2375，内壁材质镀锌板，节能型轴流风机，2 门 4 车，蒸汽加热
烘箱	CT-C-Ⅱ	36300	江阴金发干燥设备有限公司	（0510）86178258	干燥能力 240kg/次，散热面积 $48m^2$，风量 9020 m^3/h，烘盘数 96 个，功率0.9kW，外形尺寸（mm）：2300×2200×2375，内壁材质铝合金，节能型轴流风机，2 门 4 车，电加热
烘箱	CT-C-Ⅱ	36300	江阴金发干燥设备有限公司	（0510）86178258	干燥能力 240kg/次，散热面积 $48m^2$，风量 9020 m^3/h，烘盘数 96 个，功率0.9kW，外形尺寸（mm）：2300×2200×2375，内壁材质镀锌板，节能型轴流风机，2 门 4 车，电加热
烘箱	CT-C-Ⅱ	36300	江苏一步干燥设备有限公司	（0519）88902618	节能型轴流风机，2 门 4 车，内壁材质铝合金
烘箱	CT-C-Ⅱ	36300	江苏一步干燥设备有限公司	（0519）88902618	节能型轴流风机，2 门 4 车，内壁材质镀锌板
烘箱	CT-C-Ⅱ	41140	江阴金发干燥设备有限公司	（0510）86178258	干燥能力 240kg/次，散热面积 $48m^2$，风量 9020 m^3/h，烘盘数 96 个，功率0.9kW，外形尺寸（mm）：2300×2200×2375，内壁材质铝合金，节能型轴流风机，2 门 4 车，电蒸两用加热
烘箱	CT-C-Ⅱ	41140	江阴金发干燥设备有限公司	（0510）86178258	干燥能力 240kg/次，散热面积 $48m^2$，风量 9020 m^3/h，烘盘数 96 个，功率0.9kW，外形尺寸（mm）：2300×2200×2375，内壁材质镀锌板，节能型轴流风机，2 门 4 车，电蒸两用加热
烘箱	CT-C-Ⅱ	48400	江阴金发干燥设备有限公司	（0510）86178258	干燥能力 240kg/次，散热面积 $48m^2$，风量 9020 m^3/h，烘盘数 96 个，功率0.9kW，外形尺寸（mm）：2300×2200×2375，内壁材质不锈钢，节能型轴流风机，2 门 4 车，蒸汽加热
烘箱	CT-C-Ⅱ	48400	江阴金发干燥设备有限公司	（0510）86178258	干燥能力 240kg/次，散热面积 $48m^2$，风量 9020 m^3/h，烘盘数 96 个，功率0.9kW，外形尺寸（mm）：2300×2200×2375，内壁材质不锈钢，节能型轴流风机，2 门 4 车，电加热
烘箱	CT-C-Ⅱ	48400	江苏一步干燥设备有限公司	（0519）88902618	节能型轴流风机，2 门 4 车，内壁材质不锈钢
烘箱	CT-C-Ⅱ	53240	江阴金发干燥设备有限公司	（0510）86178258	干燥能力 240kg/次，散热面积 $48m^2$，风量 9020 m^3/h，烘盘数 96 个，功率0.9kW，外形尺寸（mm）：2300×2200×2375，内壁材质不锈钢，节能型轴流风机，2 门 4 车，电蒸两用加热

产品名称	型号规格	参考价格（元）	生产厂家	电话	主要参数及备注
烘箱	CT-C-Ⅱ	62000	江阴金发干燥设备有限公司	（0510）86178258	干燥能力 240kg/次，散热面积 $48m^2$，风量 9020 m^3/h，烘盘数 96 个，功率0.9kW，外形尺寸（mm）：2300×2200×2375，内外材质不锈钢，节能型轴流风机，2 门 4 车，电加热
烘箱	CT-C-Ⅱ	62000	江阴金发干燥设备有限公司	（0510）86178258	干燥能力 240kg/次，散热面积 $48m^2$，风量 9020 m^3/h，烘盘数 96 个，功率0.9kW，外形尺寸（mm）：2300×2200×2375，内外材质不锈钢，节能型轴流风机，2 门 4 车，蒸汽加热
烘箱	CT-C-Ⅱ	62000	江苏一步干燥设备有限公司	（0519）88902618	节能型轴流风机，2 门 4 车，内外材质不锈钢
烘箱	CT-C-Ⅱ	66840	江阴金发干燥设备有限公司	（0510）86178258	干燥能力 240kg/次，散热面积 $48m^2$，风量 9020 m^3/h，烘盘数 96 个，功率0.9kW，外形尺寸（mm）：2300×2200×2375，内外材质不锈钢，节能型轴流风机，2 门 4 车，电蒸两用加热
烘箱	CT-C-Ⅲ	49000	江阴金发干燥设备有限公司	（0510）86178258	干燥能力 360kg/次，散热面积 $80m^2$，风量 10350 m^3/h，烘盘数 144 个，功率1.35kW，外形尺寸（mm）：2300×3220×2000，内壁材质铝合金，节能型轴流风机，3 门 6 车，蒸汽加热
烘箱	CT-C-Ⅲ	49000	江阴金发干燥设备有限公司	（0510）86178258	干燥能力 360kg/次，散热面积 $80m^2$，风量 10350 m^3/h，烘盘数 144 个，功率1.35kW，外形尺寸（mm）：2300×3220×2000，内壁材质镀锌板，节能型轴流风机，3 门 6 车，蒸汽加热
烘箱	CT-C-Ⅲ	49000	江阴金发干燥设备有限公司	（0510）86178258	干燥能力 360kg/次，散热面积 $80m^2$，风量 10350 m^3/h，烘盘数 144 个，功率1.35kW，外形尺寸（mm）：2300×3220×2000，内壁材质铝合金，节能型轴流风机，3 门 6 车，电加热
烘箱	CT-C-Ⅲ	49000	江阴金发干燥设备有限公司	（0510）86178258	干燥能力 360kg/次，散热面积 $80m^2$，风量 10350 m^3/h，烘盘数 144 个，功率1.35kW，外形尺寸（mm）：2300×3220×2000，内壁材质镀锌板，节能型轴流风机，3 门 6 车，电加热
烘箱	CT-C-Ⅲ	49000	江苏一步干燥设备有限公司	（0519）88902618	节能型轴流风机，2 门 6 车，内壁材质铝合金
烘箱	CT-C-Ⅲ	49000	江苏一步干燥设备有限公司	（0519）88902618	节能型轴流风机，2 门 6 车，内壁材质镀锌板
烘箱	CT-C-Ⅲ	62600	江阴金发干燥设备有限公司	（0510）86178258	干燥能力 360kg/次，散热面积 $80m^2$，风量 10350 m^3/h，烘盘数 144 个，功率1.35kW，外形尺寸（mm）：2300×3220×2000，内壁材质不锈钢，节能型轴流风机，3 门 6 车，电加热
烘箱	CT-C-Ⅲ	62600	江阴金发干燥设备有限公司	（0510）86178258	干燥能力 360kg/次，散热面积 $80m^2$，风量 10350 m^3/h，烘盘数 144 个，功率1.35kW，外形尺寸（mm）：2300×3220×2000，内壁材质不锈钢，节能型轴流风机，3 门 6 车，蒸汽加热
烘箱	CT-C-Ⅲ	62600	江苏一步干燥设备有限公司	（0519）88902618	节能型轴流风机，2 门 6 车，内壁材质不锈钢

产品名称	型号规格	参考价格（元）	生产厂家	电话	主要参数及备注
烘箱	CT-C-Ⅲ	83000	江阴金发干燥设备有限公司	(0510)86178258	干燥能力 360kg/次,散热面积 $80m^2$,风量 10350 m^3/h,烘盘数 144 个,功率1.35kW,外形尺寸(mm):2300×3220×2000,内外材质不锈钢,节能型轴流风机,3门6车,电加热
烘箱	CT-C-Ⅲ	83000	江阴金发干燥设备有限公司	(0510)86178258	干燥能力 360kg/次,散热面积 $80m^2$,风量 10350 m^3/h,烘盘数 144 个,功率1.35kW,外形尺寸(mm):2300×3220×2000,内外材质不锈钢,节能型轴流风机,3门6车,蒸汽加热
烘箱	CT-C-Ⅲ	83000	江苏一步干燥设备有限公司	(0519)88902618	节能型轴流风机,2门6车,内外材质不锈钢
烘箱	CT-C-Ⅳ	63800	江阴金发干燥设备有限公司	(0510)86178258	干燥能力 480kg/次,散热面积 $96m^2$,风量 18000 m^3/h,烘盘数 192 个,功率1.8kW,外形尺寸(mm):4460×2200×2290,内壁材质铝合金,节能型轴流风机,4门8车,蒸汽加热
烘箱	CT-C-Ⅳ	63800	江阴金发干燥设备有限公司	(0510)86178258	干燥能力 480kg/次,散热面积 $96m^2$,风量 18000 m^3/h,烘盘数 192 个,功率1.8kW,外形尺寸(mm):4460×2200×2290,内壁材质镀锌板,节能型轴流风机,4门8车,蒸汽加热
烘箱	CT-C-Ⅳ	63800	江阴金发干燥设备有限公司	(0510)86178258	干燥能力 480kg/次,散热面积 $96m^2$,风量 18000 m^3/h,烘盘数 192 个,功率1.8kW,外形尺寸(mm):4460×2200×2290,内壁材质铝合金,节能型轴流风机,4门8车,电加热
烘箱	CT-C-Ⅳ	63800	江阴金发干燥设备有限公司	(0510)86178258	干燥能力 480kg/次,散热面积 $96m^2$,风量 18000 m^3/h,烘盘数 192 个,功率1.8kW,外形尺寸(mm):4460×2200×2290,内壁材质镀锌板,节能型轴流风机,4门8车,电加热
烘箱	CT-C-Ⅳ	63800	江苏一步干燥设备有限公司	(0519)88902618	节能型轴流风机,4门8车,内壁材质铝合金
烘箱	CT-C-Ⅳ	63800	江苏一步干燥设备有限公司	(0519)88902618	节能型轴流风机,4门8车,内壁材质镀锌板
烘箱	CT-C-Ⅳ	77900	江阴金发干燥设备有限公司	(0510)86178258	干燥能力 480kg/次,散热面积 $96m^2$,风量 18000 m^3/h,烘盘数 192 个,功率1.8kW,外形尺寸(mm):4460×2200×2290,内壁材质不锈钢,节能型轴流风机,4门8车,电加热
烘箱	CT-C-Ⅳ	77900	江阴金发干燥设备有限公司	(0510)86178258	干燥能力 480kg/次,散热面积 $96m^2$,风量 18000 m^3/h,烘盘数 192 个,功率1.8kW,外形尺寸(mm):4460×2200×2290,内壁材质不锈钢,节能型轴流风机,4门8车,蒸汽加热
烘箱	CT-C-Ⅳ	77900	江苏一步干燥设备有限公司	(0519)88902618	节能型轴流风机,4门8车,内壁材质不锈钢
烘箱	CT-C-Ⅳ	105000	江阴金发干燥设备有限公司	(0510)86178258	干燥能力 480kg/次,散热面积 $96m^2$,风量 18000 m^3/h,烘盘数 192 个,功率1.8kW,外形尺寸(mm):4460×2200×2290,内外材质不锈钢,节能型轴流风机,4门8车,电加热

产品名称	型号规格	参考价格（元）	生产厂家	电话	主要参数及备注
烘箱	CT-C-Ⅳ	105000	江阴金发干燥设备有限公司	(0510)86178258	干燥能力 480kg/次,散热面积 $96m^2$,风量 18000 m^3/h,烘盘数 192 个,功率 1.8 kW,外形尺寸(mm):4460×2200×2290,内外材质不锈钢,节能型轴流风机,4 门 8 车,蒸汽加热
烘箱	CT-C-Ⅳ	105000	江苏一步干燥设备有限公司	(0519)88902618	节能型轴流风机,4 门 8 车,内外材质不锈钢
烘箱	CT-C-O	16600	江阴金发干燥设备有限公司	(0510)86178258	干燥能力 25kg/次,散热面积 $10m^2$,风量 4510 m^3/h,烘盘数 16 个,烘车数 1 辆,功率0.45kW,外形尺寸(mm):1480×1100×1750,内壁材质铝合金,节能型轴流风机,单门烘架,蒸汽加热
烘箱	CT-C-O	16600	江阴金发干燥设备有限公司	(0510)86178258	干燥能力 25kg/次,散热面积 $10m^2$,风量 4510 m^3/h,烘盘数 16 个,烘车数 1 辆,功率0.45kW,外形尺寸(mm):1480×1100×1750,内壁材质镀锌板,节能型轴流风机,单门烘架,蒸汽加热
烘箱	CT-C-O	16600	江阴金发干燥设备有限公司	(0510)86178258	干燥能力 25kg/次,散热面积 $10m^2$,风量 4510 m^3/h,烘盘数 16 个,烘车数 1 辆,功率0.45kW,外形尺寸(mm):1480×1100×1750,内壁材质铝合金,节能型轴流风机,单门烘架,电加热
烘箱	CT-C-O	16600	江阴金发干燥设备有限公司	(0510)86178258	干燥能力 25kg/次,散热面积 $10m^2$,风量 4510 m^3/h,烘盘数 16 个,烘车数 1 辆,功率0.45kW,外形尺寸(mm):1480×1100×1750,内壁材质镀锌板,节能型轴流风机,单门烘架,电加热
烘箱	CT-C-O	16600	江苏一步干燥设备有限公司	(0519)88902618	节能型轴流风机,单门烘架,内壁材质铝合金
烘箱	CT-C-O	16600	江苏一步干燥设备有限公司	(0519)88902618	节能型轴流风机,单门烘架,内壁材质镀锌板
烘箱	CT-C-O	22200	江阴金发干燥设备有限公司	(0510)86178258	干燥能力 25kg/次,散热面积 $10m^2$,风量 4510 m^3/h,烘盘数 16 个,烘车数 1 辆,功率0.45kW,外形尺寸(mm):1480×1100×1750,内壁材质不锈钢,节能型轴流风机,单门烘架,蒸汽加热
烘箱	CT-C-O	22200	江阴金发干燥设备有限公司	(0510)86178258	干燥能力 25kg/次,散热面积 $10m^2$,风量 4510 m^3/h,烘盘数 16 个,烘车数 1 辆,功率0.45kW,外形尺寸(mm):1480×1100×1750,内壁材质不锈钢,节能型轴流风机,单门烘架,电加热
烘箱	CT-C-O	22200	江苏一步干燥设备有限公司	(0519)88902618	节能型轴流风机,单门烘架,内壁材质不锈钢
烘箱	CT-C-O	28000	江阴金发干燥设备有限公司	(0510)86178258	干燥能力 25kg/次,散热面积 $10m^2$,风量 4510 m^3/h,烘盘数 16 个,烘车数 1 辆,功率0.45kW,外形尺寸(mm):1480×1100×1750,内外材质不锈钢,节能型轴流风机,单门烘架,电加热
烘箱	CT-C-O	28000	江阴金发干燥设备有限公司	(0510)86178258	干燥能力 25kg/次,散热面积 $10m^2$,风量 4510 m^3/h,烘盘数 16 个,烘车数 1 辆,功率0.45kW,外形尺寸(mm):1480×1100×1750,内外材质不锈钢,节能型轴流风机,单门烘架,蒸汽加热

产品名称	型号规格	参考价格（元）	生产厂家	电话	主要参数及备注
药用烘箱	GMP-Ⅱ	80800	常州中贝干燥设备有限公司	(0519)88671938	干燥能力240kg/次,耗汽量36kg/h,烘车数4辆,烘盘数96个,风机功率0.9kW,外形尺寸(mm):2300×2200×2000
药用烘箱	GMP-Ⅱ	82380	常州中贝干燥设备有限公司	(0519)88671938	干燥能力240kg/次,耗汽量36kg/h,烘车数4辆,烘盘数96个,风机功率0.9kW,外形尺寸(mm):2300×2200×2000,带轴流风机
药用烘箱	GMP-Ⅱ	82960	常州中贝干燥设备有限公司	(0519)88671938	干燥能力240kg/次,耗汽量36kg/h,烘车数4辆,烘盘数96个,风机功率0.9kW,外形尺寸(mm):2300×2200×2000,带防爆型轴流风机
药用烘箱	GMP-Ⅱ	83800	常州中贝干燥设备有限公司	(0519)88671938	干燥能力240kg/次,耗汽量36kg/h,烘车数4辆,烘盘数96个,风机功率0.9kW,外形尺寸(mm):2300×2200×2000,带自动控温仪
药用烘箱	GMP-Ⅱ	84650	常州中贝干燥设备有限公司	(0519)88671938	干燥能力240kg/次,耗汽量36kg/h,烘车数4辆,烘盘数96个,风机功率0.9kW,外形尺寸(mm):2300×2200×2000,带不锈钢轴流风机
药用烘箱	GMP-Ⅱ	85600	常州中贝干燥设备有限公司	(0519)88671938	干燥能力240kg/次,耗汽量36kg/h,烘车数4辆,烘盘数96个,风机功率0.9kW,外形尺寸(mm):2300×2200×2000,带不锈钢耐高温风机
药用烘箱	GMP-Ⅲ	108000	常州中贝干燥设备有限公司	(0519)88671938	干燥能力360kg/次,耗汽量54kg/h,烘车数6辆,烘盘数144个,风机功率1.35kW,外形尺寸(mm):3300×2200×2000
药用烘箱	GMP-Ⅲ	109580	常州中贝干燥设备有限公司	(0519)88671938	干燥能力360kg/次,耗汽量54kg/h,烘车数6辆,烘盘数144个,风机功率1.35kW,外形尺寸(mm):3300×2200×2000,带轴流风机
药用烘箱	GMP-Ⅲ	110160	常州中贝干燥设备有限公司	(0519)88671938	干燥能力360kg/次,耗汽量54kg/h,烘车数6辆,烘盘数144个,风机功率1.35kW,外形尺寸(mm):3300×2200×2000,带防爆型轴流风机
药用烘箱	GMP-Ⅲ	111000	常州中贝干燥设备有限公司	(0519)88671938	干燥能力360kg/次,耗汽量54kg/h,烘车数6辆,烘盘数144个,风机功率1.35kW,外形尺寸(mm):3300×2200×2000,带自动控温仪
药用烘箱	GMP-Ⅲ	111850	常州中贝干燥设备有限公司	(0519)88671938	干燥能力360kg/次,耗汽量54kg/h,烘车数6辆,烘盘数144个,风机功率1.35kW,外形尺寸(mm):3300×2200×2000,带不锈钢轴流风机
药用烘箱	GMP-Ⅲ	112800	常州中贝干燥设备有限公司	(0519)88671938	干燥能力360kg/次,耗汽量54kg/h,烘车数6辆,烘盘数144个,风机功率1.35kW,外形尺寸(mm):3300×2200×2000,带不锈钢耐高温风机
药用烘箱	GMP-Ⅳ	129200	常州中贝干燥设备有限公司	(0519)88671938	干燥能力480kg/次,耗汽量72kg/h,烘车数8辆,烘盘数192个,风机功率1.8kW,外形尺寸(mm):4460×2200×2000

产品名称	型号规格	参考价格（元）	生产厂家	电话	主要参数及备注
热风循环烘箱	CT-Ⅰ	14800	常州市宇通干燥设备有限公司	（0519）88901088	2门2车，内壁材质铝合金
热风循环烘箱	CT-Ⅰ	14800	常州市宇通干燥设备有限公司	（0519）88901088	2门2车，内壁材质镀锌板
热风循环烘箱	CT-Ⅰ	14800	江阴金发干燥设备有限公司	（0510）86178258	干燥能力100kg/次，散热面积23m^2，风量1417 m^3/h，烘盘数48个，功率1.1kW，外形尺寸(mm)：2430×1200×2435，内壁材质铝合金，离心通风机，2门2车，蒸汽加热
热风循环烘箱	CT-Ⅰ	14800	江阴金发干燥设备有限公司	（0510）86178258	干燥能力100kg/次，散热面积23m^2，风量1417 m^3/h，烘盘数48个，功率1.1kW，外形尺寸(mm)：2430×1200×2435，内壁材质镀锌板，离心通风机，2门2车，蒸汽加热
热风循环烘箱	CT-Ⅰ	14800	江阴金发干燥设备有限公司	（0510）86178258	干燥能力100kg/次，散热面积23m^2，风量1417 m^3/h，烘盘数48个，功率1.1kW，外形尺寸(mm)：2430×1200×2435，内壁材质铝合金，离心通风机，2门2车，电加热
热风循环烘箱	CT-Ⅰ	14800	江阴金发干燥设备有限公司	（0510）86178258	干燥能力100kg/次，散热面积23m^2，风量1417 m^3/h，烘盘数48个，功率1.1kW，外形尺寸(mm)：2430×1200×2435，内壁材质镀锌板，离心通风机，2门2车，电加热
热风循环烘箱	CT-Ⅰ	17800	江阴金发干燥设备有限公司	（0510）86178258	干燥能力100kg/次，散热面积23m^2，风量1417 m^3/h，烘盘数48个，功率1.1kW，外形尺寸(mm)：2430×1200×2435，内壁材质铝合金，离心通风机，2门2车，电蒸两用加热
热风循环烘箱	CT-Ⅰ	17800	江阴金发干燥设备有限公司	（0510）86178258	干燥能力100kg/次，散热面积23m^2，风量1417 m^3/h，烘盘数48个，功率1.1kW，外形尺寸(mm)：2430×1200×2435，内壁材质镀锌板，离心通风机，2门2车，电蒸两用加热
热风循环烘箱	CT-Ⅰ	18300	常州市宇通干燥设备有限公司	（0519）88901088	2门2车，内壁材质不锈钢
热风循环烘箱	CT-Ⅰ	18300	江阴金发干燥设备有限公司	（0510）86178258	干燥能力100kg/次，散热面积23m^2，风量1417 m^3/h，烘盘数48个，功率1.1kW，外形尺寸(mm)：2430×1200×2435，内壁材质不锈钢，离心通风机，2门2车，蒸汽加热
热风循环烘箱	CT-Ⅰ	18300	江阴金发干燥设备有限公司	（0510）86178258	干燥能力100kg/次，散热面积23m^2，风量1417 m^3/h，烘盘数48个，功率1.1kW，外形尺寸(mm)：2430×1200×2435，内壁材质不锈钢，离心通风机，2门2车，电加热
热风循环烘箱	CT-Ⅰ	21300	江阴金发干燥设备有限公司	（0510）86178258	干燥能力100kg/次，散热面积23m^2，风量1417 m^3/h，烘盘数48个，功率1.1kW，外形尺寸(mm)：2430×1200×2435，内壁材质不锈钢，离心通风机，2门2车，电蒸两用加热
热风循环烘箱	CT-Ⅰ	50000	周口制药机械厂有限公司	（0394）8583482	干燥能力120kg/次，散热面积25m^2，烘车数2辆，烘盘数48只，外形尺寸(mm)：2180×1200×2300，蒸汽型，材质不锈钢

产品名称	型号规格	参考价格(元)	生产厂家	电话	主要参数及备注
热风循环烘箱	CT-Ⅱ	15000	江苏省泰州市长江制药机械有限公司	(0523)86911380	干燥能力 240kg/次,散热面积 $40m^2$,风量 5200 m^3/h,烘盘数 96 个,烘车数 4 辆,功率1.1kW,外形尺寸(mm):2430×2200×2433,重1.5t
热风循环烘箱	CT-Ⅱ	21800	常州市宇通干燥设备有限公司	(0519)88901088	2 门 4 车,内壁材质铝合金
热风循环烘箱	CT-Ⅱ	21800	常州市宇通干燥设备有限公司	(0519)88901088	2 门 4 车,内壁材质镀锌板
热风循环烘箱	CT-Ⅱ	21800	江阴金发干燥设备有限公司	(0510)86178258	干燥能力 200kg/次,散热面积 $48m^2$,风量 5230 m^3/h,烘盘数 96 个,功率1.1kW,外形尺寸(mm):2430×2200×2480,内壁材质铝合金,离心通风机,2 门 4 车,蒸汽加热
热风循环烘箱	CT-Ⅱ	21800	江阴金发干燥设备有限公司	(0510)86178258	干燥能力 200kg/次,散热面积 $48m^2$,风量 5230 m^3/h,烘盘数 96 个,功率1.1kW,外形尺寸(mm):2430×2200×2480,内壁材质镀锌板,离心通风机,2 门 4 车,蒸汽加热
热风循环烘箱	CT-Ⅱ	21800	江阴金发干燥设备有限公司	(0510)86178258	干燥能力 200kg/次,散热面积 $48m^2$,风量 5230 m^3/h,烘盘数 96 个,功率1.1kW,外形尺寸(mm):2430×2200×2480,内壁材质铝合金,离心通风机,2 门 4 车,电加热
热风循环烘箱	CT-Ⅱ	21800	江阴金发干燥设备有限公司	(0510)86178258	干燥能力 200kg/次,散热面积 $48m^2$,风量 5230 m^3/h,烘盘数 96 个,功率1.1kW,外形尺寸(mm):2430×2200×2480,内壁材质镀锌板,离心通风机,2 门 4 车,电加热
热风循环烘箱	CT-Ⅱ	26640	江阴金发干燥设备有限公司	(0510)86178258	干燥能力 200kg/次,散热面积 $48m^2$,风量 5230 m^3/h,烘盘数 96 个,功率1.1kW,外形尺寸(mm):2430×2200×2480,内壁材质铝合金,离心通风机,2 门 4 车,电蒸两用加热
热风循环烘箱	CT-Ⅱ	26640	江阴金发干燥设备有限公司	(0510)86178258	干燥能力 200kg/次,散热面积 $48m^2$,风量 5230 m^3/h,烘盘数 96 个,功率1.1kW,外形尺寸(mm):2430×2200×2480,内壁材质镀锌板,离心通风机,2 门 4 车,电蒸两用加热
热风循环烘箱	CT-Ⅱ	29200	常州市宇通干燥设备有限公司	(0519)88901088	2 门 4 车,内壁材质不锈钢
热风循环烘箱	CT-Ⅱ	29200	江阴金发干燥设备有限公司	(0510)86178258	干燥能力 200kg/次,散热面积 $48m^2$,风量 5230 m^3/h,烘盘数 96 个,功率1.1kW,外形尺寸(mm):2430×2200×2480,内壁材质不锈钢,离心通风机,2 门 4 车,蒸汽加热
热风循环烘箱	CT-Ⅱ	29200	江阴金发干燥设备有限公司	(0510)86178258	干燥能力 200kg/次,散热面积 $48m^2$,风量 5230 m^3/h,烘盘数 96 个,功率1.1kW,外形尺寸(mm):2430×2200×2480,内壁材质不锈钢,离心通风机,2 门 4 车,电加热
热风循环烘箱	CT-Ⅱ	34040	江阴金发干燥设备有限公司	(0510)86178258	干燥能力 200kg/次,散热面积 $48m^2$,风量 5230 m^3/h,烘盘数 96 个,功率1.1kW,外形尺寸(mm):2430×2200×2480,内壁材质不锈钢,离心通风机,2 门 4 车,电蒸两用加热

产品名称	型号规格	参考价格（元）	生产厂家	电话	主要参数及备注
热风循环烘箱	CT-Ⅱ	70000	周口制药机械厂有限公司	（0394）8583482	干燥能力 240kg/次，散热面积 $50m^2$，烘车数 4 辆，烘盘数 96 只，外形尺寸（mm）：2180×2200×2300，蒸汽型，材质不锈钢
热风循环烘箱	CT-Ⅲ	22000	江苏省泰州市长江制药机械有限公司	（0523）86911380	干燥能力 360kg/次，散热面积 $80m^2$，风量 9800 m^3/h，烘盘数 144 个，烘车数 6 辆，功率2.2kW，外形尺寸（mm）：3430×2200×2620，重 2t
热风循环烘箱	CT-Ⅲ	31000	常州市宇通干燥设备有限公司	（0519）88901088	3 门 6 车，内壁材质铝合金
热风循环烘箱	CT-Ⅲ	31000	常州市宇通干燥设备有限公司	（0519）88901088	3 门 6 车，内壁材质镀锌板
热风循环烘箱	CT-Ⅲ	31600	江阴金发干燥设备有限公司	（0510）86178258	干燥能力 300kg/次，散热面积 $80m^2$，风量 9800 m^3/h，烘盘数 144 个，功率 2.2 kW，外形尺寸（mm）：3430×2200×2620，内壁材质铝合金，离心通风机，3 门 6 车，蒸汽加热
热风循环烘箱	CT-Ⅲ	31600	江阴金发干燥设备有限公司	（0510）86178258	干燥能力 300kg/次，散热面积 $80m^2$，风量 9800 m^3/h，烘盘数 144 个，功率 2.2 kW，外形尺寸（mm）：3430×2200×2620，内壁材质镀锌板，离心通风机，3 门 6 车，蒸汽加热
热风循环烘箱	CT-Ⅲ	31600	江阴金发干燥设备有限公司	（0510）86178258	干燥能力 300kg/次，散热面积 $80m^2$，风量 9800 m^3/h，烘盘数 144 个，功率 2.2 kW，外形尺寸（mm）：3430×2200×2620，内壁材质铝合金，离心通风机，3 门 6 车，电加热
热风循环烘箱	CT-Ⅲ	31600	江阴金发干燥设备有限公司	（0510）86178258	干燥能力 300kg/次，散热面积 $80m^2$，风量 9800 m^3/h，烘盘数 144 个，功率 2.2 kW，外形尺寸（mm）：3430×2200×2620，内壁材质镀锌板，离心通风机，3 门 6 车，电加热
热风循环烘箱	CT-Ⅲ	40000	常州市宇通干燥设备有限公司	（0519）88901088	3 门 6 车，内壁材质不锈钢
热风循环烘箱	CT-Ⅲ	41700	江阴金发干燥设备有限公司	（0510）86178258	干燥能力 300kg/次，散热面积 $80m^2$，风量 9800 m^3/h，烘盘数 144 个，功率 2.2 kW，外形尺寸（mm）：3430×2200×2620，内壁材质不锈钢，离心通风机，3 门 6 车，电加热
热风循环烘箱	CT-Ⅲ	41700	江阴金发干燥设备有限公司	（0510）86178258	干燥能力 300kg/次，散热面积 $80m^2$，风量 9800 m^3/h，烘盘数 144 个，功率 2.2 kW，外形尺寸（mm）：3430×2200×2620，内壁材质不锈钢，离心通风机，3 门 6 车，蒸汽加热
热风循环烘箱	CT-Ⅲ	88000	周口制药机械厂有限公司	（0394）8583482	干燥能力 360kg/次，散热面积 $75m^2$，烘车数 6 辆，烘盘数 144 只，外形尺寸（mm）：3420×2200×2300，蒸汽型，材质不锈钢
热风循环烘箱	CT-Ⅳ	25000	江苏省泰州市长江制药机械有限公司	（0523）86911380	干燥能力 480kg/次，散热面积 $100m^2$，风量 9800 m^3/h，烘盘数 192 个，烘车数 8 辆，功率2.2kW，外形尺寸（mm）：4460×2200×2620，重2.3t

产品名称	型号规格	参考价格(元)	生产厂家	电话	主要参数及备注
热风循环烘箱	CT-Ⅳ	41000	常州市宇通干燥设备有限公司	(0519)88901088	4门8车,内壁材质铝合金
热风循环烘箱	CT-Ⅳ	41000	常州市宇通干燥设备有限公司	(0519)88901088	4门8车,内壁材质镀锌板
热风循环烘箱	CT-Ⅳ	41300	江阴金发干燥设备有限公司	(0510)86178258	干燥能力400kg/次,散热面积$96m^2$,风量9800 m^3/h,烘盘数192个,功率2.2kW,外形尺寸(mm):4460×2200×2620,内壁材质铝合金,离心通风机,4门8车,蒸汽加热
热风循环烘箱	CT-Ⅳ	41300	江阴金发干燥设备有限公司	(0510)86178258	干燥能力400kg/次,散热面积$96m^2$,风量9800 m^3/h,烘盘数192个,功率2.2kW,外形尺寸(mm):4460×2200×2620,内壁材质镀锌板,离心通风机,4门8车,蒸汽加热
热风循环烘箱	CT-Ⅳ	41300	江阴金发干燥设备有限公司	(0510)86178258	干燥能力400kg/次,散热面积$96m^2$,风量9800 m^3/h,烘盘数192个,功率2.2kW,外形尺寸(mm):4460×2200×2620,内壁材质铝合金,离心通风机,4门8车,电加热
热风循环烘箱	CT-Ⅳ	41300	江阴金发干燥设备有限公司	(0510)86178258	干燥能力400kg/次,散热面积$96m^2$,风量9800 m^3/h,烘盘数192个,功率2.2kW,外形尺寸(mm):4460×2200×2620,内壁材质镀锌板,离心通风机,4门8车,电加热
热风循环烘箱	CT-Ⅳ	54700	常州市宇通干燥设备有限公司	(0519)88901088	4门8车,内壁材质不锈钢
热风循环烘箱	CT-Ⅳ	57600	江阴金发干燥设备有限公司	(0510)86178258	干燥能力400kg/次,散热面积$96m^2$,风量9800 m^3/h,烘盘数192个,功率2.2kW,外形尺寸(mm):4460×2200×2620,内壁材质不锈钢,离心通风机,4门8车,电加热
热风循环烘箱	CT-Ⅳ	57600	江阴金发干燥设备有限公司	(0510)86178258	干燥能力400kg/次,散热面积$96m^2$,风量9800 m^3/h,烘盘数192个,功率2.2kW,外形尺寸(mm):4460×2200×2620,内壁材质不锈钢,离心通风机,4门8车,蒸汽加热
热风循环烘箱	CT-C-Ⅰ	18000	常州市互帮干燥设备有限公司	(0519)88739588	干燥能力120kg/批,耗汽量20kg/h,蒸发面积$14.1m^2$,有效容积$2.6m^3$,风机功率0.45kW,外形尺寸(mm):2260×1200×2000,重1.58t,2门2车,内壁材质镀锌板,蒸汽加热
热风循环烘箱	CT-C-Ⅰ	18000	常州市互帮干燥设备有限公司	(0519)88739588	干燥能力120kg/批,耗汽量20kg/h,蒸发面积$14.1m^2$,有效容积$2.6m^3$,电加热功率15kW,风机功率0.45kW,外形尺寸(mm):2260×1200×2000,重1.58t,2门2车,内壁材质镀锌板,电加热
热风循环烘箱	CT-C-Ⅰ	18000	常州市互帮干燥设备有限公司	(0519)88739588	干燥能力120kg/批,耗汽量20kg/h,蒸发面积$14.1m^2$,有效容积$2.6m^3$,风机功率0.45kW,外形尺寸(mm):2260×1200×2000,重1.58t,2门2车,内壁材质铝合金,蒸汽加热

产品名称	型号规格	参考价格(元)	生产厂家	电话	主要参数及备注
热风循环烘箱	CT-C-Ⅰ	18000	常州市互帮干燥设备有限公司	(0519)88739588	干燥能力120kg/批,耗汽量20kg/h,蒸发面积14.1m^2,有效容积2.6m^3,电加热功率15kW,风机功率0.45kW,外形尺寸(mm):2260×1200×2000,重1.58t,2门2车,内壁材质铝合金,电加热
热风循环烘箱	CT-C-Ⅰ	19000	常州市宇通干燥设备有限公司	(0519)88901088	2门2车,内壁材质铝合金,蒸汽加热
热风循环烘箱	CT-C-Ⅰ	19000	常州市宇通干燥设备有限公司	(0519)88901088	2门2车,内壁材质镀锌板,蒸汽加热
热风循环烘箱	CT-C-Ⅰ	19000	常州市宇通干燥设备有限公司	(0519)88901088	2门2车,内壁材质铝合金,电加热
热风循环烘箱	CT-C-Ⅰ	21000	常州市互帮干燥设备有限公司	(0519)88739588	干燥能力120kg/批,耗汽量20kg/h,蒸发面积14.1m^2,有效容积2.6m^3,电加热功率15kW,风机功率0.45kW,外形尺寸(mm):2260×1200×2000,重1.58t,2门2车,内壁材质铝合金,电、蒸汽两用加热
热风循环烘箱	CT-C-Ⅰ	21000	常州市互帮干燥设备有限公司	(0519)88739588	干燥能力120kg/批,耗汽量20kg/h,蒸发面积14.1m^2,有效容积2.6m^3,电加热功率15kW,风机功率0.45kW,外形尺寸(mm):2260×1200×2000,重1.58t,2门2车,内壁材质镀锌板,电、蒸汽两用加热
热风循环烘箱	CT-C-Ⅰ	21000	常州市互帮干燥设备有限公司	(0519)88739588	干燥能力120kg/批,耗汽量20kg/h,蒸发面积14.1m^2,有效容积2.6m^3,风机功率0.45kW,外形尺寸(mm):2260×1200×2000,重1.58t,2门2车,内壁材质不锈钢,蒸汽加热
热风循环烘箱	CT-C-Ⅰ	21000	常州市互帮干燥设备有限公司	(0519)88739588	干燥能力120kg/批,耗汽量20kg/h,蒸发面积14.1m^2,有效容积2.6m^3,电加热功率15kW,风机功率0.45kW,外形尺寸(mm):2260×1200×2000,重1.58t,2门2车,内壁材质不锈钢,电加热
热风循环烘箱	CT-C-Ⅰ	21000	常州中贝干燥设备有限公司	(0519)88671938	干燥能力120kg/次,耗汽量18kg/h,散热面积20m^2,风量3450m^3/h,烘盘数48个,功率0.45kW,外形尺寸(mm):2300×1200×2000,内部材质铝合金,2门2车,蒸汽加热
热风循环烘箱	CT-C-Ⅰ	21000	常州中贝干燥设备有限公司	(0519)88671938	干燥能力120kg/次,耗汽量18kg/h,散热面积20m^2,风量3450m^3/h,烘盘数48个,功率0.45kW,外形尺寸(mm):2300×1200×2000,内部材质镀锌板,2门2车,蒸汽加热
热风循环烘箱	CT-C-Ⅰ	21000	常州中贝干燥设备有限公司	(0519)88671938	干燥能力120kg/次,耗汽量18kg/h,散热面积20m^2,风量3450m^3/h,烘盘数48个,功率0.45kW,外形尺寸(mm):2300×1200×2000,内部材质铝合金,2门2车,电加热
热风循环烘箱	CT-C-Ⅰ	21000	常州中贝干燥设备有限公司	(0519)88671938	干燥能力120kg/次,耗汽量18kg/h,散热面积20m^2,风量3450m^3/h,烘盘数48个,功率0.45kW,外形尺寸(mm):2300×1200×2000,内部材质镀锌板,2门2车,电加热

产品名称	型号规格	参考价格(元)	生产厂家	电话	主要参数及备注
热风循环烘箱	CT-C-Ⅰ	22500	常州市宇通干燥设备有限公司	(0519)88901088	2门2车,内壁材质铝合金,汽电两用加热
热风循环烘箱	CT-C-Ⅰ	22500	常州市宇通干燥设备有限公司	(0519)88901088	2门2车,内壁材质镀锌板,汽电两用加热
热风循环烘箱	CT-C-Ⅰ	22580	常州中贝干燥设备有限公司	(0519)88671938	干燥能力120kg/次,耗汽量18kg/h,散热面积20m^2,风量3450m^3/h,烘盘数48个,功率0.45kW,外形尺寸(mm):2300×1200×2000,内部材质铝合金,2门2车,蒸汽加热,带轴流风机
热风循环烘箱	CT-C-Ⅰ	22580	常州中贝干燥设备有限公司	(0519)88671938	干燥能力120kg/次,耗汽量18kg/h,散热面积20m^2,风量3450m^3/h,烘盘数48个,功率0.45kW,外形尺寸(mm):2300×1200×2000,内部材质镀锌板,2门2车,蒸汽加热,带轴流风机
热风循环烘箱	CT-C-Ⅰ	22580	常州中贝干燥设备有限公司	(0519)88671938	干燥能力120kg/次,耗汽量18kg/h,散热面积20m^2,风量3450m^3/h,烘盘数48个,功率0.45kW,外形尺寸(mm):2300×1200×2000,内部材质铝合金,2门2车,电加热,带轴流风机
热风循环烘箱	CT-C-Ⅰ	22580	常州中贝干燥设备有限公司	(0519)88671938	干燥能力120kg/次,耗汽量18kg/h,散热面积20m^2,风量3450m^3/h,烘盘数48个,功率0.45kW,外形尺寸(mm):2300×1200×2000,内部材质镀锌板,2门2车,电加热,带轴流风机
热风循环烘箱	CT-C-Ⅰ	23160	常州中贝干燥设备有限公司	(0519)88671938	干燥能力120kg/次,耗汽量18kg/h,散热面积20m^2,风量3450m^3/h,烘盘数48个,功率0.45kW,外形尺寸(mm):2300×1200×2000,内部材质铝合金,2门2车,蒸汽加热,带防爆型轴流风机
热风循环烘箱	CT-C-Ⅰ	23160	常州中贝干燥设备有限公司	(0519)88671938	干燥能力120kg/次,耗汽量18kg/h,散热面积20m^2,风量3450m^3/h,烘盘数48个,功率0.45kW,外形尺寸(mm):2300×1200×2000,内部材质镀锌板,2门2车,蒸汽加热,带防爆型轴流风机
热风循环烘箱	CT-C-Ⅰ	23160	常州中贝干燥设备有限公司	(0519)88671938	干燥能力120kg/次,耗汽量18kg/h,散热面积20m^2,风量3450m^3/h,烘盘数48个,功率0.45kW,外形尺寸(mm):2300×1200×2000,内部材质铝合金,2门2车,电加热,带防爆型轴流风机
热风循环烘箱	CT-C-Ⅰ	23160	常州中贝干燥设备有限公司	(0519)88671938	干燥能力120kg/次,耗汽量18kg/h,散热面积20m^2,风量3450m^3/h,烘盘数48个,功率0.45kW,外形尺寸(mm):2300×1200×2000,内部材质镀锌板,2门2车,电加热,带防爆型轴流风机
热风循环烘箱	CT-C-Ⅰ	24000	常州市互帮干燥设备有限公司	(0519)88739588	干燥能力120kg/批,耗汽量20kg/h,蒸发面积14.1m^2,有效容积2.6m^3,电加热功率15kW,风机功率0.45kW,外形尺寸(mm):2260×1200×2000,重1.58t,2门2车,内壁材质不锈钢,电、蒸汽两用加热

产品名称	型号规格	参考价格(元)	生产厂家	电话	主要参数及备注
热风循环烘箱	CT-C-Ⅰ	24000	常州中贝干燥设备有限公司	(0519)88671938	干燥能力 120kg/次,耗汽量 18kg/h,散热面积 $20m^2$,风量 3450m^3/h,烘盘数 48 个,功率 0.45kW,外形尺寸(mm):2300×1200×2000,内部材质铝合金,2 门 2 车,电加热,带自动控温仪
热风循环烘箱	CT-C-Ⅰ	24000	常州中贝干燥设备有限公司	(0519)88671938	干燥能力 120kg/次,耗汽量 18kg/h,散热面积 $20m^2$,风量 3450m^3/h,烘盘数 48 个,功率 0.45kW,外形尺寸(mm):2300×1200×2000,内部材质镀锌板,2 门 2 车,电加热,带自动控温仪
热风循环烘箱	CT-C-Ⅰ	24800	常州市宇通干燥设备有限公司	(0519)88901088	2 门 2 车,内壁材质不锈钢,蒸汽加热
热风循环烘箱	CT-C-Ⅰ	24800	常州市宇通干燥设备有限公司	(0519)88901088	2 门 2 车,内壁材质不锈钢,电加热
热风循环烘箱	CT-C-Ⅰ	24850	常州中贝干燥设备有限公司	(0519)88671938	干燥能力 120kg/次,耗汽量 18kg/h,散热面积 $20m^2$,风量 3450m^3/h,烘盘数 48 个,功率 0.45kW,外形尺寸(mm):2300×1200×2000,内部材质铝合金,2 门 2 车,蒸汽加热,带不锈钢轴流风机
热风循环烘箱	CT-C-Ⅰ	24850	常州中贝干燥设备有限公司	(0519)88671938	干燥能力 120kg/次,耗汽量 18kg/h,散热面积 $20m^2$,风量 3450m^3/h,烘盘数 48 个,功率 0.45kW,外形尺寸(mm):2300×1200×2000,内部材质镀锌板,2 门 2 车,蒸汽加热,带不锈钢轴流风机
热风循环烘箱	CT-C-Ⅰ	24850	常州中贝干燥设备有限公司	(0519)88671938	干燥能力 120kg/次,耗汽量 18kg/h,散热面积 $20m^2$,风量 3450m^3/h,烘盘数 48 个,功率 0.45kW,外形尺寸(mm):2300×1200×2000,内部材质铝合金,2 门 2 车,电加热,带不锈钢轴流风机
热风循环烘箱	CT-C-Ⅰ	24850	常州中贝干燥设备有限公司	(0519)88671938	干燥能力 120kg/次,耗汽量 18kg/h,散热面积 $20m^2$,风量 3450m^3/h,烘盘数 48 个,功率 0.45kW,外形尺寸(mm):2300×1200×2000,内部材质镀锌板,2 门 2 车,电加热,带不锈钢轴流风机
热风循环烘箱	CT-C-Ⅰ	25580	常州中贝干燥设备有限公司	(0519)88671938	干燥能力 120kg/次,耗汽量 18kg/h,散热面积 $20m^2$,风量 3450m^3/h,烘盘数 48 个,功率 0.45kW,外形尺寸(mm):2300×1200×2000,内部材质铝合金,2 门 2 车,汽电两用加热,带轴流风机
热风循环烘箱	CT-C-Ⅰ	25580	常州中贝干燥设备有限公司	(0519)88671938	干燥能力 120kg/次,耗汽量 18kg/h,散热面积 $20m^2$,风量 3450m^3/h,烘盘数 48 个,功率 0.45kW,外形尺寸(mm):2300×1200×2000,内部材质镀锌板,2 门 2 车,汽电两用加热,带轴流风机
热风循环烘箱	CT-C-Ⅰ	25800	常州中贝干燥设备有限公司	(0519)88671938	干燥能力 120kg/次,耗汽量 18kg/h,散热面积 $20m^2$,风量 3450m^3/h,烘盘数 48 个,功率 0.45kW,外形尺寸(mm):2300×1200×2000,内壁材质不锈钢,2 门 2 车,蒸汽加热

产品名称	型号规格	参考价格（元）	生产厂家	电话	主要参数及备注
热风循环烘箱	CT-C-Ⅰ	25800	常州中贝干燥设备有限公司	（0519）88671938	干燥能力120kg/次，耗汽量18kg/h，散热面积$20m^2$，风量3450m^3/h，烘盘数48个，功率0.45kW，外形尺寸（mm）：2300×1200×2000，内壁材质不锈钢，2门2车，电加热
热风循环烘箱	CT-C-Ⅰ	25800	常州中贝干燥设备有限公司	（0519）88671938	干燥能力120kg/次，耗汽量18kg/h，散热面积$20m^2$，风量3450m^3/h，烘盘数48个，功率0.45kW，外形尺寸（mm）：2300×1200×2000，内部材质铝合金，2门2车，蒸汽加热，带不锈钢耐高温风机
热风循环烘箱	CT-C-Ⅰ	25800	常州中贝干燥设备有限公司	（0519）88671938	干燥能力120kg/次，耗汽量18kg/h，散热面积$20m^2$，风量3450m^3/h，烘盘数48个，功率0.45kW，外形尺寸（mm）：2300×1200×2000，内部材质镀锌板，2门2车，蒸汽加热，带不锈钢耐高温风机
热风循环烘箱	CT-C-Ⅰ	25800	常州中贝干燥设备有限公司	（0519）88671938	干燥能力120kg/次，耗汽量18kg/h，散热面积$20m^2$，风量3450m^3/h，烘盘数48个，功率0.45kW，外形尺寸（mm）：2300×1200×2000，内部材质铝合金，2门2车，电加热，带不锈钢耐高温风机
热风循环烘箱	CT-C-Ⅰ	25800	常州中贝干燥设备有限公司	（0519）88671938	干燥能力120kg/次，耗汽量18kg/h，散热面积$20m^2$，风量3450m^3/h，烘盘数48个，功率0.45kW，外形尺寸（mm）：2300×1200×2000，内部材质镀锌板，2门2车，电加热，带不锈钢耐高温风机
热风循环烘箱	CT-C-Ⅰ	26000	常州市互帮干燥设备有限公司	（0519）88739588	干燥能力120kg/批，耗汽量20kg/h，蒸发面积$14.1m^2$，有效容积$2.6m^3$，风机功率0.45kW，外形尺寸（mm）：2260×1200×2000，重1.58t，2门2车，内外材质不锈钢，蒸汽加热
热风循环烘箱	CT-C-Ⅰ	26000	常州市互帮干燥设备有限公司	（0519）88739588	干燥能力120kg/批，耗汽量20kg/h，蒸发面积$14.1m^2$，有效容积$2.6m^3$，电加热功率15kW，风机功率0.45kW，外形尺寸（mm）：2260×1200×2000，重1.58t，2门2车，内外材质不锈钢，电加热
热风循环烘箱	CT-C-Ⅰ	26160	常州中贝干燥设备有限公司	（0519）88671938	干燥能力120kg/次，耗汽量18kg/h，散热面积$20m^2$，风量3450m^3/h，烘盘数48个，功率0.45kW，外形尺寸（mm）：2300×1200×2000，内部材质铝合金，2门2车，汽电两用加热，带防爆型轴流风机
热风循环烘箱	CT-C-Ⅰ	26160	常州中贝干燥设备有限公司	（0519）88671938	干燥能力120kg/次，耗汽量18kg/h，散热面积$20m^2$，风量3450m^3/h，烘盘数48个，功率0.45kW，外形尺寸（mm）：2300×1200×2000，内部材质镀锌板，2门2车，汽电两用加热，带防爆型轴流风机

产品名称	型号规格	参考价格(元)	生产厂家	电话	主要参数及备注
热风循环烘箱	CT-C-Ⅰ	27000	常州中贝干燥设备有限公司	(0519)88671938	干燥能力120kg/次,耗汽量18kg/h,散热面积20m^2,风量3450m^3/h,烘盘数48个,功率0.45kW,外形尺寸(mm):2300×1200×2000,内部材质铝合金,2门2车,汽电两用加热,带自动控温仪
热风循环烘箱	CT-C-Ⅰ	27000	常州中贝干燥设备有限公司	(0519)88671938	干燥能力120kg/次,耗汽量18kg/h,散热面积20m^2,风量3450m^3/h,烘盘数48个,功率0.45kW,外形尺寸(mm):2300×1200×2000,内部材质镀锌板,2门2车,汽电两用加热,带自动控温仪
热风循环烘箱	CT-C-Ⅰ	27380	常州中贝干燥设备有限公司	(0519)88671938	干燥能力120kg/次,耗汽量18kg/h,散热面积20m^2,风量3450m^3/h,烘盘数48个,功率0.45kW,外形尺寸(mm):2300×1200×2000,内壁材质不锈钢,2门2车,蒸汽加热,带轴流风机
热风循环烘箱	CT-C-Ⅰ	27380	常州中贝干燥设备有限公司	(0519)88671938	干燥能力120kg/次,耗汽量18kg/h,散热面积20m^2,风量3450m^3/h,烘盘数48个,功率0.45kW,外形尺寸(mm):2300×1200×2000,内壁材质不锈钢,2门2车,电加热,带轴流风机
热风循环烘箱	CT-C-Ⅰ	27850	常州中贝干燥设备有限公司	(0519)88671938	干燥能力120kg/次,耗汽量18kg/h,散热面积20m^2,风量3450m^3/h,烘盘数48个,功率0.45kW,外形尺寸(mm):2300×1200×2000,内部材质铝合金,2门2车,汽电两用加热,带不锈钢轴流风机
热风循环烘箱	CT-C-Ⅰ	27850	常州中贝干燥设备有限公司	(0519)88671938	干燥能力120kg/次,耗汽量18kg/h,散热面积20m^2,风量3450m^3/h,烘盘数48个,功率0.45kW,外形尺寸(mm):2300×1200×2000,内部材质镀锌板,2门2车,汽电两用加热,带不锈钢轴流风机
热风循环烘箱	CT-C-Ⅰ	27960	常州中贝干燥设备有限公司	(0519)88671938	干燥能力120kg/次,耗汽量18kg/h,散热面积20m^2,风量3450m^3/h,烘盘数48个,功率0.45kW,外形尺寸(mm):2300×1200×2000,内壁材质不锈钢,2门2车,电加热,带防爆型轴流风机
热风循环烘箱	CT-C-Ⅰ	27960	常州中贝干燥设备有限公司	(0519)88671938	干燥能力120kg/次,耗汽量18kg/h,散热面积20m^2,风量3450m^3/h,烘盘数48个,功率0.45kW,外形尺寸(mm):2300×1200×2000,内壁材质不锈钢,2门2车,蒸汽加热,带防爆型轴流风机
热风循环烘箱	CT-C-Ⅰ	28000	泰兴市苏中制药机械有限公司	(0523)87261051	不含税价
热风循环烘箱	CT-C-Ⅰ	28300	常州市宇通干燥设备有限公司	(0519)88901088	2门2车,内壁材质不锈钢,汽电两用加热
热风循环烘箱	CT-C-Ⅰ	28800	常州中贝干燥设备有限公司	(0519)88671938	干燥能力120kg/次,耗汽量18kg/h,散热面积20m^2,风量3450m^3/h,烘盘数48个,功率0.45kW,外形尺寸(mm):2300×1200×2000,内壁材质不锈钢,2门2车,汽电两用加热

产品名称	型号规格	参考价格(元)	生产厂家	电话	主要参数及备注
热风循环烘箱	CT-C-Ⅰ	28800	常州中贝干燥设备有限公司	(0519)88671938	干燥能力 120kg/次,耗汽量 18 kg/h,散热面积 $20m^2$,风量 3450 m^3/h,烘盘数 48 个,功率0.45 kW,外形尺寸(mm):2300×1200×2000,内部材质铝合金,2 门 2 车,汽电两用加热,带不锈钢耐高温风机
热风循环烘箱	CT-C-Ⅰ	28800	常州中贝干燥设备有限公司	(0519)88671938	干燥能力 120kg/次,耗汽量 18 kg/h,散热面积 $20m^2$,风量 3450 m^3/h,烘盘数 48 个,功率0.45 kW,外形尺寸(mm):2300×1200×2000,内部材质镀锌板,2 门 2 车,汽电两用加热,带不锈钢耐高温风机
热风循环烘箱	CT-C-Ⅰ	28800	常州中贝干燥设备有限公司	(0519)88671938	干燥能力 120kg/次,耗汽量 18 kg/h,散热面积 $20m^2$,风量 3450 m^3/h,烘盘数 48 个,功率0.45 kW,外形尺寸(mm):2300×1200×2000,内壁材质不锈钢,2 门 2 车,蒸汽加热,带自动控温仪
热风循环烘箱	CT-C-Ⅰ	28800	常州中贝干燥设备有限公司	(0519)88671938	干燥能力 120kg/次,耗汽量 18 kg/h,散热面积 $20m^2$,风量 3450 m^3/h,烘盘数 48 个,功率0.45 kW,外形尺寸(mm):2300×1200×2000,内壁材质不锈钢,2 门 2 车,电加热,带自动控温仪
热风循环烘箱	CT-C-Ⅰ	29000	常州市互帮干燥设备有限公司	(0519)88739588	干燥能力 120kg/批,耗汽量 20 kg/h,蒸发面积$14.1m^2$,有效容积$2.6m^3$,电加热功率 15kW,风机功率0.45 kW,外形尺寸(mm):2260×1200×2000,重1.58t,2 门 2 车,内外材质不锈钢,电、蒸汽两用加热
热风循环烘箱	CT-C-Ⅰ	29650	常州中贝干燥设备有限公司	(0519)88671938	干燥能力 120kg/次,耗汽量 18 kg/h,散热面积 $20m^2$,风量 3450 m^3/h,烘盘数 48 个,功率0.45kW,外形尺寸(mm):2300×1200×2000,内壁材质不锈钢,2 门 2 车,蒸汽加热,带不锈钢轴流风机
热风循环烘箱	CT-C-Ⅰ	29650	常州中贝干燥设备有限公司	(0519)88671938	干燥能力 120kg/次,耗汽量 18 kg/h,散热面积 $20m^2$,风量 3450 m^3/h,烘盘数 48 个,功率0.45 kW,外形尺寸(mm):2300×1200×2000,内壁材质不锈钢,2 门 2 车,电加热,带不锈钢轴流风机
热风循环烘箱	CT-C-Ⅰ	30000	江苏省泰州市长江制药机械有限公司	(0523)86911380	干燥能力 120kg/次,散热面积 $20m^2$,风量 3450 m^3/h,烘盘数 48 个,烘车数 2 辆,功率0.45kW,外形尺寸(mm):2300×1200×2000,重1.5t
热风循环烘箱	CT-C-Ⅰ	30380	常州中贝干燥设备有限公司	(0519)88671938	干燥能力 120kg/次,耗汽量 18 kg/h,散热面积 $20m^2$,风量 3450 m^3/h,烘盘数 48 个,功率0.45 kW,外形尺寸(mm):2300×1200×2000,内壁材质不锈钢,2 门 2 车,汽电两用加热,带轴流风机
热风循环烘箱	CT-C-Ⅰ	30600	常州中贝干燥设备有限公司	(0519)88671938	干燥能力 120kg/次,耗汽量 18 kg/h,散热面积 $20m^2$,风量 3450 m^3/h,烘盘数 48 个,功率0.45 kW,外形尺寸(mm):2300×1200×2000,内壁材质不锈钢,2 门 2 车,蒸汽加热,带不锈钢耐高温风机

产品名称	型号规格	参考价格（元）	生产厂家	电话	主要参数及备注
热风循环烘箱	CT-C-Ⅰ	30600	常州中贝干燥设备有限公司	(0519)88671938	干燥能力 120kg/次，耗汽量 18kg/h，散热面积 $20m^2$，风量 $3450m^3/h$，烘盘数 48 个，功率 0.45kW，外形尺寸（mm）：2300×1200×2000，内壁材质不锈钢，2 门 2 车，电加热，带不锈钢耐高温风机
热风循环烘箱	CT-C-Ⅰ	30960	常州中贝干燥设备有限公司	(0519)88671938	干燥能力 120kg/次，耗汽量 18kg/h，散热面积 $20m^2$，风量 $3450m^3/h$，烘盘数 48 个，功率 0.45kW，外形尺寸（mm）：2300×1200×2000，内壁材质不锈钢，2 门 2 车，汽电两用加热，带防爆型轴流风机
热风循环烘箱	CT-C-Ⅰ	31800	常州中贝干燥设备有限公司	(0519)88671938	干燥能力 120kg/次，耗汽量 18kg/h，散热面积 $20m^2$，风量 $3450m^3/h$，烘盘数 48 个，功率 0.45kW，外形尺寸（mm）：2300×1200×2000，内壁材质不锈钢，2 门 2 车，汽电两用加热，带自动控温仪
热风循环烘箱	CT-C-Ⅰ	32650	常州中贝干燥设备有限公司	(0519)88671938	干燥能力 120kg/次，耗汽量 18kg/h，散热面积 $20m^2$，风量 $3450m^3/h$，烘盘数 48 个，功率 0.45kW，外形尺寸（mm）：2300×1200×2000，内壁材质不锈钢，2 门 2 车，汽电两用加热，带不锈钢轴流风机
热风循环烘箱	CT-C-Ⅰ	33600	常州中贝干燥设备有限公司	(0519)88671938	干燥能力 120kg/次，耗汽量 18kg/h，散热面积 $20m^2$，风量 $3450m^3/h$，烘盘数 48 个，功率 0.45kW，外形尺寸（mm）：2300×1200×2000，内壁材质不锈钢，2 门 2 车，汽电两用加热，带不锈钢耐高温风机
热风循环烘箱	CT-C-Ⅰ	33900	常州市宇通干燥设备有限公司	(0519)88901088	2 门 2 车，内外壁材质 304，蒸汽加热
热风循环烘箱	CT-C-Ⅰ	33900	常州市宇通干燥设备有限公司	(0519)88901088	2 门 2 车，内外壁材质 304，电加热
热风循环烘箱	CT-C-Ⅰ	34000	常州中贝干燥设备有限公司	(0519)88671938	干燥能力 120kg/次，耗汽量 18kg/h，散热面积 $20m^2$，风量 $3450m^3/h$，烘盘数 48 个，功率 0.45kW，外形尺寸（mm）：2300×1200×2000，材质不锈钢，2 门 2 车，电加热，带轴流风机
热风循环烘箱	CT-C-Ⅰ	34000	常州中贝干燥设备有限公司	(0519)88671938	干燥能力 120kg/次，耗汽量 18kg/h，散热面积 $20m^2$，风量 $3450m^3/h$，烘盘数 48 个，功率 0.45kW，外形尺寸（mm）：2300×1200×2000，材质不锈钢，2 门 2 车，蒸汽加热
热风循环烘箱	CT-C-Ⅰ	34000	常州中贝干燥设备有限公司	(0519)88671938	干燥能力 120kg/次，耗汽量 18kg/h，散热面积 $20m^2$，风量 $3450m^3/h$，烘盘数 48 个，功率 0.45kW，外形尺寸（mm）：2300×1200×2000，材质不锈钢，2 门 2 车，电加热
热风循环烘箱	CT-C-Ⅰ	34000	常州中贝干燥设备有限公司	(0519)88671938	干燥能力 120kg/次，耗汽量 18kg/h，散热面积 $20m^2$，风量 $3450m^3/h$，烘盘数 48 个，功率 0.45kW，外形尺寸（mm）：2300×1200×2000，材质不锈钢，2 门 2 车，蒸汽加热，带轴流风机

产品名称	型号规格	参考价格(元)	生产厂家	电话	主要参数及备注
热风循环烘箱	CT-C-Ⅰ	36160	常州中贝干燥设备有限公司	(0519)88671938	干燥能力 120kg/次,耗汽量 18kg/h,散热面积 $20m^2$,风量 3450 m^3/h,烘盘数 48 个,功率0.45kW,外形尺寸(mm):2300×1200×2000,材质不锈钢,2门2车,蒸汽加热,带防爆型轴流风机
热风循环烘箱	CT-C-Ⅰ	36160	常州中贝干燥设备有限公司	(0519)88671938	干燥能力 120kg/次,耗汽量 18kg/h,散热面积 $20m^2$,风量 3450 m^3/h,烘盘数 48 个,功率0.45kW,外形尺寸(mm):2300×1200×2000,材质不锈钢,2门2车,电加热,带防爆型轴流风机
热风循环烘箱	CT-C-Ⅰ	37000	常州中贝干燥设备有限公司	(0519)88671938	干燥能力 120kg/次,耗汽量 18kg/h,散热面积 $20m^2$,风量 3450 m^3/h,烘盘数 48 个,功率0.45kW,外形尺寸(mm):2300×1200×2000,材质不锈钢,2门2车,汽电两用加热
热风循环烘箱	CT-C-Ⅰ	37000	常州中贝干燥设备有限公司	(0519)88671938	干燥能力 120kg/次,耗汽量 18kg/h,散热面积 $20m^2$,风量 3450 m^3/h,烘盘数 48 个,功率0.45kW,外形尺寸(mm):2300×1200×2000,材质不锈钢,2门2车,蒸汽加热,带自动控温仪
热风循环烘箱	CT-C-Ⅰ	37000	常州中贝干燥设备有限公司	(0519)88671938	干燥能力 120kg/次,耗汽量 18kg/h,散热面积 $20m^2$,风量 3450 m^3/h,烘盘数 48 个,功率0.45kW,外形尺寸(mm):2300×1200×2000,材质不锈钢,2门2车,电加热,带自动控温仪
热风循环烘箱	CT-C-Ⅰ	37400	常州市宇通干燥设备有限公司	(0519)88901088	2门2车,内外壁材质304,汽电两用加热
热风循环烘箱	CT-C-Ⅰ	37850	常州中贝干燥设备有限公司	(0519)88671938	干燥能力 120kg/次,耗汽量 18kg/h,散热面积 $20m^2$,风量 3450 m^3/h,烘盘数 48 个,功率0.45kW,外形尺寸(mm):2300×1200×2000,材质不锈钢,2门2车,蒸汽加热,带不锈钢轴流风机
热风循环烘箱	CT-C-Ⅰ	37850	常州中贝干燥设备有限公司	(0519)88671938	干燥能力 120kg/次,耗汽量 18kg/h,散热面积 $20m^2$,风量 3450 m^3/h,烘盘数 48 个,功率0.45kW,外形尺寸(mm):2300×1200×2000,材质不锈钢,2门2车,电加热,带不锈钢轴流风机
热风循环烘箱	CT-C-Ⅰ	38580	常州中贝干燥设备有限公司	(0519)88671938	干燥能力 120kg/次,耗汽量 18kg/h,散热面积 $20m^2$,风量 3450 m^3/h,烘盘数 48 个,功率0.45kW,外形尺寸(mm):2300×1200×2000,材质不锈钢,2门2车,汽电两用加热,带轴流风机
热风循环烘箱	CT-C-Ⅰ	38800	常州中贝干燥设备有限公司	(0519)88671938	干燥能力 120kg/次,耗汽量 18kg/h,散热面积 $20m^2$,风量 3450 m^3/h,烘盘数 48 个,功率0.45kW,外形尺寸(mm):2300×1200×2000,材质不锈钢,2门2车,蒸汽加热,带不锈钢耐高温风机
热风循环烘箱	CT-C-Ⅰ	38800	常州中贝干燥设备有限公司	(0519)88671938	干燥能力 120kg/次,耗汽量 18kg/h,散热面积 $20m^2$,风量 3450 m^3/h,烘盘数 48 个,功率0.45kW,外形尺寸(mm):2300×1200×2000,材质不锈钢,2门2车,电加热,带不锈钢耐高温风机

产品名称	型号规格	参考价格（元）	生产厂家	电话	主要参数及备注
热风循环烘箱	CT-C-Ⅱ	35400	常州中贝干燥设备有限公司	(0519)88671938	干燥能力 240kg/次，耗汽量 36kg/h，散热面积 40m^2，风量 6900m^3/h，烘盘数 96 个，功率0.9kW，外形尺寸（mm）：2300×2200×2000，内部材质镀锌板，2 门 4 车，电加热
热风循环烘箱	CT-C-Ⅱ	36980	常州中贝干燥设备有限公司	(0519)88671938	干燥能力 240kg/次，耗汽量 36kg/h，散热面积 40m^2，风量 6900m^3/h，烘盘数 96 个，功率0.9kW，外形尺寸（mm）：2300×2200×2000，内部材质铝合金，2 门 4 车，蒸汽加热，带轴流风机
热风循环烘箱	CT-C-Ⅱ	36980	常州中贝干燥设备有限公司	(0519)88671938	干燥能力 240kg/次，耗汽量 36kg/h，散热面积 40m^2，风量 6900m^3/h，烘盘数 96 个，功率0.9kW，外形尺寸（mm）：2300×2200×2000，内部材质镀锌板，2 门 4 车，蒸汽加热，带轴流风机
热风循环烘箱	CT-C-Ⅱ	36980	常州中贝干燥设备有限公司	(0519)88671938	干燥能力 240kg/次，耗汽量 36kg/h，散热面积 40m^2，风量 6900m^3/h，烘盘数 96 个，功率0.9kW，外形尺寸（mm）：2300×2200×2000，内部材质铝合金，2 门 4 车，电加热，带轴流风机
热风循环烘箱	CT-C-Ⅱ	36980	常州中贝干燥设备有限公司	(0519)88671938	干燥能力 240kg/次，耗汽量 36kg/h，散热面积 40m^2，风量 6900m^3/h，烘盘数 96 个，功率0.9kW，外形尺寸（mm）：2300×2200×2000，内部材质镀锌板，2 门 4 车，电加热，带轴流风机
热风循环烘箱	CT-C-Ⅱ	37560	常州中贝干燥设备有限公司	(0519)88671938	干燥能力 240kg/次，耗汽量 36kg/h，散热面积 40m^2，风量 6900m^3/h，烘盘数 96 个，功率0.9kW，外形尺寸（mm）：2300×2200×2000，内部材质铝合金，2 门 4 车，蒸汽加热，带防爆型轴流风机
热风循环烘箱	CT-C-Ⅱ	37560	常州中贝干燥设备有限公司	(0519)88671938	干燥能力 240kg/次，耗汽量 36kg/h，散热面积 40m^2，风量 6900m^3/h，烘盘数 96 个，功率0.9kW，外形尺寸（mm）：2300×2200×2000，内部材质镀锌板，2 门 4 车，蒸汽加热，带防爆型轴流风机
热风循环烘箱	CT-C-Ⅱ	37560	常州中贝干燥设备有限公司	(0519)88671938	干燥能力 240kg/次，耗汽量 36kg/h，散热面积 40m^2，风量 6900m^3/h，烘盘数 96 个，功率0.9kW，外形尺寸（mm）：2300×2200×2000，内部材质铝合金，2 门 4 车，电加热，带防爆型轴流风机
热风循环烘箱	CT-C-Ⅱ	37560	常州中贝干燥设备有限公司	(0519)88671938	干燥能力 240kg/次，耗汽量 36kg/h，散热面积 40m^2，风量 6900m^3/h，烘盘数 96 个，功率0.9kW，外形尺寸（mm）：2300×2200×2000，内部材质镀锌板，2 门 4 车，电加热，带防爆型轴流风机
热风循环烘箱	CT-C-Ⅱ	38400	常州中贝干燥设备有限公司	(0519)88671938	干燥能力 240kg/次，耗汽量 36kg/h，散热面积 40m^2，风量 6900m^3/h，烘盘数 96 个，功率0.9kW，外形尺寸（mm）：2300×2200×2000，内部材质铝合金，2 门 4 车，蒸汽加热，带自动控温仪

产品名称	型号规格	参考价格（元）	生产厂家	电话	主要参数及备注
热风循环烘箱	CT-C-Ⅱ	38400	常州中贝干燥设备有限公司	(0519)88671938	干燥能力 240kg/次，耗汽量 36kg/h，散热面积 $40m^2$，风量 $6900m^3/h$，烘盘数 96 个，功率0.9kW，外形尺寸(mm)：2300×2200×2000，内部材质镀锌板，2 门 4 车，蒸汽加热，带自动控温仪
热风循环烘箱	CT-C-Ⅱ	38400	常州中贝干燥设备有限公司	(0519)88671938	干燥能力 240kg/次，耗汽量 36kg/h，散热面积 $40m^2$，风量 $6900m^3/h$，烘盘数 96 个，功率0.9kW，外形尺寸(mm)：2300×2200×2000，内部材质铝合金，2 门 4 车，电加热，带自动控温仪
热风循环烘箱	CT-C-Ⅱ	38400	常州中贝干燥设备有限公司	(0519)88671938	干燥能力 240kg/次，耗汽量 36kg/h，散热面积 $40m^2$，风量 $6900m^3/h$，烘盘数 96 个，功率0.9kW，外形尺寸(mm)：2300×2200×2000，内部材质镀锌板，2 门 4 车，电加热，带自动控温仪
热风循环烘箱	CT-C-Ⅱ	38800	常州市宇通干燥设备有限公司	(0519)88901088	2 门 4 车，内壁材质铝合金，汽电两用加热
热风循环烘箱	CT-C-Ⅱ	38800	常州市宇通干燥设备有限公司	(0519)88901088	2 门 4 车，内壁材质镀锌板，汽电两用加热
热风循环烘箱	CT-C-Ⅱ	39250	常州中贝干燥设备有限公司	(0519)88671938	干燥能力 240kg/次，耗汽量 36kg/h，散热面积 $40m^2$，风量 $6900m^3/h$，烘盘数 96 个，功率0.9kW，外形尺寸(mm)：2300×2200×2000，内部材质铝合金，2 门 4 车，蒸汽加热，带不锈钢轴流风机
热风循环烘箱	CT-C-Ⅱ	39250	常州中贝干燥设备有限公司	(0519)88671938	干燥能力 240kg/次，耗汽量 36kg/h，散热面积 $40m^2$，风量 $6900m^3/h$，烘盘数 96 个，功率0.9kW，外形尺寸(mm)：2300×2200×2000，内部材质铝合金，2 门 4 车，电加热，带不锈钢轴流风机
热风循环烘箱	CT-C-Ⅱ	39250	常州中贝干燥设备有限公司	(0519)88671938	干燥能力 240kg/次，耗汽量 36kg/h，散热面积 $40m^2$，风量 $6900m^3/h$，烘盘数 96 个，功率0.9kW，外形尺寸(mm)：2300×2200×2000，内部材质镀锌板，2 门 4 车，电加热，带不锈钢轴流风机
热风循环烘箱	CT-C-Ⅱ	39250	常州中贝干燥设备有限公司	(0519)88671938	干燥能力 240kg/次，耗汽量 36kg/h，散热面积 $40m^2$，风量 $6900m^3/h$，烘盘数 96 个，功率0.9kW，外形尺寸(mm)：2300×2200×2000，内部材质镀锌板，2 门 4 车，蒸汽加热，带不锈钢轴流风机
热风循环烘箱	CT-C-Ⅱ	39840	常州市互帮干燥设备有限公司	(0519)88739588	干燥能力 240kg/批，耗汽量 40kg/h，蒸发面积$28.3m^2$，有效容积$4.9m^3$，电加热功率 30kW，风机功率 0.45 kW × 2，外形尺寸(mm)：2260×2200×2000，重1.8t，2 门 4 车，内壁材质铝合金，电、蒸汽两用加热
热风循环烘箱	CT-C-Ⅱ	39840	常州市互帮干燥设备有限公司	(0519)88739588	干燥能力 240kg/批，耗汽量 40kg/h，蒸发面积$28.3m^2$，有效容积$4.9m^3$，电加热功率 30kW，风机功率 0.45 kW × 2，外形尺寸(mm)：2260×2200×2000，重1.8t，2 门 4 车，内壁材质镀锌板，电、蒸汽两用加热

产品名称	型号规格	参考价格(元)	生产厂家	电话	主要参数及备注
热风循环烘箱	CT-C-Ⅱ	40200	常州中贝干燥设备有限公司	(0519)88671938	干燥能力 240kg/次,耗汽量 36kg/h,散热面积 $40m^2$,风量 6900m^3/h,烘盘数 96 个,功率0.9kW,外形尺寸(mm):2300×2200×2000,内部材质铝合金,2 门 4 车,蒸汽加热,带不锈钢耐高温风机
热风循环烘箱	CT-C-Ⅱ	40200	常州中贝干燥设备有限公司	(0519)88671938	干燥能力 240kg/次,耗汽量 36kg/h,散热面积 $40m^2$,风量 6900m^3/h,烘盘数 96 个,功率0.9kW,外形尺寸(mm):2300×2200×2000,内部材质镀锌板,2 门 4 车,蒸汽加热,带不锈钢耐高温风机
热风循环烘箱	CT-C-Ⅱ	40200	常州中贝干燥设备有限公司	(0519)88671938	干燥能力 240kg/次,耗汽量 36kg/h,散热面积 $40m^2$,风量 6900m^3/h,烘盘数 96 个,功率0.9kW,外形尺寸(mm):2300×2200×2000,内部材质铝合金,2 门 4 车,电加热,带不锈钢耐高温风机
热风循环烘箱	CT-C-Ⅱ	40200	常州中贝干燥设备有限公司	(0519)88671938	干燥能力 240kg/次,耗汽量 36kg/h,散热面积 $40m^2$,风量 6900m^3/h,烘盘数 96 个,功率0.9kW,外形尺寸(mm):2300×2200×2000,内部材质镀锌板,2 门 4 车,电加热,带不锈钢耐高温风机
热风循环烘箱	CT-C-Ⅱ	40240	常州中贝干燥设备有限公司	(0519)88671938	干燥能力 240kg/次,耗汽量 36kg/h,散热面积 $40m^2$,风量 6900m^3/h,烘盘数 96 个,功率0.9kW,外形尺寸(mm):2300×2200×2000,内部材质铝合金,2 门 4 车,汽电两用加热
热风循环烘箱	CT-C-Ⅱ	40240	常州中贝干燥设备有限公司	(0519)88671938	干燥能力 240kg/次,耗汽量 36kg/h,散热面积 $40m^2$,风量 6900m^3/h,烘盘数 96 个,功率0.9kW,外形尺寸(mm):2300×2200×2000,内部材质镀锌板,2 门 4 车,汽电两用加热
热风循环烘箱	CT-C-Ⅱ	41820	常州中贝干燥设备有限公司	(0519)88671938	干燥能力 240kg/次,耗汽量 36kg/h,散热面积 $40m^2$,风量 6900m^3/h,烘盘数 96 个,功率0.9kW,外形尺寸(mm):2300×2200×2000,内部材质铝合金,2 门 4 车,汽电两用加热,带轴流风机
热风循环烘箱	CT-C-Ⅱ	41820	常州中贝干燥设备有限公司	(0519)88671938	干燥能力 240kg/次,耗汽量 36kg/h,散热面积 $40m^2$,风量 6900m^3/h,烘盘数 96 个,功率0.9kW,外形尺寸(mm):2300×2200×2000,内部材质镀锌板,2 门 4 车,汽电两用加热,带轴流风机
热风循环烘箱	CT-C-Ⅱ	42000	常州市互帮干燥设备有限公司	(0519)88739588	干燥能力 240kg/批,耗汽量 40kg/h,蒸发面积$28.3m^2$,有效容积$4.9m^3$,风机功率0.45kW×2,外形尺寸(mm):2260×2200×2000,重1.8t,2 门 4 车,内壁材质不锈钢,蒸汽加热
热风循环烘箱	CT-C-Ⅱ	42000	常州市互帮干燥设备有限公司	(0519)88739588	干燥能力 240kg/批,耗汽量 40kg/h,蒸发面积$28.3m^2$,有效容积$4.9m^3$,电加热功率 30kW,风机功率 0.45 kW × 2,外形尺寸(mm):2260×2200×2000,重1.8t,2 门 4 车,内壁材质不锈钢,电加热

产品名称	型号规格	参考价格(元)	生产厂家	电话	主要参数及备注
热风循环烘箱	CT-C-Ⅱ	42400	常州中贝干燥设备有限公司	(0519)88671938	干燥能力240kg/次,耗汽量36kg/h,散热面积$40m^2$,风量6900m^3/h,烘盘数96个,功率0.9kW,外形尺寸(mm):2300×2200×2000,内部材质铝合金,2门4车,汽电两用加热,带防爆型轴流风机
热风循环烘箱	CT-C-Ⅱ	42400	常州中贝干燥设备有限公司	(0519)88671938	干燥能力240kg/次,耗汽量36kg/h,散热面积$40m^2$,风量6900m^3/h,烘盘数96个,功率0.9kW,外形尺寸(mm):2300×2200×2000,内部材质镀锌板,2门4车,汽电两用加热,带防爆型轴流风机
热风循环烘箱	CT-C-Ⅱ	43240	常州中贝干燥设备有限公司	(0519)88671938	干燥能力240kg/次,耗汽量36kg/h,散热面积$40m^2$,风量6900m^3/h,烘盘数96个,功率0.9kW,外形尺寸(mm):2300×2200×2000,内部材质铝合金,2门4车,汽电两用加热,带自动控温仪
热风循环烘箱	CT-C-Ⅱ	43240	常州中贝干燥设备有限公司	(0519)88671938	干燥能力240kg/次,耗汽量36kg/h,散热面积$40m^2$,风量6900m^3/h,烘盘数96个,功率0.9kW,外形尺寸(mm):2300×2200×2000,内部材质镀锌板,2门4车,汽电两用加热,带自动控温仪
热风循环烘箱	CT-C-Ⅱ	43600	常州市宇通干燥设备有限公司	(0519)88901088	2门4车,内壁材质不锈钢,蒸汽加热
热风循环烘箱	CT-C-Ⅱ	44090	常州中贝干燥设备有限公司	(0519)88671938	干燥能力240kg/次,耗汽量36kg/h,散热面积$40m^2$,风量6900m^3/h,烘盘数96个,功率0.9kW,外形尺寸(mm):2300×2200×2000,内部材质铝合金,2门4车,汽电两用加热,带不锈钢轴流风机
热风循环烘箱	CT-C-Ⅱ	44090	常州中贝干燥设备有限公司	(0519)88671938	干燥能力240kg/次,耗汽量36kg/h,散热面积$40m^2$,风量6900m^3/h,烘盘数96个,功率0.9kW,外形尺寸(mm):2300×2200×2000,内部材质镀锌板,2门4车,汽电两用加热,带不锈钢轴流风机
热风循环烘箱	CT-C-Ⅱ	45040	常州中贝干燥设备有限公司	(0519)88671938	干燥能力240kg/次,耗汽量36kg/h,散热面积$40m^2$,风量6900m^3/h,烘盘数96个,功率0.9kW,外形尺寸(mm):2300×2200×2000,内部材质铝合金,2门4车,汽电两用加热,带不锈钢耐高温风机
热风循环烘箱	CT-C-Ⅱ	45040	常州中贝干燥设备有限公司	(0519)88671938	干燥能力240kg/次,耗汽量36kg/h,散热面积$40m^2$,风量6900m^3/h,烘盘数96个,功率0.9kW,外形尺寸(mm):2300×2200×2000,内部材质镀锌板,2门4车,汽电两用加热,带不锈钢耐高温风机
热风循环烘箱	CT-C-Ⅱ	46000	常州中贝干燥设备有限公司	(0519)88671938	干燥能力240kg/次,耗汽量36kg/h,散热面积$40m^2$,风量6900m^3/h,烘盘数96个,功率0.9kW,外形尺寸(mm):2300×2200×2000,内壁材质不锈钢,2门4车,蒸汽加热

产品名称	型号规格	参考价格（元）	生产厂家	电话	主要参数及备注
热风循环烘箱	CT-C-Ⅱ	46000	常州中贝干燥设备有限公司	（0519）88671938	干燥能力 240kg/次，耗汽量 36 kg/h，散热面积 40m^2，风量 6900 m^3/h，烘盘数 96 个，功率0.9kW，外形尺寸（mm）：2300×2200×2000，内壁材质不锈钢，2 门 4 车，电加热
热风循环烘箱	CT-C-Ⅱ	46840	常州市互帮干燥设备有限公司	（0519）88739588	干燥能力 240kg/批，耗汽量 40 kg/h，蒸发面积28.3m^2，有效容积4.9m^3，电加热功率 30kW，风机功率 0.45 kW×2，外形尺寸（mm）：2260×2200×2000，重1.8t，2 门 4 车，内壁材质不锈钢，电、蒸汽两用加热
热风循环烘箱	CT-C-Ⅱ	47580	常州中贝干燥设备有限公司	（0519）88671938	干燥能力 240kg/次，耗汽量 36 kg/h，散热面积 40m^2，风量 6900 m^3/h，烘盘数 96 个，功率0.9kW，外形尺寸（mm）：2300×2200×2000，内壁材质不锈钢，2 门 4 车，蒸汽加热，带轴流风机
热风循环烘箱	CT-C-Ⅱ	47580	常州中贝干燥设备有限公司	（0519）88671938	干燥能力 240kg/次，耗汽量 36 kg/h，散热面积 40m^2，风量 6900 m^3/h，烘盘数 96 个，功率0.9kW，外形尺寸（mm）：2300×2200×2000，内壁材质不锈钢，2 门 4 车，电加热，带轴流风机
热风循环烘箱	CT-C-Ⅱ	48160	常州中贝干燥设备有限公司	（0519）88671938	干燥能力 240kg/次，耗汽量 36 kg/h，散热面积 40m^2，风量 6900 m^3/h，烘盘数 96 个，功率0.9kW，外形尺寸（mm）：2300×2200×2000，内壁材质不锈钢，2 门 4 车，蒸汽加热，带防爆型轴流风机
热风循环烘箱	CT-C-Ⅱ	48160	常州中贝干燥设备有限公司	（0519）88671938	干燥能力 240kg/次，耗汽量 36 kg/h，散热面积 40m^2，风量 6900 m^3/h，烘盘数 96 个，功率0.9kW，外形尺寸（mm）：2300×2200×2000，内壁材质不锈钢，2 门 4 车，电加热，带防爆型轴流风机
热风循环烘箱	CT-C-Ⅱ	49000	常州中贝干燥设备有限公司	（0519）88671938	干燥能力 240kg/次，耗汽量 36 kg/h，散热面积 40m^2，风量 6900 m^3/h，烘盘数 96 个，功率0.9kW，外形尺寸（mm）：2300×2200×2000，内壁材质不锈钢，2 门 4 车，蒸汽加热，带自动控温仪
热风循环烘箱	CT-C-Ⅱ	49000	常州中贝干燥设备有限公司	（0519）88671938	干燥能力 240kg/次，耗汽量 36 kg/h，散热面积 40m^2，风量 6900 m^3/h，烘盘数 96 个，功率0.9kW，外形尺寸（mm）：2300×2200×2000，内壁材质不锈钢，2 门 4 车，电加热，带自动控温仪
热风循环烘箱	CT-C-Ⅱ	49850	常州中贝干燥设备有限公司	（0519）88671938	干燥能力 240kg/次，耗汽量 36 kg/h，散热面积 40m^2，风量 6900 m^3/h，烘盘数 96 个，功率0.9kW，外形尺寸（mm）：2300×2200×2000，内壁材质不锈钢，2 门 4 车，蒸汽加热，带不锈钢轴流风机
热风循环烘箱	CT-C-Ⅱ	49850	常州中贝干燥设备有限公司	（0519）88671938	干燥能力 240kg/次，耗汽量 36 kg/h，散热面积 40m^2，风量 6900 m^3/h，烘盘数 96 个，功率0.9kW，外形尺寸（mm）：2300×2200×2000，内壁材质不锈钢，2 门 4 车，电加热，带不锈钢轴流风机

产品名称	型号规格	参考价格(元)	生产厂家	电话	主要参数及备注
热风循环烘箱	CT-C-Ⅱ	50800	常州中贝干燥设备有限公司	(0519)88671938	干燥能力 240kg/次,耗汽量 36kg/h,散热面积 $40m^2$,风量 6900m^3/h,烘盘数 96 个,功率0.9kW,外形尺寸(mm):2300×2200×2000,内壁材质不锈钢,2 门 4 车,电加热,带不锈钢耐高温风机
热风循环烘箱	CT-C-Ⅱ	50800	常州中贝干燥设备有限公司	(0519)88671938	干燥能力 240kg/次,耗汽量 36kg/h,散热面积 $40m^2$,风量 6900m^3/h,烘盘数 96 个,功率0.9kW,外形尺寸(mm):2300×2200×2000,内壁材质不锈钢,2 门 4 车,蒸汽加热,带不锈钢耐高温风机
热风循环烘箱	CT-C-Ⅱ	50840	常州中贝干燥设备有限公司	(0519)88671938	干燥能力 240kg/次,耗汽量 36kg/h,散热面积 $40m^2$,风量 6900m^3/h,烘盘数 96 个,功率0.9kW,外形尺寸(mm):2300×2200×2000,内壁材质不锈钢,2 门 4 车,汽电两用加热
热风循环烘箱	CT-C-Ⅱ	52000	常州市互帮干燥设备有限公司	(0519)88739588	干燥能力 240kg/批,耗汽量 40kg/h,蒸发面积$28.3m^2$,有效容积$4.9m^3$,风机功率0.45kW×2,外形尺寸(mm):2260×2200×2000,重1.8t,2 门 4 车,内外材质不锈钢,蒸汽加热
热风循环烘箱	CT-C-Ⅱ	52000	常州市互帮干燥设备有限公司	(0519)88739588	干燥能力 240kg/批,耗汽量 40kg/h,蒸发面积$28.3m^2$,有效容积$4.9m^3$,电加热功率 30kW,风机功率 0.45 kW × 2,外形尺寸(mm):2260×2200×2000,重1.8t,2 门 4 车,内外材质不锈钢,电加热
热风循环烘箱	CT-C-Ⅱ	52000	泰兴市苏中制药机械有限公司	(0523)87261051	不含税价
热风循环烘箱	CT-C-Ⅱ	52420	常州中贝干燥设备有限公司	(0519)88671938	干燥能力 240kg/次,耗汽量 36kg/h,散热面积 $40m^2$,风量 6900m^3/h,烘盘数 96 个,功率0.9kW,外形尺寸(mm):2300×2200×2000,内壁材质不锈钢,2 门 4 车,汽电两用加热,带轴流风机
热风循环烘箱	CT-C-Ⅱ	53000	常州中贝干燥设备有限公司	(0519)88671938	干燥能力 240kg/次,耗汽量 36kg/h,散热面积 $40m^2$,风量 6900m^3/h,烘盘数 96 个,功率0.9kW,外形尺寸(mm):2300×2200×2000,内壁材质不锈钢,2 门 4 车,汽电两用加热,带防爆型轴流风机
热风循环烘箱	CT-C-Ⅱ	53840	常州中贝干燥设备有限公司	(0519)88671938	干燥能力 240kg/次,耗汽量 36kg/h,散热面积 $40m^2$,风量 6900m^3/h,烘盘数 96 个,功率0.9kW,外形尺寸(mm):2300×2200×2000,内壁材质不锈钢,2 门 4 车,汽电两用加热,带自动控温仪
热风循环烘箱	CT-C-Ⅱ	54690	常州中贝干燥设备有限公司	(0519)88671938	干燥能力 240kg/次,耗汽量 36kg/h,散热面积 $40m^2$,风量 6900m^3/h,烘盘数 96 个,功率0.9kW,外形尺寸(mm):2300×2200×2000,内壁材质不锈钢,2 门 4 车,汽电两用加热,带不锈钢轴流风机

产品名称	型号规格	参考价格（元）	生产厂家	电话	主要参数及备注
热风循环烘箱	CT-C-Ⅱ	55200	常州市宇通干燥设备有限公司	（0519）88901088	2门4车，内外壁材质304，蒸汽加热
热风循环烘箱	CT-C-Ⅱ	55200	常州市宇通干燥设备有限公司	（0519）88901088	2门4车，内外壁材质304，电加热
热风循环烘箱	CT-C-Ⅱ	55640	常州中贝干燥设备有限公司	（0519）88671938	干燥能力240kg/次，耗汽量36kg/h，散热面积40m^2，风量6900m^3/h，烘盘数96个，功率0.9kW，外形尺寸（mm）：2300×2200×2000，内壁材质不锈钢，2门4车，汽电两用加热，带不锈钢耐高温风机
热风循环烘箱	CT-C-Ⅱ	56840	常州市互帮干燥设备有限公司	（0519）88739588	干燥能力240kg/批，耗汽量40kg/h，蒸发面积28.3m^2，有效容积4.9m^3，电加热功率30kW，风机功率0.45 kW×2，外形尺寸（mm）：2260×2200×2000，重1.8t，2门4车，内外材质不锈钢，电、蒸汽两用加热
热风循环烘箱	CT-C-Ⅱ	60000	常州中贝干燥设备有限公司	（0519）88671938	干燥能力240kg/次，耗汽量36kg/h，散热面积40m^2，风量6900m^3/h，烘盘数96个，功率0.9kW，外形尺寸（mm）：2300×2200×2000，材质不锈钢，2门4车，蒸汽加热
热风循环烘箱	CT-C-Ⅱ	60000	常州中贝干燥设备有限公司	（0519）88671938	干燥能力240kg/次，耗汽量36kg/h，散热面积40m^2，风量6900m^3/h，烘盘数96个，功率0.9kW，外形尺寸（mm）：2300×2200×2000，材质不锈钢，2门4车，电加热
热风循环烘箱	CT-C-Ⅱ	60200	常州市宇通干燥设备有限公司	（0519）88901088	2门4车，内外壁材质304，汽电两用加热
热风循环烘箱	CT-C-Ⅱ	61580	常州中贝干燥设备有限公司	（0519）88671938	干燥能力240kg/次，耗汽量36kg/h，散热面积40m^2，风量6900m^3/h，烘盘数96个，功率0.9kW，外形尺寸（mm）：2300×2200×2000，材质不锈钢，2门4车，蒸汽加热，带轴流风机
热风循环烘箱	CT-C-Ⅱ	61580	常州中贝干燥设备有限公司	（0519）88671938	干燥能力240kg/次，耗汽量36kg/h，散热面积40m^2，风量6900m^3/h，烘盘数96个，功率0.9kW，外形尺寸（mm）：2300×2200×2000，材质不锈钢，2门4车，电加热，带轴流风机
热风循环烘箱	CT-C-Ⅱ	62160	常州中贝干燥设备有限公司	（0519）88671938	干燥能力240kg/次，耗汽量36kg/h，散热面积40m^2，风量6900m^3/h，烘盘数96个，功率0.9kW，外形尺寸（mm）：2300×2200×2000，材质不锈钢，2门4车，蒸汽加热，带防爆型轴流风机
热风循环烘箱	CT-C-Ⅱ	62160	常州中贝干燥设备有限公司	（0519）88671938	干燥能力240kg/次，耗汽量36kg/h，散热面积40m^2，风量6900m^3/h，烘盘数96个，功率0.9kW，外形尺寸（mm）：2300×2200×2000，材质不锈钢，2门4车，电加热，带防爆型轴流风机
热风循环烘箱	CT-C-Ⅱ	63000	常州中贝干燥设备有限公司	（0519）88671938	干燥能力240kg/次，耗汽量36kg/h，散热面积40m^2，风量6900m^3/h，烘盘数96个，功率0.9kW，外形尺寸（mm）：2300×2200×2000，材质不锈钢，2门4车，蒸汽加热，带自动控温仪

产品名称	型号规格	参考价格(元)	生产厂家	电话	主要参数及备注
热风循环烘箱	CT-C-Ⅱ	63000	常州中贝干燥设备有限公司	(0519)88671938	干燥能力240kg/次,耗汽量36kg/h,散热面积$40m^2$,风量6900 m^3/h,烘盘数96个,功率0.9kW,外形尺寸(mm):2300×2200×2000,材质不锈钢,2门4车,电加热,带自动控温仪
热风循环烘箱	CT-C-Ⅱ	63850	常州中贝干燥设备有限公司	(0519)88671938	干燥能力240kg/次,耗汽量36kg/h,散热面积$40m^2$,风量6900 m^3/h,烘盘数96个,功率0.9kW,外形尺寸(mm):2300×2200×2000,材质不锈钢,2门4车,蒸汽加热,带不锈钢轴流风机
热风循环烘箱	CT-C-Ⅱ	63850	常州中贝干燥设备有限公司	(0519)88671938	干燥能力240kg/次,耗汽量36kg/h,散热面积$40m^2$,风量6900 m^3/h,烘盘数96个,功率0.9kW,外形尺寸(mm):2300×2200×2000,材质不锈钢,2门4车,电加热,带不锈钢轴流风机
热风循环烘箱	CT-C-Ⅱ	64800	常州中贝干燥设备有限公司	(0519)88671938	干燥能力240kg/次,耗汽量36kg/h,散热面积$40m^2$,风量6900 m^3/h,烘盘数96个,功率0.9kW,外形尺寸(mm):2300×2200×2000,材质不锈钢,2门4车,蒸汽加热,带不锈钢耐高温风机
热风循环烘箱	CT-C-Ⅱ	64800	常州中贝干燥设备有限公司	(0519)88671938	干燥能力240kg/次,耗汽量36kg/h,散热面积$40m^2$,风量6900 m^3/h,烘盘数96个,功率0.9kW,外形尺寸(mm):2300×2200×2000,材质不锈钢,2门4车,电加热,带不锈钢耐高温风机
热风循环烘箱	CT-C-Ⅱ	64840	常州中贝干燥设备有限公司	(0519)88671938	干燥能力240kg/次,耗汽量36kg/h,散热面积$40m^2$,风量6900 m^3/h,烘盘数96个,功率0.9kW,外形尺寸(mm):2300×2200×2000,材质不锈钢,2门4车,汽电两用加热
热风循环烘箱	CT-C-Ⅱ	66420	常州中贝干燥设备有限公司	(0519)88671938	干燥能力240kg/次,耗汽量36kg/h,散热面积$40m^2$,风量6900 m^3/h,烘盘数96个,功率0.9kW,外形尺寸(mm):2300×2200×2000,材质不锈钢,2门4车,汽电两用加热,带轴流风机
热风循环烘箱	CT-C-Ⅱ	67000	常州中贝干燥设备有限公司	(0519)88671938	干燥能力240kg/次,耗汽量36kg/h,散热面积$40m^2$,风量6900 m^3/h,烘盘数96个,功率0.9kW,外形尺寸(mm):2300×2200×2000,材质不锈钢,2门4车,汽电两用加热,带防爆型轴流风机
热风循环烘箱	CT-C-Ⅱ	67840	常州中贝干燥设备有限公司	(0519)88671938	干燥能力240kg/次,耗汽量36kg/h,散热面积$40m^2$,风量6900 m^3/h,烘盘数96个,功率0.9kW,外形尺寸(mm):2300×2200×2000,材质不锈钢,2门4车,汽电两用加热,带自动控温仪
热风循环烘箱	CT-C-Ⅱ	68690	常州中贝干燥设备有限公司	(0519)88671938	干燥能力240kg/次,耗汽量36kg/h,散热面积$40m^2$,风量6900 m^3/h,烘盘数96个,功率0.9kW,外形尺寸(mm):2300×2200×2000,材质不锈钢,2门4车,汽电两用加热,带不锈钢轴流风机

产品名称	型号规格	参考价格（元）	生产厂家	电话	主要参数及备注
热风循环烘箱	CT-C-Ⅱ	69640	常州中贝干燥设备有限公司	(0519) 88671938	干燥能力 240kg/次，耗汽量 36 kg/h，散热面积 $40m^2$，风量 6900 m^3/h，烘盘数 96 个，功率0.9kW，外形尺寸（mm）：2300×2200×2000，材质不锈钢，2 门 4 车，汽电两用加热，带不锈钢耐高温风机
热风循环烘箱	CT-C-Ⅲ	36000	江苏省泰州市长江制药机械有限公司	(0523) 86911380	干燥能力 360kg/次，散热面积 $80m^2$，风量 10350 m^3/h，烘盘数 144 个，烘车数 6 辆，功率 1.35 kW，外形尺寸（mm）：3430×2200×2000，重2.2t
热风循环烘箱	CT-C-Ⅲ	46000	常州市宇通干燥设备有限公司	(0519) 88901088	前后 2 门 6 车，内壁材质铝合金，蒸汽加热
热风循环烘箱	CT-C-Ⅲ	46000	常州市宇通干燥设备有限公司	(0519) 88901088	前后 2 门 6 车，内壁材质镀锌板，蒸汽加热
热风循环烘箱	CT-C-Ⅲ	46000	常州市宇通干燥设备有限公司	(0519) 88901088	前后 2 门 6 车，内壁材质铝合金，电加热
热风循环烘箱	CT-C-Ⅲ	46000	常州市宇通干燥设备有限公司	(0519) 88901088	前后 2 门 6 车，内壁材质镀锌板，电加热
热风循环烘箱	CT-C-Ⅲ	48000	常州市互帮干燥设备有限公司	(0519) 88739588	干燥能力 360kg/批，耗汽量 60 kg/h，蒸发面积$42.4m^2$，有效容积$7.4m^3$，风机功率0.45kW×3，外形尺寸（mm）：2260×3200×2000，重2.1t，2 门 6 车，内壁材质铝合金，蒸汽加热
热风循环烘箱	CT-C-Ⅲ	48000	常州市互帮干燥设备有限公司	(0519) 88739588	干燥能力 360kg/批，耗汽量 60 kg/h，蒸发面积$42.4m^2$，有效容积$7.4m^3$，电加热功率 45kW，风机功率 0.45 kW × 3，外形尺寸（mm）：2260×3200×2000，重2.1t，2 门 6 车，内壁材质铝合金，电加热
热风循环烘箱	CT-C-Ⅲ	48000	常州市互帮干燥设备有限公司	(0519) 88739588	干燥能力 360kg/批，耗汽量 60 kg/h，蒸发面积$42.4m^2$，有效容积$7.4m^3$，风机功率0.45kW×3，外形尺寸（mm）：2260×3200×2000，重2.1t，2 门 6 车，内壁材质镀锌板，蒸汽加热
热风循环烘箱	CT-C-Ⅲ	48000	常州市互帮干燥设备有限公司	(0519) 88739588	干燥能力 360kg/批，耗汽量 60 kg/h，蒸发面积$42.4m^2$，有效容积$7.4m^3$，电加热功率 45kW，风机功率 0.45 kW × 3，外形尺寸（mm）：2260×3200×2000，重2.1t，2 门 6 车，内壁材质镀锌板，电加热
热风循环烘箱	CT-C-Ⅲ	48200	常州中贝干燥设备有限公司	(0519) 88671938	内部材质铝合金，3 门 6 车，蒸汽加热
热风循环烘箱	CT-C-Ⅲ	48200	常州中贝干燥设备有限公司	(0519) 88671938	内部材质镀锌板，3 门 6 车，蒸汽加热
热风循环烘箱	CT-C-Ⅲ	48200	常州中贝干燥设备有限公司	(0519) 88671938	内部材质铝合金，3 门 6 车，电加热
热风循环烘箱	CT-C-Ⅲ	48200	常州中贝干燥设备有限公司	(0519) 88671938	内部材质镀锌板，3 门 6 车，电加热
热风循环烘箱	CT-C-Ⅲ	49780	常州中贝干燥设备有限公司	(0519) 88671938	内部材质铝合金，3 门 6 车，蒸汽加热，带轴流风机
热风循环烘箱	CT-C-Ⅲ	49780	常州中贝干燥设备有限公司	(0519) 88671938	内部材质镀锌板，3 门 6 车，蒸汽加热，带轴流风机
热风循环烘箱	CT-C-Ⅲ	49780	常州中贝干燥设备有限公司	(0519) 88671938	内部材质铝合金，3 门 6 车，电加热，带轴流风机

产品名称	型号规格	参考价格(元)	生产厂家	电话	主要参数及备注
热风循环烘箱	CT-C-Ⅲ	49780	常州中贝干燥设备有限公司	(0519)88671938	内部材质镀锌板,3门6车,电加热,带轴流风机
热风循环烘箱	CT-C-Ⅲ	50360	常州中贝干燥设备有限公司	(0519)88671938	内部材质铝合金,3门6车,蒸汽加热,带防爆型轴流风机
热风循环烘箱	CT-C-Ⅲ	50360	常州中贝干燥设备有限公司	(0519)88671938	内部材质镀锌板,3门6车,蒸汽加热,带防爆型轴流风机
热风循环烘箱	CT-C-Ⅲ	50360	常州中贝干燥设备有限公司	(0519)88671938	内部材质铝合金,3门6车,电加热,带防爆型轴流风机
热风循环烘箱	CT-C-Ⅲ	50360	常州中贝干燥设备有限公司	(0519)88671938	内部材质镀锌板,3门6车,电加热,带防爆型轴流风机
热风循环烘箱	CT-C-Ⅲ	51200	常州中贝干燥设备有限公司	(0519)88671938	内部材质铝合金,3门6车,蒸汽加热,带自动控温仪
热风循环烘箱	CT-C-Ⅲ	51200	常州中贝干燥设备有限公司	(0519)88671938	内部材质镀锌板,3门6车,蒸汽加热,带自动控温仪
热风循环烘箱	CT-C-Ⅲ	51200	常州中贝干燥设备有限公司	(0519)88671938	内部材质铝合金,3门6车,电加热,带自动控温仪
热风循环烘箱	CT-C-Ⅲ	51200	常州中贝干燥设备有限公司	(0519)88671938	内部材质镀锌板,3门6车,电加热,带自动控温仪
热风循环烘箱	CT-C-Ⅲ	52050	常州中贝干燥设备有限公司	(0519)88671938	内部材质铝合金,3门6车,蒸汽加热,带不锈钢轴流风机
热风循环烘箱	CT-C-Ⅲ	52050	常州中贝干燥设备有限公司	(0519)88671938	内部材质镀锌板,3门6车,蒸汽加热,带不锈钢轴流风机
热风循环烘箱	CT-C-Ⅲ	52050	常州中贝干燥设备有限公司	(0519)88671938	内部材质铝合金,3门6车,电加热,带不锈钢轴流风机
热风循环烘箱	CT-C-Ⅲ	52050	常州中贝干燥设备有限公司	(0519)88671938	内部材质镀锌板,3门6车,电加热,带不锈钢轴流风机
热风循环烘箱	CT-C-Ⅲ	53000	常州中贝干燥设备有限公司	(0519)88671938	内部材质铝合金,3门6车,蒸汽加热,带不锈钢耐高温风机
热风循环烘箱	CT-C-Ⅲ	53000	常州中贝干燥设备有限公司	(0519)88671938	内部材质镀锌板,3门6车,蒸汽加热,带不锈钢耐高温风机
热风循环烘箱	CT-C-Ⅲ	53000	常州中贝干燥设备有限公司	(0519)88671938	内部材质铝合金,3门6车,电加热,带不锈钢耐高温风机
热风循环烘箱	CT-C-Ⅲ	53000	常州中贝干燥设备有限公司	(0519)88671938	内部材质镀锌板,3门6车,电加热,带不锈钢耐高温风机
热风循环烘箱	CT-C-Ⅲ	57000	常州市宇通干燥设备有限公司	(0519)88901088	前后2门6车,内壁材质不锈钢,蒸汽加热
热风循环烘箱	CT-C-Ⅲ	57000	常州市宇通干燥设备有限公司	(0519)88901088	前后2门6车,内壁材质不锈钢,电加热
热风循环烘箱	CT-C-Ⅲ	58000	常州市互帮干燥设备有限公司	(0519)88739588	干燥能力360kg/批,耗汽量60kg/h,蒸发面积42.4m²,有效容积7.4m³,风机功率0.45kW×3,外形尺寸(mm):2260×3200×2000,重2.1t,2门6车,内壁材质不锈钢,蒸汽加热
热风循环烘箱	CT-C-Ⅲ	58000	常州市互帮干燥设备有限公司	(0519)88739588	干燥能力360kg/批,耗汽量60kg/h,蒸发面积42.4m²,有效容积7.4m³,电加热功率45kW,风机功率0.45kW×3,外形尺寸(mm):2260×3200×2000,重2.1t,2门6车,内壁材质不锈钢,电加热
热风循环烘箱	CT-C-Ⅲ	58800	常州中贝干燥设备有限公司	(0519)88671938	内壁材质不锈钢,3门6车,蒸汽加热
热风循环烘箱	CT-C-Ⅲ	58800	常州中贝干燥设备有限公司	(0519)88671938	内壁材质不锈钢,3门6车,电加热
热风循环烘箱	CT-C-Ⅲ	60380	常州中贝干燥设备有限公司	(0519)88671938	内壁材质不锈钢,3门6车,蒸汽加热,带轴流风机

产品名称	型号规格	参考价格（元）	生产厂家	电话	主要参数及备注
热风循环烘箱	CT-C-Ⅲ	60380	常州中贝干燥设备有限公司	（0519）88671938	内壁材质不锈钢,3门6车,电加热,带轴流风机
热风循环烘箱	CT-C-Ⅲ	60960	常州中贝干燥设备有限公司	（0519）88671938	内壁材质不锈钢,3门6车,蒸汽加热,带防爆型轴流风机
热风循环烘箱	CT-C-Ⅲ	60960	常州中贝干燥设备有限公司	（0519）88671938	内壁材质不锈钢,3门6车,电加热,带防爆型轴流风机
热风循环烘箱	CT-C-Ⅲ	61800	常州中贝干燥设备有限公司	（0519）88671938	内壁材质不锈钢,3门6车,蒸汽加热,带自动控温仪
热风循环烘箱	CT-C-Ⅲ	61800	常州中贝干燥设备有限公司	（0519）88671938	内壁材质不锈钢,3门6车,电加热,带自动控温仪
热风循环烘箱	CT-C-Ⅲ	62650	常州中贝干燥设备有限公司	（0519）88671938	内壁材质不锈钢,3门6车,蒸汽加热,带不锈钢轴流风机
热风循环烘箱	CT-C-Ⅲ	62650	常州中贝干燥设备有限公司	（0519）88671938	内壁材质不锈钢,3门6车,电加热,带不锈钢轴流风机
热风循环烘箱	CT-C-Ⅲ	63600	常州中贝干燥设备有限公司	（0519）88671938	内壁材质不锈钢,3门6车,蒸汽加热,带不锈钢耐高温风机
热风循环烘箱	CT-C-Ⅲ	63600	常州中贝干燥设备有限公司	（0519）88671938	内壁材质不锈钢,3门6车,电加热,带不锈钢耐高温风机
热风循环烘箱	CT-C-Ⅲ	71800	常州市宇通干燥设备有限公司	（0519）88901088	前后2门6车,内外壁材质304,蒸汽加热
热风循环烘箱	CT-C-Ⅲ	71800	常州市宇通干燥设备有限公司	（0519）88901088	前后2门6车,内外壁材质304,电加热
热风循环烘箱	CT-C-Ⅲ	76000	常州市互帮干燥设备有限公司	（0519）88739588	干燥能力360kg/批,耗汽量60kg/h,蒸发面积42.4m^2,有效容积7.4m^3,风机功率0.45kW×3,外形尺寸(mm):2260×3200×2000,重2.1t,2门6车,内外材质不锈钢,蒸汽加热
热风循环烘箱	CT-C-Ⅲ	76000	常州市互帮干燥设备有限公司	（0519）88739588	干燥能力360kg/批,耗汽量60kg/h,蒸发面积42.4m^2,有效容积7.4m^3,电加热功率45kW,风机功率0.45 kW × 3,外形尺寸(mm):2260×3200×2000,重2.1t,2门6车,内外材质不锈钢,电加热
热风循环烘箱	CT-C-Ⅲ	76000	泰兴市苏中制药机械有限公司	（0523）87261051	不含税价
热风循环烘箱	CT-C-Ⅲ	76800	常州中贝干燥设备有限公司	（0519）88671938	材质不锈钢,3门6车,蒸汽加热
热风循环烘箱	CT-C-Ⅲ	76800	常州中贝干燥设备有限公司	（0519）88671938	材质不锈钢,3门6车,电加热
热风循环烘箱	CT-C-Ⅲ	78380	常州中贝干燥设备有限公司	（0519）88671938	材质不锈钢,3门6车,蒸汽加热,带轴流风机
热风循环烘箱	CT-C-Ⅲ	78380	常州中贝干燥设备有限公司	（0519）88671938	材质不锈钢,3门6车,电加热,带轴流风机
热风循环烘箱	CT-C-Ⅲ	78960	常州中贝干燥设备有限公司	（0519）88671938	材质不锈钢,3门6车,蒸汽加热,带防爆型轴流风机
热风循环烘箱	CT-C-Ⅲ	78960	常州中贝干燥设备有限公司	（0519）88671938	材质不锈钢,3门6车,电加热,带防爆型轴流风机
热风循环烘箱	CT-C-Ⅲ	79800	常州中贝干燥设备有限公司	（0519）88671938	材质不锈钢,3门6车,蒸汽加热,带自动控温仪
热风循环烘箱	CT-C-Ⅲ	79800	常州中贝干燥设备有限公司	（0519）88671938	材质不锈钢,3门6车,电加热,带自动控温仪
热风循环烘箱	CT-C-Ⅲ	80650	常州中贝干燥设备有限公司	（0519）88671938	材质不锈钢,3门6车,蒸汽加热,带不锈钢轴流风机
热风循环烘箱	CT-C-Ⅲ	80650	常州中贝干燥设备有限公司	（0519）88671938	材质不锈钢,3门6车,电加热,带不锈钢轴流风机

产品名称	型号规格	参考价格(元)	生产厂家	电话	主要参数及备注
热风循环烘箱	CT-C-Ⅲ	81600	常州中贝干燥设备有限公司	(0519)88671938	材质不锈钢,3门6车,蒸汽加热,带不锈钢耐高温风机
热风循环烘箱	CT-C-Ⅲ	81600	常州中贝干燥设备有限公司	(0519)88671938	材质不锈钢,3门6车,电加热,带不锈钢耐高温风机
热风循环烘箱	CT-C-Ⅳ	40000	江苏省泰州市长江制药机械有限公司	(0523)86911380	干燥能力480kg/次,散热面积100m²,风量13800 m³/h,烘盘数192个,烘车数8辆,功率1.8kW,外形尺寸(mm):4460×2200×2290,重2.8t
热风循环烘箱	CT-C-Ⅳ	52000	常州市互帮干燥设备有限公司	(0519)88739588	干燥能力480kg/批,耗汽量80 kg/h,蒸发面积56.5m²,有效容积10.3m³,风机功率0.45kW×4,外形尺寸(mm):4280×2200×2270,重2.8t,4门8车,内壁材质铝合金,蒸汽加热
热风循环烘箱	CT-C-Ⅳ	52000	常州市互帮干燥设备有限公司	(0519)88739588	干燥能力480kg/批,耗汽量80 kg/h,蒸发面积56.5m²,有效容积10.3m³,电加热功率60kW,风机功率0.45 kW×4,外形尺寸(mm):4280×2200×2270,重2.8t,4门8车,内壁材质铝合金,电加热
热风循环烘箱	CT-C-Ⅳ	52000	常州市互帮干燥设备有限公司	(0519)88739588	干燥能力480kg/批,耗汽量80 kg/h,蒸发面积56.5m²,有效容积10.3m³,风机功率0.45kW×4,外形尺寸(mm):4280×2200×2270,重2.8t,4门8车,内壁材质镀锌板,蒸汽加热
热风循环烘箱	CT-C-Ⅳ	52000	常州市互帮干燥设备有限公司	(0519)88739588	干燥能力480kg/批,耗汽量80 kg/h,蒸发面积56.5m²,有效容积10.3m³,电加热功率60kW,风机功率0.45 kW×4,外形尺寸(mm):4280×2200×2270,重2.8t,4门8车,内壁材质镀锌板,电加热
热风循环烘箱	CT-C-Ⅳ	59600	常州市宇通干燥设备有限公司	(0519)88901088	4门8车,内壁材质铝合金,蒸汽加热
热风循环烘箱	CT-C-Ⅳ	59600	常州市宇通干燥设备有限公司	(0519)88901088	4门8车,内壁材质镀锌板,蒸汽加热
热风循环烘箱	CT-C-Ⅳ	59600	常州市宇通干燥设备有限公司	(0519)88901088	4门8车,内壁材质铝合金,电加热
热风循环烘箱	CT-C-Ⅳ	59600	常州市宇通干燥设备有限公司	(0519)88901088	4门8车,内壁材质镀锌板,电加热
热风循环烘箱	CT-C-Ⅳ	62800	常州中贝干燥设备有限公司	(0519)88671938	干燥能力480kg/次,耗汽量72 kg/h,散热面积100m²,风量13800 m³/h,烘盘数192个,功率1.8kW,外形尺寸(mm):4460×2200×2290,内部材质铝合金,4门8车,蒸汽加热
热风循环烘箱	CT-C-Ⅳ	62800	常州中贝干燥设备有限公司	(0519)88671938	干燥能力480kg/次,耗汽量72 kg/h,散热面积100m²,风量13800 m³/h,烘盘数192个,功率1.8kW,外形尺寸(mm):4460×2200×2290,内部材质镀锌板,4门8车,蒸汽加热
热风循环烘箱	CT-C-Ⅳ	62800	常州中贝干燥设备有限公司	(0519)88671938	干燥能力480kg/次,耗汽量72 kg/h,散热面积100m²,风量13800 m³/h,烘盘数192个,功率1.8kW,外形尺寸(mm):4460×2200×2290,内部材质铝合金,4门8车,电加热

产品名称	型号规格	参考价格(元)	生产厂家	电话	主要参数及备注
热风循环烘箱	CT-C-Ⅳ	62800	常州中贝干燥设备有限公司	(0519)88671938	干燥能力 480kg/次,耗汽量 72kg/h,散热面积 $100m^2$,风量 13800 m^3/h,烘盘数 192 个,功率 1.8kW,外形尺寸(mm):4460×2200×2290,内部材质镀锌板,4门8车,电加热
热风循环烘箱	CT-C-Ⅳ	64380	常州中贝干燥设备有限公司	(0519)88671938	干燥能力 480kg/次,耗汽量 72kg/h,散热面积 $100m^2$,风量 13800 m^3/h,烘盘数 192 个,功率 1.8kW,外形尺寸(mm):4460×2200×2290,内部材质铝合金,4门8车,蒸汽加热,带轴流风机
热风循环烘箱	CT-C-Ⅳ	64380	常州中贝干燥设备有限公司	(0519)88671938	干燥能力 480kg/次,耗汽量 72kg/h,散热面积 $100m^2$,风量 13800 m^3/h,烘盘数 192 个,功率 1.8kW,外形尺寸(mm):4460×2200×2290,内部材质镀锌板,4门8车,蒸汽加热,带轴流风机
热风循环烘箱	CT-C-Ⅳ	64960	常州中贝干燥设备有限公司	(0519)88671938	干燥能力 480kg/次,耗汽量 72kg/h,散热面积 $100m^2$,风量 13800 m^3/h,烘盘数 192 个,功率 1.8kW,外形尺寸(mm):4460×2200×2290,内部材质铝合金,4门8车,蒸汽加热,带防爆型轴流风机
热风循环烘箱	CT-C-Ⅳ	64960	常州中贝干燥设备有限公司	(0519)88671938	干燥能力 480kg/次,耗汽量 72kg/h,散热面积 $100m^2$,风量 13800 m^3/h,烘盘数 192 个,功率 1.8kW,外形尺寸(mm):4460×2200×2290,内部材质镀锌板,4门8车,蒸汽加热,带防爆型轴流风机
热风循环烘箱	CT-C-Ⅳ	64960	常州中贝干燥设备有限公司	(0519)88671938	干燥能力 480kg/次,耗汽量 72kg/h,散热面积 $100m^2$,风量 13800 m^3/h,烘盘数 192 个,功率 1.8kW,外形尺寸(mm):4460×2200×2290,内部材质铝合金,4门8车,电加热,带防爆型轴流风机
热风循环烘箱	CT-C-Ⅳ	64960	常州中贝干燥设备有限公司	(0519)88671938	干燥能力 480kg/次,耗汽量 72kg/h,散热面积 $100m^2$,风量 13800 m^3/h,烘盘数 192 个,功率 1.8kW,外形尺寸(mm):4460×2200×2290,内部材质镀锌板,4门8车,电加热,带防爆型轴流风机
热风循环烘箱	CT-C-Ⅳ	65800	常州中贝干燥设备有限公司	(0519)88671938	干燥能力 480kg/次,耗汽量 72kg/h,散热面积 $100m^2$,风量 13800 m^3/h,烘盘数 192 个,功率 1.8kW,外形尺寸(mm):4460×2200×2290,内部材质铝合金,4门8车,蒸汽加热,带自动控温仪
热风循环烘箱	CT-C-Ⅳ	65800	常州中贝干燥设备有限公司	(0519)88671938	干燥能力 480kg/次,耗汽量 72kg/h,散热面积 $100m^2$,风量 13800 m^3/h,烘盘数 192 个,功率 1.8kW,外形尺寸(mm):4460×2200×2290,内部材质镀锌板,4门8车,蒸汽加热,带自动控温仪
热风循环烘箱	CT-C-Ⅳ	65800	常州中贝干燥设备有限公司	(0519)88671938	干燥能力 480kg/次,耗汽量 72kg/h,散热面积 $100m^2$,风量 13800 m^3/h,烘盘数 192 个,功率 1.8kW,外形尺寸(mm):4460×2200×2290,内部材质铝合金,4门8车,电加热,带自动控温仪

产品名称	型号规格	参考价格(元)	生产厂家	电话	主要参数及备注
热风循环烘箱	CT-C-Ⅳ	65800	常州中贝干燥设备有限公司	(0519)88671938	干燥能力 480kg/次,耗汽量 72kg/h,散热面积 $100m^2$,风量 $13800\ m^3/h$,烘盘数 192 个,功率 1.8kW,外形尺寸(mm):4460×2200×2290,内部材质镀锌板,4门8车,电加热,带自动控温仪
热风循环烘箱	CT-C-Ⅳ	66650	常州中贝干燥设备有限公司	(0519)88671938	干燥能力 480kg/次,耗汽量 72kg/h,散热面积 $100m^2$,风量 $13800\ m^3/h$,烘盘数 192 个,功率 1.8kW,外形尺寸(mm):4460×2200×2290,内部材质铝合金,4门8车,蒸汽加热,带不锈钢轴流风机
热风循环烘箱	CT-C-Ⅳ	66650	常州中贝干燥设备有限公司	(0519)88671938	干燥能力 480kg/次,耗汽量 72kg/h,散热面积 $100m^2$,风量 $13800\ m^3/h$,烘盘数 192 个,功率 1.8kW,外形尺寸(mm):4460×2200×2290,内部材质镀锌板,4门8车,蒸汽加热,带不锈钢轴流风机
热风循环烘箱	CT-C-Ⅳ	66650	常州中贝干燥设备有限公司	(0519)88671938	干燥能力 480kg/次,耗汽量 72kg/h,散热面积 $100m^2$,风量 $13800\ m^3/h$,烘盘数 192 个,功率 1.8kW,外形尺寸(mm):4460×2200×2290,内部材质铝合金,4门8车,电加热,带不锈钢轴流风机
热风循环烘箱	CT-C-Ⅳ	66650	常州中贝干燥设备有限公司	(0519)88671938	干燥能力 480kg/次,耗汽量 72kg/h,散热面积 $100m^2$,风量 $13800\ m^3/h$,烘盘数 192 个,功率 1.8kW,外形尺寸(mm):4460×2200×2290,内部材质镀锌板,4门8车,电加热,带不锈钢轴流风机
热风循环烘箱	CT-C-Ⅳ	67600	常州中贝干燥设备有限公司	(0519)88671938	干燥能力 480kg/次,耗汽量 72kg/h,散热面积 $100m^2$,风量 $13800\ m^3/h$,烘盘数 192 个,功率 1.8kW,外形尺寸(mm):4460×2200×2290,内部材质铝合金,4门8车,蒸汽加热,带不锈钢耐高温风机
热风循环烘箱	CT-C-Ⅳ	67600	常州中贝干燥设备有限公司	(0519)88671938	干燥能力 480kg/次,耗汽量 72kg/h,散热面积 $100m^2$,风量 $13800\ m^3/h$,烘盘数 192 个,功率 1.8kW,外形尺寸(mm):4460×2200×2290,内部材质镀锌板,4门8车,蒸汽加热,带不锈钢耐高温风机
热风循环烘箱	CT-C-Ⅳ	67600	常州中贝干燥设备有限公司	(0519)88671938	干燥能力 480kg/次,耗汽量 72kg/h,散热面积 $100m^2$,风量 $13800\ m^3/h$,烘盘数 192 个,功率 1.8kW,外形尺寸(mm):4460×2200×2290,内部材质铝合金,4门8车,电加热,带不锈钢耐高温风机
热风循环烘箱	CT-C-Ⅳ	67600	常州中贝干燥设备有限公司	(0519)88671938	干燥能力 480kg/次,耗汽量 72kg/h,散热面积 $100m^2$,风量 $13800\ m^3/h$,烘盘数 192 个,功率 1.8kW,外形尺寸(mm):4460×2200×2290,内部材质镀锌板,4门8车,电加热,带不锈钢耐高温风机

产品名称	型号规格	参考价格（元）	生产厂家	电话	主要参数及备注
热风循环烘箱	CT-C-Ⅳ	72000	常州市互帮干燥设备有限公司	（0519）88739588	干燥能力 480kg/批，耗汽量 80kg/h，蒸发面积$56.5m^2$，有效容积$10.3m^3$，风机功率0.45kW×4，外形尺寸（mm）：4280×2200×2270，重2.8t，4门8车，内壁材质不锈钢，蒸汽加热
热风循环烘箱	CT-C-Ⅳ	72000	常州市互帮干燥设备有限公司	（0519）88739588	干燥能力 480kg/批，耗汽量 80kg/h，蒸发面积$56.5m^2$，有效容积$10.3m^3$，电加热功率 60kW，风机功率 0.45 kW × 4，外形尺寸（mm）：4280×2200×2270，重2.8t，4门8车，内壁材质不锈钢，电加热
热风循环烘箱	CT-C-Ⅳ	72500	常州市宇通干燥设备有限公司	（0519）88901088	4门8车，内壁材质不锈钢，蒸汽加热
热风循环烘箱	CT-C-Ⅳ	72500	常州市宇通干燥设备有限公司	（0519）88901088	4门8车，内壁材质不锈钢，电加热
热风循环烘箱	CT-C-Ⅳ	73800	常州中贝干燥设备有限公司	（0519）88671938	干燥能力 480kg/次，耗汽量 72kg/h，散热面积 $100m^2$，风量 $13800\ m^3/h$，烘盘数 192 个，功率 1.8kW，外形尺寸（mm）：4460×2200×2290，内壁材质不锈钢，4门8车，蒸汽加热
热风循环烘箱	CT-C-Ⅳ	73800	常州中贝干燥设备有限公司	（0519）88671938	干燥能力 480kg/次，耗汽量 72kg/h，散热面积 $100m^2$，风量 $13800\ m^3/h$，烘盘数 192 个，功率 1.8kW，外形尺寸（mm）：4460×2200×2290，内壁材质不锈钢，4门8车，电加热
热风循环烘箱	CT-C-Ⅳ	75380	常州中贝干燥设备有限公司	（0519）88671938	干燥能力 480kg/次，耗汽量 72kg/h，散热面积 $100m^2$，风量 $13800\ m^3/h$，烘盘数 192 个，功率 1.8kW，外形尺寸（mm）：4460×2200×2290，内壁材质不锈钢，4门8车，蒸汽加热，带轴流风机
热风循环烘箱	CT-C-Ⅳ	75960	常州中贝干燥设备有限公司	（0519）88671938	干燥能力 480kg/次，耗汽量 72kg/h，散热面积 $100m^2$，风量 $13800\ m^3/h$，烘盘数 192 个，功率 1.8kW，外形尺寸（mm）：4460×2200×2290，内壁材质不锈钢，4门8车，蒸汽加热，带防爆型轴流风机
热风循环烘箱	CT-C-Ⅳ	75960	常州中贝干燥设备有限公司	（0519）88671938	干燥能力 480kg/次，耗汽量 72kg/h，散热面积 $100m^2$，风量 $13800\ m^3/h$，烘盘数 192 个，功率 1.8kW，外形尺寸（mm）：4460×2200×2290，内壁材质不锈钢，4门8车，电加热，带防爆型轴流风机
热风循环烘箱	CT-C-Ⅳ	76800	常州中贝干燥设备有限公司	（0519）88671938	干燥能力 480kg/次，耗汽量 72kg/h，散热面积 $100m^2$，风量 $13800\ m^3/h$，烘盘数 192 个，功率 1.8kW，外形尺寸（mm）：4460×2200×2290，内壁材质不锈钢，4门8车，蒸汽加热，带自动控温仪
热风循环烘箱	CT-C-Ⅳ	76800	常州中贝干燥设备有限公司	（0519）88671938	干燥能力 480kg/次，耗汽量 72kg/h，散热面积 $100m^2$，风量 $13800\ m^3/h$，烘盘数 192 个，功率 1.8kW，外形尺寸（mm）：4460×2200×2290，内壁材质不锈钢，4门8车，电加热，带自动控温仪

产品名称	型号规格	参考价格(元)	生产厂家	电话	主要参数及备注
热风循环烘箱	CT-C-Ⅳ	77650	常州中贝干燥设备有限公司	(0519)88671938	干燥能力 480kg/次,耗汽量 72kg/h,散热面积 $100m^2$,风量 13800 m^3/h,烘盘数 192 个,功率 1.8kW,外形尺寸(mm):4460×2200×2290,内壁材质不锈钢,4门8车,蒸汽加热,带不锈钢轴流风机
热风循环烘箱	CT-C-Ⅳ	77650	常州中贝干燥设备有限公司	(0519)88671938	干燥能力 480kg/次,耗汽量 72kg/h,散热面积 $100m^2$,风量 13800 m^3/h,烘盘数 192 个,功率 1.8kW,外形尺寸(mm):4460×2200×2290,内壁材质不锈钢,4门8车,电加热,带不锈钢轴流风机
热风循环烘箱	CT-C-Ⅳ	78600	常州中贝干燥设备有限公司	(0519)88671938	干燥能力 480kg/次,耗汽量 72kg/h,散热面积 $100m^2$,风量 13800 m^3/h,烘盘数 192 个,功率 1.8kW,外形尺寸(mm):4460×2200×2290,内壁材质不锈钢,4门8车,蒸汽加热,带不锈钢耐高温风机
热风循环烘箱	CT-C-Ⅳ	78600	常州中贝干燥设备有限公司	(0519)88671938	干燥能力 480kg/次,耗汽量 72kg/h,散热面积 $100m^2$,风量 13800 m^3/h,烘盘数 192 个,功率 1.8kW,外形尺寸(mm):4460×2200×2290,内壁材质不锈钢,4门8车,电加热,带不锈钢耐高温风机
热风循环烘箱	CT-C-Ⅳ	93100	常州市宇通干燥设备有限公司	(0519)88901088	4门8车,内外壁材质 304,蒸汽加热
热风循环烘箱	CT-C-Ⅳ	93100	常州市宇通干燥设备有限公司	(0519)88901088	4门8车,内外壁材质 304,电加热
热风循环烘箱	CT-C-Ⅳ	96000	常州市互帮干燥设备有限公司	(0519)88739588	干燥能力 480kg/批,耗汽量 80kg/h,蒸发面积$56.5m^2$,有效容积$10.3m^3$,风机功率0.45kW×4,外形尺寸(mm):4280×2200×2270,重2.8t,4门8车,内外材质不锈钢,蒸汽加热
热风循环烘箱	CT-C-Ⅳ	96000	常州市互帮干燥设备有限公司	(0519)88739588	干燥能力 480kg/批,耗汽量 80kg/h,蒸发面积$56.5m^2$,有效容积$10.3m^3$,电加热功率 60kW,风机功率0.45kW×4,外形尺寸(mm):4280×2200×2270,重2.8t,4门8车,内外材质不锈钢,电加热
热风循环烘箱	CT-C-Ⅳ	96500	常州中贝干燥设备有限公司	(0519)88671938	干燥能力 480kg/次,耗汽量 72kg/h,散热面积 $100m^2$,风量 13800 m^3/h,烘盘数 192 个,功率 1.8kW,外形尺寸(mm):4460×2200×2290,材质不锈钢,4门8车,蒸汽加热
热风循环烘箱	CT-C-Ⅳ	96500	常州中贝干燥设备有限公司	(0519)88671938	干燥能力 480kg/次,耗汽量 72kg/h,散热面积 $100m^2$,风量 13800 m^3/h,烘盘数 192 个,功率 1.8kW,外形尺寸(mm):4460×2200×2290,材质不锈钢,4门8车,电加热
热风循环烘箱	CT-C-Ⅳ	96500	常州中贝干燥设备有限公司	(0519)88671938	干燥能力 480kg/次,耗汽量 72kg/h,散热面积 $100m^2$,风量 13800 m^3/h,烘盘数 192 个,功率 1.8kW,外形尺寸(mm):4460×2200×2290,材质不锈钢,4门8车,电加热,带轴流风机

产品名称	型号规格	参考价格（元）	生产厂家	电话	主要参数及备注
热风循环烘箱	CT-C-Ⅳ	98000	泰兴市苏中制药机械有限公司	(0523)87261051	不含税价
热风循环烘箱	CT-C-Ⅳ	98080	常州中贝干燥设备有限公司	(0519)88671938	干燥能力 480kg/次，耗汽量 72kg/h，散热面积 $100m^2$，风量 $13800\ m^3/h$，烘盘数 192 个，功率 1.8kW，外形尺寸(mm)：4460×2200×2290，材质不锈钢，4 门 8 车，蒸汽加热，带轴流风机
热风循环烘箱	CT-C-Ⅳ	98660	常州中贝干燥设备有限公司	(0519)88671938	干燥能力 480kg/次，耗汽量 72kg/h，散热面积 $100m^2$，风量 $13800\ m^3/h$，烘盘数 192 个，功率 1.8kW，外形尺寸(mm)：4460×2200×2290，材质不锈钢，4 门 8 车，蒸汽加热，带防爆型轴流风机
热风循环烘箱	CT-C-Ⅳ	98660	常州中贝干燥设备有限公司	(0519)88671938	干燥能力 480kg/次，耗汽量 72kg/h，散热面积 $100m^2$，风量 $13800\ m^3/h$，烘盘数 192 个，功率 1.8kW，外形尺寸(mm)：4460×2200×2290，材质不锈钢，4 门 8 车，电加热，带防爆型轴流风机
热风循环烘箱	CT-C-Ⅳ	99500	常州中贝干燥设备有限公司	(0519)88671938	干燥能力 480kg/次，耗汽量 72kg/h，散热面积 $100m^2$，风量 $13800\ m^3/h$，烘盘数 192 个，功率 1.8kW，外形尺寸(mm)：4460×2200×2290，材质不锈钢，4 门 8 车，蒸汽加热，带自动控温仪
热风循环烘箱	CT-C-Ⅳ	99500	常州中贝干燥设备有限公司	(0519)88671938	干燥能力 480kg/次，耗汽量 72kg/h，散热面积 $100m^2$，风量 $13800\ m^3/h$，烘盘数 192 个，功率 1.8kW，外形尺寸(mm)：4460×2200×2290，材质不锈钢，4 门 8 车，电加热，带自动控温仪
热风循环烘箱	CT-C-Ⅳ	100350	常州中贝干燥设备有限公司	(0519)88671938	干燥能力 480kg/次，耗汽量 72kg/h，散热面积 $100m^2$，风量 $13800\ m^3/h$，烘盘数 192 个，功率 1.8kW，外形尺寸(mm)：4460×2200×2290，材质不锈钢，4 门 8 车，蒸汽加热，带不锈钢轴流风机
热风循环烘箱	CT-C-Ⅳ	100350	常州中贝干燥设备有限公司	(0519)88671938	干燥能力 480kg/次，耗汽量 72kg/h，散热面积 $100m^2$，风量 $13800\ m^3/h$，烘盘数 192 个，功率 1.8kW，外形尺寸(mm)：4460×2200×2290，材质不锈钢，4 门 8 车，电加热，带不锈钢轴流风机
热风循环烘箱	CT-C-Ⅳ	101300	常州中贝干燥设备有限公司	(0519)88671938	干燥能力 480kg/次，耗汽量 72kg/h，散热面积 $100m^2$，风量 $13800\ m^3/h$，烘盘数 192 个，功率 1.8kW，外形尺寸(mm)：4460×2200×2290，材质不锈钢，4 门 8 车，蒸汽加热，带不锈钢耐高温风机
热风循环烘箱	CT-C-Ⅳ	101300	常州中贝干燥设备有限公司	(0519)88671938	干燥能力 480kg/次，耗汽量 72kg/h，散热面积 $100m^2$，风量 $13800\ m^3/h$，烘盘数 192 个，功率 1.8kW，外形尺寸(mm)：4460×2200×2290，材质不锈钢，4 门 8 车，电加热，带不锈钢耐高温风机
热风循环烘箱	CT-C-O	12000	常州市互帮干燥设备有限公司	(0519)88739588	干燥能力 60kg/批，耗汽量 15kg/h，蒸发面积 $7.1m^2$，有效容积 $1.3m^3$，Q235 烘车数 1 辆，风机功率 0.45kW，外形尺寸(mm)：1380×1200×2000，重 820kg，单门烘架，内壁材质铝合金，蒸汽加热

产品名称	型号规格	参考价格（元）	生产厂家	电话	主要参数及备注
热风循环烘箱	CT-C-O	12000	常州市互帮干燥设备有限公司	(0519)88739588	干燥能力 60kg/批，耗汽量 15kg/h，蒸发面积 $7.1m^2$，有效容积 $1.3m^3$，Q235 烘车数 1 辆，电加热功率 6~9kW，风机功率0.45kW，外形尺寸（mm）：1380×1200×2000，重 820kg，单门烘架，内壁材质铝合金，电加热
热风循环烘箱	CT-C-O	12000	常州市互帮干燥设备有限公司	(0519)88739588	干燥能力 60kg/批，耗汽量 15kg/h，蒸发面积 $7.1m^2$，有效容积 $1.3m^3$，Q235 烘车数 1 辆，风机功率0.45kW，外形尺寸（mm）：1380×1200×2000，重 820kg，单门烘架，内壁材质镀锌板，蒸汽加热
热风循环烘箱	CT-C-O	12000	常州市互帮干燥设备有限公司	(0519)88739588	干燥能力 60kg/批，耗汽量 15kg/h，蒸发面积 $7.1m^2$，有效容积 $1.3m^3$，Q235 烘车数 1 辆，电加热功率 6~9kW，风机功率0.45kW，外形尺寸（mm）：1380×1200×2000，重 820kg，单门烘架，内壁材质镀锌板，电加热
热风循环烘箱	CT-C-O	15000	常州市互帮干燥设备有限公司	(0519)88739588	干燥能力 60kg/批，耗汽量 15kg/h，蒸发面积 $7.1m^2$，有效容积 $1.3m^3$，Q235 烘车数 1 辆，风机功率0.45kW，外形尺寸（mm）：1380×1200×2000，重 820kg，单门烘架，内壁材质不锈钢，蒸汽加热
热风循环烘箱	CT-C-O	15000	常州市互帮干燥设备有限公司	(0519)88739588	干燥能力 60kg/批，耗汽量 15kg/h，蒸发面积 $7.1m^2$，有效容积 $1.3m^3$，Q235 烘车数 1 辆，电加热功率 6~9kW，风机功率0.45kW，外形尺寸（mm）：1380×1200×2000，重 820kg，单门烘架，内壁材质不锈钢，电加热
热风循环烘箱	CT-C-O	15500	常州市宇通干燥设备有限公司	(0519)88901088	单门烘架，内壁材质铝合金，蒸汽加热
热风循环烘箱	CT-C-O	15500	常州市宇通干燥设备有限公司	(0519)88901088	单门烘架，内壁材质镀锌板，蒸汽加热
热风循环烘箱	CT-C-O	15500	常州市宇通干燥设备有限公司	(0519)88901088	单门烘架，内壁材质铝合金，电加热
热风循环烘箱	CT-C-O	15500	常州市宇通干燥设备有限公司	(0519)88901088	单门烘架，内壁材质镀锌板，电加热
热风循环烘箱	CT-C-O	16700	常州中贝干燥设备有限公司	(0519)88671938	干燥能力 25kg/次，耗汽量 5kg/h，散热面积 $5m^2$，风量 3450 m^3/h，烘盘数 16 个，功率0.45kW，外形尺寸（mm）：1280×1100×1750，内部材质铝合金，单门烘架，蒸汽加热
热风循环烘箱	CT-C-O	16700	常州中贝干燥设备有限公司	(0519)88671938	干燥能力 25kg/次，耗汽量 5kg/h，散热面积 $5m^2$，风量 3450 m^3/h，烘盘数 16 个，功率0.45kW，外形尺寸（mm）：1280×1100×1750，内部材质镀锌板，单门烘架，蒸汽加热
热风循环烘箱	CT-C-O	16700	常州中贝干燥设备有限公司	(0519)88671938	干燥能力 25kg/次，耗汽量 5kg/h，散热面积 $5m^2$，风量 3450 m^3/h，烘盘数 16 个，功率0.45kW，外形尺寸（mm）：1280×1100×1750，内部材质铝合金，单门烘架，电加热

产品名称	型号规格	参考价格（元）	生产厂家	电话	主要参数及备注
热风循环烘箱	CT-C-O	16700	常州中贝干燥设备有限公司	（0519）88671938	干燥能力 25kg/次，耗汽量 5kg/h，散热面积 $5m^2$，风量 3450 m^3/h，烘盘数 16 个，功率 0.45kW，外形尺寸（mm）：1280×1100×1750，内部材质镀锌板，单门烘架，电加热
热风循环烘箱	CT-C-O	18000	泰兴市苏中制药机械有限公司	（0523）87261051	不含税价
热风循环烘箱	CT-C-O	18280	常州中贝干燥设备有限公司	（0519）88671938	干燥能力 25kg/次，耗汽量 5kg/h，散热面积 $5m^2$，风量 3450 m^3/h，烘盘数 16 个，功率 0.45kW，外形尺寸（mm）：1280×1100×1750，内部材质铝合金，单门烘架，蒸汽加热，带轴流风机
热风循环烘箱	CT-C-O	18280	常州中贝干燥设备有限公司	（0519）88671938	干燥能力 25kg/次，耗汽量 5kg/h，散热面积 $5m^2$，风量 3450 m^3/h，烘盘数 16 个，功率 0.45kW，外形尺寸（mm）：1280×1100×1750，内部材质镀锌板，单门烘架，蒸汽加热，带轴流风机
热风循环烘箱	CT-C-O	18280	常州中贝干燥设备有限公司	（0519）88671938	干燥能力 25kg/次，耗汽量 5kg/h，散热面积 $5m^2$，风量 3450 m^3/h，烘盘数 16 个，功率 0.45kW，外形尺寸（mm）：1280×1100×1750，内部材质铝合金，单门烘架，电加热，带轴流风机
热风循环烘箱	CT-C-O	18280	常州中贝干燥设备有限公司	（0519）88671938	干燥能力 25kg/次，耗汽量 5kg/h，散热面积 $5m^2$，风量 3450 m^3/h，烘盘数 16 个，功率 0.45kW，外形尺寸（mm）：1280×1100×1750，内部材质镀锌板，单门烘架，电加热，带轴流风机
热风循环烘箱	CT-C-O	18860	常州中贝干燥设备有限公司	（0519）88671938	干燥能力 25kg/次，耗汽量 5kg/h，散热面积 $5m^2$，风量 3450 m^3/h，烘盘数 16 个，功率 0.45kW，外形尺寸（mm）：1280×1100×1750，内部材质铝合金，单门烘架，蒸汽加热，带防爆型轴流风机
热风循环烘箱	CT-C-O	18860	常州中贝干燥设备有限公司	（0519）88671938	干燥能力 25kg/次，耗汽量 5kg/h，散热面积 $5m^2$，风量 3450 m^3/h，烘盘数 16 个，功率 0.45kW，外形尺寸（mm）：1280×1100×1750，内部材质镀锌板，单门烘架，蒸汽加热，带防爆型轴流风机
热风循环烘箱	CT-C-O	18860	常州中贝干燥设备有限公司	（0519）88671938	干燥能力 25kg/次，耗汽量 5kg/h，散热面积 $5m^2$，风量 3450 m^3/h，烘盘数 16 个，功率 0.45kW，外形尺寸（mm）：1280×1100×1750，内部材质铝合金，单门烘架，电加热，带防爆型轴流风机
热风循环烘箱	CT-C-O	18860	常州中贝干燥设备有限公司	（0519）88671938	干燥能力 25kg/次，耗汽量 5kg/h，散热面积 $5m^2$，风量 3450 m^3/h，烘盘数 16 个，功率 0.45kW，外形尺寸（mm）：1280×1100×1750，内部材质镀锌板，单门烘架，电加热，带防爆型轴流风机
热风循环烘箱	CT-C-O	19700	常州中贝干燥设备有限公司	（0519）88671938	干燥能力 25kg/次，耗汽量 5kg/h，散热面积 $5m^2$，风量 3450 m^3/h，烘盘数 16 个，功率 0.45kW，外形尺寸（mm）：1280×1100×1750，内部材质铝合金，单门烘架，蒸汽加热，带自动控温仪

产品名称	型号规格	参考价格（元）	生产厂家	电话	主要参数及备注
热风循环烘箱	CT-C-O	19700	常州中贝干燥设备有限公司	（0519）88671938	干燥能力 25kg/次，耗汽量 5kg/h，散热面积 $5m^2$，风量 3450 m^3/h，烘盘数 16 个，功率 0.45kW，外形尺寸（mm）：1280×1100×1750，内部材质镀锌板，单门烘架，蒸汽加热，带自动控温仪
热风循环烘箱	CT-C-O	19700	常州中贝干燥设备有限公司	（0519）88671938	干燥能力 25kg/次，耗汽量 5kg/h，散热面积 $5m^2$，风量 3450 m^3/h，烘盘数 16 个，功率 0.45kW，外形尺寸（mm）：1280×1100×1750，内部材质铝合金，单门烘架，电加热，带自动控温仪
热风循环烘箱	CT-C-O	19700	常州中贝干燥设备有限公司	（0519）88671938	干燥能力 25kg/次，耗汽量 5kg/h，散热面积 $5m^2$，风量 3450 m^3/h，烘盘数 16 个，功率 0.45kW，外形尺寸（mm）：1280×1100×1750，内部材质镀锌板，单门烘架，电加热，带自动控温仪
热风循环烘箱	CT-C-O	20000	常州市宇通干燥设备有限公司	（0519）88901088	单门烘架，内壁材质不锈钢，电加热
热风循环烘箱	CT-C-O	20000	常州市宇通干燥设备有限公司	（0519）88901088	单门烘架，内壁材质不锈钢，蒸汽加热
热风循环烘箱	CT-C-O	20550	常州中贝干燥设备有限公司	（0519）88671938	干燥能力 25kg/次，耗汽量 5kg/h，散热面积 $5m^2$，风量 3450 m^3/h，烘盘数 16 个，功率 0.45kW，外形尺寸（mm）：1280×1100×1750，内部材质铝合金，单门烘架，蒸汽加热，带不锈钢轴流风机
热风循环烘箱	CT-C-O	20550	常州中贝干燥设备有限公司	（0519）88671938	干燥能力 25kg/次，耗汽量 5kg/h，散热面积 $5m^2$，风量 3450 m^3/h，烘盘数 16 个，功率 0.45kW，外形尺寸（mm）：1280×1100×1750，内部材质镀锌板，单门烘架，蒸汽加热，带不锈钢轴流风机
热风循环烘箱	CT-C-O	20550	常州中贝干燥设备有限公司	（0519）88671938	干燥能力 25kg/次，耗汽量 5kg/h，散热面积 $5m^2$，风量 3450 m^3/h，烘盘数 16 个，功率 0.45kW，外形尺寸（mm）：1280×1100×1750，内部材质铝合金，单门烘架，电加热，带不锈钢轴流风机
热风循环烘箱	CT-C-O	20550	常州中贝干燥设备有限公司	（0519）88671938	干燥能力 25kg/次，耗汽量 5kg/h，散热面积 $5m^2$，风量 3450 m^3/h，烘盘数 16 个，功率 0.45kW，外形尺寸（mm）：1280×1100×1750，内部材质镀锌板，单门烘架，电加热，带不锈钢轴流风机
热风循环烘箱	CT-C-O	21500	常州中贝干燥设备有限公司	（0519）88671938	干燥能力 25kg/次，耗汽量 5kg/h，散热面积 $5m^2$，风量 3450 m^3/h，烘盘数 16 个，功率 0.45kW，外形尺寸（mm）：1280×1100×1750，内部材质铝合金，单门烘架，蒸汽加热，带不锈钢耐高温风机
热风循环烘箱	CT-C-O	21500	常州中贝干燥设备有限公司	（0519）88671938	干燥能力 25kg/次，耗汽量 5kg/h，散热面积 $5m^2$，风量 3450 m^3/h，烘盘数 16 个，功率 0.45kW，外形尺寸（mm）：1280×1100×1750，内部材质镀锌板，单门烘架，蒸汽加热，带不锈钢耐高温风机

产品名称	型号规格	参考价格（元）	生产厂家	电话	主要参数及备注
热风循环烘箱	CT-C-O	21500	常州中贝干燥设备有限公司	（0519）88671938	干燥能力 25kg/次，耗汽量 5kg/h，散热面积 $5m^2$，风量 3450 m^3/h，烘盘数 16 个，功率 0.45kW，外形尺寸（mm）：1280×1100×1750，内部材质铝合金，单门烘架，电加热，带不锈钢耐高温风机
热风循环烘箱	CT-C-O	21500	常州中贝干燥设备有限公司	（0519）88671938	干燥能力 25kg/次，耗汽量 5kg/h，散热面积 $5m^2$，风量 3450 m^3/h，烘盘数 16 个，功率 0.45kW，外形尺寸（mm）：1280×1100×1750，内部材质镀锌板，单门烘架，电加热，带不锈钢耐高温风机
热风循环烘箱	CT-C-O	21800	常州中贝干燥设备有限公司	（0519）88671938	干燥能力 25kg/次，耗汽量 5kg/h，散热面积 $5m^2$，风量 3450 m^3/h，烘盘数 16 个，功率 0.45kW，外形尺寸（mm）：1280×1100×1750，内壁材质不锈钢，单门烘架，电加热
热风循环烘箱	CT-C-O	21800	常州中贝干燥设备有限公司	（0519）88671938	干燥能力 25kg/次，耗汽量 5kg/h，散热面积 $5m^2$，风量 3450 m^3/h，烘盘数 16 个，功率 0.45kW，外形尺寸（mm）：1280×1100×1750，内壁材质不锈钢，单门烘架，蒸汽加热
热风循环烘箱	CT-C-O	23380	常州中贝干燥设备有限公司	（0519）88671938	干燥能力 25kg/次，耗汽量 5kg/h，散热面积 $5m^2$，风量 3450 m^3/h，烘盘数 16 个，功率 0.45kW，外形尺寸（mm）：1280×1100×1750，内壁材质不锈钢，单门烘架，蒸汽加热，带轴流风机
热风循环烘箱	CT-C-O	23380	常州中贝干燥设备有限公司	（0519）88671938	干燥能力 25kg/次，耗汽量 5kg/h，散热面积 $5m^2$，风量 3450 m^3/h，烘盘数 16 个，功率 0.45kW，外形尺寸（mm）：1280×1100×1750，内壁材质不锈钢，单门烘架，电加热，带轴流风机
热风循环烘箱	CT-C-O	23960	常州中贝干燥设备有限公司	（0519）88671938	干燥能力 25kg/次，耗汽量 5kg/h，散热面积 $5m^2$，风量 3450 m^3/h，烘盘数 16 个，功率 0.45kW，外形尺寸（mm）：1280×1100×1750，内壁材质不锈钢，单门烘架，蒸汽加热，带防爆型轴流风机
热风循环烘箱	CT-C-O	23960	常州中贝干燥设备有限公司	（0519）88671938	干燥能力 25kg/次，耗汽量 5kg/h，散热面积 $5m^2$，风量 3450 m^3/h，烘盘数 16 个，功率 0.45kW，外形尺寸（mm）：1280×1100×1750，内壁材质不锈钢，单门烘架，电加热，带防爆型轴流风机
热风循环烘箱	CT-C-O	24800	常州中贝干燥设备有限公司	（0519）88671938	干燥能力 25kg/次，耗汽量 5kg/h，散热面积 $5m^2$，风量 3450 m^3/h，烘盘数 16 个，功率 0.45kW，外形尺寸（mm）：1280×1100×1750，内壁材质不锈钢，单门烘架，蒸汽加热，带自动控温仪
热风循环烘箱	CT-C-O	24800	常州中贝干燥设备有限公司	（0519）88671938	干燥能力 25kg/次，耗汽量 5kg/h，散热面积 $5m^2$，风量 3450 m^3/h，烘盘数 16 个，功率 0.45kW，外形尺寸（mm）：1280×1100×1750，内壁材质不锈钢，单门烘架，电加热，带自动控温仪

产品名称	型号规格	参考价格（元）	生产厂家	电话	主要参数及备注
热风循环烘箱	CT-C-O	25650	常州中贝干燥设备有限公司	（0519）88671938	干燥能力 25kg/次，耗汽量 5kg/h，散热面积 $5m^2$，风量 3450 m^3/h，烘盘数 16 个，功率 0.45kW，外形尺寸（mm）：1280×1100×1750，内壁材质不锈钢，单门烘架，蒸汽加热，带不锈钢轴流风机
热风循环烘箱	CT-C-O	25650	常州中贝干燥设备有限公司	（0519）88671938	干燥能力 25kg/次，耗汽量 5kg/h，散热面积 $5m^2$，风量 3450 m^3/h，烘盘数 16 个，功率 0.45kW，外形尺寸（mm）：1280×1100×1750，内壁材质不锈钢，单门烘架，电加热，带不锈钢轴流风机
热风循环烘箱	CT-C-O	25900	常州市宇通干燥设备有限公司	（0519）88901088	单门烘架，内外壁材质 304，蒸汽加热
热风循环烘箱	CT-C-O	25900	常州市宇通干燥设备有限公司	（0519）88901088	单门烘架，内外壁材质 304，电加热
热风循环烘箱	CT-C-O	26000	江苏省泰州市长江制药机械有限公司	（0523）86911380	干燥能力 25kg/次，散热面积 $5m^2$，风量 3450 m^3/h，烘盘数 8 个，功率 0.45 kW，外形尺寸（mm）：1200×1000×1750，重 800kg
热风循环烘箱	CT-C-O	26600	常州中贝干燥设备有限公司	（0519）88671938	干燥能力 25kg/次，耗汽量 5kg/h，散热面积 $5m^2$，风量 3450 m^3/h，烘盘数 16 个，功率 0.45kW，外形尺寸（mm）：1280×1100×1750，内壁材质不锈钢，单门烘架，蒸汽加热，带不锈钢耐高温风机
热风循环烘箱	CT-C-O	26600	常州中贝干燥设备有限公司	（0519）88671938	干燥能力 25kg/次，耗汽量 5kg/h，散热面积 $5m^2$，风量 3450 m^3/h，烘盘数 16 个，功率 0.45kW，外形尺寸（mm）：1280×1100×1750，内壁材质不锈钢，单门烘架，电加热，带不锈钢耐高温风机
热风循环烘箱	CT-C-O	26800	常州中贝干燥设备有限公司	（0519）88671938	干燥能力 25kg/次，耗汽量 5kg/h，散热面积 $5m^2$，风量 3450 m^3/h，烘盘数 16 个，功率 0.45kW，外形尺寸（mm）：1280×1100×1750，材质不锈钢，单门烘架，蒸汽加热
热风循环烘箱	CT-C-O	26800	常州中贝干燥设备有限公司	（0519）88671938	干燥能力 25kg/次，耗汽量 5kg/h，散热面积 $5m^2$，风量 3450 m^3/h，烘盘数 16 个，功率 0.45kW，外形尺寸（mm）：1280×1100×1750，材质不锈钢，单门烘架，电加热
热风循环烘箱	CT-C-O	28380	常州中贝干燥设备有限公司	（0519）88671938	干燥能力 25kg/次，耗汽量 5kg/h，散热面积 $5m^2$，风量 3450 m^3/h，烘盘数 16 个，功率 0.45kW，外形尺寸（mm）：1280×1100×1750，材质不锈钢，单门烘架，蒸汽加热，带轴流风机
热风循环烘箱	CT-C-O	28380	常州中贝干燥设备有限公司	（0519）88671938	干燥能力 25kg/次，耗汽量 5kg/h，散热面积 $5m^2$，风量 3450 m^3/h，烘盘数 16 个，功率 0.45kW，外形尺寸（mm）：1280×1100×1750，材质不锈钢，单门烘架，电加热，带轴流风机

产品名称	型号规格	参考价格（元）	生产厂家	电话	主要参数及备注
热风循环烘箱	CT-C-O	28960	常州中贝干燥设备有限公司	（0519）88671938	干燥能力 25kg/次，耗汽量 5kg/h，散热面积 $5m^2$，风量 3450m^3/h，烘盘数 16 个，功率 0.45kW，外形尺寸（mm）：1280×1100×1750，材质不锈钢，单门烘架，蒸汽加热，带防爆型轴流风机
热风循环烘箱	CT-C-O	28960	常州中贝干燥设备有限公司	（0519）88671938	干燥能力 25kg/次，耗汽量 5kg/h，散热面积 $5m^2$，风量 3450m^3/h，烘盘数 16 个，功率 0.45kW，外形尺寸（mm）：1280×1100×1750，材质不锈钢，单门烘架，电加热，带防爆型轴流风机
热风循环烘箱	CT-C-O	29800	常州中贝干燥设备有限公司	（0519）88671938	干燥能力 25kg/次，耗汽量 5kg/h，散热面积 $5m^2$，风量 3450m^3/h，烘盘数 16 个，功率 0.45kW，外形尺寸（mm）：1280×1100×1750，材质不锈钢，单门烘架，蒸汽加热，带自动控温仪
热风循环烘箱	CT-C-O	29800	常州中贝干燥设备有限公司	（0519）88671938	干燥能力 25kg/次，耗汽量 5kg/h，散热面积 $5m^2$，风量 3450m^3/h，烘盘数 16 个，功率 0.45kW，外形尺寸（mm）：1280×1100×1750，材质不锈钢，单门烘架，电加热，带自动控温仪
热风循环烘箱	CT-C-O	30650	常州中贝干燥设备有限公司	（0519）88671938	干燥能力 25kg/次，耗汽量 5kg/h，散热面积 $5m^2$，风量 3450m^3/h，烘盘数 16 个，功率 0.45kW，外形尺寸（mm）：1280×1100×1750，材质不锈钢，单门烘架，蒸汽加热，带不锈钢轴流风机
热风循环烘箱	CT-C-O	30650	常州中贝干燥设备有限公司	（0519）88671938	干燥能力 25kg/次，耗汽量 5kg/h，散热面积 $5m^2$，风量 3450m^3/h，烘盘数 16 个，功率 0.45kW，外形尺寸（mm）：1280×1100×1750，材质不锈钢，单门烘架，电加热，带不锈钢轴流风机
热风循环烘箱	CT-C-O	31600	常州中贝干燥设备有限公司	（0519）88671938	干燥能力 25kg/次，耗汽量 5kg/h，散热面积 $5m^2$，风量 3450m^3/h，烘盘数 16 个，功率 0.45kW，外形尺寸（mm）：1280×1100×1750，材质不锈钢，单门烘架，蒸汽加热，带不锈钢耐高温风机
热风循环烘箱	CT-C-O	31600	常州中贝干燥设备有限公司	（0519）88671938	干燥能力 25kg/次，耗汽量 5kg/h，散热面积 $5m^2$，风量 3450m^3/h，烘盘数 16 个，功率 0.45kW，外形尺寸（mm）：1280×1100×1750，材质不锈钢，单门烘架，电加热，带不锈钢耐高温风机
热风循环烘箱	RXH-5-C	25800	上海天凡药机制造厂	（021）57668023	干燥能力 60kg/次，风量 4510m^3/h，配用烘盘 24 个，电加热功率 6～9kW，外形尺寸（mm）：1380×1200×2000，重 820kg，1 门 1 车
热风循环烘箱	RXH-14-C	33800	上海天凡药机制造厂	（021）57668023	干燥能力 120kg/次，风量 4510m^3/h，烘盘 48 个，电加热功率 15kW，外形尺寸（mm）：2260×1200×2100，重1.58t，2 门 2 车
热风循环烘箱	RXH-27-C	48800	上海天凡药机制造厂	（021）57668023	干燥能力 240kg/次，风量 9020m^3/h，电加热功率 30kW，2 门 2 车

产品名称	型号规格	参考价格(元)	生产厂家	电话	主要参数及备注
热风循环烘箱	RXH-41-C	76800	上海天凡药机制造厂	(021)57668023	干燥能力 360kg/次,风量 13530 m^3/h,烘盘 144 个,电加热功率 45kW
热风循环烘箱	RXH-54-C	96800	上海天凡药机制造厂	(021)57668023	干燥能力 480kg/次,风量 18040 m^3/h,烘盘 192 个,电加热功率 60kW,外形尺寸(mm):4280×2200×2600,重2.8t,4 门 8 车
热风循环烘箱	RXH-B-Ⅰ	35000	天津市朋群粉碎机设备有限公司	(022)83725677	干燥能力 120kg/次,耗汽量 20 kg/h,散热面积 $20m^2$,风量 3450 m^3/h,烘盘数 48 个,功率0.75 kW,外形尺寸(mm):2300×1200×2300,材质不锈钢,2 门 2 车
热风循环烘箱	RXH-B-Ⅱ	58000	天津市朋群粉碎机设备有限公司	(022)83725677	干燥能力 240kg/次,耗汽量 45 kg/h,散热面积 $40m^2$,风量 6900 m^3/h,烘盘数 96 个,功率1.5kW,外形尺寸(mm):2300×2200×2300,材质不锈钢,2 门 4 车
热风循环烘箱	RXH-B-Ⅲ	95000	天津市朋群粉碎机设备有限公司	(022)83725677	干燥能力 360kg/次,耗汽量 70 kg/h,散热面积 $80m^2$,风量 10350 m^3/h,烘盘数 144 个,功率2.25kW,外形尺寸(mm):3500×2200×2300,材质不锈钢,3 门 6 车
热风循环烘箱	RXH-B-Ⅳ	110000	天津市朋群粉碎机设备有限公司	(022)83725677	干燥能力 480kg/次,耗汽量 90 kg/h,散热面积 $100m^2$,风量 1380 m^3/h,烘盘数 192 个,功率 3kW,外形尺寸(mm):4600×320×2000,材质不锈钢,4 门 8 车
热风循环烘箱	RXH-B-O	26000	天津市朋群粉碎机设备有限公司	(022)83725677	干燥能力 30kg/次,耗汽量 6 kg/h,散热面积 $5m^2$,风量 3450 m^3/h,烘盘数 8 个,功率0.75kW,外形尺寸(mm):1550×1000×2044,材质不锈钢,单门单车
热风循环烘箱	TG-Z-Ⅰ	23000	无锡市凯信干燥成套设备有限公司	(0510)81663608	干燥能力 120kg/批,蒸发面积 $14.1m^2$,有效容积$2.6m^3$,耗汽量 20 kg/h,风机风量 4510 m^3/h,应带烘盘 48 个,外形尺寸(mm):2240×1200×2160,重1.08t,内壁材质不锈钢,蒸汽加热,带不锈钢烘车 2 辆,不带烘盘
热风循环烘箱	TG-Z-Ⅰ	23000	无锡市凯信干燥成套设备有限公司	(0510)81663608	干燥能力 120kg/批,蒸发面积 $14.1m^2$,有效容积$2.6m^3$,耗汽量 20 kg/h,风机风量 4510 m^3/h,应带烘盘 48 个,电加热功率 15kW,外形尺寸(mm):2240×1200×2160,重1.08t,内壁材质不锈钢,电加热,带不锈钢烘车 2 辆,不带烘盘
热风循环烘箱	TG-Z-Ⅰ	26500	无锡市凯信干燥成套设备有限公司	(0510)81663608	干燥能力 120kg/批,蒸发面积 $14.1m^2$,有效容积$2.6m^3$,耗汽量 20 kg/h,风机风量 4510 m^3/h,应带烘盘 48 个,电加热功率 15kW,外形尺寸(mm):2240×1200×2160,重1.08t,内壁材质不锈钢,汽电两用加热,带不锈钢烘车 2 辆,不带烘盘
热风循环烘箱	TG-Z-Ⅰ	26500	无锡市凯信干燥成套设备有限公司	(0510)81663608	干燥能力 120kg/批,蒸发面积 $14.1m^2$,有效容积$2.6m^3$,耗汽量 20 kg/h,风机风量 4510 m^3/h,应带烘盘 48 个,外形尺寸(mm):2240×1200×2160,重1.08t,内壁材质不锈钢,汽电两用加热,带不锈钢烘车 2 辆,不带烘盘

产品名称	型号规格	参考价格（元）	生产厂家	电话	主要参数及备注
热风循环烘箱	TG-Z-Ⅰ	31000	无锡市凯信干燥成套设备有限公司	（0510）81663608	干燥能力 120kg/批，蒸发面积 $14.1m^2$，有效容积 $2.6m^3$，耗汽量 20 kg/h，风机风量 4510 m^3/h，应带烘盘 48 个，外形尺寸（mm）：2240×1200×2160，重 1.08t，内外材质 304，蒸汽加热，带不锈钢烘车 2 辆，不带烘盘
热风循环烘箱	TG-Z-Ⅰ	31000	无锡市凯信干燥成套设备有限公司	（0510）81663608	干燥能力 120kg/批，蒸发面积 $14.1m^2$，有效容积 $2.6m^3$，耗汽量 20 kg/h，风机风量 4510 m^3/h，应带烘盘 48 个，电加热功率 15kW，外形尺寸（mm）：2240×1200×2160，重 1.08t，内外材质 304，电加热，带不锈钢烘车 2 辆，不带烘盘
热风循环烘箱	TG-Z-Ⅰ	34500	无锡市凯信干燥成套设备有限公司	（0510）81663608	干燥能力 120kg/批，蒸发面积 $14.1m^2$，有效容积 $2.6m^3$，耗汽量 20 kg/h，风机风量 4510 m^3/h，应带烘盘 48 个，电加热功率 15kW，外形尺寸（mm）：2240×1200×2160，重 1.08t，内外材质 304，汽电两用加热，带不锈钢烘车 2 辆，不带烘盘
热风循环烘箱	TG-Z-Ⅰ	39000	无锡市凯信干燥成套设备有限公司	（0510）81663608	干燥能力 120kg/批，蒸发面积 $14.1m^2$，有效容积 $2.6m^3$，耗汽量 20 kg/h，风机风量 4510 m^3/h，应带烘盘 48 个，外形尺寸（mm）：2240×1200×2160，重 1.08t，内外材质不锈钢，蒸汽加热，带不锈钢烘车 2 辆，不带烘盘
热风循环烘箱	TG-Z-Ⅰ	39000	无锡市凯信干燥成套设备有限公司	（0510）81663608	干燥能力 120kg/批，蒸发面积 $14.1m^2$，有效容积 $2.6m^3$，耗汽量 20 kg/h，风机风量 4510 m^3/h，应带烘盘 48 个，电加热功率 15kW，外形尺寸（mm）：2240×1200×2160，重 1.08t，内外材质不锈钢，电加热，带不锈钢烘车 2 辆，不带烘盘
热风循环烘箱	TG-Z-Ⅰ	42500	无锡市凯信干燥成套设备有限公司	（0510）81663608	干燥能力 120kg/批，蒸发面积 $14.1m^2$，有效容积 $2.6m^3$，耗汽量 20 kg/h，风机风量 4510 m^3/h，应带烘盘 48 个，电加热功率 15kW，外形尺寸（mm）：2240×1200×2160，重 1.08t，内外材质不锈钢，汽电两用加热，带不锈钢烘车 2 辆，不带烘盘
热风循环烘箱	TG-Z-Ⅱ	42500	无锡市凯信干燥成套设备有限公司	（0510）81663608	干燥能力 240kg/批，蒸发面积 $28.3m^2$，有效容积 $4.9m^3$，耗汽量 40 kg/h，风机风量 9020 m^3/h，应带烘盘 96 个，外形尺寸（mm）：2240×2160×2160，重 1.52t，内壁材质不锈钢，蒸汽加热，带不锈钢烘车 4 辆，不带烘盘
热风循环烘箱	TG-Z-Ⅱ	42500	无锡市凯信干燥成套设备有限公司	（0510）81663608	干燥能力 240kg/批，蒸发面积 $28.3m^2$，有效容积 $4.9m^3$，耗汽量 40 kg/h，风机风量 9020 m^3/h，应带烘盘 96 个，电加热功率 30kW，外形尺寸（mm）：2240×2160×2160，重 1.52t，内壁材质不锈钢，电加热，带不锈钢烘车 4 辆，不带烘盘

产品名称	型号规格	参考价格(元)	生产厂家	电话	主要参数及备注
热风循环烘箱	TG-Z-Ⅱ	48000	无锡市凯信干燥成套设备有限公司	(0510)81663608	干燥能力 240kg/批,蒸发面积 $28.3m^2$,有效容积$4.9m^3$,耗汽量 40 kg/h,风机风量 9020 m^3/h,应带烘盘 96 个,电加热功率 30kW,外形尺寸(mm):2240×2160×2160,重1.52t,内壁材质不锈钢,汽电两用加热,带不锈钢烘车 4 辆,不带烘盘
热风循环烘箱	TG-Z-Ⅱ	53500	无锡市凯信干燥成套设备有限公司	(0510)81663608	干燥能力 240kg/批,蒸发面积 $28.3m^2$,有效容积$4.9m^3$,耗汽量 40 kg/h,风机风量 9020 m^3/h,应带烘盘 96 个,外形尺寸(mm):2240×2160×2160,重1.52t,内外材质 304,蒸汽加热,带不锈钢烘车 4 辆,不带烘盘
热风循环烘箱	TG-Z-Ⅱ	53500	无锡市凯信干燥成套设备有限公司	(0510)81663608	干燥能力 240kg/批,蒸发面积 $28.3m^2$,有效容积$4.9m^3$,耗汽量 40 kg/h,风机风量 9020 m^3/h,应带烘盘 96 个,电加热功率 30kW,外形尺寸(mm):2240×2160×2160,重1.52t,内外材质 304,电加热,带不锈钢烘车 4 辆,不带烘盘
热风循环烘箱	TG-Z-Ⅱ	59000	无锡市凯信干燥成套设备有限公司	(0510)81663608	干燥能力 240kg/批,蒸发面积 $28.3m^2$,有效容积$4.9m^3$,耗汽量 40 kg/h,风机风量 9020 m^3/h,应带烘盘 96 个,电加热功率 30kW,外形尺寸(mm):2240×2160×2160,重1.52t,内外材质 304,汽电两用加热,带不锈钢烘车 4 辆,不带烘盘
热风循环烘箱	TG-Z-Ⅱ	65000	无锡市凯信干燥成套设备有限公司	(0510)81663608	干燥能力 240kg/批,蒸发面积 $28.3m^2$,有效容积$4.9m^3$,耗汽量 40 kg/h,风机风量 9020 m^3/h,应带烘盘 96 个,外形尺寸(mm):2240×2160×2160,重1.52t,内外材质不锈钢,蒸汽加热,带不锈钢烘车 4 辆,内外材质不锈钢,不带烘盘
热风循环烘箱	TG-Z-Ⅱ	65000	无锡市凯信干燥成套设备有限公司	(0510)81663608	干燥能力 240kg/批,蒸发面积 $28.3m^2$,有效容积$4.9m^3$,耗汽量 40 kg/h,风机风量 9020 m^3/h,应带烘盘 96 个,电加热功率 30kW,外形尺寸(mm):2240×2160×2160,重1.52t,内外材质不锈钢,电加热,带不锈钢烘车 4 辆,内外材质不锈钢,不带烘盘
热风循环烘箱	TG-Z-Ⅱ	70500	无锡市凯信干燥成套设备有限公司	(0510)81663608	干燥能力 240kg/批,蒸发面积 $28.3m^2$,有效容积$4.9m^3$,耗汽量 40 kg/h,风机风量 9020 m^3/h,应带烘盘 96 个,电加热功率 30kW,外形尺寸(mm):2240×2160×2160,重1.52t,内外材质不锈钢,汽电两用加热,带不锈钢烘车 4 辆,内外材质不锈钢,不带烘盘
热风循环烘箱	TG-Z-Ⅲ	54000	无锡市凯信干燥成套设备有限公司	(0510)81663608	干燥能力 360kg/批,蒸发面积 $42.4m^2$,有效容积$7.4m^3$,耗汽量 60 kg/h,风机风量 13530 m^3/h,应带烘盘 144 个,外形尺寸(mm):3330×2160×2160,重1.96 t,内壁材质不锈钢,蒸汽加热,带不锈钢烘车 6 辆,不带烘盘

产品名称	型号规格	参考价格（元）	生产厂家	电话	主要参数及备注
热风循环烘箱	TG-Z-Ⅲ	54000	无锡市凯信干燥成套设备有限公司	（0510）81663608	干燥能力 360kg/批，蒸发面积 $42.4m^2$，有效容积 $7.4m^3$，耗汽量 60 kg/h，风机风量 13530 m^3/h，应带烘盘 144 个，电加热功率 45kW，外形尺寸（mm）：3330×2160×2160，重1.96t，内壁材质不锈钢，电加热，带不锈钢烘车 6 辆，不带烘盘
热风循环烘箱	TG-Z-Ⅲ	67500	无锡市凯信干燥成套设备有限公司	（0510）81663608	干燥能力 360kg/批，蒸发面积 $42.4m^2$，有效容积 $7.4m^3$，耗汽量 60 kg/h，风机风量 13530 m^3/h，应带烘盘 144 个，外形尺寸（mm）：3330×2160×2160，重1.96 t，内外材质 304，蒸汽加热，带不锈钢烘车 6 辆，不带烘盘
热风循环烘箱	TG-Z-Ⅲ	67500	无锡市凯信干燥成套设备有限公司	（0510）81663608	干燥能力 360kg/批，蒸发面积 $42.4m^2$，有效容积 $7.4m^3$，耗汽量 60 kg/h，风机风量 13530 m^3/h，应带烘盘 144 个，电加热功率 45kW，外形尺寸（mm）：3330×2160×2160，重1.96 t，内外材质 304，电加热，带不锈钢烘车 6 辆，不带烘盘
热风循环烘箱	TG-Z-Ⅲ	85000	无锡市凯信干燥成套设备有限公司	（0510）81663608	干燥能力 360kg/批，蒸发面积 $42.4m^2$，有效容积 $7.4m^3$，耗汽量 60 kg/h，风机风量 13530 m^3/h，应带烘盘 144 个，电加热功率 45kW，外形尺寸（mm）：3330×2160×2160，重1.96t，内外材质不锈钢，电加热，带不锈钢烘车 6 辆，内外材质不锈钢，不带烘盘
热风循环烘箱	TG-Z-Ⅲ	85000	无锡市凯信干燥成套设备有限公司	（0510）81663608	干燥能力 360kg/批，蒸发面积 $42.4m^2$，有效容积 $7.4m^3$，耗汽量 60 kg/h，风机风量 13530 m^3/h，应带烘盘 144 个，外形尺寸（mm）：3330×2160×2160，重1.96 t，内外材质不锈钢，蒸汽加热，带不锈钢烘车 6 辆，内外材质不锈钢，不带烘盘
热风循环烘箱	TG-Z-Ⅳ	69500	无锡市凯信干燥成套设备有限公司	（0510）81663608	干燥能力 480kg/批，蒸发面积 $56.5m^2$，有效容积 $10.3m^3$，耗汽量 80 kg/h，风机风量 18040 m^3/h，应带烘盘 192 个，外形尺寸（mm）：4330×2160×2270，重2.4t，内壁材质不锈钢，蒸汽加热，带不锈钢烘车 8 辆，不带烘盘
热风循环烘箱	TG-Z-Ⅳ	69500	无锡市凯信干燥成套设备有限公司	（0510）81663608	干燥能力 480kg/批，蒸发面积 $56.5m^2$，有效容积 $10.3m^3$，耗汽量 80 kg/h，风机风量 18040 m^3/h，应带烘盘 192 个，电加热功率 60kW，外形尺寸（mm）：4330×2160×2270，重2.4t，内壁材质不锈钢，电加热，带不锈钢烘车 8 辆，不带烘盘
热风循环烘箱	TG-Z-Ⅳ	86000	无锡市凯信干燥成套设备有限公司	（0510）81663608	干燥能力 480kg/批，蒸发面积 $56.5m^2$，有效容积 $10.3m^3$，耗汽量 80 kg/h，风机风量 18040 m^3/h，应带烘盘 192 个，电加热功率 60kW，外形尺寸（mm）：4330×2160×2270，重2.4 t，内外材质 304，电加热，带不锈钢烘车 8 辆，不带烘盘

产品名称	型号规格	参考价格（元）	生产厂家	电话	主要参数及备注
热风循环烘箱	TG-Z-Ⅳ	86000	无锡市凯信干燥成套设备有限公司	（0510）81663608	干燥能力480kg/批，蒸发面积56.5m^2，有效容积10.3m^3，耗汽量80 kg/h，风机风量18040 m^3/h，应带烘盘192个，外形尺寸（mm）：4330×2160×2270，重2.4t，内外材质304，蒸汽加热，带不锈钢烘车8辆，不带烘盘
热风循环烘箱	TG-Z-Ⅳ	118000	无锡市凯信干燥成套设备有限公司	（0510）81663608	干燥能力480kg/批，蒸发面积56.5m^2，有效容积10.3m^3，耗汽量80 kg/h，风机风量18040 m^3/h，应带烘盘192个，外形尺寸（mm）：4330×2160×2270，重2.4t，内外材质不锈钢，蒸汽加热，带不锈钢烘车8辆，内外材质不锈钢，不带烘盘
热风循环烘箱	TG-Z-Ⅳ	118000	无锡市凯信干燥成套设备有限公司	（0510）81663608	干燥能力480kg/批，蒸发面积56.5m^2，有效容积10.3m^3，耗汽量80 kg/h，风机风量18040 m^3/h，应带烘盘192个，电加热功率60kW，外形尺寸（mm）：4330×2160×2270，重2.4t，内外材质不锈钢，电加热，带不锈钢烘车8辆，内外材质不锈钢，不带烘盘
热风循环烘箱	TG-Z-A-Ⅰ	42000	常州市震华干燥设备有限公司	（0519）88373111	干燥能力120kg/批，蒸发面积14.1m^2，有效容积2.6m^3，耗汽量20 kg/h，电加热功率15kW，风机功率0.75 kW，外形尺寸（mm）：2240×1200×2270，重1.2t，带烘车2辆
热风循环烘箱	TG-Z-A-Ⅱ	68000	常州市震华干燥设备有限公司	（0519）88373111	干燥能力240kg/批，蒸发面积28.3m^2，有效容积4.9m^3，耗汽量40 kg/h，电加热功率30kW，风机功率0.75 kW×2，外形尺寸（mm）：2240×2160×2270，重1.82t，带烘车4辆
热风循环烘箱	TG-Z-A-Ⅲ	10000	常州市震华干燥设备有限公司	（0519）88373111	干燥能力360kg/批，蒸发面积42.4m^2，有效容积7.4m^3，耗汽量60 kg/h，电加热功率45kW，风机功率0.75×3，外形尺寸（mm）：3230×2160×2270，重2.26t，带烘车6辆
热风循环烘箱	TG-Z-A-Ⅳ	130000	常州市震华干燥设备有限公司	（0519）88373111	干燥能力480kg/批，蒸发面积56.5m^2，有效容积10.3m^3，耗汽量80 kg/h，电加热功率60kW，风机功率0.75×4，外形尺寸（mm）：4330×2160×2270，重2.75t，带烘车8辆
热风循环烘箱	TG-Z-O	19700	无锡市凯信干燥成套设备有限公司	（0510）81663608	干燥能力60kg/批，蒸发面积7.1m^2，有效容积1.3m^3，耗汽量15 kg/h，风机风量4510 m^3/h，应带烘盘24个，电加热功率6~9kW，外形尺寸（mm）：1350×1200×2160，重480kg，内壁材质不锈钢，电加热，带不锈钢烘车1辆，不带烘盘
热风循环烘箱	TG-Z-O	19700	无锡市凯信干燥成套设备有限公司	（0510）81663608	干燥能力60kg/批，蒸发面积7.1m^2，有效容积1.3m^3，耗汽量15 kg/h，风机风量4510 m^3/h，应带烘盘24个，外形尺寸（mm）：1350×1200×2160，重480kg，内壁材质不锈钢，蒸汽加热，带不锈钢烘车1辆，不带烘盘

产品名称	型号规格	参考价格(元)	生产厂家	电话	主要参数及备注
热风循环烘箱	TG-Z-O	24500	无锡市凯信干燥成套设备有限公司	(0510)81663608	干燥能力 60kg/批,蒸发面积7.1 m^2,有效容积1.3 m^3,耗汽量 15 kg/h,风机风量 4510 m^3/h,应带烘盘 24 个,外形尺寸(mm):1350×1200×2160,重 480kg,内外材质 304,蒸汽加热,带不锈钢烘车 1 辆,不带烘盘
热风循环烘箱	TG-Z-O	24500	无锡市凯信干燥成套设备有限公司	(0510)81663608	干燥能力 60kg/批,蒸发面积7.1 m^2,有效容积1.3 m^3,耗汽量 15 kg/h,风机风量 4510 m^3/h,应带烘盘 24 个,电加热功率 6~9kW,外形尺寸(mm):1350×1200×2160,重 480kg,内外材质 304,电加热,带不锈钢烘车 1 辆,不带烘盘
热风循环烘箱	TG-Z-O	32000	无锡市凯信干燥成套设备有限公司	(0510)81663608	干燥能力 60kg/批,蒸发面积7.1 m^2,有效容积1.3 m^3,耗汽量 15 kg/h,风机风量 4510 m^3/h,应带烘盘 24 个,外形尺寸(mm):1350×1200×2160,重 480kg,内外材质不锈钢,蒸汽加热,带不锈钢烘车 1 辆,不带烘盘
热风循环烘箱	TG-Z-O	32000	无锡市凯信干燥成套设备有限公司	(0510)81663608	干燥能力 60kg/批,蒸发面积7.1 m^2,有效容积1.3 m^3,耗汽量 15 kg/h,风机风量 4510 m^3/h,应带烘盘 24 个,电加热功率 6~9kW,外形尺寸(mm):1350×1200×2160,重 480kg,内外材质不锈钢,电加热,带不锈钢烘车 1 辆,不带烘盘
净化热风循环烘箱	JPXH-Ⅰ	100000	江阴金发干燥设备有限公司	(0510)86178258	内壁材质不锈钢,单门单车
净化热风循环烘箱	JPXH-Ⅰ	160000	江阴金发干燥设备有限公司	(0510)86178258	内外材质不锈钢,单门单车

1.1.8.6　热风炉

产品名称	型号规格	参考价格(元)	生产厂家	电话	主要参数及备注
燃煤热风炉	JRF4	10000	江阴金发干燥设备有限公司	(0510)86178258	材质 Q235,内壁材质钢板
燃煤热风炉	JRF4-2.5	6800	常州市宇通干燥设备有限公司	(0519)88901088	材质 Q235,内筒材质锅炉板
燃煤热风炉	JRF4-2.5	6900	常州中贝干燥设备有限公司	(0519)88671938	输出风量 560~1500 m^3/h,耗煤量 10~12 kg/h,带自动上煤装置,自动排渣,自动控制
燃煤热风炉	JRF4-2.5	7600	无锡市凯信干燥成套设备有限公司	(0510)81663608	输出风量 560~1500 m^3/h,热风温度 60~200℃,耗煤量 10~12 kg/h,筒体直径 500mm,内胆锅炉钢板
燃煤热风炉	JRF4-4	9900	常州市宇通干燥设备有限公司	(0519)88901088	材质 Q235,内筒材质锅炉板
燃煤热风炉	JRF4-4	10100	常州中贝干燥设备有限公司	(0519)88671938	输出风量 930~3500 m^3/h,耗煤量 14~17 kg/h,带自动上煤装置,自动排渣,自动控制
燃煤热风炉	JRF4-4	12000	无锡市凯信干燥成套设备有限公司	(0510)81663608	输出风量 930~3500 m^3/h,热风温度 60~200℃,耗煤量 14~17 kg/h,筒体直径 674mm,内胆锅炉钢板

产品名称	型号规格	参考价格（元）	生产厂家	电话	主要参数及备注
燃煤热风炉	JRF5-8	24000	常州市宇通干燥设备有限公司	（0519）88901088	材质 Q235，内筒材质锅炉板
燃煤热风炉	JRF5-8	25300	常州中贝干燥设备有限公司	（0519）88671938	带自动上煤装置，自动排渣，自动控制
燃煤热风炉	JRF5-8	28900	无锡市凯信干燥成套设备有限公司	（0510）81663608	输出风量 1480～5600 m^3/h，热风温度 60～200℃，耗煤量 18～24 kg/h，筒体直径 730mm，内胆锅炉钢板
燃煤热风炉	JRF5-15	42200	常州市宇通干燥设备有限公司	（0519）88901088	材质 Q235，内筒材质锅炉板
燃煤热风炉	JRF5-15	44300	常州中贝干燥设备有限公司	（0519）88671938	输出风量 2160～12000 m^3/h，耗煤量 40～45 kg/h，带自动上煤装置，自动排渣，自动控制
燃煤热风炉	JRF5-15	47700	无锡市凯信干燥成套设备有限公司	（0510）81663608	输出风量 2160～12000 m^3/h，热风温度 60～350℃，耗煤量 30～45 kg/h，筒体直径 1460mm，内胆锅炉钢板
燃煤热风炉	JRF5-30	68000	常州市宇通干燥设备有限公司	（0519）88901088	材质 Q235，内筒材质锅炉板
燃煤热风炉	JRF5-30	73300	常州中贝干燥设备有限公司	（0519）88671938	输出风量 4330～25000 m^3/h，耗煤量 80～85 kg/h，带自动上煤装置，自动排渣，自动控制
燃煤热风炉	JRF5-30	77200	无锡市凯信干燥成套设备有限公司	（0510）81663608	输出风量 4330～25000 m^3/h，热风温度 60～350℃，耗煤量 70～85 kg/h，筒体直径 1950mm，内胆锅炉钢板
燃煤热风炉	JRF5-60	106800	常州市宇通干燥设备有限公司	（0519）88901088	材质 Q235，内筒材质锅炉板
燃煤热风炉	JRF5-60	111000	常州中贝干燥设备有限公司	（0519）88671938	输出风量 8660～45000 m^3/h，耗煤量 160～170 kg/h，带自动上煤装置，自动排渣，自动控制
燃煤热风炉	JRF5-60	117300	无锡市凯信干燥成套设备有限公司	（0510）81663608	输出风量 8660～45000 m^3/h，热风温度 60～350℃，耗煤量 150～175 kg/h，筒体直径 2210mm，内胆锅炉钢板
燃煤热风炉	JRF6-80	148000	常州中贝干燥设备有限公司	（0519）88671938	输出风量 12500～83000 m^3/h，耗煤量 240～250 kg/h，带自动上煤装置，自动排渣，自动控制
燃煤热风炉	JRF6-80	257000	常州市宇通干燥设备有限公司	（0519）88901088	材质 Q235，内筒材质锅炉板，自动炉排
燃煤热风炉	JRF6-80	283800	无锡市凯信干燥成套设备有限公司	（0510）81663608	内胆锅炉钢板
燃煤热风炉	JRF6-100	298000	常州市宇通干燥设备有限公司	（0519）88901088	材质 Q235，内筒材质锅炉板，自动炉排
燃煤热风炉	JRF6-100	343700	无锡市凯信干燥成套设备有限公司	（0510）81663608	输出风量 14400～84000 m^3/h，热风温度 60～350℃，耗煤量 220～290 kg/h，筒体直径 2330mm，内胆锅炉钢板
燃煤热风炉	JRF6-160	385000	常州市宇通干燥设备有限公司	（0519）88901088	材质 Q235，内筒材质锅炉板，自动炉排
燃煤热风炉	JRF6-160	448200	无锡市凯信干燥成套设备有限公司	（0510）81663608	输出风量 23000～134400 m^3/h，热风温度 60～350℃，耗煤量 410～460 kg/h，筒体直径 2412mm，内胆锅炉钢板
燃煤热风炉	JRF8	25000	江阴金发干燥设备有限公司	（0510）86178258	材质 Q235，内壁材质钢板
燃煤热风炉	JRF15	43000	江阴金发干燥设备有限公司	（0510）86178258	材质 Q235，内壁材质钢板

产品名称	型号规格	参考价格(元)	生产厂家	电话	主要参数及备注
燃煤热风炉	JRF30	70000	江阴金发干燥设备有限公司	(0510)86178258	材质Q235,内壁材质钢板
燃煤热风炉	JRF60	105000	江阴金发干燥设备有限公司	(0510)86178258	材质Q235,内壁材质钢板
燃煤热风炉	JRF80	180000	江阴金发干燥设备有限公司	(0510)86178258	材质Q235,内壁材质钢板
燃煤热风炉	JRF100	220000	江阴金发干燥设备有限公司	(0510)86178258	材质Q235,内壁材质钢板
燃煤热风炉	JRF160	360000	江阴金发干燥设备有限公司	(0510)86178258	材质Q235,内壁材质钢板
间接式燃煤热风炉	JRF 2.5	7000	常州市互帮干燥设备有限公司	(0519)88739588	材质Q235,内壁材质锅炉钢板
间接式燃煤热风炉	JRF 2.5	97000	常州市互帮干燥设备有限公司	(0519)88739588	材质Q235,内壁材质锅炉钢板,带自动上煤装置
间接式燃煤热风炉	JRF4	10100	常州市互帮干燥设备有限公司	(0519)88739588	材质Q235,内壁材质锅炉钢板
间接式燃煤热风炉	JRF4	100100	常州市互帮干燥设备有限公司	(0519)88739588	材质Q235,内壁材质锅炉钢板,带自动上煤装置
间接式燃煤热风炉	JRF8	33000	常州市互帮干燥设备有限公司	(0519)88739588	材质Q235,内壁材质锅炉钢板
间接式燃煤热风炉	JRF8	123000	常州市互帮干燥设备有限公司	(0519)88739588	材质Q235,内壁材质锅炉钢板,带自动上煤装置
间接式燃煤热风炉	JRF10	33000	江苏一步干燥设备有限公司	(0519)88902618	材质Q235,内壁锅炉材质钢板
间接式燃煤热风炉	JRF15	43000	江苏一步干燥设备有限公司	(0519)88902618	内筒直径760mm,外筒直径1280mm,总高3500mm,热风出口直径300mm,热风出口高度1585mm,烟气出口直径250mm,烟气出口高度2050mm,重3.15t,材质Q235,内壁锅炉材质钢板
间接式燃煤热风炉	JRF15	44200	常州市互帮干燥设备有限公司	(0519)88739588	材质Q235,内壁材质锅炉钢板
间接式燃煤热风炉	JRF15	134200	常州市互帮干燥设备有限公司	(0519)88739588	材质Q235,内壁材质锅炉钢板,带自动上煤装置
间接式燃煤热风炉	JRF30	63000	常州市互帮干燥设备有限公司	(0519)88739588	材质Q235,内壁材质锅炉钢板
间接式燃煤热风炉	JRF30	70000	江苏一步干燥设备有限公司	(0519)88902618	内筒直径1170mm,外筒直径1840mm,总高4260mm,热风出口直径500mm,热风出口高度1670mm,烟气出口直径250mm,烟气出口高度2220mm,重6.8t,材质Q235,内壁锅炉材质钢板
间接式燃煤热风炉	JRF30	153000	常州市互帮干燥设备有限公司	(0519)88739588	材质Q235,内壁材质锅炉钢板,带自动上煤装置
间接式燃煤热风炉	JRF60	92000	常州市互帮干燥设备有限公司	(0519)88739588	材质Q235,内壁材质锅炉钢板
间接式燃煤热风炉	JRF60	105000	江苏一步干燥设备有限公司	(0519)88902618	内筒直径1470mm,外筒直径2200mm,总高4810mm,热风出口直径500mm,热风出口高度1670mm,烟气出口直径250mm,烟气出口高度2220mm,重9.8t,材质Q235,内壁锅炉材质钢板
间接式燃煤热风炉	JRF60	182000	常州市互帮干燥设备有限公司	(0519)88739588	材质Q235,内壁材质锅炉钢板,带自动上煤装置
间接式燃煤热风炉	JRF80	178000	常州市互帮干燥设备有限公司	(0519)88739588	材质Q235,内壁材质锅炉钢板

产品名称	型号规格	参考价格（元）	生产厂家	电话	主要参数及备注
间接式燃煤热风炉	JRF80	180000	江苏一步干燥设备有限公司	（0519）88902618	内筒直径1670mm，外筒直径2460mm，总高5110mm，热风出口直径600mm，热风出口高度1770mm，烟气出口直径300mm，烟气出口高度2385mm，重11.7t，材质Q235，内壁锅炉材质钢板
间接式燃煤热风炉	JRF80	268000	常州市互帮干燥设备有限公司	（0519）88739588	材质Q235，内壁材质锅炉钢板，带自动上煤装置
间接式燃煤热风炉	JRF100	220000	江苏一步干燥设备有限公司	（0519）88902618	内筒直径1870mm，外筒直径2700mm，总高5310mm，热风出口直径600mm，热风出口高度1770mm，烟气出口直径320mm，烟气出口高度2385mm，重13.5t，材质Q235，内壁锅炉材质钢板
间接式燃煤热风炉	JRF100	268000	常州市互帮干燥设备有限公司	（0519）88739588	材质Q235，内壁材质锅炉钢板
间接式燃煤热风炉	JRF100	358000	常州市互帮干燥设备有限公司	（0519）88739588	材质Q235，内壁材质锅炉钢板，带自动上煤装置
间接式燃煤热风炉	JRF160	310000	常州市互帮干燥设备有限公司	（0519）88739588	材质Q235，内壁材质锅炉钢板
间接式燃煤热风炉	JRF160	360000	江苏一步干燥设备有限公司	（0519）88902618	材质Q235，内壁锅炉材质钢板
间接式燃煤热风炉	JRF160	400000	常州市互帮干燥设备有限公司	（0519）88739588	材质Q235，内壁材质锅炉钢板，带自动上煤装置
间接式燃煤热风炉	JRF200	370000	常州市互帮干燥设备有限公司	（0519）88739588	材质Q235，内壁材质锅炉钢板
间接式燃煤热风炉	JRF200	460000	常州市互帮干燥设备有限公司	（0519）88739588	材质Q235，内壁材质锅炉钢板，带自动上煤装置
燃油热风炉	REY4	41200	常州市宇通干燥设备有限公司	（0519）88901088	材质Q235，清柴油
燃油热风炉	REY8	58900	常州市宇通干燥设备有限公司	（0519）88901088	材质Q235，清柴油
燃油热风炉	REY15	69500	常州市宇通干燥设备有限公司	（0519）88901088	材质Q235，清柴油
燃油热风炉	REY30	85500	常州市宇通干燥设备有限公司	（0519）88901088	材质Q235，清柴油
燃油热风炉	REY40	96000	常州市宇通干燥设备有限公司	（0519）88901088	材质Q235，清柴油
燃油热风炉	REY60	143500	常州市宇通干燥设备有限公司	（0519）88901088	材质Q235，清柴油
燃油热风炉	REY80	198000	常州市宇通干燥设备有限公司	（0519）88901088	材质Q235，清柴油
燃油热风炉	REY120	255000	常州市宇通干燥设备有限公司	（0519）88901088	材质Q235，清柴油
燃油热风炉	REY160	326000	常州市宇通干燥设备有限公司	（0519）88901088	材质Q235，清柴油
燃油热风炉	REY200	393000	常州市宇通干燥设备有限公司	（0519）88901088	材质Q235，清柴油
燃油热风炉	RLY 2.5	33000	常州中贝干燥设备有限公司	（0519）88671938	材质20g钢
燃油热风炉	RLY4	38500	常州中贝干燥设备有限公司	（0519）88671938	材质20g钢
燃油热风炉	RLY8	55000	常州中贝干燥设备有限公司	（0519）88671938	材质20g钢
燃油热风炉	RLY 6.5	56100	无锡市凯信干燥成套设备有限公司	（0510）81663608	材质Q235

产品名称	型号规格	参考价格（元）	生产厂家	电话	主要参数及备注
燃油热风炉	RLY 6.5	78600	无锡市凯信干燥成套设备有限公司	（0510）81663608	材质不锈钢
燃油热风炉	RLY12	68800	无锡市凯信干燥成套设备有限公司	（0510）81663608	材质 Q235
燃油热风炉	RLY12	148600	无锡市凯信干燥成套设备有限公司	（0510）81663608	材质不锈钢
燃油热风炉	RLY15	74800	常州中贝干燥设备有限公司	（0519）88671938	材质 20g 钢
燃油热风炉	RLY18	198600	无锡市凯信干燥成套设备有限公司	（0510）81663608	材质不锈钢
燃油热风炉	RLY30	121000	常州中贝干燥设备有限公司	（0519）88671938	材质 20g 钢
燃油热风炉	RLY40	143000	常州中贝干燥设备有限公司	（0519）88671938	材质 20g 钢
燃油热风炉	RLY40	209000	无锡市凯信干燥成套设备有限公司	（0510）81663608	耗油量 57~67 kg/h，输出温度 60~250℃，材质 Q235
燃油热风炉	RLY40	355000	无锡市凯信干燥成套设备有限公司	（0510）81663608	耗油量 57~67 kg/h，输出温度 60~250℃，材质不锈钢
燃油热风炉	RLY72	341000	无锡市凯信干燥成套设备有限公司	（0510）81663608	材质 Q235
燃油热风炉	RLY72	568000	无锡市凯信干燥成套设备有限公司	（0510）81663608	材质不锈钢
燃油热风炉	RLY80	199000	常州中贝干燥设备有限公司	（0519）88671938	材质 20g 钢
燃油热风炉	RLY120	668800	无锡市凯信干燥成套设备有限公司	（0510）81663608	材质 Q235
燃油热风炉	RLY120	988000	无锡市凯信干燥成套设备有限公司	（0510）81663608	材质不锈钢
燃油热风炉	RLY160	310000	常州中贝干燥设备有限公司	（0519）88671938	材质 20g 钢
燃油热风炉	RLY200	380000	常州中贝干燥设备有限公司	（0519）88671938	材质 20g 钢
间接式燃油热风炉	RLY8	60600	常州市互帮干燥设备有限公司	（0519）88739588	材质碳钢
间接式燃油热风炉	RLY10	45000	江苏一步干燥设备有限公司	（0519）88902618	燃油量 13~16 kg/h，热风口直径 300mm，外形尺寸（mm）：2300×1568×1870，重2.2t，材质碳钢
间接式燃油热风炉	RLY10	75000	常州市互帮干燥设备有限公司	（0519）88739588	燃油量 13~16 kg/h，外形尺寸（mm）：2100×1300×1600，重1.97 t，材质碳钢
间接式燃油热风炉	RLY20	52000	江苏一步干燥设备有限公司	（0519）88902618	燃油量 26~32 kg/h，供热量 20 kg/h，热风口直径 400mm，外形尺寸（mm）：2800×1568×1870，重2.67t，材质碳钢
间接式燃油热风炉	RLY30	65000	江苏一步干燥设备有限公司	（0519）88902618	燃油量 39~48 kg/h，供热量 30 kg/h，热风口直径 450mm，外形尺寸（mm）：3400×1568×1870，重3.06t，材质碳钢
间接式燃油热风炉	RLY30	105000	常州市互帮干燥设备有限公司	（0519）88739588	燃油量 39~48 kg/h，外形尺寸（mm）：3400×1500×1800，重3.16 t，材质碳钢
间接式燃油热风炉	RLY40	85000	江苏一步干燥设备有限公司	（0519）88902618	燃油量 52~64 kg/h，供热量 40 kg/h，热风口直径 550mm，外形尺寸（mm）：4440×1768×2070，重5.6t，材质碳钢
间接式燃油热风炉	RLY40	158000	常州市互帮干燥设备有限公司	（0519）88739588	燃油量 52~64 kg/h，外形尺寸（mm）：4020×1700×1900，重4.75 t，材质碳钢

产品名称	型号规格	参考价格（元）	生产厂家	电话	主要参数及备注
间接式燃油热风炉	RLY60	100000	江苏一步干燥设备有限公司	（0519）88902618	燃油量78～96 kg/h，供热量60 kg/h，外形尺寸（mm）：5140×1868×2070，热风口直径600mm，重8.46t，材质碳钢
间接式燃油热风炉	RLY60	198000	常州市互帮干燥设备有限公司	（0519）88739588	燃油量78～96 kg/h，外形尺寸（mm）：4800×1900×2100，重5.65t，材质碳钢
间接式燃油热风炉	RLY80	238000	常州市互帮干燥设备有限公司	（0519）88739588	材质碳钢
间接式燃油热风炉	RLY100	180000	江苏一步干燥设备有限公司	（0519）88902618	燃油量130～140 kg/h，热风口尺寸（mm）：550×600，供热量100 kg/h，外形尺寸（mm）：6440×2480×2300，重12.8t，材质碳钢
间接式燃油热风炉	RLY120	275000	常州市互帮干燥设备有限公司	（0519）88739588	材质碳钢
间接式燃油热风炉	RLY160	300000	常州市互帮干燥设备有限公司	（0519）88739588	材质碳钢
间接式燃油热风炉	RLY200	280000	江苏一步干燥设备有限公司	（0519）88902618	燃油量260～300 kg/h，热风口尺寸（mm）：750×900，供热量200 kg/h，外形尺寸（mm）：8175×2920×3480，重18.5t，材质碳钢
间接式燃油热风炉	RLY200	400000	常州市互帮干燥设备有限公司	（0519）88739588	燃油量260～320 kg/h，外形尺寸（mm）：6000×2500×2400，重7.98t，材质碳钢
间接式燃油热风炉	RLY360	420000	江苏一步干燥设备有限公司	（0519）88902618	燃油量480～620 kg/h，供热量360 kg/h，外形尺寸（mm）：9300×2920×3480，重21t，材质碳钢
间接式燃油热风炉	RLY500	820000	江苏一步干燥设备有限公司	（0519）88902618	材质碳钢
卧式热风炉	WRM-100	200000	常州中贝干燥设备有限公司	（0519）88671938	材质20g钢
卧式热风炉	WRM-160	450000	常州中贝干燥设备有限公司	（0519）88671938	材质20g钢
卧式热风炉	WRM-200	550000	常州中贝干燥设备有限公司	（0519）88671938	材质20g钢
卧式热风炉	WRM-250	590000	常州中贝干燥设备有限公司	（0519）88671938	材质20g钢
卧式热风炉	WRM-300	700000	常州中贝干燥设备有限公司	（0519）88671938	材质20g钢
卧式热风炉	WRM-400	850000	常州中贝干燥设备有限公司	（0519）88671938	材质20g钢
卧式热风炉	WRM-500	1150000	常州中贝干燥设备有限公司	（0519）88671938	材质20g钢
卧式热风炉	WRM-600	1350000	常州中贝干燥设备有限公司	（0519）88671938	材质20g钢

1.1.9　制药蒸发、浓缩、提取设备

产品名称	型号规格	参考价格（元）	生产厂家	电话	主要参数及备注
薄膜蒸发器	BM-2	30500	无锡市凯信干燥成套设备有限公司	（0510）81663608	全部材质不锈钢
薄膜蒸发器	BM-2.2m^2	35000	江阴金发干燥设备有限公司	（0510）86178258	

产品名称	型号规格	参考价格（元）	生产厂家	电话	主要参数及备注
单效外循环蒸发器	WZ-500	88000	江阴金发干燥设备有限公司	（0510）86178258	蒸发能力 500 kg/h，加热面积 $10m^2$，罐内真空度0.07MPa，耗汽量 650 kg/h，重 400kg，与物料接触部位材质不锈钢，加热器保温材质镜面不锈钢，带加热器、蒸发器、冷凝器、汽液分离器、收集罐、配套管道、管件、仪表
单效外循环蒸发器	WZ-1000	138000	江阴金发干燥设备有限公司	（0510）86178258	蒸发能力 1t/h，加热面积 $20m^2$，罐内真空度0.07MPa，耗汽量1.3 t/h，重 600kg，与物料接触部位材质不锈钢，加热器保温材质镜面不锈钢，带加热器、蒸发器、冷凝器、汽液分离器、收集罐、配套管道、管件、仪表
单效外循环蒸发器	WZ-1500	165000	江阴金发干燥设备有限公司	（0510）86178258	蒸发能力1.5t/h，与物料接触部位材质不锈钢，加热器保温材质镜面不锈钢，带加热器、蒸发器、冷凝器、汽液分离器、收集罐、配套管道、管件、仪表
单效外循环蒸发器	WZ-2000	185000	江阴金发干燥设备有限公司	（0510）86178258	蒸发能力 2t/h，与物料接触部位材质不锈钢，加热器保温材质镜面不锈钢，带加热器、蒸发器、冷凝器、汽液分离器、收集罐、配套管道、管件、仪表
单效外循环蒸发器	WZⅠ-250	120000	江阴市干燥设备制造有限公司	（0510）86625616	蒸发能力 250 kg/h，耗汽量 300 kg/h，加热面积 $3.5 m^2$，功率 5.5 kW，材质 904 不锈钢
单效外循环蒸发器	WZⅠ-500	150000	江阴市干燥设备制造有限公司	（0510）86625616	蒸发能力 500 kg/h，耗汽量 550 kg/h，加热面积 $7m^2$，功率 5.5 kW，材质 904 不锈钢
单效外循环蒸发器	WZⅠ-750	170000	江阴市干燥设备制造有限公司	（0510）86625616	蒸发能力 750 kg/h，耗汽量 850 kg/h，加热面积 $10.5 m^2$，功率7.5 kW，材质 904 不锈钢
单效外循环蒸发器	WZⅠ-1000	200000	江阴市干燥设备制造有限公司	（0510）86625616	蒸发能力 1t/h，耗汽量1.1t/h，加热面积 $14m^2$，功率7.5kW，材质 904 不锈钢
单效外循环蒸发器	WZⅠ-1500	270000	江阴市干燥设备制造有限公司	（0510）86625616	蒸发能力1.5t/h，耗汽量1.65t/h，加热面积 $21m^2$，功率18.5kW，材质不锈钢 904
单效外循环蒸发器	WZⅠ-2000	350000	江阴市干燥设备制造有限公司	（0510）86625616	蒸发能力 2t/h，耗汽量2.2t/h，加热面积 $28m^3$，功率18.5kW，材质 904 不锈钢
单效外循环式真空蒸发器	WZ_1-1000	138000	常州市互帮干燥设备有限公司	（0519）88739588	蒸发能力 500 kg/h，加热面积 $10m^2$，罐内真空度0.07MPa，蒸汽压力0.2 MPa，耗汽量 650 kg/h，重 400kg，与物料接触部位材质不锈钢，加热器保温材质镜面不锈钢，带加热器、蒸发器、冷凝器、气液分离器、收集罐、配套管道管件、仪表
单效外循环式真空蒸发器	WZ_1-1500	165000	常州市互帮干燥设备有限公司	（0519）88739588	蒸发能力 250 kg/h，加热面积 $5m^2$，罐内真空度0.07 MPa，蒸汽压力0.2 MPa，耗汽量 320 kg/h，重 300kg，与物料接触部位材质不锈钢，加热器保温材质镜面不锈钢，带加热器、蒸发器、冷凝器、气液分离器、收集罐、配套管道管件、仪表
单效外循环式真空蒸发器	WZ_1-2000	185000	常州市互帮干燥设备有限公司	（0519）88739588	与物料接触部位材质不锈钢，加热器保温材质镜面不锈钢，带加热器、蒸发器、冷凝器、气液分离器、收集罐、配套管道管件、仪表

产品名称	型号规格	参考价格(元)	生产厂家	电话	主要参数及备注
单效外循环式真空蒸发器	WZ_1-250	68000	常州市互帮干燥设备有限公司	(0519)88739588	与物料接触部位材质不锈钢,加热器保温材质镜面不锈钢,带加热器、蒸发器、冷凝器、气液分离器、收集罐、配套管道管件、仪表
单效外循环式真空蒸发器	WZ_1-500	88000	常州市互帮干燥设备有限公司	(0519)88739588	蒸发能力 1t/h,加热面积 $20m^2$,罐内真空度0.07MPa,蒸汽压力0.2MPa,耗汽量1.3t/h,重 600kg,与物料接触部位材质不锈钢,加热器保温材质镜面不锈钢,带加热器、蒸发器、冷凝器、气液分离器、收集罐、配套管道管件、仪表
双效升降薄膜蒸发器	SJM-6	92000	无锡市凯信干燥成套设备有限公司	(0510)81663608	全部材质不锈钢,不带真空系统
双效升降薄膜蒸发器	SJM-10	115000	无锡市凯信干燥成套设备有限公司	(0510)81663608	全部材质不锈钢,不带真空系统
双效升降薄膜蒸发器	SJM-18	138000	无锡市凯信干燥成套设备有限公司	(0510)81663608	全部材质不锈钢,不带真空系统
双效升降薄膜蒸发器	SJM-22	168000	无锡市凯信干燥成套设备有限公司	(0510)81663608	全部材质不锈钢,不带真空系统
双效外循环真空蒸发器	WZ_2-250	84000	常州市互帮干燥设备有限公司	(0519)88739588	蒸汽压力 0.15 MPa,加热面积 $3m^2$,耗汽量 300~350 kg/h,重 360kg,与物料接触部位材质不锈钢,加热器保温材质镜面不锈钢,带加热器、蒸发器、冷凝器、气液分离器、收集罐、配套管道管件、仪表
双效外循环真空蒸发器	WZ_2-500	108000	常州市互帮干燥设备有限公司	(0519)88739588	蒸汽压力0.15MPa,加热面积5.4 m^2,耗汽量 550~660 kg/h,重 750kg,与物料接触部位材质不锈钢,加热器保温材质镜面不锈钢,带加热器、蒸发器、冷凝器、气液分离器、收集罐、配套管道管件、仪表
双效外循环真空蒸发器	WZ_2-1000	178000	常州市互帮干燥设备有限公司	(0519)88739588	蒸汽压力 0.15 MPa,加热面积 $11m^2$,耗汽量1.2~1.3t/h,重1.25t,与物料接触部位材质不锈钢,加热器保温材质镜面不锈钢,带加热器、蒸发器、冷凝器、气液分离器、收集罐、配套管道管件、仪表
双效外循环真空蒸发器	WZ_2-1500	205000	常州市互帮干燥设备有限公司	(0519)88739588	蒸汽压力0.15MPa,加热面积17.6 m^2,耗汽量1.7~1.9t/h,重1.6t,与物料接触部位材质不锈钢,加热器保温材质镜面不锈钢,带加热器、蒸发器、冷凝器、气液分离器、收集罐、配套管道管件、仪表
双效外循环真空蒸发器	WZ_2-2000	228000	常州市互帮干燥设备有限公司	(0519)88739588	蒸汽压力 0.15 MPa,加热面积 $22m^2$,耗汽量2.2~2.4t/h,重 2t,与物料接触部位材质不锈钢,加热器保温材质镜面不锈钢,带加热器、蒸发器、冷凝器、气液分离器、收集罐、配套管道管件、仪表
双效外循环真空蒸发器	WZ_2-2500	245000	常州市互帮干燥设备有限公司	(0519)88739588	与物料接触部位材质不锈钢,加热器保温材质镜面不锈钢,带加热器、蒸发器、冷凝器、气液分离器、收集罐、配套管道管件、仪表
双效外循环真空蒸发器	WZ_2-3000	285000	常州市互帮干燥设备有限公司	(0519)88739588	与物料接触部位材质不锈钢,加热器保温材质镜面不锈钢,带加热器、蒸发器、冷凝器、气液分离器、收集罐、配套管道管件、仪表

产品名称	型号规格	参考价格（元）	生产厂家	电话	主要参数及备注
双效节能外循环式真空蒸发器	WZ-250	84000	江阴金发干燥设备有限公司	(0510)86178258	蒸发能力 250 kg/h，与物料接触部位材质不锈钢，加热器保温材质镜面不锈钢，带加热器、蒸发器、冷凝器、汽液分离器、收集罐、配套管道、管件、仪表
双效节能外循环式真空蒸发器	WZ-500	108000	江阴金发干燥设备有限公司	(0510)86178258	蒸发能力 500 kg/h，耗汽量 390 kg/h，循环耗水量 6t/h，蒸发温度 95～100℃（一效）、65～75℃（二效），外形尺寸(mm)：4000×1500×3300，与物料接触部位材质不锈钢，加热器保温材质镜面不锈钢，带加热器、蒸发器、冷凝器、汽液分离器、收集罐、配套管道、管件、仪表
双效节能外循环式真空蒸发器	WZ-1000	178000	江阴金发干燥设备有限公司	(0510)86178258	蒸发能力 1t/h，耗汽量 780 kg/h，循环耗水量 12t/h，外形尺寸(mm)：5000×1600×3500，与物料接触部位材质不锈钢，加热器保温材质镜面不锈钢，带加热器、蒸发器、冷凝器、汽液分离器、收集罐、配套管道、管件、仪表
双效节能外循环式真空蒸发器	WZ-1500	205000	江阴金发干燥设备有限公司	(0510)86178258	蒸发能力1.5t/h，耗汽量1.17t/h，循环耗水量 15t/h，外形尺寸(mm)：6000×1600×3700，与物料接触部位材质不锈钢，加热器保温材质镜面不锈钢，带加热器、蒸发器、冷凝器、汽液分离器、收集罐、配套管道、管件、仪表
双效节能外循环式真空蒸发器	WZ-2000	228000	江阴金发干燥设备有限公司	(0510)86178258	蒸发能力 2t/h，耗汽量 1560 kg/h，循环耗水量 18t/h，外形尺寸(mm)：6500×1700×4300，与物料接触部位材质不锈钢，加热器保温材质镜面不锈钢，带加热器、蒸发器、冷凝器、汽液分离器、收集罐、配套管道、管件、仪表
双效节能外循环式真空蒸发器	WZ-2500	245000	江阴金发干燥设备有限公司	(0510)86178258	蒸发能力2.5t/h，与物料接触部位材质不锈钢，加热器保温材质镜面不锈钢，带加热器、蒸发器、冷凝器、汽液分离器、收集罐、配套管道、管件、仪表
三效外循环式真空蒸发器	DJZ-500	128000	常州市互帮干燥设备有限公司	(0519)88739588	与物料接触部位材质不锈钢，加热器保温材质镜面不锈钢，带加热器、蒸发器、冷凝器、气液分离器、收集罐、配套管道管件、仪表
三效外循环式真空蒸发器	DJZ-500	128000	江阴金发干燥设备有限公司	(0510)86178258	与物料接触部位材质不锈钢，加热器保温材质镜面不锈钢，带加热器、蒸发器、冷凝器、汽液分离器、收集罐、配套管道、管件、仪表
三效外循环式真空蒸发器	DJZ-1000	148000	常州市互帮干燥设备有限公司	(0519)88739588	与物料接触部位材质不锈钢，加热器保温材质镜面不锈钢，带加热器、蒸发器、冷凝器、气液分离器、收集罐、配套管道管件、仪表
三效外循环式真空蒸发器	DJZ-1000	148000	江阴金发干燥设备有限公司	(0510)86178258	与物料接触部位材质不锈钢，加热器保温材质镜面不锈钢，带加热器、蒸发器、冷凝器、汽液分离器、收集罐、配套管道、管件、仪表

产品名称	型号规格	参考价格（元）	生产厂家	电话	主要参数及备注
三效外循环式真空蒸发器	DJZ-1500	218000	常州市互帮干燥设备有限公司	（0519）88739588	与物料接触部位材质不锈钢,加热器保温材质镜面不锈钢,带加热器、蒸发器、冷凝器、气液分离器、收集罐、配套管道管件、仪表
三效外循环式真空蒸发器	DJZ-1500	218000	江阴金发干燥设备有限公司	（0510）86178258	与物料接触部位材质不锈钢,加热器保温材质镜面不锈钢,带加热器、蒸发器、冷凝器、汽液分离器、收集罐、配套管道、管件、仪表
三效外循环式真空蒸发器	DJZ-2000	265000	常州市互帮干燥设备有限公司	（0519）88739588	与物料接触部位材质不锈钢,加热器保温材质镜面不锈钢,带加热器、蒸发器、冷凝器、气液分离器、收集罐、配套管道管件、仪表
三效外循环式真空蒸发器	DJZ-2000	265000	江阴金发干燥设备有限公司	（0510）86178258	与物料接触部位材质不锈钢,加热器保温材质镜面不锈钢,带加热器、蒸发器、冷凝器、汽液分离器、收集罐、配套管道、管件、仪表
三效外循环式真空蒸发器	DJZ-3000	330000	常州市互帮干燥设备有限公司	（0519）88739588	与物料接触部位材质不锈钢,加热器保温材质镜面不锈钢,带加热器、蒸发器、冷凝器、气液分离器、收集罐、配套管道管件、仪表
三效外循环式真空蒸发器	DJZ-3000	330000	江阴金发干燥设备有限公司	（0510）86178258	与物料接触部位材质不锈钢,加热器保温材质镜面不锈钢,带加热器、蒸发器、冷凝器、汽液分离器、收集罐、配套管道、管件、仪表
三效外循环式真空蒸发器	DJZ-5000	450000	常州市互帮干燥设备有限公司	（0519）88739588	与物料接触部位材质不锈钢,加热器保温材质镜面不锈钢,带加热器、蒸发器、冷凝器、气液分离器、收集罐、配套管道管件、仪表
三效外循环式真空蒸发器	DJZ-5000	450000	江阴金发干燥设备有限公司	（0510）86178258	与物料接触部位材质不锈钢,加热器保温材质镜面不锈钢,带加热器、蒸发器、冷凝器、汽液分离器、收集罐、配套管道、管件、仪表
三效外循环式真空蒸发器	DJZ-8000	680000	常州市互帮干燥设备有限公司	（0519）88739588	与物料接触部位材质不锈钢,加热器保温材质镜面不锈钢,带加热器、蒸发器、冷凝器、气液分离器、收集罐、配套管道管件、仪表
三效外循环式真空蒸发器	DJZ-8000	680000	江阴金发干燥设备有限公司	（0510）86178258	与物料接触部位材质不锈钢,加热器保温材质镜面不锈钢,带加热器、蒸发器、冷凝器、汽液分离器、收集罐、配套管道、管件、仪表
球形浓缩罐	QN-200	38000	浙江森力机械科技有限公司	（0577）65021908	蒸发能力 60 kg/h,容积 200L,加热面积0.9m^2,冷凝面积1.7m^2,外形尺寸（mm）：1700×900×2300,内胆材质不锈钢,夹套材质碳钢,不带真空系统
球形浓缩罐	QN-500	56000	浙江森力机械科技有限公司	（0577）65021908	蒸发能力 110 kg/h,容积 500L,加热面积1.5m^2,冷凝面积3.4m^2,外形尺寸（mm）：2300×1100×2600,内胆材质不锈钢,夹套材质碳钢,不带真空系统
球形浓缩罐	QN-700	63000	浙江森力机械科技有限公司	（0577）65021908	蒸发能力 150 kg/h,容积 700L,加热面积2.1m^2,冷凝面积 5m^2,外形尺寸（mm）：2300×1300×2600,内胆材质不锈钢,夹套材质碳钢,不带真空系统

产品名称	型号规格	参考价格（元）	生产厂家	电话	主要参数及备注
单效外循环真空浓缩器	DZ1-700	70000	江苏一步干燥设备有限公司	（0519）88902618	不带真空系统
单效外循环真空浓缩器	DZ1-1000	92000	江苏一步干燥设备有限公司	（0519）88902618	不带真空系统
双效节能蒸发浓缩装置	DJZ2-500	100000	江苏一步干燥设备有限公司	（0519）88902618	不带真空系统
双效节能蒸发浓缩装置	DJZ2-1000	138000	江苏一步干燥设备有限公司	（0519）88902618	不带真空系统
双效节能蒸发浓缩装置	DJZ2-1500	170000	江苏一步干燥设备有限公司	（0519）88902618	不带真空系统
双效节能蒸发浓缩装置	DJZ2-2000	220000	江苏一步干燥设备有限公司	（0519）88902618	不带真空系统
双效降膜浓缩器	JM_2-1200	298000	浙江森力机械科技有限公司	（0577）65021908	材质304，带物料平衡罐、药液泵、真空泵
双效降膜浓缩器	JM_2-2400	485000	浙江森力机械科技有限公司	（0577）65021908	材质304，带物料平衡罐、药液泵、真空泵
双效节能浓缩器	SJN_2-500	99000	浙江森力机械科技有限公司	（0577）65021908	蒸发能力500 kg/h，循环水量10～15t/h，外形尺寸（mm）：4500×1000×3200，材质304，不带真空系统
双效节能浓缩器	SJN_2-1000	148000	浙江森力机械科技有限公司	（0577）65021908	蒸发能力1t/h，循环水量20～30t/h，外形尺寸（mm）：5500×1100×3800，材质304，不带真空系统
双效节能浓缩器	SJN_2-1500	179000	浙江森力机械科技有限公司	（0577）65021908	蒸发能力1.5t/h，循环水量30～40t/h，外形尺寸（mm）：6300×1200×4300，材质304，不带真空系统
双效节能浓缩器	SJN_2-2000	236000	浙江森力机械科技有限公司	（0577）65021908	蒸发能力2t/h，循环水量40～50t/h，外形尺寸（mm）：6600×1300×4500，材质304，不带真空系统
双效节能浓缩器	SJN_2-2500	298000	浙江森力机械科技有限公司	（0577）65021908	材质304，不带真空系统
双效节能浓缩器	SJN_2-3000	365000	浙江森力机械科技有限公司	（0577）65021908	蒸发能力3t/h，循环水量50～60t/h，外形尺寸（mm）：7000×1400×5100，材质304，不带真空系统
双效节能浓缩器	SJN_2-5000	585000	浙江森力机械科技有限公司	（0577）65021908	材质304，不带真空系统
多功能酒精回收浓缩器	WZA-300	62000	浙江森力机械科技有限公司	（0577）65021908	材质304，不带真空系统
多功能酒精回收浓缩器	WZA-500	83000	浙江森力机械科技有限公司	（0577）65021908	蒸发能力500 kg/h，冷凝面积$7m^2$×2，加热面积$6m^2$，外形尺寸（mm）：3300×900×3400，材质304，不带真空系统
多功能酒精回收浓缩器	WZA-1000	122000	浙江森力机械科技有限公司	（0577）65021908	蒸发能力1t/h，冷凝面积$14m^2$×2，加热面积$12m^2$，外形尺寸（mm）：4200×1100×4000，材质304，不带真空系统
多功能酒精回收浓缩器	WZA-1500	158000	浙江森力机械科技有限公司	（0577）65021908	蒸发能力1.5t/h，冷凝面积$20m^2$×2，加热面积$18m^2$，外形尺寸（mm）：4200×1100×4500，材质304，不带真空系统
多功能酒精回收浓缩器	WZA-2000	195000	浙江森力机械科技有限公司	（0577）65021908	蒸发能力2t/h，冷凝面积$28m^2$×2，加热面积$24m^2$，外形尺寸（mm）：4700×1200×4600，材质304，不带真空系统

产品名称	型号规格	参考价格(元)	生产厂家	电话	主要参数及备注
真空减压浓缩罐	ZN-700	67540	无锡太湖石化装备厂	(0510)85953267	蒸发能力 130 kg/h,容积 700L,蒸汽压力<0.15 MPa,真空度<60kPa,加热面积<3m^2,冷凝面积3.8m^2,冷却面积0.85m^2,重1.5t
真空减压浓缩罐	ZN-1000	72000	浙江森力机械科技有限公司	(0577)65021908	内胆材质不锈钢,夹套材质碳钢,不带搅拌装置、真空系统
真空减压浓缩罐	ZN-1000	88540	无锡太湖石化装备厂	(0510)85953267	蒸发能力 160 kg/h,容积 1000L,蒸汽压力<0.15 MPa,真空度<60kPa,加热面积<4.5m^2,冷凝面积4.5m^2,冷却面积1.2m^2,重 2t
真空减压浓缩罐	ZN-1500	88000	浙江森力机械科技有限公司	(0577)65021908	内胆材质不锈钢,夹套材质碳钢,不带搅拌装置、真空系统
真空减压浓缩罐	ZN-2000	105820	无锡太湖石化装备厂	(0510)85953267	蒸发能力 350 kg/h,容积 2000L,蒸汽压力<0.15 MPa,真空度<60kPa,加热面积<5.5m^2,冷凝面积 14m^2,冷却面积 3m^2,重 3t
真空减压浓缩罐	ZN-2000	108000	浙江森力机械科技有限公司	(0577)65021908	内胆材质不锈钢,夹套材质碳钢,不带搅拌装置、真空系统
多功能酒精回收浓缩罐	JZ-500A	75000	江阴金发干燥设备有限公司	(0510)86178258	与物料接触部位材质不锈钢,带加热器、蒸发器、冷凝器、冷却器
多功能酒精回收浓缩罐	JZ-500A	75000	常州市互帮干燥设备有限公司	(0519)88739588	与物料接触部位材质不锈钢,带加热器、蒸发器、冷凝器、冷却器
多功能酒精回收浓缩罐	JZ-500B	112000	江阴金发干燥设备有限公司	(0510)86178258	与物料接触部位材质不锈钢,带加热器、蒸发器、塔、填料、冷凝器、冷却器、分离器、配套仪表
多功能酒精回收浓缩罐	JZ-500B	112000	常州市互帮干燥设备有限公司	(0519)88739588	与物料接触部位材质不锈钢,带加热器、蒸发器、塔、填料、冷凝器、冷却器、分离器、配套仪表
多功能酒精回收浓缩罐	JZ-500C	75000	江阴金发干燥设备有限公司	(0510)86178258	与物料接触部位材质不锈钢,带加热器、蒸发器、冷凝器 2 种、冷却器
多功能酒精回收浓缩罐	JZ-500C	75000	常州市互帮干燥设备有限公司	(0519)88739588	与物料接触部位材质不锈钢,带加热器、蒸发器、冷凝器 2 种、冷却器
多功能酒精回收浓缩罐	JZ-1000A	108000	江阴金发干燥设备有限公司	(0510)86178258	与物料接触部位材质不锈钢,带加热器、蒸发器、冷凝器、冷却器
多功能酒精回收浓缩罐	JZ-1000A	108000	常州市互帮干燥设备有限公司	(0519)88739588	与物料接触部位材质不锈钢,带加热器、蒸发器、冷凝器、冷却器
多功能酒精回收浓缩罐	JZ-1000B	148000	江阴金发干燥设备有限公司	(0510)86178258	与物料接触部位材质不锈钢,带加热器、蒸发器、塔、填料、冷凝器、冷却器、分离器、配套仪表
多功能酒精回收浓缩罐	JZ-1000B	148000	常州市互帮干燥设备有限公司	(0519)88739588	与物料接触部位材质不锈钢,带加热器、蒸发器、塔、填料、冷凝器、冷却器、分离器、配套仪表
多功能酒精回收浓缩罐	JZ-1000C	98000	江阴金发干燥设备有限公司	(0510)86178258	与物料接触部位材质不锈钢,带加热器、蒸发器、冷凝器 2 种、冷却器
多功能酒精回收浓缩罐	JZ-1000C	98000	常州市互帮干燥设备有限公司	(0519)88739588	与物料接触部位材质不锈钢,带加热器、蒸发器、冷凝器 2 种、冷却器
多功能酒精回收浓缩罐	JZ-1500A	146000	江阴金发干燥设备有限公司	(0510)86178258	与物料接触部位材质不锈钢,带加热器、蒸发器、冷凝器、冷却器
多功能酒精回收浓缩罐	JZ-1500A	146000	常州市互帮干燥设备有限公司	(0519)88739588	与物料接触部位材质不锈钢,带加热器、蒸发器、冷凝器、冷却器
多功能酒精回收浓缩罐	JZ-1500B	172000	江阴金发干燥设备有限公司	(0510)86178258	与物料接触部位材质不锈钢,带加热器、蒸发器、塔、填料、冷凝器、冷却器、分离器、配套仪表

产品名称	型号规格	参考价格(元)	生产厂家	电话	主要参数及备注
多功能酒精回收浓缩罐	JZ-1500B	172000	常州市互帮干燥设备有限公司	(0519)88739588	与物料接触部位材质不锈钢,带加热器、蒸发器、塔、填料、冷凝器、冷却器、分离器、配套仪表
多功能酒精回收浓缩罐	JZ-1500C	118000	江阴金发干燥设备有限公司	(0510)86178258	与物料接触部位材质不锈钢,带加热器、蒸发器、冷凝器2种、冷却器
多功能酒精回收浓缩罐	JZ-1500C	118000	常州市互帮干燥设备有限公司	(0519)88739588	与物料接触部位材质不锈钢,带加热器、蒸发器、冷凝器2种、冷却器
多功能酒精回收浓缩罐	JZ-2000A	189000	江阴金发干燥设备有限公司	(0510)86178258	与物料接触部位材质不锈钢,带加热器、蒸发器、冷凝器、冷却器
多功能酒精回收浓缩罐	JZ-2000A	189000	常州市互帮干燥设备有限公司	(0519)88739588	与物料接触部位材质不锈钢,带加热器、蒸发器、冷凝器、冷却器
多功能酒精回收浓缩罐	JZ-2000B	211000	江阴金发干燥设备有限公司	(0510)86178258	与物料接触部位材质不锈钢,带加热器、蒸发器、塔、填料、冷凝器、冷却器、分离器、配套仪表
多功能酒精回收浓缩罐	JZ-2000B	211000	常州市互帮干燥设备有限公司	(0519)88739588	与物料接触部位材质不锈钢,带加热器、蒸发器、塔、填料、冷凝器、冷却器、分离器、配套仪表
多功能酒精回收浓缩罐	JZ-2000C	137500	江阴金发干燥设备有限公司	(0510)86178258	与物料接触部位材质不锈钢,带加热器、蒸发器、冷凝器2种、冷却器
多功能酒精回收浓缩罐	JZ-2000C	137500	常州市互帮干燥设备有限公司	(0519)88739588	与物料接触部位材质不锈钢,带加热器、蒸发器、冷凝器2种、冷却器
多效节能蒸发浓缩装置	DJZ3-500	120000	江苏一步干燥设备有限公司	(0519)88902618	不带真空系统
多效节能蒸发浓缩装置	DJZ3-1000	160000	江苏一步干燥设备有限公司	(0519)88902618	不带真空系统
多效节能蒸发浓缩装置	DJZ3-1500	200000	江苏一步干燥设备有限公司	(0519)88902618	不带真空系统
多效节能蒸发浓缩装置	DJZ3-2000	260000	江苏一步干燥设备有限公司	(0519)88902618	不带真空系统
高效提取浓缩机组	DTWZ-1m^3	145000	浙江森力机械科技有限公司	(0577)65021908	蒸发能力200 kg/h,罐内工作压力<0.1MPa,夹套工作压力<0.25 MPa,气缸工作压力0.6~0.7 MPa,加料口ϕ350mm,加热面积3m^2,冷凝器面积12m^2,冷却器面积0.5 m^2,外形尺寸(mm):5300×2500×5100,提取部分与物料接触部位材质304,不带真空系统
高效提取浓缩机组	DTWZ-1m^3	159000	浙江森力机械科技有限公司	(0577)65021908	蒸发能力350 kg/h,罐内工作压力<0.1MPa,夹套工作压力<0.25 MPa,气缸工作压力0.6~0.7 MPa,加料口ϕ350mm,加热面积5.5m^2,冷凝器面积12m^2,冷却器面积1m^2,外形尺寸(mm):4130×3400×5500,提取部分与物料接触部位材质304,多功能,不带真空系统
高效提取浓缩机组	DTWZ-2m^3	176000	浙江森力机械科技有限公司	(0577)65021908	蒸发能力350 kg/h,罐内工作压力<0.1MPa,夹套工作压力<0.25MPa,气缸工作压力0.6~0.7MPa,加料口ϕ400mm,加热面积5.5 m^2,冷凝器面积20m^2,冷却器面积1m^2,外形尺寸(mm):5800×3200×6000,提取部分与物料接触部位材质304,不带真空系统

产品名称	型号规格	参考价格(元)	生产厂家	电话	主要参数及备注
高效提取浓缩机组	DTWZ-2m^3	188000	浙江森力机械科技有限公司	(0577)65021908	蒸发能力 600 kg/h,罐内工作压力<0.1MPa,夹套工作压力<0.25 MPa,气缸工作压力0.6～0.7 MPa,加料口ϕ400mm,加热面积9m^2,冷凝器面积20m^2,冷却器面积1m^2,外形尺寸(mm):5000×3800×5500,提取部分与物料接触部位材质304,多功能,不带真空系统
高效提取浓缩机组	DTWZ-3m^3	229000	浙江森力机械科技有限公司	(0577)65021908	蒸发能力 500 kg/h,罐内工作压力<0.1MPa,夹套工作压力<0.25 MPa,气缸工作压力0.6～0.7 MPa,加料口ϕ400mm,加热面积8m^2,冷凝器面积28m^2,冷却器面积1m^2,外形尺寸(mm):4900×3800×6800,提取部分与物料接触部位材质304,不带真空系统
高效提取浓缩机组	DTWZ-3m^3	258000	浙江森力机械科技有限公司	(0577)65021908	蒸发能力1t/h,罐内工作压力<0.1MPa,夹套工作压力<0.25 MPa,气缸工作压力0.6～0.7 MPa,加料口ϕ400mm,加热面积15m^2,冷凝器面积30m^2,冷却器面积1m^2,外形尺寸(mm):6150×4500×7130,提取部分与物料接触部位材质304,多功能,不带真空系统
高效提取浓缩机组	DTWZ-6m^3	345000	浙江森力机械科技有限公司	(0577)65021908	蒸发能力1t/h,罐内工作压力<0.1MPa,夹套工作压力<0.25 MPa,气缸工作压力0.6～0.7MPa,加料口ϕ450mm,加热面积15m^2,冷凝器面积50m^2,冷却器面积1.5m^2,外形尺寸(mm):5000×3800×8000,提取部分与物料接触部位材质304,不带真空系统
高效提取浓缩机组	DTWZ-6m^3	369000	浙江森力机械科技有限公司	(0577)65021908	蒸发能力2t/h,罐内工作压力<0.1MPa,夹套工作压力<0.25 MPa,气缸工作压力0.6～0.7 MPa,加料口ϕ450mm,加热面积30m^2,冷凝器面积60m^2,冷却器面积1.5 m^2,外形尺寸(mm):6500×4800×8800,提取部分与物料接触部位材质304,多功能,不带真空系统
小型提取浓缩机组	TD-50	72000	浙江森力机械科技有限公司	(0577)65021908	提取罐容积50L,浓缩罐容积50L,提取温度40～100℃,外形尺寸(mm):2500×750×2400,材质304,提取罐、浓缩罐保温层材质不锈钢,蒸汽加热
小型提取浓缩机组	TD-50	76000	浙江森力机械科技有限公司	(0577)65021908	提取罐容积50L,浓缩罐容积50L,提取温度40～100℃,外形尺寸(mm):2500×750×2400,材质304,提取罐、浓缩罐保温层材质不锈钢,电加热
小型提取浓缩机组	TD-100	83000	浙江森力机械科技有限公司	(0577)65021908	提取罐容积100L,浓缩罐容积100L,提取温度40～100℃,外形尺寸(mm):2800×850×2900,材质304,提取罐、浓缩罐保温层材质不锈钢,蒸汽加热
小型提取浓缩机组	TD-100	87000	浙江森力机械科技有限公司	(0577)65021908	提取罐容积100L,浓缩罐容积100L,提取温度40～100℃,外形尺寸(mm):2800×850×2900,材质304,提取罐、浓缩罐保温层材质不锈钢,电加热

产品名称	型号规格	参考价格（元）	生产厂家	电话	主要参数及备注
小型提取浓缩机组	TD-200	96000	浙江森力机械科技有限公司	(0577) 65021908	提取罐容积200L,浓缩罐容积200L,提取温度40~100℃,外形尺寸(mm):3260×1020×3120,材质304,提取罐、浓缩罐保温层材质不锈钢,蒸汽加热
小型提取浓缩机组	TD-200	102000	浙江森力机械科技有限公司	(0577) 65021908	提取罐容积200L,浓缩罐容积200L,提取温度40~100℃,外形尺寸(mm):3260×1020×3120,材质304,提取罐、浓缩罐保温层材质不锈钢,电加热
小型提取浓缩机组	TD-300	108000	浙江森力机械科技有限公司	(0577) 65021908	提取罐容积300L,浓缩罐容积300L,提取温度40~100℃,外形尺寸(mm):3600×1190×3500,材质304,提取罐、浓缩罐保温层材质不锈钢,蒸汽加热
小型提取浓缩机组	TD-300	115000	浙江森力机械科技有限公司	(0577) 65021908	提取罐容积300L,浓缩罐容积300L,提取温度40~100℃,外形尺寸(mm):3600×1190×3500,材质304,提取罐、浓缩罐保温层材质不锈钢,电加热
小型提取浓缩机组	TD-500	132000	浙江森力机械科技有限公司	(0577) 65021908	提取罐容积500L,浓缩罐容积500L,提取温度40~100℃,外形尺寸(mm):4360×1360×4100,材质304,提取罐、浓缩罐保温层材质不锈钢,蒸汽加热
小型提取浓缩机组	TD-500	138000	浙江森力机械科技有限公司	(0577) 65021908	提取罐容积500L,浓缩罐容积500L,提取温度40~100℃,外形尺寸(mm):4360×1360×4100,材质304,提取罐、浓缩罐保温层材质不锈钢,电加热
多能提取浓缩机组	TWL-200	98000	周口制药机械厂有限公司	(0394) 8583482	提取罐容积200L,提取罐夹层工作压力<0.15MPa,提取罐内工作压力<0.09MPa
多能提取浓缩机组	TWL-500	200000	周口制药机械厂有限公司	(0394) 8583482	提取罐容积500L
提取浓缩机组	ZNTD-50	98000	中南制药机械厂	(0731) 88905318	提取罐容积50L,提取罐加热面积0.6m^2,浓缩罐容积50L,提取罐加热面积0.58m^2
提取罐	TQ-0.5	72000	常熟市中药制药机械有限责任公司	(0512) 52392369	全容积500L,罐内公称压力0.09MPa,夹套内公称压力0.3MPa,投料门直径300mm,加热面积2.4m^2,冷凝面积3m^2,冷却面积1.1m^2,过滤面积0.3m^2,耗汽量200 kg/h
提取罐	TQ-1.0	79000	常熟市中药制药机械有限责任公司	(0512) 52392369	全容积1200L,罐内公称压力0.09MPa,夹套内公称压力0.3MPa,投料门直径300mm,加热面积3.1m^2,冷凝面积5m^2,冷却面积1.1m^2,过滤面积0.3m^2,耗汽量245 kg/h
提取罐	TQ-2.0	89000	常熟市中药制药机械有限责任公司	(0512) 52392369	全容积2500L,罐内公称压力0.09MPa,夹套内公称压力0.3MPa,投料门直径400mm,加热面积4.2m^2,冷凝面积5m^2,冷却面积1.1m^2,过滤面积0.3m^2,耗汽量325 kg/h
提取罐	TQ-3.0	99000	常熟市中药制药机械有限责任公司	(0512) 52392369	全容积3500L,罐内公称压力0.09MPa,夹套内公称压力0.3MPa,投料门直径400mm,加热面积5.5m^2,冷凝面积5m^2,冷却面积1.1m^2,过滤面积0.3m^2,耗汽量425 kg/h

产品名称	型号规格	参考价格（元）	生产厂家	电话	主要参数及备注
提取罐	TQ-6.0	199000	常熟市中药制药机械有限责任公司	（0512）52392369	全容积6400L,罐内公称压力0.09MPa,夹套内公称压力0.3MPa,投料门直径500mm,加热面积$7.1m^2$,冷凝面积$10m^2$,冷却面积$1.1m^2$,过滤面积$0.5m^2$,耗汽量645kg/h
静态提取罐	250型	35000	常州市互帮干燥设备有限公司	（0519）88739588	直筒式,与物料接触部位材质不锈钢,单体价
静态提取罐	250型	45000	常州市互帮干燥设备有限公司	（0519）88739588	直筒式,与物料接触部位材质不锈钢,带冷凝器、冷却器、油水分离器、管道过滤器、配套仪表
静态提取罐	500型	45000	常州市互帮干燥设备有限公司	（0519）88739588	直筒式,与物料接触部位材质不锈钢,单体价
静态提取罐	500型	58000	常州市互帮干燥设备有限公司	（0519）88739588	直筒式,与物料接触部位材质不锈钢,带冷凝器、冷却器、油水分离器、管道过滤器、配套仪表
静态提取罐	1000型	68000	常州市互帮干燥设备有限公司	（0519）88739588	直筒式,与物料接触部位材质不锈钢,单体价
静态提取罐	1000型	75000	常州市互帮干燥设备有限公司	（0519）88739588	直筒式,与物料接触部位材质不锈钢,带冷凝器、冷却器、油水分离器、管道过滤器、配套仪表
静态提取罐	1500型	80000	常州市互帮干燥设备有限公司	（0519）88739588	直筒式,与物料接触部位材质不锈钢,单体价
静态提取罐	1500型	90000	常州市互帮干燥设备有限公司	（0519）88739588	直筒式,与物料接触部位材质不锈钢,带冷凝器、冷却器、油水分离器、管道过滤器、配套仪表
静态提取罐	2000型	85000	常州市互帮干燥设备有限公司	（0519）88739588	直筒式,与物料接触部位材质不锈钢,单体价
静态提取罐	2000型	97500	常州市互帮干燥设备有限公司	（0519）88739588	直筒式,与物料接触部位材质不锈钢,带冷凝器、冷却器、油水分离器、管道过滤器、配套仪表
静态提取罐	3000型	100000	常州市互帮干燥设备有限公司	（0519）88739588	直筒式,与物料接触部位材质不锈钢,单体价
静态提取罐	3000型	115000	常州市互帮干燥设备有限公司	（0519）88739588	直筒式,与物料接触部位材质不锈钢,带冷凝器、冷却器、油水分离器、管道过滤器、配套仪表
静态提取罐	6000型	150000	常州市互帮干燥设备有限公司	（0519）88739588	直筒式,与物料接触部位材质不锈钢,单体价
静态提取罐	6000型	180000	常州市互帮干燥设备有限公司	（0519）88739588	直筒式,与物料接触部位材质不锈钢,带冷凝器、冷却器、油水分离器、管道过滤器、配套仪表
动态提取罐	250型	42000	常州市互帮干燥设备有限公司	（0519）88739588	下部正锥式,与物料接触部位材质不锈钢,单体价
动态提取罐	250型	58000	常州市互帮干燥设备有限公司	（0519）88739588	下部正锥式,与物料接触部位材质不锈钢,带冷凝器、冷却器、油水分离器、管道过滤器、配套仪表
动态提取罐	250型	63000	常州市互帮干燥设备有限公司	（0519）88739588	下部正锥式,与物料接触部位材质不锈钢,带冷凝器、冷却器、油水分离器、管道过滤器、配套仪表、防爆型电动机
动态提取罐	500型	56000	常州市互帮干燥设备有限公司	（0519）88739588	下部正锥式,与物料接触部位材质不锈钢,单体价
动态提取罐	500型	68000	常州市互帮干燥设备有限公司	（0519）88739588	下部正锥式,与物料接触部位材质不锈钢,带冷凝器、冷却器、油水分离器、管道过滤器、配套仪表

产品名称	型号规格	参考价格（元）	生产厂家	电话	主要参数及备注
动态提取罐	500 型	73000	常州市互帮干燥设备有限公司	（0519）88739588	下部正锥式，与物料接触部位材质不锈钢，带冷凝器、冷却器、油水分离器、管道过滤器、配套仪表、防爆型电动机
动态提取罐	1000 型	72000	常州市互帮干燥设备有限公司	（0519）88739588	下部正锥式，与物料接触部位材质不锈钢，单体价
动态提取罐	1000 型	84000	常州市互帮干燥设备有限公司	（0519）88739588	下部正锥式，与物料接触部位材质不锈钢，带冷凝器、冷却器、油水分离器、管道过滤器、配套仪表
动态提取罐	1000 型	89000	常州市互帮干燥设备有限公司	（0519）88739588	下部正锥式，与物料接触部位材质不锈钢，带冷凝器、冷却器、油水分离器、管道过滤器、配套仪表、防爆型电动机
动态提取罐	1500 型	85000	常州市互帮干燥设备有限公司	（0519）88739588	下部正锥式，与物料接触部位材质不锈钢，单体价
动态提取罐	1500 型	96000	常州市互帮干燥设备有限公司	（0519）88739588	下部正锥式，与物料接触部位材质不锈钢，带冷凝器、冷却器、油水分离器、管道过滤器、配套仪表
动态提取罐	1500 型	101000	常州市互帮干燥设备有限公司	（0519）88739588	下部正锥式，与物料接触部位材质不锈钢，带冷凝器、冷却器、油水分离器、管道过滤器、配套仪表、防爆型电动机
动态提取罐	2000 型	98000	常州市互帮干燥设备有限公司	（0519）88739588	下部正锥式，与物料接触部位材质不锈钢，单体价
动态提取罐	2000 型	115000	常州市互帮干燥设备有限公司	（0519）88739588	下部正锥式，与物料接触部位材质不锈钢，带冷凝器、冷却器、油水分离器、管道过滤器、配套仪表
动态提取罐	2000 型	120000	常州市互帮干燥设备有限公司	（0519）88739588	下部正锥式，与物料接触部位材质不锈钢，带冷凝器、冷却器、油水分离器、管道过滤器、配套仪表、防爆型电动机
动态提取罐	3000 型	122000	常州市互帮干燥设备有限公司	（0519）88739588	下部正锥式，与物料接触部位材质不锈钢，单体价
动态提取罐	3000 型	145000	常州市互帮干燥设备有限公司	（0519）88739588	下部正锥式，与物料接触部位材质不锈钢，带冷凝器、冷却器、油水分离器、管道过滤器、配套仪表
动态提取罐	3000 型	150000	常州市互帮干燥设备有限公司	（0519）88739588	下部正锥式，与物料接触部位材质不锈钢，带冷凝器、冷却器、油水分离器、管道过滤器、配套仪表、防爆型电动机
动态提取罐	6000 型	182000	常州市互帮干燥设备有限公司	（0519）88739588	下部正锥式，与物料接触部位材质不锈钢，单体价
动态提取罐	6000 型	205000	常州市互帮干燥设备有限公司	（0519）88739588	下部正锥式，与物料接触部位材质不锈钢，带冷凝器、冷却器、油水分离器、管道过滤器、配套仪表
动态提取罐	6000 型	210000	常州市互帮干燥设备有限公司	（0519）88739588	下部正锥式，与物料接触部位材质不锈钢，带冷凝器、冷却器、油水分离器、管道过滤器、配套仪表、防爆型电动机
动态提取罐	DDT-250	42000	江阴金发干燥设备有限公司	（0510）86178258	容积 $0.25m^3$，下部正锥式，与物料接触部位材质不锈钢，单体价
动态提取罐	DDT-250	47000	江阴金发干燥设备有限公司	（0510）86178258	容积 $0.25m^3$，下部正锥式，与物料接触部位材质不锈钢，单体价，带防爆型电动机

产品名称	型号规格	参考价格（元）	生产厂家	电话	主要参数及备注
动态提取罐	DDT-250	58000	江阴金发干燥设备有限公司	（0510）86178258	容积0.25m^3，下部正锥式，与物料接触部位材质不锈钢，带冷凝器、冷却器、油水分离器、管道过滤器、配套仪表
动态提取罐	DDT-250	63000	江阴金发干燥设备有限公司	（0510）86178258	容积0.25m^3，下部正锥式，与物料接触部位材质不锈钢，带主罐、冷凝器、冷却器、油水分离器、管道过滤器、配套仪表、防爆型电动机
动态提取罐	DDT-500	56000	江阴金发干燥设备有限公司	（0510）86178258	容积0.5m^3，筒体直径 800mm，夹套直径 900mm，投料门直径200mm，排渣门直径 600mm，罐内工作压力0.15MPa，夹套内工作压力0.3MPa，搅拌功率1.1kW，重 1t，下部正锥式，与物料接触部位材质不锈钢，单体价
动态提取罐	DDT-500	61000	江阴金发干燥设备有限公司	（0510）86178258	容积0.5m^3，筒体直径 800mm，夹套直径 900mm，投料门直径 200mm，排渣门直径 600mm，罐内工作压力0.15MPa，夹套内工作压力0.3MPa，搅拌功率1.1kW，重 1t，下部正锥式，与物料接触部位材质不锈钢，单体价，带防爆型电动机
动态提取罐	DDT-500	68000	江阴金发干燥设备有限公司	（0510）86178258	容积0.5m^3，筒体直径 800mm，夹套直径 900mm，投料门直径 200mm，排渣门直径 600mm，罐内工作压力0.15MPa，夹套内工作压力0.3MPa，搅拌功率1.1kW，重 1t，下部正锥式，与物料接触部位材质不锈钢，带冷凝器、冷却器、油水分离器、管道过滤器、配套仪表
动态提取罐	DDT-500	73000	江阴金发干燥设备有限公司	（0510）86178258	容积0.5m^3，筒体直径 800mm，夹套直径 900mm，投料门直径200mm，排渣门直径 600mm，罐内工作压力0.15MPa，夹套内工作压力0.3MPa，搅拌功率1.1kW，重 1t，下部正锥式，与物料接触部位材质不锈钢，带冷凝器、冷却器、油水分离器、管道过滤器、配套仪表、防爆型电动机
动态提取罐	DDT-1000	72000	江阴金发干燥设备有限公司	（0510）86178258	容积 1m^3，筒体直径 1000mm，夹套直径 1100mm，投料门直径200mm，排渣门直径 800mm，罐内工作压力0.15MPa，夹套内工作压力0.3MPa，搅拌功率 3kW，重1.3t，下部正锥式，与物料接触部位材质不锈钢，单体价
动态提取罐	DDT-1000	75000	江阴金发干燥设备有限公司	（0510）86178258	容积 1m^3，筒体直径 1000mm，夹套直径 1100mm，投料门直径 200mm，排渣门直径 800mm，罐内工作压力0.15MPa，夹套内工作压力0.3MPa，搅拌功率 3kW，重1.3t，下部正锥式，与物料接触部位材质不锈钢，单体价，带防爆型电动机
动态提取罐	DDT-1000	84000	江阴金发干燥设备有限公司	（0510）86178258	容积 1m^3，筒体直径 1000mm，夹套直径 1100mm，投料门直径200mm，排渣门直径 800mm，罐内工作压力0.15MPa，夹套内工作压力0.3MPa，搅拌功率 3kW，重1.3t，下部正锥式，与物料接触部位材质不锈钢，带冷凝器、冷却器、油水分离器、管道过滤器、配套仪表

产品名称	型号规格	参考价格（元）	生产厂家	电话	主要参数及备注
动态提取罐	DDT-1000	89000	江阴金发干燥设备有限公司	（0510）86178258	容积 $1m^3$，筒体直径 1000mm，夹套直径 1100mm，投料门直径 200mm，排渣门直径 800mm，罐内工作压力0.15MPa，夹套内工作压力0.3MPa，搅拌功率 3kW，重1.3t，下部正锥式，与物料接触部位材质不锈钢，带冷凝器、冷却器、油水分离器、管道过滤器、配套仪表、防爆型电动机
动态提取罐	DDT-1500	85000	江阴金发干燥设备有限公司	（0510）86178258	容积$1.5m^3$，下部正锥式，与物料接触部位材质不锈钢，单体价
动态提取罐	DDT-1500	90000	江阴金发干燥设备有限公司	（0510）86178258	容积$1.5m^3$，下部正锥式，与物料接触部位材质不锈钢，单体价，带防爆型电动机
动态提取罐	DDT-1500	96000	江阴金发干燥设备有限公司	（0510）86178258	容积$1.5m^3$，下部正锥式，与物料接触部位材质不锈钢，带冷凝器、冷却器、油水分离器、管道过滤器、配套仪表
动态提取罐	DDT-1500	101000	江阴金发干燥设备有限公司	（0510）86178258	容积$1.5m^3$，下部正锥式，与物料接触部位材质不锈钢，带冷凝器、冷却器、油水分离器、管道过滤器、配套仪表、防爆型电动机
动态提取罐	DDT-2000	98000	江阴金发干燥设备有限公司	（0510）86178258	容积 $2m^3$，筒体直径 1200mm，夹套直径 1300mm，投料门直径 300mm，排渣门直径 1000mm，罐内工作压力0.15MPa，夹套内工作压力0.3MPa，搅拌功率 4kW，重1.8t，下部正锥式，与物料接触部位材质不锈钢，单体价
动态提取罐	DDT-2000	103000	江阴金发干燥设备有限公司	（0510）86178258	容积 $2m^3$，筒体直径 1200mm，夹套直径 1300mm，投料门直径 300mm，排渣门直径 1000mm，罐内工作压力0.15MPa，夹套内工作压力0.3MPa，搅拌功率 4kW，重1.8t，下部正锥式，与物料接触部位材质不锈钢，单体价，带防爆型电动机
动态提取罐	DDT-2000	115000	江阴金发干燥设备有限公司	（0510）86178258	容积 $2m^3$，筒体直径 1200mm，夹套直径 1300mm，投料门直径 300mm，排渣门直径 1000mm，罐内工作压力0.15MPa，夹套内工作压力0.3MPa，搅拌功率 4kW，重1.8t，下部正锥式，与物料接触部位材质不锈钢，带冷凝器、冷却器、油水分离器、管道过滤器、配套仪表
动态提取罐	DDT-2000	120000	江阴金发干燥设备有限公司	（0510）86178258	容积 $2m^3$，筒体直径 1200mm，夹套直径 1300mm，投料门直径 300mm，排渣门直径 1000mm，罐内工作压力0.15MPa，夹套内工作压力0.3MPa，搅拌功率 4kW，重1.8t，下部正锥式，与物料接触部位材质不锈钢，带冷凝器、冷却器、油水分离器、管道过滤器、配套仪表、防爆型电动机
动态提取罐	DDT-3000	122000	江阴金发干燥设备有限公司	（0510）86178258	容积 $3m^3$，筒体直径 1400mm，夹套直径 1500mm，投料门直径 300mm，排渣门直径 1000mm，罐内工作压力0.15MPa，夹套内工作压力0.3MPa，搅拌功率5.5kW，重2.3t，下部正锥式，与物料接触部位材质不锈钢，单体价

产品名称	型号规格	参考价格(元)	生产厂家	电话	主要参数及备注
动态提取罐	DDT-3000	127000	江阴金发干燥设备有限公司	(0510)86178258	容积$3m^3$,筒体直径1400mm,夹套直径1500mm,投料门直径300mm,排渣门直径1000mm,罐内工作压力0.15MPa,夹套内工作压力0.3MPa,搅拌功率5.5kW,重2.3t,下部正锥式,与物料接触部位材质不锈钢,单体价,带防爆型电动机
动态提取罐	DDT-3000	145000	江阴金发干燥设备有限公司	(0510)86178258	容积$3m^3$,筒体直径1400mm,夹套直径1500mm,投料门直径300mm,排渣门直径1000mm,罐内工作压力0.15MPa,夹套内工作压力0.3MPa,搅拌功率5.5kW,重2.3t,下部正锥式,与物料接触部位材质不锈钢,带冷凝器、冷却器、油水分离器、管道过滤器、配套仪表
动态提取罐	DDT-3000	150000	江阴金发干燥设备有限公司	(0510)86178258	容积$3m^3$,筒体直径1400mm,夹套直径1500mm,投料门直径300mm,排渣门直径1000mm,罐内工作压力0.15MPa,夹套内工作压力0.3MPa,搅拌功率5.5kW,重2.3t,下部正锥式,与物料接触部位材质不锈钢,带冷凝器、冷却器、油水分离器、管道过滤器、配套仪表、防爆型电动机
动态提取罐	DDT-6000	182000	江阴金发干燥设备有限公司	(0510)86178258	容积$6m^3$,筒体直径1600mm,夹套直径1700mm,投料门直径300mm,排渣门直径1000mm,罐内工作压力0.15MPa,夹套内工作压力0.3MPa,搅拌功率7.5kW,重3t,下部正锥式,与物料接触部位材质不锈钢,单体价
动态提取罐	DDT-6000	187000	江阴金发干燥设备有限公司	(0510)86178258	容积$6m^3$,筒体直径1600mm,夹套直径1700mm,投料门直径300mm,排渣门直径1000mm,罐内工作压力0.15MPa,夹套内工作压力0.3MPa,搅拌功率7.5kW,重3t,下部正锥式,与物料接触部位材质不锈钢,单体价,带防爆型电动机
动态提取罐	DDT-6000	205000	江阴金发干燥设备有限公司	(0510)86178258	容积$6m^3$,筒体直径1600mm,夹套直径1700mm,投料门直径300mm,排渣门直径1000mm,罐内工作压力0.15MPa,夹套内工作压力0.3MPa,搅拌功率7.5kW,重3t,下部正锥式,与物料接触部位材质不锈钢,带冷凝器、冷却器、油水分离器、管道过滤器、配套仪表
动态提取罐	DDT-6000	210000	江阴金发干燥设备有限公司	(0510)86178258	容积$6m^3$,筒体直径1600mm,夹套直径1700mm,投料门直径300mm,排渣门直径1000mm,罐内工作压力0.15MPa,夹套内工作压力0.3MPa,搅拌功率7.5kW,重3t,下部正锥式,与物料接触部位材质不锈钢,带冷凝器、冷却器、油水分离器、管道过滤器、配套仪表、防爆型电动机
多功能提取罐	$0.5m^3$	49000	江苏一步干燥设备有限公司	(0519)88902618	带冷凝器、冷却器、挥发油分离器
多功能提取罐	$1m^3$	60000	江苏一步干燥设备有限公司	(0519)88902618	带冷凝器、冷却器、挥发油分离器

产品名称	型号规格	参考价格（元）	生产厂家	电话	主要参数及备注
多功能提取罐	$2m^3$	72000	江苏一步干燥设备有限公司	（0519）88902618	带冷凝器、冷却器、挥发油分离器
多功能提取罐	$3m^3$	91000	江苏一步干燥设备有限公司	（0519）88902618	带冷凝器、冷却器、挥发油分离器
多功能提取罐	$4m^3$	107000	江苏一步干燥设备有限公司	（0519）88902618	带冷凝器、冷却器、挥发油分离器
多功能提取罐	$5m^3$	120000	江苏一步干燥设备有限公司	（0519）88902618	带冷凝器、冷却器、挥发油分离器
多功能提取罐	$6m^3$	143000	江苏一步干燥设备有限公司	（0519）88902618	带冷凝器、冷却器、挥发油分离器
多功能提取罐	DT-0.5m^3	52000	常州市互帮干燥设备有限公司	（0519）88739588	内胆材质不锈钢，夹套材质碳钢，静态，单罐价
多功能提取罐	DT-0.5m^3	56000	常州市互帮干燥设备有限公司	（0519）88739588	材质304，静态，单罐价
多功能提取罐	DT-0.5m^3	63000	常州市互帮干燥设备有限公司	（0519）88739588	内胆材质不锈钢，夹套材质碳钢，静态，带冷凝器、冷却器、消泡器、油水分离器、控制箱
多功能提取罐	DT-0.5m^3	64000	常州市互帮干燥设备有限公司	（0519）88739588	内胆材质不锈钢，夹套材质碳钢，动态，单罐价
多功能提取罐	DT-0.5m^3	68000	常州市互帮干燥设备有限公司	（0519）88739588	材质304，静态，带冷凝器、冷却器、消泡器、油水分离器、控制箱
多功能提取罐	DT-0.5m^3	68000	常州市互帮干燥设备有限公司	（0519）88739588	材质304，动态，单罐价
多功能提取罐	DT-0.5m^3	78000	常州市互帮干燥设备有限公司	（0519）88739588	内胆材质不锈钢，夹套材质碳钢，动态，带冷凝器、冷却器、消泡器、油水分离器、控制箱
多功能提取罐	DT-0.5m^3	83000	常州市互帮干燥设备有限公司	（0519）88739588	材质304，动态，带冷凝器、冷却器、消泡器、油水分离器、控制箱
多功能提取罐	DT-1m^3	56000	常州市互帮干燥设备有限公司	（0519）88739588	内胆材质不锈钢，夹套材质碳钢，静态，单罐价
多功能提取罐	DT-1m^3	61000	常州市互帮干燥设备有限公司	（0519）88739588	材质304，静态，单罐价
多功能提取罐	DT-1m^3	69000	常州市互帮干燥设备有限公司	（0519）88739588	内胆材质不锈钢，夹套材质碳钢，动态，单罐价
多功能提取罐	DT-1m^3	71000	常州市互帮干燥设备有限公司	（0519）88739588	内胆材质不锈钢，夹套材质碳钢，静态，带冷凝器、冷却器、消泡器、油水分离器、控制箱
多功能提取罐	DT-1m^3	74000	常州市互帮干燥设备有限公司	（0519）88739588	材质304，动态，单罐价
多功能提取罐	DT-1m^3	77000	常州市互帮干燥设备有限公司	（0519）88739588	材质304，静态，带冷凝器、冷却器、消泡器、油水分离器、控制箱
多功能提取罐	DT-1m^3	84000	常州市互帮干燥设备有限公司	（0519）88739588	内胆材质不锈钢，夹套材质碳钢，动态，带冷凝器、冷却器、消泡器、油水分离器、控制箱
多功能提取罐	DT-1m^3	90000	常州市互帮干燥设备有限公司	（0519）88739588	材质304，动态，带冷凝器、冷却器、消泡器、油水分离器、控制箱
多功能提取罐	DT-2m^3	66000	常州市互帮干燥设备有限公司	（0519）88739588	内胆材质不锈钢，夹套材质碳钢，静态，单罐价
多功能提取罐	DT-2m^3	71000	常州市互帮干燥设备有限公司	（0519）88739588	材质304，静态，单罐价
多功能提取罐	DT-2m^3	80000	常州市互帮干燥设备有限公司	（0519）88739588	内胆材质不锈钢，夹套材质碳钢，动态，单罐价
多功能提取罐	DT-2m^3	81000	常州市互帮干燥设备有限公司	（0519）88739588	内胆材质不锈钢，夹套材质碳钢，静态，带冷凝器、冷却器、消泡器、油水分离器、控制箱
多功能提取罐	DT-2m^3	85000	常州市互帮干燥设备有限公司	（0519）88739588	材质304，动态，单罐价

产品名称	型号规格	参考价格（元）	生产厂家	电话	主要参数及备注
多功能提取罐	DT-2m^3	87000	常州市互帮干燥设备有限公司	(0519)88739588	材质304,静态,带冷凝器、冷却器、消泡器、油水分离器、控制箱
多功能提取罐	DT-2m^3	95000	常州市互帮干燥设备有限公司	(0519)88739588	内胆材质不锈钢,夹套材质碳钢,动态,带冷凝器、冷却器、消泡器、油水分离器、控制箱
多功能提取罐	DT-2m^3	101000	常州市互帮干燥设备有限公司	(0519)88739588	材质304,动态,带冷凝器、冷却器、消泡器、油水分离器、控制箱
多功能提取罐	DT-3m^3	78000	常州市互帮干燥设备有限公司	(0519)88739588	内胆材质不锈钢,夹套材质碳钢,静态,单罐价
多功能提取罐	DT-3m^3	85000	常州市互帮干燥设备有限公司	(0519)88739588	材质304,静态,单罐价
多功能提取罐	DT-3m^3	93000	常州市互帮干燥设备有限公司	(0519)88739588	内胆材质不锈钢,夹套材质碳钢,动态,单罐价
多功能提取罐	DT-3m^3	95000	常州市互帮干燥设备有限公司	(0519)88739588	内胆材质不锈钢,夹套材质碳钢,静态,带冷凝器、冷却器、消泡器、油水分离器、控制箱
多功能提取罐	DT-3m^3	99000	常州市互帮干燥设备有限公司	(0519)88739588	材质304,动态,单罐价
多功能提取罐	DT-3m^3	103000	常州市互帮干燥设备有限公司	(0519)88739588	材质304,静态,带冷凝器、冷却器、消泡器、油水分离器、控制箱
多功能提取罐	DT-3m^3	112000	常州市互帮干燥设备有限公司	(0519)88739588	内胆材质不锈钢,夹套材质碳钢,动态,带冷凝器、冷却器、消泡器、油水分离器、控制箱
多功能提取罐	DT-3m^3	118000	常州市互帮干燥设备有限公司	(0519)88739588	材质304,动态,带冷凝器、冷却器、消泡器、油水分离器、控制箱
多功能提取罐	DT-4m^3	89000	常州市互帮干燥设备有限公司	(0519)88739588	内胆材质不锈钢,夹套材质碳钢,静态,单罐价
多功能提取罐	DT-4m^3	97000	常州市互帮干燥设备有限公司	(0519)88739588	材质304,静态,单罐价
多功能提取罐	DT-4m^3	108000	常州市互帮干燥设备有限公司	(0519)88739588	内胆材质不锈钢,夹套材质碳钢,动态,单罐价
多功能提取罐	DT-4m^3	109000	常州市互帮干燥设备有限公司	(0519)88739588	内胆材质不锈钢,夹套材质碳钢,静态,带冷凝器、冷却器、消泡器、油水分离器、控制箱
多功能提取罐	DT-4m^3	116000	常州市互帮干燥设备有限公司	(0519)88739588	材质304,动态,单罐价
多功能提取罐	DT-4m^3	118000	常州市互帮干燥设备有限公司	(0519)88739588	材质304,静态,带冷凝器、冷却器、消泡器、油水分离器、控制箱
多功能提取罐	DT-4m^3	128000	常州市互帮干燥设备有限公司	(0519)88739588	内胆材质不锈钢,夹套材质碳钢,动态,带冷凝器、冷却器、消泡器、油水分离器、控制箱
多功能提取罐	DT-4m^3	137000	常州市互帮干燥设备有限公司	(0519)88739588	材质304,动态,带冷凝器、冷却器、消泡器、油水分离器、控制箱
多功能提取罐	DT-5m^3	98000	常州市互帮干燥设备有限公司	(0519)88739588	内胆材质不锈钢,夹套材质碳钢,静态,单罐价
多功能提取罐	DT-5m^3	106000	常州市互帮干燥设备有限公司	(0519)88739588	材质304,静态,单罐价
多功能提取罐	DT-5m^3	120000	常州市互帮干燥设备有限公司	(0519)88739588	内胆材质不锈钢,夹套材质碳钢,动态,单罐价
多功能提取罐	DT-5m^3	121000	常州市互帮干燥设备有限公司	(0519)88739588	内胆材质不锈钢,夹套材质碳钢,静态,带冷凝器、冷却器、消泡器、油水分离器、控制箱
多功能提取罐	DT-5m^3	128000	常州市互帮干燥设备有限公司	(0519)88739588	材质304,动态,单罐价
多功能提取罐	DT-5m^3	130000	常州市互帮干燥设备有限公司	(0519)88739588	材质304,静态,带冷凝器、冷却器、消泡器、油水分离器、控制箱

产品名称	型号规格	参考价格（元）	生产厂家	电话	主要参数及备注
多功能提取罐	DT-5m^3	142000	常州市互帮干燥设备有限公司	（0519）88739588	内胆材质不锈钢，夹套材质碳钢，动态，带冷凝器、冷却器、消泡器、油水分离器、控制箱
多功能提取罐	DT-5m^3	151000	常州市互帮干燥设备有限公司	（0519）88739588	材质304，动态，带冷凝器、冷却器、消泡器、油水分离器、控制箱
多功能提取罐	DT-6m^3	116000	常州市互帮干燥设备有限公司	（0519）88739588	内胆材质不锈钢，夹套材质碳钢，静态，单罐价
多功能提取罐	DT-6m^3	125000	常州市互帮干燥设备有限公司	（0519）88739588	材质304，静态，单罐价
多功能提取罐	DT-6m^3	132000	常州市互帮干燥设备有限公司	（0519）88739588	内胆材质不锈钢，夹套材质碳钢，动态，单罐价
多功能提取罐	DT-6m^3	138000	常州市互帮干燥设备有限公司	（0519）88739588	内胆材质不锈钢，夹套材质碳钢，静态，带冷凝器、冷却器、消泡器、油水分离器、控制箱
多功能提取罐	DT-6m^3	141000	常州市互帮干燥设备有限公司	（0519）88739588	材质304，动态，单罐价
多功能提取罐	DT-6m^3	148000	常州市互帮干燥设备有限公司	（0519）88739588	材质304，静态，带冷凝器、冷却器、消泡器、油水分离器、控制箱
多功能提取罐	DT-6m^3	158000	常州市互帮干燥设备有限公司	（0519）88739588	内胆材质不锈钢，夹套材质碳钢，动态，带冷凝器、冷却器、消泡器、油水分离器、控制箱
多功能提取罐	DT-6m^3	168000	常州市互帮干燥设备有限公司	（0519）88739588	材质304，动态，带冷凝器、冷却器、消泡器、油水分离器、控制箱
多功能提取罐	DT-8m^3	132000	常州市互帮干燥设备有限公司	（0519）88739588	内胆材质不锈钢，夹套材质碳钢，静态，单罐价
多功能提取罐	DT-8m^3	141000	常州市互帮干燥设备有限公司	（0519）88739588	材质304，静态，单罐价
多功能提取罐	DT-8m^3	149000	常州市互帮干燥设备有限公司	（0519）88739588	内胆材质不锈钢，夹套材质碳钢，动态，单罐价
多功能提取罐	DT-8m^3	158000	常州市互帮干燥设备有限公司	（0519）88739588	内胆材质不锈钢，夹套材质碳钢，静态，带冷凝器、冷却器、消泡器、油水分离器、控制箱
多功能提取罐	DT-8m^3	158000	常州市互帮干燥设备有限公司	（0519）88739588	材质304，动态，单罐价
多功能提取罐	DT-8m^3	168000	常州市互帮干燥设备有限公司	（0519）88739588	材质304，静态，带冷凝器、冷却器、消泡器、油水分离器、控制箱
多功能提取罐	DT-8m^3	171000	常州市互帮干燥设备有限公司	（0519）88739588	内胆材质不锈钢，夹套材质碳钢，动态，带冷凝器、冷却器、消泡器、油水分离器、控制箱
多功能提取罐	DT-8m^3	180000	常州市互帮干燥设备有限公司	（0519）88739588	材质304，动态，带冷凝器、冷却器、消泡器、油水分离器、控制箱
多功能提取罐	DT-10m^3	145000	常州市互帮干燥设备有限公司	（0519）88739588	内胆材质不锈钢，夹套材质碳钢，静态，单罐价
多功能提取罐	DT-10m^3	155000	常州市互帮干燥设备有限公司	（0519）88739588	材质304，静态，单罐价
多功能提取罐	DT-10m^3	168000	常州市互帮干燥设备有限公司	（0519）88739588	内胆材质不锈钢，夹套材质碳钢，动态，单罐价
多功能提取罐	DT-10m^3	176000	常州市互帮干燥设备有限公司	（0519）88739588	内胆材质不锈钢，夹套材质碳钢，静态，带冷凝器、冷却器、消泡器、油水分离器、控制箱
多功能提取罐	DT-10m^3	178000	常州市互帮干燥设备有限公司	（0519）88739588	材质304，动态，单罐价
多功能提取罐	DT-10m^3	187000	常州市互帮干燥设备有限公司	（0519）88739588	材质304，静态，带冷凝器、冷却器、消泡器、油水分离器、控制箱
多功能提取罐	DT-10m^3	198000	常州市互帮干燥设备有限公司	（0519）88739588	内胆材质不锈钢，夹套材质碳钢，动态，带冷凝器、冷却器、消泡器、油水分离器、控制箱

产品名称	型号规格	参考价格（元）	生产厂家	电话	主要参数及备注
多功能提取罐	TQ-1m^3	70000	浙江森力机械科技有限公司	(0577)65021908	全容积 1200L，罐内额定压力<0.1MPa，夹套额定压力≤0.3MPa，投料口 ϕ400mm，排渣口 ϕ800mm，加热面积3.6m^2，冷凝面积 4m^2，冷却面积0.5m^2，外形尺寸（mm）：3000×3000×5000，内胆材质不锈钢，夹套材质碳钢，正锥式，静态，带冷凝器、冷却器、消泡器、油水分离器、控制箱、双联过滤器
多功能提取罐	TQ-1m^3	78000	浙江森力机械科技有限公司	(0577)65021908	全容积 1200L，罐内额定压力<0.1MPa，夹套额定压力≤0.3MPa，投料口 ϕ400mm，排渣口 ϕ800mm，加热面积3.6m^2，冷凝面积 4m^2，冷却面积0.5m^2，外形尺寸（mm）：3000×3000×5000，内胆材质不锈钢，夹套材质碳钢，正锥式，动态，带冷凝器、冷却器、消泡器、油水分离器、控制箱、双联过滤器
多功能提取罐	TQ-2m^3	70000	浙江森力机械科技有限公司	(0577)65021908	全容积 2300L，罐内额定压力<0.1MPa，夹套额定压力≤0.3MPa，投料口 ϕ400mm，排渣口 ϕ800mm，加热面积 5m^2，冷凝面积 5m^2，冷却面积 1m^2，外形尺寸（mm）：3000×3000×5500，内胆材质不锈钢，夹套材质碳钢，正锥式，静态，单罐价
多功能提取罐	TQ-2m^3	81000	浙江森力机械科技有限公司	(0577)65021908	全容积 2300L，罐内额定压力<0.1MPa，夹套额定压力≤0.3MPa，投料口 ϕ400mm，排渣口 ϕ800mm，加热面积 5m^2，冷凝面积 5m^2，冷却面积 1m^2，外形尺寸（mm）：3000×3000×5500，内胆材质不锈钢，夹套材质碳钢，正锥式，动态，单罐价
多功能提取罐	TQ-2m^3	83000	浙江森力机械科技有限公司	(0577)65021908	全容积 2300L，罐内额定压力<0.1MPa，夹套额定压力≤0.3MPa，投料口 ϕ400mm，排渣口 ϕ800mm，加热面积 5m^2，冷凝面积 5m^2，冷却面积 1m^2，外形尺寸（mm）：3000×3000×5500，内胆材质不锈钢，夹套材质碳钢，正锥式，静态，带冷凝器、冷却器、消泡器、油水分离器、控制箱、双联过滤器
多功能提取罐	TQ-2m^3	94000	浙江森力机械科技有限公司	(0577)65021908	全容积 2300L，罐内额定压力<0.1MPa，夹套额定压力≤0.3MPa，投料口 ϕ400mm，排渣口 ϕ800mm，加热面积 5m^2，冷凝面积 5m^2，冷却面积 1m^2，外形尺寸（mm）：3000×3000×5500，内胆材质不锈钢，夹套材质碳钢，正锥式，动态，带冷凝器、冷却器、消泡器、油水分离器、控制箱、双联过滤器
多功能提取罐	TQ-3m^3	86000	浙江森力机械科技有限公司	(0577)65021908	全容积 3300L，罐内额定压力<0.1MPa，夹套额定压力≤0.3MPa，投料口 ϕ400mm，排渣口 ϕ800mm，加热面积6.5m^2，冷凝面积 6m^2，冷却面积 1m^2，外形尺寸（mm）：3000×3000×6200，内胆材质不锈钢，夹套材质碳钢，正锥式，静态，单罐价

产品名称	型号规格	参考价格(元)	生产厂家	电话	主要参数及备注
多功能提取罐	TQ-3m^3	94000	浙江森力机械科技有限公司	(0577)65021908	全容积 3300L,罐内额定压力<0.1MPa,夹套额定压力≤0.3MPa,投料口 ϕ400mm,排渣口ϕ800mm,加热面积6.5m^2,冷凝面积6m^2,冷却面积1m^2,外形尺寸(mm):3000×3000×6200,内胆材质不锈钢,夹套材质碳钢,正锥式,动态,单罐价
多功能提取罐	TQ-3m^3	100000	浙江森力机械科技有限公司	(0577)65021908	全容积 3300L,罐内额定压力<0.1MPa,夹套额定压力≤0.3MPa,投料口 ϕ400mm,排渣口ϕ800mm,加热面积6.5m^2,冷凝面积6m^2,冷却面积1m^2,外形尺寸(mm):3000×3000×6200,内胆材质不锈钢,夹套材质碳钢,正锥式,静态,带冷凝器、冷却器、消泡器、油水分离器、控制箱、双联过滤器
多功能提取罐	TQ-3m^3	108000	浙江森力机械科技有限公司	(0577)65021908	全容积 3300L,罐内额定压力<0.1MPa,夹套额定压力≤0.3MPa,投料口 ϕ400mm,排渣口ϕ800mm,加热面积6.5m^2,冷凝面积6m^2,冷却面积1m^2,外形尺寸(mm):3000×3000×6200,内胆材质不锈钢,夹套材质碳钢,正锥式,动态,带冷凝器、冷却器、消泡器、油水分离器、控制箱、双联过滤器
多功能提取罐	TQ-4m^3	102000	浙江森力机械科技有限公司	(0577)65021908	全容积 4300L,罐内额定压力<0.1MPa,夹套额定压力≤0.3MPa,投料口 ϕ400mm,排渣口ϕ800mm,加热面积7.5m^2,冷凝面积8m^2,冷却面积1m^2,外形尺寸(mm):3500×3500×6700,内胆材质不锈钢,夹套材质碳钢,正锥式,静态,单罐价
多功能提取罐	TQ-4m^3	113000	浙江森力机械科技有限公司	(0577)65021908	全容积 4300L,罐内额定压力<0.1MPa,夹套额定压力≤0.3MPa,投料口 ϕ400mm,排渣口ϕ800mm,加热面积7.5m^2,冷凝面积8m^2,冷却面积1m^2,外形尺寸(mm):3500×3500×6700,内胆材质不锈钢,夹套材质碳钢,正锥式,动态,单罐价
多功能提取罐	TQ-4m^3	116000	浙江森力机械科技有限公司	(0577)65021908	全容积 4300L,罐内额定压力<0.1MPa,夹套额定压力≤0.3MPa,投料口 ϕ400mm,排渣口ϕ800mm,加热面积7.5m^2,冷凝面积8m^2,冷却面积1m^2,外形尺寸(mm):3500×3500×6700,内胆材质不锈钢,夹套材质碳钢,正锥式,静态,带冷凝器、冷却器、消泡器、油水分离器、控制箱、双联过滤器
多功能提取罐	TQ-4m^3	127000	浙江森力机械科技有限公司	(0577)65021908	全容积 4300L,罐内额定压力<0.1MPa,夹套额定压力≤0.3MPa,投料口 ϕ400mm,排渣口ϕ800mm,加热面积7.5m^2,冷凝面积8m^2,冷却面积1m^2,外形尺寸(mm):3500×3500×6700,内胆材质不锈钢,夹套材质碳钢,正锥式,动态,带冷凝器、冷却器、消泡器、油水分离器、控制箱、双联过滤器

产品名称	型号规格	参考价格(元)	生产厂家	电话	主要参数及备注
多功能提取罐	TQ-5m^3	142000	浙江森力机械科技有限公司	(0577)65021908	内胆材质不锈钢,夹套材质碳钢,正锥式,静态,单罐价
多功能提取罐	TQ-5m^3	157000	浙江森力机械科技有限公司	(0577)65021908	内胆材质不锈钢,夹套材质碳钢,正锥式,动态,单罐价
多功能提取罐	TQ-5m^3	158000	浙江森力机械科技有限公司	(0577)65021908	内胆材质不锈钢,夹套材质碳钢,正锥式,静态,带冷凝器、冷却器、消泡器、油水分离器、控制箱、双联过滤器
多功能提取罐	TQ-5m^3	173000	浙江森力机械科技有限公司	(0577)65021908	内胆材质不锈钢,夹套材质碳钢,正锥式,动态,带冷凝器、冷却器、消泡器、油水分离器、控制箱、双联过滤器
多功能提取罐	TQ-6m^3	155000	浙江森力机械科技有限公司	(0577)65021908	全容积6400L,罐内额定压力<0.1MPa,夹套额定压力≤0.3MPa,投料口ϕ450mm,排渣口ϕ1000mm,加热面积11m^2,冷凝面积8m^2,冷却面积1.5m^2,外形尺寸(mm):4000×4000×7000,内胆材质不锈钢,夹套材质碳钢,正锥式,静态,单罐价
多功能提取罐	TQ-6m^3	174000	浙江森力机械科技有限公司	(0577)65021908	全容积6400L,罐内额定压力<0.1MPa,夹套额定压力≤0.3MPa,投料口ϕ450mm,排渣口ϕ1000mm,加热面积11m^2,冷凝面积8m^2,冷却面积1.5m^2,外形尺寸(mm):4000×4000×7000,内胆材质不锈钢,夹套材质碳钢,正锥式,动态,单罐价
多功能提取罐	TQ-6m^3	176000	浙江森力机械科技有限公司	(0577)65021908	全容积6400L,罐内额定压力<0.1MPa,夹套额定压力≤0.3MPa,投料口ϕ450mm,排渣口ϕ1000mm,加热面积11m^2,冷凝面积8m^2,冷却面积1.5m^2,外形尺寸(mm):4000×4000×7000,内胆材质不锈钢,夹套材质碳钢,正锥式,静态,带冷凝器、冷却器、消泡器、油水分离器、控制箱、双联过滤器
多功能提取罐	TQ-6m^3	192000	浙江森力机械科技有限公司	(0577)65021908	全容积6400L,罐内额定压力<0.1MPa,夹套额定压力≤0.3MPa,投料口ϕ450mm,排渣口ϕ1000mm,加热面积11m^2,冷凝面积8m^2,冷却面积1.5m^2,外形尺寸(mm):4000×4000×7000,内胆材质不锈钢,夹套材质碳钢,正锥式,动态,带冷凝器、冷却器、消泡器、油水分离器、控制箱、双联过滤器
多功能提取罐	TQ-8m^3	176000	浙江森力机械科技有限公司	(0577)65021908	全容积8600L,罐内额定压力<0.1MPa,夹套额定压力≤0.3MPa,投料口ϕ500mm,排渣口ϕ1000mm,加热面积13m^2,冷凝面积12m^2,冷却面积1.5m^2,外形尺寸(mm):4000×4000×8000,内胆材质不锈钢,夹套材质碳钢,正锥式,静态,单罐价
多功能提取罐	TQ-8m^3	198000	浙江森力机械科技有限公司	(0577)65021908	全容积8600L,罐内额定压力<0.1MPa,夹套额定压力≤0.3MPa,投料口ϕ500mm,排渣口ϕ1000mm,加热面积13m^2,冷凝面积12m^2,冷却面积1.5m^2,外形尺寸(mm):4000×4000×8000,内胆材质不锈钢,夹套材质碳钢,正锥式,动态,单罐价

产品名称	型号规格	参考价格（元）	生产厂家	电话	主要参数及备注
动态多功能提取机组	DDT-1000	90000	无锡华星药化设备有限公司	（0510）83556188	公称容积 $1m^3$，筒体直径1000mm，夹套直径1100mm，冷凝器面积 $4m^2$，冷却器面积 $1m^2$，搅拌功率3kW
动态多功能提取机组	DDT-2000	105000	无锡华星药化设备有限公司	（0510）83556188	公称容积 $2m^3$，筒体直径1200mm，夹套直径1300mm，冷凝器面积 $5m^2$，冷却器面积 $1m^2$，搅拌功率4kW
动态多功能提取机组	DDT-3000	120000	无锡华星药化设备有限公司	（0510）83556188	公称容积 $3m^3$，筒体直径1400mm，夹套直径1500mm，冷凝器面积 $5m^2$，冷却器面积 $1m^2$，搅拌功率5.5kW
动态多功能提取机组	DDT-6000	160000	无锡华星药化设备有限公司	（0510）83556188	公称容积 $6m^3$，筒体直径1600mm，夹套直径1700mm，冷凝器面积 $10m^2$，冷却器面积 $1m^2$，搅拌功率7.5kW
静态多功能提取机组	DT-250	35000	江阴金发干燥设备有限公司	（0510）86178258	容积 $0.25m^3$，直筒式，与物料接触部位材质不锈钢，单体价
静态多功能提取机组	DT-250	45000	江阴金发干燥设备有限公司	（0510）86178258	容积 $0.25m^3$，直筒式，与物料接触部位材质不锈钢，带冷凝器、冷却器、油水分离器、管道过滤器、配套仪表
静态多功能提取机组	DT-500	45000	江阴金发干燥设备有限公司	（0510）86178258	容积 $0.5m^3$，筒体直径800mm，夹套直径900mm，投料门直径300mm，排渣门直径500mm，罐内工作压力0.09MPa，夹套内工作压力0.3MPa，直筒式，与物料接触部位材质不锈钢，单体价
静态多功能提取机组	DT-500	58000	江阴金发干燥设备有限公司	（0510）86178258	容积 $0.5m^3$，筒体直径800mm，夹套直径900mm，投料门直径300mm，排渣门直径500mm，罐内工作压力0.09MPa，夹套内工作压力0.3MPa，直筒式，与物料接触部位材质不锈钢，带冷凝器、冷却器、油水分离器、管道过滤器、配套仪表
静态多功能提取机组	DT-1000	68000	江阴金发干燥设备有限公司	（0510）86178258	容积 $1m^3$，筒体直径1000mm，夹套直径1100mm，投料门直径300mm，排渣门直径800mm，罐内工作压力0.09MPa，夹套内工作压力0.3MPa，直筒式，与物料接触部位材质不锈钢，单体价
静态多功能提取机组	DT-1000	75000	江阴金发干燥设备有限公司	（0510）86178258	容积 $1m^3$，筒体直径1000mm，夹套直径1100mm，投料门直径300mm，排渣门直径800mm，罐内工作压力0.09MPa，夹套内工作压力0.3MPa，直筒式，与物料接触部位材质不锈钢，带冷凝器、冷却器、油水分离器、管道过滤器、配套仪表
静态多功能提取机组	DT-1500	80000	江阴金发干燥设备有限公司	（0510）86178258	容积 $1.5m^3$，直筒式，与物料接触部位材质不锈钢，单体价
静态多功能提取机组	DT-1500	90000	江阴金发干燥设备有限公司	（0510）86178258	容积 $1.5m^3$，直筒式，与物料接触部位材质不锈钢，带冷凝器、冷却器、油水分离器、管道过滤器、配套仪表
静态多功能提取机组	DT-2000	85000	江阴金发干燥设备有限公司	（0510）86178258	容积 $2m^3$，筒体直径1200mm，夹套直径1300mm，投料门直径400mm，排渣门直径800mm，罐内工作压力0.09MPa，夹套内工作压力0.3MPa，直筒式，与物料接触部位材质不锈钢，单体价

产品名称	型号规格	参考价格（元）	生产厂家	电话	主要参数及备注
静态多功能提取机组	DT-2000	97500	江阴金发干燥设备有限公司	（0510）86178258	容积 $2m^3$，筒体直径 1200mm，夹套直径 1300mm，投料门直径 400mm，排渣门直径 800mm，罐内工作压力0.09MPa，夹套内工作压力0.3MPa，直筒式，与物料接触部位材质不锈钢，带冷凝器、冷却器、油水分离器、管道过滤器、配套仪表
静态多功能提取机组	DT-3000	100000	江阴金发干燥设备有限公司	（0510）86178258	容积 $3m^3$，筒体直径 1400mm，夹套直径 1500mm，投料门直径 400mm，排渣门直径 800mm，罐内工作压力0.09MPa，夹套内工作压力0.3MPa，直筒式，与物料接触部位材质不锈钢，单体价
静态多功能提取机组	DT-3000	115000	江阴金发干燥设备有限公司	（0510）86178258	容积 $3m^3$，筒体直径 1400mm，夹套直径 1500mm，投料门直径 400mm，排渣门直径 800mm，罐内工作压力0.09MPa，夹套内工作压力0.3MPa，直筒式，与物料接触部位材质不锈钢，带冷凝器、冷却器、油水分离器、管道过滤器、配套仪表
静态多功能提取机组	DT-6000	150000	江阴金发干燥设备有限公司	（0510）86178258	容积 $6m^3$，筒体直径 1600mm，夹套直径 1700mm，投料门直径 500mm，排渣门直径 1000mm，罐内工作压力0.09MPa，夹套内工作压力0.3MPa，直筒式，与物料接触部位材质不锈钢，单体价
静态多功能提取机组	DT-6000	180000	江阴金发干燥设备有限公司	（0510）86178258	容积 $6m^3$，筒体直径 1600mm，夹套直径 1700mm，投料门直径 500mm，排渣门直径 1000mm，罐内工作压力0.09MPa，夹套内工作压力0.3MPa，直筒式，与物料接触部位材质不锈钢，带冷凝器、冷却器、油水分离器、管道过滤器、配套仪表

1.1.10 制药用锅

产品名称	型号规格	参考价格（元）	生产厂家	电话	主要参数及备注
电热夹层锅	DG-100	11500	天津市朋群粉碎机设备有限公司	（022）83725677	材质不锈钢
电热夹层锅	DG-200	12800	天津市朋群粉碎机设备有限公司	（022）83725677	材质不锈钢
电热夹层锅	DG-300	14500	天津市朋群粉碎机设备有限公司	（022）83725677	材质不锈钢
电热夹层锅	DG-500	17000	天津市朋群粉碎机设备有限公司	（022）83725677	材质不锈钢
电热夹层锅	DG-600	19000	天津市朋群粉碎机设备有限公司	（022）83725677	材质不锈钢
可倾式夹层锅	GT_6J_6-100	9000	周口制药机械厂有限公司	（0394）8583482	锅内容积 100L，最高工作压力0.3MPa，最高工作温度 140℃，换热面积$0.7m^2$，材质不锈钢
可倾式夹层锅	GT_6J_6-200	18000	周口制药机械厂有限公司	（0394）8583482	锅内容积 200L，最高工作压力0.3MPa，最高工作温度 140℃，换热面积$1.1m^2$，材质不锈钢

产品名称	型号规格	参考价格（元）	生产厂家	电话	主要参数及备注
可倾式夹层锅	GT_6J_6-300	21800	周口制药机械厂有限公司	(0394) 8583482	锅内容积 300L，最高工作压力 0.3MPa，最高工作温度 140℃，换热面积$1.3m^2$，材质不锈钢
可倾式夹层锅	GT_6J_6-500	36000	周口制药机械厂有限公司	(0394) 8583482	锅内容积 500L，最高工作压力 0.2MPa，最高工作温度 130℃，换热面积$1.94m^2$，材质不锈钢
电浴恒温水浴锅	SYG-1	580	北京时代北利离心机有限公司	(010) 51129985	单孔，电控数显
电浴恒温水浴锅	SYG-2	720	北京时代北利离心机有限公司	(010) 51129985	单列 2 孔，电控数显
电浴恒温水浴锅	SYG-4	870	北京时代北利离心机有限公司	(010) 51129985	2 列 4 孔，电控数显
电浴恒温水浴锅	SYG-6	980	北京时代北利离心机有限公司	(010) 51129985	2 列 6 孔，电控数显
电浴恒温水浴锅	SYG-8	1180	北京时代北利离心机有限公司	(010) 51129985	2 列 8 孔，电控数显
可倾式夹层中药蒸煮锅	GZZ-500	42000	周口制药机械厂有限公司	(0394) 8583482	材质不锈钢
可倾式夹层中药蒸煮锅	GZZ-1000	52000	周口制药机械厂有限公司	(0394) 8583482	材质不锈钢
可倾式中药煎煮锅	ZYG-700	32000	天津市朋群粉碎机设备有限公司	(022) 83725677	材质不锈钢
可倾式中药煎煮锅	ZYG-900	32000	天津市朋群粉碎机设备有限公司	(022) 83725677	材质不锈钢
立式杀菌锅	GT_7C/J-600	4000	周口制药机械厂有限公司	(0394) 8583482	
立式杀菌锅	GT_7C/J-700	5500	周口制药机械厂有限公司	(0394) 8583482	
全自动搅动锅	TLZK-1	110000	温州市佳顺机械有限公司	(0577) 86808655	容积 100L，搅拌电动机功率1.5 kW，真空泵电动机功率2.2kW
全自动搅动锅	TLZK-3	120000	温州市佳顺机械有限公司	(0577) 86808655	容积 300L，搅拌电动机功率2.2 kW，真空泵电动机功率 4kW
全自动搅动锅	TLZK-5	132000	温州市佳顺机械有限公司	(0577) 86808655	容积 500L，搅拌电动机功率 4kW，真空泵电动机功率 4kW
全自动搅动锅	TLZK-10	145000	温州市佳顺机械有限公司	(0577) 86808655	容积 1000L，搅拌电动机功率5.5 kW，真空泵电动机功率5.5kW
糖化锅	CG-TH-15	142560	山东中德设备有限公司	(0531) 82378959	有效容积 $15m^3$
温控式煅药锅	DY-600	25000	天津市朋群粉碎机设备有限公司	(022) 83725677	生产能力 15~35 kg/h，锅体容积 50L，总功率 20kW，外形尺寸(mm)：1100 × 1100 × 950，重 250kg，材质不锈钢

1.1.11 酒精回收设备

产品名称	型号规格	参考价格（元）	生产厂家	电话	主要参数及备注
酒精回收塔	JH-200	62000	常州市互帮干燥设备有限公司	(0519) 88739588	间歇式，与物料接触部位材质不锈钢，带冷凝器、冷却器、分离器、陶瓷填料、仪表
酒精回收塔	JH-200	62000	江阴金发干燥设备有限公司	(0510) 86178258	间歇式，与物料接触部位材质不锈钢，带冷凝器、冷却器、分离器、陶瓷填料、仪表

产品名称	型号规格	参考价格(元)	生产厂家	电话	主要参数及备注
酒精回收塔	JH-200	70000	常州市互帮干燥设备有限公司	(0519)88739588	连续式,与物料接触部位材质不锈钢,带冷凝器、冷却器、分离器、陶瓷填料、仪表
酒精回收塔	JH-200	70000	江阴金发干燥设备有限公司	(0510)86178258	连续式,与物料接触部位材质不锈钢,带冷凝器、冷却器、分离器、陶瓷填料、仪表
酒精回收塔	JH-200	77500	常州市互帮干燥设备有限公司	(0519)88739588	间歇式,与物料接触部位材质不锈钢,带冷凝器、冷却器、分离器、不锈钢填料、仪表
酒精回收塔	JH-200	77500	江阴金发干燥设备有限公司	(0510)86178258	间歇式,与物料接触部位材质不锈钢,带冷凝器、冷却器、分离器、不锈钢填料、仪表
酒精回收塔	JH-200	87500	常州市互帮干燥设备有限公司	(0519)88739588	连续式,与物料接触部位材质不锈钢,带冷凝器、冷却器、分离器、不锈钢填料、仪表
酒精回收塔	JH-200	87500	江阴金发干燥设备有限公司	(0510)86178258	连续式,与物料接触部位材质不锈钢,带冷凝器、冷却器、分离器、不锈钢填料、仪表
酒精回收塔	JH-300	75000	常州市互帮干燥设备有限公司	(0519)88739588	间歇式,与物料接触部位材质不锈钢,带冷凝器、冷却器、分离器、陶瓷填料、仪表
酒精回收塔	JH-300	75000	江阴金发干燥设备有限公司	(0510)86178258	间歇式,与物料接触部位材质不锈钢,带冷凝器、冷却器、分离器、陶瓷填料、仪表
酒精回收塔	JH-300	93750	常州市互帮干燥设备有限公司	(0519)88739588	间歇式,与物料接触部位材质不锈钢,带冷凝器、冷却器、分离器、不锈钢填料、仪表
酒精回收塔	JH-300	93750	江阴金发干燥设备有限公司	(0510)86178258	间歇式,与物料接触部位材质不锈钢,带冷凝器、冷却器、分离器、不锈钢填料、仪表
酒精回收塔	JH-300	100000	常州市互帮干燥设备有限公司	(0519)88739588	连续式,与物料接触部位材质不锈钢,带冷凝器、冷却器、分离器、陶瓷填料、仪表
酒精回收塔	JH-300	100000	江阴金发干燥设备有限公司	(0510)86178258	连续式,与物料接触部位材质不锈钢,带冷凝器、冷却器、分离器、陶瓷填料、仪表
酒精回收塔	JH-300	125000	常州市互帮干燥设备有限公司	(0519)88739588	连续式,与物料接触部位材质不锈钢,带冷凝器、冷却器、分离器、不锈钢填料、仪表
酒精回收塔	JH-300	125000	江阴金发干燥设备有限公司	(0510)86178258	连续式,与物料接触部位材质不锈钢,带冷凝器、冷却器、分离器、不锈钢填料、仪表
酒精回收塔	JH-400	98000	常州市互帮干燥设备有限公司	(0519)88739588	间歇式,与物料接触部位材质不锈钢,带冷凝器、冷却器、分离器、陶瓷填料、仪表
酒精回收塔	JH-400	98000	江阴金发干燥设备有限公司	(0510)86178258	间歇式,与物料接触部位材质不锈钢,带冷凝器、冷却器、分离器、陶瓷填料、仪表
酒精回收塔	JH-400	122500	常州市互帮干燥设备有限公司	(0519)88739588	间歇式,与物料接触部位材质不锈钢,带冷凝器、冷却器、分离器、不锈钢填料、仪表
酒精回收塔	JH-400	122500	江阴金发干燥设备有限公司	(0510)86178258	间歇式,与物料接触部位材质不锈钢,带冷凝器、冷却器、分离器、不锈钢填料、仪表
酒精回收塔	JH-400	136000	常州市互帮干燥设备有限公司	(0519)88739588	连续式,与物料接触部位材质不锈钢,带冷凝器、冷却器、分离器、陶瓷填料、仪表
酒精回收塔	JH-400	136000	江阴金发干燥设备有限公司	(0510)86178258	连续式,与物料接触部位材质不锈钢,带冷凝器、冷却器、分离器、陶瓷填料、仪表

产品名称	型号规格	参考价格(元)	生产厂家	电话	主要参数及备注
酒精回收塔	JH-400	170000	常州市互帮干燥设备有限公司	(0519)88739588	连续式,与物料接触部位材质不锈钢,带冷凝器、冷却器、分离器、不锈钢填料、仪表
酒精回收塔	JH-400	170000	江阴金发干燥设备有限公司	(0510)86178258	连续式,与物料接触部位材质不锈钢,带冷凝器、冷却器、分离器、不锈钢填料、仪表
酒精回收塔	JH-500	125000	常州市互帮干燥设备有限公司	(0519)88739588	间歇式,与物料接触部位材质不锈钢,带冷凝器、冷却器、分离器、陶瓷填料、仪表
酒精回收塔	JH-500	125000	江阴金发干燥设备有限公司	(0510)86178258	间歇式,与物料接触部位材质不锈钢,带冷凝器、冷却器、分离器、陶瓷填料、仪表
酒精回收塔	JH-500	156250	常州市互帮干燥设备有限公司	(0519)88739588	间歇式,与物料接触部位材质不锈钢,带冷凝器、冷却器、分离器、不锈钢填料、仪表
酒精回收塔	JH-500	156250	江阴金发干燥设备有限公司	(0510)86178258	间歇式,与物料接触部位材质不锈钢,带冷凝器、冷却器、分离器、不锈钢填料、仪表
酒精回收塔	JH-500	168000	常州市互帮干燥设备有限公司	(0519)88739588	连续式,与物料接触部位材质不锈钢,带冷凝器、冷却器、分离器、陶瓷填料、仪表
酒精回收塔	JH-500	168000	江阴金发干燥设备有限公司	(0510)86178258	连续式,与物料接触部位材质不锈钢,带冷凝器、冷却器、分离器、陶瓷填料、仪表
酒精回收塔	JH-500	210000	常州市互帮干燥设备有限公司	(0519)88739588	连续式,与物料接触部位材质不锈钢,带冷凝器、冷却器、分离器、不锈钢填料、仪表
酒精回收塔	JH-500	210000	江阴金发干燥设备有限公司	(0510)86178258	连续式,与物料接触部位材质不锈钢,带冷凝器、冷却器、分离器、不锈钢填料、仪表
酒精回收塔	JH-600	152000	常州市互帮干燥设备有限公司	(0519)88739588	间歇式,与物料接触部位材质不锈钢,带冷凝器、冷却器、分离器、陶瓷填料、仪表
酒精回收塔	JH-600	152000	江阴金发干燥设备有限公司	(0510)86178258	间歇式,与物料接触部位材质不锈钢,带冷凝器、冷却器、分离器、陶瓷填料、仪表
酒精回收塔	JH-600	190000	常州市互帮干燥设备有限公司	(0519)88739588	间歇式,与物料接触部位材质不锈钢,带冷凝器、冷却器、分离器、不锈钢填料、仪表
酒精回收塔	JH-600	190000	江阴金发干燥设备有限公司	(0510)86178258	间歇式,与物料接触部位材质不锈钢,带冷凝器、冷却器、分离器、不锈钢填料、仪表
酒精回收塔	JH-600	200000	常州市互帮干燥设备有限公司	(0519)88739588	连续式,与物料接触部位材质不锈钢,带冷凝器、冷却器、分离器、陶瓷填料、仪表
酒精回收塔	JH-600	200000	江阴金发干燥设备有限公司	(0510)86178258	连续式,与物料接触部位材质不锈钢,带冷凝器、冷却器、分离器、陶瓷填料、仪表
酒精回收塔	JH-600	250000	常州市互帮干燥设备有限公司	(0519)88739588	连续式,与物料接触部位材质不锈钢,带冷凝器、冷却器、分离器、不锈钢填料、仪表
酒精回收塔	JH-600	250000	江阴金发干燥设备有限公司	(0510)86178258	连续式,与物料接触部位材质不锈钢,带冷凝器、冷却器、分离器、不锈钢填料、仪表
酒精回收塔	JH-800	175000	常州市互帮干燥设备有限公司	(0519)88739588	间歇式,与物料接触部位材质不锈钢,带冷凝器、冷却器、分离器、陶瓷填料、仪表
酒精回收塔	JH-800	175000	江阴金发干燥设备有限公司	(0510)86178258	间歇式,与物料接触部位材质不锈钢,带冷凝器、冷却器、分离器、陶瓷填料、仪表

产品名称	型号规格	参考价格(元)	生产厂家	电话	主要参数及备注
酒精回收塔	JH-800	218750	常州市互帮干燥设备有限公司	(0519)88739588	间歇式,与物料接触部位材质不锈钢,带冷凝器、冷却器、分离器、不锈钢填料、仪表
酒精回收塔	JH-800	218750	江阴金发干燥设备有限公司	(0510)86178258	间歇式,与物料接触部位材质不锈钢,带冷凝器、冷却器、分离器、不锈钢填料、仪表
酒精回收塔	JH-800	256000	常州市互帮干燥设备有限公司	(0519)88739588	连续式,与物料接触部位材质不锈钢,带冷凝器、冷却器、分离器、陶瓷填料、仪表
酒精回收塔	JH-800	256000	江阴金发干燥设备有限公司	(0510)86178258	连续式,与物料接触部位材质不锈钢,带冷凝器、冷却器、分离器、陶瓷填料、仪表
酒精回收塔	JH-800	320000	常州市互帮干燥设备有限公司	(0519)88739588	连续式,与物料接触部位材质不锈钢,带冷凝器、冷却器、分离器、不锈钢填料、仪表
酒精回收塔	JH-800	320000	江阴金发干燥设备有限公司	(0510)86178258	连续式,与物料接触部位材质不锈钢,带冷凝器、冷却器、分离器、不锈钢填料、仪表
酒精回收塔	JS-200	56000	浙江森力机械科技有限公司	(0577)65021908	回收能力45~60 kg/h,蒸馏釜容积900L,塔高5500mm,冷凝面积$4m^2$,冷却面积$1m^2$,间歇型,材质304,填料材质不锈钢波纹板
酒精回收塔	JS-300	85000	浙江森力机械科技有限公司	(0577)65021908	回收能力90~100 kg/h,蒸馏釜容积1100L,塔高7000mm,冷凝面积$9m^2$,冷却面积$1.6m^2$,间歇型,材质304,填料材质不锈钢波纹板
酒精回收塔	JS-400	118000	浙江森力机械科技有限公司	(0577)65021908	回收能力150~160 kg/h,蒸馏釜容积1600L,塔高7000mm,冷凝面积$16m^2$,冷却面积$3m^2$,间歇型,材质304,填料材质不锈钢波纹板
酒精回收塔	JS-400	145000	浙江森力机械科技有限公司	(0577)65021908	回收能力150~160 kg/h,蒸馏釜容积1600L,塔高7000mm,冷凝面积$16m^2$,冷却面积$3m^2$,连续式,材质304,填料材质不锈钢波纹板
酒精回收塔	JS-500	162000	浙江森力机械科技有限公司	(0577)65021908	回收能力280~300 kg/h,蒸馏釜容积2000L,塔高7500mm,冷凝面积$25m^2$,冷却面积$3m^2$,间歇型,材质304,填料材质不锈钢波纹板
酒精回收塔	JS-500	200000	浙江森力机械科技有限公司	(0577)65021908	回收能力280~300 kg/h,蒸馏釜容积2000L,塔高7500mm,冷凝面积$25m^2$,冷却面积$3m^2$,连续式,材质304,填料材质不锈钢波纹板
酒精回收塔	JS-600	210000	浙江森力机械科技有限公司	(0577)65021908	回收能力420~450 kg/h,蒸馏釜容积2500L,塔高7500mm,冷凝面积$36m^2$,冷却面积$3m^2$,间歇型,材质304,填料材质不锈钢波纹板
酒精回收塔	JS-600	255000	浙江森力机械科技有限公司	(0577)65021908	回收能力420~450 kg/h,蒸馏釜容积2500L,塔高7500mm,冷凝面积$36m^2$,冷却面积$3m^2$,连续式,材质304,填料材质不锈钢波纹板
酒精回收塔	JS-800	295000	浙江森力机械科技有限公司	(0577)65021908	回收能力600~630 kg/h,蒸馏釜容积3200L,塔高7500mm,冷凝面积$56m^2$,冷却面积$4.5m^2$,间歇型,材质304,填料材质不锈钢波纹板

产品名称	型号规格	参考价格（元）	生产厂家	电话	主要参数及备注
酒精沉淀罐	JC-3000	55000	常州市互帮干燥设备有限公司	(0519) 88739588	
酒精沉淀罐	JC-3000	68000	浙江森力机械科技有限公司	(0577) 65021908	容积 $3000m^3$，换热面积 $6m^2$，罐内压力＜0.1 MPa，外形尺寸(mm)：ϕ 1400×3600，内胆材质不锈钢，夹套材质碳钢，带防爆型电动机密封搅拌系统、手动微调出液装置
酒精沉淀罐	JC-3000	78000	江阴金发干燥设备有限公司	(0510) 86178258	带冷却夹套
酒精沉淀罐	JC-3000	78000	常州市互帮干燥设备有限公司	(0519) 88739588	带冷却夹套
酒精沉淀罐	JC-5000	88000	浙江森力机械科技有限公司	(0577) 65021908	容积 $5000m^3$，内胆材质不锈钢，夹套材质碳钢，带防爆型电动机密封搅拌系统、手动微调出液装置
酒精沉淀罐	JC-6000	89000	江阴金发干燥设备有限公司	(0510) 86178258	
酒精沉淀罐	JC-6000	89000	常州市互帮干燥设备有限公司	(0519) 88739588	
酒精沉淀罐	JC-6000	105000	浙江森力机械科技有限公司	(0577) 65021908	容积 $6000m^3$，换热面积 $9m^2$，罐内压力＜0.1 MPa，外形尺寸(mm)：ϕ 1600×4500，内胆材质不锈钢，夹套材质碳钢，带防爆型电动机密封搅拌系统、手动微调出液装置
酒精沉淀罐	JC-6000	138000	江阴金发干燥设备有限公司	(0510) 86178258	带冷却夹套
酒精沉淀罐	JC-6000	138000	常州市互帮干燥设备有限公司	(0519) 88739588	带冷却夹套

1.2 制剂机械

1.2.1 水针剂设备

产品名称	型号规格	参考价格（元）	生产厂家	电话	主要参数及备注
超声波洗瓶机	CBX	55000	上海宏泾制药机械有限公司	(021) 59760447	生产能力 220000 瓶/h，适用瓶规格 1～20mL，总功率 5kW，外形尺寸(mm)：5800×800×1500，重 450kg
超声波洗瓶机	KACXL/20	800000	上海新旭发机械科技有限公司	(021) 36161982	旋转式，含运输费、保险费、安装调试费、服务费
超声波洗瓶机	KAQCL/60	1200000	上海新旭发机械科技有限公司	(021) 36161982	旋转式，含运输费、保险费、安装调试费、服务费
超声波洗瓶机	KAQCL/80	1300000	上海新旭发机械科技有限公司	(021) 36161982	旋转式，含运输费、保险费、安装调试费、服务费
超声波洗瓶机	KAQCL/100	1400000	上海新旭发机械科技有限公司	(021) 36161982	生产能力 6000～22000 支/h，适用瓶规格 1～20mL，功率 65kW，外形尺寸(mm)：8947×2585×2385，重9.3t，立式，含运输费、保险费、安装调试费、服务费
超声波洗瓶机	KAQCL/120	1600000	上海新旭发机械科技有限公司	(021) 36161982	立式，含运输费、保险费、安装调试费、服务费

产品名称	型号规格	参考价格（元）	生产厂家	电话	主要参数及备注
多功能安瓿洗瓶机	DHX-Ⅱ	23000	上海宏泾制药机械有限公司	（021）59760447	生产能力 12000~24000 瓶/h，适用瓶高度 30~200mm，外形尺寸（mm）：900×1000×1750，重250kg
多功能洗瓶机	DHX-Ⅱ	29800	上海国彩制药机械成套设备有限公司	（021）59763016	生产能力 12000~24000 瓶/h，适用瓶高度 30~140mm，总功率2.3kW，外形尺寸（mm）：900×1000×1750，重 250kg
安瓿甩水机	AS	8000	上海宏泾制药机械有限公司	（021）59760447	生产能力 30000~100000 支/h，适用瓶规格 2~20mL，转速 530r/min，功率 1.5 kW，外形尺寸（mm）：1000×900×1240
注水机	ZX-Ⅰ	18000	上海宏泾制药机械有限公司	（021）59760447	生产能力 60000~150000 支/h，适用瓶规格 2~20mL，总功率2.75kW，外形尺寸（mm）：2100×1050×1350，重 200kg

1.2.2 片剂机械

1.2.2.1 混合机

产品名称	型号规格	参考价格（元）	生产厂家	电话	主要参数及备注
混合机	DN1200	300000	温州亚光机械制造有限公司	（0577）86906886	
混合机	DN1400	330000	温州亚光机械制造有限公司	（0577）86906886	
混合机	DSH-4	10000	上海振春粉体设备有限公司	（021）64423500	生产能力 5~10t/h，全容积 4m^3，总功率12.5kW
混合机	DSH-5	12000	上海振春粉体设备有限公司	（021）64423500	生产能力 6~12t/h，全容积 5m^3，总功率16.5kW
混合机	DSH-6	15000	上海振春粉体设备有限公司	（021）64423500	生产能力 7.2~14.8 t/h，全容积 6m^3，总功率16.5kW
混合机	EYH-1000	50000	常州市震华干燥设备有限公司	（0519）88373111	
混合机	EYH-2000	68000	常州市震华干燥设备有限公司	（0519）88373111	
混合机	EYH-3000	90000	常州市震华干燥设备有限公司	（0519）88373111	
混合机	EYH-4000	120000	常州市震华干燥设备有限公司	（0519）88373111	
混合机	EYH-6000	160000	常州市震华干燥设备有限公司	（0519）88373111	
混合机	EYH-8000	220000	常州市震华干燥设备有限公司	（0519）88373111	
混合机	EYH-10000	260000	常州市震华干燥设备有限公司	（0519）88373111	
混合机	EYH-15000	380000	常州市震华干燥设备有限公司	（0519）88373111	
混合机	EYH-20000	450000	常州市震华干燥设备有限公司	（0519）88373111	
混合机	HF-1000	118000	纳诺机械设备有限公司	（0451）86697518	
混合机	HF-1000	119500	纳诺机械设备有限公司	（0451）86697518	带排水漏斗

产品名称	型号规格	参考价格(元)	生产厂家	电话	主要参数及备注
混合机	HF-1000	121000	纳诺机械设备有限公司	(0451)86697518	带反转装置
混合机	HF-1000	126000	纳诺机械设备有限公司	(0451)86697518	带辅助倒流挡板式混合盖
混合机	HF-1000	130000	纳诺机械设备有限公司	(0451)86697518	带红外安全光栅保护装置
混合机	HF-1000	130000	纳诺机械设备有限公司	(0451)86697518	带操作平台、扶梯
混合机	HF-1000	133000	纳诺机械设备有限公司	(0451)86697518	带清洗盖、清洗球
混合机	HF-1000	133000	纳诺机械设备有限公司	(0451)86697518	带不锈钢安全护栏
混合机	HF-1000	153400	纳诺机械设备有限公司	(0451)86697518	与物料接触部位材质 316L
混合机	HF-1500	150000	纳诺机械设备有限公司	(0451)86697518	
混合机	HF-1500	151500	纳诺机械设备有限公司	(0451)86697518	带排水漏斗
混合机	HF-1500	153000	纳诺机械设备有限公司	(0451)86697518	带反转装置
混合机	HF-1500	158000	纳诺机械设备有限公司	(0451)86697518	带辅助倒流挡板式混合盖
混合机	HF-1500	162000	纳诺机械设备有限公司	(0451)86697518	带红外安全光栅保护装置
混合机	HF-1500	162000	纳诺机械设备有限公司	(0451)86697518	带操作平台、扶梯
混合机	HF-1500	165000	纳诺机械设备有限公司	(0451)86697518	带清洗盖、清洗球
混合机	HF-1500	165000	纳诺机械设备有限公司	(0451)86697518	带不锈钢安全护栏
混合机	HF-1500	195000	纳诺机械设备有限公司	(0451)86697518	与物料接触部位材质 316L
混合机	HF-2000	200000	纳诺机械设备有限公司	(0451)86697518	
混合机	HF-2000	201500	纳诺机械设备有限公司	(0451)86697518	带排水漏斗
混合机	HF-2000	203000	纳诺机械设备有限公司	(0451)86697518	带反转装置
混合机	HF-2000	208000	纳诺机械设备有限公司	(0451)86697518	带辅助倒流挡板式混合盖
混合机	HF-2000	212000	纳诺机械设备有限公司	(0451)86697518	带红外安全光栅保护装置
混合机	HF-2000	212000	纳诺机械设备有限公司	(0451)86697518	带操作平台、扶梯
混合机	HF-2000	215000	纳诺机械设备有限公司	(0451)86697518	带清洗盖、清洗球
混合机	HF-2000	215000	纳诺机械设备有限公司	(0451)86697518	带不锈钢安全护栏
混合机	HF-2000	260000	纳诺机械设备有限公司	(0451)86697518	与物料接触部位材质 316L
混合机	HF-2500	220000	纳诺机械设备有限公司	(0451)86697518	
混合机	HF-2500	221500	纳诺机械设备有限公司	(0451)86697518	带排水漏斗
混合机	HF-2500	223000	纳诺机械设备有限公司	(0451)86697518	带反转装置

产品名称	型号规格	参考价格(元)	生产厂家	电话	主要参数及备注
混合机	HF-2500	228000	纳诺机械设备有限公司	(0451)86697518	带辅助倒流挡板式混合盖
混合机	HF-2500	232000	纳诺机械设备有限公司	(0451)86697518	带红外安全光栅保护装置
混合机	HF-2500	235000	纳诺机械设备有限公司	(0451)86697518	带清洗盖、清洗球
混合机	HF-2500	235000	纳诺机械设备有限公司	(0451)86697518	带不锈钢安全护栏
混合机	HF-2500	235000	纳诺机械设备有限公司	(0451)86697518	带操作平台、扶梯
混合机	HF-2500	286000	纳诺机械设备有限公司	(0451)86697518	与物料接触部位材质316L
混合机	HF-3000	238000	纳诺机械设备有限公司	(0451)86697518	
混合机	HF-3000	239500	纳诺机械设备有限公司	(0451)86697518	带排水漏斗
混合机	HF-3000	241000	纳诺机械设备有限公司	(0451)86697518	带反转装置
混合机	HF-3000	246000	纳诺机械设备有限公司	(0451)86697518	带辅助倒流挡板式混合盖
混合机	HF-3000	250000	纳诺机械设备有限公司	(0451)86697518	带红外安全光栅保护装置
混合机	HF-3000	253000	纳诺机械设备有限公司	(0451)86697518	带清洗盖、清洗球
混合机	HF-3000	253000	纳诺机械设备有限公司	(0451)86697518	带不锈钢安全护栏
混合机	HF-3000	253000	纳诺机械设备有限公司	(0451)86697518	带操作平台、扶梯
混合机	HF-3000	309400	纳诺机械设备有限公司	(0451)86697518	与物料接触部位材质316L
混合机	HF-4000	280000	纳诺机械设备有限公司	(0451)86697518	
混合机	HF-4000	281500	纳诺机械设备有限公司	(0451)86697518	带排水漏斗
混合机	HF-4000	283000	纳诺机械设备有限公司	(0451)86697518	带反转装置
混合机	HF-4000	288000	纳诺机械设备有限公司	(0451)86697518	带辅助倒流挡板式混合盖
混合机	HF-4000	292000	纳诺机械设备有限公司	(0451)86697518	带红外安全光栅保护装置
混合机	HF-4000	295000	纳诺机械设备有限公司	(0451)86697518	带清洗盖、清洗球
混合机	HF-4000	295000	纳诺机械设备有限公司	(0451)86697518	带不锈钢安全护栏
混合机	HF-4000	295000	纳诺机械设备有限公司	(0451)86697518	带操作平台、扶梯
混合机	HF-4000	364000	纳诺机械设备有限公司	(0451)86697518	与物料接触部位材质316L
混合机	HF-5000	320000	纳诺机械设备有限公司	(0451)86697518	
混合机	HF-5000	321500	纳诺机械设备有限公司	(0451)86697518	带排水漏斗
混合机	HF-5000	323000	纳诺机械设备有限公司	(0451)86697518	带反转装置
混合机	HF-5000	328000	纳诺机械设备有限公司	(0451)86697518	带辅助倒流挡板式混合盖

产品名称	型号规格	参考价格(元)	生产厂家	电话	主要参数及备注
混合机	HF-5000	332000	纳诺机械设备有限公司	(0451)86697518	带红外安全光栅保护装置
混合机	HF-5000	335000	纳诺机械设备有限公司	(0451)86697518	带清洗盖、清洗球
混合机	HF-5000	335000	纳诺机械设备有限公司	(0451)86697518	带不锈钢安全护栏
混合机	HF-5000	335000	纳诺机械设备有限公司	(0451)86697518	带操作平台、扶梯
混合机	HF-5000	416000	纳诺机械设备有限公司	(0451)86697518	与物料接触部位材质 316L
混合机	HF-6000	360000	纳诺机械设备有限公司	(0451)86697518	
混合机	HF-6000	361500	纳诺机械设备有限公司	(0451)86697518	带排水漏斗
混合机	HF-6000	363000	纳诺机械设备有限公司	(0451)86697518	带反转装置
混合机	HF-6000	368000	纳诺机械设备有限公司	(0451)86697518	带辅助倒流挡板式混合盖
混合机	HF-6000	372000	纳诺机械设备有限公司	(0451)86697518	带红外安全光栅保护装置
混合机	HF-6000	375000	纳诺机械设备有限公司	(0451)86697518	带不锈钢安全护栏
混合机	HF-6000	375000	纳诺机械设备有限公司	(0451)86697518	带清洗盖、清洗球
混合机	HF-6000	378000	纳诺机械设备有限公司	(0451)86697518	带操作平台、扶梯
混合机	HF-6000	468000	纳诺机械设备有限公司	(0451)86697518	与物料接触部位材质 316L
混合机	HF-7000	420000	纳诺机械设备有限公司	(0451)86697518	
混合机	HF-7000	421500	纳诺机械设备有限公司	(0451)86697518	带排水漏斗
混合机	HF-7000	423000	纳诺机械设备有限公司	(0451)86697518	带反转装置
混合机	HF-7000	428000	纳诺机械设备有限公司	(0451)86697518	带辅助倒流挡板式混合盖
混合机	HF-7000	432000	纳诺机械设备有限公司	(0451)86697518	带红外安全光栅保护装置
混合机	HF-7000	435000	纳诺机械设备有限公司	(0451)86697518	带不锈钢安全护栏
混合机	HF-7000	435000	纳诺机械设备有限公司	(0451)86697518	带清洗盖、清洗球
混合机	HF-7000	438000	纳诺机械设备有限公司	(0451)86697518	带操作平台、扶梯
混合机	HF-7000	546000	纳诺机械设备有限公司	(0451)86697518	与物料接触部位材质 316L
混合机	HF-8000	430000	纳诺机械设备有限公司	(0451)86697518	
混合机	HF-8000	431500	纳诺机械设备有限公司	(0451)86697518	带排水漏斗
混合机	HF-8000	433000	纳诺机械设备有限公司	(0451)86697518	带反转装置
混合机	HF-8000	438000	纳诺机械设备有限公司	(0451)86697518	带辅助倒流挡板式混合盖
混合机	HF-8000	442000	纳诺机械设备有限公司	(0451)86697518	带红外安全光栅保护装置

产品名称	型号规格	参考价格(元)	生产厂家	电话	主要参数及备注
混合机	HF-8000	445000	纳诺机械设备有限公司	(0451)86697518	带清洗盖、清洗球
混合机	HF-8000	445000	纳诺机械设备有限公司	(0451)86697518	带不锈钢安全护栏
混合机	HF-8000	448000	纳诺机械设备有限公司	(0451)86697518	带操作平台、扶梯
混合机	HF-8000	559000	纳诺机械设备有限公司	(0451)86697518	与物料接触部位材质316L
混合机	HF-9000	440000	纳诺机械设备有限公司	(0451)86697518	
混合机	HF-9000	441500	纳诺机械设备有限公司	(0451)86697518	带排水漏斗
混合机	HF-9000	443000	纳诺机械设备有限公司	(0451)86697518	带反转装置
混合机	HF-9000	448000	纳诺机械设备有限公司	(0451)86697518	带辅助倒流挡板式混合盖
混合机	HF-9000	452000	纳诺机械设备有限公司	(0451)86697518	带红外安全光栅保护装置
混合机	HF-9000	455000	纳诺机械设备有限公司	(0451)86697518	带不锈钢安全护栏
混合机	HF-9000	455000	纳诺机械设备有限公司	(0451)86697518	带清洗盖、清洗球
混合机	HF-9000	458000	纳诺机械设备有限公司	(0451)86697518	带操作平台、扶梯
混合机	HF-9000	572000	纳诺机械设备有限公司	(0451)86697518	与物料接触部位材质316L
混合机	HF-10000	480000	纳诺机械设备有限公司	(0451)86697518	
混合机	HF-10000	481500	纳诺机械设备有限公司	(0451)86697518	带排水漏斗
混合机	HF-10000	483000	纳诺机械设备有限公司	(0451)86697518	带反转装置
混合机	HF-10000	488000	纳诺机械设备有限公司	(0451)86697518	带辅助倒流挡板式混合盖
混合机	HF-10000	492000	纳诺机械设备有限公司	(0451)86697518	带红外安全光栅保护装置
混合机	HF-10000	495000	纳诺机械设备有限公司	(0451)86697518	带清洗盖、清洗球
混合机	HF-10000	495000	纳诺机械设备有限公司	(0451)86697518	带不锈钢安全护栏
混合机	HF-10000	498000	纳诺机械设备有限公司	(0451)86697518	带操作平台、扶梯
混合机	HF-10000	624000	纳诺机械设备有限公司	(0451)86697518	与物料接触部位材质316L
混合机	HF-11000	490000	纳诺机械设备有限公司	(0451)86697518	
混合机	HF-11000	491500	纳诺机械设备有限公司	(0451)86697518	带排水漏斗
混合机	HF-11000	493000	纳诺机械设备有限公司	(0451)86697518	带反转装置
混合机	HF-11000	498000	纳诺机械设备有限公司	(0451)86697518	带辅助倒流挡板式混合盖
混合机	HF-11000	502000	纳诺机械设备有限公司	(0451)86697518	带红外安全光栅保护装置
混合机	HF-11000	505000	纳诺机械设备有限公司	(0451)86697518	带清洗盖、清洗球

产品名称	型号规格	参考价格(元)	生产厂家	电话	主要参数及备注
混合机	HF-11000	505000	纳诺机械设备有限公司	(0451)86697518	带不锈钢安全护栏
混合机	HF-11000	508000	纳诺机械设备有限公司	(0451)86697518	带操作平台、扶梯
混合机	HF-11000	637000	纳诺机械设备有限公司	(0451)86697518	与物料接触部位材质 316L
混合机	HF-12000	500000	纳诺机械设备有限公司	(0451)86697518	
混合机	HF-12000	501500	纳诺机械设备有限公司	(0451)86697518	带排水漏斗
混合机	HF-12000	503000	纳诺机械设备有限公司	(0451)86697518	带反转装置
混合机	HF-12000	508000	纳诺机械设备有限公司	(0451)86697518	带辅助倒流挡板式混合盖
混合机	HF-12000	512000	纳诺机械设备有限公司	(0451)86697518	带红外安全光栅保护装置
混合机	HF-12000	515000	纳诺机械设备有限公司	(0451)86697518	带清洗盖、清洗球
混合机	HF-12000	515000	纳诺机械设备有限公司	(0451)86697518	带不锈钢安全护栏
混合机	HF-12000	520000	纳诺机械设备有限公司	(0451)86697518	带操作平台、扶梯
混合机	HF-12000	650000	纳诺机械设备有限公司	(0451)86697518	与物料接触部位材质 316L
混合机	HF-13000	510000	纳诺机械设备有限公司	(0451)86697518	
混合机	HF-13000	511500	纳诺机械设备有限公司	(0451)86697518	带排水漏斗
混合机	HF-13000	513000	纳诺机械设备有限公司	(0451)86697518	带反转装置
混合机	HF-13000	518000	纳诺机械设备有限公司	(0451)86697518	带辅助倒流挡板式混合盖
混合机	HF-13000	522000	纳诺机械设备有限公司	(0451)86697518	带红外安全光栅保护装置
混合机	HF-13000	525000	纳诺机械设备有限公司	(0451)86697518	带清洗盖、清洗球
混合机	HF-13000	525000	纳诺机械设备有限公司	(0451)86697518	带不锈钢安全护栏
混合机	HF-13000	530000	纳诺机械设备有限公司	(0451)86697518	带操作平台、扶梯
混合机	HF-13000	663000	纳诺机械设备有限公司	(0451)86697518	与物料接触部位材质 316L
混合机	HF-14000	520000	纳诺机械设备有限公司	(0451)86697518	
混合机	HF-14000	521500	纳诺机械设备有限公司	(0451)86697518	带排水漏斗
混合机	HF-14000	523000	纳诺机械设备有限公司	(0451)86697518	带反转装置
混合机	HF-14000	528000	纳诺机械设备有限公司	(0451)86697518	带辅助倒流挡板式混合盖
混合机	HF-14000	532000	纳诺机械设备有限公司	(0451)86697518	带红外安全光栅保护装置
混合机	HF-14000	535000	纳诺机械设备有限公司	(0451)86697518	带清洗盖、清洗球
混合机	HF-14000	535000	纳诺机械设备有限公司	(0451)86697518	带不锈钢安全护栏

产品名称	型号规格	参考价格(元)	生产厂家	电话	主要参数及备注
混合机	HF-14000	540000	纳诺机械设备有限公司	(0451)86697518	带操作平台、扶梯
混合机	HF-14000	676000	纳诺机械设备有限公司	(0451)86697518	与物料接触部位材质 316L
混合机	HF-15000	550000	纳诺机械设备有限公司	(0451)86697518	
混合机	HF-15000	551500	纳诺机械设备有限公司	(0451)86697518	带排水漏斗
混合机	HF-15000	553000	纳诺机械设备有限公司	(0451)86697518	带反转装置
混合机	HF-15000	558000	纳诺机械设备有限公司	(0451)86697518	带辅助倒流挡板式混合盖
混合机	HF-15000	562000	纳诺机械设备有限公司	(0451)86697518	带红外安全光栅保护装置
混合机	HF-15000	565000	纳诺机械设备有限公司	(0451)86697518	带清洗盖、清洗球
混合机	HF-15000	565000	纳诺机械设备有限公司	(0451)86697518	带不锈钢安全护栏
混合机	HF-15000	570000	纳诺机械设备有限公司	(0451)86697518	带操作平台、扶梯
混合机	HF-15000	715000	纳诺机械设备有限公司	(0451)86697518	与物料接触部位材质 316L
混合机	HF-20000	600000	纳诺机械设备有限公司	(0451)86697518	
混合机	HF-20000	601500	纳诺机械设备有限公司	(0451)86697518	带排水漏斗
混合机	HF-20000	603000	纳诺机械设备有限公司	(0451)86697518	带反转装置
混合机	HF-20000	608000	纳诺机械设备有限公司	(0451)86697518	带辅助倒流挡板式混合盖
混合机	HF-20000	610000	纳诺机械设备有限公司	(0451)86697518	带红外安全光栅保护装置
混合机	HF-20000	615000	纳诺机械设备有限公司	(0451)86697518	带不锈钢安全护栏
混合机	HF-20000	615000	纳诺机械设备有限公司	(0451)86697518	带清洗盖、清洗球
混合机	HF-20000	620000	纳诺机械设备有限公司	(0451)86697518	带操作平台、扶梯
混合机	HF-20000	780000	纳诺机械设备有限公司	(0451)86697518	与物料接触部位材质 316L
混合机	HG-3000	238000	纳诺机械设备有限公司	(0451)86697518	
混合机	HG-3000	253000	纳诺机械设备有限公司	(0451)86697518	变频调速,按钮控制
混合机	HG-4000	280000	纳诺机械设备有限公司	(0451)86697518	
混合机	HG-4000	295000	纳诺机械设备有限公司	(0451)86697518	变频调速,按钮控制
混合机	VH-5	4500	泰州市金泰制药机械有限公司	(0523)86916718	生产能力 5 kg/h
混合机	VH-8	5500	泰州市金泰制药机械有限公司	(0523)86916718	生产能力 8 kg/h
混合机	VH-14	6800	泰州市金泰制药机械有限公司	(0523)86916718	生产能力 14 kg/h
混合机	VHJ-0.15	14500	常州市宇通干燥设备有限公司	(0519)88901088	机架材质 Q235

产品名称	型号规格	参考价格（元）	生产厂家	电话	主要参数及备注
混合机	VHJ-0.15	16500	常州市宇通干燥设备有限公司	（0519）88901088	机架材质不锈钢
混合机	VHJ-0.3	16900	常州市宇通干燥设备有限公司	（0519）88901088	机架材质 Q235
混合机	VHJ-0.3	19200	常州市宇通干燥设备有限公司	（0519）88901088	机架材质不锈钢
混合机	VHJ-0.5	21000	常州市宇通干燥设备有限公司	（0519）88901088	机架材质 Q235
混合机	VHJ-0.5	24500	常州市宇通干燥设备有限公司	（0519）88901088	机架材质不锈钢
混合机	VHJ-1	32300	常州市宇通干燥设备有限公司	（0519）88901088	机架材质 Q235
混合机	VHJ-1	36800	常州市宇通干燥设备有限公司	（0519）88901088	机架材质不锈钢
混合机	VHJ-1.5	38400	常州市宇通干燥设备有限公司	（0519）88901088	机架材质 Q235
混合机	VHJ-1.5	44500	常州市宇通干燥设备有限公司	（0519）88901088	机架材质不锈钢
混合机	VHJ-2	45000	常州市宇通干燥设备有限公司	（0519）88901088	机架材质 Q235
混合机	VHJ-2	52500	常州市宇通干燥设备有限公司	（0519）88901088	机架材质不锈钢
混合机	VHJ-3	54500	常州市宇通干燥设备有限公司	（0519）88901088	机架材质 Q235
混合机	VHJ-3	63000	常州市宇通干燥设备有限公司	（0519）88901088	机架材质不锈钢
混合机	VHJ-4	61500	常州市宇通干燥设备有限公司	（0519）88901088	机架材质 Q235
混合机	VHJ-4	72000	常州市宇通干燥设备有限公司	（0519）88901088	机架材质不锈钢
混合机	VHJ-5	69000	常州市宇通干燥设备有限公司	（0519）88901088	机架材质 Q235
混合机	VHJ-5	78000	常州市宇通干燥设备有限公司	（0519）88901088	机架材质不锈钢
V 形混合机	50 型	11000	周口制药机械厂有限公司	（0394）8583482	
V 形混合机	180 型	8000	江苏省泰州市长江制药机械有限公司	（0523）86911380	生产能力 40 kg/h，全容积 0.18 m^3，筒体转速 12 r/min，混合时间 4～8min，电动机功率 1.1kW，外形尺寸（mm）：1780×650×1750，重 280kg
V 形混合机	300 型	11000	江苏省泰州市长江制药机械有限公司	（0523）86911380	生产能力 80 kg/h，全容积 0.3m^3，筒体转速 12 r/min，混合时间 6～10min，电动机功率 1.1kW，外形尺寸（mm）：1880×650×1850，重 320kg
V 形混合机	300 型	22000	周口制药机械厂有限公司	（0394）8583482	
V 形混合机	500 型	13000	江苏省泰州市长江制药机械有限公司	（0523）86911380	生产能力 100 kg/h，全容积 0.5 m^3，筒体转速 12 r/min，混合时间 6～10min，电动机功率 2.2kW，外形尺寸（mm）：2500×1200×2420，重 550kg
V 形混合机	1000 型	20000	江苏省泰州市长江制药机械有限公司	（0523）86911380	生产能力 200 kg/h，全容积 1m^3，筒体转速 12 r/min，混合时间 6～10min，电动机功率 4kW，外形尺寸（mm）：2975×1600×3000，重 950kg

产品名称	型号规格	参考价格(元)	生产厂家	电话	主要参数及备注
V形混合机	VH-1.5	61000	江苏先锋干燥工程有限公司	(0519)88930888	全容积1.5 m^3,最大装料容积600L,进料口直径400mm,出料口直径200mm,出料口高度750mm,回转高度2580mm,回转直径2400mm,筒体转速10 r/min,电动机功率4kW,重1.1t
V形混合机	VH-2	67000	江苏先锋干燥工程有限公司	(0519)88930888	全容积2m^3,最大装料容积800L,进料口直径400mm,出料口直径200mm,出料口高度750mm,回转高度3350mm,回转直径2500mm,筒体转速10 r/min,电动机功率5.5kW,重1.5t
V形混合机	VH-2.5	75000	江苏先锋干燥工程有限公司	(0519)88930888	全容积2.5 m^3,最大装料容积1000L,进料口直径400mm,出料口直径200mm,出料口高度750mm,回转高度3800mm,回转直径2880mm,筒体转速8 r/min,电动机功率7.5kW,重1.7t
V形混合机	VH-5	132000	江苏先锋干燥工程有限公司	(0519)88930888	全容积5m^3
V形混合机	VHJ-0.18	19987	常州中贝干燥设备有限公司	(0519)88671938	生产能力72 kg/h,进料时间3~5min,混合时间4~8min,全容积0.18m^3,搅拌转速12 r/min,回转高度1580mm,电动机功率1.1 kW,重280kg,支架材质碳钢
V形混合机	VHJ-0.18	22748	常州中贝干燥设备有限公司	(0519)88671938	生产能力72 kg/h,进料时间3~5min,混合时间4~8min,全容积0.18m^3,搅拌转速12 r/min,回转高度1580mm,电动机功率1.1 kW,重280kg,材质不锈钢
V形混合机	VHJ-0.3	22748	常州中贝干燥设备有限公司	(0519)88671938	生产能力120 kg/h,进料时间3~5min,混合时间6~10min,全容积0.3m^3,搅拌转速12 r/min,回转高度1760mm,电动机功率1.1 kW,重320kg,支架材质碳钢
V形混合机	VHJ-0.3	27830	常州中贝干燥设备有限公司	(0519)88671938	生产能力120 kg/h,进料时间3~5min,混合时间6~10min,全容积0.3m^3,搅拌转速12 r/min,回转高度1760mm,电动机功率1.1 kW,重320kg,材质不锈钢
V形混合机	VHJ-0.5	30107	常州中贝干燥设备有限公司	(0519)88671938	生产能力200 kg/h,进料时间4~6min,混合时间6~10min,全容积0.5m^3,搅拌转速12 r/min,回转高度2400mm,电动机功率2.2 kW,重550kg,支架材质碳钢
V形混合机	VHJ-0.5	35090	常州中贝干燥设备有限公司	(0519)88671938	生产能力200 kg/h,进料时间4~6min,混合时间6~10min,全容积0.5m^3,搅拌转速12 r/min,回转高度2400mm,电动机功率2.2 kW,重550kg,材质不锈钢
V形混合机	VHJ-1	46552	常州中贝干燥设备有限公司	(0519)88671938	生产能力400 kg/h,进料时间6~9min,混合时间6~10min,全容积1m^3,搅拌转速12 r/min,回转高度2840mm,电动机功率4kW,重950kg,支架材质碳钢
V形混合机	VHJ-1	52998	常州中贝干燥设备有限公司	(0519)88671938	生产能力400 kg/h,进料时间6~9min,混合时间6~10min,全容积1m^3,搅拌转速12 r/min,回转高度2840mm,电动机功率4kW,重950kg,材质不锈钢

产品名称	型号规格	参考价格（元）	生产厂家	电话	主要参数及备注
V形混合机	VHJ-1.5	56925	常州中贝干燥设备有限公司	（0519）88671938	生产能力 600 kg/h，进料时间 6～10min，混合时间 6～10min，全容积1.5m^3，搅拌转速 12 r/min，回转高度 3010mm，电动机功率4kW，重1.02t，支架材质碳钢
V形混合机	VHJ-1.5	65945	常州中贝干燥设备有限公司	（0519）88671938	生产能力 600 kg/h，进料时间 6～10min，混合时间 6～10min，全容积1.5m^3，搅拌转速 12 r/min，回转高度 3010mm，电动机功率4kW，重1.02t，材质不锈钢
V形混合机	VHJ-2	65527	常州中贝干燥设备有限公司	（0519）88671938	生产能力 800 kg/h，进料时间 8～13min，混合时间 6～10min，全容积 2m^3，搅拌转速 12 r/min，回转高度 3240mm，电动机功率5kW，重1.6t，支架材质碳钢
V形混合机	VHJ-2	71390	常州中贝干燥设备有限公司	（0519）88671938	生产能力 800 kg/h，进料时间 8～13min，混合时间 6～10min，全容积 2m^3，搅拌转速 12 r/min，回转高度 3240mm，电动机功率5kW，重1.6t，材质不锈钢
V形混合机	VHJ-2.5	73370	常州中贝干燥设备有限公司	（0519）88671938	生产能力 1t/h，进料时间 8～15min，混合时间 6～10min，全容积2.5m^3，搅拌转速 12 r/min，回转高度 3680mm，电动机功率7.5 kW，重2.04t，支架材质碳钢
V形混合机	VHJ-2.5	77198	常州中贝干燥设备有限公司	（0519）88671938	生产能力 1t/h，进料时间 8～15min，混合时间 6～10min，全容积2.5m^3，搅拌转速 12 r/min，回转高度 3680mm，电动机功率7.5 kW，重2.04t，材质不锈钢
V形混合机	VHJ-5	92980	常州中贝干燥设备有限公司	（0519）88671938	生产能力 2t/h，进料时间 15～20min，混合时间 8～12min，全容积 5m^3，搅拌转速 10 r/min，回转高度 4800mm，电动机功率15kW，重3.25t，支架材质碳钢
V形混合机	VHJ-5	99220	常州中贝干燥设备有限公司	（0519）88671938	生产能力 2t/h，进料时间 15～20min，混合时间 8～12min，全容积 5m^3，搅拌转速 10 r/min，回转高度 4800mm，电动机功率15kW，重3.25t，材质不锈钢
V形高效混合机	0.1m^3	12000	常州市互帮干燥设备有限公司	（0519）88739588	材质 Q235
V形高效混合机	0.1m^3	17000	常州市互帮干燥设备有限公司	（0519）88739588	材质不锈钢
V形高效混合机	0.2m^3	13000	常州市互帮干燥设备有限公司	（0519）88739588	材质 Q235
V形高效混合机	0.2m^3	21000	常州市互帮干燥设备有限公司	（0519）88739588	材质不锈钢
V形高效混合机	0.3m^3	14000	常州市互帮干燥设备有限公司	（0519）88739588	材质 Q235
V形高效混合机	0.3m^3	23000	常州市互帮干燥设备有限公司	（0519）88739588	材质不锈钢
V形高效混合机	0.5m^3	18000	常州市互帮干燥设备有限公司	（0519）88739588	材质 Q235
V形高效混合机	0.5m^3	29000	常州市互帮干燥设备有限公司	（0519）88739588	材质不锈钢
V形高效混合机	0.75m^3	20000	常州市互帮干燥设备有限公司	（0519）88739588	材质 Q235
V形高效混合机	0.75m^3	35000	常州市互帮干燥设备有限公司	（0519）88739588	材质不锈钢

产品名称	型号规格	参考价格(元)	生产厂家	电话	主要参数及备注
V形高效混合机	1.5m³	27000	常州市互帮干燥设备有限公司	(0519)88739588	材质Q235
V形高效混合机	1.5m³	50000	常州市互帮干燥设备有限公司	(0519)88739588	材质不锈钢
V形高效混合机	1m³	23000	常州市互帮干燥设备有限公司	(0519)88739588	材质Q235
V形高效混合机	1m³	43000	常州市互帮干燥设备有限公司	(0519)88739588	材质不锈钢
V形高效混合机	2m³	32000	常州市互帮干燥设备有限公司	(0519)88739588	材质Q235
V形高效混合机	2m³	63000	常州市互帮干燥设备有限公司	(0519)88739588	材质不锈钢
V形高效混合机	2.5m³	36000	常州市互帮干燥设备有限公司	(0519)88739588	材质Q235
V形高效混合机	2.5m³	68000	常州市互帮干燥设备有限公司	(0519)88739588	材质不锈钢
V形高效混合机	3m³	40000	常州市互帮干燥设备有限公司	(0519)88739588	材质Q235
V形高效混合机	3m³	76000	常州市互帮干燥设备有限公司	(0519)88739588	材质不锈钢
V形高效混合机	VH-0.1	15640	无锡市凯信干燥成套设备有限公司	(0510)81663608	全容积0.1m³,最大装料容积40L,最大装料重20kg,进料口直径250mm,出料口直径100mm,出料口高度450mm,回转高度1380mm,回转直径1050mm,电动机功率1.1kW,重330kg,机架封板材质碳钢
V形高效混合机	VH-0.1	17700	无锡市凯信干燥成套设备有限公司	(0510)81663608	全容积0.1m³,最大装料容积40L,最大装料重20kg,进料口直径250mm,出料口直径100mm,出料口高度450mm,回转高度1380mm,回转直径1050mm,电动机功率1.1kW,重330kg,机架封板材质不锈钢
V形高效混合机	VH-0.2	23400	无锡市凯信干燥成套设备有限公司	(0510)81663608	全容积0.2m³,最大装料容积80L,最大装料重40kg,进料口直径300mm,出料口直径100mm,出料口高度750mm,回转高度1880mm,回转直径1480mm,电动机功率1.5kW,重600kg,机架封板材质碳钢
V形高效混合机	VH-0.2	25200	无锡市凯信干燥成套设备有限公司	(0510)81663608	全容积0.2m³,最大装料容积80L,最大装料重40kg,进料口直径300mm,出料口直径100mm,出料口高度750mm,回转高度1880mm,回转直径1480mm,电动机功率1.5kW,重600kg,机架封板材质不锈钢
V形高效混合机	VH-0.3	24700	无锡市凯信干燥成套设备有限公司	(0510)81663608	全容积0.3m³,最大装料容积120L,最大装料重60kg,进料口直径300mm,出料口直径100mm,出料口高度750mm,回转高度2290mm,回转直径1540mm,电动机功率1.5kW,重780kg,机架封板材质碳钢
V形高效混合机	VH-0.3	27600	无锡市凯信干燥成套设备有限公司	(0510)81663608	全容积0.3m³,最大装料容积120L,最大装料重60kg,进料口直径300mm,出料口直径100mm,出料口高度750mm,回转高度2290mm,回转直径1540mm,电动机功率1.5kW,重780kg,机架封板材质不锈钢

产品名称	型号规格	参考价格（元）	生产厂家	电话	主要参数及备注
V形高效混合机	VH-0.5	26600	无锡市凯信干燥成套设备有限公司	（0510）81663608	全容积0.5 m^3，最大装料容积200L，最大装料重100kg，进料口直径300mm，出料口直径150mm，出料口高度750mm，回转高度2370mm，回转直径1620mm，电动机功率1.5kW，重1.05t，机架封板材质碳钢
V形高效混合机	VH-0.5	29100	无锡市凯信干燥成套设备有限公司	（0510）81663608	全容积0.5 m^3，最大装料容积200L，最大装料重100kg，进料口直径300mm，出料口直径150mm，出料口高度750mm，回转高度2370mm，回转直径1620mm，电动机功率1.5kW，重1.05t，机架封板材质不锈钢
V形高效混合机	VH-1	38700	无锡市凯信干燥成套设备有限公司	（0510）81663608	全容积1m^3，最大装料容积400L，最大装料重200kg，进料口直径400mm，出料口直径150mm，出料口高度750mm，回转高度2680mm，回转直径2130mm，电动机功率3kW，重1.6t，机架封板材质碳钢
V形高效混合机	VH-1	43000	无锡市凯信干燥成套设备有限公司	（0510）81663608	全容积1m^3，最大装料容积400L，最大装料重200kg，进料口直径400mm，出料口直径150mm，出料口高度750mm，回转高度2680mm，回转直径2130mm，电动机功率3kW，重1.6t，机架封板材质不锈钢
V形高效混合机	VH-1.5	42680	无锡市凯信干燥成套设备有限公司	（0510）81663608	全容积1.5 m^3，最大装料容积600L，最大装料重300kg，进料口直径400mm，出料口直径200mm，出料口高度750mm，回转高度3050mm，回转直径2300mm，电动机功率4kW，重1.85t，机架封板材质碳钢
V形高效混合机	VH-1.5	51850	无锡市凯信干燥成套设备有限公司	（0510）81663608	全容积1.5 m^3，最大装料容积600L，最大装料重300kg，进料口直径400mm，出料口直径200mm，出料口高度750mm，回转高度3050mm，回转直径2300mm，电动机功率4kW，重1.85t，机架封板材质不锈钢
V形高效混合机	VH-2	59400	无锡市凯信干燥成套设备有限公司	（0510）81663608	全容积2m^3，最大装料容积800L，最大装料重400kg，进料口直径400mm，出料口直径200mm，出料口高度750mm，回转高度3350mm，回转直径2500mm，电动机功率5.5kW，重2.1t，机架封板材质碳钢
V形高效混合机	VH-2	65700	无锡市凯信干燥成套设备有限公司	（0510）81663608	全容积2m^3，最大装料容积800L，最大装料重400kg，进料口直径400mm，出料口直径200mm，出料口高度750mm，回转高度3350mm，回转直径2500mm，电动机功率5.5kW，重2.1t，机架封板材质不锈钢
V形高效混合机	VH-2.5	65000	无锡市凯信干燥成套设备有限公司	（0510）81663608	全容积2.5 m^3，最大装料容积1000L，最大装料重500kg，进料口直径400mm，出料口直径200mm，出料口高度750mm，回转高度3800mm，回转直径3000mm，电动机功率7.5kW，重2.3t，机架封板材质碳钢

产品名称	型号规格	参考价格(元)	生产厂家	电话	主要参数及备注
V形高效混合机	VH-2.5	73300	无锡市凯信干燥成套设备有限公司	(0510)81663608	全容积2.5 m^3,最大装料容积1000L,最大装料重500kg,进料口直径400mm,出料口直径200mm,出料口高度750mm,回转高度3800mm,回转直径3000mm,电动机功率7.5kW,重2.3t,机架封板材质不锈钢
V形高效混合机	VH-3	67020	无锡市凯信干燥成套设备有限公司	(0510)81663608	全容积3m^3,最大装料容积1200L,最大装料重600kg,进料口直径400mm,出料口直径200mm,出料口高度750mm,回转高度3850mm,回转直径3200mm,电动机功率7.5kW,重2.6t,机架封板材质碳钢
V形高效混合机	VH-3	76000	无锡市凯信干燥成套设备有限公司	(0510)81663608	全容积3m^3,最大装料容积1200L,最大装料重600kg,进料口直径400mm,出料口直径200mm,出料口高度750mm,回转高度3850mm,回转直径3200mm,电动机功率7.5kW,重2.6t,机架封板材质不锈钢
V形高效混合机	VH-4	82100	无锡市凯信干燥成套设备有限公司	(0510)81663608	机架封板材质碳钢
V形高效混合机	VH-4	89200	无锡市凯信干燥成套设备有限公司	(0510)81663608	机架封板材质不锈钢
V形高效混合机	VH-5	102000	无锡市凯信干燥成套设备有限公司	(0510)81663608	机架封板材质碳钢
V形高效混合机	VH-5	109800	无锡市凯信干燥成套设备有限公司	(0510)81663608	机架封板材质不锈钢
槽形混合机	CH-10	4600	泰兴市苏中制药机械有限公司	(0523)87261051	不含税价
槽形混合机	CH-10	4700	周口制药机械厂有限公司	(0394)8583482	有效工作容积10L
槽形混合机	CH-10	4800	泰州市金泰制药机械有限公司	(0523)86916718	有效工作容积10L,主轴转速25 r/min,电动机转速1400 r/min,电动机功率0.37kW,外形尺寸(mm):550×270×520,重65kg
槽形混合机	CH-10	5600	上海天凡药机制造厂	(021)57668023	工作容积10L
槽形混合机	CH-10	5700	上海中南医药机械有限公司	(021)64089523	容积10L,搅拌功率0.37kW,外形尺寸(mm):600×280×450,重50kg,手动倒料
槽形混合机	CH-10	6000	上海天祥健台制药机械有限公司	(021)62982333	工作容积10L,搅拌桨转速25 r/min,料槽最大倾角105°,外形尺寸(mm):550×250×540,重65kg
槽形混合机	CH-10	7000	周口制药机械厂有限公司	(0394)8583482	有效工作容积10L,材质不锈钢
槽形混合机	CH-10B	4500	泰州市天泰制药机械厂	(0523)86939318	工作部件、箱体外包材质不锈钢
槽形混合机	CH-20	6800	泰州市金泰制药机械有限公司	(0523)86916718	有效工作容积20L
槽形混合机	CH-30	12800	江阴市宏达粉体设备有限公司	(0510)86237735	料筒容积20L,最大装料容积20L,最大装料重20kg,搅拌桨转速24 r/min,翻转角<105°,搅拌电动机功率0.75kW,倒料电动机功率0.12kW,外形尺寸(mm):1065×380×520,重150kg,卧式,材质304

产品名称	型号规格	参考价格(元)	生产厂家	电话	主要参数及备注
槽形混合机	CH-200	16800	泰兴市苏中制药机械有限公司	(0523)87261051	不含税价
槽形混合机	CH-200	17000	常州市宇通干燥设备有限公司	(0519)88901088	
槽形混合机	CH-200	17000	江阴金发干燥设备有限公司	(0510)86178258	与物料接触部位材质不锈钢
槽形混合机	CH-200	18000	常州中贝干燥设备有限公司	(0519)88671938	混合体材质不锈钢
槽形混合机	CH-200	18000	常州市互帮干燥设备有限公司	(0519)88739588	容积 200L,搅拌桨转速 24 r/min,倒料角 105°,电动机功率 3kW,外形尺寸(mm):1800×700×1200,重 650kg,混合体材质不锈钢
槽形混合机	CH-200	19500	上海中南医药机械有限公司	(021)64089523	容积 200L,搅拌功率 3kW,倒料功率0.75 kW,外形尺寸(mm):1560×600×1300,重 850kg,电动倒料
槽形混合机	CH-200	20800	泰州市金泰制药机械有限公司	(0523)86916718	容积 200L,搅拌桨转速 24 r/min,倒料角 105°,电动机功率 3kW,外形尺寸(mm):1200×500×1000,重 400kg
槽形混合机	CH-200	21000	周口制药机械厂有限公司	(0394)8583482	有效工作容积 200L,主轴转速 24 r/min,主电动机功率 4kW,倒料电动机功率0.75kW,外形尺寸(mm):1620×610×1280,重 900kg
槽形混合机	CH-200	22500	常州中贝干燥设备有限公司	(0519)88671938	材质不锈钢
槽形混合机	CH-200	22500	常州市互帮干燥设备有限公司	(0519)88739588	容积 200L,搅拌桨转速 24 r/min,倒料角 105°,电动机功率 3kW,外形尺寸(mm):1800×700×1200,重 650kg,材质不锈钢
槽形混合机	CH-200	22800	上海天凡药机制造厂	(021)57668023	工作容积 200L,搅拌桨转速 24 r/min,混合槽翻转角 105°,主机功率 3kW,外形尺寸(mm):1660×760×1190,重 600kg
槽形混合机	CH-200	23000	江阴金发干燥设备有限公司	(0510)86178258	内外材质不锈钢
槽形混合机	CH-200	24000	天津市朋群粉碎机设备有限公司	(022)83725677	工作容积 200L,搅拌桨转速 24 r/min,重 450kg,材质不锈钢
槽形混合机	CH-200	25000	无锡市凯信干燥成套设备有限公司	(0510)81663608	倒料角 105°,混料重 40kg,搅拌转速 24 r/min,搅拌电动机功率 4kW,外形尺寸(mm):1480×1200×600
槽形混合机	CH-200	26000	周口制药机械厂有限公司	(0394)8583482	有效工作容积 200L,主轴转速 24 r/min,主电动机功率 4kW,倒料电动机功率0.75kW,外形尺寸(mm):1620×610×1280,重 900kg,材质不锈钢
槽形混合机	CH-200	29000	天津市中药机械厂	(022)27392043	工作容积 200L,搅拌桨转速 24 r/min,重 450kg,材质不锈钢
槽形混合机	CH-200	30000	辽宁祥安制药机械有限公司	(0415)4109877	
槽形混合机	CH-200B	22500	泰州市天泰制药机械厂	(0523)86939318	工作部件、箱体外包材质不锈钢
槽形混合机	CH-200L	18000	江苏一步干燥设备有限公司	(0519)88902618	容积 200L,搅拌桨转速 24 r/min,倒料角 105°,功率 4kW,外形尺寸(mm):1800×700×1200,重 650kg,混合体材质不锈钢

产品名称	型号规格	参考价格（元）	生产厂家	电话	主要参数及备注
槽形混合机	CH-200L	22500	江苏一步干燥设备有限公司	（0519）88902618	容积 200L，搅拌桨转速 24 r/min，倒料角 105°，功率 4kW，外形尺寸（mm）：1800×700×1200，重 650kg，材质不锈钢
槽形混合机	CH-300	18000	江苏省泰州市长江制药机械有限公司	（0523）86911380	工作容积 300L，搅拌桨转速 24 r/min，搅拌电动机功率5.5kW，倒料电动机功率1.1kW，外形尺寸（mm）：2150×700×1250，重 750kg，卧式
槽形混合机	CH-300	23000	泰兴市苏中制药机械有限公司	（0523）87261051	不含税价
槽形混合机	CH-300B	29500	泰州市天泰制药机械厂	（0523）86939318	工作部件、箱体外包材质不锈钢
槽形混合机	CH-400	22000	江苏省泰州市长江制药机械有限公司	（0523）86911380	工作容积 400L，搅拌桨转速 24 r/min，搅拌电动机功率5.5kW，倒料电动机功率1.1kW，外形尺寸（mm）：2280×800×1250，重 780kg，卧式
槽形混合机	CH-400	35000	常州中贝干燥设备有限公司	（0519）88671938	混合体材质不锈钢
槽形混合机	CH-400	42000	常州中贝干燥设备有限公司	（0519）88671938	材质不锈钢
槽形混合机	CH-400B	32000	泰州市天泰制药机械厂	（0523）86939318	工作部件、箱体外包材质不锈钢
槽形混合机	CH-400L	38000	江苏一步干燥设备有限公司	（0519）88902618	容积 400L，混合体材质不锈钢
槽形混合机	CH-400L	44000	江苏一步干燥设备有限公司	（0519）88902618	容积 400L，材质不锈钢
槽形混合机	CH-500	9000	上海宏泾制药机械有限公司	（021）59760447	有效工作容积 500L，搅拌桨转速 13.2r/min，总功率13.2kW，外形尺寸（mm）：2100×900×1800，重 2.5t
槽形混合机	CH-500	25000	江苏省泰州市长江制药机械有限公司	（0523）86911380	工作容积 500L，搅拌桨转速 24 r/min，搅拌电动机功率7.5kW，倒料电动机功率1.5kW，外形尺寸（mm）：2400×900×1250，重 820kg，卧式
槽形混合机	CH-500	52000	泰兴市苏中制药机械有限公司	（0523）87261051	不含税价
槽形混合机	CH-500B	45000	泰州市天泰制药机械厂	（0523）86939318	工作部件、箱体外包材质不锈钢
多向运动混合机	HD-5	9800	上海天凡药机制造厂	（021）57668023	料筒容积 5L
多向运动混合机	HD-10	9800	上海天凡药机制造厂	（021）57668023	料筒容积 10L
多向运动混合机	HD-15	15500	上海天凡药机制造厂	（021）57668023	料筒容积 15L
多向运动混合机	HD-20	17500	上海天凡药机制造厂	（021）57668023	料筒容积 20L
多向运动混合机	HD-50	25800	上海天凡药机制造厂	（021）57668023	料筒容积 50L，最大装料容积 40L，最大装料重 25kg，主轴转速≤17 r/min，功率1.1kW，外形尺寸（mm）：1400×1000×1200，重 300kg
多向运动混合机	HD-100	28800	上海天凡药机制造厂	（021）57668023	料筒容积 100L，最大装料容积 80L，最大装料重 50kg，主轴转速 0~8 r/min，功率1.5kW，外形尺寸（mm）：1700×1200×1500，重 500kg

产品名称	型号规格	参考价格(元)	生产厂家	电话	主要参数及备注
多向运动混合机	HD-200	36800	上海天凡药机制造厂	(021)57668023	料筒容积200L,最大装料容积160L,最大装料重100kg,主轴转速0~8 r/min,功率2.2kW,外形尺寸(mm):1800×1400×1600,重800kg
多向运动混合机	HD-400	46800	上海天凡药机制造厂	(021)57668023	料筒容积400L,最大装料容积320L,最大装料重200kg,主轴转速0~8 r/min,功率4kW,外形尺寸(mm):2100×1800×1950,重1.2t
多向运动混合机	HD-600	52800	上海天凡药机制造厂	(021)57668023	料筒容积600L,最大装料容积480L,最大装料重300kg,主轴转速0~8 r/min,功率5.5kW,外形尺寸(mm):2400×2200×2350,重1.5t
多向运动混合机	HD-800	61800	上海天凡药机制造厂	(021)57668023	料筒容积800L,最大装料容积640L,最大装料重400kg,主轴转速0~8 r/min,功率7.5kW,外形尺寸(mm):2600×2380×2500,重2t
多向运动混合机	HD-1000	63000	上海天凡药机制造厂	(021)57668023	料筒容积1000L
多向运动混合机	HD-1200	66500	上海天凡药机制造厂	(021)57668023	料筒容积1200L
多向运动混合机	HD-1500	70000	上海天凡药机制造厂	(021)57668023	料筒容积1500L
多向运动混合机	JSH-10B	21000	温州市健牌药业机械制造有限公司	(0577)86921600	单速,筒体四边形
多向运动混合机	JSH-60B	36700	温州市健牌药业机械制造有限公司	(0577)86921600	单速,筒体四边形
多向运动混合机	JSH-100B	42900	温州市健牌药业机械制造有限公司	(0577)86921600	单速,筒体四边形
多向运动混合机	JSH-200B	57600	温州市健牌药业机械制造有限公司	(0577)86921600	变频调速,筒体八边形
多向运动混合机	JSH-300B	65000	温州市健牌药业机械制造有限公司	(0577)86921600	变频调速,筒体八边形
多向运动混合机	JSH-400B	72700	温州市健牌药业机械制造有限公司	(0577)86921600	变频调速,筒体八边形
多向运动混合机	JSH-500B	83400	温州市健牌药业机械制造有限公司	(0577)86921600	变频调速,筒体八边形
多向运动混合机	JSH-600B	88700	温州市健牌药业机械制造有限公司	(0577)86921600	变频调速,筒体八边形
多向运动混合机	JSH-800B	122000	温州市健牌药业机械制造有限公司	(0577)86921600	变频调速,筒体八边形
多向运动混合机	JSH-1000B	142000	温州市健牌药业机械制造有限公司	(0577)86921600	变频调速,筒体八边形
多向运动混合机	JSH-1500B	175000	温州市健牌药业机械制造有限公司	(0577)86921600	变频调速,筒体八边形
多向运动混合机	SYH-5	7000	江苏省泰州市长江制药机械有限公司	(0523)86911380	料筒容积5L,最大装料容积4.25L,最大装料重5kg,主轴转速24 r/min,电动机功率0.37kW,外形尺寸(mm):600×1000×1000,重150kg
多向运动混合机	SYH-100	18000	江苏省泰州市长江制药机械有限公司	(0523)86911380	料筒容积100L,最大装料容积85L,最大装料重80kg,主轴转速15 r/min,电动机功率2.2kW,外形尺寸(mm):1200×1800×1500,重500kg

产品名称	型号规格	参考价格(元)	生产厂家	电话	主要参数及备注
二维运动混合机	SYH-100	42000	江苏先锋干燥工程有限公司	(0519)88930888	料筒容积100L,最大装料容积80L,最大装料重40kg,主轴转速0~8 r/min,电动机功率1.5kW,重500kg
二维运动混合机	SYH-200	52000	江苏先锋干燥工程有限公司	(0519)88930888	料筒容积200L,最大装料容积160L,最大装料重80kg,主轴转速0~8 r/min,电动机功率2.2 kW,重800kg
二维运动混合机	SYH-400	68000	江苏先锋干燥工程有限公司	(0519)88930888	料筒容积400L,最大装料容积320L,最大装料重160kg,主轴转速0~8 r/min,电动机功率4kW,重1.2t
二维运动混合机	SYH-600	85000	江苏先锋干燥工程有限公司	(0519)88930888	料筒容积600L,最大装料容积480L,最大装料重240kg,主轴转速0~8 r/min,电动机功率5.5 kW,重1.5t
二维运动混合机	SYH-800	102000	江苏先锋干燥工程有限公司	(0519)88930888	料筒容积800L,最大装料容积640L,最大装料重320kg,主轴转速0~8 r/min,电动机功率7.5 kW,重2t
二维运动混合机	SYH-1000	135000	江苏先锋干燥工程有限公司	(0519)88930888	料筒容积1000L,最大装料容积800L,最大装料重400kg,主轴转速0~8 r/min,电动机功率7.5 kW,重2.5t
二维运动混合机	SYH-1200	148000	江苏先锋干燥工程有限公司	(0519)88930888	料筒容积1200L,最大装料容积960L,最大装料重480kg,主轴转速0~8 r/min,电动机功率11kW,重3t
三维运动混合机	GH-2	22000	纳诺机械设备有限公司	(0451)86697518	生产能力0.8 kg/批,料筒容积2L,电动机功率0.18kW,外形尺寸(mm):580×650×560,重15kg
三维运动混合机	GH-2	23000	纳诺机械设备有限公司	(0451)86697518	生产能力0.8 kg/批,料筒容积2L,电动机功率0.18kW,外形尺寸(mm):580×650×560,重15kg,变频调速,按钮控制
三维运动混合机	GH-2	42000	纳诺机械设备有限公司	(0451)86697518	生产能力0.8 kg/批,料筒容积2L,电动机功率0.18kW,外形尺寸(mm):580×650×560,重15kg,带PLC人机界面
三维运动混合机	GH-17	33000	纳诺机械设备有限公司	(0451)86697518	生产能力6.8 kg/批,料筒容积17L,电动机功率0.75kW,外形尺寸(mm):650×1000×800,重80kg
三维运动混合机	GH-17	34500	纳诺机械设备有限公司	(0451)86697518	生产能力6.8 kg/批,料筒容积17L,电动机功率0.75kW,外形尺寸(mm):650×1000×800,重80kg,变频调速,按钮控制
三维运动混合机	GH-17	38000	纳诺机械设备有限公司	(0451)86697518	生产能力6.8 kg/批,料筒容积17L,电动机功率0.75kW,外形尺寸(mm):650×1000×800,重80kg,与物料接触部位材质316L
三维运动混合机	GH-17	53000	纳诺机械设备有限公司	(0451)86697518	生产能力6.8 kg/批,料筒容积17L,电动机功率0.75kW,外形尺寸(mm):650×1000×800,重80kg,带PLC人机界面
三维运动混合机	GH-17	63000	纳诺机械设备有限公司	(0451)86697518	生产能力6.8 kg/批,料筒容积17L,电动机功率0.75kW,外形尺寸(mm):650×1000×800,重80kg,带可换筒
三维运动混合机	GH-30	44000	纳诺机械设备有限公司	(0451)86697518	料筒容积30L

产品名称	型号规格	参考价格（元）	生产厂家	电话	主要参数及备注
三维运动混合机	GH-30	46000	纳诺机械设备有限公司	（0451）86697518	料筒容积 30L,变频调速,按钮控制
三维运动混合机	GH-30	51000	纳诺机械设备有限公司	（0451）86697518	料筒容积 30L,与物料接触部位材质 316L
三维运动混合机	GH-30	64000	纳诺机械设备有限公司	（0451）86697518	料筒容积 30L,带 PLC 人机界面
三维运动混合机	GH-30	74000	纳诺机械设备有限公司	（0451）86697518	料筒容积 30L,带可换筒
三维运动混合机	GH-60	55000	纳诺机械设备有限公司	（0451）86697518	生产能力 24kg/批,料筒容积 60L,电动机功率1.1kW,外形尺寸(mm):940×1150×1200,重150kg
三维运动混合机	GH-60	57500	纳诺机械设备有限公司	（0451）86697518	生产能力 24kg/批,料筒容积 60L,电动机功率1.1kW,外形尺寸(mm):940×1150×1200,重150kg,变频调速,按钮控制
三维运动混合机	GH-60	62000	纳诺机械设备有限公司	（0451）86697518	生产能力24kg/批,料筒容积 60L,电动机功率1.1 kW,外形尺寸(mm):940×1150×1200,重 150kg,与物料接触部位材质 316L
三维运动混合机	GH-60	75000	纳诺机械设备有限公司	（0451）86697518	生产能力 24kg/批,料筒容积 60L,电动机功率1.1kW,外形尺寸(mm):940×1150×1200,重150kg,带 PLC 人机界面
三维运动混合机	GH-60	95000	纳诺机械设备有限公司	（0451）86697518	生产能力 24kg/批,料筒容积 60L,电动机功率1.1kW,外形尺寸(mm):940×1150×1200,重150kg,带可换筒
三维运动混合机	GH-100	58000	纳诺机械设备有限公司	（0451）86697518	生产能力 40kg/批,料筒容积 100L,电动机功率1.5kW,外形尺寸(mm):1000×1300×1350,重220kg
三维运动混合机	GH-100	61000	纳诺机械设备有限公司	（0451）86697518	生产能力 40kg/批,料筒容积 100L,电动机功率1.5kW,外形尺寸(mm):1000×1300×1350,重220kg,变频调速,按钮控制
三维运动混合机	GH-100	64000	纳诺机械设备有限公司	（0451）86697518	生产能力 40kg/批,料筒容积 100L,电动机功率1.5kW,外形尺寸(mm):1000×1300×1350,重220kg,带真空上料盖
三维运动混合机	GH-100	66000	纳诺机械设备有限公司	（0451）86697518	生产能力 40kg/批,料筒容积 100L,电动机功率1.5kW,外形尺寸(mm):1000×1300×1350,重 220kg,与物料接触部位材质 316L
三维运动混合机	GH-100	78000	纳诺机械设备有限公司	（0451）86697518	生产能力 40kg/批,料筒容积 100L,电动机功率1.5kW,外形尺寸(mm):1000×1300×1350,重220kg,带 PLC 人机界面
三维运动混合机	GH-200	66000	纳诺机械设备有限公司	（0451）86697518	生产能力 80kg/批,料筒容积 200L,电动机功率2.2kW,外形尺寸(mm):1200×1500×1800,重400kg
三维运动混合机	GH-200	70000	纳诺机械设备有限公司	（0451）86697518	生产能力 80kg/批,料筒容积 200L,电动机功率2.2kW,外形尺寸(mm):1200×1500×1800,重400kg,变频调速,按钮控制
三维运动混合机	GH-200	72000	纳诺机械设备有限公司	（0451）86697518	生产能力 80kg/批,料筒容积 200L,电动机功率2.2kW,外形尺寸(mm):1200×1500×1800,重400kg,带真空上料盖

产品名称	型号规格	参考价格(元)	生产厂家	电话	主要参数及备注
三维运动混合机	GH-200	76000	纳诺机械设备有限公司	(0451)86697518	生产能力80kg/批,料筒容积200L,电动机功率2.2kW,外形尺寸(mm):1200×1500×1800,重400kg,与物料接触部位材质316L
三维运动混合机	GH-200	86000	纳诺机械设备有限公司	(0451)86697518	生产能力80kg/批,料筒容积200L,电动机功率2.2kW,外形尺寸(mm):1200×1500×1800,重400kg,带PLC人机界面
三维运动混合机	GH-200	116000	纳诺机械设备有限公司	(0451)86697518	生产能力80kg/批,料筒容积200L,电动机功率2.2kW,外形尺寸(mm):1200×1500×1800,重400kg,带真空上料系统、泵、钢丝管
三维运动混合机	GH-400	75000	纳诺机械设备有限公司	(0451)86697518	生产能力160kg/批,料筒容积400L,电动机功率3kW,外形尺寸(mm):1500×1800×1900,重500kg
三维运动混合机	GH-400	81000	纳诺机械设备有限公司	(0451)86697518	生产能力160kg/批,料筒容积400L,电动机功率3kW,外形尺寸(mm):1500×1800×1900,重500kg,变频调速,按钮控制
三维运动混合机	GH-400	81000	纳诺机械设备有限公司	(0451)86697518	生产能力160kg/批,料筒容积400L,电动机功率3kW,外形尺寸(mm):1500×1800×1900,重500kg,带真空上料盖
三维运动混合机	GH-400	90000	纳诺机械设备有限公司	(0451)86697518	生产能力160kg/批,料筒容积400L,电动机功率3kW,外形尺寸(mm):1500×1800×1900,重500kg,与物料接触部位材质316L
三维运动混合机	GH-400	95000	纳诺机械设备有限公司	(0451)86697518	生产能力160kg/批,料筒容积400L,电动机功率3kW,外形尺寸(mm):1500×1800×1900,重500kg,带PLC人机界面
三维运动混合机	GH-400	125000	纳诺机械设备有限公司	(0451)86697518	生产能力160kg/批,料筒容积400L,电动机功率3kW,外形尺寸(mm):1500×1800×1900,重500kg,带真空上料系统、泵、钢丝管
三维运动混合机	GH-500	79000	纳诺机械设备有限公司	(0451)86697518	生产能力200kg/批,料筒容积500L,电动机功率4kW,外形尺寸(mm):1500×1800×1900,重750kg
三维运动混合机	GH-500	85000	纳诺机械设备有限公司	(0451)86697518	生产能力200kg/批,料筒容积500L,电动机功率4kW,外形尺寸(mm):1500×1800×1900,重750kg,变频调速,按钮控制
三维运动混合机	GH-500	85000	纳诺机械设备有限公司	(0451)86697518	生产能力200kg/批,料筒容积500L,电动机功率4kW,外形尺寸(mm):1500×1800×1900,重750kg,带真空上料盖
三维运动混合机	GH-500	94000	纳诺机械设备有限公司	(0451)86697518	生产能力200kg/批,料筒容积500L,电动机功率4kW,外形尺寸(mm):1500×1800×1900,重750kg,与物料接触部位材质316L
三维运动混合机	GH-500	99000	纳诺机械设备有限公司	(0451)86697518	生产能力200kg/批,料筒容积500L,电动机功率4kW,外形尺寸(mm):1500×1800×1900,重750kg,带PLC人机界面

产品名称	型号规格	参考价格（元）	生产厂家	电话	主要参数及备注
三维运动混合机	GH-500	129000	纳诺机械设备有限公司	(0451) 86697518	生产能力 200kg/批，料筒容积500L，电动机功率 4kW，外形尺寸(mm)：1500×1800×1900，重750kg，带真空上料系统、泵、钢丝管
三维运动混合机	GH-600	82000	纳诺机械设备有限公司	(0451) 86697518	生产能力 240kg/批，料筒容积600L，电动机功率5.5kW，外形尺寸(mm)：1600×2000×2000，重900kg
三维运动混合机	GH-600	88000	纳诺机械设备有限公司	(0451) 86697518	生产能力 240kg/批，料筒容积600L，电动机功率5.5kW，外形尺寸(mm)：1600×2000×2000，重900kg，带真空上料盖
三维运动混合机	GH-600	90000	纳诺机械设备有限公司	(0451) 86697518	生产能力 240kg/批，料筒容积600L，电动机功率5.5kW，外形尺寸(mm)：1600×2000×2000，重900kg，变频调速，按钮控制
三维运动混合机	GH-600	97000	纳诺机械设备有限公司	(0451) 86697518	生产能力 240kg/批，料筒容积600L，电动机功率5.5kW，外形尺寸(mm)：1600×2000×2000，重900kg，与物料接触部位材质316L
三维运动混合机	GH-600	102000	纳诺机械设备有限公司	(0451) 86697518	生产能力 240kg/批，料筒容积600L，电动机功率5.5kW，外形尺寸(mm)：1600×2000×2000，重900kg，带 PLC 人机界面
三维运动混合机	GH-600	132000	纳诺机械设备有限公司	(0451) 86697518	生产能力 240kg/批，料筒容积600L，电动机功率5.5kW，外形尺寸(mm)：1600×2000×2000，重900kg，带真空上料系统、泵、钢丝管
三维运动混合机	GH-800	128000	纳诺机械设备有限公司	(0451) 86697518	生产能力 320kg/批，料筒容积800L，电动机功率7.5kW，外形尺寸(mm)：1900×2000×2100，重1.1t
三维运动混合机	GH-800	134000	纳诺机械设备有限公司	(0451) 86697518	生产能力 320kg/批，料筒容积800L，电动机功率7.5kW，外形尺寸(mm)：1900×2000×2100，重1.1t，带真空上料盖
三维运动混合机	GH-800	136000	纳诺机械设备有限公司	(0451) 86697518	生产能力 320kg/批，料筒容积800L，电动机功率7.5kW，外形尺寸(mm)：1900×2000×2100，重1.1t，变频调速，按钮控制
三维运动混合机	GH-800	146000	纳诺机械设备有限公司	(0451) 86697518	生产能力 320kg/批，料筒容积800L，电动机功率7.5kW，外形尺寸(mm)：1900×2000×2100，重1.1t，与物料接触部位材质 316L
三维运动混合机	GH-800	148000	纳诺机械设备有限公司	(0451) 86697518	生产能力 320kg/批，料筒容积800L，电动机功率7.5kW，外形尺寸(mm)：1900×2000×2100，重1.1t，带 PLC 人机界面
三维运动混合机	GH-800	178000	纳诺机械设备有限公司	(0451) 86697518	生产能力 320kg/批，料筒容积800L，电动机功率7.5kW，外形尺寸(mm)：1900×2000×2100，重1.1t，带真空上料系统、泵、钢丝管
三维运动混合机	GH-1000	175000	纳诺机械设备有限公司	(0451) 86697518	生产能力 400kg/批，料筒容积1000L，电动机功率7.5kW，外形尺寸(mm)：1900×2400×2400，重1.2t

产品名称	型号规格	参考价格（元）	生产厂家	电话	主要参数及备注
三维运动混合机	GH-1000	181000	纳诺机械设备有限公司	(0451) 86697518	生产能力 400kg/批,料筒容积 1000L,电动机功率7.5kW,外形尺寸(mm):1900×2400×2400,重1.2t,带真空上料盖
三维运动混合机	GH-1000	183000	纳诺机械设备有限公司	(0451) 86697518	生产能力 400kg/批,料筒容积 1000L,电动机功率7.5kW,外形尺寸(mm):1900×2400×2400,重1.2t,变频调速,按钮控制
三维运动混合机	GH-1000	195000	纳诺机械设备有限公司	(0451) 86697518	生产能力 400kg/批,料筒容积 1000L,电动机功率7.5kW,外形尺寸(mm):1900×2400×2400,重1.2t,带 PLC 人机界面
三维运动混合机	GH-1000	197000	纳诺机械设备有限公司	(0451) 86697518	生产能力 400kg/批,料筒容积 1000L,电动机功率7.5kW,外形尺寸(mm):1900×2400×2400,重1.2t,与物料接触部位材质 316L
三维运动混合机	GH-1000	225000	纳诺机械设备有限公司	(0451) 86697518	生产能力 400kg/批,料筒容积 1000L,电动机功率7.5kW,外形尺寸(mm):1900×2400×2400,重1.2t,带真空上料系统、泵、钢丝管
三维运动混合机	GH-1500	248000	纳诺机械设备有限公司	(0451) 86697518	生产能力 600kg/批,料筒容积 1500L,电动机功率 11kW,外形尺寸(mm):2500×2900×3000,重1.5t
三维运动混合机	GH-1500	254000	纳诺机械设备有限公司	(0451) 86697518	生产能力 600kg/批,料筒容积 1500L,电动机功率 11kW,外形尺寸(mm):2500×2900×3000,重1.5t,带真空上料盖
三维运动混合机	GH-1500	258000	纳诺机械设备有限公司	(0451) 86697518	生产能力 600kg/批,料筒容积 1500L,电动机功率 11kW,外形尺寸(mm):2500×2900×3000,重1.5t,变频调速,按钮控制
三维运动混合机	GH-1500	268000	纳诺机械设备有限公司	(0451) 86697518	生产能力 600kg/批,料筒容积 1500L,电动机功率 11kW,外形尺寸(mm):2500×2900×3000,重1.5t,带 PLC 人机界面
三维运动混合机	GH-1500	278000	纳诺机械设备有限公司	(0451) 86697518	生产能力 600kg/批,料筒容积 1500L,电动机功率 11kW,外形尺寸(mm):2500×2900×3000,重1.5t,与物料接触部位材质 316L
三维运动混合机	GH-1500	298000	纳诺机械设备有限公司	(0451) 86697518	生产能力 600kg/批,料筒容积 1500L,电动机功率 11kW,外形尺寸(mm):2500×2900×3000,重1.5t,带真空上料系统、泵、钢丝管
三维运动混合机	GH-2000	350000	纳诺机械设备有限公司	(0451) 86697518	生产能力 800kg/批,料筒容积 2000L,电动机功率 15kW,外形尺寸(mm):2600×3000×3200,重1.7t
三维运动混合机	GH-2000	356000	纳诺机械设备有限公司	(0451) 86697518	生产能力 800kg/批,料筒容积 2000L,电动机功率 15kW,外形尺寸(mm):2600×3000×3200,重1.7t,带真空上料盖
三维运动混合机	GH-2000	362000	纳诺机械设备有限公司	(0451) 86697518	生产能力 800kg/批,料筒容积 2000L,电动机功率 15kW,外形尺寸(mm):2600×3000×3200,重1.7t,变频调速,按钮控制
三维运动混合机	GH-2000	370000	纳诺机械设备有限公司	(0451) 86697518	生产能力 800kg/批,料筒容积 2000L,电动机功率 15kW,外形尺寸(mm):2600×3000×3200,重1.7t,带 PLC 人机界面

产品名称	型号规格	参考价格(元)	生产厂家	电话	主要参数及备注
三维运动混合机	SWH-10	18200	江阴市宏达粉体设备有限公司	(0510)86237735	料筒容积 10L,最大装料容积7L,最大装料重 7kg,混合时间 0~99min,主轴转速 0~22 r/min,电动机功率0.18 kW,外形尺寸(mm):640×620×55,重 150kg,材质 316
三维运动混合机	SWH-25	19500	江阴市宏达粉体设备有限公司	(0510)86237735	料筒容积 25L,最大装料容积18L,最大装料重 18kg,混合时间0~99min,主轴转速 0~15 r/min,电动机功率0.55 kW,外形尺寸(mm):900×900×75,重 150kg,材质 304
三维运动混合机	SWH-25	25350	江阴市宏达粉体设备有限公司	(0510)86237735	料筒容积 25L,最大装料容积18L,最大装料重 18kg,混合时间0~99min,主轴转速 0~15 r/min,电动机功率0.55 kW,外形尺寸(mm):900×900×75,重 150kg,材质 316
三维运动混合机	SWH-50	23800	江阴市宏达粉体设备有限公司	(0510)86237735	料筒容积 50L,最大装料容积40L,最大装料重 40kg,混合时间0~99min,主轴转速 0~15 r/min,电动机功率0.75 kW,外形尺寸(mm):970×950×120,重 300kg,材质 304
三维运动混合机	SWH-50	30940	江阴市宏达粉体设备有限公司	(0510)86237735	料筒容积 50L,最大装料容积40L,最大装料重 40kg,混合时间0~99min,主轴转速 0~15 r/min,电动机功率0.75 kW,外形尺寸(mm):970×950×120,重 300kg,材质 316
三维运动混合机	SWH-100	33800	江阴市宏达粉体设备有限公司	(0510)86237735	料筒容积 100L,最大装料容积75L,最大装料重 75kg,混合时间0~99min,主轴转速 0~15 r/min,电动机功率 1.5 kW,外形尺寸(mm):1200×1600×1500,重500kg,材质 304
三维运动混合机	SWH-100	43940	江阴市宏达粉体设备有限公司	(0510)86237735	料筒容积 100L,最大装料容积75L,最大装料重 75kg,混合时间0~99min,主轴转速 0~15 r/min,电动机功率 1.5 kW,外形尺寸(mm):1200×1600×1500,重500kg,材质 316
三维运动混合机	SYH-1	8000	常州市宇通干燥设备有限公司	(0519)88901088	机架材质 Q235
三维运动混合机	SYH-1	9000	常州市宇通干燥设备有限公司	(0519)88901088	机架材质不锈钢
三维运动混合机	SYH-1	15000	无锡市凯信干燥成套设备有限公司	(0510)81663608	料筒容积 1L,最大装料容积0.8L,最大装料重0.5kg,主轴转速 0~25 r/min,电动机功率0.12kW,外形尺寸(mm):330×500×350,重 50kg,机架封板材质不锈钢
三维运动混合机	SYH-1	18000	常州市互帮干燥设备有限公司	(0519)88739588	料筒容积 1L,机架材质 Q235
三维运动混合机	SYH-1	20000	江苏一步干燥设备有限公司	(0519)88902618	料筒容积 1L,材质不锈钢
三维运动混合机	SYH-1	20000	常州市互帮干燥设备有限公司	(0519)88739588	料筒容积 1L,机架材质不锈钢
三维运动混合机	SYH-5	12500	常州市宇通干燥设备有限公司	(0519)88901088	机架材质 Q235
三维运动混合机	SYH-5	14500	常州市宇通干燥设备有限公司	(0519)88901088	机架材质不锈钢

产品名称	型号规格	参考价格(元)	生产厂家	电话	主要参数及备注
三维运动混合机	SYH-5	17000	无锡市凯信干燥成套设备有限公司	(0510)81663608	料筒容积 5L,最大装料容积 4L,最大装料重2.4kg,主轴转速 0~25 r/min,电动机功率0.25kW,外形尺寸(mm):560×580×550,重150kg,机架封板材质不锈钢
三维运动混合机	SYH-5	20000	常州市互帮干燥设备有限公司	(0519)88739588	料筒容积 5L,最大装料容积4.5L,主轴转速 0~20 r/min,电动机功率0.25kW,外形尺寸(mm):600×1000×1000,重 100kg,机架材质 Q235
三维运动混合机	SYH-5	22000	江苏一步干燥设备有限公司	(0519)88902618	料筒容积 5L,最大装料容积4.5L,最大装料重1.5~2.7kg,主轴转速 0~20 r/min,功率0.25kW,外形尺寸(mm):600×1000×1000,重 100kg,材质不锈钢
三维运动混合机	SYH-5	22000	常州市互帮干燥设备有限公司	(0519)88739588	料筒容积 5L,最大装料容积4.5L,主轴转速 0~20 r/min,电动机功率0.25 kW,外形尺寸(mm):600×1000×1000,重 100kg,机架材质不锈钢
三维运动混合机	SYH-15	16500	常州市宇通干燥设备有限公司	(0519)88901088	机架材质 Q235
三维运动混合机	SYH-15	18800	常州市宇通干燥设备有限公司	(0519)88901088	机架材质不锈钢
三维运动混合机	SYH-15	21500	无锡市凯信干燥成套设备有限公司	(0510)81663608	料筒容积 15L,最大装料容积12L,最大装料重7.5kg,主轴转速0~8 r/min,电动机功率0.37kW,外形尺寸(mm):750×950×650,重 200kg,机架封板材质不锈钢
三维运动混合机	SYH-15	24000	常州市互帮干燥设备有限公司	(0519)88739588	料筒容积 15L,最大装料容积13.5L,主轴转速 0~20 r/min,电动机功率 0.37 kW,外形尺寸(mm):800×1200×1000,重200kg,机架材质 Q235
三维运动混合机	SYH-15	26000	江苏一步干燥设备有限公司	(0519)88902618	料筒容积 15L,最大装料容积13.5L,最大装料重 4~8.1kg,主轴转速 0~20 r/min,功率0.37 kW,外形尺寸(mm):800×1200×1000,重 200kg,材质不锈钢
三维运动混合机	SYH-15	26000	常州市互帮干燥设备有限公司	(0519)88739588	料筒容积 15L,最大装料容积13.5L,主轴转速 0~20 r/min,电动机功率 0.37 kW,外形尺寸(mm):800×1200×1000,重200kg,机架材质不锈钢
三维运动混合机	SYH-50	19800	常州市宇通干燥设备有限公司	(0519)88901088	机架材质 Q235
三维运动混合机	SYH-50	24500	常州市宇通干燥设备有限公司	(0519)88901088	机架材质不锈钢
三维运动混合机	SYH-50	24800	无锡市凯信干燥成套设备有限公司	(0510)81663608	料筒容积 50L,最大装料容积 40L,最大装料重 25kg,主轴转速 0~8 r/min,电动机功率1.1kW,外形尺寸(mm):970×1200×1150,重300kg,机架封板材质不锈钢
三维运动混合机	SYH-50	28000	常州市互帮干燥设备有限公司	(0519)88739588	料筒容积 50L,最大装料容积 45L,主轴转速 0~20 r/min,电动机功率1.1kW,外形尺寸(mm):1150×1400×1300,重 300kg,机架材质 Q235
三维运动混合机	SYH-50	30000	江苏一步干燥设备有限公司	(0519)88902618	料筒容积 50L,最大装料容积45L,最大装料重 15~27kg,主轴转速 0~20 r/min,功率1.1kW,外形尺寸(mm):1150×1400×1300,重 300kg,材质不锈钢

产品名称	型号规格	参考价格(元)	生产厂家	电话	主要参数及备注
三维运动混合机	SYH-50	30000	常州市互帮干燥设备有限公司	(0519)88739588	料筒容积50L,最大装料容积45L,主轴转速0~20 r/min,电动机功率1.1kW,外形尺寸(mm):1150×1400×1300,重300kg,机架材质不锈钢
三维运动混合机	SYH-100	28000	常州市宇通干燥设备有限公司	(0519)88901088	机架材质Q235
三维运动混合机	SYH-100	31500	无锡市凯信干燥成套设备有限公司	(0510)81663608	料筒容积100L,最大装料容积80L,最大装料重50kg,主轴转速0~8 r/min,电动机功率1.5kW,外形尺寸(mm):1150×1400×1300,重500kg,机架封板材质不锈钢
三维运动混合机	SYH-100	31800	常州市互帮干燥设备有限公司	(0519)88739588	料筒容积100L,最大装料容积90L,主轴转速0~20 r/min,电动机功率1.5kW,外形尺寸(mm):1250×1800×1550,重1.5t,机架材质Q235
三维运动混合机	SYH-100	34000	常州市宇通干燥设备有限公司	(0519)88901088	机架材质不锈钢
三维运动混合机	SYH-100	35000	江苏一步干燥设备有限公司	(0519)88902618	料筒容积100L,最大装料容积90L,最大装料重30~54kg,主轴转速0~20 r/min,功率1.5kW,外形尺寸(mm):1250×1800×1550,重800kg,材质不锈钢
三维运动混合机	SYH-100	35000	常州市互帮干燥设备有限公司	(0519)88739588	料筒容积100L,最大装料容积90L,主轴转速0~20 r/min,电动机功率1.5kW,外形尺寸(mm):1250×1800×1550,重1.5t,机架材质不锈钢
三维运动混合机	SYH-100L	34000	江阴金发干燥设备有限公司	(0510)86178258	料筒容积100L,最大装料容积90L,主轴转速0~20 r/min,电动机功率1.5kW,外形尺寸(mm):1250×1800×1550,重800kg
三维运动混合机	SYH-200	38000	常州市宇通干燥设备有限公司	(0519)88901088	机架材质Q235
三维运动混合机	SYH-200	40000	常州市互帮干燥设备有限公司	(0519)88739588	料筒容积200L,最大装料容积180L,主轴转速0~15 r/min,电动机功率2.2 kW,外形尺寸(mm):1450×2000×1550,重800kg,机架材质Q235
三维运动混合机	SYH-200	41800	无锡市凯信干燥成套设备有限公司	(0510)81663608	料筒容积200L,最大装料容积160L,最大装料重100kg,主轴转速0~8 r/min,电动机功率2.2kW,外形尺寸(mm):1220×1700×1400,重800kg,机架封板材质不锈钢
三维运动混合机	SYH-200	42000	江苏一步干燥设备有限公司	(0519)88902618	料筒容积200L,最大装料容积180L,最大装料重50~108kg,主轴转速0~15 r/min,功率2.2kW,外形尺寸(mm):1450×2000×1550,重1.2t,材质不锈钢
三维运动混合机	SYH-200	42000	常州市互帮干燥设备有限公司	(0519)88739588	料筒容积200L,最大装料容积180L,主轴转速0~15 r/min,电动机功率2.2 kW,外形尺寸(mm):1450×2000×1550,重800kg,机架材质不锈钢
三维运动混合机	SYH-200	44000	常州市宇通干燥设备有限公司	(0519)88901088	机架材质不锈钢
三维运动混合机	SYH-200L	48000	江阴金发干燥设备有限公司	(0510)86178258	料筒容积200L,最大装料容积180L,主轴转速0~15 r/min,电动机功率2.2 kW,外形尺寸(mm):1450×2000×1550,重1.2t

产品名称	型号规格	参考价格（元）	生产厂家	电话	主要参数及备注
三维运动混合机	SYH-400	45000	常州市宇通干燥设备有限公司	（0519）88901088	机架材质 Q235
三维运动混合机	SYH-400	53000	常州市宇通干燥设备有限公司	（0519）88901088	机架材质不锈钢
三维运动混合机	SYH-400	54000	常州市互帮干燥设备有限公司	（0519）88739588	料筒容积 400L，最大装料容积 360L，主轴转速 0～15 r/min，电动机功率 4kW，外形尺寸（mm）：1650×2200×1550，重1.2t，机架材质 Q235
三维运动混合机	SYH-400	56000	江苏一步干燥设备有限公司	（0519）88902618	料筒容积 400L，最大装料容积 360L，最大装料重 100～216kg，主轴转速 0～15 r/min，功率 4kW，外形尺寸（mm）：1650×2200×1550，重1.2t，材质不锈钢
三维运动混合机	SYH-400	56000	常州市互帮干燥设备有限公司	（0519）88739588	料筒容积 400L，最大装料容积 360L，主轴转速 0～15 r/min，电动机功率 4kW，外形尺寸（mm）：1650×2200×1550，重1.2t，机架材质不锈钢
三维运动混合机	SYH-400	62800	无锡市凯信干燥成套设备有限公司	（0510）81663608	料筒容积 400L，最大装料容积 320L，最大装料重 200kg，主轴转速 0～8 r/min，电动机功率 4kW，外形尺寸（mm）：1800×2050×1950，重1.2 t，机架封板材质不锈钢
三维运动混合机	SYH-400L	61000	江阴金发干燥设备有限公司	（0510）86178258	料筒容积 400L，最大装料容积 360L，主轴转速 0～15 r/min，电动机功率 4kW，外形尺寸（mm）：1650×2200×1550，重1.2t
三维运动混合机	SYH-500L	71500	江阴金发干燥设备有限公司	（0510）86178258	料筒容积 500L
三维运动混合机	SYH-600	63200	常州市宇通干燥设备有限公司	（0519）88901088	机架材质 Q235
三维运动混合机	SYH-600	69000	常州市互帮干燥设备有限公司	（0519）88739588	料筒容积 600L，最大装料容积 540L，主轴转速 0～13 r/min，电动机功率 5.5 kW，外形尺寸（mm）：1850×2500×1750，重1.2t，机架材质 Q235
三维运动混合机	SYH-600	71000	常州市宇通干燥设备有限公司	（0519）88901088	机架材质不锈钢
三维运动混合机	SYH-600	72000	江苏一步干燥设备有限公司	（0519）88902618	料筒容积 600L，最大装料容积 540L，最大装料重 150～324kg，主轴转速 0～13 r/min，功率5.5 kW，外形尺寸（mm）：1850×2500×1750，重1.5t，材质不锈钢
三维运动混合机	SYH-600	72000	常州市互帮干燥设备有限公司	（0519）88739588	料筒容积 600L，最大装料容积 540L，主轴转速 0～13 r/min，电动机功率 5.5 kW，外形尺寸（mm）：1850×2500×1750，重1.2t，机架材质不锈钢
三维运动混合机	SYH-600	72800	无锡市凯信干燥成套设备有限公司	（0510）81663608	料筒容积 600L，最大装料容积 480L，最大装料重 300kg，主轴转速 0～8 r/min，电动机功率5.5 kW，外形尺寸（mm）：1820×2100×2250，重1.5t，机架封板材质不锈钢
三维运动混合机	SYH-600L	84000	江阴金发干燥设备有限公司	（0510）86178258	料筒容积 600L，最大装料容积 540L，主轴转速 0～13 r/min，电动机功率 5.5 kW，外形尺寸（mm）：1850×2500×1750，重1.5t
三维运动混合机	SYH-800	78000	常州市宇通干燥设备有限公司	（0519）88901088	机架材质 Q235

产品名称	型号规格	参考价格（元）	生产厂家	电话	主要参数及备注
三维运动混合机	SYH-800	78000	无锡市凯信干燥成套设备有限公司	(0510)81663608	料筒容积 800L,最大装料容积640L,最大装料重 400kg,主轴转速 0~8 r/min,电动机功率7.5 kW,外形尺寸(mm):2200×2400×2350,重 2t,机架封板材质不锈钢
三维运动混合机	SYH-800	85000	常州市互帮干燥设备有限公司	(0519)88739588	料筒容积 800L,最大装料容积720L,主轴转速 0~10 r/min,电动机功率 7.5 kW,外形尺寸(mm):2100×2650×2000,重1.7t,机架材质 Q235
三维运动混合机	SYH-800	88000	常州市宇通干燥设备有限公司	(0519)88901088	机架材质不锈钢
三维运动混合机	SYH-800	88000	江苏一步干燥设备有限公司	(0519)88902618	料筒容积 800L,最大装料容积720L,最大装料重 200~432kg,主轴转速 0~10 r/min,功率7.5 kW,外形尺寸(mm):2100×2650×2000,重1.7t,材质不锈钢
三维运动混合机	SYH-800	88000	常州市互帮干燥设备有限公司	(0519)88739588	料筒容积 800L,最大装料容积720L,主轴转速 0~10 r/min,电动机功率 7.5 kW,外形尺寸(mm):2100×2650×2000,重1.7t,机架材质不锈钢
三维运动混合机	SYH-800L	98000	江阴金发干燥设备有限公司	(0510)86178258	料筒容积 800L,最大装料容积720L,主轴转速 0~10 r/min,电动机功率 7.5 kW,外形尺寸(mm):2100×2650×2000,重1.7t
三维运动混合机	SYH-1000	95000	常州市互帮干燥设备有限公司	(0519)88739588	料筒容积 1000L,最大装料容积900L,主轴转速 0~10 r/min,电动机功率 11kW,外形尺寸(mm):2150×2800×2100,重1.8t,机架材质 Q235
三维运动混合机	SYH-1000	105000	江苏一步干燥设备有限公司	(0519)88902618	料筒容积 1000L,最大装料容积900L,最大装料重 250~540kg,主轴转速 0~10 r/min,功率11kW,外形尺寸(mm):2150×2800×2100,重1.8t,材质不锈钢
三维运动混合机	SYH-1000	105000	常州市互帮干燥设备有限公司	(0519)88739588	料筒容积 1000L,最大装料容积900L,主轴转速 0~10 r/min,电动机功率 11kW,外形尺寸(mm):2150×2800×2100,重1.8t,机架材质不锈钢
三维运动混合机	SYH-1000	106000	常州市宇通干燥设备有限公司	(0519)88901088	机架材质 Q235
三维运动混合机	SYH-1000	106000	无锡市凯信干燥成套设备有限公司	(0510)81663608	料筒容积 1000L,最大装料容积800L,最大装料重 500kg,主轴转速 0~8 r/min,电动机功率7.5 kW,外形尺寸(mm):2250×2600×2600,重2.5t,机架封板材质不锈钢
三维运动混合机	SYH-1000	118000	常州市宇通干燥设备有限公司	(0519)88901088	机架材质不锈钢
三维运动混合机	SYH-1000L	142000	江阴金发干燥设备有限公司	(0510)86178258	料筒容积 1000L,最大装料容积900L,主轴转速 0~10 r/min,电动机功率 11kW,外形尺寸(mm):2150×2800×2100,重1.8t
三维运动混合机	SYH-1200	142000	常州市宇通干燥设备有限公司	(0519)88901088	机架材质 Q235
三维运动混合机	SYH-1200	155000	常州市宇通干燥设备有限公司	(0519)88901088	机架材质不锈钢

产品名称	型号规格	参考价格(元)	生产厂家	电话	主要参数及备注
三维运动混合机	SYH-1200	155000	江苏一步干燥设备有限公司	(0519)88902618	料筒容积 2000L,最大装料容积 1800L,最大装料重 500～1080kg,主轴转速 0～8 r/min,功率18.5kW,外形尺寸(mm):2500×3600×2800,重 3t,材质不锈钢
三维运动混合机	SYH-1500	173000	常州市宇通干燥设备有限公司	(0519)88901088	机架材质 Q235
三维运动混合机	SYH-1500	198000	常州市宇通干燥设备有限公司	(0519)88901088	机架材质不锈钢
干粉混合机	HV-500	36000	山东省临清药物机械厂	(0635)2437495	生产能力 100 kg/h,全容积0.5 m^3,筒体转速 12 r/min,电动机功率 2.2 kW,外形尺寸(mm):2500×1200×2400,重 550kg,材质不锈钢
干粉混合机	HV-1000	69000	山东省临清药物机械厂	(0635)2437495	生产能力 200 kg/h,全容积 1m^3,筒体转速 12 r/min,电动机功率 4kW,外形尺寸(mm):2975×1200×3000,重 950kg,材质不锈钢
高效混合机	CH-50V	14300	江阴市宏达粉体设备有限公司	(0510)86237735	料筒容积 50L,最大装料容积 20L,最大装料重 20kg,混合时间 0～99min,筒体转速 20 r/min,电动机功率 0.75 kW,外形尺寸(mm):1250×450×1060,重 160kg,材质 304
高效混合机	CH-50V	18590	江阴市宏达粉体设备有限公司	(0510)86237735	料筒容积 50L,最大装料容积 20L,最大装料重 20kg,混合时间 0～99min,筒体转速 20 r/min,电动机功率 0.75 kW,外形尺寸(mm):1250×450×1060,重 160kg,材质 316L
高效混合机	CH-100V	20600	江阴市宏达粉体设备有限公司	(0510)86237735	料筒容积 100L,最大装料容积 40L,最大装料重 40kg,混合时间 0～99min,筒体转速 15 r/min,电动机功率 1.1 kW,外形尺寸(mm):1620×500×1480,重 220kg,材质 304
高效混合机	CH-100V	26780	江阴市宏达粉体设备有限公司	(0510)86237735	料筒容积 100L,最大装料容积 40L,最大装料重 40kg,混合时间 0～99min,筒体转速 15 r/min,电动机功率 1.1 kW,外形尺寸(mm):1620×500×1480,重 220kg,材质 316L
高效混合机	CH-200V	23400	江阴市宏达粉体设备有限公司	(0510)86237735	料筒容积 200L,最大装料容积 80L,最大装料重 80kg,混合时间 0～99min,筒体转速 15 r/min,电动机功率 1.1 kW,外形尺寸(mm):1800×600×1850,重 280kg,材质 304
高效混合机	CH-200V	30420	江阴市宏达粉体设备有限公司	(0510)86237735	料筒容积 200L,最大装料容积 80L,最大装料重 80kg,混合时间 0～99min,筒体转速 15 r/min,电动机功率 1.1 kW,外形尺寸(mm):1800×600×1850,重 280kg,材质 316L
高效混合机	GHJ-100	13200	江阴市丰华药化机械有限公司	(0510)86380256	生产能力 30kg/次,全容积 0.1 m^3,混合时间 4～8min,筒体转速 12 r/min,功率0.75kW,外形尺寸(mm):150×520×1280,重 260kg
高效混合机	GHJ-180	16200	江阴市丰华药化机械有限公司	(0510)86380256	生产能力 40kg/次,全容积0.18m^3,混合时间 4～8min,筒体转速 12 r/min,功率 1.1 kW,外形尺寸(mm):1780×680×1700,重 290kg

产品名称	型号规格	参考价格（元）	生产厂家	电话	主要参数及备注
高效混合机	VHT-50	12000	天津市朋群粉碎机设备有限公司	（022）83725677	最大工作容积15L，转速8~18r/min，功率0.55kW，外形尺寸（mm）：1600×450×1400，人工加料，材质不锈钢
高效混合机	VHT-50	14500	天津市中药机械厂	（022）27392043	最大工作容积15L，转速8~18r/min，功率0.55kW，外形尺寸（mm）：1600×450×1400，人工加料，材质不锈钢
高效混合机	VHT-100	14500	天津市朋群粉碎机设备有限公司	（022）83725677	最大工作容积25L，转速8~18r/min，功率0.75kW，外形尺寸（m）：1700×500×1600，人工加料，材质不锈钢
高效混合机	VHT-100	17500	天津市中药机械厂	（022）27392043	最大工作容积25L，转速8~18r/min，功率0.75kW，外形尺寸（mm）：1700×500×1600，人工加料，材质不锈钢
高效混合机	VHT-200	19500	天津市朋群粉碎机设备有限公司	（022）83725677	最大工作容积50L，转速8~18r/min，功率1.1kW，外形尺寸（mm）：1800×600×1950，人工加料，材质不锈钢
高效混合机	VHT-200	20600	天津市中药机械厂	（022）27392043	最大工作容积50L，转速8~18r/min，功率1.1kW，外形尺寸（mm）：1800×600×1950，人工加料，材质不锈钢
高效混合机	VHT-300	23000	天津市朋群粉碎机设备有限公司	（022）83725677	最大工作容积75L，转速8~18r/min，功率1.5kW，外形尺寸（mm）：2000×900×2300，人工加料，材质不锈钢
高效混合机	VHT-300	24200	天津市中药机械厂	（022）27392043	最大工作容积75L，转速8~18r/min，功率1.5kW，外形尺寸（mm）：2000×900×2300，人工加料，材质不锈钢
高效混合机	VHT-500	25000	天津市朋群粉碎机设备有限公司	（022）83725677	最大工作容积120L，转速8~18r/min，功率2.2kW，外形尺寸（mm）：2500×1000×2500，人工加料或真空加料，材质不锈钢
高效混合机	VHT-500	27300	天津市中药机械厂	（022）27392043	最大工作容积120L，转速8~18r/min，功率2.2kW，外形尺寸（mm）：2500×1000×2500，人工加料或真空加料，材质不锈钢
高效混合机	VHT-800	34000	天津市朋群粉碎机设备有限公司	（022）83725677	最大工作容积150L，转速8~18r/min，功率3kW，外形尺寸（mm）：2700×1000×2700，人工加料或真空加料，材质不锈钢
高效混合机	VHT-800	36800	天津市中药机械厂	（022）27392043	最大工作容积150L，转速8~18r/min，功率3kW，外形尺寸（mm）：2700×1000×2700，人工加料或真空加料，材质不锈钢
高效混合机	VHT-1000	44100	天津市中药机械厂	（022）27392043	最大工作容积250L，转速8~18r/min，功率3kW，外形尺寸（mm）：2900×1200×2900，人工加料或真空加料，材质不锈钢
高效混合机	VHT-1000	45000	天津市朋群粉碎机设备有限公司	（022）83725677	最大工作容积250L，转速8~18r/min，功率3kW，外形尺寸（mm）：2900×1200×2900，人工加料或真空加料，材质不锈钢
高效混合机	VHT-1500	51000	天津市中药机械厂	（022）27392043	最大工作容积380L，转速8~18r/min，功率4kW，外形尺寸（mm）：3300×1300×3100，人工加料或真空加料，材质不锈钢

产品名称	型号规格	参考价格(元)	生产厂家	电话	主要参数及备注
高效混合机	VHT-1500	55000	天津市朋群粉碎机设备有限公司	(022)83725677	最大工作容积380L,转速8~18r/min,功率4kW,外形尺寸(mm):3300×1300×3100,人工加料或真空加料,材质不锈钢
高效混合机	VHT-2000	64000	天津市中药机械厂	(022)27392043	最大工作容积500L,转速8~18r/min,功率5.5kW,外形尺寸(mm):3500×1300×3150,人工加料或真空加料,材质不锈钢
高效混合机	VHT-2000	65000	天津市朋群粉碎机设备有限公司	(022)83725677	最大工作容积500L,转速8~18r/min,功率5.5kW,外形尺寸(mm):3500×1300×3150,人工加料或真空加料,材质不锈钢
高效混合机	VHT-2500	72500	天津市中药机械厂	(022)27392043	最大工作容积600L,转速8~18r/min,功率7.5kW,外形尺寸(mm):3800×1400×3200,人工加料或真空加料,材质不锈钢
高效混合机	VHT-2500	75000	天津市朋群粉碎机设备有限公司	(022)83725677	最大工作容积600L,转速8~18r/min,功率7.5kW,外形尺寸(mm):3800×1400×3200,人工加料或真空加料,材质不锈钢
高效犁刀式混合机	LDH-0.1	16675	常州中贝干燥设备有限公司	(0519)88671938	全容积0.1m^3,材质Q235
高效犁刀式混合机	LDH-0.1	26160	常州中贝干燥设备有限公司	(0519)88671938	全容积0.1m^3,材质不锈钢
高效犁刀式混合机	LDH-0.3	23690	常州中贝干燥设备有限公司	(0519)88671938	全容积0.3m^3,功率9.9kW,材质Q235
高效犁刀式混合机	LDH-0.3	40080	常州中贝干燥设备有限公司	(0519)88671938	全容积0.3m^3,功率9.9kW,材质不锈钢
高效犁刀式混合机	LDH-0.5	27025	常州中贝干燥设备有限公司	(0519)88671938	全容积0.5m^3,功率13.5kW,材质Q235
高效犁刀式混合机	LDH-0.5	45360	常州中贝干燥设备有限公司	(0519)88671938	全容积0.5m^3,功率13.5kW,材质不锈钢
高效犁刀式混合机	LDH-1	40940	常州中贝干燥设备有限公司	(0519)88671938	全容积1m^3,功率23~27kW,材质Q235
高效犁刀式混合机	LDH-1	81000	常州中贝干燥设备有限公司	(0519)88671938	全容积1m^3,功率23~27kW,材质不锈钢
高效犁刀式混合机	LDH-1.5	45770	常州中贝干燥设备有限公司	(0519)88671938	全容积1.5m^3,功率27kW,材质Q235
高效犁刀式混合机	LDH-1.5	81000	常州中贝干燥设备有限公司	(0519)88671938	全容积1.5m^3,功率27kW,材质不锈钢
高效犁刀式混合机	LDH-2	48300	常州中贝干燥设备有限公司	(0519)88671938	全容积2m^3,功率30.5kW,材质Q235
高效犁刀式混合机	LDH-2	87360	常州中贝干燥设备有限公司	(0519)88671938	全容积2m^3,功率30.5kW,材质不锈钢
高效犁刀式混合机	LDH-3	63250	常州中贝干燥设备有限公司	(0519)88671938	全容积3m^3,功率34kW,材质Q235
高效犁刀式混合机	LDH-3	107760	常州中贝干燥设备有限公司	(0519)88671938	全容积3m^3,功率34kW,材质不锈钢
高效犁刀式混合机	LDH-4	84870	常州中贝干燥设备有限公司	(0519)88671938	全容积4m^3,功率38kW,材质Q235
高效犁刀式混合机	LDH-4	153600	常州中贝干燥设备有限公司	(0519)88671938	全容积4m^3,功率38kW,材质不锈钢
高效犁刀式混合机	LDH-6	135700	常州中贝干燥设备有限公司	(0519)88671938	全容积6m^3,材质Q235
高效犁刀式混合机	LDH-6	201600	常州中贝干燥设备有限公司	(0519)88671938	全容积6m^3,材质不锈钢
高效犁刀式混合机	LDH-8	143750	常州中贝干燥设备有限公司	(0519)88671938	全容积8m^3,材质Q235

产品名称	型号规格	参考价格（元）	生产厂家	电话	主要参数及备注
快速真空混合机	ZKH-500	34000	江苏一步干燥设备有限公司	（0519）88902618	工作容积250L，装料重150kg，转速18 r/min，功率1.5kW，重1.25t，V形，支架材质不锈钢
快速真空混合机	ZKH-500	34000	江阴金发干燥设备有限公司	（0510）86178258	支架材质不锈钢
快速真空混合机	ZKH-1000	36000	江苏一步干燥设备有限公司	（0519）88902618	工作容积500L，装料重300kg，转速15 r/min，功率3kW，重1.8t，V形，支架材质Q235
快速真空混合机	ZKH-1000	36000	江阴金发干燥设备有限公司	（0510）86178258	支架材质Q235
快速真空混合机	ZKH-1000	41000	江苏一步干燥设备有限公司	（0519）88902618	工作容积500L，装料重300kg，转速15 r/min，功率3kW，重1.8t，V形，支架材质不锈钢
快速真空混合机	ZKH-1000	41000	江阴金发干燥设备有限公司	（0510）86178258	支架材质不锈钢
快速真空混合机	ZKH-1500	40000	江苏一步干燥设备有限公司	（0519）88902618	工作容积750L，装料重450kg，转速12 r/min，功率4kW，重2.1t，V形，支架材质Q235
快速真空混合机	ZKH-1500	40000	江阴金发干燥设备有限公司	（0510）86178258	支架材质Q235
快速真空混合机	ZKH-1500	45000	江苏一步干燥设备有限公司	（0519）88902618	工作容积750L，装料重450kg，转速12 r/min，功率4kW，重2.1t，V形，支架材质不锈钢
快速真空混合机	ZKH-1500	45000	江阴金发干燥设备有限公司	（0510）86178258	支架材质不锈钢
快速真空混合机	ZKH-2000	48000	江苏一步干燥设备有限公司	（0519）88902618	工作容积1000L，装料重600kg，转速12 r/min，功率5.5kW，重2.45t，V形，支架材质Q235
快速真空混合机	ZKH-2000	48000	江阴金发干燥设备有限公司	（0510）86178258	支架材质Q235
快速真空混合机	ZKH-2000	52000	江苏一步干燥设备有限公司	（0519）88902618	工作容积1000L，装料重600kg，转速12 r/min，功率5.5kW，重2.45t，V形，支架材质不锈钢
快速真空混合机	ZKH-2000	52000	江阴金发干燥设备有限公司	（0510）86178258	支架材质不锈钢
快速真空混合机	ZKH-3000	64000	江苏一步干燥设备有限公司	（0519）88902618	工作容积1500L，装料重900kg，转速9 r/min，功率5.5kW，重2.98t，V形，支架材质Q235
快速真空混合机	ZKH-3000	64000	江阴金发干燥设备有限公司	（0510）86178258	支架材质Q235
快速真空混合机	ZKH-3000	68800	江苏一步干燥设备有限公司	（0519）88902618	工作容积1500L，装料重900kg，转速9 r/min，功率5.5kW，重2.98t，V形，支架材质不锈钢
快速真空混合机	ZKH-3000	68800	江阴金发干燥设备有限公司	（0510）86178258	支架材质不锈钢
快速真空混合机	ZKH-4000	66000	江苏一步干燥设备有限公司	（0519）88902618	工作容积2000L，装料重1.2t，转速9 r/min，功率7.5kW，重3.3t，V形，支架材质Q235
快速真空混合机	ZKH-4000	75000	江苏一步干燥设备有限公司	（0519）88902618	工作容积2000L，装料重1.2t，转速9 r/min，功率7.5kW，重3.3t，V形，支架材质不锈钢
快速真空混合机	ZKH-5000	78000	江苏一步干燥设备有限公司	（0519）88902618	工作容积2500L，装料重1.5t，转速8 r/min，功率7.5kW，重3.88t，V形，支架材质Q235
快速真空混合机	ZKH-5000	90000	江苏一步干燥设备有限公司	（0519）88902618	工作容积2500L，装料重1.5t，转速8 r/min，功率7.5kW，重3.88t，V形，支架材质不锈钢

产品名称	型号规格	参考价格（元）	生产厂家	电话	主要参数及备注
立式混合机	LH-350	28000	泰兴市苏中制药机械有限公司	（0523）87261051	不含税价
立柱式提升料斗混合机	GTH-200	190000	纳诺机械设备有限公司	（0451）86697518	最大容积 200L
立柱式提升料斗混合机	GTH-200	193000	纳诺机械设备有限公司	（0451）86697518	最大容积 200L,带热敏纸输出打印装置
立柱式提升料斗混合机	GTH-200	198000	纳诺机械设备有限公司	（0451）86697518	最大容积 200L,带辅助倒流挡板式混合盖
立柱式提升料斗混合机	GTH-200	200000	纳诺机械设备有限公司	（0451）86697518	最大容积 200L,立柱水平旋转,带机械限位定位系统
立柱式提升料斗混合机	GTH-200	202000	纳诺机械设备有限公司	（0451）86697518	最大容积 200L,带红外安全光栅保护装置
立柱式提升料斗混合机	GTH-200	203000	纳诺机械设备有限公司	（0451）86697518	最大容积 200L,立柱水平旋转,带机械限位定位系统、热敏纸输出打印装置
立柱式提升料斗混合机	GTH-200	205000	纳诺机械设备有限公司	（0451）86697518	最大容积 200L,带不锈钢安全护栏
立柱式提升料斗混合机	GTH-200	208000	纳诺机械设备有限公司	（0451）86697518	最大容积 200L,带激光测距提升定位装置
立柱式提升料斗混合机	GTH-200	208000	纳诺机械设备有限公司	（0451）86697518	最大容积 200L,立柱水平旋转,带机械限位定位系统、辅助倒流挡板式混合盖
立柱式提升料斗混合机	GTH-200	212000	纳诺机械设备有限公司	（0451）86697518	最大容积 200L,立柱水平旋转,带机械限位定位系统、红外安全光栅保护装置
立柱式提升料斗混合机	GTH-200	215000	纳诺机械设备有限公司	（0451）86697518	最大容积 200L,立柱水平旋转,带机械限位定位系统、不锈钢安全护栏
立柱式提升料斗混合机	GTH-200	218000	纳诺机械设备有限公司	（0451）86697518	最大容积 200L,立柱水平旋转,带机械限位定位系统、激光测距提升定位装置
立柱式提升料斗混合机	GTH-400	220000	纳诺机械设备有限公司	（0451）86697518	最大容积 400L,混合电动机功率 3kW,混合转速 14 r/min,提升电动机功率1.1kW
立柱式提升料斗混合机	GTH-400	223000	纳诺机械设备有限公司	（0451）86697518	最大容积 400L,混合电动机功率 3kW,混合转速 14 r/min,提升电动机功率1.1kW,带热敏纸输出打印装置
立柱式提升料斗混合机	GTH-400	228000	纳诺机械设备有限公司	（0451）86697518	最大容积 400L,混合电动机功率 3kW,混合转速 14 r/min,提升电动机功率1.1kW,带辅助倒流挡板式混合盖
立柱式提升料斗混合机	GTH-400	230000	纳诺机械设备有限公司	（0451）86697518	最大容积 400L,混合电动机功率 3kW,混合转速 14 r/min,提升电动机功率1.1kW,立柱水平旋转,带机械限位定位系统
立柱式提升料斗混合机	GTH-400	232000	纳诺机械设备有限公司	（0451）86697518	最大容积 400L,混合电动机功率 3kW,混合转速 14 r/min,提升电动机功率1.1kW,带红外安全光栅保护装置
立柱式提升料斗混合机	GTH-400	233000	纳诺机械设备有限公司	（0451）86697518	最大容积 400L,混合电动机功率 3kW,混合转速 14 r/min,提升电动机功率1.1kW,立柱水平旋转,带机械限位定位系统、热敏纸输出打印装置
立柱式提升料斗混合机	GTH-400	235000	纳诺机械设备有限公司	（0451）86697518	最大容积 400L,混合电动机功率 3kW,混合转速 14 r/min,提升电动机功率1.1kW,带不锈钢安全护栏

产品名称	型号规格	参考价格(元)	生产厂家	电话	主要参数及备注
立柱式提升料斗混合机	GTH-400	238000	纳诺机械设备有限公司	(0451)86697518	最大容积 400L,混合电动机功率 3kW,混合转速 14 r/min,提升电动机功率1.1kW,立柱水平旋转,带机械限位定位系统、辅助倒流挡板式混合盖
立柱式提升料斗混合机	GTH-400	238000	纳诺机械设备有限公司	(0451)86697518	最大容积 400L,混合电动机功率 3kW,混合转速 14 r/min,提升电动机功率1.1kW,带激光测距提升定位装置
立柱式提升料斗混合机	GTH-400	242000	纳诺机械设备有限公司	(0451)86697518	最大容积 400L,混合电动机功率 3kW,混合转速 14 r/min,提升电动机功率1.1kW,立柱水平旋转,带机械限位定位系统、红外安全光栅保护装置
立柱式提升料斗混合机	GTH-400	245000	纳诺机械设备有限公司	(0451)86697518	最大容积 400L,混合电动机功率 3kW,混合转速 14 r/min,提升电动机功率1.1kW,立柱水平旋转,带机械限位定位系统、不锈钢安全护栏
立柱式提升料斗混合机	GTH-400	248000	纳诺机械设备有限公司	(0451)86697518	最大容积 400L,混合电动机功率 3kW,混合转速 14 r/min,提升电动机功率1.1kW,立柱水平旋转,带机械限位定位系统、激光测距提升定位装置
立柱式提升料斗混合机	GTH-600	280000	纳诺机械设备有限公司	(0451)86697518	最大容积 600L,混合电动机功率 4kW,混合转速 12 r/min,提升电动机功率1.1kW
立柱式提升料斗混合机	GTH-600	283000	纳诺机械设备有限公司	(0451)86697518	最大容积 600L,混合电动机功率 4kW,混合转速 12 r/min,提升电动机功率1.1kW,带热敏纸输出打印装置
立柱式提升料斗混合机	GTH-600	288000	纳诺机械设备有限公司	(0451)86697518	最大容积 600L,混合电动机功率 4kW,混合转速 12 r/min,提升电动机功率1.1kW,带辅助倒流挡板式混合盖
立柱式提升料斗混合机	GTH-600	292000	纳诺机械设备有限公司	(0451)86697518	最大容积 600L,混合电动机功率 4kW,混合转速 12 r/min,提升电动机功率1.1kW,带红外安全光栅保护装置
立柱式提升料斗混合机	GTH-600	295000	纳诺机械设备有限公司	(0451)86697518	最大容积 600L,混合电动机功率 4kW,混合转速 12 r/min,提升电动机功率1.1kW,带不锈钢安全护栏
立柱式提升料斗混合机	GTH-600	298000	纳诺机械设备有限公司	(0451)86697518	最大容积 600L,混合电动机功率 4kW,混合转速 12 r/min,提升电动机功率1.1kW,带激光测距提升定位装置
立柱式提升料斗混合机	GTH-800	318000	纳诺机械设备有限公司	(0451)86697518	最大容积 800L,混合电动机功率 5.5kW,混合转速 12 r/min,提升电动机功率1.5kW
立柱式提升料斗混合机	GTH-800	321000	纳诺机械设备有限公司	(0451)86697518	最大容积 800L,混合电动机功率 5.5kW,混合转速 12 r/min,提升电动机功率1.5kW,带热敏纸输出打印装置
立柱式提升料斗混合机	GTH-800	330000	纳诺机械设备有限公司	(0451)86697518	最大容积 800L,混合电动机功率 5.5kW,混合转速 12 r/min,提升电动机功率1.5kW,带红外安全光栅保护装置
立柱式提升料斗混合机	GTH-800	333000	纳诺机械设备有限公司	(0451)86697518	最大容积 800L,混合电动机功率 5.5kW,混合转速 12 r/min,提升电动机功率1.5kW,带不锈钢安全护栏

产品名称	型号规格	参考价格(元)	生产厂家	电话	主要参数及备注
立柱式提升料斗混合机	GTH - 1800/2000	565000	纳诺机械设备有限公司	(0451)86697518	带不锈钢安全护栏
立柱式提升料斗混合机	GTH - 1800/2000	568000	纳诺机械设备有限公司	(0451)86697518	带激光测距提升定位装置
螺带式混合机	WLDH-50	15400	江阴市宏达粉体设备有限公司	(0510)86237735	与物料接触部位材质不锈钢
螺带式混合机	WLDH-50	20600	江阴市宏达粉体设备有限公司	(0510)86237735	材质 304
螺带式混合机	WLDH-50	26780	江阴市宏达粉体设备有限公司	(0510)86237735	材质 316L
螺带式混合机	WLDH-100	23800	江阴市宏达粉体设备有限公司	(0510)86237735	筒体容积 100L,装料容积 30~60L,混合时间 0~99min,搅拌电动机功率1.5~4kW,重 320kg,与物料接触部位材质不锈钢
螺带式混合机	WLDH-100	32800	江阴市宏达粉体设备有限公司	(0510)86237735	筒体容积 100L,装料容积 30~60L,混合时间 0~99min,搅拌电动机功率1.5~4kW,重 320kg,材质 304
螺带式混合机	WLDH-100	42640	江阴市宏达粉体设备有限公司	(0510)86237735	筒体容积 100L,装料容积 30~60L,混合时间 0~99min,搅拌电动机功率1.5~4kW,重 320kg,材质 316L
螺带式混合机	WLDH-200	33800	江阴市宏达粉体设备有限公司	(0510)86237735	与物料接触部位材质不锈钢
螺带式混合机	WLDH-200	42800	江阴市宏达粉体设备有限公司	(0510)86237735	材质 304
螺带式混合机	WLDH-200	55640	江阴市宏达粉体设备有限公司	(0510)86237735	材质 316L
双桨槽形混合机	WSH-100	33200	江阴市宏达粉体设备有限公司	(0510)86237735	料筒容积 100L,最大装料容积 70L,最大装料重 70kg,混合时间 0~99min,主动轴转速 15 r/min,被动轴转速 21 r/min,搅拌电动机功率 4kW,倒料电动机功率 0.75kW,外形尺寸(mm):1750×560×1100,重 800kg,材质 304
双桨槽形混合机	WSH-100	43160	江阴市宏达粉体设备有限公司	(0510)86237735	料筒容积 100L,最大装料容积 70L,最大装料重 70kg,混合时间 0~99min,主动轴转速 15 r/min,被动轴转速 21 r/min,搅拌电动机功率 4kW,倒料电动机功率 0.75kW,外形尺寸(mm):1750×560×1100,重 800kg,材质 316L
双桨槽形混合机	WSH-150	38400	江阴市宏达粉体设备有限公司	(0510)86237735	材质 304
双桨槽形混合机	WSH-150	49920	江阴市宏达粉体设备有限公司	(0510)86237735	材质 316L
双桨混合机	SCH-50B	18000	泰州市天泰制药机械厂	(0523)86939318	工作部件、箱体外包材质不锈钢
双桨混合机	SCH-100B	21000	泰州市天泰制药机械厂	(0523)86939318	工作部件、箱体外包材质不锈钢
双桨混合机	SCH-200B	34000	泰州市天泰制药机械厂	(0523)86939318	工作部件、箱体外包材质不锈钢
双桨混合机	SCH-300B	39500	泰州市天泰制药机械厂	(0523)86939318	工作部件、箱体外包材质不锈钢
双桨混合机	SCH-400B	42000	泰州市天泰制药机械厂	(0523)86939318	工作部件、箱体外包材质不锈钢

产品名称	型号规格	参考价格(元)	生产厂家	电话	主要参数及备注
双锥混合机	W-1000	43500	无锡市凯信干燥成套设备有限公司	(0510)81663608	全容积 $1m^3$,最大装料重 250kg,功率 3kW,外形尺寸(mm):2700×1150×2500,重 1t,机架封板材质不锈钢
双锥混合机	W-1500	47000	无锡市凯信干燥成套设备有限公司	(0510)81663608	机架封板材质 Q235
双锥混合机	W-1500	53000	无锡市凯信干燥成套设备有限公司	(0510)81663608	机架封板材质不锈钢
双锥混合机	W-2500	59500	无锡市凯信干燥成套设备有限公司	(0510)81663608	机架封板材质 Q235
双锥混合机	W-2500	65000	无锡市凯信干燥成套设备有限公司	(0510)81663608	机架封板材质不锈钢
双锥混合机	W-4000	90800	无锡市凯信干燥成套设备有限公司	(0510)81663608	全容积 $4m^3$,最大装料重 1t,功率 5.5kW,外形尺寸(mm):3400×1500×3550,重 3.5t,机架封板材质 Q235
双锥混合机	W-4000	98000	无锡市凯信干燥成套设备有限公司	(0510)81663608	全容积 $4m^3$,最大装料重 1t,功率 5.5kW,外形尺寸(mm):3400×1500×3550,重 3.5t,机架封板材质不锈钢
双锥混合机	W-5000	129000	无锡市凯信干燥成套设备有限公司	(0510)81663608	全容积 $5m^3$,最大装料重 1.25t,功率 7.5kW,外形尺寸(mm):3800×2000×3650,重 4.45t,机架封板材质 Q235
双锥混合机	W-5000	145000	无锡市凯信干燥成套设备有限公司	(0510)81663608	全容积 $5m^3$,最大装料重 1.25t,功率 7.5kW,外形尺寸(mm):3800×2000×3650,重 4.45t,机架封板材质不锈钢
双锥混合机	W-8000	155000	无锡市凯信干燥成套设备有限公司	(0510)81663608	全容积 $8m^3$,最大装料重 2t,功率 11kW,外形尺寸(mm):5190×2280×3710,重 6.2t,机架封板材质 Q235
双锥混合机	W-8000	172000	无锡市凯信干燥成套设备有限公司	(0510)81663608	全容积 $8m^3$,最大装料重 2t,功率 11kW,外形尺寸(mm):5190×2280×3710,重 6.2t,机架封板材质不锈钢
双锥混合机	W-10000	193000	无锡市凯信干燥成套设备有限公司	(0510)81663608	全容积 $10m^3$,最大装料重 2.5t,功率 15kW,外形尺寸(mm):5500×2280×3890,重 7.8t,机架封板材质 Q235
双锥混合机	W-10000	228000	无锡市凯信干燥成套设备有限公司	(0510)81663608	全容积 $10m^3$,最大装料重 2.5t,功率 15kW,外形尺寸(mm):5500×2280×3890,重 7.8t,机架封板材质不锈钢
双锥混合机	W-12000	235000	无锡市凯信干燥成套设备有限公司	(0510)81663608	全容积 $12m^3$,最大装料重 3t,功率 15kW,外形尺寸(mm):6350×2650×4350,重 8.7t,机架封板材质 Q235
双锥混合机	W-12000	278000	无锡市凯信干燥成套设备有限公司	(0510)81663608	全容积 $12m^3$,最大装料重 3t,功率 15kW,外形尺寸(mm):6350×2650×4350,重 8.7t,机架封板材质不锈钢
双锥混合机	W-14000	287000	无锡市凯信干燥成套设备有限公司	(0510)81663608	全容积 $14m^3$,最大装料重 3.1t,功率 18.5kW,外形尺寸(mm):6480×2650×4700,重 9.8t,机架封板材质 Q235
双锥混合机	W-14000	335000	无锡市凯信干燥成套设备有限公司	(0510)81663608	全容积 $14m^3$,最大装料重 3.1t,功率 18.5kW,外形尺寸(mm):6480×2650×4700,重 9.8t,机架封板材质不锈钢

产品名称	型号规格	参考价格(元)	生产厂家	电话	主要参数及备注
双锥混合机	W-16000	350000	无锡市凯信干燥成套设备有限公司	(0510)81663608	全容积 $16m^3$,最大装料重 4t,功率 18.5kW,外形尺寸(mm):6680×2800×4950,重 11t,机架封板材质 Q235
双锥混合机	W-16000	398000	无锡市凯信干燥成套设备有限公司	(0510)81663608	全容积 $16m^3$,最大装料重 4t,功率18.5kW,外形尺寸(mm):6680×2800×4950,重 11t,机架封板材质不锈钢
双锥真空混合机	SZH-50	21300	江苏一步干燥设备有限公司	(0519)88902618	工作容积 25L,装料重 15kg,转速 25 r/min,功率 0.55 kW,重 500kg,包装板材质碳钢,与物料接触部位材质不锈钢
双锥真空混合机	SZH-50	21300	江阴金发干燥设备有限公司	(0510)86178258	包装板材质碳钢
双锥真空混合机	SZH-50	23000	江苏一步干燥设备有限公司	(0519)88902618	工作容积 25L,装料重 15kg,转速 25 r/min,功率 0.55 kW,重 500kg,包装板材质不锈钢,与物料接触部位材质不锈钢
双锥真空混合机	SZH-50	23000	江阴金发干燥设备有限公司	(0510)86178258	包装板材质不锈钢
双锥真空混合机	SZH-150	25000	江苏一步干燥设备有限公司	(0519)88902618	工作容积 75L,装料重 45kg,转速 20 r/min,功率 0.75 kW,重 650kg,包装板材质碳钢,与物料接触部位材质不锈钢
双锥真空混合机	SZH-150	25000	江阴金发干燥设备有限公司	(0510)86178258	包装板材质碳钢
双锥真空混合机	SZH-150	27200	江苏一步干燥设备有限公司	(0519)88902618	工作容积 75L,装料重 45kg,转速 20 r/min,功率 0.75 kW,重 650kg,包装板材质不锈钢,与物料接触部位材质不锈钢
双锥真空混合机	SZH-150	27200	江阴金发干燥设备有限公司	(0510)86178258	包装板材质不锈钢
双锥真空混合机	SZH-300	26400	江苏一步干燥设备有限公司	(0519)88902618	工作容积 150L,装料重 90kg,转速 20 r/min,功率 1.1 kW,重 820kg,包装板材质碳钢,与物料接触部位材质不锈钢
双锥真空混合机	SZH-300	26400	江阴金发干燥设备有限公司	(0510)86178258	包装板材质碳钢
双锥真空混合机	SZH-300	29800	江苏一步干燥设备有限公司	(0519)88902618	工作容积 150L,装料重 90kg,转速 20 r/min,功率 1.1 kW,重 820kg,包装板材质不锈钢,与物料接触部位材质不锈钢
双锥真空混合机	SZH-300	29800	江阴金发干燥设备有限公司	(0510)86178258	包装板材质不锈钢
双锥真空混合机	SZH-500	37400	江苏一步干燥设备有限公司	(0519)88902618	工作容积 250L,装料重 150kg,转速 18 r/min,功率 1.5 kW,重 1.25t,包装板材质碳钢,与物料接触部位材质不锈钢
双锥真空混合机	SZH-500	37400	江阴金发干燥设备有限公司	(0510)86178258	包装板材质碳钢
双锥真空混合机	SZH-500	40500	江苏一步干燥设备有限公司	(0519)88902618	工作容积 250L,装料重 150kg,转速 18 r/min,功率 1.5 kW,重 1.25t,包装板材质不锈钢,与物料接触部位材质不锈钢
双锥真空混合机	SZH-500	40500	江阴金发干燥设备有限公司	(0510)86178258	包装板材质不锈钢
双锥真空混合机	SZH-1000	44200	江苏一步干燥设备有限公司	(0519)88902618	工作容积 500L,装料重 300kg,转速 15 r/min,功率 3kW,重 1.8 t,包装板材质碳钢,与物料接触部位材质不锈钢

产品名称	型号规格	参考价格(元)	生产厂家	电话	主要参数及备注
双锥真空混合机	SZH-1000	44200	江阴金发干燥设备有限公司	(0510)86178258	包装板材质碳钢
双锥真空混合机	SZH-1000	46800	江苏一步干燥设备有限公司	(0519)88902618	工作容积500L,装料重300kg,转速15 r/min,功率3kW,重1.8t,包装板材质不锈钢,与物料接触部位材质不锈钢
双锥真空混合机	SZH-1000	46800	江阴金发干燥设备有限公司	(0510)86178258	包装板材质不锈钢
双锥真空混合机	SZH-1500	52000	江苏一步干燥设备有限公司	(0519)88902618	工作容积750L,装料重450kg,转速12 r/min,功率4kW,重2.1t,包装板材质碳钢,与物料接触部位材质不锈钢
双锥真空混合机	SZH-1500	52000	江阴金发干燥设备有限公司	(0510)86178258	包装板材质碳钢
双锥真空混合机	SZH-1500	55300	江苏一步干燥设备有限公司	(0519)88902618	工作容积750L,装料重450kg,转速12 r/min,功率4kW,重2.1t,包装板材质不锈钢,与物料接触部位材质不锈钢
双锥真空混合机	SZH-1500	55300	江阴金发干燥设备有限公司	(0510)86178258	包装板材质不锈钢
双锥真空混合机	SZH-2000	64600	江苏一步干燥设备有限公司	(0519)88902618	工作容积1000L,装料重600kg,转速12 r/min,功率5.5kW,重2.45t,包装板材质碳钢,与物料接触部位材质不锈钢
双锥真空混合机	SZH-2000	64600	江阴金发干燥设备有限公司	(0510)86178258	包装板材质碳钢
双锥真空混合机	SZH-2000	69700	江苏一步干燥设备有限公司	(0519)88902618	工作容积1000L,装料重600kg,转速12 r/min,功率5.5kW,重2.45t,包装板材质不锈钢,与物料接触部位材质不锈钢
双锥真空混合机	SZH-2000	69700	江阴金发干燥设备有限公司	(0510)86178258	包装板材质不锈钢
双锥真空混合机	SZH-3000	78200	江苏一步干燥设备有限公司	(0519)88902618	工作容积1500L,装料重900kg,转速9 r/min,功率5.5kW,重2.98t,包装板材质碳钢,与物料接触部位材质不锈钢
双锥真空混合机	SZH-3000	78200	江阴金发干燥设备有限公司	(0510)86178258	包装板材质碳钢
双锥真空混合机	SZH-3000	83300	江苏一步干燥设备有限公司	(0519)88902618	工作容积1500L,装料重900kg,转速9 r/min,功率5.5kW,重2.98t,包装板材质不锈钢,与物料接触部位材质不锈钢
双锥真空混合机	SZH-3000	83300	江阴金发干燥设备有限公司	(0510)86178258	包装板材质不锈钢
双锥真空混合机	W-50	21300	常州市互帮干燥设备有限公司	(0519)88739588	包装板材质碳钢
双锥真空混合机	W-50	23000	常州市互帮干燥设备有限公司	(0519)88739588	包装板材质不锈钢
双锥真空混合机	W-150	25000	常州市互帮干燥设备有限公司	(0519)88739588	包装板材质碳钢
双锥真空混合机	W-150	27200	常州市互帮干燥设备有限公司	(0519)88739588	包装板材质不锈钢
双锥真空混合机	W-300	26400	常州市互帮干燥设备有限公司	(0519)88739588	生产能力50~80kg/次,全容积$0.3m^3$,混合时间4~8min,筒体转速20 r/min,功率1.1kW,外形尺寸(mm):1685×650×1600,重310kg,包装板材质碳钢

产品名称	型号规格	参考价格(元)	生产厂家	电话	主要参数及备注
双锥真空混合机	W-300	29800	常州市互帮干燥设备有限公司	(0519)88739588	生产能力 50~80kg/次,全容积 $0.3m^3$,混合时间 4~8min,筒体转速 20 r/min,功率1.1kW,外形尺寸(mm):1685×650×1600,重310kg,包装板材质不锈钢
双锥真空混合机	W-500	37400	常州市互帮干燥设备有限公司	(0519)88739588	生产能力 60~100kg/次,全容积 $0.5m^3$,混合时间 4~8min,筒体转速 12 r/min,功率2.2kW,外形尺寸(mm):2340×1220×2300,重550kg,包装板材质碳钢
双锥真空混合机	W-500	40500	常州市互帮干燥设备有限公司	(0519)88739588	生产能力 60~100kg/次,全容积 $0.5m^3$,混合时间 4~8min,筒体转速 12 r/min,功率2.2kW,外形尺寸(mm):2340×1220×2300,重550kg,包装板材质不锈钢
双锥真空混合机	W-1000	44200	常州市互帮干燥设备有限公司	(0519)88739588	包装板材质碳钢
双锥真空混合机	W-1000	46800	常州市互帮干燥设备有限公司	(0519)88739588	包装板材质不锈钢
双锥真空混合机	W-1500	52000	常州市互帮干燥设备有限公司	(0519)88739588	包装板材质碳钢
双锥真空混合机	W-1500	55300	常州市互帮干燥设备有限公司	(0519)88739588	包装板材质不锈钢
双锥真空混合机	W-2000	64600	常州市互帮干燥设备有限公司	(0519)88739588	包装板材质碳钢
双锥真空混合机	W-2000	69700	常州市互帮干燥设备有限公司	(0519)88739588	包装板材质不锈钢
双锥真空混合机	W-3000	78200	常州市互帮干燥设备有限公司	(0519)88739588	包装板材质碳钢
双锥真空混合机	W-3000	83300	常州市互帮干燥设备有限公司	(0519)88739588	包装板材质不锈钢
双螺旋锥形混合机	SHJ-1000	42000	泰兴市苏中制药机械有限公司	(0523)87261051	不含税价
双螺旋锥形混合机	SHJ-2000	52000	泰兴市苏中制药机械有限公司	(0523)87261051	不含税价
双螺旋锥形混合机	SHJ-3000	98000	泰兴市苏中制药机械有限公司	(0523)87261051	不含税价
双螺旋锥形混合机	SHJ-4000	108000	泰兴市苏中制药机械有限公司	(0523)87261051	不含税价
双螺旋锥形混合机	SHJ-5000	126000	泰兴市苏中制药机械有限公司	(0523)87261051	不含税价
筒式混合机	TH-200	22700	无锡市凯信干燥成套设备有限公司	(0510)81663608	装料容积 100L,转速 26 r/min,功率 1.1 kW,外形尺寸(mm):1300×1300×1350,重 270kg,筒体材质不锈钢,机架材质 Q235
筒式混合机	TH-400	25800	无锡市凯信干燥成套设备有限公司	(0510)81663608	装料容积 200L,转速 24 r/min,功率 1.5 kW,外形尺寸(mm):1560×1460×1560,重 410kg,筒体材质不锈钢,机架材质 Q235
筒式混合机	TH-600	31200	无锡市凯信干燥成套设备有限公司	(0510)81663608	装料容积 300L,转速 20 r/min,功率 2.2 kW,外形尺寸(mm):1730×1630×1730,重 530kg,筒体材质不锈钢,机架材质 Q235
筒式混合机	TH-800	39200	无锡市凯信干燥成套设备有限公司	(0510)81663608	装料容积 400L,转速 16 r/min,功率 3kW,外形尺寸(mm):1900×1800×1900,重 820kg,筒体材质不锈钢,机架材质 Q235

产品名称	型号规格	参考价格（元）	生产厂家	电话	主要参数及备注
无重力双轴桨叶混合机	WZ-0.5	51750	常州中贝干燥设备有限公司	（0519）88671938	大开门自动出料,材质不锈钢
无重力双轴桨叶混合机	WZ-1	35750	常州中贝干燥设备有限公司	（0519）88671938	普通型,材质 Q235
无重力双轴桨叶混合机	WZ-1	42460	常州中贝干燥设备有限公司	（0519）88671938	大开门自动出料,材质 Q235
无重力双轴桨叶混合机	WZ-1	60490	常州中贝干燥设备有限公司	（0519）88671938	普通型,材质不锈钢
无重力双轴桨叶混合机	WZ-1	71645	常州中贝干燥设备有限公司	（0519）88671938	大开门自动出料,材质不锈钢
无重力双轴桨叶混合机	WZ-1.5	39380	常州中贝干燥设备有限公司	（0519）88671938	普通型,材质 Q235
无重力双轴桨叶混合机	WZ-1.5	47080	常州中贝干燥设备有限公司	（0519）88671938	大开门自动出料,材质 Q235
无重力双轴桨叶混合机	WZ-1.5	71645	常州中贝干燥设备有限公司	（0519）88671938	普通型,材质不锈钢
无重力双轴桨叶混合机	WZ-1.5	84870	常州中贝干燥设备有限公司	（0519）88671938	大开门自动出料,材质不锈钢
无重力双轴桨叶混合机	WZ-2	42350	常州中贝干燥设备有限公司	（0519）88671938	普通型,材质 Q235
无重力双轴桨叶混合机	WZ-2	53900	常州中贝干燥设备有限公司	（0519）88671938	大开门自动出料,材质 Q235
无重力双轴桨叶混合机	WZ-2	79235	常州中贝干燥设备有限公司	（0519）88671938	普通型,材质不锈钢
无重力双轴桨叶混合机	WZ-2	94645	常州中贝干燥设备有限公司	（0519）88671938	大开门自动出料,材质不锈钢
无重力双轴桨叶混合机	WZ-3	56320	常州中贝干燥设备有限公司	（0519）88671938	普通型,材质 Q235
无重力双轴桨叶混合机	WZ-3	64020	常州中贝干燥设备有限公司	（0519）88671938	大开门自动出料,材质 Q235
无重力双轴桨叶混合机	WZ-3	94300	常州中贝干燥设备有限公司	（0519）88671938	普通型,材质不锈钢
无重力双轴桨叶混合机	WZ-3	120750	常州中贝干燥设备有限公司	（0519）88671938	大开门自动出料,材质不锈钢
无重力双轴桨叶混合机	WZ-4	74800	常州中贝干燥设备有限公司	（0519）88671938	普通型,材质 Q235
无重力双轴桨叶混合机	WZ-4	89100	常州中贝干燥设备有限公司	（0519）88671938	大开门自动出料,材质 Q235
无重力双轴桨叶混合机	WZ-4	146050	常州中贝干燥设备有限公司	（0519）88671938	普通型,材质不锈钢
无重力双轴桨叶混合机	WZ-4	166750	常州中贝干燥设备有限公司	（0519）88671938	大开门自动出料,材质不锈钢
无重力双轴桨叶混合机	WZ-6	100320	常州中贝干燥设备有限公司	（0519）88671938	普通型,材质 Q235
无重力双轴桨叶混合机	WZ-6	182850	常州中贝干燥设备有限公司	（0519）88671938	普通型,材质不锈钢
无重力双轴桨叶混合机	WZ-6	214245	常州中贝干燥设备有限公司	（0519）88671938	大开门自动出料,材质不锈钢
无重力双轴桨叶混合机	WZ-6	226600	常州中贝干燥设备有限公司	（0519）88671938	大开门自动出料,材质 Q235
柱式周转料斗混合机	HZD-200	100000	重庆市科旭制药机械设备制造有限公司	（023）86041200	按钮式
柱式周转料斗混合机	HZD-400	120000	重庆市科旭制药机械设备制造有限公司	（023）86041200	按钮式
柱式周转料斗混合机	HZD-600	150000	重庆市科旭制药机械设备制造有限公司	（023）86041200	按钮式

产品名称	型号规格	参考价格(元)	生产厂家	电话	主要参数及备注
柱式周转料斗混合机	HZD-800	170000	重庆市科旭制药机械设备制造有限公司	(023)86041200	按钮式
柱式周转料斗混合机	HZDS-1000	280000	重庆市科旭制药机械设备制造有限公司	(023)86041200	PLC 触摸屏
柱式周转料斗混合机	HZDS-1500	350000	重庆市科旭制药机械设备制造有限公司	(023)86041200	PLC 触摸屏
柱式周转料斗混合机	HZDS-2000	420000	重庆市科旭制药机械设备制造有限公司	(023)86041200	PLC 触摸屏
水冷粉碎混合机组	CW-400	94000	山东省临清药物机械厂	(0635)2437495	生产能力 60~200 kg/h,混合能力 400kg/次,主轴转速 2940 r/min,出粉粒度 80~160 目,主功率 22kW,普通型
水冷粉碎混合机组	CW-400	166800	山东省临清药物机械厂	(0635)2437495	生产能力 60~200 kg/h,混合能力 400kg/次,主轴转速 2940 r/min,出粉粒度 80~160 目,主功率 22kW,材质不锈钢
粉碎混合机组	CW-500	96000	山东省临清药物机械厂	(0635)2437495	生产能力 80~400 kg/h,混合能力 400kg/次,主轴转速 2940 r/min,出粉粒度 80~160 目,主功率 22kW,普通型
粉碎混合机组	CW-500	135000	山东省临清药物机械厂	(0635)2437495	生产能力 80~400 kg/h,混合能力 400kg/次,主轴转速 2940 r/min,出粉粒度 80~160 目,主功率 22kW,材质不锈钢

1.2.2.2　制粒机

产品名称	型号规格	参考价格(元)	生产厂家	电话	主要参数及备注
制粒机	GZ-40	53000	江阴金发干燥设备有限公司	(0510)86178258	干法
制粒机	GZ-80	82000	江阴金发干燥设备有限公司	(0510)86178258	生产能力 20~60 kg/h,料筒容积 3L,轧辊尺寸(mm):ϕ200×80,干法
制粒机	GZ-120	130000	江阴金发干燥设备有限公司	(0510)86178258	生产能力 30~100 kg/h,料筒容积 3L,轧辊尺寸(mm):ϕ200×120,干法
制粒机	GZ-200	180000	江阴金发干燥设备有限公司	(0510)86178258	干法
制粒机	GZ-500	310000	江阴金发干燥设备有限公司	(0510)86178258	干法
制粒机	QXZ-1000	560000	纳诺机械设备有限公司	(0451)86697518	
制粒机	QXZ-1000	563000	纳诺机械设备有限公司	(0451)86697518	带热敏纸输出打印装置
制粒机	QXZ-1000	566000	纳诺机械设备有限公司	(0451)86697518	增压泵变频调速
制粒机	QXZ-1000	575000	纳诺机械设备有限公司	(0451)86697518	进排风变频器调速
制粒机	QXZ-1000	580000	纳诺机械设备有限公司	(0451)86697518	带流量计
制粒机	QXZ-1000	580000	纳诺机械设备有限公司	(0451)86697518	带进风除湿器、滤水板
制粒机	QXZ-1000	580000	纳诺机械设备有限公司	(0451)86697518	带 500L 圆形清洗水储罐

产品名称	型号规格	参考价格(元)	生产厂家	电话	主要参数及备注
制粒机	QXZ-2000	1131000	纳诺机械设备有限公司	(0451)86697518	与物料接触部位材质316L
沸腾制粒机	FL-3	95000	纳诺机械设备有限公司	(0451)86697518	生产能力1.2~3kg/批,风机功率2.2kW,外形尺寸(mm):870×1050×1880
沸腾制粒机	FL-3	97000	纳诺机械设备有限公司	(0451)86697518	生产能力1.2~3kg/批,风机功率2.2kW,外形尺寸(mm):870×1050×1880,带负压进料控制阀
沸腾制粒机	FL-3	98000	纳诺机械设备有限公司	(0451)86697518	生产能力1.2~3kg/批,风机功率2.2kW,外形尺寸(mm):870×1050×1880,带热敏纸输出打印装置
沸腾制粒机	FL-3	99000	纳诺机械设备有限公司	(0451)86697518	生产能力1.2~3kg/批,风机功率2.2kW,外形尺寸(mm):870×1050×1880,变频调速风机
沸腾制粒机	FL-3	110000	纳诺机械设备有限公司	(0451)86697518	生产能力1.2~3kg/批,风机功率2.2kW,外形尺寸(mm):870×1050×1880,带西门子PLC人机界面
沸腾制粒机	FL-3	115000	纳诺机械设备有限公司	(0451)86697518	生产能力1.2~3kg/批,风机功率2.2kW,外形尺寸(mm):870×1050×1880,带表冷器除湿装置、滤水板
沸腾制粒机	FL-3	125000	纳诺机械设备有限公司	(0451)86697518	生产能力1.2~3kg/批,风机功率2.2kW,外形尺寸(mm):870×1050×1880,与物料接触部位材质316L
沸腾制粒机	FL-3	133000	纳诺机械设备有限公司	(0451)86697518	生产能力1.2~3kg/批,风机功率2.2kW,外形尺寸(mm):870×1050×1880,带粉尘监测仪
沸腾制粒机	FL-3A	56000	常州市互帮干燥设备有限公司	(0519)88739588	原料容器容积12L,原料容器直径300mm,风量1000 m^3/h,耗汽量15 kg/h,物料成品率≥99%,噪声≤75dB(A),风机功率3kW,外形尺寸(mm):1000×600×2100,重500kg,一步法,材质不锈钢,第1次改进型,带输液料泵、离心式风机、消声器、控制柜
沸腾制粒机	FL-3A	68000	江苏一步干燥设备有限公司	(0519)88902618	一步法,改进型,材质不锈钢,带主机、输液料泵、离心式风机、消声器、控制柜
沸腾制粒机	FL-3A	68000	常州市宇通干燥设备有限公司	(0519)88901088	第1次改进型,带输液料泵、离心式风机、消声器、控制柜,不带空气压缩机
沸腾制粒机	FL-3B	32000	江阴金发干燥设备有限公司	(0510)86178258	一步法,材质不锈钢,带输液料泵、离心机、消声器、控制柜
沸腾制粒机	FL-3B	90000	江苏一步干燥设备有限公司	(0519)88902618	一步法,连续型,材质不锈钢,带主机、输液料泵、离心式风机、消声器、控制柜
沸腾制粒机	FL-3B	90000	常州市互帮干燥设备有限公司	(0519)88739588	原料容器容积12L,原料容器直径300mm,风量1000 m^3/h,耗汽量15 kg/h,物料成品率≥99%,噪声≤75dB(A),风机功率3kW,外形尺寸(mm):1000×600×2100,重500kg,一步法,材质不锈钢,连续型,带输液料泵、离心式风机、消声器、控制柜
沸腾制粒机	FL-3B	90000	常州市宇通干燥设备有限公司	(0519)88901088	连续型,带输液料泵、离心式风机、消声器、控制柜,不带空气压缩机

产品名称	型号规格	参考价格（元）	生产厂家	电话	主要参数及备注
沸腾制粒机	FL-5	110000	纳诺机械设备有限公司	（0451）86697518	
沸腾制粒机	FL-5	112000	纳诺机械设备有限公司	（0451）86697518	带负压进料控制阀
沸腾制粒机	FL-5	113000	纳诺机械设备有限公司	（0451）86697518	带热敏纸输出打印装置
沸腾制粒机	FL-5	115000	纳诺机械设备有限公司	（0451）86697518	变频调速风机
沸腾制粒机	FL-5	125000	纳诺机械设备有限公司	（0451）86697518	带西门子 PLC 人机界面
沸腾制粒机	FL-5	130000	纳诺机械设备有限公司	（0451）86697518	带表冷器除湿装置、滤水板
沸腾制粒机	FL-5	140000	纳诺机械设备有限公司	（0451）86697518	与物料接触部位材质 316L
沸腾制粒机	FL-5	148000	纳诺机械设备有限公司	（0451）86697518	带粉尘监测仪
沸腾制粒机	FL-5A	72000	江苏一步干燥设备有限公司	（0519）88902618	生产能力 4～6kg/次，原料容器容积 22L，原料容器直径 400mm，风机风量 1200 m^3/h，压缩空气耗量 0.9 m^3/min，蒸汽压力 0.1～0.4 MPa，物料成品率≥99%，噪声≤75dB，风机功率 4kW，外形尺寸（mm）：1200×700×2300，重 700kg，一步法，改进型，材质不锈钢，带主机、输液料泵、离心式风机、消声器、控制柜
沸腾制粒机	FL-5A	72000	常州市互帮干燥设备有限公司	（0519）88739588	原料容器容积 22L，原料容器直径 400mm，风量 1200 m^3/h，耗汽量 23 kg/h，物料成品率≥99%，噪声≤75dB（A），风机功率 4kW，外形尺寸（mm）：1200×700×2300，重 700kg，一步法，材质不锈钢，第 1 次改进型，带输液料泵、离心式风机、消声器、控制柜
沸腾制粒机	FL-5A	72000	常州市宇通干燥设备有限公司	（0519）88901088	第 1 次改进型，带输液料泵、离心式风机、消声器、控制柜，不带空气压缩机
沸腾制粒机	FL-5B	38000	江阴金发干燥设备有限公司	（0510）86178258	一步法，材质不锈钢，带输液料泵、离心机、消声器、控制柜
沸腾制粒机	FL-5B	95000	江苏一步干燥设备有限公司	（0519）88902618	生产能力 4～6kg/次，原料容器容积 22L，原料容器直径 400mm，风机风量 1200 m^3/h，压缩空气耗量 0.9 m^3/min，蒸汽压力 0.1～0.4 MPa，物料成品率≥99%，噪声≤75dB，风机功率 4kW，外形尺寸（mm）：1200×700×2300，重 700kg，一步法，连续型，材质不锈钢，带主机、输液料泵、离心式风机、消声器、控制柜
沸腾制粒机	FL-5B	95000	常州市互帮干燥设备有限公司	（0519）88739588	原料容器容积 22L，原料容器直径 400mm，风量 1200 m^3/h，耗汽量 23 kg/h，物料成品率≥99%，噪声≤75dB（A），风机功率 4kW，外形尺寸（mm）：1200×700×2300，重 700kg，一步法，材质不锈钢，连续型，带输液料泵、离心式风机、消声器、控制柜
沸腾制粒机	FL-5B	95000	常州市宇通干燥设备有限公司	（0519）88901088	连续型，带输液料泵、离心式风机、消声器、控制柜，不带空气压缩机

产品名称	型号规格	参考价格（元）	生产厂家	电话	主要参数及备注
沸腾制粒机	FL-60	285000	纳诺机械设备有限公司	（0451）86697518	生产能力 30～60kg/批，风机功率 11kW，外形尺寸（mm）：1200×1550×3350，带西门子 PLC 人机界面
沸腾制粒机	FL-60	290000	纳诺机械设备有限公司	（0451）86697518	生产能力 30～60kg/批，风机功率 11kW，外形尺寸（mm）：1200×1550×3350，带表冷器除湿装置、滤水板
沸腾制粒机	FL-60	303000	纳诺机械设备有限公司	（0451）86697518	生产能力 30～60kg/批，风机功率 11kW，外形尺寸（mm）：1200×1550×3350，带粉尘监测仪
沸腾制粒机	FL-60	313000	纳诺机械设备有限公司	（0451）86697518	生产能力 30～60kg/批，风机功率 11kW，外形尺寸（mm）：1200×1550×3350，与物料接触部位材质 316L
沸腾制粒机	FL-60A	135000	江苏一步干燥设备有限公司	（0519）88902618	生产能力 30～90kg/次，原料容器容积 220L，原料容器直径 1000mm，风机风量 3000 m^3/h，压缩空气耗量 $1m^3/min$，蒸汽压力0.1～0.4MPa，物料成品率≥99%，噪声≤75dB，风机功率 11kW，外形尺寸（mm）：1850×1400×3000，重1.1t，一步法，改进型，材质不锈钢，带主机、输液料泵、离心式风机、消声器、控制柜
沸腾制粒机	FL-60A	135000	常州市互帮干燥设备有限公司	（0519）88739588	原料容器容积 220L，原料容器直径 1000mm，风量 3000 m^3/h，耗汽量 141 kg/h，物料成品率≥99%，噪声≤75dB（A），风机功率 11kW，外形尺寸（mm）：1850×1400×3000，重1.1t，一步法，材质不锈钢，第 1 次改进型，带输液料泵、离心式风机、消声器、控制柜
沸腾制粒机	FL-60A	135000	常州市宇通干燥设备有限公司	（0519）88901088	第 1 次改进型，带输液料泵、离心式风机、消声器、控制柜，不带空气压缩机
沸腾制粒机	FL-60B	65000	江阴金发干燥设备有限公司	（0510）86178258	一步法，材质不锈钢，带输液料泵、离心机、消声器、控制柜
沸腾制粒机	FL-60B	170000	江苏一步干燥设备有限公司	（0519）88902618	生产能力 30～90kg/次，原料容器容积 220L，原料容器直径 1000mm，风机风量 3000 m^3/h，压缩空气耗量 $1m^3/min$，蒸汽压力0.1～0.4MPa，物料成品率≥99%，噪声≤75dB，风机功率 11kW，外形尺寸（mm）：1850×1400×3000，重1.1t，一步法，连续型，材质不锈钢，带主机、输液料泵、离心式风机、消声器、控制柜
沸腾制粒机	FL-60B	170000	常州市互帮干燥设备有限公司	（0519）88739588	原料容器容积 220L，原料容器直径 1000mm，风量 3000 m^3/h，耗汽量 141 kg/h，物料成品率≥99%，噪声≤75dB（A），风机功率 11kW，外形尺寸（mm）：1850×1400×3000，重1.1t，一步法，材质不锈钢，连续型，带输液料泵、离心式风机、消声器、控制柜
沸腾制粒机	FL-60B	170000	常州市宇通干燥设备有限公司	（0519）88901088	连续型，带输液料泵、离心式风机、消声器、控制柜，不带空气压缩机
沸腾制粒机	FL-90	116000	江苏先锋干燥工程有限公司	（0519）88930888	一步法

产品名称	型号规格	参考价格(元)	生产厂家	电话	主要参数及备注
沸腾制粒机	FL-200	441000	纳诺机械设备有限公司	(0451)86697518	生产能力100~200kg/批,风机功率22kW,外形尺寸(mm):1400×1870×4100,带热敏纸输出打印装置
沸腾制粒机	FL-200	458000	纳诺机械设备有限公司	(0451)86697518	生产能力100~200kg/批,风机功率22kW,外形尺寸(mm):1400×1870×4100,带西门子PLC人机界面
沸腾制粒机	FL-200	463000	纳诺机械设备有限公司	(0451)86697518	生产能力100~200kg/批,风机功率22kW,外形尺寸(mm):1400×1870×4100,变频调速风机
沸腾制粒机	FL-200	466000	纳诺机械设备有限公司	(0451)86697518	生产能力100~200kg/批,风机功率22kW,外形尺寸(mm):1400×1870×4100,电加热
沸腾制粒机	FL-200	476000	纳诺机械设备有限公司	(0451)86697518	生产能力100~200kg/批,风机功率22kW,外形尺寸(mm):1400×1870×4100,带粉尘监测仪
沸腾制粒机	FL-200	493000	纳诺机械设备有限公司	(0451)86697518	生产能力100~200kg/批,风机功率22kW,外形尺寸(mm):1400×1870×4100,与物料接触部位材质316L
沸腾制粒机	FL-200	498000	纳诺机械设备有限公司	(0451)86697518	生产能力100~200kg/批,风机功率22kW,外形尺寸(mm):1400×1870×4100,带旋风除尘器或袋式脉冲反吹除尘装置
沸腾制粒机	FL-200	543000	纳诺机械设备有限公司	(0451)86697518	生产能力100~200kg/批,风机功率22kW,外形尺寸(mm):1400×1870×4100,带移动式在位清洗系统
沸腾制粒机	FL-200A	235000	江苏一步干燥设备有限公司	(0519)88902618	生产能力100~300kg/次,原料容器容积670L,原料容器直径1400mm,风机风量6000 m^3/h,压缩空气耗量1.1 m^3/min,蒸汽压力0.1~0.4MPa,物料成品率≥99%,噪声≤75dB,风机功率30kW,外形尺寸(mm):2340×1700×3800,重1.5t,一步法,改进型,材质不锈钢,带主机、输液料泵、离心式风机、消声器、控制柜
沸腾制粒机	FL-200A	235000	常州市互帮干燥设备有限公司	(0519)88739588	原料容器容积670L,原料容器直径1400mm,风量6000 m^3/h,耗汽量282 kg/h,物料成品率≥99%,噪声≤75dB(A),风机功率22kW,外形尺寸(mm):2340×1700×3800,重1.5t,一步法,材质不锈钢,第1次改进型,带输液料泵、离心式风机、消声器、控制柜
沸腾制粒机	FL-200A	235000	常州市宇通干燥设备有限公司	(0519)88901088	第1次改进型,带输液料泵、离心式风机、消声器、控制柜,不带空气压缩机
沸腾制粒机	FL-200B	130000	江阴金发干燥设备有限公司	(0510)86178258	一步法,材质不锈钢,带输液料泵、离心机、消声器、控制柜
沸腾制粒机	FL-200B	280000	江苏一步干燥设备有限公司	(0519)88902618	生产能力100~300kg/次,原料容器容积670L,原料容器直径1400mm,风机风量6000 m^3/h,压缩空气耗量1.1 m^3/min,蒸汽压力0.1~0.4MPa,物料成品率≥99%,噪声≤75dB,风机功率30kW,外形尺寸(mm):2340×1700×3800,重1.5t,一步法,连续型,材质不锈钢,带主机、输液料泵、离心式风机、消声器、控制柜

产品名称	型号规格	参考价格（元）	生产厂家	电话	主要参数及备注
沸腾制粒机	FL-300A	280000	江苏一步干燥设备有限公司	（0519）88902618	生产能力 250～600kg/次，原料容器容积 1500L，原料容器直径 1800mm，风机风量 8000 m^3/h，压缩空气耗量 1.5 m^3/min，蒸汽压力 0.3～0.6 MPa，风机功率 37kW，外形尺寸（mm）：3000×2250×4200，重 2t，一步法，改进型，材质不锈钢，带主机、输液料泵、离心式风机、消声器、控制柜
沸腾制粒机	FL-300A	280000	常州市互帮干燥设备有限公司	（0519）88739588	原料容器容积 1000L，原料容器直径 1600mm，风量 7000 m^3/h，耗汽量 366 kg/h，物料成品率≥99%，噪声≤75dB(A)，风机功率 30kW，外形尺寸（mm）：2800×2000×4000，重1.8t，一步法，材质不锈钢，第 1 次改进型，带输液料泵、离心式风机、消声器、控制柜
沸腾制粒机	FL-300A	280000	常州市宇通干燥设备有限公司	（0519）88901088	第 1 次改进型，带输液料泵、离心式风机、消声器、控制柜，不带空气压缩机
沸腾制粒机	FL-300B	180000	江阴金发干燥设备有限公司	（0510）86178258	一步法，材质不锈钢，带输液料泵、离心机、消声器、控制柜
沸腾制粒机	FL-300B	330000	江苏一步干燥设备有限公司	（0519）88902618	生产能力 150～450kg/次，原料容器容积 1000L，原料容器直径 1600mm，风机风量 7000 m^3/h，压缩空气耗量 1.5 m^3/min，蒸汽压力0.1～0.4MPa，物料成品率≥99%，噪声≤75dB，风机功率 37kW，外形尺寸（mm）：2800×2000×4500，重1.8t，一步法，连续型，材质不锈钢，带主机、输液料泵、离心式风机、消声器、控制柜
沸腾制粒机	FL-300B	330000	常州市互帮干燥设备有限公司	（0519）88739588	原料容器容积 1000L，原料容器直径 1600mm，风量 7000 m^3/h，耗汽量 366 kg/h，物料成品率≥99%，噪声≤75dB(A)，风机功率 30kW，外形尺寸（mm）：2800×2000×4000，重1.8t，一步法，材质不锈钢，连续型，带输液料泵、离心式风机、消声器、控制柜
沸腾制粒机	FL-300B	330000	常州市宇通干燥设备有限公司	（0519）88901088	连续型，带输液料泵、离心式风机、消声器、控制柜，不带空气压缩机
沸腾制粒机	FL-400	750000	纳诺机械设备有限公司	（0451）86697518	生产能力 250～400kg/批，风机功率 37kW，外形尺寸（mm）：2105×2230×5020
沸腾制粒机	FL-400	752000	纳诺机械设备有限公司	（0451）86697518	生产能力 250～400kg/批，风机功率 37kW，外形尺寸（mm）：2105×2230×5020，带负压进料控制阀
沸腾制粒机	FL-400	753000	纳诺机械设备有限公司	（0451）86697518	生产能力 250～400kg/批，风机功率 37kW，外形尺寸（mm）：2105×2230×5020，带热敏纸输出打印装置
沸腾制粒机	FL-400	780000	纳诺机械设备有限公司	（0451）86697518	生产能力 250～400kg/批，风机功率 37kW，外形尺寸（mm）：2105×2230×5020，带西门子 PLC 人机界面
沸腾制粒机	FL-400	785000	纳诺机械设备有限公司	（0451）86697518	生产能力 250～400kg/批，风机功率 37kW，外形尺寸（mm）：2105×2230×5020，变频调速风机

产品名称	型号规格	参考价格（元）	生产厂家	电话	主要参数及备注
干法制粒机	LG-100	125000	上海天凡药机制造厂	（021）57668023	生产能力 45~100 kg/h，颗粒细度0.5~2mm，总功率 11kW，外形尺寸（mm）：1600×1000×2300，重 1.8t
干式挤压制粒机	GZL-20S	328000	纳诺机械设备有限公司	（0451）86697518	最大生产能力 20 kg/h，颗粒细度 10~60 目，轧辊转速 40 r/min，螺旋桨转速 80 r/min，轧辊电动机功率1.5kW，外形尺寸（mm）：900×600×1500，重 300kg
干式挤压制粒机	GZL-20S	331000	纳诺机械设备有限公司	（0451）86697518	最大生产能力 20 kg/h，颗粒细度 10~60 目，轧辊转速 40 r/min，螺旋桨转速 80 r/min，轧辊电动机功率1.5kW，外形尺寸（mm）：900×600×1500，重 300kg，带热敏纸输出打印装置
干式挤压制粒机	GZL-20S	340000	纳诺机械设备有限公司	（0451）86697518	最大生产能力 20 kg/h，颗粒细度 10~60 目，轧辊转速 40 r/min，螺旋桨转速 80 r/min，轧辊电动机功率1.5kW，外形尺寸（mm）：900×600×1500，重 300kg，带高硬度不锈钢轧辊
干式挤压制粒机	GZL-20S	340000	纳诺机械设备有限公司	（0451）86697518	最大生产能力 20 kg/h，颗粒细度 10~60 目，轧辊转速 40 r/min，螺旋桨转速 80 r/min，轧辊电动机功率1.5kW，外形尺寸（mm）：900×600×1500，重 300kg，带防爆型电动机
干式挤压制粒机	GZL-20S	348000	纳诺机械设备有限公司	（0451）86697518	最大生产能力 20 kg/h，颗粒细度 10~60 目，轧辊转速 40 r/min，螺旋桨转速 80 r/min，轧辊电动机功率1.5kW，外形尺寸（mm）：900×600×1500，重 300kg，带真空脱气系统
干式挤压制粒机	GZL-20S	348000	纳诺机械设备有限公司	（0451）86697518	最大生产能力 20 kg/h，颗粒细度 10~60 目，轧辊转速 40 r/min，螺旋桨转速 80 r/min，轧辊电动机功率1.5kW，外形尺寸（mm）：900×600×1500，重 300kg，带西门子 PLC 人机界面
干式挤压制粒机	GZL-20S	353000	纳诺机械设备有限公司	（0451）86697518	最大生产能力 20 kg/h，颗粒细度10~60目，轧辊转速 40 r/min，螺旋桨转速 80 r/min，轧辊电动机功率1.5kW，外形尺寸（mm）：900×600×1500，重 300kg，带轧辊水冷循环降温装置
干式挤压制粒机	GZL-20S	358000	纳诺机械设备有限公司	（0451）86697518	最大生产能力 20 kg/h，颗粒细度 10~60 目，轧辊转速 40 r/min，螺旋桨转速 80 r/min，轧辊电动机功率1.5kW，外形尺寸（mm）：900×600×1500，重 300kg，带电动自动加压装置
干式挤压制粒机	GZL-20S	426400	纳诺机械设备有限公司	（0451）86697518	最大生产能力 20 kg/h，颗粒细度10~60目，轧辊转速 40 r/min，螺旋桨转速 80 r/min，轧辊电动机功率1.5kW，外形尺寸（mm）：900×600×1500，重 300kg，与物料接触部位材质 316L
干式挤压制粒机	GZL-40S	376000	纳诺机械设备有限公司	（0451）86697518	最大生产能力 40 kg/h，颗粒细度10~60目，轧辊转速 40 r/min，螺旋桨转速 100 r/min，轧辊电动机功率 3kW，外形尺寸（mm）：1100×800×1600，重 700kg

产品名称	型号规格	参考价格(元)	生产厂家	电话	主要参数及备注
干式挤压制粒机	GZL-40S	379000	纳诺机械设备有限公司	(0451)86697518	最大生产能力 40 kg/h,颗粒细度 10 ~ 60 目,轧辊转速 40 r/min,螺旋桨转速 100 r/min,轧辊电动机功率 3kW,外形尺寸(mm):1100 × 800 × 1600,重 700kg,带热敏纸输出打印装置
干式挤压制粒机	GZL-40S	388000	纳诺机械设备有限公司	(0451)86697518	最大生产能力 40 kg/h,颗粒细度 10 ~ 60 目,轧辊转速 40 r/min,螺旋桨转速 100 r/min,轧辊电动机功率 3kW,外形尺寸(mm):1100 × 800 × 1600,重 700kg,带高硬度不锈钢轧辊
干式挤压制粒机	GZL-40S	388000	纳诺机械设备有限公司	(0451)86697518	最大生产能力 40 kg/h,颗粒细度 10 ~ 60 目,轧辊转速 40 r/min,螺旋桨转速 100 r/min,轧辊电动机功率 3kW,外形尺寸(mm):1100 × 800 × 1600,重 700kg,带防爆型电动机
干式挤压制粒机	GZL-40S	396000	纳诺机械设备有限公司	(0451)86697518	最大生产能力 40 kg/h,颗粒细度 10 ~ 60 目,轧辊转速 40 r/min,螺旋桨转速 100 r/min,轧辊电动机功率 3kW,外形尺寸(mm):1100 × 800 × 1600,重 700kg,带真空脱气系统
干式挤压制粒机	GZL-40S	396000	纳诺机械设备有限公司	(0451)86697518	最大生产能力 40 kg/h,颗粒细度 10 ~ 60 目,轧辊转速 40 r/min,螺旋桨转速 100 r/min,轧辊电动机功率 3kW,外形尺寸(mm):1100 × 800 × 1600,重 700kg,带西门子 PLC 人机界面
干式挤压制粒机	GZL-40S	401000	纳诺机械设备有限公司	(0451)86697518	最大生产能力 40 kg/h,颗粒细度 10 ~ 60 目,轧辊转速 40 r/min,螺旋桨转速 100 r/min,轧辊电动机功率 3kW,外形尺寸(mm):1100 × 800 × 1600,重 700kg,带轧辊水冷循环降温装置
干式挤压制粒机	GZL-40S	406000	纳诺机械设备有限公司	(0451)86697518	最大生产能力 40 kg/h,颗粒细度 10 ~ 60 目,轧辊转速 40 r/min,螺旋桨转速 100 r/min,轧辊电动机功率 3kW,外形尺寸(mm):1100 × 800 × 1600,重 700kg,带电动自动加压装置
干式挤压制粒机	GZL-40S	488800	纳诺机械设备有限公司	(0451)86697518	最大生产能力 40 kg/h,颗粒细度 10 ~ 60 目,轧辊转速 40 r/min,螺旋桨转速 100 r/min,轧辊电动机功率 3kW,外形尺寸(mm):1100 × 800 × 1600,重 700kg,与物料接触部位材质 316L
干式挤压制粒机	GZL-70S	560000	纳诺机械设备有限公司	(0451)86697518	最大生产能力 70 kg/h,颗粒细度 10 ~ 60 目,轧辊转速 45 r/min,螺旋桨转速 150 r/min,轧辊电动机功率 4kW,外形尺寸(mm):1250×900×1900,重 1t
干式挤压制粒机	GZL-70S	563000	纳诺机械设备有限公司	(0451)86697518	最大生产能力 70 kg/h,颗粒细度 10 ~ 60 目,轧辊转速 45 r/min,螺旋桨转速 150 r/min,轧辊电动机功率 4kW,外形尺寸(mm):1250×900×1900,重 1t,带热敏纸输出打印装置

产品名称	型号规格	参考价格（元）	生产厂家	电话	主要参数及备注
干式挤压制粒机	GZL-70S	576000	纳诺机械设备有限公司	(0451)86697518	最大生产能力 70 kg/h，颗粒细度 10 ~ 60 目，轧辊转速 45 r/min，螺旋桨转速 150 r/min，轧辊电动机功率 4kW，外形尺寸(mm)：1250×900×1900，重 1t，带高硬度不锈钢轧辊
干式挤压制粒机	GZL-70S	580000	纳诺机械设备有限公司	(0451)86697518	最大生产能力 70 kg/h，颗粒细度 10 ~ 60 目，轧辊转速 45 r/min，螺旋桨转速 150 r/min，轧辊电动机功率 4kW，外形尺寸(mm)：1250×900×1900，重 1t，带防爆型电动机
干式挤压制粒机	GZL-70S	580000	纳诺机械设备有限公司	(0451)86697518	最大生产能力 70 kg/h，颗粒细度 10 ~ 60 目，轧辊转速 45 r/min，螺旋桨转速 150 r/min，轧辊电动机功率 4kW，外形尺寸(mm)：1250×900×1900，重 1t，带真空脱气系统
干式挤压制粒机	GZL-70S	590000	纳诺机械设备有限公司	(0451)86697518	最大生产能力 70 kg/h，颗粒细度 10 ~ 60 目，轧辊转速 45 r/min，螺旋桨转速 150 r/min，轧辊电动机功率 4kW，外形尺寸(mm)：1250×900×1900，重 1t，带西门子 PLC 人机界面
干式挤压制粒机	GZL-70S	590000	纳诺机械设备有限公司	(0451)86697518	最大生产能力 70 kg/h，颗粒细度 10 ~ 60 目，轧辊转速 45 r/min，螺旋桨转速 150 r/min，轧辊电动机功率 4kW，外形尺寸(mm)：1250×900×1900，重 1t，带轧辊水冷循环降温装置
干式挤压制粒机	GZL-70S	595000	纳诺机械设备有限公司	(0451)86697518	最大生产能力 70 kg/h，颗粒细度 10 ~ 60 目，轧辊转速 45 r/min，螺旋桨转速 150 r/min，轧辊电动机功率 4kW，外形尺寸(mm)：1250×900×1900，重 1t，带电动自动加压装置
干式挤压制粒机	GZL-70S	728000	纳诺机械设备有限公司	(0451)86697518	最大生产能力 70 kg/h，颗粒细度 10 ~ 60 目，轧辊转速 45 r/min，螺旋桨转速 150 r/min，轧辊电动机功率 4kW，外形尺寸(mm)：1250×900×1900，重 1t，与物料接触部位材质 316L
干式挤压制粒机	GZL-100S	680000	纳诺机械设备有限公司	(0451)86697518	最大生产能力 100 kg/h，颗粒细度 10 ~ 60 目，轧辊转速 50 r/min，螺旋桨转速 263 r/min，轧辊电动机功率5.5 kW，外形尺寸(mm)：1700 × 1700 × 2200，重1.8t
干式挤压制粒机	GZL-100S	683000	纳诺机械设备有限公司	(0451)86697518	最大生产能力 100 kg/h，颗粒细度 10 ~ 60 目，轧辊转速 50 r/min，螺旋桨转速 263 r/min，轧辊电动机功率5.5kW，外形尺寸(mm)：1700×1700×2200，重1.8t，带热敏纸输出打印装置
干式挤压制粒机	GZL-100S	696000	纳诺机械设备有限公司	(0451)86697518	最大生产能力 100 kg/h，颗粒细度 10 ~ 60 目，轧辊转速 50 r/min，螺旋桨转速 263 r/min，轧辊电动机功率5.5kW，外形尺寸(mm)：1700×1700×2200，重1.8t，带高硬度不锈钢轧辊

产品名称	型号规格	参考价格(元)	生产厂家	电话	主要参数及备注
干式挤压制粒机	GZL-100S	700000	纳诺机械设备有限公司	(0451)86697518	最大生产能力100 kg/h,颗粒细度10～60目,轧辊转速50 r/min,螺旋桨转速263 r/min,轧辊电动机功率5.5kW,外形尺寸(mm):1700×1700×2200,重1.8t,带防爆型电动机
干式挤压制粒机	GZL-100S	700000	纳诺机械设备有限公司	(0451)86697518	最大生产能力100 kg/h,颗粒细度10～60目,轧辊转速50 r/min,螺旋桨转速263 r/min,轧辊电动机功率5.5kW,外形尺寸(mm):1700×1700×2200,重1.8t,带真空脱气系统
干式挤压制粒机	GZL-100S	710000	纳诺机械设备有限公司	(0451)86697518	最大生产能力100 kg/h,颗粒细度10～60目,轧辊转速50 r/min,螺旋桨转速263 r/min,轧辊电动机功率5.5kW,外形尺寸(mm):1700×1700×2200,重1.8t,带西门子PLC人机界面
干式挤压制粒机	GZL-100S	715000	纳诺机械设备有限公司	(0451)86697518	最大生产能力100 kg/h,颗粒细度10～60目,轧辊转速50 r/min,螺旋桨转速263 r/min,轧辊电动机功率5.5kW,外形尺寸(mm):1700×1700×2200,重1.8t,带轧辊水冷循环降温装置
干式挤压制粒机	GZL-100S	715000	纳诺机械设备有限公司	(0451)86697518	最大生产能力100 kg/h,颗粒细度10～60目,轧辊转速50 r/min,螺旋桨转速263 r/min,轧辊电动机功率5.5kW,外形尺寸(mm):1700×1700×2200,重1.8t,带电动自动加压装置
干式挤压制粒机	GZL-100S	884000	纳诺机械设备有限公司	(0451)86697518	最大生产能力100 kg/h,颗粒细度10～60目,轧辊转速50 r/min,螺旋桨转速263 r/min,轧辊电动机功率5.5kW,外形尺寸(mm):1700×1700×2200,重1.8t,与物料接触部位材质316L
干式挤压制粒机	GZL-250S	1160000	纳诺机械设备有限公司	(0451)86697518	最大生产能力250 kg/h,颗粒细度10～60目,轧辊转速50 r/min,螺旋桨转速450 r/min,轧辊电动机功率18.5kW,外形尺寸(mm):1500×2861×4106,重2.5t
干式挤压制粒机	GZL-250S	1163000	纳诺机械设备有限公司	(0451)86697518	最大生产能力250 kg/h,颗粒细度10～60目,轧辊转速50 r/min,螺旋桨转速450 r/min,轧辊电动机功率18.5kW,外形尺寸(mm):1500×2861×4106,重2.5t,带热敏纸输出打印装置
干式挤压制粒机	GZL-250S	1180000	纳诺机械设备有限公司	(0451)86697518	最大生产能力250 kg/h,颗粒细度10～60目,轧辊转速50 r/min,螺旋桨转速450 r/min,轧辊电动机功率18.5kW,外形尺寸(mm):1500×2861×4106,重2.5t,带真空脱气系统
干式挤压制粒机	GZL-250S	1185000	纳诺机械设备有限公司	(0451)86697518	最大生产能力250 kg/h,颗粒细度10～60目,轧辊转速50 r/min,螺旋桨转速450 r/min,轧辊电动机功率18.5kW,外形尺寸(mm):1500×2861×4106,重2.5t,带高硬度不锈钢轧辊

产品名称	型号规格	参考价格(元)	生产厂家	电话	主要参数及备注
干式挤压制粒机	GZL-250S	1190000	纳诺机械设备有限公司	(0451)86697518	最大生产能力 250 kg/h,颗粒细度 10 ~ 60 目,轧辊转速 50 r/min,螺旋桨转速 450 r/min,轧辊电动机功率18.5kW,外形尺寸(mm):1500×2861×4106,重2.5t,带防爆型电动机
干式挤压制粒机	GZL-250S	1200000	纳诺机械设备有限公司	(0451)86697518	最大生产能力 250 kg/h,颗粒细度 10 ~ 60 目,轧辊转速 50 r/min,螺旋桨转速 450 r/min,轧辊电动机功率18.5kW,外形尺寸(mm):1500×2861×4106,重2.5t,带西门子 PLC 人机界面
干式挤压制粒机	GZL-250S	1210000	纳诺机械设备有限公司	(0451)86697518	最大生产能力 250 kg/h,颗粒细度 10 ~ 60 目,轧辊转速 50 r/min,螺旋桨转速 450 r/min,轧辊电动机功率18.5kW,外形尺寸(mm):1500×2861×4106,重2.5t,带轧辊水冷循环降温装置
干式挤压制粒机	GZL-250S	1220000	纳诺机械设备有限公司	(0451)86697518	最大生产能力 250 kg/h,颗粒细度 10 ~ 60 目,轧辊转速 50 r/min,螺旋桨转速 450 r/min,轧辊电动机功率18.5kW,外形尺寸(mm):1500×2861×4106,重2.5t,带电动自动加压装置
干式挤压制粒机	GZL-250S	1508000	纳诺机械设备有限公司	(0451)86697518	最大生产能力 250 kg/h,颗粒细度 10 ~ 60 目,轧辊转速 50 r/min,螺旋桨转速 450 r/min,轧辊电动机功率18.5kW,外形尺寸(mm):1500×2861×4106,重2.5t,与物料接触部位材质 316L
高速混合制粒机	GHL-50	38000	江阴金发干燥设备有限公司	(0510)86178258	生产能力 15kg/批,容积 50L,混合转速 200 r/min、400 r/min,混合功率 4kW、5.5kW,切割转速 1500 r/min、3000 r/min,切割功率1.3kW、1.8kW,湿法,材质不锈钢,不带空气压缩机
高速混合制粒机	GHL-50	68000	常州市宇通干燥设备有限公司	(0519)88901088	材质不锈钢,不带空气压缩机
高速混合制粒机	GHL-50	72800	常州市互帮干燥设备有限公司	(0519)88739588	生产能力 15kg/批,容积 50L,混合转速 200 r/min、400 r/min,混合功率 4kW、5.5kW,切割转速 1500 r/min、3000 r/min,切割功率 1.3 kW、1.8 kW,外形尺寸(mm):1650×850×1350,材质不锈钢,不带空气压缩机
高速混合制粒机	GHL-50	75000	江苏一步干燥设备有限公司	(0519)88902618	生产能力 15kg/批,容积 50L,混合转速 200 r/min、400 r/min,混合功率 4kW、5.5kW,切割转速 1500 r/min、3000 r/min,切割功率 1.3kW、1.8kW,重 500kg,湿法,材质不锈钢,不带空气压缩机
高速混合制粒机	GHL-50	75000	无锡市凯信干燥成套设备有限公司	(0510)81663608	生产能力 15kg/批,容积 50L,混合转速 300 r/min、600 r/min,混合功率 4/5.5kW,切割转速 1500 r/min、3000 r/min,切割功率1.3 kW、1.8kW,材质不锈钢,不带空气压缩泵
高速混合制粒机	GHL-50	80000	江苏先锋干燥工程有限公司	(0519)88930888	生产能力 15kg/批,容积 50L,混合转速 200 r/min、400 r/min,混合功率 4kW、5.5kW,切割转速 1500 r/min、3000 r/min,切割功率1.3kW、1.8kW,湿法

产品名称	型号规格	参考价格(元)	生产厂家	电话	主要参数及备注
高速混合制粒机	GHL-100	47000	江阴金发干燥设备有限公司	(0510)86178258	容积100L,湿法,材质不锈钢,不带空气压缩机
高速混合制粒机	GHL-100	78000	常州市宇通干燥设备有限公司	(0519)88901088	材质不锈钢,不带空气压缩机
高速混合制粒机	GHL-100	82800	常州市互帮干燥设备有限公司	(0519)88739588	容积100L,材质不锈钢,不带空气压缩机
高速混合制粒机	GHL-100	85000	江苏一步干燥设备有限公司	(0519)88902618	容积50L,湿法,材质不锈钢,不带空气压缩机
高速混合制粒机	GHL-150	55000	江阴金发干燥设备有限公司	(0510)86178258	生产能力50kg/批,容积150L,混合转速180 r/min、270 r/min,混合功率6.5kW、8kW,切割转速1500 r/min、3000 r/min,切割功率2.4kW、3kW,湿法,材质不锈钢,不带空气压缩机
高速混合制粒机	GHL-150	88000	常州市宇通干燥设备有限公司	(0519)88901088	材质不锈钢,不带空气压缩机
高速混合制粒机	GHL-150	98000	常州市互帮干燥设备有限公司	(0519)88739588	生产能力50kg/批,容积150L,混合转速180 r/min、270 r/min,混合功率6.5kW、8kW,切割转速1500 r/min、3000 r/min,切割功率2.4kW、3kW,外形尺寸(mm):1800×800×1400,材质不锈钢,不带空气压缩机
高速混合制粒机	GHL-150	100000	江苏一步干燥设备有限公司	(0519)88902618	生产能力50kg/批,容积150L,混合转速180 r/min、270 r/min,混合功率6.5kW、8kW,切割转速1500 r/min、3000 r/min,切割功率2.4kW、3kW,压缩空气耗量0.9 m^3/min,重800kg,湿法,材质不锈钢,不带空气压缩机
高速混合制粒机	GHL-150	100000	无锡市凯信干燥成套设备有限公司	(0510)81663608	生产能力50kg/批,容积150L,混合转速240 r/min、360 r/min,混合功率6.5kW、8kW,切割转速1500 r/min、3000 r/min,切割功率2.4kW、3kW,材质不锈钢,不带空气压缩泵
高速混合制粒机	GHL-150	115000	江苏先锋干燥工程有限公司	(0519)88930888	容积150L,湿法
高速混合制粒机	GHL-200	65000	江阴金发干燥设备有限公司	(0510)86178258	生产能力80kg/批,容积200L,混合转速180 r/min、270 r/min,混合功率9kW、11kW,切割转速1500 r/min、3000 r/min,切割功率4.5kW、5.5kW,湿法,材质不锈钢,不带空气压缩机
高速混合制粒机	GHL-200	98000	常州市宇通干燥设备有限公司	(0519)88901088	材质不锈钢,不带空气压缩机
高速混合制粒机	GHL-200	115000	常州市互帮干燥设备有限公司	(0519)88739588	生产能力80kg/批,容积200L,混合转速180 r/min、270 r/min,混合功率9kW、11kW,切割转速1500 r/min、3000 r/min,切割功率4.5 kW、5.5 kW,外形尺寸(mm):2100×850×1500,材质不锈钢,不带空气压缩机
高速混合制粒机	GHL-200	120000	江苏一步干燥设备有限公司	(0519)88902618	生产能力80kg/批,容积200L,混合转速180 r/min、270 r/min,混合功率9kW、11kW,切割转速1500 r/min、3000 r/min,切割功率4.5kW、5.5kW,压缩空气耗量0.9m^3/min,重1t,湿法,材质不锈钢,不带空气压缩机

产品名称	型号规格	参考价格(元)	生产厂家	电话	主要参数及备注
高速混合制粒机	GHL-200	120000	无锡市凯信干燥成套设备有限公司	(0510)81663608	生产能力80kg/批,容积200L,混合转速180 r/min、270 r/min,混合功率9kW、11kW,切割转速1500 r/min、3000 r/min,切割功率4.5kW、5.5kW,材质不锈钢,不带空气压缩泵
高速混合制粒机	GHL-200	132000	江苏先锋干燥工程有限公司	(0519)88930888	生产能力80kg/批,容积200L,混合转速180 r/min、270 r/min,混合功率9kW、11kW,切割转速1500 r/min、3000 r/min,切割功率4.5kW、5.5kW,湿法
高速混合制粒机	GHL-250	72000	江阴金发干燥设备有限公司	(0510)86178258	生产能力100kg/批,容积250L,混合转速180 r/min、270 r/min,混合功率9kW、11kW,切割转速1500 r/min、3000 r/min,切割功率4.5kW、5.5kW,湿法,材质不锈钢,不带空气压缩机
高速混合制粒机	GHL-250	108000	常州市宇通干燥设备有限公司	(0519)88901088	材质不锈钢,不带空气压缩机
高速混合制粒机	GHL-250	127000	常州市互帮干燥设备有限公司	(0519)88739588	生产能力100kg/批,容积250L,混合转速180 r/min、270 r/min,混合功率9kW、11kW,切割转速1500 r/min、3000 r/min,切割功率4.5 kW、5.5 kW,外形尺寸(mm):2050×850×1500,材质不锈钢,不带空气压缩机
高速混合制粒机	GHL-250	132000	江苏一步干燥设备有限公司	(0519)88902618	生产能力100kg/批,容积250L,混合转速180 r/min、270 r/min,混合功率9kW、11kW,切割转速1500 r/min、3000 r/min,切割功率4.5kW、5.5kW,压缩空气耗量0.9m^3/min,重1.3t,湿法,材质不锈钢,不带空气压缩机
高速混合制粒机	GHL-250	132000	无锡市凯信干燥成套设备有限公司	(0510)81663608	生产能力100kg/批,容积250L,混合转速180 r/min、270 r/min,混合功率9kW、11kW,切割转速1500 r/min、3000 r/min,切割功率4.5kW、5.5kW,材质不锈钢,不带空气压缩泵
高速混合制粒机	GHL-250	148000	江苏先锋干燥工程有限公司	(0519)88930888	生产能力100kg/批,容积250L,混合转速180 r/min、270 r/min,混合功率9kW、11kW,切割转速1500 r/min、3000 r/min,切割功率4.5kW、5.5kW,湿法
高速混合制粒机	GHL-300	79000	江阴金发干燥设备有限公司	(0510)86178258	生产能力130kg/批,容积300L,混合转速140 r/min、220 r/min,混合功率13kW、16kW,切割转速1500 r/min、3000 r/min,切割功率4.5kW、5.5kW,湿法,材质不锈钢,不带空气压缩机
高速混合制粒机	GHL-300	148000	常州市互帮干燥设备有限公司	(0519)88739588	生产能力130kg/批,容积300L,混合转速140 r/min、220 r/min,混合功率13kW、16kW,切割转速1500 r/min、3000 r/min,切割功率4.5 kW、5.5 kW,外形尺寸(mm):2200×900×1550,材质不锈钢,不带空气压缩机
高速混合制粒机	GHL-300	150000	江苏一步干燥设备有限公司	(0519)88902618	生产能力130kg/批,容积300L,混合转速140 r/min、220 r/min,混合功率13kW、16kW,切割转速1500 r/min、3000 r/min,切割功率4.5kW、5.5kW,压缩空气耗量1.1m^3/min,重1.8t,湿法,材质不锈钢,不带空气压缩机

产品名称	型号规格	参考价格（元）	生产厂家	电话	主要参数及备注
高速混合制粒机	GHL-300	150000	无锡市凯信干燥成套设备有限公司	(0510)81663608	生产能力 130kg/批，容积 300L，混合转速 140 r/min、220 r/min，混合功率 13kW、16kW，切割转速 1500 r/min、3000 r/min，切割功率4.5kW、5.5kW，材质不锈钢，不带空气压缩泵
高速混合制粒机	GHL-300	156000	江苏先锋干燥工程有限公司	(0519)88930888	生产能力 130kg/批，容积 300L，混合转速 140 r/min、220 r/min，混合功率 13kW、16kW，切割转速 1500 r/min、3000 r/min，切割功率4.5kW、5.5kW，湿法
高速混合制粒机	GHL-400	95000	江阴金发干燥设备有限公司	(0510)86178258	生产能力 200kg/批，容积 400L，混合转速 106 r/min、155 r/min，混合功率18.5kW、22kW，切割转速 1500 r/min、3000 r/min，切割功率6.5kW、8kW，湿法，材质不锈钢，不带空气压缩机
高速混合制粒机	GHL-400	162000	江苏一步干燥设备有限公司	(0519)88902618	生产能力 200kg/批，容积 400L，混合转速 106 r/min、155 r/min，混合功率18.5kW、22kW，切割转速 1500 r/min、3000 r/min，切割功率6.5kW、8kW，压缩空气耗量 $1.5m^3/min$，重2.2t，湿法，材质不锈钢，不带空气压缩机
高速混合制粒机	GHL-400	162000	无锡市凯信干燥成套设备有限公司	(0510)81663608	生产能力 180kg/批，容积 400L，混合转速 106 r/min、155 r/min，混合功率18.5kW、22kW，切割转速 1500 r/min、3000 r/min，切割功率6.5kW、8kW，材质不锈钢，不带空气压缩泵
高速混合制粒机	GHL-400	168000	常州市互帮干燥设备有限公司	(0519)88739588	生产能力 200kg/批，容积 400L，混合转速 106 r/min、155 r/min，混合功率18.5kW、22kW，切割转速 1500 r/min、3000 r/min，切割功率 6.5 kW、8kW，外形尺寸(mm)：2350×1050×1550，材质不锈钢，不带空气压缩机
高速混合制粒机	GHL-400	175000	江苏先锋干燥工程有限公司	(0519)88930888	生产能力 200kg/批，容积 400L，混合转速 106 r/min、155 r/min，混合功率18.5kW、22kW，切割转速 1500 r/min、3000 r/min，切割功率6.5kW、8kW，湿法
高速混合制粒机	GHL-600	130000	江阴金发干燥设备有限公司	(0510)86178258	生产能力 280kg/批，容积 600L，混合转速 80 r/min、120 r/min，混合功率 22kW、30kW，切割转速 1500 r/min、3000 r/min，切割功率 9kW、11kW，湿法，材质不锈钢，不带空气压缩机
高速混合制粒机	GHL-600	208000	常州市互帮干燥设备有限公司	(0519)88739588	生产能力 280kg/批，容积 600L，混合转速 80 r/min、120 r/min，混合功率 22kW、30kW，切割转速 1500 r/min、3000 r/min，切割功率 9kW、11kW，外形尺寸(mm)：2400×1050×1650，材质不锈钢，不带空气压缩机
高速混合制粒机	GHL-600	230000	江苏一步干燥设备有限公司	(0519)88902618	生产能力 280kg/批，容积 600L，混合转速 80 r/min、120 r/min，混合功率 22kW、30kW，切割转速 1500 r/min、3000 r/min，切割功率 9kW、11kW，压缩空气耗量$1.8 m^3/min$，重2.6t，湿法，材质不锈钢，不带空气压缩机

产品名称	型号规格	参考价格(元)	生产厂家	电话	主要参数及备注
湿法混合制粒机	HLSG-10	58000	上海天祥健台制药机械有限公司	(021)62982333	物料槽总容积 $10m^3$,物料槽最大内径 294mm,转速 30~500 r/min(搅拌桨)、300~3000 r/min(切割刀),功率 2.2 kW(搅拌桨)、0.8kW(切割刀),重 260kg
湿法混合制粒机	HLSG-50	59500	上海天凡药机制造厂	(021)57668023	总容积 50L,最大内径 500mm,搅拌桨转速 30~500 r/min,搅拌桨功率5.5kW,切割刀转速 300~3000 r/min,切割刀功率 1.5 kW,外形尺寸(mm):1980×1500×760,重 400kg
湿法混合制粒机	HLSG-100	108500	上海天凡药机制造厂	(021)57668023	总容积 100L,最大内径 640mm,搅拌桨转速 20~300 r/min,搅拌桨功率 11kW,切割刀转速 300~3000 r/min,切割刀功率 4kW,外形尺寸(mm):2200×1560×870,重1.54t
湿法混合制粒机	HLSG-150	128500	上海天凡药机制造厂	(021)57668023	总容积 150L
湿法混合制粒机	HLSG-200	131500	上海天凡药机制造厂	(021)57668023	总容积 200L,最大内径 800mm,搅拌桨转速 25~500 r/min,搅拌桨功率 15kW,切割刀转速 300~3000 r/min,切割刀功率 4kW,外形尺寸(mm):2500×2000×1400,重1.1t
湿法混合制粒机	HLSG-300	167500	上海天凡药机制造厂	(021)57668023	总容积 300L
湿法混合制粒机	HLSG-400	197500	上海天凡药机制造厂	(021)57668023	总容积 400L
湿法混合制粒机	HLSG-600	237500	上海天凡药机制造厂	(021)57668023	总容积 600L
湿法混合制粒机	LSH-3/6/10	148000	重庆市科旭制药机械设备制造有限公司	(023)86041200	实验室用,平台式
湿法混合制粒机	LSH-3/6/10	206000	重庆市科旭制药机械设备制造有限公司	(023)86041200	实验室用,高台式
湿法混合制粒机	LSH-12	75000	重庆市科旭制药机械设备制造有限公司	(023)86041200	实验室用,平台式
湿法混合制粒机	LSH-12	123000	重庆市科旭制药机械设备制造有限公司	(023)86041200	实验室用,高台式
湿法混合制粒机	LSH-50	110000	重庆市科旭制药机械设备制造有限公司	(023)86041200	平台式
湿法混合制粒机	LSH-50	168000	重庆市科旭制药机械设备制造有限公司	(023)86041200	高台式
湿法混合制粒机	LSH-100	130000	重庆市科旭制药机械设备制造有限公司	(023)86041200	平台式
湿法混合制粒机	LSH-100	188000	重庆市科旭制药机械设备制造有限公司	(023)86041200	高台式
湿法混合制粒机	LSH-250	168000	重庆市科旭制药机械设备制造有限公司	(023)86041200	平台式
湿法混合制粒机	LSH-250	226000	重庆市科旭制药机械设备制造有限公司	(023)86041200	高台式
湿法混合制粒机	LSH-400	195000	重庆市科旭制药机械设备制造有限公司	(023)86041200	平台式
湿法混合制粒机	LSH-400	253000	重庆市科旭制药机械设备制造有限公司	(023)86041200	高台式
湿法混合制粒机	LSH-600	280000	重庆市科旭制药机械设备制造有限公司	(023)86041200	平台式
湿法混合制粒机	LSH-600	338000	重庆市科旭制药机械设备制造有限公司	(023)86041200	高台式

产品名称	型号规格	参考价格（元）	生产厂家	电话	主要参数及备注
高效湿法混合制粒机	GHL-3	65000	纳诺机械设备有限公司	（0451）86697518	生产能力1.2kg/批，有效容积2.4L，制粒时间3~8min，混合转速0~800 r/min，混合功率1.3kW、1.8kW，切割转速1500 r/min、3000 r/min，切割功率0.55 kW、0.75 kW，外形尺寸（mm）：700×600×1100，重280kg
高效湿法混合制粒机	GHL-3	73000	纳诺机械设备有限公司	（0451）86697518	生产能力1.2kg/批，有效容积2.4L，制粒时间3~8min，混合转速0~800 r/min，混合功率1.3kW、1.8kW，切割转速1500 r/min、3000 r/min，切割功率0.55 kW、0.75 kW，外形尺寸（mm）：700×600×1100，重280kg，与物料接触部位材质316L
高效湿法混合制粒机	GHL-3	85000	纳诺机械设备有限公司	（0451）86697518	生产能力1.2kg/批，有效容积2.4L，制粒时间3~8min，混合转速0~800 r/min，混合功率1.3kW、1.8kW，切割转速1500 r/min、3000 r/min，切割功率0.55 kW、0.75 kW，外形尺寸（mm）：700×600×1100，重280kg，带不锈钢双室隔膜泵、喷枪供液系统
高效湿法混合制粒机	GHL-3	85000	纳诺机械设备有限公司	（0451）86697518	生产能力1.2kg/批，有效容积2.4L，制粒时间3~8min，混合转速0~800 r/min，混合功率1.3kW、1.8kW，切割转速1500 r/min、3000 r/min，切割功率0.55 kW、0.75 kW，外形尺寸（mm）：700×600×1100，重280kg，供液自动计量
高效湿法混合制粒机	GHL-3	115000	纳诺机械设备有限公司	（0451）86697518	生产能力1.2kg/批，有效容积2.4L，制粒时间3~8min，混合转速0~800 r/min，混合功率1.3kW、1.8kW，切割转速1500 r/min、3000 r/min，切割功率0.55 kW、0.75 kW，外形尺寸（mm）：700×600×1100，重280kg，带真空上料系统、钢丝管
高效湿法混合制粒机	GHL-10	102000	纳诺机械设备有限公司	（0451）86697518	生产能力4kg/批，有效容积8L，制粒时间8~10min，混合转速0~500 r/min，混合功率1.5kW、2.2kW，切割转速1500 r/min、3000 r/min，切割功率0.85kW、1.1kW，外形尺寸（mm）：1050×650×1300，重300kg
高效湿法混合制粒机	GHL-10	112000	纳诺机械设备有限公司	（0451）86697518	生产能力4kg/批，有效容积8L，制粒时间8~10min，混合转速0~500 r/min，混合功率1.5kW、2.2kW，切割转速1500 r/min、3000 r/min，切割功率0.85kW、1.1kW，外形尺寸（mm）：1050×650×1300，重300kg，与物料接触部位材质316L
高效湿法混合制粒机	GHL-10	122000	纳诺机械设备有限公司	（0451）86697518	生产能力4kg/批，有效容积8L，制粒时间8~10min，混合转速0~500 r/min，混合功率1.5kW、2.2kW，切割转速1500 r/min、3000 r/min，切割功率0.85kW、1.1kW，外形尺寸（mm）：1050×650×1300，重300kg，带不锈钢双室隔膜泵、喷枪供液系统

产品名称	型号规格	参考价格（元）	生产厂家	电话	主要参数及备注
高效湿法混合制粒机	GHL-10	122000	纳诺机械设备有限公司	（0451）86697518	生产能力 4kg/批，有效容积 8L，制粒时间 8~10min，混合转速 0~500 r/min，混合功率1.5kW、2.2kW，切割转速 1500 r/min、3000 r/min，切割功率0.85kW、1.1kW，外形尺寸（mm）：1050×650×1300，重 300kg，供液自动计量
高效湿法混合制粒机	GHL-10	152000	纳诺机械设备有限公司	（0451）86697518	生产能力 4kg/批，有效容积 8L，制粒时间 8~10min，混合转速 0~500 r/min，混合功率1.5kW、2.2kW，切割转速 1500 r/min、3000 r/min，切割功率0.85kW、1.1kW，外形尺寸（mm）：1050×650×1300，重 300kg，带真空上料系统、钢丝管
高效湿法混合制粒机	GHL-50	145000	纳诺机械设备有限公司	（0451）86697518	生产能力 20kg/批，有效容积 40L，制粒时间 8~10min，混合转速 0~300 r/min，混合功率 4kW、5.5kW，切割转速 1500 r/min、3000 r/min，切割功率1.3kW、1.8kW，外形尺寸（mm）：1200×1094×700，重 500kg
高效湿法混合制粒机	GHL-50	157000	纳诺机械设备有限公司	（0451）86697518	生产能力 20kg/批，有效容积 40L，制粒时间 8~10min，混合转速 0~300 r/min，混合功率 4kW、5.5kW，切割转速 1500 r/min、3000 r/min，切割功率1.3kW、1.8kW，外形尺寸（mm）：1200×1094×700，重 500kg，水冷夹套式制粒锅体
高效湿法混合制粒机	GHL-50	160000	纳诺机械设备有限公司	（0451）86697518	生产能力 20kg/批，有效容积 40L，制粒时间 8~10min，混合转速 0~300 r/min，混合功率 4kW、5.5kW，切割转速 1500 r/min、3000 r/min，切割功率1.3kW、1.8kW，外形尺寸（mm）：1200×1094×700，重 500kg，与物料接触部位材质 316L
高效湿法混合制粒机	GHL-50	165000	纳诺机械设备有限公司	（0451）86697518	生产能力 20kg/批，有效容积 40L，制粒时间 8~10min，混合转速 0~300 r/min，混合功率 4kW、5.5kW，切割转速 1500 r/min、3000 r/min，切割功率1.3kW、1.8kW，外形尺寸（mm）：1200×1094×700，重 500kg，带不锈钢双室隔膜泵、喷枪供液系统
高效湿法混合制粒机	GHL-50	165000	纳诺机械设备有限公司	（0451）86697518	生产能力 20kg/批，有效容积 40L，制粒时间 8~10min，混合转速 0~300 r/min，混合功率 4kW、5.5 kW，切割转速 1500 r/min、3000 r/min，切割功率 1.3 kW、1.8 kW，外形尺寸（mm）：1200×1094×700，重 500kg，供液自动计量
高效湿法混合制粒机	GHL-50	195000	纳诺机械设备有限公司	（0451）86697518	生产能力 20kg/批，有效容积 40L，制粒时间 8~10min，混合转速 0~300 r/min，混合功率 4kW、5.5kW，切割转速 1500 r/min、3000 r/min，切割功率1.3kW、1.8kW，外形尺寸（mm）：1200×1094×700，重 500kg，带真空上料系统、钢丝管

产品名称	型号规格	参考价格(元)	生产厂家	电话	主要参数及备注
高效湿法混合制粒机	GHL-120	198000	纳诺机械设备有限公司	(0451)86697518	生产能力48kg/批,有效容积96L,制粒时间8~10min,混合转速0~240 r/min,混合功率7.5kW,切割转速1500 r/min、3000 r/min,切割功率2kW、2.4kW,外形尺寸(mm):2028×900×1145,重1t
高效湿法混合制粒机	GHL-120	211000	纳诺机械设备有限公司	(0451)86697518	生产能力48kg/批,有效容积96L,制粒时间8~10min,混合转速0~240 r/min,混合功率7.5 kW,切割转速1500 r/min、3000 r/min,切割功率2kW、2.4kW,外形尺寸(mm):2028×900×1145,重1t,水冷夹套式制粒锅体
高效湿法混合制粒机	GHL-120	218000	纳诺机械设备有限公司	(0451)86697518	生产能力48kg/批,有效容积96L,制粒时间8~10min,混合转速0~240 r/min,混合功率7.5 kW,切割转速1500 r/min、3000 r/min,切割功率2kW、2.4kW,外形尺寸(mm):2028×900×1145,重1t,供液自动计量
高效湿法混合制粒机	GHL-120	223000	纳诺机械设备有限公司	(0451)86697518	生产能力48kg/批,有效容积96L,制粒时间8~10min,混合转速0~240 r/min,混合功率7.5 kW,切割转速1500 r/min、3000 r/min,切割功率2kW、2.4kW,外形尺寸(mm):2028×900×1145,重1t,带不锈钢双室隔膜泵、喷枪供液系统
高效湿法混合制粒机	GHL-120	223000	纳诺机械设备有限公司	(0451)86697518	生产能力48kg/批,有效容积96L,制粒时间8~10min,混合转速0~240 r/min,混合功率7.5 kW,切割转速1500 r/min、3000 r/min,切割功率2kW、2.4kW,外形尺寸(mm):2028×900×1145,重1t,与物料接触部位材质316L
高效湿法混合制粒机	GHL-120	248000	纳诺机械设备有限公司	(0451)86697518	生产能力48kg/批,有效容积96L,制粒时间8~10min,混合转速0~240 r/min,混合功率7.5 kW,切割转速1500 r/min、3000 r/min,切割功率2kW、2.4kW,外形尺寸(mm):2028×900×1145,重1t,带真空上料系统、钢丝管
高效湿法混合制粒机	GHL-250	268000	纳诺机械设备有限公司	(0451)86697518	生产能力100kg/批,有效容积200L,制粒时间8~10min,混合转速0~186 r/min,混合功率15kW,切割转速1500 r/min、3000 r/min,切割功率3.3 kW、4kW,外形尺寸(mm):2430×1480×1100,重1.5t
高效湿法混合制粒机	GHL-250	280000	纳诺机械设备有限公司	(0451)86697518	生产能力100kg/批,有效容积200L,制粒时间8~10min,混合转速0~186 r/min,混合功率15kW,切割转速1500 r/min、3000 r/min,切割功率3.3kW、4kW,外形尺寸(mm):2430×1480×1100,重1.5t,带高位操作平台、扶梯
高效湿法混合制粒机	GHL-250	283000	纳诺机械设备有限公司	(0451)86697518	生产能力100kg/批,有效容积200L,制粒时间8~10min,混合转速0~186 r/min,混合功率15kW,切割转速1500 r/min、3000 r/min,切割功率3.3kW、4kW,外形尺寸(mm):2430×1480×1100,重1.5t,水冷夹套式制粒锅体

产品名称	型号规格	参考价格（元）	生产厂家	电话	主要参数及备注
高效湿法混合制粒机	GHL-250	288000	纳诺机械设备有限公司	（0451）86697518	生产能力 100kg/批，有效容积 200L，制粒时间 8～10min，混合转速 0～186 r/min，混合功率 15kW，切割转速 1500 r/min、3000 r/min，切割功率 3.3 kW、4kW，外形尺寸（mm）：2430×1480×1100，重 1.5t，供液自动计量
高效湿法混合制粒机	GHL-250	288000	纳诺机械设备有限公司	（0451）86697518	生产能力 100kg/批，有效容积 200L，制粒时间 8～10min，混合转速 0～186 r/min，混合功率 15kW，切割转速 1500 r/min、3000 r/min，切割功率 3.3 kW、4kW，外形尺寸（mm）：2430×1480×1100，重 1.5t，西门子 200 型 CPU
高效湿法混合制粒机	GHL-250	303000	纳诺机械设备有限公司	（0451）86697518	生产能力 100kg/批，有效容积 200L，制粒时间 8～10min，混合转速 0～186 r/min，混合功率 15kW，切割转速 1500 r/min、3000 r/min，切割功率 3.3 kW、4kW，外形尺寸（mm）：2430×1480×1100，重 1.5t，带不锈钢双室隔膜泵、喷枪供液系统
高效湿法混合制粒机	GHL-250	303000	纳诺机械设备有限公司	（0451）86697518	生产能力 100kg/批，有效容积 200L，制粒时间 8～10min，混合转速 0～186 r/min，混合功率 15kW，切割转速 1500 r/min、3000 r/min，切割功率 3.3 kW、4kW，外形尺寸（mm）：2430×1480×1100，重 1.5t，与物料接触部位材质 316L
高效湿法混合制粒机	GHL-250	318000	纳诺机械设备有限公司	（0451）86697518	生产能力 100kg/批，有效容积 200L，制粒时间 8～10min，混合转速 0～186 r/min，混合功率 15kW，切割转速 1500 r/min、3000 r/min，切割功率 3.3 kW、4kW，外形尺寸（mm）：2430×1480×1100，重 1.5t，带真空上料系统、钢丝管
高效湿法混合制粒机	GHL-250	373000	纳诺机械设备有限公司	（0451）86697518	生产能力 100kg/批，有效容积 200L，制粒时间 8～10min，混合转速 0～186 r/min，混合功率 15kW，切割转速 1500 r/min、3000 r/min，切割功率 3.3 kW、4kW，外形尺寸（mm）：2430×1480×1100，重 1.5t，带移动式在位清洗系统
高效湿法混合制粒机	GHL-300	340000	纳诺机械设备有限公司	（0451）86697518	生产能力 120kg/批，有效容积 240L，制粒时间 8～10min，混合转速 0～185 r/min，混合功率 18.5 kW，切割转速 1500 r/min、3000 r/min，切割功率 4.5kW、5.5kW，外形尺寸（mm）：1800×1717×1150，重 1.8t
高效湿法混合制粒机	GHL-300	355000	纳诺机械设备有限公司	（0451）86697518	生产能力 120kg/批，有效容积 240L，制粒时间 8～10min，混合转速 0～185 r/min，混合功率 18.5 kW，切割转速 1500 r/min、3000 r/min，切割功率 4.5kW、5.5kW，外形尺寸（mm）：1800×1717×1150，重 1.8t，带高位操作平台、扶梯

产品名称	型号规格	参考价格（元）	生产厂家	电话	主要参数及备注
高效湿法混合制粒机	GHL-300	355000	纳诺机械设备有限公司	(0451) 86697518	生产能力 120kg/批，有效容积 240L，制粒时间 8~10min，混合转速 0~185 r/min，混合功率18.5 kW，切割转速 1500 r/min、3000 r/min，切割功率4.5kW、5.5kW，外形尺寸（mm）：1800×1717×1150，重1.8t，水冷夹套式制粒锅体
高效湿法混合制粒机	GHL-300	360000	纳诺机械设备有限公司	(0451) 86697518	生产能力 120kg/批，有效容积 240L，制粒时间 8~10min，混合转速0~185 r/min，混合功率 18.5kW，切割转速 1500 r/min、3000 r/min，切割功率4.5 kW、5.5kW，外形尺寸（mm）：1800×1717×1150，重 1.8 t，西门子 200 型 CPU
高效湿法混合制粒机	GHL-300	360000	纳诺机械设备有限公司	(0451) 86697518	生产能力 120kg/批，有效容积 240L，制粒时间 8~10min，混合转速0~185 r/min，混合功率18.5 kW，切割转速 1500 r/min、3000 r/min，切割功率4.5kW、5.5kW，外形尺寸（mm）：1800×1717×1150，重1.8t，供液自动计量
高效湿法混合制粒机	GHL-300	380000	纳诺机械设备有限公司	(0451) 86697518	生产能力 120kg/批，有效容积 240L，制粒时间 8~10min，混合转速0~185 r/min，混合功率18.5 kW，切割转速 1500 r/min、3000 r/min，切割功率4.5kW、5.5kW，外形尺寸（mm）：1800×1717×1150，重1.8t，与物料接触部位材质 316L
高效湿法混合制粒机	GHL-300	385000	纳诺机械设备有限公司	(0451) 86697518	生产能力 120kg/批，有效容积 240L，制粒时间 8~10min，混合转速0~185 r/min，混合功率18.5 kW，切割转速 1500 r/min、3000 r/min，切割功率4.5kW、5.5kW，外形尺寸（mm）：1800×1717×1150，重1.8t，带不锈钢双室隔膜泵、喷枪供液系统
高效湿法混合制粒机	GHL-300	390000	纳诺机械设备有限公司	(0451) 86697518	生产能力 120kg/批，有效容积 240L，制粒时间 8~10min，混合转速0~185 r/min，混合功率18.5 kW，切割转速 1500 r/min、3000 r/min，切割功率4.5kW、5.5kW，外形尺寸（mm）：1800×1717×1150，重1.8t，带真空上料系统、钢丝管
高效湿法混合制粒机	GHL-300	445000	纳诺机械设备有限公司	(0451) 86697518	生产能力 120kg/批，有效容积 240L，制粒时间 8~10min，混合转速0~185 r/min，混合功率18.5 kW，切割转速 1500 r/min、3000 r/min，切割功率4.5kW、5.5kW，外形尺寸（mm）：1800×1717×1150，重1.8t，带移动式在位清洗系统
高效湿法混合制粒机	GHL-400	420000	纳诺机械设备有限公司	(0451) 86697518	生产能力 160kg/批，有效容积 320L，制粒时间 8~10min，混合转速 0~175 r/min，混合功率 30kW，切割转速 1500 r/min、3000 r/min，切割功率 6.5 kW、8kW，外形尺寸（mm）：2968×2290×1200，重 2t

产品名称	型号规格	参考价格(元)	生产厂家	电话	主要参数及备注
高效湿法混合制粒机	GHL-400	436000	纳诺机械设备有限公司	(0451)86697518	生产能力160kg/批,有效容积320L,制粒时间8~10min,混合转速0~175 r/min,混合功率30kW,切割转速1500 r/min、3000 r/min,切割功率6.5 kW、8kW,外形尺寸(mm):2968×2290×1200,重2t,水冷夹套式制粒锅体
高效湿法混合制粒机	GHL-400	440000	纳诺机械设备有限公司	(0451)86697518	生产能力160kg/批,有效容积320L,制粒时间8~10min,混合转速0~175 r/min,混合功率30kW,切割转速1500 r/min、3000 r/min,切割功率6.5 kW、8kW,外形尺寸(mm):2968×2290×1200,重2t,供液自动计量
高效湿法混合制粒机	GHL-400	440000	纳诺机械设备有限公司	(0451)86697518	生产能力160kg/批,有效容积320L,制粒时间8~10min,混合转速0~175 r/min,混合功率30kW,切割转速1500 r/min、3000 r/min,切割功率6.5 kW、8kW,外形尺寸(mm):2968×2290×1200,重2t,西门子200型CPU
高效湿法混合制粒机	GHL-400	440000	纳诺机械设备有限公司	(0451)86697518	生产能力160kg/批,有效容积320L,制粒时间8~10min,混合转速0~175 r/min,混合功率30kW,切割转速1500 r/min、3000 r/min,切割功率6.5 kW、8kW,外形尺寸(mm):2968×2290×1200,重2t,带高位操作平台、扶梯
高效湿法混合制粒机	GHL-400	465000	纳诺机械设备有限公司	(0451)86697518	生产能力160kg/批,有效容积320L,制粒时间8~10min,混合转速0~175 r/min,混合功率30kW,切割转速1500 r/min、3000 r/min,切割功率6.5 kW、8kW,外形尺寸(mm):2968×2290×1200,重2t,带不锈钢双室隔膜泵、喷枪供液系统
高效湿法混合制粒机	GHL-400	470000	纳诺机械设备有限公司	(0451)86697518	生产能力160kg/批,有效容积320L,制粒时间8~10min,混合转速0~175 r/min,混合功率30kW,切割转速1500 r/min、3000 r/min,切割功率6.5 kW、8kW,外形尺寸(mm):2968×2290×1200,重2t,带真空上料系统、钢丝管
高效湿法混合制粒机	GHL-400	470000	纳诺机械设备有限公司	(0451)86697518	生产能力160kg/批,有效容积320L,制粒时间8~10min,混合转速0~175 r/min,混合功率30kW,切割转速1500 r/min、3000 r/min,切割功率6.5 kW、8kW,外形尺寸(mm):2968×2290×1200,重2t,与物料接触部位材质316L
高效湿法混合制粒机	GHL-400	525000	纳诺机械设备有限公司	(0451)86697518	生产能力160kg/批,有效容积320L,制粒时间8~10min,混合转速0~175 r/min,混合功率30kW,切割转速1500 r/min、3000 r/min,切割功率6.5 kW、8kW,外形尺寸(mm):2968×2290×1200,重2t,带移动式在位清洗系统

产品名称	型号规格	参考价格（元）	生产厂家	电话	主要参数及备注
高效湿法混合制粒机	GHL-600	485000	纳诺机械设备有限公司	（0451）86697518	生产能力 240kg/批，有效容积 480L，制粒时间 8～10min，混合转速 0～169 r/min，混合功率 37kW，切割转速 1500 r/min、3000 r/min，切割功率 9kW、11kW，外形尺寸（mm）：2530×1955×1320，重2.5t
高效湿法混合制粒机	GHL-600	505000	纳诺机械设备有限公司	（0451）86697518	生产能力 240kg/批，有效容积 480L，制粒时间 8～10min，混合转速 0～169 r/min，混合功率 37kW，切割转速 1500 r/min、3000 r/min，切割功率 9kW、11kW，外形尺寸（mm）：2530×1955×1320，重2.5t，水冷夹套式制粒锅体
高效湿法混合制粒机	GHL-600	505000	纳诺机械设备有限公司	（0451）86697518	生产能力 240kg/批，有效容积 480L，制粒时间 8～10min，混合转速 0～169 r/min，混合功率 37kW，切割转速 1500 r/min、3000 r/min，切割功率 9kW、11kW，外形尺寸（mm）：2530×1955×1320，重2.5t，供液自动计量
高效湿法混合制粒机	GHL-600	510000	纳诺机械设备有限公司	（0451）86697518	生产能力 240kg/批，有效容积 480L，制粒时间 8～10min，混合转速 0～169 r/min，混合功率 37kW，切割转速 1500 r/min、3000 r/min，切割功率 9kW、11kW，外形尺寸（mm）：2530×1955×1320，重2.5t，西门子 200型 CPU
高效湿法混合制粒机	GHL-600	510000	纳诺机械设备有限公司	（0451）86697518	生产能力 240kg/批，有效容积 480L，制粒时间 8～10min，混合转速 0～169 r/min，混合功率 37kW，切割转速 1500 r/min、3000 r/min，切割功率 9kW、11kW，外形尺寸（mm）：2530×1955×1320，重2.5t，带高位操作平台、扶梯
高效湿法混合制粒机	GHL-600	530000	纳诺机械设备有限公司	（0451）86697518	生产能力 240kg/批，有效容积 480L，制粒时间 8～10min，混合转速 0～169 r/min，混合功率 37kW，切割转速 1500 r/min、3000 r/min，切割功率 9kW、11kW，外形尺寸（mm）：2530×1955×1320，重2.5t，带不锈钢双室隔膜泵、喷枪供液系统
高效湿法混合制粒机	GHL-600	535000	纳诺机械设备有限公司	（0451）86697518	生产能力 240kg/批，有效容积 480L，制粒时间 8～10min，混合转速 0～169 r/min，混合功率 37kW，切割转速 1500 r/min、3000 r/min，切割功率 9kW、11kW，外形尺寸（mm）：2530×1955×1320，重2.5t，带真空上料系统、钢丝管
高效湿法混合制粒机	GHL-600	545000	纳诺机械设备有限公司	（0451）86697518	生产能力 240kg/批，有效容积 480L，制粒时间 8～10min，混合转速 0～169 r/min，混合功率 37kW，切割转速 1500 r/min、3000 r/min，切割功率 9kW、11kW，外形尺寸（mm）：2530×1955×1320，重2.5t，与物料接触部位材质 316L

产品名称	型号规格	参考价格（元）	生产厂家	电话	主要参数及备注
高效湿法混合制粒机	GHL-600	590000	纳诺机械设备有限公司	（0451）86697518	生产能力 240kg/批，有效容积480L，制粒时间 8～10min，混合转速 0～169 r/min，混合功率37kW，切割转速 1500 r/min、3000 r/min，切割功率 9kW、11kW，外形尺寸（mm）：2530×1955×1320，重2.5t，带移动式在位清洗系统
高效湿法混合制粒机	GHL-800	560000	纳诺机械设备有限公司	（0451）86697518	生产能力 320kg/批，有效容积640L，制粒时间 8～10min，混合转速 0～120 r/min，混合功率45kW，切割转速 1500 r/min、3000 r/min，切割功率 9kW、11kW，外形尺寸（mm）：3150×1430×1600，重 3t
高效湿法混合制粒机	GHL-800	580000	纳诺机械设备有限公司	（0451）86697518	生产能力 320kg/批，有效容积640L，制粒时间 8～10min，混合转速 0～120 r/min，混合功率45kW，切割转速 1500 r/min、3000 r/min，切割功率 9kW、11kW，外形尺寸（mm）：3150×1430×1600，重 3t，供液自动计量
高效湿法混合制粒机	GHL-800	585000	纳诺机械设备有限公司	（0451）86697518	生产能力 320kg/批，有效容积640L，制粒时间 8～10min，混合转速 0～120 r/min，混合功率45kW，切割转速 1500 r/min、3000 r/min，切割功率 9kW、11kW，外形尺寸（mm）：3150×1430×1600，重 3t，西门子 200 型CPU
高效湿法混合制粒机	GHL-800	585000	纳诺机械设备有限公司	（0451）86697518	生产能力 320kg/批，有效容积640L，制粒时间 8～10min，混合转速 0～120 r/min，混合功率45kW，切割转速 1500 r/min、3000 r/min，切割功率 9kW、11kW，外形尺寸（mm）：3150×1430×1600，重 3t，水冷夹套式制粒锅体
高效湿法混合制粒机	GHL-800	590000	纳诺机械设备有限公司	（0451）86697518	生产能力 320kg/批，有效容积640L，制粒时间 8～10min，混合转速 0～120 r/min，混合功率45kW，切割转速 1500 r/min、3000 r/min，切割功率 9kW、11kW，外形尺寸（mm）：3150×1430×1600，重 3t，带高位操作平台、扶梯
高效湿法混合制粒机	GHL-800	610000	纳诺机械设备有限公司	（0451）86697518	生产能力 320kg/批，有效容积640L，制粒时间 8～10min，混合转速 0～120 r/min，混合功率45kW，切割转速 1500 r/min、3000 r/min，切割功率 9kW、11kW，外形尺寸（mm）：3150×1430×1600，重 3t，带真空上料系统、钢丝管
高效湿法混合制粒机	GHL-800	615000	纳诺机械设备有限公司	（0451）86697518	生产能力 320kg/批，有效容积640L，制粒时间 8～10min，混合转速 0～120 r/min，混合功率45kW，切割转速 1500 r/min、3000 r/min，切割功率 9kW、11kW，外形尺寸（mm）：3150×1430×1600，重 3t，带不锈钢双室隔膜泵、喷枪供液系统

产品名称	型号规格	参考价格(元)	生产厂家	电话	主要参数及备注
高效湿法混合制粒机	GHL-800	640000	纳诺机械设备有限公司	(0451)86697518	生产能力 320kg/批,有效容积 640L,制粒时间 8~10min,混合转速 0~120 r/min,混合功率 45kW,切割转速 1500 r/min、3000 r/min,切割功率 9kW、11kW,外形尺寸(mm):3150×1430×1600,重 3t,与物料接触部位材质 316L
高效湿法混合制粒机	GHL-800	665000	纳诺机械设备有限公司	(0451)86697518	生产能力 320kg/批,有效容积 640L,制粒时间 8~10min,混合转速 0~120 r/min,混合功率 45kW,切割转速 1500 r/min、3000 r/min,切割功率 9kW、11kW,外形尺寸(mm):3150×1430×1600,重 3t,带移动式在位清洗系统
高效湿法混合制粒机	HZ-10	150000	重庆英格制药机械有限公司	(023)686633988	生产能力 3~5kg/批,容积 10L,搅拌电动机功率1.5kW,重 90kg
高效湿法混合制粒机	HZ-50	200000	重庆英格制药机械有限公司	(023)686633988	生产能力 15~25kg/批,容积 50L,搅拌电动机功率5.5kW,重 400kg
高效湿法混合制粒机	HZ-100	230000	重庆英格制药机械有限公司	(023)686633988	生产能力 40~60kg/批,容积 100L,搅拌电动机功率 8kW,重 800kg
高效湿法混合制粒机	HZ-200	330000	重庆英格制药机械有限公司	(023)686633988	生产能力 80~100kg/批,容积 200L,搅拌电动机功率 11kW,重 1.2t
高效湿法混合制粒机	HZ-250	420000	重庆英格制药机械有限公司	(023)686633988	生产能力 100~110kg/批,容积 250L,搅拌电动机功率 14kW,重 1.5t
高效湿法混合制粒机	HZ-400	780000	重庆英格制药机械有限公司	(023)686633988	生产能力 120~180kg/批,容积 400L,搅拌电动机功率 22kW,重 2.3t
高效湿法混合制粒机	HZ-600	980000	重庆英格制药机械有限公司	(023)686633988	生产能力 190~280kg/批,容积 600L,搅拌电动机功率 24kW,重 2.3t
喷雾干燥制粒机	PGL-3	125000	常州中贝干燥设备有限公司	(0519)88671938	蒸发能力 3 kg/h,风机功率6.7 kW,材质不锈钢,带空气净化装置、加热系统、输液小车(含卫生级蠕动泵)、离心式风机、消声器、模糊控制柜
喷雾干燥制粒机	PGL-3B	110000	江苏一步干燥设备有限公司	(0519)88902618	流浸膏能力 2~4 kg/h,沸腾能力 2~6kg/批,原料容器容积 26L,容器直径 400mm,压缩空气耗量 0.9m³/min,压缩空气压力0.1~0.4MPa,物料成品率≥99%,噪声≤75dB,电加热功率 9kW,重 500kg,中药浸膏
喷雾干燥制粒机	PGL-3B	125000	无锡市凯信干燥成套设备有限公司	(0510)81663608	流浸膏能力 2 kg/h(最小)、4 kg/h(最大),沸腾能力 2kg/批(最小)、6kg/批(最大),原料容器容积 26L,容器直径 400mm,耗汽量 25 kg/h,引风机功率 3kW,辅风机功率0.55kW,带加热系统、输液泵、消声器、风机、控制柜
喷雾干燥制粒机	PGL-3B	125000	常州市互帮干燥设备有限公司	(0519)88739588	材质不锈钢,带空气净化装置、加热系统、输液小车、离心式风机、消声器、模糊控制柜

产品名称	型号规格	参考价格(元)	生产厂家	电话	主要参数及备注
喷雾干燥制粒机	PGL-3B	150000	无锡市凯信干燥成套设备有限公司	(0510)81663608	流浸膏能力 2 kg/h(最小)、4 kg/h(最大),沸腾能力 2kg/批(最小)、6kg/批(最大),原料容器容积 26L,容器直径 400mm,耗汽量 25 kg/h,引风机功率 3kW,辅风机功率0.55kW,带加热系统、输液泵、消声器、风机、模糊控制柜
喷雾干燥制粒机	PGL-3C	145000	江苏一步干燥设备有限公司	(0519)88902618	中药浸膏
喷雾干燥制粒机	PGL-3L	40000	江阴金发干燥设备有限公司	(0510)86178258	流浸膏能力 2 kg/h(最小)、4 kg/h(最大),沸腾能力 2kg/批(最小)、6kg/批(最大),容器容积 26L,容器直径 400mm,耗汽量 40 kg/h,物料成品率≥99%,一步法,离心喷雾型,物料通过处材质不锈钢,不带热源装置
喷雾干燥制粒机	PGL-3Q	125000	江阴金发干燥设备有限公司	(0510)86178258	流浸膏能力 2 kg/h(最小)、4 kg/h(最大),沸腾能力 2kg/批(最小)、6kg/批(最大),容器容积 26L,容器直径 400mm,耗汽量 40 kg/h,物料成品率≥99%,一步法,气流喷雾型,物料通过处材质不锈钢,不带空气压缩机
喷雾干燥制粒机	PGL-5	135000	常州中贝干燥设备有限公司	(0519)88671938	蒸发能力 5 kg/h,风机功率 10kW,材质不锈钢,带空气净化装置、加热系统、输液小车(含卫生级蠕动泵)、离心式风机、消声器、模糊控制柜
喷雾干燥制粒机	PGL-5B	130000	江苏一步干燥设备有限公司	(0519)88902618	流浸膏能力 4~6 kg/h,沸腾能力 6~15kg/批,原料容器容积 50L,容器直径 550mm,压缩空气耗量 $0.9m^3/min$,压缩空气压力 0.1~0.4MPa,物料成品率≥99%,噪声≤75dB,电加热功率 15kW,重 800kg,中药浸膏
喷雾干燥制粒机	PGL-5B	135000	无锡市凯信干燥成套设备有限公司	(0510)81663608	流浸膏能力 4 kg/h(最小)、6 kg/h(最大),沸腾能力 6kg/批(最小)、15kg/批(最大),原料容器容积 50L,容器直径 550mm,耗汽量 50 kg/h,引风机功率5.5 kW,辅风机功率0.75kW,带加热系统、输液泵、消声器、风机、控制柜
喷雾干燥制粒机	PGL-5B	160000	无锡市凯信干燥成套设备有限公司	(0510)81663608	流浸膏能力 4 kg/h(最小)、6 kg/h(最大),沸腾能力 6kg/批(最小)、15kg/批(最大),原料容器容积 50L,容器直径 550mm,耗汽量 50 kg/h,引风机功率5.5 kW,辅风机功率0.75kW,带加热系统、输液泵、消声器、风机、模糊控制柜
喷雾干燥制粒机	PGL-5C	190000	江苏一步干燥设备有限公司	(0519)88902618	中药浸膏
喷雾干燥制粒机	PGL-5L	52000	江阴金发干燥设备有限公司	(0510)86178258	流浸膏能力 4 kg/h(最小)、6 kg/h(最大),沸腾能力 6kg/批(最小)、15kg/批(最大),容器容积 50L,容器直径 550mm,耗汽量 70 kg/h,物料成品率≥99%,噪声<7%dB,一步法,离心喷雾型,物料通过处材质不锈钢,不带热源装置

产品名称	型号规格	参考价格（元）	生产厂家	电话	主要参数及备注
喷雾干燥制粒机	PGL-5Q	147000	江阴金发干燥设备有限公司	(0510)86178258	流浸膏能力 4 kg/h(最小)、6 kg/h(最大),沸腾能力 6kg/批(最小)、15kg/批(最大),容器容积 50L,容器直径 550mm,耗汽量 70 kg/h,物料成品率≥99%,噪声<7%dB,一步法,气流喷雾型,物料通过处材质不锈钢,不带空气压缩机
喷雾干燥制粒机	PGL-10	170000	常州中贝干燥设备有限公司	(0519)88671938	蒸发能力 10 kg/h,风机功率10.7 kW,材质不锈钢,带空气净化装置、加热系统、输液小车(含卫生级蠕动泵)、离心式风机、消声器、模糊控制柜
喷雾干燥制粒机	PGL-10B	160000	江苏一步干燥设备有限公司	(0519)88902618	流浸膏能力 5~15 kg/h,沸腾能力 10~30kg/批,原料容器容积 220L,容器直径 770mm,压缩空气耗量0.9 m^3/min,压缩空气压力0.1~0.4 MPa,物料成品率≥99%,噪声≤75dB,电加热功率21kW,重1.2t,中药浸膏
喷雾干燥制粒机	PGL-10B	170000	无锡市凯信干燥成套设备有限公司	(0510)81663608	流浸膏能力 5 kg/h(最小)、15 kg/h(最大),沸腾能力 10kg/批(最小)、30kg/批(最大),原料容器容积 100L,容器直径 770mm,耗汽量 120 kg/h,引风机功率7.5 kW,辅风机功率0.75kW,带加热系统、输液泵、消声器、风机、控制柜
喷雾干燥制粒机	PGL-10B	170000	常州市互帮干燥设备有限公司	(0519)88739588	材质不锈钢,带空气净化装置、加热系统、输液小车、离心式风机、消声器、模糊控制柜
喷雾干燥制粒机	PGL-10B	195000	无锡市凯信干燥成套设备有限公司	(0510)81663608	流浸膏能力 5 kg/h(最小)、15 kg/h(最大),沸腾能力 10kg/批(最小)、30kg/批(最大),原料容器容积 100L,容器直径 770mm,耗汽量 120 kg/h,引风机功率7.5 kW,辅风机功率0.75kW,带加热系统、输液泵、消声器、风机、模糊控制柜
喷雾干燥制粒机	PGL-10C	250000	江苏一步干燥设备有限公司	(0519)88902618	中药浸膏
喷雾干燥制粒机	PGL-10L	75000	江阴金发干燥设备有限公司	(0510)86178258	流浸膏能力 5 kg/h(最小)、15 kg/h(最大),沸腾能力 10kg/批(最小)、30kg/批(最大),容器容积 220L,容器直径 770mm,耗汽量 99 kg/h,物料成品率≥99%,噪声<7%dB,一步法,离心喷雾型,物料通过处材质不锈钢,不带热源装置
喷雾干燥制粒机	PGL-10Q	185000	江阴金发干燥设备有限公司	(0510)86178258	流浸膏能力 5 kg/h(最小)、15 kg/h(最大),沸腾能力 10kg/批(最小)、30kg/批(最大),容器容积 220L,容器直径 770mm,耗汽量 99 kg/h,物料成品率≥99%,噪声<7%dB,一步法,气流喷雾型,物料通过处材质不锈钢,不带空气压缩机
喷雾干燥制粒机	PGL-15L	125000	江阴金发干燥设备有限公司	(0510)86178258	一步法,离心喷雾型,物料通过处材质不锈钢,不带热源装置
喷雾干燥制粒机	PGL-15Q	250000	江阴金发干燥设备有限公司	(0510)86178258	一步法,气流喷雾型,物料通过处材质不锈钢,不带空气压缩机

产品名称	型号规格	参考价格（元）	生产厂家	电话	主要参数及备注
喷雾干燥制粒机	PGL-15Y	230000	江阴金发干燥设备有限公司	（0510）86178258	一步法，压力喷雾型，物料通过处材质不锈钢，不带热源装置
喷雾干燥制粒机	PGL-20	210000	常州中贝干燥设备有限公司	（0519）88671938	蒸发能力 20 kg/h，材质不锈钢，带空气净化装置、加热系统、输液小车（含卫生级蠕动泵）、离心式风机、消声器、模糊控制柜
喷雾干燥制粒机	PGL-20B	190000	江苏一步干燥设备有限公司	（0519）88902618	流浸膏能力 10～30 kg/h，沸腾能力 30～80kg/批，原料容器容积 420L，容器直径 1000mm，压缩空气耗量 $0.9m^3$/min，压缩空气压力 0.1～0.4MPa，物料成品率≥99%，噪声≤75dB，电加热功率 25.5kW，外形尺寸（mm）：1000×3700×1420，重 1.5t，中药浸膏
喷雾干燥制粒机	PGL-20B	210000	常州市互帮干燥设备有限公司	（0519）88739588	材质不锈钢，带空气净化装置、加热系统、输液小车、离心式风机、消声器、模糊控制柜
喷雾干燥制粒机	PGL-20B	220000	无锡市凯信干燥成套设备有限公司	（0510）81663608	流浸膏能力 15 kg/h（最小）、30 kg/h（最大），沸腾能力 30kg/批（最小）、80kg/批（最大），原料容器容积 220L，容器直径 1000mm，耗汽量 160 kg/h，引风机功率 11kW，辅风机功率 1.1kW，带加热系统、输液泵、消声器、风机、控制柜
喷雾干燥制粒机	PGL-20B	245000	无锡市凯信干燥成套设备有限公司	（0510）81663608	流浸膏能力 15 kg/h（最小）、30 kg/h（最大），沸腾能力 30kg/批（最小）、80kg/批（最大），原料容器容积 220L，容器直径 1000mm，耗汽量 160 kg/h，引风机功率 11kW，辅风机功率 1.1 kW，带加热系统、输液泵、消声器、风机、模糊控制柜
喷雾干燥制粒机	PGL-20C	300000	江苏一步干燥设备有限公司	（0519）88902618	中药浸膏
喷雾干燥制粒机	PGL-30	255000	常州中贝干燥设备有限公司	（0519）88671938	蒸发能力 30 kg/h，风机功率 16kW，材质不锈钢，带空气净化装置、加热系统、输液小车（含卫生级蠕动泵）、离心式风机、消声器、模糊控制柜
喷雾干燥制粒机	PGL-30B	220000	江苏一步干燥设备有限公司	（0519）88902618	流浸膏能力 20～40 kg/h，沸腾能力 60～160kg/批，原料容器容积 620L，容器直径 1200mm，压缩空气耗量 $1.1m^3$/min，压缩空气压力 0.1～0.4MPa，物料成品率≥99%，噪声≤75dB，电加热功率 51.5kW，重 2t，中药浸膏
喷雾干燥制粒机	PGL-30B	265000	无锡市凯信干燥成套设备有限公司	（0510）81663608	流浸膏能力 30 kg/h（最小）、40 kg/h（最大），沸腾能力 60kg/批（最小）、160kg/批（最大），原料容器容积 420L，容器直径 1200mm，耗汽量 240 kg/h，引风机功率 15kW，辅风机功率 1.5 kW，带加热系统、输液泵、消声器、风机、控制柜
喷雾干燥制粒机	PGL-30B	290000	无锡市凯信干燥成套设备有限公司	（0510）81663608	流浸膏能力 30 kg/h（最小）、40 kg/h（最大），沸腾能力 60kg/批（最小）、160kg/批（最大），原料容器容积 420L，容器直径 1200mm，耗汽量 240 kg/h，引风机功率 15kW，辅风机功率 1.5 kW，带加热系统、输液泵、消声器、风机、模糊控制柜

产品名称	型号规格	参考价格(元)	生产厂家	电话	主要参数及备注
喷雾干燥制粒机	PGL-30C	420000	江苏一步干燥设备有限公司	(0519)88902618	中药浸膏
喷雾干燥制粒机	PGL-30L	140000	江阴金发干燥设备有限公司	(0510)86178258	流浸膏能力 20 kg/h(最小)、40 kg/h(最大),沸腾能力 60kg/批(最小)、160kg/批(最大),容器容积 620L,容器直径 1200mm,耗汽量 300 kg/h,物料成品率≥99%,噪声<7%dB,一步法,离心喷雾型,物料通过处材质不锈钢,不带热源装置
喷雾干燥制粒机	PGL-30Q	275000	江阴金发干燥设备有限公司	(0510)86178258	流浸膏能力 20 kg/h(最小)、40 kg/h(最大),沸腾能力 60kg/批(最小)、160kg/批(最大),容器容积 620L,容器直径 1200mm,耗汽量 300 kg/h,物料成品率≥99%,噪声<7%dB,一步法,气流喷雾型,物料通过处材质不锈钢,不带空气压缩机
喷雾干燥制粒机	PGL-30Y	250000	江阴金发干燥设备有限公司	(0510)86178258	流浸膏能力 20 kg/h(最小)、40 kg/h(最大),沸腾能力 60kg/批(最小)、160kg/批(最大),容器容积 620L,容器直径 1200mm,耗汽量 300 kg/h,物料成品率≥99%,噪声<7%dB,一步法,压力喷雾型,物料通过处材质不锈钢,不带热源装置
喷雾干燥制粒机	PGL-50	270000	常州中贝干燥设备有限公司	(0519)88671938	蒸发能力 50 kg/h,风机功率18.5 kW,材质不锈钢,带空气净化装置、加热系统、输液小车(含卫生级蠕动泵)、离心式风机、消声器、模糊控制柜
喷雾干燥制粒机	PGL-50B	273000	无锡市凯信干燥成套设备有限公司	(0510)81663608	带加热系统、输液泵、消声器、风机、控制柜
喷雾干燥制粒机	PGL-50B	298000	无锡市凯信干燥成套设备有限公司	(0510)81663608	带加热系统、输液泵、消声器、风机、模糊控制柜
喷雾干燥制粒机	PGL-50L	175000	江阴金发干燥设备有限公司	(0510)86178258	一步法,离心喷雾型,物料通过处材质不锈钢,不带热源装置
喷雾干燥制粒机	PGL-50Q	280000	江阴金发干燥设备有限公司	(0510)86178258	一步法,气流喷雾型,物料通过处材质不锈钢,不带空气压缩机
喷雾干燥制粒机	PGL-50Y	265000	江阴金发干燥设备有限公司	(0510)86178258	一步法,压力喷雾型,物料通过处材质不锈钢,不带热源装置
喷雾干燥制粒机	PGL-80	310000	常州中贝干燥设备有限公司	(0519)88671938	蒸发能力 80 kg/h,风机功率21kW,材质不锈钢,带空气净化装置、加热系统、输液小车(含卫生级蠕动泵)、离心式风机、消声器、模糊控制柜
喷雾干燥制粒机	PGL-80B	280000	江苏一步干燥设备有限公司	(0519)88902618	流浸膏能力 40~80 kg/h,沸腾能力 100~250kg/批,原料容器容积 980L,容器直径 1400mm,压缩空气耗量 $1.3m^3/min$,压缩空气压力0.1~0.4MPa,物料成品率≥99%,噪声≤75dB,电加热功率60kW,重2.5t,中药浸膏
喷雾干燥制粒机	PGL-80B	310000	无锡市凯信干燥成套设备有限公司	(0510)81663608	流浸膏能力 60 kg/h(最小)、100 kg/h(最大),沸腾能力 100kg/批(最小)、250kg/批(最大),原料容器容积 670L,容器直径 1400mm,耗汽量 300 kg/h,引风机功率18.5kW,辅风机功率1.5 kW,带加热系统、输液泵、消声器、风机、控制柜

产品名称	型号规格	参考价格(元)	生产厂家	电话	主要参数及备注
喷雾干燥制粒机	PGL-80B	310000	常州市互帮干燥设备有限公司	(0519)88739588	材质不锈钢,带空气净化装置、加热系统、输液小车、离心式风机、消声器、模糊控制柜
喷雾干燥制粒机	PGL-80B	335000	无锡市凯信干燥成套设备有限公司	(0510)81663608	流浸膏能力60 kg/h(最小)、100 kg/h(最大),沸腾能力100kg/批(最小)、250kg/批(最大),原料容器容积670L,容器直径1400mm,耗汽量300 kg/h,引风机功率18.5kW,辅风机功率1.5 kW,带加热系统、输液泵、消声器、风机、模糊控制柜
喷雾干燥制粒机	PGL-80L	230000	江阴金发干燥设备有限公司	(0510)86178258	流浸膏能力60 kg/h(最小)、100 kg/h(最大),沸腾能力100kg/批(最小)、250kg/批(最大),容器容积980L,容器直径1400mm,耗汽量366 kg/h,物料成品率≥99%,噪声<7%dB,一步法,离心喷雾型,物料通过处材质不锈钢,不带热源装置
喷雾干燥制粒机	PGL-80Q	320000	江阴金发干燥设备有限公司	(0510)86178258	流浸膏能力60 kg/h(最小)、100 kg/h(最大),沸腾能力100kg/批(最小)、250kg/批(最大),容器容积980L,容器直径1400mm,耗汽量366 kg/h,物料成品率≥99%,噪声<7%dB,一步法,气流喷雾型,物料通过处材质不锈钢,不带空气压缩机
喷雾干燥制粒机	PGL-80Y	280000	江阴金发干燥设备有限公司	(0510)86178258	流浸膏能力60 kg/h(最小)、100 kg/h(最大),沸腾能力100kg/批(最小)、250kg/批(最大),容器容积980L,容器直径1400mm,耗汽量366 kg/h,物料成品率≥99%,噪声<7%dB,一步法,压力喷雾型,物料通过处材质不锈钢,不带热源装置
喷雾干燥制粒机	PGL-100L	260000	江阴金发干燥设备有限公司	(0510)86178258	一步法,离心喷雾型,物料通过处材质不锈钢,不带热源装置
喷雾干燥制粒机	PGL-100Q	345000	江阴金发干燥设备有限公司	(0510)86178258	一步法,气流喷雾型,物料通过处材质不锈钢,不带空气压缩机
喷雾干燥制粒机	PGL-100Y	310000	江阴金发干燥设备有限公司	(0510)86178258	一步法,压力喷雾型,物料通过处材质不锈钢,不带热源装置
喷雾干燥制粒机	PGL-120	380000	常州中贝干燥设备有限公司	(0519)88671938	蒸发能力120 kg/h,材质不锈钢,带空气净化装置、加热系统、输液小车(含卫生级蠕动泵)、离心式风机、消声器、模糊控制柜
喷雾干燥制粒机	PGL-120B	340000	无锡市凯信干燥成套设备有限公司	(0510)81663608	流浸膏能力100 kg/h(最小)、140 kg/h(最大),沸腾能力150kg/批(最小)、350kg/批(最大),原料容器容积1000L,容器直径1600mm,耗汽量380 kg/h,引风机功率30kW,辅风机功率2.2kW,带加热系统、输液泵、消声器、风机、控制柜
喷雾干燥制粒机	PGL-120B	350000	江苏一步干燥设备有限公司	(0519)88902618	流浸膏能力55~120 kg/h,沸腾能力150~450kg/批,原料容器容积1600L,容器直径1600mm,压缩空气耗量1.8 m^3/min,压缩空气压力0.1~0.4MPa,物料成品率≥99%,噪声≤75dB,电加热功率75kW,重3t,中药浸膏

产品名称	型号规格	参考价格(元)	生产厂家	电话	主要参数及备注
喷雾干燥制粒机	PGL-120B	365000	无锡市凯信干燥成套设备有限公司	(0510)81663608	流浸膏能力 100 kg/h(最小)、140 kg/h(最大),沸腾能力150kg/批(最小)、350kg/批(最大),原料容器容积 1000L,容器直径 1600mm,耗汽量 380 kg/h,引风机功率 30kW,辅风机功率2.2kW,带加热系统、输液泵、消声器、风机、模糊控制柜
喷雾干燥制粒机	PGL-120B	380000	常州市互帮干燥设备有限公司	(0519)88739588	材质不锈钢,带空气净化装置、加热系统、输液小车、离心式风机、消声器、模糊控制柜
喷雾干燥制粒机	PGL-120L	275000	江阴金发干燥设备有限公司	(0510)86178258	流浸膏能力 100 kg/h(最小)、140 kg/h(最大),沸腾能力150kg/批(最小)、450kg/批(最大),容器容积 1600L,容器直径1600mm,耗汽量 465 kg/h,物料成品率≥99%,噪声<7% dB,一步法,离心喷雾型,物料通过处材质不锈钢,不带热源装置
喷雾干燥制粒机	PGL-120Q	380000	江阴金发干燥设备有限公司	(0510)86178258	流浸膏能力 100 kg/h(最小)、140 kg/h(最大),沸腾能力150kg/批(最小)、450kg/批(最大),容器容积 1600L,容器直径1600mm,耗汽量 465 kg/h,物料成品率≥99%,噪声<7% dB,一步法,气流喷雾型,物料通过处材质不锈钢,不带空气压缩机
喷雾干燥制粒机	PGL-120Y	315000	江阴金发干燥设备有限公司	(0510)86178258	流浸膏能力 100 kg/h(最小)、140 kg/h(最大),沸腾能力150kg/批(最小)、450kg/批(最大),容器容积 1600L,容器直径1600mm,耗汽量 465 kg/h,物料成品率≥99%,噪声<7% dB,一步法,压力喷雾型,物料通过处材质不锈钢,不带热源装置
喷雾干燥制粒机	PGL-150	450000	常州中贝干燥设备有限公司	(0519)88671938	蒸发能力 150 kg/h,材质不锈钢,带空气净化装置、加热系统、输液小车(含卫生级蠕动泵)、离心式风机、消声器、模糊控制柜
喷雾干燥制粒机	PGL-150B	360000	无锡市凯信干燥成套设备有限公司	(0510)81663608	流浸膏能力 120 kg/h(最小)、180 kg/h(最大),沸腾能力180kg/批(最小)、450kg/批(最大),原料容器容积 1500L,容器直径 1800mm,耗汽量 465 kg/h,引风机功率 37kW,辅风机功率2.2kW,带加热系统、输液泵、消声器、风机、控制柜
喷雾干燥制粒机	PGL-150B	385000	无锡市凯信干燥成套设备有限公司	(0510)81663608	流浸膏能力 120 kg/h(最小)、180 kg/h(最大),沸腾能力180kg/批(最小)、450kg/批(最大),原料容器容积 1500L,容器直径 1800mm,耗汽量 465 kg/h,引风机功率 37kW,辅风机功率2.2kW,带加热系统、输液泵、消声器、风机、模糊控制柜
喷雾干燥制粒机	PGL-150B	450000	常州市互帮干燥设备有限公司	(0519)88739588	材质不锈钢,带空气净化装置、加热系统、输液小车、离心式风机、消声器、模糊控制柜
喷雾干燥制粒机	PGL-150L	330000	江阴金发干燥设备有限公司	(0510)86178258	一步法,离心喷雾型,物料通过处材质不锈钢,不带热源装置
喷雾干燥制粒机	PGL-150Q	450000	江阴金发干燥设备有限公司	(0510)86178258	一步法,气流喷雾型,物料通过处材质不锈钢,不带空气压缩机

产品名称	型号规格	参考价格(元)	生产厂家	电话	主要参数及备注
喷雾干燥制粒机	PGL-150Y	360000	江阴金发干燥设备有限公司	(0510)86178258	一步法,压力喷雾型,物料通过处材质不锈钢,不带热源装置
压力喷雾干燥制粒机	YPG-50	250000	无锡市凯信干燥成套设备有限公司	(0510)81663608	与物料接触部位材质不锈钢
压力喷雾干燥制粒机	YPG-100	280000	无锡市凯信干燥成套设备有限公司	(0510)81663608	与物料接触部位材质不锈钢
压力喷雾干燥制粒机	YPG-150	380000	无锡市凯信干燥成套设备有限公司	(0510)81663608	与物料接触部位材质不锈钢
压力喷雾干燥制粒机	YPG-200	450000	无锡市凯信干燥成套设备有限公司	(0510)81663608	与物料接触部位材质不锈钢
压力喷雾干燥制粒机	YPG-300	550000	无锡市凯信干燥成套设备有限公司	(0510)81663608	与物料接触部位材质不锈钢
压力喷雾干燥制粒机	YPG-500	700000	无锡市凯信干燥成套设备有限公司	(0510)81663608	与物料接触部位材质不锈钢
压力喷雾干燥制粒机	YPG-800	950000	无锡市凯信干燥成套设备有限公司	(0510)81663608	与物料接触部位材质不锈钢
压力喷雾干燥制粒机	YPG-1000	1250000	无锡市凯信干燥成套设备有限公司	(0510)81663608	与物料接触部位材质不锈钢
压力喷雾干燥制粒机	YPL-5H	125000	江苏一步干燥设备有限公司	(0519)88902618	温度350℃,与物料接触部位材质不锈钢,带干燥塔主机、旋风分离器、离心式风机、消声器、高压泵
压力喷雾干燥制粒机	YPL-5H	125000	无锡市凯信干燥成套设备有限公司	(0510)81663608	带旋风分离器、离心式风机、消声器、高压泵,物料通过处材质不锈钢
压力喷雾干燥制粒机	YPL-12.5H	165000	江苏一步干燥设备有限公司	(0519)88902618	温度350℃,与物料接触部位材质不锈钢,带干燥塔主机、旋风分离器、离心式风机、消声器、高压泵
压力喷雾干燥制粒机	YPL-12.5H	165000	无锡市凯信干燥成套设备有限公司	(0510)81663608	带旋风分离器、离心式风机、消声器、高压泵,物料通过处材质不锈钢
压力喷雾干燥制粒机	YPL-25H	186000	江苏一步干燥设备有限公司	(0519)88902618	温度350℃,与物料接触部位材质不锈钢,带干燥塔主机、旋风分离器、离心式风机、消声器、高压泵
压力喷雾干燥制粒机	YPL-25H	186000	无锡市凯信干燥成套设备有限公司	(0510)81663608	带旋风分离器、离心式风机、消声器、高压泵,物料通过处材质不锈钢
压力喷雾干燥制粒机	YPL-50	250000	江苏一步干燥设备有限公司	(0519)88902618	温度160℃,与物料接触部位材质不锈钢
压力喷雾干燥制粒机	YPL-50B	160000	江苏一步干燥设备有限公司	(0519)88902618	温度300℃,与物料接触部位材质不锈钢,带干燥塔主机、旋风分离器、离心式风机、消声器、高压泵,不带加热系统
压力喷雾干燥制粒机	YPL-50B	160000	无锡市凯信干燥成套设备有限公司	(0510)81663608	水分蒸发能力50 kg/h,功率8.5 kW,外形尺寸(mm):ϕ1200×8900,不带加热系统,带旋风分离器、离心式风机、消声器、高压泵,物料通过处材质不锈钢
压力喷雾干燥制粒机	YPL-50H	220000	江苏一步干燥设备有限公司	(0519)88902618	温度350℃,与物料接触部位材质不锈钢,带干燥塔主机、旋风分离器、离心式风机、消声器、高压泵
压力喷雾干燥制粒机	YPL-50H	220000	无锡市凯信干燥成套设备有限公司	(0510)81663608	带旋风分离器、离心式风机、消声器、高压泵,物料通过处材质不锈钢

产品名称	型号规格	参考价格(元)	生产厂家	电话	主要参数及备注
压力喷雾干燥制粒机	YPL-50L	198000	江苏一步干燥设备有限公司	(0519)88902618	温度300℃,与物料接触部位材质不锈钢,带干燥塔主机、旋风分离器、离心式风机、消声器、高压泵,不带加热系统
压力喷雾干燥制粒机	YPL-50L	198000	无锡市凯信干燥成套设备有限公司	(0510)81663608	水分蒸发能力50 kg/h,功率8.5 kW,外形尺寸(mm):ϕ1200×8900,不带加热系统,带旋风分离器、离心式风机、消声器、高压泵,物料通过处材质不锈钢
压力喷雾干燥制粒机	YPL-100	280000	江苏一步干燥设备有限公司	(0519)88902618	温度160℃,与物料接触部位材质不锈钢
压力喷雾干燥制粒机	YPL-100B	180000	江苏一步干燥设备有限公司	(0519)88902618	温度300℃,与物料接触部位材质不锈钢,带干燥塔主机、旋风分离器、离心式风机、消声器、高压泵,不带加热系统
压力喷雾干燥制粒机	YPL-100B	180000	无锡市凯信干燥成套设备有限公司	(0510)81663608	水分蒸发能力100 kg/h,功率14kW,外形尺寸(mm):ϕ1800×11500,不带加热系统,带旋风分离器、离心式风机、消声器、高压泵,物料通过处材质不锈钢
压力喷雾干燥制粒机	YPL-100H	440000	江苏一步干燥设备有限公司	(0519)88902618	温度350℃,与物料接触部位材质不锈钢,带干燥塔主机、旋风分离器、离心式风机、消声器、高压泵
压力喷雾干燥制粒机	YPL-100H	440000	无锡市凯信干燥成套设备有限公司	(0510)81663608	带旋风分离器、离心式风机、消声器、高压泵,物料通过处材质不锈钢
压力喷雾干燥制粒机	YPL-100L	220000	江苏一步干燥设备有限公司	(0519)88902618	温度300℃,与物料接触部位材质不锈钢,带干燥塔主机、旋风分离器、离心式风机、消声器、高压泵,不带加热系统
压力喷雾干燥制粒机	YPL-100L	220000	无锡市凯信干燥成套设备有限公司	(0510)81663608	水分蒸发能力100 kg/h,功率14kW,外形尺寸(mm):ϕ1800×11500,不带加热系统,带旋风分离器、离心式风机、消声器、高压泵,物料通过处材质不锈钢
压力喷雾干燥制粒机	YPL-150	380000	江苏一步干燥设备有限公司	(0519)88902618	温度160℃,与物料接触部位材质不锈钢
压力喷雾干燥制粒机	YPL-150B	250000	江苏一步干燥设备有限公司	(0519)88902618	温度300℃,与物料接触部位材质不锈钢,带干燥塔主机、旋风分离器、离心式风机、消声器、高压泵,不带加热系统
压力喷雾干燥制粒机	YPL-150B	250000	无锡市凯信干燥成套设备有限公司	(0510)81663608	水分蒸发能力150 kg/h,功率22kW,外形尺寸(mm):ϕ2200×13500,不带加热系统,带旋风分离器、离心式风机、消声器、高压泵,物料通过处材质不锈钢
压力喷雾干燥制粒机	YPL-150L	290000	江苏一步干燥设备有限公司	(0519)88902618	温度300℃,与物料接触部位材质不锈钢,带干燥塔主机、旋风分离器、离心式风机、消声器、高压泵,不带加热系统
压力喷雾干燥制粒机	YPL-150L	290000	无锡市凯信干燥成套设备有限公司	(0510)81663608	水分蒸发能力150 kg/h,功率22kW,外形尺寸(mm):ϕ2200×13500,不带加热系统,带旋风分离器、离心式风机、消声器、高压泵,物料通过处材质不锈钢
压力喷雾干燥制粒机	YPL-200	450000	江苏一步干燥设备有限公司	(0519)88902618	温度160℃,与物料接触部位材质不锈钢
压力喷雾干燥制粒机	YPL-200B	280000	江苏一步干燥设备有限公司	(0519)88902618	温度300℃,与物料接触部位材质不锈钢,带干燥塔主机、旋风分离器、离心式风机、消声器、高压泵,不带加热系统

产品名称	型号规格	参考价格(元)	生产厂家	电话	主要参数及备注
压力喷雾干燥制粒机	YPL-200B	280000	无锡市凯信干燥成套设备有限公司	(0510)81663608	水分蒸发能力 200 kg/h,功率24kW,外形尺寸(mm):ϕ2400×12800,不带加热系统,带旋风分离器、离心式风机、消声器、高压泵,物料通过处材质不锈钢
压力喷雾干燥制粒机	YPL-200L	350000	江苏一步干燥设备有限公司	(0519)88902618	温度 300℃,与物料接触部位材质不锈钢,带干燥塔主机、旋风分离器、离心式风机、消声器、高压泵,不带加热系统
压力喷雾干燥制粒机	YPL-200L	350000	无锡市凯信干燥成套设备有限公司	(0510)81663608	水分蒸发能力 200 kg/h,功率24kW,外形尺寸(mm):ϕ2400×12800,不带加热系统,带旋风分离器、离心式风机、消声器、高压泵,物料通过处材质不锈钢
压力喷雾干燥制粒机	YPL-300	550000	江苏一步干燥设备有限公司	(0519)88902618	温度 160℃,与物料接触部位材质不锈钢
压力喷雾干燥制粒机	YPL-300B	350000	江苏一步干燥设备有限公司	(0519)88902618	温度 300℃,与物料接触部位材质不锈钢,带干燥塔主机、旋风分离器、离心式风机、消声器、高压泵,不带加热系统
压力喷雾干燥制粒机	YPL-300B	350000	无锡市凯信干燥成套设备有限公司	(0510)81663608	水分蒸发能力 300 kg/h,功率28kW,外形尺寸(mm):ϕ2800×15400,不带加热系统,带旋风分离器、离心式风机、消声器、高压泵,物料通过处材质不锈钢
压力喷雾干燥制粒机	YPL-300L	400000	江苏一步干燥设备有限公司	(0519)88902618	温度 300℃,与物料接触部位材质不锈钢,带干燥塔主机、旋风分离器、离心式风机、消声器、高压泵,不带加热系统
压力喷雾干燥制粒机	YPL-300L	400000	无锡市凯信干燥成套设备有限公司	(0510)81663608	水分蒸发能力 300 kg/h,功率28kW,外形尺寸(mm):ϕ2800×15400,不带加热系统,带旋风分离器、离心式风机、消声器、高压泵,物料通过处材质不锈钢
压力喷雾干燥制粒机	YPL-500	700000	江苏一步干燥设备有限公司	(0519)88902618	温度 160℃,与物料接触部位材质不锈钢
压力喷雾干燥制粒机	YPL-500B	420000	江苏一步干燥设备有限公司	(0519)88902618	温度 300℃,与物料接触部位材质不锈钢,带干燥塔主机、旋风分离器、离心式风机、消声器、高压泵,不带加热系统
压力喷雾干燥制粒机	YPL-500B	420000	无锡市凯信干燥成套设备有限公司	(0510)81663608	水分蒸发能力 500 kg/h,功率30kW,外形尺寸(mm):ϕ3400×18800,不带加热系统,带旋风分离器、离心式风机、消声器、高压泵,物料通过处材质不锈钢
压力喷雾干燥制粒机	YPL-500L	530000	江苏一步干燥设备有限公司	(0519)88902618	温度 300℃,与物料接触部位材质不锈钢,带干燥塔主机、旋风分离器、离心式风机、消声器、高压泵,不带加热系统
压力喷雾干燥制粒机	YPL-500L	530000	无锡市凯信干燥成套设备有限公司	(0510)81663608	水分蒸发能力 500 kg/h,功率30kW,外形尺寸(mm):ϕ3400×18800,不带加热系统,带旋风分离器、离心式风机、消声器、高压泵,物料通过处材质不锈钢
压力喷雾干燥制粒机	YPL-800	950000	江苏一步干燥设备有限公司	(0519)88902618	温度 160℃,与物料接触部位材质不锈钢
压力喷雾干燥制粒机	YPL-800B	520000	江苏一步干燥设备有限公司	(0519)88902618	温度 300℃,与物料接触部位材质不锈钢,带干燥塔主机、旋风分离器、离心式风机、消声器、高压泵,不带加热系统

产品名称	型号规格	参考价格（元）	生产厂家	电话	主要参数及备注
压力喷雾干燥制粒机	YPL-800B	520000	无锡市凯信干燥成套设备有限公司	(0510)81663608	不带加热系统，带旋风分离器、离心式风机、消声器、高压泵，物料通过处材质不锈钢
压力喷雾干燥制粒机	YPL-800L	600000	江苏一步干燥设备有限公司	(0519)88902618	温度300℃，与物料接触部位材质不锈钢，带干燥塔主机、旋风分离器、离心式风机、消声器、高压泵，不带加热系统
压力喷雾干燥制粒机	YPL-800L	600000	无锡市凯信干燥成套设备有限公司	(0510)81663608	不带加热系统，带旋风分离器、离心式风机、消声器、高压泵，物料通过处材质不锈钢
压力喷雾干燥制粒机	YPL-1000	1250000	江苏一步干燥设备有限公司	(0519)88902618	温度160℃，与物料接触部位材质不锈钢
压力喷雾干燥制粒机	YPL-1000B	650000	江苏一步干燥设备有限公司	(0519)88902618	温度300℃，与物料接触部位材质不锈钢，带干燥塔主机、旋风分离器、离心式风机、消声器、高压泵，不带加热系统
压力喷雾干燥制粒机	YPL-1000B	650000	无锡市凯信干燥成套设备有限公司	(0510)81663608	水分蒸发能力1t/h，功率32kW，外形尺寸(mm)：ϕ4600×22500，不带加热系统，带旋风分离器、离心式风机、消声器、高压泵，物料通过处材质不锈钢
压力喷雾干燥制粒机	YPL-1000L	750000	江苏一步干燥设备有限公司	(0519)88902618	温度300℃，与物料接触部位材质不锈钢，带干燥塔主机、旋风分离器、离心式风机、消声器、高压泵，不带加热系统
压力喷雾干燥制粒机	YPL-1000L	750000	无锡市凯信干燥成套设备有限公司	(0510)81663608	水分蒸发能力1t/h，功率32kW，外形尺寸(mm)：ϕ4600×22500，不带加热系统，带旋风分离器、离心式风机、消声器、高压泵，物料通过处材质不锈钢
压力喷雾干燥制粒机	YPL-1500B	850000	江苏一步干燥设备有限公司	(0519)88902618	温度300℃，与物料接触部位材质不锈钢，带干燥塔主机、旋风分离器、离心式风机、消声器、高压泵，不带加热系统
压力喷雾干燥制粒机	YPL-1500B	850000	无锡市凯信干燥成套设备有限公司	(0510)81663608	不带加热系统，带旋风分离器、离心式风机、消声器、高压泵，物料通过处材质不锈钢
压力喷雾干燥制粒机	YPL-1500L	1100000	江苏一步干燥设备有限公司	(0519)88902618	温度300℃，与物料接触部位材质不锈钢，带干燥塔主机、旋风分离器、离心式风机、消声器、高压泵，不带加热系统
压力喷雾干燥制粒机	YPL-1500L	1100000	无锡市凯信干燥成套设备有限公司	(0510)81663608	不带加热系统，带旋风分离器、离心式风机、消声器、高压泵，物料通过处材质不锈钢
旋转式制粒机	ZKL-250	25000	无锡市凯信干燥成套设备有限公司	(0510)81663608	材质304
旋转式制粒机	ZKL-300	32000	无锡市凯信干燥成套设备有限公司	(0510)81663608	材质304
旋转式制粒机	ZL-250	11880	常州中贝干燥设备有限公司	(0519)88671938	下部材质碳钢
旋转式制粒机	ZL-250	15180	常州中贝干燥设备有限公司	(0519)88671938	材质不锈钢
旋转式制粒机	ZL-300	15000	江苏省泰州市长江制药机械有限公司	(0523)86911380	生产能力50~500 kg/h，制粒直径1.2~2.5mm，电动机功率7.5kW，外形尺寸(mm)：880×640×130，重400kg
旋转式制粒机	ZL-300	16500	泰州市天泰制药机械厂	(0523)86939318	外包材质不锈钢
旋转式制粒机	ZL-300	18150	常州中贝干燥设备有限公司	(0519)88671938	下部材质碳钢

产品名称	型号规格	参考价格(元)	生产厂家	电话	主要参数及备注
压力式喷雾干燥造粒机	YPG-200	350000	常州市互帮干燥设备有限公司	(0519)88739588	温度300℃,物料通过处材质不锈钢,带旋风分离器、离心式风机、消声器、高压泵,不带加热系统
压力式喷雾干燥造粒机	YPG-200	420000	常州市互帮干燥设备有限公司	(0519)88739588	温度160℃,与物料接触部位材质不锈钢,带加热系统,不带布袋除尘器
压力式喷雾干燥造粒机	YPG-200	450000	江阴金发干燥设备有限公司	(0510)86178258	温度160℃,与物料接触部位材质不锈钢
压力式喷雾干燥造粒机	YPG-300	440000	常州市互帮干燥设备有限公司	(0519)88739588	温度300℃,物料通过处材质不锈钢,带旋风分离器、离心式风机、消声器、高压泵,不带加热系统
压力式喷雾干燥造粒机	YPG-300	550000	江阴金发干燥设备有限公司	(0510)86178258	温度160℃,与物料接触部位材质不锈钢
压力式喷雾干燥造粒机	YPG-300	550000	常州市互帮干燥设备有限公司	(0519)88739588	温度160℃,与物料接触部位材质不锈钢,带加热系统,不带布袋除尘器
压力式喷雾干燥造粒机	YPG-500	570000	常州市互帮干燥设备有限公司	(0519)88739588	温度300℃,物料通过处材质不锈钢,带旋风分离器、离心式风机、消声器、高压泵,不带加热系统
压力式喷雾干燥造粒机	YPG-500	700000	江阴金发干燥设备有限公司	(0510)86178258	温度160℃,与物料接触部位材质不锈钢
压力式喷雾干燥造粒机	YPG-500	880000	常州市互帮干燥设备有限公司	(0519)88739588	温度160℃,与物料接触部位材质不锈钢,带加热系统,不带布袋除尘器
压力式喷雾干燥造粒机	YPG-800	690000	常州市互帮干燥设备有限公司	(0519)88739588	温度300℃,物料通过处材质不锈钢,带旋风分离器、离心式风机、消声器、高压泵,不带加热系统
压力式喷雾干燥造粒机	YPG-800	950000	江阴金发干燥设备有限公司	(0510)86178258	温度160℃,与物料接触部位材质不锈钢
压力式喷雾干燥造粒机	YPG-800	1150000	常州市互帮干燥设备有限公司	(0519)88739588	温度160℃,与物料接触部位材质不锈钢,带加热系统,不带布袋除尘器
压力式喷雾干燥造粒机	YPG-1000	810000	常州市互帮干燥设备有限公司	(0519)88739588	温度300℃,物料通过处材质不锈钢,带旋风分离器、离心式风机、消声器、高压泵,不带加热系统
压力式喷雾干燥造粒机	YPG-1000	1250000	江阴金发干燥设备有限公司	(0510)86178258	温度160℃,与物料接触部位材质不锈钢
压力式喷雾干燥造粒机	YPG-1000	1450000	常州市互帮干燥设备有限公司	(0519)88739588	温度160℃,与物料接触部位材质不锈钢,带加热系统,不带布袋除尘器
压力式喷雾干燥造粒机	YPG-1500	1250000	常州市互帮干燥设备有限公司	(0519)88739588	温度300℃,物料通过处材质不锈钢,带旋风分离器、离心式风机、消声器、高压泵,不带加热系统
压力式喷雾干燥造粒机	YPG-1500	2200000	常州市互帮干燥设备有限公司	(0519)88739588	温度160℃,与物料接触部位材质不锈钢,带加热系统,不带布袋除尘器
压力式喷雾干燥造粒机	YPL-5H	125000	江阴金发干燥设备有限公司	(0510)86178258	温度350℃,物料通过处材质不锈钢,带旋风分离器、离心式风机、消声器、高压泵
压力式喷雾干燥造粒机	YPL-12.5H	165000	江阴金发干燥设备有限公司	(0510)86178258	温度350℃,物料通过处材质不锈钢,带旋风分离器、离心式风机、消声器、高压泵

产品名称	型号规格	参考价格（元）	生产厂家	电话	主要参数及备注
压力式喷雾干燥造粒机	YPL-25H	186000	江阴金发干燥设备有限公司	（0510）86178258	温度350℃，物料通过处材质不锈钢，带旋风分离器、离心式风机、消声器、高压泵
压力式喷雾干燥造粒机	YPL-50B	160000	江阴金发干燥设备有限公司	（0510）86178258	温度300℃，物料通过处材质不锈钢，带旋风分离器、离心式风机、消声器、高压泵，不带加热系统
压力式喷雾干燥造粒机	YPL-50C	198000	江阴金发干燥设备有限公司	（0510）86178258	温度300℃，物料通过处材质不锈钢，带旋风分离器、离心式风机、消声器、高压泵，不带加热系统
压力式喷雾干燥造粒机	YPL-50H	220000	江阴金发干燥设备有限公司	（0510）86178258	温度350℃，物料通过处材质不锈钢，带旋风分离器、离心式风机、消声器、高压泵
压力式喷雾干燥造粒机	YPL-100B	180000	江阴金发干燥设备有限公司	（0510）86178258	温度300℃，物料通过处材质不锈钢，带旋风分离器、离心式风机、消声器、高压泵，不带加热系统
压力式喷雾干燥造粒机	YPL-100C	220000	江阴金发干燥设备有限公司	（0510）86178258	温度300℃，物料通过处材质不锈钢，带旋风分离器、离心式风机、消声器、高压泵，不带加热系统
压力式喷雾干燥造粒机	YPL-100H	440000	江阴金发干燥设备有限公司	（0510）86178258	温度350℃，物料通过处材质不锈钢，带旋风分离器、离心式风机、消声器、高压泵
压力式喷雾干燥造粒机	YPL-150B	250000	江阴金发干燥设备有限公司	（0510）86178258	温度300℃，物料通过处材质不锈钢，带旋风分离器、离心式风机、消声器、高压泵，不带加热系统
压力式喷雾干燥造粒机	YPL-150C	290000	江阴金发干燥设备有限公司	（0510）86178258	温度300℃，物料通过处材质不锈钢，带旋风分离器、离心式风机、消声器、高压泵，不带加热系统
压力式喷雾干燥造粒机	YPL-200B	280000	江阴金发干燥设备有限公司	（0510）86178258	温度300℃，物料通过处材质不锈钢，带旋风分离器、离心式风机、消声器、高压泵，不带加热系统
压力式喷雾干燥造粒机	YPL-200C	350000	江阴金发干燥设备有限公司	（0510）86178258	温度300℃，物料通过处材质不锈钢，带旋风分离器、离心式风机、消声器、高压泵，不带加热系统
压力式喷雾干燥造粒机	YPL-300B	350000	江阴金发干燥设备有限公司	（0510）86178258	温度300℃，物料通过处材质不锈钢，带旋风分离器、离心式风机、消声器、高压泵，不带加热系统
压力式喷雾干燥造粒机	YPL-300C	400000	江阴金发干燥设备有限公司	（0510）86178258	温度300℃，物料通过处材质不锈钢，带旋风分离器、离心式风机、消声器、高压泵，不带加热系统
压力式喷雾干燥造粒机	YPL-500B	420000	江阴金发干燥设备有限公司	（0510）86178258	温度300℃，物料通过处材质不锈钢，带旋风分离器、离心式风机、消声器、高压泵，不带加热系统
压力式喷雾干燥造粒机	YPL-500C	530000	江阴金发干燥设备有限公司	（0510）86178258	温度300℃，物料通过处材质不锈钢，带旋风分离器、离心式风机、消声器、高压泵，不带加热系统
压力式喷雾干燥造粒机	YPL-800B	520000	江阴金发干燥设备有限公司	（0510）86178258	温度300℃，物料通过处材质不锈钢，带旋风分离器、离心式风机、消声器、高压泵，不带加热系统

产品名称	型号规格	参考价格（元）	生产厂家	电话	主要参数及备注
压力式喷雾干燥造粒机	YPL-800C	600000	江阴金发干燥设备有限公司	(0510)86178258	温度300℃，物料通过处材质不锈钢，带旋风分离器、离心式风机、消声器、高压泵，不带加热系统
压力式喷雾干燥造粒机	YPL-1000B	650000	江阴金发干燥设备有限公司	(0510)86178258	温度300℃，物料通过处材质不锈钢，带旋风分离器、离心式风机、消声器、高压泵，不带加热系统
压力式喷雾干燥造粒机	YPL-1000C	750000	江阴金发干燥设备有限公司	(0510)86178258	温度300℃，物料通过处材质不锈钢，带旋风分离器、离心式风机、消声器、高压泵，不带加热系统
压力式喷雾干燥造粒机	YPL-1500B	850000	江阴金发干燥设备有限公司	(0510)86178258	温度300℃，物料通过处材质不锈钢，带旋风分离器、离心式风机、消声器、高压泵，不带加热系统
压力式喷雾干燥造粒机	YPL-1500C	1100000	江阴金发干燥设备有限公司	(0510)86178258	温度300℃，物料通过处材质不锈钢，带旋风分离器、离心式风机、消声器、高压泵，不带加热系统
离心式包衣造粒机	BLL1200	420000	辽宁祥安制药机械有限公司	(0415)4109877	
熔融造粒机	RL-60A	115000	常州中贝干燥设备有限公司	(0519)88671938	敞开式
熔融造粒机	RL-60A	115000	常州市互帮干燥设备有限公司	(0519)88739588	敞开式
熔融造粒机	RL-60A	135000	常州中贝干燥设备有限公司	(0519)88671938	封闭式
熔融造粒机	RL-60A	135000	常州市互帮干燥设备有限公司	(0519)88739588	封闭式
熔融造粒机	RL-60A	150000	常州市范氏干燥设备有限公司	(0519)88901688	生产能力80~100 kg/h，有效传热面积2.6m^2，主电动机功率1.5 kW，外形尺寸(mm)：5600×1200×1800，重1.36t，材质不锈钢
熔融造粒机	RL-60B	120000	常州中贝干燥设备有限公司	(0519)88671938	敞开式
熔融造粒机	RL-60B	120000	常州市互帮干燥设备有限公司	(0519)88739588	敞开式
熔融造粒机	RL-60B	140000	常州中贝干燥设备有限公司	(0519)88671938	封闭式
熔融造粒机	RL-60B	140000	常州市互帮干燥设备有限公司	(0519)88739588	封闭式
熔融造粒机	RL-60B	170000	常州市范氏干燥设备有限公司	(0519)88901688	生产能力100~150 kg/h，有效传热面积3.6m^2，主电动机功率1.5 kW，外形尺寸(mm)：7200×1200×1800，重1.58t，材质不锈钢
熔融造粒机	RL-60C	140000	常州中贝干燥设备有限公司	(0519)88671938	敞开式
熔融造粒机	RL-60C	140000	常州市互帮干燥设备有限公司	(0519)88739588	敞开式
熔融造粒机	RL-60C	160000	常州中贝干燥设备有限公司	(0519)88671938	封闭式
熔融造粒机	RL-60C	160000	常州市互帮干燥设备有限公司	(0519)88739588	封闭式
熔融造粒机	RL-60C	190000	常州市范氏干燥设备有限公司	(0519)88901688	生产能力120~180 kg/h，有效传热面积4.6m^2，主电动机功率1.5 kW，外形尺寸(mm)：8800×1200×1800，重1.88t，材质不锈钢

产品名称	型号规格	参考价格（元）	生产厂家	电话	主要参数及备注
熔融造粒机	RL-60D	150000	常州中贝干燥设备有限公司	（0519）88671938	敞开式
熔融造粒机	RL-60D	150000	常州市互帮干燥设备有限公司	（0519）88739588	敞开式
熔融造粒机	RL-60D	170000	常州中贝干燥设备有限公司	（0519）88671938	封闭式
熔融造粒机	RL-60D	170000	常州市互帮干燥设备有限公司	（0519）88739588	封闭式
熔融造粒机	RL-60D	210000	常州市范氏干燥设备有限公司	（0519）88901688	生产能力150~250 kg/h，有效传热面积5.3 m^2，主电动机功率1.5 kW，外形尺寸（mm）：10050×1200×1800，重2.06t，材质不锈钢
熔融造粒机	RL-120A	220000	常州中贝干燥设备有限公司	（0519）88671938	敞开式
熔融造粒机	RL-120A	220000	常州市互帮干燥设备有限公司	（0519）88739588	敞开式
熔融造粒机	RL-120A	245000	常州中贝干燥设备有限公司	（0519）88671938	封闭式
熔融造粒机	RL-120A	245000	常州市互帮干燥设备有限公司	（0519）88739588	封闭式
熔融造粒机	RL-120A	260000	常州市范氏干燥设备有限公司	（0519）88901688	生产能力300~380 kg/h，有效传热面积7.3 m^2，主电动机功率3kW，外形尺寸（mm）：7200×1700×1800，重2.38t，材质不锈钢
熔融造粒机	RL-120B	225000	常州中贝干燥设备有限公司	（0519）88671938	敞开式
熔融造粒机	RL-120B	225000	常州市互帮干燥设备有限公司	（0519）88739588	敞开式
熔融造粒机	RL-120B	250000	常州中贝干燥设备有限公司	（0519）88671938	封闭式
熔融造粒机	RL-120B	250000	常州市互帮干燥设备有限公司	（0519）88739588	封闭式
熔融造粒机	RL-120B	280000	常州市范氏干燥设备有限公司	（0519）88901688	生产能力360~420 kg/h，有效传热面积9.3 m^2，主电动机功率3kW，外形尺寸（mm）：8800×1700×1800，重2.59t，材质不锈钢
熔融造粒机	RL-120C	240000	常州中贝干燥设备有限公司	（0519）88671938	敞开式
熔融造粒机	RL-120C	240000	常州市互帮干燥设备有限公司	（0519）88739588	敞开式
熔融造粒机	RL-120C	265000	常州中贝干燥设备有限公司	（0519）88671938	封闭式
熔融造粒机	RL-120C	265000	常州市互帮干燥设备有限公司	（0519）88739588	封闭式
熔融造粒机	RL-120C	300000	常州市范氏干燥设备有限公司	（0519）88901688	生产能力380~500 kg/h，有效传热面积10.8 m^2，主电动机功率3kW，外形尺寸（mm）：10050×1700×1800，重2.83t，材质不锈钢
熔融造粒机	RL-120D	310000	常州中贝干燥设备有限公司	（0519）88671938	敞开式
熔融造粒机	RL-120D	310000	常州市互帮干燥设备有限公司	（0519）88739588	敞开式
熔融造粒机	RL-120D	350000	常州中贝干燥设备有限公司	（0519）88671938	封闭式
熔融造粒机	RL-120D	350000	常州市互帮干燥设备有限公司	（0519）88739588	封闭式

产品名称	型号规格	参考价格（元）	生产厂家	电话	主要参数及备注
熔融造粒机	RL-120D	370000	常州市范氏干燥设备有限公司	(0519)88901688	生产能力 500~800 kg/h，有效传热面积 16.6 m²，主电动机功率 4kW，外形尺寸（mm）：14800×1700×1800，重 4.21t，材质不锈钢
旋转式颗粒机	LZK-300A	18000	周口制药机械厂有限公司	(0394)8583482	生产能力 150~200 kg/h，颗粒直径 1.8~2.5mm，外形尺寸（mm）：928×630×1186，重 450kg
旋转式颗粒机	XL-250	10800	常州市宇通干燥设备有限公司	(0519)88901088	外包材质 Q235
旋转式颗粒机	XL-250	13800	常州市宇通干燥设备有限公司	(0519)88901088	材质 304
旋转式颗粒机	ZL-250	22800	上海天凡药机制造厂	(021)57668023	生产能力 100~200 kg/h，制粒直径 0.5~3mm，功率 3kW，外形尺寸（mm）：700×540×1400，重 350kg
旋转式颗粒机	ZL-250	28000	江阴市宏达粉体设备有限公司	(0510)86237735	生产能力 100~200 kg/h，制粒直径 1~3mm，电动机功率 3kW，外形尺寸（mm）：700×540×1400，重 350kg，材质 304
旋转式颗粒机	ZL-250	36400	江阴市宏达粉体设备有限公司	(0510)86237735	生产能力 100~200 kg/h，制粒直径 1~3mm，电动机功率 3kW，外形尺寸（mm）：700×540×1400，重 350kg，材质 316L
旋转式颗粒机	ZL-250B	27800	上海天凡药机制造厂	(021)57668023	
旋转式颗粒机	ZL-250B	35000	上海天祥健台制药机械有限公司	(021)62982333	生产能力 300~400 kg/h（中药冲剂），筛筒直径 250mm，最小制粒直径 1.5~3mm，碾刀转速 35~50 r/min，功率 3kW，外形尺寸（mm）：1200×700×1100，重 400kg
旋转式颗粒机	ZL-300	38000	江阴市宏达粉体设备有限公司	(0510)86237735	生产能力 150~350 kg/h，制粒直径 1~3mm，电动机功率 4kW，外形尺寸（mm）：800×650×1400，重 400kg，材质 304
旋转式颗粒机	ZL-300	39500	上海天凡药机制造厂	(021)57668023	生产能力 120~300 kg/h，制粒直径 0.5~3mm，功率 4kW，外形尺寸（mm）：800×650×1400，重 480kg
旋转式颗粒机	ZL-300	49400	江阴市宏达粉体设备有限公司	(0510)86237735	生产能力 150~350 kg/h，制粒直径 1~3mm，电动机功率 4kW，外形尺寸（mm）：800×650×1400，重 400kg，材质 316L
摇摆式颗粒机	JKL-2	7800	山东省临清药物机械厂	(0635)2437495	普通型
摇摆式颗粒机	YK-60	4500	泰州市金泰制药机械有限公司	(0523)86916718	
摇摆式颗粒机	YK-60	5000	周口制药机械厂有限公司	(0394)8583482	生产能力 20~25 kg/h，电动机功率 0.37kW，外形尺寸（mm）：400×550×550，重 70kg
摇摆式颗粒机	YK-60	5600	上海天凡药机制造厂	(021)57668023	生产能力 20~25 kg/h，滚刀直径 60mm，滚刀转速 46 r/min，料斗口尺寸（mm）：200×200，功率 0.37kW，外形尺寸（mm）：530×400×530，重 70kg
摇摆式颗粒机	YK-60	5800	上海中南医药机械有限公司	(021)64089523	生产能力 10~25 kg/h，摇摆次数 46 次/min，功率 0.25kW，外形尺寸（mm）：520×360×620，重 70kg，材质 304

产品名称	型号规格	参考价格(元)	生产厂家	电话	主要参数及备注
摇摆式颗粒机	YK-60	6000	上海天祥健台制药机械有限公司	(021)62982333	生产能力20~25 kg/h,滚刀直径60mm,滚刀转速46 r/min,料门口尺寸(mm):200×200,功率0.37kW,外形尺寸(mm):530×400×530,重70kg
摇摆式颗粒机	YK-60	6000	江苏省泰州市长江制药机械有限公司	(0523)86911380	生产能力20~25 kg/h,滚刀直径60mm,电动机功率0.37kW,外形尺寸(mm):530×400×550,重70kg
摇摆式颗粒机	YK-60B	4800	泰州市天泰制药机械厂	(0523)86939318	外包材质不锈钢
摇摆式颗粒机	YK-90	7800	泰州市金泰制药机械有限公司	(0523)86916718	生产能力100 kg/h,滚筒直径90mm,滚筒有效长度270mm,滚筒转速60 r/min,料斗面尺寸(mm):300×250,电动机功率0.55kW,外形尺寸(mm):750×460×840,重150kg
摇摆式颗粒机	YK-90	9000	江苏省泰州市长江制药机械有限公司	(0523)86911380	生产能力40~50 kg/h,滚刀直径90mm,电动机功率0.55kW,外形尺寸(mm):540×450×560,重80kg
摇摆式颗粒机	YK-90	9300	上海中南医药机械有限公司	(021)64089523	生产能力30~90 kg/h,摇摆次数46次/min,功率0.55kW,外形尺寸(mm):700×460×730,重100kg,材质304
摇摆式颗粒机	YK-90	9800	上海天凡药机制造厂	(021)57668023	生产能力40~50 kg/h,滚刀直径90mm,滚刀转速46 r/min,料斗口尺寸(mm):250×300,功率0.55kW,外形尺寸(mm):700×400×780,重90kg
摇摆式颗粒机	YK-90B	8200	泰州市天泰制药机械厂	(0523)86939318	外包材质不锈钢
摇摆式颗粒机	YK-100	12800	天津市朋群粉碎机设备有限公司	(022)83725677	生产能力30~200 kg/h,电动机功率1.5kW,外形尺寸(mm):700×400×1050,重180kg
摇摆式颗粒机	YK-140	10000	常州市宇通干燥设备有限公司	(0519)88901088	
摇摆式颗粒机	YK-140	11000	常州市互帮干燥设备有限公司	(0519)88739588	下部材质碳钢
摇摆式颗粒机	YK-140	13000	常州市互帮干燥设备有限公司	(0519)88739588	材质不锈钢
摇摆式颗粒机	YK-160	9800	周口制药机械厂有限公司	(0394)8583482	生产能力150~200 kg/h,电动机功率1.5 kW,外形尺寸(mm):1030×450×1100,重150kg
摇摆式颗粒机	YK-160	11000	江阴金发干燥设备有限公司	(0510)86178258	
摇摆式颗粒机	YK-160	11000	泰州市金泰制药机械有限公司	(0523)86916718	生产能力干700 kg/h(干)、3t/h(湿),滚筒直径160mm,滚筒有效长度360mm,滚筒转速60~100 r/min,料斗面尺寸(mm):430×410,电动机功率2.2kW,外形尺寸(mm):960×750×1240,重420kg
摇摆式颗粒机	YK-160	12000	江苏省泰州市长江制药机械有限公司	(0523)86911380	生产能力100~500 kg/h,滚筒直径160mm,滚筒有效长度360mm,滚筒转速45 r/min,料门口尺寸(mm):416×446,电动机转速1410 r/min,电动机功率2.2kW,外形尺寸(mm):1030×450×1100,重360kg

产品名称	型号规格	参考价格(元)	生产厂家	电话	主要参数及备注
摇摆式颗粒机	YK-160	12500	常州市宇通干燥设备有限公司	(0519)88901088	
摇摆式颗粒机	YK-160	12500	常州市互帮干燥设备有限公司	(0519)88739588	下部材质碳钢
摇摆式颗粒机	YK-160	12800	江苏一步干燥设备有限公司	(0519)88902618	生产能力 50~200 kg/h,滚筒转速 65 r/min,摇摆角 360°,滚筒直径 160mm,功率2.2kW,外形尺寸(mm):1000×800×1300,重450kg,下部材质碳钢
摇摆式颗粒机	YK-160	13000	瑞安市海诚机械有限公司	(0577)65026788	
摇摆式颗粒机	YK-160	13800	山东省临清药物机械厂	(0635)2437495	生产能力 200~300 kg/h,滚筒转速 55 r/min,摇摆角 360°,滚筒直径 160mm,电动机功率2.2kW,材质不锈钢
摇摆式颗粒机	YK-160	14000	泰州市金泰制药机械有限公司	(0523)86916718	生产能力干 700 kg/h(干)、3t/h(湿),滚筒直径 160mm,滚筒有效长度 360mm,滚筒转速 60~100 r/min,料斗面尺寸(mm):430×410,电动机功率2.2kW,外形尺寸(mm):960×750×1240,重420kg,材质 304
摇摆式颗粒机	YK-160	14800	天津市朋群粉碎机设备有限公司	(022)83725677	生产能力 300~400 kg/h,电动机功率 3kW,外形尺寸(mm):1030×450×1100,重 380kg,材质不锈钢
摇摆式颗粒机	YK-160	14800	周口制药机械厂有限公司	(0394)8583482	生产能力 150~200 kg/h,电动机功率 1.5 kW,外形尺寸(mm):1030×450×1100,重 150kg,材质不锈钢
摇摆式颗粒机	YK-160	15200	常州市互帮干燥设备有限公司	(0519)88739588	材质不锈钢
摇摆式颗粒机	YK-160	15800	江苏一步干燥设备有限公司	(0519)88902618	生产能力 50~200 kg/h,滚筒转速 65 r/min,摇摆角 360°,滚筒直径 160mm,功率2.2kW,外形尺寸(mm):1000×800×1300,重450kg,材质不锈钢
摇摆式颗粒机	YK-160	16000	泰兴市苏中制药机械有限公司	(0523)87261051	不含税价
摇摆式颗粒机	YK-160	16800	上海天凡药机制造厂	(021)57668023	滚筒长度 360mm,滚筒直径160mm,滚筒转速 60~100 r/min,电动机转速 380 r/min,功率2.2kW,外形尺寸(mm):960×750×1240,重 420kg
摇摆式颗粒机	YK-160-2	24000	泰州市金泰制药机械有限公司	(0523)86916718	双滚刀
摇摆式颗粒机	YK-160A	16500	江阴市宏达粉体设备有限公司	(0510)86237735	材质 304
摇摆式颗粒机	YK-160A	17000	上海天祥健台制药机械有限公司	(021)62982333	滚筒直径 160mm,滚筒转速 65 r/min,功率 2.2 kW,外形尺寸(mm):910×700×1200,重 380kg
摇摆式颗粒机	YK-160A	21450	江阴市宏达粉体设备有限公司	(0510)86237735	材质 316L
摇摆式颗粒机	YK-160B	13500	泰州市天泰制药机械厂	(0523)86939318	外包材质不锈钢,不带下料斗
摇摆式颗粒机	YK-180B	12500	泰州市天泰制药机械厂	(0523)86939318	外包材质不锈钢,不带下料斗
摇摆式颗粒机	YK-250A	25800	江阴市宏达粉体设备有限公司	(0510)86237735	材质 304

产品名称	型号规格	参考价格（元）	生产厂家	电话	主要参数及备注
摇摆式颗粒机	YK-250A	33540	江阴市宏达粉体设备有限公司	（0510）86237735	材质316L
摇摆式颗粒机	YK-300	21000	江阴金发干燥设备有限公司	（0510）86178258	
摇摆式颗粒机	YK-500	35000	江阴金发干燥设备有限公司	（0510）86178258	

1.2.2.3　整粒机

产品名称	型号规格	参考价格（元）	生产厂家	电话	主要参数及备注
整粒机	ZL-200	17380	常州中贝干燥设备有限公司	（0519）88671938	材质不锈钢,不带除尘装置
整粒机	ZL-200	23000	无锡市凯信干燥成套设备有限公司	（0510）81663608	材质304
整粒机	ZL-300	20680	常州中贝干燥设备有限公司	（0519）88671938	材质不锈钢,不带除尘装置
整粒机	ZL-300	29500	无锡市凯信干燥成套设备有限公司	（0510）81663608	生产能力500~2500 kg/h,定子直径300mm,定子长度305mm,主轴转速200~1400 r/min,电动机功率4kW,材质304
球形整粒机	QZL-230	21000	常州市宇通干燥设备有限公司	（0519）88901088	
球形整粒机	QZL-230	22000	江苏一步干燥设备有限公司	（0519）88902618	生产能力10~100 kg/h,功率0.75kW
球形整粒机	QZL-400	29000	常州市宇通干燥设备有限公司	（0519）88901088	
球形整粒机	QZL-400	30000	江苏一步干燥设备有限公司	（0519）88902618	生产能力20~150 kg/h,功率2.2 kW
球形整粒机	QZL-700	64000	常州市宇通干燥设备有限公司	（0519）88901088	
球形整粒机	QZL-700	65000	江苏一步干燥设备有限公司	（0519）88902618	生产能力30~200 kg/h,功率3.7 kW
球形整粒机	QZL-1000	116000	常州市宇通干燥设备有限公司	（0519）88901088	
球形整粒机	QZL-1000	120000	江苏一步干燥设备有限公司	（0519）88902618	生产能力40~300 kg/h,功率5.5 kW
粉碎整粒机	JZF-200Ⅰ	21700	温州市健牌药业机械制造有限公司	（0577）86921600	单速,卧式
粉碎整粒机	JZF-200Ⅱ	28400	温州市健牌药业机械制造有限公司	（0577）86921600	变频调速,立式
粉碎整粒机	JZF-400Ⅰ	29500	温州市健牌药业机械制造有限公司	（0577）86921600	单速,卧式
粉碎整粒机	JZF-400Ⅱ	38700	温州市健牌药业机械制造有限公司	（0577）86921600	变频调速,立式
粉碎整粒机	JZF-800Ⅰ	51600	温州市健牌药业机械制造有限公司	（0577）86921600	单速,卧式
粉碎整粒机	JZF-800Ⅱ	67000	温州市健牌药业机械制造有限公司	（0577）86921600	变频调速,立式
粉碎整粒机	JZF-1200Ⅰ	69000	温州市健牌药业机械制造有限公司	（0577）86921600	单速,卧式
粉碎整粒机	JZF-1200Ⅱ	76000	温州市健牌药业机械制造有限公司	（0577）86921600	变频调速,立式

1.2.2.4 压片机、切片机

产品名称	型号规格	参考价格(元)	生产厂家	电话	主要参数及备注
压片机	TDP-1.5	4500	上海中南医药机械有限公司	(021)64089523	生产能力6000片/h,片径4~12mm,功率0.25kW,外形尺寸(mm):350×550×600,重60kg,单冲
压片机	TDP-5	9800	上海中南医药机械有限公司	(021)64089523	生产能力4500片/h,片径4~20mm,功率0.55kW,外形尺寸(mm):580×480×825,重90kg,单冲
压片机	TDP-120	5200	泰兴市苏中制药机械有限公司	(0523)87261051	单冲,不含税价
压片机	THP-4	17000	上海中南医药机械有限公司	(021)64089523	生产能力2000片/h,片径4~30mm,功率1.1kW,外形尺寸(mm):685×565×1610,重520kg,花篮式单冲
压片机	ZP17	27200	上海中南医药机械有限公司	(021)64089523	生产能力20000~40000片/h,片径4~20mm,功率2.2kW,外形尺寸(mm):930×900×1600,重650kg,旋转式,17副冲模
压片机	ZP17	48000	泰兴市苏中制药机械有限公司	(0523)87261051	不含税价
压片机	ZP19	21500	上海中南医药机械有限公司	(021)64089523	生产能力20000~40000片/h,压力40kN,片径4~12mm,功率2.2kW,外形尺寸(mm):930×900×1600,重650kg,旋转式,19副冲模
压片机	ZP19	56000	泰兴市苏中制药机械有限公司	(0523)87261051	不含税价
压片机	ZP33	28500	上海中南医药机械有限公司	(021)64089523	生产能力43000~110000片/h,片径4~12mm,功率2.2kW,外形尺寸(mm):930×900×1600,重850kg,旋转式,33副冲模
压片机	ZP33	76000	泰兴市苏中制药机械有限公司	(0523)87261051	不含税价
压片机	ZP100	143000	上海天和制药机械有限公司	(021)59431285	变频调速
压片机	ZP370	580000	上海天和制药机械有限公司	(021)59431285	全封闭,触摸式,带剔废装置
压片机	ZP500	280000	上海天和制药机械有限公司	(021)59431285	全封闭,触摸式
压片机	ZP750	700000	上海天和制药机械有限公司	(021)59431285	全封闭,触摸式
高速压片机	GZP-16	340000	北京翰林航宇科技发展有限公司	(010)69764152	生产能力21000~105000片/h,转速22~110r/min,主压力100kN,预压力14kN,最大片径25mm,异形片最大长度25mm,冲模直径38.1mm,最大充填深度20mm,功率5.5kW,外形尺寸(mm):70×1000×1750,重1t
高速压片机	GZP-23	340000	北京翰林航宇科技发展有限公司	(010)69764152	生产能力30000~151000片/h,转速22~110r/min,主压力100kN,预压力14kN,最大片径16mm,异形片最大长度19mm,冲模直径30.16mm,最大充填深度20mm,功率5.5kW,外形尺寸(mm):70×1000×1750,重1t

产品名称	型号规格	参考价格（元）	生产厂家	电话	主要参数及备注
高速压片机	GZP-26	480000	北京翰林航宇科技发展有限公司	（010）69764152	生产能力 34000~171000 片/h，转速 22~110 r/min，主压力 100kN，预压力 16kN，最大片径 25mm，异形片最大长度 25mm，冲模直径38.1mm，最大充填深度 20mm，功率 7.5 kW，外形尺寸（mm）：820×1100×1750，重1.45t
高速压片机	GZP-30	340000	北京翰林航宇科技发展有限公司	（010）69764152	生产能力 39000~198000 片/h，转速 22~110 r/min，主压力 100kN，预压力 14kN，最大片径 13mm，异形片最大长度 16mm，冲模直径 24mm，最大充填深度 16mm，功率 5.5 kW，外形尺寸（mm）：70×1000×1750，重 1t
高速压片机	GZP-32	480000	北京翰林航宇科技发展有限公司	（010）69764152	生产能力 42000~211000 片/h，转速 22~110 r/min，主压力 100kN，预压力 16kN，最大片径 16mm，异形片最大长度 19mm，冲模直径30.16mm，最大充填深度 20mm，功率7.5kW，外形尺寸（mm）：820×1100×1750，重1.45t
高速压片机	GZP-40	480000	北京翰林航宇科技发展有限公司	（010）69764152	生产能力 52000~264000 片/h，转速 22~110 r/min，主压力 100kN，预压力 16kN，最大片径 13mm，异形片最大长度 16mm，冲模直径 24mm，最大充填深度 16mm，功率 7.5 kW，外形尺寸（mm）：820×1100×1750，重1.45t
高速压片机	GZPS-49	820000	北京翰林航宇科技发展有限公司	（010）69764152	生产能力 94000~423000 片/h，转速 16~72 r/min，主压力 100kN，预压力 100kN，最大片径 25mm，异形片最大长度 25mm，冲模直径38.1mm，最大充填深度 20mm，主机功率 11kW，外形尺寸（mm）：1300×1300×2000，重 4.8t
高速压片机	GZPS-61	820000	北京翰林航宇科技发展有限公司	（010）69764152	生产能力 117000~526000 片/h，转速 16~72 r/min，主压力 100kN，预压力 100kN，最大片径 16mm，异形片最大长度 19mm，冲模直径30.16mm，最大充填深度 20mm，主机功率 11kW，外形尺寸（mm）：1300×1300×2000，重4.8t
高速压片机	GZPS-73	820000	北京翰林航宇科技发展有限公司	（010）69764152	生产能力 140000~630000 片/h，转速 16~72 r/min，主压力 100kN，预压力 100kN，最大片径 13mm，异形片最大长度 16mm，冲模直径 24mm，最大充填深度 16mm，主机功率 11kW，外形尺寸（mm）：1300×1300×2000，重 4.8t
高速压片机	GZPS-79	820000	北京翰林航宇科技发展有限公司	（010）69764152	生产能力 140000~680000 片/h，转速 16~72 r/min，主压力 100kN，预压力 100kN，最大片径 11mm，异形片最大长度 13mm，冲模直径 22mm，最大充填深度 16mm，主机功率 11kW，外形尺寸（mm）：1300×1300×2000，重 4.8t
高速压片机	GZPY-26A	530000	北京翰林航宇科技发展有限公司	（010）69764152	
高速压片机	GZPY-32A	530000	北京翰林航宇科技发展有限公司	（010）69764152	

产品名称	型号规格	参考价格（元）	生产厂家	电话	主要参数及备注
旋转式压片机	5 型	18000	泰州市金泰制药机械有限公司	（0523）86916718	生产能力 10000 片/h
旋转式压片机	7 型	18000	泰州市金泰制药机械有限公司	（0523）86916718	生产能力 11000 片/h
旋转式压片机	9 型	18000	泰州市金泰制药机械有限公司	（0523）86916718	生产能力 12000 片/h
旋转式压片机	ZP5	35000	上海天和制药机械有限公司	（021）59431285	最大生产能力 8660 片/h，冲模数 5 副，最大压片压力 40kN，最大片径 12mm，最大充填深度 15mm，最大片厚 6mm，功率1.5kW，外形尺寸（mm）：660×560×1450，重 380kg，全封闭，变频调速
旋转式压片机	ZP5A	10000	泰州市制药机械二厂	（0523）86917950	冲模数 5、7 副，最大压片压力 40kN，最大压片直径 13mm，最大填充深度 15mm，最大片剂厚 6mm，转台转速 32 r/min，电动机功率0.75 kW，外形尺寸（mm）：600×960×1150，重 100kg
旋转式压片机	ZP5A	27000	上海天凡药机制造厂	（021）57668023	生产能力 9600 片/h，冲模数 5 副，最大片径 13mm，最大片厚 6mm，充填深度 15mm，工作压力 40kN，功率 1.1 kW，外形尺寸（mm）：640×480×1110，重 260kg，桌上型
旋转式压片机	ZP5B	33000	上海天凡药机制造厂	（021）57668023	生产能力 7500 片/h，冲模数 5 副，最大片径 20mm，最大片厚 6mm，充填深度 15mm，工作压力 50kN，功率 1.5 kW，外形尺寸（mm）：700×530×1210，重 300kg，桌上型
旋转式压片机	ZP5C	33000	上海天凡药机制造厂	（021）57668023	生产能力 9600 片/h，冲模数 5 副，最大片径 13mm，最大片厚 6mm，充填深度 15mm，工作压力 40kN，功率 1.1 kW，外形尺寸（mm）：480×480×950，重 180kg，桌上型
旋转式压片机	ZP5D	33000	上海天凡药机制造厂	（021）57668023	桌上型
旋转式压片机	ZP7	35000	上海天和制药机械有限公司	（021）59431285	最大生产能力 144000 片/h，冲模数 7 副，最大压片压力 40kN，最大片径 12mm，最大充填深度 15mm，最大片厚 6mm，功率 1.5 kW，外形尺寸（mm）：660×560×1450，重 380kg，全封闭，变频调速
旋转式压片机	ZP7A	27000	上海天凡药机制造厂	（021）57668023	生产能力 13440 片/h，冲模数 7 副，最大片径 13mm，最大片厚 6mm，充填深度 15mm，工作压力 40kN，功率 1.1 kW，外形尺寸（mm）：640×480×1110，重 260kg，桌上型
旋转式压片机	ZP7B	33000	上海天凡药机制造厂	（021）57668023	生产能力 10500 片/h，冲模数 7 副，最大片径 20mm，最大片厚 6mm，充填深度 15mm，工作压力 50kN，功率 1.5 kW，外形尺寸（mm）：700×530×1210，重 300kg，桌上型
旋转式压片机	ZP7C	33000	上海天凡药机制造厂	（021）57668023	生产能力 13440 片/h，冲模数 7 副，最大片径 13mm，最大片厚 6mm，充填深度 15mm，工作压力 40kN，功率 1.1 kW，外形尺寸（mm）：480×480×950，重 180kg，桌上型

产品名称	型号规格	参考价格(元)	生产厂家	电话	主要参数及备注
旋转式压片机	ZP7D	33000	上海天凡药机制造厂	(021)57668023	桌上型
旋转式压片机	ZP8	57000	上海天凡药机制造厂	(021)57668023	生产能力3800~8400片/h,冲模数8副,最大主压片力60kN,最大预压片力10kN,最大片径22mm,最大压片厚8mm,最大充填深度16mm,转台转速8~20 r/min,冲模直径38.1mm,冲模高度23.8mm,主机功率1.1kW,外形尺寸(mm):540×520×1600,重500kg,桌上型
旋转式压片机	ZP8PLC	118000	上海天凡药机制造厂	(021)57668023	
旋转式压片机	ZP9	35000	上海天和制药机械有限公司	(021)59431285	最大生产能力20160片/h,冲模数9副,最大压片压力40kN,最大片径12mm,最大充填深度15mm,最大片厚6mm,功率1.5 kW,外形尺寸(mm):660×560×1450,重380kg,全封闭,变频调速
旋转式压片机	ZP9A	27000	上海天凡药机制造厂	(021)57668023	生产能力17280片/h,冲模数9副,最大片径13mm,最大片厚6mm,充填深度15mm,工作压力40kN,功率1.1 kW,外形尺寸(mm):640×480×1110,重260kg,桌上型
旋转式压片机	ZP9B	33000	上海天凡药机制造厂	(021)57668023	生产能力13500片/h,冲模数9副,最大片径20mm,最大片厚6mm,充填深度15mm,工作压力50kN,功率1.5 kW,外形尺寸(mm):700×530×1210,重300kg,桌上型
旋转式压片机	ZP9C	33000	上海天凡药机制造厂	(021)57668023	生产能力17280片/h,冲模数9副,最大片径13mm,最大片厚6mm,充填深度15mm,工作压力40kN,功率1.1kW,外形尺寸(mm):480×480×950,重180kg,桌上型
旋转式压片机	ZP9D	33000	上海天凡药机制造厂	(021)57668023	生产能力17280片/h,冲模数9副,最大片径13mm,最大片厚6mm,充填深度15mm,工作压力40kN,功率1.1 kW,外形尺寸(mm):540×380×900,重140kg
旋转式压片机	ZP10	57000	上海天凡药机制造厂	(021)57668023	冲模数10副,桌上型
旋转式压片机	ZP10	98000	上海天和制药机械有限公司	(021)59431285	生产能力8100~30600片/h,冲模数10副,最大预压片力10kN,最大片径18mm,最大片厚8mm,最大充填深度16mm,转台转速8~20 r/min,冲模直径30.16mm,冲模高度22.22mm,冲杆直径19mm,冲杆长度133.35mm,主机功率1.1kW,外形尺寸(mm):540×520×1600,重500kg,全封闭,带触摸屏
旋转式压片机	ZP10PLC	118000	上海天凡药机制造厂	(021)57668023	
旋转式压片机	ZP11	150000	上海天和制药机械有限公司	(021)59431285	冲模数11副,最大压力100kN,最大压块尺寸(mm):32×32(块状)、ϕ45(圆形)、ϕ45×20(环形),最大充填深度45mm,转盘转速6~12 r/min,功率5kW,外形尺寸(mm):910×1120×1650,重1.2t,变频,带吸尘器

产品名称	型号规格	参考价格(元)	生产厂家	电话	主要参数及备注
旋转式压片机	ZP14PLC	118000	上海天凡药机制造厂	(021)57668023	
旋转式压片机	ZP15	37000	上海天凡药机制造厂	(021)57668023	冲模数 15 副
旋转式压片机	ZP15D	72500	上海天凡药机制造厂	(021)57668023	最大生产能力 27000 片/h,冲模数 15 副,最大片径 25mm,最大片厚 6mm,最大充填深度 15mm,最大工作压力 60kN,功率 3kW,外形尺寸(mm):890×620×1500,重 1t
旋转式压片机	ZP17	25000	上海天凡药机制造厂	(021)57668023	冲模数 17 副
旋转式压片机	ZP17	28000	上海天和制药机械有限公司	(021)59431285	生产能力 8100~30600 片/h,冲模数 17 副,最大预压片力 10kN,最大片径 18mm,最大片厚 8mm,最大充填深度 16mm,转台转速 8~20 r/min,冲模直径 30.16mm,冲模高度 22.22mm,冲杆直径 19mm,冲杆长度 133.35mm,主机功率 1.1kW,外形尺寸(mm):540×520×1600,重 500kg,与物料接触部位材质不锈钢,带防尘罩
旋转式压片机	ZP17D	68000	上海天凡药机制造厂	(021)57668023	最大生产能力 30000 片/h,冲模数 17 副,最大片径 20mm,最大片厚 6mm,最大充填深度 15mm,最大工作压力 60kN,功率 2.2 kW,外形尺寸(mm):890×620×1500,重 1t
旋转式压片机	ZP17E	65000	上海天和制药机械有限公司	(021)59431285	最大生产能力 40800 片/h,冲模数 17 副,最大压片压力 50kN,最大片径 20mm,最大充填深度 18mm,最大片厚 7mm,功率 2.2 kW,外形尺寸(mm):980×780×1800,重 980kg,全封闭,变频
旋转式压片机	ZP17PLC	118000	上海天凡药机制造厂	(021)57668023	
旋转式压片机	ZP18	160000	上海天和制药机械有限公司	(021)59431285	冲模数 18 副,最大压力 100kN,最大压块尺寸(mm):21×21(方形)、ϕ30(圆形)、ϕ30×10(环形),最大充填深度 45mm,转盘转速 10~20 r/min,功率 5kW,外形尺寸(mm):910×1120×1650,重 1.2t,变频,带吸尘器
旋转式压片机	ZP19	22000	上海天和制药机械有限公司	(021)59431285	生产能力 22800~45000 片/h,冲模数 19 副,最大压片压力 40kN,最大片径 13mm,最大充填深度 15mm,最大片厚 6mm,转台转速 20~40 r/min,功率 2.2kW,外形尺寸(mm):880×750×1600,重 500kg
旋转式压片机	ZP19	23000	泰州市制药机械二厂	(0523)86917950	冲模数 19 副,最大压片压力 60kN,最大压片直径 12mm,最大填充深度 15mm,最大片剂厚 6mm,转台转速 20~40 r/min,电动机功率 2.2 kW,外形尺寸(mm):800×750×1600,重 560kg
旋转式压片机	ZP19	25000	上海天凡药机制造厂	(021)57668023	生产能力 25000~45000 片/h,冲模数 19 副,最大压片压力 40kN,最大片径 12mm,最大充填深度 15mm,最大片厚 6mm,转盘转速 20~40 r/min,功率 2.2 kW,960 r/min,外形尺寸(mm):880×750×1600,重 560kg

产品名称	型号规格	参考价格(元)	生产厂家	电话	主要参数及备注
旋转式压片机	ZP19A	28000	上海天和制药机械有限公司	(021)59431285	与物料接触部位材质不锈钢,带防尘罩
旋转式压片机	ZP19D	68000	上海天凡药机制造厂	(021)57668023	
旋转式压片机	ZP21A	103000	上海天和制药机械有限公司	(021)59431285	变频,带吸尘器
旋转式压片机	ZP21B	108000	上海天和制药机械有限公司	(021)59431285	变频,带吸尘器
旋转式压片机	ZP21PLC	118000	上海天凡药机制造厂	(021)57668023	
旋转式压片机	ZP23	148000	上海天和制药机械有限公司	(021)59431285	生产能力 11000~41400 片/h,冲模数 23 副,最大主压片力 40kN,最大预压片力 10kN,最大片径 11mm,最大片厚 8mm,最大充填深度 16mm,转台转速 8~30 r/min,冲模直径 22mm,冲模高度22.22mm,冲杆直径 19mm,冲杆长度133.35mm,主机功率1.1 kW,外形尺寸(mm):540×520×1600,重 500kg,带吸尘器
旋转式压片机	ZP23PLC	118000	上海天凡药机制造厂	(021)57668023	
旋转式压片机	ZP25	64000	上海天凡药机制造厂	(021)57668023	生产能力 18000~30000 片/h,冲模数 25 副,最大压片压力 60kN,最大片径 20mm,最大充填深度 15mm,最大片厚 9mm,转盘转速 6~10 r/min,功率 3/950kW,外形尺寸(mm):1100×1100×1700,重1.8t
旋转式压片机	ZP25	73000	上海天和制药机械有限公司	(021)59431285	生产能力 18000~30000 片/h,冲模数 25 副,最大压片压力 60kN,最大片径 20mm、22mm,最大充填深度 15mm,最大片厚 9mm,转台转速 6~10 r/min,功率 3kW,外形尺寸(mm):1100×1100×1700,重1.8t,带吸尘器
旋转式压片机	ZP31	128000	上海天和制药机械有限公司	(021)59431285	最大生产能力 111600 片/h,冲模数 31 副,最大压片压力 60kN,最大片径 25mm,最大充填深度 15mm,最大片厚 6mm,功率 4kW,外形尺寸(mm):980×1240×1690,重1.85t,变频,带吸尘器
旋转式压片机	ZP31	138000	上海天和制药机械有限公司	(021)59431285	最大生产能力 111600 片/h,冲模数 31 副,最大压片压力 60kN,最大片径 25mm,最大充填深度 15mm,最大片厚 6mm,功率 4kW,外形尺寸(mm):980×1240×1690,重1.85t,变频,带吸尘器、强迫加料装置
旋转式压片机	ZP33	30000	泰州市制药机械二厂	(0523)86917950	冲模数 33 副,最大压片压力 40kN,最大压片直径 12mm,最大填充深度 15mm,最大片剂厚 6mm,转台转速 11~28 r/min,电动机功率 2.2 kW,外形尺寸(mm):930×900×1600,重 850kg
旋转式压片机	ZP33	32000	上海天和制药机械有限公司	(021)59431285	生产能力 43000~110000 片/h,冲模数 33 副,最大压片压力 40kN,最大片径 12mm,最大充填深度 15mm,最大片厚 6mm,转台转速 11~28 r/min,功率2.2kW,外形尺寸(mm):930×900×1600,重 850kg

产品名称	型号规格	参考价格(元)	生产厂家	电话	主要参数及备注
旋转式压片机	ZP33	33000	上海天凡药机制造厂	(021)57668023	生产能力 43000~110000 片/h,冲模数 33 副,最大压片压力 50kN,最大片径 12mm,最大充填深度 15mm,最大片厚 6mm,转盘转速 11~28 r/min,功率2.2kW,960 r/min,外形尺寸(mm):930×900×1600,重 850kg
旋转式压片机	ZP33C	87500	上海天凡药机制造厂	(021)57668023	
旋转式压片机	ZP35A	138000	上海天凡药机制造厂	(021)57668023	生产能力 150000 片/h,冲模数 35 副,最大压片压力 60kN,最大片径 13mm,最大充填深度 15mm,最大片厚 6mm,转盘转速 14~36 r/min,功率 3kW,电动机转速 960 r/min,外形尺寸(mm):910×1120×1650,重2.1t
旋转式压片机	ZP35A	155000	上海天和制药机械有限公司	(021)59431285	最大生产能力 150000 片/h,冲模数 35 副,最大压片压力 80kN,最大片径 13mm,最大充填深度 15mm,最大片厚 6mm,转台转速 5~36 r/min,功率 4kW,外形尺寸(mm):910×1120×1650,重2.3 t,变频,带吸尘器
旋转式压片机	ZP35B	145000	上海天凡药机制造厂	(021)57668023	最大生产能力 150000 片/h,冲模数 35 副,最大压片压力 60kN,预压力 5kN,最大片径 13mm,最大充填深度 15mm,最大片厚 6mm,转盘转速 14~36 r/min,功率 kW,电动机转速 960 r/min,外形尺寸(mm):910×1120×1650,重2.2t
旋转式压片机	ZP35B	160000	上海天和制药机械有限公司	(021)59431285	最大生产能力 150000 片/h,冲模数 35 副,最大压片压力 80kN,最大片径 13mm,最大充填深度 15mm,最大片厚 6mm,转台转速 5~36 r/min,功率 4kW,外形尺寸(mm):910×1120×1650,重2.3 t,变频,带预压轮
旋转式压片机	ZP35B	173000	上海天祥健台制药机械有限公司	(021)62982333	最大生产能力 150000 片/h,冲模数 35 副,最大片径 13mm,最大压片压力 60kN,最大片厚 6mm,转盘转速 36 r/min,电动机转速 960 r/min,功率 3kW,外形尺寸(mm):910×1120×1650,重 2.2t
旋转式压片机	ZP35C	87500	上海天凡药机制造厂	(021)57668023	
旋转式压片机	ZP35D	108000	上海天凡药机制造厂	(021)57668023	最大生产能力 150000 片/h,冲模数 35 副,最大压片压力 80kN,最大预压力 13kN、16kN,最大片径 13mm,最大充填深度 15mm,最大片厚 6mm,转盘转速 16~36 r/min,功率 4kW,外形尺寸(mm):1100×1150×1680,重1.95t
旋转式压片机	ZP35D	128000	上海天和制药机械有限公司	(021)59431285	最大生产能力 150000 片/h,冲模数 35 副,最大压片压力 60kN,最大片径 13mm、16mm,最大充填深度 15mm,最大片厚 6mm,转台转速 5~36 r/min,功率 4kW,外形尺寸(mm):980×1240×1690,重 1.85t,变频,带吸尘器

产品名称	型号规格	参考价格（元）	生产厂家	电话	主要参数及备注
旋转式压片机	ZPW13F	195000	上海天凡药机制造厂	(021)57668023	
旋转式压片机	ZPW17E	208000	上海天凡药机制造厂	(021)57668023	生产能力18000片/h，冲模数17副，最大压片压力80～150kN，最大充填深度45～55mm，最大片径40～45mm，最大工作直径430～530mm，转盘转速6～18 r/min，功率5.5～7.5kW，重2.2t
旋转式压片机	ZPW19D	158000	上海天凡药机制造厂	(021)57668023	最大生产能力82800片/h，冲模数19副，最大压片压力100kN，最大片径20～32mm，最大充填深度18～20mm，最大片厚9～12mm，转盘转速10～30 r/min，功率4kW，外形尺寸(mm)：1300×1100×1900，重2t
旋转式压片机	ZPW19E	198000	上海天凡药机制造厂	(021)57668023	冲模数19副，最大压片压力80～150kN，最大充填深度45～55mm，最大片径40～45mm，最大工作直径430～530mm，转盘转速6～18 r/min，生产能力18000片/h，功率5.5～7.5kW，重2.201t
旋转式压片机	ZPW20	320000	上海天凡药机制造厂	(021)57668023	
旋转式压片机	ZPW21	98000	上海天凡药机制造厂	(021)57668023	
旋转式压片机	ZPW21A	118000	上海天凡药机制造厂	(021)57668023	生产能力15000～45000片/h，冲模数21副，最大压片压力80kN，最大片径20mm，最大充填深度18mm，最大片厚9mm，转盘转速12～36 r/min，功率3kW，1440 r/min，外形尺寸(mm)：900×840×1640，重1.2t
旋转式压片机	ZPW21D	128000	上海天凡药机制造厂	(021)57668023	最大生产能力82800片/h，冲模数21副，最大压片压力100kN，最大片径20～32mm，最大充填深度18～20mm，最大片厚9～12mm，转盘转速10～30 r/min，功率4kW，外形尺寸(mm)：1300×1100×1900，重2t
旋转式压片机	ZPW23	148000	上海天凡药机制造厂	(021)57668023	最大生产能力55000片/h，冲模数23副，最大压力80kN，最大片径20mm，最大充填深度18mm，最大片厚9mm，转台转速10～40 r/min，功率4kW，外形尺寸(mm)：930×950×1850，重1.5t
旋转式压片机	ZPW23D	108000	上海天凡药机制造厂	(021)57668023	最大生产能力82800片/h，冲模数23副，最大压片压力100kN，最大片径20～32mm，最大充填深度18～20mm，最大片厚9～12mm，转盘转速10～30 r/min，功率4kW，外形尺寸(mm)：1300×1100×1900，重2t
旋转式压片机	ZPW25	280000	上海天和制药机械有限公司	(021)59431285	冲模数25副，最大压片压力80kN，最大片径25mm，最大充填深度18mm，转台转速10～20 r/min，功率4kW，3色，带吸尘器
旋转式压片机	ZPY125	97500	上海天凡药机制造厂	(021)57668023	最大生产能力128000片/h，冲模数25副，最大压片压力80kN，最大充填深度18mm，最大片径22mm，主机功率4kW，外形尺寸(mm)：980×1100×1780(带料门)、980×1100×1540，重2.15t

产品名称	型号规格	参考价格（元）	生产厂家	电话	主要参数及备注
旋转式压片机	ZPY129	158000	上海天凡药机制造厂	（021）57668023	冲模数 29 副，最大压片压力 80kN，最大充填深度 18mm，最大片径 18mm，最大生产能力 156000 片/h，主机功率 4kW，外形尺寸（mm）：980×1100×1800（带料门）、980×1100×1580，重 2.15t
旋转式压片机	ZPY135	158000	上海天凡药机制造厂	（021）57668023	最大生产能力 184000 片/h，冲模数 35 副，最大压片压力 60kN，最大充填深度 15mm，最大片径 13mm，主机功率 4kW，外形尺寸（mm）：980×1100×1780（带料门）、980×1100×1540，重2.15t
旋转式压片机	ZPY137	158000	上海天凡药机制造厂	（021）57668023	最大生产能力 194000 片/h，冲模数 37 副，最大压片压力 80kN，最大充填深度 18mm，最大片径 13mm，主机功率 4kW，外形尺寸（mm）：980×1100×1800（带料门）、980×1100×1580，重2.15t
高速旋转式压片机	GZPK1042	600000	上海天祥健台制药机械有限公司	（021）62982333	最大生产能力 252000 片/h，冲模数 47 副，最大片径 11mm，最大充填深度 18mm，最大片厚8.5 mm，最高转速 100 r/min，最大主压力 100kN，主机功率7.5kW，重 3t
高速旋转式压片机	GZPK2047	888000	上海天祥健台制药机械有限公司	（021）62982333	最大生产能力 282200 片/h，冲模数 47 副，最大片径 11mm，最大充填深度 18mm，最大片厚8.5 mm，转速 15～100 r/min，最大主压力 100kN
高速旋转式压片机	GZPK3059	700000	上海天祥健台制药机械有限公司	（021）62982333	最大生产能力 566400 片/h，冲模数 59 副，最大片径 11mm，最大充填深度 18mm，最高转速 80 r/min，最大主压力 100kN，主机功率 15kW，重 3t
高速旋转式压片机	GZPK3159	650000	上海天祥健台制药机械有限公司	（021）62982333	最大生产能力 566400 片/h，冲模数 59 副，最大片径 11mm，最大充填深度 18mm，最高转速 80 r/min，最大主压力 100kN，主机功率 15kW，重3.6t
高速旋转式压片机	GZPK3559	790000	上海天祥健台制药机械有限公司	（021）62982333	最大生产能力 566400 片/h，冲模数 59 副，最大片径 11mm，最大充填深度 18mm，最高转速 80 r/min，最大主压力 100kN，主机功率 15kW，重3.8t
高速旋转式压片机	GZPK4051	1100000	上海天祥健台制药机械有限公司	（021）62982333	生产能力 88200～489600 片/h，冲模数 51 副，最大片径 25mm，最大充填深度 18mm，最大片厚 8.5mm，最高转速 80 r/min，最大主压力 100kN，主机功率 18.5 kW，重 5t
高速旋转式压片机	ZP4061	380000	上海天祥健台制药机械有限公司	（021）62982333	最大生产能力 351360 片/h，冲模数 61 副，最大片径 11mm，最大充填深度 18mm，最高转速 48 r/min，最大主压力 100kN，主机功率7.5kW，重 3t
单冲压片机	DP-12	25000	上海天凡药机制造厂	（021）57668023	最大生产能力 6000 片/h，最大片径 12mm，最大片厚 6mm，最大充填深度 11mm，最大工作压力 15kN，功率 0.75 kW，外形尺寸（mm）：475×275×555，重 100kg

产品名称	型号规格	参考价格（元）	生产厂家	电话	主要参数及备注
单冲压片机	DP-30	33000	上海天凡药机制造厂	(021) 57668023	最大生产能力 3600 片/h,最大片径 20mm,最大片厚0.5~8mm,最大充填深度 20mm,最大工作压力 30kN,功率 0.55 kW,外形尺寸(mm):708×459×740,重 150kg
单冲压片机	DP-40	35000	上海天凡药机制造厂	(021) 57668023	最大生产能力 3600 片/h,最大片径 30mm,最大片厚0.5~8mm,最大充填深度 22mm,最大工作压力 40kN,功率 0.75 kW,外形尺寸(mm):850×550×890,重 200kg
单冲压片机	DP-50	45000	上海天凡药机制造厂	(021) 57668023	最大生产能力 3600 片/h,最大片径 25mm,最大片厚0.5~8mm,最大充填深度 20mm,最大工作压力 50kN,功率1.5kW,外形尺寸(mm):580×500×830,重 150kg
单冲压片机	DTP-1.5T	4800	泰州市金泰制药机械有限公司	(0523) 86916718	生产能力 6000 片/h
单冲压片机	DTP-5T	5800	泰州市金泰制药机械有限公司	(0523) 86916718	生产能力 6000 片/h
单冲压片机	DTP-6T	6500	泰州市金泰制药机械有限公司	(0523) 86916718	生产能力 4000 片/h
单冲压片机	TDP	5500	上海天和制药机械有限公司	(021) 59431285	
单冲压片机	TDP	7000	上海天祥健台制药机械有限公司	(021) 62982333	生产能力 6000 片/h,冲模数 1 副,最大压片压力 15kN,最大片径 12mm,最大充填深度 11mm,最大片厚 6mm,外形尺寸(mm):580×450×625,重 70kg
单冲压片机	TDP-0	6000	上海天凡药机制造厂	(021) 57668023	
单冲压片机	TDP-1	5500	上海天凡药机制造厂	(021) 57668023	最大生产能力 6000 片/h,最大片径 12mm,最大片厚 6mm,最大充填深度 12mm,最大工作压力 15kN,功率 0.37 kW,外形尺寸(mm):530×340×570,重 60kg
单冲压片机	TDP-1.5	4200	泰州市天泰制药机械厂	(0523) 86939318	
单冲压片机	TDP-2	6500	上海天凡药机制造厂	(021) 57668023	最大生产能力 6000 片/h,最大片径 13mm,最大片厚 6mm,最大充填深度 12mm,最大工作压力 20kN,功率 0.37 kW,外形尺寸(mm):530×360×570,重 75kg
单冲压片机	TDP-3	4800	泰州市天泰制药机械厂	(0523) 86939318	
单冲压片机	TDP-3	7000	上海天凡药机制造厂	(021) 57668023	最大生产能力 6000 片/h,最大片径 14mm,最大片厚 6mm,最大充填深度 12mm,最大工作压力 30kN,功率 0.55 kW,外形尺寸(mm):680×440×740,重 80kg
单冲压片机	TDP-4	7500	上海天凡药机制造厂	(021) 57668023	最大生产能力 6000 片/h,最大片径 15mm,最大片厚 6mm,最大充填深度 12mm,最大工作压力 40kN,功率 0.55 kW,外形尺寸(mm):680×450×740,重 95kg
单冲压片机	TDP-5	7900	上海天凡药机制造厂	(021) 57668023	最大生产能力 3600 片/h,最大片径 22mm,最大片厚 7mm,最大充填深度 15mm,最大工作压力 50kN,功率 0.75 kW,外形尺寸(mm):600×500×700,重 150kg

产品名称	型号规格	参考价格(元)	生产厂家	电话	主要参数及备注
花篮冲压片机	THP-15B	59000	上海天凡药机制造厂	(021)57668023	最大生产能力 2700 片/h,最大片径 65mm,片厚 30mm,充填深度 50mm,最大工作压力 150kN,功率 4kW,外形尺寸(mm):690×895×1875,重 900kg
花篮冲压片机	THP-45	97500	上海天凡药机制造厂	(021)57668023	
花篮冲压片机	THP-100	157500	上海天凡药机制造厂	(021)57668023	
花篮冲压片机	THP-Ⅱ	42000	上海天和制药机械有限公司	(021)59431285	
花篮式单冲压片机	HDP	21000	天津市朋群粉碎机设备有限公司	(022)83725677	
中药切片机	LDY-811	1880	瑞安市百信药机器械厂	(0577)65891588	功率 0.37kW,外形尺寸(mm):320×240×260,重 20kg,半圆形
中药切片机	LDY-812	1000	瑞安市百信药机器械厂	(0577)65891588	功率 0.35kW,外形尺寸(mm):330×240×250,重 20kg,长方形
中药切片机	LDY-813	900	瑞安市百信药机器械厂	(0577)65891588	功率 0.35kW,外形尺寸(mm):330×240×250,重 18kg,长方形
中药切片机	LDY-814B	700	瑞安市百信药机器械厂	(0577)65891588	功率0.3kW,外形尺寸(mm):330×175×240,重 16kg,椭圆形
中药切片机	LDY-818	650	瑞安市百信药机器械厂	(0577)65891588	功率0.3kW,外形尺寸(mm):300×240×190,重 15kg,长方形
离心式切片机	QL-400	28000	周口制药机械厂有限公司	(0394)8583482	生产能力 200~600 kg/h,切片厚 2~6mm,切刀数 1 把,电动机功率 4kW,外形尺寸(mm):1196×700×1000,重 500kg
多功能切片机	QYJ-3	8000	天津市中药机械厂	(022)27392043	
往复式刨片机	QWB-200	38000	周口制药机械厂有限公司	(0394)8583482	生产能力 100~800 kg/h,切片厚 1~6mm,动刀片数 1 片,主轴转速 88 r/min,电动机功率 3kW,外形尺寸(mm):2120×700×1760
斜片机	QYX-400	29000	周口制药机械厂有限公司	(0394)8583482	生产能力 100~200 kg/h,外形尺寸(mm):1460×746×1096

1.2.2.5　包衣机

产品名称	型号规格	参考价格(元)	生产厂家	电话	主要参数及备注
包衣机	BQD-400	48000	泰兴市苏中制药机械有限公司	(0523)87261051	不含税价
包衣机	BQD-600	68000	泰兴市苏中制药机械有限公司	(0523)87261051	不含税价
包衣机	BQD-800	89000	泰兴市苏中制药机械有限公司	(0523)87261051	不含税价
包衣机	BQD-1000	108000	泰兴市苏中制药机械有限公司	(0523)87261051	不含税价
包衣机	BQD-1250	136000	泰兴市苏中制药机械有限公司	(0523)87261051	不含税价
包衣机	BY-300A	6800	上海黄海药检仪器销售有限公司	(021)66285796	糖衣锅倾斜度 35°~40°,糖衣锅转速 0~100 r/min
包衣机	XT-86	2580	上海黄海药检仪器销售有限公司	(021)66285796	糖衣锅转速 50 r/min

产品名称	型号规格	参考价格（元）	生产厂家	电话	主要参数及备注
高效包衣机	GB-10	110000	天津市朋群粉碎机设备有限公司	（022）83725677	生产能力 10 kg/h,高配置,材质不锈钢
高效包衣机	GB-10	178000	纳诺机械设备有限公司	（0451）86697518	生产能力 10kg/批,包衣滚筒直径 600mm,加料口直径 280mm,包衣滚筒转速 6~20 r/min,主电动机功率 0.75 kW,外形尺寸（mm）：1000 × 700 × 1500,重 500kg
高效包衣机	GB-10	181000	纳诺机械设备有限公司	（0451）86697518	生产能力 10kg/批,包衣滚筒直径 600mm,加料口直径 280mm,包衣滚筒转速 6~20 r/min,主电动机功率 0.75 kW,外形尺寸（mm）：1000 × 700 × 1500,重 500kg,带热敏纸输出打印装置
高效包衣机	GB-10	186000	纳诺机械设备有限公司	（0451）86697518	生产能力 10kg/批,包衣滚筒直径 600mm,加料口直径 280mm,包衣滚筒转速 6~20 r/min,主电动机功率 0.75 kW,外形尺寸（mm）：1000 × 700 × 1500,重 500kg,带 BINK 喷枪
高效包衣机	GB-10	198000	纳诺机械设备有限公司	（0451）86697518	生产能力 10kg/批,包衣滚筒直径 600mm,加料口直径 280mm,包衣滚筒转速 6~20 r/min,主电动机功率 0.75 kW,外形尺寸（mm）：1000 × 700 ×1500,重 500kg,电加热
高效包衣机	GB-10	198000	纳诺机械设备有限公司	（0451）86697518	生产能力 10kg/批,包衣滚筒直径 600mm,加料口直径 280mm,包衣滚筒转速 6~20 r/min,主电动机功率 0.75 kW,外形尺寸（mm）：1000 × 700 × 1500,重 500kg,带西门子 PLC 人机界面
高效包衣机	GB-10	200000	纳诺机械设备有限公司	（0451）86697518	生产能力 10kg/批,包衣滚筒直径 600mm,加料口直径 280mm,包衣滚筒转速 6~20 r/min,主电动机功率 0.75 kW,外形尺寸（mm）：1000 × 700 × 1500,重 500kg,带电加热搅拌保温罐
高效包衣机	GB-10	228000	纳诺机械设备有限公司	（0451）86697518	生产能力 10kg/批,包衣滚筒直径 600mm,加料口直径 280mm,包衣滚筒转速 6~20 r/min,主电动机功率 0.75 kW,外形尺寸（mm）：1000 × 700 × 1500,重 500kg,控制部分全防爆系统
高效包衣机	GB-10	231400	纳诺机械设备有限公司	（0451）86697518	生产能力 10kg/批,包衣滚筒直径 600mm,加料口直径 280mm,包衣滚筒转速 6~20 r/min,主电动机功率 0.75 kW,外形尺寸（mm）：1000 × 700 × 1500,重 500kg,与物料接触部位材质 316L
高效包衣机	GB-10	263000	纳诺机械设备有限公司	（0451）86697518	生产能力 10kg/批,包衣滚筒直径 600mm,加料口直径 280mm,包衣滚筒转速 6~20 r/min,主电动机功率 0.75 kW,外形尺寸（mm）：1000 × 700 × 1500,重 500kg,带在位清洗装置
高效包衣机	GB-75	158000	天津市朋群粉碎机设备有限公司	（022）83725677	生产能力 75 kg/h,转速 4~20 r/min,主电动机功率1.1kW,外形尺寸（mm）：1350×1010×630,低配置,材质不锈钢

产品名称	型号规格	参考价格(元)	生产厂家	电话	主要参数及备注
高效包衣机	GB-75	178000	天津市朋群粉碎机设备有限公司	(022)83725677	生产能力 75 kg/h,转速 4～20 r/min,主电动机功率1.1kW,外形尺寸(mm):1350×1010×630,高配置,材质不锈钢
高效包衣机	GB-75	260000	纳诺机械设备有限公司	(0451)86697518	生产能力 75kg/批,包衣滚筒直径 950mm,加料口直径 320mm,包衣滚筒转速 4～17 r/min,主电动机功率 1.5 kW,外形尺寸(mm):1200×980×1730,重650kg
高效包衣机	GB-75	263000	纳诺机械设备有限公司	(0451)86697518	生产能力 75kg/批,包衣滚筒直径 950mm,加料口直径 320mm,包衣滚筒转速 4～17 r/min,主电动机功率 1.5 kW,外形尺寸(mm):1200×980×1730,重650kg,带热敏纸输出打印装置
高效包衣机	GB-75	268000	纳诺机械设备有限公司	(0451)86697518	生产能力 75kg/批,包衣滚筒直径 950mm,加料口直径 320mm,包衣滚筒转速 4～17 r/min,主电动机功率 1.5 kW,外形尺寸(mm):1200×980×1730,重650kg,带 BINK 喷枪
高效包衣机	GB-75	282000	纳诺机械设备有限公司	(0451)86697518	生产能力 75kg/批,包衣滚筒直径 950mm,加料口直径 320mm,包衣滚筒转速 4～17 r/min,主电动机功率 1.5 kW,外形尺寸(mm):1200×980×1730,重650kg,带电加热搅拌保温罐
高效包衣机	GB-75	285000	纳诺机械设备有限公司	(0451)86697518	生产能力 75kg/批,包衣滚筒直径 950mm,加料口直径 320mm,包衣滚筒转速 4～17 r/min,主电动机功率 1.5 kW,外形尺寸(mm):1200×980×1730,重650kg,电加热
高效包衣机	GB-75	290000	纳诺机械设备有限公司	(0451)86697518	生产能力 75kg/批,包衣滚筒直径 950mm,加料口直径 320mm,包衣滚筒转速 4～17 r/min,主电动机功率 1.5 kW,外形尺寸(mm):1200×980×1730,重650kg,带西门子 PLC 人机界面
高效包衣机	GB-75	310000	纳诺机械设备有限公司	(0451)86697518	生产能力 75kg/批,包衣滚筒直径 950mm,加料口直径 320mm,包衣滚筒转速 4～17 r/min,主电动机功率 1.5 kW,外形尺寸(mm):1200×980×1730,重650kg,控制部分全防爆系统
高效包衣机	GB-75	338000	纳诺机械设备有限公司	(0451)86697518	生产能力75kg/批,包衣滚筒直径950mm,加料口直径 320mm,包衣滚筒转速 4～17 r/min,主电动机功率1.5kW,外形尺寸(mm):1200×980×1730,重 650kg,与物料接触部位材质 316L
高效包衣机	GB-75	345000	纳诺机械设备有限公司	(0451)86697518	生产能力 75kg/批,包衣滚筒直径 950mm,加料口直径 320mm,包衣滚筒转速 4～17 r/min,主电动机功率 1.5 kW,外形尺寸(mm):1200×980×1730,重650kg,带在位清洗装置
高效包衣机	GB-150	225000	天津市朋群粉碎机设备有限公司	(022)83725677	生产能力 150 kg/h,转速 3～15 r/min,主电动机功率1.5kW,外形尺寸(mm):1700×1320×2000,低配置,材质不锈钢

产品名称	型号规格	参考价格（元）	生产厂家	电话	主要参数及备注
高效包衣机	GB-150	245000	天津市朋群粉碎机设备有限公司	(022) 83725677	生产能力 150 kg/h,转速 3～15 r/min,主电动机功率1.5kW,外形尺寸(mm):1700×1320×2000,高配置,材质不锈钢
高效包衣机	GB-150	368000	纳诺机械设备有限公司	(0451) 86697518	生产能力 150kg/批,包衣滚筒直径1200mm,加料口直径 480mm,包衣滚筒转速 2~17 r/min,主电动机功率2.2kW,外形尺寸(mm):1600×1300×1930,重 750kg
高效包衣机	GB-150	368000	纳诺机械设备有限公司	(0451) 86697518	生产能力 150kg/批,包衣滚筒直径 1200mm,加料口直径 480mm,包衣滚筒转速 2～17 r/min,主电动机功率 2.2 kW,外形尺寸(mm):1600 × 1300 × 1930,重750kg,电加热
高效包衣机	GB-150	371000	纳诺机械设备有限公司	(0451) 86697518	生产能力 150kg/批,包衣滚筒直径 1200mm,加料口直径 480mm,包衣滚筒转速 2～17 r/min,主电动机功率 2.2 kW,外形尺寸(mm):1600 × 1300 × 1930,重750kg,带热敏纸输出打印装置
高效包衣机	GB-150	390000	纳诺机械设备有限公司	(0451) 86697518	生产能力 150kg/批,包衣滚筒直径 1200mm,加料口直径 480mm,包衣滚筒转速 2～17 r/min,主电动机功率 2.2 kW,外形尺寸(mm):1600 × 1300 × 1930,重750kg,带电加热搅拌保温罐
高效包衣机	GB-150	392000	纳诺机械设备有限公司	(0451) 86697518	生产能力 150kg/批,包衣滚筒直径 1200mm,加料口直径 480mm,包衣滚筒转速 2～17 r/min,主电动机功率 2.2 kW,外形尺寸(mm):1600 × 1300 × 1930,重750kg,带 BINK 喷枪
高效包衣机	GB-150	398000	纳诺机械设备有限公司	(0451) 86697518	生产能力 150kg/批,包衣滚筒直径 1200mm,加料口直径 480mm,包衣滚筒转速 2～17 r/min,主电动机功率 2.2 kW,外形尺寸(mm):1600 × 1300 × 1930,重750kg,带西门子 PLC 人机界面
高效包衣机	GB-150	418000	纳诺机械设备有限公司	(0451) 86697518	生产能力 150kg/批,包衣滚筒直径 1200mm,加料口直径 480mm,包衣滚筒转速 2～17 r/min,主电动机功率 2.2 kW,外形尺寸(mm):1600 × 1300 × 1930,重750kg,控制部分全防爆系统
高效包衣机	GB-150	453000	纳诺机械设备有限公司	(0451) 86697518	生产能力 150kg/批,包衣滚筒直径 1200mm,加料口直径 480mm,包衣滚筒转速 2～17 r/min,主电动机功率 2.2 kW,外形尺寸(mm):1600 × 1300 × 1930,重750kg,带在位清洗装置
高效包衣机	GB-150	478400	纳诺机械设备有限公司	(0451) 86697518	生产能力 150kg/批,包衣滚筒直径1200mm,加料口直径 480mm,包衣滚筒转速 2~17 r/min,主电动机功率2.2kW,外形尺寸(mm):1600×1300×1930,重 750kg,与物料接触部位材质 316L
高效包衣机	GB-300	440000	纳诺机械设备有限公司	(0451) 86697518	生产能力 300kg/批,包衣滚筒直径 1500mm,加料口直径 605mm,包衣滚筒转速 2～15 r/min,主电动机功率 3kW,外形尺寸(mm):1800×1500×2100,重1.8t

产品名称	型号规格	参考价格(元)	生产厂家	电话	主要参数及备注
高效包衣机	GB-300	443000	纳诺机械设备有限公司	(0451)86697518	生产能力300kg/批,包衣滚筒直径1500mm,加料口直径605mm,包衣滚筒转速2~15 r/min,主电动机功率3kW,外形尺寸(mm):1800×1500×2100,重1.8t,带热敏纸输出打印装置
高效包衣机	GB-300	462000	纳诺机械设备有限公司	(0451)86697518	生产能力300kg/批,包衣滚筒直径1500mm,加料口直径605mm,包衣滚筒转速2~15 r/min,主电动机功率3kW,外形尺寸(mm):1800×1500×2100,重1.8t,带电加热搅拌保温罐
高效包衣机	GB-300	480000	纳诺机械设备有限公司	(0451)86697518	生产能力300kg/批,包衣滚筒直径1500mm,加料口直径605mm,包衣滚筒转速2~15 r/min,主电动机功率3kW,外形尺寸(mm):1800×1500×2100,重1.8t,带西门子PLC人机界面
高效包衣机	GB-300	480000	纳诺机械设备有限公司	(0451)86697518	生产能力300kg/批,包衣滚筒直径1500mm,加料口直径605mm,包衣滚筒转速2~15 r/min,主电动机功率3kW,外形尺寸(mm):1800×1500×2100,重1.8t,带BINK喷枪
高效包衣机	GB-300	490000	纳诺机械设备有限公司	(0451)86697518	生产能力300kg/批,包衣滚筒直径1500mm,加料口直径605mm,包衣滚筒转速2~15 r/min,主电动机功率3kW,外形尺寸(mm):1800×1500×2100,重1.8t,控制部分全防爆系统
高效包衣机	GB-300	490000	纳诺机械设备有限公司	(0451)86697518	生产能力300kg/批,包衣滚筒直径1500mm,加料口直径605mm,包衣滚筒转速2~15 r/min,主电动机功率3kW,外形尺寸(mm):1800×1500×2100,重1.8t,电加热
高效包衣机	GB-300	525000	纳诺机械设备有限公司	(0451)86697518	生产能力300kg/批,包衣滚筒直径1500mm,加料口直径605mm,包衣滚筒转速2~15 r/min,主电动机功率3kW,外形尺寸(mm):1800×1500×2100,重1.8t,带在位清洗装置
高效包衣机	GB-300	572000	纳诺机械设备有限公司	(0451)86697518	生产能力300kg/批,包衣滚筒直径1500mm,加料口直径605mm,包衣滚筒转速2~15 r/min,主电动机功率3kW,外形尺寸(mm):1800×1500×2100,重1.8t,与物料接触部位材质316L
高效包衣机	JGB-5C	60000	温州市健牌药业机械制造有限公司	(0577)86921600	触摸屏,变频调速
高效包衣机	JGB-5C	60400	温州市健牌药业机械制造有限公司	(0577)86921600	触摸屏,变频调速,带TF-4型糖衣分配器、4头滴嘴
高效包衣机	JGB-5C	60700	温州市健牌药业机械制造有限公司	(0577)86921600	触摸屏,变频调速,带空气处理三联组
高效包衣机	JGB-5C	62700	温州市健牌药业机械制造有限公司	(0577)86921600	触摸屏,变频调速,带蒸汽控阀总成
高效包衣机	JGB-5C	65700	温州市健牌药业机械制造有限公司	(0577)86921600	触摸屏,变频调速,带WA-100-0.8-1型雾化枪总成、日本进口喷枪
高效包衣机	JGB-5C	66000	温州市健牌药业机械制造有限公司	(0577)86921600	触摸屏,变频调速,带5C强电柜

产品名称	型号规格	参考价格（元）	生产厂家	电话	主要参数及备注
高效包衣机	JGB-5C	69500	温州市健牌药业机械制造有限公司	（0577）86921600	触摸屏，变频调速，带BKB-0/140型变频蠕动泵
高效包衣机	JGB-5C	73000	温州市健牌药业机械制造有限公司	（0577）86921600	触摸屏，变频调速，带CP-1000型除尘排风柜
高效包衣机	JGB-5C	73000	温州市健牌药业机械制造有限公司	（0577）86921600	触摸屏，变频调速，带BJG-40型保温搅拌罐，电加热，气动电动机搅拌
高效包衣机	JGB-5C	76000	温州市健牌药业机械制造有限公司	（0577）86921600	触摸屏，变频调速，带JR-500型净化热风柜
高效包衣机	JGB-5D	51000	温州市健牌药业机械制造有限公司	（0577）86921600	
高效包衣机	JGB-5D	51400	温州市健牌药业机械制造有限公司	（0577）86921600	带TF-4型糖衣分配器、4头滴嘴
高效包衣机	JGB-5D	53700	温州市健牌药业机械制造有限公司	（0577）86921600	带蒸汽控阀总成
高效包衣机	JGB-5D	56500	温州市健牌药业机械制造有限公司	（0577）86921600	带JPX-58型高压清洗泵、加高压清洗枪
高效包衣机	JGB-5D	56700	温州市健牌药业机械制造有限公司	（0577）86921600	带WA-100-0.8-1型雾化枪总成、日本进口喷枪
高效包衣机	JGB-5D	59500	温州市健牌药业机械制造有限公司	（0577）86921600	带5D强电柜
高效包衣机	JGB-5D	60500	温州市健牌药业机械制造有限公司	（0577）86921600	带BKB-0/140型变频蠕动泵
高效包衣机	JGB-5D	64000	温州市健牌药业机械制造有限公司	（0577）86921600	带CP-1000型除尘排风柜
高效包衣机	JGB-5D	64000	温州市健牌药业机械制造有限公司	（0577）86921600	带BJG-40型保温搅拌罐，电加热，气动电动机搅拌器
高效包衣机	JGB-5D	67000	温州市健牌药业机械制造有限公司	（0577）86921600	带JR-500型净化热风柜
高效包衣机	JGB-5D	74700	温州市健牌药业机械制造有限公司	（0577）86921600	带KZG-5D控制柜，数据打印，触摸屏进口配置
高效包衣机	JGB-10C	70000	温州市健牌药业机械制造有限公司	（0577）86921600	触摸屏，变频调速
高效包衣机	JGB-10C	70400	温州市健牌药业机械制造有限公司	（0577）86921600	触摸屏，变频调速，带TF-4型糖衣分配器、4头滴嘴
高效包衣机	JGB-10C	70700	温州市健牌药业机械制造有限公司	（0577）86921600	触摸屏，变频调速，带空气处理三联组
高效包衣机	JGB-10C	72700	温州市健牌药业机械制造有限公司	（0577）86921600	触摸屏，变频调速，带蒸汽控阀总成
高效包衣机	JGB-10C	75700	温州市健牌药业机械制造有限公司	（0577）86921600	触摸屏，变频调速，带WA-100-0.8-1型雾化枪总成、日本进口喷枪
高效包衣机	JGB-10C	78000	温州市健牌药业机械制造有限公司	（0577）86921600	触摸屏，变频调速，带10C强电柜
高效包衣机	JGB-10C	79500	温州市健牌药业机械制造有限公司	（0577）86921600	触摸屏，变频调速，带BKB-0/140型变频蠕动泵
高效包衣机	JGB-10C	83000	温州市健牌药业机械制造有限公司	（0577）86921600	触摸屏，变频调速，带BJG-40型保温搅拌罐，电加热，气动电动机搅拌
高效包衣机	JGB-10C	85000	温州市健牌药业机械制造有限公司	（0577）86921600	触摸屏，变频调速，带CP-1500型除尘排风柜
高效包衣机	JGB-10C	88000	温州市健牌药业机械制造有限公司	（0577）86921600	触摸屏，变频调速，带JR-700型净化热风柜
高效包衣机	JGB-10D	60000	温州市健牌药业机械制造有限公司	（0577）86921600	

产品名称	型号规格	参考价格（元）	生产厂家	电话	主要参数及备注
高效包衣机	JGB-10D	60400	温州市健牌药业机械制造有限公司	（0577）86921600	带TF-4型糖衣分配器、4头滴嘴
高效包衣机	JGB-10D	62700	温州市健牌药业机械制造有限公司	（0577）86921600	带蒸汽控阀总成
高效包衣机	JGB-10D	65500	温州市健牌药业机械制造有限公司	（0577）86921600	带JPX-58型高压清洗泵、加高压清洗枪
高效包衣机	JGB-10D	65700	温州市健牌药业机械制造有限公司	（0577）86921600	带WA-100-0.8-1型雾化枪总成、日本进口喷枪
高效包衣机	JGB-10D	69500	温州市健牌药业机械制造有限公司	（0577）86921600	带BKB-0/140型变频蠕动泵
高效包衣机	JGB-10D	72000	温州市健牌药业机械制造有限公司	（0577）86921600	带10D强电柜
高效包衣机	JGB-10D	73000	温州市健牌药业机械制造有限公司	（0577）86921600	带BJG-40型保温搅拌罐，电加热，气动电动机搅拌器
高效包衣机	JGB-10D	75000	温州市健牌药业机械制造有限公司	（0577）86921600	带CP-1500型除尘排风柜
高效包衣机	JGB-10D	78000	温州市健牌药业机械制造有限公司	（0577）86921600	带JR-700型净化热风柜
高效包衣机	JGB-10D	88000	温州市健牌药业机械制造有限公司	（0577）86921600	带KZG-10D控制柜，数据打印，触摸屏进口配置
高效包衣机	JGB-35C	96000	温州市健牌药业机械制造有限公司	（0577）86921600	触摸屏，变频调速
高效包衣机	JGB-35C	96400	温州市健牌药业机械制造有限公司	（0577）86921600	触摸屏，变频调速，带TF-6型糖衣分配器、6头滴嘴
高效包衣机	JGB-35C	96700	温州市健牌药业机械制造有限公司	（0577）86921600	触摸屏，变频调速，带空气处理三联组
高效包衣机	JGB-35C	98700	温州市健牌药业机械制造有限公司	（0577）86921600	触摸屏，变频调速，带蒸汽控阀总成
高效包衣机	JGB-35C	101700	温州市健牌药业机械制造有限公司	（0577）86921600	触摸屏，变频调速，带WA-100-1.0-1型雾化枪总成、日本进口喷枪
高效包衣机	JGB-35C	105500	温州市健牌药业机械制造有限公司	（0577）86921600	触摸屏，变频调速，带BKB-0/140型变频蠕动泵
高效包衣机	JGB-35C	107000	温州市健牌药业机械制造有限公司	（0577）86921600	触摸屏，变频调速，带35C强电柜
高效包衣机	JGB-35C	109000	温州市健牌药业机械制造有限公司	（0577）86921600	触摸屏，变频调速，带BJG-40型保温搅拌罐，电加热，气动电动机搅拌
高效包衣机	JGB-35C	115000	温州市健牌药业机械制造有限公司	（0577）86921600	触摸屏，变频调速，带CP-3000型除尘排风柜
高效包衣机	JGB-35C	119000	温州市健牌药业机械制造有限公司	（0577）86921600	触摸屏，变频调速，带JR-2500型净化热风柜
高效包衣机	JGB-35D	88000	温州市健牌药业机械制造有限公司	（0577）86921600	
高效包衣机	JGB-35D	88400	温州市健牌药业机械制造有限公司	（0577）86921600	带TF-6型糖衣分配器、6头滴嘴
高效包衣机	JGB-35D	90700	温州市健牌药业机械制造有限公司	（0577）86921600	带蒸汽控阀总成
高效包衣机	JGB-35D	93500	温州市健牌药业机械制造有限公司	（0577）86921600	带JPX-58型高压清洗泵、加高压清洗枪
高效包衣机	JGB-35D	93700	温州市健牌药业机械制造有限公司	（0577）86921600	带WA-100-1.0-1型雾化枪总成、日本进口喷枪
高效包衣机	JGB-35D	97500	温州市健牌药业机械制造有限公司	（0577）86921600	带BKB-0/140型变频蠕动泵
高效包衣机	JGB-35D	100000	温州市健牌药业机械制造有限公司	（0577）86921600	带35D强电柜

产品名称	型号规格	参考价格（元）	生产厂家	电话	主要参数及备注
高效包衣机	JGB-35D	101000	温州市健牌药业机械制造有限公司	(0577)86921600	带BJG-40型保温搅拌罐，电加热，气动电动机搅拌器
高效包衣机	JGB-35D	107000	温州市健牌药业机械制造有限公司	(0577)86921600	带CP-3000型除尘排风柜
高效包衣机	JGB-35D	111000	温州市健牌药业机械制造有限公司	(0577)86921600	带JR-2500型净化热风柜
高效包衣机	JGB-35D	117800	温州市健牌药业机械制造有限公司	(0577)86921600	带KZG-35D控制柜，数据打印，触摸屏进口配置
高效包衣机	JGB-35E	92000	温州市健牌药业机械制造有限公司	(0577)86921600	双触摸屏
高效包衣机	JGB-35E	92400	温州市健牌药业机械制造有限公司	(0577)86921600	双触摸屏，带TF-6型糖衣分配器、6头滴嘴
高效包衣机	JGB-35E	94700	温州市健牌药业机械制造有限公司	(0577)86921600	双触摸屏，带蒸汽控阀总成
高效包衣机	JGB-35E	97200	温州市健牌药业机械制造有限公司	(0577)86921600	双触摸屏，带JG-40型搅拌罐
高效包衣机	JGB-35E	97700	温州市健牌药业机械制造有限公司	(0577)86921600	双触摸屏，带WA-100-1.0-1型雾化枪总成、日本岩田喷枪
高效包衣机	JGB-35E	101500	温州市健牌药业机械制造有限公司	(0577)86921600	双触摸屏，带BRB-0/140型变频蠕动泵
高效包衣机	JGB-35E	105000	温州市健牌药业机械制造有限公司	(0577)86921600	双触摸屏，带35E型强电柜
高效包衣机	JGB-35E	105000	温州市健牌药业机械制造有限公司	(0577)86921600	双触摸屏，带BJG-40型保温搅拌罐，电加热
高效包衣机	JGB-35E	111000	温州市健牌药业机械制造有限公司	(0577)86921600	双触摸屏，带CP-3000型除尘排风柜
高效包衣机	JGB-35E	115000	温州市健牌药业机械制造有限公司	(0577)86921600	双触摸屏，带JR-2500型净化热风柜
高效包衣机	JGB-35E	123000	温州市健牌药业机械制造有限公司	(0577)86921600	双触摸屏，带KZG-35E控制柜，数据打印，触摸屏进口配置
高效包衣机	JGB-35E	124600	温州市健牌药业机械制造有限公司	(0577)86921600	双触摸屏，带ZQ-1.1型自动清洗装置
高效包衣机	JGB-35WH	105000	温州市健牌药业机械制造有限公司	(0577)86921600	微孔，双触摸屏
高效包衣机	JGB-35WH	107700	温州市健牌药业机械制造有限公司	(0577)86921600	微孔，双触摸屏，带蒸汽控阀总成
高效包衣机	JGB-35WH	110200	温州市健牌药业机械制造有限公司	(0577)86921600	微孔，双触摸屏，带JG-40型搅拌罐
高效包衣机	JGB-35WH	110700	温州市健牌药业机械制造有限公司	(0577)86921600	微孔，双触摸屏，带WA-100-1.0-1型雾化枪总成、日本岩田喷枪
高效包衣机	JGB-35WH	114500	温州市健牌药业机械制造有限公司	(0577)86921600	微孔，双触摸屏，带BRB-0/140型变频蠕动泵
高效包衣机	JGB-35WH	118000	温州市健牌药业机械制造有限公司	(0577)86921600	微孔，双触摸屏，带BJG-40型保温搅拌罐，电加热
高效包衣机	JGB-35WH	118000	温州市健牌药业机械制造有限公司	(0577)86921600	微孔，双触摸屏，带35E强电柜
高效包衣机	JGB-35WH	124000	温州市健牌药业机械制造有限公司	(0577)86921600	微孔，双触摸屏，带CP-3000型除尘排风柜
高效包衣机	JGB-35WH	128000	温州市健牌药业机械制造有限公司	(0577)86921600	微孔，双触摸屏，带JR-2500型净化热风柜
高效包衣机	JGB-35WH	136000	温州市健牌药业机械制造有限公司	(0577)86921600	微孔，双触摸屏，带KZG-35E控制柜
高效包衣机	JGB-35WH	137600	温州市健牌药业机械制造有限公司	(0577)86921600	微孔，双触摸屏，带ZQ-1.1型自动清洗装置
高效包衣机	JGB-75C	120000	温州市健牌药业机械制造有限公司	(0577)86921600	触摸屏，变频调速

产品名称	型号规格	参考价格（元）	生产厂家	电话	主要参数及备注
高效包衣机	JGB-75C	120500	温州市健牌药业机械制造有限公司	（0577）86921600	触摸屏，变频调速，带TF-6型糖衣分配器、6头滴嘴
高效包衣机	JGB-75C	120700	温州市健牌药业机械制造有限公司	（0577）86921600	触摸屏，变频调速，带空气处理三联组
高效包衣机	JGB-75C	122700	温州市健牌药业机械制造有限公司	（0577）86921600	触摸屏，变频调速，带蒸汽控阀总成
高效包衣机	JGB-75C	129500	温州市健牌药业机械制造有限公司	（0577）86921600	触摸屏，变频调速，带BKB-0/140型变频蠕动泵
高效包衣机	JGB-75C	132000	温州市健牌药业机械制造有限公司	（0577）86921600	触摸屏，变频调速，带WA-100-0.8-2型雾化枪总成、日本进口喷枪
高效包衣机	JGB-75C	132000	温州市健牌药业机械制造有限公司	（0577）86921600	触摸屏，变频调速，带75C强电柜
高效包衣机	JGB-75C	136000	温州市健牌药业机械制造有限公司	（0577）86921600	触摸屏，变频调速，带BJG-60型保温搅拌罐，电加热，气动电动机搅拌
高效包衣机	JGB-75C	143000	温州市健牌药业机械制造有限公司	（0577）86921600	触摸屏，变频调速，带CP-3200型除尘排风柜
高效包衣机	JGB-75C	148000	温州市健牌药业机械制造有限公司	（0577）86921600	触摸屏，变频调速，带JR-3000型净化热风柜
高效包衣机	JGB-75D	110000	温州市健牌药业机械制造有限公司	（0577）86921600	
高效包衣机	JGB-75D	110500	温州市健牌药业机械制造有限公司	（0577）86921600	带TF-6型糖衣分配器、6头滴嘴
高效包衣机	JGB-75D	112700	温州市健牌药业机械制造有限公司	（0577）86921600	带蒸汽控阀总成
高效包衣机	JGB-75D	115500	温州市健牌药业机械制造有限公司	（0577）86921600	带JPX-58型高压清洗泵、加高压清洗枪
高效包衣机	JGB-75D	119500	温州市健牌药业机械制造有限公司	（0577）86921600	带BKB-0/140型变频蠕动泵
高效包衣机	JGB-75D	122000	温州市健牌药业机械制造有限公司	（0577）86921600	带WA-100-0.8-2型雾化枪总成、日本进口喷枪
高效包衣机	JGB-75D	125000	温州市健牌药业机械制造有限公司	（0577）86921600	带75D强电柜
高效包衣机	JGB-75D	126000	温州市健牌药业机械制造有限公司	（0577）86921600	带BJG-60型保温搅拌罐，电加热，气动电动机搅拌器
高效包衣机	JGB-75D	133000	温州市健牌药业机械制造有限公司	（0577）86921600	带CP-3200型除尘排风柜
高效包衣机	JGB-75D	138000	温州市健牌药业机械制造有限公司	（0577）86921600	带JR-2800型净化热风柜
高效包衣机	JGB-75D	140800	温州市健牌药业机械制造有限公司	（0577）86921600	带KZG-75D控制柜，数据打印，触摸屏进口配置
高效包衣机	JGB-75E	115000	温州市健牌药业机械制造有限公司	（0577）86921600	双触摸屏
高效包衣机	JGB-75E	115500	温州市健牌药业机械制造有限公司	（0577）86921600	双触摸屏，带TF-6型糖衣分配器、6头滴嘴
高效包衣机	JGB-75E	117700	温州市健牌药业机械制造有限公司	（0577）86921600	双触摸屏，带蒸汽控阀总成
高效包衣机	JGB-75E	122300	温州市健牌药业机械制造有限公司	（0577）86921600	双触摸屏，带JG-60型搅拌罐
高效包衣机	JGB-75E	124500	温州市健牌药业机械制造有限公司	（0577）86921600	双触摸屏，带BRB-0/140型变频蠕动泵
高效包衣机	JGB-75E	127000	温州市健牌药业机械制造有限公司	（0577）86921600	双触摸屏，带WA-100-0.8-2型雾化枪总成、日本岩田喷枪
高效包衣机	JGB-75E	130900	温州市健牌药业机械制造有限公司	（0577）86921600	双触摸屏，带75E强电柜

产品名称	型号规格	参考价格(元)	生产厂家	电话	主要参数及备注
高效包衣机	JGB-75E	131000	温州市健牌药业机械制造有限公司	(0577)86921600	双触摸屏,带BJG-60型保温搅拌罐,电加热
高效包衣机	JGB-75E	138000	温州市健牌药业机械制造有限公司	(0577)86921600	双触摸屏,带CP-3200型除尘排风柜
高效包衣机	JGB-75E	143000	温州市健牌药业机械制造有限公司	(0577)86921600	双触摸屏,带JR-2800型净化热风柜
高效包衣机	JGB-75E	147000	温州市健牌药业机械制造有限公司	(0577)86921600	双触摸屏,带KZG-75E控制柜,数据打印,触摸屏进口配置
高效包衣机	JGB-75E	147600	温州市健牌药业机械制造有限公司	(0577)86921600	双触摸屏,带ZQ-1.1型自动清洗装置
高效包衣机	JGB-75WH	128000	温州市健牌药业机械制造有限公司	(0577)86921600	微孔,双触摸屏
高效包衣机	JGB-75WH	130700	温州市健牌药业机械制造有限公司	(0577)86921600	微孔,双触摸屏,带蒸汽控阀总成
高效包衣机	JGB-75WH	135300	温州市健牌药业机械制造有限公司	(0577)86921600	微孔,双触摸屏,带JG-60型搅拌罐
高效包衣机	JGB-75WH	137500	温州市健牌药业机械制造有限公司	(0577)86921600	微孔,双触摸屏,带BRB-0/140型变频蠕动泵
高效包衣机	JGB-75WH	140000	温州市健牌药业机械制造有限公司	(0577)86921600	微孔,双触摸屏,带WA-100-0.8-2型雾化枪总成、日本岩田喷枪
高效包衣机	JGB-75WH	143900	温州市健牌药业机械制造有限公司	(0577)86921600	微孔,双触摸屏,带75E强电柜
高效包衣机	JGB-75WH	144000	温州市健牌药业机械制造有限公司	(0577)86921600	微孔,双触摸屏,带BJG-60型保温搅拌罐,电加热
高效包衣机	JGB-75WH	151000	温州市健牌药业机械制造有限公司	(0577)86921600	微孔,双触摸屏,带CP-3200型除尘排风柜
高效包衣机	JGB-75WH	156000	温州市健牌药业机械制造有限公司	(0577)86921600	微孔,双触摸屏,带JR-2800型净化热风柜
高效包衣机	JGB-75WH	160000	温州市健牌药业机械制造有限公司	(0577)86921600	微孔,双触摸屏,带KZG-75E控制柜
高效包衣机	JGB-75WH	160600	温州市健牌药业机械制造有限公司	(0577)86921600	微孔,双触摸屏,带ZQ-1.1型自动清洗装置
高效包衣机	JGB-110C	140000	温州市健牌药业机械制造有限公司	(0577)86921600	触摸屏,变频调速
高效包衣机	JGB-110C	140500	温州市健牌药业机械制造有限公司	(0577)86921600	触摸屏,变频调速,带TF-8型糖衣分配器、8头滴嘴
高效包衣机	JGB-110C	140700	温州市健牌药业机械制造有限公司	(0577)86921600	触摸屏,变频调速,带空气处理三联组
高效包衣机	JGB-110C	142700	温州市健牌药业机械制造有限公司	(0577)86921600	触摸屏,变频调速,带蒸汽控阀总成
高效包衣机	JGB-110C	149500	温州市健牌药业机械制造有限公司	(0577)86921600	触摸屏,变频调速,带BKB-0/140型变频蠕动泵
高效包衣机	JGB-110C	153000	温州市健牌药业机械制造有限公司	(0577)86921600	触摸屏,变频调速,带WA-100-1.0-2型雾化枪总成、日本进口喷枪
高效包衣机	JGB-110C	153000	温州市健牌药业机械制造有限公司	(0577)86921600	触摸屏,变频调速,带110C强电柜1台
高效包衣机	JGB-110C	159000	温州市健牌药业机械制造有限公司	(0577)86921600	触摸屏,变频调速,带BJG-80型保温搅拌罐,电加热,气动电动机搅拌
高效包衣机	JGB-110C	168000	温州市健牌药业机械制造有限公司	(0577)86921600	触摸屏,变频调速,带CP-3800型除尘排风柜
高效包衣机	JGB-110C	172000	温州市健牌药业机械制造有限公司	(0577)86921600	触摸屏,变频调速,带JR-3400型净化热风柜

产品名称	型号规格	参考价格（元）	生产厂家	电话	主要参数及备注
高效包衣机	JGB-110D	130000	温州市健牌药业机械制造有限公司	（0577）86921600	
高效包衣机	JGB-110D	130500	温州市健牌药业机械制造有限公司	（0577）86921600	带 TF-8 型糖衣分配器、8 头滴嘴
高效包衣机	JGB-110D	132700	温州市健牌药业机械制造有限公司	（0577）86921600	带蒸汽控阀总成
高效包衣机	JGB-110D	135500	温州市健牌药业机械制造有限公司	（0577）86921600	带 JPX-58 型高压清洗泵、加高压清洗枪
高效包衣机	JGB-110D	139500	温州市健牌药业机械制造有限公司	（0577）86921600	带 BKB-0/140 型变频蠕动泵
高效包衣机	JGB-110D	143000	温州市健牌药业机械制造有限公司	（0577）86921600	带 WA-100-1.0-2 型雾化枪总成、日本进口喷枪
高效包衣机	JGB-110D	146000	温州市健牌药业机械制造有限公司	（0577）86921600	带 110D 强电柜
高效包衣机	JGB-110D	149000	温州市健牌药业机械制造有限公司	（0577）86921600	带 BJG-80 型保温搅拌罐，电加热，气动电动机搅拌器
高效包衣机	JGB-110D	158000	温州市健牌药业机械制造有限公司	（0577）86921600	带 CP-3800 型除尘排风柜
高效包衣机	JGB-110D	162000	温州市健牌药业机械制造有限公司	（0577）86921600	带 JR-3400 型净化热风柜
高效包衣机	JGB-110D	162800	温州市健牌药业机械制造有限公司	（0577）86921600	带 KZG-110D 控制柜，数据打印，触摸屏进口配置
高效包衣机	JGB-110E	140000	温州市健牌药业机械制造有限公司	（0577）86921600	双触摸屏
高效包衣机	JGB-110E	140500	温州市健牌药业机械制造有限公司	（0577）86921600	双触摸屏，带 TF-8 型糖衣分配器、8 头滴嘴
高效包衣机	JGB-110E	142700	温州市健牌药业机械制造有限公司	（0577）86921600	双触摸屏，带蒸汽控阀总成
高效包衣机	JGB-110E	148200	温州市健牌药业机械制造有限公司	（0577）86921600	双触摸屏，带 JG-80 型搅拌罐
高效包衣机	JGB-110E	149500	温州市健牌药业机械制造有限公司	（0577）86921600	双触摸屏，带 BRB-0/140 型变频蠕动泵
高效包衣机	JGB-110E	153000	温州市健牌药业机械制造有限公司	（0577）86921600	双触摸屏，带 WA-100-1.0-2 型雾化枪总成、日本岩田喷枪
高效包衣机	JGB-110E	157000	温州市健牌药业机械制造有限公司	（0577）86921600	双触摸屏，带 110E 强电柜
高效包衣机	JGB-110E	159000	温州市健牌药业机械制造有限公司	（0577）86921600	双触摸屏，带 BJG-80 型保温搅拌罐，电加热
高效包衣机	JGB-110E	168000	温州市健牌药业机械制造有限公司	（0577）86921600	双触摸屏，带 CP-3800 型除尘排风柜
高效包衣机	JGB-110E	172000	温州市健牌药业机械制造有限公司	（0577）86921600	双触摸屏，带 JR-3400 型净化热风柜
高效包衣机	JGB-110E	172800	温州市健牌药业机械制造有限公司	（0577）86921600	双触摸屏，带 ZQ-1.5 型自动清洗装置
高效包衣机	JGB-110E	175000	温州市健牌药业机械制造有限公司	（0577）86921600	双触摸屏，带 KZG-110E 控制柜，数据打印，触摸屏进口配置
高效包衣机	JGB-110WH	155000	温州市健牌药业机械制造有限公司	（0577）86921600	微孔，双触摸屏
高效包衣机	JGB-110WH	157700	温州市健牌药业机械制造有限公司	（0577）86921600	微孔，双触摸屏，带蒸汽控阀总成
高效包衣机	JGB-110WH	163200	温州市健牌药业机械制造有限公司	（0577）86921600	微孔，双触摸屏，带 JG-80 型搅拌罐
高效包衣机	JGB-110WH	164500	温州市健牌药业机械制造有限公司	（0577）86921600	微孔，双触摸屏，带 BRB-0/140 型变频蠕动泵
高效包衣机	JGB-110WH	168000	温州市健牌药业机械制造有限公司	（0577）86921600	微孔，双触摸屏，带 WA-100-1.0-2 型雾化枪总成、日本岩田喷枪

产品名称	型号规格	参考价格(元)	生产厂家	电话	主要参数及备注
高效包衣机	JGB-110WH	172000	温州市健牌药业机械制造有限公司	(0577)86921600	微孔,双触摸屏,带110E强电柜
高效包衣机	JGB-110WH	174000	温州市健牌药业机械制造有限公司	(0577)86921600	微孔,双触摸屏,带BJG-80型保温搅拌罐,电加热
高效包衣机	JGB-110WH	183000	温州市健牌药业机械制造有限公司	(0577)86921600	微孔,双触摸屏,带CP-3800型除尘排风柜
高效包衣机	JGB-110WH	187000	温州市健牌药业机械制造有限公司	(0577)86921600	微孔,双触摸屏,带JR-3400型净化热风柜
高效包衣机	JGB-110WH	187800	温州市健牌药业机械制造有限公司	(0577)86921600	微孔,双触摸屏,带ZQ-1.5型自动清洗装置
高效包衣机	JGB-110WH	190000	温州市健牌药业机械制造有限公司	(0577)86921600	微孔,双触摸屏,带KZG-150E控制柜
高效包衣机	JGB-150C	150000	温州市健牌药业机械制造有限公司	(0577)86921600	触摸屏,变频调速
高效包衣机	JGB-150C	150500	温州市健牌药业机械制造有限公司	(0577)86921600	触摸屏,变频调速,带TF-10型糖衣分配器、10头滴嘴
高效包衣机	JGB-150C	150700	温州市健牌药业机械制造有限公司	(0577)86921600	触摸屏,变频调速,带空气处理三联组
高效包衣机	JGB-150C	152700	温州市健牌药业机械制造有限公司	(0577)86921600	触摸屏,变频调速,带蒸汽控阀总成
高效包衣机	JGB-150C	159500	温州市健牌药业机械制造有限公司	(0577)86921600	触摸屏,变频调速,带BKB-0/140型变频蠕动泵
高效包衣机	JGB-150C	163000	温州市健牌药业机械制造有限公司	(0577)86921600	触摸屏,变频调速,带WA-100-1.0-2型雾化枪总成、日本进口喷枪
高效包衣机	JGB-150C	164500	温州市健牌药业机械制造有限公司	(0577)86921600	触摸屏,变频调速,带150C强电柜
高效包衣机	JGB-150C	169000	温州市健牌药业机械制造有限公司	(0577)86921600	触摸屏,变频调速,带BJG-80型保温搅拌罐,电加热,气动电动机搅拌
高效包衣机	JGB-150C	180000	温州市健牌药业机械制造有限公司	(0577)86921600	触摸屏,变频调速,带CP-4200型除尘排风柜
高效包衣机	JGB-150C	184000	温州市健牌药业机械制造有限公司	(0577)86921600	触摸屏,变频调速,带JR-3600型净化热风柜
高效包衣机	JGB-150D	140000	温州市健牌药业机械制造有限公司	(0577)86921600	
高效包衣机	JGB-150D	140500	温州市健牌药业机械制造有限公司	(0577)86921600	带TF-10型糖衣分配器、10头滴嘴
高效包衣机	JGB-150D	142700	温州市健牌药业机械制造有限公司	(0577)86921600	带蒸汽控阀总成
高效包衣机	JGB-150D	145500	温州市健牌药业机械制造有限公司	(0577)86921600	带JPX-58型高压清洗泵、加高压清洗枪
高效包衣机	JGB-150D	149500	温州市健牌药业机械制造有限公司	(0577)86921600	带BKB-0/140型变频蠕动泵
高效包衣机	JGB-150D	153000	温州市健牌药业机械制造有限公司	(0577)86921600	带WA-100-1.0-2型雾化枪总成、日本进口喷枪
高效包衣机	JGB-150D	157500	温州市健牌药业机械制造有限公司	(0577)86921600	带150D强电柜
高效包衣机	JGB-150D	159000	温州市健牌药业机械制造有限公司	(0577)86921600	带BJG-80型保温搅拌罐,电加热,气动电动机搅拌器
高效包衣机	JGB-150D	170000	温州市健牌药业机械制造有限公司	(0577)86921600	带CP-4200型除尘排风柜
高效包衣机	JGB-150D	174000	温州市健牌药业机械制造有限公司	(0577)86921600	带JR-3600型净化热风柜
高效包衣机	JGB-150D	174300	温州市健牌药业机械制造有限公司	(0577)86921600	带KZG-150D控制柜,数据打印,触摸屏进口配置

产品名称	型号规格	参考价格(元)	生产厂家	电话	主要参数及备注
高效包衣机	JGB-150E	152000	温州市健牌药业机械制造有限公司	(0577)86921600	双触摸屏
高效包衣机	JGB-150E	152500	温州市健牌药业机械制造有限公司	(0577)86921600	双触摸屏,带TF-10型糖衣分配器、10头滴嘴
高效包衣机	JGB-150E	154700	温州市健牌药业机械制造有限公司	(0577)86921600	双触摸屏,带蒸汽控阀总成
高效包衣机	JGB-150E	160200	温州市健牌药业机械制造有限公司	(0577)86921600	双触摸屏,带JG-80型搅拌罐
高效包衣机	JGB-150E	161500	温州市健牌药业机械制造有限公司	(0577)86921600	双触摸屏,带BRB-0/140型变频蠕动泵
高效包衣机	JGB-150E	165000	温州市健牌药业机械制造有限公司	(0577)86921600	双触摸屏,带WA-100-1.0-2型雾化枪总成、日本岩田喷枪
高效包衣机	JGB-150E	171000	温州市健牌药业机械制造有限公司	(0577)86921600	双触摸屏,带150E强电柜
高效包衣机	JGB-150E	171000	温州市健牌药业机械制造有限公司	(0577)86921600	双触摸屏,带BJG-80型保温搅拌罐,电加热
高效包衣机	JGB-150E	182000	温州市健牌药业机械制造有限公司	(0577)86921600	双触摸屏,带CP-4200型除尘排风柜
高效包衣机	JGB-150E	184800	温州市健牌药业机械制造有限公司	(0577)86921600	双触摸屏,带ZQ-1.5型自动清洗装置
高效包衣机	JGB-150E	186000	温州市健牌药业机械制造有限公司	(0577)86921600	双触摸屏,带JR-3600型净化热风柜
高效包衣机	JGB-150E	190000	温州市健牌药业机械制造有限公司	(0577)86921600	双触摸屏,带KZG-150E控制柜,数据打印,触摸屏进口配置
高效包衣机	JGB-150WH	167000	温州市健牌药业机械制造有限公司	(0577)86921600	微孔,双触摸屏
高效包衣机	JGB-150WH	169700	温州市健牌药业机械制造有限公司	(0577)86921600	微孔,双触摸屏,带蒸汽控阀总成
高效包衣机	JGB-150WH	175200	温州市健牌药业机械制造有限公司	(0577)86921600	微孔,双触摸屏,带JG-80型搅拌罐
高效包衣机	JGB-150WH	176500	温州市健牌药业机械制造有限公司	(0577)86921600	微孔,双触摸屏,带BRB-0/140型变频蠕动泵
高效包衣机	JGB-150WH	180000	温州市健牌药业机械制造有限公司	(0577)86921600	微孔,双触摸屏,带WA-100-1.0-2型雾化枪总成、日本岩田喷枪
高效包衣机	JGB-150WH	186000	温州市健牌药业机械制造有限公司	(0577)86921600	微孔,双触摸屏,带BJG-80型保温搅拌罐,电加热
高效包衣机	JGB-150WH	186000	温州市健牌药业机械制造有限公司	(0577)86921600	微孔,双触摸屏,带150E强电柜
高效包衣机	JGB-150WH	197000	温州市健牌药业机械制造有限公司	(0577)86921600	微孔,双触摸屏,带CP-4200型除尘排风柜
高效包衣机	JGB-150WH	199800	温州市健牌药业机械制造有限公司	(0577)86921600	微孔,双触摸屏,带ZQ-1.5型自动清洗装置
高效包衣机	JGB-150WH	201000	温州市健牌药业机械制造有限公司	(0577)86921600	微孔,双触摸屏,带JR-3600型净化热风柜
高效包衣机	JGB-150WH	205000	温州市健牌药业机械制造有限公司	(0577)86921600	微孔,双触摸屏,带KZG-150E控制柜
高效包衣机	JGB-250C	196000	温州市健牌药业机械制造有限公司	(0577)86921600	触摸屏,变频调速
高效包衣机	JGB-250C	196700	温州市健牌药业机械制造有限公司	(0577)86921600	触摸屏,变频调速,带空气处理三联组
高效包衣机	JGB-250C	196800	温州市健牌药业机械制造有限公司	(0577)86921600	触摸屏,变频调速,带TF-14型糖衣分配器、14头滴嘴
高效包衣机	JGB-250C	198700	温州市健牌药业机械制造有限公司	(0577)86921600	触摸屏,变频调速,带蒸汽控阀总成
高效包衣机	JGB-250C	205500	温州市健牌药业机械制造有限公司	(0577)86921600	触摸屏,变频调速,带BKB-0/140型变频蠕动泵

产品名称	型号规格	参考价格（元）	生产厂家	电话	主要参数及备注
高效包衣机	JGB-250C	214000	温州市健牌药业机械制造有限公司	(0577)86921600	触摸屏,变频调速,带 WA-100-1.0-3 型雾化枪总成、日本进口喷枪
高效包衣机	JGB-250C	217300	温州市健牌药业机械制造有限公司	(0577)86921600	触摸屏,变频调速,带 250C 强电柜 1 台
高效包衣机	JGB-250C	219000	温州市健牌药业机械制造有限公司	(0577)86921600	触摸屏,变频调速,带 BJG-120 型保温搅拌罐,电加热,气动电动机搅拌
高效包衣机	JGB-250C	232000	温州市健牌药业机械制造有限公司	(0577)86921600	触摸屏,变频调速,带 CP-5200 型除尘排风柜
高效包衣机	JGB-250C	239000	温州市健牌药业机械制造有限公司	(0577)86921600	触摸屏,变频调速,带 JR-4500 型净化热风柜
高效包衣机	JGB-250D	185000	温州市健牌药业机械制造有限公司	(0577)86921600	
高效包衣机	JGB-250D	185800	温州市健牌药业机械制造有限公司	(0577)86921600	带 TF-14 型糖衣分配器、14 头滴嘴
高效包衣机	JGB-250D	187700	温州市健牌药业机械制造有限公司	(0577)86921600	带蒸汽控阀总成
高效包衣机	JGB-250D	190500	温州市健牌药业机械制造有限公司	(0577)86921600	带 JPX-58 型高压清洗泵、加高压清洗枪
高效包衣机	JGB-250D	194500	温州市健牌药业机械制造有限公司	(0577)86921600	带 BKB-0/140 型变频蠕动泵
高效包衣机	JGB-250D	203000	温州市健牌药业机械制造有限公司	(0577)86921600	带 WA-100-1.0-3 型雾化枪总成、日本进口喷枪
高效包衣机	JGB-250D	207000	温州市健牌药业机械制造有限公司	(0577)86921600	带 250D 强电柜
高效包衣机	JGB-250D	208000	温州市健牌药业机械制造有限公司	(0577)86921600	带 BJG-120 型保温搅拌罐,电加热,气动电动机搅拌器
高效包衣机	JGB-250D	220500	温州市健牌药业机械制造有限公司	(0577)86921600	带 KZG-250D 控制柜,数据打印,触摸屏进口配置
高效包衣机	JGB-250D	221000	温州市健牌药业机械制造有限公司	(0577)86921600	带 CP-5200 型除尘排风柜
高效包衣机	JGB-250D	228000	温州市健牌药业机械制造有限公司	(0577)86921600	带 JR-4500 型净化热风柜
高效包衣机	JGB-250E	200000	温州市健牌药业机械制造有限公司	(0577)86921600	双触摸屏
高效包衣机	JGB-250E	200800	温州市健牌药业机械制造有限公司	(0577)86921600	双触摸屏,带 TF-14 型糖衣分配器、14 头滴嘴
高效包衣机	JGB-250E	202700	温州市健牌药业机械制造有限公司	(0577)86921600	双触摸屏,带蒸汽控阀总成
高效包衣机	JGB-250E	209200	温州市健牌药业机械制造有限公司	(0577)86921600	双触摸屏,带 JG-120 型搅拌罐
高效包衣机	JGB-250E	209500	温州市健牌药业机械制造有限公司	(0577)86921600	双触摸屏,带 BRB-0/140 型变频蠕动泵
高效包衣机	JGB-250E	218000	温州市健牌药业机械制造有限公司	(0577)86921600	双触摸屏,带 WA-100-1.0-3 型雾化枪总成、日本岩田喷枪
高效包衣机	JGB-250E	223000	温州市健牌药业机械制造有限公司	(0577)86921600	双触摸屏,带 BJG-120 型保温搅拌罐,电加热
高效包衣机	JGB-250E	225000	温州市健牌药业机械制造有限公司	(0577)86921600	双触摸屏,带 250E 强电柜
高效包衣机	JGB-250E	233500	温州市健牌药业机械制造有限公司	(0577)86921600	双触摸屏,带 ZQ-1.8 型自动清洗装置
高效包衣机	JGB-250E	236000	温州市健牌药业机械制造有限公司	(0577)86921600	双触摸屏,带 CP-5200 型除尘排风柜
高效包衣机	JGB-250E	239000	温州市健牌药业机械制造有限公司	(0577)86921600	双触摸屏,带 KZG-250E 控制柜,数据打印,触摸屏操进口配置

产品名称	型号规格	参考价格（元）	生产厂家	电话	主要参数及备注
高效包衣机	JGB-250E	243000	温州市健牌药业机械制造有限公司	（0577）86921600	双触摸屏，带JR-4500型净化热风柜
高效包衣机	JGB-350C	229000	温州市健牌药业机械制造有限公司	（0577）86921600	触摸屏，变频调速
高效包衣机	JGB-350C	229700	温州市健牌药业机械制造有限公司	（0577）86921600	触摸屏，变频调速，带空气处理三联组
高效包衣机	JGB-350C	230100	温州市健牌药业机械制造有限公司	（0577）86921600	触摸屏，变频调速，带TF-16型糖衣分配器、16头滴嘴
高效包衣机	JGB-350C	231700	温州市健牌药业机械制造有限公司	（0577）86921600	触摸屏，变频调速，带蒸汽控阀总成
高效包衣机	JGB-350C	246000	温州市健牌药业机械制造有限公司	（0577）86921600	触摸屏，变频调速，带BKB-0/190型变频蠕动泵
高效包衣机	JGB-350C	256000	温州市健牌药业机械制造有限公司	（0577）86921600	触摸屏，变频调速，带WA-100-1.0-4型雾化枪总成、日本进口喷枪
高效包衣机	JGB-350C	256500	温州市健牌药业机械制造有限公司	（0577）86921600	触摸屏，变频调速，带BJG-150型保温搅拌罐，电加热，气动电动机搅拌
高效包衣机	JGB-350C	258000	温州市健牌药业机械制造有限公司	（0577）86921600	触摸屏，变频调速，带350C强电柜
高效包衣机	JGB-350C	271000	温州市健牌药业机械制造有限公司	（0577）86921600	触摸屏，变频调速，带CP-6500型除尘排风柜
高效包衣机	JGB-350C	278000	温州市健牌药业机械制造有限公司	（0577）86921600	触摸屏，变频调速，带JR-5500型净化热风柜
高效包衣机	JGB-350D	223000	温州市健牌药业机械制造有限公司	（0577）86921600	
高效包衣机	JGB-350D	224100	温州市健牌药业机械制造有限公司	（0577）86921600	带TF-16型糖衣分配器、16头滴嘴
高效包衣机	JGB-350D	225700	温州市健牌药业机械制造有限公司	（0577）86921600	带蒸汽控阀总成
高效包衣机	JGB-350D	228500	温州市健牌药业机械制造有限公司	（0577）86921600	带JPX-58型高压清洗泵、加高压清洗枪
高效包衣机	JGB-350D	240000	温州市健牌药业机械制造有限公司	（0577）86921600	带BKB-0/190型变频蠕动泵
高效包衣机	JGB-350D	250000	温州市健牌药业机械制造有限公司	（0577）86921600	带WA-100-1.0-4型雾化枪总成、日本进口喷枪
高效包衣机	JGB-350D	250500	温州市健牌药业机械制造有限公司	（0577）86921600	带BJG-150型保温搅拌罐，电加热，气动电动机搅拌器
高效包衣机	JGB-350D	254000	温州市健牌药业机械制造有限公司	（0577）86921600	带350D强电柜
高效包衣机	JGB-350D	260500	温州市健牌药业机械制造有限公司	（0577）86921600	带KZG-350D控制柜，数据打印，触摸屏进口配置
高效包衣机	JGB-350D	265000	温州市健牌药业机械制造有限公司	（0577）86921600	带CP-6500型除尘排风柜
高效包衣机	JGB-350D	272000	温州市健牌药业机械制造有限公司	（0577）86921600	带JR-5500型净化热风柜
高效包衣机	JGB-350E	238000	温州市健牌药业机械制造有限公司	（0577）86921600	双触摸屏
高效包衣机	JGB-350E	239100	温州市健牌药业机械制造有限公司	（0577）86921600	双触摸屏，带TF-16型糖衣分配器、16头滴嘴
高效包衣机	JGB-350E	240700	温州市健牌药业机械制造有限公司	（0577）86921600	双触摸屏，带蒸汽控阀总成
高效包衣机	JGB-350E	248700	温州市健牌药业机械制造有限公司	（0577）86921600	双触摸屏，带JG-150型搅拌罐
高效包衣机	JGB-350E	255000	温州市健牌药业机械制造有限公司	（0577）86921600	双触摸屏，带BRB-0/190型变频蠕动泵

产品名称	型号规格	参考价格(元)	生产厂家	电话	主要参数及备注
高效包衣机	JGB-350E	265000	温州市健牌药业机械制造有限公司	(0577)86921600	双触摸屏,带WA-100-1.0-4型雾化枪总成、日本岩田喷枪
高效包衣机	JGB-350E	265500	温州市健牌药业机械制造有限公司	(0577)86921600	双触摸屏,带BJG-150型保温搅拌罐,电加热
高效包衣机	JGB-350E	270000	温州市健牌药业机械制造有限公司	(0577)86921600	双触摸屏,带350E强电柜
高效包衣机	JGB-350E	273000	温州市健牌药业机械制造有限公司	(0577)86921600	双触摸屏,带ZQ-1.8型自动清洗装置
高效包衣机	JGB-350E	279000	温州市健牌药业机械制造有限公司	(0577)86921600	双触摸屏,带KZG-350E控制柜,数据打印,触摸屏进口配置
高效包衣机	JGB-350E	280000	温州市健牌药业机械制造有限公司	(0577)86921600	双触摸屏,带CP-6500型除尘排风柜
高效包衣机	JGB-350E	287000	温州市健牌药业机械制造有限公司	(0577)86921600	双触摸屏,带JR-5500型净化热风柜
高效包衣机	JGB-650D	328000	温州市健牌药业机械制造有限公司	(0577)86921600	
高效包衣机	JGB-650D	329500	温州市健牌药业机械制造有限公司	(0577)86921600	带TF-20型糖衣分配器、20头滴嘴
高效包衣机	JGB-650D	333000	温州市健牌药业机械制造有限公司	(0577)86921600	带蒸汽控阀总成
高效包衣机	JGB-650D	333500	温州市健牌药业机械制造有限公司	(0577)86921600	带JPX-58型高压清洗泵、加高压清洗枪
高效包衣机	JGB-650D	345000	温州市健牌药业机械制造有限公司	(0577)86921600	带BKB-0/190型变频蠕动泵
高效包衣机	JGB-650D	364000	温州市健牌药业机械制造有限公司	(0577)86921600	带WA-100-1.0-6型雾化枪总成、日本进口喷枪
高效包衣机	JGB-650D	375000	温州市健牌药业机械制造有限公司	(0577)86921600	带650D强电柜
高效包衣机	JGB-650D	375000	温州市健牌药业机械制造有限公司	(0577)86921600	带KZG-650D控制柜,数据打印,触摸屏进口配置
高效包衣机	JGB-650D	383000	温州市健牌药业机械制造有限公司	(0577)86921600	带CP-8000型除尘排风柜
高效包衣机	JGB-650D	390000	温州市健牌药业机械制造有限公司	(0577)86921600	带JR-7000型净化热风柜
高效包衣机	JGB-1000D	390000	温州市健牌药业机械制造有限公司	(0577)86921600	
高效包衣机	JGB-1000D	392500	温州市健牌药业机械制造有限公司	(0577)86921600	带TF-2-14型糖衣分配器、14头滴嘴
高效包衣机	JGB-1000D	395500	温州市健牌药业机械制造有限公司	(0577)86921600	带JPX-58型高压清洗泵、加高压清洗枪
高效包衣机	JGB-1000D	409000	温州市健牌药业机械制造有限公司	(0577)86921600	带弯风管
高效包衣机	JGB-1000D	448000	温州市健牌药业机械制造有限公司	(0577)86921600	带1000D强电柜
高效包衣机	JGB-1000D	455000	温州市健牌药业机械制造有限公司	(0577)86921600	带KZG-1000D控制柜,数据打印,触摸屏进口配置
高效智能包衣机	BG-10	98000	南京天利制药设备有限公司	(025)85704214	包衣滚筒直径600mm,滚筒转速4~30 r/min,主机功率0.55kW,外形尺寸(mm):950×750×1530,重200kg
高效智能包衣机	BG-40	118000	南京天利制药设备有限公司	(025)85704214	包衣滚筒直径780mm,滚筒转速4~28 r/min,主机功率1.1 kW,外形尺寸(mm):1210×920×1830,重500kg

产品名称	型号规格	参考价格(元)	生产厂家	电话	主要参数及备注
流动层式包衣机	LDB-75	425000	纳诺机械设备有限公司	(0451)86697518	生产能力 75kg/批,带在位清洗装置
流动层式包衣机	LDB-75	442000	纳诺机械设备有限公司	(0451)86697518	生产能力 75kg/批,与物料接触部位材质 316L
流动层式包衣机	LDB-150	470000	纳诺机械设备有限公司	(0451)86697518	生产能力 150kg/批,包衣滚筒直径 950mm,加料口直径 480mm,包衣滚筒转速 2~17 r/min,主电动机功率 3kW
流动层式包衣机	LDB-150	473000	纳诺机械设备有限公司	(0451)86697518	生产能力 150kg/批,包衣滚筒直径 950mm,加料口直径 480mm,包衣滚筒转速 2~17 r/min,主电动机功率 3kW,带热敏纸输出打印装置
流动层式包衣机	LDB-150	490000	纳诺机械设备有限公司	(0451)86697518	生产能力 150kg/批,包衣滚筒直径 950mm,加料口直径 480mm,包衣滚筒转速 2~17 r/min,主电动机功率 3kW,带红外在线温度检测装置
流动层式包衣机	LDB-150	492000	纳诺机械设备有限公司	(0451)86697518	生产能力 150kg/批,包衣滚筒直径 950mm,加料口直径 480mm,包衣滚筒转速 2~17 r/min,主电动机功率 3kW,带电加热搅拌保温罐
流动层式包衣机	LDB-150	495000	纳诺机械设备有限公司	(0451)86697518	生产能力 150kg/批,包衣滚筒直径 950mm,加料口直径 480mm,包衣滚筒转速 2~17 r/min,主电动机功率 3kW,电加热进风
流动层式包衣机	LDB-150	500000	纳诺机械设备有限公司	(0451)86697518	生产能力 150kg/批,包衣滚筒直径 950mm,加料口直径 480mm,包衣滚筒转速 2~17 r/min,主电动机功率 3kW,带西门子 PLC 人机界面
流动层式包衣机	LDB-150	502000	纳诺机械设备有限公司	(0451)86697518	生产能力 150kg/批,包衣滚筒直径 950mm,加料口直径 480mm,包衣滚筒转速 2~17 r/min,主电动机功率 3kW,带 BINK 喷枪
流动层式包衣机	LDB-150	520000	纳诺机械设备有限公司	(0451)86697518	生产能力 150kg/批,包衣滚筒直径 950mm,加料口直径 480mm,包衣滚筒转速 2~17 r/min,主电动机功率 3kW,控制部分全防爆系统
流动层式包衣机	LDB-150	555000	纳诺机械设备有限公司	(0451)86697518	生产能力 150kg/批,包衣滚筒直径 950mm,加料口直径 480mm,包衣滚筒转速 2~17 r/min,主电动机功率 3kW,带在位清洗装置
流动层式包衣机	LDB-150	611000	纳诺机械设备有限公司	(0451)86697518	生产能力 150kg/批,包衣滚筒直径 950mm,加料口直径 480mm,包衣滚筒转速 2~17 r/min,主电动机功率 3kW,与物料接触部位材质 316L
流动层式包衣机	LDB-300	760000	纳诺机械设备有限公司	(0451)86697518	生产能力 300kg/批,包衣滚筒直径 1400mm,加料口直径 605mm,包衣滚筒转速 2~15 r/min,主电动机功率 4kW
流动层式包衣机	LDB-300	763000	纳诺机械设备有限公司	(0451)86697518	生产能力 300kg/批,包衣滚筒直径 1400mm,加料口直径 605mm,包衣滚筒转速 2~15 r/min,主电动机功率 4kW,带热敏纸输出打印装置

产品名称	型号规格	参考价格（元）	生产厂家	电话	主要参数及备注
流动层式包衣机	LDB-300	780000	纳诺机械设备有限公司	(0451)86697518	生产能力300kg/批,包衣滚筒直径1400mm,加料口直径605mm,包衣滚筒转速2~15 r/min,主电动机功率4kW,带红外在线温度检测装置
流动层式包衣机	LDB-300	782000	纳诺机械设备有限公司	(0451)86697518	生产能力300kg/批,包衣滚筒直径1400mm,加料口直径605mm,包衣滚筒转速2~15 r/min,主电动机功率4kW,带电加热搅拌保温罐
流动层式包衣机	LDB-300	790000	纳诺机械设备有限公司	(0451)86697518	生产能力300kg/批,包衣滚筒直径1400mm,加料口直径605mm,包衣滚筒转速2~15 r/min,主电动机功率4kW,电加热进风
流动层式包衣机	LDB-300	800000	纳诺机械设备有限公司	(0451)86697518	生产能力300kg/批,包衣滚筒直径1400mm,加料口直径605mm,包衣滚筒转速2~15 r/min,主电动机功率4kW,带西门子PLC人机界面
流动层式包衣机	LDB-300	800000	纳诺机械设备有限公司	(0451)86697518	生产能力300kg/批,包衣滚筒直径1400mm,加料口直径605mm,包衣滚筒转速2~15 r/min,主电动机功率4kW,带BINK喷枪
流动层式包衣机	LDB-300	810000	纳诺机械设备有限公司	(0451)86697518	生产能力300kg/批,包衣滚筒直径1400mm,加料口直径605mm,包衣滚筒转速2~15 r/min,主电动机功率4kW,控制部分全防爆系统
流动层式包衣机	LDB-300	865000	纳诺机械设备有限公司	(0451)86697518	生产能力300kg/批,包衣滚筒直径1400mm,加料口直径605mm,包衣滚筒转速2~15 r/min,主电动机功率4kW,带在位清洗装置
流动层式包衣机	LDB-300	988000	纳诺机械设备有限公司	(0451)86697518	生产能力300kg/批,包衣滚筒直径1400mm,加料口直径605mm,包衣滚筒转速2~15 r/min,主电动机功率4kW,与物料接触部位材质316L
流动层式包衣机	LDB-600	1180000	纳诺机械设备有限公司	(0451)86697518	生产能力600kg/批,包衣滚筒直径1500mm,加料口直径605mm,包衣滚筒转速2~15 r/min,主电动机功率5.5kW
流动层式包衣机	LDB-600	1183000	纳诺机械设备有限公司	(0451)86697518	生产能力600kg/批,包衣滚筒直径1500mm,加料口直径605mm,包衣滚筒转速2~15 r/min,主电动机功率5.5kW,带热敏纸输出打印装置
流动层式包衣机	LDB-600	1200000	纳诺机械设备有限公司	(0451)86697518	生产能力600kg/批,包衣滚筒直径1500mm,加料口直径605mm,包衣滚筒转速2~15 r/min,主电动机功率5.5kW,带红外在线温度检测装置
流动层式包衣机	LDB-600	1202000	纳诺机械设备有限公司	(0451)86697518	生产能力600kg/批,包衣滚筒直径1500mm,加料口直径605mm,包衣滚筒转速2~15 r/min,主电动机功率5.5kW,带电加热搅拌保温罐
流动层式包衣机	LDB-600	1228000	纳诺机械设备有限公司	(0451)86697518	生产能力600kg/批,包衣滚筒直径1500mm,加料口直径605mm,包衣滚筒转速2~15 r/min,主电动机功率5.5kW,带BINK喷枪

产品名称	型号规格	参考价格（元）	生产厂家	电话	主要参数及备注
流动层式包衣机	LDB-600	1230000	纳诺机械设备有限公司	(0451)86697518	生产能力600kg/批，包衣滚筒直径1500mm，加料口直径605mm，包衣滚筒转速2~15 r/min，主电动机功率5.5kW，控制部分全防爆系统
流动层式包衣机	LDB-600	1230000	纳诺机械设备有限公司	(0451)86697518	生产能力600kg/批，包衣滚筒直径1500mm，加料口直径605mm，包衣滚筒转速2~15 r/min，主电动机功率5.5kW，电加热进风
流动层式包衣机	LDB-600	1230000	纳诺机械设备有限公司	(0451)86697518	生产能力600kg/批，包衣滚筒直径1500mm，加料口直径605mm，包衣滚筒转速2~15 r/min，主电动机功率5.5kW，带西门子PLC人机界面
流动层式包衣机	LDB-600	1305000	纳诺机械设备有限公司	(0451)86697518	生产能力600kg/批，包衣滚筒直径1500mm，加料口直径605mm，包衣滚筒转速2~15 r/min，主电动机功率5.5kW，带在位清洗装置
流动层式包衣机	LDB-600	1534000	纳诺机械设备有限公司	(0451)86697518	生产能力600kg/批，包衣滚筒直径1500mm，加料口直径605mm，包衣滚筒转速2~15 r/min，主电动机功率5.5kW，与物料接触部位材质316L
流化床包衣机	BBF120	350000	辽宁祥安制药机械有限公司	(0415)4109877	
流化床包衣机	LBL-1	138000	北京环亚天元机械技术有限公司	(010)51665176	实验室用
流化床包衣机	LBL-3	190000	重庆市科旭制药机械设备制造有限公司	(023)86041200	实验室用
流化床包衣机	LBL-15	220000	重庆市科旭制药机械设备制造有限公司	(023)86041200	中试设备
流化床包衣机	LBL-30	250000	重庆市科旭制药机械设备制造有限公司	(023)86041200	中试设备
流化床包衣机	LBL-120	300000	重庆市科旭制药机械设备制造有限公司	(023)86041200	生产型
流化床包衣机	LBL-200	400000	重庆市科旭制药机械设备制造有限公司	(023)86041200	生产型
流化床包衣机	LBL-300	500000	重庆市科旭制药机械设备制造有限公司	(023)86041200	生产型
流化床包衣机	LBL-60	270000	重庆市科旭制药机械设备制造有限公司	(023)86041200	中试兼生产
糖衣机	BQW-400	13800	天津市朋群粉碎机设备有限公司	(022)83725677	变频调速，材质304
糖衣机	BQW-600	15800	天津市朋群粉碎机设备有限公司	(022)83725677	变频调速，材质304
糖衣机	BQW-800	12500	天津市朋群粉碎机设备有限公司	(022)83725677	普通型，与物料接触部位材质不锈钢
糖衣机	BQW-800	18500	天津市朋群粉碎机设备有限公司	(022)83725677	变频调速，材质304
糖衣机	BQW-1000	13800	天津市朋群粉碎机设备有限公司	(022)83725677	普通型，与物料接触部位材质不锈钢
糖衣机	BQW-1000	19800	天津市朋群粉碎机设备有限公司	(022)83725677	变频调速，材质304
糖衣机	BTY-400	4800	山东省临清药物机械厂	(0635)2437495	生产能力5~8 kg/h，糖衣锅直径400mm，糖衣锅转速40 r/min，电动机功率0.37kW，普通型

1.2.2.6 其他片剂机械

产品名称	型号规格	参考价格(元)	生产厂家	电话	主要参数及备注
电子数粒机	GS-16	130000	上海方星机械设备制造有限公司	(021) 64292195	生产速度4000~6000粒/min,装量20~999粒/瓶,瓶径35~85mm,总功率0.55kW,外形尺寸(mm):1800×1540×1600,重380kg
电子数粒机	GS-32	200000	上海方星机械设备制造有限公司	(021) 64292195	
电子数粒机	PP-08	750000	珐玛珈包装设备有限公司华北市场服务中心	(010) 81653133	
多功能电子数粒机	ITC-12	110000	上海方星机械设备制造有限公司	(021) 64292195	生产速度2000~4000粒/min,适用胶囊规格0#~6#,装量20~999粒/瓶,适用瓶径35~85mm,总功率0.5kW,外形尺寸(mm):1800×1450×1750,重280kg
筛动式数粒机	SSP-1000	60000	上海方星机械设备制造有限公司	(021) 64292195	生产速度15~70瓶/min,适用瓶外径18~30mm,总功率1.3kW,外形尺寸(mm):2050×1100×1600,重380kg
筛动式数粒机	SSP-2000	75000	上海方星机械设备制造有限公司	(021) 64292195	
台式数粒机	DC-200	50000	上海方星机械设备制造有限公司	(021) 64292195	

1.2.3 硬胶囊剂机械

1.2.3.1 硬胶囊充填机

产品名称	型号规格	参考价格(元)	生产厂家	电话	主要参数及备注
胶囊充填机	HLT-187	11800	泰州市金泰制药机械有限公司	(0523) 86916718	生产能力10000~30000粒/h
胶囊充填机	NJP-200A-2	130000	瑞安市凯鑫隆制药机械厂	(0577) 65607138	PLC控制,触摸按钮开关
胶囊充填机	NJP-200C-2	140000	瑞安市凯鑫隆制药机械厂	(0577) 65607138	PLC控制,人机界面,液晶屏
胶囊充填机	NJP-400A-2	160000	瑞安市凯鑫隆制药机械厂	(0577) 65607138	PLC控制,触摸按钮开关
胶囊充填机	NJP-400C-2	170000	瑞安市凯鑫隆制药机械厂	(0577) 65607138	PLC控制,人机界面,液晶屏
胶囊充填机	NJP-800A-2	180000	瑞安市凯鑫隆制药机械厂	(0577) 65607138	PLC控制,触摸按钮开关
胶囊充填机	NJP-800C-2	190000	瑞安市凯鑫隆制药机械厂	(0577) 65607138	PLC控制,人机界面,液晶屏
胶囊充填机	NJP-1200A-2	210000	瑞安市凯鑫隆制药机械厂	(0577) 65607138	PLC控制,触摸按钮开关
胶囊充填机	NJP-1200B-2	220000	瑞安市凯鑫隆制药机械厂	(0577) 65607138	PLC控制,触摸按钮开关
胶囊充填机	NJP-1200C-2	230000	瑞安市凯鑫隆制药机械厂	(0577) 65607138	PLC控制,人机界面,液晶屏
胶囊充填机	NJP-2300C-2	340000	瑞安市凯鑫隆制药机械厂	(0577) 65607138	PLC控制,人机界面,液晶屏
胶囊充填机	NJP-3500C-2	390000	瑞安市凯鑫隆制药机械厂	(0577) 65607138	PLC控制,人机界面,液晶屏

产品名称	型号规格	参考价格（元）	生产厂家	电话	主要参数及备注
全自动胶囊充填机	NJP-1200C	160000	浙江飞云科技有限公司	（0577）65669918	生产能力 1200 粒/min，带吸尘器、药模
全自动胶囊充填机	NJP-1200D	170000	浙江飞云科技有限公司	（0577）65669918	生产能力 1200 粒/min，带吸尘器、药模
全自动胶囊充填机	NJP-1200E	150000	浙江华仕力机械有限公司	（0577）65156666	带真空泵、吸尘器、模具、GMP 认证资料
全自动胶囊充填机	NJP-2000A	200000	浙江华仕力机械有限公司	（0577）65156666	带真空泵、吸尘器、模具、GMP 认证资料
全自动胶囊充填机	NJP-2000C	210000	浙江华仕力机械有限公司	（0577）65156666	带真空泵、吸尘器、模具、GMP 认证资料
全自动胶囊充填机	NJP-2000E	225000	浙江华仕力机械有限公司	（0577）65156666	带真空泵、吸尘器、模具、GMP 认证资料
全自动胶囊充填机	NJP-2200	250000	浙江飞云科技有限公司	（0577）65669918	生产能力 2200 粒/min，可充填硬胶囊规格 00#～5#，功率9.45kW，外形尺寸（mm）：1275×1345×2170，重1.4t，带吸尘器、药模
全自动胶囊充填机	NJP-2800	300000	浙江飞云科技有限公司	（0577）65669918	生产能力 2800 粒/min，带吸尘器、药模
全自动胶囊充填机	NJP-3200	350000	浙江飞云科技有限公司	（0577）65669918	生产能力 3200 粒/min，带吸尘器、药模
全自动胶囊充填机	NJP-3500A	310000	浙江华仕力机械有限公司	（0577）65156666	带真空泵、吸尘器、模具、GMP 认证资料
全自动胶囊充填机	NJP-3500C	320000	浙江华仕力机械有限公司	（0577）65156666	带真空泵、吸尘器、模具、GMP 认证资料
全自动胶囊充填机	NJP-3500E	330000	浙江华仕力机械有限公司	（0577）65156666	带真空泵、吸尘器、模具、GMP 认证资料
全自动胶囊充填机	NJP-4200	380000	浙江飞云科技有限公司	（0577）65669918	生产能力 4200 粒/min，带吸尘器、药模
全自动胶囊充填机	NJP-7200	600000	浙江飞云科技有限公司	（0577）65669918	生产能力 7200 粒/min，可充填硬胶囊规格 00#～5#，功率13.25kW，外形尺寸（mm）：1787×1386×2250，重2.2t，带吸尘器、药模
全自动胶囊充填机	NJP-7500C	620000	浙江华仕力机械有限公司	（0577）65156666	带真空泵、吸尘器、模具、GMP 认证资料
全自动硬胶囊充填机	NJP-400	105000	浙江富昌机械有限公司	（0577）65152222	最大生产能力 24000 粒/h，适用胶囊规格 00#～5#胶囊（安全型胶囊 A～E），功率2.2kW，外形尺寸（mm）：930×790×1930，重800kg，不含税价
全自动硬胶囊充填机	NJP-600	125000	浙江富昌机械有限公司	（0577）65152222	最大生产能力 36000 粒/h，适用胶囊规格 00#～5#胶囊（安全型胶囊 A～E），功率2.2kW，外形尺寸（mm）：930×790×1930，重800kg
全自动硬胶囊充填机	NJP-800	180000	北京嘉福瑞科技有限公司	（010）83841409	生产能力 800 粒/min，分度箱传动
全自动硬胶囊充填机	NJP-800	145000	浙江富昌机械有限公司	（0577）65152222	最大生产能力 48000 粒/h，适用胶囊规格 00#～5#胶囊（安全型胶囊 A～E），功率2.2kW，外形尺寸（mm）：930×790×1930，重800kg
全自动硬胶囊充填机	NJP-1200A	230000	北京嘉福瑞科技有限公司	（010）83841409	生产能力 1200 粒/min，模具孔数 9 孔，适用胶囊规格 00#～5#胶囊，装量精度±2%，工作噪声≤75dB，总功率3.5kW，外形尺寸（mm）：1200×1250×2000，重1.6t，槽轮传动，带模具 1 套

产品名称	型号规格	参考价格(元)	生产厂家	电话	主要参数及备注
全自动硬胶囊充填机	NJP-1200B	200000	北京嘉福瑞科技有限公司	(010)83841409	生产能力1200粒/min,模具孔数9孔,适用胶囊规格00#~5#胶囊,装量精度±3%,工作噪声≤75dB,总功率3kW,外形尺寸(mm):800×970×1870,重850kg,分度箱传动,带模具1套
全自动硬胶囊充填机	NJP-1200B/C/D/E	165000	浙江富昌机械有限公司	(0577)65152222	最大生产能力72000粒/h,适用胶囊规格00#~5#胶囊(安全型胶囊A~E),功率2.57kW,外形尺寸(mm):1020×870×1980,重900kg
全自动硬胶囊充填机	NJP-1500	240000	北京嘉福瑞科技有限公司	(010)83841409	生产能力1500粒/min,槽轮传动,带模具1套
全自动硬胶囊充填机	NJP-1800	280000	北京嘉福瑞科技有限公司	(010)83841409	生产能力1800粒/min,槽轮传动,带模具1套
全自动硬胶囊充填机	NJP-2000	290000	北京嘉福瑞科技有限公司	(010)83841409	生产能力2000粒/min,槽轮传动,带模具1套
全自动硬胶囊充填机	NJP-2000B/C/D/E	230000	浙江富昌机械有限公司	(0577)65152222	最大生产能力120000粒/h,适用胶囊规格00#~5#胶囊(安全型胶囊A~E),功率3.37kW,外形尺寸(mm):1200×1150×1950,重1.45t
全自动硬胶囊充填机	NJP-2500B/C/D/E	240000	浙江富昌机械有限公司	(0577)65152222	最大生产能力150000粒/h,适用胶囊规格00#~5#胶囊(安全型胶囊A~E),功率3.37kW,外形尺寸(mm):1200×1150×1950,重1.45t
全自动硬胶囊充填机	NJP-3800B/C/D/E	340000	浙江富昌机械有限公司	(0577)65152222	最大生产能力228000粒/h,适用胶囊规格00#~5#胶囊(安全型胶囊A~E),功率6.37kW,外形尺寸(mm):1440×1300×2080,重2.4t

1.2.3.2 硬胶囊抛光机

产品名称	型号规格	参考价格(元)	生产厂家	电话	主要参数及备注
抛光机	HPT-Ⅱ	6000	瑞安市凯鑫隆制药机械厂	(0577)65607138	生产能力7000片/min,功率0.2kW,外形尺寸(mm):1300×500×1200,重50kg,带吸尘器
抛光机	JP-100	8500	天津市朋群粉碎机设备有限公司	(022)83725677	材质不锈钢
药品抛光机	YPJ-Ⅰ	8800	周口制药机械厂有限公司	(0394)8583482	
药品抛光机	YPJ-Ⅲ	5000	浙江飞云科技有限公司	(0577)65669918	带吸尘器
药品抛光机	YPJ-C	5500	瑞安市精良机械设备有限公司	(0577)65062268	生产能力7000粒/min,外形尺寸(mm):1300×500×1200
异形抛光机	BY-900	15000	泰州市天泰制药机械厂	(0523)86939318	
异形抛光机	BY-1000	19500	泰州市天泰制药机械厂	(0523)86939318	
分选抛光机	YPJ-Ⅲ	16000	浙江华仕力机械有限公司	(0577)65156666	
胶囊抛光机	JMJ-Ⅰ	9800	上海中南医药机械有限公司	(021)64089523	生产能力7000粒/min,功率0.185kW,外形尺寸(mm):1300×405×1200,重45kg

产品名称	型号规格	参考价格(元)	生产厂家	电话	主要参数及备注
胶囊抛光机	PG-7000	7800	北京嘉福瑞科技有限公司	(010)83841409	生产能力3000~7000粒/min,功率0.37kW,外形尺寸(mm):1150×1250×420
胶囊抛光机	YPJ-Ⅱ	6000	浙江华仕力机械有限公司	(0577)65156666	
胶囊分选抛光机	JFP-110A	25000	浙江飞云科技有限公司	(0577)65669918	生产能力6000粒/min,功率180W,外形尺寸(mm):1000×600×950,重43kg,带吸尘器
胶囊分选抛光机	PGJ-100	19000	天津市朋群粉碎机设备有限公司	(022)83725677	材质不锈钢

1.2.4　丸剂机械

产品名称	型号规格	参考价格(元)	生产厂家	电话	主要参数及备注
中药制丸机	WZM-15A	26000	周口制药机械厂有限公司	(0394)8583482	生产能力15kg/h,适用直径4~8mm,外形尺寸(mm):1038×468×745,重240kg
中药制丸机	WZM-15A	45000	上海中南医药机械有限公司	(021)64089523	
中药制丸机	WZM-72A	36000	周口制药机械厂有限公司	(0394)8583482	生产能力52kg/h,外形尺寸(mm):1250×650×980,重600kg
中药制丸机	ZWJ-Ⅴ	58000	天津市朋群粉碎机设备有限公司	(022)83725677	全自动,卧式,材质不锈钢
离心式制丸机	WL-300	148000	重庆市科旭制药机械设备制造有限公司	(023)86041200	
离心式制丸机	WL-500	170000	重庆市科旭制药机械设备制造有限公司	(023)86041200	
离心式制丸机	WL-700	280000	重庆市科旭制药机械设备制造有限公司	(023)86041200	
离心式制丸机	WL-1000	380000	重庆市科旭制药机械设备制造有限公司	(023)86041200	
手摇式制丸机	LDY-10	1800	瑞安市百信药机器械厂	(0577)65891588	外形尺寸(mm):50×28×25,重28kg,长方形
小型多功能制丸机	LDY-18	1700	瑞安市百信药机器械厂	(0577)65891588	外形尺寸(mm):69×68×54,重30kg
小型多功能制丸机	LDY-50	2000	瑞安市百信药机器械厂	(0577)65891588	功率0.18kW,外形尺寸(mm):50×70×54,重30kg
高效全自动制丸机	YUJ-17A	148000	天水华圆制药设备科技有限责任公司	(0938)2721797	生产能力20~160kg/h,适用直径3~12mm,总功率5.7kW,外形尺寸(mm):1570×920×1350,重750kg
高效全自动制丸机	YUJ-17B	152000	天水华圆制药设备科技有限责任公司	(0938)2721797	生产能力20~180kg/h,适用直径3~12mm,总功率5.85kW,外形尺寸(mm):1570×920×1350,重750kg,触摸屏控制
高效全自动制丸机	YUJ-18BZ	168000	天水华圆制药设备科技有限责任公司	(0938)2721797	生产能力20~250kg/h,适用直径3~10mm,总功率9.7kW,外形尺寸(mm):2100×990×1675,重800kg
滴丸机	DW45	185000	锦州万得包装机械有限公司	(0416)3530328	
滴丸实验机	DWJ-2000S	70000	烟台百药泰中药科技发展有限公司	(0535)6389416	电压220V,容积600mL,搅拌转速0~1400r/min,功率1.8kW,重180kg

产品名称	型号规格	参考价格（元）	生产厂家	电话	主要参数及备注
滴丸实验机	DWJ-2000S1	17000	烟台百药泰中药科技发展有限公司	(0535)6389416	
滴丸实验机	DWJ-2000S3	37000	烟台百药泰中药科技发展有限公司	(0535)6389416	
滴丸实验机	DWJ-2000S5	60000	烟台百药泰中药科技发展有限公司	(0535)6389416	电压220V，容积600mL，搅拌转速0~1400 r/min，功率1.8kW，重110kg
滴丸实验机	DWJ-2000S5-D	75000	烟台百药泰中药科技发展有限公司	(0535)6389416	电压220V，容积600mL，搅拌转速0~1400 r/min，功率1.8kW，重130kg
滴丸实验机	DWJ-2000S-D	75000	烟台百药泰中药科技发展有限公司	(0535)6389416	电压220V，容积600mL，搅拌转速0~1400 r/min，功率1.8kW，重200kg
滴丸实验机	DWJ-2000S-DP	85000	烟台百药泰中药科技发展有限公司	(0535)6389416	电压220V，容积600mL，搅拌转速0~1400 r/min，功率1.8kW，重200kg
滴丸实验机	DWJ-2000SP	80000	烟台百药泰中药科技发展有限公司	(0535)6389416	
大型自动化滴丸机	DWJ-2000D	220000	烟台百药泰中药科技发展有限公司	(0535)6389416	电压380V，调料罐容积60L，功率6.2kW，重560kg
大型自动化滴丸机	DWJ-2000D-D	235000	烟台百药泰中药科技发展有限公司	(0535)6389416	电压380V，调料罐容积60L，功率6.2kW，重560kg
中型自动化滴丸机	DWJ-2000Z	180000	烟台百药泰中药科技发展有限公司	(0535)6389416	电压380V，调料罐容积60L，功率5.5kW
中型自动化滴丸机	DWJ-2000Z-D	195000	烟台百药泰中药科技发展有限公司	(0535)6389416	电压380V，调料罐容积60L，功率5.5kW
滴丸机组	DW300	350000	锦州万得包装机械有限公司	(0416)3530328	
水丸机	BTY-600	7600	山东省临清药物机械厂	(0635)2437495	普通型
三辊蜜丸机	ZTM20-5	88000	天津市朋群粉碎机设备有限公司	(022)83725677	生产能力28000丸/h（3g）、22000丸/h（6g）、19000丸/h（9g），切条次数15~20次/min，外形尺寸（mm）：2250×500×1120，重700kg，材质不锈钢
三辊蜜丸机	ZTM20-5A	102000	天津市朋群粉碎机设备有限公司	(022)83725677	材质不锈钢，带输送系统、喷涂装置
三辊蜜丸机	ZTM80-3	58000	天津市朋群粉碎机设备有限公司	(022)83725677	材质碳钢
三辊蜜丸机	ZTM80-3A	68000	天津市朋群粉碎机设备有限公司	(022)83725677	与物料接触部位材质不锈钢

1.2.5　其他制剂机械

产品名称	型号规格	参考价格（元）	生产厂家	电话	主要参数及备注
理瓶机	SLP-800	43000	上海方星机械设备制造有限公司	(021)64292195	
理瓶机	SLP-1200	55000	上海方星机械设备制造有限公司	(021)64292195	
理瓶机	SLP-1600	75000	上海方星机械设备制造有限公司	(021)64292195	
理瓶机	SLP-1800	120000	上海方星机械设备制造有限公司	(021)64292195	转盘直径>1800mm

产品名称	型号规格	参考价格(元)	生产厂家	电话	主要参数及备注
箱式理瓶机	SLX-800	55000	上海方星机械设备制造有限公司	(021)64292195	
高速理瓶机	BZ-120Ⅲ	55000	舟山市双鲸制药设备有限公司	(0580)3696270	最大生产能力120瓶/min,适用瓶规格15~250mL,总功率0.18kW,外形尺寸(mm):1065×1600×1260,重300kg
高速理瓶机	GL800	150000	上海莱天能实业发展有限公司	(021)62549123	
高速理瓶机	XLP-200	168000	舟山市双鲸制药设备有限公司	(0580)3696270	最大生产能力200瓶/min,适用瓶规格15~250mL,功率0.85kW,外形尺寸(mm):2200×1120×1500,重550kg
全自动理瓶机	DTLP	60000	上海戴服特包装机械有限公司	(021)69120056	生产能力40~180瓶/min,功率0.5kW,外形尺寸(mm):1100×900×1000,重150kg
全自动理瓶机	PU-12F	230000	珐玛珈包装设备有限公司华北市场服务中心	(010)81653133	
全自动高速理瓶机	PU-25F	350000	珐玛珈包装设备有限公司华北市场服务中心	(010)81653133	

1.3 药用粉碎机械

产品名称	型号规格	参考价格(元)	生产厂家	电话	主要参数及备注
粉碎机	CW-130	3350	山东省临清药物机械厂	(0635)2437495	生产能力2~4 kg/h,主轴转速8000 r/min,出粉粒度60~200目,电动机功率2.2kW,普通型
粉碎机	CW-230	9300	山东省临清药物机械厂	(0635)2437495	生产能力15~20 kg/h,主轴转速4800 r/min,出粉粒度60~200目,电动机功率5.5kW,普通型
粉碎机	CW-240	9800	山东省临清药物机械厂	(0635)2437495	普通型
粉碎机	CW-240	10600	山东省临清药物机械厂	(0635)2437495	材质不锈钢
粉碎机	CW-300	13800	山东省临清药物机械厂	(0635)2437495	生产能力30~50 kg/h,主轴转速3650 r/min,出粉粒度60~200目,电动机功率11kW,普通型
粉碎机	CW-300	32000	山东省临清药物机械厂	(0635)2437495	生产能力30~50 kg/h,主轴转速3650 r/min,出粉粒度60~200目,电动机功率11kW,材质不锈钢
粉碎机	MF-200	385000	温州亚光机械制造有限公司	(0577)86906886	
粉碎机	MFC-200	330000	温州亚光机械制造有限公司	(0577)86906886	生产能力50~100 kg/h,颗粒度20~500μm,粉碎转速280~4500 r/min,粉碎刀径200mm,总功率4kW,外形尺寸(mm):800×1100×2200,重350kg
粉碎机	SF-130	3600	周口制药机械厂有限公司	(0394)8583482	生产能力3~5 kg/h,细度20~120目,电动机功率1.5kW,外形尺寸(mm):400×400×1200,风选式
粉碎机	SF-130	6600	上海天凡药机制造厂	(021)57668023	生产能力2~5 kg/h,主轴转速4200 r/min,粉碎细度2~120目,工作噪声≤85dB,功率1.5kW,外形尺寸(mm):500×350×830,重75kg

产品名称	型号规格	参考价格(元)	生产厂家	电话	主要参数及备注
高速粉碎机	FC-160F	18000	上海坤麒制药机械有限公司	(021)52806476	生产能力3~40 kg/h,粉碎细度20~200目,主轴转速8000 r/min,电动机功率2.2kW,外形尺寸(mm):750×500×1300
高速粉碎机	FC-160F-C	23000	上海坤麒制药机械有限公司	(021)52806476	带除尘装置
高速粉碎机	FC-250F	28500	上海坤麒制药机械有限公司	(021)52806476	生产能力3~60 kg/h,粉碎细度20~200目,主轴转速5000 r/min,电动机功率5.5kW,外形尺寸(mm):800×550×1370
高速粉碎机	FC-250F-C	33500	上海坤麒制药机械有限公司	(021)52806476	带除尘装置
高速粉碎机	FC-300F	42000	上海坤麒制药机械有限公司	(021)52806476	
高速粉碎机	FC-300F-C	52000	上海坤麒制药机械有限公司	(021)52806476	带除尘装置
高速粉碎机	SF-100	3400	上海中南医药机械有限公司	(021)64089523	生产能力1~5 kg/h,主轴转速5000 r/min,粉碎细度10~120目,功率0.55 kW,外形尺寸(mm):500×200×400,重25kg
高速粉碎机	SF-130	5500	上海中南医药机械有限公司	(021)64089523	生产能力5~15 kg/h,主轴转速5000 r/min,粉碎细度10~120目,功率1.1kW,外形尺寸(mm):610×420×1200,重110kg
高速粉碎机	SF-130	6800	上海中南医药机械有限公司	(021)64089523	生产能力5~15 kg/h,主轴转速5000 r/min,粉碎细度10~120目,功率1.1kW,外形尺寸(mm):610×420×1200,重110kg,材质304,齿棒式
高速粉碎机	SF-180	9200	上海中南医药机械有限公司	(021)64089523	材质304,齿棒式
高速粉碎机	SF-250	13200	上海中南医药机械有限公司	(021)64089523	材质304,齿棒式
高速粉碎机	SF-300	10500	上海中南医药机械有限公司	(021)64089523	生产能力25~75 kg/h,主轴转速5600 r/min,粉碎细度10~120目,功率4kW,外形尺寸(mm):1360×800×600,重200kg
高速粉碎机	SF-320	16000	上海中南医药机械有限公司	(021)64089523	材质304,齿棒式
高速粉碎机	SF-400	20000	上海中南医药机械有限公司	(021)64089523	生产能力75~200 kg/h,主轴转速3500 r/min,粉碎细度10~120目,功率7.5kW,外形尺寸(mm):1600×1300×700,重1.7t
高速粉碎机	SF-500	33400	上海中南医药机械有限公司	(021)64089523	生产能力200~500 kg/h,主轴转速3000 r/min,粉碎细度10~120目,功率11kW,外形尺寸(mm):2000×900×1250,重1t
高速粉碎机	TGF-200	6000	天津市朋群粉碎机设备有限公司	(022)83725677	材质碳钢
高速粉碎机	TGF-200	7500	天津市中药机械厂	(022)27392043	材质碳钢
高速粉碎机	TGF-200	11000	天津市朋群粉碎机设备有限公司	(022)83725677	材质不锈钢
高速万能粉碎机	SF-40B	15800	泰州市天泰制药机械厂	(0523)86939318	外包材质不锈钢
高速万能粉碎机	SF-130	4500	泰州市天泰制药机械厂	(0523)86939318	外包材质不锈钢
高速万能粉碎机	SF-180	5600	泰州市天泰制药机械厂	(0523)86939318	外包材质不锈钢

产品名称	型号规格	参考价格（元）	生产厂家	电话	主要参数及备注
高速万能粉碎机	SF-200	5000	江苏省泰州市长江制药机械有限公司	(0523)86911380	生产能力5~25 kg/h,主轴转速3380 r/min,电动机转速2900 r/min,粉碎细度20~120目,工作噪声<85dB,电动机功率2.2kW,外形尺寸(mm):600×400×1000,材质304
高速万能粉碎机	SF-250	8500	江苏省泰州市长江制药机械有限公司	(0523)86911380	生产能力50~250 kg/h,主轴转速4400 r/min,电动机转速2900 r/min,粉碎细度20~120目,工作噪声<85dB,电动机功率5.5 kW,外形尺寸(mm):700×500×1450,材质304
高速万能粉碎机	SF-260	10500	泰州市天泰制药机械厂	(0523)86939318	外包材质不锈钢
高速万能粉碎机	SF-320	9500	江苏省泰州市长江制药机械有限公司	(0523)86911380	生产能力100~300 kg/h,主轴转速4400 r/min,电动机转速2900 r/min,粉碎细度20~120目,工作噪声<85dB,电动机功率7.5 kW,外形尺寸(mm):700×500×1500,材质304
高速万能粉碎机	SF-320	10600	泰州市天泰制药机械厂	(0523)86939318	外包材质不锈钢
高速万能粉碎机	SF-420	15000	江苏省泰州市长江制药机械有限公司	(0523)86911380	生产能力100~500 kg/h,主轴转速4400 r/min,电动机转速2900 r/min,粉碎细度20~120目,工作噪声<85dB,电动机功率11kW,外形尺寸(mm):700×500×1550,材质304
高速中药粉碎机	LG-01	110	瑞安市百信药机器械厂	(0577)65891588	功率0.35 kW,外形尺寸(mm):140×140×260,重2.6kg,桨杯形
高速中药粉碎机	LG-02	120	瑞安市百信药机器械厂	(0577)65891588	功率0.35 kW,外形尺寸(mm):140×140×280,重3kg,桨杯形
高速中药粉碎机	LG-04	230	瑞安市百信药机器械厂	(0577)65891588	功率0.8kW,外形尺寸(mm):160×160×300,重4.2kg,桨杯形
高速中药粉碎机	LG-04A	360	瑞安市百信药机器械厂	(0577)65891588	功率0.8kW,外形尺寸(mm):200×220×280,重6.5kg,倾斜形
高速中药粉碎机	LG-05	260	瑞安市百信药机器械厂	(0577)65891588	功率0.9kW,外形尺寸(mm):160×160×300,重4.3kg,桨杯形
高速中药粉碎机	LG-05A	380	瑞安市百信药机器械厂	(0577)65891588	功率0.9kW,外形尺寸(mm):160×160×300,重6.5kg,倾斜形
高速中药粉碎机	LG-06A	450	瑞安市百信药机器械厂	(0577)65891588	功率1kW,外形尺寸(mm):200×220×300,重8.5kg,倾斜形
高速中药粉碎机	LG-08A	500	瑞安市百信药机器械厂	(0577)65891588	功率1.2kW,外形尺寸(mm):200×220×320,重9.5kg,倾斜形
高速中药粉碎机	LG-500A	550	瑞安市百信药机器械厂	(0577)65891588	功率1.3kW,外形尺寸(mm):200×220×340,重10.5kg,倾斜形
小型高速粉碎机	HY-04A	750	北京环亚天元机械技术有限公司	(010)51665176	生产能力10~250g/次,细度20~150目,转速24000 r/min,功率1.2kW,外形尺寸(mm):300×150×150,重7.5kg,带备用刀片、备用碳刷、保险装置
小型高速粉碎机	HY-04B	550	北京环亚天元机械技术有限公司	(010)51665176	生产能力10~200g/次,细度10~150目,转速24000 r/min,功率0.9kW,外形尺寸(mm):140×170×300,重4kg,带备用刀片、备用碳刷、保险装置
小型高速粉碎机	HY-08	900	北京环亚天元机械技术有限公司	(010)51665176	生产能力20~350g/次,细度30~150目,转速22000 r/min,功率1.8kW,外形尺寸(mm):170×250×400,重10kg,带备用刀片、备用碳刷、保险装置

产品名称	型号规格	参考价格(元)	生产厂家	电话	主要参数及备注
小型高速粉碎机	RT-02	2200	北京环亚天元机械技术有限公司	(010) 51665176	生产能力 10~100g/次,细度 20~200 目,转速 30000 r/min,功率 0.82kW,外形尺寸(mm):170×250×170,重3.7kg
小型高速粉碎机	RT-04	2800	北京环亚天元机械技术有限公司	(010) 51665176	生产能力 10~250g/次,细度 20~200 目,转速 25000 r/min,功率 1.2kW,外形尺寸(mm):300×150×150,重7.5kg
小型高速粉碎机	RT-08	3800	北京环亚天元机械技术有限公司	(010) 51665176	生产能力 20~350g/次,细度 20~200 目,转速 25000 r/min,功率 1.8kW,外形尺寸(mm):400×250×170,重 10kg
高效粉碎机	20B	25800	常州中贝干燥设备有限公司	(0519) 88671938	材质 304,带除尘装置
高效粉碎机	30B	38000	常州中贝干燥设备有限公司	(0519) 88671938	材质 304,带除尘装置
高效粉碎机	30B-X	28000	常州市震华干燥设备有限公司	(0519) 88373111	生产能力 50~200 kg/h,粉碎细度 60~120 目,进料直径<12mm,活动齿盘直径<300mm,主轴转速 3800 r/min,电动机功率 5.5 kW,外形尺寸(mm):1100×600×1480
高效粉碎机	40B	50000	常州中贝干燥设备有限公司	(0519) 88671938	材质 304,带除尘装置
高效粉碎机	CW130	7700	上海天祥健台制药机械有限公司	(021) 62982333	生产能力 10~30 kg/h,主轴转速 13950 r/min,最大进料粒度 5mm,粉碎细度 80~200 目,主轴电动机转速 2840 r/min,主轴功率0.75kW,外形尺寸(mm):686×580×1024,重 100kg
高效粉碎机	CW180	18000	上海天祥健台制药机械有限公司	(021) 62982333	生产能力 30~90 kg/h,主轴转速 10000 r/min,最大进料粒度 5mm,粉碎细度 80~200 目,主轴电动机转速 2840 r/min,主轴功率2.2kW,外形尺寸(mm):770×615×1126,重 250kg
高效粉碎机	CW180A	33000	上海天祥健台制药机械有限公司	(021) 62982333	生产能力 30~100 kg/h,主轴转速 10000 r/min,最大进料粒度 5mm,粉碎细度 80~300 目,主轴电动机转速 2840 r/min,主轴功率2.2kW
高效粉碎机	GFS-8	11800	常州中贝干燥设备有限公司	(0519) 88671938	材质 304
高效粉碎机	GFS-8A	8800	常州市宇通干燥设备有限公司	(0519) 88901088	与物料接触部位材质不锈钢
高效粉碎机	GFS-8A	11600	常州市宇通干燥设备有限公司	(0519) 88901088	材质 304
高效粉碎机	GFS-16	19800	常州中贝干燥设备有限公司	(0519) 88671938	材质 304
高效粉碎机	GFS-16A	16500	常州市宇通干燥设备有限公司	(0519) 88901088	与物料接触部位材质不锈钢
高效粉碎机	GFS-16A	20500	常州市宇通干燥设备有限公司	(0519) 88901088	材质 304
高效粉碎机	GFS-28	25800	常州中贝干燥设备有限公司	(0519) 88671938	材质 304
高效粉碎机	GFS-32A	23800	常州市宇通干燥设备有限公司	(0519) 88901088	与物料接触部位材质不锈钢
高效粉碎机	GFS-32A	28300	常州市宇通干燥设备有限公司	(0519) 88901088	材质 304

产品名称	型号规格	参考价格（元）	生产厂家	电话	主要参数及备注
辊式粉碎机	YGJ2-100	25000	江阴市宏达粉体设备有限公司	(0510)86237735	材质 304
辊式粉碎机	YGJ2-100	32500	江阴市宏达粉体设备有限公司	(0510)86237735	材质 316L
辊式粉碎机	YGJ2-150	38000	江阴市宏达粉体设备有限公司	(0510)86237735	材质 304
辊式粉碎机	YGJ2-150	49400	江阴市宏达粉体设备有限公司	(0510)86237735	材质 316L
辊式粉碎机	YGJ3-100	28000	江阴市宏达粉体设备有限公司	(0510)86237735	材质 304
辊式粉碎机	YGJ3-100	36400	江阴市宏达粉体设备有限公司	(0510)86237735	材质 316L
辊式粉碎机	YGJ3-150	42000	江阴市宏达粉体设备有限公司	(0510)86237735	材质 304
辊式粉碎机	YGJ3-150	54600	江阴市宏达粉体设备有限公司	(0510)86237735	材质 316L
辊式粉碎机	YGJ4-150	480000	江阴市宏达粉体设备有限公司	(0510)86237735	材质 304
辊式粉碎机	YGJ4-150	624000	江阴市宏达粉体设备有限公司	(0510)86237735	材质 316L
锤片式粉碎机	CF-350	28000	天津市美隆制药机械有限公司	(022)27933689	主轴转速 3500 r/min，粉碎细度 20~200 目，电动机功率5.5kW，外形尺寸(mm)：900×600×1200，重 150kg，材质不锈钢，单机价
锤片式粉碎机	CF-350	95000	天津市美隆制药机械有限公司	(022)27933689	主轴转速 3500 r/min，粉碎细度 20~200 目，电动机功率5.5kW，外形尺寸(mm)：900×600×1200，重 150kg，带旋风分离器、脉冲除尘器，材质不锈钢
锤片式粉碎机	CF-450	38000	天津市美隆制药机械有限公司	(022)27933689	主轴转速 3500 r/min，粉碎细度 20~200 目，电动机功率 11kW，外形尺寸(mm)：2300×800×1650，重 560kg，材质不锈钢，单机价
锤片式粉碎机	CF-450	105000	天津市美隆制药机械有限公司	(022)27933689	主轴转速 3500 r/min，粉碎细度 20~200 目，电动机功率 11kW，外形尺寸(mm)：2300×800×1650，重 560kg，带旋风分离器、脉冲除尘器，材质不锈钢
锤片式粉碎机	GF-250Ⅵ	22000	江阴市宏达粉体设备有限公司	(0510)86237735	材质 304
锤片式粉碎机	GF-250Ⅵ	28600	江阴市宏达粉体设备有限公司	(0510)86237735	材质 316L
锤片式粉碎机	GF-350Ⅵ	25000	江阴市宏达粉体设备有限公司	(0510)86237735	材质 304
锤片式粉碎机	GF-350Ⅵ	32500	江阴市宏达粉体设备有限公司	(0510)86237735	材质 316L
柴田式粉碎机	F-400	38000	天津市朋群粉碎机设备有限公司	(022)83725677	材质碳钢
柴田式粉碎机	F-400	42000	天津市中药机械厂	(022)27392043	生产能力 25~180 kg/h，主轴转速 3500 r/min，风机排风量 1238 m^3/h，负载电流 40A，粉碎细度 40~120 目，电动机功率 22kW，重 800kg，材质碳钢
万能粉碎机	15B	13800	江阴市宏达粉体设备有限公司	(0510)86237735	材质 304
万能粉碎机	15B	17940	江阴市宏达粉体设备有限公司	(0510)86237735	材质 316L

产品名称	型号规格	参考价格（元）	生产厂家	电话	主要参数及备注
万能粉碎机	HNU-20B	16500	北京环亚天元机械技术有限公司	(010)51665176	生产能力 60~200 kg/h，主轴转速 4500 r/min，粉碎细度 20~120 目，主机功率 4.5 kW，风机功率 1.5kW，外形尺寸(mm)：1200×650×1650，带除尘装置、水冷套 1 个、筛架 1 个、筛网 3 片、集料布袋 1 条
万能粉碎机	WF-30B	18000	山东省临清药物机械厂	(0635)2437495	材质不锈钢
万能粉碎机	WF-250	21000	天津市朋群粉碎机设备有限公司	(022)83725677	生产能力 50~250 kg/h，主轴转速 3500 r/min，粉碎细度 20~200 目，功率5.5kW，材质不锈钢
万能粉碎机	WF-250	25000	天津市中药机械厂	(022)27392043	生产能力 50~250 kg/h，转速 3500 r/min，粉碎细度 20~200 目，功率5.5kW，材质不锈钢
万能粉碎机	WF-320	25000	天津市朋群粉碎机设备有限公司	(022)83725677	生产能力 50~300 kg/h，主轴转速 3200 r/min，粉碎细度 20~200 目，功率7.5kW，材质不锈钢
万能粉碎机	WF-320	29000	天津市中药机械厂	(022)27392043	生产能力 50~300 kg/h，转速 3200 r/min，粉碎细度 20~200 目，功率7.5kW，材质不锈钢
万能高效粉碎机	30BⅣ	21800	常州市宇通干燥设备有限公司	(0519)88901088	
万能高效粉碎机	30BⅤ	23800	常州市宇通干燥设备有限公司	(0519)88901088	材质 304
微粒高效粉碎机	WF-130	11000	常州中贝干燥设备有限公司	(0519)88671938	
微粒高效粉碎机	WF-130	14000	常州中贝干燥设备有限公司	(0519)88671938	材质 304
微粒高效粉碎机	WF-180	15800	常州中贝干燥设备有限公司	(0519)88671938	
微粒高效粉碎机	WF-180	19000	常州中贝干燥设备有限公司	(0519)88671938	材质 304
中药粉碎机	LDY-20	1600	瑞安市百信药机器械厂	(0577)65891588	功率1.5kW，外形尺寸(mm)：500×170×550，重 25kg，流水式
晶体粉碎机	HNJ-230A	14800	北京环亚天元机械技术有限公司	(010)51665176	生产能力 15~60 kg/h，主轴转速 2800 r/min，粉碎细度 60~150 目，粉碎槽尺寸(mm)：110×230，电动机功率 1.5~2.2 kW，外形尺寸(mm)：600×600×1100，重 90kg，与物料接触部位材质不锈钢，机架包不锈钢，带筛架 2 个、筛网 3 片、上除尘布袋 1 条、下集料布袋 1 条、集尘布袋支架 1 只
晶体粉碎机	HNJ-460B	55000	北京环亚天元机械技术有限公司	(010)51665176	生产能力 150~600 kg/h，主轴转速 2800 r/min，粉碎细度 60~150 目，电动机功率5.5kW，重 290kg，料仓式，与物料接触部位材质不锈钢，带筛架 2 个、筛网 3 片
晶体粉碎机	HNJ-550C	110000	北京环亚天元机械技术有限公司	(010)51665176	生产能力 250~2000 kg/h，主轴转速 2800 r/min，粉碎细度 60~150 目，电动机功率 11~15kW，远程输送式
晶体粉碎机	RT-20HS	28000	北京环亚天元机械技术有限公司	(010)51665176	生产能力 15~60 kg/h，主轴转速 2800 r/min，粉碎细度 60~150 目，粉碎槽尺寸(mm)：110×230，外形尺寸(mm)：600×600×1100，重 90kg，带筛架 2 个、筛网 3 片、6#集料布袋 1 条、3#集尘布袋 2 条、集尘布袋支架 1 只

产品名称	型号规格	参考价格(元)	生产厂家	电话	主要参数及备注
双级粉碎机	TF-300	26000	天津市朋群粉碎机设备有限公司	(022)83725677	材质碳钢
双级粉碎机	TF-300	30000	天津市中药机械厂	(022)27392043	生产能力 30～120 kg/h,负载电流<20A,主轴转速 3890 r/min,粉碎细度 40 目～120 目,风量 940 m^3/h,电动机功率 11kW,重 600kg,材质碳钢
双级粉碎机	TF-300A	35000	天津市朋群粉碎机设备有限公司	(022)83725677	部分材质不锈钢,粉碎机材质碳钢
双级粉碎机	TF-300B	50000	天津市朋群粉碎机设备有限公司	(022)83725677	材质不锈钢
双级粉碎机	TF-300B	55000	天津市中药机械厂	(022)27392043	生产能力 30～120 kg/h,负载电流<20A,主轴转速 3890 r/min,粉碎细度 40 目～120 目,风量 940 m^3/h,电动机功率 11kW,重 600kg,材质不锈钢
吸尘粉碎机	CWS-320W	35000	辽宁祥安制药机械有限公司	(0415)4109877	
吸尘粉碎机	SF-40B	28500	泰州市天泰制药机械厂	(0523)86939318	外包材质不锈钢,带吸尘柜
吸尘粉碎机	SF-180B	11800	泰州市天泰制药机械厂	(0523)86939318	外包材质不锈钢,带吸尘柜
吸尘粉碎机	SF-250B	17500	泰州市天泰制药机械厂	(0523)86939318	外包材质不锈钢,带吸尘柜
吸尘粉碎机	SF-320B	18500	泰州市天泰制药机械厂	(0523)86939318	外包材质不锈钢,带吸尘柜
水冷粉碎机	DLZ-600	58000	天津市朋群粉碎机设备有限公司	(022)83725677	材质碳钢
水冷粉碎机	DLZ-600	64000	天津市中药机械厂	(022)27392043	材质碳钢
水冷粉碎机	DLZ-600A	65000	天津市朋群粉碎机设备有限公司	(022)83725677	部分材质不锈钢,粉碎机材质碳钢
水冷粉碎机	DLZ-600B	88000	天津市朋群粉碎机设备有限公司	(022)83725677	材质 304
水冷粉碎机	DLZ-600B	104000	天津市中药机械厂	(022)27392043	材质 304
水冷柴田式粉碎机	F-400A	42000	天津市朋群粉碎机设备有限公司	(022)83725677	材质碳钢
水冷柴田式粉碎机	F-400A	45000	天津市中药机械厂	(022)27392043	材质碳钢
水冷柴田式粉碎机	F-400B	45000	天津市朋群粉碎机设备有限公司	(022)83725677	部分材质不锈钢,粉碎机材质碳钢
水冷柴田式粉碎机	F-400C	65000	天津市朋群粉碎机设备有限公司	(022)83725677	材质 304
水冷柴田式粉碎机	F-400C	73500	天津市中药机械厂	(022)27392043	材质 304
水冷式纤维素粉碎机	TF-700E	115000	天津市朋群粉碎机设备有限公司	(022)83725677	材质碳钢
水冷式纤维素粉碎机	TF-700E	132000	天津市中药机械厂	(022)27392043	材质碳钢
水冷式纤维素粉碎机	TF-700E	158000	天津市中药机械厂	(022)27392043	材质碳钢,带除尘箱
静音切磨式粉碎机	DF-5	2500	北京环亚天元机械技术有限公司	(010)51665176	带粗筛 2 片、方框 1 片、细筛网 3 片、大布袋 1 条、小布袋 2 条

产品名称	型号规格	参考价格（元）	生产厂家	电话	主要参数及备注
蜗轮式粉碎机	WFJ400	31500	上海天凡药机制造厂	（021）57668023	生产能力 50～500 kg/h，蜗轮转速 3800 r/min，转子直径 400mm，重 600kg
微粉碎机	WF-130	9800	江阴市宏达粉体设备有限公司	（0510）86237735	材质 304
微粉碎机	WF-130	12740	江阴市宏达粉体设备有限公司	（0510）86237735	材质 316L
微粉碎机	WF-180	16800	江阴市宏达粉体设备有限公司	（0510）86237735	普通型
微粉碎机	WF-180A	23800	江阴市宏达粉体设备有限公司	（0510）86237735	材质 304
微粉碎机	WF-180A	30940	江阴市宏达粉体设备有限公司	（0510）86237735	材质 316L
微粉碎机	WFJ-15	53000	江阴金发干燥设备有限公司	（0510）86178258	生产能力 10～200 kg/h，进料粒径<10mm，出料粒度 80～320 目，主转速 4500 r/min，总功率 13.7 kW，普通型，材质碳钢
微粉碎机	WFJ-15	65000	江阴金发干燥设备有限公司	（0510）86178258	生产能力 10～200 kg/h，进料粒径<10mm，出料粒度 80～320 目，主转速 4500 r/min，总功率 13.7 kW，新型，材质碳钢
微粉碎机	WFJ-15	66500	江阴金发干燥设备有限公司	（0510）86178258	生产能力 10～200 kg/h，进料粒径<10mm，出料粒度 80～320 目，主转速 4500 r/min，总功率 13.7 kW，普通型，与物料接触部位材质不锈钢
微粉碎机	WFJ-15	68000	江苏一步干燥设备有限公司	（0519）88902618	物料通过处材质不锈钢
微粉碎机	WFJ-15	68000	常州市宇通干燥设备有限公司	（0519）88901088	
微粉碎机	WFJ-15	75000	无锡市凯信干燥成套设备有限公司	（0510）81663608	生产能力 10～200 kg/h，进料粒度<10mm，出料粒度 80～320 目，总功率13.5kW，外形尺寸（mm）：4200×1200×2700，重 850kg，材质 Q235
微粉碎机	WFJ-15	75000	江阴金发干燥设备有限公司	（0510）86178258	生产能力 10～200 kg/h，进料粒径<10mm，出料粒度 80～320 目，主转速 4500 r/min，总功率 13.7 kW，新型，与物料接触部位材质不锈钢
微粉碎机	WFJ-15	82000	常州市宇通干燥设备有限公司	（0519）88901088	材质 304
微粉碎机	WFJ-15	87500	上海天凡药机制造厂	（021）57668023	生产能力 30～200 kg/h，出料粒度 80～320 目，总功率13.5kW，外形尺寸（mm）：4200×1200×2700，重 980kg
微粉碎机	WFJ-15	98000	江苏一步干燥设备有限公司	（0519）88902618	材质 304
微粉碎机	WFJ-15	135000	无锡市凯信干燥成套设备有限公司	（0510）81663608	生产能力 10～200 kg/h，进料粒度<10mm，出料粒度 80～320 目，总功率13.5kW，外形尺寸（mm）：4200×1200×2700，重 850kg，材质不锈钢
微粉碎机	WFJ-18	85000	常州市宇通干燥设备有限公司	（0519）88901088	
微粉碎机	WFJ-18	102000	江苏一步干燥设备有限公司	（0519）88902618	物料通过处材质不锈钢
微粉碎机	WFJ-18	118000	常州市宇通干燥设备有限公司	（0519）88901088	材质 304

产品名称	型号规格	参考价格(元)	生产厂家	电话	主要参数及备注
微粉碎机	WFJ-18	132000	江苏一步干燥设备有限公司	(0519)88902618	材质304
微粉碎机	WFJ-20	108500	上海天凡药机制造厂	(021)57668023	生产能力50~300 kg/h,出料粒度80~320目,总功率17.5kW,外形尺寸(mm):4700×1250×2900,重1.3t
微粉碎机	WFJ-30	166500	上海天凡药机制造厂	(021)57668023	生产能力30~800 kg/h,出料粒度80~320目,总功率46kW,外形尺寸(mm):6640×1300×3960,重1.5t
微粉碎机	WFJ-30	198000	无锡市凯信干燥成套设备有限公司	(0510)81663608	生产能力30~800 kg/h,进料粒度<15mm,出料粒度80~320目,总功率46kW,外形尺寸(mm):9000×1500×38000,重1.5t,材质Q235
微粉碎机	WFJ-30	235000	无锡市凯信干燥成套设备有限公司	(0510)81663608	生产能力30~800 kg/h,进料粒度<15mm,出料粒度80~320目,总功率46kW,外形尺寸(mm):9000×1500×38000,重1.5t,材质不锈钢
微粉碎机	WFJ-32	128000	常州市宇通干燥设备有限公司	(0519)88901088	
微粉碎机	WFJ-32	168000	常州市宇通干燥设备有限公司	(0519)88901088	材质304
微粉碎机	WFJ-32	198000	江苏一步干燥设备有限公司	(0519)88902618	物料通过处材质不锈钢
微粉碎机	WFJ-32	225000	江苏一步干燥设备有限公司	(0519)88902618	材质304
微粉碎机	WFJ-60	350000	上海天凡药机制造厂	(021)57668023	生产能力50~1200 kg/h,出料粒度80~320目,总功率84.15kW,外形尺寸(mm):7500×2300×4530,重3.2t
微粉碎机	WFS-250	44500	江阴金发干燥设备有限公司	(0510)86178258	小型
超微粉碎机	CF-330	76000	泰兴市苏中制药机械有限公司	(0523)87261051	风选式,不含税价
超微粉碎机	WF-15	76000	泰兴市苏中制药机械有限公司	(0523)87261051	不含税价
超微粉碎机	WF-30	110000	泰兴市苏中制药机械有限公司	(0523)87261051	不含税价
超微粉碎机	WF-60	160000	泰兴市苏中制药机械有限公司	(0523)87261051	不含税价
小型冲击式超微粉碎机	FDV	7800	北京环亚天元机械技术有限公司	(010)51665176	生产能力1~4 kg/h,细度80~300目(普通纤维性物料)、30~2000目(脆硬性物料),转速22000 r/min,功率1.8kW,外形尺寸(mm):360×360×580,重14kg,普通型,带集料罐、密封橡胶圈、布袋、刀片15把、十字螺丝刀、卸刀片扳手
小型冲击式超微粉碎机	FDV-SS	3800	北京环亚天元机械技术有限公司	(010)51665176	生产能力200~800g/h,细度80~300目(普通纤维性物料)、30~2000目(脆硬性物料),转速22000 r/min,功率12kW,外形尺寸(mm):150×150×270,重3.8 kg,带集料杯透气布片、备用刀片、刀片扳手、开口扳手

产品名称	型号规格	参考价格(元)	生产厂家	电话	主要参数及备注
剪切式破碎机	HLP-150A	5800	北京环亚天元机械技术有限公司	(010)51665176	生产能力20~80 kg/h,动刀数9把,适用粒度2~30mm,功率2.2 kW,外形尺寸(mm):600×430×1100,重160kg,材质钢,接料抽屉材质不锈钢,刀片材质9CrSi,带6mm筛网、集料抽屉
剪切式破碎机	HLP-150A	6200	北京环亚天元机械技术有限公司	(010)51665176	生产能力20~80 kg/h,电压220V,动刀数9把,适用粒度2~30mm,功率2.2 kW,外形尺寸(mm):600×430×1100,重160kg,材质钢,接料抽屉材质不锈钢,刀片材质9CrSi,带6mm筛网、集料抽屉
剪切式破碎机	HLP-250A	7600	北京环亚天元机械技术有限公司	(010)51665176	生产能力40~120 kg/h,动刀数12片,适用粒度2~30mm,功率4kW,外形尺寸(mm):1150×720×1100,重210kg,材质钢,接料抽屉材质不锈钢,刀片材质9CrSi,带8mm筛网、集料抽屉
剪切式破碎机	HLP-300A	9500	北京环亚天元机械技术有限公司	(010)51665176	生产能力60~200 kg/h,动刀数9片,适用粒度2~30mm,功率5.5 kW,外形尺寸(mm):940×600×1290,重300kg,材质钢,接料抽屉材质不锈钢,刀片材质9CrSi,带8mm筛网、集料抽屉
剪切式破碎机	HLP-400A	12000	北京环亚天元机械技术有限公司	(010)51665176	生产能力100~300 kg/h,动刀数12片,适用粒度2~40mm,功率7.5kW,外形尺寸(mm):1030×840×1390,重515kg,材质钢,接料抽屉材质不锈钢,刀片材质9CrSi,带10mm筛网、集料抽屉
剪切式破碎机	HLP-500A	18000	北京环亚天元机械技术有限公司	(010)51665176	生产能力150~600 kg/h,动刀数15把,适用粒度4~50mm,功率11kW,外形尺寸(mm):1230×1010×1630,重850kg,材质钢,接料抽屉材质不锈钢,刀片材质9CrSi,带10mm筛网、集料抽屉
剪切式破碎机	HLP-500A	36500	北京环亚天元机械技术有限公司	(010)51665176	生产能力150~600 kg/h,动刀数15把,适用粒度4~50mm,功率11kW,外形尺寸(mm):1230×1010×1630,重850kg,材质不锈钢,接料抽屉材质不锈钢,刀片材质3Cr13,带10mm筛网、集料抽屉
粉碎机组	CW-240	26000	山东省临清药物机械厂	(0635)2437495	生产能力10~25 kg/h,主轴转速3500 r/min,混合能力0.55kg/次,出粉粒度60~200目,主功率7.5 kW,普通型
粉碎机组	CW-240	43600	山东省临清药物机械厂	(0635)2437495	生产能力10~25 kg/h,主轴转速3500 r/min,混合能力0.55kg/次,出粉粒度60~200目,主功率7.5 kW,材质不锈钢
粉碎机组	CW-300	56000	山东省临清药物机械厂	(0635)2437495	生产能力30~50 kg/h,粉碎室直径300mm,主轴转速3650 r/min,出粉粒度60~200目,主功率11kW,外形尺寸(mm):4000×2000×3000,普通型
粉碎机组	CW-300	98000	山东省临清药物机械厂	(0635)2437495	生产能力30~50 kg/h,粉碎室直径300mm,主轴转速3650 r/min,出粉粒度60~200目,主功率11kW,外形尺寸(mm):4000×2000×3000,材质不锈钢

产品名称	型号规格	参考价格(元)	生产厂家	电话	主要参数及备注
粉碎机组	CW-500	78600	山东省临清药物机械厂	(0635)2437495	生产能力 80～400 kg/h,粉碎室直径 500mm,主轴转速 2940 r/min,出粉粒度 60～180 目,功率 22kW,外形尺寸(mm):4500×2500×3200,普通型
粉碎机组	CW-500	148000	山东省临清药物机械厂	(0635)2437495	生产能力 80～400 kg/h,粉碎室直径 500mm,主轴转速 2940 r/min,出粉粒度 60～180 目,功率 22kW,外形尺寸(mm):4500×2500×3200,材质不锈钢
粉碎机组	F-400	35000	周口制药机械厂有限公司	(0394)8583482	生产能力 30～180 kg/h,细度 40～120 目,电动机功率 22kW,外形尺寸(mm):2800×1500×3500
粉碎机组	FCZ300	108000	上海坤麒制药机械有限公司	(021)52806476	生产能力 50～300 kg/h,进料粒度≤30mm,成品粒度 10～200 目,功率 14kW,主机外形尺寸(mm):1350×1000×1200,重 550kg,带粗粉碎机
粉碎机组	FCZ450	188000	上海坤麒制药机械有限公司	(021)52806476	生产能力 10～400 kg/h,粉碎室直径 450mm,粉碎粒度 10～200 目,进料粒度≤10mm,引风机功率1.5kW,外形尺寸(mm):1780×550×920
粉碎机组	GF30B	25800	上海天凡药机制造厂	(021)57668023	
粉碎机组	GF30B	36800	周口制药机械厂有限公司	(0394)8583482	生产能力 30～300 kg/h,细度 20～120 目,外形尺寸(mm):1200×800×1900
粉碎机组	GF40B	42000	周口制药机械厂有限公司	(0394)8583482	生产能力 50～400 kg/h,细度 20～120 目,外形尺寸(mm):1200×800×1900
粉碎机组	GF300AX	39800	上海天祥健台制药机械有限公司	(021)62982333	生产能力 100～300 kg/h,主轴转速 3800 r/min,粉碎细度 80～120 目,进料粒度<12mm,功率5.5kW(电动机)、1.1kW(风机),外形尺寸(mm):1060×700×1650(粉碎机),重 450kg
粉碎机组	GF400AX	60000	上海天祥健台制药机械有限公司	(021)62982333	生产能力 160～800 kg/h,主轴转速 3400 r/min,粉碎细度 60～120 目,进料粒度<12mm,外形尺寸(mm):1400×740×1880(粉碎机),重 800kg
粉碎机组	SF-230A	39800	周口制药机械厂有限公司	(0394)8583482	加工能力 20～50 kg/h、100～200 kg/h,细度 20～120 目,外形尺寸(mm):1200×720×1900
药物粉碎机组	CW-800	106000	山东省临清药物机械厂	(0635)2437495	普通型
药物粉碎机组	CW-800	140000	山东省临清药物机械厂	(0635)2437495	材质不锈钢
中草药粉碎机组	ZFJ30B	38500	上海天凡药机制造厂	(021)57668023	主轴转速 4000 r/min,生产能力 4t/h,出料粒度 20～200 目
中草药粉碎机组	ZFJ40B	49000	上海天凡药机制造厂	(021)57668023	主轴转速 5300 r/min,生产能力 3.5t/h,出料粒度 20～200 目
万能粉碎机组	20B	16000	江阴金发干燥设备有限公司	(0510)86178258	生产能力 60～150 kg/h,主轴转速 4500 r/min,进料粒度 6mm,粉碎细度 60～120 目,粉碎电动机功率 4kW,吸尘风机功率0.55 kW,外形尺寸(mm):1100×600×1650,主机价

产品名称	型号规格	参考价格(元)	生产厂家	电话	主要参数及备注
万能粉碎机组	20B	28000	江阴金发干燥设备有限公司	(0510)86178258	生产能力60~150 kg/h,主轴转速4500 r/min,进料粒度6mm,粉碎细度60~120目,粉碎电动机功率4kW,吸尘风机功率0.55 kW,外形尺寸(mm):1100×600×1650,带除尘机组
万能粉碎机组	30B	21000	江阴金发干燥设备有限公司	(0510)86178258	生产能力100~300 kg/h,主轴转速3800 r/min,进料粒度10mm,粉碎细度60~120目,粉碎电动机功率5.5 kW,吸尘风机功率0.55kW,外形尺寸(mm):1350×700×1700,主机价
万能粉碎机组	30B	45000	江阴金发干燥设备有限公司	(0510)86178258	生产能力100~300 kg/h,主轴转速3800 r/min,进料粒度10mm,粉碎细度60~120目,粉碎电动机功率5.5 kW,吸尘风机功率0.55kW,外形尺寸(mm):1350×700×1700,带除尘机组
万能粉碎机组	40B	32000	江阴金发干燥设备有限公司	(0510)86178258	生产能力160~800 kg/h,主轴转速3400 r/min,进料粒度12mm,粉碎细度60~120目,粉碎电动机功率11kW,吸尘风机功率1.1 kW,外形尺寸(mm):1400×720×1750,主机价
万能粉碎机组	40B	65000	江阴金发干燥设备有限公司	(0510)86178258	生产能力160~800 kg/h,主轴转速3400 r/min,进料粒度12mm,粉碎细度60~120目,粉碎电动机功率11kW,吸尘风机功率1.1 kW,外形尺寸(mm):1400×720×1750,带除尘机组
万能粉碎机组	F-20B	35000	江苏瑰宝集团有限公司	(0510)86397659	生产能力60~150 kg/h,进料粒度<6mm,出料粒度20~150目,主轴转速4500 r/min,电动机功率4kW,外形尺寸(mm):1280×600×1660,重280kg,材质SUS304
万能粉碎机组	F-30B	46000	江苏瑰宝集团有限公司	(0510)86397659	生产能力100~300 kg/h,进料粒度<10mm,出料粒度20~150目,主轴转速3800 r/min,电动机功率5.5kW,外形尺寸(mm):1280×600×1660,重340kg,材质SUS304
万能粉碎机组	F-40B	52800	江苏瑰宝集团有限公司	(0510)86397659	生产能力150~600 kg/h,进料粒度<10mm,出料粒度20~150目,主轴转速3200 r/min,电动机功率7.5kW,外形尺寸(mm):1450×700×1800,重450kg,材质SUS304
水冷粉碎机组	CW-400	66500	山东省临清药物机械厂	(0635)2437495	生产能力60~200 kg/h,粉碎室直径400mm,主轴转速2940 r/min,出粉粒度60~180目,功率22kW,外形尺寸(mm):4500×2500×3200,普通型
水冷粉碎机组	CW-400	123000	山东省临清药物机械厂	(0635)2437495	生产能力60~200 kg/h,粉碎室直径400mm,主轴转速2940 r/min,出粉粒度60~180目,功率22kW,外形尺寸(mm):4500×2500×3200,材质不锈钢
水冷粉碎机组	DLZ-600A	115000	天津市朋群粉碎机设备有限公司	(022)83725677	部分材质不锈钢,粉碎机材质碳钢
水冷粉碎机组	DLZ-600B	160000	天津市朋群粉碎机设备有限公司	(022)83725677	材质304

产品名称	型号规格	参考价格(元)	生产厂家	电话	主要参数及备注
水冷粉碎机组	DLZ-600B	189000	天津市中药机械厂	(022)27392043	生产能力 50~700 kg/h,最大负载电流 55A,主轴转速 2900 r/min(粉碎机)、2900 r/min(破碎机)、400 r/min(筛粉机),送料减速电动机转速 30~80 r/min,总功率39.82kW,总重2.2t,材质304
分粒式粉碎机组	TF-700	120000	天津市朋群粉碎机设备有限公司	(022)83725677	生产能力 80~800 kg/h,主轴转速 3500 r/min,粉碎细度 60~350目,主机功率 45kW,主机重1.6t,材质碳钢
分粒式粉碎机组	TF-700	140000	天津市中药机械厂	(022)27392043	生产能力 80~800 kg/h,主轴转速 3500 r/min,粉碎细度 60~350目,主电动机功率 45kW,主机重1.6t,材质碳钢
分粒式粉碎机组	TF-700A	135000	天津市朋群粉碎机设备有限公司	(022)83725677	带水冷装置
分粒式粉碎机组	TF-700C	257000	天津市中药机械厂	(022)27392043	生产能力 80~800 kg/h,主轴转速 3500 r/min,粉碎细度 60~350目,主电动机功率 45kW,主机重1.6t,材质不锈钢
分粒式水冷粉碎机组	TF-700C	165000	天津市朋群粉碎机设备有限公司	(022)83725677	部分材质不锈钢,粉碎机材质碳钢
分粒式水冷粉碎机组	TF-700E	220000	天津市朋群粉碎机设备有限公司	(022)83725677	材质不锈钢
柴田式粉碎机组	FZ-300	109000	天津市美隆制药机械有限公司	(022)27933689	主轴转速 3500 r/min,粉碎细度40~120 目,电动机功率12.5kW,外形尺寸(mm):1050×880×550,重 700kg,带脉冲除尘器,主机材质碳钢,其他部分材质不锈钢
柴田式粉碎机组	FZ-300	127000	天津市美隆制药机械有限公司	(022)27933689	主轴转速 3500 r/min,粉碎细度40~120 目,电动机功率12.5kW,外形尺寸(mm):1050×880×550,重 700kg,带脉冲除尘器,除主机机械部分外,其他部分材质不锈钢
柴田式粉碎机组	FZ-400	120000	天津市美隆制药机械有限公司	(022)27933689	主轴转速 3500 r/min,粉碎细度40~120 目,电动机功率23.5kW,外形尺寸(mm):1200×600×750,重 1t,带脉冲除尘器,主机材质碳钢,其他部分材质不锈钢
柴田式粉碎机组	FZ-400	140000	天津市美隆制药机械有限公司	(022)27933689	主轴转速 3500 r/min,粉碎细度 40~120 目,电动机功率23.5kW,外形尺寸(mm):1200×600×750,重 1t,带脉冲除尘器,除主机机械部分外,其他部分材质不锈钢
柴田式粉碎机组	FZ-600	180000	天津市美隆制药机械有限公司	(022)27933689	主轴转速 2900 r/min,粉碎细度 20~200 目,电动机功率32.5kW,外形尺寸(mm):1500×800×1250,重 2t,带脉冲除尘器,主机材质碳钢,其他部分材质不锈钢
柴田式粉碎机组	FZ-600	200000	天津市美隆制药机械有限公司	(022)27933689	主轴转速 2900 r/min,粉碎细度20~200 目,电动机功率32.5kW,外形尺寸(mm):1500×800×1250,重 2t,带脉冲除尘器,除主机机械部分外,其他部分材质不锈钢
水冷柴田式粉碎机组	F-400C	110000	天津市中药机械厂	(022)27392043	材质 304

产品名称	型号规格	参考价格(元)	生产厂家	电话	主要参数及备注
水冷柴田式粉碎机组	FZ-400A	68000	天津市朋群粉碎机设备有限公司	(022)83725677	生产能力 30~200 kg/h,主轴转速 3500 r/min,负载电流 40A,粉碎细度 40~120 目,功率 22kW(粉碎机)、1.5kW(筛粉机),机组外形尺寸(mm):3000×2000×3900,主机重 800kg,材质全碳钢
水冷柴田式粉碎机组	FZ-400B	80000	天津市朋群粉碎机设备有限公司	(022)83725677	生产能力 30~200 kg/h,主轴转速 3500 r/min,负载电流 40A,粉碎细度 40~120 目,功率 22kW(粉碎机)、1.5kW(筛粉机),机组外形尺寸(mm):3000×2000×3900,主机重 800kg,部分材质不锈钢,粉碎机材质碳钢
水冷柴田式粉碎机组	FZ-400C	95000	天津市朋群粉碎机设备有限公司	(022)83725677	生产能力 30~200 kg/h,主轴转速 3500 r/min,负载电流 40A,粉碎细度 40~120 目,功率 22kW(粉碎机)、1.5kW(筛粉机),机组外形尺寸(mm):3000×2000×3900,主机重 800kg,材质 304
水冷分粒式粉碎机组	TF-700	178000	天津市美隆制药机械有限公司	(022)27933689	生产能力 80~800 kg/h,主轴转速 3500 r/min,粉碎细度 60~350 目,主机功率 45kW,风选器电动机功率 4kW,喂料器电动机功率 0.75 kW,破碎机电动机功率 11kW,重3.2t,带脉冲除尘器,全部材质碳钢
水冷分粒式粉碎机组	TF-700	235000	天津市美隆制药机械有限公司	(022)27933689	生产能力 80~800 kg/h,主轴转速 3500 r/min,粉碎细度 60~350 目,主机功率 45kW,风选器电动机功率 4kW,喂料器电动机功率0.75 kW,破碎机电动机功率 11kW,重 3.2t,带脉冲除尘器,主机材质碳钢,其他部分材质不锈钢
水冷分粒式粉碎机组	TF-700	285000	天津市美隆制药机械有限公司	(022)27933689	生产能力 80~800 kg/h,主轴转速 3500 r/min,粉碎细度 60~350 目,主机功率 45kW,风选器电动机功率 4kW,喂料器电动机功率0.75 kW,破碎机电动机功率 11kW,重 3.2t,带脉冲除尘器,除主机机械部分外,其他部分材质不锈钢
水冷式吸尘粉碎机组	DCF-320	35000	天津市朋群粉碎机设备有限公司	(022)83725677	打板式,材质不锈钢
水冷式吸尘粉碎机组	DCF-400	42000	天津市朋群粉碎机设备有限公司	(022)83725677	打板式,材质不锈钢
水冷式吸尘粉碎机组	WSX-250	35000	天津市中药机械厂	(022)27392043	生产能力 50~250 kg/h,主轴转速 2500 r/min,进料粒度 6mm,粉碎细度 20~200mm,电动机功率5.5kW(粉碎)、1.5kW(吸尘),外形尺寸(mm):1100×600×1650,材质不锈钢
水冷式吸尘粉碎机组	WSX-320	38000	天津市中药机械厂	(022)27392043	生产能力 50~300 kg/h,主轴转速 3200 r/min,进料粒度 10mm,粉碎细度 20~200mm,电动机功率7.5kW(粉碎)、1.5kW(吸尘),外形尺寸(mm):1200×650×1650,材质不锈钢
水冷式吸尘万能粉碎机组	WSX-250	32000	天津市朋群粉碎机设备有限公司	(022)83725677	生产能力 50~250 kg/h,主轴转速 2500 r/min,进料粒度 6mm,粉碎细度 20~200 目,功率5.5 kW(粉碎)、1.5kW(吸尘),外形尺寸(mm):1100×600×1650,材质不锈钢

产品名称	型号规格	参考价格(元)	生产厂家	电话	主要参数及备注
水冷式吸尘万能粉碎机组	WSX-320	34000	天津市朋群粉碎机设备有限公司	(022)83725677	生产能力 50~320 kg/h,主轴转速 3200 r/min,进料粒度 10mm,粉碎细度 20~200 目,功率7.5 kW(粉碎)、1.5kW(吸尘),外形尺寸(mm):1200×650×1650,材质不锈钢
风冷节能粉碎机组	FJF-450	238000	天津市美隆制药机械有限公司	(022)27933689	带脉冲除尘器,除主机机械部分外,其他部分材质不锈钢
风冷节能粉碎机组	FJF-650	320000	天津市美隆制药机械有限公司	(022)27933689	生产能力 60~500 kg/h,风量 4000 m^3/h,粉碎机最大负载电流 90A,粉碎机主轴转速 29000 r/min,破碎机主轴转速 29000 r/min,筛分机主轴转速 400 r/min,进料粒度≤10mm,成粉细度 40~300 目,机组总功率57.95 kW,重3.2t,带脉冲除尘器,除主机机械部分外,其他部分材质不锈钢
中药浸膏粉碎机组	YW-400	43000	天津市中药机械厂	(022)27392043	生产能力 80~400 kg/h,进料粒度<20mm,粉碎细度 40~120 目,主轴转速 3800~3900 r/min,主电动机功率 7.5 kW,外形尺寸(mm):1350×800×1700,重420kg,动齿、定齿材质碳钢
中药浸膏粉碎机组	YW-400	48000	天津市中药机械厂	(022)27392043	生产能力 80~400 kg/h,进料粒度<20mm,粉碎细度 40~120 目,主轴转速 3800~3900 r/min,主电动机功率 7.5 kW,外形尺寸(mm):1350×800×1700,重420kg,材质不锈钢
双级粉碎机组	TF-300A	68000	天津市朋群粉碎机设备有限公司	(022)83725677	生产能力 30~120 kg/h,主轴转速 3890 r/min(粉碎机)、400 r/min(筛粉机),粉碎细度 40~200 目,功率 11kW(粉碎机)、1.5 kW(筛粉机),机组外形尺寸(mm):3500×3500×3800,主机重600kg,部分材质不锈钢,粉碎机材质碳钢
双级粉碎机组	TF-300B	85000	天津市朋群粉碎机设备有限公司	(022)83725677	生产能力 30~120 kg/h,主轴转速 3890 r/min(粉碎机)、400 r/min(筛粉机),粉碎细度 40~200 目,功率 11kW(粉碎机)、1.5 kW(筛粉机),机组外形尺寸(mm):3500×3500×3800,主机重600kg,材质不锈钢
双级粉碎机组	TF-300B	94300	天津市中药机械厂	(022)27392043	材质不锈钢
锤片式粉碎机组	FC-500	60000	天津市美隆制药机械有限公司	(022)27933689	主轴转速 3280 r/min,粉碎细度 5~120 目,电动机功率 11kW,单机重 550kg,材质不锈钢,单极旋风分离器
锤片式粉碎机组	FC-500	65000	天津市美隆制药机械有限公司	(022)27933689	主轴转速 3280 r/min,粉碎细度 5~120 目,电动机功率 11kW,单机重 550kg,材质不锈钢,双极旋风分离器
浸膏式粉碎机组	YW-320	32000	天津市朋群粉碎机设备有限公司	(022)83725677	材质不锈钢
浸膏式粉碎机组	YW-400	36000	天津市朋群粉碎机设备有限公司	(022)83725677	动齿、定齿材质碳钢
水冷药物粉碎机组	CWS400J	130000	辽宁祥安制药机械有限公司	(0415)4109877	

产品名称	型号规格	参考价格（元）	生产厂家	电话	主要参数及备注
吸尘粉碎机组	15B	20800	江阴市宏达粉体设备有限公司	（0510）86237735	材质 304
吸尘粉碎机组	15B	27040	江阴市宏达粉体设备有限公司	（0510）86237735	材质 316L
吸尘粉碎机组	15B	28000	江阴市宏达粉体设备有限公司	（0510）86237735	平台式，材质 304
吸尘粉碎机组	15B	36400	江阴市宏达粉体设备有限公司	（0510）86237735	平台式，材质 316L
吸尘粉碎机组	20B	26770	无锡市凯信干燥成套设备有限公司	（0510）81663608	生产能力 60～150 kg/h，主轴转速 4500 r/min，进料粒度<6mm，粉碎细度 60～100mm，粉碎电动机功率 4kW，吸尘电动机功率 0.75kW，外形尺寸（mm）：1100×600×1650
吸尘粉碎机组	20BⅤ	29500	江阴市宏达粉体设备有限公司	（0510）86237735	材质 304
吸尘粉碎机组	20BⅤ	35000	江阴市宏达粉体设备有限公司	（0510）86237735	平台式，材质 304
吸尘粉碎机组	20BⅤ	38350	江阴市宏达粉体设备有限公司	（0510）86237735	材质 316L
吸尘粉碎机组	20BⅤ	45500	江阴市宏达粉体设备有限公司	（0510）86237735	平台式，材质 316L
吸尘粉碎机组	20BⅥ	30500	江阴市宏达粉体设备有限公司	（0510）86237735	材质 304
吸尘粉碎机组	20BⅥ	36000	江阴市宏达粉体设备有限公司	（0510）86237735	平台式，材质 304
吸尘粉碎机组	20BⅥ	39650	江阴市宏达粉体设备有限公司	（0510）86237735	材质 316L
吸尘粉碎机组	20BⅥ	46800	江阴市宏达粉体设备有限公司	（0510）86237735	平台式，材质 316L
吸尘粉碎机组	30B	32720	无锡市凯信干燥成套设备有限公司	（0510）81663608	生产能力 100～300 kg/h，主轴转速 3800 r/min，进料粒度<10mm，粉碎细度 60～120mm，粉碎电动机功率5.5kW，吸尘电动机功率 0.75kW，外形尺寸（mm）：1200×650×1650
吸尘粉碎机组	30BⅤ	31800	江阴市宏达粉体设备有限公司	（0510）86237735	材质 304
吸尘粉碎机组	30BⅤ	39000	江阴市宏达粉体设备有限公司	（0510）86237735	平台式，材质 304
吸尘粉碎机组	30BⅤ	41340	江阴市宏达粉体设备有限公司	（0510）86237735	材质 316L
吸尘粉碎机组	30BⅤ	50700	江阴市宏达粉体设备有限公司	（0510）86237735	平台式，材质 316L
吸尘粉碎机组	30BⅥ	33800	江阴市宏达粉体设备有限公司	（0510）86237735	材质 304
吸尘粉碎机组	30BⅥ	41800	江阴市宏达粉体设备有限公司	（0510）86237735	平台式，材质 304
吸尘粉碎机组	30BⅥ	43940	江阴市宏达粉体设备有限公司	（0510）86237735	材质 316L
吸尘粉碎机组	30BⅥ	54340	江阴市宏达粉体设备有限公司	（0510）86237735	平台式，材质 316L
吸尘粉碎机组	40B	41220	无锡市凯信干燥成套设备有限公司	（0510）81663608	生产能力 160～800 kg/h，主轴转速 3400 r/min，进料粒度<12mm，粉碎细度 60～120mm，粉碎电动机功率 11kW，吸尘电动机功率 0.75kW，外形尺寸（mm）：1350×700×1700

产品名称	型号规格	参考价格（元）	生产厂家	电话	主要参数及备注
吸尘粉碎机组	SF-200B	11000	泰兴市苏中制药机械有限公司	（0523）87261051	不含税价
吸尘粉碎机组	SF-20B	12000	江苏省泰州市长江制药机械有限公司	（0523）86911380	生产能力 60～150 kg/h，主轴转速 4500 r/min，进料粒度 6mm，粉碎细度 20～120 目，粉碎电动机功率5.5kW，外形尺寸（mm）：1100×600×1650
吸尘粉碎机组	SF-250B	18000	泰兴市苏中制药机械有限公司	（0523）87261051	不含税价
吸尘粉碎机组	SF-30B	17000	江苏省泰州市长江制药机械有限公司	（0523）86911380	生产能力 100～300 kg/h，主轴转速 3800 r/min，进料粒度 10mm，粉碎细度 20～120 目，粉碎电动机功率7.5kW，外形尺寸（mm）：1200×650×1650
吸尘粉碎机组	SF-320B	22000	泰兴市苏中制药机械有限公司	（0523）87261051	不含税价
吸尘粉碎机组	SF-40B	35000	江苏省泰州市长江制药机械有限公司	（0523）86911380	生产能力 160～800 kg/h，主轴转速 3400 r/min，进料粒度 12mm，粉碎细度 20～120 目，粉碎电动机功率7.5kW、11kW，外形尺寸（mm）：1400×700×2310
吸尘粉碎机组	SF-420B	26000	泰兴市苏中制药机械有限公司	（0523）87261051	不含税价
吸尘粉碎机组	SF-500	66000	泰兴市苏中制药机械有限公司	（0523）87261051	风选式，不含税价
吸尘粉碎机组	SF-600	76000	泰兴市苏中制药机械有限公司	（0523）87261051	风选式，不含税价
吸尘粉碎机组	SF-1000	152000	泰兴市苏中制药机械有限公司	（0523）87261051	风选式，不含税价
吸尘粉碎机组	WF-30B	35000	山东省临清药物机械厂	（0635）2437495	材质不锈钢
吸尘粉碎机组	WF-130D	25000	江阴市宏达粉体设备有限公司	（0510）86237735	平台式，材质 304
吸尘粉碎机组	WF-130D	32500	江阴市宏达粉体设备有限公司	（0510）86237735	平台式，材质 316L
旋风脉冲吸尘粉碎机组	20BⅤ	49800	江阴市宏达粉体设备有限公司	（0510）86237735	材质 304
旋风脉冲吸尘粉碎机组	20BⅤ	64740	江阴市宏达粉体设备有限公司	（0510）86237735	材质 316L
旋风脉冲吸尘粉碎机组	20BⅥ	50800	江阴市宏达粉体设备有限公司	（0510）86237735	材质 304
旋风脉冲吸尘粉碎机组	20BⅥ	66040	江阴市宏达粉体设备有限公司	（0510）86237735	材质 316L
旋风脉冲吸尘粉碎机组	30BⅤ	68000	江阴市宏达粉体设备有限公司	（0510）86237735	材质 304
旋风脉冲吸尘粉碎机组	30BⅤ	88400	江阴市宏达粉体设备有限公司	（0510）86237735	材质 316L
旋风脉冲吸尘粉碎机组	30BⅥ	70000	江阴市宏达粉体设备有限公司	（0510）86237735	材质 304
旋风脉冲吸尘粉碎机组	30BⅥ	91000	江阴市宏达粉体设备有限公司	（0510）86237735	材质 316L
旋风脉冲吸尘粉碎机组	GF-250Ⅵ	52000	江阴市宏达粉体设备有限公司	（0510）86237735	材质 304
旋风脉冲吸尘粉碎机组	GF-250Ⅵ	67600	江阴市宏达粉体设备有限公司	（0510）86237735	材质 316L
旋风脉冲吸尘粉碎机组	GF-350Ⅵ	69800	江阴市宏达粉体设备有限公司	（0510）86237735	材质 304

产品名称	型号规格	参考价格(元)	生产厂家	电话	主要参数及备注
旋风脉冲吸尘粉碎机组	GF-350Ⅵ	90740	江阴市宏达粉体设备有限公司	(0510)86237735	材质 316L
微粉碎机组	WFJ-15	62000	常州市互帮干燥设备有限公司	(0519)88739588	生产能力 10~200 kg/h,进料粒径<10mm,出料粒度 80~320 目,主转速 4500 r/min,总功率 13.7 kW,外形尺寸(mm):4200×1200×2700,与物料接触部位材质不锈钢
微粉碎机组	WFJ-15	87000	常州市互帮干燥设备有限公司	(0519)88739588	生产能力 10~200 kg/h,进料粒径<10mm,出料粒度 80~320 目,主转速 4500 r/min,总功率 13.7 kW,外形尺寸(mm):4200×1200×2700,材质 304
微粉碎机组	WFJ-15	88000	常州中贝干燥设备有限公司	(0519)88671938	材质 304
微粉碎机组	WFJ-18	75000	常州中贝干燥设备有限公司	(0519)88671938	振动型
微粉碎机组	WFJ-18	84500	常州市互帮干燥设备有限公司	(0519)88739588	生产能力 20~450 kg/h,进料粒径<10mm,出料粒度 80~320 目,主转速 44800 r/min,总功率 19.07kW,外形尺寸(mm):5500×1200×2900,与物料接触部位材质不锈钢
微粉碎机组	WFJ-18	85000	常州中贝干燥设备有限公司	(0519)88671938	脉冲型
微粉碎机组	WFJ-18	128000	常州中贝干燥设备有限公司	(0519)88671938	脉冲型,材质 304
微粉碎机组	WFJ-18	128000	常州市互帮干燥设备有限公司	(0519)88739588	生产能力 20~450 kg/h,进料粒径<10mm,出料粒度 80~320 目,主转速 44800 r/min,总功率 19.07kW,外形尺寸(mm):5500×1200×2900,材质 304
微粉碎机组	WFJ-36	127300	常州市互帮干燥设备有限公司	(0519)88739588	与物料接触部位材质不锈钢
微粉碎机组	WFJ-36	128000	常州中贝干燥设备有限公司	(0519)88671938	脉冲型
微粉碎机组	WFJ-36	175000	常州市互帮干燥设备有限公司	(0519)88739588	材质 304
微粉碎机组	WFJ-36	178000	常州中贝干燥设备有限公司	(0519)88671938	脉冲型,材质 304
微粉碎机组	WFJ-60	228000	常州中贝干燥设备有限公司	(0519)88671938	脉冲型
微粉碎机组	WFJ-60	365000	常州中贝干燥设备有限公司	(0519)88671938	脉冲型,材质 304
吸尘微粉碎机组	WF-180B	31800	江阴市宏达粉体设备有限公司	(0510)86237735	材质 304
吸尘微粉碎机组	WF-180B	41340	江阴市宏达粉体设备有限公司	(0510)86237735	材质 316L
吸尘微粉碎机组	WF-180D	38000	江阴市宏达粉体设备有限公司	(0510)86237735	平台式,材质 304
吸尘微粉碎机组	WF-180D	49400	江阴市宏达粉体设备有限公司	(0510)86237735	平台式,材质 316L
吸尘微粉碎机组	WFJ-200	68000	江阴市宏达粉体设备有限公司	(0510)86237735	材质 304
吸尘微粉碎机组	WFJ-200	88400	江阴市宏达粉体设备有限公司	(0510)86237735	材质 316L
吸尘微粉碎机组	WFJ-300	98000	江阴市宏达粉体设备有限公司	(0510)86237735	材质 304

产品名称	型号规格	参考价格(元)	生产厂家	电话	主要参数及备注
胶体磨	GTM-L80	12300	温州市健牌药业机械制造有限公司	(0577)86921600	
胶体磨	JM-L50	8000	上海中南医药机械有限公司	(021)64089523	生产能力10~50 kg/h,磨头直径50mL,功率1.1kW,立式
胶体磨	JM-L80	12000	上海中南医药机械有限公司	(021)64089523	生产能力0.3~1.5t/h,磨头直径80mL,功率3kW,立式
胶体磨	JM-L100	13600	上海中南医药机械有限公司	(021)64089523	生产能力0.5~3t/h,磨头直径100mL,功率5.5kW,立式
胶体磨	JM-L100F	15000	上海中南医药机械有限公司	(021)64089523	生产能力0.5~3t/h,磨头直径100mL,功率5.5kW,分体式
胶体磨	JM-L140	15000	上海中南医药机械有限公司	(021)64089523	生产能力0.8~4t/h,磨头直径140mL,功率7.5kW,立式
胶体磨	JM-L140F	17500	上海中南医药机械有限公司	(021)64089523	生产能力0.8~4t/h,磨头直径140mL,功率7.5kW、11kW,分体式
胶体磨	JM-W180	14000	上海中南医药机械有限公司	(021)64089523	生产能力0.8~6t/h,磨头直径180mL,功率11kW,卧式
胶体磨	TMF-50	6800	天津市朋群粉碎机设备有限公司	(022)83725677	立式,材质不锈钢
胶体磨	TMF-50	7200	天津市中药机械厂	(022)27392043	立式,材质不锈钢
胶体磨	TMF-50	8800	天津市朋群粉碎机设备有限公司	(022)83725677	卧式,材质不锈钢
胶体磨	TMF-50	9600	天津市中药机械厂	(022)27392043	卧式,材质不锈钢
胶体磨	TMF-85	10500	天津市朋群粉碎机设备有限公司	(022)83725677	材质不锈钢
胶体磨	TMF-85	11900	天津市中药机械厂	(022)27392043	材质不锈钢
胶体磨	TMF-85	13000	天津市朋群粉碎机设备有限公司	(022)83725677	分体式,材质不锈钢
胶体磨	TMF-85	15000	天津市中药机械厂	(022)27392043	分体式,材质不锈钢
胶体磨	TMF-110	17500	天津市朋群粉碎机设备有限公司	(022)83725677	材质不锈钢
胶体磨	TMF-110	20000	天津市中药机械厂	(022)27392043	材质不锈钢
胶体磨	TMF-140	18500	天津市朋群粉碎机设备有限公司	(022)83725677	立式,材质不锈钢
胶体磨	TMF-140	21000	天津市朋群粉碎机设备有限公司	(022)83725677	卧式,材质不锈钢
胶体磨	TMF-140	21300	天津市中药机械厂	(022)27392043	立式,材质不锈钢
胶体磨	TMF-140	23000	天津市中药机械厂	(022)27392043	卧式,材质不锈钢
胶体磨	TMF-200	41000	天津市朋群粉碎机设备有限公司	(022)83725677	分体式,材质不锈钢
胶体磨	TMF-200	46200	天津市中药机械厂	(022)27392043	分体式,材质不锈钢
双级胶体磨	JM-50	13800	江阴市宏达粉体设备有限公司	(0510)86237735	生产能力10~30 kg/h,乳化细度2~50μm,主轴转速4500 r/min,磨片直径50mm,出料口直径15mm,进料口直径32mm,电动机功率1.5kW,外形尺寸(mm):750×400×810,重100kg,材质304

产品名称	型号规格	参考价格（元）	生产厂家	电话	主要参数及备注
双级胶体磨	JM-50	17940	江阴市宏达粉体设备有限公司	（0510）86237735	生产能力0.01～0.03t/h，乳化细度 2～50μm，主轴转速 4500 r/min，磨片直径 50mm，出料口直径 15mm，进料口直径 32mm，电动机功率1.5 kW，外形尺寸（mm）：750×400×810，重 100kg，材质 316L
双级胶体磨	JM-100	17800	江阴市宏达粉体设备有限公司	（0510）86237735	生产能力0.5～2t/h，乳化细度 2～50μm，主轴转速 4500 r/min，磨片直径 100mm，出料口直径32mm，进料口直径 50mm，电动机功率5.5kW，外形尺寸（mm）：1060×500×1080，重 275kg，材质304
双级胶体磨	JM-100	23140	江阴市宏达粉体设备有限公司	（0510）86237735	生产能力0.5～2t/h，乳化细度 2～50μm，主轴转速 4500 r/min，磨片直径 100mm，出料口直径32mm，进料口直径 50mm，电动机功率5.5kW，外形尺寸（mm）：1060×500×1080，重 275kg，材质316L
超微粉碎振动磨	WFM-10	58000	江阴市宏达粉体设备有限公司	（0510）86237735	材质 304
超微粉碎振动磨	WFM-10	75400	江阴市宏达粉体设备有限公司	（0510）86237735	材质 316L
超微粉碎振动磨	WFM-50	88000	江阴市宏达粉体设备有限公司	（0510）86237735	材质 304
超微粉碎振动磨	WFM-50	114400	江阴市宏达粉体设备有限公司	（0510）86237735	材质 316L
超微粉碎振动磨	WFM-100	168000	江阴市宏达粉体设备有限公司	（0510）86237735	材质 304
超微粉碎振动磨	WFM-100	218400	江阴市宏达粉体设备有限公司	（0510）86237735	材质 316L
球磨机	QM 6.5×2	9800	天津市朋群粉碎机设备有限公司	（022）83725677	材质不锈钢
球磨机	QM 6.5×2	11000	天津市中药机械厂	（022）27392043	成品粒度 200 目，额定功率0.75 kW，外形尺寸（mm）：500×980×960，重 120kg，材质不锈钢
球磨机	QM13	6500	上海中南医药机械有限公司	（021）64089523	球磨缸容积 6.5 L×2，转速 38 r/min，功率 0.55 kW，外形尺寸（mm）：500×980×960，重 120kg，陶瓷缸、球
球磨机	QM16×2	21500	天津市朋群粉碎机设备有限公司	（022）83725677	材质不锈钢
球磨机	QM16×2	24200	天津市中药机械厂	（022）27392043	成品粒度 200 目，额定功率1.1 kW，外形尺寸（mm）：1220×460×995，重 200kg，材质不锈钢
球磨机	QM16×4	30500	天津市朋群粉碎机设备有限公司	（022）83725677	材质不锈钢
球磨机	QM16×4	33000	天津市中药机械厂	（022）27392043	成品粒度 200 目，额定功率2.2 kW，外形尺寸（mm）：1230×840×1025，重 300kg，材质不锈钢
球磨机	QM20×2	29000	天津市朋群粉碎机设备有限公司	（022）83725677	材质不锈钢
球磨机	QM20×2	33000	天津市中药机械厂	（022）27392043	成品粒度 200 目，额定功率1.1 kW，外形尺寸（mm）：1140×470×357，重 150kg，翻转式，材质不锈钢

产品名称	型号规格	参考价格(元)	生产厂家	电话	主要参数及备注
球磨机	QM32	7000	上海中南医药机械有限公司	(021)64089523	球磨缸容积16L×2,转速38r/min,功率0.55kW,外形尺寸(mm):500×980×960,重120kg,陶瓷缸、球
球磨机	QM64	15000	上海中南医药机械有限公司	(021)64089523	球磨缸容积16L×4,转速38r/min,功率2.2kW,外形尺寸(mm):1230×840×1025,重300kg,陶瓷缸、球
单缸球磨机	FQ120	35000	上海坤麒制药机械有限公司	(021)52806476	缸体容积120L,成品粒度≥200目,额定功率2.2kW,外形尺寸(mm):1600×800×1580,重450kg,缸体材质304
单缸球磨机	FQ150	42000	上海坤麒制药机械有限公司	(021)52806476	缸体容积150L,成品粒度≥200目,额定功率2.2kW,外形尺寸(mm):1750×800×1580,重500kg,缸体材质304
单缸球磨机	FQ200	48000	上海坤麒制药机械有限公司	(021)52806476	缸体容积200L,成品粒度≥200目,额定功率2.2kW,外形尺寸(mm):1780×800×1580,重550kg,缸体材质304
单缸球磨机	FQ300	56000	上海坤麒制药机械有限公司	(021)52806476	缸体容积300L,缸体材质304
单缸球磨机	FQ600	78000	上海坤麒制药机械有限公司	(021)52806476	缸体容积600L,缸体材质304
双缸球磨机	FQ 6.5×2	6800	上海坤麒制药机械有限公司	(021)52806476	缸体容积6.5L×2,成品粒度≥120目,额定功率0.75kW,外形尺寸(mm):500×980×960,重200kg,材质碳钢,瓷缸、瓷球
双缸球磨机	FQ 6.5×2	8800	上海坤麒制药机械有限公司	(021)52806476	缸体容积6.5L×2,成品粒度≥120目,额定功率0.75kW,外形尺寸(mm):500×980×960,重200kg,材质碳钢,瓷缸、瓷球,带变频器
双缸球磨机	FQ16×2	18000	上海坤麒制药机械有限公司	(021)52806476	缸体容积16L×2,不可倾,瓷缸、瓷球
双缸球磨机	FQ16×2	20000	上海坤麒制药机械有限公司	(021)52806476	缸体容积16L×2,不可倾,瓷缸、瓷球,带变频器
双缸球磨机	FQ20×2	17500	上海坤麒制药机械有限公司	(021)52806476	缸体容积20L×2,不可倾,不锈钢缸、不锈钢球
双缸球磨机	FQ20×2	19500	上海坤麒制药机械有限公司	(021)52806476	缸体容积20L×2,不可倾,不锈钢缸、不锈钢球,带变频器
双缸球磨机	FQQ16×2	14000	上海坤麒制药机械有限公司	(021)52806476	可倾,瓷缸、瓷球
双缸球磨机	FQQ16×2	16000	上海坤麒制药机械有限公司	(021)52806476	可倾,瓷缸、瓷球,带变频器
双缸球磨机	FQQ20×2	18500	上海坤麒制药机械有限公司	(021)52806476	不可倾,不锈钢缸、不锈钢球、不锈钢筒体
双缸球磨机	FQQ20×2	20500	上海坤麒制药机械有限公司	(021)52806476	不可倾,不锈钢缸、不锈钢球、不锈钢筒体,带变频器
四缸球磨机	FQ16×4	24000	上海坤麒制药机械有限公司	(021)52806476	缸体容积16L×4,成品粒度≥120目,额定功率2.2kW,外形尺寸(mm):1230×840×1025,重300kg,不可倾,瓷缸、瓷球
四缸球磨机	FQ20×4	27000	上海坤麒制药机械有限公司	(021)52806476	不可倾,不锈钢缸、不锈钢球
四缸球磨机	FQQ16×4	26000	上海坤麒制药机械有限公司	(021)52806476	缸体容积16L×4,成品粒度≥200目,额定功率2.2kW,外形尺寸(mm):1230×840×1025,重300kg,可倾,瓷缸、瓷球

产品名称	型号规格	参考价格(元)	生产厂家	电话	主要参数及备注
四缸球磨机	FQQ20×4	28000	上海坤麒制药机械有限公司	(021)52806476	可倾,不锈钢缸、不锈钢球
三辊研磨机	SZ-120	18500	上海中南医药机械有限公司	(021)64089523	生产能力 40 kg/h,滚筒尺寸(mm):ϕ 120×320,功率1.5kW,外形尺寸(mm):800×800×800,重 400kg
三辊研磨机	SZ-150	28500	上海中南医药机械有限公司	(021)64089523	生产能力 60 kg/h,滚筒尺寸(mm):ϕ 150×360,功率2.2kW,外形尺寸(mm):960×960×960,重 600kg
三辊研磨机	SZ-230	49000	上海中南医药机械有限公司	(021)64089523	生产能力 150 kg/h,滚筒尺寸(mm):ϕ 230×600,功率 4kW,外形尺寸(mm):1400×1300×1000,重1.5t

1.4 饮片机械

1.4.1 洗药机

产品名称	型号规格	参考价格(元)	生产厂家	电话	主要参数及备注
洗药机	XY-320	19000	周口制药机械厂有限公司	(0394)8583482	生产能力 80~120 kg/h,电动机功率0.55 kW,外形尺寸(mm):1520×520×765,重 110kg,材质不锈钢
洗药机	XY-500	22000	天津市朋群粉碎机设备有限公司	(022)83725677	生产能力 100~300 kg/h,筒体转速 12 r/min,耗水量0.5~5t/h,冲洗时间 60~100s,电动机功率2.6 kW,外形尺寸(mm):2700×700×1150,重 600kg,材质不锈钢
洗药机	XY-500	22000	山东省临清药物机械厂	(0635)2437495	生产能力 100~300 kg/h,筒体转速 8 r/min,耗水量0.5~5t/h,电动机功率 2.6 kW,外形尺寸(mm):2700 × 700 × 1150,重 860kg,材质不锈钢
洗药机	XY-500	28000	周口制药机械厂有限公司	(0394)8583482	生产能力 140~500 kg/h,电动机功率 1.1 kW,外形尺寸(mm):1960×600×960,重 300kg,材质不锈钢
洗药机	XY-720	29000	天津市朋群粉碎机设备有限公司	(022)83725677	生产能力 300~500 kg/h,筒体转速 10 r/min,耗水量0.5~5t/h,冲洗时间 60~100s,电动机功率3.7 kW,外形尺寸(mm):2800×850×1300,重 700kg,材质不锈钢
洗药机	XY-720	32000	山东省临清药物机械厂	(0635)2437495	生产能力 300~500 kg/h,筒体转速 10 r/min,耗水量0.5~5t/h,电动机功率 3.7 kW,外形尺寸(mm):2800×850×1300,重 1t,材质不锈钢
洗药机	XY-720	39000	周口制药机械厂有限公司	(0394)8583482	生产能力 200~750 kg/h,电动机功率 1.1 kW,外形尺寸(mm):2800×820×1300,重 500kg,材质不锈钢
洗药机	XY-900	41000	天津市朋群粉碎机设备有限公司	(022)83725677	生产能力 800~1000 kg/h,筒体转速 0~16 r/min,耗水量0.5~5t/h,冲洗时间 60~100s,电动机功率4.5 kW,外形尺寸(mm):3150×1200×1850,重 900kg,材质不锈钢

产品名称	型号规格	参考价格（元）	生产厂家	电话	主要参数及备注
洗药机	XY-900	49000	周口制药机械厂有限公司	（0394）8583482	生产能力 500～1200 kg/h，电动机功率1.5kW，外形尺寸（mm）：3340×1040×1565，重 800kg，材质不锈钢
旋转喷淋带式洗药机	XYD-600	78000	周口制药机械厂有限公司	（0394）8583482	生产能力 600～1600 kg/h，外形尺寸（mm）：3600×1100×1100，材质不锈钢

1.4.2 润药机

产品名称	型号规格	参考价格（元）	生产厂家	电话	主要参数及备注
润药机	GT_7C_5-3	120000	周口制药机械厂有限公司	（0394）8583482	全容积 $2m^2$，最高工作压力-0.07～0.3MPa，最高工作温度<142℃，锅体尺寸（mm）：ϕ 1000×2300，外形尺寸（mm）：5890×1700×1360，重1.8 t，卧式，材质不锈钢
润药机	GT_7C_5-4	85000	周口制药机械厂有限公司	（0394）8583482	全容积$1.5m^2$，最高工作压力-0.07～0.3MPa，最高工作温度<142℃，锅体尺寸（mm）：ϕ 900×2000，外形尺寸（mm）：5560×1650×1330，重1.5 t，卧式，材质不锈钢
润药机	RWC-168	28000	周口制药机械厂有限公司	（0394）8583482	容积 168L，重 130kg，卧式
卧式润药机	$2m^3$	105000	天津市朋群粉碎机设备有限公司	（022）83725677	材质不锈钢
卧式润药机	$3.6m^3$	125000	天津市朋群粉碎机设备有限公司	（022）83725677	材质不锈钢
自动润药机	RZWY2000	168000	周口制药机械厂有限公司	（0394）8583482	生产能力 140～500kg/次，工作室内尺寸（mm）：ϕ 1000×2300，外形尺寸（mm）：3100×1620×1820，重 2t，卧式，材质不锈钢
自动润药机	RZWY3600	240000	周口制药机械厂有限公司	（0394）8583482	生产能力 200～750kg/次，工作室内尺寸（mm）：ϕ 1200×3200，外形尺寸（mm）：4000×1830×1950，重2.7t，卧式，材质不锈钢

1.4.3 切药机

产品名称	型号规格	参考价格（元）	生产厂家	电话	主要参数及备注
切药机	ZQ-300	3500	山东省临清药物机械厂	（0635）2437495	普通型
切药机	ZQ-300	4000	山东省临清药物机械厂	（0635）2437495	材质不锈钢
万能切药机	WQ-300	42000	天津市朋群粉碎机设备有限公司	（022）83725677	生产能力 120～7000 kg/h，功率1.5kW，外形尺寸（mm）：1750×1365×1715，重 850kg，与物料接触部位材质不锈钢
万能切药机	WQ-300	55800	天津市中药机械厂	（022）27392043	生产能力 120～7000 kg/h，最大进料尺寸（mm）：300×50，电动机功率 1.5 kW，外形尺寸（mm）：1750×1365×1715，与物料接触部位材质不锈钢

产品名称	型号规格	参考价格(元)	生产厂家	电话	主要参数及备注
往复式切药机	WQY240-2	23000	周口制药机械厂有限公司	(0394)8583482	
旋转式切药机	ZQ120-2	13000	山东省临清药物机械厂	(0635)2437495	普通型
旋转式切药机	ZQ120-2	28000	山东省临清药物机械厂	(0635)2437495	材质不锈钢
旋转式切药机	QY120-3	21000	周口制药机械厂有限公司	(0394)8583482	
旋转式切药机	QY120-4	22000	周口制药机械厂有限公司	(0394)8583482	生产能力 70~700 kg/h,切片厚1mm、2mm、3mm、4mm、6mm、12mm,切刀数3把,刀门尺寸(mm):120×50,功率3kW,外形尺寸(mm):1500×750×1100,重800kg
旋转式切药机	QY120-4	39800	周口制药机械厂有限公司	(0394)8583482	生产能力 70~700 kg/h,切片厚1mm、2mm、3mm、4mm、6mm、12mm,切刀数3把,刀门尺寸(mm):120×50,功率3kW,外形尺寸(mm):1500×750×1100,重800kg,材质不锈钢
直线往复式切药机	QWZL-300	39800	周口制药机械厂有限公司	(0394)8583482	生产能力 40~300 kg/h,电动机功率1.5kW,外形尺寸(mm):1600×1050×1280,重500kg
转盘式切药机	QZ-500	39000	天津市中药机械厂	(022)27392043	生产能力 60~600 kg/h,切片厚0.5~5mm,切刀数3把,刀口尺寸(mm):100×56,电动机功率3.7kW,外形尺寸(mm):1000×950×1150,与物料接触部位材质不锈钢
转盘式切药机	QZ-500	41000	天津市朋群粉碎机设备有限公司	(022)83725677	与物料接触部位材质不锈钢
多功能切药机	DQY-300	6600	周口制药机械厂有限公司	(0394)8583482	生产能力 15~120 kg/h,刀片数2片,切片厚0.8~6mm,卧式
多功能切药机	QGX-480	29000	周口制药机械厂有限公司	(0394)8583482	生产能力 3~120 kg/h,切片厚0.5~3mm,主轴转速 50~330 r/min,电动机功率1.5kW,外形尺寸(mm):850×650×1050,重200kg
剁刀式切药机	D74-10A	29000	天津市朋群粉碎机设备有限公司	(022)83725677	材质碳钢
剁刀式切药机	D74-10A	31000	天津市中药机械厂	(022)27392043	材质碳钢
剁刀式切药机	D74-10B	36000	天津市朋群粉碎机设备有限公司	(022)83725677	与物料接触部位材质不锈钢
剁刀式切药机	D74-10B	39000	天津市中药机械厂	(022)27392043	切片次数 381 次/min,切片厚0.92~9.2 mm,出料口尺寸(mm):200×60,外形尺寸(mm):1800×700×1100,重1t,与物料接触部位材质不锈钢
滚刀式切药机	QXG-360	46000	周口制药机械厂有限公司	(0394)8583482	生产能力 300~2000 kg/h,切片厚4~20mm,动刀片数4片,主轴转速 360 r/min,外形尺寸(mm):2280×800×1420
滚刀式切药机	QXG-360	56000	周口制药机械厂有限公司	(0394)8583482	生产能力 300~2000 kg/h,切片厚4~20mm,动刀片数4片,主轴转速 360 r/min,外形尺寸(mm):2280×800×1420,材质不锈钢
气动盘式切药机	QPQL-350	23000	天津市朋群粉碎机设备有限公司	(022)83725677	立式,材质不锈钢

产品名称	型号规格	参考价格(元)	生产厂家	电话	主要参数及备注
气动盘式切药机	QPQL-350	24500	天津市朋群粉碎机设备有限公司	(022)83725677	立式,材质不锈钢,带气泵

1.4.4 炒药机

产品名称	型号规格	参考价格(元)	生产厂家	电话	主要参数及备注
炒药机	CY-2	19800	周口制药机械厂有限公司	(0394)8583482	生产能力 50~180 kg/h,锅体转速 14 r/min、23 r/min、32 r/min,加热功率 21kW,外形尺寸(mm):4090×2080×2750,重1.5t
炒药机	CY-4	23000	周口制药机械厂有限公司	(0394)8583482	生产能力 80~230 kg/h,锅体转速 14 r/min、23 r/min、32 r/min,加热功率 27kW,外形尺寸(mm):4390×2380×2750,重1.95t
炒药机	CY-640A	31000	天津市朋群粉碎机设备有限公司	(022)83725677	生产能力 50~180 kg/h,筒体尺寸(mm):ϕ640×700,筒体转速10~35 r/min,外形尺寸(mm):2100×1300×1400,材质不锈钢
炒药机	CY-640B	33000	天津市朋群粉碎机设备有限公司	(022)83725677	生产能力 80~240 kg/h,筒体尺寸(mm):ϕ640×1000,筒体转速10~35 r/min,外形尺寸(mm):2400×1300×1400
炒药机	CY-640B	43000	天津市朋群粉碎机设备有限公司	(022)83725677	生产能力 80~240 kg/h,筒体尺寸(mm):ϕ640×1000,筒体转速10~35 r/min,外形尺寸(mm):2400×1300×1400,带消烟除尘器
炒药机	CY-640B	48000	周口制药机械厂有限公司	(0394)8583482	材质不锈钢
电热炒药机	CTD-460	14000	周口制药机械厂有限公司	(0394)8583482	生产能力 10~20 kg/h,加热功率9kW,外形尺寸(mm):760×680×1270,重 200kg,材质不锈钢
电热炒药机	CY340-460	7100	山东省临清药物机械厂	(0635)2437495	生产能力 20~30 kg/h,药筒尺寸(mm):ϕ340×460,电动机功率0.37kW,加热功率 6kW,外形尺寸(mm):780×720×850,筒式,普通型
电热炒药机	CY340-460	17000	山东省临清药物机械厂	(0635)2437495	生产能力 20~30 kg/h,药筒尺寸(mm):ϕ340×460,电动机功率0.37kW,加热功率 6kW,外形尺寸(mm):780×720×850,筒式,材质不锈钢
电热炒药机	CY550-900	14500	山东省临清药物机械厂	(0635)2437495	生产能力 20~300 kg/h,药筒尺寸(mm):ϕ550×900,电动机功率1.5kW,加热功率 21kW,外形尺寸(mm):1440×860×1450,筒式,普通型
电热炒药机	CY550-900	28000	山东省临清药物机械厂	(0635)2437495	生产能力 20~300 kg/h,药筒尺寸(mm):ϕ550×900,电动机功率1.5kW,加热功率 21kW,外形尺寸(mm):1440×860×1450,筒式,材质不锈钢
电热炒药机	CY550-900	45000	山东省临清药物机械厂	(0635)2437495	生产能力 20~300 kg/h,药筒尺寸(mm):ϕ550×900,电动机功率1.5kW,加热功率 21kW,外形尺寸(mm):1440×860×1450,筒式,普通型,材质不锈钢,带除尘装置

产品名称	型号规格	参考价格(元)	生产厂家	电话	主要参数及备注
电热炒药机	CY700-950	16800	山东省临清药物机械厂	(0635)2437495	生产能力 20~40 kg/h,药筒尺寸(mm):ϕ700×950,电动机功率1.5kW,加热功率 21kW,外形尺寸(mm):1680×1200×1820,筒式,普通型
电热炒药机	CY700-950	38000	山东省临清药物机械厂	(0635)2437495	生产能力 20~40 kg/h,药筒尺寸(mm):ϕ700×950,电动机功率1.5kW,加热功率 21kW,外形尺寸(mm):1680×1200×1820,筒式,材质不锈钢
煤热炒药机	CY340-460	3680	山东省临清药物机械厂	(0635)2437495	筒式,普通型
自动两煎煎药机	YJ20-GL	32000	北京东华原医疗设备有限责任公司京津办事处	(010)62019701	容积 20000mL,功率1.8kW,外形尺寸(mm):590×555×1360
密闭煎药机	YJ13B-G	16000	北京东华原医疗设备有限责任公司京津办事处	(010)62019701	容积 13000mL,功率1.3kW,外形尺寸(mm):455×445×1120,重40kg
密闭煎药机	YJ20B-G	19000	北京东华原医疗设备有限责任公司京津办事处	(010)62019701	容积 20000mL,功率1.8kW,外形尺寸(mm):505×490×1230,重55kg
密闭煎药机	YJX40B-G	32000	北京东华原医疗设备有限责任公司京津办事处	(010)62019701	容积 40000mL
无压循环煎药机	YJX40-G	28000	北京东华原医疗设备有限责任公司京津办事处	(010)62019701	容积 40000mL,功率2.9kW,外形尺寸(mm):620×710×1340,重75kg
十功能自动煎药机	YJD13-GL	42000	北京东华原医疗设备有限责任公司京津办事处	(010)62019701	容积 13000mL,功率1.4kW,外形尺寸(mm):565×520×1127
十功能自动煎药机	YJD20-GL	45000	北京东华原医疗设备有限责任公司京津办事处	(010)62019701	容积 20000mL,功率2.94kW,外形尺寸(mm):510×630×1210
十功能自动煎药机	YJD30-GL	52000	北京东华原医疗设备有限责任公司京津办事处	(010)62019701	容积 30000mL,功率3.1kW,外形尺寸(mm):725×660×1270

1.5 制药用水设备

产品名称	型号规格	参考价格(元)	生产厂家	电话	主要参数及备注
纯蒸汽发生器	LCZ-100	40000	宁波永泉制药设备有限公司	(0574)65010268	智能仪表控制
纯蒸汽发生器	LCZ-100	40000	宁波象山海鹤制药设备有限公司	(0574)65016816	生产能力 100L/h,手动
纯蒸汽发生器	LCZ-100	46000	宁波象山海鹤制药设备有限公司	(0574)65016816	生产能力 100L/h,半自动
纯蒸汽发生器	LCZ-100	55000	宁波象山海鹤制药设备有限公司	(0574)65016816	生产能力 100L/h,PLC 全自动
纯蒸汽发生器	LCZ-100	60000	宁波永泉制药设备有限公司	(0574)65010268	PLC 控制
纯蒸汽发生器	LCZ-200	45000	宁波永泉制药设备有限公司	(0574)65010268	智能仪表控制
纯蒸汽发生器	LCZ-200	52000	宁波象山海鹤制药设备有限公司	(0574)65016816	生产能力 200L/h,手动

产品名称	型号规格	参考价格（元）	生产厂家	电话	主要参数及备注
纯蒸汽发生器	LCZ-200	58000	宁波象山海鹤制药设备有限公司	(0574) 65016816	生产能力 200L/h,半自动
纯蒸汽发生器	LCZ-200	65000	宁波永泉制药设备有限公司	(0574) 65010268	PLC 控制
纯蒸汽发生器	LCZ-200	67000	宁波象山海鹤制药设备有限公司	(0574) 65016816	生产能力 200L/h,PLC 全自动
纯蒸汽发生器	LCZ-300	55000	宁波永泉制药设备有限公司	(0574) 65010268	智能仪表控制
纯蒸汽发生器	LCZ-300	60000	宁波象山海鹤制药设备有限公司	(0574) 65016816	生产能力 300L/h,手动
纯蒸汽发生器	LCZ-300	68000	宁波象山海鹤制药设备有限公司	(0574) 65016816	生产能力 300L/h,半自动
纯蒸汽发生器	LCZ-300	75000	宁波永泉制药设备有限公司	(0574) 65010268	PLC 控制
纯蒸汽发生器	LCZ-300	77000	宁波象山海鹤制药设备有限公司	(0574) 65016816	生产能力 300L/h,PLC 全自动
纯蒸汽发生器	LCZ-400	65000	宁波永泉制药设备有限公司	(0574) 65010268	智能仪表控制
纯蒸汽发生器	LCZ-400	70000	宁波象山海鹤制药设备有限公司	(0574) 65016816	生产能力 400L/h,手动
纯蒸汽发生器	LCZ-400	78000	宁波象山海鹤制药设备有限公司	(0574) 65016816	生产能力 400L/h,半自动
纯蒸汽发生器	LCZ-400	85000	宁波永泉制药设备有限公司	(0574) 65010268	PLC 控制
纯蒸汽发生器	LCZ-400	87000	宁波象山海鹤制药设备有限公司	(0574) 65016816	生产能力 400L/h,PLC 全自动
纯蒸汽发生器	LCZ-500	75000	宁波永泉制药设备有限公司	(0574) 65010268	智能仪表控制
纯蒸汽发生器	LCZ-500	79000	宁波象山海鹤制药设备有限公司	(0574) 65016816	生产能力 500L/h,手动
纯蒸汽发生器	LCZ-500	87000	宁波象山海鹤制药设备有限公司	(0574) 65016816	生产能力 500L/h,半自动
纯蒸汽发生器	LCZ-500	95000	宁波永泉制药设备有限公司	(0574) 65010268	PLC 控制
纯蒸汽发生器	LCZ-500	97000	宁波象山海鹤制药设备有限公司	(0574) 65016816	生产能力 500L/h,PLC 全自动
纯蒸汽发生器	LCZ-600	89000	宁波永泉制药设备有限公司	(0574) 65010268	智能仪表控制
纯蒸汽发生器	LCZ-600	100000	宁波象山海鹤制药设备有限公司	(0574) 65016816	生产能力 600L/h,手动
纯蒸汽发生器	LCZ-600	109000	宁波永泉制药设备有限公司	(0574) 65010268	PLC 控制
纯蒸汽发生器	LCZ-600	109000	宁波象山海鹤制药设备有限公司	(0574) 65016816	生产能力 600L/h,半自动
纯蒸汽发生器	LCZ-600	120000	宁波象山海鹤制药设备有限公司	(0574) 65016816	生产能力 600L/h,PLC 全自动
纯蒸汽发生器	LCZ-700	115000	宁波象山海鹤制药设备有限公司	(0574) 65016816	生产能力 700L/h,手动
纯蒸汽发生器	LCZ-700	124000	宁波象山海鹤制药设备有限公司	(0574) 65016816	生产能力 700L/h,半自动
纯蒸汽发生器	LCZ-700	140000	宁波象山海鹤制药设备有限公司	(0574) 65016816	生产能力 700L/h,PLC 全自动
纯蒸汽发生器	LCZ-1000	138000	宁波永泉制药设备有限公司	(0574) 65010268	智能仪表控制
纯蒸汽发生器	LCZ-1000	169000	宁波永泉制药设备有限公司	(0574) 65010268	PLC 控制

产品名称	型号规格	参考价格(元)	生产厂家	电话	主要参数及备注
纯蒸汽发生器	LCZ-1000	180000	宁波象山海鹤制药设备有限公司	(0574)65016816	生产能力1000L/h,手动
纯蒸汽发生器	LCZ-1000	189000	宁波象山海鹤制药设备有限公司	(0574)65016816	生产能力1000L/h,半自动
纯蒸汽发生器	LCZ-1000	205000	宁波象山海鹤制药设备有限公司	(0574)65016816	生产能力1000L/h,PLC全自动
纯蒸汽发生器	LCZ-2000	220000	宁波永泉制药设备有限公司	(0574)65010268	智能仪表控制
纯蒸汽发生器	LCZ-2000	256000	宁波永泉制药设备有限公司	(0574)65010268	PLC控制
电热蒸馏水器	G5L	860	北京时代北利离心机有限公司	(010)51129985	材质不锈钢
电热蒸馏水器	G10L	1080	北京时代北利离心机有限公司	(010)51129985	
电热蒸馏水器	G20L	1260	北京时代北利离心机有限公司	(010)51129985	
多效蒸馏水机	LD100/3	50000	宁波象山海鹤制药设备有限公司	(0574)65016816	产水能力100L/h,半自动
多效蒸馏水机	LD100/3	59000	宁波象山海鹤制药设备有限公司	(0574)65016816	产水能力100L/h,PLC全自动
多效蒸馏水机	LD100/3	67000	宁波象山海鹤制药设备有限公司	(0574)65016816	产水能力100L/h,触摸屏全自动
多效蒸馏水机	LD200/3	56000	宁波象山海鹤制药设备有限公司	(0574)65016816	产水能力200L/h,半自动
多效蒸馏水机	LD200/3	65000	宁波象山海鹤制药设备有限公司	(0574)65016816	产水能力200L/h,PLC全自动
多效蒸馏水机	LD200/3	73000	宁波象山海鹤制药设备有限公司	(0574)65016816	产水能力200L/h,触摸屏全自动
多效蒸馏水机	LD200/4	62000	宁波象山海鹤制药设备有限公司	(0574)65016816	产水能力200L/h,半自动
多效蒸馏水机	LD200/4	71000	宁波象山海鹤制药设备有限公司	(0574)65016816	产水能力200L/h,PLC全自动
多效蒸馏水机	LD200/4	79000	宁波象山海鹤制药设备有限公司	(0574)65016816	产水能力200L/h,触摸屏全自动
多效蒸馏水机	LD300/4	71000	宁波象山海鹤制药设备有限公司	(0574)65016816	产水能力300L/h,半自动
多效蒸馏水机	LD300/4	80000	宁波象山海鹤制药设备有限公司	(0574)65016816	产水能力300L/h,PLC全自动
多效蒸馏水机	LD300/4	88000	宁波象山海鹤制药设备有限公司	(0574)65016816	产水能力300L/h,触摸屏全自动
多效蒸馏水机	LD500/4	90000	宁波象山海鹤制药设备有限公司	(0574)65016816	产水能力500L/h,半自动
多效蒸馏水机	LD500/5	100000	宁波象山海鹤制药设备有限公司	(0574)65016816	产水能力500L/h,半自动
多效蒸馏水机	LD500/5	115000	宁波象山海鹤制药设备有限公司	(0574)65016816	产水能力500L/h,PLC全自动
多效蒸馏水机	LD500/5	123000	宁波象山海鹤制药设备有限公司	(0574)65016816	产水能力500L/h,触摸屏全自动
多效蒸馏水机	LD1000	630000	广州万冠制药设备有限公司	(020)86868366	
多效蒸馏水机	LD1000/4	150000	宁波象山海鹤制药设备有限公司	(0574)65016816	产水能力1000L/h,半自动
多效蒸馏水机	LD1000/4	166000	宁波象山海鹤制药设备有限公司	(0574)65016816	产水能力1000L/h,PLC全自动
多效蒸馏水机	LD1000/4	175000	宁波象山海鹤制药设备有限公司	(0574)65016816	产水能力1000L/h,触摸屏全自动

产品名称	型号规格	参考价格(元)	生产厂家	电话	主要参数及备注
多效蒸馏水机	LD1000/5	164000	宁波象山海鹤制药设备有限公司	(0574)65016816	产水能力 1000L/h,半自动
多效蒸馏水机	LD6000/5	720000	宁波象山海鹤制药设备有限公司	(0574)65016816	产水能力 6000L/h,半自动
多效蒸馏水机	LD6000/5	745000	宁波象山海鹤制药设备有限公司	(0574)65016816	产水能力 6000L/h,PLC 全自动
多效蒸馏水机	LD6000/5	760000	宁波象山海鹤制药设备有限公司	(0574)65016816	产水能力 6000L/h,触摸屏全自动
内螺旋列管式多效蒸馏水机	NLD50-3	42000	宁波永泉制药设备有限公司	(0574)65010268	智能仪表控制
内螺旋列管式多效蒸馏水机	NLD50-3	78000	宁波永泉制药设备有限公司	(0574)65010268	PLC 控制
内螺旋列管式多效蒸馏水机	NLD100-3	55000	宁波永泉制药设备有限公司	(0574)65010268	智能仪表控制
内螺旋列管式多效蒸馏水机	NLD100-3	90000	宁波永泉制药设备有限公司	(0574)65010268	PLC 控制
内螺旋列管式多效蒸馏水机	NLD200-3	65000	宁波永泉制药设备有限公司	(0574)65010268	智能仪表控制
内螺旋列管式多效蒸馏水机	NLD200-3	105000	宁波永泉制药设备有限公司	(0574)65010268	PLC 控制
内螺旋列管式多效蒸馏水机	NLD300-4	85000	宁波永泉制药设备有限公司	(0574)65010268	智能仪表控制
内螺旋列管式多效蒸馏水机	NLD300-4	120500	宁波永泉制药设备有限公司	(0574)65010268	PLC 控制
内螺旋列管式多效蒸馏水机	NLD500-5	126000	宁波永泉制药设备有限公司	(0574)65010268	智能仪表控制
内螺旋列管式多效蒸馏水机	NLD500-5	166000	宁波永泉制药设备有限公司	(0574)65010268	PLC 控制
内螺旋列管式多效蒸馏水机	NLD1000-5	188000	宁波永泉制药设备有限公司	(0574)65010268	智能仪表控制
内螺旋列管式多效蒸馏水机	NLD1000-5	228000	宁波永泉制药设备有限公司	(0574)65010268	PLC 控制
内螺旋列管式多效蒸馏水机	NLD1500-5	228000	宁波永泉制药设备有限公司	(0574)65010268	智能仪表控制
内螺旋列管式多效蒸馏水机	NLD1500-5	268000	宁波永泉制药设备有限公司	(0574)65010268	PLC 控制
内螺旋列管式多效蒸馏水机	NLD2000-5	268000	宁波永泉制药设备有限公司	(0574)65010268	智能仪表控制
内螺旋列管式多效蒸馏水机	NLD2000-5	308000	宁波永泉制药设备有限公司	(0574)65010268	PLC 控制
内螺旋列管式多效蒸馏水机	NLD3000-5	348000	宁波永泉制药设备有限公司	(0574)65010268	智能仪表控制
内螺旋列管式多效蒸馏水机	NLD3000-5	388000	宁波永泉制药设备有限公司	(0574)65010268	PLC 控制
内螺旋列管式多效蒸馏水机	NLD3000-6	408000	宁波永泉制药设备有限公司	(0574)65010268	智能仪表控制
内螺旋列管式多效蒸馏水机	NLD3000-6	448000	宁波永泉制药设备有限公司	(0574)65010268	PLC 控制
内螺旋列管式多效蒸馏水机	NLD4000-6	448000	宁波永泉制药设备有限公司	(0574)65010268	智能仪表控制
内螺旋列管式多效蒸馏水机	NLD4000-6	488000	宁波永泉制药设备有限公司	(0574)65010268	PLC 控制
内螺旋列管式多效蒸馏水机	NLD5000-6	518000	宁波永泉制药设备有限公司	(0574)65010268	智能仪表控制

1.6 药品包装设备

1.6.1 包装设备

产品名称	型号规格	参考价格(元)	生产厂家	电话	主要参数及备注
包装机	GL-K60	25600	北京昆仑中大工控技术发展有限公司	(010)66183390	计量范围 50~120mL
包装机	GL-K60	26400	北京昆仑中大工控技术发展有限公司	(010)66183390	计量范围 50~120mL,带无料停机装置
包装机	GL-K60	26600	北京昆仑中大工控技术发展有限公司	(010)66183390	计量范围 50~120mL,带摇式同步调料装置
包装机	GL-K60	27600	北京昆仑中大工控技术发展有限公司	(010)66183390	计量范围 50~120mL,不锈钢箱体
包装机	GL-K60	29600	北京昆仑中大工控技术发展有限公司	(010)66183390	计量范围 50~120mL,彩屏
包装机	GL-K60	30400	北京昆仑中大工控技术发展有限公司	(010)66183390	计量范围 50~120mL,彩屏,带无料停机装置
包装机	GL-K60	30600	北京昆仑中大工控技术发展有限公司	(010)66183390	计量范围 50~120mL,彩屏,带摇式同步调料装置
包装机	GL-K60	31600	北京昆仑中大工控技术发展有限公司	(010)66183390	计量范围 50~120mL,彩屏,不锈钢箱体
半自动收缩包装机	HS-5035	9000	河北博柯莱自动化包装有限公司	(0310)6661806	
半自动收缩包装机	HSL-5035	8500	河北博柯莱自动化包装有限公司	(0310)6661806	工作台高度 730~780mm,包装尺寸(mm):500×300×300,膜厚0.012~0.1mm,功率0.5kW,外形尺寸(mm):1450×730×1100,重80kg
多功能枕式版块全自动包装机	DZB-250D	98000	瑞安市江华机械有限公司	(0577)65002555	PLC 控制,光电对版
多功能枕式版块全自动包装机	DZB-250D	105000	瑞安市江华机械有限公司	(0577)65002555	PLC 控制,光电对版,伺服系统
粉剂包装机	DXDF60ⅡD	34000	北京大松博川包装机械有限公司	(010)57621127	包装容积 1~80mL,包装速度 40~60 袋/min,制袋宽度 50~100mm,功率1.24kW,重 230kg,背封枕形袋,带不锈钢机箱
粉剂包装机	DXDF60ⅡD	39000	北京大松博川包装机械有限公司	(010)57621127	包装容积 1~80mL,包装能力 40~60 袋/min,制袋宽度 40~85mm,功率1.1kW,重 185kg,背封枕形袋,带不锈钢机箱、色带打码机
粉剂包装机	DXDF60ⅡD	42000	北京大松博川包装机械有限公司	(010)57621127	包装容积 1~80mL,包装能力 40~60 袋/min,制袋宽度 40~85mm,功率1.1kW,重 185kg,背封枕形袋,带不锈钢机箱、色带打码机、斗式输送机
粉剂包装机	DXDF60ⅡD	45000	北京大松博川包装机械有限公司	(010)57621127	包装容积 1~80mL,包装能力 40~60 袋/min,制袋宽度 40~85mm,功率1.1kW,重 185kg,背封枕形袋,带不锈钢机箱、色带打码机、斗式输送机,PLC 控制
粉剂包装机	DXDF60ⅡD	55000	北京大松博川包装机械有限公司	(010)57621127	包装容积 1~80mL,包装能力 40~60 袋/min,制袋宽度 40~85mm,功率1.1kW,重 185kg,背封枕形袋,带不锈钢机箱、色带打码机、斗式输送机,PLC 控制,符合 CE 标准

产品名称	型号规格	参考价格（元）	生产厂家	电话	主要参数及备注
粉剂包装机	DXDF60ⅡD	64000	北京大松博川包装机械有限公司	（010）57621127	包装容积1～80mL，包装速度40～60袋/min，制袋宽度50～100mm，功率1.24kW，重230kg，背封枕形袋，带不锈钢机箱、热转印打码装置
粉剂包装机	DXDF60C-H	28600	北京大松博川包装机械有限公司	（010）57621127	包装容积1～80mL，包装能力40～60袋/min，制袋宽度40～85mm，功率1.1kW，重185kg，三边封扁平袋，带不锈钢机箱
粉剂包装机	DXDF60C-H	32600	北京大松博川包装机械有限公司	（010）57621127	包装容积1～80mL，包装能力40～60袋/min，制袋宽度40～85mm，功率1.1kW，重185kg，三边封扁平袋，带不锈钢机箱、旋转切刀
粉剂包装机	DXDF60C-H	33600	北京大松博川包装机械有限公司	（010）57621127	包装容积1～80mL，包装能力40～60袋/min，制袋宽度40～85mm，功率1.1kW，重185kg，三边封扁平袋，带不锈钢机箱、色带打码机
粉剂包装机	DXDF60C-H	34900	北京大松博川包装机械有限公司	（010）57621127	包装容积1～80mL，包装能力40～60袋/min，制袋宽度40～85mm，功率1.1kW，重185kg，带不锈钢机箱、色带打码机、四面封
粉剂包装机	DXDF60C-H	37900	北京大松博川包装机械有限公司	（010）57621127	包装容积1～80mL，包装能力40～60袋/min，制袋宽度40～85mm，功率1.1kW，重185kg，带不锈钢机箱、色带打码机、四面封，PLC控制
粉剂包装机	DXDF60C-H	47900	北京大松博川包装机械有限公司	（010）57621127	包装容积1～80mL，包装能力40～60袋/min，制袋宽度40～85mm，功率1.1kW，重185kg，带不锈钢机箱、色带打码机、四面封，PLC控制，符合CE标准
粉剂包装机	DXDF60C-H	58600	北京大松博川包装机械有限公司	（010）57621127	包装容积1～80mL，包装能力40～60袋/min，制袋宽度40～85mm，功率1.1kW，重185kg，三边封扁平袋，带不锈钢机箱、热转印打码装置
粉剂包装机	DXDF60CH-SZ	38600	北京大松博川包装机械有限公司	（010）57621127	包装容积1～80mL，包装能力40～60袋/min，制袋宽度40～85mm，功率1.65kW，重185kg，带不锈钢机箱
粉剂包装机	DXDF60CH-SZ	43600	北京大松博川包装机械有限公司	（010）57621127	包装容积1～80mL，包装能力40～60袋/min，制袋宽度40～85mm，功率1.65kW，重185kg，带不锈钢机箱、色带打码机
粉剂包装机	DXDF140ⅡE	40000	北京大松博川包装机械有限公司	（010）57621127	包装容积40～400mL，包装速度28～50袋/min，制袋宽度40～140mm，功率1.65kW，重270kg，背封枕形袋，带不锈钢机箱
粉剂包装机	DXDF140ⅡE	45000	北京大松博川包装机械有限公司	（010）57621127	包装容积40～400mL，包装速度28～50袋/min，制袋宽度40～140mm，功率1.65kW，重270kg，背封枕形袋，带不锈钢机箱、色带打码机
粉剂包装机	DXDF140ⅡE	48000	北京大松博川包装机械有限公司	（010）57621127	包装容积40～400mL，包装速度28～50袋/min，制袋宽度40～140mm，功率1.65kW，重270kg，背封枕形袋，带不锈钢机箱、色带打码机、斗式输送机

产品名称	型号规格	参考价格(元)	生产厂家	电话	主要参数及备注
粉剂包装机	DXDF140ⅡE	51000	北京大松博川包装机械有限公司	(010)57621127	包装容积 40~400mL,包装速度 28~50 袋/min,制袋宽度 40~140mm,功率1.65kW,重 270kg,背封枕形袋,带不锈钢机箱、色带打码机、斗式输送机,PLC 控制
粉剂包装机	DXDF140ⅡE	61000	北京大松博川包装机械有限公司	(010)57621127	包装容积 40~400mL,包装速度 28~50 袋/min,制袋宽度 40~140mm,功率1.65kW,重 270kg,背封枕形袋,带不锈钢机箱、色带打码机、斗式输送机,PLC 控制,符合 CE 标准
粉剂包装机	DXDF140ⅡE	70000	北京大松博川包装机械有限公司	(010)57621127	包装容积 40~400mL,包装速度 28~50 袋/min,制袋宽度 40~140mm,功率1.65kW,重 270kg,背封枕形袋,带不锈钢机箱、热转印打码装置
粉剂包装机	DXDF140E	40000	北京大松博川包装机械有限公司	(010)57621127	包装容积 40~400mL,包装能力 28~50 袋/min,制袋宽度 40~140mm,功率1.65kW,重 270kg,三边封扁平袋,带不锈钢机箱
粉剂包装机	DXDF140E	45000	北京大松博川包装机械有限公司	(010)57621127	包装容积 40~400mL,包装能力 28~50 袋/min,制袋宽度 40~140mm,功率1.65kW,重 270kg,三边封扁平袋,带不锈钢机箱、色带打码机
粉剂包装机	DXDF140E	48000	北京大松博川包装机械有限公司	(010)57621127	包装容积 40~400mL,包装能力 28~50 袋/min,制袋宽度 40~140mm,功率1.65kW,重 270kg,三边封扁平袋,带不锈钢机箱、色带打码机,PLC 控制
粉剂包装机	DXDF140E	58000	北京大松博川包装机械有限公司	(010)57621127	包装容积 40~400mL,包装能力 28~50 袋/min,制袋宽度 40~140mm,功率1.65kW,重 270kg,三边封扁平袋,带不锈钢机箱、色带打码机,PLC 控制,符合 CE 标准
粉剂包装机	DXDF140E	70000	北京大松博川包装机械有限公司	(010)57621127	包装容积 40~400mL,包装能力 28~50 袋/min,制袋宽度 40~140mm,功率1.65kW,重 270kg,三边封扁平袋,带不锈钢机箱、热转印打码装置
粉剂包装机	DXDF140E-S	42000	北京大松博川包装机械有限公司	(010)57621127	包装容积 40~400mL,包装能力 28~50 袋/min,制袋宽度 40~140mm,功率1.65kW,重 270kg,四面封合,带不锈钢机箱
粉剂包装机	DXDF140E-S	47000	北京大松博川包装机械有限公司	(010)57621127	包装容积 40~400mL,包装能力 28~50 袋/min,制袋宽度 40~140mm,功率1.65kW,重 270kg,四面封合,带不锈钢机箱、色带打码机
粉剂包装机	DXDF140E-S	50000	北京大松博川包装机械有限公司	(010)57621127	包装容积 40~400mL,包装能力 28~50 袋/min,制袋宽度 40~140mm,功率1.65kW,重 270kg,四面封合,带不锈钢机箱、色带打码机,PLC 控制
粉剂包装机	DXDF140E-S	60000	北京大松博川包装机械有限公司	(010)57621127	包装容积 40~400mL,包装能力 28~50 袋/min,制袋宽度 40~140mm,功率1.65kW,重 270kg,四面封合,带不锈钢机箱、色带打码机,PLC 控制,符合 CE 标准

产品名称	型号规格	参考价格（元）	生产厂家	电话	主要参数及备注
粉剂包装机	DXDF330	225000	锦州万得包装机械有限公司	(0416)3530328	伺服电动机上料
粉剂包装机	DXDF900	288000	锦州万得包装机械有限公司	(0416)3530328	最大生产能力200袋/min,列数4~6列,装量2~10mL,外形尺寸(mm):830×570×400,重30kg,伺服电动机上料
粉剂包装机	DXDF900	318000	锦州万得包装机械有限公司	(0416)3530328	最大生产能力200袋/min,列数4~6列,装量2~10mL,外形尺寸(mm):830×570×400,重30kg,伺服电动机上料,带3排热打码装置
粉剂包装机	DXDS2000-F	218000	北京大松博川包装机械有限公司	(010)57621127	包装容积100~2000mL,包装能力<60袋/min,制袋宽度120~200mm,功率3.5kW,重810kg,带不锈钢机箱
粉剂包装机	DXDS2000-F	223000	北京大松博川包装机械有限公司	(010)57621127	包装容积100~2000mL,包装能力<60袋/min,制袋宽度120~200mm,功率3.5kW,重810kg,带不锈钢机箱、色带打码机
粉剂包装机	DXDS2000-Y	218000	北京大松博川包装机械有限公司	(010)57621127	包装容积100~2000mL,包装能力<60袋/min,制袋宽度120~200mm,功率3.5kW,重810kg,带不锈钢机箱
粉剂包装机	DXDS2000-Y	223000	北京大松博川包装机械有限公司	(010)57621127	包装容积100~2000mL,包装能力<60袋/min,制袋宽度120~200mm,功率3.5kW,重810kg,带不锈钢机箱、色带打码机
粉剂包装机	DXDSY300	55800	北京大松博川包装机械有限公司	(010)57621127	包装容积20~100mL,包装能力20~30袋/min,制袋宽度40~100mm,功率1.65kW,重300kg,带不锈钢机箱
粉剂包装机	GL-F45	33800	北京昆仑中大工控技术发展有限公司	(010)66183390	计量范围0.2~80mL
粉剂包装机	GL-F45	34600	北京昆仑中大工控技术发展有限公司	(010)66183390	计量范围0.2~80mL,带无料停机装置
粉剂包装机	GL-F45	34800	北京昆仑中大工控技术发展有限公司	(010)66183390	计量范围0.2~80mL,带摇式同步调料装置
粉剂包装机	GL-F45	35800	北京昆仑中大工控技术发展有限公司	(010)66183390	计量范围0.2~80mL,不锈钢箱体
粉剂包装机	GL-F45	37800	北京昆仑中大工控技术发展有限公司	(010)66183390	计量范围0.2~80mL,彩屏
粉剂包装机	GL-F45	38600	北京昆仑中大工控技术发展有限公司	(010)66183390	计量范围0.2~80mL,彩屏,带无料停机装置
粉剂包装机	GL-F45	38800	北京昆仑中大工控技术发展有限公司	(010)66183390	计量范围0.2~80mL,彩屏,带摇式同步调料装置
粉剂包装机	GL-F45	39800	北京昆仑中大工控技术发展有限公司	(010)66183390	计量范围0.2~80mL,彩屏,不锈钢箱体
粉剂充填包装机	F200	14800	北京大松博川包装机械有限公司	(010)57621127	包装容积<200mL,包装能力20~50袋/min,功率0.5kW,重90kg,半自动
粉剂充填包装机	SB-1000C	36800	北京大松博川包装机械有限公司	(010)57621127	包装容积100~1000mL,包装能力10~50袋/min,功率1.5kW,重300kg,半自动
粉剂充填包装机	SB-1000C	39800	北京大松博川包装机械有限公司	(010)57621127	包装容积100~1000mL,包装能力10~50袋/min,功率1.5kW,重300kg,半自动,PLC控制
粉剂充填包装机	SB-1000C	49800	北京大松博川包装机械有限公司	(010)57621127	包装容积100~1000mL,包装能力10~50袋/min,功率1.5kW,重300kg,半自动,PLC控制,符合CE标准

产品名称	型号规格	参考价格（元）	生产厂家	电话	主要参数及备注
颗粒包装机	DXDHW60	55800	北京大松博川包装机械有限公司	（010）57621127	包装容积 50~100mL，包装能力 40~40 袋/min，制袋宽度 45~101mm，功率1.65kW，重 280kg，带不锈钢机箱
颗粒包装机	DXDK60ⅡD	29000	北京大松博川包装机械有限公司	（010）57621127	包装容积 2~100mL，包装速度 40~60 袋/min，制袋宽度 50~100mm，功率1.1kW，重 215kg，背封枕形袋，带不锈钢机箱
颗粒包装机	DXDK60ⅡD	34000	北京大松博川包装机械有限公司	（010）57621127	包装容积 2~100mL，包装速度 40~60 袋/min，制袋宽度 50~100mm，功率1.1kW，重 215kg，背封枕形袋，带不锈钢机箱、色带打码机
颗粒包装机	DXDK60ⅡD	37000	北京大松博川包装机械有限公司	（010）57621127	包装容积 2~100mL，包装速度 40~60 袋/min，制袋宽度 50~100mm，功率1.1kW，重 215kg，背封枕形袋，带不锈钢机箱、色带打码机、斗式输送机
颗粒包装机	DXDK60ⅡD	40000	北京大松博川包装机械有限公司	（010）57621127	包装容积 2~100mL，包装速度 40~60 袋/min，制袋宽度 50~100mm，功率1.1kW，重 215kg，背封枕形袋，带不锈钢机箱、色带打码机、斗式输送机，PLC 控制
颗粒包装机	DXDK60ⅡD	50000	北京大松博川包装机械有限公司	（010）57621127	包装容积 2~100mL，包装速度 40~60 袋/min，制袋宽度 50~100mm，功率1.1kW，重 215kg，背封枕形袋，带不锈钢机箱、色带打码机、斗式输送机，PLC 控制，符合 CE 标准
颗粒包装机	DXDK60C-H	23600	北京大松博川包装机械有限公司	（010）57621127	包装容积 50~100mL，包装能力 40~60 袋/min，制袋宽度 75~100mm，功率0.86kW，重 180kg，三边封扁平袋，带不锈钢机箱
颗粒包装机	DXDK60C-H	27600	北京大松博川包装机械有限公司	（010）57621127	包装容积 50~100mL，包装能力 40~60 袋/min，制袋宽度 75~100mm，功率0.86kW，重 180kg，三边封扁平袋，带不锈钢机箱、旋转切刀
颗粒包装机	DXDK60C-H	28600	北京大松博川包装机械有限公司	（010）57621127	包装容积 50~100mL，包装能力 40~60 袋/min，制袋宽度 75~100mm，功率0.86kW，重 180kg，三边封扁平袋，带不锈钢机箱、色带打码机
颗粒包装机	DXDK60C-H	29900	北京大松博川包装机械有限公司	（010）57621127	包装容积 50~100mL，包装能力 40~60 袋/min，制袋宽度 75~100mm，功率0.86kW，重 180kg，带不锈钢机箱、色带打码机、四面封
颗粒包装机	DXDK60C-H	32900	北京大松博川包装机械有限公司	（010）57621127	包装容积 50~100mL，包装能力 40~60 袋/min，制袋宽度 75~100mm，功率0.86kW，重 180kg，带不锈钢机箱、色带打码机、四面封，PLC 控制
颗粒包装机	DXDK60C-H	42900	北京大松博川包装机械有限公司	（010）57621127	包装容积 50~100mL，包装能力 40~60 袋/min，制袋宽度 75~100mm，功率0.86kW，重 180kg，带不锈钢机箱、色带打码机、四面封，PLC 控制，符合 CE 标准
颗粒包装机	DXDK60C-H	53600	北京大松博川包装机械有限公司	（010）57621127	包装容积 50~100mL，包装能力 40~60 袋/min，制袋宽度 75~100mm，功率0.86kW，重 180kg，三边封扁平袋，带不锈钢机箱、热转印打码装置

产品名称	型号规格	参考价格(元)	生产厂家	电话	主要参数及备注
颗粒包装机	DXDK80C-H	23600	北京大松博川包装机械有限公司	(010)57621127	包装容积 2~50mL,包装能力 55~80 袋/min,制袋宽度 40~85mm,功率0.86kW,重 180kg,三边封扁平袋,带不锈钢机箱
颗粒包装机	DXDK80C-H	27600	北京大松博川包装机械有限公司	(010)57621127	包装容积 2~50mL,包装能力 55~80 袋/min,制袋宽度 40~85mm,功率0.86kW,重 180kg,三边封扁平袋,带不锈钢机箱、旋转切刀
颗粒包装机	DXDK80C-H	28600	北京大松博川包装机械有限公司	(010)57621127	包装容积 2~50mL,包装能力 55~80 袋/min,制袋宽度 40~85mm,功率0.86kW,重 180kg,三边封扁平袋,带不锈钢机箱、色带打码机
颗粒包装机	DXDK80C-H	29900	北京大松博川包装机械有限公司	(010)57621127	包装容积 2~50mL,包装能力 55~80 袋/min,制袋宽度 40~85mm,功率0.86kW,重 180kg,带不锈钢机箱、色带打码机、四面封
颗粒包装机	DXDK80C-H	32900	北京大松博川包装机械有限公司	(010)57621127	包装容积 2~50mL,包装能力 55~80 袋/min,制袋宽度 40~85mm,功率0.86kW,重 180kg,带不锈钢机箱、色带打码机、四面封,PLC 控制
颗粒包装机	DXDK80C-H	42900	北京大松博川包装机械有限公司	(010)57621127	包装容积 2~50mL,包装能力 55~80 袋/min,制袋宽度 40~85mm,功率0.86kW,重 180kg,带不锈钢机箱、色带打码机、四面封,PLC 控制,符合 CE 标准
颗粒包装机	DXDK80C-H	53600	北京大松博川包装机械有限公司	(010)57621127	包装容积 2~50mL,包装能力 55~80 袋/min,制袋宽度 40~85mm,功率0.86kW,重 180kg,三边封扁平袋,带不锈钢机箱、热转印打码装置
颗粒包装机	DXDK140ⅡE	36000	北京大松博川包装机械有限公司	(010)57621127	包装容积 60~400mL,包装速度 28~50 袋/min,制袋宽度 40~140mm,功率1.35kW,重 270kg,背封枕形袋,带不锈钢机箱
颗粒包装机	DXDK140ⅡE	41000	北京大松博川包装机械有限公司	(010)57621127	包装容积 60~400mL,包装速度 28~50 袋/min,制袋宽度 40~140mm,功率1.35kW,重 270kg,背封枕形袋,带不锈钢机箱、色带打码机
颗粒包装机	DXDK140ⅡE	44000	北京大松博川包装机械有限公司	(010)57621127	包装容积 60~400mL,包装速度 28~50 袋/min,制袋宽度 40~140mm,功率1.35kW,重 270kg,背封枕形袋,带不锈钢机箱、色带打码机、斗式输送机
颗粒包装机	DXDK140ⅡE	47000	北京大松博川包装机械有限公司	(010)57621127	包装容积 60~400mL,包装速度 28~50 袋/min,制袋宽度 40~140mm,功率1.35kW,重 270kg,背封枕形袋,带不锈钢机箱、色带打码机、斗式输送机,PLC 控制
颗粒包装机	DXDK140ⅡE	57000	北京大松博川包装机械有限公司	(010)57621127	包装容积 60~400mL,包装速度 28~50 袋/min,制袋宽度 40~140mm,功率1.35kW,重 270kg,背封枕形袋,带不锈钢机箱、色带打码机、斗式输送机,PLC 控制,符合 CE 标准

产品名称	型号规格	参考价格（元）	生产厂家	电话	主要参数及备注
颗粒包装机	DXDK140E	36000	北京大松博川包装机械有限公司	（010）57621127	包装容积 60～400mL，包装能力 28～50 袋/min，制袋宽度 40～140mm，功率 1.35 kW，重 270kg，三边封扁平袋，带不锈钢机箱
颗粒包装机	DXDK140E	41000	北京大松博川包装机械有限公司	（010）57621127	包装容积 60～400mL，包装能力 28～50 袋/min，制袋宽度 40～140mm，功率1.35kW，重 270kg，三边封扁平袋，带不锈钢机箱、色带打码机
颗粒包装机	DXDK140E	44000	北京大松博川包装机械有限公司	（010）57621127	包装容积 60～400mL，包装能力 28～50 袋/min，制袋宽度 40～140mm，功率1.35kW，重 270kg，三边封扁平袋，带不锈钢机箱、色带打码机，PLC 控制
颗粒包装机	DXDK140E	54000	北京大松博川包装机械有限公司	（010）57621127	包装容积 60～400mL，包装能力 28～50 袋/min，制袋宽度 40～140mm，功率1.35kW，重 270kg，三边封扁平袋，带不锈钢机箱、色带打码机，PLC 控制，符合 CE 标准
颗粒包装机	DXDK140E-S	38000	北京大松博川包装机械有限公司	（010）57621127	包装容积 60～400mL，包装能力 28～50 袋/min，制袋宽度 40～140mm，功率1.35kW，重 270kg，四面封合，带不锈钢机箱
颗粒包装机	DXDK140E-S	41000	北京大松博川包装机械有限公司	（010）57621127	包装容积 60～400mL，包装能力 28～50 袋/min，制袋宽度 40～140mm，功率1.35kW，重 270kg，四面封合，带不锈钢机箱、色带打码机
颗粒包装机	DXDK140E-S	44000	北京大松博川包装机械有限公司	（010）57621127	包装容积 60～400mL，包装能力 28～50 袋/min，制袋宽度 40～140mm，功率1.35kW，重 270kg，四面封合，带不锈钢机箱、色带打码机，PLC 控制
颗粒包装机	DXDK140E-S	54000	北京大松博川包装机械有限公司	（010）57621127	包装容积 60～400mL，包装能力 28～50 袋/min，制袋宽度 40～140mm，功率 1.35 kW，重 270kg，四面封合，带不锈钢机箱、色带打码机，PLC 控制，符合 CE 标准
颗粒包装机	DXDL140ⅡE	57000	北京大松博川包装机械有限公司	（010）57621127	包装容积 60～300mL，包装能力 28～50 袋/min，制袋宽度 40～140mm，功率1.35kW，重 270kg，背封枕形袋，带不锈钢机箱、色带打码机、斗式输送机，PLC 控制
颗粒包装机	DXDL140ⅡE	67000	北京大松博川包装机械有限公司	（010）57621127	包装容积 60～300mL，包装能力 28～50 袋/min，制袋宽度 40～140mm，功率1.35kW，重 270kg，背封枕形袋，带不锈钢机箱、色带打码机、斗式输送机，PLC 控制，符合 CE 标准
颗粒包装机	DXDS2000-K	218000	北京大松博川包装机械有限公司	（010）57621127	包装容积 100～2000mL，包装能力<60 袋/min，制袋宽度 120～200mm，功率3.5kW，重 810kg，带不锈钢机箱
颗粒包装机	DXDS2000-K	223000	北京大松博川包装机械有限公司	（010）57621127	包装容积 100～2000mL，包装能力<60 袋/min，制袋宽度 120～200mm，功率3.5kW，重 810kg，带不锈钢机箱、色带打码机

产品名称	型号规格	参考价格（元）	生产厂家	电话	主要参数及备注
颗粒包装机	GL-K100	23800	北京昆仑中大工控技术发展有限公司	（010）66183390	计量范围0.3～60cm^3，生产能力40～110袋/min，制袋尺寸（mm）：（40～130）×（40～90），总功率0.7kW，外形尺寸（mm）：550×720×1500，重165kg
颗粒包装机	GL-K100	24600	北京昆仑中大工控技术发展有限公司	（010）66183390	计量范围0.3～60cm^3，生产能力40～110袋/min，制袋尺寸（mm）：（40～130）×（40～90），总功率0.7kW，外形尺寸（mm）：550×720×1500，重165kg，带无料停机装置
颗粒包装机	GL-K100	24800	北京昆仑中大工控技术发展有限公司	（010）66183390	计量范围0.3～60cm^3，生产能力40～110袋/min，制袋尺寸（mm）：（40～130）×（40～90），总功率0.7kW，外形尺寸（mm）：550×720×1500，重165kg，带摇式同步调料装置
颗粒包装机	GL-K100	24800	北京昆仑中大工控技术发展有限公司	（010）66183390	计量范围0.3～60cm^3，生产能力40～110袋/min，制袋尺寸（mm）：（40～130）×（40～90），总功率0.7kW，外形尺寸（mm）：550×720×1500，重165kg，不锈钢箱体
颗粒包装机	GL-K100	27800	北京昆仑中大工控技术发展有限公司	（010）66183390	计量范围0.3～60cm^3，生产能力40～110袋/min，制袋尺寸（mm）：（40～130）×（40～90），总功率0.7kW，外形尺寸（mm）：550×720×1500，重165kg，彩屏
颗粒包装机	GL-K100	28600	北京昆仑中大工控技术发展有限公司	（010）66183390	计量范围0.3～60cm^3，生产能力40～110袋/min，制袋尺寸（mm）：（40～130）×（40～90），总功率0.7kW，外形尺寸（mm）：550×720×1500，重165kg，彩屏，带无料停机装置
颗粒包装机	GL-K100	28800	北京昆仑中大工控技术发展有限公司	（010）66183390	计量范围0.3～60cm^3，生产能力40～110袋/min，制袋尺寸（mm）：（40～130）×（40～90），总功率0.7kW，外形尺寸（mm）：550×720×1500，重165kg，彩屏，带摇式同步调料装置
颗粒包装机	GL-K100	29800	北京昆仑中大工控技术发展有限公司	（010）66183390	计量范围0.3～60cm^3，生产能力40～110袋/min，制袋尺寸（mm）：（40～130）×（40～90），总功率0.7kW，外形尺寸（mm）：550×720×1500，重165kg，彩屏，不锈钢箱体
颗粒包装机	KDL160-8	423000	北京大松博川包装机械有限公司	（010）57621127	包装容积2.5～17mL，包装能力160～560袋/min，制袋宽度22mm，功率6kW，重800kg，背封枕形袋，带不锈钢机箱
颗粒包装机	KDL160-8	448000	北京大松博川包装机械有限公司	（010）57621127	包装容积2.5～17mL，包装能力160～560袋/min，制袋宽度22mm，功率6kW，重800kg，背封枕形袋，带不锈钢机箱、色带打码机
制粒包装机	KDL160-10	433000	北京大松博川包装机械有限公司	（010）57621127	包装容积1～9mL，包装能力200～700袋/min，制袋宽度16mm，功率6.8kW，重800kg，背封枕形袋，带不锈钢机箱
颗粒包装机	KDL160-10	458000	北京大松博川包装机械有限公司	（010）57621127	包装容积1～9mL，包装能力200～700袋/min，制袋宽度16mm，功率6.8kW，重800kg，背封枕形袋，带不锈钢机箱、色带打码机

产品名称	型号规格	参考价格(元)	生产厂家	电话	主要参数及备注
颗粒包装机	KDL160-12	453000	北京大松博川包装机械有限公司	(010)57621127	包装容积1~9mL,包装能力240~840袋/min,制袋宽度16mm,功率7kW,重980kg,背封枕形袋,带不锈钢机箱
颗粒包装机	KDL160-12	478000	北京大松博川包装机械有限公司	(010)57621127	包装容积1~9mL,包装能力240~840袋/min,制袋宽度16mm,功率7kW,重980kg,背封枕形袋,带不锈钢机箱、色带打码机
多条袋颗粒包装机	DXDK-330	178000	锦州万得包装机械有限公司	(0416)3530328	最大包装能力300袋/min,袋长75~120mm,袋宽50~100mm,装量0.5~20g,装量精度±5%,最大包材宽度330mm,包材最大外径330mm,包材芯径70~76mm,总功率3.3kW,外形尺寸(mm):1450×1230×1800,重1t,内圆角封合
多条袋颗粒包装机	DXDK-330	208000	锦州万得包装机械有限公司	(0416)3530328	最大包装能力300袋/min,袋长75~120mm,袋宽50~100mm,装量0.5~20g,装量精度±5%,最大包材宽度330mm,包材最大外径330mm,包材芯径70~76mm,总功率3.3kW,外形尺寸(mm):1450×1230×1800,重1t,内圆角封合,带3排热打码装置
多条袋颗粒包装机	DXDK-900	220000	锦州万得包装机械有限公司	(0416)3530328	四边封
多条袋颗粒包装机	DXDK-900	230000	锦州万得包装机械有限公司	(0416)3530328	四边封,带伺服系统
多条袋颗粒包装机	DXDK-900	260000	锦州万得包装机械有限公司	(0416)3530328	四边封,带伺服系统、3排热打码装置
多条袋颗粒包装机	DXDK-900A	238000	锦州万得包装机械有限公司	(0416)3530328	四边封
多条袋颗粒包装机	DXDK-900A	248000	锦州万得包装机械有限公司	(0416)3530328	四边封,带伺服系统
多条袋颗粒包装机	DXDK-900A	278000	锦州万得包装机械有限公司	(0416)3530328	四边封,带伺服系统、3排热打码装置
流体包装机	DXDL60ⅡD	29000	北京大松博川包装机械有限公司	(010)57621127	包装容积1~50mL,包装速度40~60袋/min,制袋宽度50~100mm,功率1.1kW,重215kg,背封枕形袋,带不锈钢机箱
流体包装机	DXDL60ⅡD	34000	北京大松博川包装机械有限公司	(010)57621127	包装容积1~50mL,包装速度40~60袋/min,制袋宽度50~100mm,功率1.1kW,重215kg,背封枕形袋,带不锈钢机箱、色带打码机
流体包装机	DXDL60ⅡD	37000	北京大松博川包装机械有限公司	(010)57621127	包装容积1~50mL,包装速度40~60袋/min,制袋宽度50~100mm,功率1.1kW,重215kg,背封枕形袋,带不锈钢机箱、色带打码机、斗式输送机
流体包装机	DXDL60ⅡD	40000	北京大松博川包装机械有限公司	(010)57621127	包装容积1~50mL,包装速度40~60袋/min,制袋宽度50~100mm,功率1.1kW,重215kg,背封枕形袋,带不锈钢机箱、色带打码机、斗式输送机,PLC控制
流体包装机	DXDL60ⅡD	50000	北京大松博川包装机械有限公司	(010)57621127	包装容积1~50mL,包装速度40~60袋/min,制袋宽度50~100mm,功率1.1kW,重215kg,背封枕形袋,带不锈钢机箱、色带打码机、斗式输送机,PLC控制,符合CE标准

产品名称	型号规格	参考价格（元）	生产厂家	电话	主要参数及备注
流体包装机	DXDL60ⅡD	59000	北京大松博川包装机械有限公司	（010）57621127	包装容积1~50mL,包装速度40~60袋/min,制袋宽度50~100mm,功率1.1kW,重215kg,背封枕形袋,带不锈钢机箱、热转印打码装置
流体包装机	DXDL60C-H	23600	北京大松博川包装机械有限公司	（010）57621127	包装容积1~50mL,包装能力40~60袋/min,制袋宽度40~85mm,功率0.86kW,重180kg,三边封扁平袋,带不锈钢机箱
流体包装机	DXDL60C-H	27600	北京大松博川包装机械有限公司	（010）57621127	包装容积1~50mL,包装能力40~60袋/min,制袋宽度40~85mm,功率0.86kW,重180kg,三边封扁平袋,带不锈钢机箱、旋转切刀
流体包装机	DXDL60C-H	28600	北京大松博川包装机械有限公司	（010）57621127	包装容积1~50mL,包装能力40~60袋/min,制袋宽度40~85mm,功率0.86kW,重180kg,三边封扁平袋,带不锈钢机箱、色带打码机
流体包装机	DXDL60C-H	29900	北京大松博川包装机械有限公司	（010）57621127	包装容积1~50mL,包装能力40~60袋/min,制袋宽度40~85mm,功率0.86kW,重180kg,带不锈钢机箱、色带打码机、四面封
流体包装机	DXDL60C-H	32900	北京大松博川包装机械有限公司	（010）57621127	包装容积1~50mL,包装能力40~60袋/min,制袋宽度40~85mm,功率0.86kW,重180kg,带不锈钢机箱、色带打码机、四面封,PLC控制
流体包装机	DXDL60C-H	42900	北京大松博川包装机械有限公司	（010）57621127	包装容积1~50mL,包装能力40~60袋/min,制袋宽度40~85mm,功率0.86kW,重180kg,带不锈钢机箱、色带打码机、四面封,PLC控制,符合CE标准
流体包装机	DXDL60C-H	53600	北京大松博川包装机械有限公司	（010）57621127	包装容积1~50mL,包装能力40~60袋/min,制袋宽度40~85mm,功率0.86kW,重180kg,三边封扁平袋,带不锈钢机箱、热转印打码装置
流体包装机	DXDL140ⅡE	46000	北京大松博川包装机械有限公司	（010）57621127	包装容积60~300mL,包装能力28~50袋/min,制袋宽度40~140mm,功率1.35kW,重270kg,背封枕形袋,带不锈钢机箱
流体包装机	DXDL140ⅡE	51000	北京大松博川包装机械有限公司	（010）57621127	包装容积60~300mL,包装能力28~50袋/min,制袋宽度40~140mm,功率1.35kW,重270kg,背封枕形袋,带不锈钢机箱、色带打码机
流体包装机	DXDL140ⅡE	54000	北京大松博川包装机械有限公司	（010）57621127	包装容积60~300mL,包装能力28~50袋/min,制袋宽度40~140mm,功率1.35kW,重270kg,背封枕形袋,带不锈钢机箱、色带打码机、斗式输送机
流体包装机	DXDL140ⅡE	76000	北京大松博川包装机械有限公司	（010）57621127	包装容积60~300mL,包装能力28~50袋/min,制袋宽度40~140mm,功率1.35kW,重270kg,背封枕形袋,带不锈钢机箱、热转印打码装置
流体包装机	DXDL140E	46000	北京大松博川包装机械有限公司	（010）57621127	包装容积60~400mL,包装能力28~50袋/min,制袋宽度40~140mm,功率1.35kW,重270kg,三边封扁平袋,带不锈钢机箱

产品名称	型号规格	参考价格(元)	生产厂家	电话	主要参数及备注
流体包装机	DXDL140E	51000	北京大松博川包装机械有限公司	(010) 57621127	包装容积 60~400mL,包装能力 28~50 袋/min,制袋宽度 40~140mm,功率1.35kW,重 270kg,三边封扁平袋,带不锈钢机箱、色带打码机
流体包装机	DXDL140E	54000	北京大松博川包装机械有限公司	(010) 57621127	包装容积 60~400mL,包装能力 28~50 袋/min,制袋宽度 40~140mm,功率1.35kW,重 270kg,三边封扁平袋,带不锈钢机箱、色带打码机,PLC 控制
流体包装机	DXDL140E	64000	北京大松博川包装机械有限公司	(010) 57621127	包装容积 60~400mL,包装能力 28~50 袋/min,制袋宽度 40~140mm,功率1.35kW,重 270kg,三边封扁平袋,带不锈钢机箱、色带打码机,PLC 控制,符合 CE 标准
流体包装机	DXDL140E	76000	北京大松博川包装机械有限公司	(010) 57621127	包装容积 60~400mL,包装能力 28~50 袋/min,制袋宽度 40~140mm,功率1.35kW,重 270kg,三边封扁平袋,带不锈钢机箱、热转印打码装置
流体充填包装机	100C	13600	北京大松博川包装机械有限公司	(010) 57621127	包装容积<100mL,包装能力 20~50 袋/min,功率 0.2 kW,重 88kg,半自动,带不锈钢机箱
片剂包装机	DXDP60ⅡD	29000	北京大松博川包装机械有限公司	(010) 57621127	包装容积 24 片(ϕ12mm),包装能力 40~60 袋/min,制袋宽度 50~100mm,功率 1.28 kW,重 215kg,背封枕形袋,带不锈钢机箱
片剂包装机	DXDP60ⅡD	34000	北京大松博川包装机械有限公司	(010) 57621127	包装容积 24 片(ϕ12mm),包装能力 40~60 袋/min,制袋宽度 50~100mm,功率 1.28 kW,重 215kg,背封枕形袋,带不锈钢机箱、色带打码机
片剂包装机	DXDP60ⅡD	37000	北京大松博川包装机械有限公司	(010) 57621127	包装容积 24 片(ϕ12mm),包装能力 40~60 袋/min,制袋宽度 50~100mm,功率 1.28 kW,重 215kg,背封枕形袋,带不锈钢机箱、色带打码机、斗式输送机
片剂包装机	DXDP60ⅡD	40000	北京大松博川包装机械有限公司	(010) 57621127	包装容积 24 片(ϕ12mm),包装能力 40~60 袋/min,制袋宽度 50~100mm,功率 1.28 kW,重 215kg,背封枕形袋,带不锈钢机箱、色带打码机、斗式输送机,PLC 控制
片剂包装机	DXDP60ⅡD	50000	北京大松博川包装机械有限公司	(010) 57621127	包装容积 24 片(ϕ12mm),包装能力 40~60 袋/min,制袋宽度 50~100mm,功率 1.28 kW,重 215kg,背封枕形袋,带不锈钢机箱、色带打码机、斗式输送机,PLC 控制,符合 CE 标准
片剂包装机	DXDP60C-H	23600	北京大松博川包装机械有限公司	(010) 57621127	包装容积 24 片(ϕ12mm),包装能力 40~60 袋/min,制袋宽度 40~85mm,功率 1.04 kW,重 180kg,三边封扁平袋,带不锈钢机箱
片剂包装机	DXDP60C-H	27600	北京大松博川包装机械有限公司	(010) 57621127	包装容积 24 片(ϕ12mm),包装能力 40~60 袋/min,制袋宽度 40~85mm,功率 1.04 kW,重 180kg,三边封扁平袋,带不锈钢机箱、旋转切刀

产品名称	型号规格	参考价格（元）	生产厂家	电话	主要参数及备注
片剂包装机	DXDP60C-H	28600	北京大松博川包装机械有限公司	（010）57621127	包装容积 24 片（ϕ12mm），包装能力 40～60 袋/min，制袋宽度 40～85mm，功率 1.04 kW，重 180kg，三边封扁平袋，带不锈钢机箱、色带打码机
片剂包装机	DXDP60C-H	29900	北京大松博川包装机械有限公司	（010）57621127	包装容积 24 片（ϕ12mm），包装能力 40～60 袋/min，制袋宽度 40～85mm，功率 1.04 kW，重 180kg，带不锈钢机箱、色带打码机、四面封
片剂包装机	DXDP60C-H	32900	北京大松博川包装机械有限公司	（010）57621127	包装容积 24 片（ϕ12mm），包装能力 40～60 袋/min，制袋宽度 40～85mm，功率 1.04 kW，重 180kg，带不锈钢机箱、色带打码机、四面封，PLC 控制
片剂包装机	DXDP60C-H	42900	北京大松博川包装机械有限公司	（010）57621127	包装容积 24 片（ϕ12mm），包装能力 40～60 袋/min，制袋宽度 40～85mm，功率 1.04 kW，重 180kg，带不锈钢机箱、色带打码机、四面封，PLC 控制，符合 CE 标准
片剂包装机	DXDP60C-H	53600	北京大松博川包装机械有限公司	（010）57621127	包装容积 24 片（ϕ12mm），包装能力 40～60 袋/min，制袋宽度 40～85mm，功率 1.04 kW，重 180kg，三边封扁平袋，带不锈钢机箱、热转印打码装置
片剂包装机	GL-P50	24800	北京昆仑中大工控技术发展有限公司	（010）66183390	生产能力 30～60 袋/min，制袋尺寸（mm）：（40～130）×（40～90），总功率0.8kW，外形尺寸（mm）：550×720×1500，重 165kg
片剂包装机	GL-P50	25600	北京昆仑中大工控技术发展有限公司	（010）66183390	生产能力 30～60 袋/min，制袋尺寸（mm）：（40～130）×（40～90），总功率0.8kW，外形尺寸（mm）：550×720×1500，重 165kg，带无料停机装置
片剂包装机	GL-P50	25800	北京昆仑中大工控技术发展有限公司	（010）66183390	生产能力 30～60 袋/min，制袋尺寸（mm）：（40～130）×（40～90），总功率0.8kW，外形尺寸（mm）：550×720×1500，重 165kg，带摇式同步调料装置
片剂包装机	GL-P50	26800	北京昆仑中大工控技术发展有限公司	（010）66183390	生产能力 30～60 袋/min，制袋尺寸（mm）：（40～130）×（40～90），总功率0.8kW，外形尺寸（mm）：550×720×1500，重 165kg，不锈钢箱体
片剂包装机	GL-P50	28800	北京昆仑中大工控技术发展有限公司	（010）66183390	生产能力 30～60 袋/min，制袋尺寸（mm）：（40～130）×（40～90），总功率0.8kW，外形尺寸（mm）：550×720×1500，重 165kg，彩屏
片剂包装机	GL-P50	29600	北京昆仑中大工控技术发展有限公司	（010）66183390	生产能力 30～60 袋/min，制袋尺寸（mm）：（40～130）×（40～90），总功率0.8kW，外形尺寸（mm）：550×720×1500，重 165kg，彩屏，带无料停机装置
片剂包装机	GL-P50	29800	北京昆仑中大工控技术发展有限公司	（010）66183390	生产能力 30～60 袋/min，制袋尺寸（mm）：（40～130）×（40～90），总功率0.8kW，外形尺寸（mm）：550×720×1500，重 165kg，彩屏，带摇式同步调料装置

产品名称	型号规格	参考价格（元）	生产厂家	电话	主要参数及备注
片剂包装机	GL-P50	30800	北京昆仑中大工控技术发展有限公司	（010）66183390	生产能力30~60袋/min，制袋尺寸（mm）：（40~130）×（40~90），总功率0.8kW，外形尺寸（mm）：550×720×1500，重165kg，彩屏，不锈钢箱体
液体包装机	GL-L55	25800	北京昆仑中大工控技术发展有限公司	（010）66183390	计量范围1~80mL
液体包装机	GL-L55	26600	北京昆仑中大工控技术发展有限公司	（010）66183390	计量范围1~80mL，带无料停机装置
液体包装机	GL-L55	26800	北京昆仑中大工控技术发展有限公司	（010）66183390	计量范围1~80mL，带摇式同步调料装置
液体包装机	GL-L55	27800	北京昆仑中大工控技术发展有限公司	（010）66183390	计量范围1~80mL，不锈钢箱体
液体包装机	GL-L55	29800	北京昆仑中大工控技术发展有限公司	（010）66183390	计量范围1~80mL，彩屏
液体包装机	GL-L55	30600	北京昆仑中大工控技术发展有限公司	（010）66183390	计量范围1~80mL，彩屏，带无料停机装置
液体包装机	GL-L55	30800	北京昆仑中大工控技术发展有限公司	（010）66183390	计量范围1~80mL，彩屏，带摇式同步调料装置
液体包装机	GL-L55	31800	北京昆仑中大工控技术发展有限公司	（010）66183390	计量范围1~80mL，彩屏，不锈钢箱体
饮片包装机	DXD140ⅡE-T	39000	北京大松博川包装机械有限公司	（010）57621127	包装容积60~400mL，包装能力28~50袋/min，制袋宽度40~140mm，功率1.35kW，重300kg，带不锈钢机箱
饮片包装机	DXD140ⅡE-T	44000	北京大松博川包装机械有限公司	（010）57621127	包装容积60~400mL，包装能力28~50袋/min，制袋宽度40~140mm，功率1.35kW，重300kg，带不锈钢机箱、色带打码机
中药液体包装机	YB150	18000	北京东华原医疗设备有限责任公司京津办事处	（010）62019701	包装容积150mL，外形尺寸（mm）：575×590×1086，重55kg
中药液体包装机	YB200	18000	北京东华原医疗设备有限责任公司京津办事处	（010）62019701	包装容积200mL，外形尺寸（mm）：575×590×1086，重55kg
全自动热收缩包装机	HW-800GH	105000	河北博柯莱自动化包装有限公司	（0310）6661806	进料带长度2000mm，最大包装膜宽450mm，最大成品尺寸（mm）：320×150×150，收缩温度160~180℃，噪声≤50dB，功率12kW，外形尺寸（mm）：3430×800×1550，重850kg
全自动热收缩包装机	HW-800H	105000	河北博柯莱自动化包装有限公司	（0310）6661806	进料带长度1100mm，最大包装膜宽450mm，最大成品尺寸（mm）：300×150×200，收缩温度130~180℃，噪声≤50dB，功率12kW，外形尺寸（mm）：3180×800×1550，重800kg
全自动热收缩包装机	HW-800XP	105000	河北博柯莱自动化包装有限公司	（0310）6661806	进料带长度2000mm，最大包装膜宽380mm，最大成品尺寸（mm）：320×150×150，收缩温度170~190℃，噪声≤50dB，功率12kW，外形尺寸（mm）：3200×800×550，重800kg
全自动热收缩包装机	HW-1000P	105000	河北博柯莱自动化包装有限公司	（0310）6661806	进料带长度2000mm，最大包装膜宽600mm，最大成品尺寸（mm）：500×350×320，收缩温度130~180℃，噪声≤62dB，功率14kW，外形尺寸（mm）：4157×1000×1950，重900kg

产品名称	型号规格	参考价格(元)	生产厂家	电话	主要参数及备注
全自动热收缩包装机	HW-3000YTL	90000	河北博柯莱自动化包装有限公司	(0310)6661806	最大包装膜宽550mm,最大包装尺寸(mm):400×300×145,最小包装尺寸(mm):30×30×1,功率1.5kW,外形尺寸(mm):2585×1080×1260,重550kg
自动装盒机	HJ-100	420000	锦州万得包装机械有限公司	(0416)3530328	生产能力50~100盒/min,纸盒尺寸(mm):(85~130)×(40~80)×(15~80)mm,包装物尺寸(mm):(65~120)×(25~80),说明书尺寸(mm):80×100(最小)、260×180(最大),耗汽量50L/min,总功率4.5kW,外形尺寸(mm):3400×1300×1830,重2.4t
自动装盒机	HJ-200	350000	锦州万得包装机械有限公司	(0416)3530328	生产能力50~150盒/min,纸盒尺寸(mm):(85~150)×(40~80)×(15~70)mm,包装物尺寸(mm):(65~145)×(25~90),说明书尺寸(mm):110×130(最小)、260×180(最大),耗汽量50L/min,总功率3kW,外形尺寸(mm):3667.5×1500×1350,重2.5t
自动装盒机	ZH100	200000	上海江南制药机械有限公司	(021)57678701	最大装盒速度100盒/min,说明书最大尺寸(mm):170×240,总功率1.5kW,外形尺寸(mm):3500×1500×1800,重1.2t,PLC人机界面,含运输费和安装费
全自动装盒机	DXH-100	248000	瑞安市江华机械有限公司	(0577)65002555	PLC人机界面
全自动装盒机	JDZ-100	248000	瑞安市佳德包装机械有限公司	(0577)65025548	装盒速度30~100盒/min,纸盒尺寸(mm):(70~180)×(35~85)×(14~50),未折叠说明书尺寸(mm):(80~250)×(90~170),耗气量120~160L/min,主电动机功率0.75kW,外形尺寸(mm):3100×1100×1550,重1.4t,卧式,不锈钢罩壳,PLC控制,变频调速,触摸屏,伺服加料
全自动装盒机	JDZ-100D	360000	瑞安市佳德包装机械有限公司	(0577)65025548	卧式,不锈钢罩壳,PLC控制,变频调速,触摸屏
全自动装盒机	JDZ-100P	248000	瑞安市佳德包装机械有限公司	(0577)65025548	装盒速度30~100盒/min,纸盒尺寸(mm):(65~180)×(35~85)×(15~50),未折叠说明书尺寸(mm):(80~250)×(90~170),耗气量120~160L/min,主电动机功率0.75kW,外形尺寸(mm):4300×1100×1550,重1.6t,卧式,不锈钢罩壳,PLC控制,变频调速,触摸屏
全自动装盒机	JDZ-120	200000	瑞安市佳德包装机械有限公司	(0577)65025548	立式,不锈钢罩壳,全封闭有机玻璃窗,PLC控制,变频调速,触摸屏
全自动装盒机	JDZ-120Ⅲ	220000	瑞安市佳德包装机械有限公司	(0577)65025548	装盒速度30~120盒/min,纸盒尺寸(mm):(65~125)×(30~85)×(12~50),未折叠说明书尺寸(mm):(80~250)×(90~170),耗气量120~160L/min,主电动机功率0.75kW,外形尺寸(mm):2150×1140×1800,重1.1t,立式,不锈钢罩壳,全封闭有机玻璃窗,PLC控制,变频调速,触摸屏,伺服加料

产品名称	型号规格	参考价格(元)	生产厂家	电话	主要参数及备注
全自动装盒机	JDZ-120D	340000	瑞安市佳德包装机械有限公司	(0577)65025548	装盒速度30~120盒/min,纸盒尺寸(mm):(65~150)×(30~85)×(12~45),未折叠说明书尺寸(mm):(80~250)×(90~170),耗气量200~240L/min,主电动机功率1.1kW,外形尺寸(mm):2880×1140×1800,重1.5t,立式,不锈钢罩壳,全封闭有机玻璃窗,PLC控制,变频调速,触摸屏
全自动装盒机	JDZ-120G	220000	瑞安市佳德包装机械有限公司	(0577)65025548	装盒速度30~120盒/min,纸盒尺寸(mm):(65~155)×(30~85)×(15~50),未折叠说明书尺寸(mm):(80~250)×(90~170),耗气量120~160L/min,主电动机功率0.75kW,外形尺寸(mm):2300×1140×1800,重1.2t,立式,不锈钢罩壳,全封闭有机玻璃窗,PLC控制,变频调速,触摸屏
全自动装盒机	JDZ-120K	220000	瑞安市佳德包装机械有限公司	(0577)65025548	装盒速度30~120盒/min,纸盒尺寸(mm):(65~150)×(30~85)×(15~45),未折叠说明书尺寸(mm):(80~250)×(90~170),耗气量120~160L/min,主电动机功率0.75kW,外形尺寸(mm):2400×1140×1800,重1.2t,立式,不锈钢罩壳,全封闭有机玻璃窗,PLC控制,变频调速,触摸屏
全自动装盒机	JDZ-120P	220000	瑞安市佳德包装机械有限公司	(0577)65025548	装盒速度30~120盒/min,纸盒尺寸(mm):(65~120)×(30~70)×(15~55),未折叠尺寸(mm):(80~250)×(90~170),耗气量120~160L/min,主电动机功率0.75kW,外形尺寸(mm):2700×1140×1800,重1.2t,立式,不锈钢罩壳,全封闭有机玻璃窗,PLC控制,变频调速,触摸屏
多功能装盒机	HD80A	550000	北京双鹤制药装备有限责任公司	(010)61271308	最大生产能力80盒/min,折纸机速度80张/min,最大功率4kW,外形尺寸(mm):3400×1650×1890,重1.5t
多功能装盒机	HD180A	650000	北京双鹤制药装备有限责任公司	(010)61271308	最大生产能力180盒/min,折纸机速度180张/min,最大功率4kW,外形尺寸(mm):4300×1600×1620,重2t
高速自动装盒机	DXH-200	560000	瑞安市江华机械有限公司	(0577)65002555	生产能力80~200盒/min,纸盒尺寸(mm):(70~200)×(50~120)×(14~70),主机功率2.2kW,外形尺寸(mm):4500×1800×1880,重2.5t,PLC人机界面
高速自动装盒机	ZH180	435000	上海江南制药机械有限公司	(021)57678701	最大装盒速度150盒/min,PLC人机界面,含运输费和安装费
全自动高速装盒机	JDZ-200	980000	瑞安市佳德包装机械有限公司	(0577)65025548	装盒速度200盒/min,纸盒尺寸(mm):(70~200)×(35~80)×(14~50),未折叠说明书尺寸(mm):(80~250)×(90~170),耗气量150~200L/min,主电动机功率4.5kW,外形尺寸(mm):4800×1600×1550,重2.6t,不锈钢罩壳,PLC控制,变频调速,触摸屏,伺服加料

产品名称	型号规格	参考价格(元)	生产厂家	电话	主要参数及备注
药品包装自动生产线	DCT-250	600000	瑞安市江华机械有限公司	(0577)65002555	带DPR-250型泡罩包装机、100型装盒机

1.6.2 分装、灌装设备

产品名称	型号规格	参考价格(元)	生产厂家	电话	主要参数及备注
液体灌装机	FZH-10	3500	上海中南医药机械有限公司	(021)64089523	生产能力1500支/h,灌装范围1~10mL,功率15kW,外形尺寸(mm):200×180×350,单头,台式
液体灌装机	FZH-100	5800	上海中南医药机械有限公司	(021)64089523	生产能力400~700支/h,灌装范围10~100mL,功率0.18kW,外形尺寸(mm):430×360×700,单头,台式
液体灌装机	GZY-15/4	13600	上海中南医药机械有限公司	(021)64089523	生产能力3000~6000支/h,灌装范围2~15mL,功率0.28kW,外形尺寸(mm):610×420×710,4头,台式
液体灌装机	GZY-100/4	14700	上海中南医药机械有限公司	(021)64089523	生产能力2000~3000支/h,灌装范围10~100mL,功率0.37kW,外形尺寸(mm):610×420×710,4头
液体灌装机	GZY-1000/2	19700	上海中南医药机械有限公司	(021)64089523	生产能力400~1000支/h,灌装范围300~1000mL,功率0.75kW,外形尺寸(mm):920×550×1760,落地式
液体灌装机	GZY-200/4	15300	上海中南医药机械有限公司	(021)64089523	生产能力1500~2500支/h,灌装范围50~200mL,功率0.55kW,外形尺寸(mm):610×420×710,4头
液体灌装机	GZY-2000/2	24500	上海中南医药机械有限公司	(021)64089523	生产能力300~800支/h,灌装范围500~2000mL,功率1.1kW,外形尺寸(mm):980×620×1700,落地式
液体灌装机	GZY-300/2	16200	上海中南医药机械有限公司	(021)64089523	生产能力800~2000支/h,灌装范围100~300mL,功率0.55kW,外形尺寸(mm):800×500×1450,2头
液体灌装机	GZY-300/4	57000	上海中南医药机械有限公司	(021)64089523	生产能力1000~4000支/h,4头,自动送瓶
液体灌装机	GZY-500/2	17800	上海中南医药机械有限公司	(021)64089523	生产能力600~1500支/h,2头,落地式
液体灌装机	GZY-500/4	84000	上海中南医药机械有限公司	(021)64089523	生产能力1000~4000支/h,灌装范围100~500mL,功率1.1kW,外形尺寸(mm):2060×950×1800,自动送瓶
液体灌装机	ZKG20	40000	湖南中兴制药机械有限公司	(0731)85282098	生产能力60~120瓶/min,灌装头数20头,功率1.5kW,外形尺寸(mm):1300×1280×2180,重1.5t,负压式
液体灌装机	ZKG36	68000	湖南中兴制药机械有限公司	(0731)85282098	生产能力80~200瓶/min,灌装头数30头,功率4.95kW,外形尺寸(mm):1480×1380×2180,重2.15t,负压式
液体灌装机	ZKG48	85000	湖南中兴制药机械有限公司	(0731)85282098	生产能力120~300瓶/min,灌装头数40头,功率6.21kW,外形尺寸(mm):1560×1980×2180,重2.35t,负压式

1.6.3 加盖(塞)设备

产品名称	型号规格	参考价格(元)	生产厂家	电话	主要参数及备注
轧盖机	DK-50D	5500	上海中南医药机械有限公司	(021)64089523	功率0.37kW,外形尺寸(mm):520×200×900,重65kg
轧盖机	DZG-Ⅱ	320000	上海新旭发机械科技有限公司	(021)36161982	含运输费、保险费、安装调试费、服务费,单刀16头
轧盖机	DZG-Ⅲ	350000	上海新旭发机械科技有限公司	(021)36161982	含运输费、保险费、安装调试费、服务费,单刀18头
轧盖机	SG-13	750	上海中南医药机械有限公司	(021)64089523	手动
轧盖机	SG-20A	1050	上海中南医药机械有限公司	(021)64089523	手动
轧盖机	ZG12	250000	上海新旭发机械科技有限公司	(021)36161982	适用规格2~100mL,成品率≥98%,功率1.1kW,外形尺寸(mm):1800×900×1400,重500kg,含运输费、保险费、安装调试费、服务费
轧盖机	ZG-Ⅰ	128000	上海新旭发机械科技有限公司	(021)36161982	适用规格2~25mL,成品率≥98%,功率1.1kW,外形尺寸(mm):1800×900×1400,重500kg,含运输费、保险费、安装调试费、服务费
电动轧盖机	DZ5/500	7800	中南制药机械厂	(0731)88905318	生产能力20~60瓶/min,电动机功率0.37kW,外形尺寸(mm):700×400×600,重30kg
高速轧盖机	GG-350	95000	上海方星机械设备制造有限公司	(021)64292195	生产能力150~350瓶/min,适用瓶外径12~30mm,总功率1.5kW,外形尺寸(mm):1800×980×1580,重800kg
口服液灌装轧盖机	DGK10-30mL	45000	上海国彩制药机械成套设备有限公司	(021)59763016	生产能力2400~3000瓶/h(2头)、4800~6000瓶/h(4头),外形尺寸(mm):1100×1000×1350,重250kg
口服液灌装轧盖机	YG-10B	34000	中南制药机械厂	(0731)88905318	生产能力4000瓶/h,功率0.37kW,外形尺寸(mm):1060×670×1400,重140kg
铝盖轧盖机	DZG	148000	上海新旭发机械科技有限公司	(021)36161982	合格率≥98%,功率1.5kW,重600kg,含运输费、保险费、安装调试费、服务费
密封胶灌装轧盖机	QWF-300	55000	无锡市群兴化工设备有限公司	(0510)83078797	生产能力25~38支/min,计量范围100~500mL,液压电动机功率1.5kW,半自动,带密封胶定量分装机1台(含电控箱)、液压工作站1个、喂底盖输送机1台、自动压盖机构1套
玻璃胶灌装轧盖机	QZF-300	280000	无锡市群兴化工设备有限公司	(0510)83078797	生产能力30~50支/min,全自动
液体自动灌装加塞轧盖机	CLM5/30mL	58000	上海国彩制药机械成套设备有限公司	(021)59763016	生产能力2500~3000支/h,功率1kW,外形尺寸(mm):1250×1100×1200,重350kg
液体自动灌装胶塞轧盖机	CLM5/30	38000	上海宏泾制药机械有限公司	(021)59760447	生产能力2500~3000支/h,适用瓶规格10~30mL,功率1kW,外形尺寸(mm):1250×1100×1200,重150kg
液体自动灌装胶塞轧盖机	CLM50/100.25.500	46500	上海宏泾制药机械有限公司	(021)59760447	功率1kW,外形尺寸(mm):1250×1550×1400,重250kg
旋盖机	DGK10-30	26000	上海宏泾制药机械有限公司	(021)59760447	生产能力2400~3000瓶/h,灌装容积10~30mL,功率0.75kW,外形尺寸(mm):1100×1000×1350,重250kg,转盘式

产品名称	型号规格	参考价格(元)	生产厂家	电话	主要参数及备注
直线连续式灌装加塞机	GYHH-20	1500000	上海新旭发机械科技有限公司	(021)36161982	含运输费、保险费、安装调试费、服务费

1.6.4　包装容器充填(灌装)封口设备

产品名称	型号规格	参考价格(元)	生产厂家	电话	主要参数及备注
铝箔封口机	GF-500	8200	上海中南医药机械有限公司	(021)64089523	生产能力40~60瓶/min,封口直径20~80mm,功率0.5kW,外形尺寸(mm):360×390×130,重8kg,手动
铝箔封口机	GF-800A	10800	上海中南医药机械有限公司	(021)64089523	生产能力40~60瓶/min,封口直径8~28mm,功率0.8kW,外形尺寸(mm):400×390×150,重15kg,手动
铝箔封口机	GF-800B	12000	上海中南医药机械有限公司	(021)64089523	生产能力40~60瓶/min,封口直径80~160mm,功率0.8kW,外形尺寸(mm):400×390×150,重15kg,手动
铝箔封口机	GF-1500	65000	上海中南医药机械有限公司	(021)64089523	生产能力0~250瓶/min,封口直径20~80mm,功率1.5kW,外形尺寸(mm):1500×500×1050,重55kg,自动
铝箔封口机	GF-2000	78000	上海中南医药机械有限公司	(021)64089523	生产能力0~250瓶/min,封口直径8~20mm,功率2kW,外形尺寸(mm):1500×500×1050,重55kg,自动
铝箔封口机	GF-3000	85000	上海中南医药机械有限公司	(021)64089523	生产能力0~250瓶/min,封口直径20~120mm,功率3kW,外形尺寸(mm):2000×450×1050,重80kg,自动
铝箔封口机	KF-01B	40000	舟山市双鲸制药设备有限公司	(0580)3696270	最大生产能力120瓶/min,适用瓶规格15~250mL,适用瓶盖ϕ15~55mm,适用瓶高30~300mm,功率2kW,外形尺寸(mm):1600×880×1120,重96kg
手钳式封口机	300型	1280	上海阿依包装机械有限公司	(021)51083018	
电磁感应封口机	500型	1200	上海阿依包装机械有限公司	(021)51083018	
电磁感应封口机	1000型	1500	上海阿依包装机械有限公司	(021)51083018	
电磁感应铝箔封口机	JF-1	28000	上海方星机械设备制造有限公司	(021)64292195	
电磁感应铝箔封口机	JF-2	32000	上海方星机械设备制造有限公司	(021)64292195	生产能力50~120瓶/min,适用瓶直径20~70mm,适用瓶高50~150mm,总功率4kW,外形尺寸(mm):1600×800×1160,重130kg
电磁感应铝箔封口机	PS-20	90000	珐玛珈包装设备有限公司华北市场服务中心	(010)81653133	
软管灌装封尾机	DTGFR-60	140000	上海戴服特包装机械有限公司	(021)69120056	生产能力40~60支/min,适用规格5~400mL,可封管径16mm、35mm,灌装精度±1.5%,功率1.2kW,外形尺寸(mm):1600×700×1800,重600kg

产品名称	型号规格	参考价格(元)	生产厂家	电话	主要参数及备注
硅酮密封胶灌装封尾机	GJGF-2	78000	无锡市群兴化工设备有限公司	(0510)83078797	生产能力20~40支/min,灌装量30~125mL、50~185mL,外形尺寸(mm):1250×650×2200,重400kg,全自动
安瓿拉丝灌封机	ALG1/2	26000	上海宏泾制药机械有限公司	(021)59760447	灌装针数4针,功率0.55kW,外形尺寸(mm):1650×900×1500,重400kg
安瓿拉丝灌封机	ALG1/2	36000	上海宏泾制药机械有限公司	(021)59760447	灌装针数8针,功率0.55kW,外形尺寸(mm):1850×900×1500,重450kg
安瓿拉丝灌封机	ALG1/20	9800	上海中南医药机械有限公司	(021)64089523	生产能力1500瓶/h,适用瓶规格20mL,针数1针,外形尺寸(mm):1300×700×1400,重95kg
安瓿拉丝灌封机	ALG1/5-10	9800	上海中南医药机械有限公司	(021)64089523	生产能力2200瓶/h,适用瓶规格5~10mL,针数1针,外形尺寸(mm):1300×700×1400,重95kg
安瓿拉丝灌封机	ALG2/1-2	9800	上海中南医药机械有限公司	(021)64089523	生产能力4000瓶/h,适用瓶规格1~2mL,针数2针,外形尺寸(mm):1300×700×1400,重95kg
安瓿拉丝灌封机	ALG2/1-2	24000	中南制药机械厂	(0731)88905318	生产能力3600~6900支/h,电动机功率0.55kW,外形尺寸(mm):1350×500×1200,重200kg
安瓿拉丝灌封机	ALG2/5-10	16500	上海中南医药机械有限公司	(021)64089523	生产能力4000瓶/h,适用瓶规格5~10mL,针数2针,外形尺寸(mm):1300×700×1400,重95kg
安瓿拉丝灌封机	ALG4/1-2	32500	上海中南医药机械有限公司	(021)64089523	生产能力7200瓶/h,适用瓶规格1~2mL,针数4针,外形尺寸(mm):1300×700×1400,重95kg
安瓿拉丝灌封机	ALG4/5-10	35000	上海中南医药机械有限公司	(021)64089523	生产能力7200瓶/h,适用瓶规格5~10mL,针数4针
安瓿拉丝灌封机	ALG5/10	36000	上海宏泾制药机械有限公司	(021)59760447	灌装针数6针,功率0.55kW,外形尺寸(mm):1850×900×1500,重450kg
安瓿拉丝灌封机	LSAG1/2	13000	上海宏泾制药机械有限公司	(021)59760447	生产能力1800~4200支/h,适用瓶规格1~2mL(安瓿瓶),功率0.37kW,外形尺寸(mm):1300×700×1300,重100kg,液化气或城市煤气
安瓿拉丝灌封机	LSAG5/10/20	16000	上海宏泾制药机械有限公司	(021)59760447	生产能力3600~4200支/h,适用瓶规格5mL、10mL、20mL(安瓿瓶),功率0.37kW,外形尺寸(mm):1500×700×1400,重150kg,液化气或城市煤气
双针拉丝灌封机	LSAG1/2mL	18000	上海国彩制药机械成套设备有限公司	(021)59763016	
双针拉丝灌封机	LSAG5/10mL	18000	上海国彩制药机械成套设备有限公司	(021)59763016	
四针拉丝灌封机	ALG1/2mL	35000	上海国彩制药机械成套设备有限公司	(021)59763016	
四针拉丝灌封机	ALG5/10mL	35000	上海国彩制药机械成套设备有限公司	(021)59763016	
六针拉丝灌封机	ALG5/10mL	40000	上海国彩制药机械成套设备有限公司	(021)59763016	灌装针头数6针,功率0.55kW
八针拉丝灌封机	ALG1/2mL	40000	上海国彩制药机械成套设备有限公司	(021)59763016	灌装针头数8针,功率0.55kW
塑料(复合)软管灌封机	FGF-40	68000	无锡市群兴化工设备有限公司	(0510)83078797	生产能力10~40支/min,灌装量5~125mL,电动机功率3kW,外形尺寸(mm):1130×950×1900,重450kg,人工

产品名称	型号规格	参考价格(元)	生产厂家	电话	主要参数及备注
塑料(复合)软管灌封机	FGF-40	120000	无锡市群兴化工设备有限公司	(0510)83078797	生产能力10~40支/min,灌装量5~125mL,电动机功率3kW,外形尺寸(mm):1130×950×1900,重450kg,全自动
直线式灌封机	KGF-Z	69500	上海宏泾制药机械有限公司	(021)59760447	生产能力50~60瓶/min,适用瓶规格30~50mL(玻璃瓶、塑料瓶),功率2kW
直线式液体灌封机	KGF-Z	68000	上海国彩制药机械成套设备有限公司	(021)59763016	生产能力50~60瓶/min,功率2kW
安瓿瓶熔封机	AC-3	2800	上海中南医药机械有限公司	(021)64089523	适用瓶规格2~20mL
安瓿瓶熔封机	RF-1	3200	中南制药机械厂	(0731)88905318	生产能力600~800支/h,重3.2kg

1.6.5 泡罩包装设备

产品名称	型号规格	参考价格(元)	生产厂家	电话	主要参数及备注
泡罩包装机	DPP-140D	58000	瑞安市江华机械有限公司	(0577)65002555	冲裁能力40~80板/min,生产能力36000~72000粒/h,行程40~110mm,最大成形尺寸(mm):130×100×18,标准版块尺寸(mm):80×57,主机功率1.1kW,加热总功率2.4kW,外形尺寸(mm):2020×650×1400,重750kg
泡罩包装机	DPP-140E	63000	瑞安市江华机械有限公司	(0577)65002555	冲裁能力40~80板/min,生产能力36000~72000粒/h,行程40~110mm,最大成形尺寸(mm):130×100×18,标准版块尺寸(mm):80×57,主机功率1.1kW,加热总功率2.4kW,外形尺寸(mm):2020×650×1400,重750kg,PLC人机界面
泡罩包装机	DPP-250FⅠ	98000	瑞安市江华机械有限公司	(0577)65002555	冲裁能力20~240板/min,生产能力18000~236000粒/h,行程40~160mm,最大成形尺寸(mm):160×240×26,外形尺寸(mm):2890×700×1600,重1.68t
泡罩包装机	DPP-250FⅡ	108000	瑞安市江华机械有限公司	(0577)65002555	冲裁能力20~240板/min,生产能力18000~236000粒/h,行程40~160mm,最大成形尺寸(mm):160×240×26,外形尺寸(mm):2890×700×1600,重1.68t,PLC人机界面
泡罩包装机	DPP-250G	138000	瑞安市江华机械有限公司	(0577)65002555	冲裁能力20~240板/min,生产能力18000~236000粒/h,行程40~160mm,最大成形尺寸(mm):160×240×26,外形尺寸(mm):3500×1200×1800,重1.68t,PLC人机界面
泡罩包装机	DPP-320FⅠ	150000	瑞安市江华机械有限公司	(0577)65002555	冲裁次数15~60次/min,冲载能力75~300板/min,行程40~160mm,最大成形尺寸(mm):305×150×26,包装材料宽320mm(PVC、铝箔),功率3kW(铝塑热封)、2.2kW(主电动机),外形尺寸(mm):3528×1300×1610,重2t,无边冲裁

产品名称	型号规格	参考价格(元)	生产厂家	电话	主要参数及备注
泡罩包装机	DPP-320FⅡ	160000	瑞安市江华机械有限公司	(0577)65002555	冲裁次数 15~60 次/min,冲载能力 75 ~ 300 板/min,行程 40 ~ 160mm,最大成形尺寸(mm):305×150×26,包装材料宽 320mm(PVC、铝箔),功率 3kW(铝塑热封)、2.2kW(主电动机),外形尺寸(mm):3528×1300×1610,重 2t,无边冲裁,PLC 人机界面
铝塑泡罩包装机	DPH-130	158000	锦州万得包装机械有限公司	(0416)3530328	最大成形尺寸(mm):130×160,最大成形深度 12mm,最大冲裁速度 120 次/min,最大包材宽度 130mm,最大包材外径 400mm(PVC)、280mm(铝箔),包材芯径 70 ~ 76mm,总功率 12kW,外形尺寸(mm):2050×830×1800,重1.2t
铝塑泡罩包装机	DPH-130	163000	锦州万得包装机械有限公司	(0416)3530328	最大成形尺寸(mm):130×160,最大成形深度 12mm,最大冲裁速度 120 次/min,最大包材宽度 130mm,最大包材外径 400mm(PVC)、280mm(铝箔),包材芯径 70 ~ 76mm,总功率 12kW,外形尺寸(mm):2050×830×1800,重1.2t,带 1.2m 输送机
铝塑泡罩包装机	DPH-130	178000	锦州万得包装机械有限公司	(0416)3530328	最大成形尺寸(mm):130×160,最大成形深度 12mm,最大冲裁速度 120 次/min,最大包材宽度 130mm,最大包材外径 400mm(PVC)、280mm(铝箔),包材芯径 70 ~ 76mm,总功率 12kW,外形尺寸(mm):2050×830×1800,重1.2t,带专用上料机
铝塑泡罩包装机	DPH-130	258000	锦州万得包装机械有限公司	(0416)3530328	最大成形尺寸(mm):130×160,最大成形深度 12mm,最大冲裁速度 120 次/min,最大包材宽度 130mm,最大包材外径 400mm(PVC)、280mm(铝箔),包材芯径 70 ~ 76mm,总功率 12kW,外形尺寸(mm):2050×830×1800,重1.2t,带美国康耐视摄像检测及剔废装置
铝铝泡罩包装机	DPH-130S	168000	锦州万得包装机械有限公司	(0416)3530328	最大成形尺寸(mm):130×105,最大成形深度 6mm,最大包材宽度 130mm,最大包材外径 400mm(硬铝)、280mm(铝箔),包材芯径 70~76mm,总功率 7kW,外形尺寸(mm):2050×830×1800,重 1.2t
铝铝泡罩包装机	DPH-130S	268000	锦州万得包装机械有限公司	(0416)3530328	最大成形尺寸(mm):130×105,最大成形深度 6mm,最大包材宽度 130mm,最大包材外径 400mm(硬铝)、280mm(铝箔),包材芯径 70~76mm,总功率 7kW,外形尺寸(mm):2050×830×1800,重 1.2t,带美国康耐视摄像检测及剔废装置
铝塑泡罩包装机	DPH-200	228000	锦州万得包装机械有限公司	(0416)3530328	最大成形尺寸(mm):205×10,最大成形深度 12mm,最大包材宽度 205mm,最大包材外径 400mm(PVC)、280mm(铝箔),包材芯径 70 ~ 76mm,总功率 12kW,外形尺寸(mm):2300×830×1820,重1.5t

产品名称	型号规格	参考价格(元)	生产厂家	电话	主要参数及备注
铝塑泡罩包装机	DPH-200	233000	锦州万得包装机械有限公司	(0416)3530328	最大成形尺寸(mm):205×10,最大成形深度 12mm,最大包材宽度 205mm,最大包材外径 400mm(PVC)、280mm(铝箔),包材芯径 70~76mm,总功率 12kW,外形尺寸(mm):2300×830×1820,重1.5t,带 1.2m 输送机
铝塑泡罩包装机	DPH-200	248000	锦州万得包装机械有限公司	(0416)3530328	最大成形尺寸(mm):205×10,最大成形深度 12mm,最大包材宽度 205mm,最大包材外径 400mm(PVC)、280mm(铝箔),包材芯径 70~76mm,总功率 12kW,外形尺寸(mm):2300×830×1820,重1.5t,带专用上料机
铝塑泡罩包装机	DPH-200	328000	锦州万得包装机械有限公司	(0416)3530328	最大成形尺寸(mm):205×10,最大成形深度 12mm,最大包材宽度 205mm,最大包材外径 400mm(PVC)、280mm(铝箔),包材芯径 70~76mm,总功率 12kW,外形尺寸(mm):2300×830×1820,重1.5t,带美国康耐视摄像检测及剔废装置
铝塑泡罩包装机	DPH-220	528000	锦州万得包装机械有限公司	(0416)3530328	伺服齿形带传动
铝塑泡罩包装机	DPH-220	628000	锦州万得包装机械有限公司	(0416)3530328	带美国康耐视摄像检测及剔废装置,伺服齿形带传动
高速泡罩包装机	DPH-260	258000	瑞安市江华机械有限公司	(0577)65002555	冲裁能力 40~160 次/min,行程 150~250mm,最大成形尺寸(mm):245×110×12,外形尺寸(mm):4350×1070×2200,重 2t,全自动,PLC 人机界面,伺服牵引,通用下料器
铝塑泡罩包装机	DPP-88	38000	上海中南医药机械有限公司	(021)64089523	最大版面尺寸(mm):95×60,冲裁频率 15~30 版次/min,包装材料宽 100mm,功率 3kW,外形尺寸(mm):1500×500×1000,重 380kg
铝塑泡罩包装机	DPP-130	58000	上海中南医药机械有限公司	(021)64089523	最大版面尺寸(mm):130×110,包装材料宽 140mm,功率3.5kW,外形尺寸(mm):1650×600×1000,重 600kg
铝塑泡罩包装机	DPP-150C	105000	上海江南制药机械有限公司	(021)57678701	冲裁频率 35 次/min,宽度≤150mm(PVC),生产能力 50000~90000 粒/h,行程 40~120mm,总功率3.2kW,外形尺寸(mm):2200×570×1380,重 800kg,带铝塑模具、通用加料器,含运输费和安装费
铝塑泡罩包装机	DPP-150D	120000	上海江南制药机械有限公司	(021)57678701	冲裁频率 35 次/min,宽度≤150mm(PVC),生产能力 50000~90000 粒/h,行程 40~120mm,总功率3.2kW,外形尺寸(mm):2200×570×1380,重 800kg,带铝塑模具、通用加料器,含运输费和安装费
铝塑泡罩包装机	DPP-170A	600000	北京双鹤制药装备有限责任公司	(010)61271308	生产能力 50 次/min,耗水量0.9 m^3/h,最大成形深度 16mm,最大板型尺寸(mm):154×108,功率 4kW,外形尺寸(mm):2900×980×1450,重1.5t
铝塑泡罩包装机	DPP-250	95000	上海中南医药机械有限公司	(021)64089523	

产品名称	型号规格	参考价格(元)	生产厂家	电话	主要参数及备注
铝塑泡罩包装机	DPP-250	138000	锦州万得包装机械有限公司	(0416)3530328	最大成形尺寸(mm):230×140(铝铝)、250×150(铝塑),最大成形深度10mm(铝铝)、30mm(铝塑),包材芯径70~76mm,总功率10kW,外形尺寸(mm):3816×687×1525,重2t
铝塑泡罩包装机	DPP-250	148000	锦州万得包装机械有限公司	(0416)3530328	最大成形尺寸(mm):230×140(铝铝)、250×150(铝塑),最大成形深度10mm(铝铝)、30mm(铝塑),包材芯径70~76mm,总功率10kW,外形尺寸(mm):3816×687×1525,重2t,带专用上料机
铝塑泡罩包装机	DPP-250	153000	锦州万得包装机械有限公司	(0416)3530328	最大成形尺寸(mm):230×140(铝铝)、250×150(铝塑),最大成形深度10mm(铝铝)、30mm(铝塑),包材芯径70~76mm,总功率10kW,外形尺寸(mm):3816×687×1525,重2t,带普通触头检测装置
铝塑泡罩包装机	DPP-250D2	140000	上海江南制药机械有限公司	(021)57678701	冲裁频率35~42次/min,进给行程30~120mm,最大成形尺寸(mm):245×112×18,外形尺寸(mm):3500×650×1560,重1.7t,带铝塑模具、通用加料器,含运输费和安装费
铝塑泡罩包装机	DPP-250LL	110000	浙江飞云科技有限公司	(0577)65669918	冲裁频率15~35次/min,生产能力40000~100000粒/h,行程30~120mm,总功率6kW,外形尺寸(mm):3650×825×1735,重1.5t,多功能平板式,带模具
铝塑泡罩包装机	DPP-250LS	90000	浙江飞云科技有限公司	(0577)65669918	冲裁频率20~45次/min,生产能力72000~236000粒/h,行程30~120mm,总功率6kW,外形尺寸(mm):3650×825×1735,重1.5t,多功能平板式,带模具
铝塑泡罩包装机	DPP-250LSL	160000	浙江飞云科技有限公司	(0577)65669918	冲裁频率15~30次/min,生产能力36000~118000粒/h,行程30~120mm,总功率7kW,外形尺寸(mm):4500×830×1750,重1.8t,多功能平板式,带模具
铝塑泡罩包装机	DPP-250S	203000	锦州万得包装机械有限公司	(0416)3530328	带普通触头检测装置
铝塑泡罩包装机	DPP-250S	288000	锦州万得包装机械有限公司	(0416)3530328	带专用上料机
铝塑泡罩包装机	DPP-260K2	188000	上海江南制药机械有限公司	(021)57678701	冲裁频率≤50次/min(4版/次),包装材料宽≤260mm,总功率9.6kW,外形尺寸(mm):3940×720×1580,重1.8t,带铝塑模具、通用加料器,含运输费和安装费
铝塑泡罩包装机	DPP-260Ki	238000	上海江南制药机械有限公司	(021)57678701	最大冲裁频率70次/min(铝/塑)、45次/min(铝/塑/铝),带铝塑模具、通用加料器,含运输费和安装费
铝塑泡罩包装机	DPP-350D2	168000	上海江南制药机械有限公司	(021)57678701	冲裁频率10~35次/min(2mL安瓿),最大成形尺寸(mm):340×150×35,行程≤180mm,药用PVC宽度≤350mm,厚度0.2~0.6mm,总功率9.6kW,外形尺寸(mm):4700×840×1700,重2.3t,含运输费和安装费

产品名称	型号规格	参考价格(元)	生产厂家	电话	主要参数及备注
铝塑泡罩包装机	DPPS170	550000	北京双鹤制药装备有限责任公司	(010)61271308	生产能力30次/min,耗水量0.9m^3/h,最大成形深度10mm,最大板型尺寸(mm):154×104,功率4.5kW,外形尺寸(mm):2900×1000×1500,重2t
铝塑泡罩包装机	DPPS170B	650000	北京双鹤制药装备有限责任公司	(010)61271308	生产能力35次/min,耗水量0.9m^3/h,最大成形深度10mm,最大板型尺寸(mm):154×104,功率8.5kW,外形尺寸(mm):3900×1000×1500,重2.6t
铝塑自动包装机	DPP-80	26000	瑞安市精良机械设备有限公司	(0577)65062268	生产能力10~35次/min,包装速度600~2100版/h,行程40~100mm,最大成形尺寸(mm):80×100×15,外形尺寸(mm):1950×500×1100,重300kg
铝塑自动包装机	DPP-140A	65000	瑞安市精良机械设备有限公司	(0577)65062268	生产能力14~50次/min,行程40~120mm,包装速度1800~6000版/h,噪声60~70dB,总功率3.2kW,外形尺寸(mm):2550×540×1420,重600kg
铝塑自动包装机	DPP-250A	85000	瑞安市精良机械设备有限公司	(0577)65062268	噪声60~70dB,总功率5.5kW,外形尺寸(mm):2990×650×1570,重1.5t
全自动安瓿瓶泡罩包装机	DPP-250	178000	瑞安市江华机械有限公司	(0577)65002555	适用瓶规格1mL、2mL、5mL、10mL、20mL,生产能力36000支/h,PLC人机界面,专用下料器,机械检测
热带型泡罩包装机	DPR-160	160000	瑞安市江华机械有限公司	(0577)65002555	生产能力28800~72000粒/h,冲裁次数20~30次/min,行程40~120mm,最大成形尺寸(mm):150×120×18(PVC)、140×110×20(热带铝),包装材料宽160mm(PVC、铝箔、热带铝),外形尺寸(mm):4312×700×1400,光电对版,光纤检测
热带型泡罩包装机	DPR-250A	220000	瑞安市江华机械有限公司	(0577)65002555	生产能力40000~80000粒/h,冲裁次数15~40次/min,行程40~130mm,最大成形尺寸(mm):240×120×18(PVC)、220×110×20(热带铝),包装材料宽250mm(PVC、铝箔、热带铝),外形尺寸(mm):4600×750×1650,重1.68t,光电对版,光纤检测
热带型泡罩包装机	DPR-250B	280000	瑞安市江华机械有限公司	(0577)65002555	生产能力40000~80000粒/h,冲裁次数15~40次/min,行程40~130mm,最大成形尺寸(mm):240×120×18(PVC)、220×110×20(热带铝),包装材料宽250mm(PVC、铝箔、热带铝),外形尺寸(mm):4750×1200×1800,重2.5t,光电对版,光纤检测,自动剔除排序,可与任何包装机连用
热带型泡罩包装机	DPR-320A	280000	瑞安市江华机械有限公司	(0577)65002555	光电对版,光纤检测
热带型泡罩包装机	DPR-320B	350000	瑞安市江华机械有限公司	(0577)65002555	生产能力40000~100000粒/h,冲裁次数5~30次/min,行程40~130mm,最大成形尺寸(mm):300×120×14(PVC)、280×110×15(热带铝),包装材料宽320mm(PVC、铝箔、热带铝),外形尺寸(mm):5100×750×1600,重2t,光电对版,摄像检测

产品名称	型号规格	参考价格（元）	生产厂家	电话	主要参数及备注
双铝包装机	DLL-160D	78000	瑞安市江华机械有限公司	(0577)65002555	生产能力30000~65000粒/h,冲裁能力30~60次/min,压缩空气压力0.4~0.7MPa,总功率2kW,外形尺寸(mm):1200×850×1700,重450kg,自动,PLC控制
双铝遮光包装机	DXDP-350Ⅰ	138000	锦州万得包装机械有限公司	(0416)3530328	
双铝遮光包装机	DXDP-350Ⅱ	158000	锦州万得包装机械有限公司	(0416)3530328	人机界面,PLC控制
微型铝塑包装机	DPT-80	32000	瑞安市江华机械有限公司	(0577)65002555	

1.6.6 印字、贴标设备

产品名称	型号规格	参考价格（元）	生产厂家	电话	主要参数及备注
安瓿印字机	AY	14500	上海宏泾制药机械有限公司	(021)59760447	功率0.43kW,外形尺寸(mm):2800×600×1650,重200kg
安瓿印字机	AY-1-2	14500	上海中南医药机械有限公司	(021)64089523	生产能力28000支/h,功率0.5kW,外形尺寸(mm):3500×600×1200,重150kg,油墨印字
安瓿印字机	AY-20	15000	上海中南医药机械有限公司	(021)64089523	生产能力15000支/h,功率0.5kW,外形尺寸(mm):3500×600×1200,重150kg,油墨印字
安瓿印字机	AY-5-10	14500	上海中南医药机械有限公司	(021)64089523	生产能力19000支/h,功率0.5kW,外形尺寸(mm):3500×600×1200,重150kg,油墨印字
安瓿印字机	YZ	28000	中南制药机械厂	(0731)88905318	生产能力13800支/h、25000支/h,电动机功率0.43kW,外形尺寸(mm):2600×600×1650
安瓿印字机	YZG-Ⅰ	75000	上海中南医药机械有限公司	(021)64089523	生产能力3600支/h,功率18.55kW,外形尺寸(mm):6000×600×1250,重800kg,烧结印字
安瓿印字机	YZG-Ⅱ	88000	上海中南医药机械有限公司	(021)64089523	生产能力7500支/h,功率20.75kW,外形尺寸(mm):7000×600×1250,重900kg,烧结印字
贴标机	FBL-720	140000	上海方星机械设备制造有限公司	(021)64292195	双面加颈标
贴标机	TB180	78000	锦州万得包装机械有限公司	(0416)3530328	
半自动贴标机	BTB-1	18000	中南制药机械厂	(0731)88905318	生产能力0~16瓶/min,适用瓶直径15~120mm,适用瓶长度≤160mm,标签尺寸(mm):(20~380)×(10~140)
半自动圆瓶贴标机	MT-50	4500	上海阿依包装机械有限公司	(021)51083018	
不干胶贴标机	LTB-C	40000	上海宏泾制药机械有限公司	(021)59760447	生产能力80~200瓶/min,适用瓶外径18~23mm,适用瓶长度30~60mm,总功率0.3kW,外形尺寸(mm):1800×1500×1150,重125kg,立式
不干胶贴标机	LTB-C	65000	上海中南医药机械有限公司	(021)64089523	生产能力80~200瓶/min,功率0.2kW,外形尺寸(mm):1600×600×1250,重180kg
不干胶贴标机	PLB-1120	150000	珐玛珈包装设备有限公司华北市场服务中心	(010)81653133	

产品名称	型号规格	参考价格(元)	生产厂家	电话	主要参数及备注
立式小瓶贴标机	LTB-C	50000	上海方星机械设备制造有限公司	(021)64292195	贴标速度80~200瓶/min,适用瓶外径12~45mm,总功率0.3kW,外形尺寸(mm):1400×700×1400,重150kg,文本显示
立式圆瓶贴标机	DLTB-A	60000	上海方星机械设备制造有限公司	(021)64292195	智能
立式圆瓶贴标机	LTB-A	50000	上海方星机械设备制造有限公司	(021)64292195	贴标速度80~200瓶/min,适用瓶外径30~100mm,总功率0.3kW,外形尺寸(mm):1600×700×1400,重200kg,文本显示
卧式贴标机	DWTB-C	60000	上海方星机械设备制造有限公司	(021)64292195	贴标速度100~250瓶/min,适用瓶外径10~25mm,适用瓶高40~120mm,总功率0.3kW,外形尺寸(mm):1600×550×1450,重220kg,智能
卧式贴标机	WTB-C	50000	上海方星机械设备制造有限公司	(021)64292195	贴标速度80~180瓶/min,适用瓶外径10~25mm,适用瓶高40~120mm,总功率0.28kW,外形尺寸(mm):1600×550×1450,重180kg,文本显示
卧式不干胶贴标机	WTB	68000	中南制药机械厂	(0731)88905318	生产能力80~180瓶/min,功率0.45kW,重200kg
卧式不干胶贴标机	WTB-C	42000	上海国彩制药机械成套设备有限公司	(021)59763016	
平面贴标机	TB-J	50000	上海方星机械设备制造有限公司	(021)64292195	贴标速度30~120件/min,总功率0.3kW,外形尺寸(mm):1600×600×1250,重180kg,文本显示
瓶盖贴标机	TTL-250	68000	上海方星机械设备制造有限公司	(021)64292195	生产速度50~200件/min,总功率0.35kW,外形尺寸(mm):1800×1000×1560,重220kg
双面侧贴贴标机	FBL-360	110000	上海方星机械设备制造有限公司	(021)64292195	贴标速度50~100瓶/min,总功率2kW,外形尺寸(mm):2000×1350×1500,重450kg
双面贴标机	DTTS	130000	上海戴服特包装机械有限公司	(021)69120056	生产能力100瓶/min,贴标精度±0.5mm,标签尺寸(mm):(10~200)×(10~80),功率1.2kW,外形尺寸(mm):2000×1100×1500,重400kg
圆瓶瓶身瓶盖贴标机	TBL-TB2	100000	上海方星机械设备制造有限公司	(021)64292195	
直线式热熔胶贴标机	HML-250	210000	上海方星机械设备制造有限公司	(021)64292195	
喷码机	V-60	36500	上海方星机械设备制造有限公司	(021)64292195	喷印速度2m/s,喷印行数1~3行,存储信息数10条,外形尺寸(mm):420×300×700

1.6.7 其他药品包装设备

产品名称	型号规格	参考价格(元)	生产厂家	电话	主要参数及备注
裹包机	BZ-400	248000	锦州万得包装机械有限公司	(0416)3530328	伺服电动机传动
封箱机	6050型	5000	上海阿依包装机械有限公司	(021)51083018	
全自动封箱机	HW-QFA/B	35000	河北博柯莱自动化包装有限公司	(0310)6661806	

产品名称	型号规格	参考价格（元）	生产厂家	电话	主要参数及备注
全自动开箱机	HW-QKA	85000	河北博柯莱自动化包装有限公司	(0310) 6661806	
全自动捆扎机	HW-QZK	25000	河北博柯莱自动化包装有限公司	(0310) 6661806	
旋转式包芯机	ZPW20	250000	上海天和制药机械有限公司	(021) 59431285	带吸尘器
旋转式包芯机	ZPW20	280000	上海天祥健台制药机械有限公司	(021) 62982333	冲模数20副，最大片径20mm（普通圆片）、12mm（包芯片），最大片厚9mm，最大充填深度18mm，最大压力80kN，转速12～36 r/min（普通片）、6～13 r/min（包芯片），生产能力14400～43000片/h（普通片）、7000～14400片/h（包芯片），功率4kW
旋转式包芯机	ZPW22	306000	上海天祥健台制药机械有限公司	(021) 62982333	冲模数22副，最大片径20mm（普通圆片）、12mm（包芯片），最大片厚9mm，最大充填深度18mm，最大压力80kN，转速12～36 r/min（普通片）、6～13 r/min（包芯片），生产能力15000～47000片/h（普通片）、7900～17000片/h（包芯片），功率4kW
旋转式包芯机	ZPW23	148000	上海天祥健台制药机械有限公司	(021) 62982333	冲模数23副，最大片径20mm，最大片厚9mm，最大充填深度18mm，最大压力80kN，转速10～40 r/min，最大生产能力55000片/h，功率4kW，重1.5t

1.7 其他制药机械设备

产品名称	型号规格	参考价格（元）	生产厂家	电话	主要参数及备注
药用高纯度制氮机	QCN-20 m^3/h	380000	浙江飞云科技有限公司	(0577) 65669918	带冷干机
药用高纯度制氮机	QCNA-1 m^3/h	150000	浙江飞云科技有限公司	(0577) 65669918	带冷干机
药用高纯度制氮机	QCNA-5 m^3/h	170000	浙江飞云科技有限公司	(0577) 65669918	带冷干机
药用高纯度制氮机	QCNA-10 m^3/h	280000	浙江飞云科技有限公司	(0577) 65669918	带冷干机
药用高纯度制氮机	QCNB-1 m^3/h	160000	浙江飞云科技有限公司	(0577) 65669918	带冷干机，彩屏，人机界面
药用高纯度制氮机	QCNB-5 m^3/h	200000	浙江飞云科技有限公司	(0577) 65669918	带冷干机，彩屏，人机界面
药用高纯度制氮机	QCNB-10 m^3/h	300000	浙江飞云科技有限公司	(0577) 65669918	带冷干机，彩屏，人机界面
药物溶出度仪	RCZ-1A	4200	上海黄海药检仪器销售有限公司	(021) 66285796	单杯
药物溶出度仪	RCZ-6B3	31800	上海黄海药检仪器销售有限公司	(021) 66285796	杯数6个，溶出杯容积1000mL，温控30～40℃，转速20～250 r/min，摆动幅度±1mm（转篮旋转），外端上下左右摆幅±0.5mm（桨叶旋转），智能，液晶显示，USB接口

产品名称	型号规格	参考价格（元）	生产厂家	电话	主要参数及备注
药物溶出度仪	RCZ-6C3	33800	上海黄海药检仪器销售有限公司	(021)66285796	杯数6个,溶出杯容积1000mL,温控30~40℃,转速20~250r/min,摆动幅度±1mm(转篮旋转),外端上下左右摆幅±0.5mm(桨叶旋转),智能,液晶显示,USB接口
药物溶出度仪	RCZ-8	34800	上海黄海药检仪器销售有限公司	(021)66285796	杯数8个,溶出杯容积1000mL,温控30~40℃,转速20~250r/min,摆动幅度±1mm(转篮旋转),外端上下左右摆幅±0.5mm(桨叶旋转),智能,液晶显示
药物溶出度仪	RCZ-8B	39800	上海黄海药检仪器销售有限公司	(021)66285796	液晶显示,USB接口
融变时限试验仪	RBY-A	18800	上海黄海药检仪器销售有限公司	(021)66285796	烧杯数3个,烧杯容积4L,套筒网架数3套,透明套筒尺寸(mm):ϕ52×60,网架翻转频率1次/10min,温控30~45℃,全自动,液晶显示
智能崩解测定仪	LB-2D	4580	上海黄海药检仪器销售有限公司	(021)66285796	吊篮上下往复次数30~32次/min,功率0.3kW
六管崩解测定仪	LB-812A	3980	上海黄海药检仪器销售有限公司	(021)66285796	吊篮上下往复次数30~32次/min,功率0.3kW
片剂脆碎度测定仪	CJY-2C	7200	上海黄海药检仪器销售有限公司	(021)66285796	全塑壳
片剂脆碎度测定仪	CJY-300C	4380	上海黄海药检仪器销售有限公司	(021)66285796	药物滑落高度156mm,转速25r/min,环境温度0~35℃,液晶屏,全塑壳
片剂脆碎度测定仪	CJY-300D	3880	上海黄海药检仪器销售有限公司	(021)66285796	环境温度1~35℃,全塑壳
片剂四用测定仪	SY-2D	16800	上海黄海药检仪器销售有限公司	(021)66285796	崩解吊篮上下往复次数30~32次/min,平底烧杯容积1000mL,脆碎轮鼓内径286,脆碎轮鼓深39mm,被测药片最大直径20mm,最大测试压力200N,数显
片剂四用测定仪	SY-3D	17800	上海黄海药检仪器销售有限公司	(021)66285796	崩解吊篮上下往复次数30~32次/min,平底烧杯容积1000mL,脆碎轮鼓内径286,脆碎轮鼓深39mm,被测药片最大直径20mm,最大测试压力200N,数显
片剂四用测定仪	SY-6D	23800	上海黄海药检仪器销售有限公司	(021)66285796	数显
片剂多用测定仪	SY-3	13800	上海黄海药检仪器销售有限公司	(021)66285796	
片剂硬度测定仪	YPD-200C	6980	上海黄海药检仪器销售有限公司	(021)66285796	测定片剂压力0~199N,测定药片最大直径30mm,噪声<50dB,输入功率0.03kW,外形尺寸(mm):410×270×175,重14kg,液晶屏,全塑壳
片剂硬度测定仪	YPD-300C	16800	上海黄海药检仪器销售有限公司	(021)66285796	测定药片最大直径30mm,噪声<50dB,输入功率0.03kW,外形尺寸(mm):470×290×174,重15kg,智能,液晶显示,USB接口,全塑壳
片剂硬度测定仪	YPD-300D	4880	上海黄海药检仪器销售有限公司	(021)66285796	测定片剂最大直径30mm,噪声<50dB,输入功率0.03kW,液晶显示,USB接口,全塑壳
片剂硬度测定仪	YPJ-200A	1080	上海黄海药检仪器销售有限公司	(021)66285796	测定压力10~200N,测量精度±5N,测定最大片剂直径18mm,外形尺寸(mm):ϕ35×165

产品名称	型号规格	参考价格(元)	生产厂家	电话	主要参数及备注
片剂硬度测定仪	YPJ-200B	2280	上海黄海药检仪器销售有限公司	(021)66285796	测定压力10~200N,测量精度±5N,测定最大片剂直径18mm,外形尺寸(mm):40×100×250
药物透皮扩散试验仪	RYJ-6B	9000	上海黄海药检仪器销售有限公司	(021)66285796	杯数6套,透皮扩散面积2.8cm^2,接收池体积6.5mL,温控30~45℃,搅拌转速100~1000r/min,液晶显示,全塑壳
药物透皮扩散试验仪	RYJ-12B	11800	上海黄海药检仪器销售有限公司	(021)66285796	杯数12套,透皮扩散面积2.8cm^2,接收池体积6.5mL,温控30~45℃,搅拌转速100~1000r/min,液晶显示,全塑壳
药物透皮扩散试验仪	TPY-2	29800	上海黄海药检仪器销售有限公司	(021)66285796	立式杯数12套,卧式杯数6套,温控30~40℃,搅拌转速100~1000 r/min,液晶显示,全塑壳
低温药物光照试验仪	LS-3000	9000	上海黄海药检仪器销售有限公司	(021)66285796	
精密恒温酶测定仪	MCY-B	6280	上海黄海药检仪器销售有限公司	(021)66285796	
微机热源装置测温仪	WRY-C	39800	上海黄海药检仪器销售有限公司	(021)66285796	测量范围37~41℃,测温探头总数39根,带打印机、标定仪、闪烁显示及音响报警
澄明度检测仪	SC-4000A	1680	上海黄海药检仪器销售有限公司	(021)66285796	功率0.03kW,外形尺寸(mm):680×230×510,全塑壳
多功能测厚仪	HC-10	1480	上海黄海药检仪器销售有限公司	(021)66285796	测量范围0~10mm,测量分度值0.01mm,外形尺寸(mm):185×130×100
热源装置探头标定仪	RTB-1	4980	上海黄海药检仪器销售有限公司	(021)66285796	温控30~45℃,功率0.25kW,全塑壳
灯检机	LI-A	12800	上海方星机械设备制造有限公司	(021)64292195	
灯检剔除机	LI-B	30000	上海方星机械设备制造有限公司	(021)64292195	
口服液灯检机	KDJ	26000	中南制药机械厂	(0731)88905318	生产能力60~120瓶/min,功率0.5kW,外形尺寸(mm):1400×580×1200

第2章　炼油化工设备

2.1　混合设备

产品名称	型号规格	参考价格（元）	生产厂家	电话	主要参数及备注
双螺旋锥形混合机	DSH-0.3	37500	常州市宇通干燥设备有限公司	（0519）88901088	
双螺旋锥形混合机	DSH-0.5	43500	常州市宇通干燥设备有限公司	（0519）88901088	
双螺旋锥形混合机	DSH-1	53500	常州市宇通干燥设备有限公司	（0519）88901088	
双螺旋锥形混合机	DSH-1.5	65000	常州市宇通干燥设备有限公司	（0519）88901088	
双螺旋锥形混合机	DSH-2	73000	常州市宇通干燥设备有限公司	（0519）88901088	
双螺旋锥形混合机	DSH-3	91000	常州市宇通干燥设备有限公司	（0519）88901088	
双螺旋锥形混合机	DSH-4	125000	常州市宇通干燥设备有限公司	（0519）88901088	
双螺旋锥形混合机	DSH-6	185000	常州市宇通干燥设备有限公司	（0519）88901088	
双螺旋锥形混合机	DSH-10	274000	常州市宇通干燥设备有限公司	（0519）88901088	
双螺旋锥形混合机	DSH-100	28500	江苏一步干燥设备有限公司	（0519）88902618	
双螺旋锥形混合机	DSH-100	28500	江阴金发干燥设备有限公司	（0510）86178258	
双螺旋锥形混合机	DSH-200	35000	江苏一步干燥设备有限公司	（0519）88902618	
双螺旋锥形混合机	DSH-200	35000	江阴金发干燥设备有限公司	（0510）86178258	
双螺旋锥形混合机	DSH-300	37500	江苏一步干燥设备有限公司	（0519）88902618	
双螺旋锥形混合机	DSH-300	37500	江阴金发干燥设备有限公司	（0510）86178258	
双螺旋锥形混合机	DSH-500	44000	江苏一步干燥设备有限公司	（0519）88902618	
双螺旋锥形混合机	DSH-500	44000	江阴金发干燥设备有限公司	（0510）86178258	
双螺旋锥形混合机	DSH-750	48000	江苏一步干燥设备有限公司	（0519）88902618	
双螺旋锥形混合机	DSH-750	48000	江阴金发干燥设备有限公司	（0510）86178258	
双螺旋锥形混合机	DSH-1000	52000	江苏一步干燥设备有限公司	（0519）88902618	
双螺旋锥形混合机	DSH-1000	52000	江阴金发干燥设备有限公司	（0510）86178258	
双螺旋锥形混合机	DSH-1500	65000	江苏一步干燥设备有限公司	（0519）88902618	
双螺旋锥形混合机	DSH-1500	65000	江阴金发干燥设备有限公司	（0510）86178258	

产品名称	型号规格	参考价格(元)	生产厂家	电话	主要参数及备注
双螺旋锥形混合机	SZH-1	49600	无锡市凯信干燥成套设备有限公司	(0510)81663608	容积1000L,最大装料重600kg,物料粒度20~250目,电动机功率4kW,外形尺寸(mm):ϕ1450×2700,重1.2t,材质不锈钢
双螺旋锥形混合机	SZH-2	31000	无锡市凯信干燥成套设备有限公司	(0510)81663608	容积2000L,最大装料重1.2t,物料粒度20~250目,电动机功率5.5kW,外形尺寸(mm):ϕ1850×3450,重1.8t,材质碳钢
双螺旋锥形混合机	SZH-2	61800	无锡市凯信干燥成套设备有限公司	(0510)81663608	容积2000L,最大装料重1.2t,物料粒度20~250目,电动机功率5.5kW,外形尺寸(mm):ϕ1850×3450,重1.8t,材质不锈钢
双螺旋锥形混合机	SZH-3	36500	无锡市凯信干燥成套设备有限公司	(0510)81663608	容积3000L,最大装料重1.8t,物料粒度20~250目,电动机功率7.5kW,外形尺寸(mm):ϕ2050×3930,重2.4t,材质碳钢
双螺旋锥形混合机	SZH-3	73500	无锡市凯信干燥成套设备有限公司	(0510)81663608	容积3000L,最大装料重1.8t,物料粒度20~250目,电动机功率7.5kW,外形尺寸(mm):ϕ2050×3930,重2.4t,材质不锈钢
双螺旋锥形混合机	SZH-4	56800	无锡市凯信干燥成套设备有限公司	(0510)81663608	容积4000L,最大装料重2.9t,物料粒度20~250目,电动机功率11kW,外形尺寸(mm):ϕ2260×4210,重3t,材质碳钢
双螺旋锥形混合机	SZH-4	108000	无锡市凯信干燥成套设备有限公司	(0510)81663608	容积4000L,最大装料重2.9t,物料粒度20~250目,电动机功率11kW,外形尺寸(mm):ϕ2260×4210,重3t,材质不锈钢
双螺旋锥形混合机	SZH-5	75000	无锡市凯信干燥成套设备有限公司	(0510)81663608	容积5000L,最大装料重3t,物料粒度20~250目,电动机功率11kW,外形尺寸(mm):ϕ2410×4708,重3.5t,材质碳钢
双螺旋锥形混合机	SZH-5	126000	无锡市凯信干燥成套设备有限公司	(0510)81663608	容积5000L,最大装料重3t,物料粒度20~250目,电动机功率11kW,外形尺寸(mm):ϕ2410×4708,重3.5t,材质不锈钢
双螺旋锥形混合机	SZH-6	93000	无锡市凯信干燥成套设备有限公司	(0510)81663608	容积6000L,最大装料重3.6t,物料粒度20~250目,电动机功率15kW,外形尺寸(mm):ϕ2540×4800,重3.8t,材质碳钢
双螺旋锥形混合机	SZH-6	145000	无锡市凯信干燥成套设备有限公司	(0510)81663608	容积6000L,最大装料重3.6t,物料粒度20~250目,电动机功率15kW,外形尺寸(mm):ϕ2540×4800,重3.8t,材质不锈钢
双螺旋锥形混合机	SZH-8	115000	无锡市凯信干燥成套设备有限公司	(0510)81663608	容积8000L,最大装料重4.8t,物料粒度20~250目,电动机功率18.5kW,外形尺寸(mm):ϕ2820×5390,重4.3t,材质碳钢
双螺旋锥形混合机	SZH-8	167000	无锡市凯信干燥成套设备有限公司	(0510)81663608	容积8000L,最大装料重4.8t,物料粒度20~250目,电动机功率18.5kW,外形尺寸(mm):ϕ2820×5390,重4.3t,材质不锈钢
双螺旋锥形混合机	SZH-10	132000	无锡市凯信干燥成套设备有限公司	(0510)81663608	容积10000L,最大装料重6t,物料粒度20~250目,电动机功率18.5kW,外形尺寸(mm):ϕ2990×5650,重5.3t,材质碳钢
双螺旋锥形混合机	SZH-10	189000	无锡市凯信干燥成套设备有限公司	(0510)81663608	容积10000L,最大装料重6t,物料粒度20~250目,电动机功率18.5kW,外形尺寸(mm):ϕ2990×5650,重5.3t,材质不锈钢

产品名称	型号规格	参考价格（元）	生产厂家	电话	主要参数及备注
双螺旋锥形混合机	SZH-12	158000	无锡市凯信干燥成套设备有限公司	(0510)81663608	容积12000L,最大装料重7.2t,物料粒度20~250目,电动机功率22kW,外形尺寸(mm):ϕ3175×6250,重5.8t,材质碳钢
双螺旋锥形混合机	SZH-12	218000	无锡市凯信干燥成套设备有限公司	(0510)81663608	容积12000L,最大装料重7.2t,物料粒度20~250目,电动机功率22kW,外形尺寸(mm):ϕ3175×6250,重5.8t,材质不锈钢
双螺旋锥形混合机	SZH-15	182000	无锡市凯信干燥成套设备有限公司	(0510)81663608	容积15000L,最大装料重9t,物料粒度20~250目,电动机功率22kW,外形尺寸(mm):ϕ3466×6660,重6.8t,材质碳钢
双螺旋锥形混合机	SZH-15	259000	无锡市凯信干燥成套设备有限公司	(0510)81663608	容积15000L,最大装料重9t,物料粒度20~250目,电动机功率22kW,外形尺寸(mm):ϕ3466×6660,重6.8t,材质不锈钢
双螺旋锥形混合机	SZH-20	228000	无锡市凯信干燥成套设备有限公司	(0510)81663608	材质碳钢
双螺旋锥形混合机	SZH-20	328000	无锡市凯信干燥成套设备有限公司	(0510)81663608	材质不锈钢
双螺旋锥形混合机	WH-0.05	13750	常州中贝干燥设备有限公司	(0519)88671938	全容积0.05m^3,物料粒度20~250目,混合时间6~10min,电动机功率1.5kW,外形尺寸(mm):ϕ610×1450,重200kg,材质Q235
双螺旋锥形混合机	WH-0.05	17760	常州中贝干燥设备有限公司	(0519)88671938	全容积0.05m^3,物料粒度20~250目,混合时间6~10min,电动机功率1.5kW,外形尺寸(mm):ϕ610×1450,重200kg,材质不锈钢
双螺旋锥形混合机	WH-0.1	14750	常州中贝干燥设备有限公司	(0519)88671938	全容积0.1m^3,材质Q235
双螺旋锥形混合机	WH-0.1	20160	常州中贝干燥设备有限公司	(0519)88671938	全容积0.1m^3,材质不锈钢
双螺旋锥形混合机	WH-0.3	19750	常州中贝干燥设备有限公司	(0519)88671938	全容积0.3m^3,材质Q235
双螺旋锥形混合机	WH-0.3	29760	常州中贝干燥设备有限公司	(0519)88671938	全容积0.3m^3,材质不锈钢
双螺旋锥形混合机	WH-0.5	21000	常州中贝干燥设备有限公司	(0519)88671938	全容积0.5m^3,物料粒度20~250目,混合时间6~10min,电动机功率3kW,外形尺寸(mm):ϕ1160×2250,重800kg,材质Q235
双螺旋锥形混合机	WH-0.5	33120	常州中贝干燥设备有限公司	(0519)88671938	全容积0.5m^3,物料粒度20~250目,混合时间6~10min,电动机功率3kW,外形尺寸(mm):ϕ1160×2250,重800kg,材质不锈钢
双螺旋锥形混合机	WH-1	33500	常州中贝干燥设备有限公司	(0519)88671938	全容积1m^3,物料粒度20~250目,混合时间8~10min,电动机功率4kW,外形尺寸(mm):ϕ1450×2700,重1.2t,材质Q235
双螺旋锥形混合机	WH-1	58200	常州中贝干燥设备有限公司	(0519)88671938	全容积1m^3,物料粒度20~250目,混合时间8~10min,电动机功率4kW,外形尺寸(mm):ϕ1450×2700,重1.2t,材质不锈钢
双螺旋锥形混合机	WH-1.5	36000	常州中贝干燥设备有限公司	(0519)88671938	全容积1.5m^3,材质Q235

产品名称	型号规格	参考价格（元）	生产厂家	电话	主要参数及备注
双螺旋锥形混合机	WH-1.5	60960	常州中贝干燥设备有限公司	（0519）88671938	全容积1.5m^3，材质不锈钢
双螺旋锥形混合机	WH-2	39750	常州中贝干燥设备有限公司	（0519）88671938	全容积2m^3，物料粒度20~250目，混合时间8~10min，电动机功率5.5kW，外形尺寸（mm）：ϕ1850×3450，重1.8t，材质Q235
双螺旋锥形混合机	WH-2	64320	常州中贝干燥设备有限公司	（0519）88671938	全容积2m^3，物料粒度20~250目，混合时间8~10min，电动机功率5.5kW，外形尺寸（mm）：ϕ1850×3450，重1.8t，材质不锈钢
双螺旋锥形混合机	WH-3	56880	常州中贝干燥设备有限公司	（0519）88671938	全容积3m^3，材质Q235
双螺旋锥形混合机	WH-3	79320	常州中贝干燥设备有限公司	（0519）88671938	全容积3m^3，材质不锈钢
双螺旋锥形混合机	WH-4	78500	常州中贝干燥设备有限公司	（0519）88671938	全容积4m^3，物料粒度20~250目，混合时间8~10min，电动机功率11kW，外形尺寸（mm）：ϕ2260×4210，重2.5t，材质Q235
双螺旋锥形混合机	WH-4	117600	常州中贝干燥设备有限公司	（0519）88671938	全容积4m^3，物料粒度20~250目，混合时间8~10min，电动机功率11kW，外形尺寸（mm）：ϕ2260×4210，重2.5t，材质不锈钢
双螺旋锥形混合机	WH-6	93750	常州中贝干燥设备有限公司	（0519）88671938	全容积6m^3，物料粒度20~250目，混合时间8~10min，电动机功率18.5kW，外形尺寸（mm）：ϕ2710×4782，重3.55t，材质Q235
双螺旋锥形混合机	WH-6	153600	常州中贝干燥设备有限公司	（0519）88671938	全容积6m^3，物料粒度20~250目，混合时间8~10min，电动机功率18.5kW，外形尺寸（mm）：ϕ2710×4782，重3.55t，材质不锈钢
双螺旋锥形混合机	WH-8	103150	常州中贝干燥设备有限公司	（0519）88671938	全容积8m^3，物料粒度20~250目，混合时间8~10min，电动机功率18.5kW，外形尺寸（mm）：ϕ2950×5392，重3.7t，材质Q235
双螺旋锥形混合机	WH-8	175200	常州中贝干燥设备有限公司	（0519）88671938	全容积8m^3，物料粒度20~250目，混合时间8~10min，电动机功率18.5kW，外形尺寸（mm）：ϕ2950×5392，重3.7t，材质不锈钢
双螺旋锥形混合机	WH-10	123150	常州中贝干燥设备有限公司	（0519）88671938	全容积10m^3，物料粒度20~250目，混合时间8~10min，电动机功率22kW，外形尺寸（mm）：ϕ3168×5735，重3.95t，材质Q235
双螺旋锥形混合机	WH-10	198000	常州中贝干燥设备有限公司	（0519）88671938	全容积10m^3，物料粒度20~250目，混合时间8~10min，电动机功率22kW，外形尺寸（mm）：ϕ3168×5735，重3.95t，材质不锈钢
双螺旋锥形混合机	WH-12	145000	常州中贝干燥设备有限公司	（0519）88671938	全容积12m^3，材质Q235
双螺旋锥形混合机	WH-12	225600	常州中贝干燥设备有限公司	（0519）88671938	全容积12m^3，材质不锈钢
双螺旋锥形混合机	WH-15	160000	常州中贝干燥设备有限公司	（0519）88671938	全容积15m^3，材质Q235
双螺旋锥形混合机	WH-15	255600	常州中贝干燥设备有限公司	（0519）88671938	全容积15m^3，材质不锈钢

产品名称	型号规格	参考价格（元）	生产厂家	电话	主要参数及备注
双螺旋锥形混合机	WH-20	282500	常州中贝干燥设备有限公司	(0519)88671938	全容积 $20m^3$，材质 Q235
双螺旋锥形混合机	WH-20	424800	常州中贝干燥设备有限公司	(0519)88671938	全容积 $20m^3$，材质不锈钢
双螺旋锥形混合机	WH-25	360000	常州中贝干燥设备有限公司	(0519)88671938	全容积 $25m^3$，材质 Q235
双螺旋锥形混合机	WH-25	477600	常州中贝干燥设备有限公司	(0519)88671938	全容积 $25m^3$，材质不锈钢
双螺旋锥形混合机	WH-30	406250	常州中贝干燥设备有限公司	(0519)88671938	全容积 $30m^3$，材质 Q235
双螺旋锥形混合机	WH-30	554400	常州中贝干燥设备有限公司	(0519)88671938	全容积 $30m^3$，材质不锈钢
锥形螺带螺杆混合机	WH-0.05	9360	常州中贝干燥设备有限公司	(0519)88671938	混合能力 30kg/次，功率 1.1kW，重 120kg，立式，材质 Q235
锥形螺带螺杆混合机	WH-0.05	10120	常州中贝干燥设备有限公司	(0519)88671938	混合能力 30kg/次，功率 1.1kW，重 120kg，立式，材质不锈钢
锥形螺带螺杆混合机	WH-0.1	11440	常州中贝干燥设备有限公司	(0519)88671938	混合能力 60kg/次，功率 1.5kW，重 220kg，立式，材质 Q235
锥形螺带螺杆混合机	WH-0.1	15525	常州中贝干燥设备有限公司	(0519)88671938	混合能力 60kg/次，功率 1.5kW，重 220kg，立式，材质不锈钢
锥形螺带螺杆混合机	WH-0.1	19890	常州中贝干燥设备有限公司	(0519)88671938	混合能力 60kg/次，功率 1.5kW，重 220kg，卧式，材质 Q235
锥形螺带螺杆混合机	WH-0.1	25070	常州中贝干燥设备有限公司	(0519)88671938	混合能力 60kg/次，功率 1.5kW，重 220kg，卧式，材质不锈钢
锥形螺带螺杆混合机	WH-0.3	17940	常州中贝干燥设备有限公司	(0519)88671938	混合能力 180kg/次，功率 3kW，重 320kg，立式，材质 Q235
锥形螺带螺杆混合机	WH-0.3	25070	常州中贝干燥设备有限公司	(0519)88671938	混合能力 180kg/次，功率 3kW，重 320kg，立式，材质不锈钢
锥形螺带螺杆混合机	WH-0.3	28600	常州中贝干燥设备有限公司	(0519)88671938	混合能力 180kg/次，功率 3kW，重 320kg，卧式，材质 Q235
锥形螺带螺杆混合机	WH-0.3	38525	常州中贝干燥设备有限公司	(0519)88671938	混合能力 180kg/次，功率 3kW，重 320kg，卧式，材质不锈钢
锥形螺带螺杆混合机	WH-0.5	20280	常州中贝干燥设备有限公司	(0519)88671938	混合能力 300kg/次，功率 4kW，重 410kg，立式，材质 Q235
锥形螺带螺杆混合机	WH-0.5	26680	常州中贝干燥设备有限公司	(0519)88671938	混合能力 300kg/次，功率 4kW，重 410kg，立式，材质不锈钢
锥形螺带螺杆混合机	WH-0.5	31850	常州中贝干燥设备有限公司	(0519)88671938	混合能力 300kg/次，功率 4kW，重 410kg，卧式，材质 Q235
锥形螺带螺杆混合机	WH-0.5	42090	常州中贝干燥设备有限公司	(0519)88671938	混合能力 300kg/次，功率 4kW，重 410kg，卧式，材质不锈钢
锥形螺带螺杆混合机	WH-1	30160	常州中贝干燥设备有限公司	(0519)88671938	混合能力 600kg/次，功率 7.5kW，重 900kg，立式，材质 Q235
锥形螺带螺杆混合机	WH-1	41170	常州中贝干燥设备有限公司	(0519)88671938	混合能力 600kg/次，功率 7.5kW，重 900kg，立式，材质不锈钢
锥形螺带螺杆混合机	WH-1	45760	常州中贝干燥设备有限公司	(0519)88671938	混合能力 600kg/次，功率 7.5kW，重 900kg，卧式，材质 Q235
锥形螺带螺杆混合机	WH-1	65205	常州中贝干燥设备有限公司	(0519)88671938	混合能力 600kg/次，功率 7.5kW，重 900kg，卧式，材质不锈钢
锥形螺带螺杆混合机	WH-1.5	33280	常州中贝干燥设备有限公司	(0519)88671938	立式，材质 Q235
锥形螺带螺杆混合机	WH-1.5	44620	常州中贝干燥设备有限公司	(0519)88671938	立式，材质不锈钢
锥形螺带螺杆混合机	WH-1.5	51220	常州中贝干燥设备有限公司	(0519)88671938	卧式，材质 Q235
锥形螺带螺杆混合机	WH-1.5	75670	常州中贝干燥设备有限公司	(0519)88671938	卧式，材质不锈钢

产品名称	型号规格	参考价格（元）	生产厂家	电话	主要参数及备注
锥形螺带螺杆混合机	WH-2	37440	常州中贝干燥设备有限公司	（0519）88671938	混合能力1.2t/次，功率 11kW，重1.5t，立式，材质 Q235
锥形螺带螺杆混合机	WH-2	55250	常州中贝干燥设备有限公司	（0519）88671938	混合能力1.2t/次，功率 11kW，重1.5t，卧式，材质 Q235
锥形螺带螺杆混合机	WH-2	57270	常州中贝干燥设备有限公司	（0519）88671938	混合能力1.2t/次，功率 11kW，重1.5t，立式，材质不锈钢
锥形螺带螺杆混合机	WH-2	83720	常州中贝干燥设备有限公司	（0519）88671938	混合能力1.2t/次，功率 11kW，重1.5t，卧式，材质不锈钢
锥形螺带螺杆混合机	WH-3	72410	常州中贝干燥设备有限公司	（0519）88671938	卧式，材质 Q235
锥形螺带螺杆混合机	WH-3	101200	常州中贝干燥设备有限公司	（0519）88671938	卧式，材质不锈钢
锥形螺带螺杆混合机	WH-4	95550	常州中贝干燥设备有限公司	（0519）88671938	卧式，材质 Q235
锥形螺带螺杆混合机	WH-4	140300	常州中贝干燥设备有限公司	（0519）88671938	卧式，材质不锈钢
锥形螺带螺杆混合机	WH-6	127400	常州中贝干燥设备有限公司	（0519）88671938	卧式，材质 Q235
锥形螺带螺杆混合机	WH-6	193200	常州中贝干燥设备有限公司	（0519）88671938	卧式，材质不锈钢
锥形螺带螺杆混合机	WH-8	145600	常州中贝干燥设备有限公司	（0519）88671938	卧式，材质 Q235
锥形螺带螺杆混合机	WH-8	212750	常州中贝干燥设备有限公司	（0519）88671938	卧式，材质不锈钢
锥形螺带螺杆混合机	WH-10	179400	常州中贝干燥设备有限公司	（0519）88671938	卧式，材质 Q235
锥形螺带螺杆混合机	WH-10	227700	常州中贝干燥设备有限公司	（0519）88671938	卧式，材质不锈钢

2.2 干燥设备

2.2.1 气流干燥机

产品名称	型号规格	参考价格（元）	生产厂家	电话	主要参数及备注
气流干燥机	FG 0.25	54000	常州市宇通干燥设备有限公司	（0519）88901088	材质 Q235，不带布袋除尘器
气流干燥机	FG 0.25	56000	无锡市凯信干燥成套设备有限公司	（0510）81663608	水分蒸发能力 113 kg/h，功率11kW，材质 Q235，不带布袋除尘器
气流干燥机	FG 0.25	56000	江苏一步干燥设备有限公司	（0519）88902618	水分蒸发能力 113 kg/h，功率11kW，材质 Q235，不带布袋除尘器
气流干燥机	FG 0.25	72800	常州中贝干燥设备有限公司	（0519）88671938	水分蒸发能力 113 kg/h，功率11kW，材质 Q235，不带布袋除尘器
气流干燥机	FG 0.25	79500	常州市宇通干燥设备有限公司	（0519）88901088	物料水分蒸发部位材质铝合金，不带布袋除尘器
气流干燥机	FG 0.25	80500	江苏一步干燥设备有限公司	（0519）88902618	水分蒸发能力 113 kg/h，功率11kW，材质铝合金，不带布袋除尘器
气流干燥机	FG 0.25	80500	常州中贝干燥设备有限公司	（0519）88671938	水分蒸发能力 113 kg/h，功率11kW，材质铝合金，不带布袋除尘器

产品名称	型号规格	参考价格（元）	生产厂家	电话	主要参数及备注
气流干燥机	FG 0.25	116000	江苏一步干燥设备有限公司	（0519）88902618	水分蒸发能力 113 kg/h，功率 11kW，与物料接触部位材质不锈钢，不带布袋除尘器
气流干燥机	FG 0.25	117000	无锡市凯信干燥成套设备有限公司	（0510）81663608	水分蒸发能力 113 kg/h，功率 11kW，与物料接触部位材质不锈钢，不带布袋除尘器
气流干燥机	FG 0.25	117000	常州市宇通干燥设备有限公司	（0519）88901088	物料水分蒸发部位材质不锈钢，不带布袋除尘器
气流干燥机	FG 0.25	171600	常州中贝干燥设备有限公司	（0519）88671938	水分蒸发能力 113 kg/h，功率 11kW，材质不锈钢，不带布袋除尘器
气流干燥机	FG 0.5	71000	常州市宇通干燥设备有限公司	（0519）88901088	材质 Q235，不带布袋除尘器
气流干燥机	FG 0.5	73000	无锡市凯信干燥成套设备有限公司	（0510）81663608	水分蒸发能力 225 kg/h，功率 18.5kW，材质 Q235，不带布袋除尘器
气流干燥机	FG 0.5	73000	江苏一步干燥设备有限公司	（0519）88902618	水分蒸发能力 225 kg/h，功率 18.5kW，材质 Q235，不带布袋除尘器
气流干燥机	FG 0.5	94900	常州中贝干燥设备有限公司	（0519）88671938	水分蒸发能力 225 kg/h，功率 18.5kW，材质 Q235，不带布袋除尘器
气流干燥机	FG 0.5	109800	常州市宇通干燥设备有限公司	（0519）88901088	物料水分蒸发部位材质铝合金，不带布袋除尘器
气流干燥机	FG 0.5	111300	常州中贝干燥设备有限公司	（0519）88671938	水分蒸发能力 225 kg/h，功率 18.5kW，材质铝合金，不带布袋除尘器
气流干燥机	FG 0.5	113200	江苏一步干燥设备有限公司	（0519）88902618	水分蒸发能力 225 kg/h，功率 18.5kW，材质铝合金，不带布袋除尘器
气流干燥机	FG 0.5	148000	江苏一步干燥设备有限公司	（0519）88902618	水分蒸发能力 225 kg/h，功率 18.5kW，与物料接触部位材质不锈钢，不带布袋除尘器
气流干燥机	FG 0.5	149000	无锡市凯信干燥成套设备有限公司	（0510）81663608	水分蒸发能力 225 kg/h，功率 18.5kW，与物料接触部位材质不锈钢，不带布袋除尘器
气流干燥机	FG 0.5	149000	常州市宇通干燥设备有限公司	（0519）88901088	物料水分蒸发部位材质不锈钢，不带布袋除尘器
气流干燥机	FG 0.5	184800	常州中贝干燥设备有限公司	（0519）88671938	水分蒸发能力 225 kg/h，功率 18.5kW，材质不锈钢，不带布袋除尘器
气流干燥机	FG 0.9	108000	常州市宇通干燥设备有限公司	（0519）88901088	材质 Q235，不带布袋除尘器
气流干燥机	FG 0.9	110000	无锡市凯信干燥成套设备有限公司	（0510）81663608	水分蒸发能力 450 kg/h，功率 22kW，材质 Q235，不带布袋除尘器
气流干燥机	FG 0.9	110000	江苏一步干燥设备有限公司	（0519）88902618	水分蒸发能力 450 kg/h，功率 30kW，材质 Q235，不带布袋除尘器
气流干燥机	FG 0.9	142000	常州市宇通干燥设备有限公司	（0519）88901088	物料水分蒸发部位材质铝合金，不带布袋除尘器
气流干燥机	FG 0.9	143000	常州中贝干燥设备有限公司	（0519）88671938	水分蒸发能力 450 kg/h，功率 30kW，材质 Q235，不带布袋除尘器
气流干燥机	FG 0.9	146000	常州中贝干燥设备有限公司	（0519）88671938	水分蒸发能力 450 kg/h，功率 30kW，材质铝合金，不带布袋除尘器
气流干燥机	FG 0.9	147500	江苏一步干燥设备有限公司	（0519）88902618	水分蒸发能力 450 kg/h，功率 30kW，材质铝合金，不带布袋除尘器

产品名称	型号规格	参考价格（元）	生产厂家	电话	主要参数及备注
气流干燥机	FG 0.9	222000	常州市宇通干燥设备有限公司	（0519）88901088	物料水分蒸发部位材质不锈钢，不带布袋除尘器
气流干燥机	FG 0.9	224000	无锡市凯信干燥成套设备有限公司	（0510）81663608	水分蒸发能力 450 kg/h，功率 22kW，与物料接触部位材质不锈钢，不带布袋除尘器
气流干燥机	FG 0.9	224000	江苏一步干燥设备有限公司	（0519）88902618	水分蒸发能力 450 kg/h，功率 30kW，与物料接触部位材质不锈钢，不带布袋除尘器
气流干燥机	FG 0.9	275000	常州中贝干燥设备有限公司	（0519）88671938	水分蒸发能力 450 kg/h，功率 30kW，材质不锈钢，不带布袋除尘器
气流干燥机	FG 1.5	145000	常州市宇通干燥设备有限公司	（0519）88901088	材质 Q235，不带布袋除尘器
气流干燥机	FG 1.5	151000	无锡市凯信干燥成套设备有限公司	（0510）81663608	水分蒸发能力 675 kg/h，功率 55kW，材质 Q235，不带布袋除尘器
气流干燥机	FG 1.5	151000	江苏一步干燥设备有限公司	（0519）88902618	水分蒸发能力 675 kg/h，功率 50kW，材质 Q235，不带布袋除尘器
气流干燥机	FG 1.5	192000	常州市宇通干燥设备有限公司	（0519）88901088	物料水分蒸发部位材质铝合金，不带布袋除尘器
气流干燥机	FG 1.5	195000	常州中贝干燥设备有限公司	（0519）88671938	水分蒸发能力 675 kg/h，功率 55kW，材质 Q235，不带布袋除尘器
气流干燥机	FG 1.5	200000	常州中贝干燥设备有限公司	（0519）88671938	水分蒸发能力 675 kg/h，功率 55kW，材质铝合金，不带布袋除尘器
气流干燥机	FG 1.5	202000	江苏一步干燥设备有限公司	（0519）88902618	水分蒸发能力 675 kg/h，功率 50kW，材质铝合金，不带布袋除尘器
气流干燥机	FG 1.5	318000	常州市宇通干燥设备有限公司	（0519）88901088	物料水分蒸发部位材质不锈钢，不带布袋除尘器
气流干燥机	FG 1.5	319000	无锡市凯信干燥成套设备有限公司	（0510）81663608	水分蒸发能力 675 kg/h，功率 55kW，与物料接触部位材质不锈钢，不带布袋除尘器
气流干燥机	FG 1.5	319000	江苏一步干燥设备有限公司	（0519）88902618	水分蒸发能力 675 kg/h，功率 50kW，与物料接触部位材质不锈钢，不带布袋除尘器
气流干燥机	FG 1.5	396000	常州中贝干燥设备有限公司	（0519）88671938	水分蒸发能力 675 kg/h，功率 55kW，材质不锈钢，不带布袋除尘器
气流干燥机	FG2	162000	常州市宇通干燥设备有限公司	（0519）88901088	材质 Q235，不带布袋除尘器
气流干燥机	FG2	166000	无锡市凯信干燥成套设备有限公司	（0510）81663608	水分蒸发能力 900 kg/h，功率 75kW，材质 Q235，不带布袋除尘器
气流干燥机	FG2	168000	江苏一步干燥设备有限公司	（0519）88902618	水分蒸发能力 900 kg/h，功率 75kW，材质 Q235，不带布袋除尘器
气流干燥机	FG2	215800	常州中贝干燥设备有限公司	（0519）88671938	水分蒸发能力 900 kg/h，功率 75kW，材质 Q235，不带布袋除尘器
气流干燥机	FG2	255000	常州市宇通干燥设备有限公司	（0519）88901088	物料水分蒸发部位材质铝合金，不带布袋除尘器
气流干燥机	FG2	264500	江苏一步干燥设备有限公司	（0519）88902618	水分蒸发能力 900 kg/h，功率 75kW，材质铝合金，不带布袋除尘器
气流干燥机	FG2	265000	常州中贝干燥设备有限公司	（0519）88671938	水分蒸发能力 900 kg/h，功率 75kW，材质铝合金，不带布袋除尘器

产品名称	型号规格	参考价格（元）	生产厂家	电话	主要参数及备注
气流干燥机	FG2	392000	无锡市凯信干燥成套设备有限公司	（0510）81663608	水分蒸发能力 900 kg/h，功率 75kW，与物料接触部位材质不锈钢，不带布袋除尘器
气流干燥机	FG2	392000	常州市宇通干燥设备有限公司	（0519）88901088	物料水分蒸发部位材质不锈钢，不带布袋除尘器
气流干燥机	FG2	397000	江苏一步干燥设备有限公司	（0519）88902618	水分蒸发能力 900 kg/h，功率 75kW，与物料接触部位材质不锈钢，不带布袋除尘器
气流干燥机	FG2	450000	常州中贝干燥设备有限公司	（0519）88671938	水分蒸发能力 900 kg/h，功率 75kW，材质不锈钢，不带布袋除尘器
气流干燥机	FG 2.5	211000	常州市宇通干燥设备有限公司	（0519）88901088	材质 Q235，不带布袋除尘器
气流干燥机	FG 2.5	220000	江苏一步干燥设备有限公司	（0519）88902618	水分蒸发能力 1.125 t/h，功率 90kW，材质 Q235，不带布袋除尘器
气流干燥机	FG 2.5	221000	无锡市凯信干燥成套设备有限公司	（0510）81663608	水分蒸发能力 1.125 t/h，功率 90kW，材质 Q235，不带布袋除尘器
气流干燥机	FG 2.5	287300	常州中贝干燥设备有限公司	（0519）88671938	水分蒸发能力 1.125 t/h，功率 90kW，材质 Q235，不带布袋除尘器
气流干燥机	FG 2.5	322000	常州市宇通干燥设备有限公司	（0519）88901088	物料水分蒸发部位材质铝合金，不带布袋除尘器
气流干燥机	FG 2.5	330000	常州中贝干燥设备有限公司	（0519）88671938	水分蒸发能力 1.125 t/h，功率 90kW，材质铝合金，不带布袋除尘器
气流干燥机	FG 2.5	332000	江苏一步干燥设备有限公司	（0519）88902618	水分蒸发能力 1125 kg/h，功率 90kW，材质铝合金，不带布袋除尘器
气流干燥机	FG 2.5	493000	江苏一步干燥设备有限公司	（0519）88902618	水分蒸发能力 1125 kg/h，功率 90kW，与物料接触部位材质不锈钢，不带布袋除尘器
气流干燥机	FG 2.5	494000	无锡市凯信干燥成套设备有限公司	（0510）81663608	水分蒸发能力 1.125 t/h，功率 90kW，与物料接触部位材质不锈钢，不带布袋除尘器
气流干燥机	FG 2.5	498000	常州市宇通干燥设备有限公司	（0519）88901088	物料水分蒸发部位材质不锈钢，不带布袋除尘器
气流干燥机	FG 2.5	616000	常州中贝干燥设备有限公司	（0519）88671938	水分蒸发能力 1.125 t/h，功率 90kW，材质不锈钢，不带布袋除尘器
气流干燥机	FG3	262000	常州市宇通干燥设备有限公司	（0519）88901088	材质 Q235，不带布袋除尘器
气流干燥机	FG3	270000	无锡市凯信干燥成套设备有限公司	（0510）81663608	水分蒸发能力 1.15 t/h，功率 110kW，材质 Q235，不带布袋除尘器
气流干燥机	FG3	270000	江苏一步干燥设备有限公司	（0519）88902618	水分蒸发能力 1.15 t/h，功率 110kW，材质 Q235，不带布袋除尘器
气流干燥机	FG3	351000	常州中贝干燥设备有限公司	（0519）88671938	水分蒸发能力 1.15 t/h，功率 110kW，材质 Q235，不带布袋除尘器
气流干燥机	FG3	380000	常州中贝干燥设备有限公司	（0519）88671938	水分蒸发能力 1.15 t/h，功率 110kW，材质铝合金，不带布袋除尘器
气流干燥机	FG3	385000	江苏一步干燥设备有限公司	（0519）88902618	水分蒸发能力 1.15 t/h，功率 110kW，材质铝合金，不带布袋除尘器

产品名称	型号规格	参考价格（元）	生产厂家	电话	主要参数及备注
气流干燥机	FG3	385000	常州市宇通干燥设备有限公司	（0519）88901088	物料水分蒸发部位材质铝合金，不带布袋除尘器
气流干燥机	FG3	572000	江苏一步干燥设备有限公司	（0519）88902618	水分蒸发能力 1.15 t/h，功率 110kW，与物料接触部位材质不锈钢，不带布袋除尘器
气流干燥机	FG3	575000	常州市宇通干燥设备有限公司	（0519）88901088	物料水分蒸发部位材质不锈钢，不带布袋除尘器
气流干燥机	FG3	577000	无锡市凯信干燥成套设备有限公司	（0510）81663608	水分蒸发能力 1.15 t/h，功率 110kW，与物料接触部位材质不锈钢，不带布袋除尘器
气流干燥机	FG3	715000	常州中贝干燥设备有限公司	（0519）88671938	水分蒸发能力 1.15 t/h，功率 110kW，材质不锈钢，不带布袋除尘器
气流干燥机	FG 3.5	305000	无锡市凯信干燥成套设备有限公司	（0510）81663608	水分蒸发能力 1.491 t/h，功率 110kW，材质 Q235，不带布袋除尘器
气流干燥机	FG 3.5	305000	江苏一步干燥设备有限公司	（0519）88902618	水分蒸发能力 1491 kg/h，功率 110kW，材质 Q235，不带布袋除尘器
气流干燥机	FG 3.5	305000	常州市宇通干燥设备有限公司	（0519）88901088	材质 Q235，不带布袋除尘器
气流干燥机	FG 3.5	390000	常州中贝干燥设备有限公司	（0519）88671938	水分蒸发能力 1.491 t/h，功率 110kW，材质 Q235，不带布袋除尘器
气流干燥机	FG 3.5	450000	常州中贝干燥设备有限公司	（0519）88671938	水分蒸发能力 1.491 t/h，功率 110kW，材质铝合金，不带布袋除尘器
气流干燥机	FG 3.5	455000	常州市宇通干燥设备有限公司	（0519）88901088	物料水分蒸发部位材质铝合金，不带布袋除尘器
气流干燥机	FG 3.5	458000	江苏一步干燥设备有限公司	（0519）88902618	水分蒸发能力 1.491 t/h，功率 110kW，材质铝合金，不带布袋除尘器
气流干燥机	FG 3.5	634000	江苏一步干燥设备有限公司	（0519）88902618	水分蒸发能力 1.491 t/h，功率 110kW，与物料接触部位材质不锈钢，不带布袋除尘器
气流干燥机	FG 3.5	635000	无锡市凯信干燥成套设备有限公司	（0510）81663608	水分蒸发能力 1.491 t/h，功率 110kW，与物料接触部位材质不锈钢，不带布袋除尘器
气流干燥机	FG 3.5	635000	常州市宇通干燥设备有限公司	（0519）88901088	物料水分蒸发部位材质不锈钢，不带布袋除尘器
气流干燥机	FG 3.5	792000	常州中贝干燥设备有限公司	（0519）88671938	水分蒸发能力 1.491 t/h，功率 110kW，材质不锈钢，不带布袋除尘器
气流干燥机	GFF-100	69500	无锡市凯信干燥成套设备有限公司	（0510）81663608	强化型，材质 Q235，不带布袋除尘器
气流干燥机	GFF-100	109000	无锡市凯信干燥成套设备有限公司	（0510）81663608	强化型，与物料接触部位材质不锈钢，不带布袋除尘器
气流干燥机	GFF-200	93000	无锡市凯信干燥成套设备有限公司	（0510）81663608	强化型，材质 Q235，不带布袋除尘器
气流干燥机	GFF-200	211000	无锡市凯信干燥成套设备有限公司	（0510）81663608	强化型，与物料接触部位材质不锈钢，不带布袋除尘器
气流干燥机	GFF-300	112000	无锡市凯信干燥成套设备有限公司	（0510）81663608	水分蒸发能力 25 kg/h，功率 7.5 kW，外形尺寸（mm）：4000×4000×5500，强化型，材质 Q235，不带布袋除尘器
气流干燥机	GFF-300	267000	无锡市凯信干燥成套设备有限公司	（0510）81663608	水分蒸发能力 25 kg/h，功率 7.5 kW，外形尺寸（mm）：4000×4000×5500，强化型，与物料接触部位材质不锈钢，不带布袋除尘器

产品名称	型号规格	参考价格(元)	生产厂家	电话	主要参数及备注
气流干燥机	GFF-400	131000	无锡市凯信干燥成套设备有限公司	(0510)81663608	水分蒸发能力 50 kg/h,功率11kW,外形尺寸(mm):4000×6500×6500,强化型,材质 Q235,不带布袋除尘器
气流干燥机	GFF-400	310600	无锡市凯信干燥成套设备有限公司	(0510)81663608	水分蒸发能力 50 kg/h,功率11kW,外形尺寸(mm):4000×6500×6500,强化型,与物料接触部位材质不锈钢,不带布袋除尘器
气流干燥机	GFF-500	146000	无锡市凯信干燥成套设备有限公司	(0510)81663608	水分蒸发能力 75 kg/h,功率13kW,外形尺寸(mm):4000×7000×7500,强化型,材质 Q235,不带布袋除尘器
气流干燥机	GFF-500	376000	无锡市凯信干燥成套设备有限公司	(0510)81663608	水分蒸发能力 75 kg/h,功率13kW,外形尺寸(mm):4000×7000×7500,强化型,与物料接触部位材质不锈钢,不带布袋除尘器
气流干燥机	GFF-800	238000	无锡市凯信干燥成套设备有限公司	(0510)81663608	水分蒸发能力 200 kg/h,功率29kW,外形尺寸(mm):5000×9000×9000,强化型,材质 Q235,不带布袋除尘器
气流干燥机	GFF-800	524000	无锡市凯信干燥成套设备有限公司	(0510)81663608	水分蒸发能力 200 kg/h,功率29kW,外形尺寸(mm):5000×9000×9000,强化型,与物料接触部位材质不锈钢,不带布袋除尘器
气流干燥机	GFF-1000	297000	无锡市凯信干燥成套设备有限公司	(0510)81663608	强化型,材质 Q235,不带布袋除尘器
气流干燥机	GFF-1000	683000	无锡市凯信干燥成套设备有限公司	(0510)81663608	强化型,与物料接触部位材质不锈钢,不带布袋除尘器
气流干燥机	GSL-100	71500	无锡市凯信干燥成套设备有限公司	(0510)81663608	水分蒸发能力 100 kg/h,总功率15kW,外形尺寸(mm):4000×2200×7500,旋流式,材质 Q235,不带布袋除尘器
气流干燥机	GSL-100	115000	无锡市凯信干燥成套设备有限公司	(0510)81663608	水分蒸发能力 100 kg/h,总功率15kW,外形尺寸(mm):4000×2200×7500,旋流式,与物料接触部位材质不锈钢,不带布袋除尘器
气流干燥机	GSL-200	98500	无锡市凯信干燥成套设备有限公司	(0510)81663608	水分蒸发能力 200 kg/h,总功率25kW,外形尺寸(mm):4600×2500×7500,旋流式,材质 Q235,不带布袋除尘器
气流干燥机	GSL-200	229000	无锡市凯信干燥成套设备有限公司	(0510)81663608	水分蒸发能力 200 kg/h,总功率25kW,外形尺寸(mm):4600×2500×7500,旋流式,与物料接触部位材质不锈钢,不带布袋除尘器
气流干燥机	GSL-300	121000	无锡市凯信干燥成套设备有限公司	(0510)81663608	水分蒸发能力 300 kg/h,总功率33kW,外形尺寸(mm):7000×4000×8000,旋流式,材质 Q235,不带布袋除尘器
气流干燥机	GSL-300	285000	无锡市凯信干燥成套设备有限公司	(0510)81663608	水分蒸发能力 300 kg/h,总功率33kW,外形尺寸(mm):7000×4000×8000,旋流式,与物料接触部位材质不锈钢,不带布袋除尘器
气流干燥机	GSL-500	161000	无锡市凯信干燥成套设备有限公司	(0510)81663608	水分蒸发能力 500 kg/h,总功率48kW,外形尺寸(mm):8000×5000×8000,旋流式,材质 Q235,不带布袋除尘器

产品名称	型号规格	参考价格(元)	生产厂家	电话	主要参数及备注
气流干燥机	GSL-500	399500	无锡市凯信干燥成套设备有限公司	(0510)81663608	水分蒸发能力500 kg/h,总功率48kW,外形尺寸(mm):8000×5000×8000,旋流式,与物料接触部位材质不锈钢,不带布袋除尘器
气流干燥机	GSL-1000	259000	无锡市凯信干燥成套设备有限公司	(0510)81663608	水分蒸发能力1t/h,总功率60kW,外形尺寸(mm):10000×8000×12000,旋流式,材质Q235,不带布袋除尘器
气流干燥机	GSL-1000	737200	无锡市凯信干燥成套设备有限公司	(0510)81663608	水分蒸发能力1t/h,总功率60kW,外形尺寸(mm):10000×8000×12000,旋流式,与物料接触部位材质不锈钢,不带布袋除尘器
气流干燥机	JG50	49000	江苏一步干燥设备有限公司	(0519)88902618	水分蒸发能力50 kg/h,功率10kW,占地面积$20m^2$,高度9m,材质Q235,不带布袋除尘器
气流干燥机	JG50	65000	江苏一步干燥设备有限公司	(0519)88902618	水分蒸发能力50 kg/h,功率10kW,占地面积$20m^2$,高度9m,材质铝合金,不带布袋除尘器
气流干燥机	JG50	83000	江苏一步干燥设备有限公司	(0519)88902618	水分蒸发能力50 kg/h,功率10kW,占地面积$20m^2$,高度9m,与物料接触部位材质不锈钢,不带布袋除尘器
气流干燥机	JG100	70000	江苏一步干燥设备有限公司	(0519)88902618	水分蒸发能力100 kg/h,功率20kW,占地面积$32m^2$,高度11m,材质Q235,不带布袋除尘器
气流干燥机	JG100	88700	江苏一步干燥设备有限公司	(0519)88902618	水分蒸发能力100 kg/h,功率20kW,占地面积$32m^2$,高度11m,材质铝合金,不带布袋除尘器
气流干燥机	JG100	105000	江苏一步干燥设备有限公司	(0519)88902618	水分蒸发能力100 kg/h,功率20kW,占地面积$32m^2$,高度11m,与物料接触部位材质不锈钢,不带布袋除尘器
气流干燥机	JG250	93200	江苏一步干燥设备有限公司	(0519)88902618	水分蒸发能力250 kg/h,功率32kW,占地面积$64m^2$,高度13m,材质Q235,不带布袋除尘器
气流干燥机	JG250	105000	江苏一步干燥设备有限公司	(0519)88902618	水分蒸发能力250 kg/h,功率32kW,占地面积$64m^2$,高度13m,材质铝合金,不带布袋除尘器
气流干燥机	JG250	205000	江苏一步干燥设备有限公司	(0519)88902618	水分蒸发能力250 kg/h,功率32kW,占地面积$64m^2$,高度13m,与物料接触部位材质不锈钢,不带布袋除尘器
气流干燥机	JG500	150000	江苏一步干燥设备有限公司	(0519)88902618	水分蒸发能力500 kg/h,功率54kW,占地面积$96m^2$,高度13m,材质Q235,不带布袋除尘器
气流干燥机	JG500	230000	江苏一步干燥设备有限公司	(0519)88902618	水分蒸发能力500 kg/h,功率54kW,占地面积$96m^2$,高度13m,材质铝合金,不带布袋除尘器
气流干燥机	JG500	370000	江苏一步干燥设备有限公司	(0519)88902618	水分蒸发能力500 kg/h,功率54kW,占地面积$96m^2$,高度13m,与物料接触部位材质不锈钢,不带布袋除尘器
气流干燥机	JG1000	259500	江苏一步干燥设备有限公司	(0519)88902618	水分蒸发能力1t/h,功率135kW,占地面积$120m^2$,高度15m,材质Q235,不带布袋除尘器

产品名称	型号规格	参考价格（元）	生产厂家	电话	主要参数及备注
气流干燥机	JG1000	285000	江苏一步干燥设备有限公司	（0519）88902618	水分蒸发能力 1t/h，功率 135kW，占地面积 $120m^2$，高度 15m，材质铝合金，不带布袋除尘器
气流干燥机	JG1000	580000	江苏一步干燥设备有限公司	（0519）88902618	水分蒸发能力 1t/h，功率 135kW，占地面积 $120m^2$，高度 15m，与物料接触部位材质不锈钢，不带布袋除尘器
气流干燥机	JG1500	325000	江苏一步干燥设备有限公司	（0519）88902618	水分蒸发能力 1.5 t/h，功率 175kW，占地面积 $200m^2$，高度 16m，材质 Q235，不带布袋除尘器
气流干燥机	JG1500	420000	江苏一步干燥设备有限公司	（0519）88902618	水分蒸发能力 1.5 t/h，功率 175kW，占地面积 $200m^2$，高度 16m，材质铝合金，不带布袋除尘器
气流干燥机	JG1500	685000	江苏一步干燥设备有限公司	（0519）88902618	水分蒸发能力 1.5 t/h，功率 175kW，占地面积 $200m^2$，高度 16m，与物料接触部位材质不锈钢，不带布袋除尘器
气流干燥机	MQG50	40500	无锡市凯信干燥成套设备有限公司	（0510）81663608	水分蒸发能力 50 kg/h，电动机功率 4kW，材质 Q235
气流干燥机	MQG50	71800	无锡市凯信干燥成套设备有限公司	（0510）81663608	水分蒸发能力 50 kg/h，电动机功率 4kW，与物料接触部位材质不锈钢
气流干燥机	MQG100	54800	无锡市凯信干燥成套设备有限公司	（0510）81663608	水分蒸发能力 100 kg/h，电动机功率7.5kW，材质 Q235
气流干燥机	MQG100	95000	无锡市凯信干燥成套设备有限公司	（0510）81663608	水分蒸发能力 100 kg/h，电动机功率7.5kW，与物料接触部位材质不锈钢
气流干燥机	MQG250	82500	无锡市凯信干燥成套设备有限公司	（0510）81663608	水分蒸发能力 250 kg/h，电动机功率 15kW，材质 Q235
气流干燥机	MQG250	178000	无锡市凯信干燥成套设备有限公司	（0510）81663608	水分蒸发能力 250 kg/h，电动机功率 15kW，与物料接触部位材质不锈钢
气流干燥机	MQG500	120000	无锡市凯信干燥成套设备有限公司	（0510）81663608	水分蒸发能力 500 kg/h，电动机功率 30kW，材质 Q235
气流干燥机	MQG500	296000	无锡市凯信干燥成套设备有限公司	（0510）81663608	水分蒸发能力 500 kg/h，电动机功率 30kW，与物料接触部位材质不锈钢
气流干燥机	MQG1200	225000	无锡市凯信干燥成套设备有限公司	（0510）81663608	水分蒸发能力1.2t/h，材质 Q235
气流干燥机	MQG1200	485000	无锡市凯信干燥成套设备有限公司	（0510）81663608	水分蒸发能力1.2t/h，与物料接触部位材质不锈钢
气流干燥机	MQG1500	281000	无锡市凯信干燥成套设备有限公司	（0510）81663608	水分蒸发能力1.5t/h，材质 Q235
气流干燥机	MQG1500	577000	无锡市凯信干燥成套设备有限公司	（0510）81663608	水分蒸发能力1.5t/h，与物料接触部位材质不锈钢
气流干燥机	QG50	39500	常州市宇通干燥设备有限公司	（0519）88901088	材质 Q235，不带布袋除尘器
气流干燥机	QG50	42000	江苏一步干燥设备有限公司	（0519）88902618	水分蒸发能力 50 kg/h，功率 7kW，占地面积 $20m^2$，高度 14m，材质 Q235，不带布袋除尘器
气流干燥机	QG50	53500	常州市宇通干燥设备有限公司	（0519）88901088	物料水分蒸发部位材质铝合金，不带布袋除尘器
气流干燥机	QG50	54500	江苏一步干燥设备有限公司	（0519）88902618	水分蒸发能力 50 kg/h，功率 7kW，占地面积 $20m^2$，高度 14m，材质铝合金，不带布袋除尘器

产品名称	型号规格	参考价格（元）	生产厂家	电话	主要参数及备注
气流干燥机	QG50	70000	江苏一步干燥设备有限公司	(0519) 88902618	水分蒸发能力 50 kg/h，功率 7kW，占地面积 $20m^2$，高度 14m，与物料接触部位材质不锈钢，不带布袋除尘器
气流干燥机	QG50	71200	常州市宇通干燥设备有限公司	(0519) 88901088	物料水分蒸发部位材质不锈钢，不带布袋除尘器
气流干燥机	QG100	52500	常州市宇通干燥设备有限公司	(0519) 88901088	材质 Q235，不带布袋除尘器
气流干燥机	QG100	55000	江苏一步干燥设备有限公司	(0519) 88902618	水分蒸发能力 100 kg/h，功率 13kW，占地面积 $32m^2$，高度 14m，材质 Q235，不带布袋除尘器
气流干燥机	QG100	76000	常州市宇通干燥设备有限公司	(0519) 88901088	物料水分蒸发部位材质铝合金，不带布袋除尘器
气流干燥机	QG100	78000	江苏一步干燥设备有限公司	(0519) 88902618	水分蒸发能力 100 kg/h，功率 13kW，占地面积 $32m^2$，高度 14m，材质铝合金，不带布袋除尘器
气流干燥机	QG100	87500	江苏一步干燥设备有限公司	(0519) 88902618	水分蒸发能力 100 kg/h，功率 13kW，占地面积 $32m^2$，高度 14m，与物料接触部位材质不锈钢，不带布袋除尘器
气流干燥机	QG100	93000	常州市宇通干燥设备有限公司	(0519) 88901088	物料水分蒸发部位材质不锈钢，不带布袋除尘器
气流干燥机	QG250	81500	常州市宇通干燥设备有限公司	(0519) 88901088	材质 Q235，不带布袋除尘器
气流干燥机	QG250	83000	江苏一步干燥设备有限公司	(0519) 88902618	水分蒸发能力 250 kg/h，功率 24kW，占地面积 $64m^2$，高度 15m，材质 Q235，不带布袋除尘器
气流干燥机	QG250	97500	江苏一步干燥设备有限公司	(0519) 88902618	水分蒸发能力 250 kg/h，功率 24kW，占地面积 $64m^2$，高度 15m，材质铝合金，不带布袋除尘器
气流干燥机	QG250	99800	常州市宇通干燥设备有限公司	(0519) 88901088	物料水分蒸发部位材质铝合金，不带布袋除尘器
气流干燥机	QG250	168800	常州市宇通干燥设备有限公司	(0519) 88901088	物料水分蒸发部位材质不锈钢，不带布袋除尘器
气流干燥机	QG250	170000	江苏一步干燥设备有限公司	(0519) 88902618	水分蒸发能力 250 kg/h，功率 24kW，占地面积 $64m^2$，高度 15m，与物料接触部位材质不锈钢，不带布袋除尘器
气流干燥机	QG500	116500	常州市宇通干燥设备有限公司	(0519) 88901088	材质 Q235，不带布袋除尘器
气流干燥机	QG500	120000	江苏一步干燥设备有限公司	(0519) 88902618	水分蒸发能力 500 kg/h，功率 43kW，占地面积 $96m^2$，高度 18m，材质 Q235，不带布袋除尘器
气流干燥机	QG500	185500	常州市宇通干燥设备有限公司	(0519) 88901088	物料水分蒸发部位材质铝合金，不带布袋除尘器
气流干燥机	QG500	195000	江苏一步干燥设备有限公司	(0519) 88902618	水分蒸发能力 500 kg/h，功率 43kW，占地面积 $96m^2$，高度 18m，材质铝合金，不带布袋除尘器
气流干燥机	QG500	285000	江苏一步干燥设备有限公司	(0519) 88902618	水分蒸发能力 500 kg/h，功率 43kW，占地面积 $96m^2$，高度 18m，与物料接触部位材质不锈钢，不带布袋除尘器
气流干燥机	QG500	292000	常州市宇通干燥设备有限公司	(0519) 88901088	物料水分蒸发部位材质不锈钢，不带布袋除尘器

产品名称	型号规格	参考价格（元）	生产厂家	电话	主要参数及备注
气流干燥机	QG1000	223200	常州市宇通干燥设备有限公司	(0519)88901088	材质Q235,不带布袋除尘器
气流干燥机	QG1000	230000	江苏一步干燥设备有限公司	(0519)88902618	水分蒸发能力1t/h,功率100kW,占地面积120m²,高度18m,材质Q235,不带布袋除尘器
气流干燥机	QG1000	256000	常州市宇通干燥设备有限公司	(0519)88901088	物料水分蒸发部位材质铝合金,不带布袋除尘器
气流干燥机	QG1000	267500	江苏一步干燥设备有限公司	(0519)88902618	水分蒸发能力1t/h,功率100kW,占地面积120m²,高度18m,材质铝合金,不带布袋除尘器
气流干燥机	QG1000	465500	常州市宇通干燥设备有限公司	(0519)88901088	物料水分蒸发部位材质不锈钢,不带布袋除尘器
气流干燥机	QG1000	485000	江苏一步干燥设备有限公司	(0519)88902618	水分蒸发能力1t/h,功率100kW,占地面积120m²,高度18m,与物料接触部位材质不锈钢,不带布袋除尘器
气流干燥机	QG1500	261000	常州市宇通干燥设备有限公司	(0519)88901088	材质Q235,不带布袋除尘器
气流干燥机	QG1500	285000	江苏一步干燥设备有限公司	(0519)88902618	水分蒸发能力1.5 t/h,功率150kW,占地面积200m²,高度20m,材质Q235,不带布袋除尘器
气流干燥机	QG1500	358000	常州市宇通干燥设备有限公司	(0519)88901088	物料水分蒸发部位材质铝合金,不带布袋除尘器
气流干燥机	QG1500	370000	江苏一步干燥设备有限公司	(0519)88902618	水分蒸发能力1.5 t/h,功率150kW,占地面积200m²,高度20m,材质铝合金,不带布袋除尘器
气流干燥机	QG1500	547000	常州市宇通干燥设备有限公司	(0519)88901088	物料水分蒸发部位材质不锈钢,不带布袋除尘器
气流干燥机	QG1500	550000	江苏一步干燥设备有限公司	(0519)88902618	水分蒸发能力1.5 t/h,功率150kW,占地面积200m²,高度20m,与物料接触部位材质不锈钢,不带布袋除尘器
气流干燥机	SQG20	65000	江苏一步干燥设备有限公司	(0519)88902618	双管道,材质Q235,不带布袋除尘器
气流干燥机	SQG20	100000	江苏一步干燥设备有限公司	(0519)88902618	双管道,与物料接触部位材质不锈钢,不带布袋除尘器
沸腾气流干燥机	FQG-125	78000	江阴金发干燥设备有限公司	(0510)86178258	材质Q235
沸腾气流干燥机	FQG-125	218000	江阴金发干燥设备有限公司	(0510)86178258	材质不锈钢
沸腾气流干燥机	FQG-175	88000	江阴金发干燥设备有限公司	(0510)86178258	材质Q235
沸腾气流干燥机	FQG-175	240000	江阴金发干燥设备有限公司	(0510)86178258	材质不锈钢
沸腾气流干燥机	FQG-250	104000	江阴金发干燥设备有限公司	(0510)86178258	材质Q235
沸腾气流干燥机	FQG-250	285000	江阴金发干燥设备有限公司	(0510)86178258	材质不锈钢
沸腾气流干燥机	FQG-350	118000	江阴金发干燥设备有限公司	(0510)86178258	材质Q235
沸腾气流干燥机	FQG-350	312000	江阴金发干燥设备有限公司	(0510)86178258	材质不锈钢
沸腾气流干燥机	FQG-500	128500	江阴金发干燥设备有限公司	(0510)86178258	材质Q235

产品名称	型号规格	参考价格（元）	生产厂家	电话	主要参数及备注
沸腾气流干燥机	FQG-500	356800	江阴金发干燥设备有限公司	（0510）86178258	材质不锈钢
沸腾气流干燥机	FQG-625	141800	江阴金发干燥设备有限公司	（0510）86178258	材质 Q235
沸腾气流干燥机	FQG-625	418000	江阴金发干燥设备有限公司	（0510）86178258	材质不锈钢
脉冲气流干燥机	QG50	41000	常州市互帮干燥设备有限公司	（0519）88739588	水分蒸发能力 50 kg/h，功率 7kW，材质 Q235，不带布袋除尘器
脉冲气流干燥机	QG50	42000	江阴金发干燥设备有限公司	（0510）86178258	水分蒸发能力 50 kg/h，功率 7kW，材质 Q235，不带布袋除尘器
脉冲气流干燥机	QG50	52780	常州中贝干燥设备有限公司	（0519）88671938	水分蒸发能力 50 kg/h，材质 Q235，不带布袋除尘器
脉冲气流干燥机	QG50	54500	常州市互帮干燥设备有限公司	（0519）88739588	水分蒸发能力 50 kg/h，功率 7kW，材质铝合金，不带布袋除尘器
脉冲气流干燥机	QG50	54500	江阴金发干燥设备有限公司	（0510）86178258	水分蒸发能力 50 kg/h，功率 7kW，材质铝合金，不带布袋除尘器
脉冲气流干燥机	QG50	62790	常州中贝干燥设备有限公司	（0519）88671938	水分蒸发能力 50 kg/h，材质铝合金，不带布袋除尘器
脉冲气流干燥机	QG50	70000	常州市互帮干燥设备有限公司	（0519）88739588	水分蒸发能力 50 kg/h，功率 7kW，物料通过处材质不锈钢，不带布袋除尘器
脉冲气流干燥机	QG50	70000	江阴金发干燥设备有限公司	（0510）86178258	水分蒸发能力 50 kg/h，功率 7kW，物料通过处材质不锈钢，不带布袋除尘器
脉冲气流干燥机	QG50	78980	常州中贝干燥设备有限公司	（0519）88671938	水分蒸发能力 50 kg/h，材质不锈钢，不带布袋除尘器
脉冲气流干燥机	QG100	55000	常州市互帮干燥设备有限公司	（0519）88739588	水分蒸发能力 100 kg/h，功率 13kW，材质 Q235，不带布袋除尘器
脉冲气流干燥机	QG100	55000	江阴金发干燥设备有限公司	（0510）86178258	水分蒸发能力 100 kg/h，功率 13kW，材质 Q235，不带布袋除尘器
脉冲气流干燥机	QG100	71240	常州中贝干燥设备有限公司	（0519）88671938	水分蒸发能力 100 kg/h，材质 Q235，不带布袋除尘器
脉冲气流干燥机	QG100	78000	常州市互帮干燥设备有限公司	（0519）88739588	水分蒸发能力 100 kg/h，功率 13kW，材质铝合金，不带布袋除尘器
脉冲气流干燥机	QG100	78000	江阴金发干燥设备有限公司	（0510）86178258	水分蒸发能力 100 kg/h，功率 13kW，材质铝合金，不带布袋除尘器
脉冲气流干燥机	QG100	87500	常州市互帮干燥设备有限公司	（0519）88739588	水分蒸发能力 100 kg/h，功率 13kW，物料通过处材质不锈钢，不带布袋除尘器
脉冲气流干燥机	QG100	87500	江阴金发干燥设备有限公司	（0510）86178258	水分蒸发能力 100 kg/h，功率 13kW，物料通过处材质不锈钢，不带布袋除尘器
脉冲气流干燥机	QG100	89700	常州中贝干燥设备有限公司	（0519）88671938	水分蒸发能力 100 kg/h，材质铝合金，不带布袋除尘器
脉冲气流干燥机	QG100	104500	常州中贝干燥设备有限公司	（0519）88671938	水分蒸发能力 100 kg/h，材质不锈钢，不带布袋除尘器
脉冲气流干燥机	QG250	83000	常州市互帮干燥设备有限公司	（0519）88739588	水分蒸发能力 250 kg/h，功率 24kW，材质 Q235，不带布袋除尘器

产品名称	型号规格	参考价格(元)	生产厂家	电话	主要参数及备注
脉冲气流干燥机	QG250	83000	江阴金发干燥设备有限公司	(0510)86178258	水分蒸发能力 250 kg/h,功率24kW,材质 Q235,不带布袋除尘器
脉冲气流干燥机	QG250	97500	江阴金发干燥设备有限公司	(0510)86178258	水分蒸发能力 250 kg/h,功率24kW,材质铝合金,不带布袋除尘器
脉冲气流干燥机	QG250	98000	常州市互帮干燥设备有限公司	(0519)88739588	水分蒸发能力 250 kg/h,功率24kW,材质铝合金,不带布袋除尘器
脉冲气流干燥机	QG250	106600	常州中贝干燥设备有限公司	(0519)88671938	水分蒸发能力 250 kg/h,材质Q235,不带布袋除尘器
脉冲气流干燥机	QG250	136620	常州中贝干燥设备有限公司	(0519)88671938	水分蒸发能力 250 kg/h,材质铝合金,不带布袋除尘器
脉冲气流干燥机	QG250	170000	常州市互帮干燥设备有限公司	(0519)88739588	水分蒸发能力 250 kg/h,功率24kW,物料通过处材质不锈钢,不带布袋除尘器
脉冲气流干燥机	QG250	170000	江阴金发干燥设备有限公司	(0510)86178258	水分蒸发能力 250 kg/h,功率24kW,物料通过处材质不锈钢,不带布袋除尘器
脉冲气流干燥机	QG250	195800	常州中贝干燥设备有限公司	(0519)88671938	水分蒸发能力 250 kg/h,材质不锈钢,不带布袋除尘器
脉冲气流干燥机	QG500	120000	常州市互帮干燥设备有限公司	(0519)88739588	水分蒸发能力 500 kg/h,功率43kW,材质 Q235,不带布袋除尘器
脉冲气流干燥机	QG500	120000	江阴金发干燥设备有限公司	(0510)86178258	水分蒸发能力 500 kg/h,功率43kW,材质 Q235,不带布袋除尘器
脉冲气流干燥机	QG500	156000	常州中贝干燥设备有限公司	(0519)88671938	水分蒸发能力 500 kg/h,材质Q235,不带布袋除尘器
脉冲气流干燥机	QG500	195000	常州市互帮干燥设备有限公司	(0519)88739588	水分蒸发能力 500 kg/h,功率43kW,材质铝合金,不带布袋除尘器
脉冲气流干燥机	QG500	195000	江阴金发干燥设备有限公司	(0510)86178258	水分蒸发能力 500 kg/h,功率43kW,材质铝合金,不带布袋除尘器
脉冲气流干燥机	QG500	224250	常州中贝干燥设备有限公司	(0519)88671938	水分蒸发能力 500 kg/h,材质铝合金,不带布袋除尘器
脉冲气流干燥机	QG500	285000	常州市互帮干燥设备有限公司	(0519)88739588	水分蒸发能力 500 kg/h,功率43kW,物料通过处材质不锈钢,不带布袋除尘器
脉冲气流干燥机	QG500	285000	江阴金发干燥设备有限公司	(0510)86178258	水分蒸发能力 500 kg/h,功率43kW,物料通过处材质不锈钢,不带布袋除尘器
脉冲气流干燥机	QG500	346500	常州中贝干燥设备有限公司	(0519)88671938	水分蒸发能力 500 kg/h,材质不锈钢,不带布袋除尘器
脉冲气流干燥机	QG1000	225000	常州市互帮干燥设备有限公司	(0519)88739588	水分蒸发能力 1t/h,功率100kW,材质 Q235,不带布袋除尘器
脉冲气流干燥机	QG1000	260000	常州市互帮干燥设备有限公司	(0519)88739588	水分蒸发能力 1t/h,功率100kW,材质铝合金,不带布袋除尘器
脉冲气流干燥机	QG1000	485000	常州市互帮干燥设备有限公司	(0519)88739588	水分蒸发能力 1t/h,功率100kW,物料通过处材质不锈钢,不带布袋除尘器
脉冲气流干燥机	QG1200	230000	江阴金发干燥设备有限公司	(0510)86178258	水分蒸发能力 1.2 t/h,材质Q235,不带布袋除尘器
脉冲气流干燥机	QG1200	267500	江阴金发干燥设备有限公司	(0510)86178258	水分蒸发能力1.2t/h,材质铝合金,不带布袋除尘器

产品名称	型号规格	参考价格(元)	生产厂家	电话	主要参数及备注
脉冲气流干燥机	QG1200	292500	常州中贝干燥设备有限公司	(0519)88671938	水分蒸发能力1.2 t/h，材质Q235，不带布袋除尘器
脉冲气流干燥机	QG1200	331200	常州中贝干燥设备有限公司	(0519)88671938	水分蒸发能力1.2t/h，材质铝合金，不带布袋除尘器
脉冲气流干燥机	QG1200	485000	江阴金发干燥设备有限公司	(0510)86178258	水分蒸发能力1.2t/h，物料通过处材质不锈钢，不带布袋除尘器
脉冲气流干燥机	QG1200	561000	常州中贝干燥设备有限公司	(0519)88671938	水分蒸发能力1.2t/h，材质不锈钢，不带布袋除尘器
脉冲气流干燥机	QG1500	285000	常州市互帮干燥设备有限公司	(0519)88739588	水分蒸发能力1.5 t/h，功率150kW，材质Q235，不带布袋除尘器
脉冲气流干燥机	QG1500	285000	江阴金发干燥设备有限公司	(0510)86178258	水分蒸发能力1.5 t/h，功率150kW，材质Q235，不带布袋除尘器
脉冲气流干燥机	QG1500	364000	常州中贝干燥设备有限公司	(0519)88671938	水分蒸发能力1.5 t/h，材质Q235，不带布袋除尘器
脉冲气流干燥机	QG1500	370000	常州市互帮干燥设备有限公司	(0519)88739588	水分蒸发能力1.5 t/h，功率150kW，材质铝合金，不带布袋除尘器
脉冲气流干燥机	QG1500	370000	江阴金发干燥设备有限公司	(0510)86178258	水分蒸发能力1.5 t/h，功率150kW，材质铝合金，不带布袋除尘器
脉冲气流干燥机	QG1500	446200	常州中贝干燥设备有限公司	(0519)88671938	水分蒸发能力1.5t/h，材质铝合金，不带布袋除尘器
脉冲气流干燥机	QG1500	547000	常州市互帮干燥设备有限公司	(0519)88739588	水分蒸发能力1.5 t/h，功率150kW，物料通过处材质不锈钢，不带布袋除尘器
脉冲气流干燥机	QG1500	550000	江阴金发干燥设备有限公司	(0510)86178258	水分蒸发能力1.5 t/h，功率150kW，物料通过处材质不锈钢，不带布袋除尘器
脉冲气流干燥机	QG1500	638000	常州中贝干燥设备有限公司	(0519)88671938	水分蒸发能力1.5t/h，材质不锈钢，不带布袋除尘器
强化气流干燥机	GFF-300	42000	常州市宇通干燥设备有限公司	(0519)88901088	材质Q235，不带布袋除尘器
强化气流干燥机	GFF-300	55000	常州市宇通干燥设备有限公司	(0519)88901088	物料水分接触部位材质铝合金，不带布袋除尘器
强化气流干燥机	GFF-300	65000	常州市宇通干燥设备有限公司	(0519)88901088	物料水分接触部位材质不锈钢，不带布袋除尘器
强化气流干燥机	GFF-400	49000	常州市宇通干燥设备有限公司	(0519)88901088	材质Q235，不带布袋除尘器
强化气流干燥机	GFF-400	65000	常州市宇通干燥设备有限公司	(0519)88901088	物料水分接触部位材质铝合金，不带布袋除尘器
强化气流干燥机	GFF-400	76000	常州市宇通干燥设备有限公司	(0519)88901088	物料水分接触部位材质不锈钢，不带布袋除尘器
强化气流干燥机	GFF-500	61000	常州市宇通干燥设备有限公司	(0519)88901088	材质Q235，不带布袋除尘器
强化气流干燥机	GFF-500	73000	常州市宇通干燥设备有限公司	(0519)88901088	物料水分接触部位材质铝合金，不带布袋除尘器
强化气流干燥机	GFF-500	89000	常州市宇通干燥设备有限公司	(0519)88901088	物料水分接触部位材质不锈钢，不带布袋除尘器
强化气流干燥机	GFF-600	71000	常州市宇通干燥设备有限公司	(0519)88901088	材质Q235，不带布袋除尘器
强化气流干燥机	GFF-600	85000	常州市宇通干燥设备有限公司	(0519)88901088	物料水分接触部位材质铝合金，不带布袋除尘器
强化气流干燥机	GFF-600	104500	常州市宇通干燥设备有限公司	(0519)88901088	物料水分接触部位材质不锈钢，不带布袋除尘器

产品名称	型号规格	参考价格(元)	生产厂家	电话	主要参数及备注
强化气流干燥机	GFF-800	84500	常州市宇通干燥设备有限公司	(0519)88901088	材质 Q235,不带布袋除尘器
强化气流干燥机	GFF-800	102600	常州市宇通干燥设备有限公司	(0519)88901088	物料水分接触部位材质铝合金,不带布袋除尘器
强化气流干燥机	GFF-800	128500	常州市宇通干燥设备有限公司	(0519)88901088	物料水分接触部位材质不锈钢,不带布袋除尘器
双管道气流干燥机	SQG-20	65000	江阴金发干燥设备有限公司	(0510)86178258	材质 Q235,不带布袋除尘器
双管道气流干燥机	SQG-20	100000	江阴金发干燥设备有限公司	(0510)86178258	物料通过处材质不锈钢,不带布袋除尘器
双管道气流干燥机	SQG-50	80000	江阴金发干燥设备有限公司	(0510)86178258	材质 Q235,不带布袋除尘器
双管道气流干燥机	SQG-50	125000	江阴金发干燥设备有限公司	(0510)86178258	物料通过处材质不锈钢,不带布袋除尘器
双管道气流干燥机	SQG-100	92000	江阴金发干燥设备有限公司	(0510)86178258	材质 Q235,不带布袋除尘器
双管道气流干燥机	SQG-100	187500	江阴金发干燥设备有限公司	(0510)86178258	物料通过处材质不锈钢,不带布袋除尘器
双管道气流干燥机	SQG-250	113000	江阴金发干燥设备有限公司	(0510)86178258	材质 Q235,不带布袋除尘器
双管道气流干燥机	SQG-250	255000	江阴金发干燥设备有限公司	(0510)86178258	物料通过处材质不锈钢,不带布袋除尘器
双管道气流干燥机	SQG-500	148000	江阴金发干燥设备有限公司	(0510)86178258	材质 Q235,不带布袋除尘器
双管道气流干燥机	SQG-500	330000	江阴金发干燥设备有限公司	(0510)86178258	物料通过处材质不锈钢,不带布袋除尘器
旋风气流干燥机	XQG-50	59300	常州市互帮干燥设备有限公司	(0519)88739588	材质 Q235,不带布袋除尘器
旋风气流干燥机	XQG-50	82000	常州市互帮干燥设备有限公司	(0519)88739588	材质铝合金,不带布袋除尘器
旋风气流干燥机	XQG-50	105000	常州市互帮干燥设备有限公司	(0519)88739588	物料通过处材质不锈钢,不带布袋除尘器
旋风气流干燥机	XQG-100	71500	常州市互帮干燥设备有限公司	(0519)88739588	材质 Q235,不带布袋除尘器
旋风气流干燥机	XQG-100	108000	常州市互帮干燥设备有限公司	(0519)88739588	材质铝合金,不带布袋除尘器
旋风气流干燥机	XQG-100	135000	常州市互帮干燥设备有限公司	(0519)88739588	物料通过处材质不锈钢,不带布袋除尘器
旋风气流干燥机	XQG-200	98500	常州市互帮干燥设备有限公司	(0519)88739588	材质 Q235,不带布袋除尘器
旋风气流干燥机	XQG-200	125000	常州市互帮干燥设备有限公司	(0519)88739588	材质铝合金,不带布袋除尘器
旋风气流干燥机	XQG-200	229000	常州市互帮干燥设备有限公司	(0519)88739588	物料通过处材质不锈钢,不带布袋除尘器
旋风气流干燥机	XQG-250	120000	常州市互帮干燥设备有限公司	(0519)88739588	材质 Q235,不带布袋除尘器
旋风气流干燥机	XQG-250	150000	常州市互帮干燥设备有限公司	(0519)88739588	材质铝合金,不带布袋除尘器
旋风气流干燥机	XQG-250	285000	常州市互帮干燥设备有限公司	(0519)88739588	物料通过处材质不锈钢,不带布袋除尘器
旋风气流干燥机	XQG-500	161000	常州市互帮干燥设备有限公司	(0519)88739588	材质 Q235,不带布袋除尘器
旋风气流干燥机	XQG-500	243000	常州市互帮干燥设备有限公司	(0519)88739588	材质铝合金,不带布袋除尘器
旋风气流干燥机	XQG-500	394000	常州市互帮干燥设备有限公司	(0519)88739588	物料通过处材质不锈钢,不带布袋除尘器

产品名称	型号规格	参考价格(元)	生产厂家	电话	主要参数及备注
旋风气流干燥机	XQG-1000	259000	常州市互帮干燥设备有限公司	(0519)88739588	材质Q235,不带布袋除尘器
旋风气流干燥机	XQG-1000	386000	常州市互帮干燥设备有限公司	(0519)88739588	材质铝合金,不带布袋除尘器
旋风气流干燥机	XQG-1000	736000	常州市互帮干燥设备有限公司	(0519)88739588	物料通过处材质不锈钢,不带布袋除尘器
组合气流干燥机	ZQG-50	55000	江阴金发干燥设备有限公司	(0510)86178258	材质Q235,不带布袋除尘器
组合气流干燥机	ZQG-100	73000	江阴金发干燥设备有限公司	(0510)86178258	材质Q235,不带布袋除尘器
组合气流干燥机	ZQG-250	110000	江阴金发干燥设备有限公司	(0510)86178258	材质Q235,不带布袋除尘器
组合气流干燥机	ZQG-500	185000	江阴金发干燥设备有限公司	(0510)86178258	材质Q235,不带布袋除尘器
组合气流干燥机	ZQG-1000	310000	江阴金发干燥设备有限公司	(0510)86178258	材质Q235,不带布袋除尘器
组合气流干燥机	ZQG-1500	380000	江阴金发干燥设备有限公司	(0510)86178258	材质Q235,不带布袋除尘器
组合气流干燥机	ZQG-2000	450000	江阴金发干燥设备有限公司	(0510)86178258	材质Q235,不带布袋除尘器
强化旋流干燥机	JX-250	156400	常州中贝干燥设备有限公司	(0519)88671938	材质Q235,带鼓风机、加料器、脉冲管、离心式或扩散式旋风分离器、蒸汽散热器或电加热器、引风机、自动控制系统,不带脉冲除尘器
强化旋流干燥机	JX-250	168000	常州中贝干燥设备有限公司	(0519)88671938	材质铝合金,带鼓风机、加料器、脉冲管、离心式或扩散式旋风分离器、蒸汽散热器或电加热器、引风机、自动控制系统,不带脉冲除尘器
强化旋流干燥机	JX-250	316800	常州中贝干燥设备有限公司	(0519)88671938	材质不锈钢,带鼓风机、加料器、脉冲管、离心式或扩散式旋风分离器、蒸汽散热器或电加热器、引风机、自动控制系统,不带脉冲除尘器
强化旋流干燥机	JX-350	193200	常州中贝干燥设备有限公司	(0519)88671938	材质Q235,带鼓风机、加料器、脉冲管、离心式或扩散式旋风分离器、蒸汽散热器或电加热器、引风机、自动控制系统,不带脉冲除尘器
强化旋流干燥机	JX-350	228000	常州中贝干燥设备有限公司	(0519)88671938	材质铝合金,带鼓风机、加料器、脉冲管、离心式或扩散式旋风分离器、蒸汽散热器或电加热器、引风机、自动控制系统,不带脉冲除尘器
强化旋流干燥机	JX-350	437800	常州中贝干燥设备有限公司	(0519)88671938	材质不锈钢,带鼓风机、加料器、脉冲管、离心式或扩散式旋风分离器、蒸汽散热器或电加热器、引风机、自动控制系统,不带脉冲除尘器
强化旋流干燥机	JX-500	210220	常州中贝干燥设备有限公司	(0519)88671938	材质Q235,带鼓风机、加料器、脉冲管、离心式或扩散式旋风分离器、蒸汽散热器或电加热器、引风机、自动控制系统,不带脉冲除尘器
强化旋流干燥机	JX-500	306000	常州中贝干燥设备有限公司	(0519)88671938	材质铝合金,带鼓风机、加料器、脉冲管、离心式或扩散式旋风分离器、蒸汽散热器或电加热器、引风机、自动控制系统,不带脉冲除尘器

产品名称	型号规格	参考价格（元）	生产厂家	电话	主要参数及备注
强化旋流干燥机	JX-500	558800	常州中贝干燥设备有限公司	（0519）88671938	材质不锈钢，带鼓风机、加料器、脉冲管、离心式或扩散式旋风分离器、蒸汽散热器或电加热器、引风机、自动控制系统，不带脉冲除尘器

2.2.2　喷雾干燥机

产品名称	型号规格	参考价格（元）	生产厂家	电话	主要参数及备注
喷雾干燥机	PGL-3	105000	常州市宇通干燥设备有限公司	（0519）88901088	材质不锈钢，带空气净化装置、加热系统、输液小车（含卫生级蠕动泵）、离心式风机、消声器、控制柜
喷雾干燥机	PGL-5	118000	常州市宇通干燥设备有限公司	（0519）88901088	材质不锈钢，带空气净化装置、加热系统、输液小车（含卫生级蠕动泵）、离心式风机、消声器、控制柜
喷雾干燥机	PGL-15	146000	常州市宇通干燥设备有限公司	（0519）88901088	材质不锈钢，带空气净化装置、加热系统、输液小车（含卫生级蠕动泵）、离心式风机、消声器、控制柜
喷雾干燥机	PGL-20	179000	常州市宇通干燥设备有限公司	（0519）88901088	材质不锈钢，带空气净化装置、加热系统、输液小车（含卫生级蠕动泵）、离心式风机、消声器、控制柜
喷雾干燥机	PGL-30	198000	常州市宇通干燥设备有限公司	（0519）88901088	材质不锈钢，带空气净化装置、加热系统、输液小车（含卫生级蠕动泵）、离心式风机、消声器、控制柜
喷雾干燥机	PGL-50	225000	常州市宇通干燥设备有限公司	（0519）88901088	材质不锈钢，带空气净化装置、加热系统、输液小车（含卫生级蠕动泵）、离心式风机、消声器、控制柜
喷雾干燥机	PGL-80	262000	常州市宇通干燥设备有限公司	（0519）88901088	材质不锈钢，带空气净化装置、加热系统、输液小车（含卫生级蠕动泵）、离心式风机、消声器、控制柜
喷雾干燥机	PGL-120	322000	常州市宇通干燥设备有限公司	（0519）88901088	材质不锈钢，带空气净化装置、加热系统、输液小车（含卫生级蠕动泵）、离心式风机、消声器、控制柜
喷雾干燥机	PGL-150	395000	常州市宇通干燥设备有限公司	（0519）88901088	材质不锈钢，带空气净化装置、加热系统、输液小车（含卫生级蠕动泵）、离心式风机、消声器、控制柜
喷雾干燥机	QPG-5	49800	江苏一步干燥设备有限公司	（0519）88902618	压缩空气量0.9m^3/min，压缩气压0.4MPa，风机功率0.75kW，气流式，普通型，材质不锈钢，不带空气压缩机
喷雾干燥机	QPG-10	168000	江苏一步干燥设备有限公司	（0519）88902618	气流式，普通型，材质不锈钢，不带空气压缩机
喷雾干燥机	QPG-15	238000	江苏一步干燥设备有限公司	（0519）88902618	气流式，普通型，材质不锈钢，不带空气压缩机
喷雾干燥机	QPG-30	308000	江苏一步干燥设备有限公司	（0519）88902618	气流式，普通型，材质不锈钢，不带空气压缩机

产品名称	型号规格	参考价格(元)	生产厂家	电话	主要参数及备注
喷雾干燥机	QPG-50	368000	江苏一步干燥设备有限公司	(0519)88902618	压缩空气量1.1m³/min,压缩气压0.6MPa,风机功率7.5kW,气流式,普通型,材质不锈钢,不带空气压缩机
喷雾干燥机	QPG-80	408000	江苏一步干燥设备有限公司	(0519)88902618	气流式,普通型,材质不锈钢,不带空气压缩机
喷雾干燥机	WPG-5	96000	江苏一步干燥设备有限公司	(0519)88902618	气流式,无菌型,材质不锈钢,不带空气压缩机
喷雾干燥机	WPG-10	258000	江苏一步干燥设备有限公司	(0519)88902618	气流式,无菌型,材质不锈钢,不带空气压缩机
喷雾干燥机	WPG-15	408000	江苏一步干燥设备有限公司	(0519)88902618	气流式,无菌型,材质不锈钢,不带空气压缩机
喷雾干燥机	WPG-30	608000	江苏一步干燥设备有限公司	(0519)88902618	气流式,无菌型,材质不锈钢,不带空气压缩机
气流喷雾干燥机	QPG-5	65000	常州市宇通干燥设备有限公司	(0519)88901088	不带空气压缩机
气流喷雾干燥机	QPG-25	168000	常州市宇通干燥设备有限公司	(0519)88901088	不带空气压缩机
气流喷雾干燥机	QPG-50	238000	常州市宇通干燥设备有限公司	(0519)88901088	不带空气压缩机
气流喷雾干燥机	QPG-100	318000	常州市宇通干燥设备有限公司	(0519)88901088	不带空气压缩机
气流喷雾干燥机	QPG-150	368000	常州市宇通干燥设备有限公司	(0519)88901088	不带空气压缩机
气流喷雾干燥机	QPG-200	399000	常州市宇通干燥设备有限公司	(0519)88901088	不带空气压缩机
组合式喷雾干燥机	ZPG-L3	38000	江苏一步干燥设备有限公司	(0519)88902618	与物料接触部位材质不锈钢,离心式,不带热源装置
组合式喷雾干燥机	ZPG-L5	46000	江苏一步干燥设备有限公司	(0519)88902618	与物料接触部位材质不锈钢,离心式,不带热源装置
组合式喷雾干燥机	ZPG-L15	100000	江苏一步干燥设备有限公司	(0519)88902618	与物料接触部位材质不锈钢,离心式,不带热源装置
组合式喷雾干燥机	ZPG-L25	140000	江苏一步干燥设备有限公司	(0519)88902618	与物料接触部位材质不锈钢,离心式,不带热源装置
组合式喷雾干燥机	ZPG-L30	145000	江苏一步干燥设备有限公司	(0519)88902618	与物料接触部位材质不锈钢,离心式,不带热源装置
组合式喷雾干燥机	ZPG-L50	170000	江苏一步干燥设备有限公司	(0519)88902618	与物料接触部位材质不锈钢,离心式,不带热源装置
组合式喷雾干燥机	ZPG-L80	220000	江苏一步干燥设备有限公司	(0519)88902618	与物料接触部位材质不锈钢,离心式,不带热源装置
组合式喷雾干燥机	ZPG-L100	250000	江苏一步干燥设备有限公司	(0519)88902618	与物料接触部位材质不锈钢,离心式,不带热源装置
组合式喷雾干燥机	ZPG-L150	287000	江苏一步干燥设备有限公司	(0519)88902618	与物料接触部位材质不锈钢,离心式,不带热源装置
组合式喷雾干燥机	ZPG-L200	380000	江苏一步干燥设备有限公司	(0519)88902618	与物料接触部位材质不锈钢,离心式,不带热源装置
组合式喷雾干燥机	ZPG-L300	570000	江苏一步干燥设备有限公司	(0519)88902618	与物料接触部位材质不锈钢,离心式,不带热源装置
组合式喷雾干燥机	ZPG-L500	650000	江苏一步干燥设备有限公司	(0519)88902618	与物料接触部位材质不锈钢,离心式,不带热源装置
组合式喷雾干燥机	ZPG-L800	800000	江苏一步干燥设备有限公司	(0519)88902618	与物料接触部位材质不锈钢,离心式,不带热源装置
组合式喷雾干燥机	ZPG-L1000	900000	江苏一步干燥设备有限公司	(0519)88902618	与物料接触部位材质不锈钢,离心式,不带热源装置
组合式喷雾干燥机	ZPG-L1500	1230000	江苏一步干燥设备有限公司	(0519)88902618	与物料接触部位材质不锈钢,离心式,不带热源装置

产品名称	型号规格	参考价格(元)	生产厂家	电话	主要参数及备注
组合式喷雾干燥机	ZPG-Q3	60000	江苏一步干燥设备有限公司	(0519)88902618	与物料接触部位材质不锈钢,气流式,不带空气压缩机
组合式喷雾干燥机	ZPG-Q5	75000	江苏一步干燥设备有限公司	(0519)88902618	与物料接触部位材质不锈钢,气流式,不带空气压缩机
组合式喷雾干燥机	ZPG-Q15	170000	江苏一步干燥设备有限公司	(0519)88902618	与物料接触部位材质不锈钢,气流式,不带空气压缩机
组合式喷雾干燥机	ZPG-Q25	210000	江苏一步干燥设备有限公司	(0519)88902618	与物料接触部位材质不锈钢,气流式,不带空气压缩机
组合式喷雾干燥机	ZPG-Q30	230000	江苏一步干燥设备有限公司	(0519)88902618	与物料接触部位材质不锈钢,气流式,不带空气压缩机
组合式喷雾干燥机	ZPG-Q50	250000	江苏一步干燥设备有限公司	(0519)88902618	与物料接触部位材质不锈钢,气流式,不带空气压缩机
组合式喷雾干燥机	ZPG-Q80	320000	江苏一步干燥设备有限公司	(0519)88902618	与物料接触部位材质不锈钢,气流式,不带空气压缩机
组合式喷雾干燥机	ZPG-Q100	450000	江苏一步干燥设备有限公司	(0519)88902618	与物料接触部位材质不锈钢,气流式,不带空气压缩机
组合式喷雾干燥机	ZPG-Q150	550000	江苏一步干燥设备有限公司	(0519)88902618	与物料接触部位材质不锈钢,气流式,不带空气压缩机
组合式喷雾干燥机	ZPG-Y15	185000	江苏一步干燥设备有限公司	(0519)88902618	与物料接触部位材质不锈钢,压力式,不带热源装置
组合式喷雾干燥机	ZPG-Y25	190000	江苏一步干燥设备有限公司	(0519)88902618	与物料接触部位材质不锈钢,压力式,不带热源装置
组合式喷雾干燥机	ZPG-Y30	210000	江苏一步干燥设备有限公司	(0519)88902618	与物料接触部位材质不锈钢,压力式,不带热源装置
组合式喷雾干燥机	ZPG-Y50	240000	江苏一步干燥设备有限公司	(0519)88902618	与物料接触部位材质不锈钢,压力式,不带热源装置
组合式喷雾干燥机	ZPG-Y80	270000	江苏一步干燥设备有限公司	(0519)88902618	与物料接触部位材质不锈钢,压力式,不带热源装置
组合式喷雾干燥机	ZPG-Y100	285000	江苏一步干燥设备有限公司	(0519)88902618	与物料接触部位材质不锈钢,压力式,不带热源装置
组合式喷雾干燥机	ZPG-Y150	320000	江苏一步干燥设备有限公司	(0519)88902618	与物料接触部位材质不锈钢,压力式,不带热源装置
组合式喷雾干燥机	ZPG-Y200	400000	江苏一步干燥设备有限公司	(0519)88902618	与物料接触部位材质不锈钢,压力式,不带热源装置
组合式喷雾干燥机	ZPG-Y300	460000	江苏一步干燥设备有限公司	(0519)88902618	与物料接触部位材质不锈钢,压力式,不带热源装置
组合式喷雾干燥机	ZPG-Y500	550000	江苏一步干燥设备有限公司	(0519)88902618	与物料接触部位材质不锈钢,压力式,不带热源装置
组合式喷雾干燥机	ZPG-Y800	650000	江苏一步干燥设备有限公司	(0519)88902618	与物料接触部位材质不锈钢,压力式,不带热源装置
组合式喷雾干燥机	ZPG-Y1000	750000	江苏一步干燥设备有限公司	(0519)88902618	与物料接触部位材质不锈钢,压力式,不带热源装置
组合式喷雾干燥机	ZPG-Y1500	1050000	江苏一步干燥设备有限公司	(0519)88902618	与物料接触部位材质不锈钢,压力式,不带热源装置
离心喷雾干燥机	LPG-5	41600	常州市宇通干燥设备有限公司	(0519)88901088	外壁材质镀锌板,电加热,不带空气压缩机
离心喷雾干燥机	LPG-5	51600	常州市宇通干燥设备有限公司	(0519)88901088	外壁材质不锈钢,电加热,不带空气压缩机
离心喷雾干燥机	LPG-5	85000	江苏先锋干燥工程有限公司	(0519)88930888	进口温度140~350℃(自控),出口温度80~90℃,蒸发能力5kg/h,雾化器转速35000 r/min,雾化盘直径50mm,最大电加热功率15kW,电加热
离心喷雾干燥机	LPG-25	92700	常州市宇通干燥设备有限公司	(0519)88901088	外壁材质镀锌板,电加热,不带空气压缩机

产品名称	型号规格	参考价格(元)	生产厂家	电话	主要参数及备注
离心喷雾干燥机	LPG-25	105000	常州市宇通干燥设备有限公司	(0519)88901088	外壁材质不锈钢,电加热,不带空气压缩机
离心喷雾干燥机	LPG-25	180000	江苏先锋干燥工程有限公司	(0519)88930888	进口温度140~350℃(自控),出口温度80~90℃,蒸发能力25 kg/h,雾化器转速20500 r/min,雾化盘直径108mm,最大电加热功率36kW,电加热
离心喷雾干燥机	LPG-50	142000	常州市宇通干燥设备有限公司	(0519)88901088	外壁材质镀锌板,电蒸加热
离心喷雾干燥机	LPG-50	158000	常州市宇通干燥设备有限公司	(0519)88901088	外壁材质不锈钢,电蒸加热
离心喷雾干燥机	LPG-50	260000	江苏先锋干燥工程有限公司	(0519)88930888	进口温度140~350℃(自控),出口温度80~90℃,蒸发能力50 kg/h,雾化器转速17600 r/min,雾化盘直径120mm,最大电加热功率63kW,电蒸加热
离心喷雾干燥机	LPG-100	198000	常州市宇通干燥设备有限公司	(0519)88901088	外壁材质镀锌板,电蒸加热
离心喷雾干燥机	LPG-100	218000	常州市宇通干燥设备有限公司	(0519)88901088	外壁材质不锈钢,电蒸加热
离心喷雾干燥机	LPG-100	368000	江苏先锋干燥工程有限公司	(0519)88930888	进口温度140~350℃(自控),出口温度80~90℃,蒸发能力100 kg/h,雾化器转速17600 r/min,雾化盘直径130mm,最大电加热功率81kW,电蒸加热
离心喷雾干燥机	LPG-150	229000	常州市宇通干燥设备有限公司	(0519)88901088	外壁材质镀锌板,电蒸加热
离心喷雾干燥机	LPG-150	252000	常州市宇通干燥设备有限公司	(0519)88901088	外壁材质不锈钢,电蒸加热
离心喷雾干燥机	LPG-150	422000	江苏先锋干燥工程有限公司	(0519)88930888	进口温度140~350℃(自控),出口温度80~90℃,蒸发能力150 kg/h,雾化器转速15500 r/min,雾化盘直径150mm,最大电加热功率99kW,电蒸加热
离心喷雾干燥机	LPG-200	342000	常州市宇通干燥设备有限公司	(0519)88901088	外壁材质镀锌板,不带加热系统
离心喷雾干燥机	LPG-200	367000	常州市宇通干燥设备有限公司	(0519)88901088	外壁材质不锈钢,不带加热系统
离心喷雾干燥机	LPG-300	385000	常州市宇通干燥设备有限公司	(0519)88901088	外壁材质镀锌板,不带加热系统
离心喷雾干燥机	LPG-300	413000	常州市宇通干燥设备有限公司	(0519)88901088	外壁材质不锈钢,不带加热系统
离心喷雾干燥机	LPG-300	720000	江苏先锋干燥工程有限公司	(0519)88930888	蒸发能力300 kg/h,不带加热系统
离心喷雾干燥机	LPG-500	590000	常州市宇通干燥设备有限公司	(0519)88901088	外壁材质镀锌板,不带加热系统
离心喷雾干燥机	LPG-500	635000	常州市宇通干燥设备有限公司	(0519)88901088	外壁材质不锈钢,不带加热系统
离心喷雾干燥机	LPG-500	900000	江苏先锋干燥工程有限公司	(0519)88930888	进口温度140~350℃(自控),出口温度80~90℃,蒸发能力500 kg/h,雾化器转速15500 r/min,雾化盘直径150mm,不带加热系统
离心喷雾干燥机	LPG-1000	936000	常州市宇通干燥设备有限公司	(0519)88901088	外壁材质镀锌板,不带加热系统
离心喷雾干燥机	LPG-1000	995000	常州市宇通干燥设备有限公司	(0519)88901088	外壁材质不锈钢,不带加热系统

产品名称	型号规格	参考价格(元)	生产厂家	电话	主要参数及备注
离心喷雾干燥机	LPG-1000	1450000	江苏先锋干燥工程有限公司	(0519)88930888	进口温度140~350℃(自控),出口温度80~90℃,蒸发能力1t/h,雾化器转速11570 r/min,雾化盘直径190mm,不带加热系统
离心喷雾干燥机	LPG-1500	1250000	常州市宇通干燥设备有限公司	(0519)88901088	外壁材质镀锌板,不带加热系统
离心喷雾干燥机	LPG-1500	1350000	常州市宇通干燥设备有限公司	(0519)88901088	外壁材质不锈钢,不带加热系统
离心喷雾干燥机	LPG-1500	1800000	江苏先锋干燥工程有限公司	(0519)88930888	蒸发能力1.5t/h,不带加热系统
高速离心喷雾干燥机	LPG-5	41000	江阴金发干燥设备有限公司	(0510)86178258	最大水分蒸发能力5 kg/h,转速25000 r/min,喷雾盘直径50mm,最大电加热功率8kW,外形尺寸(mm):1800×930×2200,外壳材质镀锌板,不带空气压缩机
高速离心喷雾干燥机	LPG-5	43600	常州市互帮干燥设备有限公司	(0519)88739588	最高转速25000 r/min,喷雾盘直径50mm,干粉回收率≥95%,最大电加热功率9kW,外形尺寸(mm):1800×930×2200,电加热,不带空气压缩机
高速离心喷雾干燥机	LPG-5	43600	江苏一步干燥设备有限公司	(0519)88902618	最大水分蒸发能力5 kg/h,进口温度140~350℃,出口温度80~90℃,转速25000 r/min,喷雾盘直径50mm,干粉回收率≥95%,电加热最大功率9kW,外形尺寸(mm):1800×930×2200,电加热,与物料接触部位材质不锈钢,不带热源装置
高速离心喷雾干燥机	LPG-5	45000	江阴金发干燥设备有限公司	(0510)86178258	最大水分蒸发能力5 kg/h,转速25000 r/min,喷雾盘直径50mm,最大电加热功率8kW,外形尺寸(mm):1800×930×2200,外壳材质不锈钢,不带空气压缩机
高速离心喷雾干燥机	LPG-5	63800	常州中贝干燥设备有限公司	(0519)88671938	喷雾盘直径50mm,最大电加热功率8kW,外形尺寸(mm):1800×930×2200,电加热,不带空气压缩机
高速离心喷雾干燥机	LPG-5	76000	无锡市凯信干燥成套设备有限公司	(0510)81663608	最大水分蒸发能力5 kg/h,进口温度≤350℃,出口温度80~90℃,转速25000 r/min,喷雾盘直径50mm,最大电加热功率9kW,外形尺寸(mm):1800×930×2200,外壳材质镀锌板,不带空气压缩机
高速离心喷雾干燥机	LPG-5	81000	无锡市凯信干燥成套设备有限公司	(0510)81663608	最大水分蒸发能力5 kg/h,进口温度≤350℃,出口温度80~90℃,转速25000 r/min,喷雾盘直径50mm,最大电加热功率9kW,外形尺寸(mm):1800×930×2200,外壳材质不锈钢,不带空气压缩机
高速离心喷雾干燥机	LPG-25	92000	江阴金发干燥设备有限公司	(0510)86178258	最大水分蒸发能力25 kg/h,转速18000 r/min,喷雾盘直径120mm,最大电加热功率31.5 kW,外形尺寸(mm):3000×2700×4260,外壳材质镀锌板,不带空气压缩机
高速离心喷雾干燥机	LPG-25	98000	常州市互帮干燥设备有限公司	(0519)88739588	最高转速18000 r/min,喷雾盘直径120mm,干粉回收率≥95%,最大电加热功率36kW,外形尺寸(mm):3000×2700×4260,电加热,不带空气压缩机

产品名称	型号规格	参考价格(元)	生产厂家	电话	主要参数及备注
高速离心喷雾干燥机	LPG-25	98000	江苏一步干燥设备有限公司	(0519)88902618	最大水分蒸发能力25 kg/h,进口温度140~350℃,出口温度80~90℃,转速18000 r/min,喷雾盘直径100mm,干粉回收率≥95%,电加热最大功率36kW,外形尺寸(mm):3000×2700×4260,电加热,与物料接触部位材质不锈钢,不带热源装置
高速离心喷雾干燥机	LPG-25	106000	江阴金发干燥设备有限公司	(0510)86178258	最大水分蒸发能力25 kg/h,转速18000 r/min,喷雾盘直径120mm,最大电加热功率31.5 kW,外形尺寸(mm):3000×2700×4260,外壳材质不锈钢,不带空气压缩机
高速离心喷雾干燥机	LPG-25	110000	常州中贝干燥设备有限公司	(0519)88671938	喷雾盘直径120mm,最大电加热功率36kW,外形尺寸(mm):3000×2700×4260,电加热
高速离心喷雾干燥机	LPG-25	150000	无锡市凯信干燥成套设备有限公司	(0510)81663608	最大水分蒸发能力25 kg/h,进口温度≤350℃,出口温度80~90℃,转速22000 r/min,喷雾盘直径102mm,最大电加热功率31.5kW,外形尺寸(mm):3000×2700×4260,外壳材质镀锌板,不带空气压缩机
高速离心喷雾干燥机	LPG-25	163500	无锡市凯信干燥成套设备有限公司	(0510)81663608	最大水分蒸发能力25 kg/h,进口温度≤350℃,出口温度80~90℃,转速22000 r/min,喷雾盘直径102mm,最大电加热功率31.5kW,外形尺寸(mm):3000×2700×4260,外壳材质不锈钢,不带空气压缩机
高速离心喷雾干燥机	LPG-50	135000	江阴金发干燥设备有限公司	(0510)86178258	最大水分蒸发能力50 kg/h,转速18000 r/min,喷雾盘直径120mm,最大电加热功率60kW,外形尺寸(mm):3700×3200×5100,外壳材质镀锌板,不带蒸汽加热器
高速离心喷雾干燥机	LPG-50	150000	常州市互帮干燥设备有限公司	(0519)88739588	最高转速18000 r/min,喷雾盘直径120mm,干粉回收率≥95%,最大电加热功率72kW,外形尺寸(mm):3500×3500×4800,蒸汽加热+电补偿
高速离心喷雾干燥机	LPG-50	150000	江苏一步干燥设备有限公司	(0519)88902618	最大水分蒸发能力50 kg/h,进口温度140~350℃,出口温度80~90℃,转速18000 r/min,喷雾盘直径120mm,干粉回收率≥95%,电加热最大功率63kW,外形尺寸(mm):3700×3200×5100,与物料接触部位材质不锈钢,不带热源装置
高速离心喷雾干燥机	LPG-50	151000	江阴金发干燥设备有限公司	(0510)86178258	最大水分蒸发能力50 kg/h,转速18000 r/min,喷雾盘直径120mm,最大电加热功率60kW,外形尺寸(mm):3700×3200×5100,外壳材质不锈钢,不带蒸汽加热器
高速离心喷雾干燥机	LPG-50	155900	常州中贝干燥设备有限公司	(0519)88671938	喷雾盘直径120mm,最大电加热功率72kW,外形尺寸(mm):3500×3500×4800,电蒸加热

产品名称	型号规格	参考价格（元）	生产厂家	电话	主要参数及备注
高速离心喷雾干燥机	LPG-50	164000	无锡市凯信干燥成套设备有限公司	（0510）81663608	最大水分蒸发能力 50 kg/h，进口温度≤350℃，出口温度 80～90℃，转速 21500 r/min，喷雾盘直径 108mm，最大电加热功率 60kW，外形尺寸（mm）：3700×3230×5100，外壳材质镀锌板，不带蒸汽加热器
高速离心喷雾干燥机	LPG-50	185000	无锡市凯信干燥成套设备有限公司	（0510）81663608	最大水分蒸发能力 50 kg/h，进口温度≤350℃，出口温度 80～90℃，转速 21500 r/min，喷雾盘直径 108mm，最大电加热功率 60kW，外形尺寸（mm）：3700×3230×5100，外壳材质不锈钢，不带蒸汽加热器
高速离心喷雾干燥机	LPG-100	205000	江苏一步干燥设备有限公司	（0519）88902618	最大水分蒸发能力 100 kg/h，进口温度 140～350℃，出口温度 80～90℃，转速 18000 r/min，喷雾盘直径 120mm，干粉回收率≥95%，电加热最大功率 81kW，外形尺寸（mm）：4600×4200×6000，与物料接触部位材质不锈钢，不带热源装置
高速离心喷雾干燥机	LPG-100	212000	江阴金发干燥设备有限公司	（0510）86178258	最大水分蒸发能力 100 kg/h，外壳材质镀锌板，不带蒸汽加热器
高速离心喷雾干燥机	LPG-100	231000	常州中贝干燥设备有限公司	（0519）88671938	电蒸加热
高速离心喷雾干燥机	LPG-100	232000	无锡市凯信干燥成套设备有限公司	（0510）81663608	最大水分蒸发能力 100 kg/h，进口温度≤350℃，出口温度 80～90℃，转速 18000 r/min，喷雾盘直径 108mm，最大电加热功率 81kW，外形尺寸（mm）：4600×4200×6000，外壳材质镀锌板，不带蒸汽加热器
高速离心喷雾干燥机	LPG-100	235000	江阴金发干燥设备有限公司	（0510）86178258	最大水分蒸发能力 100 kg/h，外壳材质不锈钢，不带蒸汽加热器
高速离心喷雾干燥机	LPG-100	247000	无锡市凯信干燥成套设备有限公司	（0510）81663608	最大水分蒸发能力 100 kg/h，进口温度≤350℃，出口温度 80～90℃，转速 18000 r/min，喷雾盘直径 108mm，最大电加热功率 81kW，外形尺寸（mm）：4600×4200×6000，外壳材质不锈钢，不带蒸汽加热器
高速离心喷雾干燥机	LPG-150	230000	常州市互帮干燥设备有限公司	（0519）88739588	最高转速 15000 r/min，喷雾盘直径 150mm，干粉回收率≥95%，最大电加热功率 99kW，外形尺寸（mm）：5500×4000×7000，蒸汽加热+电补偿
高速离心喷雾干燥机	LPG-150	230000	江苏一步干燥设备有限公司	（0519）88902618	最大水分蒸发能力 150 kg/h，进口温度 140～350℃，出口温度 80～90℃，转速 15000 r/min，喷雾盘直径 150mm，干粉回收率≥95%，电加热最大功率 99kW，外形尺寸（mm）：5500×4500×7000，与物料接触部位材质不锈钢，不带热源装置
高速离心喷雾干燥机	LPG-150	243000	江阴金发干燥设备有限公司	（0510）86178258	最大水分蒸发能力 150 kg/h，转速 15000 r/min，喷雾盘直径 150mm，最大电加热功率 99kW，外形尺寸（mm）：5500×4500×6000，外壳材质镀锌板，不带蒸汽加热器

产品名称	型号规格	参考价格（元）	生产厂家	电话	主要参数及备注
高速离心喷雾干燥机	LPG-150	265000	江阴金发干燥设备有限公司	（0510）86178258	最大水分蒸发能力 150 kg/h，转速 15000 r/min，喷雾盘直径 150mm，最大电加热功率 99kW，外形尺寸（mm）：5500×4500×6000，外壳材质不锈钢，不带蒸汽加热器
高速离心喷雾干燥机	LPG-150	271000	无锡市凯信干燥成套设备有限公司	（0510）81663608	最大水分蒸发能力 150 kg/h，进口温度≤350℃，出口温度 80～90℃，转速 18000 r/min，喷雾盘直径 150mm，最大电加热功率 99kW，外形尺寸（mm）：5500×4500×7000，外壳材质镀锌板，不带蒸汽加热器
高速离心喷雾干燥机	LPG-150	281600	常州中贝干燥设备有限公司	（0519）88671938	喷雾盘直径 150mm，最大电加热功率 99kW，外形尺寸（mm）：5500×4000×7000，电蒸加热
高速离心喷雾干燥机	LPG-150	292800	无锡市凯信干燥成套设备有限公司	（0510）81663608	最大水分蒸发能力 150 kg/h，进口温度≤350℃，出口温度 80～90℃，转速 18000 r/min，喷雾盘直径 150mm，最大电加热功率 99kW，外形尺寸（mm）：5500×4500×7000，外壳材质不锈钢，不带蒸汽加热器
高速离心喷雾干燥机	LPG-200	338800	常州中贝干燥设备有限公司	（0519）88671938	电蒸加热
高速离心喷雾干燥机	LPG-200	350000	常州市互帮干燥设备有限公司	（0519）88739588	不带加热系统
高速离心喷雾干燥机	LPG-200	350000	江苏一步干燥设备有限公司	（0519）88902618	最大水分蒸发能力 200～2000 kg/h，进口温度 140～350℃，出口温度 80～90℃，转速 8000～15000 r/min，喷雾盘直径 180～340mm，干粉回收率≥95%，与物料接触部位材质不锈钢，不带热源装置
高速离心喷雾干燥机	LPG-300	409000	江阴金发干燥设备有限公司	（0510）86178258	最大水分蒸发能力 300 kg/h，外壳材质镀锌板，不带加热系统
高速离心喷雾干燥机	LPG-300	420000	常州市互帮干燥设备有限公司	（0519）88739588	不带加热系统
高速离心喷雾干燥机	LPG-300	420000	江苏一步干燥设备有限公司	（0519）88902618	最大水分蒸发能力 200～2000 kg/h，进口温度 140～350℃，出口温度 80～90℃，转速 8000～15000 r/min，喷雾盘直径 180～340mm，干粉回收率≥95%，与物料接触部位材质不锈钢，不带热源装置
高速离心喷雾干燥机	LPG-300	436000	江阴金发干燥设备有限公司	（0510）86178258	最大水分蒸发能力 300 kg/h，外壳材质不锈钢，不带加热系统
高速离心喷雾干燥机	LPG-300	437500	无锡市凯信干燥成套设备有限公司	（0510）81663608	外壳材质镀锌板，不带加热系统
高速离心喷雾干燥机	LPG-300	437800	常州中贝干燥设备有限公司	（0519）88671938	不带加热系统
高速离心喷雾干燥机	LPG-300	462700	无锡市凯信干燥成套设备有限公司	（0510）81663608	外壳材质不锈钢，不带加热系统
高速离心喷雾干燥机	LPG-500	600000	常州市互帮干燥设备有限公司	（0519）88739588	不带加热系统
高速离心喷雾干燥机	LPG-500	600000	江苏一步干燥设备有限公司	（0519）88902618	最大水分蒸发能力 200～2000 kg/h，进口温度 140～350℃，出口温度 80～90℃，转速 8000～15000 r/min，喷雾盘直径 180～340mm，干粉回收率≥95%，与物料接触部位材质不锈钢，不带热源装置

产品名称	型号规格	参考价格(元)	生产厂家	电话	主要参数及备注
高速离心喷雾干燥机	LPG-500	682000	常州中贝干燥设备有限公司	(0519)88671938	不带加热系统
高速离心喷雾干燥机	LPG-500	689000	江阴金发干燥设备有限公司	(0510)86178258	最大水分蒸发能力 500 kg/h,外壳材质镀锌板,不带加热系统
高速离心喷雾干燥机	LPG-500	717200	无锡市凯信干燥成套设备有限公司	(0510)81663608	外壳材质镀锌板,不带加热系统
高速离心喷雾干燥机	LPG-500	730000	江阴金发干燥设备有限公司	(0510)86178258	最大水分蒸发能力 500 kg/h,外壳材质不锈钢,不带加热系统
高速离心喷雾干燥机	LPG-500	755800	无锡市凯信干燥成套设备有限公司	(0510)81663608	外壳材质不锈钢,不带加热系统
高速离心喷雾干燥机	LPG-1000	800000	江苏一步干燥设备有限公司	(0519)88902618	最大水分蒸发能力 200～2000 kg/h,进口温度 140～350℃,出口温度 80～90℃,转速 8000～15000 r/min,喷雾盘直径 180～340mm,干粉回收率≥95%,与物料接触部位材质不锈钢,不带热源装置
高速离心喷雾干燥机	LPG-1000	980000	常州中贝干燥设备有限公司	(0519)88671938	不带加热系统
高速离心喷雾干燥机	LPG-1000	980000	常州市互帮干燥设备有限公司	(0519)88739588	不带加热系统
高速离心喷雾干燥机	LPG-1000	1509000	江阴金发干燥设备有限公司	(0510)86178258	最大水分蒸发能力 1t/h,外壳材质镀锌板,不带加热系统
高速离心喷雾干燥机	LPG-1000	1535100	无锡市凯信干燥成套设备有限公司	(0510)81663608	外壳材质镀锌板,不带加热系统
高速离心喷雾干燥机	LPG-1000	1542500	无锡市凯信干燥成套设备有限公司	(0510)81663608	外壳材质不锈钢,不带加热系统
高速离心喷雾干燥机	LPG-1000	1576000	江阴金发干燥设备有限公司	(0510)86178258	最大水分蒸发能力 1t/h,外壳材质不锈钢,不带加热系统
高速离心喷雾干燥机	LPG-1500	1100000	江苏一步干燥设备有限公司	(0519)88902618	最大水分蒸发能力 200～2000 kg/h,进口温度 140～350℃,出口温度 80～90℃,转速 8000～15000 r/min,喷雾盘直径 180～340mm,干粉回收率≥95%,与物料接触部位材质不锈钢,不带热源装置
高速离心喷雾干燥机	LPG-1500	1280000	常州中贝干燥设备有限公司	(0519)88671938	不带加热系统
高速离心喷雾干燥机	LPG-1500	1300000	常州市互帮干燥设备有限公司	(0519)88739588	不带加热系统
高速离心喷雾干燥机	LPG-1500	1857000	江阴金发干燥设备有限公司	(0510)86178258	最大水分蒸发能力1.5t/h,外壳材质镀锌板,不带加热系统
高速离心喷雾干燥机	LPG-1500	1882500	无锡市凯信干燥成套设备有限公司	(0510)81663608	外壳材质镀锌板,不带加热系统
高速离心喷雾干燥机	LPG-1500	2057000	江阴金发干燥设备有限公司	(0510)86178258	最大水分蒸发能力1.5t/h,外壳材质不锈钢,不带加热系统
高速离心喷雾干燥机	LPG-1500	2078000	无锡市凯信干燥成套设备有限公司	(0510)81663608	外壳材质不锈钢,不带加热系统
高速离心喷雾干燥机	LPG-2000	2485000	江阴金发干燥设备有限公司	(0510)86178258	最大水分蒸发能力 2t/h,外壳材质镀锌板,不带加热系统
高速离心喷雾干燥机	LPG-2000	2511300	无锡市凯信干燥成套设备有限公司	(0510)81663608	外壳材质镀锌板,不带加热系统
高速离心喷雾干燥机	LPG-2000	2683000	江阴金发干燥设备有限公司	(0510)86178258	最大水分蒸发能力 2t/h,外壳材质不锈钢,不带加热系统
高速离心喷雾干燥机	LPG-2000	2683600	无锡市凯信干燥成套设备有限公司	(0510)81663608	外壳材质不锈钢,不带加热系统
广谱高压力喷雾干燥机	GYPG-25	360000	常州中贝干燥设备有限公司	(0519)88671938	普通型,带冷风隔套、敲打装置、加热料罐、过滤器、自控系统

产品名称	型号规格	参考价格（元）	生产厂家	电话	主要参数及备注
广谱高压力喷雾干燥机	GYPG-25	440000	常州中贝干燥设备有限公司	（0519）88671938	普通型，自动冲洗，带冷风隔套、敲打装置、加热料罐、过滤器、自控系统
广谱高压力喷雾干燥机	GYPG-25	468000	常州中贝干燥设备有限公司	（0519）88671938	材质304，带冷风隔套、敲打装置、加热料罐、过滤器、自控系统
广谱高压力喷雾干燥机	GYPG-25	548000	常州中贝干燥设备有限公司	（0519）88671938	材质304，自动冲洗，带冷风隔套、敲打装置、加热料罐、过滤器、自控系统
广谱高压力喷雾干燥机	GYPG-50	450000	常州中贝干燥设备有限公司	（0519）88671938	普通型，带冷风隔套、敲打装置、加热料罐、过滤器、自控系统
广谱高压力喷雾干燥机	GYPG-50	550000	常州中贝干燥设备有限公司	（0519）88671938	普通型，自动冲洗，带冷风隔套、敲打装置、加热料罐、过滤器、自控系统
广谱高压力喷雾干燥机	GYPG-50	585000	常州中贝干燥设备有限公司	（0519）88671938	材质304，带冷风隔套、敲打装置、加热料罐、过滤器、自控系统
广谱高压力喷雾干燥机	GYPG-50	685000	常州中贝干燥设备有限公司	（0519）88671938	材质304，自动冲洗，带冷风隔套、敲打装置、加热料罐、过滤器、自控系统
广谱高压力喷雾干燥机	GYPG-100	660000	常州中贝干燥设备有限公司	（0519）88671938	普通型，带冷风隔套、敲打装置、加热料罐、过滤器、自控系统
广谱高压力喷雾干燥机	GYPG-100	780000	常州中贝干燥设备有限公司	（0519）88671938	普通型，自动冲洗，带冷风隔套、敲打装置、加热料罐、过滤器、自控系统
广谱高压力喷雾干燥机	GYPG-100	858000	常州中贝干燥设备有限公司	（0519）88671938	材质304，带冷风隔套、敲打装置、加热料罐、过滤器、自控系统
广谱高压力喷雾干燥机	GYPG-100	978000	常州中贝干燥设备有限公司	（0519）88671938	材质304，自动冲洗，带冷风隔套、敲打装置、加热料罐、过滤器、自控系统
广谱高压力喷雾干燥机	GYPG-150	828000	常州中贝干燥设备有限公司	（0519）88671938	普通型，带冷风隔套、敲打装置、加热料罐、过滤器、自控系统
广谱高压力喷雾干燥机	GYPG-150	978000	常州中贝干燥设备有限公司	（0519）88671938	普通型，自动冲洗，带冷风隔套、敲打装置、加热料罐、过滤器、自控系统
广谱高压力喷雾干燥机	GYPG-150	1076000	常州中贝干燥设备有限公司	（0519）88671938	材质304，带冷风隔套、敲打装置、加热料罐、过滤器、自控系统
广谱高压力喷雾干燥机	GYPG-150	1226000	常州中贝干燥设备有限公司	（0519）88671938	材质304，自动冲洗，带冷风隔套、敲打装置、加热料罐、过滤器、自控系统
广谱高压力喷雾干燥机	GYPG-300	1100000	常州中贝干燥设备有限公司	（0519）88671938	普通型，带冷风隔套、敲打装置、加热料罐、过滤器、自控系统
广谱高压力喷雾干燥机	GYPG-300	1280000	常州中贝干燥设备有限公司	（0519）88671938	普通型，自动冲洗，带冷风隔套、敲打装置、加热料罐、过滤器、自控系统
广谱高压力喷雾干燥机	GYPG-300	1430000	常州中贝干燥设备有限公司	（0519）88671938	材质304，带冷风隔套、敲打装置、加热料罐、过滤器、自控系统
广谱高压力喷雾干燥机	GYPG-300	1610000	常州中贝干燥设备有限公司	（0519）88671938	材质304，自动冲洗，带冷风隔套、敲打装置、加热料罐、过滤器、自控系统
广谱高压力喷雾干燥机	GYPG-500	1760000	常州中贝干燥设备有限公司	（0519）88671938	普通型，带冷风隔套、敲打装置、加热料罐、过滤器、自控系统
广谱高压力喷雾干燥机	GYPG-500	1960000	常州中贝干燥设备有限公司	（0519）88671938	普通型，自动冲洗，带冷风隔套、敲打装置、加热料罐、过滤器、自控系统
广谱高压力喷雾干燥机	GYPG-500	2280000	常州中贝干燥设备有限公司	（0519）88671938	材质304，带冷风隔套、敲打装置、加热料罐、过滤器、自控系统
广谱高压力喷雾干燥机	GYPG-500	2480000	常州中贝干燥设备有限公司	（0519）88671938	材质304，自动冲洗，带冷风隔套、敲打装置、加热料罐、过滤器、自控系统

产品名称	型号规格	参考价格(元)	生产厂家	电话	主要参数及备注
广谱高压力喷雾干燥机	GYPG-1000	2900000	常州中贝干燥设备有限公司	(0519)88671938	普通型,带冷风隔套、敲打装置、加热料罐、过滤器、自控系统
广谱高压力喷雾干燥机	GYPG-1000	3150000	常州中贝干燥设备有限公司	(0519)88671938	普通型,自动冲洗,带冷风隔套、敲打装置、加热料罐、过滤器、自控系统
广谱高压力喷雾干燥机	GYPG-1000	3770000	常州中贝干燥设备有限公司	(0519)88671938	材质304,带冷风隔套、敲打装置、加热料罐、过滤器、自控系统
广谱高压力喷雾干燥机	GYPG-1000	4020000	常州中贝干燥设备有限公司	(0519)88671938	材质304,自动冲洗,带冷风隔套、敲打装置、加热料罐、过滤器、自控系统

2.2.3 耙式干燥机

产品名称	型号规格	参考价格(元)	生产厂家	电话	主要参数及备注
真空耙式干燥机	ZB-50	36800	常州中贝干燥设备有限公司	(0519)88671938	材质Q235
真空耙式干燥机	ZB-50	56100	常州中贝干燥设备有限公司	(0519)88671938	内壁材质不锈钢
真空耙式干燥机	ZB-100	41400	常州中贝干燥设备有限公司	(0519)88671938	材质Q235
真空耙式干燥机	ZB-100	61600	常州中贝干燥设备有限公司	(0519)88671938	内壁材质不锈钢
真空耙式干燥机	ZB-200	48300	常州中贝干燥设备有限公司	(0519)88671938	材质Q235
真空耙式干燥机	ZB-200	68200	常州中贝干燥设备有限公司	(0519)88671938	内壁材质不锈钢
真空耙式干燥机	ZB-400	64400	常州中贝干燥设备有限公司	(0519)88671938	材质Q235
真空耙式干燥机	ZB-400	91300	常州中贝干燥设备有限公司	(0519)88671938	内壁材质不锈钢
真空耙式干燥机	ZB-600	74800	常州中贝干燥设备有限公司	(0519)88671938	材质Q235
真空耙式干燥机	ZB-600	105600	常州中贝干燥设备有限公司	(0519)88671938	内壁材质不锈钢
真空耙式干燥机	ZB-800	92000	常州中贝干燥设备有限公司	(0519)88671938	材质Q235
真空耙式干燥机	ZB-800	130900	常州中贝干燥设备有限公司	(0519)88671938	内壁材质不锈钢
真空耙式干燥机	ZB-1000	107000	常州中贝干燥设备有限公司	(0519)88671938	工作容积600L,加热面积9.3m^2,搅拌转速6~30 r/min,功率5.5 kW,材质Q235
真空耙式干燥机	ZB-1000	152900	常州中贝干燥设备有限公司	(0519)88671938	工作容积600L,加热面积9.3m^2,搅拌转速6~30 r/min,功率5.5 kW,内壁材质不锈钢
真空耙式干燥机	ZB-1500	141500	常州中贝干燥设备有限公司	(0519)88671938	工作容积900L,加热面积12.3 m^2,搅拌转速6~30 r/min,功率7.5kW,材质Q235
真空耙式干燥机	ZB-1500	206800	常州中贝干燥设备有限公司	(0519)88671938	工作容积900L,加热面积12.3 m^2,搅拌转速6~30 r/min,功率7.5kW,内壁材质不锈钢
真空耙式干燥机	ZB-2000	174800	常州中贝干燥设备有限公司	(0519)88671938	工作容积1200L,加热面积14.6 m^2,搅拌转速6~30 r/min,功率11kW,材质Q235

产品名称	型号规格	参考价格（元）	生产厂家	电话	主要参数及备注
真空耙式干燥机	ZB-2000	257400	常州中贝干燥设备有限公司	（0519）88671938	工作容积 1200L，加热面积14.6 m^2，搅拌转速 6～30 r/min，功率11kW，内壁材质不锈钢
真空耙式干燥机	ZB-3000	218500	常州中贝干燥设备有限公司	（0519）88671938	工作容积 1800L，加热面积19.3 m^2，搅拌转速 6～30 r/min，功率15kW，材质 Q235
真空耙式干燥机	ZB-3000	322300	常州中贝干燥设备有限公司	（0519）88671938	工作容积 1800L，加热面积19.3 m^2，搅拌转速 6～30 r/min，功率15kW，内壁材质不锈钢
真空耙式干燥机	ZKG-500	32000	常州市宇通干燥设备有限公司	（0519）88901088	内热式，材质 Q235
真空耙式干燥机	ZKG-500	65000	常州市宇通干燥设备有限公司	（0519）88901088	内热式，材质不锈钢
真空耙式干燥机	ZKG-500L	129000	无锡市凯信干燥成套设备有限公司	（0510）81663608	工作容积 300L，加热面积3.2m^2，搅拌转速 8～10 r/min，夹层额定压力0.3MPa，功率 4kW，与物料接触部位材质不锈钢
真空耙式干燥机	ZKG-750	38000	常州市宇通干燥设备有限公司	（0519）88901088	内热式，材质 Q235
真空耙式干燥机	ZKG-750	79000	常州市宇通干燥设备有限公司	（0519）88901088	内热式，材质不锈钢
真空耙式干燥机	ZKG-750L	145000	无锡市凯信干燥成套设备有限公司	（0510）81663608	工作容积 450L，加热面积4.4m^2，搅拌转速 8～10 r/min，夹层额定压力0.3MPa，功率5.5kW，与物料接触部位材质不锈钢
真空耙式干燥机	ZKG-1000	44000	常州市宇通干燥设备有限公司	（0519）88901088	内热式，材质 Q235
真空耙式干燥机	ZKG-1000	95000	常州市宇通干燥设备有限公司	（0519）88901088	内热式，材质不锈钢
真空耙式干燥机	ZKG-1000L	160000	无锡市凯信干燥成套设备有限公司	（0510）81663608	工作容积 600L，加热面积5.1m^2，搅拌转速 8～10 r/min，夹层额定压力0.3MPa，功率5.5kW，与物料接触部位材质不锈钢
真空耙式干燥机	ZKG-1500	56000	常州市宇通干燥设备有限公司	（0519）88901088	内热式，材质 Q235
真空耙式干燥机	ZKG-1500	150000	常州市宇通干燥设备有限公司	（0519）88901088	内热式，材质不锈钢
真空耙式干燥机	ZKG-1500L	177000	无锡市凯信干燥成套设备有限公司	（0510）81663608	工作容积 900L，加热面积6.3m^2，搅拌转速 8～10 r/min，夹层额定压力0.3MPa，功率7.5kW，与物料接触部位材质不锈钢
真空耙式干燥机	ZKG-2000	63000	常州市宇通干燥设备有限公司	（0519）88901088	内热式，材质 Q235
真空耙式干燥机	ZKG-2000	177000	常州市宇通干燥设备有限公司	（0519）88901088	内热式，材质不锈钢
真空耙式干燥机	ZKG-2000L	195000	无锡市凯信干燥成套设备有限公司	（0510）81663608	工作容积 1200L，加热面积8.1 m^2，搅拌转速 8～10 r/min，夹层额定压力0.3MPa，功率7.5kW，与物料接触部位材质不锈钢
真空耙式干燥机	ZKG-3000	75000	常州市宇通干燥设备有限公司	（0519）88901088	内热式，材质 Q235
真空耙式干燥机	ZKG-3000	200000	常州市宇通干燥设备有限公司	（0519）88901088	内热式，材质不锈钢
真空耙式干燥机	ZKG-3000L	238000	无锡市凯信干燥成套设备有限公司	（0510）81663608	工作容积 1800L，加热面积10.6 m^2，搅拌转速 8～10 r/min，夹层额定压力0.3MPa，功率 11kW，与物料接触部位材质不锈钢

产品名称	型号规格	参考价格（元）	生产厂家	电话	主要参数及备注
真空耙式干燥机	ZKG-4000L	263000	无锡市凯信干燥成套设备有限公司	(0510) 81663608	工作容积 2400L，加热面积12.3 m^2，搅拌转速 8~10 r/min，夹层额定压力0.3MPa，功率 15kW，与物料接触部位材质不锈钢
真空耙式干燥机	ZKG-5000L	288000	无锡市凯信干燥成套设备有限公司	(0510) 81663608	工作容积 3000L，加热面积14.2 m^2，搅拌转速 8~10 r/min，夹层额定压力0.3MPa，功率18.5kW，与物料接触部位材质不锈钢
真空耙式干燥机	ZKG-6000L	319000	无锡市凯信干燥成套设备有限公司	(0510) 81663608	工作容积 3600L，加热面积16.5 m^2，搅拌转速 8~10 r/min，夹层额定压力0.3MPa，功率 22kW，与物料接触部位材质不锈钢

2.2.4　旋转闪蒸干燥机

产品名称	型号规格	参考价格（元）	生产厂家	电话	主要参数及备注
旋转闪蒸干燥机	SXG-2	56000	江苏一步干燥设备有限公司	(0519) 88902618	材质 Q235，不带布袋除尘器
旋转闪蒸干燥机	SXG-2	58000	常州市宇通干燥设备有限公司	(0519) 88901088	材质 Q235，不带布袋除尘器
旋转闪蒸干燥机	SXG-2	58800	无锡市凯信干燥成套设备有限公司	(0510) 81663608	蒸发水量 10~150 kg/h，干燥器筒体直径 200mm，处理风量 300~800 m^3/h，主功率0.75~2.2kW，材质 Q235
旋转闪蒸干燥机	SXG-2	85000	常州市宇通干燥设备有限公司	(0519) 88901088	材质不锈钢，不带布袋除尘器
旋转闪蒸干燥机	SXG-2	85000	江苏一步干燥设备有限公司	(0519) 88902618	材质不锈钢，不带布袋除尘器
旋转闪蒸干燥机	SXG-2	110000	无锡市凯信干燥成套设备有限公司	(0510) 81663608	蒸发水量 10~150 kg/h，干燥器筒体直径 200mm，处理风量 300~800 m^3/h，主功率0.75~2.2kW，与物料接触部位材质不锈钢
旋转闪蒸干燥机	SXG-3	95000	无锡市凯信干燥成套设备有限公司	(0510) 81663608	蒸发水量 20~300 kg/h，干燥器筒体直径 300mm，处理风量 600~1500 m^3/h，主功率 1.5~3kW，材质 Q235
旋转闪蒸干燥机	SXG-3	128000	无锡市凯信干燥成套设备有限公司	(0510) 81663608	蒸发水量 20~300 kg/h，干燥器筒体直径 300mm，处理风量 600~1500 m^3/h，主功率 1.5~3kW，与物料接触部位材质不锈钢
旋转闪蒸干燥机	SXG-4	68000	常州市宇通干燥设备有限公司	(0519) 88901088	材质 Q235，不带布袋除尘器
旋转闪蒸干燥机	SXG-4	108000	无锡市凯信干燥成套设备有限公司	(0510) 81663608	蒸发水量 25~500 kg/h，干燥器筒体直径 400mm，处理风量 1250~2500 m^3/h，主功率 3~4kW，材质 Q235
旋转闪蒸干燥机	SXG-4	110000	常州市宇通干燥设备有限公司	(0519) 88901088	材质不锈钢，不带布袋除尘器
旋转闪蒸干燥机	SXG-4	110000	江苏一步干燥设备有限公司	(0519) 88902618	材质不锈钢，不带布袋除尘器
旋转闪蒸干燥机	SXG-4	145000	无锡市凯信干燥成套设备有限公司	(0510) 81663608	蒸发水量 25~500 kg/h，干燥器筒体直径 400mm，处理风量 1250~2500 m^3/h，主功率 3~4kW，与物料接触部位材质不锈钢

产品名称	型号规格	参考价格（元）	生产厂家	电话	主要参数及备注
旋转闪蒸干燥机	SXG-5	129000	无锡市凯信干燥成套设备有限公司	（0510）81663608	蒸发水量 30~600 kg/h，干燥器筒体直径 500mm，处理风量 1500~4000 m^3/h，主功率5.5kW，材质Q235
旋转闪蒸干燥机	SXG-5	169000	无锡市凯信干燥成套设备有限公司	（0510）81663608	蒸发水量 30~600 kg/h，干燥器筒体直径 500mm，处理风量 1500~4000 m^3/h，主功率5.5kW，与物料接触部位材质不锈钢
旋转闪蒸干燥机	SXG-6	86000	常州市宇通干燥设备有限公司	（0519）88901088	材质 Q235，不带布袋除尘器
旋转闪蒸干燥机	SXG-6	86000	江苏一步干燥设备有限公司	（0519）88902618	材质 Q235，不带布袋除尘器
旋转闪蒸干燥机	SXG-6	147000	无锡市凯信干燥成套设备有限公司	（0510）81663608	蒸发水量 40~800 kg/h，干燥器筒体直径 600mm，处理风量 2500~5000 m^3/h，主功率5.5~7.5kW，材质 Q235
旋转闪蒸干燥机	SXG-6	150000	常州市宇通干燥设备有限公司	（0519）88901088	材质不锈钢，不带布袋除尘器
旋转闪蒸干燥机	SXG-6	150000	江苏一步干燥设备有限公司	（0519）88902618	材质不锈钢，不带布袋除尘器
旋转闪蒸干燥机	SXG-6	195000	无锡市凯信干燥成套设备有限公司	（0510）81663608	蒸发水量 40~800 kg/h，干燥器筒体直径 600mm，处理风量 2500~5000 m^3/h，主功率5.5~7.5kW，与物料接触部位材质不锈钢
旋转闪蒸干燥机	SXG-8	103000	常州市宇通干燥设备有限公司	（0519）88901088	材质 Q235，不带布袋除尘器
旋转闪蒸干燥机	SXG-8	105000	江苏一步干燥设备有限公司	（0519）88902618	材质 Q235，不带布袋除尘器
旋转闪蒸干燥机	SXG-8	158000	无锡市凯信干燥成套设备有限公司	（0510）81663608	蒸发水量 60~1250 kg/h，干燥器筒体直径 800mm，处理风量 3000~8000 m^3/h，主功率7.5kW，材质Q235
旋转闪蒸干燥机	SXG-8	198000	常州市宇通干燥设备有限公司	（0519）88901088	材质不锈钢，不带布袋除尘器
旋转闪蒸干燥机	SXG-8	200000	江苏一步干燥设备有限公司	（0519）88902618	材质不锈钢，不带布袋除尘器
旋转闪蒸干燥机	SXG-8	238000	无锡市凯信干燥成套设备有限公司	（0510）81663608	蒸发水量 60~1250 kg/h，干燥器筒体直径 800mm，处理风量 3000~8000 m^3/h，主功率7.5kW，与物料接触部位材质不锈钢
旋转闪蒸干燥机	SXG-10	132000	常州市宇通干燥设备有限公司	（0519）88901088	材质 Q235，不带布袋除尘器
旋转闪蒸干燥机	SXG-10	135000	江苏一步干燥设备有限公司	（0519）88902618	材质 Q235，不带布袋除尘器
旋转闪蒸干燥机	SXG-10	198000	无锡市凯信干燥成套设备有限公司	（0510）81663608	蒸发水量 100~2000 kg/h，干燥器筒体直径 1000mm，处理风量 5000~12500 m^3/h，主功率7.5~11kW，材质 Q235
旋转闪蒸干燥机	SXG-10	255000	常州市宇通干燥设备有限公司	（0519）88901088	材质不锈钢，不带布袋除尘器
旋转闪蒸干燥机	SXG-10	260000	江苏一步干燥设备有限公司	（0519）88902618	材质不锈钢，不带布袋除尘器
旋转闪蒸干燥机	SXG-10	285000	无锡市凯信干燥成套设备有限公司	（0510）81663608	蒸发水量 100~2000 kg/h，干燥器筒体直径 1000mm，处理风量 5000~12500 m^3/h，主功率7.5~11kW，与物料接触部位材质不锈钢
旋转闪蒸干燥机	SXG-12	180000	江苏一步干燥设备有限公司	（0519）88902618	材质 Q235，不带布袋除尘器

产品名称	型号规格	参考价格(元)	生产厂家	电话	主要参数及备注
旋转闪蒸干燥机	SXG-12	184000	常州市宇通干燥设备有限公司	(0519)88901088	材质Q235,不带布袋除尘器
旋转闪蒸干燥机	SXG-12	256000	无锡市凯信干燥成套设备有限公司	(0510)81663608	蒸发水量150~3000 kg/h,干燥器筒体直径1200mm,处理风量100000~20000 m^3/h,主功率11~15kW,材质Q235
旋转闪蒸干燥机	SXG-12	310000	江苏一步干燥设备有限公司	(0519)88902618	材质不锈钢,不带布袋除尘器
旋转闪蒸干燥机	SXG-12	312000	常州市宇通干燥设备有限公司	(0519)88901088	材质不锈钢,不带布袋除尘器
旋转闪蒸干燥机	SXG-12	326000	无锡市凯信干燥成套设备有限公司	(0510)81663608	蒸发水量150~3000 kg/h,干燥器筒体直径1200mm,处理风量100000~20000 m^3/h,主功率11~15kW,与物料接触部位材质不锈钢
旋转闪蒸干燥机	SXG-14	223000	常州市宇通干燥设备有限公司	(0519)88901088	材质Q235,不带布袋除尘器
旋转闪蒸干燥机	SXG-14	328000	无锡市凯信干燥成套设备有限公司	(0510)81663608	蒸发水量200~4000 kg/h,干燥器筒体直径1400mm,处理风量14000~27000 m^3/h,主功率15~18.5kW,材质Q235
旋转闪蒸干燥机	SXG-14	345000	常州市宇通干燥设备有限公司	(0519)88901088	材质不锈钢,不带布袋除尘器
旋转闪蒸干燥机	SXG-14	350000	江苏一步干燥设备有限公司	(0519)88902618	材质不锈钢,不带布袋除尘器
旋转闪蒸干燥机	SXG-14	489000	无锡市凯信干燥成套设备有限公司	(0510)81663608	蒸发水量200~4000 kg/h,干燥器筒体直径1400mm,处理风量14000~27000 m^3/h,主功率15~18.5kW,与物料接触部位材质不锈钢
旋转闪蒸干燥机	SXG-16	280000	江苏一步干燥设备有限公司	(0519)88902618	材质Q235,不带布袋除尘器
旋转闪蒸干燥机	SXG-16	298000	常州市宇通干燥设备有限公司	(0519)88901088	材质Q235,不带布袋除尘器
旋转闪蒸干燥机	SXG-16	399000	常州市宇通干燥设备有限公司	(0519)88901088	材质不锈钢,不带布袋除尘器
旋转闪蒸干燥机	SXG-16	407160	无锡市凯信干燥成套设备有限公司	(0510)81663608	蒸发水量250~5000 kg/h,干燥器筒体直径1600mm,处理风量18700 ~ 36000 m^3/h, 主功率22kW,材质Q235
旋转闪蒸干燥机	SXG-16	420000	江苏一步干燥设备有限公司	(0519)88902618	材质不锈钢,不带布袋除尘器
旋转闪蒸干燥机	SXG-16	686000	无锡市凯信干燥成套设备有限公司	(0510)81663608	蒸发水量250~5000 kg/h,干燥器筒体直径1600mm,处理风量18700~36000 m^3/h,主功率22kW,与物料接触部位材质不锈钢
旋转闪蒸干燥机	XSG-2	54480	常州中贝干燥设备有限公司	(0519)88671938	蒸发能力12~17 kg/h,风量350~500 m^3/h,最大高度4m,最大功率10kW,材质Q235,带鼓风机、蒸汽散热器或电加热器、定量加料器、离心式旋风分离器或扩散器、引风机、自控柜、脉冲布袋除尘器
旋转闪蒸干燥机	XSG-2	76480	常州中贝干燥设备有限公司	(0519)88671938	蒸发能力12~17 kg/h,风量350~500 m^3/h,最大高度4m,最大功率10kW,内壁材质不锈钢,带鼓风机、蒸汽散热器或电加热器、定量加料器、离心式旋风分离器或扩散器、引风机、自控柜、脉冲布袋除尘器

产品名称	型号规格	参考价格（元）	生产厂家	电话	主要参数及备注
旋转闪蒸干燥机	XSG-4	117550	常州中贝干燥设备有限公司	(0519)88671938	蒸发能力40~70 kg/h,风量1150~2000 m^3/h,最大高度4.8m,最大功率20kW,材质Q235,带鼓风机、蒸汽散热器或电加热器、定量加料器、离心式旋风分离器或扩散器、引风机、自控柜、脉冲布袋除尘器
旋转闪蒸干燥机	XSG-4	118000	常州市互帮干燥设备有限公司	(0519)88739588	材质Q235,带鼓风机、定量加料器、引风机、自控柜、配管、脉冲布袋除尘器、蒸汽散热器或电加热器、离心式旋风分离器或扩散器
旋转闪蒸干燥机	XSG-4	148700	常州中贝干燥设备有限公司	(0519)88671938	蒸发能力40~70 kg/h,风量1150~2000 m^3/h,最大高度4.8m,最大功率20kW,内壁材质不锈钢,带鼓风机、蒸汽散热器或电加热器、定量加料器、离心式旋风分离器或扩散器、引风机、自控柜、脉冲布袋除尘器
旋转闪蒸干燥机	XSG-4	149000	常州市互帮干燥设备有限公司	(0519)88739588	内壁材质不锈钢,带鼓风机、定量加料器、引风机、自控柜、配管、脉冲布袋除尘器、蒸汽散热器或电加热器、离心式旋风分离器或扩散器
旋转闪蒸干燥机	XSG-6	166900	常州中贝干燥设备有限公司	(0519)88671938	蒸发能力80~150 kg/h,风量2450~4500 m^3/h,最大高度5.8m,最大功率40kW,材质Q235,带鼓风机、蒸汽散热器或电加热器、定量加料器、离心式旋风分离器或扩散器、引风机、自控柜、脉冲布袋除尘器
旋转闪蒸干燥机	XSG-6	166900	常州市互帮干燥设备有限公司	(0519)88739588	材质Q235,带鼓风机、定量加料器、引风机、自控柜、配管、脉冲布袋除尘器、蒸汽散热器或电加热器、离心式旋风分离器或扩散器
旋转闪蒸干燥机	XSG-6	228500	常州中贝干燥设备有限公司	(0519)88671938	蒸发能力80~150 kg/h,风量2450~4500 m^3/h,最大高度5.8m,最大功率40kW,内壁材质不锈钢,带鼓风机、蒸汽散热器或电加热器、定量加料器、离心式旋风分离器或扩散器、引风机、自控柜、脉冲布袋除尘器
旋转闪蒸干燥机	XSG-6	228500	常州市互帮干燥设备有限公司	(0519)88739588	内壁材质不锈钢,带鼓风机、定量加料器、引风机、自控柜、配管、脉冲布袋除尘器、蒸汽散热器或电加热器、离心式旋风分离器或扩散器
旋转闪蒸干燥机	XSG-8	182400	常州中贝干燥设备有限公司	(0519)88671938	蒸发能力150~250 kg/h,风量4450~7550 m^3/h,最大高度6.4m,最大功率65kW,材质Q235,带鼓风机、蒸汽散热器或电加热器、定量加料器、离心式旋风分离器或扩散器、引风机、自控柜、脉冲布袋除尘器
旋转闪蒸干燥机	XSG-8	182400	常州市互帮干燥设备有限公司	(0519)88739588	材质Q235,带鼓风机、定量加料器、引风机、自控柜、配管、脉冲布袋除尘器、蒸汽散热器或电加热器、离心式旋风分离器或扩散器

产品名称	型号规格	参考价格（元）	生产厂家	电话	主要参数及备注
旋转闪蒸干燥机	XSG-8	256800	常州中贝干燥设备有限公司	(0519) 88671938	蒸发能力 150~250 kg/h,风量 4450~7550 m^3/h,最大高度6.4 m,最大功率 65kW,内壁材质不锈钢,带鼓风机、蒸汽散热器或电加热器、定量加料器、离心式旋风分离器或扩散器、引风机、自控柜、脉冲布袋除尘器
旋转闪蒸干燥机	XSG-8	256800	常州市互帮干燥设备有限公司	(0519) 88739588	内壁材质不锈钢,带鼓风机、定量加料器、引风机、自控柜、配管、脉冲布袋除尘器、蒸汽散热器或电加热器、离心式旋风分离器或扩散器
旋转闪蒸干燥机	XSG-10	221700	常州中贝干燥设备有限公司	(0519) 88671938	蒸发能力 230~420 kg/h,风量 7000~12500 m^3/h,最大高度7.1 m,最大功率 90kW,材质 Q235,带鼓风机、蒸汽散热器或电加热器、定量加料器、离心式旋风分离器或扩散器、引风机、自控柜、脉冲布袋除尘器
旋转闪蒸干燥机	XSG-10	221700	常州市互帮干燥设备有限公司	(0519) 88739588	材质 Q235,带鼓风机、定量加料器、引风机、自控柜、配管、脉冲布袋除尘器、蒸汽散热器或电加热器、离心式旋风分离器或扩散器
旋转闪蒸干燥机	XSG-12	253790	常州中贝干燥设备有限公司	(0519) 88671938	蒸发能力 300~600 kg/h,风量 10000~18000 m^3/h,最大高度7.8 m,最大功率 135kW,材质 Q235,带鼓风机、蒸汽散热器或电加热器、定量加料器、离心式旋风分离器或扩散器、引风机、自控柜、脉冲布袋除尘器
旋转闪蒸干燥机	XSG-12	253800	常州市互帮干燥设备有限公司	(0519) 88739588	材质 Q235,带鼓风机、定量加料器、引风机、自控柜、配管、脉冲布袋除尘器、蒸汽散热器或电加热器、离心式旋风分离器或扩散器
旋转闪蒸干燥机	XSG-12	268900	常州市互帮干燥设备有限公司	(0519) 88739588	内壁材质不锈钢,带鼓风机、定量加料器、引风机、自控柜、配管、脉冲布袋除尘器、蒸汽散热器或电加热器、离心式旋风分离器或扩散器
旋转闪蒸干燥机	XSG-12	368900	常州中贝干燥设备有限公司	(0519) 88671938	蒸发能力 300~600 kg/h,风量 10000~18000 m^3/h,最大高度7.8 m,最大功率 135kW,内壁材质不锈钢,带鼓风机、蒸汽散热器或电加热器、定量加料器、离心式旋风分离器或扩散器、引风机、自控柜、脉冲布袋除尘器
旋转闪蒸干燥机	XSG-14	314000	常州市互帮干燥设备有限公司	(0519) 88739588	材质 Q235,带鼓风机、定量加料器、引风机、自控柜、配管、脉冲布袋除尘器、蒸汽散热器或电加热器、离心式旋风分离器或扩散器
旋转闪蒸干燥机	XSG-14	336000	常州市互帮干燥设备有限公司	(0519) 88739588	内壁材质不锈钢,带鼓风机、定量加料器、引风机、自控柜、配管、脉冲布袋除尘器、蒸汽散热器或电加热器、离心式旋风分离器或扩散器
旋转闪蒸干燥机	XSG-14	351800	常州中贝干燥设备有限公司	(0519) 88671938	材质 Q235,带鼓风机、蒸汽散热器或电加热器、定量加料器、离心式旋风分离器或扩散器、引风机、自控柜、脉冲布袋除尘器

产品名称	型号规格	参考价格(元)	生产厂家	电话	主要参数及备注
旋转闪蒸干燥机	XSG-14	517600	常州中贝干燥设备有限公司	(0519)88671938	内壁材质不锈钢,带鼓风机、蒸汽散热器或电加热器、定量加料器、离心式旋风分离器或扩散器、引风机、自控柜、脉冲布袋除尘器
旋转闪蒸干燥机	XSG-16	362300	常州市互帮干燥设备有限公司	(0519)88739588	材质Q235,带鼓风机、定量加料器、引风机、自控柜、配管、脉冲布袋除尘器、蒸汽散热器或电加热器、离心式旋风分离器或扩散器
旋转闪蒸干燥机	XSG-16	462300	常州中贝干燥设备有限公司	(0519)88671938	蒸发能力600~1000 kg/h,风量18000~30500 m^3/h,最大高度8.5 m,最大功率270kW,材质Q235,带鼓风机、蒸汽散热器或电加热器、定量加料器、离心式旋风分离器或扩散器、引风机、自控柜、脉冲布袋除尘器
旋转闪蒸干燥机	XSG-16	566400	常州市互帮干燥设备有限公司	(0519)88739588	内壁材质不锈钢,带鼓风机、定量加料器、引风机、自控柜、配管、脉冲布袋除尘器、蒸汽散热器或电加热器、离心式旋风分离器或扩散器
旋转闪蒸干燥机	XSG-16	666400	常州中贝干燥设备有限公司	(0519)88671938	蒸发能力600~1000 kg/h,风量18000~30500 m^3/h,最大高度8.5 m,最大功率270kW,内壁材质不锈钢,带鼓风机、蒸汽散热器或电加热器、定量加料器、离心式旋风分离器或扩散器、引风机、自控柜、脉冲布袋除尘器
快速旋转闪蒸干燥机	XSG-40	58000	江阴金发干燥设备有限公司	(0510)86178258	材质Q235,不带布袋除尘器
快速旋转闪蒸干燥机	XSG-60	66000	江阴金发干燥设备有限公司	(0510)86178258	材质Q235,不带布袋除尘器
快速旋转闪蒸干燥机	XSG-80	75000	江阴金发干燥设备有限公司	(0510)86178258	材质Q235,不带布袋除尘器
快速旋转闪蒸干燥机	XSG-100	96000	江阴金发干燥设备有限公司	(0510)86178258	材质Q235,不带布袋除尘器
快速旋转闪蒸干燥机	XSG-120	125000	江阴金发干燥设备有限公司	(0510)86178258	材质Q235,不带布袋除尘器
快速旋转闪蒸干燥机	XSG-140	160000	江阴金发干燥设备有限公司	(0510)86178258	材质Q235,不带布袋除尘器

2.2.5 振动流化床干燥机

产品名称	型号规格	参考价格(元)	生产厂家	电话	主要参数及备注
振动流化床干燥机	ZDG-3×30	66500	常州市宇通干燥设备有限公司	(0519)88901088	材质Q235
振动流化床干燥机	ZDG-3×30	77600	常州市宇通干燥设备有限公司	(0519)88901088	材质不锈钢
振动流化床干燥机	ZDG-3×45	70400	常州市宇通干燥设备有限公司	(0519)88901088	材质Q235
振动流化床干燥机	ZDG-3×45	83500	常州市宇通干燥设备有限公司	(0519)88901088	材质不锈钢
振动流化床干燥机	ZDG-6×45	81000	常州市宇通干燥设备有限公司	(0519)88901088	材质Q235

产品名称	型号规格	参考价格（元）	生产厂家	电话	主要参数及备注
振动流化床干燥机	ZDG-6×45	106000	常州市宇通干燥设备有限公司	（0519）88901088	材质不锈钢
振动流化床干燥机	ZDG-6×60	89600	常州市宇通干燥设备有限公司	（0519）88901088	材质 Q235
振动流化床干燥机	ZDG-6×60	121000	常州市宇通干燥设备有限公司	（0519）88901088	材质不锈钢
振动流化床干燥机	ZDG-6×75	99500	常州市宇通干燥设备有限公司	（0519）88901088	材质 Q235
振动流化床干燥机	ZDG-6×75	158000	常州市宇通干燥设备有限公司	（0519）88901088	材质不锈钢
振动流化床干燥机	ZDG-9×60	122100	常州市宇通干燥设备有限公司	（0519）88901088	材质 Q235
振动流化床干燥机	ZDG-9×60	187400	常州市宇通干燥设备有限公司	（0519）88901088	材质不锈钢
振动流化床干燥机	ZDG-9×75	157000	常州市宇通干燥设备有限公司	（0519）88901088	材质 Q235
振动流化床干燥机	ZDG-9×75	256000	常州市宇通干燥设备有限公司	（0519）88901088	材质不锈钢
振动流化床干燥机	ZDG-12×75	185000	常州市宇通干燥设备有限公司	（0519）88901088	材质 Q235
振动流化床干燥机	ZDG-12×75	289000	常州市宇通干燥设备有限公司	（0519）88901088	材质不锈钢
振动流化床干燥机	ZDG-15×75	238000	常州市宇通干燥设备有限公司	（0519）88901088	材质 Q235
振动流化床干燥机	ZDG-15×75	311200	常州市宇通干燥设备有限公司	（0519）88901088	材质不锈钢
振动流化床干燥机	ZDG-18×80	313000	常州市宇通干燥设备有限公司	（0519）88901088	材质 Q235
振动流化床干燥机	ZDG-18×80	399500	常州市宇通干燥设备有限公司	（0519）88901088	材质不锈钢
振动流化床干燥机	ZG3×30	76500	无锡市凯信干燥成套设备有限公司	（0510）81663608	外形尺寸（mm）：800×3505×1830，重1.24t，物料通过处材质不锈钢
振动流化床干燥机	ZG3×45	97800	无锡市凯信干燥成套设备有限公司	（0510）81663608	外形尺寸（mm）：1000×5005×1830，重1.57t，物料通过处材质不锈钢
振动流化床干燥机	ZG6×45	128000	无锡市凯信干燥成套设备有限公司	（0510）81663608	外形尺寸（mm）：1250×5005×1940，重1.967t，物料通过处材质不锈钢
振动流化床干燥机	ZG6×60	156000	无锡市凯信干燥成套设备有限公司	（0510）81663608	外形尺寸（mm）：1340×6510×1940，重2.743t，物料通过处材质不锈钢
振动流化床干燥机	ZG6×75	171000	无锡市凯信干燥成套设备有限公司	（0510）81663608	外形尺寸（mm）：1390×8010×1940，重2.886t，物料通过处材质不锈钢
振动流化床干燥机	ZG9×60	187800	无锡市凯信干燥成套设备有限公司	（0510）81663608	外形尺寸（mm）：1750×6510×2110，重3.54t，物料通过处材质不锈钢
振动流化床干燥机	ZG9×75	209000	无锡市凯信干燥成套设备有限公司	（0510）81663608	外形尺寸（mm）：1750×8010×2110，重4.219t，物料通过处材质不锈钢
振动流化床干燥机	ZG12×75	236000	无锡市凯信干燥成套设备有限公司	（0510）81663608	外形尺寸（mm）：2100×8010×2450，重5.223t，物料通过处材质不锈钢
振动流化床干燥机	ZG15×75	267000	无锡市凯信干燥成套设备有限公司	（0510）81663608	外形尺寸（mm）：2500×8010×2570，重6.426t，物料通过处材质不锈钢

产品名称	型号规格	参考价格（元）	生产厂家	电话	主要参数及备注
振动流化床干燥机	ZG18×75	288000	无锡市凯信干燥成套设备有限公司	(0510)81663608	物料通过处材质不锈钢
振动流化床干燥机	ZLG-3×0.3	48000	江苏先锋干燥工程有限公司	(0519)88930888	蒸发能力20~35 kg/h,流化床面积0.9 m^2,进风温度70~140℃,出风温度40~70℃,材质Q235
振动流化床干燥机	ZLG-3×0.3	75000	江阴金发干燥设备有限公司	(0510)86178258	水分蒸发能力20~35 kg/h,流化床面积0.9 m^2,进风温度70~140℃,出风温度40~70℃,振动电动机功率0.8 kW×2,材质Q235,料床(孔板)上盖筋板,上盖至回收器管路及排料回收器材质不锈钢,不带旋风分离器
振动流化床干燥机	ZLG-3×0.3	76000	江苏先锋干燥工程有限公司	(0519)88930888	蒸发能力20~35 kg/h,流化床面积0.9 m^2,进风温度70~140℃,出风温度40~70℃,材质不锈钢
振动流化床干燥机	ZLG-3×0.3	88000	江阴金发干燥设备有限公司	(0510)86178258	水分蒸发能力20~35 kg/h,流化床面积0.9 m^2,进风温度70~140℃,出风温度40~70℃,振动电动机功率0.8kW×2,材质不锈钢,料床(孔板)上盖筋板,上盖至回收器管路及排料回收器材质不锈钢,不带旋风分离器
振动流化床干燥机	ZLG-3×30	55200	常州中贝干燥设备有限公司	(0519)88671938	材质Q235
振动流化床干燥机	ZLG-3×30	83600	常州中贝干燥设备有限公司	(0519)88671938	物料通过处材质不锈钢
振动流化床干燥机	ZLG-3×45	66700	常州中贝干燥设备有限公司	(0519)88671938	材质Q235
振动流化床干燥机	ZLG-3×45	96800	常州中贝干燥设备有限公司	(0519)88671938	物料通过处材质不锈钢
振动流化床干燥机	ZLG-4.5×0.3	58000	江苏先锋干燥工程有限公司	(0519)88930888	蒸发能力35~50 kg/h,流化床面积1.35m^2,进风温度70~140℃,出风温度40~70℃,材质Q235
振动流化床干燥机	ZLG-4.5×0.3	83000	江阴金发干燥设备有限公司	(0510)86178258	水分蒸发能力35~50 kg/h,流化床面积1.35 m^2,进风温度70~140℃,出风温度40~70℃,振动电动机功率0.8 kW×2,材质Q235,料床(孔板)上盖筋板,上盖至回收器管路及排料回收器材质不锈钢,不带旋风分离器
振动流化床干燥机	ZLG-4.5×0.3	88000	江苏先锋干燥工程有限公司	(0519)88930888	蒸发能力35~50 kg/h,流化床面积1.35m^2,进风温度70~140℃,出风温度40~70℃,材质不锈钢
振动流化床干燥机	ZLG-4.5×0.3	105000	江阴金发干燥设备有限公司	(0510)86178258	水分蒸发能力35~50 kg/h,流化床面积1.35 m^2,进风温度70~140℃,出风温度40~70℃,振动电动机功率0.8kW×2,材质不锈钢,料床(孔板)上盖筋板,上盖至回收器管路及排料回收器材质不锈钢,不带旋风分离器
振动流化床干燥机	ZLG-4.5×0.6	86000	江苏先锋干燥工程有限公司	(0519)88930888	蒸发能力70~90 kg/h,流化床面积2.7 m^2,进风温度70~140℃,出风温度40~70℃,材质Q235
振动流化床干燥机	ZLG-4.5×0.6	98000	江阴金发干燥设备有限公司	(0510)86178258	水分蒸发能力70~90 kg/h,流化床面积2.7 m^2,进风温度70~140℃,出风温度40~70℃,振动电动机功率1.1 kW×2,材质Q235,料床(孔板)上盖筋板,上盖至回收器管路及排料回收器材质不锈钢,不带旋风分离器

产品名称	型号规格	参考价格(元)	生产厂家	电话	主要参数及备注
振动流化床干燥机	ZLG-4.5×0.6	116000	江苏先锋干燥工程有限公司	(0519)88930888	蒸发能力70~90 kg/h,流化床面积2.7 m^2,进风温度70~140℃,出风温度40~70℃,材质不锈钢
振动流化床干燥机	ZLG-4.5×0.6	130000	江阴金发干燥设备有限公司	(0510)86178258	水分蒸发能力70~90 kg/h,流化床面积2.7 m^2,进风温度70~140℃,出风温度40~70℃,振动电动机功率1.1kW×2,材质不锈钢,料床(孔板)上盖筋板,上盖至回收器管路及排料回收器材质不锈钢,不带旋风分离器
振动流化床干燥机	ZLG-6×0.6	96000	江苏先锋干燥工程有限公司	(0519)88930888	蒸发能力80~100 kg/h,流化床面积3.6 m^2,进风温度70~140℃,出风温度40~70℃,材质Q235
振动流化床干燥机	ZLG-6×0.6	128000	江阴金发干燥设备有限公司	(0510)86178258	水分蒸发能力100~130 kg/h,流化床面积3.6 m^2,进风温度70~140℃,出风温度40~70℃,振动电动机功率1.5 kW×2,材质Q235,料床(孔板)上盖筋板,上盖至回收器管路及排料回收器材质不锈钢,不带旋风分离器
振动流化床干燥机	ZLG-6×0.6	136000	江苏先锋干燥工程有限公司	(0519)88930888	蒸发能力80~100 kg/h,流化床面积3.6 m^2,进风温度70~140℃,出风温度40~70℃,材质不锈钢
振动流化床干燥机	ZLG-6×0.6	160000	江阴金发干燥设备有限公司	(0510)86178258	水分蒸发能力100~130 kg/h,流化床面积3.6 m^2,进风温度70~140℃,出风温度40~70℃,振动电动机功率1.5kW×2,材质不锈钢,料床(孔板)上盖筋板,上盖至回收器管路及排料回收器材质不锈钢,不带旋风分离器
振动流化床干燥机	ZLG-6×0.75	108000	江苏先锋干燥工程有限公司	(0519)88930888	蒸发能力120~140 kg/h,流化床面积4.5 m^2,进风温度70~140℃,出风温度40~70℃,材质Q235
振动流化床干燥机	ZLG-6×0.75	156000	江苏先锋干燥工程有限公司	(0519)88930888	蒸发能力120~140 kg/h,流化床面积4.5 m^2,进风温度70~140℃,出风温度40~70℃,材质不锈钢
振动流化床干燥机	ZLG-6×0.9	115000	江苏先锋干燥工程有限公司	(0519)88930888	材质Q235
振动流化床干燥机	ZLG-6×0.9	160000	江阴金发干燥设备有限公司	(0510)86178258	水分蒸发能力140~170 kg/h,流化床面积5.4 m^2,进风温度70~140℃,出风温度40~70℃,振动电动机功率2.2 kW×2,材质Q235,料床(孔板)上盖筋板,上盖至回收器管路及排料回收器材质不锈钢,不带旋风分离器
振动流化床干燥机	ZLG-6×0.9	183000	江苏先锋干燥工程有限公司	(0519)88930888	材质不锈钢
振动流化床干燥机	ZLG-6×0.9	200000	江阴金发干燥设备有限公司	(0510)86178258	水分蒸发能力140~170 kg/h,流化床面积5.4 m^2,进风温度70~140℃,出风温度40~70℃,振动电动机功率2.2kW×2,材质不锈钢,料床(孔板)上盖筋板,上盖至回收器管路及排料回收器材质不锈钢,不带旋风分离器
振动流化床干燥机	ZLG-6×1.2	170000	江阴金发干燥设备有限公司	(0510)86178258	材质Q235,料床(孔板)上盖筋板,上盖至回收器管路及排料回收器材质不锈钢,不带旋风分离器

产品名称	型号规格	参考价格（元）	生产厂家	电话	主要参数及备注
振动流化床干燥机	ZLG-6×1.2	220000	江阴金发干燥设备有限公司	（0510）86178258	材质不锈钢，料床（孔板）上盖筋板，上盖至回收器管路及排料回收器材质不锈钢，不带旋风分离器
振动流化床干燥机	ZLG-6×1.5	180000	江阴金发干燥设备有限公司	（0510）86178258	材质Q235，料床（孔板）上盖筋板，上盖至回收器管路及排料回收器材质不锈钢，不带旋风分离器
振动流化床干燥机	ZLG-6×1.5	230000	江阴金发干燥设备有限公司	（0510）86178258	材质不锈钢，料床（孔板）上盖筋板，上盖至回收器管路及排料回收器材质不锈钢，不带旋风分离器
振动流化床干燥机	ZLG-6×45	98900	常州中贝干燥设备有限公司	（0519）88671938	材质Q235
振动流化床干燥机	ZLG-6×45	127600	常州中贝干燥设备有限公司	（0519）88671938	物料通过处材质不锈钢
振动流化床干燥机	ZLG-6×60	110400	常州中贝干燥设备有限公司	（0519）88671938	材质Q235
振动流化床干燥机	ZLG-6×60	149600	常州中贝干燥设备有限公司	（0519）88671938	物料通过处材质不锈钢
振动流化床干燥机	ZLG-6×75	124200	常州中贝干燥设备有限公司	（0519）88671938	材质Q235
振动流化床干燥机	ZLG-6×75	171600	常州中贝干燥设备有限公司	（0519）88671938	物料通过处材质不锈钢
振动流化床干燥机	ZLG-7.5×0.6	150000	江阴金发干燥设备有限公司	（0510）86178258	水分蒸发能力130~150 kg/h，流化床面积4.5m^2，进风温度70~140℃，出风温度40~70℃，振动电动机功率2.2 kW×2，材质Q235，料床（孔板）上盖筋板，上盖至回收器管路及排料回收器材质不锈钢，不带旋风分离器
振动流化床干燥机	ZLG-7.5×0.6	220000	江阴金发干燥设备有限公司	（0510）86178258	水分蒸发能力130~150 kg/h，流化床面积4.5m^2，进风温度70~140℃，出风温度40~70℃，振动电动机功率2.2kW×2，材质不锈钢，料床（孔板）上盖筋板，上盖至回收器管路及排料回收器材质不锈钢，不带旋风分离器
振动流化床干燥机	ZLG-7.5×0.9	156000	江苏先锋干燥工程有限公司	（0519）88930888	蒸发能力160~210 kg/h，流化床面积6.75 m^2，进风温度70~140℃，出风温度40~70℃，材质Q235
振动流化床干燥机	ZLG-7.5×0.9	210000	江阴金发干燥设备有限公司	（0510）86178258	水分蒸发能力160~210 kg/h，流化床面积6.75m^2，进风温度70~140℃，出风温度40~70℃，振动电动机功率3kW×2，材质Q235，料床（孔板）上盖筋板，上盖至回收器管路及排料回收器材质不锈钢，不带旋风分离器
振动流化床干燥机	ZLG-7.5×0.9	246000	江苏先锋干燥工程有限公司	（0519）88930888	蒸发能力160~210 kg/h，流化床面积6.75 m^2，进风温度70~140℃，出风温度40~70℃，材质不锈钢
振动流化床干燥机	ZLG-7.5×0.9	280000	江阴金发干燥设备有限公司	（0510）86178258	水分蒸发能力160~210 kg/h，流化床面积6.75m^2，进风温度70~140℃，出风温度40~70℃，振动电动机功率3kW×2，材质不锈钢，料床（孔板）上盖筋板，上盖至回收器管路及排料回收器材质不锈钢，不带旋风分离器

产品名称	型号规格	参考价格（元）	生产厂家	电话	主要参数及备注
振动流化床干燥机	ZLG-7.5×1.2	180000	江苏先锋干燥工程有限公司	（0519）88930888	材质 Q235
振动流化床干燥机	ZLG-7.5×1.2	240000	江阴金发干燥设备有限公司	（0510）86178258	水分蒸发能力 200~260 kg/h，流化床面积 9m²，进风温度 70~140℃，出风温度 40~70℃，振动电动机功率 3kW×2，材质 Q235，料床（孔板）上盖筋板，上盖至回收器管路及排料回收器材质不锈钢，不带旋风分离器
振动流化床干燥机	ZLG-7.5×1.2	278000	江苏先锋干燥工程有限公司	（0519）88930888	材质不锈钢
振动流化床干燥机	ZLG-7.5×1.2	340000	江阴金发干燥设备有限公司	（0510）86178258	水分蒸发能力 200~260 kg/h，流化床面积 9m²，进风温度 70~140℃，出风温度 40~70℃，振动电动机功率 3kW×2，材质不锈钢，料床（孔板）上盖筋板，上盖至回收器管路及排料回收器材质不锈钢，不带旋风分离器
振动流化床干燥机	ZLG-7.5×1.5	208000	江苏先锋干燥工程有限公司	（0519）88930888	材质 Q235
振动流化床干燥机	ZLG-7.5×1.5	306000	江苏先锋干燥工程有限公司	（0519）88930888	材质不锈钢
振动流化床干燥机	ZLG-9×60	121900	常州中贝干燥设备有限公司	（0519）88671938	材质 Q235
振动流化床干燥机	ZLG-9×60	211200	常州中贝干燥设备有限公司	（0519）88671938	物料通过处材质不锈钢
振动流化床干燥机	ZLG-9×75	156400	常州中贝干燥设备有限公司	（0519）88671938	材质 Q235
振动流化床干燥机	ZLG-9×75	259600	常州中贝干燥设备有限公司	（0519）88671938	物料通过处材质不锈钢
振动流化床干燥机	ZLG-12×60	179400	常州中贝干燥设备有限公司	（0519）88671938	材质 Q235
振动流化床干燥机	ZLG-12×60	262900	常州中贝干燥设备有限公司	（0519）88671938	物料通过处材质不锈钢
振动流化床干燥机	ZLG-12×75	204700	常州中贝干燥设备有限公司	（0519）88671938	材质 Q235
振动流化床干燥机	ZLG-12×75	270600	常州中贝干燥设备有限公司	（0519）88671938	物料通过处材质不锈钢
直线振动流化床干燥机	GZQ3×0.3	45000	常州市互帮干燥设备有限公司	（0519）88739588	材质 Q235，不带旋风分离器
直线振动流化床干燥机	GZQ3×0.3	67000	常州市互帮干燥设备有限公司	（0519）88739588	料床上盖筋板，上盖至回收器管路及排料回收器材质不锈钢，不带旋风分离器
直线振动流化床干燥机	GZQ3×0.3	75000	江苏一步干燥设备有限公司	（0519）88902618	振动功率0.37kW×2，外形尺寸（mm）：3505×450×1050，重1.24t，材质 Q235
直线振动流化床干燥机	GZQ3×0.3	88000	江苏一步干燥设备有限公司	（0519）88902618	振动功率0.37kW×2，外形尺寸（mm）：3505×450×1050，重1.24t，材质不锈钢
直线振动流化床干燥机	GZQ3×0.6	69000	常州市互帮干燥设备有限公司	（0519）88739588	材质 Q235，不带旋风分离器
直线振动流化床干燥机	GZQ3×0.6	89000	常州市互帮干燥设备有限公司	（0519）88739588	料床上盖筋板，上盖至回收器管路及排料回收器材质不锈钢，不带旋风分离器
直线振动流化床干燥机	GZQ3×0.9	87000	常州市互帮干燥设备有限公司	（0519）88739588	材质 Q235，不带旋风分离器
直线振动流化床干燥机	GZQ3×0.9	115000	常州市互帮干燥设备有限公司	（0519）88739588	料床上盖筋板，上盖至回收器管路及排料回收器材质不锈钢，不带旋风分离器

产品名称	型号规格	参考价格(元)	生产厂家	电话	主要参数及备注
直线振动流化床干燥机	GZQ3×1.2	105000	常州市互帮干燥设备有限公司	(0519)88739588	材质 Q235,不带旋风分离器
直线振动流化床干燥机	GZQ3×1.2	134000	常州市互帮干燥设备有限公司	(0519)88739588	料床上盖筋板,上盖至回收器管路及排料回收器材质不锈钢,不带旋风分离器
直线振动流化床干燥机	GZQ 4.5×0.3	73000	常州市互帮干燥设备有限公司	(0519)88739588	材质 Q235,不带旋风分离器
直线振动流化床干燥机	GZQ 4.5×0.3	83000	江苏一步干燥设备有限公司	(0519)88902618	材质 Q235
直线振动流化床干燥机	GZQ 4.5×0.3	95000	常州市互帮干燥设备有限公司	(0519)88739588	料床上盖筋板,上盖至回收器管路及排料回收器材质不锈钢,不带旋风分离器
直线振动流化床干燥机	GZQ 4.5×0.3	105000	江苏一步干燥设备有限公司	(0519)88902618	材质不锈钢
直线振动流化床干燥机	GZQ 4.5×0.6	98000	常州市互帮干燥设备有限公司	(0519)88739588	材质 Q235,不带旋风分离器
直线振动流化床干燥机	GZQ 4.5×0.6	98000	江苏一步干燥设备有限公司	(0519)88902618	材质 Q235
直线振动流化床干燥机	GZQ 4.5×0.6	130000	常州市互帮干燥设备有限公司	(0519)88739588	料床上盖筋板,上盖至回收器管路及排料回收器材质不锈钢,不带旋风分离器
直线振动流化床干燥机	GZQ 4.5×0.6	130000	江苏一步干燥设备有限公司	(0519)88902618	材质不锈钢
直线振动流化床干燥机	GZQ 4.5×0.9	124000	常州市互帮干燥设备有限公司	(0519)88739588	材质 Q235,不带旋风分离器
直线振动流化床干燥机	GZQ 4.5×0.9	175000	常州市互帮干燥设备有限公司	(0519)88739588	料床上盖筋板,上盖至回收器管路及排料回收器材质不锈钢,不带旋风分离器
直线振动流化床干燥机	GZQ 4.5×1.2	145000	常州市互帮干燥设备有限公司	(0519)88739588	材质 Q235,不带旋风分离器
直线振动流化床干燥机	GZQ 4.5×1.2	215000	常州市互帮干燥设备有限公司	(0519)88739588	料床上盖筋板,上盖至回收器管路及排料回收器材质不锈钢,不带旋风分离器
直线振动流化床干燥机	GZQ6×0.3	99000	常州市互帮干燥设备有限公司	(0519)88739588	材质 Q235,不带旋风分离器
直线振动流化床干燥机	GZQ6×0.3	123000	常州市互帮干燥设备有限公司	(0519)88739588	料床上盖筋板,上盖至回收器管路及排料回收器材质不锈钢,不带旋风分离器
直线振动流化床干燥机	GZQ6×0.6	128000	常州市互帮干燥设备有限公司	(0519)88739588	材质 Q235,不带旋风分离器
直线振动流化床干燥机	GZQ6×0.6	128000	江苏一步干燥设备有限公司	(0519)88902618	振动功率1.1kW×2,外形尺寸(mm):6510×750×1350,重2.743t,材质 Q235
直线振动流化床干燥机	GZQ6×0.6	150000	常州市互帮干燥设备有限公司	(0519)88739588	料床上盖筋板,上盖至回收器管路及排料回收器材质不锈钢,不带旋风分离器
直线振动流化床干燥机	GZQ6×0.6	160000	江苏一步干燥设备有限公司	(0519)88902618	振动功率1.1kW×2,外形尺寸(mm):6510×750×1350,重2.743t,材质不锈钢
直线振动流化床干燥机	GZQ6×0.9	148000	常州市互帮干燥设备有限公司	(0519)88739588	材质 Q235,不带旋风分离器
直线振动流化床干燥机	GZQ6×0.9	160000	江苏一步干燥设备有限公司	(0519)88902618	材质 Q235
直线振动流化床干燥机	GZQ6×0.9	180000	常州市互帮干燥设备有限公司	(0519)88739588	料床上盖筋板,上盖至回收器管路及排料回收器材质不锈钢,不带旋风分离器
直线振动流化床干燥机	GZQ6×0.9	200000	江苏一步干燥设备有限公司	(0519)88902618	材质不锈钢

产品名称	型号规格	参考价格（元）	生产厂家	电话	主要参数及备注
直线振动流化床干燥机	GZQ6×1.2	161000	常州市互帮干燥设备有限公司	（0519）88739588	材质 Q235,不带旋风分离器
直线振动流化床干燥机	GZQ6×1.2	170000	江苏一步干燥设备有限公司	（0519）88902618	材质 Q235
直线振动流化床干燥机	GZQ6×1.2	220000	江苏一步干燥设备有限公司	（0519）88902618	材质不锈钢
直线振动流化床干燥机	GZQ6×1.2	225000	常州市互帮干燥设备有限公司	（0519）88739588	料床上盖筋板,上盖至回收器管路及排料回收器材质不锈钢,不带旋风分离器
直线振动流化床干燥机	GZQ6×1.5	180000	江苏一步干燥设备有限公司	（0519）88902618	材质 Q235
直线振动流化床干燥机	GZQ6×1.5	230000	江苏一步干燥设备有限公司	（0519）88902618	材质不锈钢
直线振动流化床干燥机	GZQ 7.5×0.6	150000	江苏一步干燥设备有限公司	（0519）88902618	材质 Q235
直线振动流化床干燥机	GZQ 7.5×0.6	151000	常州市互帮干燥设备有限公司	（0519）88739588	材质 Q235,不带旋风分离器
直线振动流化床干燥机	GZQ 7.5×0.6	220000	常州市互帮干燥设备有限公司	（0519）88739588	料床上盖筋板,上盖至回收器管路及排料回收器材质不锈钢,不带旋风分离器
直线振动流化床干燥机	GZQ 7.5×0.6	220000	江苏一步干燥设备有限公司	（0519）88902618	材质不锈钢
直线振动流化床干燥机	GZQ 7.5×0.9	193000	常州市互帮干燥设备有限公司	（0519）88739588	材质 Q235,不带旋风分离器
直线振动流化床干燥机	GZQ 7.5×0.9	210000	江苏一步干燥设备有限公司	（0519）88902618	材质 Q235
直线振动流化床干燥机	GZQ 7.5×0.9	260000	常州市互帮干燥设备有限公司	（0519）88739588	料床上盖筋板,上盖至回收器管路及排料回收器材质不锈钢,不带旋风分离器
直线振动流化床干燥机	GZQ 7.5×0.9	280000	江苏一步干燥设备有限公司	（0519）88902618	材质不锈钢
直线振动流化床干燥机	GZQ 7.5×1.2	220000	常州市互帮干燥设备有限公司	（0519）88739588	材质 Q235,不带旋风分离器
直线振动流化床干燥机	GZQ 7.5×1.2	240000	江苏一步干燥设备有限公司	（0519）88902618	材质 Q235
直线振动流化床干燥机	GZQ 7.5×1.2	310000	常州市互帮干燥设备有限公司	（0519）88739588	料床上盖筋板,上盖至回收器管路及排料回收器材质不锈钢,不带旋风分离器
直线振动流化床干燥机	GZQ 7.5×1.2	340000	江苏一步干燥设备有限公司	（0519）88902618	材质不锈钢
直线振动流化床干燥机	GZQ 7.5×1.5	260000	常州市互帮干燥设备有限公司	（0519）88739588	材质 Q235,不带旋风分离器
直线振动流化床干燥机	GZQ 7.5×1.5	335000	常州市互帮干燥设备有限公司	（0519）88739588	料床上盖筋板,上盖至回收器管路及排料回收器材质不锈钢,不带旋风分离器
直线振动流化床干燥机	GZQ15×7.5	280000	江苏一步干燥设备有限公司	（0519）88902618	振动功率 4kW×2,外形尺寸（mm）：8010×1700×2500,重6.426t,材质 Q235
直线振动流化床干燥机	GZQ15×7.5	410000	江苏一步干燥设备有限公司	（0519）88902618	振动功率 4kW×2,外形尺寸（mm）：8010×1700×2500,重6.426t,材质不锈钢
直线振动流化床干燥机	GZQ18×8	350000	江苏一步干燥设备有限公司	（0519）88902618	振动功率 4kW×2,外形尺寸（mm）:8520×2000×2800,重8.6t,材质 Q235
直线振动流化床干燥机	GZQ18×8	650000	江苏一步干燥设备有限公司	（0519）88902618	振动功率 4kW×2,外形尺寸（mm）:8520×2000×2800,重8.6t,材质不锈钢

2.2.6　滚筒式干燥机

产品名称	型号规格	参考价格（元）	生产厂家	电话	主要参数及备注
滚筒式干燥机	ϕ800×1600	95000	常州中贝干燥设备有限公司	(0519)88671938	单辊,上加料
滚筒式干燥机	ϕ800×1600	114000	常州中贝干燥设备有限公司	(0519)88671938	单辊,下加料
滚筒式干燥机	ϕ800×1600	158000	常州中贝干燥设备有限公司	(0519)88671938	双辊,上加料
滚筒式干燥机	ϕ800×1600	189600	常州中贝干燥设备有限公司	(0519)88671938	双辊,下加料
滚筒式干燥机	ϕ1000×2000	120000	常州中贝干燥设备有限公司	(0519)88671938	单辊,上加料
滚筒式干燥机	ϕ1000×2000	144000	常州中贝干燥设备有限公司	(0519)88671938	单辊,下加料
滚筒式干燥机	ϕ1000×2000	195000	常州中贝干燥设备有限公司	(0519)88671938	双辊,上加料
滚筒式干燥机	ϕ1000×2000	234000	常州中贝干燥设备有限公司	(0519)88671938	双辊,下加料
滚筒式干燥机	ϕ1200×2000	165000	常州中贝干燥设备有限公司	(0519)88671938	单辊,上加料
滚筒式干燥机	ϕ1200×2000	198000	常州中贝干燥设备有限公司	(0519)88671938	单辊,下加料
滚筒式干燥机	ϕ1200×2000	245000	常州中贝干燥设备有限公司	(0519)88671938	双辊,上加料
滚筒式干燥机	ϕ1200×2000	294000	常州中贝干燥设备有限公司	(0519)88671938	双辊,下加料
滚筒式干燥机	ϕ1400×2400	230000	常州中贝干燥设备有限公司	(0519)88671938	单辊,上加料
滚筒式干燥机	ϕ1400×2400	276000	常州中贝干燥设备有限公司	(0519)88671938	单辊,下加料
滚筒式干燥机	ϕ1400×2400	327000	常州中贝干燥设备有限公司	(0519)88671938	双辊,上加料
滚筒式干燥机	ϕ1400×2400	392400	常州中贝干燥设备有限公司	(0519)88671938	双辊,下加料
滚筒式干燥机	ϕ1600×2400	290000	常州中贝干燥设备有限公司	(0519)88671938	单辊,上加料
滚筒式干燥机	ϕ1600×2400	348000	常州中贝干燥设备有限公司	(0519)88671938	单辊,下加料
滚筒式干燥机	ϕ1600×2400	390000	常州中贝干燥设备有限公司	(0519)88671938	双辊,上加料
滚筒式干燥机	ϕ1600×2400	468000	常州中贝干燥设备有限公司	(0519)88671938	双辊,下加料
滚筒刮板干燥机	GTϕ800×600	95000	常州市互帮干燥设备有限公司	(0519)88739588	单辊
滚筒刮板干燥机	GTϕ800×600	158000	常州市互帮干燥设备有限公司	(0519)88739588	双辊
滚筒刮板干燥机	GTϕ1000×2000	120000	常州市互帮干燥设备有限公司	(0519)88739588	单辊
滚筒刮板干燥机	GTϕ1000×2000	195000	常州市互帮干燥设备有限公司	(0519)88739588	双辊
滚筒刮板干燥机	GTϕ1200×2000	165000	常州市互帮干燥设备有限公司	(0519)88739588	单辊
滚筒刮板干燥机	GTϕ1200×2000	245000	常州市互帮干燥设备有限公司	(0519)88739588	双辊
滚筒刮板干燥机	GTϕ1400×2400	230000	常州市互帮干燥设备有限公司	(0519)88739588	单辊

产品名称	型号规格	参考价格(元)	生产厂家	电话	主要参数及备注
刮板干燥机	TG-800	95000	常州市宇通干燥设备有限公司	(0519)88901088	滚动式
刮板干燥机	TG-1000	120000	常州市宇通干燥设备有限公司	(0519)88901088	滚动式
刮板干燥机	TG-1200	165000	常州市宇通干燥设备有限公司	(0519)88901088	滚动式
刮板干燥机	TG-1400	230000	常州市宇通干燥设备有限公司	(0519)88901088	滚动式
刮板干燥机	TG-1600	290000	常州市宇通干燥设备有限公司	(0519)88901088	滚动式
回转滚动干燥机	HG-500	580000	常州市宇通干燥设备有限公司	(0519)88901088	带直接加热燃油热风炉
回转滚动干燥机	HG-800	650000	常州市宇通干燥设备有限公司	(0519)88901088	带直接加热燃油热风炉
回转滚动干燥机	HG-1000	790000	常州市宇通干燥设备有限公司	(0519)88901088	带直接加热燃油热风炉
回转滚动干燥机	HG-1500	985000	常州市宇通干燥设备有限公司	(0519)88901088	带直接加热燃油热风炉

2.2.7 盘式连续干燥机

产品名称	型号规格	参考价格(元)	生产厂家	电话	主要参数及备注
盘式连续干燥机	LYP-1200/4	78000	常州中贝干燥设备有限公司	(0519)88671938	与物料接触部位材质不锈钢,带传动装置、耙臂、耙叶、定量加料器、排湿风机
盘式连续干燥机	LYP-1200/6	85800	常州中贝干燥设备有限公司	(0519)88671938	与物料接触部位材质不锈钢,带传动装置、耙臂、耙叶、定量加料器、排湿风机
盘式连续干燥机	LYP-1200/8	110200	常州中贝干燥设备有限公司	(0519)88671938	与物料接触部位材质不锈钢,带传动装置、耙臂、耙叶、定量加料器、排湿风机
盘式连续干燥机	LYP-1200/10	142200	常州中贝干燥设备有限公司	(0519)88671938	与物料接触部位材质不锈钢,带传动装置、耙臂、耙叶、定量加料器、排湿风机
盘式连续干燥机	LYP-1200/12	159000	常州中贝干燥设备有限公司	(0519)88671938	与物料接触部位材质不锈钢,带传动装置、耙臂、耙叶、定量加料器、排湿风机
盘式连续干燥机	LYP-1500/6	131400	常州中贝干燥设备有限公司	(0519)88671938	与物料接触部位材质不锈钢,带传动装置、耙臂、耙叶、定量加料器、排湿风机
盘式连续干燥机	LYP-1500/8	147600	常州中贝干燥设备有限公司	(0519)88671938	与物料接触部位材质不锈钢,带传动装置、耙臂、耙叶、定量加料器、排湿风机
盘式连续干燥机	LYP-1500/10	163200	常州中贝干燥设备有限公司	(0519)88671938	与物料接触部位材质不锈钢,带传动装置、耙臂、耙叶、定量加料器、排湿风机
盘式连续干燥机	LYP-1500/12	180000	常州中贝干燥设备有限公司	(0519)88671938	与物料接触部位材质不锈钢,带传动装置、耙臂、耙叶、定量加料器、排湿风机
盘式连续干燥机	LYP-1500/14	201600	常州中贝干燥设备有限公司	(0519)88671938	与物料接触部位材质不锈钢,带传动装置、耙臂、耙叶、定量加料器、排湿风机
盘式连续干燥机	LYP-1500/16	222000	常州中贝干燥设备有限公司	(0519)88671938	与物料接触部位材质不锈钢,带传动装置、耙臂、耙叶、定量加料器、排湿风机

产品名称	型号规格	参考价格(元)	生产厂家	电话	主要参数及备注
盘式连续干燥机	LYP-2200/6	234000	常州中贝干燥设备有限公司	(0519)88671938	与物料接触部位材质不锈钢,带传动装置、耙臂、耙叶、定量加料器、排湿风机
盘式连续干燥机	LYP-2200/10	258000	常州中贝干燥设备有限公司	(0519)88671938	与物料接触部位材质不锈钢,带传动装置、耙臂、耙叶、定量加料器、排湿风机
盘式连续干燥机	LYP-2200/12	285600	常州中贝干燥设备有限公司	(0519)88671938	与物料接触部位材质不锈钢,带传动装置、耙臂、耙叶、定量加料器、排湿风机
盘式连续干燥机	LYP-2200/14	306000	常州中贝干燥设备有限公司	(0519)88671938	与物料接触部位材质不锈钢,带传动装置、耙臂、耙叶、定量加料器、排湿风机
盘式连续干燥机	LYP-2200/16	338400	常州中贝干燥设备有限公司	(0519)88671938	与物料接触部位材质不锈钢,带传动装置、耙臂、耙叶、定量加料器、排湿风机
盘式连续干燥机	LYP-2200/18	366000	常州中贝干燥设备有限公司	(0519)88671938	与物料接触部位材质不锈钢,带传动装置、耙臂、耙叶、定量加料器、排湿风机
盘式连续干燥机	LYP-2200/20	396000	常州中贝干燥设备有限公司	(0519)88671938	与物料接触部位材质不锈钢,带传动装置、耙臂、耙叶、定量加料器、排湿风机
盘式连续干燥机	LYP-2200/22	427200	常州中贝干燥设备有限公司	(0519)88671938	与物料接触部位材质不锈钢,带传动装置、耙臂、耙叶、定量加料器、排湿风机
盘式连续干燥机	LYP-2200/24	459600	常州中贝干燥设备有限公司	(0519)88671938	与物料接触部位材质不锈钢,带传动装置、耙臂、耙叶、定量加料器、排湿风机
盘式连续干燥机	LYP-2200/26	493200	常州中贝干燥设备有限公司	(0519)88671938	与物料接触部位材质不锈钢,带传动装置、耙臂、耙叶、定量加料器、排湿风机
盘式连续干燥机	LYP-3000/8	438000	常州中贝干燥设备有限公司	(0519)88671938	与物料接触部位材质不锈钢,带传动装置、耙臂、耙叶、定量加料器、排湿风机
盘式连续干燥机	LYP-3000/10	504000	常州中贝干燥设备有限公司	(0519)88671938	与物料接触部位材质不锈钢,带传动装置、耙臂、耙叶、定量加料器、排湿风机
盘式连续干燥机	LYP-3000/12	561600	常州中贝干燥设备有限公司	(0519)88671938	与物料接触部位材质不锈钢,带传动装置、耙臂、耙叶、定量加料器、排湿风机
盘式连续干燥机	LYP-3000/14	621600	常州中贝干燥设备有限公司	(0519)88671938	与物料接触部位材质不锈钢,带传动装置、耙臂、耙叶、定量加料器、排湿风机
盘式连续干燥机	LYP-3000/16	678000	常州中贝干燥设备有限公司	(0519)88671938	与物料接触部位材质不锈钢,带传动装置、耙臂、耙叶、定量加料器、排湿风机
盘式连续干燥机	LYP-3000/18	732000	常州中贝干燥设备有限公司	(0519)88671938	与物料接触部位材质不锈钢,带传动装置、耙臂、耙叶、定量加料器、排湿风机
盘式连续干燥机	LYP-3000/20	801600	常州中贝干燥设备有限公司	(0519)88671938	与物料接触部位材质不锈钢,带传动装置、耙臂、耙叶、定量加料器、排湿风机
盘式连续干燥机	LYP-3000/22	882000	常州中贝干燥设备有限公司	(0519)88671938	与物料接触部位材质不锈钢,带传动装置、耙臂、耙叶、定量加料器、排湿风机
盘式连续干燥机	LYP-3000/24	978000	常州中贝干燥设备有限公司	(0519)88671938	与物料接触部位材质不锈钢,带传动装置、耙臂、耙叶、定量加料器、排湿风机
盘式连续干燥机	LYP-3000/26	1041600	常州中贝干燥设备有限公司	(0519)88671938	与物料接触部位材质不锈钢,带传动装置、耙臂、耙叶、定量加料器、排湿风机

产品名称	型号规格	参考价格(元)	生产厂家	电话	主要参数及备注
盘式连续干燥机	LYP-3000/28	1125600	常州中贝干燥设备有限公司	(0519)88671938	与物料接触部位材质不锈钢,带传动装置、耙臂、耙叶、定量加料器、排湿风机
盘式连续干燥机	LYP-3000/30	1200000	常州中贝干燥设备有限公司	(0519)88671938	与物料接触部位材质不锈钢,带传动装置、耙臂、耙叶、定量加料器、排湿风机
盘式连续干燥机	PLG1200/4	80000	江苏一步干燥设备有限公司	(0519)88902618	材质碳钢
盘式连续干燥机	PLG1200/4	150000	江苏一步干燥设备有限公司	(0519)88902618	与物料接触部位材质不锈钢
盘式连续干燥机	PLG1200/6	100000	江苏一步干燥设备有限公司	(0519)88902618	材质碳钢
盘式连续干燥机	PLG1200/6	180000	江苏一步干燥设备有限公司	(0519)88902618	与物料接触部位材质不锈钢
盘式连续干燥机	PLG1200/8	120000	江苏一步干燥设备有限公司	(0519)88902618	材质碳钢
盘式连续干燥机	PLG1200/8	210000	江苏一步干燥设备有限公司	(0519)88902618	与物料接触部位材质不锈钢
盘式连续干燥机	PLG1200/10	140000	江苏一步干燥设备有限公司	(0519)88902618	材质碳钢
盘式连续干燥机	PLG1200/10	240000	江苏一步干燥设备有限公司	(0519)88902618	与物料接触部位材质不锈钢
盘式连续干燥机	PLG1200/12	160000	江苏一步干燥设备有限公司	(0519)88902618	材质碳钢
盘式连续干燥机	PLG1200/12	270000	江苏一步干燥设备有限公司	(0519)88902618	与物料接触部位材质不锈钢
盘式连续干燥机	PLG1500/6	110000	江苏一步干燥设备有限公司	(0519)88902618	材质碳钢
盘式连续干燥机	PLG1500/6	200000	江苏一步干燥设备有限公司	(0519)88902618	与物料接触部位材质不锈钢
盘式连续干燥机	PLG1500/8	136000	江苏一步干燥设备有限公司	(0519)88902618	材质碳钢
盘式连续干燥机	PLG1500/8	236000	江苏一步干燥设备有限公司	(0519)88902618	与物料接触部位材质不锈钢
盘式连续干燥机	PLG1500/10	150000	江苏一步干燥设备有限公司	(0519)88902618	材质碳钢
盘式连续干燥机	PLG1500/10	280000	江苏一步干燥设备有限公司	(0519)88902618	与物料接触部位材质不锈钢
盘式连续干燥机	PLG1500/12	175000	江苏一步干燥设备有限公司	(0519)88902618	材质碳钢
盘式连续干燥机	PLG1500/12	310000	江苏一步干燥设备有限公司	(0519)88902618	与物料接触部位材质不锈钢
盘式连续干燥机	PLG2200/6	120000	江苏一步干燥设备有限公司	(0519)88902618	材质碳钢
盘式连续干燥机	PLG2200/6	210000	江苏一步干燥设备有限公司	(0519)88902618	与物料接触部位材质不锈钢
盘式连续干燥机	PLG2200/8	148000	江苏一步干燥设备有限公司	(0519)88902618	材质碳钢
盘式连续干燥机	PLG2200/8	255000	江苏一步干燥设备有限公司	(0519)88902618	与物料接触部位材质不锈钢
盘式连续干燥机	PLG2200/10	180000	江苏一步干燥设备有限公司	(0519)88902618	材质碳钢
盘式连续干燥机	PLG2200/10	300000	江苏一步干燥设备有限公司	(0519)88902618	与物料接触部位材质不锈钢
盘式连续干燥机	PLG2200/12	210000	江苏一步干燥设备有限公司	(0519)88902618	材质碳钢

产品名称	型号规格	参考价格(元)	生产厂家	电话	主要参数及备注
盘式连续干燥机	PLG2200/12	345000	江苏一步干燥设备有限公司	(0519)88902618	与物料接触部位材质不锈钢
盘式连续干燥机	PLG3000/8	180000	江苏一步干燥设备有限公司	(0519)88902618	材质碳钢
盘式连续干燥机	PLG3000/8	300000	江苏一步干燥设备有限公司	(0519)88902618	与物料接触部位材质不锈钢
盘式连续干燥机	PLG3000/10	216000	江苏一步干燥设备有限公司	(0519)88902618	材质碳钢
盘式连续干燥机	PLG3000/10	355000	江苏一步干燥设备有限公司	(0519)88902618	与物料接触部位材质不锈钢
盘式连续干燥机	PLG3000/12	255000	江苏一步干燥设备有限公司	(0519)88902618	材质碳钢
盘式连续干燥机	PLG3000/12	410000	江苏一步干燥设备有限公司	(0519)88902618	与物料接触部位材质不锈钢

2.2.8 冷冻干燥机

产品名称	型号规格	参考价格(元)	生产厂家	电话	主要参数及备注
冷冻干燥机	JZG-50	290000	常州市宇通干燥设备有限公司	(0519)88901088	
冷冻干燥机	JZG-100	388000	常州市宇通干燥设备有限公司	(0519)88901088	
冷冻干燥机	JZG-250	489000	常州市宇通干燥设备有限公司	(0519)88901088	
冷冻干燥机	JZG-500	572000	常州市宇通干燥设备有限公司	(0519)88901088	
冷冻干燥机	JZG-1000	848000	常州市宇通干燥设备有限公司	(0519)88901088	
冷冻干燥机	JZK-50	500000	江苏一步干燥设备有限公司	(0519)88902618	
冷冻干燥机	JZK-100	1200000	江苏一步干燥设备有限公司	(0519)88902618	
冷冻干燥机	JZK-250	1800000	江苏一步干燥设备有限公司	(0519)88902618	
冷冻干燥机	JZK-500	2200000	江苏一步干燥设备有限公司	(0519)88902618	
冷冻干燥机	JZK-1000	3800000	江苏一步干燥设备有限公司	(0519)88902618	

2.2.9 其他干燥机

产品名称	型号规格	参考价格(元)	生产厂家	电话	主要参数及备注
螺旋振动干燥机	LZG-1	128000	常州中贝干燥设备有限公司	(0519)88671938	生产能力 80～120 kg/h,直径1000mm,振动电动机功率0.8kW×2,风量 1487 m^3/h,风机功率4.1kW,外形尺寸(mm):1200×1200×2700,重1.4t
螺旋振动干燥机	LZG-1	150000	江苏一步干燥设备有限公司	(0519)88902618	与物料接触部位材质不锈钢

产品名称	型号规格	参考价格（元）	生产厂家	电话	主要参数及备注
螺旋振动干燥机	LZG-1	155000	无锡市凯信干燥成套设备有限公司	（0510）81663608	生产能力 80～120 kg/h，风量 1487 m^3/h，振动电动机功率0.8 kW×2，风机功率4.1kW，外形尺寸（mm）：1200×1200×2700，重1.4t
螺旋振动干燥机	LZG-1.2	150000	常州中贝干燥设备有限公司	（0519）88671938	生产能力 120～200 kg/h，直径1200mm，振动电动机功率0.8kW×2，风量 2380 m^3/h，风机功率7kW，外形尺寸（mm）：1400×1400×2700，重1.68t
螺旋振动干燥机	LZG-1.2	178000	无锡市凯信干燥成套设备有限公司	（0510）81663608	生产能力 120～200 kg/h，风量 2380 m^3/h，振动电动机功率 0.8kW×2，风机功率 7kW 外形尺寸（mm）：1400 × 1400 × 2700，重1.68t
螺旋振动干燥机	LZG-1.2	180000	江苏一步干燥设备有限公司	（0519）88902618	与物料接触部位材质不锈钢
螺旋振动干燥机	LZG-1.4	170000	常州中贝干燥设备有限公司	（0519）88671938	生产能力 200～280 kg/h，直径1400mm，振动电动机功率1.5kW×2，风量 3721 m^3/h，风机功率7.7kW，外形尺寸（mm）：1600×1600×3300，重2.8t
螺旋振动干燥机	LZG-1.4	208000	无锡市凯信干燥成套设备有限公司	（0510）81663608	生产能力 200～280 kg/h，风量 3721 m^3/h，振动电动机功率1.5 kW×2，风机功率7.7kW，外形尺寸（mm）：1600×1600×3300，重2.8t
螺旋振动干燥机	LZG-1.4	240000	江苏一步干燥设备有限公司	（0519）88902618	与物料接触部位材质不锈钢
螺旋振动干燥机	LZG-1.6	195000	常州中贝干燥设备有限公司	（0519）88671938	生产能力 280～350 kg/h，直径1600mm，振动电动机功率1.5kW×2，风量 4462 m^3/h，风机功率14kW，外形尺寸（mm）：1800×1800×3300，重3.1t
螺旋振动干燥机	LZG-1.6	238000	无锡市凯信干燥成套设备有限公司	（0510）81663608	生产能力 280～350 kg/h，风量 4462 m^3/h，振动电动机功率1.5 kW×2，风机功率 14kW，外形尺寸（mm）：1800×1800×3300，重3.1t
螺旋振动干燥机	LZG-1.6	280000	江苏一步干燥设备有限公司	（0519）88902618	与物料接触部位材质不锈钢
螺旋振动干燥机	LZG-1.8	215000	常州中贝干燥设备有限公司	（0519）88671938	生产能力 350～450 kg/h，直径1800mm，振动电动机功率2.2kW×2，风量 5930 m^3/h，风机功率24kW，重3.8t
螺旋振动干燥机	LZG-1.8	267000	无锡市凯信干燥成套设备有限公司	（0510）81663608	生产能力 350～450 kg/h，风量 5960 m^3/h，振动电动机功率2.2 kW×2，风机功率 24kW，外形尺寸（mm）：2000×2000×3300，重3.8t
螺旋振动干燥机	LZG-1.8	320000	江苏一步干燥设备有限公司	（0519）88902618	与物料接触部位材质不锈钢
空心桨叶干燥机	2.7m^2	50000	常州中贝干燥设备有限公司	（0519）88671938	材质 304，支架材质碳钢
空心桨叶干燥机	9m^2	160000	常州中贝干燥设备有限公司	（0519）88671938	材质 304，支架材质碳钢
空心桨叶干燥机	13m^2	210000	常州中贝干燥设备有限公司	（0519）88671938	材质 304，支架材质碳钢
空心桨叶干燥机	18m^2	280000	常州中贝干燥设备有限公司	（0519）88671938	材质 304，支架材质碳钢

产品名称	型号规格	参考价格(元)	生产厂家	电话	主要参数及备注
空心桨叶干燥机	$24m^2$	360000	常州中贝干燥设备有限公司	(0519)88671938	材质304,支架材质碳钢
空心桨叶干燥机	$29m^2$	430000	常州中贝干燥设备有限公司	(0519)88671938	材质304,支架材质碳钢
空心桨叶干燥机	$36m^2$	510000	常州中贝干燥设备有限公司	(0519)88671938	材质304,支架材质碳钢
空心桨叶干燥机	$41m^2$	580000	常州中贝干燥设备有限公司	(0519)88671938	材质304,支架材质碳钢
空心桨叶干燥机	$48m^2$	670000	常州中贝干燥设备有限公司	(0519)88671938	材质304,支架材质碳钢
空心桨叶干燥机	$52m^2$	720000	常州中贝干燥设备有限公司	(0519)88671938	材质304,支架材质碳钢
空心桨叶干燥机	$62m^2$	850000	常州中贝干燥设备有限公司	(0519)88671938	材质304,支架材质碳钢
空心桨叶干燥机	$68m^2$	920000	常州中贝干燥设备有限公司	(0519)88671938	材质304,支架材质碳钢
空心桨叶干燥机	$73m^2$	980000	常州中贝干燥设备有限公司	(0519)88671938	材质304,支架材质碳钢
空心桨叶干燥机	$81m^2$	1080000	常州中贝干燥设备有限公司	(0519)88671938	材质304,支架材质碳钢
空心桨叶干燥机	$87m^2$	1160000	常州中贝干燥设备有限公司	(0519)88671938	材质304,支架材质碳钢
空心桨叶干燥机	$95m^2$	1230000	常州中贝干燥设备有限公司	(0519)88671938	材质304,支架材质碳钢
空心桨叶干燥机	$110m^2$	1370000	常州中贝干燥设备有限公司	(0519)88671938	材质304,支架材质碳钢
空心桨叶干燥机	KJG-3	65000	无锡市凯信干燥成套设备有限公司	(0510)81663608	有效容积0.065 m^3,传热面积$3m^2$,转速6~24 r/min,功率3kW,重900kg
空心桨叶干燥机	KJG-8	150000	无锡市凯信干燥成套设备有限公司	(0510)81663608	有效容积$0.49m^3$,传热面积$8m^2$,转速5~20 r/min,功率4kW,重1.2t
空心桨叶干燥机	KJG-12.5	238000	无锡市凯信干燥成套设备有限公司	(0510)81663608	有效容积$0.94m^3$,传热面积12.5 m^2,转速5~20 r/min,功率5.5 kW,外形尺寸(mm):5780×1120×1480,重2.3t
空心桨叶干燥机	KJG-25	420000	无锡市凯信干燥成套设备有限公司	(0510)81663608	有效容积1.65 m^3,传热面积$25m^2$,转速5~20 r/min,功率11kW,外形尺寸(mm):6860×1420×1840,重2.7t
空心桨叶干燥机	KJG-50	785000	无锡市凯信干燥成套设备有限公司	(0510)81663608	有效容积3.15 m^3,传热面积$50m^2$,转速4~16 r/min,功率18kW,外形尺寸(mm):3800×1420×2050,重3.6t
过滤洗涤干燥机	DN1200	715000	温州亚光机械制造有限公司	(0577)86906886	过滤面积$1m^2$,内径1200mm,公称容积1.28 m^3,滤饼高度250mm,桨叶提升高度300mm,电动机功率7.5kW,重4.15t,工业级
过滤洗涤干燥机	DN1200	968000	温州亚光机械制造有限公司	(0577)86906886	过滤面积$1m^2$,内径1200mm,公称容积$1.2m^3$,滤饼高度250mm,桨叶提升高度300mm,电动机功率7.5kW,重4.9t,无菌级
过滤洗涤干燥机	DN325	480000	温州亚光机械制造有限公司	(0577)86906886	过滤面积$0.08m^2$,内径325mm,公称容积0.04 m^3,滤饼高度100mm,桨叶提升高度120mm,电动机功率0.37kW,重600kg,无菌级

产品名称	型号规格	参考价格(元)	生产厂家	电话	主要参数及备注
过滤洗涤干燥机	DN500	660000	温州亚光机械制造有限公司	(0577)86906886	过滤面积0.19m²,内径 500mm,公称容积0.15m³,滤饼高度 140mm,桨叶提升高度 160mm,电动机功率2.2kW,重1.5t,无菌级
过滤洗涤干燥机	DN600	715000	温州亚光机械制造有限公司	(0577)86906886	过滤面积0.28m²,内径 600mm,公称容积0.22m³,滤饼高度 180mm,桨叶提升高度 200mm,电动机功率2.2kW,重1.7t,无菌级
过滤洗涤干燥机	DN800	825000	温州亚光机械制造有限公司	(0577)86906886	过滤面积0.5m²,内径 800mm,公称容积 0.46 m³,滤饼高度200mm,桨叶提升高度 220mm,电动机功率 3kW,重2.25t,无菌级
过滤洗涤干燥机	DN1400	1210000	温州亚光机械制造有限公司	(0577)86906886	过滤面积1.5m²,内径 1400mm,公称容积 1.9 m³,滤饼高度300mm,桨叶提升高度 350mm,电动机功率 11kW,重6.5t,无菌级
过滤洗涤干燥机	DN1600	935000	温州亚光机械制造有限公司	(0577)86906886	过滤面积 2m²,内径 1600mm,公称容积2.8m³,滤饼高度 300mm,桨叶提升高度 350mm,电动机功率 11kW,重5.8t,工业级
过滤洗涤干燥机	DN1600	1430000	温州亚光机械制造有限公司	(0577)86906886	过滤面积 2m²,内径 1600mm,公称容积 2.59 m³,滤饼高度300mm,桨叶提升高度 350mm,电动机功率 15kW,重7.5t,无菌级
过滤洗涤干燥机	DN2000	1012000	温州亚光机械制造有限公司	(0577)86906886	过滤面积 3m²,内径 2000mm,公称容积4.9m³,滤饼高度 350mm,桨叶提升高度 400mm,电动机功率18.5kW,重8.3t,工业级
过滤洗涤干燥机	DN2000	1650000	温州亚光机械制造有限公司	(0577)86906886	过滤面积 3m²,内径 2000mm,公称容积4.5m³,滤饼高度 400mm,桨叶提升高度 450mm,电动机功率18.5kW,重11.7t,无菌级
过滤洗涤干燥机	DN2300	1078000	温州亚光机械制造有限公司	(0577)86906886	过滤面积 4m²,内径 2300mm,公称容积6.4m³,滤饼高度 350mm,桨叶提升高度 400mm,电动机功率 22kW,重 10t,工业级
过滤洗涤干燥机	DN2300	1870000	温州亚光机械制造有限公司	(0577)86906886	过滤面积 4m²,内径 2300mm,公称容积6.4m³,滤饼高度 400mm,桨叶提升高度 450mm,电动机功率 22kW,重12.8t,无菌级
过滤洗涤干燥机	DN2800	1320000	温州亚光机械制造有限公司	(0577)86906886	过滤面积 6m²,内径 2800mm,公称容积 11m³,滤饼高度 450mm,桨叶提升高度 500mm,电动机功率 30kW,重 14t,工业级

2.3　过滤设备

产品名称	型号规格	参考价格(元)	生产厂家	电话	主要参数及备注
过滤器	DL-100	5800	上海中南医药机械有限公司	(021)64089523	生产能力 200~800 kg/h,材质不锈钢
过滤器	DL-150	8000	上海中南医药机械有限公司	(021)64089523	生产能力 1~1.5t/h,滤框直径150mm,层数 10 层,功率1.1kW,外形尺寸(mm):650×420×720,重 65kg,材质不锈钢

产品名称	型号规格	参考价格（元）	生产厂家	电话	主要参数及备注
抗燃油专用滤油机	KYJ-30-Ⅰ	67600	重庆渝能滤油机制造有限公司	（023）63225705	
磨煤机油专用滤油机	ZJC 1.2KY-M	139600	重庆渝能滤油机制造有限公司	（023）63225705	公称流量 20L/min，工作压力≤0.5MPa，过滤精度 5μm，总功率 13.5kW，外形尺寸（mm）：1350×1000×1400，重 310kg
磨煤机油专用滤油机	ZJC3KY-M	176600	重庆渝能滤油机制造有限公司	（023）63225705	公称流量 50L/min，工作压力≤0.5MPa，过滤精度 5μm，总功率 33kW，外形尺寸（mm）：1700×1100×1800，重 550kg
润滑油专业滤油机	TYA-20	27000	上虞市怡和金属机械制造有限公司	（0575）82581666	处理流量 20L/min，工作真空度 -0.06～-0.098MPa，工作压力≤0.4MPa，运行温度 20～70℃，进出口管径 25mm，总功率 18kW，外形尺寸（mm）：1400×1000×1500
润滑油专业滤油机	TYA-30	28000	上虞市怡和金属机械制造有限公司	（0575）82581666	处理流量 30L/min，工作真空度 -0.06～-0.098MPa，工作压力≤0.4MPa，运行温度 20～70℃，进出口管径 25mm，总功率 18kW，外形尺寸（mm）：1500×1000×1600
润滑油专业滤油机	TYA-50	31000	上虞市怡和金属机械制造有限公司	（0575）82581666	处理流量 50L/min，工作真空度 -0.06～-0.098MPa，工作压力≤0.4MPa，运行温度 20～70℃，进出口管径 32mm，总功率 33kW，外形尺寸（mm）：1550×1100×1600
润滑油专业滤油机	TYA-100	38000	上虞市怡和金属机械制造有限公司	（0575）82581666	处理流量 100L/min，工作真空度 -0.06～-0.098MPa，工作压力≤0.4MPa，运行温度 20～70℃，进出口管径 42mm，总功率 60kW，外形尺寸（mm）：1650×1200×1700
润滑油专业滤油机	TYA-150	45000	上虞市怡和金属机械制造有限公司	（0575）82581666	处理流量 150L/min，工作真空度 -0.06～-0.098MPa，工作压力≤0.4MPa，运行温度 20～70℃，进出口管径 50mm，总功率 90kW，外形尺寸（mm）：1900×1500×1900
润滑油专业滤油机	TYA-200	55000	上虞市怡和金属机械制造有限公司	（0575）82581666	处理流量 200L/min，工作真空度 -0.06～-0.098MPa，工作压力≤0.4MPa，运行温度 20～70℃，进出口管径 50mm，总功率 101kW，外形尺寸（mm）：2000×1600×2000
润滑油专业滤油机	TYA-300	75000	上虞市怡和金属机械制造有限公司	（0575）82581666	处理流量 300L/min，工作真空度 -0.06～-0.098MPa，工作压力≤0.4MPa，运行温度 20～70℃，进出口管径 60mm，总功率 115kW，外形尺寸（mm）：2200×1700×2300
双级高真空滤油机	ZJA3KY	121800	重庆渝能滤油机制造有限公司	（023）63225705	公称流量 50L/min，工作压力≤0.5MPa，过滤精度 1μm，总功率 36kW，外形尺寸（mm）：1400×1150×1950，重 750kg
双级高真空滤油机	ZJA6KY	165000	重庆渝能滤油机制造有限公司	（023）63225705	公称流量 100L/min，工作压力≤0.5MPa，过滤精度 1μm，总功率 67kW，外形尺寸（mm）：2000×1350×2350，重1.4t

产品名称	型号规格	参考价格（元）	生产厂家	电话	主要参数及备注
双级高真空滤油机	ZJA9KY	231600	重庆渝能滤油机制造有限公司	（023）63225705	公称流量150L/min，工作压力≤0.5MPa，过滤精度1μm，总功率99kW，外形尺寸（mm）：2100×1550×2500，重1.6t
双级高真空滤油机	ZJA12KY	272600	重庆渝能滤油机制造有限公司	（023）63225705	公称流量200L/min，工作压力≤0.5MPa，过滤精度1μm，总功率150kW，外形尺寸（mm）：2400×1850×2600，重2.2t
双级高真空滤油机	ZJA18KY	329600	重庆渝能滤油机制造有限公司	（023）63225705	公称流量300L/min，工作压力≤0.5MPa，过滤精度1μm，总功率200kW，外形尺寸（mm）：2600×2000×2750，重2.6t
透平油专业滤油机	TY-20	27000	上虞市怡和金属机械制造有限公司	（0575）82581666	处理流量20L/min，工作真空度-0.06~-0.098MPa，工作压力≤0.4MPa，运行温度20~70℃，进出口管径25mm，总功率15kW，外形尺寸（mm）：1000×880×1400
透平油专业滤油机	TY-30	28000	上虞市怡和金属机械制造有限公司	（0575）82581666	处理流量30L/min，工作真空度-0.06~-0.098MPa，工作压力≤0.4MPa，运行温度20~70℃，进出口管径25mm，总功率18kW，外形尺寸（mm）：1100×900×1450
透平油专业滤油机	TY-50	31000	上虞市怡和金属机械制造有限公司	（0575）82581666	处理流量50L/min，工作真空度-0.06~-0.098MPa，工作压力≤0.4MPa，运行温度20~70℃，进出口管径32mm，总功率27kW，外形尺寸（mm）：1300×950×1500
透平油专业滤油机	TY-100	38000	上虞市怡和金属机械制造有限公司	（0575）82581666	处理流量100L/min，工作真空度-0.06~-0.098MPa，工作压力≤0.4MPa，运行温度20~70℃，进出口管径42mm，总功率50kW，外形尺寸（mm）：1600×1000×1650
透平油专业滤油机	TY-150	45000	上虞市怡和金属机械制造有限公司	（0575）82581666	处理流量150L/min，工作真空度-0.06~-0.098MPa，工作压力≤0.4MPa，运行温度20~70℃，进出口管径50mm，总功率66kW，外形尺寸（mm）：1600×1200×1800
透平油专业滤油机	TY-200	55000	上虞市怡和金属机械制造有限公司	（0575）82581666	处理流量200L/min，工作真空度-0.06~-0.098MPa，工作压力≤0.4MPa，运行温度20~70℃，进出口管径50mm，总功率81kW，外形尺寸（mm）：1600×1350×1800
透平油专业滤油机	TY-300	75000	上虞市怡和金属机械制造有限公司	（0575）82581666	处理流量300L/min，工作真空度-0.06~-0.098MPa，工作压力≤0.4MPa，运行温度20~70℃，进出口管径60mm，总功率97kW，外形尺寸（mm）：1800×1400×1850
透平油专用真空滤油机	ZJC 0.6KY-T	43600	重庆渝能滤油机制造有限公司	（023）63225705	公称流量10L/min，工作压力≤0.5MPa，过滤精度3μm，总功率7.5kW，外形尺寸（mm）：1350×1000×1200，重280kg
透平油专用真空滤油机	ZJC 1.2KY-T	48800	重庆渝能滤油机制造有限公司	（023）63225705	公称流量20L/min，工作压力≤0.5MPa，过滤精度3μm，总功率10.5kW，外形尺寸（mm）：1350×1000×1200，重300kg
透平油专用真空滤油机	ZJC 1.8KY-T	56600	重庆渝能滤油机制造有限公司	（023）63225705	公称流量30L/min，工作压力≤0.5MPa，过滤精度3μm，总功率13.5kW，外形尺寸（mm）：1350×1000×1200，重320kg

产品名称	型号规格	参考价格(元)	生产厂家	电话	主要参数及备注
透平油专用真空滤油机	ZJC3KY-T	78600	重庆渝能滤油机制造有限公司	(023)63225705	公称流量50L/min,工作压力≤0.5MPa,过滤精度3μm,总功率33.5kW,外形尺寸(mm):1500×1100×1700,重560kg
透平油专用真空滤油机	ZJC6KY-T	104200	重庆渝能滤油机制造有限公司	(023)63225705	公称流量100L/min,工作压力≤0.5MPa,过滤精度3μm,总功率65kW,外形尺寸(mm):1700×1200×1850,重950kg
透平油专用真空滤油机	ZJC9KY-T	135600	重庆渝能滤油机制造有限公司	(023)63225705	公称流量150L/min,工作压力≤0.5MPa,过滤精度3μm,总功率97kW,外形尺寸(mm):1900×1300×2100,重1.5t
透平油专用真空滤油机	ZJC12KY-T	159600	重庆渝能滤油机制造有限公司	(023)63225705	公称流量200L/min,工作压力≤0.5MPa,过滤精度3μm,总功率127kW,外形尺寸(mm):1900×1450×2500,重1.8t
透平油专用真空滤油机	ZJC18KY-T	196200	重庆渝能滤油机制造有限公司	(023)63225705	公称流量300L/min,工作压力≤0.5MPa,过滤精度3μm,总功率190kW,外形尺寸(mm):2000×1550×2500,重2.2t
板框压力式滤油机	LY-50	9800	重庆渝能滤油机制造有限公司	(023)63225705	公称流量50L/min,过滤面积0.39m^2,工作压力≤0.5MPa,板框尺寸(mm):200×200,电动机功率1.1kW,重108kg
板框压力式滤油机	LY-100	10800	重庆渝能滤油机制造有限公司	(023)63225705	公称流量100L/min,过滤面积0.39m^2,工作压力≤0.5MPa,板框尺寸(mm):296×296,电动机功率2.2kW,重300kg
板框压力式滤油机	LY-150	12600	重庆渝能滤油机制造有限公司	(023)63225705	公称流量150L/min,过滤面积1.89m^2,工作压力≤0.5MPa,板框尺寸(mm):296×296,电动机功率3kW,重360kg
板框压力式滤油机	LY-200	13900	重庆渝能滤油机制造有限公司	(023)63225705	公称流量200L/min,过滤面积2.01m^2,工作压力≤0.5MPa,板框尺寸(mm):296×296,电动机功率3kW,重420kg
不锈钢厢式板框多层压滤机	CXAS 0.4/176-200	12900	宁波永泉制药设备有限公司	(0574)65010268	过滤面积0.4 m^2,滤板尺寸(mm):176×176,滤框尺寸(mm):200×200,层数13层,流水量3t/h,过滤压力0.2MPa,不带液压系统
不锈钢厢式板框多层压滤机	CXAS1/268-300	23800	宁波永泉制药设备有限公司	(0574)65010268	过滤面积1m^2,滤板尺寸(mm):268×268,滤框尺寸(mm):300×300,层数17层,流水量7t/h,过滤压力0.2MPa,不带液压系统
不锈钢厢式板框多层压滤机	CXAS2/352-400	46500	宁波永泉制药设备有限公司	(0574)65010268	过滤面积2m^2,滤板尺寸(mm):352×352,滤框尺寸(mm):400×400,层数19层,流水量9t/h,过滤压力0.3MPa,不带液压系统
不锈钢厢式板框多层压滤机	CXAS4/352-400	93600	宁波永泉制药设备有限公司	(0574)65010268	过滤面积4m^2,滤板尺寸(mm):402×402,滤框尺寸(mm):400×400,层数35层,流水量11t/h,过滤压力0.3MPa,不带液压系统
不锈钢厢式板框多层压滤机	CXAS6/402-450	117600	宁波永泉制药设备有限公司	(0574)65010268	过滤面积6m^2,滤板尺寸(mm):402×402,滤框尺寸(mm):450×450,层数39层,流水量14t/h,过滤压力0.4MPa,不带液压系统
不锈钢厢式板框多层压滤机	CXAS8/402-450	139800	宁波永泉制药设备有限公司	(0574)65010268	过滤面积8m^2,滤板尺寸(mm):402×402,滤框尺寸(mm):450×450,层数53层,流水量17t/h,过滤压力0.4MPa,不带液压系统

产品名称	型号规格	参考价格（元）	生产厂家	电话	主要参数及备注
不锈钢厢式板框多层压滤机	CXAS10/402－450	158000	宁波永泉制药设备有限公司	(0574)65010268	过滤面积 $10m^2$，滤板尺寸(mm)：402×402，滤框尺寸(mm)：450×450，层数65层，流水量20t/h，过滤压力0.4MPa，不带液压系统
不锈钢厢式板框多层压滤机	CXAS12/402－450	176000	宁波永泉制药设备有限公司	(0574)65010268	过滤面积 $12m^2$，滤板尺寸(mm)：402×402，滤框尺寸(mm)：450×450，层数77层，流水量22t/h，过滤压力0.4MPa，不带液压系统
不锈钢厢式板框多层压滤机	CXAS14/402－450	190000	宁波永泉制药设备有限公司	(0574)65010268	过滤面积 $14m^2$，滤板尺寸(mm)：402×402，滤框尺寸(mm)：450×450，层数89层，流水量26t/h，过滤压力0.4MPa，不带液压系统
不锈钢厢式板框多层压滤机	CXAS18/528－600	220000	宁波永泉制药设备有限公司	(0574)65010268	过滤面积 $18m^2$，滤板尺寸(mm)：528×528，滤框尺寸(mm)：600×600，层数67层，流水量28t/h，过滤压力0.4MPa，不带液压系统
不锈钢厢式板框多层压滤机	CXAS20/528－600	260000	宁波永泉制药设备有限公司	(0574)65010268	过滤面积 $20m^2$，滤板尺寸(mm)：528×528，滤框尺寸(mm)：600×600，层数75层，流水量33t/h，过滤压力0.4MPa，不带液压系统
不锈钢厢式板框多层压滤机	CXAS-2	118000	宁波永泉制药设备有限公司	(0574)65010268	过滤面积 $10m^2$，滤板尺寸(mm)：536×600，滤框尺寸(mm)：600×600，过滤容积 $0.18m^2$，层数37层，流水量20t/h，外形尺寸(mm)：3030×850×1150，不带液压系统
不锈钢厢式板框多层压滤机	CXAS-2	127000	宁波永泉制药设备有限公司	(0574)65010268	过滤面积 $12m^2$，滤板尺寸(mm)：536×600，滤框尺寸(mm)：600×600，过滤容积 $0.21m^2$，层数45层，流水量22t/h，外形尺寸(mm)：3200×850×1150，不带液压系统
不锈钢厢式板框多层压滤机	CXAS-2	138000	宁波永泉制药设备有限公司	(0574)65010268	过滤面积 $14m^2$，滤板尺寸(mm)：536×600，滤框尺寸(mm)：600×600，过滤容积 $0.25m^2$，层数51层，流水量22t/h，外形尺寸(mm)：3415×850×1150，不带液压系统
不锈钢厢式板框多层压滤机	CXAS-2	180000	宁波永泉制药设备有限公司	(0574)65010268	过滤面积 $18m^2$，滤板尺寸(mm)：536×600，滤框尺寸(mm)：600×600，过滤容积 $0.32m^2$，层数65层，流水量24t/h，外形尺寸(mm)：3800×850×1150，不带液压系统
不锈钢厢式板框多层压滤机	CXAS-2	200000	宁波永泉制药设备有限公司	(0574)65010268	过滤面积 $20m^2$，滤板尺寸(mm)：536×600，滤框尺寸(mm)：600×600，过滤容积 $0.36m^2$，层数73层，流水量26t/h，外形尺寸(mm)：4020×850×1150，不带液压系统
不锈钢厢式板框多层压滤机	CXAS-2	226000	宁波永泉制药设备有限公司	(0574)65010268	过滤面积 $25m^2$，滤板尺寸(mm)：536×600，滤框尺寸(mm)：600×600，过滤容积 $0.46m^2$，层数93层，流水量29t/h，外形尺寸(mm)：4570×850×1150，不带液压系统

产品名称	型号规格	参考价格(元)	生产厂家	电话	主要参数及备注
不锈钢厢式板框多层压滤机	CXAS-2	250000	宁波永泉制药设备有限公司	(0574)65010268	过滤面积 $30m^2$，滤板尺寸(mm)：934×1000，滤框尺寸(mm)：600×600，过滤容积 $0.54m^2$，层数 109 层，流水量 32t/h，外形尺寸(mm)：50100×850×1150，不带液压系统
不锈钢厢式板框多层压滤机	CXAS-2	300000	宁波永泉制药设备有限公司	(0574)65010268	过滤面积 $35m^2$，滤板尺寸(mm)：934×1000，滤框尺寸(mm)：1000×1000，过滤容积 $0.63m^2$，层数 43 层，流水量 35t/h，外形尺寸(mm)：3195×1228×1350，不带液压系统
不锈钢厢式板框多层压滤机	CXAS-2	348000	宁波永泉制药设备有限公司	(0574)65010268	过滤面积 $40m^2$，滤板尺寸(mm)：934×1000，滤框尺寸(mm)：1000×1000，过滤容积 $0.73m^2$，层数 49 层，流水量 38t/h，外形尺寸(mm)：3360×1228×1350，不带液压系统
不锈钢厢式板框多层压滤机	CXAS-2	400000	宁波永泉制药设备有限公司	(0574)65010268	过滤面积 $50m^2$，滤板尺寸(mm)：934×1000，滤框尺寸(mm)：1000×1000，过滤容积 $0.92m^2$，层数 61 层，流水量 41t/h，外形尺寸(mm)：3690×1228×1350，不带液压系统
不锈钢厢式板框多层压滤机	CXAS-2	480000	宁波永泉制药设备有限公司	(0574)65010268	过滤面积 $60m^2$，滤板尺寸(mm)：934×1000，滤框尺寸(mm)：1000×1000，过滤容积 $1.07m^2$，层数 71 层，流水量 44t/h，外形尺寸(mm)：3195×1228×1350，不带液压系统
不锈钢厢式板框多层压滤机	CXAS-2	580000	宁波永泉制药设备有限公司	(0574)65010268	过滤面积 $70m^2$，滤板尺寸(mm)：934×1000，滤框尺寸(mm)：1000×1000，过滤容积 $1.25m^2$，层数 83 层，流水量 47t/h，外形尺寸(mm)：4295×1228×1350，不带液压系统
不锈钢厢式板框多层压滤机	CXAS-2	650000	宁波永泉制药设备有限公司	(0574)65010268	过滤面积 $80m^2$，滤板尺寸(mm)：934×1000，滤框尺寸(mm)：1000×1000，过滤容积 $1.43m^2$，层数 95 层，流水量 5t/h，外形尺寸(mm)：4625×1228×1350，不带液压系统
不锈钢厢式板框多层压滤机	CXAS-2	700000	宁波永泉制药设备有限公司	(0574)65010268	过滤面积 $90m^2$，滤板尺寸(mm)：934×1000，滤框尺寸(mm)：1000×1000，过滤容积 $1.61m^2$，层数 107 层，流水量 53t/h，外形尺寸(mm)：4955×1228×1350，不带液压系统
不锈钢厢式板框多层压滤机	CXAS-2	760000	宁波永泉制药设备有限公司	(0574)65010268	过滤面积 $100m^2$，滤板尺寸(mm)：934×1000，滤框尺寸(mm)：1000×1000，过滤容积 $1.8m^2$，层数 119 层，流水量 56t/h，外形尺寸(mm)：5285×1228×1350，不带液压系统
移动式精密过滤加油机	YL-50	13600	重庆渝能滤油机制造有限公司	(023)63225705	公称流量 50L/min，工作压力≤0.5MPa，过滤精度 5μm，电动机功率0.75kW，重 100kg
移动式精密过滤加油机	YL-80	14800	重庆渝能滤油机制造有限公司	(023)63225705	公称流量 80L/min，工作压力≤0.5MPa，过滤精度 5μm，电动机功率0.75kW，重 150kg

产品名称	型号规格	参考价格（元）	生产厂家	电话	主要参数及备注
移动式精密过滤加油机	YL-100	16200	重庆渝能滤油机制造有限公司	（023）63225705	公称流量 100L/min，工作压力≤0.5MPa，过滤精度 5μm，电动机功率1.1kW，重 180kg
移动式精密过滤加油机	YL-150	21800	重庆渝能滤油机制造有限公司	（023）63225705	公称流量 150L/min，工作压力≤0.5MPa，过滤精度 5μm，电动机功率2.2kW，重 190kg
移动式精密过滤加油机	YL-200	25600	重庆渝能滤油机制造有限公司	（023）63225705	公称流量 200L/min，工作压力≤0.5MPa，过滤精度 5μm，电动机功率 3kW，重 210kg

2.4 萃取设备

产品名称	型号规格	参考价格（元）	生产厂家	电话	主要参数及备注
超临界萃取装置	HA120-50-0.5	100000	江苏华安科研仪器有限公司	（0513）88965188	
超临界萃取装置	HA120-50-01	110000	江苏华安科研仪器有限公司	（0513）88965188	
超临界萃取装置	HA120-50-02	120000	江苏华安科研仪器有限公司	（0513）88965188	
超临界萃取装置	HA121-40-24	300000	江苏华安科研仪器有限公司	（0513）88965188	
超临界萃取装置	HA121-50-01	120000	江苏华安科研仪器有限公司	（0513）88965188	
超临界萃取装置	HA121-50-02	130000	江苏华安科研仪器有限公司	（0513）88965188	
超临界萃取装置	HA121-50-05	150000	江苏华安科研仪器有限公司	（0513）88965188	
超临界萃取装置	HA221-40-48	450000	江苏华安科研仪器有限公司	（0513）88965188	
超临界萃取装置	HA221-40-200	1800000	江苏华安科研仪器有限公司	（0513）88965188	
超临界萃取装置	HA221-50-06	165000	江苏华安科研仪器有限公司	（0513）88965188	
超临界萃取装置	HA221-50-11	220000	江苏华安科研仪器有限公司	（0513）88965188	
超临界萃取装置	HA221-50-12	230000	江苏华安科研仪器有限公司	（0513）88965188	
超临界萃取装置	HA221-50-20	280000	江苏华安科研仪器有限公司	（0513）88965188	
超临界萃取装置	HA421-40-96	600000	江苏华安科研仪器有限公司	（0513）88965188	

2.5 搅拌设备

产品名称	型号规格	参考价格（元）	生产厂家	电话	主要参数及备注
搅拌罐	40L	5600	温州市健牌药业机械制造有限公司	（0577）86921600	
搅拌罐	60L	7300	温州市健牌药业机械制造有限公司	（0577）86921600	

产品名称	型号规格	参考价格(元)	生产厂家	电话	主要参数及备注
真空乳化搅拌机	TFZRJ-50L	155000	温州天富机械有限公司	(0577)86927999	有效容积50L,乳化电动机转速0~3500 r/min,乳化功率3kW,搅拌电动机转速0~40 r/min,搅拌功率0.75 kW,总功率7kW,PLC控制,单机价
真空乳化搅拌机	TFZRJ-50L	180000	温州天富机械有限公司	(0577)86927999	有效容积50L,乳化电动机转速0~3500 r/min,乳化功率3kW,搅拌电动机转速0~40 r/min,搅拌功率0.75 kW,总功率7kW,PLC控制,全套价
真空乳化搅拌机	TFZRJ-100L	185000	温州天富机械有限公司	(0577)86927999	有效容积100L,乳化电动机转速0~3500 r/min,乳化功率3kW,搅拌电动机转速0~40 r/min,搅拌功率1.5kW,总功率10kW,按钮控制,单机价
真空乳化搅拌机	TFZRJ-100L	200000	温州天富机械有限公司	(0577)86927999	有效容积100L,乳化电动机转速0~3500 r/min,乳化功率3kW,搅拌电动机转速0~40 r/min,搅拌功率1.5kW,总功率10kW,按钮控制,全套价
真空乳化搅拌机	TFZRJ-100L	210000	温州天富机械有限公司	(0577)86927999	有效容积100L,乳化电动机转速0~3500 r/min,乳化功率3kW,搅拌电动机转速0~40 r/min,搅拌功率1.5 kW,总功率10kW,PLC控制,单机价
真空乳化搅拌机	TFZRJ-100L	225000	温州天富机械有限公司	(0577)86927999	有效容积100L,乳化电动机转速0~3500 r/min,乳化功率3kW,搅拌电动机转速0~40 r/min,搅拌功率1.5 kW,总功率10kW,PLC控制,全套价
真空乳化搅拌机	TFZRJ-150L	190000	温州天富机械有限公司	(0577)86927999	有效容积150L,乳化电动机转速0~3500 r/min,乳化功率4kW,搅拌电动机转速0~40 r/min,搅拌功率1.5kW,总功率11kW,按钮控制,单机价
真空乳化搅拌机	TFZRJ-150L	205000	温州天富机械有限公司	(0577)86927999	有效容积150L,乳化电动机转速0~3500 r/min,乳化功率4kW,搅拌电动机转速0~40 r/min,搅拌功率1.5kW,总功率11kW,按钮控制,全套价
真空乳化搅拌机	TFZRJ-150L	215000	温州天富机械有限公司	(0577)86927999	有效容积150L,乳化电动机转速0~3500 r/min,乳化功率4kW,搅拌电动机转速0~40 r/min,搅拌功率1.5 kW,总功率11kW,PLC控制,单机价
真空乳化搅拌机	TFZRJ-150L	230000	温州天富机械有限公司	(0577)86927999	有效容积150L,乳化电动机转速0~3500 r/min,乳化功率4kW,搅拌电动机转速0~40 r/min,搅拌功率1.5 kW,总功率11kW,PLC控制,全套价
真空乳化搅拌机	TFZRJ-200L	200000	温州天富机械有限公司	(0577)86927999	有效容积200L,乳化电动机转速0~3500 r/min,乳化功率5.5kW,搅拌电动机转速0~40 r/min,搅拌功率1.5kW,总功率12kW,按钮控制,单机价
真空乳化搅拌机	TFZRJ-200L	215000	温州天富机械有限公司	(0577)86927999	有效容积200L,乳化电动机转速0~3500 r/min,乳化功率5.5kW,搅拌电动机转速0~40 r/min,搅拌功率1.5kW,总功率12kW,按钮控制,全套价

产品名称	型号规格	参考价格（元）	生产厂家	电话	主要参数及备注
真空乳化搅拌机	TFZRJ-200L	225000	温州天富机械有限公司	(0577)86927999	有效容积200L,乳化电动机转速0~3500 r/min,乳化功率5.5kW,搅拌电动机转速0~40 r/min,搅拌功率1.5 kW,总功率 12kW,PLC控制,单机价
真空乳化搅拌机	TFZRJ-200L	240000	温州天富机械有限公司	(0577)86927999	有效容积200L,乳化电动机转速0~3500 r/min,乳化功率5.5kW,搅拌电动机转速0~40 r/min,搅拌功率1.5 kW,总功率 12kW,PLC控制,全套价
真空乳化搅拌机	TFZRJ-350L	285000	温州天富机械有限公司	(0577)86927999	有效容积350L,乳化电动机转速0~3500 r/min,乳化功率7.5kW,搅拌电动机转速0~40 r/min,搅拌功率2.2kW,总功率 17kW,按钮控制,单机价
真空乳化搅拌机	TFZRJ-350L	310000	温州天富机械有限公司	(0577)86927999	有效容积350L,乳化电动机转速0~3500 r/min,乳化功率7.5kW,搅拌电动机转速0~40 r/min,搅拌功率2.2kW,总功率 17kW,按钮控制,全套价
真空乳化搅拌机	TFZRJ-350L	310000	温州天富机械有限公司	(0577)86927999	有效容积350L,乳化电动机转速0~3500 r/min,乳化功率7.5kW,搅拌电动机转速0~40 r/min,搅拌功率2.2 kW,总功率 17kW,PLC控制,单机价
真空乳化搅拌机	TFZRJ-350L	335000	温州天富机械有限公司	(0577)86927999	有效容积350L,乳化电动机转速0~3500 r/min,乳化功率7.5kW,搅拌电动机转速0~40 r/min,搅拌功率2.2 kW,总功率 17kW,PLC控制,全套价
真空乳化搅拌机	TFZRJ-500L	300000	温州天富机械有限公司	(0577)86927999	有效容积500L,乳化电动机转速0~3500 r/min,乳化功率7.5kW,搅拌电动机转速0~40 r/min,搅拌功率2.2kW,总功率 19kW,按钮控制,单机价
真空乳化搅拌机	TFZRJ-500L	330000	温州天富机械有限公司	(0577)86927999	有效容积500L,乳化电动机转速0~3500 r/min,乳化功率7.5kW,搅拌电动机转速0~40 r/min,搅拌功率2.2kW,总功率 19kW,按钮控制,全套价
真空乳化搅拌机	TFZRJ-500L	335000	温州天富机械有限公司	(0577)86927999	有效容积500L,乳化电动机转速0~3500 r/min,乳化功率7.5kW,搅拌电动机转速0~40 r/min,搅拌功率2.2 kW,总功率 19kW,PLC控制,单机价
真空乳化搅拌机	TFZRJ-500L	355000	温州天富机械有限公司	(0577)86927999	有效容积500L,乳化电动机转速0~3500 r/min,乳化功率7.5kW,搅拌电动机转速0~40 r/min,搅拌功率2.2 kW,总功率 19kW,PLC控制,全套价
真空乳化搅拌机	TFZRJ-750L	350000	温州天富机械有限公司	(0577)86927999	有效容积750L,乳化电动机转速0~3500 r/min,乳化功率 11kW,搅拌电动机转速0~40 r/min,搅拌功率4kW,总功率24kW,按钮控制,单机价
真空乳化搅拌机	TFZRJ-750L	375000	温州天富机械有限公司	(0577)86927999	有效容积750L,乳化电动机转速0~3500 r/min,乳化功率 11kW,搅拌电动机转速0~40 r/min,搅拌功率 4kW,总功率 24kW,PLC控制,单机价

产品名称	型号规格	参考价格(元)	生产厂家	电话	主要参数及备注
真空乳化搅拌机	TFZRJ-750L	390000	温州天富机械有限公司	(0577)86927999	有效容积750L,乳化电动机转速0~3500 r/min,乳化功率11kW,搅拌电动机转速0~40 r/min,搅拌功率4kW,总功率24kW,按钮控制,全套价
真空乳化搅拌机	TFZRJ-750L	420000	温州天富机械有限公司	(0577)86927999	有效容积750L,乳化电动机转速0~3500 r/min,乳化功率11kW,搅拌电动机转速0~40 r/min,搅拌功率4kW,总功率24kW,PLC控制,全套价
真空乳化搅拌机	TFZRJ-1000L	385000	温州天富机械有限公司	(0577)86927999	有效容积1000L,乳化电动机转速0~3500 r/min,乳化功率15kW,搅拌电动机转速0~40 r/min,搅拌功率4kW,总功率29kW,按钮控制,单机价
真空乳化搅拌机	TFZRJ-1000L	410000	温州天富机械有限公司	(0577)86927999	有效容积1000L,乳化电动机转速0~3500 r/min,乳化功率15kW,搅拌电动机转速0~40 r/min,搅拌功率4kW,总功率29kW,PLC控制,单机价
真空乳化搅拌机	TFZRJ-1000L	435000	温州天富机械有限公司	(0577)86927999	有效容积1000L,乳化电动机转速0~3500 r/min,乳化功率15kW,搅拌电动机转速0~40 r/min,搅拌功率4kW,总功率29kW,按钮控制,全套价
真空乳化搅拌机	TFZRJ-1000L	460000	温州天富机械有限公司	(0577)86927999	有效容积1000L,乳化电动机转速0~3500 r/min,乳化功率15kW,搅拌电动机转速0~40 r/min,搅拌功率4kW,总功率29kW,PLC控制,全套价
真空乳化搅拌机	TFZRJ-1500L	440000	温州天富机械有限公司	(0577)86927999	有效容积1500L,乳化电动机转速0~3500 r/min,乳化功率18.5kW,搅拌电动机转速0~40 r/min,搅拌功率7.5kW,总功率42kW,按钮控制,单机价
真空乳化搅拌机	TFZRJ-1500L	470000	温州天富机械有限公司	(0577)86927999	有效容积1500L,乳化电动机转速0~3500 r/min,乳化功率18.5kW,搅拌电动机转速0~40 r/min,搅拌功率7.5kW,总功率42kW,PLC控制,单机价
真空乳化搅拌机	TFZRJ-1500L	480000	温州天富机械有限公司	(0577)86927999	有效容积1500L,乳化电动机转速0~3500 r/min,乳化功率18.5kW,搅拌电动机转速0~40 r/min,搅拌功率7.5kW,总功率42kW,按钮控制,全套价
真空乳化搅拌机	TFZRJ-1500L	510000	温州天富机械有限公司	(0577)86927999	有效容积1500L,乳化电动机转速0~3500 r/min,乳化功率18.5kW,搅拌电动机转速0~40 r/min,搅拌功率7.5kW,总功率42kW,PLC控制,全套价
真空乳化搅拌机组	TZZRJ-50L	108000	浙江森力机械科技有限公司	(0577)65021908	容积50L,转速0~3500 r/min(快速乳化)、0~70 r/min(慢速乳化),功率3kW(快速乳化)、0.75kW(慢速乳化),外形尺寸(mm):2750×2100×1900,材质316L,按钮式,单机价
真空乳化搅拌机组	TZZRJ-50L	135000	浙江森力机械科技有限公司	(0577)65021908	容积50L,转速0~3500 r/min(快速乳化)、0~70 r/min(慢速乳化),功率3kW(快速乳化)、0.75kW(慢速乳化),外形尺寸(mm):2750×2100×1900,材质316L,按钮式

产品名称	型号规格	参考价格（元）	生产厂家	电话	主要参数及备注
真空乳化搅拌机组	TZZRJ-50L	138000	浙江森力机械科技有限公司	(0577) 65021908	容积 50L，转速 0～3500 r/min（快速乳化）、0～70 r/min（慢速乳化），功率 3kW（快速乳化）、0.75kW（慢速乳化），外形尺寸(mm)：2750×2100×1900，材质316L，按钮式，电加热
真空乳化搅拌机组	TZZRJ-50L	140000	浙江森力机械科技有限公司	(0577) 65021908	容积 50L，转速 0～3500 r/min（快速乳化）、0～70 r/min（慢速乳化），功率 3kW（快速乳化）、0.75kW（慢速乳化），外形尺寸(mm)：2750×2100×1900，材质316L，触摸屏式，单机价
真空乳化搅拌机组	TZZRJ-50L	175000	浙江森力机械科技有限公司	(0577) 65021908	容积 50L，转速 0～3500 r/min（快速乳化）、0～70 r/min（慢速乳化），功率 3kW（快速乳化）、0.75kW（慢速乳化），外形尺寸(mm)：2750×2100×1900，材质316L，触摸屏式
真空乳化搅拌机组	TZZRJ-50L	178000	浙江森力机械科技有限公司	(0577) 65021908	容积 50L，转速 0～3500 r/min（快速乳化）、0～70 r/min（慢速乳化），功率 3kW（快速乳化）、0.75kW（慢速乳化），外形尺寸(mm)：2750×2100×1900，材质316L，触摸屏式，电加热
真空乳化搅拌机组	TZZRJ-100L	120000	浙江森力机械科技有限公司	(0577) 65021908	容积 100L，转速 0～3500 r/min（快速乳化）、0～70 r/min（慢速乳化），功率 3kW（快速乳化）、1.5kW（慢速乳化），外形尺寸(mm)：2800×2150×2100，材质316L，按钮式，单机价
真空乳化搅拌机组	TZZRJ-100L	150000	浙江森力机械科技有限公司	(0577) 65021908	容积 100L，转速 0～3500 r/min（快速乳化）、0～70 r/min（慢速乳化），功率 3kW（快速乳化）、1.5kW（慢速乳化），外形尺寸(mm)：2800×2150×2100，材质316L，按钮式
真空乳化搅拌机组	TZZRJ-100L	150400	浙江森力机械科技有限公司	(0577) 65021908	容积 100L，转速 0～3500 r/min（快速乳化）、0～70 r/min（慢速乳化），功率 3kW（快速乳化）、1.5kW（慢速乳化），外形尺寸(mm)：2800×2150×2100，材质316L，触摸屏式，单机价
真空乳化搅拌机组	TZZRJ-100L	153000	浙江森力机械科技有限公司	(0577) 65021908	容积 100L，转速 0～3500 r/min（快速乳化）、0～70 r/min（慢速乳化），功率 3kW（快速乳化）、1.5kW（慢速乳化），外形尺寸(mm)：2800×2150×2100，材质316L，按钮式，电加热
真空乳化搅拌机组	TZZRJ-100L	188000	浙江森力机械科技有限公司	(0577) 65021908	容积 100L，转速 0～3500 r/min（快速乳化）、0～70 r/min（慢速乳化），功率 3kW（快速乳化）、1.5kW（慢速乳化），外形尺寸(mm)：2800×2150×2100，材质316L，触摸屏式
真空乳化搅拌机组	TZZRJ-100L	191000	浙江森力机械科技有限公司	(0577) 65021908	容积 100L，转速 0～3500 r/min（快速乳化）、0～70 r/min（慢速乳化），功率 3kW（快速乳化）、1.5kW（慢速乳化），外形尺寸(mm)：2800×2150×2100，材质316L，触摸屏式，电加热

产品名称	型号规格	参考价格（元）	生产厂家	电话	主要参数及备注
真空乳化搅拌机组	TZZRJ-150L	132000	浙江森力机械科技有限公司	（0577）65021908	容积150L，转速0~3500 r/min（快速乳化）、0~70 r/min（慢速乳化），功率4kW（快速乳化）、1.5kW（慢速乳化），外形尺寸（mm）：2850×2150×2150，材质316L，按钮式，单机价
真空乳化搅拌机组	TZZRJ-150L	164000	浙江森力机械科技有限公司	（0577）65021908	容积150L，转速0~3500 r/min（快速乳化）、0~70 r/min（慢速乳化），功率4kW（快速乳化）、1.5kW（慢速乳化），外形尺寸（mm）：2850×2150×2150，材质316L，触摸屏式，单机价
真空乳化搅拌机组	TZZRJ-150L	165000	浙江森力机械科技有限公司	（0577）65021908	容积150L，转速0~3500 r/min（快速乳化）、0~70 r/min（慢速乳化），功率4kW（快速乳化）、1.5kW（慢速乳化），外形尺寸（mm）：2850×2150×2150，材质316L，按钮式
真空乳化搅拌机组	TZZRJ-150L	168000	浙江森力机械科技有限公司	（0577）65021908	容积150L，转速0~3500 r/min（快速乳化）、0~70 r/min（慢速乳化），功率4kW（快速乳化）、1.5kW（慢速乳化），外形尺寸（mm）：2850×2150×2150，材质316L，按钮式，电加热
真空乳化搅拌机组	TZZRJ-150L	205000	浙江森力机械科技有限公司	（0577）65021908	容积150L，转速0~3500 r/min（快速乳化）、0~70 r/min（慢速乳化），功率4kW（快速乳化）、1.5kW（慢速乳化），外形尺寸（mm）：2850×2150×2150，材质316L，触摸屏式
真空乳化搅拌机组	TZZRJ-150L	208000	浙江森力机械科技有限公司	（0577）65021908	容积150L，转速0~3500 r/min（快速乳化）、0~70 r/min（慢速乳化），功率4kW（快速乳化）、1.5kW（慢速乳化），外形尺寸（mm）：2850×2150×2150，材质316L，触摸屏式，电加热
真空乳化搅拌机组	TZZRJ-200L	143200	浙江森力机械科技有限公司	（0577）65021908	容积200L，转速0~3500 r/min（快速乳化）、0~70 r/min（慢速乳化），功率4kW（快速乳化）、1.5kW（慢速乳化），外形尺寸（mm）：3000×2200×2200，材质316L，按钮式，单机价
真空乳化搅拌机组	TZZRJ-200L	172000	浙江森力机械科技有限公司	（0577）65021908	容积200L，转速0~3500 r/min（快速乳化）、0~70 r/min（慢速乳化），功率4kW（快速乳化）、1.5kW（慢速乳化），外形尺寸（mm）：3000×2200×2200，材质316L，触摸屏式，单机价
真空乳化搅拌机组	TZZRJ-200L	179000	浙江森力机械科技有限公司	（0577）65021908	容积200L，转速0~3500 r/min（快速乳化）、0~70 r/min（慢速乳化），功率4kW（快速乳化）、1.5kW（慢速乳化），外形尺寸（mm）：3000×2200×2200，材质316L，按钮式
真空乳化搅拌机组	TZZRJ-200L	182000	浙江森力机械科技有限公司	（0577）65021908	容积200L，转速0~3500 r/min（快速乳化）、0~70 r/min（慢速乳化），功率4kW（快速乳化）、1.5kW（慢速乳化），外形尺寸（mm）：3000×2200×2200，材质316L，按钮式，电加热

产品名称	型号规格	参考价格（元）	生产厂家	电话	主要参数及备注
真空乳化搅拌机组	TZZRJ-200L	215000	浙江森力机械科技有限公司	（0577）65021908	容积 200L，转速 0～3500 r/min（快速乳化）、0～70 r/min（慢速乳化），功率 4kW（快速乳化）、1.5kW（慢速乳化），外形尺寸（mm）：3000×2200×2200，材质316L，触摸屏式
真空乳化搅拌机组	TZZRJ-200L	218000	浙江森力机械科技有限公司	（0577）65021908	容积 200L，转速 0～3500 r/min（快速乳化）、0～70 r/min（慢速乳化），功率 4kW（快速乳化）、1.5kW（慢速乳化），外形尺寸（mm）：3000×2200×2200，材质316L，触摸屏式，电加热
真空乳化搅拌机组	TZZRJ-300L	164000	浙江森力机械科技有限公司	（0577）65021908	容积 300L，材质 316L，按钮式，单机价
真空乳化搅拌机组	TZZRJ-300L	190400	浙江森力机械科技有限公司	（0577）65021908	容积 300L，材质 316L，触摸屏式，单机价
真空乳化搅拌机组	TZZRJ-300L	205000	浙江森力机械科技有限公司	（0577）65021908	容积 300L，材质 316L，按钮式
真空乳化搅拌机组	TZZRJ-300L	208000	浙江森力机械科技有限公司	（0577）65021908	容积 300L，材质 316L，按钮式，电加热
真空乳化搅拌机组	TZZRJ-300L	238000	浙江森力机械科技有限公司	（0577）65021908	容积 300L，材质 316L，触摸屏式
真空乳化搅拌机组	TZZRJ-300L	241000	浙江森力机械科技有限公司	（0577）65021908	容积 300L，材质 316L，触摸屏式，电加热
真空乳化搅拌机组	TZZRJ-350L	182400	浙江森力机械科技有限公司	（0577）65021908	容积 350L，转速 0～3500 r/min（快速乳化）、0～70 r/min（慢速乳化），功率5.5kW（快速乳化）、2.2kW（慢速乳化），外形尺寸（mm）：3650×2650×2550，材质316L，按钮式，单机价
真空乳化搅拌机组	TZZRJ-350L	212000	浙江森力机械科技有限公司	（0577）65021908	容积 350L，转速 0～3500 r/min（快速乳化）、0～70 r/min（慢速乳化），功率5.5kW（快速乳化）、2.2kW（慢速乳化），外形尺寸（mm）：3650×2650×2550，材质316L，触摸屏式，单机价
真空乳化搅拌机组	TZZRJ-350L	228000	浙江森力机械科技有限公司	（0577）65021908	容积 350L，转速 0～3500 r/min（快速乳化）、0～70 r/min（慢速乳化），功率5.5kW（快速乳化）、2.2kW（慢速乳化），外形尺寸（mm）：3650×2650×2550，材质316L，按钮式
真空乳化搅拌机组	TZZRJ-350L	231000	浙江森力机械科技有限公司	（0577）65021908	容积 350L，转速 0～3500 r/min（快速乳化）、0～70 r/min（慢速乳化），功率5.5kW（快速乳化）、2.2kW（慢速乳化），外形尺寸（mm）：3650×2650×2550，材质316L，按钮式，电加热
真空乳化搅拌机组	TZZRJ-350L	265000	浙江森力机械科技有限公司	（0577）65021908	容积 350L，转速 0～3500 r/min（快速乳化）、0～70 r/min（慢速乳化），功率5.5kW（快速乳化）、2.2kW（慢速乳化），外形尺寸（mm）：3650×2650×2550，材质316L，触摸屏式
真空乳化搅拌机组	TZZRJ-350L	268000	浙江森力机械科技有限公司	（0577）65021908	容积 350L，转速 0～3500 r/min（快速乳化）、0～70 r/min（慢速乳化），功率5.5kW（快速乳化）、2.2kW（慢速乳化），外形尺寸（mm）：3650×2650×2550，材质316L，触摸屏式，电加热

产品名称	型号规格	参考价格(元)	生产厂家	电话	主要参数及备注
真空乳化搅拌机组	TZZRJ-500L	212000	浙江森力机械科技有限公司	(0577)65021908	容积 500L,转速 0~3500 r/min(快速乳化)、0~50 r/min(慢速乳化),功率7.5kW(快速乳化)、2.2kW(慢速乳化),外形尺寸(mm):3800×2800×2700,材质316L,按钮式,单机价
真空乳化搅拌机组	TZZRJ-500L	252000	浙江森力机械科技有限公司	(0577)65021908	容积 500L,转速 0~3500 r/min(快速乳化)、0~50 r/min(慢速乳化),功率7.5kW(快速乳化)、2.2kW(慢速乳化),外形尺寸(mm):3800×2800×2700,材质316L,触摸屏式,单机价
真空乳化搅拌机组	TZZRJ-500L	265000	浙江森力机械科技有限公司	(0577)65021908	容积 500L,转速 0~3500 r/min(快速乳化)、0~50 r/min(慢速乳化),功率7.5kW(快速乳化)、2.2kW(慢速乳化),外形尺寸(mm):3800×2800×2700,材质316L,按钮式
真空乳化搅拌机组	TZZRJ-500L	268000	浙江森力机械科技有限公司	(0577)65021908	容积 500L,转速 0~3500 r/min(快速乳化)、0~50 r/min(慢速乳化),功率7.5kW(快速乳化)、2.2kW(慢速乳化),外形尺寸(mm):3800×2800×2700,材质316L,按钮式,电加热
真空乳化搅拌机组	TZZRJ-500L	315000	浙江森力机械科技有限公司	(0577)65021908	容积 500L,转速 0~3500 r/min(快速乳化)、0~50 r/min(慢速乳化),功率7.5kW(快速乳化)、2.2kW(慢速乳化),外形尺寸(mm):3800×2800×2700,材质316L,触摸屏式
真空乳化搅拌机组	TZZRJ-500L	318000	浙江森力机械科技有限公司	(0577)65021908	容积 500L,转速 0~3500 r/min(快速乳化)、0~50 r/min(慢速乳化),功率7.5kW(快速乳化)、2.2kW(慢速乳化),外形尺寸(mm):3800×2800×2700,材质316L,触摸屏式,电加热
真空乳化搅拌机组	TZZRJ-750L	280000	浙江森力机械科技有限公司	(0577)65021908	容积 750L,转速 0~3500 r/min(快速乳化)、0~50 r/min(慢速乳化),功率 11kW(快速乳化)、3.7kW(慢速乳化),外形尺寸(mm):3900×3900×2900,材质316L,按钮式,单机价
真空乳化搅拌机组	TZZRJ-750L	308000	浙江森力机械科技有限公司	(0577)65021908	容积 750L,转速 0~3500 r/min(快速乳化)、0~50 r/min(慢速乳化),功率 11kW(快速乳化)、3.7kW(慢速乳化),外形尺寸(mm):3900×3900×2900,材质316L,触摸屏式,单机价
真空乳化搅拌机组	TZZRJ-750L	350000	浙江森力机械科技有限公司	(0577)65021908	容积 750L,转速 0~3500 r/min(快速乳化)、0~50 r/min(慢速乳化),功率 11kW(快速乳化)、3.7kW(慢速乳化),外形尺寸(mm):3900×3900×2900,材质316L,按钮式
真空乳化搅拌机组	TZZRJ-750L	353000	浙江森力机械科技有限公司	(0577)65021908	容积 750L,转速 0~3500 r/min(快速乳化)、0~50 r/min(慢速乳化),功率 11kW(快速乳化)、3.7kW(慢速乳化),外形尺寸(mm):3900×3900×2900,材质316L,按钮式,电加热

产品名称	型号规格	参考价格（元）	生产厂家	电话	主要参数及备注
真空乳化搅拌机组	TZZRJ-750L	385000	浙江森力机械科技有限公司	(0577) 65021908	容积750L,转速0~3500 r/min(快速乳化)、0~50 r/min(慢速乳化),功率11kW(快速乳化)、3.7kW(慢速乳化),外形尺寸(mm):3900×3900×2900,材质316L,触摸屏式
真空乳化搅拌机组	TZZRJ-750L	388000	浙江森力机械科技有限公司	(0577) 65021908	容积750L,转速0~3500 r/min(快速乳化)、0~50 r/min(慢速乳化),功率11kW(快速乳化)、3.7kW(慢速乳化),外形尺寸(mm):3900×3900×2900,材质316L,触摸屏式,电加热
真空乳化搅拌机组	TZZRJ-1000L	334400	浙江森力机械科技有限公司	(0577) 65021908	容积1000L,转速0~3500 r/min(快速乳化)、0~50 r/min(慢速乳化),功率11kW(快速乳化)、3.7kW(慢速乳化),外形尺寸(mm):3900×3400×3150,材质316L,按钮式,单机价
真空乳化搅拌机组	TZZRJ-1000L	358400	浙江森力机械科技有限公司	(0577) 65021908	容积1000L,转速0~3500 r/min(快速乳化)、0~50 r/min(慢速乳化),功率11kW(快速乳化)、3.7kW(慢速乳化),外形尺寸(mm):3900×3400×3150,材质316L,触摸屏式,单机价
真空乳化搅拌机组	TZZRJ-1000L	418000	浙江森力机械科技有限公司	(0577) 65021908	容积1000L,转速0~3500 r/min(快速乳化)、0~50 r/min(慢速乳化),功率11kW(快速乳化)、3.7kW(慢速乳化),外形尺寸(mm):3900×3400×3150,材质316L,按钮式
真空乳化搅拌机组	TZZRJ-1000L	421000	浙江森力机械科技有限公司	(0577) 65021908	容积1000L,转速0~3500 r/min(快速乳化)、0~50 r/min(慢速乳化),功率11kW(快速乳化)、3.7kW(慢速乳化),外形尺寸(mm):3900×3400×3150,材质316L,按钮式,电加热
真空乳化搅拌机组	TZZRJ-1000L	448000	浙江森力机械科技有限公司	(0577) 65021908	容积1000L,转速0~3500 r/min(快速乳化)、0~50 r/min(慢速乳化),功率11kW(快速乳化)、3.7kW(慢速乳化),外形尺寸(mm):3900×3400×3150,材质316L,触摸屏式
真空乳化搅拌机组	TZZRJ-1000L	451000	浙江森力机械科技有限公司	(0577) 65021908	容积1000L,转速0~3500 r/min(快速乳化)、0~50 r/min(慢速乳化),功率11kW(快速乳化)、3.7kW(慢速乳化),外形尺寸(mm):3900×3400×3150,材质316L,触摸屏式,电加热

2.6 传质设备

产品名称	型号规格	参考价格（元）	生产厂家	电话	主要参数及备注
高压均质机	GYJ10-40	18700	上海中南医药机械有限公司	(021) 64089523	生产能力10L/h,工作压力40MPa,实验室用
高压均质机	GYJ50-40	22100	上海中南医药机械有限公司	(021) 64089523	生产能力50L/h,工作压力40MPa
高压均质机	GYJ500-25	23500	上海中南医药机械有限公司	(021) 64089523	生产能力500L/h,工作压力25MPa

产品名称	型号规格	参考价格（元）	生产厂家	电话	主要参数及备注
高压均质机	GYJ1000-25	26800	上海中南医药机械有限公司	(021)64089523	生产能力 1500L/h，工作压力 25MPa
高压均质机	GYJ1000-40	64600	上海中南医药机械有限公司	(021)64089523	生产能力 1000L/h，工作压力 40MPa
高压均质机	GYJ1500-25	32000	上海中南医药机械有限公司	(021)64089523	生产能力 2000L/h，工作压力 25MPa
高压均质机	GYJ1500-40	76500	上海中南医药机械有限公司	(021)64089523	生产能力 1500L/h，工作压力 40MPa
高压均质机	GYJ2000-25	48900	上海中南医药机械有限公司	(021)64089523	生产能力 2000L/h，工作压力 25MPa
高压均质机	GYJ2000-40	95200	上海中南医药机械有限公司	(021)64089523	生产能力 2000L/h，工作压力 40MPa
高压均质机	HOMG－Q200－P70	33000	上海融合机械设备有限公司	(021)57217400	流量 200L/h，最大压力 70MPa，电动机功率 5.5kW，外形尺寸(mm)：1185×780×1190
高压均质机	HOMG－Q200－P80	36000	上海融合机械设备有限公司	(021)57217400	流量 200L/h，最大压力 80MPa，电动机功率 5.5kW，外形尺寸(mm)：1185×780×1190
高压均质机	HOMG－Q200－P100	39000	上海融合机械设备有限公司	(021)57217400	流量 200L/h，最大压力 100MPa，电动机功率 7.5kW，外形尺寸(mm)：1185×780×1190
高压均质机	HOMG－Q250－P60	33000	上海融合机械设备有限公司	(021)57217400	流量 250L/h，最大压力 60MPa，电动机功率 5.52kW，外形尺寸(mm)：1185×780×1190
高压均质机	HOMG－Q300－P25	28500	上海融合机械设备有限公司	(021)57217400	流量 300L/h，最大压力 25MPa，电动机功率 3kW，外形尺寸(mm)：1185×780×1190
高压均质机	HOMG－Q300－P30	29500	上海融合机械设备有限公司	(021)57217400	流量 300L/h，最大压力 30MPa，电动机功率 3kW，外形尺寸(mm)：1185×780×1190
高压均质机	HOMG－Q300－P40	32000	上海融合机械设备有限公司	(021)57217400	流量 300L/h，最大压力 40MPa，电动机功率 4kW，外形尺寸(mm)：1185×780×1190
高压均质机	HOMG－Q300－P60	35000	上海融合机械设备有限公司	(021)57217400	流量 300L/h，最大压力 60MPa，电动机功率 7.5kW，外形尺寸(mm)：1185×780×1190
高压均质机	HOMG－Q300－P70	36000	上海融合机械设备有限公司	(021)57217400	流量 300L/h，最大压力 70MPa，电动机功率 7.5kW，外形尺寸(mm)：1185×780×1190
高压均质机	HOMG－Q300－P80	38000	上海融合机械设备有限公司	(021)57217400	流量 300L/h，最大压力 80MPa，电动机功率 11kW，外形尺寸(mm)：1185×800×1200
高压均质机	HOMG－Q300－P100	53000	上海融合机械设备有限公司	(021)57217400	流量 300L/h，最大压力 100MPa，电动机功率 11kW，外形尺寸(mm)：1430×920×1250
高压均质机	HOMG-Q300A-P100	43000	上海融合机械设备有限公司	(021)57217400	流量 300L/h，最大压力 100MPa，电动机功率 11kW，外形尺寸(mm)：1185×800×1200
高压均质机	HOMG－Q500－P25	29500	上海融合机械设备有限公司	(021)57217400	流量 500L/h，最大压力 25MPa，电动机功率 4kW，外形尺寸(mm)：1185×780×1190
高压均质机	HOMG－Q500－P30	31000	上海融合机械设备有限公司	(021)57217400	流量 500L/h，最大压力 30MPa，电动机功率 5.5kW，外形尺寸(mm)：1185×780×1190
高压均质机	HOMG－Q500－P40	33500	上海融合机械设备有限公司	(021)57217400	流量 500L/h，最大压力 40MPa，电动机功率 7.5kW，外形尺寸(mm)：1185×780×1190

产品名称	型号规格	参考价格（元）	生产厂家	电话	主要参数及备注
高压均质机	HOMG－Q500－P60	45000	上海融合机械设备有限公司	（021）57217400	流量 500L/h，最大压力 60MPa，电动机功率 11kW，外形尺寸（mm）：1430×920×1250
高压均质机	HOMG－Q500－P70	48000	上海融合机械设备有限公司	（021）57217400	流量 500L/h，最大压力 70MPa，电动机功率 15kW，外形尺寸（mm）：1430×920×1250
高压均质机	HOMG－Q500－P80	53000	上海融合机械设备有限公司	（021）57217400	流量 500L/h，最大压力 80MPa，电动机功率 15kW，外形尺寸（mm）：1430×920×1250
高压均质机	HOMG－Q500－P100	62000	上海融合机械设备有限公司	（021）57217400	流量 500L/h，最大压力 100MPa，电动机功率 18.5kW，外形尺寸（mm）：1430×920×1250
高压均质机	HOMG－Q500A－P60	38000	上海融合机械设备有限公司	（021）57217400	流量 500L/h，最大压力 60MPa，电动机功率 11kW，外形尺寸（mm）：1185×800×1200
高压均质机	HOMG－Q600－P80	56000	上海融合机械设备有限公司	（021）57217400	流量 600L/h，最大压力 80MPa，电动机功率 18.5kW，外形尺寸（mm）：1430×920×1250
高压均质机	HOMG－Q600－P100	78000	上海融合机械设备有限公司	（021）57217400	流量 600L/h，最大压力 100MPa，电动机功率 22kW，外形尺寸（mm）：1450×1100×1280
高压均质机	HOMG－Q600A－P100	65000	上海融合机械设备有限公司	（021）57217400	流量 600L/h，最大压力 100MPa，电动机功率 22kW，外形尺寸（mm）：1430×950×1250
高压均质机	HOMG－Q750－P100	80000	上海融合机械设备有限公司	（021）57217400	流量 750L/h，最大压力 100MPa，电动机功率 30kW，外形尺寸（mm）：1450×1100×1280
高压均质机	HOMG－Q800－P60	53000	上海融合机械设备有限公司	（021）57217400	流量 800L/h，最大压力 60MPa，电动机功率 15kW，外形尺寸（mm）：1430×920×1250
高压均质机	HOMG－Q800－P70	55000	上海融合机械设备有限公司	（021）57217400	流量 800L/h，最大压力 70MPa，电动机功率 18.5kW，外形尺寸（mm）：1430×920×1250
高压均质机	HOMG－Q1000－P25	31000	上海融合机械设备有限公司	（021）57217400	流量 1000L/h，最大压力 25MPa，电动机功率 7.5kW，外形尺寸（mm）：1185×780×1190
高压均质机	HOMG－Q1000－P30	33000	上海融合机械设备有限公司	（021）57217400	流量 1000L/h，最大压力 30MPa，电动机功率 11kW，外形尺寸（mm）：1185×800×1200
高压均质机	HOMG－Q1000－P45	52000	上海融合机械设备有限公司	（021）57217400	流量 1000L/h，最大压力 45MPa，电动机功率 15kW，外形尺寸（mm）：1430×920×1250
高压均质机	HOMG－Q1000－P60	68000	上海融合机械设备有限公司	（021）57217400	流量 1000L/h，最大压力 60MPa，电动机功率 22kW，外形尺寸（mm）：1450×1100×1280
高压均质机	HOMG－Q1000－P70	72000	上海融合机械设备有限公司	（021）57217400	流量 1000L/h，最大压力 70MPa，电动机功率 22kW，外形尺寸（mm）：1460×1150×1300
高压均质机	HOMG－Q1000－P80	80000	上海融合机械设备有限公司	（021）57217400	流量 1000L/h，最大压力 80MPa，电动机功率 30kW，外形尺寸（mm）：1450×1100×1280
高压均质机	HOMG－Q1000－P100	99000	上海融合机械设备有限公司	（021）57217400	流量 1000L/h，最大压力 100MPa，电动机功率 37kW，外形尺寸（mm）：1460×1150×1300
高压均质机	HOMG－Q1000A－P40	36000	上海融合机械设备有限公司	（021）57217400	流量 1000L/h，最大压力 40MPa，电动机功率 15kW，外形尺寸（mm）：1185×800×1200
高压均质机	HOMG－Q1000A－P60	55000	上海融合机械设备有限公司	（021）57217400	流量 1000L/h，最大压力 60MPa，电动机功率 18.5kW，外形尺寸（mm）：1430×920×1250

产品名称	型号规格	参考价格（元）	生产厂家	电话	主要参数及备注
高压均质机	HOMG-Q1000A-P70	60000	上海融合机械设备有限公司	(021)57217400	流量1000L/h,最大压力70MPa,电动机功率22kW,外形尺寸(mm):1430×950×1250
高压均质机	HOMG-Q1200-P80	85000	上海融合机械设备有限公司	(021)57217400	流量1200L/h,最大压力80MPa,电动机功率37kW,外形尺寸(mm):1450×1100×1280
高压均质机	HOMG-Q1200-P100	102000	上海融合机械设备有限公司	(021)57217400	流量1200L/h,最大压力100MPa,电动机功率45kW,外形尺寸(mm):1460×1150×1300
高压均质机	HOMG-Q1500-P25	33000	上海融合机械设备有限公司	(021)57217400	流量1500L/h,最大压力25MPa,电动机功率11kW,外形尺寸(mm):1185×800×1200
高压均质机	HOMG-Q1500-P30	48000	上海融合机械设备有限公司	(021)57217400	流量1500L/h,最大压力30MPa,电动机功率15kW,外形尺寸(mm):1430×920×1250
高压均质机	HOMG-Q1500-P45	65000	上海融合机械设备有限公司	(021)57217400	流量1500L/h,最大压力45MPa,电动机功率22kW,外形尺寸(mm):1450×1100×1280
高压均质机	HOMG-Q1500-P60	70000	上海融合机械设备有限公司	(021)57217400	流量1500L/h,最大压力60MPa,电动机功率30kW,外形尺寸(mm):1450×1100×1280
高压均质机	HOMG-Q1500-P70	85000	上海融合机械设备有限公司	(021)57217400	流量1500L/h,最大压力70MPa,电动机功率37kW,外形尺寸(mm):1460×1150×1300
高压均质机	HOMG-Q1500-P80	99000	上海融合机械设备有限公司	(021)57217400	流量1500L/h,最大压力80MPa,电动机功率45kW,外形尺寸(mm):1460×1150×1300
高压均质机	HOMG-Q1500A-P30	36000	上海融合机械设备有限公司	(021)57217400	流量1500L/h,最大压力30MPa,电动机功率15kW,外形尺寸(mm):1185×800×1200
高压均质机	HOMG-Q1500A-P40	55000	上海融合机械设备有限公司	(021)57217400	流量1500L/h,最大压力40MPa,电动机功率18.5kW,外形尺寸(mm):1430×920×1250
高压均质机	HOMG-Q1600-P100	139000	上海融合机械设备有限公司	(021)57217400	流量1600L/h,最大压力100MPa,电动机功率55kW,外形尺寸(mm):1480×1300×1460
高压均质机	HOMG-Q2000-P25	48000	上海融合机械设备有限公司	(021)57217400	流量2000L/h,最大压力25MPa,电动机功率15kW,外形尺寸(mm):1430×920×1250
高压均质机	HOMG-Q2000-P30	55000	上海融合机械设备有限公司	(021)57217400	流量2000L/h,最大压力30MPa,电动机功率18.5kW,外形尺寸(mm):1430×920×1250
高压均质机	HOMG-Q2000-P40	70000	上海融合机械设备有限公司	(021)57217400	流量2000L/h,最大压力40MPa,电动机功率30kW,外形尺寸(mm):1450×1100×1280
高压均质机	HOMG-Q2000-P60	88000	上海融合机械设备有限公司	(021)57217400	流量2000L/h,最大压力60MPa,电动机功率37kW,外形尺寸(mm):1460×1150×1300
高压均质机	HOMG-Q2000-P70	90000	上海融合机械设备有限公司	(021)57217400	流量2000L/h,最大压力70MPa,电动机功率45kW,外形尺寸(mm):1460×1150×1300
高压均质机	HOMG-Q2000-P80	139000	上海融合机械设备有限公司	(021)57217400	流量2000L/h,最大压力80MPa,电动机功率55kW,外形尺寸(mm):1480×1300×1460
高压均质机	HOMG-Q2000-P100	152000	上海融合机械设备有限公司	(021)57217400	流量2000L/h,最大压力100MPa,电动机功率75kW,外形尺寸(mm):1490×1300×1500
高压均质机	HOMG-Q2000A-P60	79000	上海融合机械设备有限公司	(021)57217400	流量2000L/h,最大压力60MPa,电动机功率37kW,外形尺寸(mm):1450×1100×1280

产品名称	型号规格	参考价格(元)	生产厂家	电话	主要参数及备注
高压均质机	HOMG-Q2500-P25	52000	上海融合机械设备有限公司	(021)57217400	流量2500L/h,最大压力25MPa,电动机功率18.5kW,外形尺寸(mm):1430×920×1250
高压均质机	HOMG-Q2500-P70	128000	上海融合机械设备有限公司	(021)57217400	流量2500L/h,最大压力70MPa,电动机功率55kW,外形尺寸(mm):1480×1300×1460
高压均质机	HOMG-Q2500-P80	148000	上海融合机械设备有限公司	(021)57217400	流量2500L/h,最大压力80MPa,电动机功率75kW,外形尺寸(mm):1490×1300×1500
高压均质机	HOMG-Q3000-P25	70000	上海融合机械设备有限公司	(021)57217400	流量3000L/h,最大压力25MPa,电动机功率22kW,外形尺寸(mm):1450×1100×1280
高压均质机	HOMG-Q3000-P30	72000	上海融合机械设备有限公司	(021)57217400	流量3000L/h,最大压力30MPa,电动机功率30kW,外形尺寸(mm):1450×1100×1280
高压均质机	HOMG-Q3000-P45	90000	上海融合机械设备有限公司	(021)57217400	流量3000L/h,最大压力45MPa,电动机功率45kW,外形尺寸(mm):1460×1150×1300
高压均质机	HOMG-Q3000-P60	128000	上海融合机械设备有限公司	(021)57217400	流量3000L/h,最大压力60MPa,电动机功率55kW,外形尺寸(mm):1480×1300×1460
高压均质机	HOMG-Q3000-P70	138000	上海融合机械设备有限公司	(021)57217400	流量3000L/h,最大压力70MPa,电动机功率75kW,外形尺寸(mm):1490×1300×1500
高压均质机	HOMG-Q3000-P80	150000	上海融合机械设备有限公司	(021)57217400	流量3000L/h,最大压力80MPa,电动机功率75kW,外形尺寸(mm):1490×1300×1500
高压均质机	HOMG-Q3000A-P25	58000	上海融合机械设备有限公司	(021)57217400	流量3000L/h,最大压力25MPa,电动机功率22kW,外形尺寸(mm):1430×950×1250
高压均质机	HOMG-Q3000A-P40	79000	上海融合机械设备有限公司	(021)57217400	流量3000L/h,最大压力40MPa,电动机功率37kW,外形尺寸(mm):1450×1100×1280
高压均质机	HOMG-Q3500-P40	90000	上海融合机械设备有限公司	(021)57217400	流量3500L/h,最大压力40MPa,电动机功率45kW,外形尺寸(mm):1460×1150×1300
高压均质机	HOMG-Q3500-P60	138000	上海融合机械设备有限公司	(021)57217400	流量3500L/h,最大压力60MPa,电动机功率75kW,外形尺寸(mm):1490×1300×1500
高压均质机	HOMG-Q4000-P25	72000	上海融合机械设备有限公司	(021)57217400	流量4000L/h,最大压力25MPa,电动机功率30kW,外形尺寸(mm):1450×1100×1280
高压均质机	HOMG-Q4000-P35	90000	上海融合机械设备有限公司	(021)57217400	流量4000L/h,最大压力35MPa,电动机功率45kW,外形尺寸(mm):1460×1150×1300
高压均质机	HOMG-Q4000-P40	122000	上海融合机械设备有限公司	(021)57217400	流量4000L/h,最大压力40MPa,电动机功率55kW,外形尺寸(mm):1480×1300×1460
高压均质机	HOMG-Q4000-P60	145000	上海融合机械设备有限公司	(021)57217400	流量4000L/h,最大压力60MPa,电动机功率75kW,外形尺寸(mm):1490×1300×1500
高压均质机	HOMG-Q4000A-P30	79000	上海融合机械设备有限公司	(021)57217400	流量4000L/h,最大压力30MPa,电动机功率37kW,外形尺寸(mm):1450×1100×1280
高压均质机	HOMG-Q4500-P40	128000	上海融合机械设备有限公司	(021)57217400	流量4500L/h,最大压力40MPa,电动机功率55kW,外形尺寸(mm):1480×1300×1460
高压均质机	HOMG-Q5000-P25	88000	上海融合机械设备有限公司	(021)57217400	流量5000L/h,最大压力25MPa,电动机功率37kW,外形尺寸(mm):1460×1150×1300

产品名称	型号规格	参考价格(元)	生产厂家	电话	主要参数及备注
高压均质机	HOMG-Q5000-P30	90000	上海融合机械设备有限公司	(021)57217400	流量5000L/h,最大压力30MPa,电动机功率45kW,外形尺寸(mm):1460×1150×1300
高压均质机	HOMG-Q5000-P40	138000	上海融合机械设备有限公司	(021)57217400	流量5000L/h,最大压力40MPa,电动机功率75kW,外形尺寸(mm):1490×1300×1500
高压均质机	HOMG-Q5000A-P25	79000	上海融合机械设备有限公司	(021)57217400	流量5000L/h,最大压力25MPa,电动机功率37kW,外形尺寸(mm):1450×1100×1280
高压均质机	HOMG-Q6000-P20	79000	上海融合机械设备有限公司	(021)57217400	流量6000L/h,最大压力20MPa,电动机功率37kW,外形尺寸(mm):1450×1100×1280
高压均质机	HOMG-Q6000-P25	120000	上海融合机械设备有限公司	(021)57217400	流量6000L/h,最大压力25MPa,电动机功率45kW,外形尺寸(mm):1480×1300×1460
高压均质机	HOMG-Q6000-P30	128000	上海融合机械设备有限公司	(021)57217400	流量6000L/h,最大压力30MPa,电动机功率55kW,外形尺寸(mm):1480×1300×1460
高压均质机	HOMG-Q6000-P40	145000	上海融合机械设备有限公司	(021)57217400	流量6000L/h,最大压力40MPa,电动机功率75kW,外形尺寸(mm):1490×1300×1500
高压均质机	HOMG-Q6000A-P25	90000	上海融合机械设备有限公司	(021)57217400	流量6000L/h,最大压力25MPa,电动机功率45kW,外形尺寸(mm):1460×1150×1300
高压均质机	HOMG-Q7000-P25	128000	上海融合机械设备有限公司	(021)57217400	流量7000L/h,最大压力25MPa,电动机功率55kW,外形尺寸(mm):1480×1300×1460
高压均质机	HOMG-Q7000-P30	138000	上海融合机械设备有限公司	(021)57217400	流量7000L/h,最大压力30MPa,电动机功率75kW,外形尺寸(mm):1490×1300×1500
高压均质机	HOMG-Q8000-P20	122000	上海融合机械设备有限公司	(021)57217400	流量8000L/h,最大压力20MPa,电动机功率55kW,外形尺寸(mm):1480×1300×1460
高压均质机	HOMG-Q8000-P25	138000	上海融合机械设备有限公司	(021)57217400	流量8000L/h,最大压力25MPa,电动机功率75kW,外形尺寸(mm):1490×1300×1500
高压均质机	HOMG-Q8000-P30	145000	上海融合机械设备有限公司	(021)57217400	流量8000L/h,最大压力30MPa,电动机功率75kW,外形尺寸(mm):1490×1300×1500
高压均质机	HOMG-Q9000-P20	128000	上海融合机械设备有限公司	(021)57217400	流量9000L/h,最大压力20MPa,电动机功率55kW,外形尺寸(mm):1480×1300×1460
高压均质机	HOMG-Q9000-P25	145000	上海融合机械设备有限公司	(021)57217400	流量9000L/h,最大压力25MPa,电动机功率75kW,外形尺寸(mm):1490×1300×1500
高压均质机	HOMG-Q10000-P18	128000	上海融合机械设备有限公司	(021)57217400	流量10000L/h,最大压力18MPa,电动机功率55kW,外形尺寸(mm):1480×1300×1460
高压均质机	HOMG-Q10000A-P25	148000	上海融合机械设备有限公司	(021)57217400	流量10000L/h,最大压力25MPa,电动机功率75kW,外形尺寸(mm):1490×1300×1500
大型卧式高压均质机	GHH-Q3000-P70	148000	上海融合机械设备有限公司	(021)57217400	流量3000L/h,最大压力70MPa,电动机功率75kW,外形尺寸(mm):2300×1650×1050
大型卧式高压均质机	GHH-Q4000-P60	158000	上海融合机械设备有限公司	(021)57217400	流量4000L/h,最大压力60MPa,电动机功率75kW,外形尺寸(mm):2300×1650×1050
大型卧式高压均质机	GHH-Q4000-P70	175000	上海融合机械设备有限公司	(021)57217400	流量4000L/h,最大压力70MPa,电动机功率90kW,外形尺寸(mm):2500×2000×1050

产品名称	型号规格	参考价格（元）	生产厂家	电话	主要参数及备注
大型卧式高压均质机	GHH－Q5000－P40	148000	上海融合机械设备有限公司	（021）57217400	流量5000L/h，最大压力40MPa，电动机功率75kW，外形尺寸（mm）：2300×1650×1050
大型卧式高压均质机	GHH－Q5000－P60	175000	上海融合机械设备有限公司	（021）57217400	流量5000L/h，最大压力60MPa，电动机功率90kW，外形尺寸（mm）：2500×2000×1050
大型卧式高压均质机	GHH－Q5000－P70	185000	上海融合机械设备有限公司	（021）57217400	流量5000L/h，最大压力70MPa，电动机功率110kW，外形尺寸（mm）：2500×2000×1050
大型卧式高压均质机	GHH－Q6000－P40	158000	上海融合机械设备有限公司	（021）57217400	流量6000L/h，最大压力40MPa，电动机功率75kW，外形尺寸（mm）：2300×1650×1050
大型卧式高压均质机	GHH－Q6000－P60	218000	上海融合机械设备有限公司	（021）57217400	流量6000L/h，最大压力60MPa，电动机功率110kW，外形尺寸（mm）：2550×2150×1050
大型卧式高压均质机	GHH－Q6000－P70	228000	上海融合机械设备有限公司	（021）57217400	流量6000L/h，最大压力70MPa，电动机功率132kW，外形尺寸（mm）：2550×2150×1050
大型卧式高压均质机	GHH－Q7000－P30	148000	上海融合机械设备有限公司	（021）57217400	流量7000L/h，最大压力30MPa，电动机功率75kW，外形尺寸（mm）：2300×1650×1050
大型卧式高压均质机	GHH－Q7000－P40	175000	上海融合机械设备有限公司	（021）57217400	流量7000L/h，最大压力40MPa，电动机功率90kW，外形尺寸（mm）：2500×2000×1050
大型卧式高压均质机	GHH－Q7000－P60	228000	上海融合机械设备有限公司	（021）57217400	流量7000L/h，最大压力60MPa，电动机功率132kW，外形尺寸（mm）：2550×2150×1050
大型卧式高压均质机	GHH－Q8000－P25	148000	上海融合机械设备有限公司	（021）57217400	流量8000L/h，最大压力25MPa，电动机功率75kW，外形尺寸（mm）：2300×1650×1050
大型卧式高压均质机	GHH－Q8000－P30	168000	上海融合机械设备有限公司	（021）57217400	流量8000L/h，最大压力30MPa，电动机功率75kW，外形尺寸（mm）：2500×2000×1050
大型卧式高压均质机	GHH－Q8000－P40	185000	上海融合机械设备有限公司	（021）57217400	流量8000L/h，最大压力40MPa，电动机功率110kW，外形尺寸（mm）：2500×2000×1050
大型卧式高压均质机	GHH－Q9000－P40	218000	上海融合机械设备有限公司	（021）57217400	流量9000L/h，最大压力40MPa，电动机功率110kW，外形尺寸（mm）：2550×2150×1050
大型卧式高压均质机	GHH－Q10000－P25	168000	上海融合机械设备有限公司	（021）57217400	流量10000L/h，最大压力25MPa，电动机功率75kW，外形尺寸（mm）：2500×2000×1050
大型卧式高压均质机	GHH－Q10000－P30	175000	上海融合机械设备有限公司	（021）57217400	流量10000L/h，最大压力30MPa，电动机功率90kW，外形尺寸（mm）：2500×2000×1050
大型卧式高压均质机	GHH－Q10000－P40	228000	上海融合机械设备有限公司	（021）57217400	流量10000L/h，最大压力40MPa，电动机功率132kW，外形尺寸（mm）：2550×2150×1050
液控全封闭大型卧式高压均质机	NGH－Q6000－P60	228000	上海融合机械设备有限公司	（021）57217400	流量6000L/h，最大压力60MPa，电动机功率110kW，外形尺寸（mm）：2650×2150×1050
液控全封闭大型卧式高压均质机	NGH－Q7000－P40	185000	上海融合机械设备有限公司	（021）57217400	流量7000L/h，最大压力40MPa，电动机功率90kW，外形尺寸（mm）：2550×2000×1050
液控全封闭大型卧式高压均质机	NGH－Q7000－P60	239000	上海融合机械设备有限公司	（021）57217400	流量7000L/h，最大压力60MPa，电动机功率132kW，外形尺寸（mm）：2650×2150×1050
液控全封闭大型卧式高压均质机	NGH－Q8000－P25	168000	上海融合机械设备有限公司	（021）57217400	流量8000L/h，最大压力25MPa，电动机功率75kW，外形尺寸（mm）：2400×1680×1050

产品名称	型号规格	参考价格（元）	生产厂家	电话	主要参数及备注
液控全封闭大型卧式高压均质机	NGH－Q8000－P30	180000	上海融合机械设备有限公司	（021）57217400	流量8000L/h,最大压力30MPa,电动机功率75kW,外形尺寸(mm):2550×2000×1050
液控全封闭大型卧式高压均质机	NGH－Q8000－P40	195000	上海融合机械设备有限公司	（021）57217400	流量8000L/h,最大压力40MPa,电动机功率110kW,外形尺寸(mm):2550×2000×1050
液控全封闭大型卧式高压均质机	NGH－Q8000－P60	295000	上海融合机械设备有限公司	（021）57217400	流量8000L/h,最大压力60MPa,电动机功率160kW,外形尺寸(mm):2750×2300×1100
液控全封闭大型卧式高压均质机	NGH－Q9000－P30	185000	上海融合机械设备有限公司	（021）57217400	流量9000L/h,最大压力30MPa,电动机功率90kW,外形尺寸(mm):2550×2000×1050
液控全封闭大型卧式高压均质机	NGH－Q9000－P40	228000	上海融合机械设备有限公司	（021）57217400	流量9000L/h,最大压力40MPa,电动机功率110kW,外形尺寸(mm):2650×2150×1050
液控全封闭大型卧式高压均质机	NGH－Q9000－P50	285000	上海融合机械设备有限公司	（021）57217400	流量9000L/h,最大压力50MPa,电动机功率160kW,外形尺寸(mm):2750×2300×1100
液控全封闭大型卧式高压均质机	NGH－Q10000－P25	185000	上海融合机械设备有限公司	（021）57217400	流量10000L/h,最大压力25MPa,电动机功率75kW,外形尺寸(mm):2550×2000×1050
液控全封闭大型卧式高压均质机	NGH－Q10000－P30	190000	上海融合机械设备有限公司	（021）57217400	流量10000L/h,最大压力30MPa,电动机功率90kW,外形尺寸(mm):2550×2000×1050
液控全封闭大型卧式高压均质机	NGH－Q10000－P40	239000	上海融合机械设备有限公司	（021）57217400	流量10000L/h,最大压力40MPa,电动机功率132kW,外形尺寸(mm):2650×2150×1050
液控全封闭大型卧式高压均质机	NGH－Q10000－P50	295000	上海融合机械设备有限公司	（021）57217400	流量10000L/h,最大压力50MPa,电动机功率160kW,外形尺寸(mm):2750×2300×1100
液控全封闭大型卧式高压均质机	NGH－Q10000－P60	332000	上海融合机械设备有限公司	（021）57217400	流量10000L/h,最大压力60MPa,电动机功率200kW,外形尺寸(mm):2820×2380×1150
液控全封闭大型卧式高压均质机	NGH－Q12000－P25	190000	上海融合机械设备有限公司	（021）57217400	流量12000L/h,最大压力25MPa,电动机功率90kW,外形尺寸(mm):2550×2000×1050
液控全封闭大型卧式高压均质机	NGH－Q12000－P30	205000	上海融合机械设备有限公司	（021）57217400	流量12000L/h,最大压力30MPa,电动机功率110kW,外形尺寸(mm):2550×2000×1050
液控全封闭大型卧式高压均质机	NGH－Q12000－P40	285000	上海融合机械设备有限公司	（021）57217400	流量12000L/h,最大压力40MPa,电动机功率160kW,外形尺寸(mm):2750×2300×1100
液控全封闭大型卧式高压均质机	NGH－Q13000－P40	295000	上海融合机械设备有限公司	（021）57217400	流量13000L/h,最大压力40MPa,电动机功率160kW,外形尺寸(mm):2750×2300×1100
液控全封闭大型卧式高压均质机	NGH－Q14000－P25	218000	上海融合机械设备有限公司	（021）57217400	流量14000L/h,最大压力25MPa,电动机功率110kW,外形尺寸(mm):2650×2150×1050
液控全封闭大型卧式高压均质机	NGH－Q14000－P30	239000	上海融合机械设备有限公司	（021）57217400	流量14000L/h,最大压力30MPa,电动机功率132kW,外形尺寸(mm):2650×2150×1050
液控全封闭大型卧式高压均质机	NGH－Q15000－P20	215000	上海融合机械设备有限公司	（021）57217400	流量15000L/h,最大压力20MPa,电动机功率90kW,外形尺寸(mm):2650×2150×1050
液控全封闭大型卧式高压均质机	NGH－Q15000－P25	245000	上海融合机械设备有限公司	（021）57217400	流量15000L/h,最大压力25MPa,电动机功率110kW,外形尺寸(mm):2750×2300×1100
液控全封闭大型卧式高压均质机	NGH－Q15000－P40	332000	上海融合机械设备有限公司	（021）57217400	流量15000L/h,最大压力40MPa,电动机功率200kW,外形尺寸(mm):2820×2380×1150

产品名称	型号规格	参考价格(元)	生产厂家	电话	主要参数及备注
液控全封闭大型卧式高压均质机	NGH－Q16000－P20	220000	上海融合机械设备有限公司	(021)57217400	流量 16000L/h，最大压力20MPa，电动机功率110kW，外形尺寸(mm)：2650×2150×1050
液控全封闭大型卧式高压均质机	NGH－Q16000－P25	250000	上海融合机械设备有限公司	(021)57217400	流量 16000L/h，最大压力25MPa，电动机功率132kW，外形尺寸(mm)：2750×2300×1100
液控全封闭大型卧式高压均质机	NGH－Q16000－P30	285000	上海融合机械设备有限公司	(021)57217400	流量 16000L/h，最大压力30MPa，电动机功率160kW，外形尺寸(mm)：2750×2300×1100
液控全封闭大型卧式高压均质机	NGH－Q17000－P20	225000	上海融合机械设备有限公司	(021)57217400	流量 17000L/h，最大压力20MPa，电动机功率110kW，外形尺寸(mm)：2650×2150×1050
液控全封闭大型卧式高压均质机	NGH－Q17000－P25	258000	上海融合机械设备有限公司	(021)57217400	流量 17000L/h，最大压力25MPa，电动机功率132kW，外形尺寸(mm)：2750×2300×1100
液控全封闭大型卧式高压均质机	NGH－Q17000－P30	295000	上海融合机械设备有限公司	(021)57217400	流量 17000L/h，最大压力30MPa，电动机功率160kW，外形尺寸(mm)：2750×2300×1100
液控全封闭大型卧式高压均质机	NGH－Q18000－P20	230000	上海融合机械设备有限公司	(021)57217400	流量 18000L/h，最大压力20MPa，电动机功率110kW，外形尺寸(mm)：2650×2150×1050
液控全封闭大型卧式高压均质机	NGH－Q18000－P25	275000	上海融合机械设备有限公司	(021)57217400	流量 18000L/h，最大压力25MPa，电动机功率160kW，外形尺寸(mm)：2750×2300×1100
液控全封闭大型卧式高压均质机	NGH－Q19000－P20	235000	上海融合机械设备有限公司	(021)57217400	流量 19000L/h，最大压力20MPa，电动机功率132kW，外形尺寸(mm)：2650×2150×1050
液控全封闭大型卧式高压均质机	NGH－Q19000－P25	285000	上海融合机械设备有限公司	(021)57217400	流量 19000L/h，最大压力25MPa，电动机功率160kW，外形尺寸(mm)：2750×2300×1100
液控全封闭大型卧式高压均质机	NGH－Q20000－P20	238000	上海融合机械设备有限公司	(021)57217400	流量 20000L/h，最大压力20MPa，电动机功率132kW，外形尺寸(mm)：2650×2150×1050
液控全封闭大型卧式高压均质机	NGH－Q20000－P25	295000	上海融合机械设备有限公司	(021)57217400	流量 20000L/h，最大压力25MPa，电动机功率160kW，外形尺寸(mm)：2750×2300×1150
液控全封闭大型卧式高压均质机	NGH－Q20000－P30	332000	上海融合机械设备有限公司	(021)57217400	流量 20000L/h，最大压力30MPa，电动机功率200kW，外形尺寸(mm)：2820×2380×1150
液控全封闭大型卧式高压均质机	NGH－Q22000－P20	268000	上海融合机械设备有限公司	(021)57217400	流量 22000L/h，最大压力20MPa，电动机功率132kW，外形尺寸(mm)：2750×2300×1100
液控全封闭大型卧式高压均质机	NGH－Q25000－P25	332000	上海融合机械设备有限公司	(021)57217400	流量 25000L/h，最大压力25MPa，电动机功率200kW，外形尺寸(mm)：2820×2380×1150
试验用高压均质机	JHG-Q54-P30	23500	上海融合机械设备有限公司	(021)57217400	流量54L/h，最大压力30MPa，电动机功率1.5 kW，外形尺寸(mm)：1150×750×1120
试验用高压均质机	JHG-Q54-P70	25500	上海融合机械设备有限公司	(021)57217400	流量54L/h，最大压力70MPa，电动机功率3kW，外形尺寸(mm)：1150×750×1120
试验用高压均质机	JHG-Q60-P80	29000	上海融合机械设备有限公司	(021)57217400	流量60L/h，最大压力80MPa，电动机功率3kW，外形尺寸(mm)：1150×750×1120
试验用高压均质机	JHG-Q60-P100	32000	上海融合机械设备有限公司	(021)57217400	流量60L/h，最大压力100MPa，电动机功率4kW，外形尺寸(mm)：1150×780×1160
试验用高压均质机	JHG-Q100-P30	25500	上海融合机械设备有限公司	(021)57217400	流量100L/h，最大压力30MPa，电动机功率3kW，外形尺寸(mm)：1150×750×1120

产品名称	型号规格	参考价格(元)	生产厂家	电话	主要参数及备注
试验用高压均质机	JHG-Q100-P70	30000	上海融合机械设备有限公司	(021)57217400	流量100L/h,最大压力70MPa,电动机功率4kW,外形尺寸(mm):1150×780×1160
试验用高压均质机	JHG-Q100-P80	32000	上海融合机械设备有限公司	(021)57217400	流量100L/h,最大压力80MPa,电动机功率4kW,外形尺寸(mm):1150×780×1160
试验用高压均质机	JHG - Q100 - P100	35000	上海融合机械设备有限公司	(021)57217400	流量100L/h,最大压力100MPa,电动机功率4kW,外形尺寸(mm):1150×780×1160
离心式均质机	FSM60-1	13500	上海融合机械设备有限公司	(021)57217400	生产能力0.3~1t/h,转速6000r/min,电动机功率1.5kW,与物料接触部位材质304
离心式均质机	FSM60-3	15500	上海融合机械设备有限公司	(021)57217400	生产能力0.3~0.8t/h,转速2840r/min,电动机功率3kW,与物料接触部位材质304
离心式均质机	FSM90-1	19500	上海融合机械设备有限公司	(021)57217400	生产能力1~3t/h,转速2910r/min,电动机功率2.2kW,与物料接触部位材质304
离心式均质机	FSM90-3	22000	上海融合机械设备有限公司	(021)57217400	生产能力0.5~2t/h,转速2900r/min,电动机功率5.5kW,与物料接触部位材质304
离心式均质机	FSM130-1	26500	上海融合机械设备有限公司	(021)57217400	生产能力2~6t/h,转速2910r/min,电动机功率4kW,与物料接触部位材质304
离心式均质机	FSM130-3	29000	上海融合机械设备有限公司	(021)57217400	生产能力1~4t/h,转速2900r/min,电动机功率7.5kW,与物料接触部位材质304
离心式均质机	FSM160-1	32000	上海融合机械设备有限公司	(021)57217400	生产能力3~8t/h,转速2910r/min,电动机功率7.5kW,与物料接触部位材质304
离心式均质机	FSM160-3	35000	上海融合机械设备有限公司	(021)57217400	生产能力3~8t/h,转速2930r/min,电动机功率11kW,与物料接触部位材质304
离心式均质机	FSM200-1	48000	上海融合机械设备有限公司	(021)57217400	生产能力6~10t/h,转速2910r/min,电动机功率11kW,与物料接触部位材质304
离心式均质机	FSM200-3	53000	上海融合机械设备有限公司	(021)57217400	生产能力6~10t/h,转速2940r/min,电动机功率22kW,与物料接触部位材质304
离心式均质机	FSM250-1	65000	上海融合机械设备有限公司	(021)57217400	生产能力10~15t/h,转速1480r/min,电动机功率18.5kW,与物料接触部位材质304
离心式均质机	FSM250-3	75000	上海融合机械设备有限公司	(021)57217400	生产能力10~15t/h,转速1480r/min,电动机功率37kW,与物料接触部位材质304
离心式均质机	FSM280-1	82000	上海融合机械设备有限公司	(021)57217400	生产能力15~20t/h,转速1480r/min,电动机功率22kW,与物料接触部位材质304
离心式均质机	FSM280-3	95000	上海融合机械设备有限公司	(021)57217400	生产能力15~20t/h,转速1480r/min,电动机功率45kW,与物料接触部位材质304
真空均质乳化机	150L	98000	无锡市群兴化工设备有限公司	(0510)83078797	可倾平台式
高速剪切乳化机	MBE-101	15500	上海中南医药机械有限公司	(021)64089523	生产能力15~199 kg/h

2.7 反应设备

产品名称	型号规格	参考价格（元）	生产厂家	电话	主要参数及备注
反应釜	WYF-1	12500	江苏华安科研仪器有限公司	(0513)88965188	工作压力16MPa,温度600℃,容积1000mL,带加温控温系统
反应釜	WYF-1	12500	江苏华安科研仪器有限公司	(0513)88965188	工作压力32MPa,温度350℃,容积1000mL,带加温控温系统
反应釜	WYF-1	12500	江苏华安科研仪器有限公司	(0513)88965188	工作压力50MPa,温度350℃,容积2000mL
反应釜	WYF-1	12600	江苏华安科研仪器有限公司	(0513)88965188	工作压力50MPa,温度600℃,容积800mL
反应釜	WYF-1	14000	江苏华安科研仪器有限公司	(0513)88965188	工作压力16MPa,温度600℃,容积2000mL
反应釜	WYF-1	14600	江苏华安科研仪器有限公司	(0513)88965188	工作压力50MPa,温度600℃,容积1000mL
反应釜	WYF-1	14800	江苏华安科研仪器有限公司	(0513)88965188	工作压力32MPa,温度600℃,容积600mL,带加温控温系统
反应釜	WYF-1	14800	江苏华安科研仪器有限公司	(0513)88965188	工作压力50MPa,温度350℃,容积600mL,带加温控温系统
反应釜	WYF-1	15000	江苏华安科研仪器有限公司	(0513)88965188	工作压力16MPa,温度350℃,容积2000mL,带加温控温系统
反应釜	WYF-1	15300	江苏华安科研仪器有限公司	(0513)88965188	工作压力50MPa,温度350℃,容积800mL,带加温控温系统
反应釜	WYF-1	16000	江苏华安科研仪器有限公司	(0513)88965188	工作压力32MPa,温度600℃,容积2000mL
反应釜	WYF-1	16800	江苏华安科研仪器有限公司	(0513)88965188	工作压力32MPa,温度600℃,容积800mL,带加温控温系统
反应釜	WYF-1	16800	江苏华安科研仪器有限公司	(0513)88965188	工作压力50MPa,温度600℃,容积200mL,带加温控温系统
反应釜	WYF-1	17500	江苏华安科研仪器有限公司	(0513)88965188	工作压力16MPa,温度600℃,容积2000mL,带加温控温系统
反应釜	WYF-1	17500	江苏华安科研仪器有限公司	(0513)88965188	工作压力32MPa,温度350℃,容积2000mL,带加温控温系统
反应釜	WYF-1	17800	江苏华安科研仪器有限公司	(0513)88965188	工作压力50MPa,温度600℃,容积2000mL
反应釜	WYF-1	18000	江苏华安科研仪器有限公司	(0513)88965188	工作压力32MPa,温度600℃,容积1000mL,带加温控温系统
反应釜	WYF-1	18000	江苏华安科研仪器有限公司	(0513)88965188	工作压力50MPa,温度350℃,容积1000mL,带加温控温系统
反应釜	WYF-1	21000	江苏华安科研仪器有限公司	(0513)88965188	工作压力50MPa,温度600℃,容积600mL,带加温控温系统
反应釜	WYF-1	22000	江苏华安科研仪器有限公司	(0513)88965188	工作压力50MPa,温度350℃,容积2000mL,带加温控温系统
反应釜	WYF-1	22500	江苏华安科研仪器有限公司	(0513)88965188	工作压力32MPa,温度600℃,容积2000mL,带加温控温系统
反应釜	WYF-1	23000	江苏华安科研仪器有限公司	(0513)88965188	工作压力50MPa,温度600℃,容积800mL,带加温控温系统
反应釜	WYF-1	25000	江苏华安科研仪器有限公司	(0513)88965188	工作压力50MPa,温度600℃,容积1000mL,带加温控温系统
反应釜	WYF-1	27600	江苏华安科研仪器有限公司	(0513)88965188	工作压力50MPa,温度600℃,容积2000mL,带加温控温系统

企业名录

北京市

北京昆仑中大工控技术发展有限公司

地　址:北京市西城区西单北丰汇园15号楼B2
邮　编:100032
电　话:(010)66183390,66519565
传　真:(010)66519565
网　址:http://www.sinometer.com.cn

北京时代北利离心机有限公司

地　址:北京市丰台区丰台北路32号
邮　编:100071
电　话:(010)51129985,63864572
传　真:(010)51129965
网　址:http://www.bjsdbl.com

北京嘉福瑞科技有限公司

地　址:北京市丰台区卢沟桥桥西街107号
邮　编:100072
电　话:(010)83841409,83841193
传　真:(010)83841185
网　址:http://www.jiafurui.net

北京雷勃尔离心机有限公司

地　址:北京市丰台区长辛店西后街169号
邮　编:100072
电　话:(010)82684176,82684175
传　真:(010)82684626
网　址:http://www.bjlabcentrifuge.com

珐玛珈包装设备有限公司华北市场服务中心

地　址:北京市丰台区宋庄路71号扑满山3-608室
邮　编:100079
电　话:(010)81653133
传　真:(010)81653133

北京环亚天元机械技术有限公司

地　址:北京市大兴区西红门镇寿宝庄寿宝路32号
邮　编:100162
电　话:(010)51665176
传　真:(010)51410911
网　址:http://www.hyty.net

北京大松博川包装机械有限公司

地　址:北京市通州区中关村科技园区通州园金桥科技产业基地景盛南四街13号26A
邮　编:101102
电　话:(010)57621127
传　真:(010)57621126
网　址:http://www.dasong-me.com

北京东华原医疗设备有限责任公司京津办事处

地　址:北京市昌平区科技园振超路1号
邮　编:102200
电　话:(010)62019701
传　真:(010)62019701
网　址:http://www.donghuagroup.com

北京双鹤制药装备有限责任公司

地　址:北京市大兴工业开发区(北区)金苑路33号
邮　编:102628
电　话:(010)61271308
传　真:(010)61271208
网　址:http://www.bjdcpe.com

天津市

天津市朋群粉碎机设备有限公司

地　址:天津市西青区中北镇杨柳青镇农场海纳道
邮　编:300112
电　话:(022)83725677
传　真:(022)83725677
网　址:http://www.pq699.com

天津市中药机械厂

地　址:天津市西青区杨柳青西青道278号
邮　编:300380
电　话:(022)27392043,27930530
传　真:(022)27929686
网　址:http://www.tj-zyj.com

天津市美隆制药机械有限公司

地　址:天津市北辰区双口工业园永保路9号
邮　编:300400
电　话:(022)27933689
传　真:(022)27396080

网　址：http://www.meilongzyjx.com

河北省

河北博柯莱自动化包装有限公司

地　址：河北省邯郸市永年县东南工业区禹襄路8号
邮　编：057150
电　话：(0310)6661806
传　真：(0310)6661800
网　址：http://www.boxline.net.cn

辽宁省

辽阳市太子河区天兴制药机械设备厂

地　址：辽宁省辽阳市太子河区振兴路道西庄
邮　编：111000
电　话：(0419)3304406
传　真：(0419)3304406
网　址：http://www.txzyjx.com

辽阳阳光制药机械有限公司

地　址：辽宁省辽阳市太子河区后绣江村
邮　编：111000
电　话：(0419)3303088
传　真：(0419)3223016
网　址：http://www.sun-yj.com

辽宁祥安制药机械有限公司

地　址：辽宁省丹东市振安区五龙工业园
邮　编：118005
电　话：(0415)4109877
传　真：(0415)4105577
网　址：http://www.lnxiangan.com

锦州万得包装机械有限公司

地　址：辽宁省锦州市经济技术开发区锦港路8号
邮　编：121221
电　话：(0416)3530328
传　真：(0416)3530775
网　址：http://www.wonderpacking.com

黑龙江省

纳诺机械设备有限公司

地　址：黑龙江省哈尔滨市南岗区电缆街58号
邮　编：150086
电　话：(0451)86697518
传　真：(0451)86677166
网　址：http://www.hrbnano.com

上海市

上海天祥健台制药机械有限公司

地　址：上海市长宁区镇宁路465弄161号
邮　编：200050
电　话：(021)62982333,62996169
传　真：(021)62985876
网　址：http://www.stc-pm.com

上海黄海药检仪器销售有限公司

地　址：上海市虹口区虬江路1368弄1号2A座
邮　编：200070
电　话：(021)66285796,66285793
传　真：(021)63060446
网　址：http://www.sh-huanghai.com

上海中南医药机械有限公司

地　址：上海市徐汇区龙吴路11弄29号101室
邮　编：200233
电　话：(021)64089523
传　真：(021)64089523
网　址：http://www.shznyj.com

上海振春粉体设备有限公司

地　址：上海市闵行区华宁路3740弄139号
邮　编：200240
电　话：(021)64423500
传　真：(021)64423900
网　址：http://www.shzhenchun.com

上海莱天能实业发展有限公司

地　址：上海市普陀区真南路928弄52号1楼
邮　编：200331
电　话：(021)62549123
传　真：(021)62549123
网　址：http://www.lattine.cn

上海坤麒制药机械有限公司

地　址：上海市普陀区真光路798弄77号702室
邮　编：200333
电　话：(021)52806476,52809431
传　真：(021)52694103
网　址：http://www.shzjc.com.cn

上海新旭发机械科技有限公司

地　址：上海市宝山区城市工业园区园丰路85号

邮　编:200444
电　话:(021)36161982,36160818
传　真:(021)36161985
网　址:http://www.xinxufa.com

上海阿依包装机械有限公司

地　址:上海市闵行区梅富路252号
邮　编:201104
电　话:(021)51083018
传　真:(021)51083028
网　址:http://www.packmade.com

上海方星机械设备制造有限公司

地　址:上海市闵行区陈行塘浦路625号
邮　编:201114
电　话:(021)64292195
传　真:(021)64293791
网　址:http://www.squarestar.com

上海浦东冷冻干燥设备有限公司

地　址:上海市浦东新区顾高路1066号
邮　编:201209
电　话:(021)68487345
传　真:(021)68483965
网　址:http://www.pdfd.com.cn

上海融合机械设备有限公司(原上海张堰轻工设备有限公司)

地　址:上海市金山区张堰镇金张支路84号
邮　编:201514
电　话:(021)57217400,57210698
传　真:(021)57213380
网　址:http://www.ronghe-sh.com

上海天凡药机制造厂

地　址:上海市松江区佘山国际森林公园天马山园东大门北侧
邮　编:201603
电　话:(021)57668023-17
传　真:(021)57668600
网　址:http://www.tablet-press.net

上海江南制药机械有限公司

地　址:上海市松江区洞泾镇莘砖公路3966号
邮　编:201619
电　话:(021)57678701,57678702
传　真:(021)57678704
网　址:http://www.chinajiangnan.com

上海国彩制药机械成套设备有限公司

地　址:上海市青浦区沪青平公路徐泾镇育才路85号内西
邮　编:201702
电　话:(021)59763016
传　真:(021)59768909
网　址:http://www.shgczyjx.com

上海宏泾制药机械有限公司(原上海宏声制药机械厂)

地　址:上海市青浦区徐泾镇徐民路379号
邮　编:201702
电　话:(021)59760447,59767330
传　真:(021)59760005
网　址:http://www.hongsheng-sh.com

上海戴服特包装机械有限公司

地　址:上海市嘉定区南翔镇惠平路77号3号厂房
邮　编:201802
电　话:(021)69120056,59120756
传　真:(021)59121058
网　址:http://www.deft-sh.com

上海天和制药机械有限公司

地　址:上海市崇明县陈家镇南首
邮　编:202162
电　话:(021)59431285,59431425
传　真:(021)59432024
网　址:http://www.sthpm.com

江苏省

南京天利制药设备有限公司

地　址:江苏省南京市栖霞区靖安经开区长泰路329号
邮　编:210059
电　话:(025)85704214
传　真:(025)85717327
网　址:http://www.njtlgz.com

常州市震华干燥设备有限公司

地　址:江苏省常州市剑湖工业园
邮　编:213011
电　话:(0519)88373111,88374111
传　真:(0519)88375111
网　址:http://www.zyjx.com

江苏先锋干燥工程有限公司

地　址:江苏省常州市郑陆工业园
邮　编:213111
电　话:(0519)88930888,88931888
传　真:(0519)88930288
网　址:http://www.czxf.cn

常州市互帮干燥设备有限公司

地　址:江苏省常州市郑陆工业园
邮　编:213111
电　话:(0519)88739588
传　真:(0519)88738720
网　址:http//www.hbdry.com

常州中贝干燥设备有限公司

地　址:江苏省常州市常焦路三河口开发区
邮　编:213115
电　话:(0519)88671938
传　真:(0519)88673938
网　址:http://www.zbdry.cn

常州市统一干燥设备厂

地　址:江苏省常州市武进区郑陆镇三河口中降工业区
邮　编:213115
电　话:(0519)88672588
传　真:(0519)88679208
网　址:http://www.tongyidrying.com

常州市范氏干燥设备有限公司

地　址:江苏省常州市武进区焦溪镇查家村
邮　编:213116
电　话:(0519)88901688,88900519
传　真:(0519)88902269
网　址:http://www.fan-shi.com

江苏一步干燥设备有限公司

地　址:江苏省常州市武进区焦溪镇查家湾
邮　编:213116
电　话:(0519)88902618,88900755
传　真:(0519)88902818
网　址:http://www.yibu.com

常州市宇通干燥设备有限公司

地　址:江苏省常州市武进区焦溪镇
邮　编:213116
电　话:(0519)8901088,8908088
传　真:(0519)8902649

江苏常州市荣发干燥设备有限公司

地　址:江苏省常州市横山桥镇芙蓉工业园区
邮　编:213118
电　话:(0519)88768111
传　真:(0519)88765918
网　址:http://www.czrongfa.com

无锡市群兴化工设备有限公司

地　址:江苏省无锡市金山北工业园B区267号
邮　编:214037
电　话:(0510)83078797
传　真:(0510)83077976

无锡太湖石化装备厂

地　址:江苏省无锡市滨湖区南方泉镇方湖
邮　编:214128
电　话:(0510)85953267
传　真:(0510)85953581
网　址:http://www.wxswl.com

无锡市金陵药化设备厂

地　址:江苏省无锡市滨湖区华庄镇红周路73号
邮　编:214133
电　话:(0510)85630178
传　真:(0510)85630178

无锡华星药化设备有限公司

地　址:江苏省无锡市惠山区杨市镇人民路19号
邮　编:214154
电　话:(0510)83556188
传　真:(0510)83556388
网　址:http://www.huaxingwx.com

江阴金发干燥设备有限公司

地　址:江苏省江阴市南闸镇白玉路815号
邮　编:214405
电　话:(0510)86178258,86178268
传　真:(0510)86178238
网　址:http://www.jinfagz.com

江苏瑰宝集团有限公司

地　址:江苏省江阴市祝塘镇人民南路58号
邮　编:214415
电　话:(0510)86397659
传　真:(0510)86391242

江阴市丰华药化机械有限公司

地　址:江苏省江阴市祝塘镇工业园万福路15号
邮　编:214415
电　话:(0510)86380256
传　真:(0510)86380257
网　址:http://www.fenghuayj.com

江阴市宏达粉体设备有限公司

地　址:江苏省江阴市周庄镇金湾工业区
邮　编:214423
电　话:(0510)86237735
传　真:(0510)86224676
网　址:http://www.hongdamach.com

无锡市凯信干燥成套设备有限公司

地　址:江苏省江阴市夏港新沟工业园
邮　编:214442
电　话:(0510)81663608
传　真:(0510)81663768
网　址:http://www.wxkxdry.com

江阴市干燥设备制造有限公司

地　址:江苏省江阴市申港镇
邮　编:214443
电　话:(0510)86625616,86621305
传　真:(0510)86621313
网　址:http://www.jiangshen.com

江苏赛德力制药机械制造有限公司

地　址:江苏省靖江市中洲路31号
邮　编:214500
电　话:(0523)84808886
传　真:(0523)84808995
网　址:http://www.saideli.com

太仓双雄化工设备有限公司

地　址:江苏省太仓市浮桥镇老闸区新闸街63号
邮　编:215422
电　话:(0512)53262300
传　真:(0512)53265110
网　址:http://www.tcsxhg.com

常熟市中药制药机械有限责任公司

地　址:江苏省常熟市大义镇义虞路5号
邮　编:215557
电　话:(0512)52392369
传　真:(0512)52392369
网　址:http://www.csyaoji.com

泰州市制药机械二厂

地　址:江苏省泰州市高港区口岸工业园区发展大道10号
邮　编:225321
电　话:(0523)86917950
传　真:(0523)86917390

江苏省泰州市长江制药机械有限公司(原泰州市长江制药设备厂)

地　址:江苏省泰州市高港区口岸镇江平中路38号
邮　编:225321
电　话:(0523)86911380
传　真:(0523)86912380
网　址:http://www.cjyjc.com

泰州市金泰制药机械有限公司

地　址:江苏省泰州市高港区口岸镇城南小学向南100米
邮　编:225321
电　话:(0523)86916718
传　真:(0523)86917865
网　址:http://www.jtzyjx.com

泰州市天泰制药机械厂

地　址:江苏省泰州市高港区口岸镇港口路557-559号
邮　编:225322
电　话:(0523)86939318
传　真:(0523)86933896
网　址:http//www.ttzyjx.com

泰兴市苏中制药机械有限公司

地　址:江苏省泰兴市分界镇
邮　编:225416
电　话:(0523)87261051
传　真:(0523)87264886
网　址:http://www.sz-yj.com

江苏华安科研仪器有限公司

地　址:江苏省南通市海安县开发区鑫港路8号
邮　编:226600
电　话:(0513)88965188,88918088
传　真:(0513)88965118
网　址:http://www.hasyyq.com

浙江省

上虞市怡和金属机械制造有限公司

地　址:浙江省上虞市道墟工业园区
邮　编:312368
电　话:(0575)82581666,82588925
传　真:(0575)82582808
网　址:http://www.zjyihe.com

宁波市华拳机械有限公司

地　址:浙江省宁波市江北区下白沙路11号
邮　编:315020
电　话:(0574)87767794
传　真:(0574)87773760
网　址:http://www.nb-hapm.com

宁波象山海鹤制药设备有限公司

地　址:浙江省宁波市象山县鹤浦镇大闸东路5号
邮　编:315733
电　话:(0574)65016816
传　真:(0574)65010507
网　址:http://www.nbhaihe.com

宁波永泉制药设备有限公司(浙江象山医器材厂)

地　址:浙江省宁波市象山县鹤浦镇大闸东路33-39号
邮　编:315733
电　话:(0574)65010268,65011328
传　真:(0574)65010525
网　址:http://www.nbyongquan.com

舟山市双鲸制药设备有限公司

地　址:浙江省舟山市沈家门海洋生物园区

邮　编:316101
电　话:(0580)3696270,3696278
传　真:(0580)3696273
网　址:http://www.zjsj55.com.cn

温州市健牌药业机械制造有限公司

地　址:浙江省温州市龙湾区永中镇天中路 2328 号
邮　编:325024
电　话:(0577)86921600
传　真:(0577)86911207
网　址:http://www.cnjianpai.com

温州市佳顺机械有限公司

地　址:浙江省温州经济技术开发区滨海园区 A501 号小区
邮　编:325025
电　话:(0577)86808655
传　真:(0577)86808657
网　址:http://www.tianlongss.com

温州天富机械有限公司

地　址:浙江省温州市龙湾区沙城工业园区宏瑞路 328 号
邮　编:325025
电　话:(0577)86927999,86927666
传　真:(0577)86927667
网　址:http://www.tfjx.com

温州亚光机械制造有限公司

地　址:浙江省温州市经济技术开发区滨海园区滨海三道 4525 号
邮　编:325025
电　话:(0577)86906886,86906887
传　真:(0577)86906900
网　址:http://www.china-yaguang.com

浙江飞云科技有限公司(原瑞安市飞云机械厂)

地　址:浙江省瑞安市沿江西路 281 号
邮　编:325200
电　话:(0577)65669918
传　真:(0577)65669580
网　址:http://www.feiyun.com

浙江华仕力机械有限公司(原瑞安市华达制药机械厂)

地　址:浙江省瑞安市经济开发区开发一路 51 号
邮　编:325200
电　话:(0577)65156666,65155500
传　真:(0577)65155550
网　址:http://www.chinahsl.com

瑞安市百信药机器械厂

地　址:浙江省瑞安市安阳镇莱巷路 58 号
邮　编:325200
电　话:(0577)65891588
传　真:(0577)65909688
网　址:http://www.bxyjcn.com

瑞安市精良机械设备有限公司

地　址:浙江省瑞安市瓦窑一路 10 号
邮　编:325200
电　话:(0577)65062268
传　真:(0577)65062218
网　址:http://www.wzjingliang.com

瑞安市凯鑫隆制药机械厂

地　址:浙江省瑞安市经济开发区发展区开发二路 199 号
邮　编:325200
电　话:(0577)65607138,65609857
传　真:(0577)65607138
网　址:http://www.kaixinlong.com

浙江富昌机械有限公司

地　址:浙江省瑞安市经济开发区开发三路
邮　编:325200
电　话:(0577)65152222
传　真:(0577)65155821
网　址:http://www.chinafuchang.com

浙江森力机械科技有限公司

地　址:浙江省瑞安市经济开发区飞云镇纬十一路
邮　编:325207
电　话:(0577)65021908,65021928
传　真:(0577)65021999
网　址:http://www.senlichina.com

瑞安市海诚机械有限公司

地　址:浙江省瑞安市飞云镇远东工业区
邮　编:325207
电　话:(0577)65026788,65026566
传　真:(0577)65026560
网　址:http://www.haichengcn.com

瑞安市佳德包装机械有限公司

地　址:浙江省瑞安市飞云镇云江路 110 号
邮　编:325207
电　话:(0577)65025548,65022286
传　真:(0577)65022289
网　址:http://www.jiademachine.com

瑞安市江华机械有限公司

地　址:浙江省瑞安市经济开发区飞云镇云江标准厂房机械区 2 号楼
邮　编:325207

电　话:(0577)65002555,65002666
传　真:(0577)65002777
网　址:http://www.cnjianghua.com

安徽省

安徽普源分离机械制造有限公司

地　址:安徽省蚌埠市国家高新技术产业开发区柳工大道39号
邮　编:233010
电　话:(0552)4014982
传　真:(0552)4034800
网　址:http://www.ahpyflj.com

江西省

九江东盛机械制造有限公司

地　址:江西省九江市九江县沙城工业园
邮　编:332100
电　话:(0792)6893339
传　真:(0792)8752341
网　址:http://www.jjdsjxzz.com

山东省

山东中德设备有限公司

地　址:山东省济南市历城区工业北路71号
邮　编:250101
电　话:(0531)82378959
传　真:(0531)82378959
网　址:http://www.zhongdeshebei.cn

山东省临清药物机械厂

地　址:山东省临清市工业园
邮　编:252600
电　话:(0635)2437495,2437493
传　真:(0635)2437495
网　址:http://www.yhyw.cn

烟台百药泰中药科技发展有限公司

地　址:山东省烟台市开发区珠江路32号留学生创业园生物医药大厦
邮　编:264006
电　话:(0535)6389416
传　真:(0535)6956772
网　址:http://www.bj-biolch.com

河南省

新乡市高服振动筛分机械有限公司

地　址:河南省新乡市朗公庙107国道立交桥北
邮　编:453700
电　话:(0373)5702800
传　真:(0373)5701999
网　址:http://www.zhendongshai.com.cn

周口制药机械厂有限公司

地　址:河南省周口市八一北路180号
邮　编:466001
电　话:(0394)8583482,8583481
传　真:(0394)8589737
网　址:http://www.zkjy.com.cn

湖北省

武穴市精华机械制造有限公司

地　址:湖北省武穴市民主路168号
邮　编:435400
电　话:(0713)6222685
传　真:(0713)6222685

湖南省

中南制药机械厂

地　址:湖南省长沙市河西英才园商贸楼506室
邮　编:410013
电　话:(0731)88905318
传　真:(0731)88922395
网　址:http://www.znyj.com

湖南中兴制药机械有限公司

地　址:湖南省长沙市星沙经济技术开发区盼盼路10号
邮　编:410100
电　话:(0731)85282098
传　真:(0731)85282099
网　址:http://www.hnzxyj.com

广东省

广州万冠制药设备有限公司

地　址:广东省广州市花都区汽车城工业区东秀一横路1号
邮　编:510810

电　话:(020)86868366
传　真:(020)86868355
网　址:http://www.gzwanguan.com

高明冠宇机械厂有限公司

地　址:广东省佛山市高明区高明大道东666号
邮　编:528500
电　话:(0757)88820081
传　真:(0757)88820998
网　址:http://www.fsguanyeu.cn

重庆市

重庆英格制药机械有限公司

地　址:重庆市沙坪坝区歌乐山镇山洞工业园
邮　编:400039
电　话:(023)686633988
传　真:(023)686633988
网　址:http://www.cqeagle.com

重庆渝能滤油机制造有限公司

地　址:重庆市北碚区同兴工业园区B区
邮　编:400083
电　话:(023)63225705
传　真:(023)63225711
网　址:http//www.606.com.cn

重庆市科旭制药机械设备制造有限公司

地　址:重庆市渝北区空港新城同盛路109号
邮　编:401120
电　话:(023)86041200
传　真:(023)86041202
网　址:http://www.kxcq.com

陕西省

宝鸡忠诚制药机械有限公司

地　址:陕西省宝鸡市高新开发区高新十二路
邮　编:721013
电　话:(0917)3851519
传　真:(0917)3851260
网　址:http://www.bzcyj.com

甘肃省

天水华圆制药设备科技有限责任公司

地　址:甘肃省天水市麦积区花牛路37号
邮　编:741020
电　话:(0938)2721797
传　真:(0938)2721778
网　址:http://www.huayuan-tech.com